Kinderhospizarbeit

Eine multimethodische Studie zur Qualität der innovativen Unterstützung und Begleitung von
Familien mit lebensverkürzend erkrankten Kindern und Jugendlichen.
Forschungsbericht.

Sven Jennessen/Astrid Bungenstock/Eileen Schwarzenberg/Joana Kleinhempel

Kinderhospizarbeit

Eine multimethodische Studie zur Qualität
der innovativen Unterstützung und Begleitung von Familien
mit lebensverkürzend erkrankten Kindern und Jugendlichen.
Forschungsbericht

Lektorat: Daniela Kumor-Böhning, Köln
Herstellung und Verlag: Books on Demand GmbH, Norderstedt

ISBN 978-3-8391-5046-7

Inhaltsverzeichnis

I. Einführung

II. Theorie

4. Familien mit behinderten und progredient erkrankten Kindern und Jugendlichen

5. Professionalität in der Kinderhospizarbeit

3. Ambulante Kinderhospizarbeit

4. Exkurs
Andrea Bliersbach
Familien mit Migrationshintergrund in der Kinderhospizarbeit.
Eine Bestandsaufnahme anhand von Expert/inneninterviews zu besonderen Ressourcen, Bedürfnissen und zum Zugang zu den Angeboten der Kinderhospizarbeit.

5. Zusammenfassung der Ergebnisse

IV. Leitlinien für gute Kinderhospizarbeit

V. Verzeichnisse

VI. Öffentlichkeitsarbeit des Projektes

VII. Anhang

I. Einführung

1. Theoretische Grundlegung

1.1 Einführung

Kinderhospizarbeit heute – Wie ist die Qualität ihrer Angebote? Trifft sie die Bedarfe und Bedürfnisse progredient erkrankter Kinder und Jugendlicher? Unterstützt sie deren Eltern und Geschwister dort, wo sie Begleitung, Unterstützung, Hilfe und Austausch wünschen und brauchen? Und wie geht es den Mitarbeiterinnen und Mitarbeitern in ihrer Arbeit? Wie gestalten sich Professionalität und Ehrenamt in kinderhospizlicher Arbeit? Und nicht zuletzt: Wie soll es weitergehen – an welchen Stellen gibt es Entwicklungs- und Optimierungsbedarfe?

Diese Fragen waren Ausgangspunkte der ersten Überlegungen zu der hier vorgestellten Studie. Es wurde schnell ersichtlich, dass nicht nur uns als Wissenschaftler/innen diese Fragen bewegten, sondern auch von Seiten der Praxis und des Deutschen Kinderhospizvereins e.V. großes Interesse bestand, die aktuelle Situation der Kinderhospizarbeit in Deutschland nicht nur aus der alltäglichen Beobachterperspektive der Akteurinnen und Akteure zu beleuchten, sondern diese Perspektiven auch wissenschaftlich zu erfassen, zu analysieren und mit den unterschiedlichen Gruppen der Beteiligten zu diskutieren. Doch zunächst ein Blick auf die Ausgangssituation:

Kinderhospizarbeit als spezifische Form der Unterstützung von Familien mit lebensverkürzend erkrankten Kindern befindet sich in Deutschland seit 1990 in einem kontinuierlichen Aufbau- und Etablierungsprozess. Vor 20 Jahren fanden sich sechs Familien progredient erkrankter Kinder zusammen, beschlossen nach englischem Vorbild spezifische Begleitungs- und Unterstützungsangebote für Familien in dieser Lebenssituation auf den Weg zu bringen und gründeten den Deutschen Kinderhospizverein e.V. Die aus dieser Idee entwickelten Angebote für betroffene Familien weisen mittlerweile eine große Bandbreite auf – zum Teil auch unabhängig bzw. strukturell losgelöst von diesem Dachverband, jedoch zumindest inspiriert durch diesen. Neben den stationären Kinderhospizen entwickelte sich der Bereich der ambulanten Kinderhospizdienste in den vergangenen Jahren sukzessive zu einem wichtigen Pfeiler der Begleitung von Eltern, ihren lebensverkürzend erkrankten Kindern und deren Geschwistern. Auch die Vernetzungs- und Bildungsangebote für die verschiedenen Zielgruppen, zu denen auch die in unterschiedlichen pädagogischen und pflegerischen Kontexten tätigen Fachkräfte gehören, differenzieren sich qualitativ und quantitativ weiter aus, werden öffentlichkeitswirksam angeboten und stark frequentiert.

Ausgangspunkt des im Juni 2007 gestarteten und in diesem Bericht dokumentierten Forschungsprojektes war es, bundesweit erstmalig die Qualität der verschiedenen Tätigkeitsbereiche verschiedener stationärer Kinderhospize und ambulanter kinderhospizlicher Begleitung exemplarisch zu erfassen. Ziel des Forschungsvorhabens war die Entwicklung von *Leitlinien für die Kinderhospizarbeit im stationären und ambulanten Bereich*. Im Mittelpunkt stehen hierbei die Bedürfnisse und Erwartungen lebensverkürzend erkrankter Kinder und Jugendlicher und ihrer Familien und die Frage, inwieweit die stationären und ambulanten Angebote von den Familien als hilfreich, unterstützend und entlastend wahrgenommen werden.
Zur Beantwortung dieser Fragestellung wurden im Einzelnen erfasst:
- Die psychosoziale Gesamtsituation der Familien und des progredient erkrankten Kindes/Jugendlichen
- Die Professionalität der multidisziplinären Teams in der Kinderhospizarbeit
- Die Bedarfsbezogenheit und Qualität der kinderhospizlichen Angebote

Der bislang unzureichende Forschungsstand in diesem Bereich ist mitbedingt durch die in „klassischer" Selbsthilfeinitiative von betroffenen Eltern gegründete Kinderhospizbewegung, die ihre Grundpositionen bislang wenig theoretisch fundieren konnte. Es liegt jedoch sowohl auf Seiten der Verantwortlichen des Deutschen Kinderhospizvereins e.V. als auch bei den Mitarbeiterinnen und Mitarbeitern der ambulanten und stationären Versorgung schwerst- und fortschreitend erkrankter Kinder und Jugendlicher ein fundiertes Erfahrungs- und Alltagswissen vor, für das ein theoretisches Fundament unter Berücksichtigung ethischer, (sonder-)pädagogischer und gesundheitswissenschaftlicher Aspekte zur perspektivischen Weiterentwicklung und Qualitätssicherung unabdingbar ist.

Insbesondere das Erfahrungs- und Alltagswissen der Eltern und aller beteiligten Professionen in der Kinderhospizarbeit sollte mit dieser Studie systematisch erfasst und für die Entwicklung von Qualitätsstandards genutzt werden. Dies ist für den deutschsprachigen Raum ein neuartiges und die Professionalisierung von Angeboten im Bereich der Begleitung von Familien mit progredient erkrankten Kindern weiterführendes Forschungsvorhaben, wie es auch in den Empfehlungen des Gutachtens zum *Stand der Palliativmedizin und Hospizarbeit in Deutschland und im Vergleich zu ausgewählten europäischen Staaten* eingefordert wird:

„Die Bereitstellung öffentlicher Mittel auf allen Feldern der Forschung wäre wünschenswert. Insbesondere sollten die methodologische Grundlagenforschung und die Versorgungsforschung gefördert werden. Die Forschung sollte sich zunehmend damit beschäftigen, wie die Versorgungsqualität verbessert werden kann" (Jaspers/Schindler 2004, 439).

Die aus dieser Untersuchung abgeleiteten *33 Leitlinien für gute Kinderhospizarbeit* sind genau dieser Empfehlung geschuldet: Sie sollen einen Handlungskorridor für kinderhospizliche Praxis eröffnen, in dem diese ihre Praxis evaluieren, reflektieren und weiterentwickeln kann. Zudem bieten sie den professionellen und ehrenamtlichen Akteurinnen und Akteuren in der Kinderhospizarbeit Orientierung für ihr tägliches Tun. Intendiert ist auch, dass Familien diese Leitlinien nutzen können, um die Angebote in der Praxis auch immer wieder an diesen zu messen, zu hinterfragen und aus ihren subjektiven Perspektiven zu bewerten. Die Kinder und Jugendlichen aber, die mit fortschreitenden Erkrankungen leben und die als primäre Nutzer und Subjekte der Kinderhospizarbeit anzusehen sind, stehen im Zentrum des Bemühens um die Qualität der Begleitungsangebote. Ihre individuelle Lebensqualität in äußerst unterschiedlichen Lebenssituationen, die neben krankheitsspezifischen Belastungen auch umfassende Lebensfülle und intensiven Lebensgenuss bedeutet, ist und bleibt der Maßstab für die Kinderhospizarbeit.

Den Verantwortlichen in den Verbänden und Organisationen mögen die Forschungsergebnisse und Leitlinien als Argumentationsgrundlage dienen, wenn es um die Bereitstellung von Ressourcen geht, die die Angebote dauerhaft finanziell absichern und qualitativ weiterentwickeln sollen.

Die 33 Leitlinien sind ausdrücklich als Aufforderung zur Diskussion zu verstehen. Sie sollen deutlich machen, wo die inhaltlichen Schwerpunkte der Kinderhospizarbeit liegen bzw. liegen sollten. Sie zeigen aber auch, an welchen Stellen es Entwicklungsbedarfe und Veränderungsnotwendigkeiten gibt. Zur Umsetzung dieser Erkenntnisse müssen sie in der Praxis Bestandteil diskursiver Auseinandersetzungen werden. Diese sollten kontrovers und im Sinne einer fehler- und kritikfreundlichen Kultur geführt werden und letztendlich einen Bewusstwerdungsprozess der Praxis von Individuen und Institutionen initiieren.

Der vorliegende Forschungsbericht gliedert sich in drei zentrale Kapitel:

Kapitel I beinhaltet die theoretische Grundlegung und Verortung, in der systemtheoretische, salutogenetische und ethische Aspekte skizziert werden. Diese bilden das wissenschaftstheoretische Fundament sämtlicher theoretischer und empirischer Aussagen der Studie.

Kapitel *II* enthält die für die Beantwortung der Fragestellung relevanten Theoreme. Kinderhospizarbeit, Fragen des Copings, die Situation der lebensverkürzend erkrankten Kinder, ihrer Familien und Geschwister sowie die Professionalität und Qualität in der Kinderhospizarbeit werden dargestellt und bilden die Folie der Analyse der erhobenen Daten.

Forschungsmethodologie und Forschungsergebnisse werden in dem sich anschließenden *Kapitel III* vorgestellt. Aus diesen umfangreichen Daten und Analysen werden Leitlinien für gute Kinderhospizarbeit generiert, die in einem eigenen *Kapitel (IV)* präsentiert werden.

Die abschließenden Abschnitte des Berichts enthalten die verwendeten Quellen und die Zusammenfassung der im Projektverlauf erfolgten Öffentlichkeitsarbeit.

Danken möchten wir allen, die an der Studie teilgenommen haben – den lebensverkürzend erkrankten Kindern und Jugendlichen, ihren Eltern und Geschwistern, den Mitarbeiterinnen und Mitarbeitern in Kinderhospizen und ambulanten Diensten. Sie haben uns ihre oft knappe und somit wertvolle Zeit geschenkt und uns an ihrem Leben oder ihrem Berufsalltag teilhaben lassen. Sie waren Kern, Ausgangspunkt und Ziel unserer Studie und ohne sie wäre unsere Arbeit nicht möglich gewesen.

Danken möchten wir auch der Stiftung Deutsche Jugendmarke e.V. und dem Niedersächsischen Landessozialamt, die sich von unserer Forschungsidee überzeugen und begeistern ließen und das Projekt finanziell auf solide Füße stellten.

Unser Dank gilt auch unserem Kooperationspartner, dem Deutschen Kinderhospizverein, und hier im Besonderen Frau Edith Droste, Frau Petra Stuttkewitz, Frau Margret Hartkopf und Herrn Dr. Wolfgang Beer. Als wir vor ca. vier Jahren mit der Idee zu ihnen kamen, die Qualität von Kinderhospizarbeit zu untersuchen, standen uns ihre Türen weit offen. Den Weg zu ihnen wählten wir, weil es uns wichtig war, *mit* statt *über* Menschen zu forschen. Hier war und ist der Deutsche Kinderhospizverein e.V. der erste Ansprechpartner für die Belange lebensverkürzend erkrankter Kinder und Jugendlicher in Deutschland, da er als ursprüngliche Elterninitiative verpflichtet ist, nahe an den Bedürfnissen der betroffenen Kinder und ihrer Familien zu sein. Danken möchten wir aber auch dafür, dass der Deutsche Kinderhospizverein e.V. nach Feststellung des gemeinsamen Interesses („Was ist *gute* Kinderhospizarbeit?") die Durchführung der wissenschaftlichen Studie, ihre Methoden und einzelnen Projektschritte vollständig unserer Verantwortung als Wissenschaftler/innen überlassen konnte. Dies hat uns frei und unabhängig von möglichen Verbandsinteressen forschen lassen und sicherlich mit dazu geführt, dass die beteiligten Menschen so offen, kritisch und neugierig an unserer Studie mitgewirkt haben. Und dies hat auch dazu geführt, dass unsere – zum Teil sicher unbequemen Ergebnisse – nun von allen Beteiligten und eben auch vom Deutschen Kinderhospizverein e.V. weiterdiskutiert werden können und sollen.

Holzminden, im Juli 2010
Sven Jennessen, Astrid Bungenstock, Eileen Schwarzenberg, Joana Kleinhempel

1.2 Systemtheoretischer Ansatz

Der in diesem Forschungsbericht dokumentierten Studie liegt eine systemische Wissenschaftstheorie zugrunde. „Systemisches Denken macht sich Grundfragen menschlicher Existenz zum Gegenstand und versucht, diese unter Rückgriff auf systemwissenschaftliche Erkenntnisse zu beantworten" (Ludewig 2005, 12). Systemtheorie kann demnach als Versuch bezeichnet werden, die Welt unter dem Aspekt zu betrachten, dass es in ihr technische, lebende, psychische oder soziale Systeme gibt, die sich in ihrer je eigenen Systemhaftigkeit vom Rest der Welt unterscheiden.

Bezeichnet ihr Mitbegründer von Bertalanffy die Systemtheorie als „eine neue Orientierung, ein neues Gedankenmodell oder ‚Paradigma'" (von Bertalanffy 1972, 27), wird sie in späteren Jahren sogar als „wissenschaftliche Revolution" (Krohn/Küppers/Paslack 1987, 441) gelobt. „Die allgemeinen Systemtheorie ist (…) ein interdisziplinäres Modell, das wissenschaftlicher Ausarbeitung bedarf und dieser fähig ist und auf konkrete Phänomene angewendet werden kann" (von Bertalanffy 1970, 124).

Das Denken in Systemen hat in den letzten 30 Jahren einen festen Platz innerhalb der modernen Wissenschaften errungen und gilt dort als fest etabliert. Hier hält die Theorie den „Status einer Grundwissenschaft" (Jensen 1999, 365) inne, die in verschiedenen Wissenschaftsdisziplinen Bedeutung erlangt hat.

Der allgemeinen Systemtheorie liegt eine Definition ihres Mitbegründers von Bertalanffy aus dem Jahr 1970 zugrunde, die in ihrer Kernaussage bis heute Gültigkeit besitzt: „Die allgemeine Systemtheorie ist eine Disziplin, die sich mit den allgemeinen Eigenschaften und Gesetzen von Systemen beschäftigt. Ein System ist definiert als eine Menge von in Wechselbeziehungen stehenden Elementen oder durch ähnliche Proposition. Die Systemtheorie beschäftigt sich mit jenen Prinzipien, die für Systeme überhaupt gelten, unabhängig von der Natur des Systems, dessen Bestandteilen und den Beziehungen oder ‚Kräften', die zwischen ihnen bestehen. Die Systemkomponenten brauchen nicht einmal materieller Natur zu sein; z.B. in der Systemanalyse einer geschäftlichen Unternehmung sind die Komponenten von der verschiedensten Art, wie Gebäude, Maschinen, Angestellte, Geldwaren, der Kundenstamm usf." (von Bertalanffy 1970, 122f.).

Aus diesem Begriffsverständnis kann abgeleitet werden, dass es sich bei der Systemtheorie um keine eigenständige Wissenschaft handelt. Vielmehr ist sie als Grundwissenschaft „von den bestehenden Wissenschaftsdisziplinen weitgehend unabhängig" (von Saldern 1998, 60). Als wesentliche integrative Faktoren der sich zunehmend in Teildisziplinen verzweigenden Wissenschaft gelten hier unterschiedliche, „aber doch vergleichbare und deshalb mit kumulativem Effekt kombinierbare und verwertbare Systemkonzepte" (Willke 2000, 3). Hier stellt die Systemtheorie ein Begriffssystem zur Beschreibung der jeweiligen fachwissenschaftlich bedeutsamen komplexen Systeme zur Verfügung.

Die Systemtheorie beruht auf der Annahme, dass alles, was komplex ist, von der kleinsten Zelle bis zum Universum in Systeme geordnet ist. „Materie, Energie, Information und sogar Ideen organisieren sich in Systemen. Systeme haben ein strukturelles und dynamisches Muster mit einem Zentrum oder Schwerpunkt, um den sich alle Prozesse in einem bestimmten Rhythmus bewegen" (Friedemann 1996, 17).

König/Zedler (2002, 173ff.) führen zur vertiefenden Beschreibung der Allgemeinen Systemtheorie folgende Merkmale auf:

a) Ein System ist definiert als eine Menge von Elementen.
b) Systeme sind durch Wechselbeziehungen (Regelkreise zwischen den Elementen) gekennzeichnet.
c) Systeme sind durch eine Systemgrenze von der Umwelt abgegrenzt.
d) Systeme sind hierarchisch gegliedert.
e) Systeme sind durch Emergenz gekennzeichnet.
f) Systeme tendieren zu einem Gleichgewichtszustand (Homöostase).

Vor allem Niklas Luhmann hat mit dem Entwurf einer Theorie der Sozialen Systeme ein elaboriertes Begriffssystem (z.B. 1991) vorgelegt, das für die Beschreibung und das Verstehen von Prozessen aller Art von hohem Wert ist.

Ein weiteres systemtheoretisches Konzept, das grundlegend für das hier skizzierte systemische Denken ist, steht in der Tradition des Gesamtwerkes des Biologen und Anthropologen Gregory Bateson (1904–1980). Dass es sich hierbei nicht um eine vollendete, eindeutig zu systematisierende Theorie handelt, zeigt sich schon in den divergierenden Begriffsverwendungen für seine Schriften. So wird die auf ihn begründete Theorie sowohl als „personale Systemtheorie" (König/Zedler 2002, 193) als auch als „ökologische Systemtheorie" (Huschke-Rhein 1998, 216) bezeichnet. Beide Termini verweisen auf grundlegende Aspekte der Theorie: die Bedeutung des Menschen als Element sozialer Systeme und der unbedingte Einbezug des Kontextes – der Ökologie – für systemtheoretisches Denken und Verstehen. Als dritter theorieimmanenter Aspekt sei an dieser Stelle die Kommunikation ergänzt, zu der Bateson eine Theorie entwickelt, in die er sämtliche Phänomene menschlicher Kultur und Interaktion einzubetten versucht. Die praxisrelevante Weiterentwicklung der Kommunikationstheorie durch Watzlawick u.a. (2000, 2001) hat Einzug in Theorie und Praxis der Analyse von menschlicher Kommunikation und Interaktion gefunden und gilt seither als fest etabliert.

Auf kybernetischem Hintergrund interessiert sich Bateson für drei selbstregulierende Systeme: „das *Individuum*, dessen soziale Umgebung in Form von Gesellschaft und schließlich für deren gemeinsame Umgebung in Gestalt des Ökosystems" (Lutterer 1999, 160). Ganz im Sinne der Allgemeinen Systemtheorie sieht er das Individuum in enger Verknüpfung zu der es umgebenden und teilweise erst durch das Individuum konstituierten Umwelt. Die Berücksichtigung der unterschiedlichen Systeme kann bei Bateson in engem Zusammenhang mit dem dichotomen Begriffspaar *Stabilität* und *Entwicklung* interpretiert werden. Er postuliert, dass die Entwicklung von Organismus und Umgebung nur gemeinsam vonstattengehen kann: „im gegenseitigen Setzen und Verändern von Bedingungen und nur dann im Überleben, wenn dieser Prozeß von Erfolg gekrönt ist" (Lutterer 1999, 176). Als Charakteristikum des Werkes Batesons kann herausgestellt werden, dass er kommunikations- und erkenntnistheoretische Entwürfe zu einem Ganzen zusammenfügt, *„in dem der Mensch in einer veränderten Rolle seinen Platz erhält, als Erkennender und darin zugleich als abhängig von einem größeren Ganzen"* (Lutterer 2002, 87). Für Batesons wissenschaftstheoretisches Verständnis bedeutet dies: „weg von aristotelischen Substanzen und hin zu galileischen Variablen, weg von isolierten Größen und hin zu Konstellationen und schließlich auch hin zu offenen anstelle von geschlossenen Systemen" (Lutterer 2002, 49).

Die Tatsache, dass Individuen als Elemente sozialer Systeme gelten, kann auf das Forschungsfeld Kinderhospizarbeit übertragen werden. So sind beispielsweise die in stationären Kinderhospizen und ambulanten Kinderhospizdiensten handelnde Subjekte – lebensverkürzend erkrankte Kinder und Jugendliche, Eltern, professionelle und ehrenamtliche Mitarbeiter und Mitarbeiterinnen – als Elemente des sozialen Systems zu identifizieren. Diese können des Weiteren als einzelne Gruppen unterschiedliche Subsysteme bilden. Auch die Abgrenzung zur Umwelt, wie sie von Bateson vor allem für technische und biologische, aber auch für soziale Systeme angeführt wird, lässt sich am sozialen System Kinderhospiz nachvollziehen. Hier bestehen zum einen Systemgrenzen zwischen den einzelnen Subsystemen, die beispielsweise unterschiedliche Aufgabenbereiche, Funktionen und Rollen regeln. Zum anderen lassen sich aber auch zwischen dem sozialen System Kinderhospiz und seiner Umwelt Systemgrenzen ausmachen, ohne dass jedoch der Einfluss der Systemumwelt auf das System selbst geleugnet würde. Vielmehr betont Bateson die Bedeutung derselben und fordert in diesem Sinne eine „Sensibilisierung für Kontexte" (Lutterer 1999, 184).

Hier sei ein weiteres Postulat der Bateson'schen Systemtheorie ergänzt. So ist das Verhalten sozialer Systeme von sozialen Regeln bestimmt. „Jede soziale Situation ist bestimmt von expliziten oder impliziten Regeln, diese Regeln mögen als Eingebung des Augenblicks für eine bestimmte Situation geschaffen worden sein, oder sie können das Ergebnis von Tradition von Jahrhunderten sein" (Ruesch/Bateson 1995, 39). Aufgrund der durch jeden Austausch von Verhalten bestehenden Verringerung der bis dahin offenen, ungeregelten Interaktionsmöglichkeiten spricht man in der Kommunikationsforschung von der „einschränkenden Wirkung aller Kommunikation" (Watzlawick 2001, 101). Diese Regeln bestimmen im Sinne von Vorschriften, was die in einem System agierenden Menschen tun dürfen, sollen oder nicht dürfen. Hier sei auf die gesellschaftliche Tabuisierung thanataler Themen im Speziellen dann, wenn es sich hierbei um lebensverkürzend erkrankte Kinder handelt, verwiesen. So ist davon auszugehen, dass die Art und Weise der Begleitung lebensverkürzend erkrankter Kinder und Jugendlicher und speziell der Umgang mit deren frühen Toden nicht nur auf pflegerischem und pädagogischem Fachwissen, sondern auch auf bestimmten, mehr oder weniger offen festgelegten, thanatosspezifischen, kulturell determinierten Regeln beruht. Diese nehmen Einfluss auf das konkrete Handeln, den Geist und die Haltung einer Organisation sowie deren Kommunikation mit der System umwelt (Nachbarschaft, Sozialraum, Gesellschaft).

Für die hier gewählte übergeordnete Forschungsfrage (Was ist gute Kinderhospizarbeit?) ist des Weiteren die Frage der Bedeutung systemtheoretischen Denkens für die Organisationsentwicklung von Relevanz. Die Übertragung des Systembegriffs in Anlehnung an die Tradition Batesons auf die Beschreibung von und die Intervention in Organisationen findet sich erstmals bei Selvini-Pallazoli u.a. (1985). Auch die Theorie systemischer Organisationsentwicklung nach König/Vollmer (2000) greift den Systembegriff Batesons explizit auf, indem sie soziale Systeme als Systeme handelnder Menschen begreift. Das Verhalten des jeweiligen sozialen Systems gilt als abhängig von den Personen, „dem Bild, das sie sich von der Wirklichkeit machen, aber auch von den Regeln und den auf dieser Basis entstehenden Regelkreisen" (König/Vollmer 2000, 35).

Folgende drei Thesen bilden die theoretischen Grundannahmen systemischer Organisationsentwicklung nach König/Vollmer:

1. „Komplexe Abläufe in Systemen lassen sich nicht kausal, sondern nur aus dem Zusammenwirken der verschiedenen Faktoren in einem sozialen System erklären und steuern (…).

2. Die Wirkungen von Interventionen werden durch das System definiert (…).

3. Die Kompetenz des sozialen Systems übersteigt die Kompetenz des einzelnen (externen oder internen) Beobachters (…)."
(König/Vollmer 2000, 132ff.)

Als primäres Merkmal sozialer Systeme gilt, dass die Personen die Elemente des sozialen Systems darstellen. Dies hat in Abgrenzung zu anderen systemtheoretischen Ansätzen zur Folge, dass diese Personen System und Umwelt subjektiv deuten und reflektieren können sowie „sich entscheiden können und damit die Entwicklung des Systems beeinflussen" (König/Vollmer 2000, 37). Als weiteres Charakteristikum ist auch hier die Bedeutung von Regeln für soziale Systeme festzuhalten. Diese können sowohl offiziell als auch inoffiziell bzw. informell sein und beeinflussen auf funktionale oder dysfunktionale Weise das Verhalten der innerhalb des Systems agierenden Personen. Regeln sind insofern maßgeblich für Organisationskultur und „corporate identity" eines Systems verantwortlich und müssen in Organisationsentwicklungsprozessen erfasst, im Hinblick auf ihre Funktion bewertet und gegebenenfalls abgeändert werden.

Für die Qualität kinderhospizlicher Arbeit sei erneut auf die Bedeutung kulturspezifischer Regeln verwiesen (vgl. Watzlawick/Beavin/Jackson 2000). So ist davon auszugehen, dass der gesellschaftlich informell reglementierte Umgang mit Sterben und Tod auch die Mikroebene des Systems stationäres Kinderhospiz/ambulanter Kinderhospizdienst beeinflusst. Bezogen auf die fokussierte Thematik impliziert der Terminus Tabu eine besondere Konnotation des Regelbegriffs, da dieser als „Sonderfall von Gruppennormen, mit denen eine Gemeinschaft das Verhalten von Individuen zuweilen sehr wirkungsvoll steuern kann" (Schmidt 1995, 2268), definiert wird.

Zentral für die in dieser Studie erforschten Inhalte ist die Berücksichtung der Familienperspektive respektive die ihrer einzelnen Mitglieder. Auch Familien gelten als Systeme, auf die die Definition von Willke (2000) anwendbar ist. Er definiert ein System „als einen ganzheitlichen Zusammenhang von Teilen, deren Beziehung untereinander quantitativ intensiver und qualitativ produktiver sind als ihre Beziehungen zu anderen Elementen. Diese Unterschiedlichkeit der Beziehungen konstituiert eine Systemgrenze, die System und Umwelt des Systems trennt" (Willke 2000, 282). Das System Familie kann nach innen Subsysteme bilden – diese können das elterliche, das geschwisterliche oder das der männlichen oder weiblichen Mitglieder sein. Aber auch andere Aufteilungsformen sind denkbar hinsichtlich weicherer Kategorien: „die Fußballliebhaber sind möglicherweise ein anderes Subsystem als die Kinogänger" (von Schlippe/Schweitzer 1997, 57). Für Familien wird insbesondere der Abgrenzung des elterlichen Subsystems spezifische Bedeutung beigemessen. Die Übertragung und/oder Beteiligung der Elternfunktion oder Partnerfunktion auf die Kinder (Parentalisierung) gilt als zentrales Merkmal dysfunktionaler Familienstrukturen. Für eine systemische Perspektive auf Familien ist zudem von Bedeutung, dass soziale Systeme nicht nur ein Ensemble von Einzelpersonen darstellen, „sondern auch aus einem Netz von Beziehungen, das sie miteinander bilden. Von Interesse sind dabei nicht nur real existierende Personensysteme mit ihrem de facto bestehenden Beziehungsgefüge, sondern auch die *wahrgenommenen* Systeme bzw. die *wahrgenommenen* Beziehungen. Das heißt, es kommt entscheidend darauf an, wie Menschen sich als zusammengehörig wahrnehmen und definieren bzw. wie sie die Beziehungen untereinander wahrnehmen und definieren" (Brunner 2004, 656).

Für die hier behandelte Forschungsfrage liegt mit dem Circumplex-Modell ein hilfreicher systemischer Ansatz der Typisierung von Familien vor (vgl. Schneewind 1999, 104ff.). Dieser soll jedoch nicht dazu dienen, Familien kategorial einzuordnen, sondern als Folie des tieferen Verstehens familiärer Dynamiken den systemtheoretischen Hintergrund bilden. In diesem Modell werden die drei Dimensionen Kohäsion, Flexibilität oder Anpassung und – quer zu den beiden anderen liegend – Kommunikation zur Beschreibung von Familiensystemen herangezogen. Mit Kohäsion ist das Ausmaß der emotionalen Bindungen der Familienmitglieder untereinander gemeint. Unterschieden werden hierbei die Kategorien losgelöst, getrennt, verbunden und verstrickt. Die Betrachtung richtet sich hierbei auf verschiedene Beziehungsaspekte und Lebensbereiche (z.B. Bindungen, Abhängigkeiten, familiale Grenzen, Koalitionen, Zeit, Freiraum, Freunde). Flexibilität bzw. Anpassung in diesem Zusammenhang meint die Fähigkeit des Familiensystems, seine Machtstrukturen, Beziehungsregeln und Rollenbeziehungen situations- und entwicklungsbezogen anzupassen. Familien können hier chaotisch, flexibel, strukturiert und rigide agieren. Relevante Aspekte sind hierbei z.B. Durchsetzungsvermögen, Disziplin, Kontrolle, Aushandlungsmuster, Rollen und Regeln. Die beiden Dimensionen scheinen hilfreich zur Beschreibung und Analyse des familiären Umgangs mit der Diagnose einer progredienten Erkrankung und dem frühen Tod eines Kindes. Ergänzt wird dies durch die Kategorie der Kommunikation, also die Frage, ob und wie die unterschiedlichen familiären Zustände, Formen und Wege der Kohäsion und Flexibilität innerhalb des Familiensystems auch Bestandteil der familiären Kommunikation sind. So kann beispielsweise die aktive, kooperative familiale Auseinandersetzung mit der Herausforderung einer progredienten Erkrankung den innerfamiliären Zusammenhalt stärken (Kohäsion). In diesem Prozess scheint auch der Aspekt antizipatorischer Trauer von Bedeutung. Die Bewältigung dieser schwierigen Aufgabe ist nicht als isolierter Prozess der Eltern zu verstehen, sondern beinhaltet in der enttabuisierten Kommunikation mit den betroffenen Kindern sowie den möglicherweise vorhandenen Geschwistern auch copingförderliche und entlastende Aspekte.

Da die hier dokumentierte Studie ihr Erkenntnisinteresse aus einer primär sonderpädagogischen Perspektive verfolgt, soll ebenfalls kurz skizziert werden, wie sich systemisches Denken in der Theorie der Sonderpädagogik aktuell widerspiegelt. Systemische Ansätze finden sich in zwei bedeutenden Theorierichtungen des Faches: der ökosystemischen Pädagogik und dem Konstruktivismus.

Auf der Grundlage des ökosystemischen Modells nach Bronfenbrenner (1981) hat vor allem Speck (2003) einen systemisch-ökologischen Orientierungsansatz entworfen, der als Ausgangspunkt jeglichen heilpädagogischen Bemühens die unmittelbare Lebenssituation des behinderten Menschen (Mikrosystem) definiert. „Von hier aus interessieren ihn die Möglichkeiten *Austauschprozesse zwischen Person und Umwelt zu verbessern"* (Moser/Sasse 2008, 81). Dem systemischen Blick verpflichtet verweist Speck ausdrücklich auf die massiven Einflüsse der übergeordneten Systeme (Makro- und Exosystem) auf die jeweils untergeordneten und unterzieht die Gesellschaft einer differenzierten Diagnose, die Auswirkungen auf die Sonderpädagogik impliziert. (Öko-)Systemische Ansätze finden sich in der Sonderpädagogik auch in der Auseinandersetzung mit der Entwicklung von Institutionen sowie in der aktuellen Debatte um die terminologische und inhaltliche Weiterentwicklung der Integration hin zur Inklusion.

Der konstruktivistische Ansatz in der Sonderpädagogik geht davon aus, dass es sich „bei jeder Erkenntnis um eine ‚Konstruktion von Wirklichkeit' (handelt), da Erkenntnisse vom einzelnen Organismus bzw. Subjekt aufgrund seiner individuellen Erfahrungen und Wahrnehmungen gewonnen werden" (Moser/Sasse 2008, 92). Behinderung wird aus systemisch-konstruktivistischer Perspektive nicht mehr als ein Kennzeichen einer Person gesehen, sondern als eine Relation verstanden, und zwar als eine Relation zwischen der als behindert bezeichneten Person und ihrer Umwelt. Diese Position spiegelt folgende Definition wider: *„Behinderung ist der nicht gelungene Umgang mit Verschiedenheit"* (Walthes 2003, 49). Für die Personengruppe der Menschen mit progredienten Erkrankungen, die je nach Krankheitsbild und -stadium auch als schwerstbehindert bezeichnet werden, formuliert Ortland treffend: „Das ‚Problem' des nicht gelingenden Umgangs mit Verschiedenheit in Form der mangelnden Anpassungsleistungen und der negativen Bewertungsprozesse haben in der Begegnung mit Menschen, die mit mehrfachen Behinderungen leben, alle Beteiligten. Menschen, die (anscheinend) ohne Behinderungen leben, erleben die Begegnung (hoffentlich) auch als nicht gelingend. (…) Menschen, die mit mehrfachen Behinderungen leben, sind jedoch existentiell auf diese förderlichen Anpassungsleistungen und positiven Bewertungsprozesse angewiesen. Nur so werden ihnen Entwicklungs-, Lern- und Lebensmöglichkeiten eröffnet" (Ortland 2010, o.S.). Für die hier behandelte Forschungsfrage ist auf der Grundlage eines systemisch-konstruktivistischen Verständnisses von Behinderung demnach von Relevanz, ob es in den verschiedenen Bereichen der Kinderhospizarbeit gelingt, den lebensverkürzend erkrankten Kindern und Jugendlichen positive Entwicklungsoptionen auf der Grundlage adäquater Anpassungsleistungen aller Beteiligten zu eröffnen.

1.3 Salutogenese

Die Auseinandersetzung mit der Forschungsfrage „Was ist gute Kinderhospizarbeit?" orientiert sich nicht nur an der oben explizierten systemischen Grundlage des Forschungsvorhabens, sondern ist zudem auch am Konzept der Salutogenese ausgerichtet. Dieses stellt primär die Frage nach der Entstehung von Gesundheit und bietet eine adäquate Orientierung für Forschung im Feld der Kinderhospizarbeit.

Die salutogenetische Haltung impliziert ein umfassendes Verständnis von Gesundheit, wie es bereits die Ottawa-Charta von 1986 wegweisend und handlungsleitend festlegt: Gesundheit wird somit nicht als die Abwesenheit von Krankheit, sondern als ein *Konzept* verstanden, „das in gleicher Weise die Bedeutung sozialer und individueller Ressourcen für die Gesundheit betont wie die körperlichen Fähigkeiten. In diesem Sinne ist die Gesundheit als ein wesentlicher Bestandteil des alltäglichen Lebens zu verstehen und nicht als vorrangiges Lebensziel." Zielsetzung ist „ein umfassendes körperliches, seelisches und soziales Wohlbefinden" zu erlangen. Hierfür wird es als notwendig erachtet, „dass sowohl einzelne als auch Gruppen ihre Bedürfnisse befriedigen, ihre Wünsche und Hoffnungen wahrnehmen und verwirklichen sowie ihre Umwelt meistern bzw. verändern können" (Ottawa-Charta 1986, o.S.).

Im Modell der Salutogenese wird dieses Verständnis theoretisch fundiert. Eine sich daraus ergebende salutogenetische Haltung bedeutet, den Blick auf die gesunden Anteile der Menschen und ihrer Beziehungen zu schärfen und eine Orientierung auf Ressourcen zu eröffnen und zu ermöglichen. Dies bildet für die untersuchte Forschungsfrage eine adäquate Grundlage der Wahrnehmung der im kinderhospizlichen Feld untersuchten Probanden und Themenfelder. Dieser Blickwinkel eignet sich für die Betrachtung der Begleitung und des Selbstverständnisses lebensverkürzend erkrankter Kinder und Jugendlicher und ihrer Familien, aber auch für Perspektiven der haupt- und ehrenamtlichen Mitarbeiterinnen und Mitarbeiter im Feld der Kinderhospizarbeit.

Das Konzept der Salutogenese

Der US-amerikanische Medizinsoziologe Aaron Antonovsky (1923–1994) formulierte das Konzept der Salutogenese in seinen beiden Hauptwerken „Health, Stress and Coping: New Perspectives on Mental and Physical Well-being" (1979) und „Unraveling the Mystery of Health: How People Manage Stress and Stay Well" (1987, deutsche Übersetzung 1997). Im zeitlichen Kontext der ab den 1970er-Jahren wachsenden Kritik an Gesundheitsversorgung sowie Gesundheits- und Krankheitsforschung wird darin die Entstehung und Aufrechterhaltung von Gesundheit beschrieben. Auf der Grundlage des zu dieser Zeit entwickelten biopsychosozialen Krankheitsmodells stellt Antonovsky die zentrale Frage: *Was erhält den Menschen gesund – angesichts ständig vorhandener potentiell gesundheitsgefährden-*

der Einflüsse? Die Entwicklung seines Modells fußt auf Untersuchungen mit ehemaligen KZ-Häftlingen zu der Frage, welche Umstände und Handlungen es ihnen ermöglicht haben, die Zeit ihrer Leiden zu überleben. Daneben flossen Ergebnisse aus seiner Arbeit im Bereich Stressforschung ein. Das Modell Salutogenese steht damit in der Tradition der Stress- und Bewältigungsforschung, weist jedoch in eine andere Richtung als die Pathogenese – die traditionellen Versuche der Beschreibung der Entstehung von Krankheiten. Es wird ein positiver Gesundheitsbegriff entwickelt, der das herkömmliche Verständnis, Gesundheit sei die Abwesenheit von Krankheit, ablöst und davon ausgeht, dass das Vorhandensein von Stressoren nicht zwingend eine gesundheitsschädigende Wirkung hat.

Vereinfacht lässt sich das Modell der Salutogenese wie folgt skizzieren (vgl. Bungenstock 1996, 41ff.):

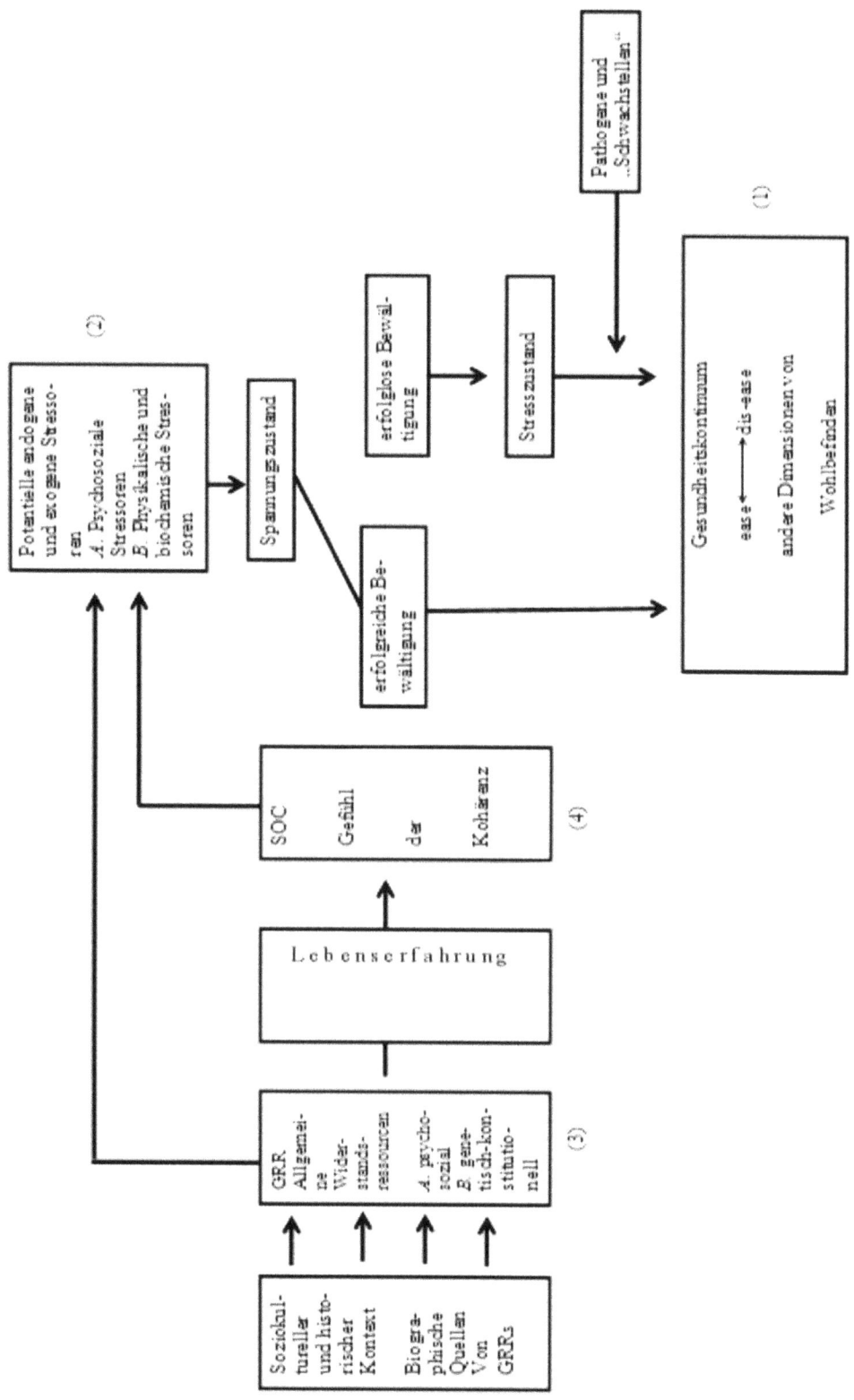

Abb. 1: Modell der Salutogenese nach Antonovsky 1981 (Faltermaier 1994, 49)

Gesundheits- und Krankheitskontinuum

Zunächst geht Antonovsky vom Vorhandensein eines *Gesundheitskontinuums* aus (1).

Auf diesem Kontinuum mit den Polen „gesund" und „krank" ist die jeweilige Befindlichkeit eines Individuums einzuordnen. Zentrales Moment sind hier die von Antonovsky als „Stressoren" bezeichneten Anforderungen der internen und externen Umwelt an das Individuum (2) auf psychosozialer (A) sowie physikalischer und biochemischer Ebene (B). Diese werden in anderen Modellen auch als „Risikofaktoren" bezeichnet.

Stressoren und Stressreaktionen

Antonovsky unterscheidet drei Bereiche von Stressoren:

a) Chronische Stressoren, wie beispielsweise das Wohnen an einer verkehrsreichen Straße,
b) größere Lebensereignisse, wie z.B. Trennung von oder Tod des Partners/der Partnerin und
c) alltägliche Ärgernisse („daily hassles"), wie z.B. das Verpassen eines Busses.

Stressoren werden von Antonovsky als in der einen oder anderen Form ständig vorhanden und damit als normal vorausgesetzt. Sie versetzen das Individuum in einen Spannungszustand, den es zu lösen gilt. Gelingt dies nicht, gerät das Individuum in einen Stresszustand, der dazu führt, dass es seine Befindlichkeit auf dem Kontinuum näher zum *kranken* Pol ansetzen wird. Eine erfolgreiche Bewältigung führt dagegen eher zu einem Gefühl des Wohlbefindens und damit zur Einordnung in Richtung des Pols *gesund*.

Zur Bewältigung von Stressoren stehen dem Individuum so genannte *Schutzfaktoren* oder *Widerstandsressourcen* (3) auf der psychosozialen und der genetisch-konstitutionellen Ebene zur Verfügung. Sie entstehen im soziokulturellen und historischen Kontext sowie aus der jeweiligen individuellen Biographie.

Antonovsky nutzt zur Illustration dieses Ansatzes folgendes Bild:

„Wir befinden uns alle in unserem Leben in einem mehr oder weniger reißenden Fluss und nicht am sicheren Ufer; es gibt darin mancherlei Gefahren und Risiken, die im Laufe des Lebens bewältigt werden müssen. Manche davon können vielleicht vermieden werden und manche Menschen erleben weniger als andere. Aber angesichts der Universalität von Stressoren kommt es stärker darauf an, wie eine Person mit belastenden Situationen und der damit verbundenen emotionalen und physiologischen Spannung umgeht, welche Kompetenzen und Ressourcen sie dafür hat. Das heißt, um im Bild zu bleiben, es geht darum, wie gut Menschen schwimmen können bzw. im Lebensfluss zu schwimmen gelernt haben und welche Unterstützung und Hilfe sie etwa in gefährlichen Situationen erhalten" (Antonovsky 1997, 92).

Kohärenzgefühl

Für die Auseinandersetzung mit der Frage nach der Wirkungsweise dieser unterschiedlichen Schutzfaktoren entwickelt Antonovsky das *Gefühl der Kohärenz* (sense of coherence, SOC), das den Kern seines Modells bildet (4).

Dieses definiert er als Hauptdeterminante für die Bewegung auf dem Kontinuum und beschreibt es als eine „globale Orientierung, die ausdrückt, in welchem Ausmaß man ein durchgehendes, überdauerndes und dennoch dynamisches Gefühl der Zuversicht hat, dass

(1) die Ereignisse der eigenen inneren und äußeren Umwelt im Lebenslauf strukturiert, vorhersehbar und erklärbar sind;

(2) die Ressourcen verfügbar sind, um den durch diese Ereignisse gestellten Anforderungen gerecht zu werden und

(3) die Anforderungen als Herausforderungen zu verstehen sind, die es wert sind, sich dafür einzusetzen und zu engagieren" (Antonovsky 1987, 19).

Die drei Komponenten *Verstehbarkeit*, *Bewältigbarkeit/Handhabbarkeit* und *Sinnhaftigkeit* bilden die Grundlage für das Gefühl der Kohärenz.

Generalisierte Widerstandsressourcen

Erreicht ein Individuum bei auftretenden Spannungen einen hohen Aktivierungswert, so ist die Wahrscheinlichkeit der Mobilisation von Widerstandskräften (Schutzfaktoren) und damit der erfolgreichen

Spannungsbewältigung hoch. Durch die Vermeidung von Stresszuständen wird die Positionierung auf dem Kontinuum zum Pol *gesund* wahrscheinlich. Merkmale, die eine Spannungsbewältigung erleichtern, sind z.B. die Möglichkeit, über Güter und Dienstleistungen zu verfügen, Wissen und Intelligenz, ein stabiles Immunsystem, Verfügbarkeit von sozialer Unterstützung, Verbundenheit mit einem religiösen Glaubenssystem u.a. (vgl. Bungenstock 1996, 41ff.).

Rezeption des Modells der Salutogenese

In Deutschland wurden die Veröffentlichungen zur Salutogenese erst Ende der 1990er-Jahre diskutiert. Hier sind im Wesentlichen zwei Tendenzen zu beobachten: Einerseits wird das Stichwort Salutogenese schlagwortartig entweder kritisch oder als Verstärkung in Bezug auf Maßnahmen der Gesundheitsförderung oder -prävention genutzt. Andererseits wurden Studien zum Kohärenzgefühl, zur Methodik des Ansatzes und zur Praktikabilität des Modells durchgeführt. Ergebnisse liegen überwiegend für die Felder Psychotherapie, Psychosomatik, Gesundheitsförderung/Prävention und medizinische Rehabilitation vor (vgl. Bengel et al. 2001, 9f. und 93ff.).

Kritik am Modell der Salutogenese

Das Konzept der Salutogenese wurde in den letzten Jahren vielfach kritisiert. Ihm wurden Unklarheiten in der Theorie und mangelnde empirische Absicherung vorgeworfen (zur Kritik vgl. Siegrist/Neumer/Margraf 1998, 6f.; Siegrist 1997, 100f.; Überblick bei Kolip et al. 2010, 11). Ungeklärt ist bis heute, ob die von Antonovsky postulierte transkulturelle Gültigkeit des Konzeptes des Kohärenzsinnes sowie seine Unabhängigkeit von Alter, Geschlecht und Familienstand existiert (vgl. Franke 1997, 178ff.). Dennoch inspiriert das Konzept weiterhin die Wissenschaft und Praxis. Die Vorteile, die der Ansatz von Antonovsky bietet, liegen in der Eröffnung neuer Perspektiven für die (Gesundheits)-Forschung und -praxis (vgl. Bengel et a. 2001, 26f.) sowie darin, dass das Konzept einen Orientierungsrahmen bietet, in dem komplexe Zusammenhänge geordnet und veranschaulicht werden können (vgl. Bengel et al. 2001, 89). Es formuliert Fragen nach Ursachen und Bedingungen für Ressourcen sowie Potentiale (vgl. Antonovsky 1987, 1979; 1997; Bengel et al. 2001, 93) und bietet somit Anschlussmöglichkeiten für unterschiedliche Forschungsdisziplinen (vgl. Kolip et al. 2010, 12). Das Konzept wurde vielfach rezipiert und als faszinierende sowie fruchtbare Grundlage für Forschung und Lehre, aber auch für praktische Anwendungsfelder genutzt. Es eignet sich, wie Siegrist et al. bereits 1998 formulierten, bis heute als multidisziplinäres Konzept; es bietet sich als Definition einer gemeinsamen Diskussionsbasis an und erleichtert eine multidisziplinäre Bearbeitung gesundheitswissenschaftlicher Fragestellungen (vgl. Siegrist et al. 1998, 5). Die in der Bewertung des Konzeptes der Salutogenese vielfach als problematisch angeführte Komplexität des Ansatzes und insbesondere die Schwierigkeit, die Komponenten des Kohärenzgefühls voneinander unabhängig zu untersuchen (vgl. Lutz et al. 1998, 174f.), bestätigen auch Hintermaier (2002b) und Bengel et al. (2001, 89). Der Gedanke der Ressourcenorientierung wird von Untersuchungen gestärkt, die den Kohärenzsinn als „Meta-Ressource" bezeichnen, dem in Stressbewältigungsprozessen eine Schlüsselrolle zukommt (vgl. Sek/Pasikowski 2002, 39). Eine isolierte Betrachtung des Kohärenzsinns ist dennoch problematisch, da das Konstrukt immer im Kontext des salutogenetischen Ansatzes zu verorten ist. Dabei ist es neben der Stärkung individueller Kohärenzgefühle ebenso wichtig, objektiv Lebensbedingungen zu schaffen, in denen für die Individuen die Sicherung elementarer Grundbedürfnisse und ein angemessenes Maß an Handlungsfreiheit gewährleistet sind (vgl. Abel et al. 2010, 200f.).

Entwicklung und Veränderung des Kohärenzgefühls

Das Kohärenzgefühl meint die Grundsicherheit, innerlich zusammengehalten zu werden, nicht zu zerbrechen und gleichzeitig auch äußeren Halt und äußere Unterstützung zu finden. Der Kohärenzsinn beschreibt eine mit diesem Gefühl einhergehende und an gedankliche Aktivitäten geknüpfte Weltsicht (vgl. Schiffer 2001, 28ff.)

Im Unterschied zu Antonovskys Auffassung (1997, 158), dass das Kohärenzgefühl nach der Adoleszenz nicht mehr weiter entwickelbar sei, haben neuere Untersuchungen gezeigt, dass es durch positive Erfahrungen auch im Erwachsenenalter durchaus noch gefördert werden kann (vgl. Sack/Lamprecht 1997, 191f.; Sack/Künsebeck/Lamprecht 1997, 154). Auch Hintermair geht davon aus, dass das Kohärenzgefühl veränderbar ist. „Verknüpft man die theoretischen Diskussionen um die Konsistenz des Kohärenzgefühls mit neueren Ansätzen der Identitätsforschung (…), die von einer lebenslangen Identitätsarbeit ausgehen, dann ist auch das Kohärenzgefühl nicht mehr als einmal erworbener Besitz zu begreifen, sondern es muss im Laufe des Lebens immer wieder neu hergestellt werden. Immer wieder neu herstellen müssen impliziert, dass auch immer wieder neu hergestellt werden kann" (Hintermair 2002a, 152).

Einfluss des Kohärenzgefühls auf Belastungserleben

Hintermaier (2002a/b) belegt in einer Studie mit Eltern hörgeschädigter Kinder die Bedeutung von starkem Kohärenzsinn für die Bewältigung belastender Situationen. Eine gute psychische und physische Verfassung der Eltern und das Erleben von Handlungskompetenz und Lebenszufriedenheit wirken sich positiv aus. „Es zeigt sich z.B., dass trotz eines für alle Eltern nahezu vergleichbaren initialen Schockerlebens unmittelbar nach Diagnosestellung diejenigen Eltern mit einem hohen Kohärenzgefühl sehr viel schneller und unmittelbarer eine eher gefasste Haltung (zeigten) sowie (…) versucht hätten, die Situation für sich emotional in den Griff zu bekommen und auch aktiv nach Lösungswegen und -möglichkeiten zu suchen" (vgl. Hintermair 2002b, o.S.). Die Eltern mit einem hohen Kohärenzgefühl erwähnen signifikant häufiger, sich sehr intensiv mit der Behinderung ihres Kindes auseinandergesetzt zu haben. Dies äußert sich zum einen in einer hohen reflexiven Kompetenz, einer hohen Offenheit für neue Lernerfahrungen, in der Realisierung solcher Lernerfahrungen sowie in der Fähigkeit, diese neuen Lernerfahrungen in ihr bereits vorhandenes Wissens- und Kompetenzsystem zu integrieren.

Durch diese Ergebnisse wird exemplarisch der Zusammenhang zwischen der Ausprägung des Kohärenzgefühls und der Art des Erlebens von Belastungs- und Stresssituationen deutlich. Diese Faktoren sowie die impliziten Handlungsaufforderungen sind bedeutsam für die Forschung und Praxis der Kinderhospizarbeit. Retzlaffs Ergebnisse einer Studie zu Kohäsion und Resilienz in Familien mit behinderten Kindern bestätigen diesen Zusammenhang ebenfalls. Er untersuchte die familialen Bereiche Wahrnehmung und Nutzung von Unterstützung, Familienbeziehungen, die Kohäsion der Familie insgesamt sowie die Ehebeziehung und konnte aufzeigen, dass die Stressbelastung von Eltern mit hohem Familien-Kohärenzgefühl geringer ist (vgl. Retzlaff 2007, 2).

Familienkohärenzsinn

Antonovsky erweitert seine Überlegungen zum Kohärenzsinn mit der Einführung des *Familienkohärenzsinns* (Antonovsky
1979, 1987, 1997; Überblick über Forschungsstand und Anwendung bei Vossler 2001). Angelehnt an das Konstrukt des Kohärenzsinns bezeichnet Antonovsky den Familien-Kohärenzsinn (Family sense of coherence, FSOC) als eine familiale Weltsicht oder familiale Orientierung. Kennzeichnend für das Konstrukt Familie ist in diesem Zusammenhang, dass es sich dabei um eine Gruppe von Menschen handelt, die in einem relativ stabilen sozialen Kontext lebt, und nicht um eine willkürlich zusammengestellte Gruppe. Ein starker FSOC kann dann vorliegen, wenn die Mitglieder einer Familie „dazu tendieren, die Gemeinschaft als eine zu sehen, die die Welt als verstehbar, handhabbar und bedeutsam ansieht und zwischen denen ein hohes Maß an Übereinstimmung bezüglich dieser Wahrnehmung besteht" (Antonovsky 1997, 157f.; Hervorhebung im Original).

Damit hat Antonovsky bereits vor geraumer Zeit das individuumszentrierte Forschungsdenken zugunsten einer systemischen Orientierung durchbrochen (vgl. Sagy/Antonovsky 1992, 984). Schiepek betont die dadurch erfolgte Aufwertung „der sozialen Komponente des dynamischen Prozesses der Erzeugung und Aufrechterhaltung von Gesundheit" (Schiepek 1999, 150). Die Familie wird damit als Ausgangspunkt für Bewältigungsprozesse gesehen (vgl. dazu die Studien von Retzlaff 2007; Hintermair 2002a; Eckert 2008). Dies entspricht dem kinderhospizlichen Ansatz, die gesamte Familie für die Bewältigung der progredienten Erkrankung eines Familienmitglieds zu stärken.

Salutogenese in der Kinderhospizarbeit

Das Konzept Salutogenese mit dem inhaltlichen Schwerpunkt Kohärenzgefühl bildet einen theoretischen Rahmen für Maßnahmen zur Stärkung lebensverkürzend erkrankter Kinder und Jugendlicher, ihrer Familien und der haupt- und ehrenamtlichen Mitarbeiter/innen in der Kinderhospizarbeit. Durch die Ausrichtung auf salutogenetische Prozesse wird indirekt auch die Akzeptanz von Krankheitsprozessen gefördert und damit auch die Möglichkeit, Sterben und Tod als Bestandteile des menschlichen Lebens zu integrieren. „Der Tod ist damit nicht letztes Versagen von Reparaturmöglichkeiten, sondern Bestandteil des Lebens" (Franke 1997, 190). Die Ergebnisse neuerer Forschung, die aussagen, dass sich das Gefühl der Kohärenz im Laufe des Lebens eines Menschen verändert und auch nach dem 30. Lebensjahr erweiterbar ist, sowie das Heranziehen von Forschungsergebnissen zum Thema Resilienz bestärkt das Forscherteam in der Annahme, das Forschungsvorhaben an dieser Perspektive auszurichten. Wünschenswert wäre es, wenn die Ergebnisse der Studie u.a. dazu beitrügen, „geeignete Rahmenbedingungen zu schaffen, in denen sich die Resilienzprozesse von Familien entfalten können" (Retzlaff 2007, 3). Zielführende, adäquate Maßnahmen könnten sein:

- Schaffung von Lebensbedingungen für progredient erkrankte Kinder und Jugendliche, die ihnen „ein höheres Maß an Selbstbestimmung über ihre Gesundheit ermöglichen und sie damit zur Stärkung ihrer Gesundheit befähigen" (Ottawa-Charta zur Gesundheitsförderung 1986, 1).
- Bereitstellung ausreichender Ressourcen für Kinder und Jugendliche für die Entwicklung eines starken SOC. Hierzu gehören die Vermittlung positiver Kommunikations- und Interaktionsformen, Stärkung von Kompetenzen und Ressourcen, Erweiterung von Bewältigungsstrategien, soziale Unterstützung, kulturelle Stabilität, Balance zwischen Unter- und Überforderung u.a. (vgl. Bengel 2001 et al., 94).
- Stärkung der Frauen, die im weiblich dominierten Feld der Kinderhospizarbeit tragende Rollen sowohl auf der Seite der Betroffenen als auch auf der der Mitarbeiter/innen spielen. Da die weibliche Sozialisation tendenziell bei der Entwicklung eines starken SOC eher verhindernd wirkt (vgl. Bengel 2001 et al., 87; Franke 1997, 180), ist hier ein wichtiger Ansatzpunkt zu identifizieren. Geschlechtsspezifische Angebote für Frauen und Mädchen zur Förderung von Schutzfaktoren wären positiv zur Entwicklung von starken SOC.
- Stärkung von Ressourcen zur Krisen- und Stressbewältigung aller Akteur/innen, da der Zusammenhang zwischen Kohärenzgefühl und Stresswahrnehmung sowie ein Zusammenhang zwischen Depression/Ängstlichkeit und gering ausgeprägtem Kohärenzgefühl nachgewiesen ist (vgl. Bengel et al. 2001, 87).

Für alle Akteur/innen wären demnach Maßnahmen zur Stärkung des Kohärenzgefühls sinnvoll, ohne dass dabei die Optimierung der strukturellen und Rahmenbedingungen aus dem Blickfeld rücken dürfte (vgl. Abel et al. 2010, 200f.).

1.4 Ethik in der Kinderhospizarbeit

In den Ausführungen zu Ethik in der Kinderhospizarbeit erfolgt ein kurzer, skizzenhafter Überblick über ethische Grundpositionen. Es werden aufgrund der Komplexität der Thematik nur diejenigen ethischen Grundannahmen aufgeführt, die im Zusammenhang mit Theorie und Praxis der Kinderhospizarbeit und „end-of-life"-Fragestellungen stehen. Abschließend werden einige ethisch relevante Aspekte auf die Lebenssituation von Menschen mit lebensverkürzender Erkrankung übertragen.

Hierbei ist es wichtig zu bedenken, dass es nicht die eine richtige Theorie zur Beantwortung ethischer Fragestellungen gibt, sondern, dass alle hier skizzierten ethischen Theorien gebunden an die jeweilige Problemstellung bzw. spezifische Fragestellung Stärken und Schwächen aufweisen (vgl. Rellensmann 2008, 39).

Praktische Philosophie

Die praktische Philosophie als eine Untergruppe der Philosophie beschäftigt sich mit den Fragen des Sollens in Bezug auf das menschliche Handeln (vgl. Fenner 2010).

Diese soll eine praktische Orientierung und eine Idee des Normativen bzw. des Guten vorgeben. Die praktische Philosophie fragt daher „Was soll ich tun?" bzw. „Warum ist es gut, dies oder jenes zu tun?" Dabei wird in zwei Perspektiven differenziert:
- die persönliche Lebensführung (prudentielle Perspektive) und

- das Gemeinwohl der Gesellschaft (moralische Perspektive) (vgl. Fenner 2010, 2f.).

Philosophische Ethik

Die Ethik („das sittliche Verständnis", von altgriechisch ēthos = „gewohnter Sitz; Gewohnheit, Sitte, Brauch; Charakter, Sinnesart", vergleiche lateinisch mos) ist eines der großen Teilgebiete der Philosophie und befasst sich mit Moral, insbesondere hinsichtlich ihrer Begründbarkeit. Cicero übersetzte als erster êthikê in den seinerzeit neuen Begriff philosophia moralis, der seitdem in der lateinsprachlichen Philosophie verwendet wurde.

Ethik wird allgemein mit folgenden Begriffsdefinitionen zu fassen versucht:

1. festgeschriebene sittliche und moralische Grundsätze, Normen und Werte in einer Gesellschaft

und

2. Lehre von den moralischen und sittlichen Grundlagen des Verhaltens der Menschen in einer Gesellschaft

Umgangssprachlich wird der Begriff Ethik oft synonym mit Moral verwendet. In der Philosophie wird Ethik häufig als das Nachdenken bzw. das Reflektieren über Moral, als die Theorie der Moral, verstanden. „Die Ethik untersucht Werte und Moral mit der Frage nach ihrer genauen Bestimmung, ihren Zusammenhängen und ihrer Begründung" (Rellensmann 2008, 38). Die Beschäftigung mit den Methoden fällt in den Bereich der Metaethik (vgl. ebd., 34).

Die philosophische Ethik ist „eine Disziplin der praktischen Philosophie, die allgemeine Prinzipien oder Beurteilungskriterien zur Beantwortung der Frage nach dem richten Handeln zu begründen sucht" (Fenner 2010, 2).

Angewandte Ethik

Die Angewandte Ethik wird gleichzeitig als junge und als sehr alte Disziplin anerkannt, wobei diese Unterscheidung von zwei sich unterscheidenden Definitionen abhängig ist. Man spricht deshalb von einer sehr jungen Disziplin, da erst zu Beginn des 21. Jahrhunderts an deutschen Universitäten Lehrstühle für angewandte Ethik eingerichtet wurden. Es ist tatsächlich ein neueres Phänomen, dass sich die Ethik mit konkreten Problemen aus spezifischen Praxisfeldern auseinandersetzt (vgl. Fenner 2010, 13).

Geht man jedoch von der zweiten Definition aus, blickt man besonders in verschiedenen Bereichsethiken wie der Medizin oder Politik auf eine lange Tradition von anwendungsbezogenen Reflexionen zurück. Hier ist besonders die „Kasuistik" (von lateinisch casus = Fall, Vorkommen) zu erwähnen. Diese setzt sich mit der „Erörterung der Anwendung allgemeiner juristischer oder moralischer Normen auf konkrete Handlungssituationen" (Fenner 2010, 14) auseinander.

Bereichsethiken

Die „Angewandte Ethik" wird in der Literatur in verschiedene Bereichsethiken unterteilt. Es wird von Bereichsethiken gesprochen, die sich häufig hinsichtlich verschiedener Handlungsfelder (z.B. Rechtsethik, Medizinethik, Politikethik) untergliedern.

Bioethik

Unter Bioethik fasst man die ethische Reflexion jeglichen Umgangs von Menschen mit der belebten Umwelt zusammen – im Speziellen des Umgangs von Menschen mit dem Leben anderer Menschen, der Natur und mit medizinischen und biotechnischen Anwendungen. Eines der Ziele ist es, gesellschaftlichen Konsens zu diesen Fragen und Diskussionen zu finden, um eine moralische Grundlage zur Aufstellung normativer Regeln (Gesetze, Konventionen, Entscheidungsgrundlagen für Ethikkommissionen) für einen verantwortungsvollen Umgang mit Leben zu liefern (vgl. Bundeszentrale für politische Bildung 2010[1]). Anhand der oben genannten Definition wird deutlich, dass auch die folgenden Bereichsethiken unter Bioethik fallen.

- Medizinethik
  Die Medizinethik beschäftigt sich mit ethischen Fragestellungen, die sich im Bereich der medizinischen Versorgung von Menschen aufwerfen.
- Pflegeethik
  Die Medizinethik wird häufig in weitere Untergruppen gegliedert. Eine weit verbreitete, aber nicht unumstrittene Untergliederung ist die Pflegeethik. Die Pflegeethik als eigenständiger Bereich wird oft kritisiert, da auch in ihr medizinische Aspekte einen großen Raum einnehmen und sich häufig nicht scharf abgrenzen lassen.

Normative Ethik

Die normative Ethik beschäftigt sich mit den Prinzipien und Werten der Moral und hat den Anspruch, allgemeingültige Werte und Normen zu entwickeln. Im Wesentlichen vollzieht sich der Nachweis von Moral auf der Ebene verschiedener ethischer Prinzipien. Diese verschiedenen ethischen Ansätze kommen hier bei gleichen ethischen Fragestellungen zu unterschiedlichen Antworten. Dies liegt an ihren differenten Betrachtungswinkeln und den ihnen immanenten Auffassungen.

Häufig liegen unseren Ansichten innerhalb ethischer Diskussionen bereits ethische Prinzipien zugrunde, die wir auch ohne deren bewusste Kenntnis benutzen. Die Auseinandersetzung mit den Voraussetzungen der ethischen Prinzipien können dazu beitragen, „Inhalt und Reichweite eigener und fremder Argumente besser zu verstehen" (Rellensmann 2008, 39).

Nachfolgend werden verschiedene ethische Ansätze dargelegt, auf deren Grundlage ethische Fragen interpretiert und unterschiedlich ausgelegt werden können.

Unter der deontologischen Ethik (von griechisch deon = Pflicht) versteht man eine normative Moralphilosophie. Sie vertritt die Auffassung, „dass Handlungen nicht durch ihre konkreten Folgen, sondern nur aus anderen Gründen richtig oder falsch sein können".

Die christliche Ethik ist die weit verbreiteste deontologische Ethik unseres Kulturkreises. In ihrer Begründung beruft sie sich auf gottgegebene Handlungsnormen und Werte (vgl. Rellensmann 2008, 39).

In der islamischen Ethik wird davon ausgegangen, dass der Koran „im Islam als höchste, unfehlbare, absolut zuverlässige, nicht hinterfragbare, zur Hingabe und zum Gehorsam auffordernde Autorität" (Rellensmann 2008, 41) angesehen wird. Anders wird dieses in der christlichen Ethik verstanden. Die Bibel gilt hier als nicht unmittelbares Wort Gottes, sondern als menschliches und somit auslegbares Werk (vgl. ebd.).

Deontologische Ethik nach Kant

Im Unterschied zu den beiden vorgestellten deontologischen Ethiken entwarf Immanuel Kant (1724–1804) eine deontologische Ethik, die sich nicht auf religiöse Aspekte beruft. Die Klärung der Voraussetzung moralischer Handlungen auf Seiten des handelnden Subjekts gilt als ein vorausgehender und entscheidender Aspekt für eine allgemeine Begründung. Die zentrale These Kants lautet: Erst durch eine freie, autonome Entscheidung besteht die Voraussetzung moralisch gut zu handeln, nicht durch den empirischen Gehalt einer Handlung. Die Autonomie der Adressaten zu achten setzt voraus, dass die Ethik an sich keinen anderen Inhalt als die „Pflicht zur Autonomie selbst" (Ludewig 1999) hat.

Die utilitaristische Ethik

Die utilitaristische Ethik geht auf J. Bentham zurück und stellt das Ziel, nicht die Pflicht in den Vordergrund. Sie orientiert sich nicht an den feststellbaren Folgen der Handlungen und verzichtet auf me-

---

[1] Bundeszentrale für politische Bildung: URL. http://www.bpb.de/themen/OXJNT9,0,0,Bioethik_als_Verantwortungsprinzip.html (Letzter Zugriff: 13.09.2010).

taphysische Vorannahmen.[2] Als ein relevantes utilitaristisches Prinzip gilt die Ausrichtung des Handelns am Ziel der Vermehrung des Glücks (vgl. Fischer et al. 2008, 114).

> „Die Auffassung, für die die Nützlichkeit oder das Prinzip des größten Glücks die Grundlage der Moral ist, besagt, dass Handlungen insoweit und in dem Maß moralisch richtig sind, als sie die Tendenz haben, das Gegenteil von Glück zu bewirken. Unter ‚Glück' ist dabei Lust (pleasure) und das Freisein von Unlust (pain), unter ‚Unglück' Unlust und das Fehlen von Lust verstanden" (Mill 1976, 60).

In moderneren Varianten des Utilitarismus werden anstatt des schwer beobachtbaren Glücks Wünsche und/oder Interessen des Subjekts in den Vordergrund gestellt. Es wurde nach einem Umgang mit der utilitaristischen Betrachtungsweise deutlich, dass die genaue Bestimmung eines Zieles und die Abwägung im Einzelfall mit großen theoretischen und praktischen Problemen verbunden sind. Dem utilitaristischen Gedankengang untersteht auch Peter Singer, der durch die Diskussion der Aspekte Rationalität und Selbstbewusstsein als elementare Eigenschaften einer Person das Lebensrecht von Menschen mit schwersten Behinderungen in Frage stellte (vgl. Singer 1984; Rellersmann 2008, 43ff.).

Die Prinzipienethik
Die diskursethische Methode legt ihren Schwerpunkt auf die Alltagsmoral, die vor jeder theoretischen Erwägung bereits vorhanden ist, sowie auf den Verzicht auf letztendliche Werte. Das im Jahr 1979 entwickelte Prinzipienethikmodell von Beauchamp und Childress (2001) stützt sich auf vier medizinethische Prinzipien:

- Respekt vor der Autonomie des Patienten/Selbstbestimmung (autonomy)
  Der Patientenwille hat immer Vorrang (entweder direkt geäußert, über Patientenverfügung oder über Willensäußerung).
- Nichtschadensprinzip (nonmaleficence)
  Der Begriff „nonmaleficence" kommt von non = nicht, male = schlecht, facere = tun und bedeutet nicht Schlechtes tun und wird häufig auch mit „nicht schaden" übersetzt. Hier muss klar abgewogen werden, womit einem Patienten geschadet und womit ihm Gutes getan wird.
- Prinzip des Wohltuns (beneficence)
  Der Begriff „beneficence" kommt von bene = gut und facere = tun. Es geht darum ausschließlich zum Wohle des Patienten zu handeln. Dies beinhaltet auch, dass nicht jede medizinische Maßnahme durchgeführt werden soll, sondern nur diejenigen, die wirklich dem Nutzen des Patienten dienen.
- Gerechtigkeit (justice)
  In diesem Prinzip nehmen die gerechte Verteilung von Leistungen und Ressourcen einen besonderen Stellenwert ein.

Wesentlicher Kern dieser Ethik ist die Annahme, dass die Alltagsmoral einen gemeinsamen Nenner besitzt, „einen kohärenten Kern (common morality), der auf der Ebene von den vier Prinzipien mittlerer Reichweite angegeben werden kann" (Rellensmann 2008, 45).
Die vier Prinzipien nach Beauchamp und Childress bilden keine absolut gültigen Normen für moralisch richtige Handlungen ab. Sie bauen lediglich die „wesentlichen Momente der moralischen Beurteilung" (ebd.) auf.

Die Tugendethik
Die Tugendethik stellt die Frage nach dem guten, gelingenden Leben in den Vordergrund und richtet ihren Fokus nicht wie die anderen verschiedenen Ethiken auf die Frage nach den richtigen oder fal-

---

2 Die Metaphysik versteht sich als eine Grunddisziplin der Philosophie und beschäftigt sich mit den bedeutendsten Problematiken der theoretischen Philosophie. Hier legt die Metaphysik besonderen Stellenwert auf die Beschreibung der Voraussetzungen und Ursachen allgemeiner Strukturen, Gesetzlichkeiten und Prinzipien.

schen Handlungen bzw. Entscheidungen. Aristoteles entwarf eine Ethik, in der das Handeln auf ein letztes Ziel, eudemonia,[3] hinaus angelegt war. Glück meint in diesem Zusammenhang einen lang anhaltenden Zustand des guten Lebens. Um dieses zu erreichen, bedarf es bestimmter Charaktereigenschaften und Tugenden. Aristoteles unterscheidet hier in dianoetische und ethische Tugenden. Die dianoetischen Tugenden beziehen sich auf den rationalen Teil der Seele, die ethischen dagegen auf den Teil der Seele, der für Emotionen zuständig ist, aber auch durch die Vernunft beherrscht werden kann. Ethische Tugenden werden anerzogen oder bilden sich aus Gewohnheiten heraus. Durch sie kann ein Zustand der Vortrefflichkeit erreicht werden, in dem genau die Mitte zwischen zwei extremen Richtungen abgebildet wird (Beispiel: Tapferkeit). Tugendhaftes Verhalten gilt hier als eine der Voraussetzungen für ein gutes Leben.

Charakteristisch für die Tugendethik ist der Fokus auf die persönliche, eigene Haltung der handelnden Person selbst. Ein Tugendethiker würde auf die Frage, welche Handlung in Situation x richtig wäre, antworten, „diejenige, die ein tugendhafter Mensch in dieser Situation wählen würde" (Rellensmann 2008, 47). Die Tugendethik nimmt als erstes die Situation selbst in den Fokus ihrer Betrachtung und fragt dann nach der Haltung der handelnden Personen. Hieraus ergeben sich Antwortmöglichkeiten auf moralische Fragen.

Die Kasuistik

Die Kasuistik versteckt sich hinter jeder theoretischen Ethik, die einen Anspruch auf die Lösung praktischer Fragen erhebt. Einen besonderen Stellenwert erhält die Kasuistik in medizinethischen Fragen. Hier werden die Analyse von Einzelfällen und ihre Beurteilungen als alleinige Erkenntnisquelle angesehen. Der Ausgangspunkt in der Kasuistik ist der Einzelfall selbst. Voraussetzung für die Lösung ethischer Probleme ist die intensive Analyse des Einzelfalles und somit eine detaillierte Beschreibung der Situation. Aufgrund dieser detaillierten Beschreibung wird der Fall klassifiziert, wofür ein breites Repertoire an verschiedenen Einzelfällen, bei denen eine sichere Beurteilung vorliegt, notwendig ist. Zur Bearbeitung des Falles wird nun der neue Einzelfall mit den vorliegenden Einzelfällen verglichen und hinsichtlich seiner Hauptmerkmale gegliedert. Am Ende dieses Vorgangs sollen so eine erstrebenswerte und eine abzulehnende Handlungsempfehlung vorliegen.

Die Ethik der Fürsorge

Die Fürsorgeethik (care ethics) hat ihren Ursprung in einer Kritik an der Theorie Kohlbergs zur Entwicklung der Moral. Dieser kam zu dem Schluss, dass das Moralverständnis eine vorwiegend kognitive Leistung ist, durch die sich konkrete Regeln des Alltags zu abstrakten Regeln entwickeln (vgl. Kohlberg 1996). Gilligan (1996) entwickelte diese Grundannahme weiter zu einer Ethik der Fürsorge, deren Grundzüge in der Anteilnahme und der Verantwortung liegen und die eine besondere Gewichtung auf das emphatische Verständnis aller Beteiligten legt. Daher stehen die Beziehungen der beteiligten Personen untereinander im Zentrum der Analyse des ethischen Diskurses. Ziel ist es hier, die Bindung der Beteiligten untereinander zu stärken und so die Möglichkeit der Berücksichtigung der Bedürfnisse aller zu ermöglichen (vgl. Rellensmann 2008, 49).

Anhand der vorgestellten ethischen Theorien können unterschiedlichste ethische Problemfelder generell und auch in der Kinderhospizarbeit aus verschiedensten Perspektiven betrachtet und bearbeitet werden. In vielen moralischen Auseinandersetzungen finden sich Aspekte der vorgestellten ethischen Erklärungsmuster wieder, so z.B. besteht größtenteils Einigkeit in der Frage nach Vermeidung von Schmerzen und Stärkung von Autonomie eines Patienten. Diese Argumentationskette bezieht sich beispielsweise auf die Prinzipienethik (vgl. Rellensmann 2008, 49f.).

Speck diskutiert die Schwierigkeit, Ethik im Alltag fassbar, kommunizierbar und erlebbar zu machen und begründet dies mit der Praxisferne sozialethischer Auseinandersetzungen: „Man hat den Eindruck, das Ethische habe sich in den abstrakten Raum abgesetzt, wo sich Menschen nicht von Angesicht zu Angesicht begegnen, sondern von Theorie zu Theorie, über Bildschirme und geschriebenes Wort, über abstrakte Diskurse miteinander kommunizieren" (Speck 1996, 101). Ethikkommissionen werden ein-

---

[3] Von griechisch eu = Glück und daimon = Gott, darunter wird ein Zustand verstanden, in dem die Gottheit den Menschen wohlgestimmt gegenübertritt.

gesetzt, um Kriterien und Leitsätze für umstrittene ethische Fragestellungen zu entwickeln und führen in eigens dafür geschaffenen Räumen Diskussionen über Fragen, die Menschen in ihrem Alltag jedoch unmittelbar und häufig existentiell betreffen. So stellt Schlüter zum Lebensrecht geschädigter Kinder zu Beginn ihres Lebens fest: „Die nicht betroffene Öffentlichkeit ist wenig informiert und involviert in bzw. über gesetzliche Möglichkeiten, ärztliche Handhabungen und Entscheidungskonflikte von Müttern bzw. Paaren. Diese wiederum suchen individuelle und medizinische Lösungen, die vorrangig nicht gesellschaftlich diskutiert werden sollen" (Schlüter 2007, 30). Ethik in Form moralischer Fragestellungen wird somit immer dann „unmittelbar, d.h. ohne eine rationale Begründung und Ableitung, in der Begegnung mit dem anderen erlebt, für den ich Verantwortung wahrnehme" (Speck 1996, 103). Diese Unmittelbarkeit von Fragen der Menschenwürde ist sowohl in den skizzierten pränatalen Entscheidungsprozessen als auch in allen pädagogischen Prozessen präsent, in denen Menschen in ihrer Individualität aufeinander treffen und für einander Verantwortung übernehmen. Als grundlegend gilt hier im Sinne Lèvinas die Achtung des Wertseins des anderen, die eine ursprüngliche Sozialität in jeder Begegnung beinhaltet.

Gröschke begründet die Notwendigkeit ethischer Reflexionsanstrengungen mit der Fragilität menschlichen Zusammenseins, die zur Folge hat, dass die gelebten zwischenmenschlichen Verhältnisse immer wieder neu geordnet werden müssen. „(…) Erfahrungen von Endlichkeit, Ge- und Zerbrechlichkeit, die uns selber widerfahren oder deren Allgegenwärtigkeit wir in unserer sozialen Umwelt – der nahen wie der fernen – jederzeit antreffen, sind *Grenzerfahrungen.* Erst in ihrem Horizont erkennen wir, wie wenig selbstverständlich die Normalität, der normale Gang der Dinge, ist und wie sehr uns diese existentielle Gefährdung und Zerbrechlichkeit der Lebensverhältnisse nötigt, uns ihrer Konsequenzen zu vergewissern und an der Sicherung einer ‚Ordnung des guten Lebens' verantwortlich mitzuwirken – und sei es nur in unserem ‚aufgeklärten Interesse'" (Gröschke 1993, 162f.). Als Gegenhalt zu dieser jedes menschliche Leben konstituierenden Fragilität beschreibt er eine aus Hilfe, Beistand, Anteilnahme, Mitleid, Trost und Liebe bestehende mitmenschliche Solidarität, die jedoch aufgrund ihrer eigenen Zerbrechlichkeit immer wieder neu ethisch eingefordert werden muss. Für die Begleitung progredient erkrankter Kinder und Jugendlicher scheinen die ethischen Ausführungen Gröschkes auch aus dem Grund von Relevanz zu sein, da er aus dem Faktum der Sterblichkeit, der Endlichkeit und der Schutzbedürftigkeit der Menschen eine Nächstenethik ableitet. Die für alle Menschen in gleicher Weise geltende Unausweichlichkeit des Todes bedeutet für den Einzelnen die rational wie emotional bedeutsame Erkenntnis des im letzten einsamen und sterblichen Selbst und eröffnet „den Zugang zur Schicksalsgemeinschaft mit allen Mitmenschen, ja mit allen sterblichen Wesen" (ebd., 164).

Auch der Moraltheologe Schockenhoff begründet Menschenwürde und Menschenrecht mit dem Menschsein an sich: „(…) Achtung beruht weder auf dem Besitz sozialer Statusmerkmale noch auf individuellen Vorzügen wie Schönheit, Gewandtheit, Attraktivität oder Intelligenz. Menschenwürde und Menschenrechte kommen jedem Menschen vielmehr allein aufgrund seines Menschseins und somit ungeachtet aller weiteren Qualitäten zu, über die er in unterschiedlichem Maß verfügen mag" (Schockenhoff 2004, 131).

Diese Grundannahmen implizieren auch für die Beziehung zwischen progredient erkranktem Kind oder Jugendlichen und den begleitenden Fachkräften (z.B. im Kinderhospiz) ein Beziehungsverständnis, das auf Solidarität, Symmetrie und einer in ethischer Verantwortung für einander begründeten Koexistenz beruht. Das gemeinsame Wissen um die Endlichkeit des Lebens als anthropologischer Ausgangs- und Fixpunkt des miteinander Seins in einem pflegerisch-pädagogischen Kontext stellt somit die Basis einer gegenseitig wertschätzenden Achtung in existentieller Verbundenheit dar.

Mitgefühl
Der Aspekt des Mitgefühls sei an dieser Stelle aufgrund seiner Bedeutung für das ethisch begründete Miteinander ergänzt.
Die differenzierten Ausführungen Dederichs zur moralischen Funktion des Mitgefühls unterscheiden dieses deutlich vom Aspekt des Mitleids, das an sich als problematisch und in Bezug auf die Begründung von Moral als zu wenig aussagekräftig betrachtet wird. Mitgefühl hingegen wird verstanden als „eine mitmenschliche Anteilnahme an der existentiellen Situation anderer, sie enthält die Bereitschaft, sich auch mitzufreuen, sich zu solidarisieren, sich gegenseitig zu unterstützen und zu helfen. In diesem

Lichte gesehen ist Mitgefühl eine entscheidende Kraft, Strukturen des Zusammenlebens auf zwischenmenschlich-emotionaler Ebene zu schaffen" (Dederich 2000, 194f.). Eine kinderhospizliche Begleitung progredient erkrankter Kinder und Jugendlicher, die sich durch das Mitfühlen der spezifischen Lebenssituation in all ihren Facetten auszeichnet, scheint in einem hohen Maße geeignet, die Ressourcen des Betroffenen zu stärken, ohne die erlebten Belastungen und Ängste zu negieren. Hierbei erfüllt Mitgefühl eine sehr grundlegende Funktion der Beziehungsgestaltung, indem es zunächst eine Verbindung zum anderen herstellt bzw. „es ist ein Weg, diese Verbindung wahrzunehmen und zu kultivieren. Mitfühlen heißt, sich für den anderen engagieren, indem über alle Differenzen hinweg etwas allgemein Menschliches entdeckt und ein Sinn für dieses Gemeinsame vertieft wird" (ebd., 195). Mitfühlen bedeutet demnach weder die Identifikation mit den Gefühlen des anderen noch die stellvertretene Übernahme seiner Emotionen, sondern das mitfühlende Tragen und gegebenenfalls auch Ertragen seiner emotionalen Situation in enger solidarischer Verbundenheit. In dieser Gemeinsamkeit kann Beziehung entstehen, wachsen und auch Erschütterungen aushalten, die durch Krisen des progredient erkrankten Kindes als Herausforderung an die Beziehungskultur entstehen. Mitfühlen bei Behinderung und fortschreitender Krankheit bedeutet dann: „Solche Mitfreude und solches Mittragen, das die anderen in ihrem Anderssein nicht erniedrigt, sondern sie in ihrem individuellen So-Sein bestärkt, sind Grundformen kreatürlicher Ehrfurcht, die sich dem leidenden und behinderten Menschen – nicht dem Leiden und der Behinderung an sich – in besonderem Maße nahe weiß" (Schockenhoff 2004, 148f.).

Mitfühlende Begleitung ermöglicht Verstehen auf der Grundlage von Nähe, Zugewandtheit und der Wahrnehmung des individuellen auch nonverbalen Ausdrucks. Dies zeigt, dass Mitgefühl unmittelbar an die Wahrnehmungsfähigkeit der begleitenden Fachkraft gekoppelt ist. „Hinzu kommt, dass sich Mitgefühl nicht allein aufgrund der Wahrnehmung des isoliert gesehenen anderen entwickelt, sondern auch auf dem Boden einer Sensibilität für die Kontexte, in denen dieser andere steht" (Dederich 2000, 196; Jennessen 2009, 150). Diese Feststellung impliziert die für die Kinderhospizarbeit elementar wichtige Berücksichtigung der Familien und erweitert den Aspekt des Mitfühlens über die Person des erkrankten Kindes oder Jugendlichen auf seine Angehörigen.

Ethische Problemfelder in der Kinderhospizarbeit

Abschließend soll eine kurze Übersicht über mögliche ethische Konfliktfelder in der Kinderhospizarbeit erfolgen. Die hier angeführten Themen erheben keinerlei Anspruch auf Vollständigkeit, sondern sollen lediglich verdeutlichen, mit welch unterschiedlichen ethischen Fragestellungen die Akteure der Kinderhospizarbeit konfrontiert sein können. Für diese als auch für sämtliche andere ethische Herausforderungen sind keine verallgemeinerbaren Handlungsempfehlungen generierbar. Die dargestellten ethischen Theorien können aber dazu beitragen, den Beteiligten ihre eigenen ethischen Grundannahmen bewusst werden zu lassen und somit zu einem reflektierten ethischen Diskurs beitragen.

Als mögliche ethische Problemfelder in der Kinderhospizarbeit gelten folgende Themen:

- Kindeswille vs. Elternwille (vgl. Rellensmann 2008, 56ff.)
- Eltern als Experten vs. Kindeswille
- Kindeswille vs. Kindeswohl (vgl. Rellensmann 2008, 56ff.)
- Patientenautonomie eines Kindes/eines Kindes mit Behinderungen
- Institutionelle Gegebenheiten/Kindeswohl
- Kindeswille bzw. Eltern/medizinische Notwendigkeit
- Wahrheitsvermittlung – ja oder nein? (vgl. Rellensmann 2008, 59f.)
- Problematik der stellvertretenden Entscheidung (vgl. Kränzle et al. 2010, 84)
- Problematik der Abgrenzung (z.B. seitens der Mitarbeitenden)
- Problematik der vermeintlichen Sinnlosigkeit (vgl. Kränzle et al. 2010, 84)
- Problematik des Wunsches nach Sterbehilfe
- Elternkompetenz vs. Fachkompetenz.

II. Theorie

1. Kinderhospizarbeit

1.1 Entstehung der Hospiz- und Kinderhospizbewegung

Das Wort Hospiz leitete sich vom lateinischen „hospitium" ab, das „Herberge" bedeutet. Bereits in der frühen Phase der Ausbreitung des Christentums im Römischen Reich boten Hospize Unterkunft und Hilfe für Reisende, Bedürftige, Kranke und Sterbende. Im frühen Mittelalter waren Hospize Herbergen in entlegenen Gebieten. Diese Herbergen wurden von christlichen Orden geführt und boten Pilgern und Reisenden Schutz und Hilfe auf ihrem gefahrenreichen Weg (vgl. Meyers 1999, 86). Im Zuge der Säkularisierung wurden viele Hospize geschlossen und erst Mitte des 19. Jahrhunderts die ihnen zugrunde liegende Idee wieder aufgegriffen. 1836 eröffnete Pastor Theodor Fliedner in Kaiserswerth ein Haus für Schwerstkranke, Sterbende und Mittellose, das von Diakonissen geführt wurde (vgl. Burgheim 2006, 14).

Um die Jahrhundertwende entwickelten sich dann immer mehr hospizliche Initiativen, so entstanden beispielsweise das Hospiz bei den irischen Schwestern der Nächstenliebe in Dublin, gegründet von Mary Aikenhead (1879) und das St. Joseph's Hospice der barmherzigen Schwestern in London (vgl. Robbins/Moscrop 1995, 246). Dieses Haus gilt heute als das Mutterhaus der modernen Hospizbewegung in Großbritannien, weil die Krankenschwester, Ärztin und Sozialarbeiterin Dr. Cicely Saunders dort ihre Prinzipien der Schmerzkontrolle entwickelte. 1967 gründete sie das weltweit erste moderne Hospiz mit dem Namen St. Christopher's Hospice (vgl. Student/Mühlum/Student 2004, 140). Sie nannte dieses Haus Hospiz, „anknüpfend an die mittelalterliche Bezeichnung für Herbergen an den Pilgerwegen" (Student 2008, 90f.). Es sollte „Menschen auf der letzten Wegstrecke der irdischen Pilgerreise Unterkunft, Pflege, Fürsorge und gelebte Gemeinschaft (ermöglichen)" (ebd.).

Die Hospizbewegung wurde des Weiteren im Wesentlichen durch Elisabeth Kübler-Ross geprägt, gebürtige Schweizerin, Ärztin und Psychiaterin, die durch ihre Forschungen im Kontakt mit Sterbenden das Thema Tod und Sterben zu enttabuisieren versuchte und ein bedeutsames Phasenmodell des Sterbeprozesses entwickelte. Ihre Forschungen waren die ersten fundierten wissenschaftlichen Auseinandersetzungen mit Sterbeprozessen, an denen sich alle weiteren thanatalen Diskurse orientierten und die bis heute von Bedeutung sind (vgl. Student/Mühlum/Student 2007, 14, 138). Seitdem ist aus der Hospizidee eine weltweite Hospizbewegung entstanden, deren „Lehrmeister" die Sterbenden selbst sind. Die Hospizbewegung orientiert sich in erster Linie an den Wünschen und Bedürfnissen der sterbenden Menschen selbst (vgl. Student 2008, 90f.).

In Deutschland entstand 1986 das erste Hospiz in Aachen. Im Laufe der Zeit wurden weitere Hospize gegründet, meist in Trägerschaft von Vereinen, Bürgerinitiativen und kirchlichen Trägern. Anfänglich wurden diese nur durch Spenden finanziert und durch Ehrenamtliche begleitet. Die deutsche

Hospizbewegung wurde grundlegend von verschiedenen Verbänden, Gesellschaften sowie Stiftungen wie dem Deutschen Hospiz- und Palliativverband (DHPV) und der Deutschen Hospiz Stiftung geprägt. Im Jahr 2008 existieren 1.500 ambulante Hospizdienste, 162 stationäre Hospize und 166 Palliativstationen, des Weiteren gibt es teilstationäre Hospize (Tageshospize, Nachthospize). 80.000 Ehrenamtliche gehören der Hospizbewegung an (vgl. Rösch 2009, 4[4]).

Die Kinderhospizbewegung entstand 1978 in England, etwa zehn Jahre nach Eröffnung des weltweit ersten Erwachsenenhospizes in London. Vier Jahre später wurde das weltweit erste Kinderhospiz, das Helen House, von der Nonne und Krankenschwester Frances Domenica in Oxford eröffnet. Die Familie Worswick suchte 1978 Kontakt zu Frances Domenica, da ihre Tochter Helen lebensverkürzend erkrankt war. Helen hatte einen Hirntumor, der operativ entfernt wurde, jedoch große Teile des Hirns irreparabel geschädigt hatte, sodass Helen einer 24-Stunden-Pflege bedurfte. Frances Domenica entwickelte aus der Pflege Helens heraus die Idee, einen Ort für Familien mit lebensverkürzend erkrankten Kindern zu schaffen. Gemeinsam mit betroffenen Eltern schuf sie das Konzept für das erste Kinderhospiz, genannt Helen House (vgl. Worswick 2000, 18ff.). Nachdem das Helen House eröffnet war, wurde bald deutlich, dass der Bedarf durch eine Einrichtung alleine nicht gedeckt werden konnte, und es erfolgten weitere Gründungen von Kinderhospizen in England. Frances Domenica führt als Ziel der Kinderhospizarbeit an, dass die Kinder und Jugendlichen mit ihren Familien zu Hause sein können und dort unterstützt werden sollen. Stationäre Kinderhospize sollen nur ein Glied in der Kette der Unterstützungssysteme sein. Es wurden daher 1994 ambulante Kinderhospizdienste ins Leben gerufen. Diese werden mit „hospice at home" bezeichnet und sind, wie folgende Definition verdeutlicht, wesentlicher Bestandteil von der pädiatrischen Palliative Care. „Hospice at Home is a term commonly used to describe a service which brings skilled, practical children's palliative care into the home environment. Hospice at Home works in partnership with parents, families and other carers" (ACT 2010[5]).

Die Kinderhospizbewegung in Deutschland entstand erst Anfang des Jahres 1990 durch den Zusammenschluss und das gemeinsame Interesse von sechs Elternpaaren mit lebensverkürzend erkrankten Kindern. Diese Familien gründeten den Deutschen Kinderhospizverein e.V. (DKHV) und wollten ein erstes deutsches stationäres Kinderhospiz nach englischem Vorbild erbauen. Dieses Ziel erwies sich als nicht einfach und der Weg dorthin war durch viele Unwegsamkeiten und Schwierigkeiten geprägt (vgl. Hartkopf 2005, 4; Deutscher Kinderhospizverein e.V. 2010a[6]). Um den Bekanntheitsgrad der Kinderhospizarbeit zu erhöhen, das inhaltliche Anliegen des DKHV zu verdeutlichen und um einen geeigneten Träger für das erste stationäre Kinderhospiz zu finden, wurde die Öffentlichkeitsarbeit des Vereins intensiviert. Durch diese Aktivitäten stiegen die Mitgliederzahl und auch das jährliche Spendenvolumen erheblich. 1997 fand der DKHV die Gemeinnützige Gesellschaft der Franziskanerinnen zu Olpe (GFO) als geeigneten Träger zur Errichtung eines stationären Kinderhospizes. Da aufgrund der eingegangenen Spenden ausreichende finanzielle Mittel zu Verfügung standen, konnte der Bau des ersten stationären Kinderhospizes in Deutschland beginnen. Ein geeignetes Baugrundstück fand sich in Olpe, Nordrhein-Westfalen. Die Eröffnung des Kinderhospizes Balthasar fand 1998 statt. Kurze Zeit später wurden dort die ersten Gäste aufgenommen (vgl. Deutscher Kinderhospizverein e.V. 2010a).

Der erste ambulante Kinderhospizdienst Deutschlands in Kirchheim/Teck wurde 1998 ins Leben gerufen. Der Deutsche Kinderhospizverein e.V. begann 2004 mit dem Aufbau und der Vernetzung der ambulanten Kinderhospizdienste (vgl. Deutscher Kinderhospizverein e.V. 2010a; Hartkopf 2005, 4). Im September 2002 gründete sich der Bundesverband Kinderhospiz e.V. Dieser dient neben dem Deutschen Kinderhospizverein e.V. als weitere Dachorganisation für die Kinderhospizarbeit in Deutschland (vgl. Lehmann 2002, 10). Der Zusammenschluss der beteiligten Organisationen unter den Dächern dieser beiden Verbände verfolgt das Ziel, langfristig eine flächendeckende sowohl ambulante als auch stationäre Kinderhospizversorgung zu ermöglichen. Im Zuge dessen wurde Kontakt zur Bundesarbeitsgemeinschaft Hospiz (BAG, heute: Deutscher Hospiz- und PalliativVerband e.V.) aufgenommen.

---

[4] Rösch, Erich (2009): Das Ehrenamt – Erfahrungen und Perspektiven in Deutschland. Vortrag, Verfügbar unter: http://www.hospiz.net/ter-dhpv/archiv/2009/20090507_ehrenamt-erfahrungen-perspektiven.pdf (Letzter Zugriff: 11.11.2009).
[5] ACT (2010): Children's palliative care definitions. http://www.act.org.uk/page.asp?section=59&sectionTitle=What+is+children%27s+palliative+care (Letzter Zugriff: 07.07.2010).
[6] Deutscher Kinderhospizverein e.V. (2010a): Geschichte des Deutschen Kinderhospizvereins e.V. URL: http://www.deutscher-kinderhospizverein.de/2_geschichte.php (Letzter Zugriff: 23.08.2010).

Die Bundesarbeitsgemeinschaft ist heute eine „Dachorganisation und Interessenvertretung von 1.310 ambulanten Hospizinitiativen und circa 200 stationären Hospizen und Palliativstationen in Deutschland sowie der Landesarbeitsgemeinschaften Hospiz in den 16 Bundesländern" (Deutscher Hospiz- und PalliativVerband e.V. 2010[7]).

Nach der Eröffnung des Kinderhospizes Balthasar entstanden weitere stationäre Kinderhospize, die sich konzeptionell weitgehend an dem Kinderhospiz Balthasar orientieren. Beim Bau der Kinderhospize Sonnenhof, Sternenbrücke und Löwenherz leistete der DKHV finanzielle Hilfe und unterstützte so erstmals auch andere Kinderhospize als das Kinderhospiz Balthasar. Seit dem Jahr 2004 hat der DKHV den Ausbau der ambulanten Kinderhospizdienste zu seinem wichtigsten Anliegen deklariert. 2005 feierte der Verein sein 15-jähriges Bestehen sowie die Eröffnung der Deutschen Kinderhospizakademie (vgl. Deutscher Kinderhospizverein 2010a) Die Kinderhospizakademie organisiert Informationsseminare, Fachkongresse, das zweijährlich stattfindende Kinderhospizforum sowie sämtliche Fort- und Weiterbildungsangebote. Durch diese Institution wird das inhaltliche Angebot der Kinderhospizbewegung signifikant erweitert (vgl. Deutscher Kinderhospizverein e.V. 2010b[8]). Unter dem Motto „Begleitung auf dem Lebensweg" fand im Oktober 2005 das erste Deutsche Kinderhospizforum in Köln statt. Verschiedene Mitarbeitende aus Kinderhospizen, Eltern lebensverkürzend erkrankter Kinder und Fachleute trugen durch Vorträge und Workshops zu dieser Veranstaltung bei. Weitere Kinderhospizforen fanden in den Jahren 2007 und 2009 statt (vgl. Deutscher Kinderhospizverein e.V. 2010c[9]). Im Jahr 2006 überschritt die Mitgliederzahl des DKHV die Tausendmarke. Seit dem Jahr 2007 wird alljährlich am 10. Februar der „Tag der Kinderhospizarbeit" in besonderer Weise gestaltet und soll bundesweit auf die Situation von Familien mit progredient erkrankten Kindern aufmerksam machen (vgl. Deutscher Kinderhospizverein e.V. 2010d[10]).

1.2 Erwachsenen- und Kinderhospizarbeit im Vergleich

„Es geht bei Hospizen nicht eigentlich darum, neue Institutionen zu schaffen, sondern darum, alte Traditionen des menschlichen Umgangs mit Sterbenden wieder neu zu entdecken und sie in unsere veränderte Welt hinein zu sprechen" (Student 1985, zitiert nach Brathuhn 2003, 71).

Diese Leitidee, thanatale Themen in das öffentliche Bewusstsein zu reintegrieren, ist in der Behindertenbewegung bislang nur marginal berücksichtigt worden. Lediglich im Bereich der Kinderhospizarbeit wird zunehmend eine Verzahnung sonderpädagogischer sowie kinderhospizlicher Gedanken und Theorien erkennbar und für die Praxis beider Perspektiven nutzbar gemacht. Im Folgenden sollen fünf Kennzeichen expliziert werden, die aktuell allen vorhandenen Hospizangeboten gemein sind und zum Ziel haben, die Bedürfnisse progredient erkrankter Menschen zu sichern:

1. Im Zentrum der Hospizarbeit stehen der schwerkranke Mensch und seine Familie. Die Hospizbewegung orientiert sich hierbei an den Leitideen der Selbstbestimmung und des Empowerment. Da davon ausgegangen wird, dass Angehörige oftmals ähnlich leiden wie der schwerkranke Mensch selbst, werden diese bei allen Unterstützungsangeboten ausdrücklich mitberücksichtigt.
2. Den in dieser Weise betroffenen Menschen steht ein interdisziplinäres Team zur Verfügung, um ihren vielfältigen Bedürfnissen gerecht zu werden. Dieses Team bedarf der engen Vernetzung und muss die gegenseitige Unterstützung der Teammitglieder gewährleisten.
3. Ehrenamtliche Mitarbeiterinnen und Mitarbeiter werden in den Begleitungsprozess miteinbezogen, mit dem Ziel, Mitmenschlichkeit, Anteilnahme und Alltäglichkeit in die Begleitung einzubringen und so den Erkrankten und Trauernden (wieder) zur Partizipation am gesellschaftlichen Leben zu verhelfen.

---

[7] Deutscher Hospiz- und PalliativVerband e.V. (2010). http://www.hospiz-verein-bergstrasse.de/BAG.htm) (Letzter Zugriff: 25.08.2010).
[8] Deutscher Kinderhospizverein e.V. (2010b): Edith Droste, Leiterin der Deutschen Kinderhospizakademie. URL: http://www.deutscher-kinderhospizverein.de/6_allgemeines.php (Letzter Zugriff: 20.08.2010).
[9] Deutscher Kinderhospizverein e.V. (2010c): 1. Deutsches Kinderhospizforum. URL: http://www.deutscher-kinderhospizverein.de/62_kihoforum_05.php (Letzter Zugriff: 21.08.2010).
[10] Deutscher Kinderhospizverein e.V. (2010d): Aufgaben und Ziele des Deutschen Kinderhospizvereins. URL: http://www.deutscher-kinderhospizverein.de/2_aufgaben.php (Letzter Zugriff: 17.08.2010).

4. Sowohl die kontinuierliche Erreichbarkeit der Hospizmitarbeiter/innen als auch die Begleitung der Angehörigen sollen dazu beitragen, eine Krankenhausunterbringung des Betroffenen kurz vor seinem Tod zu vermeiden. Außerdem soll den Hinterbliebenen nach dem Tod eines Angehörigen ein Ansprechpartner zur Verfügung stehen, um somit gesundheitliche Risiken der Angehörigen zu verringern.

5. Schmerztherapie und Symptomkontrolle der Palliative Care sollen in allen Krankheitsphasen Schmerzen lindern und der Angst vieler Menschen vor Schmerzen in der letzten Lebensphase Rechnung tragen (vgl. Student/Mühlum/Student 2007).

Sowohl die Erwachsenen- als auch die Kinderhospizbewegung verstehen – wie eingangs erwähnt – die enttabuisierende Auseinandersetzung mit thanatalen Themen ausdrücklich als Kernelement ihrer Arbeit. Betroffene Menschen jeden Alters haben in der Regel das Bedürfnis nach offener und ehrlicher Kommunikation aller Lebensthemen. Zu diesen Themen zählen nach der Diagnose einer progredienten Erkrankung ausdrücklich auch krankheits- und todbezogene Aspekte, über die jedoch mit nahestehenden Menschen eine Auseinandersetzung häufig erschwert ist. Hier unterbreiten die hospizlichen und kinderhospizlichen Unterstützungsangebote adäquate Kommunikationsangebote (vgl. Jennessen 2008a, 185).

Unterschiede in der Palliativversorgung von Kindern, Jugendlichen und Erwachsenen und somit auch in der Kinder- und Erwachsenenhospizarbeit lassen sich nach Zernikow/Nauck hinsichtlich struktureller Merkmale wie Alter, Entwicklungsstand und Form der Erkrankung herausstellen (vgl. Zernikow/Nauck 2008, 1378). Die Erwachsenenhospizbewegung konzentriert sich recht eindeutig auf die letzte Lebensphase ihrer Klientel (vgl. Student/Mühlum/Student 2007, 27), während die Kinderhospizarbeit progredient erkrankten Kindern und ihren Familien ab dem Zeitpunkt der Diagnose bis über den Tod hinaus unterschiedliche Begleitungs- und Unterstützungsangebote anbietet (stationär und ambulant). Während also im Erwachsenenbereich „vorrangig Versorgung am Lebensende" (Zernikow/Nauck 2008, 1378) im Mittelpunkt der Begleitung steht, können progredient erkrankte Kinder, Jugendliche und ihre Familien die Angebote der stationären Kinderhospize und der ambulanten Kinderhospizdienste im Sinne der „Entlastungspflege" (Zernikow/Nauck 2008, 1378) nutzen (vgl. Deutscher Kinderhospizverein e.V. 2010e[11]). Dass sich dieser gravierende Unterschied auch bei den ambulanten Erwachsenenhospizdiensten und den ambulanten Kinderhospizdiensten wiederfindet, belegt nachfolgendes Zitat: „Das Ambulante Hospiz betreut Menschen und deren Bezugspersonen in ihrer häuslichen Umgebung. Diese Menschen leiden an einer unheilbaren Erkrankung, die progredient verläuft und bereits soweit fortgeschritten ist, dass die Lebenserwartung wenige Wochen oder Monate beträgt" (Hoffmann 2004, 269). Anders verhält es sich bei den ambulanten Kinderhospizdiensten: „Unsere ambulanten Kinderhospizdienste begleiten die Familien ab der Diagnose einer lebensverkürzenden Erkrankung, im Leben und Sterben und über den Tod der Kinder hinaus. Eine hauptamtliche Kinderhospizmitarbeiterin leitet den ambulanten Kinderhospizdienst. In einem persönlichen Gespräch bietet sie den erkrankten Kindern und ihren Familien die Möglichkeit, ihre Bedürfnisse zu äußern. Sie vermittelt der Familie eine ehrenamtliche Kinderhospizmitarbeiterin. Das Angebot ist für die Familie kostenfrei" (Deutscher Kinderhospizverein e.V. 2010e[12]). Deutlich wird, dass die Begleitungsangebote zu einem sehr frühen Zeitpunkt einsetzen und explizit die Lebensbegleitung des erkrankten jungen Menschen und seiner Familie mit einbeziehen. Weitere Unterschiede finden sich in Bezug auf medizinische, pflegerische, psychologische und psychosoziale Bereiche der Begleitung und in Fragen der Spiritualität und Ethik (vgl. Zernikow/Nauck 2008, 1378). Entsprechend dieser angeführten Unterschiede unterscheiden sich die stationären Hospize und ambulanten Dienste für Kinder und für Erwachsene erheblich, sowohl konzeptionell als auch personell, strukturell und finanziell.

---

[11] Deutscher Kinderhospizverein e.V. Stationäre Kinderhospize. URL: http://www.deutscher-kinderhospizverein.de/5_allgemeines.php (Letzter Zugriff: 24.08.2010).
[12] Deutscher Kinderhospizverein e.V. Ambulante Kinderhospizdienste. URL: http://www.deutscher-kinderhospizverein.de/4_ambulante_kihodienste.php (Letzter Zugriff: 24.08.2010).

1.3 Aufgaben und Ziele der Kinderhospizarbeit

Die Kinderhospizarbeit versteht sich als spezialisierter Zweig der Gesamthospizbewegung, wobei das einigende Band vor allem in der Ausrichtung auf eine Sterbekultur und Sterbebegleitung besteht, die in ihrer Haltung dem Leben und Sterben gegenüber den individuellen Bedürfnissen der sterbenskranken Menschen und ihrer Angehörigen verpflichtet ist (vgl. BAG Hospiz 2007, A7). Die Bedürfnisse sterbender Menschen und deren Angehöriger sind physischer, psychischer, sozialer und spiritueller Art. Die daraus abzuleitenden Begleitungsangebote – psychosoziale und spirituelle Begleitung, Palliativmedizin und -pflege sowie Trauerbegleitung – sind daher die zentralen Aufgabenbereiche der Hospizbewegung für schwerkranke und sterbende Erwachsene und Kinder sowie ihre Angehörigen (vgl. Jennessen 2010, 287). Dennoch sind zwei wesentliche Grundsätze der Kinderhospizarbeit herauszustellen, die diese auch von der Erwachsenenhospizarbeit unterscheiden (vgl. Kap. 1.2): das *„Primat der häuslichen Versorgung"*. Die Begründung für dieses erfolgt dadurch, dass eine Trennung von den Eltern eine außerordentliche Belastung des lebensverkürzend erkrankten Kindes beinhaltet, die den elementaren kindlichen Bedürfnissen nach Sicherheit und Geborgenheit widerspricht (vgl. Wingenfeld/Mikula 2002, 15; Davies/Howell 1999, 1077ff.). Der zweite Grundsatz kann in einem direkten Zusammenhang gesehen werden und beinhaltet die *„Ausrichtung der Versorgung auf die gesamte Familie"*. Dieser Grundsatz ist wesentlicher Bestandteil der Definition der ACT (Association for Children with Life-threatening or Terminal Conditions and their Families) und wird inzwischen als Definition für die Palliativversorgung von Kindern und Jugendlichen akzeptiert. „Palliative care for children and young people with life-limiting conditions is an active and total approach to care, from the point of diagnosis or recognition, embracing physical, emotional, social and spiritual elements through to death and beyond. It focuses on enhancement of quality of life for the child/young person and support for the family and includes the management of distressing symptoms, provision of short breaks and care through death and bereavement" (ACT 2008[13]). Diese pointierte Zusammenfassung der ACT beinhaltet weitere zentrale Aufgaben kinderhospizlicher Begleitung und Unterstützung. Diese können nach Droste (2006) folgendermaßen beschrieben werden:

-   „Die Begleitung der betroffenen Familien beginnt ab dem Zeitpunkt der Diagnose einer lebensverkürzenden Erkrankung und geht über den Tod des Kindes hinaus.
-   Grundlegender Auftrag der Kinderhospizarbeit ist die Förderung der Lebensqualität der gesamten Familie, ausgehend von deren Bedürfnissen und Interessen.
-   Kinderhospizarbeit sieht Eltern als Fachleute ihrer Kinder. Gemeinsam mit Hauptamtlichen arbeiten sie zum Wohl des Kindes partnerschaftlich zusammen und ergänzen sich mit ihren jeweiligen Kompetenzen" (Droste 2006, 213ff.).

Student/Mühlum/Student (2007) erachten als weitere bedeutsame Grundelemente der Kinderhospizarbeit:

-   Die Unterstützung der Familien erfolgt durch ein interdisziplinäres Team.
-   Die Kinderhospizarbeit bezieht freiwillige Helferinnen und Helfer mit in ihre Begleitungsangebote ein und trägt somit zur gesellschaftlichen Integration thanataler Themen bei.
-   Die Mitarbeiterinnen und Mitarbeiter in der Kinderhospizbewegung benötigen spezifische Kenntnisse der Pädiatrischen Palliative Care (Pflege, Medizin, Soziale Arbeit, Heilpädagogik).
-   Die Kontinuität der Begleitung muss gewährleistet sein. Dies bedeutet aufgrund der frühen Möglichkeit der Inanspruchnahme kinderhospizlicher Angebote ab dem Zeitpunkt der Diagnose eine besondere Herausforderung an die Strukturen der Angebote.

Diese Grundelemente kennzeichnen sowohl die stationäre als auch die ambulante Kinderhospizarbeit, die sich in ergänzender Funktion zueinander befinden. Die ergänzende Funktion ist deshalb unabdingbar, weil die Familien ein stationäres Kinderhospiz in der Regel nur für vier Wochen im Jahr aufsuchen können – in der letzten Lebensphase ist die Aufnahme des Kindes nicht an diese Frist gebunden –

---

[13] ACT (2008): Children's Palliative Care Definitions. URL:
http://www.act.org.uk/page.asp?section=59&sectionTitle=What+is+children%27s+palliative+care (Letzter Zugriff: 07.07.2010).

und sie in den weiteren 48 Wochen des Jahres für ihre pflegerischen, psychischen, sozialen und familiären Belastungen eine wohnortnahe Unterstützung benötigen (vgl. Jennessen 2010, 288). Die Aufenthalte in stationären Kinderhospizen bieten demnach den temporären Ausstieg aus dem Alltag sowie Entlastung und Entspannung in einer anderen als der alltäglichen Umgebung, während die ambulanten Angebote den Familien alltagsnahe Entlastung in ihrem gewohnten Umfeld ermöglichen. Ambulante Angebote tragen somit auch dazu bei, nach einem stationären Aufenthalt den sofortigen Rückfall in die Überforderungen des Alltags zu verhindern (vgl. Hartkopf/Hug 2006, 67).

1.4 Spezifische Zielsetzungen in der Begleitung der lebensverkürzend erkrankten Kinder und Jugendlichen

Die meisten Studien, die sich mit Kindern und Jugendlichen mit lebensverkürzenden Erkrankungen auseinandersetzen, sind medizinisch, psychologisch oder aber soziologisch fokussiert. Nur wenige beschäftigen sich mit Aspekten der Bildung (vgl. Brown 2007d, 207). Dies verwundert nicht angesichts der Tatsache, dass in der Bundesrepublik Deutschland bis in die 1970er-Jahre Menschen mit körperlichen und/oder geistigen Beeinträchtigungen der Zugang zur schulischen Bildung verwehrt wurde (vgl. Klauß 2003, 39). Dabei ist Bildung ein Grundrecht für alle Kinder und Jugendliche und so auch für Kinder und Jugendliche mit lebensverkürzenden Erkrankungen (vgl. Brown 2007d, 207). Dass dieses Grundrecht der Zielgruppe lange verwehrt wurde, führt Klauß auf das Spannungsverhältnis von Pflege und Pädagogik (Bildung) zurück. Die Auffassung, dass die Bedürfnisse von Kindern und Jugendlichen mit schwersten Behinderungen mit Pflege befriedigt werden können und sie keine Bildung benötigen, herrschte lange Zeit vor und ist auch in der aktuellen Diskussion um Einsparungen im Sozialbereich anzutreffen (vgl. Klauß 2003, 39ff.). Fornefeld führt an, dass es schwer ist, den Bildungsanspruch von Menschen mit geistiger Behinderung uneingeschränkt anzuerkennen, „wenn er allein an der Fähigkeit des Erlernens klassischer Kulturgüter wie Lesen, Schreiben, Rechnen u.a.m. festgemacht wird. Bildung ist mehr und darf nicht mit ‚Vernünftigkeit' oder gesellschaftlicher ‚Nützlichkeit' gleichgesetzt werden" (Fornefeld 2000, 102). Auch für Antor/Bleidick (1995) ist Bildung mehr als nur ein Grundrecht. Sie verknüpfen das Recht auf Bildung mit dem Recht auf Leben. „Lebensrecht und Bildungsrecht sind zwei Aspekte ein und derselben normativen Anerkennung des Menschen als Wesen, dessen Leben auf Weiterentwicklung angelegt ist. Sein Leben lang erfährt er Situationen, die eine Veränderung, eine Anpassung, also Lernen erforderlich machen" (Antor/Bleidick 1995, 14). Daher ist eine andere Sichtweise auf Bildung im Kontext für Menschen mit geistigen und/oder körperlichen Beeinträchtigungen notwendig. Diese lässt sich unter anderem bei Klauß finden, der das Verhältnis von Pflege und Pädagogik als ein dialektisches bezeichnet und Gemeinsamkeiten von Pflege und Pädagogik anführt, denn „beide berücksichtigen unterschiedliche Grundbedingungen des Menschseins: das Vorhandensein körperlicher Bedürfnisse und die Notwendigkeit der Aneignung von Kultur, die wir Bildung nennen" (Klauß 2003, 48). Klauß benennt folgende Aspekte des dialektischen Verhältnisses von Pflege und Pädagogik:

1. Pflege ist Voraussetzung für Bildung: Erst nach einer Befriedung der körperlichen Bedürfnisse besteht eine Zugänglichkeit für Bildung, Erziehung und Förderung.
2. Pflege ist Rahmen und Anlass für Bildung: Pflegehandlungen können durch Angebote der Kommunikation und/oder Wahrnehmung ergänzt werden (Basale Stimulation) und daher Rahmen und Anlass für Bildung werden.
3. Pflege ist (auch) Bildung: Auch in der Pflege finden Bildungsprozesse statt, wie die Vermittlung kulturellen Reichtums, die Ermöglichung von Autonomie, die Ermöglichung und Voraussetzung von Beziehung und damit von Erziehung. Damit diese Bildungsprozesse stattfinden können, ist auf Seiten der Professionellen auch Bildung im Bereich der Interaktion und Kommunikation mit den Betroffenen notwendig.
4. Pflege bedarf der Ergänzung durch Bildungsangebote: Sie bietet Bildungsangebote in vielen Lebensformen, wie z.B. beim Wohnen, Essen, Vorlieben entwickeln etc. (vgl. Klauß 2003, 49ff.).

Damit dieses dialektische Verhältnis von Pflege und Pädagogik auch in der Praxis umgesetzt werden kann, bedarf es vielfältiger (multiprofessioneller) Kompetenzen auf Seiten der in die Begleitung involvierten Personen und des Austausches der Mitarbeitenden verschiedener Professionen (vgl. Klauß 2003, 60f.). Die dialektische Sichtweise auf das Verhältnis von Pflege und Pädagogik (Bildung) sollte auch in der Kinderhospizarbeit in der Begleitung der lebensverkürzend erkrankten Kinder und Jugendlichen Grundlage professionellen Handelns sein. Brown regt an, dass in die Begleitung im stationären Kinderhospiz konkrete Bildungs- und Förderziele, die bereits Bestandteil der Förderpläne in der Schule sind, für lebensverkürzend erkrankte Kinder und Jugendliche mit schweren mehrfachen Beeinträchtigungen integriert werden sollen. Gefördert werden sollen von den Mitarbeitenden im Einzelnen:

1. *Die körperliche Entwicklung (physical development)*: Das Kind/der Jugendliche sollte unter anderem zur Bewegung motiviert und ermuntert werden, ein eigenes Körperempfinden entwickeln, die motorischen Fähigkeiten (Fortbewegung, Fein- und Grobmotorik) sollten gefördert werden.
2. *Die Entwicklung der Wahrnehmungsfähigkeit (perceptual development)*: Die verschiedenen Wahrnehmungsbereiche (auditiv, oral, gustatorisch, olfaktorisch, visuell) sollten gefördert werden, das Kind sollte darin bestärkt werden, sich selbst in Relation zum Umfeld wahrnehmen zu lernen, das Kind sollte die Fähigkeit erlernen, Reize wahrzunehmen.
3. *Die Entwicklung kognitiver Fähigkeiten (intellectual development)*: Sprachentwicklung, Entscheidungsfähigkeit, Verstehen von Situationen und Umwelt, zielgerichtetes Verhalten erlernen.
4. *Die Entwicklung von persönlichen und sozialen Fähigkeiten (personal and social development)*: Die eigenen Fähigkeiten und Wünsche kennen und äußern lernen (Selbstbestimmung), Selbstständigkeit erlernen, um Grundbedürfnisse selbst befriedigen zu können, soziale Fähigkeiten entwickeln, wie z.B. Mitglied einer Gruppe zu sein etc. (vgl. Brown 2007d, 217f.).

Diese Bereiche sollen zunächst durch spezifische Fragestellungen, die die Mitarbeitenden in Beobachtungen (Diagnostik) der lebensverkürzend erkrankten Kinder und Jugendlichen und in der Kooperation mit den Eltern erfassen, überprüft werden. Nach der Überprüfung wird ein individueller Förderplan erstellt, in dem sowohl die bereits vorhandenen Fähigkeiten als auch die noch zu fördernden Fähigkeiten aufgeführt sind. Dadurch erhalten Mitarbeitende aller Professionen einen Einblick in Entwicklungsstand und Entwicklungsmöglichkeiten des jeweiligen Kindes oder Jugendlichen und können im Sinne einer Stärken- und Ressourcenorientierung begleiten (vgl. Brown 2007d, 217ff.; Theunissen/Plaute 2002, 36).

Trotz möglicher Förderangebote in Kinderhospizen soll in keinster Weise in Frage gestellt werden, dass Kinder und Jugendliche mit lebensverkürzenden Erkrankungen schulische Bildung erhalten, da Pädagogik (Bildung) und somit der Schulbesuch positive Effekte auf die Entwicklung von Kindern und Jugendlichen mit geistigen und/oder körperlichen Beeinträchtigungen haben – somit auch auf Kinder und Jugendliche mit lebensverkürzenden Erkrankungen: „Education for all sick children is a way of maintaining ‚normality', boosting self-esteem and valuable distraction from pain and the fear of ‚isolation'" (Brown 2007d, 210; vgl. auch Kap. II 3). Aufgrund der positiven Effekte fordert Brown, dass lebensverkürzend erkrankte Kinder und Jugendliche so lange wie möglich in der Schule verbleiben sollen. Ist das aufgrund ihres gesundheitlichen Zustandes nicht mehr möglich, so sollte die Bildung im Krankenhaus, Hospiz oder zu Hause fortgesetzt werden (vgl. Brown 2007d, 210). Unabdingbar für die Kontinuität des Schulbesuchs ist die Kooperation der jeweiligen Institution (Regelschule, Förderschule, Krankenhaus, Kinderhospiz) mit der Familie. „Local Authorities have a responsibility to provide education for children of statutory school age while they are staying at a hospice" (Brown 2007d, 217).

1.5 Die aktuelle Situation der Kinderhospizarbeit in Deutschland

Im Folgenden wird die aktuelle Situation der ambulanten und stationären Kinderhospizarbeit in Deutschland skizziert.

1.5.1 Stationäre Kinder- und Jugendhospize

Das erste Kinderhospiz in Deutschland eröffnete 1998 in Olpe (vgl. Deutscher Kinderhospizverein e.V. 2010i, 4). Derzeit gibt es in Deutschland zehn stationäre Kinderhospize, weitere fünf befinden sich in Planung. Es folgt eine Auflistung der bestehenden und geplanten Kinderhospize mit deren Eröffnungsdaten, die auf Basis der Angaben des Deutschen Kinderhospizvereins e.V. und des Bundesverbandes Kinderhospiz e.V. sowie der Kinderhospize selbst erstellt wurde (vgl. Deutscher Kinderhospizverein e.V. 2010e; Bundesverband Kinderhospiz e.V. 2010[14]). Des Weiteren bestehen, jeweils angegliedert an Kinderhospize, zwei Jugendhospize in Deutschland, ein weiteres ist in Planung.

Stationäre Kinderhospize
- Kinder- und Jugendhospiz Balthasar, Olpe (eröffnet: 1998/2009)[15]
- Kinderhospiz Arche Noah, Gelsenkirchen (eröffnet: 2001)
- Kinderhospiz Sonnenhof, Berlin (eröffnet: 2002)
- Kinderhospiz Bärenherz, Wiesbaden (eröffnet: 2002)[16]
- Kinderhospiz Bärenherz, Leipzig (eröffnet: 2002)[17]
- Kinderhospiz Löwenherz, Syke (eröffnet: 2003) – Jugendhospiz in Planung[18]
- Kinder- und Jugendhospiz Sternenbrücke, Hamburg (eröffnet: 2003/2010)[19]
- Kinderhospiz Regenbogenland, Düsseldorf (eröffnet: 2004)
- Kinderhospiz St. Nikolaus, Bad Grönenbach (eröffnet: 2007)
- Kinderhospiz Sterntaler, Mannheim (eröffnet: 2009)[20]

Stationäre Kinderhospize in Planung
- Kinderhospiz Königskinder, Telgte[21]
- Kinderhospiz Bethel, Bielefeld[22]
- Kinderhospiz Rosenhospiz, Schwerin
- Stiftung Kinderhospiz Mitteldeutschland, Nordhausen

Der Bedarf an stationären Kinderhospizen in Deutschland gilt durch die bestehenden Einrichtungen als gedeckt. Einige Kinderhospize sind bereits unterbelegt (vgl. Zernikow/Michel 2008, 27).

---

[14] Deutscher Kinderhospizverein e.V. (2010e): Stationäre Kinderhospize. URL: http://www.deutscher-kinderhospizverein.de/5_hospize_liste.php (Letzter Zugriff: 20.08.2010).
Bundesverband Kinderhospiz e.V. (2010): Stationäre Kinderhospize. ULR: http://www.bundesverband-kinderhospiz.de/index.cfm?objectid=9951E313-E018-036D-7AD0E72B2EC4C309 (Letzter Zugriff: 17.08.2010).
[15] Kinder- und Jugendhospiz Balthasar (2010): Kinderhospiz. URL: http://www.kinderhospiz-balthasar.de/?page=342 (Letzter Zugriff: 24.08.2010).
[16] Kinderhospiz Bärenherz (2010): URL: http://www.baerenherz.de/einrichtungen/kinderhospiz-wiesbaden/ (Letzter Zugriff: 24.08.2010).
[17] Kinderhospiz Bärenherz (2010a): URL: http://www.baerenherz.de/einrichtungen/kinderhospiz-leipzig/ (Letzter Zugriff: 24.08.2010).
[18] Kinderhospiz Löwenherz (2010): Entstehungsgeschichte. URL: http://kinderhospiz-loewenherz.de/de/das-kinderhospiz/entstehungsgeschichte.html (Letzter Zugriff: 24.08.2010).
[19] Kinder- und Jugendhospiz Sternenbrücke (2010): Konzept. URL: http://www.sternenbruecke.de/files/Konzept.pdf (Letzter Zugriff: 24.08.2010).
[20] Kinderhospiz Sterntaler (2010): URL: http://www.kinderhospiz-sterntaler.de/presse.html (Letzter Zugriff: 24.08.2010).
[21] Kinderhospiz Königskinder (2010): Unser Konzept. URL: http://www.kinderhospiz-koenigskinder.de/konzept.php (Letzter Zugriff: 24.08.2010).
[22] Kinderhospiz Bethel (2010): Das Kinderhospiz-Projekt. URL: http://www.kinderhospiz-bethel.de/das-kinderhospiz-projekt.html (Letzter Zugriff: 24.08.2010).

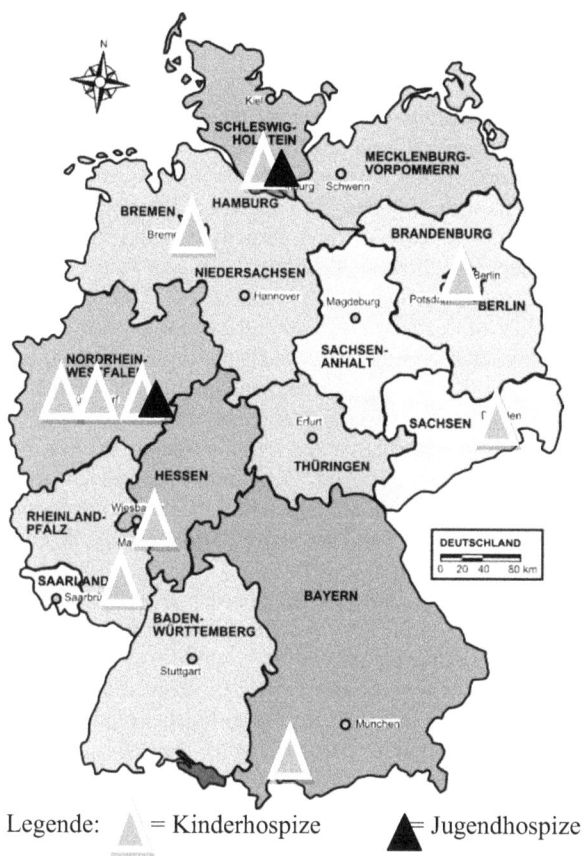

Legende: ▲ = Kinderhospize ▲ = Jugendhospize

Abb. 2: Verteilung der stationären Kinderhospize in Deutschland, Stand: 8/2010

Aufgaben und Zielgruppen der stationären Kinder- und Jugendhospize

Die in Kapitel 1.1. erläuterten Aufgaben und Ziele der Kinderhospizarbeit sind Grundlage der Arbeit stationärer Kinderhospize. Zum Angebotsspektrum der stationären Kinderhospize in Deutschland gehören die bedürfnis- und ressourcenorientierte Pflege und Betreuung der erkrankten Kinder, deren Unterstützung bei der psychischen Bewältigung von Krankheit und Sterben, die Begleitung der Angehörigen, Respite Care, Krisenintervention und Übergangsbetreuung sowie Sterbe- und Trauerbegleitung (vgl. Wingenfeld/Mikula 2002, 16ff.). Die Begleitung der Angehörigen variiert je nach Konzeption der einzelnen Einrichtungen deutlich, beispielsweise durch besondere Angebote für Geschwister, Großeltern oder genderspezifische Angebote für betroffene Mütter und Väter. Allen Angeboten liegt ein ressourcenorientierter Ansatz zugrunde, der für die erkrankten Kinder und Jugendlichen ebenso wie für ihre Angehörigen ein Höchstmaß an Lebensqualität zum Ziel hat. Für die Begleitung der Angehörigen impliziert dies auch die absolute Anerkennung des elterlichen Expertentums für die Situation ihres Kindes und somit auch die Stärkung der elterlichen Autonomie. In diesem Sinne fungieren die Kinder ebenso wie die Eltern als Auftraggeber für die Kinderhospizarbeit. Dies erfordert von den dort tätigen Professionellen nicht selten eine Neudefinition ihrer beruflichen Identität und Rolle, die nicht immer konfliktfrei gelingt, und bedarf eines ständigen Reflexions- und Kommunikationsprozesses zwischen den Beteiligten (vgl. Jennessen 2010, 289). Professionelle Hospizkompetenz setzt sich somit aus der Trias Wissen, Können und Haltung zusammen, wobei in der entsprechenden Fachliteratur von einem deutlichen Übergewicht der Bedeutung einer reflektierten Grundhaltung ausgegangen wird (vgl. Student/Mühlum/Student 2007, 112).[23]

Die stationären Kinderhospize bieten den progredient erkrankten Kindern und deren Familien die Möglichkeit, dort einen so genannten Pflegeentlastungaufenthalt von jährlich vier Wochen ab Diagnosestellung zu verbringen. Dieser Aufenthalt soll den erkrankten Kindern samt Familie, Geschwistern und ggf. Großeltern die Möglichkeit geben zu entspannen, sie von den täglichen Pflege- und Betreuungsaufgaben zu entlasten und mit anderen gleich betroffenen Familien in Kontakt zu treten. Durch vielfältige Freizeitangebote sowie Unterstützungsmöglichkeiten können sich alle Familienmitglieder erholen und neue Kräfte zur Bewältigung der alltäglichen Aufgaben sammeln. Des Weiteren haben die Familien die Möglichkeit, in der finalen Phase ihres lebensverkürzend erkrankten Kindes die Angebote der Kinderhospize zeitlich unbegrenzt zu nutzen und die Begleitung und Unterstützung im Sterbe- und Trauerprozess durch die Fachkräfte des Kinderhospizes anzunehmen. Die palliativpflegerische Versorgung der erkrankten Kinder und Jugendlichen ist originärer Bestandteil des Begleitungsangebotes sowie bei Bedarf die Betreuung durch einen pädiatrischen Palliativmediziner. Für die erkrankten Kinder und Jugendlichen besteht außerdem die Möglichkeit, ein Kinderhospiz auch ohne die Begleitung ihrer Familien zu besuchen. Dies eröffnet vor allem den Jugendlichen altersangemessene Entfaltungsräume und bietet ihren Familien die Möglichkeit, ihr Paar- und Familienleben für eine begrenzte Zeit ohne die krankheitsbedingten Einschränkungen zu gestalten.

Stationäre Jugendhospize, die an die bereits bestehenden Kinderhospize angegliedert sind, bieten speziell für Jugendliche und junge Erwachsene altersangemessene Pflege und Begleitung sowie Freizeitangebote. Ziel ist es dabei, den Jugendlichen/jungen Erwachsenen so viel Selbstständigkeit wie möglich zu gewähren, wobei Freiräume und Rückzugsmöglichkeiten von besonderer Bedeutung sind. Häufig kommen die Jugendlichen/jungen Erwachsenen ohne ihre Familien ins Jugendhospiz oder bringen Freunde aus der Schule oder Nachbarschaft mit. Die Konzeption der Jugendhospize sieht vor, dass auf die Bedürfnisse der Jugendlichen/jungen Erwachsenen hinsichtlich des Tagesablaufes, der Anforderungen an die Räumlichkeiten und der psychosozialen Begleitung eingegangen werden kann (vgl. Jugendhospiz Balthasar Olpe 2009).

Struktur der stationären Kinder- und Jugendhospize

Die verschiedenen Kinderhospize haben unterschiedliche Belegungsmöglichkeiten – drei bis ca. acht Zimmer für erkrankte Kinder und Jugendliche (vgl. Homepages der Kinderhospize). In Abhängigkeit von der Bettenanzahl variiert auch die Anzahl der Mitarbeitenden. Im Kinderhospiz Balthasar besteht eine Betreuungsrelation von 1,7:1 (Mitarbeitende: Kinder) (vgl. Wingenfeld/Mikula 2002, 28).

Die Aufnahmekriterien können am Beispiel des Kinderhospizes Löwenherz folgendermaßen beschrieben werden: „Jedes Kind kann unabhängig von seiner Herkunft oder Religion im Kinderhospiz Löwenherz gepflegt werden, wenn ein Arzt die Notwendigkeit einer Aufnahme bescheinigt. Grundsätzlich gilt, dass alle Kinder und Jugendlichen von 0–18 Jahren mit einer lebensbegrenzenden Erkrankung aufgenommen werden. Gleichzeitig richtet sich das Kinderhospiz auch an die Eltern und Geschwister der schwerkranken Kinder. Die gesamte Familie kann mit aufgenommen werden" (Kinderhospiz Löwenherz e.V. 2010, 8).

Um den erkrankten Kindern und ihren Familien während der Aufenthalte eine Atmosphäre des Wohlfühlens zu bieten, sind die Kinderhospize den Bedürfnissen der Familien insbesondere denen der progredient erkrankten Kinder und Jugendlichen entsprechend ausgestattet. Hierzu gehören in den meisten Kinderhospizen folgende Räumlichkeiten bzw. Ausstattungsmerkmale:

- Wohnzimmer/Aufenthaltsraum
- Bedürfnisgerechte (Pflege-)Zimmer für die erkrankten Kinder/Jugendlichen

---

[23] Die dargestellten elementaren Aspekte von Kinderhospizarbeit vermögen diese äußerst differenzierte Bewegung nur überblicksartig darzustellen. Zur vertiefenden Lektüre wird auf die beiden ausführlichen, vom Deutschen Kinderhospizverein e.V. herausgegebenen Bände verwiesen (vgl. DKHV 2006 und 2009).

- Speisesaal/Küche für Kinder/Jugendliche, Familien und Geschwister
- Wohnbereich (Schlafzimmer) für Eltern und Geschwisterkinder (z.T. gemeinsame Unterbringung in einem Raum)
- Kreativ- und Spielräume für Kinder/Jugendliche, Eltern und auch Geschwisterkinder
- Außengelände und -spielplatz
- Snoezelenraum
- Therapieräume (z.B. für Musiktherapie)
- Therapiebad (z.T. auch Whirlpool)
- Abschiedsraum- bzw. Abschiedsbereich (vgl. Wingenfeld/Mikula 2002, 25ff.; Kinderhospiz Sternenbrücke 2009, 10ff.; Black 2009, 158ff.).

Größe und Ausstattung der Räumlichkeiten variieren je nach Kinderhospiz erheblich. In allen Kinderhospizen sind die Zimmer der erkrankten Kinder/Jugendlichen und die der Eltern (und Geschwister) voneinander getrennt, sodass den Eltern ausreichende räumliche Rückzugsmöglichkeiten zur Verfügung stehen (vgl. Wingenfeld/Mikula 2002, 26). Bei der Gestaltung der Gebäude wird darauf geachtet, dass diese weitestgehend barrierefrei sind und somit auch von allen Gästen erreicht werden können (vgl. Black 2009, 158f.; Wingenfeld/Mikula 2002, 25ff.). Einen wichtigen Bereich, der in den meisten Kinderhospizen jedoch nicht zentral, sondern etwas abseits gelegen ist, bildet der Abschiedsbereich. Dieser ist in den meisten Kinderhospizen in zwei Räume unterteilt. Im vorderen Raum besteht für Familien die Möglichkeit, sich ohne das verstorbene Kinder aufzuhalten, und der hintere Raum ist der Abschiedsraum, in dem das erkrankte Kind nach seinem Tod aufgebahrt werden kann. Hier besteht die Möglichkeit des Abschiednehmens für alle Angehörigen, Freunde und Mitarbeiter/innen des Kinderhospizes. Dieser Raum sollte möglichst neutral gestaltet werden, damit Familien aller Konfessionen (aber auch konfessionslose Familien) von ihrem Kind mit den für sie bedeutsamen Ritualen Abschied nehmen können (vgl. Wingenfeld/Mikula 2002, 27f.; Kinderhospiz Sternenbrücke 2009, 16ff.). Ein weiterer Ort, an dem Abschied genommen, aber auch erinnert werden kann, ist in den meisten Kinderhospizen im Außengelände vorhanden („Garten der Erinnerung"). Dort wird z.B. mit Hilfe von bemalten Steinen oder Windrädern der erkrankten Kinder gedacht (vgl. Kinderhospiz Sternenbrücke 2009, 33f.; Kinderhospiz Löwenherz 2009).

In den an die Kinderhospize angegliederten Jugendhospizen wird großer Wert darauf gelegt, den Jugendlichen oder jungen Erwachsenen größtmögliche Selbstständigkeit zu erlauben. Dementsprechend sind die Räumlichkeiten besonders geräumig, sodass die Jugendlichen/jungen Erwachsenen mit ihren Rollstühlen ausreichend Bewegungsfreiheit haben und selbst entscheiden können, in welchem Raum sie sich aufhalten möchten. Die Räume für die Jugendlichen oder jungen Erwachsenen sind analog zu den Kinderzimmern im Kinderhospiz bedürfnisgerecht mit einem Pflegebett ausgestattet und verfügen über ein eigenes Bad (vgl. Jugendhospiz Balthasar 2009; Kinderhospiz Sternenbrücke 2009, 13f.). „Auf Wunsch können Eltern oder LebenspartnerInnen auch bei dem erkrankten jungen Menschen schlafen" (Kinderhospiz Sternenbrücke 2009, 14). Eine Besonderheit ist die technische Ausstattung der Zimmer mit einer Musikanlage, einem Fernseher mit DVD-Gerät und drahtlosem Internetzugang. Alle Räumlichkeiten des Jugendhospizes sind für die Jugendlichen/jungen Erwachsenen frei zugänglich (vgl. Jugendhospiz Balthasar 2009).

Personalstruktur
In Kinderhospizen arbeiten Mitarbeitende verschiedener Professionen sowie Ehrenamtliche in einem multidisziplinären Team zusammen. Die in stationären Kinderhospizen tätigen Fachkräfte sind im Wesentlichen Kinderkrankenschwestern/Kinderkrankenpfleger, Pädagogen/Pädagoginnen, Seelsorger/innen und Trauerbegleiter/innen. Von diesen verfügen die meisten über eine Zusatzausbildung im Bereich pädiatrische Palliative Care, zugeschnitten auf die jeweilige Berufsgruppe. Bei Bedarf werden Kinderärzte und Kinderschmerztherapeuten hinzugezogen (vgl. Wingenfeld/Mikula 2002, 25ff.). „Die Personal- bzw. Qualifikationsstruktur im Betreuungsbereich zeigt somit einen deutlichen pflegerischen Schwerpunkt" (Wingenfeld/Mikula 2002, 29). Wingenfeld/Mikula führen an, dass die Mitarbeitenden

in Kinderhospizen aufgrund der vielfältigen Zusatzqualifikationen über ein spezifisches Qualitätsprofil und Ausbildungsniveau verfügen (vgl. Wingenfeld/Mikula 2002, 29f.).

Die Personalausstattung variiert je nach Größe des Kinderhospizes. So arbeiten beispielsweise im Kinderhospiz Sternenbrücke in Hamburg 48 Mitarbeiter/innen in Voll- oder Teilzeit. Dazu zählen 28 Kinderkrankenschwestern und -pfleger, Sozialpädagogen und Erzieher, Trauerbegleiter, die Kinderhospizleitung, Mitarbeiter/innen in Verwaltung, Öffentlichkeitsarbeit und Hauswirtschaft, zwei Hausmeister sowie fünf Kinderärzte (mit dem Schwerpunkt Schmerztherapie). Dass auch ärztliches Personal in einem Kinderhospiz angestellt ist, stellt jedoch eher eine Ausnahme dar. Das multiprofessionelle Team der Hauptamtlichen wird von 66 ehrenamtlichen Mitarbeiter/innen unterstützt, die in allen Bereichen eingesetzt werden. Der Personalschlüssel ist verglichen mit anderen Pflegeeinrichtungen und Kliniken als sehr gut zu bewerten, denn „die besondere und umfassende Pflege und Betreuung der betroffenen Kinder und ihrer Familien macht einen – verglichen mit reinen Pflegeeinrichtungen – hohen Personalschlüssel notwendig" (Sternenbrücke 2010b[24]; Kinderhospiz Sternenbrücke 2009, 37).

1.5.2 Ambulante Kinderhospizdienste

Im Jahr 2010 sind in Deutschland 73 ambulante Kinderhospizdienste in unterschiedlicher Trägerschaft und Größe tätig (Stand Februar 2010). Die ersten beiden Dienste wurden im Jahre 1999 gegründet (in Berlin und in Kirchheim-Teck; vgl. Weihrauch 2009c, 1), es folgten weitere in den nächsten Jahren, wobei ein Maximum an Neugründungen im Jahr 2006 zu verzeichnen ist (vgl. Kap. III 3.3, Koordinator/innenbefragung).

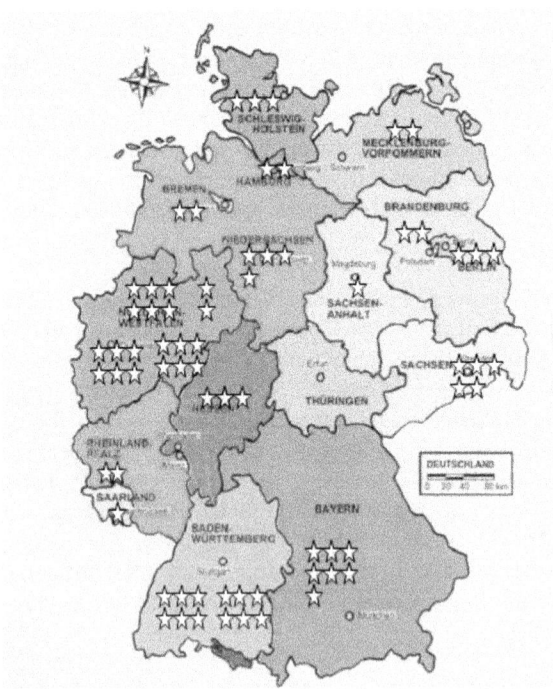

Abb. 3: Verteilung der ambulanten Kinderhospizdienste in Deutschland, Stand 2/2010

Aufgaben und Zielgruppen der ambulanten Kinderhospizdienste

Die ambulanten Kinderhospizdienste begleiten Familien mit lebensverkürzend erkrankten Kindern und Jugendlichen. Als Familien werden hierbei alle Lebensgemeinschaften bezeichnet, in denen Kinder und Erwachsene in einer verlässlichen sozialen Verbindung zusammenleben (vgl. Hartkopf/Hug 2006, 66). Die Begleitung kann mit der Diagnose einer solchen Erkrankung oder später beginnen und endet,

---

[24] Sternenbrücke (2010b): Wir stellen uns vor. URL: http://www.sternenbruecke.de/team.html (Letzter Zugriff: 25.08.2010).

wenn die Familie es möchte – möglich ist die Begleitung über die Lebens- und Sterbenszeit des Kindes und die Trauerphase der Familie nach seinem Tod hinaus. Die Aufgaben der ambulanten Arbeit gliedern sich in fünf Bereiche:

- Begleitung der gesamten Familie zu Hause
- Unterstützende Hilfe zur Selbsthilfe
- Vernetzung mit anderen Einrichtungen
- Vermittlung von unterstützenden Angeboten für Personen im Umfeld und
- Öffentlichkeitsarbeit (vgl. Globisch 2006, 55; Hartkopf/Hug 2006, 66).

Ziel der Begleitung der Familien durch die ambulanten Dienste ist es, die Lebensqualität der Familienmitglieder zu optimieren. Grundsätze hierbei sind zum einen immer die Orientierung an den Bedürfnissen, Interessen und Kompetenzen der Adressaten und zum anderen die unbedingte Anerkennung der Eltern als „Fachleute für die Belange ihrer Kinder" (Hartkopf/ Hug 2006, 66f.). Mit ihrem Angebot schließen die ambulanten Kinderhospizdienste eine Lücke im Unterstützungssystem für betroffene Familien, deren besondere Lage eine langfristige, individuelle und kontinuierliche Begleitung, Austauschmöglichkeiten mit ähnlich Betroffenen und ein flexibles Kompetenznetzwerk erfordert (vgl. Hartkopf/ Hug 2006, 67f.).

Strukturen der ambulanten Kinderhospizdienste

Die ambulanten Kinderhospizdienste setzen sich personell in der Regel aus einer/einem Koordinator/in, evtl. weiteren hauptamtlichen Kräften sowie ehrenamtlichen Mitarbeiterinnen und Mitarbeitern zusammen. Die Verteilung und der Umfang der Stellen der Koordinator/innen sowie die Anzahl der Ehrenamtlichen variiert in Abhängigkeit von Region, Träger, Struktur und Betriebsdauer der ambulanten Kinderhospizdienste. Grundsätzlich soll ein/e Koordinator/in für höchstens 50 ehrenamtliche Mitarbeiter/innen zuständig sein (vgl. Rahmenvereinbarung zu §39a SGB V).[25] Die Dienste agieren in einem Umkreis von 30 bis 50 Kilometern. In der Landschaft der ambulanten Kinderhospizarbeit existiert keine einheitliche, für alle Dienste verbindliche Konzeption. In vielen Konzepten und Befähigungskursen wird jedoch das OPI-Konzept als Grundlage angegeben. Es wurde aus der lösungsorientierten Analyse praktischer Arbeitsprobleme in der klinischen Arbeit und in der Kinderhospizarbeit von Günther Tessmer entwickelt,[26] und bietet mit den Parametern „Offenheit", „Partnerschaftlichkeit" und „Integration" eine adäquate theoretische Basis für die Kinderhospizarbeit. Es soll als Orientierungshilfe im Umgang der Teammitglieder miteinander und in der Begegnung mit den Familien und Ehrenamtlichen dienen (vgl. Schulte/Köster/Tessmer 2006, 53ff.). Für die Befähigungskurse, die die ehrenamtlichen Mitarbeiter/innen zur Vorbereitung auf ihre Tätigkeit in der Regel absolvieren, liegt eine Handreichung vor (vgl. Schulte/Köster/Tessmer 2006), jedoch gibt es keine verbindlichen Regelungen zu Umfang und Curricula dieser Kurse. Die einzelnen ambulanten Kinderhospizdienste haben individuelle Regelungen. Außerdem variiert der Stand der Verschriftlichung von Konzepten und Curricula erheblich.

Personalstruktur

Die Koordinator/innen sind in der Regel für die Anwerbung, Schulung und Begleitung der Ehrenamtlichen zuständig. Sie bilden die Ehrenamtlichen – zum großen Teil mit Hilfe externer Referent/innen – aus und begleiten sie dann während ihrer praktischen Tätigkeit in der Familienbegleitung, die den Schwerpunkt der ehrenamtlichen Tätigkeit bildet. Hierzu gehören auch die Bereitstellung von Supervision, kollegialem Austausch und Fortbildungen für die ehrenamtlichen Mitarbeiter/innen.
Die Koordinator/innen stellen außerdem den Kontakt zu den Familien progredient erkrankter Kinder und Jugendlicher her und koordinieren den Einsatz der Ehrenamtlichen. Sie sorgen, unterstützt von eh-

---

[25] Rahmenvereinbarung zu §39a SGB V: URL: http://www.bayerischer-hospizverband.de/pdf/p39a/Rahmenvereinbarung%20nach%20p%2039%20a%20Abs.%202%20Satz%206%20SGB%20V%20%28ambulante%20Hospizarbeit%29.pdf (Letzter Zugriff: 15.08.2010).
[26] OPI-Konzept: URL: http://www.deutscher-kinderhospizverein.de/2_opi.php (Letzter Zugriff: 20.09.2010).

renamtlichen Mitarbeiter/innen, in Form von Öffentlichkeitsarbeit für mediale und regionale Präsenz der Kinderhospizarbeit. Ein weiterer Arbeitsbereich ist die Vernetzung mit relevanten Einrichtungen des Hilfesystems. Hier stellen die Koordinator/innen den Einrichtungen Informationen über kinderhospizliche Angebote bereit, informieren die betroffenen Familien über mögliche Hilfen und stellen entsprechende Kontakte her.

In einigen ambulanten Kinderhospizdiensten sind neben der/dem Koordinator/in weitere Fachkräfte hauptamtlich angestellt. Dabei handelt es sich größtenteils um weitere Koordinator/innen oder auch Fachkräfte für Öffentlichkeitsarbeit. Bei den Anstellungsverhältnissen der hauptamtlichen Kräfte handelt es sich größtenteils um Teilzeitstellen (Details zu aktuellen Daten in Kapitel III 3.4).

Die ehrenamtlichen Mitarbeiter/innen werden überwiegend durch Befähigungskurse auf ihre Tätigkeit in der Kinderhospizarbeit vorbereitet. Dabei geht es nicht um Professionalisierung, sondern vorrangig um die Weiterentwicklung vorhandener Kompetenzen und die Förderung der so genannten „hospizlichen Haltung" (BAG Hospiz 2005, 3). Ihr Einsatz findet vorrangig in der Familienbegleitung statt, zu einem geringeren Teil auch in den Bereichen Öffentlichkeitsarbeit und Verwaltung,

Auftrag und Grenzen ambulanter Kinderhospizarbeit

Eine Besonderheit der Kinderhospizarbeit besteht darin, dass sich die Angebote an das gesamte Familiensystem richten. Es gibt sowohl für die erkrankten Kinder und Jugendlichen als auch für die Geschwister und Eltern sowie das Umfeld der Familien Begleitungsmöglichkeiten (vgl. Willenbrink 2009, 14). Die Begleitung im häuslichen Umfeld erfolgt schwerpunktmäßig durch ehrenamtliche Mitarbeiter/innen. Diese kommen in die Familien mit dem Auftrag, *keinen Auftrag zu haben* (vgl. Willenbrink 2009, 14), sondern „dem Lebensprozess zu folgen, ihn aufmerksam und fürsorglich zu begleiten. Unterstützung bedeutet hier vor allem Erkundung der konkreten Bedürfnisse der Familie" (Student 2001, 5).

Die Inhalte der Begleitung ergeben sich somit aus den Bedürfnissen der Adressaten. Bevor die Angebote der Kinderhospizlandschaft in Anspruch genommen werden können, muss von Seiten der Familien eine weitgehende Akzeptanz der Diagnose ihrer erkrankten Kinder erfolgen. Diese kognitive und emotionale Bewältigungsleistung kann durch die Öffentlichkeitsarbeit der ambulanten Kinderhospizdienste und stationären Kinderhospize sowie die Vermittlung ihrer Angebote durch andere Institutionen unterstützt werden (vgl. Heckmann 2004, 1; zitiert nach Willenbrink 2009, 44). Willenbrink (2009) weist nach, dass die Kinderhospizarbeit durch ihre Angebote die Familien dabei unterstützen kann, durch die Entfaltung und Nutzung von Schutzfaktoren und die Minimierung von Risikofaktoren ihre besondere Situation zu bewältigen. Kinderhospizarbeit hat somit zum Ziel, den Familien eine Möglichkeit zu erschließen, *„Kraft zu finden, um ihren schwierigen Weg gemeinsam weiterzugehen. Hierzu stellen Kinderhospize die nötigen ambulanten, aber auch stationären Unterstützungsangebote zur Verfügung. Sie kooperieren hierbei eng mit herkömmlichen Institutionen der Behindertenhilfe und Kinderkliniken und füllen damit gerade die Lücken, die zwischen diesen Institutionen frei geblieben sind. Kinderhospize verbinden; sie sind nicht* Inseln, *sondern* Brücken" (Student 2001, 8f., Hervorhebung im Original).

Die Grenzen ambulanter Kinderhospizarbeit sind klar definiert: Sie leisten keine Kinderkrankenpflege oder Nachbarschaftshilfe und ersetzen keine „medizinischen, psychologischen, therapeutischen und seelsorgerischen Fachkräfte"[27]. Die erforderlichen Pflegetätigkeiten können nur von den Angehörigen der Erkrankten oder Kinderkrankenpflegediensten geleistet werden. Auch der Bereich Palliativpflege und -medizin gehört nicht zu den Aufgaben der ehrenamtlichen Mitarbeiter/innen (vgl. Globisch 2006, 57).[28]

Die Angebote richten sich nur an Familien lebensverkürzend erkrankter Kinder und Jugendlicher und sind für diese kostenfrei.

---

[27] Deutscher Kinderhospizverein e.V. (2010g), Ambulante Kinderhospizarbeit: URL: http://www.deutscher-kinderhospizverein.de/41_allgemeines_einzel.php?id=20 (Letzter Zugriff: 20.09.2010).
[28] Zu den Aufgaben in der ambulanten pädiatrischen Palliativversorgung s. Zernikow 2008, 20ff.

1.5.3 Öffentlichkeitsarbeit

Die Öffentlichkeitsarbeit hat in der Kinderhospizarbeit eine große Bedeutung. Der Aufenthalt der progredient erkrankten Kinder und Jugendlichen und ihrer Familien in stationären Kinderhospizen und ihre Begleitung durch ambulante Kinderhospizdienste wird zu einem großen Teil durch Spenden finanziert. Von Seiten der Krankenkassen erfolgt derzeit keine kostendeckende Refinanzierung. Daher ist es notwendig um Unterstützung zu werben, da ausschließlich durch Spenden die verbleibenden Anteile der Arbeit finanziert werden können. Daneben verfolgt die öffentliche Präsenz auch das Ziel, „die Kinderhospizarbeit in Deutschland so bekannt zu machen, wie die Arbeit in Kindergärten"[29]. Dies soll dazu beitragen, Unkenntnis und Tabuisierungen bezüglich der Thematik des Sterbens von Kindern und Jugendlichen abzubauen. Es ist intendiert, „die Politik und andere Entscheidungsgremien davon zu überzeugen, dass die Versorgungsstrukturen für lebensverkürzend erkrankte Kinder und ihre Familie weiter verbessert werden müssen"[30]. Auch die Akquise ehrenamtlicher Mitarbeiter/innen wird dadurch erleichtert. In den ambulanten Kinderhospizdiensten wird Öffentlichkeitsarbeit zum Teil von den Ehrenamtlichen geleistet, in einigen Diensten sind hauptamtliche Kräfte dafür eingestellt (detaillierte Ausführungen zum Thema Öffentlichkeitsarbeit finden sich in Kapitel II 5.1.9).

1.5.4 Finanzierung der Kinderhospizarbeit

Die Grundlagen der Finanzierung der stationären und der ambulanten Kinderhospizarbeit sind in der *Rahmenvereinbarungen zur Hospizversorgung nach §39a SGB V – ambulant/stationär – Stand 14.04.2010 SGB V* geregelt. Hier sind die Art und der Umfang sowie Maßnahmen zur Sicherung der Qualität der Kinderhospizversorgung festgelegt. Die Vereinbarung wurde zwischen den Spitzenverbänden der Krankenkassen und den Trägern kinderhospizlicher Angebote getroffen.[31] Voraussetzung für eine Kostenübernahme ist eine ärztlich attestierte begrenzte Lebenserwartung. Die Diagnosestellung und Einschätzung der damit verbundenen Lebenserwartung erweisen sich bei Kindern jedoch oftmals als schwierig. Zudem können die Aufenthalte der Familien mit ihren Kindern im Kinderhospiz primär als „Entlastungsaufenthalte" bezeichnet werden. Daher müssen die Verbände der Krankenkassen auf Landesebene auf der Grundlage der Rahmenvereinbarungen mit dem jeweiligen Kinderhospiz einen Vertrag abschließen, in dem unter anderem der „leistungsgerechte tagesbezogene Bedarfsatz" festgelegt wird (vgl. Zernikow/Michel 2008, 28). Die Rahmenvereinbarungen wurden in den letzten Jahren mehrfach angepasst. Dort heißt es nun: „Dabei ist den besonderen Belangen der Versorgung im Kinderhospiz ausreichend Rechnung zu tragen und in der Rahmenvereinbarung nach Satz 4 vorzusehen, dass Kinderhospize nicht mehr als 5 von Hundert der Zuschuss fähigen Kosten nach Satz 1 belastet bleiben" (BGBI, I, 2477). In dieser Aussage ist die Veränderung hinsichtlich des Tagessatzes festgeschrieben. Bis dato waren maximal 90 von 100 tagesbezogenen Bedarfssätzen Zuschuss fähig und mindestens 10 von 100 waren durch Spenden einzuwerben. Die Berechnung des tagesbezogenen Bedarfssatzes erweist sich als äußerst problematisch, da in Kinderhospizen nicht nur die erkrankten Kinder sondern auch deren Familie mit aufgenommen werden. Obwohl der Gesetzgeber vorschreibt, dass 95% der Kosten eines Aufenthaltes getragen werden sollen, ist es de facto so, dass nur 50% des Finanzierungsbedarfes durch die Finanzierung der Krankenkassen abgedeckt werden können (vgl. Zernikow/Michel 2008, 28). Konkret in Zahlen ausgedrückt stellt sich dies wie folgt dar: Der durchschnittliche Tagessatz für Pflege und Begleitung eines progredient erkrankten Kindes in einem deutschen Kinderhospiz beläuft sich auf 395 Euro. Dieser Satz liegt unter dem Satz eines Kinderkrankenhauses. Seitens der Pflege- und Krankenkassen können bis zu 265,65 Euro täglich übernommen werden. Der Aufenthalt der Eltern und Geschwister wird nicht von den Kassen gezahlt. Dieser Anteil sowie der fehlende Anteil zur Pflege und Begleitung des lebensverkürzend erkrankten Kindes werden daher durch Spenden refinanziert (vgl. Sternenbrücke 2010a[32]).

---

[29]Deutscher Kinderhospizverein e.V. (2010h), Öffentlichkeitsarbeit: URL: http://www.deutscher-kinderhospizverein.de/7_oeffentlichkeitsarbeit.php (Letzter Zugriff: 27.09.2010).
[30] Ebd.
[31]Rahmenvereinbarung zu §39a SGB V: URL: http://infomed.mds-ev.de/sindbad.nsf/e57e9ddd98ebc0a0c12571e700442bee/bd9a86be3f088567c125708c0044da12?OpenDocument (Letzter Zugriff: 27.09.2010).
[32] Sternenbrücke (2010a): So finanzieren wir uns. URL: www.sternenbrücke.de (Letzter Zugriff: 17.08.2010).

Die ambulante Kinderhospizarbeit wird zum größten Teil durch Spenden finanziert. Außerdem fördern Krankenkassen Hospizleistungen bei Nachweis der entsprechenden Qualifikation der Koordinator/in. Das bedeutet, dass die Kassen Zuschüsse zu Personalkosten eines ambulanten Dienstes für palliativpflegerische Beratung und für Gewinnung, Schulung, Koordination und Unterstützung Ehrenamtlicher leisten. Es werden Hospizdienste gefördert, die „für Versicherte, die keiner Krankenhausbehandlung und keiner voll- oder teilstationären Versorgung in einem Hospiz bedürfen, qualifizierte ehrenamtliche Sterbebegleitung in deren Haushalt oder Familie erbringen" (vgl. Rahmenvereinbarung 39a, 4[33]).

1.5.5 Aktuelle Entwicklungen zur finanziellen Absicherung der Kinderhospizarbeit
In jüngster Zeit konnten einige gesetzliche Neureglungen erreicht werden, die die (finanzielle) Situation von lebensverkürzend erkrankten Kindern, Jugendlichen und ihren Familien sowie der Anbieter von Kinderhospizarbeit etwas erleichtern.
Folgende neue Gesetze wurden verabschiedet:
- **§132d SGB V** *Gesetz zur Spezialisierten Ambulanten Palliativversorgung.* In jedem Bundesland müssen mit den Krankenkassen Verträge zur Umsetzung der SAPV geschlossen werden. Nach Abschluss eines solchen Vertrages werden mit potentiellen Palliative-Care-Teams vor Ort über die konkrete Umsetzung der Verträge Vereinbarungen getroffen.
- **§37b** wurde im Jahr 2007 neu eingeführt und beinhaltet die Regelung der spezialisierten ambulanten Palliativversorgung zu den Begleitungen in Pflegeeinrichtungen und zu den besonderen Belangen von Kindern.
- **§39a**, *Neuordnung der Finanzierung der ambulanten und stationären Hospizarbeit,* trat am 01.08.2009 in Kraft (vgl. Newsletter DHPV aktuell 14/2009, 2).
- Die Änderung der ärztlichen Approbationsordnung: **Palliativmedizin wird als Pflichtfach** beschlossen. Laut Beschluss des deutschen Bundestages vom 19.06.2009 wird Palliativmedizin als Pflichtlehr- und Prüfungsfach in die ärztliche Ausbildung (ÄAPPO) eingeführt (vgl. Newsletter DHPV aktuell 14/2009, 2). Dies bedeutet, dass Studierende der Medizin Leistungsnachweise in der Palliativmedizin zum Beginn des Praktischen Jahres ab 2013 oder zur Ärztlichen Prüfung ab 2014 vorlegen müssen. Die bisher bestehenden Lehrstühle für Palliativmedizin befinden sich in Aachen, Bonn, Göttingen, Köln und München. Der einzige Lehrstuhl für Pädiatrische Palliativmedizin besteht seit 2008 in Witten/Herdecke (vgl. Röder 2009, 1).
- Das Gesetz zur Regelung der **Patientenverfügung** tritt am 01.09.2009 in Kraft. Es wurde der so genannte Stünker-Entwurf (von MdB Joachim Stünker vertreten) ausgewählt. Hiernach ist der schriftlich fixierte Wille der Patient/innen in Bezug auf die Anwendung von lebensverlängernden Maßnahmen bindend – unabhängig von Art und Stadium der Erkrankung (vgl. Böttger 2009, 1).

Die Neuregelungen haben folgende Auswirkungen auf die Kinderhospizarbeit:
Am 18.6.2009 wurde vom Deutschen Bundestag ein Gesetz verabschiedet, das §39a SGB V neu regelt. Die Krankenkassen erhöhen den Zuschuss zur stationären Kinderhospizversorgung von 90% auf 95%, das heißt, der Eigenanteil sinkt auf 5%. Die Förderung von Hospizleistungen erstreckt sich nun explizit auch auf die Begleitung von Kindern und Jugendlichen, die vorher im Gesetzestext nicht erwähnt waren. Die Personalkosten der ambulanten Dienste werden – gebunden an eine festgelegte monatliche Bezugsgröße – gefördert, was die Beträge erhöhen und die Planungssicherheit festigen wird[34] (vgl. Globisch 2009). Hiermit wird die finanzielle Grundlage sowohl der stationären Kinderhospize als auch der ambulanten Kinderhospizdienste verbessert.

---

[33]Rahmenvereinbarung zu §39a SGB V: URL: http://infomed.mds-ev.de/sindbad.nsf/e57e9ddd98ebc0a0c12571e700442bee/bd9a86be3f088567c125708c0044da12?OpenDocument (Letzter Zugriff: 27.09.2010).
[34]Rahmenvereinbarung zu §39a SGB V: URL: http://infomed.mds-ev.de/sindbad.nsf/e57e9ddd98ebc0a0c12571e700442bee/bd9a86be3f088567c125708c0044da12?OpenDocument (Letzter Zugriff: 27.09.2010).

1.5.5.1 Neuregelungen in Bezug auf die ambulanten Dienste

In einem Urteil des Landessozialgerichtes Berlin/Brandenburg zur Finanzierung ambulanter Hospizdienste nach §39a SGB V wurde festgestellt, dass es sich bei den Zahlungen der Krankenkassen um eine *Förderung* der Hospizdienste handelt und „nicht um die Bezahlung einer durch den Hospizdienst konkret für den Versicherten erbrachten Sachleistung (kein *Leistungsprinzip*"[35]. Das heißt, es werden nicht Zuschüsse zu den Leistungen (= den Begleitungen), sondern zu den Personalkosten gezahlt.

Bisher sollten die Krankenkassen einen Zuschuss von 42 Cent pro Versichertem und Jahr bereitstellen, um die förderungsfähigen Personalkosten zu finanzieren. In Zukunft bezieht sich die Förderung auf Leistungseinheiten: Nun werden höchstens 11% der monatlichen Bezugsgröße nach §18 Abs.1 SGB V gezahlt, das sind 281,05 Euro.

Das bedeutet: Bisher war das Fördervolumen pro Bundesland festgelegt, und die einzelnen ambulanten Hospizdienste mussten dieses Volumen unter sich aufteilen. Der Zuschuss zu den Personalkosten variierte stark zwischen den einzelnen Bundesländern, was zur Folge hatte, dass z.B. bei der gleichen Anzahl an Personalkosten sowie bei identischer Anzahl geleisteter Sterbebegleitungen und zur Verfügung stehender Ehrenamtlicher die Dienste länderspezifisch unterschiedliche Förderung durch die Krankenkassen erhielten. Je mehr Dienste in einem Bundesland arbeiteten, je mehr Begleitungen geleistet wurden, desto weniger wurde gezahlt. Eine große Ungerechtigkeit, die nun beseitigt wurde.

Jetzt soll der Betrag für eine Leistungseinheit bundesweit einheitlich sein (281,05 Euro). Die Anzahl der Leistungseinheiten ist begrenzt, ebenso die förderfähigen Personalkosten.

Der Förderbetrag wird auf der Grundlage der Leistungseinheiten ermittelt. Die Anzahl der ehrenamtlichen Mitarbeiter/innen wird mit dem Faktor 2, die der Begleitungen mit dem Faktor 4 – in Kinderhospizdiensten nun mit dem Faktor 5 – multipliziert und addiert. Die Erhöhung des Faktors für Kinderhospizdienste ist eine sehr wichtige Änderung. Mit dem höheren Faktor in Bezug auf Begleitungen von lebensverkürzend erkrankten Kindern wird dem Rechnung getragen, dass zwar weniger Begleitungen geleistet werden, diese dafür aber länger dauern und somit auch mehr Stunden pro Begleitung erfordern. Dies kann nun angemessener honoriert werden (vgl. Rahmenvereinbarung zur ambulanten Hospizarbeit 2010, 11[36]).

Die Förderung wird für die Dienste damit kalkulierbarer. Dienste, die bisher pro Leistungseinheit mehr Geld erhalten haben, werden jedoch nun über geringere finanzielle Mittel verfügen. Diese sind allerdings gegenüber den Diensten, die von der Berechnungsgrundlage profitieren, in der Minderzahl.

Die Neuerungen werden nach Beschluss einer neuen Rahmenvereinbarung zum §39a Abs. 2 SGB V umgesetzt werden können (vgl. Globisch 2009, 17).

Durch die Umsetzung der spezialisierten ambulanten pädiatrischen Palliativversorgung (SAPPV) nach §§37b und 132d SGB V werden die ambulanten Strukturen zur Versorgung von Kindern und Jugendlichen weiter abgesichert und ausgebaut. Grundlagen des Vertragsentwurfes sind die „Empfehlungen nach §132d Abs. 2 SGB V für die spezialisierte ambulante Palliativversorgung" (Stand 20.05.08) sowie der „Beschluss des GBA über die Erstfassung der Richtlinie zur Verordnung von spezialisierter ambulanter Palliativversorgung (SAPV)" vom 11.3.2008. Diese Dokumente weisen dem §37b SGB V folgend darauf hin, dass „den besonderen Belangen von Kindern und Jugendlichen Rechnung zu tragen ist"[37]. Die SAPPV ist die multiprofessionelle Palliativversorgung durch ein spezialisiertes Team im gewohnten Umfeld der Patient/innen, im Falle von Kindern und Jugendlichen also in der Regel zu Hause. Sie wurde durch die Gesundheitsreform 2007 mit den zwei eigenständigen Paragraphen §§37b und 132d neu in das SGB V eingeführt.

---

[35]Information zum Urteil des Landessozialgerichtes Berlin/Brandenburg zum Verfahren zur Förderung ambulanter Hospizdienste gem. §39a Abs. 2 SGB V:URL: http://www.hospiz.net/stamhole/pdf/urteil_lsgberlin-information.pdf (Letzter Zugriff: 27.09.2010).
[36] Rahmenvereinbarung ambulante Hospizarbeit, URL: http://www.hospiz.net/stamhole/pdf/amb_rahmen_p39a-sgb5.pdf (Letzter Zugriff: 30.9.2010).
[37]Mustervertrag zur spezialisierten ambulanten pädiatrischen Palliativversorgung: URL: http://www.hospiz.net/sapv/pdf/Mustervertrag_Spezialisierte_Ambulante_Paediatrische_Palliativversorgung_080115.pdf (Letzter Zugriff: 15.08.2010).

Die SAPPV stellt eine Ergänzung zur AAPV dar, der allgemeinen ambulanten Palliativversorgung, die ebenfalls das Ziel verfolgt, Lebensqualität und Selbstbestimmung von Palliativpatient/innen zu erhalten und zu verbessern. Dazu gehört, dass ihnen ein menschenwürdiges Leben in der gewohnten Umgebung oder in stationären Einrichtungen wie Hospizen oder Pflegeeinrichtungen zugesichert wird. Die in der AAPV beschriebene Palliativversorgung wird in erster Linie durch niedergelassene Haus- und Fachärzte und ambulante Pflegedienste durchgeführt. Es wird nach palliativmedizinischen Zielen gearbeitet. Hospizmitarbeitende können eingebunden werden. Die spezialisierte ambulante Palliativversorgung (SAPV) kann dann einbezogen werden, wenn den Bedürfnissen der Patient/innen durch die AAPV nicht Rechnung getragen werden kann. Sie bietet den Einsatz eines spezialisierten Palliativteams, das palliativärztliche und -pflegerische Versorgung sicherstellt. Das Team ist multiprofessionell, auf die spezifischen Aufgaben spezialisiert und rund um die Uhr erreichbar. Es arbeitet eng mit den Strukturen der Primärversorgung zusammen (z.B. Hausarzt, Pflegedienst, Krankenhaus). Die SAPV kann verordnet werden.[38] Jedoch geht die Umsetzung der SAPPV nur schleppend voran. Dafür gibt es unterschiedliche Gründe, zu denen unter anderem die hohen personellen Anforderungen zählen, die nicht ad hoc von allen potentiellen pädiatrischen Anbietern erfüllt werden können. Die von der Gesetzgebung ausdrücklich ermöglichten Übergangsregelungen werden zum Teil von den Kostenträgern blockiert. Auch gestalten sich die Budgetverhandlungen häufig schwierig, weil die Kostenträger die gestellten Forderungen der Leistungserbringer für zu hoch halten. Diese wiederum berufen sich auf evaluierte Daten aus bestehenden Teams. Die regionalen Unterschiede sind frappierend. Während es Satelliten mit bereits arbeitenden SAPPV-Teams gibt (z.B. Datteln, Dresden), sind andere noch im Aufbau. Insgesamt gibt es knapp 20 SAPPV-Teams in Deutschland mit einer großen strukturellen Spannbreite, die von Teams, die bereits auf Grundlage von §132d SGB V arbeiten, bis zu Teams, die gerade erst mit dem Aufbau beginnen, reicht.

1.5.5.2 Neuregelungen in Bezug auf die stationären Kinderhospize
Der Eigenanteil der Kinderhospize in der Versorgung progredient erkrankter Kinder und Jugendlicher wird zukünftig auf 5% begrenzt (Erwachsenenhospize: 10%), er lag vorher bei bis zu 30% (vgl. Weihrauch 2009c, 1). Die Kosten werden demnach von Hospiz, Krankenkasse und gegebenenfalls Pflegekasse getragen. Dies bedeutet eine Vereinfachung der Abrechnung gegenüber der bisherigen Situation, in der mit bis zu fünf Kostenträgern abgerechnet werden musste – hier fehlte die Transparenz vor allem für die Patient/innen und ihre Angehörigen. Der Zuschuss der Krankenkassen zur stationären Hospizversorgung pro Kalendertag wird von 6% auf 7% der Bezugsgröße gemäß §18 SGB IV angehoben (vgl. Newsletter DHPV aktuell, 13/2009, 2). Die Mindestzuschussgrenze wurde erhöht, das heißt, die Hospize bekommen nicht weniger als 176,40 Euro pro Kalendertag pro Versichertem. Die Hospize müssen mit den Krankenkassen Vergütungsvereinbarungen treffen. Die Leistungen der SAPV/SAPPV können auch während eines Hospizaufenthaltes abgerufen werden. Außerdem erfolgte eine Klärung der ärztlichen Versorgung in stationären Hospizen: Patient/innen in stationären Hospizen haben Anspruch auf die Teilleistung der ärztlichen Versorgung im Rahmen der spezialisierten ambulanten Palliativversorgung gemäß §37b (am 16.6.2009 beschlossen, am 01.08.2009 in Kraft getreten, vgl. Newsletter DHPV aktuell, 14/2009, 2).

Weitere Entwicklungen sind von der *„Charta zur Betreuung schwerstkranker und sterbender Menschen"* zu erwarten. Hier waren Vertreter/innen von 50 bundesweit organisierten Verbänden und Institutionen engagiert, die sich zu fünf Themen vertiefend mit Fragen der Palliativversorgung auseinandersetzten. Es existierten Arbeitsgruppen zu den Themen

- Ethik
- Recht und öffentliche Kommunikation
- Anforderungen an die Versorgungsstrukturen
- Aus-, Fort- und Weiterbildung; Entwicklungsperspektiven
- Forschung und Entwicklung

---

[38] SAPV-Glossar: URL: http://www.dgpalliativmedizin.de/pdf/doku/090115%20SAPV%20Anlage%203%20SAPV-Glossar.pdf.

- Forschung und internationale Dimension.

Ziel ist eine Bestandsaufnahme der Betreuung schwerstkranker und sterbender Menschen. Außerdem sollen für die Zukunft Handlungsoptionen und Selbstverpflichtungen festgelegt werden. Träger sind die Deutsche Gesellschaft für Palliativmedizin (DGP), der Deutsche Hospiz- und PalliativVerband (DHPV) und die Bundesärztekammer (BÄK). Die Ergebnisse der fünf Arbeitsgruppen wurden der Öffentlichkeit auf einer Konferenz im September 2010 in Berlin präsentiert.[39]

1.6 Geschichte und Stand der Kinderhospizbewegung international

Bedingt durch die Entstehung der Kinderhospizbewegung in England ist der Forschungsstand in Großbritannien als gut zu bezeichnen, da bereits Ende der 1980er-Jahre und Anfang der 1990er-Jahre erste Studien in Kinderhospizen durchgeführt wurden (Stein et al. 1989; Woolley 1989; Stein/Woolley 1990). Eine erste Vollerhebung, die alle Aspekte der Kinderhospizarbeit in Großbritannien und alle Kinderhospize mit einbezogen hat, erfolgte 2006 von Mash/Lloyd-Williams (vgl. Mash/Lloyd-Williams 2006, 1169). International vergleichende Studien zur Pädiatrischen Palliativversorgung oder Kinderhospizarbeit liegen bisher nicht vor.

Anders gestaltet sich dies für die Hospizarbeit für Erwachsene im europäischen Raum, über die bereits eine vergleichende Studie zur Palliativversorgung und Hospizarbeit von Gronemeyer et al. (2005) erstellt wurde. Des Weiteren ist die Studie von Clark et al. (2000) zu erwähnen, die die Entwicklung der Palliativversorgung in sieben europäischen Ländern aufzeigt. Ferner liegt eine Studie von Jordan (2007) vor, die die Hospizbewegung in Deutschland und den Niederlanden vergleicht.

Eine Übersicht mit Adressen internationaler Organisationen, die sich mit der Palliativversorgung für Erwachsene und Kinder auseinandersetzen oder entsprechende Angebote vorhalten, findet sich auf der Website des Deutschen Hospiz- und PalliativVerbandes e.V. (Deutscher Hospiz- und PalliativVerband e.V. 2010[40]).

Im Folgenden erfolgt eine Kurzbeschreibung des Ist-Standes der internationalen Kinderhospizarbeit. Es ist anzumerken, dass das, was in Großbritannien und Deutschland unter Pädiatrischer Palliativversorgung oder auch Kinderhospizarbeit verstanden wird, in anderen Ländern z.T. mit anderen Angeboten und Inhalten besetzt ist. Es wird daher bei der Darstellung kein Anspruch auf Vollständigkeit erhoben, da aufgrund der sprachlichen Barrieren und der nicht vorhandenen Quellen über Kinderhospize weltweit, nur ein Ausschnitt abgebildet werden kann.

Nach der Etablierung der Kinderhospizarbeit in England wurde die Idee in andere europäische und außereuropäische Länder und Kontinente weitergetragen, und es erfolgte die Gründung von stationären Kinderhospizen und ambulanten Kinderhospizdiensten in vielen weiteren Ländern. Im Zuge des internationalen Ausbaus und der Weiterentwicklung der Pädiatrischen Palliativversorgung wurden internationale Organisationen und Arbeitsgruppen gegründet, die europa- und weltweite Standards für die Pädiatrische Palliativversorgung von lebensverkürzend erkrankten Kindern und Jugendlichen und ihrer Familien entwickelt haben. Diese sind:

1. **ICPCN** (International childrens palliative care network): *"Charter of rights for life-limited and life threatened children"*, Internationale Standards für lebensverkürzend erkrankte Kinder und Jugendliche und ihre Familien (vgl. Craig et al. 2008, 401ff.).
2. **IMPaCCT** (International Meeting for Palliative Care in Children, Trento) wurde 2007 eine Arbeitsgruppe der **EAPC** (European Association for Palliative Care). Diese definiert *"Standards pädiatrischer Palliativversorgung in Europa"*.

---

[39]Charta zur Betreuung sterbender und schwerstkranker Menschen: http://www.charta-zur-betreuung-sterbender.de/ (Letzter Zugriff: 19.02.2010).
[40] Deutscher Hospiz- und PalliativVerband e.V. (2010): Adressen von Internationalen Organisationen. URL: http://www.hospiz.net/adressen/adressen_inter.html (Letzter Zugriff: 11.07.2010).

3. ACT (The Association for Children's Palliative Care): „*ACT-CHARTA*" Standards für die Unterstützung von lebensverkürzend erkrankten Kindern und Jugendlichen und ihren Familien in Großbritannien (ausführliche Darstellung im Kapitel II 6.4).

Die Gemeinsamkeit der Standards ist, dass sie sowohl die Versorgung und Begleitung lebensverkürzend erkrankter Kinder und Jugendlicher in den Blick nehmen, als auch die Unterstützung der Familien fokussieren. Das Ziel der Pädiatrischen Palliativversorgung ist die multidisziplinäre und ganzheitliche Betrachtung und Beachtung der Bedürfnisse der erkrankten Kinder und Jugendlichen und ihrer Familien. Die Standards der EAPC zur Pädiatrischen Palliativversorgung in Europa werden auch vom Deutschen Kinderhospizverein e.V. und dem Bundesverband Kinderhospiz e.V. unterstützt.

Kinderhospizarbeit in Europa
In *Österreich* befindet sich die Kinderhospizarbeit noch im Aufbau. Die Begleitung schwerkranker Kinder erfolgt in der Regel in Palliativstationen von Kliniken. Laut „Hospiz- und Palliativführer Österreich" von 2008 gibt es zum jetzigen Zeitpunkt nur zwei Einrichtungen, die schwerkranke Kinder und ihre Familien begleiten. Der Sterntalerhof ist bisher die einzige Institution, die sowohl ambulante Begleitung als auch stationäre Unterbringung für erkrankte Kinder und ihre Familien anbietet. Zudem existiert die ambulante Hospizbewegung Vorarlberg der Caritas, die auch erkrankte Kinder begleitet, und es befindet sich von der Caritas in Linz ein weiterer ambulanter Kinderhospizdienst angegliedert an das Mobile Hospiz im Aufbau (vgl. Pressedienst 2008, 52; Caritas Vorarlberg 2009).
Kinderhospize in den *Niederlanden* begleiten progredient erkrankte Kinder und Jugendliche im Alter von 0 bis 18 Jahren. In den meisten Fällen bleiben die erkrankten Kinder ohne ihre Familie im Kinderhospiz und fungieren somit als Kurzzeitentlastung für die Eltern. 2003 existierten bereits fünf Kinderhospize und im Jahr 2008 sechs stationäre Kinderhospize in den Niederlanden (vgl. Stoelinga/Valeanatos 2008, 16ff.). 2009 wurde das Kinderhospiz „Het Lindenhofje" in Amsterdam aufgrund finanzieller Probleme geschlossen (vgl. Parool.nl 2009).
Parallel zur weltweiten Etablierung der Kinderhospizarbeit wurden die kinderhospizlichen Angebote den Bedürfnissen der jeweiligen Altersgruppe entsprechend ausgebaut – so z.B. in *Großbritannien.* „Since 1984, the children's hospice movement has made an enormous contribution to the care of life-limited children and their families" (Brown 2007d, 10). Momentan existieren fast 40 stationäre Kinderhospize (residential care/facilities) in Großbritannien (davon 29 in England, zwei in Schottland und Wales sowie eins in Nordirland) und weitere sind in Planung (Children's Hospices UK 2010;[41] Brown 2007d, 10). „Inzwischen zeigt sich in Großbritannien die Tendenz, die Hospizversorgung auszudifferenzieren und stärker an die Problemlagen bestimmter Zielgruppen anzupassen. So wenden sich spezielle Programme der Trauerbegleitung an die Geschwister der verstorbenen Kinder. Des Weiteren wird angestrebt, das Versorgungsangebot stärker an die Erwartungen von Migrant/innen aus anderen Kulturkreisen anzupassen. Auch wird zunehmend nach dem Alter der Kinder unterschieden" (Wingenfeld/Mikula 2002, 17). So wurden seit 1995 Hospize speziell für Babys und Kleinkinder gegründet. Sie alle tragen den Namen „Zöe's Place Baby Hospice" und können je nach Einrichtung fünf bis zehn Babys und Kleinkinder von Geburt bis zum Alter von fünf Jahren aufnehmen. Das Konzept ähnelt dem der Kinderhospize, wobei die Angebote speziell auf die Bedürfnisse der Altersgruppe ausgerichtet sind (vgl. Bergquist 2007). Hospize für Jugendliche und junge Erwachsene existieren hingegen erst seit Ende der 1990er-Jahre. 1999 wurde ein Kinderhospiz von „Acorns Children's Hospice Trust" in Walsall eröffnet, das über einen eigenen Jugendtrakt verfügt. Weitere Jugendhospize wurden Anfang des 21. Jahrhunderts eröffnet (vgl. Worswick 2000).

In *Frankreich, Dänemark, Schweden, Norwegen, Spanien, Portugal, Italien, Griechenland, Belgien, Finnland, Luxemburg, Irland* und der *Schweiz* existiert zum jetzigen Zeitpunkt noch keine Kinderhospizarbeit oder sie befindet sich im Aufbau. Es gibt weder ambulante Dienste noch stationäre

---

[41]Children's hospices UK (2010): Find your local children's hospice service.
http://www.childhospice.org.uk/hospicelisting.asp?section=144&view=map (Letzter Zugriff: 10.07.2010).

Kinderhospize. Die pädiatrische Palliativversorgung erfolgt meistens in spezialisierten Palliativstationen oder in Krankenhäusern.

In *Polen* wurde 1994 in Warschau ein stationäres Kinderhospiz mit dem Namen „Hospicum dla szieci" eröffnet. Es war somit das erste weitere europäische Kinderhospiz außerhalb von Großbritannien (vgl. Hare 1999).

In den *rumänischen* Orten Barsov und Oradea existieren zwei ambulante Palliativpflegeeinrichtungen für Kinder, die jeweils einem Erwachsenenhospiz angegliedert sind. Es werden Kinder mit allen Formen lebensverkürzender Erkrankungen aufgenommen, allerdings besteht eine Spezialisierung auf onkologische Erkrankung und HIV/AIDS (vgl. Goldman et al. 2006, 562).

Kinderhospizarbeit in Nord-Amerika

In *Kanada* wurde 1995 das erste nordamerikanisch Kinderhospiz in Vancouver eröffnet, das „Canuck Place Children Hospice". Dieses ist bis heute das einzige, nicht an eine pädiatrische Palliativstation oder ein Krankenhaus angegliederte Kinderhospiz in Nordamerika. Dort werden Kinder und Jugendliche bis zu einem Alter von 19 Jahren aufgenommen. Neun Kinder können mit vier Familien in das Kinderhospiz kommen. An das Kinderhospiz ist ein ambulanter Dienst angegliedert, der betroffenen Familien „home care services" anbietet (vgl. Canuck Place 2009). 2008 gab es weitere fünf Kinderhospize, die an Krankenhäuser angegliedert sind. Das sechste wurde 2009 im Bundesstaat Alberta in Calgary eröffnet (vgl. Straatman et al. 2008, 591; CBCnews 2008).

Die Kinderhospizbewegung in den *USA* befindet sich hingegen im Entwicklungsstadium. Viele Angebote für lebensverkürzend erkrankte Kinder bestehen in Pädiatrischen Palliativstationen der Krankenhäuser. 1983 nahmen nur vier der 1.400 Hospize in den USA Kinder auf. 1996 wurde daher von Ann Armstrong-Daily the Children's Hospice International (CHI) geründet. Zusammen mit dem United States Department of Health and Human Services (HHS) wurde nach besseren Versorgungsmöglichkeiten für betroffene Familien gesucht. Durch diese Zusammenarbeit akzeptieren nun die meisten der aktuell 3.000 Hospize auch progredient erkrankte Kinder und Jugendliche. 450 Hospize haben zudem spezielle Kindertrakte und bieten ambulante Familienbegleitungen an. Ein Kinderhospiz als solches existiert allerdings bis heute nicht (vgl. Children's Hospice International 2009; Boyle 2001).

Kinderhospizarbeit in Russland – Weißrussland

In *Russland* gibt es zum jetzigen Zeitpunkt keine stationären Kinderhospize. Es existiert lediglich der ambulante Kinderhospizdienst „Moscow's children Hospice" in Moskau, der insbesondere Kinder mit Krebserkrankungen und deren Familien begleitet (vgl. Partners in Hope 2009).

In *Weißrussland* wurde 1994 in einem Erwachsenenhospiz in Minsk („Veras House") die Möglichkeit der Begleitung lebensverkürzend erkrankter Kinder und Jugendlicher geschaffen. Die Kinderstation nennt sich „Belarussian Children's Hospice". 67% der Patienten sind an Krebs erkrankt. Dies ist auf die Nähe zur Urkraine/Tschernobyl zurückzuführen, wo sich 1983 das Atomunglück ereignete. Das Kinderhospiz halt nach eigenen Angaben folgende Angebote vor „Hospice at Home", „In-patient Care", „Respite Care", „Summer Holidays", „Counselling", „Day Centre" und „Training" (vgl. Friends of the Belarusian Children's Hospice 2010[42]).

Kinderhospizarbeit in Australien und Neuseeland

In *Australien* existieren zum jetzigen Zeitpunkt zwei stationäre Kinderhospize. 2001 wurde das erste namens „Bear cottage" eröffnet. Ein weiteres befindet sich in Melbourne mit dem Namen „Very Special Kids" (vgl. Bear Cottage 2007). Ambulante Kinderhospizdienste gibt es in Australien bisher nicht. Die Pädiatrische Palliativversorgung von lebensverkürzend erkrankten Kindern und Jugendlichen erfolgt in *Neuseeland* durch den so genannten „Starship Children's Health Service", der von Auckland aus die Versorgung im gesamten Land organisiert. Die Versorgung erfolgt ausschließlich angegliedert an Kliniken, da zum jetzigen Zeitpunkt kein stationäres Kinderhospiz existiert (vgl. Starship Children's Health 2010). Seit 2004 ist ein ambulanter Kinderhospizdienst in Hamilton tätig. Die An-

---

[42] Friends of the Belarusian Children's Hospice (UK) (2010): The Belarusian Children's Hospice. URL: http://www.friends-bch.org.uk/index.php?option=com_content&view=section&id=2&Itemid=9 (Letzter Zugriff: 07.07.2010).

gebote sind umfassend und entsprechen weitgehend denen ambulanter Dienste in Deutschland (vgl. Rainbow Place 2010[43]).

Kinderhospizarbeit in Afrika, Südamerika und Asien
Über 400.000 Kinder und Jugendliche sind in Afrika 2003 an AIDS verstorben. Weltweit wird bei 166.000 Kindern jährlich Krebs diagnostiziert, von ihnen leben 84% in Entwicklungsländern. Der Bedarf an professioneller Begleitung und Unterstützung ist daher gerade in Afrika als sehr hoch einzuschätzen.
In *Südafrika* existiert eine gut ausgebaute Pädiatrische Palliativversorgung für Kinder und Jugendliche, die sich vornehmlich an die Zielgruppe der an HIV und AIDS Erkrankten richtet. Die Angebote der Pädiatrischen Palliativversorgung sind häufig an Erwachsenenhospize angegliedert und umfassen sowohl die ambulante als auch die stationäre Versorgung. In einigen Erwachsenenhospizen wurden bereits separate Stationen für lebensverkürzend erkrankte Kinder und Jugendliche eingerichtet (vgl. Amery 2009; Hospice Palliative Care Association of South Africa 2010).[44] 1998 wurde das „St. Nicholas Children's Hospice" in Bloemfontein gegründet. Es ist das erste Kinderhospiz in Südafrika und auf dem gesamten afrikanischen Kontinent. Es ist eine Tagespflegeeinrichtung, die auch über einen Abschiedsraum verfügt. Es werden zudem häusliche Versorgung und in so genannten „Palliative Day Care Centres" auch Trauerbegleitung und Beratung für die Familien angeboten (vgl. Goldman et al. 2006, 563f.).
In *Südamerika, Asien* und auf der *arabischen Halbinsel* konnten auf der Gurndlage unserer Recherche keine Angebote spezialisierter Pädiatrischer Palliativversorgung oder von Kinderhospizarbeit nachgewiesen werden.

1.7 Ausblick und Zukunftsperspektiven
Aus denen vom Deutschen Kinderhospizverein e.V. und dem Bundesverband Kinderhospiz e.V. aufgestellten Zielsetzungen können einige Zukunftsperspektiven für die Kinderhospizarbeit in Deutschland abgeleitet werden. Diese sind:

- Ausbau und Verbesserung der Begleitung der lebensverkürzend erkrankten Kinder und ihrer Familien im ambulanten und stationären Bereich
- Ausbau und Verbesserung der Finanzierung der Aufenthalte von lebensverkürzend erkrankten Kindern und ihrer Familien im ambulanten und stationären Bereich
- Vernetzung der ambulanten Kinderhospizdienste und der stationären Kinderhospize
- Vernetzung mit Ärzten, Krankenhäusern, Therapeuten, Seelsorgern
- Enttabuisierung der Thematik Sterben und Tod von Kindern, Verbreitung des Kinderhospizgedankens (vgl. Bundesverband Kinderhospiz e.V. 2010[45]; Deutscher Kinderhospizverein e.V. 2010d[46]).

Die Kinderhospizbewegung befindet sich trotz vieler Neugründungen im stationären und im ambulanten Bereich in Deutschland und in einigen europäischen Ländern noch in einem kontinuierlichen Aufbau- und Etablierungsprozess. In vielen Kontinenten und Ländern existiert nur eine unzureichende pädiatrische Palliativversorgung, obwohl der Bedarf als hoch einzuschätzen ist, wie zum Beispiel in Afrika in Bezug auf die (Sterbe-)Begleitung von an HIV/AIDS erkrankten Kindern und Jugendlichen.
In Deutschland gilt der Bedarf im stationären kinderhospizlichen Bereich als gedeckt, auch wenn verlässliche und aussagekräftige Belegungszahlen bislang nicht verfügbar sind. Aus diesem Grund wird

---

[43] Rainbow Place (2010): About Rainbow Place. URL:
https://www.hospicewaikato.org.nz/index.php?option=com_content&task=view&id=17&Itemid=46 (Letzter Zugriff: 10.07.2010).
[44] Hospice Palliative Care Association of South Africa (2010): URL:
http://www.hospicepalliativecaresa.co.za/Care%20for%20Children.html (Letzter Zugriff: 22.04.2010).
[45] Bundesverband Kinderhospiz e.V. (2010): Ziele. URL: http://www.bundesverband-kinderhospiz.de/index.cfm?objectid=DF950FA9-E018-036D-7A0B4893AA5AB70A (Letzter Zugriff: 23.08.2010).
[46] Deutscher Kinderhospizverein e.V. (2010d): Aufgaben und Ziele des Deutschen Kinderhospizvereins, URL: http://www.deutscher-kinderhospizverein.de/2_aufgaben.php (Letzter Zugriff: 17.08.2010).

empfohlen, neue Kinderhospize ausschließlich in deutlich unterversorgten Gebieten, wie zum Beispiel in Ostdeutschland, zu gründen (vgl. Zernikow/Michel 2008, 27). Anders stellt sich die Situation im ambulanten Bereich dar. Die ambulante kinderhospizliche Versorgung ist national wie international als unzureichend zu bezeichnen. Gerade in Entwicklungsländern oder auch in Ländern mit einer unzureichenden Infrastruktur (Verkehrsnetz) sind ambulante Kinderhospizdienste der Schlüssel für eine bessere und bedarfsgerechte Versorgung von lebensverkürzend erkrankten Kindern und ihren Familien. Bezogen auf Deutschland trägt diesem Bedarf beispielsweise der Deutsche Kinderhospizverein e.V. Rechnung, der sich explizit das Ziel gesetzt hat, den ambulanten Bereich auszubauen.[47]

Als eine äußerst positive Entwicklung ist die Gründung von Jugendhospizen zu nennen. Sie sind meistens angegliedert an ein bereits vorhandenes Kinderhospiz. Dies bedeutet für die jugendlichen Nutzer/innen, die das Kinderhospiz oft bereits über Jahre hinweg besucht haben, altersangemessene, neue und optimierte Entwicklungs- und Freizeitmöglichkeiten bei gleichzeitiger Kontinuität in Bezug auf Lage, Umfeld und zum Teil auch auf das Personal.

Außerdem ist die Gründung von so genannten Babyhospizen in Großbritannien zu erwähnen (vgl. Bergquist 2007). Neben den Vorteilen, die eine altersspezifische Begleitung der progredient erkrankten Babys, Kinder und Jugendlichen bietet, darf eine dadurch mögliche Zergliederung nicht aus dem Blickwinkel geraten. Die Folge wäre möglicherweise die Nichterfüllung des ganzheitlichen Anspruches, der die Kinderhospizarbeit auszeichnet.

Der hier vorliegende Forschungsbericht, der auf der intensiven Analyse umfangreicher, im Feld der Kinderhospizarbeit gewonnener Daten beruht, hat auch zum Ziel, weitere Entwicklungsoptionen und Möglichkeiten der inhaltlichen Professionalisierung und Ausdifferenzierung dieser Bewegung aufzuzeigen. Hierfür sollen die in Kapitel IV vorgestellten *33 Leitlinien für gute Kinderhospizarbeit* Impulse und Richtungen aufzeigen.

---

[47] Deutscher Kinderhospizverein e.V. (2010d): Aufgaben und Ziele des Deutschen Kinderhospizvereins, URL: http://www.deutscher-kinderhospizverein.de/2_aufgaben.php (Letzter Zugriff: 17.08.2010).

2. Bewältigung – vom Umgang mit Herausforderungen

2.1 Einleitung

Die etymologische Rekonstruktion des Begriffs Bewältigung zeigt, dass es sich hierbei um einen Prozess handelt, durch den man „etwas in seine Gewalt bringt, mit etwas fertig wird" (Filipp 1997, o.S.). Bewältigung ist etwas Dynamisches, eine Transformation von objektiver in subjektive Realität, bei der es darum geht, eine objektive Realität in eine „erträgliche" subjektive Realität umzuwandeln. Wie das geschieht, ist individuell verschieden und impliziert tiefgreifende Veränderungen für die Identität des Subjektes. „Immer ist die Bewältigung ein Prozess, an dessen Ende die Menschen nicht mehr die sind, die sie vorher waren" (Filipp 1997, o.S.). D.H. Lawrence beschreibt treffend, in welcher Situation und vor welchen Aufgaben Menschen stehen, die eine Krise zu bewältigen haben: „Die Katastrophe hat stattgefunden, wir befinden uns inmitten der Ruinen, wir beginnen neue, kleine Lebensräume zu bauen, neue, kleine Hoffnungen zu haben. Es ist ziemlich harte Arbeit: Es gibt keinen bequemen Weg in die Zukunft: Aber wir machen Umwege, oder klettern über die Hindernisse. Wir müssen leben, ganz gleich, wie viele Himmel eingestürzt sind" (Lawrence 1961, 1).
Bewältigung ist relational – was der einzelne Mensch in seinem Leben zu bewältigen hat, ist so unterschiedlich, wie die einzelnen, individuellen Lebensverläufe. Der so genannte „Erfolg" eines Bewältigungsverhaltens kann deshalb nur vor dem Hintergrund der jeweiligen Bewältigungsaufgaben des Individuums gesehen werden. Es kann und sollte somit keine allgemein gültigen Standards oder Strategien für Bewältigungsprozesse geben (vgl. Filipp 1997, o.S.).
Die besondere Situation der progredienten Erkrankung eines Kindes oder eines/einer Jugendlichen wird in der wissenschaftlichen Literatur zu den „kritischen Lebensereignissen" gezählt. Sie erfordert eine Auseinandersetzung aller Beteiligten. Deshalb bietet sich für den theoretischen Diskurs ein systemischer Ansatz an (vgl. Kap. I.1.2).
Nach der Darstellung des Forschungsstandes und der wichtigsten Begriffsdefinitionen wird in diesem Kapitel nachgezeichnet, wie diese Auseinandersetzung aussehen kann, was in verschiedenen Lebensaltern als relevant angesehen wird und/oder möglich ist und welche geschlechtsspezifischen Unterschiede festgestellt werden können.
Zudem wird besonders auf die Faktoren eingegangen, die sich als hilfreich und unterstützend für die Beteiligten erweisen können. Die ressourcenorientierte Perspektive bildet die Grundlage für die beschriebenen Hilfeansätze für Betroffene (vgl. Kap. I.1.3).

2.2 Forschungsstand und Definition der Begriffe

Die Bewältigungsforschung geht zurück auf Lazarus' transaktionales Modell der Stressentstehung und -bewältigung (1966). Kennzeichnend ist hier die Konzentration auf die individuelle und aktualgenetische Bewältigung (vgl. Kruse 1997; Olbrich 1997).
Hobfoll setzt in seinen Untersuchungen einen deutlichen Schwerpunkt auf den Umstand, dass Bewältigung immer in sozialen Kontexten geschieht (vgl. Hobfoll 1988, 1998). Die Konzepte von Lazarus

und Hobfoll können heute als gleichberechtigt nebeneinander stehend gesehen werden. Extrembelastungen wurden bislang überwiegend aus Gründen der Ethik wenig bis gar nicht untersucht (vgl. Olbrich 1997, 230ff.; Staudinger 1997, 248; Geiss 2007, 5f.). Erst in jüngeren Forschungsprojekten werden Extrembelastungen vermehrt einbezogen, wobei als problematisch gilt, dass sich mit den vorliegenden Theorien zu Bewältigung und Coping krisenhafte Momente im Leben eines Menschen, wie beispielswcise das eigene oder das Sterben eines Kindes, nur unzulänglich beschreiben bzw. erfassen lassen. Die Bewältigungsforschung stößt hier an eine Grenze, weil die Kriterien oder Zielvorstellungen, die an eine „erfolgreiche Bewältigung" angelegt werden, wie zum Beispiel Stärkung der Autonomie oder Selbstentfaltung, nicht greifen. Es geht in Grenzsituationen viel mehr darum, diese als solche zu akzeptieren oder Umstände herzustellen, die sie akzeptierbar machen (vgl. Olbrich 1997). „Mitgehen mit dem Übergang, der üblicherweise als Untergang beschrieben wird", fasst Olbrich (1997, 232) diese Aufgabe zusammen. Es komme demnach nicht darauf an, möglichst schnell mit der Bedrohung durch den Tod fertig zu werden, sondern sich dieser zu stellen. „Anstatt zu bewältigen gilt es, das radikal Andere zuzulassen. Damit ist dann nicht Verrichtung verbunden, sondern Wandel" (Olbrich 1997, 237). Weitere Schwerpunkte in der neueren Bewältigungsforschung sind der Umweltbezug, systemische Ansätze und Fragen der Emotionsregulierung und Ressourcenorientierung (vgl. Vierhaus et al. 2007; Buchwald et al. 2004).

Der Begriff *Bewältigung* wird divergierend verwendet, daneben finden sich der Begriff *Coping*, der hierzu jedoch kein Synonym ist (vgl. Weber 1992). Das Konzept Bewältigung stützt sich auf die Stresstheorie nach Lazarus (vgl. Lazarus 1966; Folkman et al. 1986): Demnach bezeichnet Bewältigung alle Versuche eines Individuums, interne oder externe Anforderungen zu minimieren, zu meistern oder zu tolerieren. Es soll „ein Gleichgewicht hergestellt werden (…) zwischen Anforderungen und der Fähigkeit, mit diesen Anforderungen ohne zu hohe Kosten oder destruktive Folgen fertig zu werden" (Bodenmann 1997, 74). Dabei handelt es sich um einen Prozess, den Fröhlich definiert als „bei der Auseinandersetzung mit psychisch belastenden oder bedrohlichen Situationen mehr oder weniger bewusst bzw. willentlich einsetzende Bewertungs- und Verhaltensstrategien, die aufkommende Angstreaktionen oder Konflikte eindämmen bzw. lindern und mit adaptiven Abwehrmechanismen in enger Beziehung stehen" (Fröhlich 2000, 94).
Bewältigung schließt „alle Erlebens- und Verhaltensweisen, die mit dem Meistern einer solchen belastenden, durch Bedrohung und Verlust charakterisierten Situation in Verbindung stehen" (Geiss 2007, 11) ein. Sie ist ein dynamischer Prozess, der je nach Verlauf unterschiedliche Anforderungen stellt und in dem unterschiedliche Ressourcen in Anspruch genommen werden (vgl. Hinze 1991), wie z.B. soziale Unterstützung durch außen stehende Personen, Unterstützung durch Partner oder Partnerin oder individuelle Ressourcen.

Coping oder Belastungsverarbeitung geschieht dann, wenn Anforderungen die Ressourcen eines Individuums beanspruchen oder erschöpfen, wenn also die normalerweise vorgenommene Anpassung nicht mehr ausreicht (vgl. Lazarus/Launier 1978).

Im Kontext der Bewältigungsforschung spielt der Begriff des *kritischen Lebensereignisses* eine wichtige Rolle. Nach Beyer und Lohaus handelt es sich dabei um Belastungen, „die in der Regel mit einschneidenden Änderungen von Alltagsroutinen und Neuanpassungen verbunden sind und die unerwartet auftreten" (Beyer/Lohaus 2007, 12; siehe auch Filipp 1990). Wann und in welchem Maße Menschen eine Situation als Krise einschätzen oder bewerten, ist individuell verschieden. Weber charakterisiert krisenhafte Situationen wie folgt:
„Das Geschehen
- ist einem allgemeinen sozialen Kontext zufolge für den Betroffenen belastend oder fordernd,
- weicht von einer unterstellten „Normalität" ab,
- erfordert psychischen und/oder physischen Aufwand,
- kann im Hinblick auf unterschiedliche Verhaltensoptionen interindividuell unterschiedlich angegangen werden" (Weber 1997, 8).

Nach Lazarus und Folkmann ist der Begriff *Krise* subjektiv zu verstehen (vgl. Lazarus/Folkmann 1984). Demnach liegt eine Krise dann vor, wenn ein Individuum nicht mit den üblichen Handlungsmustern reagieren kann, sondern seine Bewältigungsstrategien durchsuchen und die verfügbaren Ressourcen aktivieren und aktualisieren muss. Die Bewertung einer Situation ist das Ergebnis eines komplexen situativen Einschätzungsprozesses im Hinblick auf eigene Ziele, Handlungsalternativen und Situationsbedingungen und somit nicht objektiv zu bewerten (vgl. Lazarus/Folkmann 1984; Antonovsky 1987; Jerusalem 1990; Faltermaier 1994). Ein großes Repertoire an Bewältigungsstrategien und deren situationsspezifische und flexible Anwendung begünstigen die Aussichten auf erfolgreiche Bewältigung (vgl. Faltermaier et al. 1998, 25).

Je weniger kontrollierbar und vorhersehbar die spezifische Anforderungssituation erscheint, desto schwerer ist sie zu bewältigen (vgl. Seiffge-Krenke/von Irmer 2007). Wichtige Kriterien bei der Bewertung von belastenden Situationen sind das Ausmaß der wahrgenommenen Kontrolle über die Umwelt und der Grad der Vorhersehbarkeit eines Ereignisses (vgl. Filipp 1981, Lazarus 1990, Lazarus/Launier 1978). Eine Reihe von empirischen Studien weist darauf hin, dass unkontrollierbare, aversive Ereignisse zu deutlichen Beeinträchtigungen im kognitiven, emotionalen und motivationalen Bereich führen können (vgl. Zangl 1988, 98). Fehlen „Sicherheitssignale", die ein unangenehmes Ereignis ankündigen, lebt ein Mensch in ständiger diffuser Angst vor einem möglichen Eintreten des Ereignisses (vgl. Seiffge-Krenke/Gelhaar/Kollmar 2007).

Lazarus beschreibt die Einschätzung einer Situation in drei Stufen: Mit dem „primary appraisal I" wird eingeschätzt, ob die Anforderungssituation überhaupt ein Stressor ist. Wird er dahingehend beurteilt, dass er das eigene Wohlbefinden stört (primary appraisal II), dann wird eingeschätzt, ob das Problem durch Emotionsregulierung oder instrumentelle Strategien gelöst werden kann (primary appraisal III). Das Individuum schätzt dann ein, welche Ressourcen und Kompetenzen ihm für die Bewältigung zur Verfügung stehen (vgl. Lazarus/Folkmann 1984). Da es sich bei der Bewältigung um einen länger andauernden Prozess handelt, bietet es sich an, das Modell von Lazarus um eine zeitliche Komponente zu erweitern (vgl. Patterson/McCubbin 1983).

Lazarus selbst hat in seinem Modell in neuerer Zeit die Bedeutung des emotionalen Aspekts hervorgehoben: Das heißt, dass das wahrgenommene Ungleichgewicht, das als Stress bezeichnet wird, ausgeglichen wird mit dem Ziel, die dadurch hervorgerufenen Emotionen zu regulieren. Anschließende Forschungsarbeiten beschäftigen sich demnach vor allem damit, wie ausgelöste Emotionen bewältigt werden können (vgl. Lazarus 1990; Vierhaus et al. 2007).

Buchwald et al. kritisieren am transaktionalen Copingmodell auf der Grundlage der Forschungen von Lazarus, dass es sich zu sehr auf die individuelle Sicht von Stressentstehung und seine Bewältigung bezieht. Sie sind der Ansicht, dass auch außerindividuelle, außerobjektive Gegebenheiten berücksichtigt werden müssen, um das Bewältigungsgeschehen realistisch zu beschreiben. In der von Hobfoll entwickelten Theorie des multiaxialen Coping, das mit einer Theorie des Ressourcenmanagements verknüpft ist, wird dies ebenso umgesetzt (vgl. Buchwald et al. 2004) wie in dem von Sagy und Antonovsky entwickelten systemischen Konzept des familiären Kohärenzsinnes (vgl. Sagy/Antonovsky 1992; vgl. Kap. I.1.3 Salutogenese).

Zusammenfassend kann festgehalten werden, dass ein Bewältigungsprozess durch zwei elementare Merkmalsbereiche geprägt ist: Zum einen durch die spezifische Anforderungssituation und zum anderen durch die verfügbaren Bewältigungsressourcen einer Person, die auch ihre überindividuellen Ressourcen implizieren.

2.3 Bewältigungsstrategien

Bewältigung ist ein Prozess, in dem eine Veränderung der „Person-Umwelt-Passung" stattfindet. Von der handelnden Person werden durch

a) *aktives Coping* die Umstände faktisch verändert. Sie verhält sich problemzugewandt und lösungsorientiert. Das Verhalten zielt auf Veränderung der realen Person-Umwelt-Beziehung. Beispiele dafür sind Strategien wie die Suche nach Informationen und die Suche nach sozialer Unterstützung.

Eine andere Bewältigungsstrategie ist das

b) *internale Coping*. Dabei werden Motive und Einschätzungen gegenüber der Anforderung verändert. Es handelt sich um einen kognitiv-reflektierenden Prozess, der die Betrachtungsweisen und Interpretationen der Person-Umwelt-Beziehung verändert bzw. anpasst. Beispiele dafür sind das Schließen von Kompromissen und das Anerkennen eigener Grenzen.

Eine dritte Form ist die des

c) *Rückzugs oder der Vermeidung*. Dabei wird versucht, die Störung nicht wahrzunehmen, sich abzulenken, das Geschehen zu ignorieren. Dies stellt den Versuch dar, den Status quo aufrecht zu erhalten (vgl. Braukmann/Filipp 1984; Vierhaus/Lohaus/Ball 2007, 83f.).

Unterschieden wird außerdem zwischen aktualgenetischer und ontogenetischer Bewältigung (vgl. Staudinger 1997, 251f.). *Aktualgenetische Bewältigung* ist die Reaktion auf oder Auseinandersetzung mit konkreten, abgegrenzten Ereignissen (z.B. chronische Erkrankung, Todesfall). Unter *ontogenetischer Bewältigung* versteht man die Auseinandersetzung mit einzelnen Entwicklungsaufgaben und der eigenen Lebensgestaltung. Der zeitliche Blickwinkel ist hier weiter als bei der aktualgenetischen Bewältigung (Näheres bei Brandstädter 1989; Brandstädter/Greve 1992; Brandstädter/Wentura 1995). Bewältigungsprozesse beziehen sich nicht nur auf Ereignisse der Gegenwart. Sie können ebenso *retrospektiv* oder *antizipatorisch* ausgerichtet sein. Ein Beispiel hierfür ist die von Familien progredient erkrankter Kinder oft gelebte antizipatorische Trauer. Der Trauerprozess beginnt mit dem Wissen um die Erkrankung, also mit der Erwartung des Todes und nicht erst mit dem Todesereignis (vgl. Staudinger 1997, 252; Worden 1999).

Das Ziel von Bewältigung ist die Aufhebung des wahrgenommenen Ungleichgewichts zwischen Anforderung an das Individuum und seiner Befindlichkeit (vgl. Beyer/Lohaus 2007). Diese findet innerhalb eines Prozesses statt, in dessen Verlauf ein Individuum oder die Angehörigen eines Systems wie einer Familie bestimmte Gefühlszustände durchlaufen. Schuchardt (2003) hat ein *Modell zur Krisenverarbeitung* entwickelt, das in seiner Einfachheit und scheinbaren Regelhaftigkeit durchaus kritisierbar ist. Da es jedoch gute Anhaltspunkte für das Verstehen familiendynamischer Entwicklungen bietet, soll es im Folgenden kurz skizziert werden, ohne damit beschreiben zu wollen, dass Familien diese Phasen durchlaufen müssen, um als erfolgreich bewältigende Familie gelten zu können.

Schuchardt beschreibt acht Schritte, die im Laufe einer Krisenverarbeitung durchlaufen werden können. Die erste Phase *("Ungewissheit")* bezeichnet die Zeit, in der ein Individuum/eine Familie bereits bemerkt, dass sich etwas im Leben verändert hat, aber noch nicht geklärt ist, worum es sich genau handelt. Das kann für eine Familie mit einem erkrankten Kind die Zeit sein, in der bereits Symptome festzustellen sind, jedoch noch keine Diagnose feststeht.

In der nächsten Phase *("Gewissheit")* erfolgt dann die Diagnosestellung. Mit ihr wird klar, mit welchen Herausforderungen die Familie und das erkrankte Kind in Zukunft zu tun haben werden; dieser Schritt wird vielfach als Schock erlebt *("Diagnoseschock")*.

In der Phase der *"Aggression"* ist vor allem die Frage relevant „Warum trifft es gerade uns?". Das Geschehen hat für die Betroffenen keinen Sinn, der es ihnen erlauben würde, es zu akzeptieren. Heftige Emotionen bestimmen in dieser Phase das Erleben. In der Phase der *"Verhandlung"* können Betroffene versuchen, durch Informationssuche, Therapien auch unkonventioneller Art bis hin zu „Scharlatanerie" oder religiösen „Übungen" der schrecklichen Wahrheit auszuweichen bzw. sie rückgängig zu machen. Äußerungen von Ärzten und Ärztinnen und Untersuchungsergebnisse werden angezweifelt. Sätze wie „Vielleicht stimmt es ja doch nicht, vielleicht ist es nicht ganz so schlimm" können die Haltungen der Betroffenen kennzeichnen.

Nach dieser von Aktivität geprägten Zeit kann sich eine Phase der *"Depression"* anschließen. Die Nutzlosigkeit der vorhergegangenen Bestrebungen wird erkannt, ebenso die Unabänderlichkeit der Situation. Dies führt zu Trauer und Verzweiflung, Rückzug und Apathie.

Anschließend gelingt es vielen Betroffenen, in die nächste Phase *("Annahme")* zu wechseln. In dieser wird erkannt, dass es wirklich eine Krise gibt und dass die Erkrankung des Kindes besteht und bestehen bleibt. Häufig ist es erst dann möglich, diesen Zustand zu akzeptieren. Damit werden viele Energien frei, die durch Trauer und Aggression gebunden waren.

In der siebten Phase (*„Aktivität"*) wird aktives Handeln zur Einflussnahme auf die Situation möglich. Die nächste und nach Schuchardt letzte Phase beinhaltet als zentrales Thema die *„Solidarität"*. Hier wird die Verarbeitung der Krise durch das gemeinsame Tun mit anderen, von einem ähnlichen Schicksal Betroffenen erleichtert und vorangetrieben. Die Gründung von Selbsthilfegruppen und die Öffentlichkeitsarbeit sind hier zu verorten. Das Erleben von Solidarität gibt neue Kraft sowie Lebensfreude und soll zeigen, dass die Betroffenen das krisenhafte Ereignis in ihr Erleben integriert haben (vgl. Schuchardt 2003, 143ff.).

Schuchardt hat ihrem Modell der Krisenverarbeitung die Form einer Spirale gegeben, wodurch ein wesentlicher Aspekt von Bewältigungsprozessen symbolisiert wird: Die beschriebenen Gefühlszustände/Phasen werden nicht nur einmal durchlaufen, sondern kehren mehrfach wieder. Das bestätigen auch Forschungen zu traumatischen Lebensereignissen (vgl. Kruse 1997).

Schuchardts Modell unterscheidet sich von denen von Kübler-Ross (1969) und Kast (1982) vorgestellten Modellen zu Sterbe- und Trauerprozessen wesentlich durch die von ihr beschriebenen Schritte von Aktivität und Solidarität, die der Annahme folgen. Diese können als Kennzeichen von erfolgreicher Bewältigung angesehen werden. Hier sei auf der Grundlage neuerer Forschungsergebnisse jedoch erneut kritisch angemerkt, dass es eine Vielzahl möglicher Verhaltensweisen und Verarbeitungsstile gibt, die für das jeweilige Individuum oder System effektiv und angemessen sein können (vgl. Buchwald 2004 et al., 17). Die Individualität familiärer Prozesse macht deutlich, dass Phasenmodelle auf die jeweilige Familiensituation immer nur mehr oder weniger, zum Teil sicher auch gar nicht anwendbar sind. Die Gefahr der Verallgemeinerung und Pauschalisierung familiärer Prozesse sollte somit sowohl in der theoretischen Auseinandersetzung als auch der praktischen Arbeit mit betroffenen Familien kritisch reflektiert werden. Die Kenntnis des Schuchardt'schen Spiralmodells kann somit allenfalls dazu dienen, grundlegende potentielle familiäre Dynamiken verstehen zu können, ohne sie im Einzelfall im Sinne einer familialen Diagnostik anzuwenden.

Inwieweit objektive Bedingungen tatsächlich das Bewältigungsverhalten beeinflussen, hängt davon ab, wie sie subjektiv wahrgenommen und eingeschätzt werden. Die von Lazarus als *cognitive appraisal* bzw. *secondary appraisal* bezeichnete Stufe im Bewältigungsprozess (nach der Einschätzung des Ereignisses im *primary appraisal*) meint, dass ein Mensch angesichts einer stressreichen Situation einschätzt, welche Handlungsoptionen zur Bewältigung zur Verfügung stehen. Dies bezieht sich auf eine persönliche Wahrnehmung von Ressourcen. Welche Bewältigungsstrategien angewendet werden, ergibt sich daraus, welche Optionen man glaubt, zur Verfügung zu haben. Das bedeutet, dass das Bewältigungsverhalten auf der subjektiven Einschätzung fußt, relativ unabhängig von objektiven Voraussetzungen (vgl. Lazarus 1990). Nicht das Ergebnis dieses Prozesses ist die Bewältigung, sondern der Vorgang selbst.

In der älteren Bewältigungsforschung ging man davon aus, dass aktive Strategien zu „erfolgreicher" Bewältigung führten und dass internale Strategien zwar nicht so effektiv, aber durchaus auch als funktional anzusehen seien. Rückzug und Vermeidungsstrategien galten dagegen als dysfunktional. Die neuere Forschung relativiert diese Ansichten, indem sie nachweist, dass aktive und internale Strategien gleichermaßen effektiv sein können. Auch Vermeidungs- und Rückzugsstrategien können kurzfristig funktional sein. Lazarus nennt sie *„lindernd"* (Lazarus 1990, 217), langfristig sind sie aber dysfunktional (vgl. Vierhaus et al. 2007, 83; Kruse 1997; Wortmann/Silver 1990). Unter Einbeziehung der zeitlichen Perspektive zeigt sich, dass Vermeidungsstrategien kurzfristig hilfreich sein können, weil sie eine Grundlage für ein Problembewusstsein schaffen, indem sie zunächst als Emotionsregulation dienen (vgl. Lazarus 1990). Länger angewendet können sie die Anfälligkeit für depressive Symptomatiken erhöhen (vgl. Seiffge-Krenke 2000).

Günstig erscheinen langfristig instrumentelle, problemorientierte Copingstrategien, so genannte zuwendende Strategien (vgl. Compas et al. 2001). Zusammenfassend postulieren Beyer und Lohaus, dass es „keine effektiven Standardstrategien gibt". Effektive Stressbewältigung erfolgt durch eine flexible, situationsangemessene Auswahl von Strategien, was voraussetzt, dass „ein hinreichend breites Repertoire an Bewältigungsstrategien zur Verfügung steht" (Beyer/Lohaus 2007, 19).

Bei der Bewertung von Bewältigungsstrategien sind als zusätzliche Variablen die Persönlichkeit und die Erfahrungen eines Individuums, aber auch der soziale Interaktionskontext zu beachten. Eine davon abgelöste Beurteilung ist nicht sinnvoll. Lohaus weist die Wechselwirkung von Erfahrung und Wahl der Bewältigungsstrategien am Beispiel von internalen und externalen Kontrollüberzeugungen in Bezug auf Gesundheit und Krankheit nach: Internale Kontrollüberzeugungen entwickeln sich, wenn Erfahrungen gemacht werden, dass Ereignisse durch eigenes Handeln beeinflusst werden können und somit kontrollierbar sind. Bei einer externalen Kontrollüberzeugung herrscht der Eindruck vor, dass Ereignisse anderen, außerhalb des eigenen Einflussbereiches liegenden Kräften zuzuschreiben sind, entweder durch Schicksal oder Zufälle (fatalistische Externalität) oder durch andere Personen (soziale Externalität) (vgl. Lohaus 1990, 105f.). Internale Kontrollüberzeugungen, dispositionaler Optimismus und Selbstwirksamkeitserwartungen werden als personale Ressourcen für effektive Bewältigung beschrieben (vgl. Schröder/Schwarzer 1997, 177f.). Sie wirken Neigungen zu depressiven Verstimmungen entgegen, beeinflussen positiv Stressbewertungen und fördern problemorientierte und als effektiv geltende Bewältigungsstrategien.

Konsens ist demnach, dass es nicht eine theoretisch begründbare „erfolgreiche" Bewältigung gibt, sondern dass bei einer Beurteilung oder Hilfeplanung die individuellen Umstände und Möglichkeiten und die Historizität zu berücksichtigen sind.

2.4 Bewältigung in verschiedenen Lebensaltern

Im Folgenden werden Prozesse der Bewältigung in Bezug auf die verschiedenen Lebensalter beschrieben. Zunächst wird die Entwicklung des Bewältigungsverhaltens vom Säugling- bis zum Jugendalter skizziert. Anschließend werden die spezifischen Bewältigungsanforderungen im Kindes- und Jugendalter sowie im Erwachsenenalter erläutert.

2.4.1 Entwicklung des Bewältigungsverhaltens

Schon zu Beginn ihres Lebens haben Menschen Fähigkeiten zur Bewältigung von Belastungen und Anforderungen. Bereits ein Säugling ist „von seiner biologischen Ausstattung her offensichtlich gut darauf vorbereitet, sich den Anforderungen des sozialen Lebens zu stellen und seine eigenen Bedürfnisse zum Ausdruck zu bringen. Nicht nur die Perzeptionsfähigkeit, sondern auch die eigene Äußerung von Verhaltensweisen ermöglicht es ihm, am Aufbau sozialer Beziehungen aktiv mitzuwirken" (Peters 1988, 12f.). Das „primäre Bezugssystem (dient) als Lernfeld für den Erwerb elementarer Fähigkeiten zur Bewältigung von Anforderungen und Konfliktsituationen" (ebd., 13).

Wenn sich Bezugspersonen einem Kind aufmerksam und verständnisvoll widmen, eine enge Bindung zulassen und aufbauen, kann das Kind sich als kompetent im Wechselspiel mit seinem Gegenüber erfahren. Dies wird als eine wesentliche Bedingung für die Bewältigung von Belastungssituationen und die Entwicklung von Bewältigungsfähigkeiten gesehen (vgl. Levine 1978).

Eine besondere Belastung ist für ein Kind demnach gegeben, wenn das gewohnte Bezugssystem nicht zur Verfügung steht, es von den primären Bezugspersonen getrennt ist. Es ist dann den von außen kommenden Anforderungen und Belastungen schutzlos ausgeliefert und auf seine vermutlich noch wenig entwickelten und erprobten Bewältigungskompetenzen angewiesen (vgl. Peters 1988, 16).

Peters sieht einen Zusammenhang zwischen Bewältigungskonzepten und der Bindungstheorie: Bindungsverhalten, dessen Ziel es ist, zu Bezugspersonen Nähe herzustellen, kann in diesem Zusammenhang als ontogenetische Frühform von Bewältigungsverhalten angesehen werden, das in seiner reifen Form im Erwachsenenalter in differenzierter Weise eingesetzt wird, um Konflikte zu bewältigen und soziale Beziehungen zu regulieren (vgl. Peters 1988, 21). Auch Bowlby betrachtet den Ablauf von Bewältigungsprozessen vor dem Hintergrund der Bindungstheorie. Seines Erachtens folgt die Bewältigung von Trennungen bei Kindern einem immer wiederkehrenden Muster, das dem der Trauerarbeit Erwachsener ähnelt (vgl. Bowlby 1983).

Mit zunehmendem Alter des Kindes differenziert sich das emotionale Verständnis. Während Kleinkinder in der Lage sind, verschiedene Emotionen wahrzunehmen und auch auszudrücken, beginnt sich erst mit dem Schulalter die Fähigkeit zu entwickeln, diese Emotionen auch abgetrennt von der erlebten

Situation zu beschreiben sowie Einflüsse aus der Umwelt oder der Situation auf ihr emotionales Erleben zu verstehen und einzuschätzen (vgl. Vierhaus/Lohaus/Ball 2007, 84).

Bis zum Alter von etwa zehn Jahren wird von Kindern die Suche nach sozialer Unterstützung überdurchschnittlich oft als Bewältigungsstrategie herangezogen. Die Häufigkeit der Anwendung kognitiver Strategien steigt mit dem Alter der Kinder. Verschiedene Studien belegen, dass dies aus dem Grund geschieht, ausgelöste Stressemotionen zu bewältigen: „Insgesamt besteht die begründete Vermutung, dass sich das Bewältigungsverhalten im mittleren Kindesalter stärker als in jeder anderen Altersgruppe an spezifischen Mustern emotionalen Erlebens orientiert" (Vierhaus/Lohaus/Ball 2007, 87). Normalerweise bewältigen Kinder und Jugendliche die für sie relevanten Alltagsstressoren erfolgreich: „Eine gute Anpassung an die sich wandelnde Lebenssituation stellt eher die Norm als die Ausnahme dar" (Seiffge-Krenke/Gelhaar/Kollmar 2007, 50). Wobei Jugendliche in eher kontrollierbaren, vorhersehbaren und wenig belastenden Situationen stärker aktive, lösungsorientierte Bewältigungsstrategien anwenden. Es kommt vermehrt zu Handlungen und Initiativen im Umgang mit dem Stressor. Wenn eine Situation unkontrollierbar und unvorhersehbar erscheint und stark belastend ist, wird häufiger ein Rückzug und eine Vielzahl negativer Emotionen beobachtet (vgl. Seiffge-Krenke/von Irmer 2007; Compas et al. 2001).

Mit dem Austritt aus dem Kindesalter begegnen Heranwachsende erlebten Herausforderungen zunehmend mit Ablenkung und Problemmeidung. Wenn dieses Bewältigungsverhalten langfristig angewendet wird, kommt es verstärkt zu Belastungssymptomen wie Erschöpfung, Müdigkeit, Kopf- und Bauchschmerzen (vgl. Salisch von 2000; Seiffge-Krenke 2000). Langfristig können psychische Auffälligkeiten und Konzentrationsstörungen, Hyperaktivität oder Veränderungen des Sozialverhaltens auftreten (vgl. Beyer/Lohaus 2007, 15).

Jugendliche in der frühen Adoleszenz (12 bis14 Jahre) erleben vermehrt Stress, bedingt durch die sich in dieser Zeit anhäufenden Entwicklungsaufgaben im körperlichen, sozialen und schulischen Bereich, für die sie noch kein ausreichendes Repertoire an Bewältigungsstrategien entwickelt haben. Dadurch erhöht sich die Notwendigkeit der Erweiterung eben dieses Repertoires – Stresserleben und die Entwicklung von Fertigkeiten zur Bewältigung scheinen sich wechselseitig zu beeinflussen. Bei Jugendlichen im Alter von 13 bis 15 Jahren ist ein deutlicher Kompetenzgewinn in Bezug auf funktionale Bewältigungsstrategien, d.h. aktive und internale Strategien zu verzeichnen. Eine Abhängigkeit von familiären Bedingungen zeigt eine Studie von Seiffge-Krenke und Beyer (2005). Sie fanden heraus, dass Heranwachsende mit sicheren Bindungen höhere Kompetenzgewinne zeigten. Diese stiegen noch bis ins junge Erwachsenenalter weiter an. Bei unsicher gebundenen Probanden wurden im Untersuchungszeitraum nur geringe Zuwächse gemessen.

Zusammenfassend lässt sich sagen, dass Menschen für die Entwicklung von Bewältigungsstrategien von Geburt an gut ausgestattet sind. Wenn die Möglichkeit besteht, im Wechselspiel mit der sozialen Umwelt Bewältigung an unterschiedlichen Situationen zu üben, kann ein ausgewogenes Repertoire von Strategien entwickelt werden, die jeweils angemessen eingesetzt werden können.

2.4.2 Bewältigungsanforderungen an Kinder und Jugendliche

Kinder und Jungendliche müssen im Verlauf ihrer Entwicklung unterschiedliche Belastungssituationen bewältigen. Diese können in drei Bereiche unterteilt werden:

1. *Entwicklungsaufgaben* oder normative Stressoren: Es handelt sich hierbei um Anforderungen, die die meisten Angehörigen einer Altersgruppe ungefähr zum gleichen Zeitpunkt innerhalb ihrer Entwicklung zu bewältigen haben (vgl. Beyer/Lohaus 2007, 12; Oerter/Montada 1995) – wie beispielsweise die Geschlechtsrollenidentifikation im frühen Schulalter, die Kompetenz zu moralischen Entscheidungen, das Erlernen von sozialer Kooperation und Konflikte im Rahmen der Autonomieentwicklung.

2. *Alltägliche Belastungen*: Hierbei handelt es sich um kleine Irritationen/Frustrationen („daily hassles" [Antonovsky 1987]), die die meisten Menschen täglich und wiederkehrend erleben. Dumont und Provost beobachteten, dass Kinder und Jugendliche den gleichen Anforderungen und Problemen ausgesetzt sind wie Erwachsene, sich aber durch sie mehr gestört fühlen. Erwachsene können sich eher mit deren Unvermeidbarkeit arrangieren und ihnen weniger Bedeu-

tung zumessen (vgl. Dumont/Provost, 1999). Kinder und Jugendliche erleben demnach andere Situationen als stressreich als Erwachsene. Sie berichten, dass für sie das Einfügen in den Schulalltag, Klassenarbeiten, Hausaufgaben und Streitigkeiten mit Freundinnen und Freunden oder in der Familie zu den stressreichsten Situationen zählen.

3. *Kritische Lebensereignisse*: Damit sind extreme Belastungen gemeint, die plötzlich auftreten, gravierende Veränderungen in der Alltagsroutine bedeuten und Neuanpassung von den betroffenen Individuen erfordern. Hierzu gehören z.B. die Trennung der Eltern, Erkrankung der Kinder/Jugendlichen selbst oder eines Familienmitgliedes oder auch der Tod einer nahestehenden Person. Kritische Lebensereignisse sind nicht alterskorreliert, während sich die anderen Bereiche durch ihre Altersgebundenheit auszeichnen (vgl. Beyer/Lohaus 2007; Tanjour/Reschke 2002).

Progredient erkrankte Kinder und Jugendliche erleben alle drei potenziellen Belastungssituationen (vgl. Jennessen 2008, 183).

2.4.3 Bewältigungsanforderungen an Erwachsene

Im Unterschied zu den Entwicklungsaufgaben, deren Erfüllung das Kindes- und Jugendalter bestimmt, wenden sich Erwachsene anderen Aufgaben zu. So sind sie beispielsweise für Familie und Beruf verantwortlich. Des Weiteren müssen Kindererziehung und Zeitmanagement, partnerschaftliche Beziehungen und der Aufbau von sozialen Netzwerken bewältigt werden. Erwachsene übernehmen gesellschaftliche Verantwortung, engagieren sich politisch oder sozial (vgl. Oerter/Montada 2008).

Mit alltäglichen Belastungen und gegebenenfalls kritischen Lebensereignissen sind sie ebenso wie Kinder und Jugendliche konfrontiert.

2.5 Geschlechtsspezifische Unterschiede

Bewältigungsverhalten weist geschlechtsspezifische Unterschiede auf. Bereits im Jugendalter werden Stressbelastungen von jungen Frauen und Männern unterschiedlich beschrieben: Nach Seiffge-Krenke und von Irmer (2007) berichten weibliche Jugendliche von einer insgesamt deutlich höheren Stressbelastung als ihre männlichen Alterskollegen. Auch die Rangfolge von Stressoren ist unterschiedlich. Junge Mädchen fühlen sich mehr von Konflikten mit den Peers gestresst, junge Männer erleben hingegen mehr Stress in der Schule. Weibliche Jugendliche bewältigen diese Stressbelastungen eher ambivalent. Sie zeigen gleichzeitig hohe Werte im aktiven Coping und im Rückzug (vgl. Seiffge-Krenke/von Irmer 2007, 73ff.).

Hinze (1991) geht von einem unterschiedlichen Bewältigungsverhalten von Frauen und Männern aus. Er beschreibt in den Ergebnissen seiner Studie, die sich auf den Umgang von Müttern und Vätern mit ihrem behinderten Kind bezieht, folgende Unterschiede:

Mütter entwickelten in Bezug auf die Erkrankung ihres Kindes ein stärkeres Problembewusstsein als Väter, was Hinze damit erklärt, dass durch die bei den Probandinnen und Probanden seiner Studie herrschende traditionelle Rollenverteilung die Mütter viel mehr Zeit mit ihren Kindern verbringen lässt, sodass die Väter eher indirekt mit den Problemen konfrontiert wurden. Auch Seiffge-Krenke fand in Familien mit erkrankten Kindern eine stärkere Hinwendung zu traditionellen Geschlechterrollen – sie nimmt an, dass dies eine Folge der erhöhten Pflegebedürftigkeit des Kindes darstellt (1996, 113).

Diese traditionelle Rollenverteilung erlaubt es den Vätern, zur Behinderung des Kindes Distanz und somit die eigene Belastung in Grenzen zu halten. Durch die engere Bindung zum Kind können die Mütter besser mit ihm vertraut werden, sich mehr mit der Behinderung auseinander setzen und hilfreiche private und fachliche Kontakte pflegen (vgl. Hinze 1991, 18).

Schwarzer und Leppin (1989) fanden heraus, dass Frauen über ein größeres soziales Netzwerk verfügen als Männer und daher ihrem Umfeld mehr soziale Unterstützung geben und auch aus diesem erhalten können. Frauen lösen Probleme eher mit sozialen Strategien (vgl. Thoits 1991). Sie wenden sich auch eher der emotionalen Seite von Problemen zu und nutzen Vermeidungsstrategien, während Männer mehr zu problemorientierten Bewältigungsstrategien neigen.

Letztere werden in der Forschungsliteratur meist als effektiver bezeichnet. Buchwald et al. (2004) weist jedoch darauf hin, dass Männer wahrscheinlich deshalb problemorientierter bewältigen, weil sie eher problemfokussierenden Anforderungen ausgesetzt sind. Von Frauen wird häufig ein emotionsbezogenes Handeln erwartet. Die Lebenswirklichkeit von Frauen wird mehr als die von Männern davon bestimmt, dass sie nur wenig Macht ausüben können. Daher haben sie weniger Möglichkeiten, zu kontrollieren und problemorientiert zu bewältigen. Somit sind emotions- oder sozialorientierte Bewältigungsstrategien für sie angemessen und damit auch effektiv (vgl. Buchwald et al. 2004).

Es kann des Weiteren herausgestellt werden, dass Frauen häufig stärker teamorientiert und weniger aggressiv sind, sie nehmen nicht so oft wie Männer eine selbstbehauptende Position ein (vgl. Buchwald 2002). Aufgrund des eher indirekten (im Sinne diplomatischer Aktivität) und pro-sozialen Handelns von Frauen scheinen sie die gemeinsame Bewältigung von schwierigen Situationen vorzuziehen (vgl. Buchwald et al. 2004, 17). Das Bewältigungsverhalten von Frauen kann somit eher sozialen und das von Männern individuellen Bewältigungsstrategien zugeordnet werden (vgl. Buchwald et al. 2004, 166).

Studien zum Prozess der Bewältigung der Situation erkrankter Kinder zeigen, dass Mütter und Väter unterschiedliche Rollen einnehmen: Die Mütter versorgen fast ausschließlich das Kind und entwickeln so eine engere Bindung. Von Vätern wird erwartet, dass sie unterstützend tätig werden, aber ihre Emotionen kontrollieren. In vielen Familien stellen sie die finanzielle Versorgung der Familie durch ihre Berufstätigkeit sicher. Das führt zu unterschiedlichen Tätigkeiten und Rollen im familiären Gefüge. Bei der Umstellung der Familienkonstellation durch die Geburt eines Kindes ist häufig ein Traditionalisierungseffekt zu beobachten, und zwar unabhängig davon, ob das geborene Kind gesund ist oder nicht. Dieser Traditionalisierungseffekt bedeutet, dass es trotz einer vor der Geburt bestehenden Gleichverteilung von Aufgaben und Pflichten z.B. bei der Haushaltsführung, danach zu einer Rückkehr zu traditionellen Rollenmustern kommt. „Daraus resultieren verstärkte Abhängigkeitsgefühle bei den Frauen und eine eher als Belastung empfundene Verantwortlichkeit der Männer für die finanzielle Sicherheit der Familie. Für viele Frauen geht diese Phase der Elternschaft mit einer negativ erlebten sozialen Isolierung einher" (Brüderl 1988, 82; vgl. Thimm/Wachtel 2002, 100). Einige Studien weisen zudem auf einen Rückzug der Väter aus der Familie hin (vgl. Seiffge-Krenke 1996, 147). An dieser Stelle ist weiterer Forschungsbedarf konstatierbar, der unter anderem sowohl die verstärkte Angleichung der Geschlechterrollen in Familie und Beruf als auch sozialrechtliche Erneuerungen wie die Einführung des Elterngeldes in ihrer Auswirkung auf familiäre Bewältigungsdynamiken fokussieren sollte.

2.6 Bewältigung im Familiensystem

Wie bewältigt eine Familie mit einem oder mehreren progredient erkrankten Kindern ihre veränderte Lebenssituation? Im Gegensatz zur Individualbewältigung sind bei der Bewältigung im Familiensystem sämtliche Mitglieder der Familie betroffen. Sie alle müssen die Krise verarbeiten und ihre verfügbaren Bewältigungsstrategien einsetzen, damit das Familiensystem weiter funktionieren kann. Sie beeinflussen sich gegenseitig in ihrem Verhalten und in der Bewertung der Situation. Seiffge-Krenke (1996) führt diverse Studien an, die belegen, dass ein kompetenter Umgang der Eltern mit Stressoren des alltäglichen Lebens nicht nur die notwendige Voraussetzung für eine angemessene Bewältigung im Jugendalter schafft, sondern dass elterliche Copingprozesse – wenn auch unbewusst – Modellfunktionen für die Ausbildung und den Erwerb von Copingstrategien ihrer Kinder haben (vgl. Seiffge-Krenke 1996, 106). Aktive Eltern haben aktive Kinder, während die Kinder von Eltern, die eher passiv sind, auch eher passive Lösungsstrategien anwenden (ebd. 115).

Die Konfrontation einer Familie mit der progredienten Erkrankung eines Kindes gehört zu den kritischen Lebensereignissen. Sie bedeutet eine chronische Belastung. Die Bewältigungskompetenzen aller Familienmitglieder werden durch die Besonderheit und die geringe Kontrollierbarkeit des Geschehens stark gefordert (vgl. Seiffge-Krenke 1996). Die Belastung der Familie hängt u.a. davon ab, in welcher zeitlichen Abfolge und Häufung die verschiedenen zu bewältigenden Anforderungen auftreten. Neben dem kritischen Lebensereignis bleiben die normativen Anforderungen bestehen, die die Kinder und

Jugendlichen zu bewältigen haben. Wenn normative und non-normative Anforderungen gleichzeitig (kumuliert) auftreten, führt das zu einer erheblich höheren Belastung (vgl. Seiffge-Krenke 1996, 93).

Individuelle und familiäre Bewältigungsanforderungen stehen in enger, wechselseitiger Beziehung zueinander. Eltern müssen sich mit der Erkrankung ihres Kindes auseinandersetzen und das Behandlungsmanagement übernehmen. Die Veränderungen des Alltags durch die Behandlungsroutine, die Einschränkung der familiären Aktivitäten und die langfristigen Folgen der Erkrankung werden als sehr belastend erlebt. Die erkrankten Kinder und Jugendlichen müssen sich sowohl mit ihrer Erkrankung selbst als auch mit dem Krankheitsmanagement auseinandersetzen und darüber hinaus die Nähe/Distanz zur Familie ausbalancieren sowie die anstehenden Entwicklungsaufgaben bewältigen.

Als erklärendes Modell für familiäre Krisenbewältigung kann das doppelte ABCX-Modell von McCubbin und Patterson dienen (vgl. Patterson/McCubbin 1982), das auf dem Familienkrisenmodell von Hill (1949) basiert.

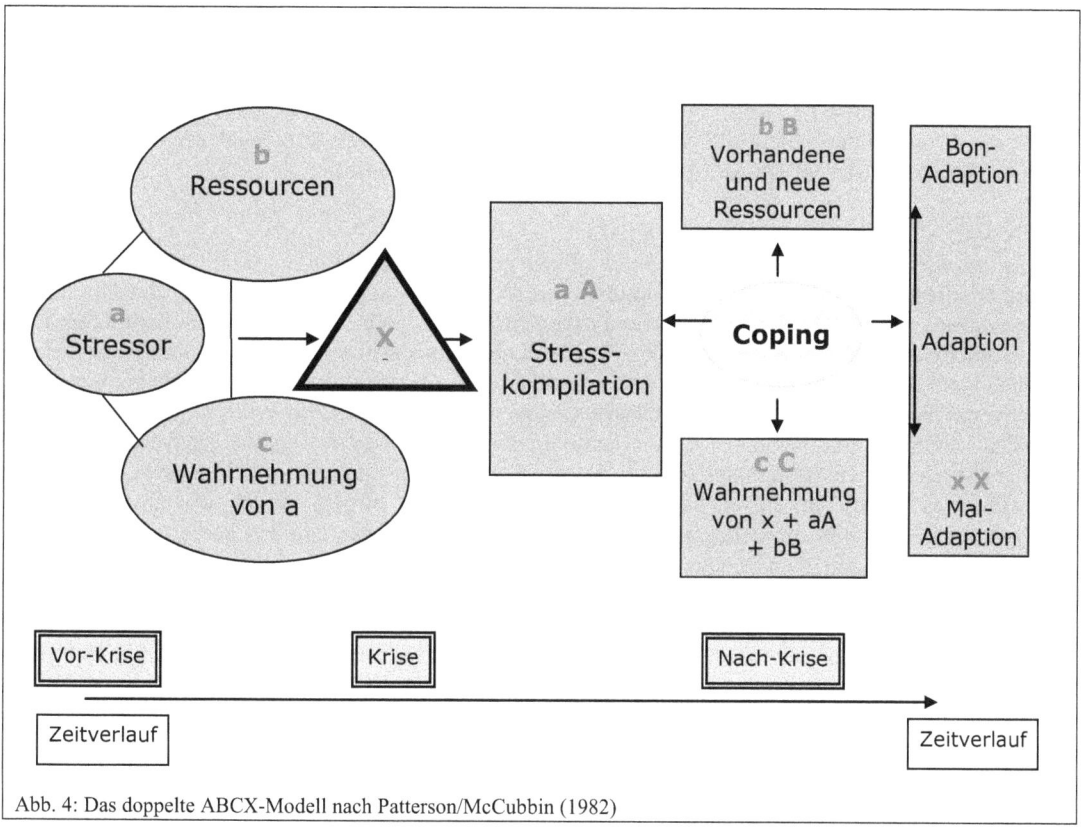

Abb. 4: Das doppelte ABCX-Modell nach Patterson/McCubbin (1982)

Am Beginn des zeitlichen Verlaufes der Auseinandersetzung steht die Wahrnehmung des Stressors (a). In Abhängigkeit von den Ressourcen, die der Familie zur Verfügung stehen (b) wird die Situation eingeschätzt (c). Wenn das Resultat dieser Einschätzung „Krise" heißt (x), hängt die Bewältigung zunächst davon ab, welchen weiteren Stressoren die Familie insgesamt ausgesetzt ist (A). Das können Stressoren sein, die mit der aktuellen Krise zusammenhängen (etwa der Pflegeaufwand, die organisatorische Umstrukturierung und der finanzielle Aufwand, die mit einer progredienten Erkrankung eines Kindes einhergehen) oder solche, die unabhängig davon bestehen (z.B. zu bewältigende Entwicklungsaufgaben der Kinder, Arbeitslosigkeit eines Elternteils etc.). Es folgt die Betrachtung der Ressourcen, die zur Bewältigung der Krise zur Verfügung stehen (b). Wenn eine Familie eine Krise zu bewältigen hat, können neue Ressourcen gebildet werden (B), wie zum Beispiel die offene Kommunikation über die Situation der progredienten Erkrankung oder die Suche nach sozialer Unterstützung.

Die Krisensituation wurde von der Familie zunächst eingeschätzt (c) und wird nach Betrachtung aller Stressoren und Ressourcen erneut bewertet (C). Die Art und Weise, in der die Familie sich an die Krise anpasst, wird auf dem Kontinuum „Bonadaption" und „Maladaption" dargestellt.

Dieses Modell bietet eine Reihe von Vorteilen für die Beschreibung von Krisenbewältigungsprozessen im Familienzusammenhang: Die Einbeziehung der Zeitdimension, die Betonung der subjektiven Einschätzung der Krise durch die Familie und die Verortung der Bewältigung auf einem zeitlichen Kontinuum (vgl. Sesterhenn 1991, 54). Die Entwicklung neuer Ressourcen aus der Erfahrung der Krisenverarbeitung ist ein weiterer interessanter Aspekt.

Seiffge-Krenke kritisiert, dass McCubbin und Patterson ihr Hauptaugenmerk auf die Bewältigungsstrategien legen, die von Familien angewendet werden und dabei nicht oder wenig beachten, welche familiären Variablen zu diesem Verhalten beitragen bzw. es auslösen. Sie weist darauf hin, dass die Familienbelastungsforschung diesen Aspekt einbeziehen sollte (vgl. Seiffge-Krenke 1996, 105), da die Umwelt und die bisherigen Erfahrungen den Umgang mit Krisen determinieren. Dieses „präkritische Stadium" wird von McCubbin und Patterson nicht einbezogen, ist jedoch wichtig für die Realität der Bewältigungsresultate (vgl. Sesterhenn 1991, 55).

Die Anwendung des Konzeptes des „Familienkohärenzsinnes" (Family sense of coherence [FSOC]), das Antonovsky und Sagy (1992) entwickelten, könnte hier weiteren Aufschluss geben. Der FSOC bildet die Grundhaltung, durch die die familiären Ressourcen aktiviert und damit der Bewältigungsprozess gesteuert wird (vgl. Vossler 2001; vgl. Kap. I.1.3 Salutogenese).

2.7 Ressourcen für die Bewältigung von Krisen

Die salutogenetische Orientierung bietet für die Frage nach hilfreichen Ressourcen in der Krisenbewältigung erhellende Perspektiven. Von Antonovsky wird metaphorisch beschrieben, wie Bewältigungskompetenzen und andere Ressourcen diesen Prozess befördern: „Wir befinden uns alle in unserem Leben in einem mehr oder weniger reißenden Fluss und nicht am sicheren Ufer; es gibt darin mancherlei Gefahren und Risiken, die im Laufe des Lebens bewältigt werden müssen. Manche davon können vielleicht vermieden werden und manche Menschen erleben weniger als andere. Aber angesichts der Universalität von Stressoren kommt es stärker darauf an, wie eine Person mit belastenden Situationen und der damit verbundenen emotionalen und physiologischen Spannung umgeht, welche Kompetenzen und Ressourcen sie dafür hat. Das heißt, um im Bild zu bleiben, es geht darum, wie gut Menschen schwimmen können bzw. im Lebensfluss zu schwimmen gelernt haben und welche Unterstützung und Hilfe sie etwa in gefährlichen Situationen erhalten" (Antonovsky 1997, 92).

Lange Zeit wurde mit Konzentration auf entwicklungshemmende Faktoren, die u.a. zu stressbezogenen Belastungssymptomen führen können, eher defizitorientiert geforscht. Jennessen weist darauf hin, dass es bisher wenig Ergebnisse in Bezug auf die Wirkung persönlicher Ressourcen, erfolgreicher Bewältigungsstrategien und förderlicher Faktoren bei lebensverkürzender Erkrankung gibt. Es „überwiegt eine deutlich negative und belastungsorientierte Beschreibung der Situation von Betroffenen" (Jennessen 2008, 185).

In neuerer Zeit ist eine stärkere ressourcenorientierte Ausrichtung zu beobachten: Was kann Entwicklung fördern, welche Schutzfaktoren können eine günstige Entwicklung und psychische Gesundheit gewährleisten, auch wenn ein Belastungspotential vorhanden ist? Die Resilienzforschung hat die Widerstandsfähigkeit von Individuen und Systemen gegenüber Belastungen im Verlauf der Entwicklung zum Thema. Es wird untersucht, wie positive Anpassung bei ungünstigen Entwicklungsbedingungen und beim Auftreten von Belastungsfaktoren erfolgt (vgl. Holtmann/Schmidt 2004). Belastungs- oder Risikofaktoren sind krankheitsbegünstigende, risikoerhöhende, entwicklungshemmende Merkmale, die z.B. potentiell die gesunde Entwicklung eines Menschen gefährden. Es kann unterschieden werden in

1. biologische Risikofaktoren wie Geschlechtszugehörigkeit, Geburtskomplikationen u. ä. und
2. psychologische Faktoren wie unangemessenes Bewältigungsverhalten, negatives Selbstbild, „sensation-seeking" (vgl. Ihle et al. 2002).

Schutzfaktoren sind Merkmale, die risikomindernd wirken. Es handelt sich um entwicklungsfördernde, protektive Faktoren, die ihre Wirkung im Zusammenspiel mit erhöhtem Risiko entfalten (vgl. Ball/Peters 2002, 127ff.).

Für die Frage nach der Wirkungsweise der unterschiedlichen Schutzfaktoren entwickelt Antonovsky in seinem Modell der Salutogenese das ‚Gefühl der Kohärenz‘ (sense of coherence). Dieses charakterisiert er als eine „globale Orientierung, die ausdrückt, in welchem Ausmaß man ein durchgehendes, überdauerndes und dennoch dynamisches Gefühl der Zuversicht hat, dass die Ereignisse der eigenen inneren und äußeren Umwelt im Lebenslauf strukturiert, vorhersehbar und erklärbar sind; die Ressourcen verfügbar sind, um den durch diese Ereignisse gestellten Anforderungen gerecht zu werden; und diese Anforderungen als Herausforderungen zu verstehen, die es wert sind, sich dafür einzusetzen und zu engagieren" (Antonovsky 1987, 19).

Die drei Komponenten *Verstehbarkeit*, *Handhabbarkeit* und *Sinnhaftigkeit* bilden also die Grundlage für das Gefühl der Kohärenz.

Zu den Faktoren, die bei erhöhtem Risiko schützend wirken können, zählen Ball und Peters (2007) in Anlehnung an Masten und Reed (2002) folgende, in drei Bereichen verortete Variablen:

1. *Ressourcen auf gesamtgesellschaftlicher Ebene:* öffentliche Sicherheit, gut ausgestattete Schulen, gute Gesundheitsversorgung u.a.,
2. *Ressourcen auf der Ebene des sozialen Umfeldes und des sozialen Bezugssystems der Person:* enge und positive Bindung an die Eltern, autoritativer Erziehungsstil der Eltern, positive Freundschaftsbeziehungen
3. *Ressourcen auf der Ebene der Person:* Männliches Geschlecht, Stellung in der Familie (erstgeborenes Kind), Intelligenz, positives Selbstkonzept, Selbstwirksamkeitsüberzeugungen, angemessenes Bewältigungsverhalten (vgl. Ball/Peters 2007, 130).

Neben dem Zusammenwirken von Risiko- und Schutzfaktoren ist es notwendig, alters- und geschlechtsspezifische Unterschiede sowie Phasen erhöhter Vulnerabilität durch beispielsweise Entwicklungsübergänge oder Lebensaufgaben zu berücksichtigen.

Die Betrachtung von Ressourcen, die in Bezug auf positive Bewältigung von krisenhaften Ereignissen in Familien wirksam sind, ist für die Kinderhospizforschung von Relevanz. Einige Bereiche werden im Folgenden vorgestellt:

Kommunikation
Sesterhenn rezipiert einige Studien, die sich mit dem Thema Kommunikation in Familien beschäftigen (vgl. Sesterhenn 1991, 90ff.). Die Resultate zeigen, dass die Auswirkungen, die ein krisenhaftes Ereignis auf eine Familie hat, weitgehend davon abhängen, wie darüber kommuniziert wird und in welchem Maße die Ängste, Wünsche und Erwartungen der einzelnen Familienmitglieder akzeptiert werden.

Je offener und persönlicher der Austausch der Familienmitglieder über die Erkrankung ist, desto geringer ist das Erleben des krankheitsbedingten Stresses und desto gesünder fühlen sie sich. Die offene Kommunikation über den Tod wird von den Familienmitgliedern als Bereicherung, als Intensivierung des Zusammenhalts und als Unterstützung erlebt.

Kinder aus Familien, in denen in Bezug auf die Erkrankung offen kommuniziert wird, zeigen eine höhere Selbstzufriedenheit, eine geringere defensive Haltung und eine kontinuierlichere enge Beziehung zu den Eltern (vgl. Sesterhenn 1991, 92; Seiffge-Krenke 1996, 135f.).

Kommunikation und Information
Kinder mit lebensbedrohlichen Erkrankungen wissen, dass sie sterben werden. Je nach Alter, Sprachvermögen und auch themenspezifischer, kommunikativer Bereitschaft des sozialen Umfeldes kann eine Kommunikation dieses Themas jedoch erschwert sein (vgl. Bürgin 1981b; Kübler-Ross 1984). Verschiedene Forschungen bestätigen die Aussage, dass Kinder sich aber dennoch mit dem/ihrem Tod beschäftigen und Todes- und Krankheitsängste haben (vgl. Niethammer 2008; Daut 2005; Malone 1982; Spinetta/Rigler/Karon 1973; Waechter 1972).

Die Studien zeigen auf, dass progredient erkrankte Kinder im Vergleich zu gesunden Gleichaltrigen generell mehr Todes- und Krankheitsängste haben und ihre Körperintegrität bedroht sehen. Die Hinweise auf Einsamkeit, Trennung und Todesthemen sind bei den Kindern am häufigsten, die ihre Situation nicht mit evtl. verfügbaren Fachpersonal thematisieren und deren Eltern annehmen, dass sie nichts von ihrer Prognose wissen (vgl. Waechter 1971). Sesterhenn (1991) zitiert eine Studie von Malone (1982), der beschreibt, wie 4 bis 5-jährige onkologische Patienten in Form von Todesphantasien versuchen, über ihren bevorstehenden Tod zu kommunizieren, wenn ihnen gegenüber nicht offen über ihre Prognose gesprochen wird. Malone führt aus, dass „die Art und Weise, wie Kommunikationspartner auf Signale reagieren, mit zu entscheiden (scheint), ob die Angst des Kindes reduziert werden kann" (Sesterhenn 1991, 33; vgl. Kübler-Ross 1984).

Auch die von Daut befragten jungen Männer mit Duchenne Muskeldystrophie stimmen darin überein, dass es die Auseinandersetzung mit der Erkrankung positiv beeinflusst, wenn sie über die Schwere und den Verlauf informiert sind, und die Möglichkeit besteht, darüber offen zu kommunizieren. Sie halten es für wichtig, dass die Betroffenen verschiedene Möglichkeiten haben, sich zu informieren – bei Eltern, Ärzten, Pflegepersonal, Selbsthilfegruppen, im Internet, durch Literatur. Verschiedene Informationsquellen sind wichtig, um sich je nach Distanzerfordernis auch unabhängig von Bezugspersonen informieren zu können (vgl. Daut 2005, 101).

Religion/Spiritualität – Bedeutung und Sinngebung
Die Bewältigung und Auseinandersetzung mit einem kritischen Lebensereignis wird erleichtert, wenn es den Betroffenen möglich ist, diesem Ereignis einen Sinn zuzuschreiben. Petermann und Grünthal (1986) identifizieren z.B. die Sichtweise, die Krankheit eines Kindes als „Prüfung" im Sinne von Glaubensprüfung zu verstehen als effektive familiäre Bewältigungsstrategie. Auch dem erkrankten Kind kann Religiosität als Unterstützung dienen (vgl. Matthew-Simonton 1986). Dies erklärt, warum sich Menschen in krisenhaften Situationen verstärkt der Religion zuwenden – eine Tendenz, die sich bei Frauen noch mehr als bei Männern beobachten lässt (vgl. Barbarin/Hughes/Chesler 1985).

Bedrohung oder Herausforderung
Das subjektiv wahrgenommene Maß der Bedrohung durch die Erkrankung eines Kindes ist die Folge der Einschätzung der Familie und der einzelnen Individuen. Je nachdem, welche Bewältigungsstrategien zur Verfügung stehen und welche (familiären) Ängste vorhanden sind, wird die Krankheit als Bedrohung, Verlust oder Herausforderung erlebt. Verlust und Depression hängen eng zusammen, da die Ursache für das Erleben von Bedrohung und Herausforderung meist Angst darstellt. Bei der Herausforderung ist die Angst mit Hoffnung verbunden, wodurch (neue) Problemlösestrategien mobilisiert werden können (vgl. Shapiro 1983; Cohen/Lazarus 1979). Familien, die die Erkrankung eines Kindes als Herausforderung erleben, haben eine kämpferische Lebenseinstellung und das Gefühl, aktiv „etwas tun" zu können. Petermann und Grünthal (1986) bewerten diese Herangehensweise als effektive Bewältigung; sie beobachteten in diesen Familien „festeres Zusammenwachsen, engere Kontakte, Kommunikationsfähigkeit und die Fähigkeit, auch mit der Krankheit verbundene positive Erfahrungen erkennen und erleben zu können" (ebd., 30).

Inanspruchnahme von professioneller Hilfe
Umfassende (medizinische) Informationen und psychologische Interventionen können Familien zu aktiver Bewältigung befähigen und dazu beitragen, sich der veränderten Lebenssituation zu stellen (vgl. Sesterhenn 1991, 144).

Kruse (1997, 272ff.) untersuchte die Wirkung intensiver psychologischer Betreuung in Bezug auf die Situation onkologisch erkrankter Kinder und ihrer Eltern im Finalstadium der Erkrankung. Ziel der psychologischen Interventionen war die Intensivierung der Kommunikation zwischen Eltern und ihren Kindern angesichts des nahen Todes des Kindes – eine Situation, in der es erfahrungsgemäß häufig zu einem Abbruch oder zumindest einer Verringerung der Kommunikation kommt: Allen Beteiligten fällt es schwer, über ihre Gefühle zu sprechen, weil sie sich gegenseitig nicht noch mehr belasten wollen.

Die Ergebnisse der Studie zeigen, dass die Kinder ihre Situation aufgrund der intensiven Betreuung der gesamten Familie besser verarbeiten können und sich ihre gesamte psychische Situation dadurch deutlich bessert. Das Vertrauen der Kinder in ihre Familie nimmt signifikant zu, und sie fühlen sich eingebunden in ein tragfähiges soziales Gefüge.

Nach einer Phase der intensiven Beschäftigung mit ihrer Erkrankung wird bei den Kindern eine Hinwendung zu Unternehmungen mit der Familie und konkreten Plänen beobachtet. Die Kinder haben weniger das Gefühl, aus der Familie ausgeschlossen zu sein, und sind sich sicherer, bei ihrer Familie Hilfe zu finden. Die Eltern konnten im Untersuchungszeitraum die zunächst vorherrschende Vermeidung der Auseinandersetzung mit der bedrohlichen Zukunft sowie die Distanz zu Anliegen und Ängsten ihres Kindes aufgeben, sich ihm gegenüber öffnen und auf das Kind und dessen Krankheit eingehen.

Sozialpolitik und Öffentlichkeitsarbeit

Die Versorgung eines progredient erkrankten Kindes erfordert finanzielle Ressourcen und fachliche Kenntnisse. Die Zusammenarbeit mit Pflegeteams und ärztlichem Personal ist unerlässlich. Sozialpolitische Maßnahmen, die die Erfüllung der WHO-Charta ermöglichen, würden Familien mit erkrankten Kindern die Bewältigung ihrer Situation erleichtern. Insbesondere der Auftrag der Gesundheitsfürsorge für Familien sollte erfüllt werden (vgl. WHO 2000). Laut WHO soll die Gesundheitssorge in Familien mit einem palliativ zu versorgenden Mitglied, insbesondere, wenn es sich um ein Kind handelt, ausdrücklich auch die nicht erkrankten Familienmitglieder einbeziehen (vgl. WHO 2004).

Der Ausbau von ambulanten Kinderhospizdiensten, Kinderpflegediensten, Palliativ Care Teams und eine umfassende Kostenübernahme durch die Krankenkassen sind hierfür erforderliche Maßnahmen (vgl. Henkel/Stahl 2008, 432ff.; Sesterhenn 1991, 120). Die aktuellen Gesetzesänderungen, die eine Umsetzung der 2007 beschlossenen spezialisierten ambulanten Palliativversorgung (SAPV) ermöglichen, bieten den Betroffenen und den Leistungserbringenden neue Möglichkeiten adäquater Versorgung und größere finanzielle Sicherheiten (vgl. www.hospiz.net; Zernikow/Michel 2008b, 22).

Externe soziale Unterstützung suchen und annehmen

Die Suche nach sozialer Unterstützung wird in diversen Studien als wichtige Ressource im Bewältigungsprozess dargestellt (vgl. Hampel 2007). Eine Studie von Seiffge-Krenke über Jugendliche mit Diabetes und ihre Familien zeigt, dass diejenigen Familien, die sich nach außen orientieren und soziale Unterstützung suchen und annehmen, besser mit ihrer Situation umgehen können. Weitere Folgen dieser Strategien sind, dass die jugendlichen Erkrankten gut in ihre Peer-Groups integriert und die Bewältigungsstrategien überwiegend als aktiv zu bezeichnen sind sowie das Familienleben weitgehend normalisiert ist (vgl. Seiffge-Krenke 1996, 116). Auch die Lebensqualität insgesamt gilt als erhöht (vgl. Hechter/Poggenpoel/Myburgh 2001).

Positive Lebenseinstellung bei extremen Situationen

Kruse (1997, 288f.) befasst sich mit lang andauernden Bewältigungsbemühungen von traumatisierten Menschen. In einer Befragung von Überlebenden des Holocaust zeigt sich deutlich, dass es Grenzsituationen gibt, die auch nach Jahren oder Jahrzehnten nicht verarbeitet sind und die Alltagsgestaltung der Betroffenen über lange Zeit immer wieder beeinflussen. Kruse fand in diesem Kontext weitere Kriterien, die die Verarbeitung von Grenzsituationen unterstützen: Generell ist seiner Ansicht nach hilfreich, wenn es öffentliche Unterstützung gibt, d.h. ein gesellschaftliches Klima, das der jeweiligen Thematik offen und informiert gegenüber steht. Die Beteiligten empfanden es außerdem hilfreich für eine positive Auseinandersetzung, wenn es gelang, eine positive Lebenseinstellung aufrecht zu erhalten oder wieder zu erlangen. Als weitere hilfreiche Kriterien konnten das soziale Engagement für andere Menschen sowie die Würdigung eigener Leistungen und der eigenen persönlichen Entwicklung identifiziert werden. Wenig hilfreich waren Rückzugstendenzen und Versuche, belastende Erinnerungen zu vermeiden oder mit dem eigenen Schicksal zu hadern. Nach Kruse kann nicht davon ausgegangen werden, dass traumatische Erlebnisse abschließend bewältigbar sind. Vielmehr ist davon auszugehen, dass belastende Erinnerungen unerwartet und spontan immer wieder auftreten. „Diese Menschen sind immer wieder genötigt, ein ‚inneres Gleichgewicht' oder eine persönlich zufriedenstellende Lebensperspektive herzustellen, wobei das Resultat dieser ‚Bewältigung' auch für die Person selbst grundsätzlich offen bleibt" (Kruse 1997, 293). Kruse betont des Weiteren die Notwendigkeit differenzierter Darstellungen der Krisensituationen und der einzelnen für das jeweilige Individuum darin enthaltenen Belastungen. So wurden in scheinbar ähnlichen Situationen von Betroffenen sehr unterschiedliche Belastungsfaktoren angegeben (vgl. Kruse 1997, 275). Das Umfeld kann erst bei detaillierter Nachfrage erkennen, auf welche Belastungen die Bewältigungsversuche gerichtet sind.

2.8 Fazit und Ausblick

Eine „gelingende" Bewältigung kann gefördert werden durch:
- Sichere Bindungserfahrung im Kleinkindalter (vgl. Bowlby 1983)
- Erfahrungen („Übung") im Lebensverlauf, die zu einem möglichst großen Repertoire an erprobten Bewältigungsstrategien führen: Menschen, die die Möglichkeit haben, eine positive Lebenseinstellung aufzubauen, die sich nicht zurückziehen, sondern sich in Kontakt mit anderen engagieren können, beschreiben eine größere Lebenszufriedenheit (vgl. Kruse 1997, 291)
- Soziale Unterstützung, soziale Netzwerke: Menschen, die „mitgehend" agieren (vgl. Olbrich 1997, 237) und über ein dyadisches Verständnis von Krisen verfügen: Bewältigung bzw. eine Krisensituation betrifft nicht nur die einzelne Person, sondern mindestens auch die nächsten Bezugspersonen. Im Regelfall hat eine Krise Auswirkungen auf das gesamte Netzwerk (vgl. Kruse 1997, 277, 287f; Buchwald et al. 2004)
- Die Möglichkeit psychologischer Betreuung des Familiensystems oder des sozialen Netzwerkes: Dies dienen der Aktualisierung individueller Ressourcen, die die Verarbeitung fördern (vgl. Kruse 1997)
- Öffentliche Unterstützung: ein akzeptierendes gesellschaftliches Klima in Bezug auf das Thema der Krise (vgl. Kruse, 1997, 287)
- Differenzierte Betrachtung der Belastungssituation als Grundlage für ein Verständnis der Bewältigungsversuche und für Hilfeplanung (vgl. Kruse 1997, 275). Die Art und Weise, in der Situationen als belastend erlebt werden, die Personen- und Umweltmerkmale sowie das Bewältigungsverhalten unterscheiden sich interindividuell, auch wenn die Situationen identisch erscheinen (vgl. Kruse 1997, 283)
- Zugang zu Informationen für Betroffene und Helfende
- Die Fähigkeit, offen und persönlich über die Erkrankung und ihre Folgen zu kommunizieren. Sie reduziert Ängste und Stress, schafft Verbundenheit und bereichert das eigene Erleben und die Beziehungen zu den Kommunikationspartnern
- Religiöse/spirituelle Anbindung
- Förderung durch Sozialpolitik und Öffentlichkeitsarbeit.

Für die Kinderhospizarbeit sind die rezipierten Erkenntnisse zu extremen Belastungssituationen von hoher Relevanz. Es ist schwierig oder sogar unmöglich, Grenzsituationen mit den herkömmlichen psychologischen Methoden zu untersuchen (vgl. Olbrich 1997). Obwohl sich die grundsätzliche Frage stellt, inwieweit es ethisch vertretbar ist, Menschen, die sich in einer für sie leidvollen und krisenhaften Situation befinden, zum Gegenstand wissenschaftlicher Forschung zu machen (vgl. Geiss 2007), votieren viele Wissenschaftler und Wissenschaftlerinnen für Untersuchungen in diesem Bereich. Sie begründen dies damit, dass es gerade aufgrund der Existenzialität von Grenzsituationen wichtig sei, den Betroffenen eine angemessene und auf empirischen Erkenntnissen beruhende Begleitung und Unterstützung anbieten zu können (vgl. Staudinger 1997, 248; Geiss 2007). Staudinger fordert die Forschenden dazu auf, ihre eigene Betroffenheit, ihr Zögern angesichts des Leidens von Betroffenen zu reflektieren und zu verarbeiten. Das würde sie in die Lage versetzen, in diesem Feld forschend tätig sein zu können. Sie können mit ihren Forschungen zudem zur Enttabuisierung thanatologischer Themen beitragen, was in erster Linie den Betroffenen zugute käme (vgl. Staudinger 1997, 248).

Die Bewältigungsforschung konzentrierte sich lange auf einzelne Individuen und untersuchte ihren Umgang mit Anforderungen. Vernachlässigt wurde dabei die Tatsache, dass Menschen sich immer in sozialen Kontexten und Netzwerken bewegen und handeln. Der Ansatz von Hobfoll, der die gemeinsame Bewältigung und die Ressourcenorientierung ins Blickfeld rückt, vertritt die neuere Forschung, die für die Kinderhospizarbeit genutzt werden sollte (vgl. Buchwald et al. 2004).

3. Kinder und Jugendliche mit progredienten Erkrankungen

3.1 Forschungsstand

Die Situation von Kindern und Jugendlichen mit lebensverkürzenden Erkrankungen ist bislang im deutschsprachigen Raum kaum erforscht. Volker Daut hat mit seiner qualitativen Studie zur Lebenssituation von jungen Männern mit Duchenne Muskeldystrophie die bislang einzige Untersuchung zur Perspektive der Betroffenen selbst vorgelegt (Daut 2005). Ansonsten existiert eine multimethodische Untersuchung zur schulpädagogischen Situation der betroffenen Kinder und Jugendlichen (Ortmann/Jennessen 2003), eine qualitative Erhebung zur Situation der Lehrkräfte (Leyendecker/Lammers 2002) und eine die Schule als Bildungssystem unter dem Fokus lebensverkürzender Erkrankung fokussierende triangulative Studie (Jennessen 2008). Die schulbezogenen Untersuchungen zeigen erhebliche thematische Entwicklungsbedarfe sowohl bezüglich der individuellen Kompetenzen der Lehrkräfte als auch hinsichtlich der Frage der Auseinandersetzung mit thanatalen Themen in der Schule als Institution.

3.2 Begriffe und Lebenslagen

Über die Anzahl von fortschreitend erkrankten Kindern und Jugendlichen in Deutschland, die aufgrund dieser Erkrankungen im Kindes-, Jugend- oder frühen Erwachsenenalter versterben, liegen bislang lediglich Schätzwerte vor, ohne dass eine verlässliche Statistik verfügbar wäre. Zernikow beruft sich auf Untersuchungen, die von einer Mortalität zwischen 1,2 und 3,6/10.000 Lebendgeborenen ausgehen sowie auf Schätzungen, die die Punktprävalenz an lebensverkürzenden Erkrankungen bei 12–13 Kindern pro 10.000 Einwohnern angeben (vgl. Zernikow 2008, 4). Der Deutsche Kinderhospizverein e.V. geht davon aus, dass in Deutschland etwa 22.000 Kinder und Jugendliche mit einer lebensverkürzenden Krankheit leben. Etwa 1.500 von ihnen sterben pro Jahr an unheilbaren Krankheiten, davon 500 Kinder und Jugendliche an Krebs.

Wingenfeld/Mikula (2002) übertragen die für Großbritannien vorliegenden Prävalenzraten auf die Bundesrepublik und kommen aufgrund der Anzahl der Kinder und Jugendlichen im Alter bis zu 18 Jahren in Deutschland (15,5 Millionen) auf 15.000 bis 16.000 Kinder und Jugendliche mit einer fortschreitenden Erkrankung bzw. auf 7.500 bis 8.000 Fälle mit einem Bedarf an palliativer Versorgung.

Kennzeichen lebensverkürzender Erkrankungen (*life-limiting/life-shortening conditions*) im Kindes- und Jugendalter sind die Unheilbarkeit (*no reasonable hope of cure*), die zunehmende Verschlechterung des Gesundheitszustandes (*progressive deterioration*) und ein an der altersgemäßen Morbiditätsrate gemessener früher Tod. Unter lebensbedrohlichen Erkrankungen (*life-threatening conditions*) werden Krankheiten verstanden, die potentiell heilbar sind, deren Therapie jedoch nicht in jedem Fall erfolgreich verläuft (z.B. Tumorerkrankungen).

Der fortschreitende Verlauf einer Erkrankung kann in einen schnellen (akuten) und chronischen (vergleichsweise langsamen) Verlauf unterschieden werden. Befinden sich Kinder, Jugendliche oder junge Erwachsene aufgrund dieser Kriterien im Endstadium ihrer Erkrankung, kann ihr Zustand als *final* oder *terminal* bezeichnet werden. In Theorie und Praxis im Kontext progredienter Erkrankungen liegen unterschiedliche Positionen bzgl. der terminologischen Vor- und Nachteile der Begriffe *progredient, lebensverkürzend* oder *lebenslimitierend* erkrankt vor. Während die beiden letztgenannten stark die Fokussierung auf ein verfrühtes Lebensende implizieren, beinhaltet der Begriff der Progredienz vorrangig den zunehmenden Verlust von Fähigkeiten durch das Fortschreiten des Krankheitsverlaufes. Der Terminus Lebenslimitierung ist insofern eher unpräzise, da jedes Leben begrenzt ist und das Spezifische – der verfrühte Tod – hier nicht terminologisch zum Ausdruck kommt. Zu beobachten ist zudem, dass der Begriff progredient eher in wissenschaftlich-theoretischen Kontexten und der Begriff lebensverkürzend eher in der Praxis der Begleitung und Versorgung der Betroffenen Anwendung findet. Aufgrund des dieser Studie zugrunde liegenden Praxisbezuges werden deshalb nachfolgend die Begriffe lebensverkürzend und progredient erkrankt synonym verwandt.

Zu den lebensverkürzenden Erkrankungen zählen neben Krebserkrankungen Stoffwechselerkrankungen, progressive Muskeldystrophien, Virusinfektionen, lysosomale und neurodegenerative Speichererkrankungen, spezifische Syndromerkrankungen sowie Organerkrankungen. Eine Übersicht über die häufigsten progredienten Erkrankungen, ihre Symptomatik und Genese liefert die nachfolgende Tabelle.

Tab. 1: Übersicht über eine Auswahl von Erscheinungsformen progredienter Erkrankungen im Kindes- und Jugendalter (vgl. Jennessen 2008, 177ff.)

Gruppe	Form(en)	Vererbung/ Entstehung	Häufigkeit	Zeitpunkt des Auftretens	Ätiologie und Klinische Besonderheiten	Prognose
Progressive Muskeldystrophien	**Typ Duchenne** (DMD, Infantile, Maligne, „Aggressive" Form)	x-chromosomal rezessive Vererbung, selten Neumutationen	1:1.700 Jungen	2.–6. Lebensjahr	Fortschreitender Abbau der Muskulatur aufgrund Dystrophinmangels in den Zellmem-branen: - Beginn im Beckengürtel - Wadenhypertrophie - Gowers-Zeichen - Lendenlordose Skoliose - progrediente Skelettdeformitäten - adipöser und im Finalstadium meist kachektischer Habitus - Aszendierend	Lebenserwartung ab ca. 12 Jahren über das 40. Lebensjahr hinaus
Stoffwechsel-erkrankungen	**Cystische Fibrose (Mukoviszi-dose)**	Autosomal-rezessive Vererbung	1:2.000 bis 1:3.000 Geburten	4.–8. Lebensmonat	Funktionsstörung der schleimproduzierenden Drüsen: Flüssigkeitsverarmung und Zähigkeitssteigerung der inneren Sekretion; Betroffen: -Luftwege, Verdauungsorgane, Kreislaufsystem; - Infektionen und Funktionsausfälle von Organen aufgrund cystischer Erweiterungen (z.B. Pankreasinsuffizienz, Zirrhose)	Verlauf sehr individuell. Häufigste Todesfälle zwischen 30. und 40. Lebensjahr

Gruppe	Form(en)	Vererbung/ Entstehung	Häufigkeit	Zeitpunkt des Auftretens	Ätiologie und Klinische Besonderheiten	Prognose
Krebs- erkrankungen	**Leukämien, Maligne Lymphome, Gehirntu- more, Neuroblas- tome, Wilms- Tumore**	Ursachen unklar bzw. multifakto- riell vermutet	14 von 100.000 Kindern un- ter 15 Jahren	In jedem Le- bensalter mög- lich	Unkontrolliertes Wachstum von Zellen, die sämtliches umliegendes Gewebe infiltrativ zerstören; Häufig Generalisierung auf Blut- und Lymphwege; Symptome abhängig von Tumorsitz und Art der Erkrankung; Erstsymptome häufig un- spektakulär; Mögliche sekundäre Folgen: - Bewegungsstörungen - Organschädigungen - Unfruchtbarkeit - geistige Retardierung durch Hirnläsionen	Verläufe äußerst unterschiedlich; Tod bei ca. 1/3 der Erkrankten; häufige Rezidive
Virusinfektionen	**HIV/AIDS**	Intrapersonaler Transfer von Kör- perflüssigkeiten und -sekreten	ca. 500 Kin- der unter 13 Jahren in der BRD betrof- fen	Infektion in je- dem Lebensal- ter möglich – meist prä-, pe- ri- oder postna- tal	Autoimmunerkrankung; Breites Spektrum unterschiedlicher Krankheitsbilder bzw. Symptomkomplexe: - Organvergrößerungen - Gewichtsreduktion - Müdigkeit - bakterielle Infektionen - dermatologische Erkrankungen - Virusinfektionen	Nach Erst- manifestation des Krankheitsbildes AIDS mediane Überlebenszeit von ca. 5–20 Mo- naten

75

Gruppe	Form(en)	Vererbung/ Entstehung	Häufigkeit	Zeitpunkt des Auftretens	Ätiologie und Klinische Besonderheiten	Prognose
					- Pilzerkrankungen - maligne zelluläre Veränderungen - neurologische Veränderungen	
Lysosomale Speicherkran-kungen	**Mukopoly-saccharido-sen** Typ I–VI	Autosomal-rezessive Verer-bung Ausnahme: Typ II: x-chromasomale Vererbung	1:29.000 Geburten	Je nach Schwere des Typus zwi-schen den ers-ten Lebensmo-naten und dem Erwachsenen-alter	Ablagerungen von Mukopolysacchariden in Organen und Geweben bewirken Funktions-störungen und den Untergang der betroffe-nen Zellen: - progrediente Skelettdeformitäten - eine typische vergrößerte Fazies - Kontrakturen - Hepatosplenomegalie - Abhangig vom Typ fortschreitende psy-chomotorische Retardierung	
Neuro-degenerative Speicher-erkrankungen	**Leuko-dystrophien** Mind. 10 verschiedene Formen – einige unge-klärt	x-chromosomale oder autosomal-rezessive Verer-bung	Daten nur in Bezug auf einzelne Formen vor-handen	Je nach Schwere des Typus zwi-schen den ers-ten Lebensmo-naten und dem Erwachsenen-alter	Fortschreitender Abbau der Nervenumhül-lungen (Myelin) in Gehirn, Rückenmark und Nerven aufgrund divergierender Enzymde-fekte mit der Folge schwerer neurologischer oder psychischer Störungen. Heterogene kli-nische Erscheinungsbilder: - zunehmende motorische Einschränkungen (Ataxien, schlaffe oder spastische Paresen) - Hyperexzitabilität	Je nach Schwere des Typus zwi-schen den ersten Lebensjahren und dem Erwachse-nenalter zum To-de führend

Gruppe	Form(en)	Vererbung/ Entstehung	Häufigkeit	Zeitpunkt des Auftretens	Ätiologie und Klinische Besonderheiten	Prognose
					- Verlust von Sprech-, Seh- und Hörfähigkeit Epilepsien, Nebennierenkrisen	
Spezifische Syndromkomplexe	Rett-Syndrom[48]	(sehr wahrscheinlich) x-chromosomal-dominante Vererbung	1:10.000–1:15.000 Mädchen; betroffene Jungen sterben bereits pränatal	7.–18. Lebensmonat	Defekt des MECP2-Gens behindert cerebrale Schaltvorgänge in Verbindung mit der ihm zugedachten Aminosäure. Rapide fortschreitende Entwicklungsretardierung mit den Folgen: - Verlust erlernter Sprechfähigkeit - Verlust gezielter Handmotorik - Verlust des Umweltinteresses - Demente Abbauprozesse - Ängstlichkeit - Vasomotorische Störungen; Ataxie - Bewegungstics, spastische Paraparese, Gelenkkontrakturen etc.	Nicht zwingend vorzeitig lethal – aber viele Todesfälle aufgrund von Pneumonien
Organerkrankungen	Chronische Niereninsuffizienz (CN)	60% angeboren, 24-18% Fehlbildungen der Harnwege 11-14% hypoplastisch-	3-5: 1 Million Kinder	In den ersten Lebensmonaten möglich	Eine dauerhafte Schädigung des Nierengewebes führt zu einer Einschränkung der Filtrationsleistung auf unter 50%. Unterschiedlich rasch fortschreitende Entwicklung führt zu terminaler Niereninsuffizienz – Nierenersatztherapie erforderlich.	Äußerst heterogen: Letztendlich abhängig vom Gelingen der in der Regel erforderlichen Nierentransplantation –

48 Das Rett-Syndrom wird in dieser Systematik trotz seines nicht alle Kriterien progredienter Erkrankungen erfüllenden Erscheinungsbildes aufgenommen, da betroffene Mädchen in den vergangenen Jahren zunehmend in Schulen für Körperbehinderte unterrichtet wurden.

Gruppe	Form(en)	Vererbung/ Entstehung	Häufigkeit	Zeitpunkt des Auftretens	Ätiologie und Klinische Besonderheiten	Prognose
		dysplastische Nieren, 7–8% zystische Nierenerkrankungen, 7–10% vererbte Nierenkrankheiten			Klinisches Bild: - Trinkschwäche, Erbrechen/ Durchfall/ Gewichtsabnahme - Entwicklungsstörungen, auffälliger Durst - reduzierte geistige und physische Belastbarkeit, Kleinwuchs, Organentzündungen, Störungen des ZBS	Tod in jedem Lebensalter möglich

Ebenso heterogen wie die Krankheitsbilder zeigen sich auch die Lebenssituationen betroffener Kinder und Jugendlicher. Das Erleben der individuellen Situation der betroffenen Heranwachsenden ist von einer Vielzahl unterschiedlicher Faktoren abhängig.

Zu diesen die *Diversität der Lebenssituation kennzeichnenden Variablen* gehören beispielsweise:

- Zeitpunkt der Diagnose
- Individuelles Entwicklungsalter
- Auswirkungen des Krankheitsverlaufes auf die Physis
- Auswirkungen des Krankheitsverlaufes auf die Kognition
- Auswirkungen des Krankheitsverlaufes auf die Kommunikation
- Kommunikationsbedürfnisse in Bezug auf thanatale Fragestellungen
- Personale und soziale Ressourcen sowie individuelle Resilienz.

Als allen lebensbegrenzenden Erkrankungen *gemeinsame Kennzeichen* lassen sich folgende Faktoren benennen:

- Fortschreitender Verlust von Fähigkeiten
- Verfrühter Tod
- Leben mit Abschieden
- Bedarf an medizinisch-therapeutischer Behandlung und Pflege
- Irritationen des näheren und weiteren sozialen Umfeldes
- Spezifische Entwicklungsaufgaben
- Beibehaltung entwicklungsgemäßer Lebensthemen (vgl. Jennessen 2010).

In den meisten wissenschaftlichen Texten zur personalen Situation lebensverkürzend erkrankter Kinder und Jugendlicher überwiegt eine deutlich negative und belastungsorientierte Beschreibung der Situation der Betroffenen. Die Bedeutung von individuellen Ressourcen und Copingstrategien sowie Resilienzfaktoren wird bislang kaum in Verbindung mit der Herausforderung einer progressiven Erkrankung gesetzt und somit meist dem vorherrschenden kompetenzorientierten sonderpädagogischen Paradigma widersprechende Schlussfolgerungen gezogen. Hier scheint ein Perspektivenwechsel hin zu einer eher ressourcenorientierten Auseinandersetzung erforderlich, die sich verstärkt den individuellen Bedürfnissen des Einzelnen widmet und diese zum Ausgangspunkt der jeweiligen Begleitungs- und Förderangebote erklärt, ohne dabei die Erschwernisse und besonderen Herausforderungen aus dem Blick zu verlieren (vgl. Jennessen 2006). Aufgrund der Heterogenität der Gruppe progredient erkrankter Kinder und Jugendlicher und ihrer je nach Schädigungsform und individueller Resilienz sehr unterschiedlichen Begleitungs- und Förderbedürfnisse in den Bereichen Kognition, Emotion, Motorik, Wahrnehmung und Verhalten bedürfen grundlegende Kenntnisse bezüglich medizinischer und psychosozialer Auswirkungen immer des Transfers auf die jeweilige Lebenssituation der Betroffenen.

Für das psychosoziale Erleben der Betroffenen lässt sich unter Zuhilfenahme des salutogenetischen Ansatzes nach Antonovsky (1997) konstatieren, dass dieses immer in Abhängigkeit zum Erleben des individuellen Kohärenzgefühls (SOC) steht (vgl. Theoretische Grundlegung dieses Berichts, Kap. I 1). So lassen die grundlegenden Erkenntnisse zur psychosozialen Situation von Kindern und Jugendlichen mit lebensverkürzender Erkrankung die Hypothese zu, dass ein entwicklungsgemäßes, höchst mögliches Maß an Kenntnis der Krankheit und ihrer Entwicklung (*SOC-Komponente Verstehbarkeit*) und die Möglichkeit auf die eigene Situation Einfluss zu nehmen (*SOC-Komponente Handhabbarkeit*) ebenso positive Auswirkungen zeitigen, wie das primäre Erleben der eigenen Situation als Herausforderung denn als Belastung (*SOC-Komponente Sinnhaftigkeit*). Diese Teilkomponenten des Kohärenzgefühls können als übergeordnete Bezugspunkte für pädagogische Begleitungsansätze gelten, die dazu beizutragen vermögen, die Lebensqualität und -zufriedenheit der Betroffenen elementar positiv zu beeinflussen.

Da die Entwicklung eines stabilen Kohärenzgefühls eines Kindes oder Jugendlichen maßgeblich von den ökosystemischen Bedingungen des Aufwachsens und Umgehens mit einer progredienten Erkrankung abhängt, sollen Spezifika der unterschiedlichen Sozialisationsebenen nachfolgend ebenfalls skizziert werden (in Anlehnung an Jennessen 2006).

3.3 Spezifische Sozialisations- und Entwicklungsbedingungen bei progredienter Erkrankung

„Sozialisation bezeichnet den Prozeß der Entstehung und Entwicklung der Persönlichkeit in wechselseitiger Abhängigkeit von der gesellschaftlich vermittelten sozialen und dinglich-materiellen Umwelt" (Hurrelmann 2001, 70). In diesem Begriffsverständnis ist zum Ausdruck gebracht, dass die Entwicklung des Individuums durch soziale und gesellschaftliche Faktoren beeinflusst ist und es sich in einem Prozess der sozialen Interaktion konstituiert. Diese allgemeine Aussage behält selbstverständlich für die Sozialisationsprozesse von Menschen mit körperlichen Beeinträchtigungen ihre Gültigkeit. Auch hier handelt es sich um einen individuellen Prozess, der sich gleichwohl mit Hilfe überindividueller Dimensionen beschreiben lässt.

3.3.1 Die personale Ebene

„Die Basis der sozialen Entwicklung ist die subjektive Realität des Individuums" (Bergeest 1999a, 223). Die subjektive Realität – der Alltag – lebensbedrohlich erkrankter Kinder und Jugendlicher ist häufig geprägt durch das Erleben „seelischer Erschütterungen, Schmerzen, Unwohlsein, Verzichte, den zunehmenden Verlust der eigenen Selbstständigkeit mit gleichzeitiger Zunahme der Hilfs- und Pflegebedürftigkeit, Einschränkungen der Bewegungsfreiheit, Trennung von Bezugspersonen und Bezugsgruppen, Mitleidsreaktionen der sozialen Umwelt sowie durch das persönliche Erleben des ‚Nichtmehr-dazu-Gehörens‘, des Anders-Seins" (Ortmann 1996, 509). Grundsätzlich sind alle subjektiven Belastungsfaktoren und die den Kindern und Jugendlichen zur Verfügung stehenden Copingstrategien maßgeblich vom Entwicklungsalter der Betroffenen bestimmt. So divergieren Bedingungen und Erleben von Krankheit in den ersten Lebensjahren (vgl. Petermann 1995, 68f.) evidenterweise maßgeblich von denen in der Adoleszenz (vgl. Ortmann 1998, 57f.). Aus salutogenetischer Perspektive bedarf die Aussage Bürgins „Krankheit ist also auch eine Situation von psychischem Streß" (Bürgin 1981, 93) demnach einer genaueren Differenzierung und expliziten Berücksichtigung der für die Bewältigung von Anforderungen hilfreichen Teilkomponenten des Kohärenzsinnes der betroffenen Individuen (vgl. Antonovsky 1997). Festzuhalten ist, dass die drei aus der Stressforschung bekannten *potentiellen* Belastungssituationen im Kindes- und Jugendalter alle für die spezifische Lebenssituation progredient erkrankter Kinder und Jugendlicher zutreffen. Bei diesen handelt es sich „(a) um Entwicklungsaufgaben, (b) um kritische Lebensereignisse und (c) um alltägliche Belastungen" (Tanjour/Reschke 2002, 99).

Als ein bestimmendes Kriterium auf der personalen Ebene lässt sich die Progredienz der Erkrankung herausstellen. So kann davon ausgegangen werden, dass das Erleben des Fortschreitens einer Erkrankung Denken und Fühlen eines jungen Menschen erheblich beeinflusst. Intrapsychisch gelten krankheitsspezifische Ängste als besondere Begleiterscheinungen des Lebens mit einer progredienten Erkrankung.

Erleben körperlich beeinträchtigte Menschen im Kindes- und Jugendalter generell „problematische Entwicklungsbedingungen bei der natürlichen, spontanen Bildung ihres basalen Selbstkonzeptes" (Bergeest 1999a, 224), so stellt das Erleben, „dass sich der körperliche Zustand nicht ‚zum Besseren‘ verändert (…) für die Betroffenen ein großes Problem für eine positive Auseinandersetzung mit ihrer Körperlichkeit und für eine positive Einstellung zu ihrem Körper dar" (Kampmeier 1999, 245f.). Schmeichel, der sich als einer der ersten Körperbehindertenpädagogen intensiv der Lebenssituation progredient erkrankter Schülerinnen und Schüler widmete, formuliert die Problematik der Entwicklung des körperlichen Selbst folgendermaßen: „Im progressiven Verlauf kündigt der Körper in Intervallen ständig neu seine Identität auf. Wenn sich in dem Kranken die Konturen seiner erwachsenen Gestalt abzuzeichnen beginnen, kündigt sich in deren Umrissen bereits die Auflösung des erreichten Ausdrucks an" (Schmeichel 1978, 87).

In enger Konnotation mit dem Erleben des Fortschreitens der Bewegungseinschränkungen und somit der Barrieren altersspezifischer, selbstständiger Lebensgestaltung entwickeln progressiv erkrankte Kinder ein Gespür für die Wahrscheinlichkeit eines frühen Todes. Selbst wenn eine offene Thematisierung von Krankheit und Tod mit den Kindern unterbleibt, spüren diese intuitiv die vorzeitige Begren-

zung ihres Lebens. Daut vermutet, dass es „kein selbst betroffenes Kind und schon gar keinen lebensbedrohlich erkrankten Jugendlichen ohne wenigstens eine Ahnung von seinem eigenen physischen Zustand (gibt)" (Daut 2001, 385). Der mögliche Zerfall von Lebensdynamik und zukunftsorientierter
Handlungsentwürfe bedingt die Aktualisierung von Zukunft in „Bemühungen um Gegenwartsbewälti-
gung" (Seifert 1991, 504). In diesem Punkt unterscheidet sich die Lebenssituation progredient erkrankter Kinder und Jugendlicher signifikant von der anderer – möglicherweise ebenfalls kranker oder körperlich beeinträchtigter – Gleichaltriger.
In den vorliegenden wissenschaftlichen Texten zur personalen Situation progredient erkrankter Kinder
und Jugendlicher überwiegt eine deutlich negative und belastungsorientierte Beschreibung der Situation der Betroffenen. Die exemplarische Beschreibung eines progredient erkrankten Schülers als emotional äußerst stabil sowie Freude, Zufriedenheit und Ausgeglichenheit ausstrahlend (vgl. Ort-
mann/Jennessen 2003, 154), spiegelt die Bedeutung der Frage nach Möglichkeiten der individuellen
Kompetenz und persönlichkeitsgebundenen Ressourcen auf der personalen Ebene wider. Für weitere
diesbezügliche Studien scheinen kasuistische Forschungspläne geeignet, um zu stärken- und ressourcenorientierten Zugängen zur subjektiven Lebenswirklichkeit Betroffener zu gelangen.

3.3.2 Die familiäre Ebene

Als zweite isolierbare Ebene gelten die familiären Bedingungen, die als mikrosozialer Bereich unmittelbare Auswirkungen „auf Selbstkonzept, Identität und die daraus folgenden Möglichkeiten des Sozialverhaltens des körperbehinderten Menschen" (Bergeest 1999a, 225f.) beinhalten. Auf diese Ebene
wird im nachfolgenden Kapitel noch ausführlicher eingegangen, da die gesamte Familie als mögliche
Adressatin kinderhospizlicher Angebote im Fokus der hier dokumentierten Untersuchung steht.

3.3.3 Die institutionelle Ebene

Die dritte isolierbare Ebene des sozialisationsrelevanten Beziehungsgefüges beinhaltet die institutiona-
lisierten Hilfen, die Menschen mit körperlichen Beeinträchtigungen „zur Prävention von (weiterer)
Behinderung und zur *Rehabilitation* lebensbegleitend (…) in regional unterschiedlicher Ausprägung
zur Seite (stehen)" (Bergeest 1999a, 229). Die Unterscheidung in vorschulische, schulische, berufliche
und geriatrische Rehabilitation differenziert die Ebene der institutionellen Bedingungen, wobei für
progredient erkrankte Kinder und Jugendliche aufgrund des vorgezogenen Todes nur die drei erstge-
nannten von Relevanz sind.
Die Frühförderung gilt als „komplexes System der Beratung, Anleitung und Unterstützung für Eltern
(…), deren Kinder in den ersten Lebensjahren auf Grund individuell und sozial bedingter Entwick-
lungsauffälligkeiten und -gefährdungen (Risiken, Behinderungen) spezialisierter pädagogischer und
therapeutischer Hilfen bedürfen" (Speck 2001, 373) sowie als Unterstützungs- und Förderangebot für
die betroffenen Kinder selbst.
In Bezug auf die frühe Förderung bei progredienter Erkrankung ist die Hilfe durch Institutionen der
Frühförderung krankheitsspezifisch äußerst unterschiedlich. Während beispielsweise der regelhafte
Verlauf der Duchenne Muskeldystrophie (DMD) erste Krankheitssymptome vor Beginn der Schulzeit
erwarten lässt und somit medizinische Einrichtungen der Frühförderung hier häufig die bedeutsame
Funktion der möglichst frühen Diagnosestellung übernehmen, treten andere Erkrankungen erst zu späteren, nach dem sechsten Lebensjahr liegenden Zeitpunkten auf. Am Beispiel der DMD wird die Relevanz einer frühen Diagnose trotz der mit ihr einhergehenden Belastung offensichtlich, da diese sicherstellen kann, dass „die betroffenen Kinder medizinisch, therapeutisch und pädagogisch rechtzeitig angemessen behandelt" werden und „Überforderungen und Misserfolgserlebnissen (…) pädagogisch begegnet werden (kann)" (Ortmann 2000, 251). Außerdem können bzw. sollten so zu einem frühen Zeitpunkt des Krankheitsverlaufes die Eltern der Kinder umfassend informiert und bedarfs- und situationsadäquat beraten werden. Die Unterstützung des elterlichen Coping-Prozesses gilt als wichtiges Element in der Frühförderung, wobei es im Sinne des Empowerment-Ansatzes darauf ankommt, „die
Vorstellung der Hilflosigkeit und Versorgungsbedürftigkeit der Eltern behinderter Kinder zu überwinden, ihre Kompetenzen zu respektieren und ihre Ressourcen zu aktivieren" (Schlack 1997, 20). Hierfür
sind die spezifischen potentiellen Belastungsbereiche, wie sie in Familien mit progredient erkrankten

Kindern zu beobachten sind, ebenso zu berücksichtigen wie die familieninternen und familienexternen Ressourcen, die maßgeblich darüber entscheiden, wie Familien mit dieser Situation dauerhaft umzugehen lernen.

Im Gegensatz zur Schulpflicht hat die Frühförderung jedoch lediglich Angebotscharakter, was zur Folge hat, dass in erster Linie diejenigen Familien mit (progredient) erkrankten Kleinkindern diese nutzen, die für spezifische Bedarfe des Kindes und der Familie – mehr oder weniger hinreichende – Ressourcen zur Verfügung stellen können. Diese Tatsache bedeutet, dass Familien mit eher ungünstigen Bedingungen erst zu einem späteren Zeitpunkt, meist wenn krankheitsspezifische Symptome massiv aufgetreten sind und/oder sich bereits manifestiert haben, Angebote der Frühförderung in Anspruch nehmen (können).

Ausgehend von der Hypothese, dass Schule einem progredient erkrankten Kind eine Reihe von Entwicklungschancen bieten kann und sollte, kommt auch der Förderung leistungsorientierter Fähigkeiten als schulpädagogische Aufgabe besondere Bedeutung zu (vgl. die nachfolgenden Aussagen bei Jennessen 2009, 142ff.). Hierbei kann von der Annahme ausgegangen werden, dass es für die Persönlichkeitsentwicklung progredient erkrankter Kinder und Jugendlicher wichtig ist, sie auch kognitiv-intellektuell zu fördern. Schmitt (1991) formuliert als positive Charakteristika schulischer Förderung:

a) Die Schule ermöglicht Erfolgserlebnisse im Leistungsbereich.
Diese sind bedeutsam „für die seelische Stabilisierung und eine optimistische Einstellung gegenüber dem eigenen Leistungsvermögen. In der Schule mithalten zu können, vermittelt auch das Gefühl dazuzugehören. Dies ist ein ganz wichtiger Aspekt der Krankheitsbewältigung" (Schmitt 1991, 498). Insofern symbolisiert leistungsorientierter Unterricht auch ein Stück Normalität für progredient erkrankte Schülerinnen und Schüler. Kritisch sollte allerdings hinterfragt werden, ob betroffene Kinder und Jugendliche tatsächlich nur noch selten Normalität erfahren (vgl. z.B. Leyendecker/Lammers 2001, 146) oder ob nicht auch das Leben mit der Erkrankung als alltägliche Normalität erlebt wird. So stellt Daut aufgrund seiner Interviews mit an Duchenne Muskeldystrophie erkrankten jungen Männern fest: „Aber sie stehen trotzdem vor allem im Leben, sie haben ihre Erkrankung als einen zu ihrem Leben gehörenden Teil akzeptiert und sie denken nicht ständig an ihren Tod" (Daut 2007, 53). Insofern erfüllt eine adäquate Leistungserwartung und die damit möglichen Erfolgserlebnisse die ethisch verankerte Forderung nach einem Bildungsrecht unabhängig von Schwere und Art einer Beeinträchtigung und trägt gleichzeitig zur Lebensqualität der Betroffenen bei.

b) Die Schule ermöglicht das Erreichen eines qualifizierten Schulabschlusses.
Auch wenn die berufliche Eingliederung für progredient erkrankte Jugendliche und junge Erwachsene häufig in einem besonderen Maße erschwert ist, verbessert ein Schulabschluss auf möglichst hohem Niveau die potentiellen Aussichten auf einen den Bedürfnissen, Fähigkeiten und Interessen angemessenen Arbeitsplatz (vgl. Schmitt 1991, 497). Diese Feststellung ist gerade angesichts steigender Lebenserwartungen aufgrund des medizinisch-therapeutischen Fortschritts bei einigen progredienten Erkrankungen unbedingt ernst zu nehmen und berufsvorbereitende schulische Maßnahmen dementsprechend ernsthaft und vorausschauend zu betreiben. Daut (2010, o.S.) fordert hierzu: „Die Vorbereitungen auf das Leben dieser Menschen sind weit über die Schulzeit hinaus durch alle Fachkräfte in den Blick zu nehmen, neu auszugestalten und zu organisieren. Hierzu gehören auch fundierte Informationen über alle Möglichkeiten, die eine aktive Teilhabe und ein selbstbestimmtes Leben sichern, wie z.B. das persönliche Budget, Organisation von Assistenz, Schaffung entsprechender Ausbildungs- und Arbeitsplatz-Angebote, barrierefreie Wohn- und Freizeit-Angebote."

Auf der Grundlage differenzierter Einzelfallanalysen konnte festgestellt werden, dass die Bewältigung der eigenen fortschreitenden Erkrankung ein solch hohes Maß an Lebensenergie erfordert, dass häufig nicht mehr hinreichende Energien zur Verfügung stehen, „um den entwicklungsangemessenen schulischen Lernstoff zu bewältigen" (Ortmann/Jennessen 2003, 190). Hier ist es unbedingt erforderlich, das

Wissen um diese intrapsychischen Zusammenhänge in Leistungsbewertungen mit einfließen zu lassen und weitere Selbstwert mindernde Konsequenzen wie Klassenwiederholungen möglichst zu vermeiden.

Ebenso heterogen wie die Persönlichkeitsstrukturen und ökosystemischen Lebensbedingungen progredient erkrankter Kinder und Jugendlicher zeigen sich auch deren Bedürfnisse, Kompetenzen und Erwartungen an schulische Leistungen. Ist es einigen Schülerinnen und Schülern aufgrund des Wunsches nach unbeschränkter Partizipation am Schulleben und der mit Leistungserfolgen verbundenen Gefühle der Selbstaufwertung wichtig, so lange wie möglich schulische Leistung zu erbringen, bedeutet anderen Betroffenen der Leistungsaspekt weniger. Um einer Besonderung des Betroffenen innerhalb der Klasse entgegenzuwirken, scheint es hilfreich, in Absprache mit dem erkrankten Kind oder Jugendlichen seine spezifische Situation innerhalb der Klassengemeinschaft transparent zu machen. Zum einen können eventuell zeitweise erforderliche Unterschiede in den Leistungserwartungen somit nachvollzogen und verstanden werden und als Ausdruck der Heterogenität des Klassenverbandes interpretiert werden. Zum anderen kann diese auch als Ausgangspunkt zu einem intensiven Austausch über Fragen nach dem Sinn des Lernens und des Lebens genutzt werden, in den der Betroffene sich entsprechend seines Entwicklungs- und Informationsstandes soweit einbringen kann, wie es seinem Bedürfnis nach Kommunikation entspricht. Er erlebt somit eine Offenheit im Umgang mit existentiellen Fragestellungen, die Mut macht, zu einem selbst gewählten Zeitpunkt seine persönlichen Lebensthemen zu kommunizieren.

Aufgrund der einleitend skizzierten potentiellen Bedeutung schulischen Leistungserlebens betroffener Kinder und Jugendlicher scheint eine generell auf Leitungsschonung beruhende pädagogische Haltung gegenüber den Schülerinnen und Schülern nicht sinnvoll, sondern der Aufbau eines pädagogischen Verhältnisses, das die „Untrennbarkeit der Erschließung von Sachwelt und Sachproblemen von der Personenerschließung vermittelt" (Schmeichel 1983, 229).

Die weitere hier zu erwähnende institutionelle Ebene stellt die der beruflichen Rehabilitation dar. Dieser Bereich ist wissenschaftlich für den Formenkreis progredienter Erkrankungen bislang weitgehend vernachlässigt worden, sodass Übertragungen der allgemeinen beruflichen Rehabilitation bei körperlicher Beeinträchtigung unter dem besonderen Akzent eines vorzeitigen Lebensendes notwendig werden. Dies scheint schon aus dem Grund erforderlich, da sich durch das spezialisierte und vertiefte medizinische Wissen über einzelne Krankheitsbilder Behandlungsmöglichkeiten und somit Lebenserwartung der Betroffenen in den vergangenen Jahren zunehmend verbessert haben (z.B. bei DMD, Mukoviszidose). Da die „Eingliederung in das Arbeitsleben (...) als ein gutes Stück der gesellschaftlichen Integration insgesamt (gilt)" (BMA 2002a, 53), ist die Bedeutung beruflicher Tätigkeiten für Menschen mit körperlichen Beeinträchtigungen evident. Auch wenn auf theoretischer Ebene postuliert wird, dass berufliche Rehabilitation und Integration „kein Gnadenakt, sondern selbstverständliche Pflicht unseres sozialen Staates" (Blumenthal 1999, 1) sei, und auch das SGB IX (vgl. BMA 2002b) als rechtliche Grundlage des heutigen Rehabilitationssystems alle Maßnahmen an den individuellen Bedürfnissen und Bedarfen der beeinträchtigten Menschen auszurichten versucht, ist die tatsächliche berufliche Eingliederung gerade schwer körperlich beeinträchtigter Menschen in den Arbeitsmarkt häufig äußerst schwierig. Aktuelle Probleme des Arbeitsmarktes sowie die „Dominanz vereinheitlichter Kommunikations- und Leitungsnormen" (Bergeest 1999, 231) stellen zusätzliche Barrieren beruflicher Inklusion dar.

Für die besondere Situation progredient erkrankter Jugendlicher ist zusätzlich zu diesen Aspekten zu bedenken, dass die progressive Einschränkung der motorischen Fähigkeiten eine nur äußerst eingeschränkte Wahl potentieller Berufsfelder zulässt. Gerade für Menschen mit fortschreitenden Muskelerkrankungen, die keinerlei Auswirkungen auf die kognitiven Fähigkeiten der Betroffenen haben, ergeben sich jedoch durch die vielfältigen Einsatzmöglichkeiten des Computers zunehmend Berufsperspektiven, die auch in einem späten Krankheitsstadium berufliche Teilhabe ermöglichen. Diese sich in den vergangenen zehn Jahren verstärkt erschließenden Perspektiven gilt es in die beruflichen Rehabilitationsprozesse zu integrieren und spezielle Ausbildungs- und Arbeitsangebote zu entwickeln, die den spezifischen Bedürfnissen der progressiv erkrankten Jugendlichen und jungen Erwachsenen entsprechen. So bedürfen beispielsweise häufige krankheitsbedingte Ausfallzeiten durch Operationen, Krankheitsschübe oder Sekundärerkrankungen der Berücksichtigung in der Gestaltung von Ausbildungsplänen. Potentiellen Arbeitgebern sollten hierfür sozial- und arbeitsrechtliche Ausgleiche gewährt werden. Spezifische Probleme ergeben sich durch den mit einigen Erkrankungen (z.B. Formen der Leukodystrophie) einhergehenden Abbau kognitiver Fähigkeiten. Hierdurch reduziert sich der Kreis der Berufsperspektiven drastisch und führt selten zur Beschäftigung in alternativen Modellprojekten, meist jedoch zu einer Unterbringung in Werkstätten für behinderte Menschen (WfbM), da diese ein Angebot zur beruflichen Bildung und zu einer Arbeitstätigkeit anbieten, „welches traditionell eher für Menschen mit einer geistigen Behinderung entwickelt wurde" (Lelgemann 2003, 69).

Alternativ zum Aspekt der beruflichen Rehabilitation hat vor allem Stadler (1998, 2001) verschiedentlich zu bedenken gegeben, dass es auch Aufgabe der Schule für Körperbehinderte sei, auf ein Leben ohne Erwerbsarbeit vorzubereiten. Für einen solchen Lebensentwurf, wie er auch für viele an progredienten Erkrankungen leidende junge Erwachsene häufig die Realität darstellt, gilt „insbesondere eine lebenspraktische Befähigung als bedeutsam" (Stadler 2001, 467), um die Chancen der Betroffenen zur weitgehend selbstbestimmten Lebensführung nutzen zu können. Gerade angesichts der Bedeutung des Berufes für das individuelle Selbstkonzept sowie die gesellschaftliche Integration gibt Lelgemann jedoch mit Recht zu bedenken, dass der Diskurs des Themas *Arbeitslosigkeit* so anzulegen sei, „dass Perspektiven nicht zu früh aufgegeben werden und Wünsche an die Gesellschaft nicht zu früh ‚selbstbescheiden' zurückgenommen werden" (Lelgemann 2003, 68).

Im Kontext der sozialisationsrelevanten Institutionen seien Kinderhospize an dieser Stelle der Vollständigkeit halber erwähnt, da sie eine spezifische Aufgabe der Begleitung lebensverkürzend erkrankter Kinder und Jugendlicher erfüllen. Da diese im Fokus dieser Studie stehen, werden ihre Zielsetzung und ihr Aufgabenspektrum in den anderen Theorieteilen dieses Berichts dezidiert dargestellt.

3.3.4 Die gesellschaftliche Ebene

Auf der vierten Ebene des sozialisatorischen Beziehungsgefüges sind die gesellschaftlichen Bedingungen verortet, wobei in die „*sozialpolitische Organisation* zum Nachteilsausgleich und die gesellschaftliche Einstellung(sänderung) gegenüber behinderten Menschen im Sinne einer Überwindung ihrer Besonderung und damit der *Entstigmatisierung*" (Bergeest 1999b, 232) differenziert werden kann. Für die Ebene der gesellschaftlichen Einstellung gegenüber Menschen mit Beeinträchtigungen ist in Bezug auf Körperbehinderungen vor allem die meist vorhandene Visibilität der Schädigung von Relevanz (vgl. Cloerkes 2001, 6f.). Auf die Bedeutung anderer grundlegender Aspekte der gesellschaftlichen Einstellung gegenüber körperlicher Schädigung kann an dieser Stelle nur verwiesen werden. So haben sowohl die Stigmatheorie Goffmans (2002) als auch ihre Weiterentwicklung und identitätsspezifische Akzentuierung durch Frey (1983) dazu beigetragen, „die Mühen betroffener körperbehinderter Menschen zu einem Ausgleich zwischen ihren gespürten Bedürfnissen und den Anforderungen ihrer Umwelt zu gelangen" zu verstehen (Bergeest 1999b, 236).

Es ist davon auszugehen, dass die gesellschaftliche Sozialisationsebene in Bezug auf progrediente Erkrankungen neben den generellen Aspekten des Umgangs mit Schädigung und Behinderung vor allem durch den Aspekt des vorgezogenen Todes in besonderer Weise akzentuiert ist. Zusammenfassend kann von einer gewissen Ambivalenz im Umgang mit Sterben und Tod ausgegangen werden. So steht auf der einen Seite die These von der Verdrängung des Todes in der modernen Gesellschaft: Der Tod wird „ignoriert, verdrängt, tabuisiert, verschleiert, beschönigt, verharmlost, maskiert, bagatellisiert, verobjektiviert, privatisiert, entöffentlicht und entexistentialisiert" (Arens 1994, 25). Aries bezeichnet diese Entwicklung als Ausbürgerung und „Verwilderung des Todes" (1999, 716), die in westlichen Gesellschaften von Ausgrenzung, Institutionalisierung und Anonymisierung des Sterbens gekennzeichnet sei.

Auf der anderen Seite wird vor allem aus soziologischer Perspektive die Undifferenziertheit und inhaltliche Pauschalisierung der Verdrängungsthese kritisiert (vgl. Bordawe 1989). Hinzu kommen neue Wege in Bestattungskultur und Totengedenken, die als Anzeichen eines Prozesses gedeutet werden können, in dessen Verlauf sich neue, kreative und individuelle Formen des Abschieds von verstorbenen Angehörigen und Freunden entwickeln konnten. Neben der offensichtlichen Notwendigkeit eines differenzierten Diskurses über gesellschaftliche Tendenzen im Umgang mit thanatalen Themen ist der Tod im Kindes- oder Jugendalter durch besondere Merkmale gekennzeichnet.

Als entscheidendes Kriterium des frühen Todes gilt das gesellschaftliche Unverständnis angesichts der scheinbaren Sinnlosigkeit eines Todes im Kindes- und Jugendalter. Wurde der Tod historisch betrachtet in allen Kulturen und zu allen Zeiten als ein besonderes Ereignis verstanden und interpretiert, so scheint er „in unserer Zeit seinen *Sinn* verloren" (Chun 2000, 8) zu haben. Ist diese Feststellung eher grundsätzlicher Art, so scheint ein früher Tod aufgrund des noch nicht gelebten Lebens in einem besonderen Maße sinnlos und unfassbar. Der Tod ist in der modernen Gesellschaft zunehmend ein Phänomen des hohen Alters geworden. Die allgemeinen Ängste und sozialen Umgangsweisen mit Lebensbedrohung, Leid, Sterben und Tod scheinen sich deshalb zu potentieren, wenn ein junger Mensch betroffen ist. So übertrifft die Intensität der Trauer um ein gestorbenes Kind, „im Durchschnitt wahrscheinlich alle anderen Typen (von Trauer; Anm. S.J.) in modernen Industriegesellschaften" (Feldmann 1997, 58). Der Tod eines Kindes „gilt schon beinahe als ein obszönes Ereignis, als eine Last, die durchschnittliche Eltern nicht zu tragen erwarten" (Bürgin 1981, 28). Die überwiegende Interpretation des Sterbens eines Kindes als zu frühes, abnormes, ungerechtes und unverständliches Sterben ist im Gegensatz zu früheren Gesellschaften auch dadurch bedingt, dass Kinder stärker als Bestandteil der eigenen Identität der Erwachsenen begriffen werden. Die Erwartung eines frühen Todes aufgrund einer progredienten Erkrankung bedeutet somit immer auch die Bedrohung der adulten Identität.

Außerdem besteht in unserer Gesellschaft die weit verbreitete Auffassung, dass Kindheit „eine sorglose glückliche Zeit sei" (Orbach 1990, 27). Krankheit, Leid und Tod passen nicht in diese Vorstellung von Kindheit. Diese Tatsache unterstützt einen Umgang mit dem Themenkreis Kinder und Tod, der die Integration schmerzhaften, krankheitsspezifischen und sich auf einen frühen Tod zu bewegenden Erlebens von Kindern nur schwer in das vorherrschende Diktat von Unversehrtheit, Glück, Lebensbeginn und Zukunftsplanung zu leisten vermag. Dies hat zur Konsequenz, dass die unmittelbar betroffenen Kinder, Jugendlichen, Eltern und Geschwisterkinder häufig keinen sozial definierten Platz vorfinden, „einen Raum in unserer Gesellschaft, in dem sie *alle* Gefühle mitteilen, ausdrücken und leben dürfen" (Wiese 2003, 10).

Zur Situation der betroffenen Kinder und Jugendlichen sei abschließend konstatiert, dass die „Sozialisationsbedingungen im westlichen Kulturkreis (nach wie vor; Anm. S.J.) auf die individuelle und zwischenmenschliche Verarbeitung der Todesgewissheit nicht so vorbereiten, dass sich jene schmerzhafte Umstrukturierung der Lebenskonzepte erübrigen würde" (Schmeichel 1983, 226), die von Kübler-Ross (1971) in ihrem Phasenmodell der Trauerverarbeitung beschrieben wurde.

3.3.5 Die sinngebende Ebene

„Sozialisation ist ein Prozess, der für jeden Menschen (bewußt oder unbewußt) auf der allen Ebenen übergeordneten Metaebene mit der Sinnfrage der Existenz verknüpft ist, wie sie nur der Mensch stellen kann" (Bergeest 1999a, 236). Die Frage nach dem *Wohin* und *Warum* des Lebens wird gerade von kranken und körperlich eingeschränkten Menschen meist sehr viel früher gestellt als von ihren Mitmenschen. Häufig steht hinter dieser Reflexion metaphysischer Dimensionen der Wunsch, das vermeintliche Anders- oder Sosein im Abgleich mit der Situation der Mitmenschen zu verstehen, um so im günstigsten Fall zu einer sinnerfüllten Gestaltung des eigenen Selbst zu gelangen. Gerade in jüngeren Altergruppen ist davon auszugehen, dass die individuelle Ausgestaltung der Krankheitskonzepte und somit auch der Sinnfrage der Betroffenen „stark durch die unmittelbare soziale Umgebung geprägt ist" (Lohaus 1996, 10).

Auch auf dieser Ebene lassen sich Spezifika der Situation progredient erkrankter Kinder und Jugendlicher herausarbeiten, die wiederum vor allem im Kontext der Bedrohung des Lebens anzusiedeln sind. So ist davon auszugehen, dass sich progredient erkrankte Kinder und Jugendliche jeden Alters mit der Besonderheit ihrer Lebenssituation und den hiermit konnotierten Sinnfragen auseinandersetzen.

Betrachtet man die Entwicklung des altersspezifischen Todesverständnisses so kann zu Beginn der Grundschulzeit die Vorstellung des Verlustes der nächsten Angehörigen aufgrund eines ersten Verständnisses von der Endgültigkeit des Todes Traurigkeit und Verbitterung hervorrufen. Die Angst vor dem eigenen Tod äußert sich zum Beispiel in dem Wunsch, „nie älter zu werden und immer klein (jung) zu bleiben" (Daut 1980, 256). Diese Angst kann nach dem sechsten Lebensjahr zunehmen, wobei sich das Bewusstsein für den bevorstehenden Tod differenzierter entwickelt und das Kind bereit ist, sich zu diesen Vorstellungen zu äußern (vgl. Wittkowski 1990, 137). In der Auseinandersetzung mit der Frage nach dem Sinn des nahenden Todes scheinen sich progredient erkrankte Kinder im Prinzip nicht anders zu verhalten als Erwachsene: „Sie zeigen Zorn, Schuldgefühle und Verneinung. Man muß also stets mit der Möglichkeit rechnen, daß totbezogene Ängste, Wut und Schuldgefühle nicht nur offen geäußert werden, sondern sich in versteckter Form manifestieren" (Wittkowski 1990, 139). Während in der Altersphase zwischen dem zehnten und zwölften Lebensjahr häufig eine Stagnation in der Auseinandersetzung mit dem eigenen Sterben zu beobachten ist, da die konkreten Erfordernisse der Lebenswelt im Vordergrund stehen, setzt in der anschließenden frühen Adoleszenz häufig eine intensive Sinnsuche bezogen auf das eigene Leben ein. Die Frage nach der individuellen Sinnhaftigkeit scheint bei progredient erkrankten Jugendlichen durch die Beschäftigung mit der eigenen Endlichkeit und der Reflexion der eigenen Biographie in besonders intensiver Weise angeregt zu werden. Das spezifische Ziel der Sinnsuche besteht hier in der „Annahme des Lebens in seiner unaufhebbaren Begrenztheit" (Schmeichel 1978b, 35). Brocher zitiert einen 18-jährigen Jugendlichen mit folgender Aussage: „Weil ich weiß, daß ich sterben muß, muß ich mein Leben nutzen. Nach dem Sinn meines Lebens fragen (…)" (Brocher 1985, 54).

Die Identitätssuche geht mit dem Bemühen um Abgrenzung von den erwachsenen Bezugspersonen einher, da die dort gelebten Wertesysteme mit denen der Jugendlichen kollidieren. Insofern ist es problematisch, die thanatale Thematik mit der ihr eigenen Trennungsproblematik in der Familie zu bewältigen, „vor allem in einer Lebensphase, in der Jugendliche sich von den Eltern trennen wollen, nicht aber vom Leben selbst" (Neder-von der Goltz 2001, 129). Die emotionale Distanzierung kann im Zusammenhang mit den häufig schwierigen, meist nicht befriedigend zu beantwortenden Fragen nach dem Sinn des frühen Todes zu Depressionen, Ängsten und sozialem Rückzug führen. So können sich die betroffenen Jugendlichen um die Erfahrungen eines langen Lebens beraubt fühlen (vgl. Daut 1980, 258f.) und auch verdrängende Bewältigungsmechanismen oder gesteigerte Empfindlichkeit im Kontakt mit den Menschen ihres Umfeldes aufzeigen (vgl. Ramachers 1994, 101). Die mit dem Krankheitsverlauf zunehmende Fokussierung des Gegenwartsbezuges kann dazu führen, dass Äußerungen der Jugendlichen über Zukunftsvorstellungen „zunehmend zaghafter, unbestimmter (werden) oder sie bezeugen Umfang und Wirksamkeit irrealen Wunschdenkens" (Schmeichel 1978a, 84). Die Lebensbegrenzung löst nach Schmeichel eine „Zielkrise" aus, die sich „unter der progressiven Ausgrenzung von körperlichen Leistungen zur Identitätskrise" (ebd. 1978a, 88) verschärfen kann.
Es scheint evident, dass die Begrenzung der Lebenszeit die Basis für die Auseinandersetzung mit der sinnhaft-inhaltlichen Dimension des Lebens für junge Menschen mit begrenzter Lebenserwartung darstellt (vgl. Ramachers 1995, 61f.).

4. Familien mit behinderten und progredient erkrankten Kindern und Jugendlichen

---

4.1 Forschungsstand

Die Lebenssituation von Eltern behinderter Kinder in Deutschland, ihre alltäglichen Belastungen und ihre Prozesse der Krisen- und Trauerverarbeitung sind in den letzten Jahrzehnten vielfältig untersucht und beschrieben worden. Dabei kann zum einen – durch eine Vielzahl an Untersuchungen wie unter anderem von Fröhlich (1993) und Jonas (1990) – eine Fokussierung auf die Situation der Mütter behinderter Kinder festgestellt werden. Lange Zeit wurde der Situation der Väter nur wenig Beachtung geschenkt. Erst durch den Wandel der Vaterrolle in den 1970er-Jahren und dem parallelen Wandel der Mutterrolle erfolgten Untersuchungen zur Situation der Väter behinderter Kinder, wie beispielsweise von Kallenbach (1997), Hinze (1992) und Heinen/Husseini/Kribs (2006).
Darüber hinaus gibt es viele Untersuchungen zur Lebens- und Belastungssituation und dem Copingverhalten von Familien mit behinderten Kindern, unter anderem von Hinze (1999), Sarimski (1996) und Krause (1997, 2008). Im Mittelpunkt dieser Studien stehen die Belastungen des Alltags, Bewältigungsprozesse und somit die individuellen Aspekte der Krisenverarbeitungsprozesse der Eltern behinderter Kinder. Auch die Art der Behinderung des Kindes mit ihren potentiell spezifischen Auswirkungen auf das familiale System wurde in einigen Studien untersucht, sodass insgesamt von einer defizitären Sichtweise auf die Situation von Familien mit behinderten Kindern gesprochen werden kann (vgl. Cloerkes 2001, 234f.). „Etikettierungen wie ‚Sonderfamilie‘, ‚behinderte Fami-

lie', ‚gefährdete Familie' oder ‚hilflos-überforderte Eltern' sowie Zuschreibungen erzieherischer In-kompetenz und eines ‚pathologischen Auftretens' stehen für eine ausgesprochen einseitige fachliche Sicht, die zu einer schiefgewichtigen, nämlich defizitorientierten Praxis verleitet und dabei nicht selten in eine Sackgasse mündet" (Theunissen/Garlip 1999, 1). Diese Sichtweise wurde insbesondere von Jonas (1990) und Cloerkes (2001) kritisiert. In den von Weiss (1989), Theunissen/Garlip (1999) sowie Ziemen (2002b) durchgeführten Untersuchungen, in denen ein ressourcenorientierter Ansatz vertreten wurde, rückten die Kompetenzen und Möglichkeiten der Eltern ins Blickfeld. Diese Perspektive wird in der vorliegenden Studie zur Kinderhospizarbeit ebenfalls vertreten.

Studien über positive Auswirkungen und positive Wahrnehmungen der Geburt eines behinderten Kindes auf die Familie sind dennoch im deutschsprachigen Raum kaum vorhanden. Krause (1997) und auch Cloerkes (2001) argumentieren, dass die in deutschen Studien verbreitete Annahme einer Dysfunktionalität und besonderen Belastung von Familien mit behinderten Kindern nicht aufrecht erhalten werden kann, da nicht alle Familien die Behinderung als Belastung erleben, und viele Familien durchaus funktionstüchtig bleiben. Sie gehen davon aus, dass sich die Probleme von Familien mit behinderten und von Familien mit nicht behinderten Kindern keineswegs deutlich voneinander unterscheiden (vgl. Cloerkes 2001, 234). In Großbritannien, Irland und den USA wurden seit den 1990er-Jahren unter anderem Studien von Hastings et al. (2005), Greer et al. (2006) und Lightsey/Sweeney (2008) durchgeführt, die die positiven Auswirkungen eines behinderten Kindes auf die Familie und die positiven Wahrnehmungen der Behinderung durch die Eltern sowie die Gründe für diese untersuchten.

Anders stellt sich der Stand der Forschung für Familien mit progredient erkrankten Kindern dar. Schneewind (1983) kritisierte schon vor mehr als 25 Jahren, dass Familien mit lebensverkürzend erkrankten Kindern in der Forschung nicht repräsentiert sind. Jennessen (2010) merkt an: „Zur Situation von Familien mit lebensverkürzend erkrankten Kindern in der Bundesrepublik Deutschland liegen lediglich vereinzelte Erfahrungsberichte vor, ohne dass bislang differenzierte, empirisch erhobene Erkenntnisse verfügbar wären. Die aktuelle Grundlage für die wissenschaftliche Auseinandersetzung bilden somit die für die allgemeine Situation von Familien mit behinderten bzw. pflegebedürftigen Kindern vorliegenden Daten" (Jennessen 2010, 279). Daraus lässt sich folgern, dass eine empirisch abgesicherte Erkenntnis zur spezifischen Lebenssituation von Familien mit lebensverkürzend erkrankten Kindern damals wie heute fehlt. Um die Situation dieser Familien zu beschreiben, muss daher immer noch auf Literatur zurückgegriffen werden, die sich mit chronisch kranken oder behinderten Kindern beschäftigt. Außerdem können Erfahrungsberichte (z.B. Nowack 2007) und solche Veröffentlichungen herangezogen werden, die sich am Rande mit dem Thema befassen und z.B. den Umgang mit thanatalen Themen in Förderschulen untersuchen, in denen auch progredient erkrankte Kinder und Jugendliche unterrichtet werden (z.B. Leyendecker/Lammers 2001; Neder-von-der-Goltz 2001; Jennessen 2008). Die psychosoziale Situation der gesamten Familie, die über Jahre mit der progredienten Prognose eines oder mehrerer Kinder lebt, ist im deutschsprachigen Raum bisher nicht Bestandteil empirischer Forschung. Viele Autoren und Autorinnen betonen die Notwendigkeit der „Elternarbeit", dies bezieht sich aber darauf, wie in einem Kliniksetting die Compliance gesteigert werden kann oder wie Eltern über Diagnosen aufgeklärt werden sollten (vgl. Herbert 1999; Petermann 1998, 974). Einige Studien stellen die Situation progredient erkrankter Kinder und Jugendlicher in den Mittelpunkt (vgl. Daut 2005), außerdem ist Literatur über Geschwister von behinderten Menschen verfügbar (vgl. Winkelheide/Knees 2003; Grünzinger 2005; vgl. Kap. II 4.4). Aufgrund des signifikanten Theorie- und Empiriedesiderates wird zur Beschreibung der Situation der Familien mit progredient erkrankten Kindern in diesem Abschnitt auch auf Erfahrungsberichte zurückgegriffen.

4.2 Die Lebenssituation von Familien mit behinderten Kindern und Jugendlichen
Nach Schätzungen lebte 2002 in der BRD in knapp 3% aller Mehrpersonenhaushalte ein behindertes, minderjähriges Kind. Dabei ist herauszustellen, dass Kinder mit einer Beeinträchtigung in vielen Fällen bis ins hohe Erwachsenenalter hinein in ihrer Herkunftsfamilie leben. Somit tragen die Familien und in den meisten Fällen die Mütter eine lange Zeit die Hauptlast der Pflege und Begleitung des behinderten Kindes trotz des Ausbaus der therapeutischen, pädagogischen und sozialen

Hilfen (vgl. Thimm/Wachtel 2002, 11). „Die große Bandbreite familialer Lebensformen und -modelle ermöglicht es ebenso wenig allgemeingültige Aussagen über Familien mit zu treffen, in denen die Betroffen leben wie auch die jeweils individuellen Beziehungsgeflechte, Dynamiken, Kohäsionen und Dissonanzen, die Familien prägen. Die Feststellungen zu den Lebenswelten der hier in den Blick genommenen Familien sind somit immer relativ und auf den jeweiligen Einzelfall immer nur mehr oder weniger, zum Teil auch gar nicht zutreffend. Diese Feststellung muss auf Grund der häufig in Theorie und Praxis immer noch anzutreffenden Pauschalisierungstendenzen an dieser Stelle ausdrücklich betont werden" (Jennessen 2010, 279). Daher ist es zunächst bedeutsam den Begriff der Familie und deren Funktion zu analysieren.

Der Begriff der „Familie" ist unpräzise und meistens wird die Betonung auf die biologisch-anthropologischen Grundlagen der Familie, wie z.B. die Reproduktionsfunktion, gelegt. Dabei werden historisch und gesellschaftlich veränderbare Elemente der Familie häufig nicht beachtet (vgl. Cloerkes 2001, 235). Seit der Begriff der „Familie" im 16. Jahrhundert in die deutsche Sprache aufgenommen wurde, hat sich ein deutlicher Wandel des Familienbildes vollzogen. Im Laufe der Geschichte gab es bereits viele unterschiedliche Familienformen. So war eine Familie in der vorkapitalistischen Gesellschaft eine untrennbare räumliche und soziale Einheit von Produktion und Haushalt. Im Frühkapitalismus erfolgte dann die Abspaltung der Produktion, womit die Familie als privater Lebensraum entstand (vgl. Cloerkes 2001, 235). Ursprünglich war mit dem Begriff Familie das gesamte Verwandtschaftsnetz gemeint, während heute von der Klein- oder Kernfamilie gesprochen wird (vgl. Hensle/Vernooij 2002, 269). Das Verständnis von einer Klein- oder Kernfamilie hängt von den subjektiven Erlebnisweisen und Betrachtungen der Einzelnen ab, so wie auch die Formulierung der jeweiligen Definition des Begriffs der „Familie" immer von der Perspektive des Verfassers, seinem Kontext oder auch von politischen Zielsetzungen abhängt. Daraus kann gefolgert werden, dass es keine einheitlich anerkannte Definition von „Familie" gibt (vgl. Eckert 2002, 17). Der Wandel der Familienstrukturen stellt eine weitere Problematik in der Beschreibung des Familienbegriffs dar. So wird in Bezug auf die Familie heute häufig von einem Zerfall der Familie gesprochen. Dies wird damit begründet, dass die Familie keine stabile gesellschaftliche Institution mehr sei, da Anzeichen für eine beginnende Auflösung traditioneller Formen des familialen Zusammenlebens sowie die Veränderung der traditionellen Geschlechterrollen zu erkennen seien. Diese Anzeichen für einen Zerfall der Familie lassen sich jedoch entkräften, denn trotz der Pluralität der Familienformen hat das familiäre Zusammenleben einen großen Stellenwert, sodass lediglich von einem Wandel der Familienstrukturen gesprochen werden kann. Es besteht also die Notwendigkeit eines pluralen Verständnisses familiärer Strukturen, das eine weitgefasste Beschreibung des Familienbegriffs verlangt (vgl. Hensle/Vernooij 2002, 269f.; Eckert 2002, 17ff.).

Es stellt sich die Frage, was vor diesem Hintergrund die Geburt eines Kindes mit einer körperlichen, geistigen oder mehrfachen Behinderung für eine Familie bedeutet? Sind Familien mit einem behinderten Kind besonders belastet und wenn ja, wie äußert sich diese Belastung und welche Familienmitglieder sind insbesondere davon betroffen? Die Geburt eines behinderten Kindes stellt Eltern vor neue und besondere Herausforderungen. Vielfach wird im Hinblick auf Familien mit behinderten Kindern von einer „Besonderheit" gesprochen. Diese „Besonderheit" im Leben mit einem behinderten Kind soll keinesfalls negativ gedeutet werden, sondern als positives Verständnis der familiären Kompetenzen und Entwicklungschancen in einer veränderten Lebenssituation (vgl. Eckert 2002, 32f.). Die Behinderung des Kindes entspricht in vielen Fällen nicht den Wünschen und Erwartungen der Eltern und auch nicht den normativen gesellschaftlichen Erwartungen. Hinze (1999) spricht in diesem Zusammenhang von dem Status der „Sonderfamilie", da die Eltern eines behinderten Kindes aus der Norm fallen und somit die Gefahr der Stigmatisierung und Isolation gegeben ist (vgl. Hinze 1999, 13f.). Die Enttäuschung der Eltern ist umso größer, je höher die Erwartungen an das Kind waren. Dabei sind schichtspezifische Unterschiede der Familien festzustellen. So sind die Erwartungen an die Leistung und den Erfolg ihrer Kinder in mittleren Schichten höher als die in unteren Sozialschichten (vgl. Cloerkes 2001, 236f.).

Mit der Geburt des behinderten Kindes beginnt auch die Auseinandersetzung mit der Behinderung, die ein jahrelanger und andauernder Prozess sein kann. Die Behinderung des Kindes betrifft die gesamte Lebenssituation der Familie und kann nicht nur das seelische Gleichgewicht der Eltern erschüttern, sondern auch zu innerfamiliären Konflikten führen, die die Partnerschaft, die Beziehung zu den Geschwistern, sowie außerfamiliäre soziale Beziehungen belasten (vgl. Hinze 1999, 14f.). Thimm/Wachtel (2002) folgern, dass Familien mit behinderten Kindern gegenüber Familien mit nicht behinderten Kindern in vielfacher Hinsicht benachteiligt sind. Die Benachteiligung erfolgt zum einen in vielen Fällen auf ökonomischer Ebene durch die erschwerte Berufstätigkeit der Frau und zum anderen auf sozialer Ebene, bedingt durch die eingeschränkten sozialen Aktivitäten und Kontakte der Eltern bzw. der Familie, dadurch, dass sie durch die Begleitung und Pflege des behinderten Kindes zeitlich stark eingebunden sind (vgl. Thimm/Wachtel 2002, 11).

Die meisten Untersuchungen über Familien mit einem behinderten Kind kommen zu dem Ergebnis, dass diese Familien besonders krisenhaft belastet oder benachteiligt sind, da im Vergleich zu Familien mit nicht behinderten Kindern die Belastungssymptome der einzelnen Familienmitglieder höher sind. Elterliche Stressbelastung wurde bisher als Konsequenz der Behinderung und der damit verbundenen Faktoren gesehen. Krause (1997) weist darauf hin, dass in diesen Studien die Persönlichkeitsmerkmale der Elternteile und die Strategien zur Bewältigung von Krisen nicht beachtet wurden. Dabei hängt die Art und Weise, wie die Eltern die Behinderung des Kindes bewältigen und verarbeiten maßgeblich von diesen Faktoren ab (vgl. Krause 1997, 69ff.). Geer et al. (2006) folgern, dass die Coping- und Bewältigungsstrategien und die soziale Unterstützung wesentlich für die Art und Weise sind, wie die Behinderung von den Eltern wahrgenommen wird (vgl. Geer et al. 2006, 231ff.). Olsson (2004) führt an, dass verschiedene Risiko- und Schutzfaktoren sich zudem be- oder entlastend auf die Situation der Familie auswirken können (vgl. Olsson 2004, 12f.). Die Art der Behinderung (geistige oder körperliche Beeinträchtigung) spielt dabei eine eher untergeordnete Rolle (vgl. Hinze 1999, 15ff.; vgl. Kap. II 2).

4.2.1 Die Auswirkungen im familialen Feld

Die Geburt eines behinderten Kindes kann unterschiedliche Auswirkungen auf das familiale Feld haben. Die britische Studie von MENCAP (Royal Society for mentally handicapped Children and Adults) von 1997 ergab, dass fast alle der 1.000 befragten Eltern Veränderungen im Familiensystem oder hinsichtlich der Berufstätigkeit erlebten. 23% gaben an, der Partner habe seine Berufstätigkeit wegen der Geburt des behinderten Kindes aufgegeben (vgl. MENCAP 1997, 23). Eckert (2002) sieht die *„Veränderungen und Besonderheiten"* im Leben von Familien mit einem behinderten Kind in fünf verschiedenen Bereichen:

1. *Veränderungen im familiären Alltag:* Der familiäre Alltag umfasst unter anderem die Organisation des Tagesablaufs, Aktivitäten im Alltag und familiäre Aufgaben und Rollenverteilungen. Das Familienleben wird dabei von verschiedenen Variablen bestimmt wie z.B. der finanziellen Situation, Wertvorstellungen, Gefühlen und Stimmungen. Der familiäre Alltag einer Familie wird durch die Geburt eines behinderten Kindes radikal verändert. Die Familie muss ihre bisherige Lebensplanung überdenken und ihren Alltag an den Bedürfnissen des behinderten Kindes neu ausrichten. Zudem erfährt sie meist wenig Hilfe und Unterstützung und stößt in der Öffentlichkeit häufig auf Ablehnung. Familien mit einem behinderten Kind erleben somit ihren Familienalltag als belastend (vgl. Eckert 2002, 33ff.).

2. *Besonderheiten in der Beziehungsgestaltung und den Rollenerwartungen innerhalb der Familie:* Die Veränderungen im familialen Leben können Auswirkungen auf die Beziehungsgestaltung und die Rollenerwartungen der Familien mit einem behinderten Kind haben (vgl. Eckert 2002, 39). Die innerfamiliären Beziehungen sind durch ein mehr oder weniger gut aufeinander abgestimmtes Rollenverhalten auf der Basis von Rollenerwartungen geprägt. Nach der Geburt eines Kindes muss eine Neudefinition dieser Rollen erfolgen. Diese wird durch die Geburt eines behinderten Kindes im Besonderen erschwert, denn das Kind erfüllt die gestellte Rollenerwartung nicht. Je höher die an das Kind gestellten Erwartungen waren, desto schwieriger wird es, ein Rollengleichgewicht herzustellen (vgl. Hensle/Vernooij 2002, 272f.; Jonas 1990, 40).

3. *Spannungsfeld Familie und Gesellschaft:* Die Familie erfährt häufig ablehnende und somit belastende Reaktionen aus der Umwelt auf die Behinderung des Kindes (vgl. Cloerkes 1997,

79; Eckert 2002, 48f.). Zudem verändert sich die Gestaltung des sozialen Netzwerkes der Familie (vgl. Eckert 2002, 49ff.). Aufgrund von negativen Reaktionen auf die Behinderung des Kindes besteht die Gefahr, dass die Familienmitglieder sich auf innerfamiliäre Kontakte zurückziehen und es somit zu verminderten außerfamiliären Beziehungen kommt (vgl. Clocrkes 1997, 263f.; Kallenbach 1997, 72). Aufgrund dessen erfolgt auch eine kritische Überprüfung des eigenen Netzwerkes in Bezug auf die Reaktionen auf das behinderte Kind. Die Netzwerke der Familie, bestehend aus Verwandtschaft, Freundes- und Kollegenkreis, werden häufig reduziert und neu strukturiert (vgl. Eckert 2002, 50; Hensle/Vernooij 2002, 273). In vielen Fällen kommt es auch zu einer Suche und Kontaktaufnahme mit anderen betroffenen Familien. Auch Selbsthilfegruppen können eine besondere Bedeutung bekommen (vgl. Kallenbach 1997, 70; Eckert 2002, 52).

4. *Bewältigungsprozess und familiäre Ressourcen* (vgl. Kap. II 2).
5. *Veränderung und Neuentwicklung der Bedürfnisse:* Die Veränderungen und Besonderheiten im familiären Leben gehen mit Veränderungen und der Neuentwicklung der Bedürfnisse der einzelnen Familienmitglieder einher. So kann das Bedürfnis eines Elternteils nach Entlastung von der Betreuung des Kindes oder das Bedürfnis nach Beratung und Information durch professionelle Helfer als ein typisches Bedürfnis von Eltern mit einem behinderten Kind beschrieben werden (vgl. Eckert 2002, 68ff.).

Während in der Beschreibung der fünf *„Veränderungen und Besonderheiten"* im Leben einer Familie in Anlehnung an Eckert (2002) die negativen Veränderungen und Besonderheiten im Vordergrund stehen, wird in einer Studie aus Großbritannien von Hastings/Beck/Hill (2005) der Fokus auf die positiven Auswirkungen der Geburt eines behinderten Kindes auf die Familienmitglieder und dabei insbesondere auf Mütter und Väter gelegt. Die von den Eltern erwähnten Bereicherungen waren unter anderem:

- Ein größeres soziales Netzwerk
- Persönliche Bereicherung und Weiterentwicklung
- Das Kind als Quelle für Freude und Erfüllung
- Das Kind als Quelle der Stärke und engeren Familienbindung etc.

Dabei wurde deutlich, dass die Mütter behinderter Kinder das Kind intensiver als eine Bereicherungen erleben und positivere Auswirkungen sehen als die Väter (vgl. Hastings/Beck/Hill 2005, 160ff.).

Die Diagnose

Die zentrale Ausgangsbedingung für Familien mit einem behinderten Kind ist laut Ziemen (2002a, 5) die Diagnose der Behinderung. Die Diagnosestellung der Behinderung wird von den meisten Eltern als stark belastend erlebt (vgl. Hinze 1999, 117). Es wird deshalb in der Literatur häufig von einem *„Diagnoseschock"* gesprochen (vgl. Thimm 2002, 12). Die Diagnose kann einerseits als Auslöser für negative und belastende Emotionen betrachtet werden und andererseits bringt sie nach einer Zeit der Ungewissheit aber auch Gewissheit und Erleichterung (vgl. Ziemen 2002b, 5). Die Diagnose stellt aber in den meisten Fällen einen traumatischen Einschnitt im Erleben der Mütter und Väter dar. Die Behinderung des Kindes bedeutet für viele Eltern den Beginn eines Trauerprozesses (vgl. Jonas 1990, 33). Die Diagnosen werden in den meisten Fällen von Ärzten und Ärztinnen gestellt. Die Art und Weise der Diagnosemitteilung bezeichnet Ziemen als „Regelverletzung", da die Diagnose häufig „verkürzt", „unsensibel", „zwischen Tür und Angel", „ohne jegliche Beratung", und „abweisend" erfolgt oder es sogar zu falschen Diagnosen kommt (vgl. Ziemen 2002b, 170ff.; Hinze 1999, 122). Eine Untersuchung der britischen MENCAP von 1997 mit dem bezeichnendem Titel: „Left in the Dark" zeigt deutlich die Unzufriedenheit der Eltern mit der Diagnosemitteilung. Nur 23% der 1.000 befragten Eltern waren zufrieden mit dem Fachwissen der Professionellen und nur 15% beschrieben die Professionellen in Hinblick auf die Behinderung des Kindes als ermutigend (vgl. MENCAP 1997, 23).

Die Diagnosestellung verändert die soziale und psychische Situation der Eltern gravierend. Viele Eltern empfinden nach der Diagnosestellung einen Sinnverlust im Vergleich zu ihrem bisherigen Lebens (vgl. Ziemen 2002b, 186ff.). Dabei ist jedoch anzumerken, dass Eltern von behinderten Kindern alle unterschiedlich mit der Diagnosestellung und der Behinderung des Kindes umgehen. Diese Unterschiede sind nicht nur von der Person und ihrer subjektiven Wahrnehmung der Behinderung abhängig, sie haben auch eine geschlechtsspezifische Komponente. Aus der Literatur geht hervor, dass Väter und Mütter die Behinderung des Kindes unterschiedlich bewältigen (vgl. Hinze 1999, 17f.). Cloerkes (2001) vermutet, dass der Zeitpunkt der Diagnose entscheidend für die Einstellung der Eltern zu ihrem Kind ist. Wenn die Eltern unmittelbar nach der Geburt von der Behinderung erfahren, kann sich dies negativ auf die Mutter-Kind-Beziehung auswirken, weil die Situation fortan unter dem Blickwinkel der Behinderung gesehen und beurteilt wird. Wird die Behinderung später erkannt, so sind die Eltern zunächst noch unvoreingenommen und nehmen einen intensiven Kontakt zu ihrem Kind auf. Die späte Diagnose kann aber auch ungünstige Folgen haben, da die Eltern länger unrealistische Vorstellungen von ihrem Kind und seinen Fähigkeiten haben (vgl. Cloerkes 2001, 237).

Die Reaktionen der Eltern auf die Diagnosestellung der Behinderung ihres Kindes sind gekennzeichnet durch das Schockerleben, das Auftreten von Schuldgefühlen und die Entwicklung von Abwehrmechanismen (vgl. Cloerkes 2001, 239). Dabei kommen nach Cloerkes (2001) im Wesentlichen vier Abwehrmechanismen zum Tragen:

-   *Verleugnung* der Behinderung: so zu tun, als existiere die Behinderung nicht.
-   *Projektion* der Schuld auf Personen oder Umstände: die Projektion erfolgt, um Selbstvorwürfe abzuwehren.
-   *Intellektualisierung* bzw. Rationalisierung der Behinderung: die Behinderung wird wissenschaftlich genau untersucht.
-   *Sublimierung*: zeigt sich durch ein verstärktes und übersteigertes Maß an sozialem Engagement für behinderte Menschen in Vereinen oder Verbänden (vgl. Cloerkes 2001, 239).

Die vier Reaktionsformen können jahrelang erhalten bleiben. Sie dienen dazu, das gestörte innere Gleichgewicht wieder herzustellen, ohne dass zwangsläufig eine grundlegende Verarbeitung erfolgt (vgl. Hensle/Vernooij 2002, 270ff.). Eine zunehmend belastende Perspektive für Eltern behinderter Kinder ergibt sich auch aus den Möglichkeiten der modernen Medizin und pränatalen Diagnostik. Ein behindertes Kind zu haben, gilt schon heute in den Augen der Allgemeinheit und vermutlich auch bald der Versicherungswirtschaft als vermeidbares Risiko (vgl. Cloerkes 2001, 237f.).

4.2.1.1 Die Situation der behinderten Kinder und Jugendlichen

Die familiäre Rolle des behinderten Kindes ist einerseits in hohem Maße von der elterlichen Fähigkeit bestimmt, sich an die neue Situation anzupassen. Andererseits wird aber auch die elterliche Rollenanpassung durch die Rolle des Kindes bestimmt (vgl. Cloerkes 2001, 245). Das behinderte Kind kann in einer Familie je nach Familienstruktur und Anpassungsvermögen der Eltern unterschiedliche Rollen einnehmen. Nach systemischer Sichtweise gibt es für behinderte oder nicht behinderte Kinder problematische Rollenzuschreibungen, die erstmalig von Richter (1963) beschrieben wurden (vgl. Hensle/Vernooij 2002, 281). Das Kind kann in Anlehnung an Jonas (1990, 60f.; vgl. Cloerkes 2001, 245) zu einem

-   gemeinsamen *Sorgenkind* der Familie werden: Das Kind wird von allen Familienmitgliedern umsorgt, geschützt und verwöhnt. Alle Familienaktivitäten werden an den Bedürfnissen des Kindes ausgerichtet. Für das Kind selbst werden dadurch die Sozialentwicklung und die Integration in die Gesellschaft erheblich erschwert.
-   *Partnersubstitut* werden: Diesem liegt eine übermäßige emotionale Bindung zu einem Elternteil, meistens der Mutter, zugrunde. Das Elternteil bildet mit dem Kind ein Subsystem innerhalb des Familiensystems, von dem andere Familienmitglieder ausgeschlossen sind.

Als Folge dessen fühlen sich die anderen Familienmitglieder, insbesondere der Partner, vernachlässigt und ausgeschlossen.
- *Sündenbock* werden: Die Eltern begegnen dem Kind durch schuldzuweisende Ablehnung. Das Kind wird in der Familie sozial isoliert und vernachlässigt.

Ebenfalls ist festzustellen, dass das behinderte Kind häufig in eine „Dauer-Kind-Rolle" gerät, die es lebenslang Kind sein lässt und einen eigenen Entwicklungs- und Ablösungsprozess erschwert oder verhindert (vgl. Cloerkes 2001, 245).
Neben den problematischen Rollen können für die Entwicklung des behinderten Kindes auch Probleme durch die Erziehungsstile der Eltern entstehen. Zu diesen zählen:
- die *Überbehütung*: Das Kind wird über die Maßen behütet und geschützt, sodass seine selbstbestimmte, eigenaktive Entwicklung beeinträchtigt wird. Es besteht die Gefahr von Abhängigkeit und Unselbstständigkeit, unangepasstem Sozialverhalten, einer schwach ausgeprägten Persönlichkeit und einer niedrigen Frustrationstoleranz.
- die *Überforderung*: Die Eltern setzen das Kind Überforderungssituationen aus, da es gesellschaftliche Leistungsstandards erreichen soll (z.B. soll es lesen lernen). Dies kann auf beiden Seiten zu Frustration, Aggression und Resignation führen.
- die *Vernachlässigung:* Aufgrund der Ablehnung des Kindes erfolgt eine Vernachlässigung, die zu Entwicklungsstörungen führen kann.

Zusammenfassend ist festzustellen, dass ungünstige sozioökonomische und soziokulturelle Rahmenbedingungen die Entwicklung der behinderten Kinder in erheblichem Maße negativ beeinflussen können. Es besteht daher ein großer Bedarf an Beratungs- und Hilfsangeboten für Familien mit behinderten Kindern (vgl. Hensle/Vernooij 2002, 284; Cloerkes 2001, 247ff.).

4.2.1.2 Die Situation der Mütter

Die psychosoziale Situation der Mutter verändert sich durch die Geburt eines behinderten Kindes oder durch die daran anschließende Diagnosestellung einer Schädigung gravierend. Laut einer Untersuchung von Thimm/Wachtel (2002) über Familien mit behinderten Kindern, übernahmen 88% der Mütter die Hauptverantwortung und somit die alleinige Betreuung des behinderten Kindes (vgl. Thimm/Wachtel 2002, 100). Dies führt zu einer Verfestigung der geschlechtsspezifischen traditionellen Rollenverteilung, da sich das väterliche Engagement in diesen Fällen auf die beruflichen und außerhäuslichen Angelegenheiten konzentriert und die Mutter für die innerfamiliären Prozesse zuständig ist. In einigen Fällen nehmen die Mütter wieder ihre Berufstätigkeit auf, was zum einen eine Doppelbelastung bedeuten kann, zum anderen aber nicht zwangsläufig zu einem verstärkten Belastungserleben führt, da die Berufstätigkeit auch eine wichtige Ressource im Bewältigungsprozess sein kann (vgl. Seifert 2003, 45; Cloerkes 2001, 243).
Mutterschaft ist nicht nur biologisch begründet, sondern in vielfältiger Weise sozial bedingt. In unserer Gesellschaft werden viele Erwartungen an Mütter gestellt. So werden der Mutter-Kind-Beziehung und der „Mutterliebe" eine große Bedeutung beigemessen. Die Mütter werden häufig für die Entwicklung ihrer Kinder verantwortlich gemacht. Umgekehrt sind vielen Frauen ihre Kinder so wichtig, dass ihr Selbstverständnis und ihre Identität in hohem Maße von ihrer Beziehung zu den Kindern abhängen. Demzufolge erleben Mütter die Geburt eines behinderten Kindes häufig als einen umfassenden Verlust bzw. eine traumatische Erfahrung (vgl. Jonas 1990, 41/46/57). Jonas (1990) bezeichnet die Erfahrungen von Müttern nach der Geburt eines behinderten Kindes aus feministisch-psychoanalytischer Perspektive mit einem dreifachen Verlusterleben. Das Verlusterleben ist kind-, identitäts-, und sozialzentriert. Das kindzentrierte Verlusterleben bedeutet, dass die Frau den Verlust des erwünschten „idealen Kindes" erfährt. Das „identitätszentrierte Verlusterleben" bezieht sich auf den durch die Geburt des Kindes erfahrenen Verlust der eigenen Berufstätigkeit und der sozialen Kontakte. Die Mütter stellen häufig eigene Bedürfnisse hinter denen des Kindes zurück. „Bedürfnisse nach autonomer Lebensplanung, nach der eigenen Identität als Frau (also unabhängig vom Kind), nach sozialer Integration stehen als schuldhaft empfunden gegen die äußeren und inneren Anforderungen. Zu genießen und sich selbst zu verwöhnen erhalten eine geradezu

‚unanständige' Qualität" (Jonas 1990, 115). Zudem erfolgt ein Statuswechsel von „Mutter eines Kindes" hin zu „Mutter eines behinderten Kindes". Weiterhin wird das hohe Maß an Fremdbestimmung durch Fachleute als belastend erlebt. Das „sozialzentrierte Verlusterleben" bezieht sich auf den Verlust der autonomen Entwicklung. Dieser Verlust kann zum einen den Verlust der sozialen Kontakte und zum anderen die verstärkte häusliche Isolation bedeuten (vgl. Jonas 1990, 68ff.).

Aufgrund der Verlusterfahrungen kann die emotionale Befindlichkeit der Mutter von ambivalenten Gefühlen dem Kind gegenüber beherrscht werden. In die vorhandenen Gefühle der Zuneigung und Hoffnung mischen sich auch Gefühle der Enttäuschung, Wut und Ablehnung. Das Erleben der ambivalenten Gefühle dem Kind gegenüber wird dabei als schuldhaft erlebt und kann den auf der Mutter lastenden Druck verstärken (vgl. Fröhlich 1993, 256). Die Vorstellung einer „lebenslangen Kindheit" ihres behinderten Kindes konfrontiert die Mutter mit der Zukunftsaussicht einer „lebenslangen Mutterschaft". Dies kann Angst und Panik auslösen (vgl. Jonas 1990, 74). Jonas führt an, dass aus Müttern behinderter Kinder „behinderte Mütter" werden können, wenn die Mütter die alleinige Verantwortung für das Kind übernehmen und weniger Chancen für eine autonome Entwicklung haben (vgl. Jonas 1990, 151).

Besonders benachteiligt sind alleinerziehende Mütter mit behinderten Kindern. Ihre finanzielle Situation ist häufig dramatisch und das Belastungserleben ist durch die oftmals geleistete Berufstätigkeit und die gleichzeitige alleinige Betreuung des Kindes sehr hoch (vgl. Seifert 2003, 46). Die optimale Förderung des Kindes, um dem Ideal der „guten Mutter" zu entsprechen, kann nunmehr zum Lebensinhalt der Mutter werden. Damit verbunden ist die Konzentration auf den häuslichen Bereich und somit der Verlust von Sozialkontakten und selbstbestimmter Alltagsgestaltung (vgl. Seifert 2003, 44). Mütter von schwerstbehinderten Kindern sind besonders belastet, denn „Mütter schwerstbehinderter Kinder fühlen sich signifikant häufiger mit der Förderung ihres Kindes überfordert, berichten öfter über Schwierigkeiten, die Behinderung ihres Kindes anzunehmen, und erleben sich häufiger als persönlich überlastet" (Sarimski 1996, 323). Diese besondere Belastung resultiert daraus, dass die Versorgung des Kindes in vielen Fällen von ihnen allein getragen wird. Der Tages- und Nachtablauf wird durch die pflegerischen und medizinischen Bedürfnisse des Kindes bestimmt. Sie haben wenig Erholung und Entlastung und stehen häufig unter einem enormen Stress. Diese Mütter stellen meist ihre eigenen Bedürfnisse hinter denen des Kindes zurück, was in extremen Fällen zur Selbstaufgabe und zu Depressionen führen kann (vgl. Praschak 2003, 35). Studien aus den USA und Schweden zeigen, dass Mütter behinderter Kinder abhängig von der Art der Behinderung mehr Stress und Belastung erleben als Väter und die Tendenz zur Entwicklung von Ängsten und Depressionen größer ist (vgl. Pelchat et al. 2003, 232; Olsson/Hwang 2001, 539ff.). Deutlich wird, dass in den meisten Untersuchungen zur Situation von Müttern behinderter Kinder die Annahme überwiegt, dass Mütter behinderter Kinder besonders belastet sind. Ausreichende Unterstützungsressourcen im inner- oder außerfamiliären Feld sind häufig nicht existent, würden aber zur Entlastung der Mütter beitragen (vgl. Hensle/Vernooij 2002, 275).

Neuere Studien aus Großbritannien (Hastings et al. 2005), Irland (Greer et al. 2006) und den USA (Lightsey/Sweeney 2008) fokussieren die positiven Auswirkungen eines behinderten Kindes auf ihre Mütter und deren positive Wahrnehmung der Geburt. Das behinderte Kind wird von Müttern unter anderem als Quellen von Freude, Erfüllung und Stärke und einer engeren Familienbindung, persönlichen Weiterentwicklung und Reife angesehen und trägt zu einem größeren sozialen Netzwerk bei (vgl. Hastings et al. 2005, 160). Geer et al. (2006) sowie Lighthsey/Sweeeney (2008) konnten in ihren Studien erfassen, dass die positive Wahrnehmung der Behinderung des Kindes von verschiedenen Faktoren wie z.B. den Coping- und Bewältigungsstrategien, der sozialen Unterstützung und Netzwerken, kulturellen und geistigen Einstellungen sowie Selbsthilfegruppen beeinflusst werden. Mütter von behinderten Kindern, die weniger belastet sind und weniger Stress empfinden, sehen verstärkt einen Lebenssinn und persönliche Erfüllung. Sie lassen folgern, dass ein großer Bedarf am Ausbau des professionellen Hilfssystems besteht, um die Eltern bei der Auseinandersetzung und Bewältigung mit der Behinderung zu unterstützen (vgl. Geer 2006, 231ff.; Lighthsey/Sweeeney 2008, 212ff.).

4.2.1.3 Die Situation der Väter

Von einer eigenen Vaterforschung innerhalb der Familienforschung kann erst ab den 1970er-Jahren gesprochen werden. Zuvor stand die Mutter-Kind-Interaktion im Fokus des Interesses (vgl. Kallenbach 1997, 22ff.). In der Sonderpädagogik besteht weiterhin ein Forschungsdefizit in Bezug auf die Rolle der Väter von behinderten Kindern, da sich die bisher veröffentlichten Untersuchungen auf die Mütter der behinderten Kinder konzentrieren (vgl. Kallenbach 1997, 11ff.; 24f.; Hensle/Vernooij 2002, 276). Seifert (1997) folgert in Hinblick auf die Rolle des Vaters eines behinderten Kindes: „Sie rangieren eher unter ‚Randfiguren‘, deren psychosoziale Situation weniger interessiert. Sie geraten bisweilen sogar in die Rolle des Buhmanns, der die Mutter bei der Bewältigung des Alltags kaum unterstützt und sich aus der Verantwortung stiehlt, bis hin zur Trennung von der Familie (…)" (Seifert 1997, 241).

Die Reaktionen der Väter auf die Geburt eines behinderten Kindes, die auch sie als ein Schockerlebnis erleben, sind gekennzeichnet durch Gefühle von massiver Enttäuschung hinsichtlich der Ausübung der Vaterrolle, Gefühle von „nicht-gebraucht-werden", dadurch, dass die Mütter die Hauptbezugspersonen sind und damit verbunden Gefühle von Vernachlässigung und Eifersucht gegenüber der engen Beziehung zwischen Mutter und Kind (vgl. Hensle/Vernooij 2002, 276). Bei der Diagnosestellung reagieren die Väter häufig rationaler und weniger emotional als die Mütter (vgl. Kallenbach 1997, 26; Hinze 1999, 117).

In der von Kallenbach (1997) durchgeführten Studie über Väter schwerstbehinderter Kinder wurden nur Väter befragt, die in einer traditionellen Kernfamilie mit geschlechtsspezifischer Rollenverteilung leben. Dabei wurde deutlich, dass die Geburt des behinderten Kindes diese Rollenverteilung verfestigt. Das bedeutet, dass die Mutter als Hauptpflege- und Bezugsperson des behinderten Kindes zu Hause bleibt. Sie gestaltet neben der Pflege und Betreuung des Kindes auch die anfallenden Außenkontakte mit Fachleuten und Institutionen und die Freizeit der Familie. Der Vater geht meist als Alleinverdiener einer Erwerbstätigkeit nach. Auch eine Studie aus den USA von Pelchat et al. (2003) über die Unterschiede von Vätern und Müttern von Kindern mit einem Down-Syndrom zeigt, dass sich die Rollenverteilung in den meisten Familien traditionell gestaltet (vgl. Kallenbach 1997, 35; Pelchat et al. 2003, 237f.). Väter beteiligen sich dennoch an Pflegeaktivitäten und der Betreuung des Kindes und verbringen im Freizeitbereich Zeit mit dem Kind. Dies lässt auf eine enge, emotionale Beziehung zum Kind schließen, obwohl die Quantität der Interaktion keine Aussagen über die Qualität zulässt (vgl. Kallenbach 1997, 49ff.). Die Auseinandersetzung von Vätern mit der Behinderung ihres Kindes ist in mehrfacher Hinsicht erschwert. Bei den folgenden Ausführungen handelt es sich um Tendenzen bzw. Optionen, die nicht verallgemeinerbar sind:

- *Die männliche Geschlechtsrolle ist häufig durch Sachlichkeit und Selbstkontrolle gekennzeichnet:* Viele Väter verarbeiten die Behinderung überwiegend rational. Durch die emotionale Kontrolle wird eine Bewältigung erschwert bzw. verhindert (vgl. Hinze 1992, 136ff.). Dies ist mit gesellschaftlichen Rollenzuschreibungen und Wertvorstellungen zu erklären, denn die mit der männlichen Rolle verknüpften Erwartungen an Sachlichkeit und Selbstkontrolle führen vielfach zu einer Verdrängung von Gefühlen und lassen Väter einer Auseinandersetzung mit der Behinderung aus dem Weg gehen (vgl. Hinze 1999, 96ff.; Kallenbach 1997, 31; Pelchat et al. 2003, 237ff.).
- *Die Erwerbsarbeit erschwert in vielen Fällen die Auseinandersetzung mit der Behinderung*: Da die Väter in vielen Fällen die Alleinverdienerrolle übernehmen, kann durch die Erwerbstätigkeit und die damit verbundene außer Haus verbrachte Zeit eine Distanz zum Kind entstehen. Diese erschwert die Auseinandersetzung mit der Behinderung und führt in einigen Fällen auch zu einer Entfremdung von der Partnerin, da Väter sich zudem durch die enge, symbiotische Mutter-Kind-Beziehung häufig an den Rand gedrängt und vernachlässigt fühlen (vgl. Hinze 1999, 96ff. und 1992, 136ff.; Kallenbach 1997, 31). „(…) durch die Erwerbsarbeit, durch ihre mangelnde Beteiligung am Kontakt mit den Fachleuten sowie durch das erzieherische Gewohnheitsrecht der Mütter. In gewisser Hinsicht hatten sie dadurch eine inner- wie außerfamiliäre Randposition inne, waren daran gehindert, ein angemessenes

Kompetenzgefühl zu entwickeln und hatten es schwer, mit den Problemen umzugehen, zumal sie nicht entsprechend ihrem Wissen auch handeln konnten" (Hinze 1999, 109). Die Berufstätigkeit kann für Väter eines behinderten Kindes einen großen Stellenwert haben, denn in vielen Familien sichert diese die materielle Existenz der Familie. Zudem erfahren Väter im Beruf häufig Selbstbestätigung und haben Erfolgserlebnisse. Die durch die Berufstätigkeit vorhandene Distanz zum häuslichen Umfeld bedeutet nicht unbedingt, dass die Väter auch eine emotionale Distanz empfinden (vgl. Kallenbach 1997, 63f.).

- *Väter neigen dazu, Konfliktsituationen zu vermeiden:* Väter behinderter Kinder können dazu neigen, trotz der starken seelischen Belastung Problemgesprächen mit ihrer Partnerin aus dem Weg zu gehen und ihre Gefühle zurückzuhalten (vgl. Hinze 1992, 136ff.).
- *Väter haben Angst vor sozialer Diskriminierung:* Die öffentliche Konfrontation und Demonstration der Zugehörigkeit kann von großer sozialer Bedeutung für Väter sein. Das Selbstwertgefühl hängt bei vielen Männern unter anderem von der öffentlichen bzw. beruflichen Anerkennung ab. Die „Veröffentlichung" der Behinderung ihres Kindes ist daher für einige Väter bedrohlich und wird als belastend empfunden und der gemeinsame öffentliche Auftritt mit dem behinderten Kind fällt vielen Vätern schwer. Zudem kann die Behinderung als Gefährdung des Selbstbildes erlebt werden, da die „Mängel" des Kindes als eigene Mängel projiziert werden, die subjektiv die gesellschaftliche Anerkennung bedrohen (vgl. Hinze 1992, 136ff.; Pelchat et al. 2003, 241).

Die dargestellten potentiellen väterlichen Verhaltens- und Erlebensweisen stellen die Ergebnisse der angegebenen Studien dar. Dennoch sei erneut darauf verwiesen, dass diese für den Einzelfall – die einzelne Familie oder den einzelnen Vater – nur bedingt oder auch gar nicht zutreffen mögen. Zudem wird an dieser Stelle der Bedarf weitergehender Forschung zu genderspezifischen Umgangsweisen mit der Behinderung eines Kindes deutlich, da zu erwarten ist, dass die zunehmende Übernahme elterlicher Pflichten durch Väter und die stärkere Berufstätigkeit von Frauen nicht ohne Auswirkungen auf familiäre Dynamiken im Kontext eines behinderten Kindes sind. Diese Tendenzen, die zum Teil durch die Splittung des Elterngeldes auch sozialrechtlich forciert werden, gilt es nun auch empirisch zu erfassen, um daraus evtl. modifizierte Begleitungsangebote für Mütter und Väter ableiten zu können.

Es ergeben sich neben den Schwierigkeiten jedoch auch Chancen für Väter behinderter Kinder. Diese sind unter anderem:

- *Väter können ihr Selbstverständnis bzgl. der Vaterrolle erweitern und verändern:* Durch die Behinderung seines Kindes können Väter ihre bisherigen Wertvorstellungen in Frage stellen. Sie können lernen, Leistungs- und Erfolgsansprüche zu reduzieren, dem Mitmenschlichen mehr Raum zu geben und dem eigenen Gefühlsleben mehr Beachtung zu schenken. Die Behinderung des Kindes kann für Väter zu einer Chance werden, die eigene Vaterrolle zu modifizieren und ein neues innerfamiliäres Zusammenleben zu erreichen (vgl. Hinze 1999, 96ff. und 1992, 140; Kallenbach 1997, 31). Väter können durch die Behinderung des Kindes mit ihrer Elternrolle bewusster und stärker umgehen. Durch die besonderen Anforderungen, die das behinderte Kind an seine Eltern stellt, haben sie zudem die Chance, ihre erzieherischen Ressourcen und Kompetenzen in besonderem Maße zu mobilisieren und ihre elterliche Position zu stärken (vgl. Hinze 1992, 140).
- *Die Behinderung des Kindes kann sinngebend sein.*
- *Väter können neue Kontakte knüpfen und öffentlich aktiv werden:* Väter erhalten die Möglichkeit, mit anderen betroffenen Vätern in Gruppen Kontakte zu schließen. Durch ihre Außenorientierung und ihr Bedürfnis nach öffentlicher Anerkennung haben sie die Chance, in Elterninitiativen und Behindertenorganisationen aktiv zu werden und sich für die Belange von Familien behinderter Kinder auf der sozialpolitischen Ebene einzusetzen (vgl. Hinze 1992, 140).

Abschließend lässt sich folgern, dass das väterliche Verhalten immer abhängig von der Persönlichkeit des Vaters ist und durch die verschiedenen Interaktionspartner wie die Familie, den Beruf, den Freundeskreis und die Gesellschaft bedingt wird (vgl. Kallenbach 1997, 70). Der Hauptunterschied zwischen Vätern und Müttern von behinderten Kindern liegt, so Pelchat et al. (2003), zum einen in der Wahrnehmung und Einschätzung der durch die Behinderung entstandenen Situation und zum anderen in dem Umgang mit bzw. der Verarbeitung der Behinderung (vgl. Pelchat et al. 2003, 243).

4.2.1.4 Die Paar- und Elternbeziehung

Über die Auswirkungen auf Ehe und Partnerschaft in Familien mit einem behinderten Kind liegen keine empirisch gesicherten Ergebnisse vor. Unabhängig von der Behinderung eines Kindes sind in unserer Gesellschaft hohe Scheidungsraten und stark belastete Paarbeziehungen zu beobachten (vgl. Hensle/Vernooij 2002, 279). Untersuchungen zeigen, dass, entgegen der häufig vertretenen Annahme, kein Trend zu einer erhöhten Scheidungsrate bei Eltern mit einem behinderten Kind zu verzeichnen ist (vgl. Krause 1997, 79). Eine Partnerschaft kann durch die Geburt eines behinderten Kindes gefestigt oder auch gefährdet werden (vgl. Seifert 2003, 48). Krause (1997) kommt zu der Erkenntnis, dass aber kein linearer Zusammenhang zwischen Behinderung des Kindes und Destabilisierung der Ehe gegeben ist. Der Kreis der Bedingungsfaktoren muss weiter gezogen werden und nicht nur Alter und Geschlecht des Kindes sowie Merkmale der Schichtzugehörigkeit oder der elterlichen Integration der Diagnose, sondern auch individuelle Copingstile der Ehepartner, soziale Beziehungen und Netzwerke sozialer Unterstützung oder weitere ökologische Variablen umfassen (vgl. Krause 1997, 79f.). Aktuelle Studien aus den USA zeigten, dass Eltern von Kindern mit einem Down-Syndrom niedrigere Scheidungsraten haben als Eltern von nicht behinderten Kindern und dass Familien mit chronisch erkrankten Kinder ebenso gut funktionieren wie Familien mit gesunden Kindern (vgl. Lightsey/Sweeney 2008, 212).

Dennoch kann man davon ausgehen, dass die Partnerbeziehung der Eltern durch die Behinderung des Kindes vor eine besondere Herausforderung gestellt wird. Die besonderen Veränderungen betreffen den familiären Alltag und somit auch die Paarbeziehung. Absprachen hinsichtlich der Rollenaufteilung müssen neu getroffen werden und die Bereitschaft zu Kooperation und zu Kompromissen sollte vorhanden sein (vgl. Eckert 2002, 43f.). Eine mögliche Reaktion auf die zunehmende Belastung kann die Trennung der Partner sein (vgl. Kallenbach 1997, 28). Eckert (2002) sieht die Trennung eines Paares mit einem behinderten Kind „als eine Auswirkung fehlenden Möglichkeiten der Angleichung der Rollenwertungen in der Paarbeziehung" (Eckert 2002, 43). Diese treten durch das Leben mit dem behinderten Kind stärker zutage. Nach Seifert (1997) zerbrechen demnach nur Ehen von Paaren mit einem behinderten Kind, die schon vor der Geburt des Kindes instabil waren (vgl. Seifert 1997, 241). Zu Partnerschaftskonflikten kann es aber auch durch die wenig vorhandene gemeinsame Zeit für Unternehmungen kommen. Ein weiterer Konfliktherd kann die Unfähigkeit der Partner über ihre eigene Befindlichkeit zu sprechen sein, wodurch gelingende Kommunikation in der Paarbeziehung sukzessive erschwert wird (vgl. Seifert 2003, 48).

Abschließend ist zu folgern, dass behinderte Kinder einerseits eine stabilisierende Kraft für die Partnerschaft haben können, es andererseits aber auch dazu führen kann, die Partnerschaft zu destabilisieren (vgl. Hensle/Vernooij 2002, 279; Jonas 1990, 66).

4.2.2 Hilfesysteme und Unterstützung

Die Frage nach Hilfe- und Unterstützungsystemen stellt die Familien mit einem behinderten Kind und auch Fachleute vor ein undurchschaubares Labyrinth von untereinander nicht koordinierten Hilfsangeboten, Institutionen und Behörden (vgl. Thimm/Wachtel 2002, 45). Angebote und Hilfen für Familien mit behinderten Kindern sind in folgendem Schaubild in Anlehnung an Thimm/Wachtel (2002) angeführt:

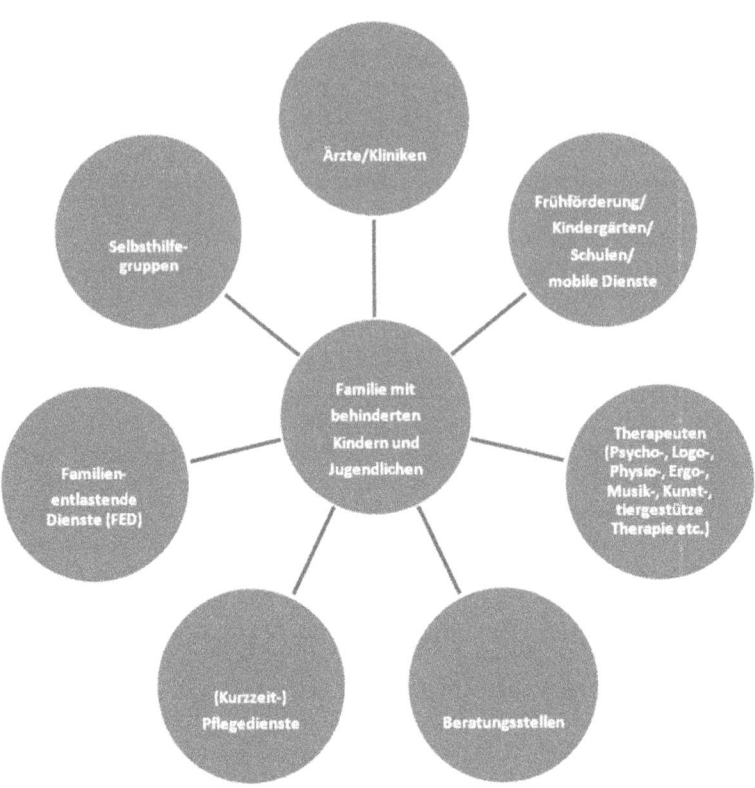

Abb. 5: Kooperationspartner von Familien mit behinderten Kindern

Es kann unterschieden werden in *familienorientierte Hilfen*, zu denen Familienentlastende Dienste (FED), Frühförderstellen, Beratungsstellen und die Kurzzeitbegleitung zählen und in *stationäre Unterstützungssysteme,* denen unter anderem Kindergärten, Schulen, Heime und Kurzzeitpflegeeinrichtungen zuzuordnen sind.

Familienorientierte Unterstützungssysteme

Die familienorientierten Unterstützungssysteme, auch Offene Hilfen genannt, können als Gegenstück zu den stationären und teilstationären Einrichtungen gesehen werden. Zu den Offenen Hilfen gehören Eltern- und Familienberatung, Frühförderung, Kurzzeitbetreuung, Assistenz- und Integrationshilfen. Das wichtigste Element der Offenen Hilfen sind die Familienentlastenden Dienste (FED), die seit 1984 zunächst ein Hilfsangebot der Bundesvereinigung der Lebenshilfe für geistig Behinderte e.V. für Familien mit behinderten Kindern waren. Die Familien sollen durch die Angebote entlastet und den Angehörigen sollen Freiräume zur Erholung geschaffen werden. Dabei ist anzumerken, dass es keine flächendeckende Unterstützung an FED in Deutschland gibt (vgl. Wagner-Stolp 1997, 3; Jennessen 2008, 233; Cloerkes 2001, 251). Im Rahmen einer Pilotstudie von Thimm (1999) wurde untersucht, welche familienorientierten Unterstützungssysteme es in der Bundesrepublik Deutschland gibt, ob sie den Familien bekannt sind und wie sie von ihnen genutzt werden. Dabei ergab sich folgendes Bild: Die den Eltern am besten bekannten Angebote und Hilfen in ihrer Region sind Angebote außerhalb der Behindertenhilfe wie z.B. Ärzte und Therapeuten. Die Eltern nutzen als Angebot innerhalb der Behindertenhilfe in den meisten Fällen die Sonderschule bzw. den Sonderkindergarten. Familienentlastende Dienste (FED) und Kurzzeitbegleitung werden nur von 25–40% der befragten Familien genutzt, obwohl ein großer Bedarf an zusätzlichen Betreuungsmöglichkeiten besteht. Dies ist mit finanziellen Hemmschwellen zu erklären. Nur 50% der Befragten können kurzfristige Hilfen in Anspruch nehmen, an denen aber ein großer Bedarf besteht (vgl.

Thimm/Wachtel 2002, 100ff.). Gegenwärtig existieren keinerlei einheitliche Regelungen für die Finanzierung der FED, sondern es kann von einem kaum durchschaubaren Geflecht von Zuständigkeiten gesprochen werden. Die Leistungen müssen nach Pflege (Pflegekasse) und Betreuung (Sozialhilfeträger oder §69 des BSHG) getrennt abgerechnet werden (vgl. Cloerkes 2001, 251). Ähnlich stellt sich die Situation der Familien mit behinderten Kindern in Großbritannien dar, wo nur 23% der befragten Familien in der MENCAP Studie von 1997 angaben familienentlastende Dienste zu nutzen, wohingegen 40% angaben finanzielle Hilfen zu nutzen (MENCAP 1997, 23).

Heimbetreuung – stationäre Unterstützungssysteme

Die Kurzzeitbetreuung wird zu den stationären Hilfen gezählt, da die Betreuung in Kurzzeiteinrichtungen nicht wie in teilstationären und ambulanten Hilfen nur für einen Teil des Tages übernommen wird. „Kurzzeitbetreuung umfasst die vorübergehende Betreuung von Kindern und Jugendlichen mit Behinderungen, die ansonsten in ihren Familien leben. Die Dauer der Betreuung kann von wenigen Tagen bis zu einigen Wochen, in Ausnahmefällen wenigen Monaten reichen. Die Betreuung findet außerhalb des Elternhauses statt" (Günther 2002, 147). Kurzzeitbetreuung darf dabei nicht gleichgesetzt werden mit Kurzzeitpflege. Bei der Kurzzeitbetreuung steht die Entlastung und Unterstützung der Familien im Vordergrund. Sie bietet aber auch den behinderten Kindern und Jugendlichen Lernchancen und fördert den Ablöseprozess vom Elternhaus. Ein großer Bedarf an Kurzzeitbetreuung besteht während der Ferienzeiten und Wochenenden (vgl. Günther 2002, 147ff.).

Eine Untersuchung aus Nord-Irland von Mcconkey/Truesdale/Conliffe (2004) zeigt, dass sowohl die Eltern, als auch das behinderte Kind von einer Kurzzeitbetreuung profitieren. Den Eltern dient sie in erster Linie der Entlastung von der Pflege des Kindes, zudem bietet sie die Möglichkeit Zeit alleine oder mit den anderen Familienmitgliedern zu verbringen. Die behinderten Kinder erfahren durch den Aufenthalt eine andere Umgebung und neue Menschen und lernen selbstständig zu werden und sich abzulösen (vgl. Mcconkey/Truesdale/Conliffe 2004, 65ff.).

Trotz des Ausbaus von teilstationären und ambulanten Unterstützungsangeboten für Familien mit einem behinderten Kind lebt ein Teil der behinderten Kinder und Jugendlichen in Deutschland in Heimen. Schätzungen von Fachleuten haben ergeben, dass 10–25%, aller Kinder und Jugendlichen mit einer Behinderung in einem Heim leben, das entspricht etwa 13.500 Kindern und Jugendlichen (vgl. Thimm/Wachtel 2002, 103). Die Altersbegrenzung liegt dabei beim 25. Lebensjahr. Die Bedingungen, die zur Heimaufnahme eines behinderten Kindes führen, sind bisher nur unzureichend erforscht. Thimm/Wachtel (2002) bezeichnen die Gruppe der behinderten Kinder und Jugendlichen in Heimen deshalb als eine „vergessene Minderheit" (Thimm/Wachtel 2002, 203). Die Pilotstudie von Thimm (1999) ergab, dass in Bezug auf die Größe der Heime und ihre regionale Verteilung eine große Heterogenität besteht (vgl. Thimm/Wachtel 2002, 104f.). Diese ist auch in Bezug auf die Behinderungsarten der Bewohner und ihr Alter festzustellen. So leben sowohl schwerstmehrfach beeinträchtigte Kinder und Jugendliche in Heimen als auch Kinder mit einer Lern- oder Sprachstörung. Das Alter der Kinder und Jugendlichen variiert von null bis 17 Jahren. Der größte Teil der Bewohner sind schulpflichtige Kinder und Jugendliche (vgl. Thimm/Wachtel 2002, 112ff.).

Es wurden im Rahmen der Pilotstudie auch die Eltern der in Heimen lebenden behinderten Kinder und Jugendlichen in Bezug auf die Beweggründe einer Heimaufnahme, den Familienstand und die Lebenssituation der Familie sowie den Behinderungsgrad und das Alter des Kindes befragt. Dabei wurde festgestellt, dass die Mehrzahl der in Heimen lebenden Kinder schwerbehindert ist. Sie wurden meist im Alter von sieben bis 15 Jahren im Heim aufgenommen. Ein Viertel der Mütter waren alleinerziehend. Als Gründe für die Heimaufnahme ist in 50% der Fälle die Familie selbst zu sehen. Dabei wurde die Überbelastung der Hauptpflegeperson, die in den meisten Fällen die Mutter des Kindes ist, durch die intensive und zeitaufwändige Pflege des Kindes als Hauptgrund angegeben. Es fehlten den Familien in vielen Fällen zudem Informationen über mögliche Hilfen und Unterstützungssysteme (vgl. Thimm/Wachtel 2002, 153ff.). Eine Studie aus Schweden von Benderix et al. (2006) über die Heimunterbringung von Kindern mit Autismus zeigt als weitere Gründe auffälliges, unkontrollierbares Verhalten der Kinder, Erschöpfungszustände, Schlafstörungen und Depressionen der Eltern, wenige Sozialkontakte der Familie sowie die Vernachlässigung der Geschwister (vgl. Benderix et al. 2006, 633ff.). Die Gründe dafür, dass Familien ihr behindertes Kind in ein Heim geben, sind auch abhängig vom Alter, dem Gesundheitszustand, der Belastungsfähigkeit der Eltern sowie der Familienkonstellation (vgl. Cloerkes 2001, 251).

Die Stationen der Eltern auf dem Weg zu einer Heimunterbringung des behinderten Kindes ähneln sich laut den von Heimlich/Rother (1995) beschriebenen Erfahrungsberichten von betroffenen Eltern sehr. So befinden sich die Eltern zu Beginn der Überlegung einer Heimunterbringung häufig in einer Phase der Erschöpfung, die mit der Suche nach einem Ausweg aus der belastenden Situation verbunden ist. Danach kommt es zu Aufenthalten des Kindes auf Probe in einem Heim oder einer Kurzzeitpflegeeinrichtung. Es folgt die Entscheidung der Eltern für die Heimunterbringung, und das Heim wird zu einem zweiten Zuhause für das Kind. Abschließend erfolgt mit der Heimunterbringung des behinderten Kindes für alle Familienmitglieder ein Neubeginn (vgl. Heimlich/Rother 1995, 16f./112ff.). Dieser Prozess ist für die Eltern eines behinderten Kindes ein schwieriger und emotional belastender Weg, der durch Schmerzen, Zweifel, Schuldgefühle, Unsicherheit, Ängste, Trauer und Wut, aber auch Erleichterung gekennzeichnet ist. Die schmerzlichen Folgen dieses Prozesses können noch Jahre andauern (vgl. Heimlich/Rother 1995, 112ff.; vgl. Benderix et al. 2006, 638f.).

Selbsthilfegruppen

Selbsthilfe in ihren verschiedenen Formen ist als Reaktion der Betroffenen auf Defizite in dem traditionellen (staatlichen) Versorgungssystem entstanden. Selbsthilfe richtet sich demnach gegen eine unzureichende staatliche Sozialpolitik. Die wichtigsten Aufgaben der Selbsthilfe sind Selbst- und Sozialveränderung (vgl. Cloerkes 2001, 53f.). In Selbsthilfegruppen sind folgende Merkmale bedeutsam: „Mitgliedschaft Gleichbetroffener, gleichberechtigter Austausch, Reziprozität, Freiwilligkeit, keine Gewinnorientierung, keine oder geringe Mitwirkung professioneller Helfer" (Beck 2001, 345). Zu den Selbsthilfegruppen für behinderte Menschen sind die so genannten Angehörigengruppen zuzuordnen. In diesen geht es um die Problembewältigung und Informationsvermittlung für betroffene Eltern und Angehörige (vgl. Cloerkes 2001, 54). In der Bundesrepublik Deutschland arbeiten ca. 55.000 Selbsthilfegruppen mit unterschiedlichster Thematik davon ca. 44.000 im gesundheitsbezogenen Bereich. Mittlerweile wird ihre Anzahl sogar auf bis zu 70.000 geschätzt. Ihre Arbeits- und Organisationsformen sind vielgestaltig. Sie organisieren sich sowohl regional als auch auf überregionaler Ebene in Form von Selbsthilfe-Organisationen bzw. -verbänden (vgl. Cloerkes 2001, 55).

4.2.3 Kooperation mit Eltern behinderter Kinder

Die Kooperation von Eltern und Fachleuten ist im Regelfall in einen institutionellen Rahmen, wie z.B. die Frühförderung oder eine Beratungsstelle eingebettet. Die Gestaltung des Kontaktes der Eltern und Fachleute wird durch die Trägerschaft der Einrichtung, die Professionen und Qualifikationen der Mitarbeitenden, den Grad der Mitbestimmungsmöglichkeiten der Eltern und der Konzeption bestimmt. Zudem können übergreifende Faktoren wie z.B. gesellschaftliche und historische Entwicklungen auf dem Gebiet der Sonderpädagogik einen Einfluss auf das Verhältnis von Eltern und Fachleuten haben (vgl. Eckert 2002, 85). Die Formen der Kooperation von Fachleuten mit den Eltern behinderter Kinder können sehr unterschiedlich sein. Sie umfassen unter anderem Informationsabende, Elterngespräche, Hausbesuche, Elternwochenenden sowie Familienfreizeiten. Dabei unterscheidet Eckert (2002) in *familienbezogene Angebote*, die z.B. Gespräche zwischen Eltern und Fachleuten und Hausbesuche beinhalten und *gruppenbezogene Angebote* wie z.B. Eltern- bzw. Informationsabende und Elterngruppen (vgl. Eckert 2002, 87ff.).

Die Konzepte der Elternarbeit in der Sonderpädagogik haben sich im Laufe der Zeit gewandelt. Es erfolgte der Wandel von einem „Laienmodell" über ein „Ko-Therapie-Modell" hin zu dem „Kooperationsmodell" (vgl. Speck 1989, 13ff.; Cloerkes 2001, 255).

Laienmodell

Das *Laienmodell* fokussierte sich auf die Behinderungen des Kindes und ihrer Behandlung durch Fachleute, die als „primäre Fachautorität" zu sehen waren. Ihnen gegenüber stehen die Eltern als „Nicht-Fachkräfte" bzw. Laien, die den Fachleuten hierarchisch untergeordnet sind. Die Eltern haben kein Mitspracherecht bei der Förderplanung und Förderung ihres Kindes. Sie sind lediglich Informationserbringer und -empfänger. Das Laienmodell wurde bis in die 1970er-Jahre hinein praktiziert und spielt heute eine eher untergeordnete Rolle, wenngleich es auch heute noch in Elternberichten über Beratungssituationen zur Sprache kommt (vgl. Speck 1989, 14; Eckert 2002, 82).

Ko-Therapie-Modell
In den 1970er- und frühen 1980er-Jahren kam es zu einem Wandel im Verhältnis von Eltern und Fachleuten und zu dem so genannten *Ko-Therapie-Modell* in der Zusammenarbeit. Die Elternseite wurde in diesem Modell verstärkt in die Förderung des Kindes mit eingebunden, dadurch dass sie als Ko-Therapeuten, durch die Fachleute fachlich angeleitet, aktiv an der Förderung des Kindes beteiligt wurden (vgl. Speck 1989,14f.). Es entstand dadurch aber die Gefahr der „Pädagogisierung" und „Therapeutisierung" der Elternrolle, die die Eltern in einen Rollenkonflikt brachte (vgl. Weiss 1989, 75ff.). Zudem waren die Eltern als „verlängerter Arm der Therapeuten" ebenso den Fachleuten hierarchisch untergeordnet wie auch im „Laienmodell" (vgl. Speck 1989, 14). Es erfolgte in den 1980er-Jahren die Hinwendung zum Kooperationsmodell und Empowermentkonzept in der Zusammenarbeit mit den Eltern, das das Laienmodell und Ko-Therapie-Modell ablöste (vgl. Eckert 2002, 84).

Empowermentkonzept
Familien mit einem behinderten Kind wurden lange Zeit mit den Begriffen der „Sonderfamilie" oder „behinderten Familie" etikettiert und somit aus einer defizitorientierten Sichtweise betrachtet (vgl. Theunissen/Garlip 1999). Dieser sehr einseitigen Sichtweise wurde in den 1990er-Jahren in der Sonderpädagogik der Empowermentansatz gegenübergestellt. Empowerment kann wörtlich mit „Selbstbemächtigung" oder „Selbstbefähigung" übersetzt werden (vgl. Theunissen 2007, 23). Der Begriff stammt aus der amerikanischen Bürgerrechts- und Selbsthilfebewegung der frühen 1970er-Jahre. Der Begriff steht dafür, dass Menschen in gesellschaftlich marginaler Position ihre Angelegenheiten selbst in die Hand nehmen und sich dabei ihrer eigenen Fähigkeiten bewusst werden, eigene Kräfte entwickeln und soziale Ressourcen nutzen (vgl. Theunissen 2007, 27f.). Dem „Empowerment-Ansatz" liegt die Stärkenperspektive zugrunde, die die Orientierung an den individuellen Ressourcen und Stärken von Betroffenen beinhaltet und die Annahme der „Hilfe zur Selbsthilfe", die durch die Mobilisierung individueller Ressourcen möglich wird (vgl. Theunissen 2007, 34f.). Die Betroffenen werden zu Experten in eigener Sache. Eltern behinderter Kinder werden von Fachleuten als Experten für ihr Kind wahrgenommen. Es wird in der Zusammenarbeit an ihren Stärken, Potentialen und Kräften angesetzt, was einer ressourcenorientierten Sichtweise entspricht. Die folgenden Kompetenzbereiche werden von Theunissen (2007) im Leben mit einem behinderten Kind als wesentlich erachtet:

- *Bewältigungskompetenz:* Bezieht sich auf die psychische Problemlösung und bedeutet, aus eigener Initiative Hilfe anzunehmen und eigene Probleme bewältigen zu können. Dabei spielen die so genannten Resilienzfaktoren eine bedeutsame Rolle (vgl. Kap. I 1.2 und II 2).
- *Alltagskompetenz:* Anpassung an eine neue Lebenssituation und die alltägliche Bewältigung von Lebensaufgaben sowie die Familienorganisation.
- *Kognitive und fachliche Kompetenz:* Aneignung von Fachkenntnissen über die spezifische Behinderung und deren Symptome. Dabei kommt es zu einer kognitiven Auseinandersetzung mit der Behinderung.
- *Soziale Kompetenz:* Der Austausch mit professionellen Helfern und die Kontaktaufnahme und -aufrechterhaltung mit Freunden, Bekannten und anderen Betroffenen.
- *Appraisal-Kompetenz:* Die positive Selbsteinschätzung der betroffenen Person hinsichtlich ihrer Fähigkeiten und Kompetenzen.
- *Pädagogische Kompetenz:* Verlässliche und kindzentrierte Erziehung des Kindes und die Förderung der kindlichen Entwicklung (vgl. Theunissen 2007).

Kooperationsmodell

In den 1980er-Jahren kam es zu einer Neuorientierung im Verhältnis von Eltern und Fachleuten im Sinne einer „offenen und partnerschaftlichen Zusammenarbeit" zwischen Eltern und Fachleuten (Speck 1989, 19). Im Mittelpunkt stand dabei das *Kooperationsmodell*. In diesem erfolgten die Abkehr von der hierarchischen Sichtweise und die Hinwendung zur Partnerschaftlichkeit in der Zusammenarbeit, verbunden mit gegenseitiger Achtung und Respekt sowie Gleichberechtigung der Partner (vgl. Speck 1989, 16). Um diese partnerschaftliche Kooperation zu ermöglichen, ist ein regelmäßiger Erfahrungsaustausch im Gespräch notwendig (vgl. Eckert 2002, 102).

Kompetenzansatz

Eltern behinderter Kinder werden in der Literatur, aber auch von Fachleuten, vorrangig als hilfebedürftig, inkompetent und mit vielen Schwächen und Problemen wahrgenommen (vgl. Weiss 1989, 37). Ziemen (2002b) plädiert dafür, die unterschiedlichen Reflexionsebenen der in ihrer Untersuchung interviewten Eltern mit einem behinderten Kind zu beachten. Die Reflexionen von eigenen Wünschen, Hoffnungen, Emotionen und emotional stark besetzten Ereignissen, wie z.B. die Schwangerschaft oder die Geburt, sowie die Selbstreflexion der Eltern sind als emotionale Kompetenzen anzuerkennen (vgl. Ziemen 2002b, 214ff.). Die Reflexion im Sinne der Beschreibung oder Darstellung von Handlungen und Situationen ist als kognitive Kompetenz der betroffenen Eltern zu beachten. Dabei wird in diagnostische und pädagogische Kompetenzen differenziert. Diagnostische Kompetenzen sind z.B. die Beobachtungen von Verhaltensänderungen des Kindes. Als pädagogische Kompetenzen gelten Erprobungen verschiedener Begegnungsmöglichkeiten zwischen Kind und Eltern, die Orientierung des Kindes im Tagesablauf oder die Anregungen zum Spiel (vgl. Ziemen 2002b, 236ff.). Das Reflektieren über das Wahrnehmen der Unterstützungsangebote und das Anbieten von Unterstützung an andere wird als spezifische soziale Kompetenz anerkannt. Dies betrifft Angebote der Unterstützung, die die Eltern durch die eigene Familie, Nachbarn, Freunde, Professionelle oder andere Betroffene erhalten können (vgl. Ziemen 2002b, 257ff.). Aus den von Ziemen (2002b) dargestellten elterlichen Kompetenzen ergeben sich folgende normative Konsequenzen für die professionelle pädagogische Arbeit: Fachleuten sollen ihren Blick auf die Kompetenzen der Eltern richten und nicht auf deren Defizite. Pädagogische Arbeit muss stets an der sozialen Situation jeder einzelnen Familie mit einem behinderten Kind anknüpfen und Eltern als Experten für ihr Kind angesehen werden (vgl. Ziemen 2002b, 236ff.).

4.2.4 Fazit

Die Geburt eines behinderten Kindes verändert die Lebenssituationen in den Familien und hat somit Auswirkungen auf die einzelnen Familienmitglieder und ihr alltägliches Leben. Diese Auswirkungen können zum einen negativer Art sein und insbesondere bei der Hauptpflegeperson des behinderten Kindes, in den meisten Fällen der Mutter, zu starken Belastungen führen und/oder die Partnerschaft der Eltern auf eine Probe stellen. Zum anderen kann die Geburt eines behinderten Kindes aber auch eine Chance für Veränderungen implizieren und den Familien neue Kraft und Stärke geben sowie die Partnerschaft der Eltern festigen. Grundlegend gilt, dass keine allgemein und für alle Familiensysteme gültige Aussage in Bezug auf die Belastungssituation von Familien mit behinderten Kindern getroffen werden kann.

Es ist festzuhalten, dass plakative Zuschreibungen wie: "Behindertes Kind – behinderte Familie" in Anlehnung an Cloerkes (2001) nicht zutreffend sind. Die Betrachtung von Familien mit behinderten Kindern muss relativiert werden, da es trotz der Schwierigkeiten, die ein behindertes Kind auslösen kann, keine Anhaltspunkte dafür gibt, dass Familien mit nicht behinderten Kindern nicht auch ähnliche Schwierigkeiten haben können. Dennoch sind Familien mit behinderten Kindern in besonderem Maße von der Gefahr der Ausgrenzung durch Etikettierung und Stigmatisierung betroffen (vgl. Cloerkes 2001, 256f.).

4.3 Familien mit progredient erkrankten Kindern und Jugendlichen

„Als wir vor 18 Jahren erfuhren, dass unsere beiden Kinder – Roland und Sandra – lebensverkürzend erkrankt waren, stellte sich unser ganzes bisheriges Leben auf den Kopf. Nach außen hin hatte

sich erst einmal nichts verändert, aber in mir drin war nichts mehr wie es vorher war. Ich musste aushalten, dass meine Gefühle mit mir Achterbahn fuhren" (Stuttkewitz 2009, 10).

Die im vorhergehenden Abschnitt beschriebene Situation von Familien, in denen behinderte Kinder/Jugendliche leben, verschärft sich, wenn das Kind von einer progredienten Erkrankung betroffen ist.

Es ist festzustellen, dass die Versorgung des Kindes oder eventuell der betroffenen Kinder die Eltern und die anderen Familienmitglieder in hohem Maße beansprucht. Je nach Erkrankung sind unterschiedliche Versorgungsstrukturen zur Gewährleistung dieses Pflege- und Betreuungsanspruches notwendig. Das Wissen um und die Erwartung des frühzeitigen Todes beeinflussen das Leben aller Familienmitglieder. Dies bedeutet eine hohe Anforderung, die die Aktivierung der dafür zur Verfügung stehenden und zusätzlicher Ressourcen erfordert. Der größte Teil der Organisation und Betreuung wird in den meisten Familien von den Müttern geleistet, auch wenn die Väter in jüngster Zeit mehr familiäre Aufgaben übernehmen (vgl. Kap. II 4.2.1.2 und 4.2.1.3). Die gesamte Familie steht vor der Herausforderung die Situation in ihr Familienleben zu integrieren, wobei in der Regel sämtliche Lebensbereiche tangiert werden. Veränderungen der Alltagsroutinen, Schuld- und Angstgefühle, Trauer und Sinnfragen beschäftigen alle Familienmitglieder. Die Familie als System muss hohe Adaptionsleistungen vollbringen, um gesund weiterbestehen zu können. Positiv ist, dass die Integration dieser Anforderungen viele Familien zu einem Leben mit einem progredient erkrankten Familienmitglied führt, in dem die gesamte Bandbreite innerfamiliärer Dynamiken, Emotionen und Prozesse der Auseinandersetzung Raum finden kann. Da im Rahmen der hier vorgestellten Studie eine eigene qualitative Untersuchung zur Situation von Geschwistern progredient erkrankter Kinder durchgeführt wurde, wird deren Lage in Kapitel II 4.4 unter Einbezug empirischer Daten gesondert expliziert.

4.3.1 Die Lebenssituation von Familien mit progredient erkrankten Kindern

Einige Aspekte, die die Lebenssituation der Familien kennzeichnen, werden in den folgenden Abschnitten erläutert.

Diagnose und Diagnoseschock

Die Diagnose einer lebensverkürzenden Erkrankung ist ein Meilenstein im Leben der betroffenen Familien. Ihr geht ein oft sehr langer Weg voraus, auf dem nach einem ersten Verdacht auf eine Erkrankung viele Untersuchungen, Tests, Gespräche mit Experten sowie Krankenhausaufenthalte folgen. Diese Zeit gleicht oft einem Schwebezustand, in dem sich die Familienmitglieder zwischen der Hoffnung, dass sich die Verdachtsmomente auflösen könnten und der Angst vor einer endgültigen Diagnose bewegen (vgl. Sieler 2003).

Das Bekanntwerden der Diagnose wird von den Familien fast durchgängig als Schockerlebnis bezeichnet, häufig als der schwerste Tag in ihrem Leben. Die Zeit unmittelbar danach ist einerseits gekennzeichnet von dem Versuch, die erlebte Erschütterung auszuhalten, der Verzweiflung standzuhalten und den Alltag und die Versorgung der Familie zu bewältigen (vgl. Stuttkewitz 2005; Sieler 2003, 20). Andererseits wird auch von Erleichterung durch die Gewissheit berichtet (vgl. Ziemen 2002a, 5).

Das Beschaffen von Informationen und die Organisation des Alltags gehören oft zu den ersten Schritten der Auseinandersetzung (vgl. Kap. II 2, Bewältigung). Henkel/Stahl (2008, 429) führen aus, dass das Ermitteln von möglichen Handlungsoptionen und das Abwägen der verschiedenen Möglichkeiten einen positiven Effekt auf Befinden und Bewältigungsmöglichkeiten der Eltern haben. „Informationen über Diagnosen, Prognosen und weitere mit der Situation verknüpfte Aspekte entsprechend den Bedürfnissen der Familie ermöglichen eine erleichterte Adaption an die Realität der Lebenssituation" (Gravelle 1997, zitiert nach Henkel/Stahl 2008, 435).

Die Aneignung von Wissen darüber, wie Kinder Krisen bewältigen, ist für die Eltern ebenso hilfreich. Auch wenn die gängigen Phasenmodelle nie das wirkliche Leben abbilden können, so geben sie doch wertvolle Hinweise darauf, wie besondere Belastungen erlebt und durchlebt werden (vgl. Leyendecker/Lammers 2001, 207; vgl. Kap. II 2, Bewältigung).

Die Lebensqualität der Familie erhöht sich, wenn die Eltern in der Lage sind, Unterstützung von außen anzunehmen (vgl. Henkel/Stahl 2008, 429). Neben der Entlastung von Lebensorganisation, Pflege und Haushaltführung profitieren die Familien auch von Angeboten psychosozialer Unterstützung.

Veränderung aller Lebensentwürfe und Lebensplanungen sowie der Lebensorganisation
Die Erkrankung wird als radikaler Einschnitt in das Leben empfunden. Mit dem Wissen um die verkürzte Lebenserwartung verändern sich alle auf die Zukunft gerichteten Planungen und Entwürfe. Alles, was bisher als „normal" angesehen wurde, ist erschüttert, Perspektiven und Maßstäbe verändern sich. Ähnlich wie bei der Diagnose einer Behinderung werden bei einer Lebensverkürzung das Selbstwertgefühl der Eltern und das Selbstverständnis der Geschwister in Frage gestellt. Auch das betroffene Kind selbst muss die Information bewältigen. Der Entwicklungsstand des Kindes stellt hier das maßgebliche Kriterium für die Art und Weise der Information dar. Dass lebensverkürzend erkrankte Kinder in entwicklungsangemessener Form über ihren Gesundheitszustand und ihre Prognose informiert sein müssen, ist mittlerweile unstrittig (vgl. z.B. Niethammer 2008, Kübler-Ross 2008).

Konsequenzen für alle Familienmitglieder/Veränderung der Rollen der Familienmitglieder
Von einer progredienten Erkrankung eines Kindes ist immer die gesamte Familie betroffen. Die Alltagsroutinen verändern sich, z.T. sind umfassende strukturelle Veränderungen wie Umbau der Wohnung, Anschaffung eines Autos zur Rollstuhlbeförderung u.ä. notwendig, um das oder die erkrankte/n Kind/er angemessen versorgen bzw. weiter am gesellschaftlichen Leben partizipieren zu können. Wegen der z.T. zeitaufwändigen Pflege in einem fortgeschrittenen Stadium des Krankheitsverlaufes gibt meist die Mutter die vorher ausgeübte Berufstätigkeit auf. So wird der andere Elternteil zum Alleinversorger der Familie. Mit häufigen und mehr oder weniger langen Krankenhausaufenthalten gehen Trennungen einher, die für alle Beteiligten belastend sind. Das gemeinsame Familienleben wird zeitlich eingeschränkt, verstärkt noch durch die eventuelle Anwesenheit von Pflege- und Hilfspersonal in der häuslichen Umgebung (vgl. Petermann 1990, 26).
Von den Geschwistern wird vielfach Rücksichtnahme und Verständnis erwartet. Neben der Angst um das Leben des Bruders oder der Schwester müssen sie ertragen, dass die Eltern sich in hohem Maße mit dem erkrankten Kind/den erkrankten Kindern beschäftigen. So müssen sie meist auf einen Teil der ihnen zuvor gewidmeten Aufmerksamkeit verzichten.
Eltern und Kinder stehen vor der Herausforderung, sich mit dem zu erwartenden Sterben des Kindes auseinanderzusetzen. Die gedankliche Verbindung von Kindern und Tod scheint für Erwachsene äußerst unangenehm und unangemessen zu sein. So stehen Kinder für Wachstum und Zukunft und somit für das Leben selbst, wohingegen der Tod das Ende des Lebens markiert (vgl. Jennessen 2008, 187). Bei den erkrankten Kindern geht es gleichzeitig um Rückentwicklung, Verlust von Fähigkeiten, zunehmende Abhängigkeit und das Angewiesensein auf die Eltern, auf Hilfsmittel und Hilfspersonen. Hierbei geht es auch um Abschiede von Kompetenzen und Fertigkeiten, um die damit einhergehende Trauer und letztendlich auch den Tod.
Diese gegenläufigen Entwicklungen müssen miteinander vereinbart werden. Der Alltag will und muss gelebt werden. Gesunde und kranke Kinder benötigen individuelle Aufmerksamkeit, Zuwendung und entwicklungsförderliche Lebensbedingungen. Diese Tatsache beinhaltet für alle Familienmitglieder hohe Anforderungen. Sie brauchen Organisations- und Logistikgeschick, Gesprächskompetenz, Reflexionsfähigkeiten, Abgrenzungs- und Kommunikationsfähigkeit sowie Empathie, um die Bedürfnisse der je anderen Familienmitglieder verstehen und berücksichtigen zu können.
Die Themen Sterben, Tod und Trauer sind in Familien, in denen progredient erkrankte Kinder und Jugendliche leben, immer in irgendeiner Form präsent (vgl. Daut 2005, 168ff.). Sei es, dass darüber offen kommuniziert wird oder durch die Ausblendung thanataler Themen.
Auch die Beziehungen zwischen Eltern und Kindern sind von der lebensverkürzenden Erkrankung geprägt. Kinder erleben bei den Eltern häufig Gefühle wie Hilflosigkeit und Trauer. Vielfach herrscht Sprachlosigkeit und Angst vor der Kommunikation vor, aber auch ein hoher Grad an En-

gagement, der sich beispielsweise darin zeigt, dass Eltern sich sehr für ihre Kinder einsetzen, um den Besuch einer bestimmten Schule zu erreichen (vgl. Daut 2005, 168ff.).

Oft nehmen Kinder und Eltern Rücksicht aufeinander und möchten sich gegenseitig vor der Konfrontation mit dem Todesthema schützen, was letztlich dazu führen kann, dass eine offene Kommunikation erschwert wird (vgl. Leyendecker/Lammers 2001; vgl. Kap. II 2).

Trauer

Auch Trauer und antizipierende Trauer spielen eine große Rolle, da die Situation oft über Jahre ausgehalten werden muss (vgl. Stuttkewitz 2005).

Die Tatsache, dass ein progredient erkranktes Kind im Erleben der Familie nicht erst an seinem Todestag, sondern in einem längeren Krankheits- und Ablösungsprozess gewissermaßen „langsam" stirbt, kennzeichnet einen Prozess, der mit dem Wissen um die Prognose/Diagnose beginnt. Es kann zu einer Verwischung von Grenzen (boundary ambiguity, Boss 1988 zitiert nach nach Schneewind/Weiß 1998, 1038) innerhalb des Familiensystems kommen. Möglicherweise ist den Familienmitgliedern in der eher präfinalen Krankheitsphase unklar, ob sie das sterbende Kind nicht bereits verloren haben, insbesondere wenn die körperliche Anwesenheit mit einer psychischen Abwesenheit einhergeht. Diese Grenzunklarheit ist schwer auszuhalten und kann Trauerprozesse erschweren.

Durch das Wissen um das frühe Sterben und den schrittweisen Verlust von Fähigkeiten des Kindes können und müssen sich alle Familienmitglieder auf den Tod des Kindes vorbereiten. Der bevorstehende Verlust kann durch die vorauseilende Trauer nach und nach erlebt und betrauert, die Realität angenommen und das Überleben der anderen Familienmitglieder akzeptiert werden (vgl. Sieler 2003, 21).

Chancen und Bereicherungen

Die bis her dargestellten Problembereiche geben vorrangig die belastungsorientierte Perspektive der familiären Situation wieder. Dennoch birgt gerade eine nahe Bindung zwischen Eltern und Kind vielfältige Chancen der Begleitung und Unterstützung für das erkrankte Kind. „Wahrheit, Liebe und Vertrauen helfen dem Kind, seine Isolation, die die Ahnung des kommenden Todes notwendig mit sich bringt, zu überwinden und die Tatsache des Todes in das Ich zu integrieren und zur Reife zu bringen" (Löbsack 1984, 160). Werden intrafamiliäre Kommunikationsbarrieren überwunden und Ausdrucksmöglichkeiten für die subjektiven Gefühle und Gedanken der Familienmitglieder entwickelt, äußern viele erkrankte Kinder und Jugendliche eindeutige, offene und wissende Aussagen über ihre Lebensperspektive und die emotionale Befindlichkeit der andere Familienmitglieder. Gerade für die Äußerung negativer und für die Angehörigen schmerzhafter Themen ist eine offene und vertrauensvolle Gesprächsatmosphäre unabdingbare Voraussetzung, um das seelische Gleichgewicht der Betroffenen zu stabilisieren. Die aktive, kooperative familiale Auseinandersetzung mit der Herausforderung einer progredienten Erkrankung kann des Weiteren den innerfamiliären Zusammenhalt stärken. In diesem Prozess scheint auch der Aspekt antizipatorischer Trauer von Bedeutung zu sein. Die Bewältigung dieser schwierigen Aufgabe ist nicht als isolierter Prozess der Eltern zu verstehen, sondern beinhaltet in der enttabuisierten Kommunikation mit den betroffenen Kindern sowie den möglicherweise vorhandenen Geschwistern auch bewältigungsfördernde und entlastende Aspekte (vgl. Jennessen 2008, 187).

In der bereits erwähnten Studie von Hastings/Beck/Hill (2005, 160ff.) werden Eltern zitiert, die das Leben mit ihrem behinderten Kind als Bereicherung empfinden. Besonders schätzen sie, dass sie ein größeres soziales Netzwerk aufbauen konnten, dass durch die besondere Situation eine engere Familienbindung entstanden ist und dass ihr Kind für Freude, Erfüllung und Stärkung sorgt. Auch die Chance zur persönlichen Weiterentwicklung heben sie hervor. Diese Aussagen können auf Familien, in denen progredient erkrankte Kinder leben, übertragen werden. Dies zeigen auch Erfahrungsberichte, in denen Hilfe und Unterstützung durch Freunde und Bekannte aus dem neuen Netzwerk sowie eine Erweiterung des persönlichen Horizontes durch die Konfrontation mit der Situation thematisiert werden (vgl. Kap. III 2.1).

Die progrediente Erkrankung eines Kindes ist dennoch für die gesamte Familie als kritisches Lebensereignis einzustufen (vgl. Kap. II 2). Die dadurch bedingte Belastung gilt als chronisch, da sie über eine längere Zeit andauert und ihr Ende nicht abzusehen ist (vgl. Seiffge-Krenke et al. 1996, 83).

Vielen Familien gelingt es, ihre Situation auch mit diesen außerordentlichen Belastungen erfolgreich zu meistern. Durch aktive und kooperative Auseinandersetzung mit der Herausforderung können der Zusammenhalt und die Entwicklung der Familienmitglieder gestärkt und gefördert werden (vgl. Ortmann 1998, 55).

Auch wenn durch das Ereignis die gesamte Familie betroffen ist, stellt sich die Situation für die einzelnen Familienmitglieder unterschiedlich dar. Diese Unterschiede werden im Folgenden skizziert.

4.3.1.1 Die Situation der progredient erkrankten Kinder und Jugendlichen

Sowohl die erkrankten Kinder und Jugendlichen als auch ihre gesunden Geschwister müssen das Ereignis zusätzlich zu ihren (normativen) Entwicklungsaufgaben bewältigen (vgl. Seiffge-Krenke et al. 1996, 92f.). Diese Kumulierung kann zu erheblichen Belastungen führen. Seiffge-Krenke et al. zitieren Studien, die belegen, dass unterschiedliche Stressoren, die gleichzeitig auftreten, einander in ihrer belastenden Wirkung potenzieren. Das bedeutet, dass eine positive Bewältigung einer progredienten Erkrankung für Jugendliche wegen der Anhäufung von zu bewältigenden normativen und spezifischen Entwicklungsaufgaben besonders schwierig ist (vgl. Seiffge-Krenke et al. 1996, 94).

Die spezifische Situation lebensverkürzend erkrankter Kinder und Jugendlicher ist an anderer Stelle dieses Berichtes bereits ausführlich dargestellt (vgl. Kap. II 3). Aus diesem Grund werden nachfolgend nur einige Aspekte expliziert, die in dem unmittelbar familiendynamischen Kontext angesiedelt sind.

Die Stellung, die erkrankte Kinder im Familiensystem einnehmen, beeinflusst wesentlich die Lebenssituation aller Familienmitglieder. Die verschiedenen Ausprägungen sind im Abschnitt „Familien mit behinderten Kindern" (vgl. Kap. II 4.2) aufgeführt. Aus Erfahrungsberichten und Interviewauswertungen aus dieser Studie wird deutlich, dass es häufig zu einer symbiotischen Beziehung zwischen Mutter und erkranktem Kind kommt, die auf die anderen Familienmitglieder unter Umständen eine negative Wirkung haben kann. Im Prozess der Adaption an die Situation löst sich diese Symbiose häufig wieder, und die Rollen der einzelnen Familienmitglieder werden wieder gleichberechtigter. Die von Eltern berichtete Stärkung des Zusammenhalts der Familie infolge der Krisensituation, die durch die Erkrankung hervorgerufen wird, lässt auf eine positive Entwicklung des Familienkohärenzsinnes schließen, die durch diese Krisensituation befördert wird. Ein stark ausgeprägter Familienkohärenzsinn wird in der salutogenetischen Forschung als besonders günstiger Faktor für die Bewältigungsfähigkeiten von Systemen und Einzelpersonen angesehen (vgl. Vossler 2001, 113f.; vgl. Kap. I.1.2).

Für die Kinder und Jugendlichen ist es hilfreich, wenn außer der Kernfamilie weitere Bezugspersonen als Kommunikations- und Interaktionspartner zur Verfügung stehen. Für die Begleitung in einer Krisensituation suchen sich gerade Kinder aus Gründen gegenseitige Rücksichtnahme oft jemanden aus, den sie nicht so gut kennen und den sie nicht so sehr lieben wie die Familienmitglieder (vgl. Leyendecker/Lammers 2001, 207). So wählen sie meist eine Person, die nicht unmittelbar in ihr alltägliches Leben involviert ist (vgl. Leyendecker/Lammers 2001 207). In Frage kommen z.B. Lehrer und Lehrerinnen oder Begleitende eines ambulanten Kinderhospizdienstes.

Kinder bringen ihre Befindlichkeit anders als Erwachsene oft nicht verbal zum Ausdruck, sondern durch ihr Verhalten, ihr Spiel und auch durch Bilder, die sie malen und spielerisch gestalten. Diese Selbstmitteilungen sollten von der Familie und den Begleitenden gewürdigt und möglichst gut verstanden werden, damit die Kommunikations- und Ausdrucksversuche des Kindes über seine Befindlichkeit nicht ins Leere laufen (vgl. Leyendecker/Lammers 2001, 207f.).

4.3.1.2 Die Situation der Mütter

Die Situation von Müttern progredient erkrankter Kinder/Jugendlicher entspricht in vielen Punkten der von Müttern behinderter Kinder, wie sie im vorhergehenden Kapitel beschrieben wurde. Ihre

Lebenssituation wird jedoch durch die oftmals sehr intensive Pflege der Kinder/Jugendlichen verschärft. Je nach Krankheitsbild kann der Pflegebedarf schon sehr früh oder aber erst in einem späteren Stadium des Krankheitsverlaufes gravierend sein. Der zuvor beschriebene Traditionalisierungseffekt tritt dadurch bei Müttern progredient erkrankter Kinder verstärkt auf. Die hauptsächlich durch die Mutter gewährte Versorgung des Kindes verstärkt meist die Bindung zwischen ihr und dem Kind. (vgl. Seiffge-Krenke et al. 1996, 147). Die Mütter übernehmen dadurch den größten Teil der Verantwortung für Entscheidungen in Bezug auf Pflege, Therapie und auch im finalen Stadium der Kinder, weil die Väter durch ihre berufsbedingte Abwesenheit meist deutlich weniger involviert sind. Die Mütter sind durch diese größere Belastung stärker gefährdet, selbst zu erkranken, beispielsweise Depressionen als Folge der Situation zu entwickeln und geben an, stärker unter der Situation zu leiden (vgl. Henkel/Stahl 2008, 429). In ihrem Alltag erleben sie z.T. Isolation und Einsamkeit, weil die Einschränkungen durch die Erkrankungen ihr soziales Leben verkomplizieren oder sogar unmöglich machen.

Die oft symbiotischen Beziehungen zwischen Müttern und ihren progredient erkrankten Kindern (vgl. Seifert 2003) erschweren nicht selten eine schrittweise Ablösung. Die Trauer über den Abschied von der Vorstellung, wie ihr Leben und das ihrer Kinder hätte verlaufen können, ist häufig nur schwer auszuhalten. Schuldgefühle, Angst um das Kind und Hoffnung auf Besserung seines Zustandes sowie z.T. die Entfremdung von ihren Partnern durch die Lebensumstände bestimmen das Befinden vieler Mütter progredient erkrankter Kinder. Einige Eltern entscheiden sich aufgrund der genetischen Determination einiger progredienter Erkrankungen gegen weitere Kinder. Dies liegt auch daran, dass die Mütter sich den Belastungen durch ein weiteres Kind nicht gewachsen fühlen, weil sie durch die Betreuung ihres kranken Kindes bereits stark belastet sind. Die lebensverkürzende Prognose und die damit zusammenhängende Lebensrealität verändern somit viele Lebenspläne der Betroffenen. Die zeitaufwändige Betreuung des Kindes bedeutet für viele Mütter, dass sie eigene Karrierepläne zurückstellen. Frauen, die neben der Pflege ihres Kindes arbeiten, erleben beruflich häufig Benachteiligungen, weil sie aufgrund ihrer Lebenssituation beispielsweise zeitlich nicht flexibel sind. Dennoch schätzen viele Mütter progredient erkrankter Kinder eine eigene Berufstätigkeit, weil sie ihnen Gelegenheit gibt, einen Teilbereich ihrer Identität zu verwirklichen, während sie in ihrem familiären Alltag eigene Bedürfnisse und Wünsche zugunsten ihrer Kinder oft vollständig zurückstellen (vgl. Seifert 2003, 45).

Für alleinerziehende Mütter stellt sich die Situation noch gravierender dar (vgl. Seifert 2003, 46). Sie haben aufgrund ihrer Lebenssituation häufig weniger Möglichkeiten, Verantwortung und Belastungen zu teilen und sind durch Berufstätigkeit, Pflege und Erziehung des Kindes/der Kinder sowie die Alltagsorganisation stark gefordert. Die „weibliche" Art, Krisen und auch Trauer zu bewältigen, also soziale Netzwerke aufzubauen und emotional zu agieren (vgl. Kap. II 2), beinhaltet auch, dass die Kontakte zu anderen Betroffenen und Selbsthilfegruppen besonders von Frauen geknüpft werden. Sie stellen eine Möglichkeit dar, die häufig erlebte Isolation zu vermindern und Unterstützung zu erleben. Als positiv beschreiben Frauen einen Zuwachs an Selbstständigkeit und Selbstbewusstsein durch die Übernahme von Verantwortung für die Pflege ihrer Kinder und die damit einhergehende zwangsläufige Auseinandersetzung mit medizinischem Personal, mit Krankenkassen und anderen Kostenträgern, mit denen sie für ihre Kinder Behandlungen und Hilfsmittel besprechen. Sie machen die Erfahrung, dass sie mit Wissen und Durchsetzungsvermögen Erfolge für ihre Kinder verbuchen können. Vielen gelingt es, sich in einem Leben einzurichten, das sie sich so vorher in keiner Weise vorstellen konnten, sie können das „Unnormale" akzeptieren (vgl. Kap. III 2.1).

4.3.1.3 Die Situation der Väter

Die im Abschnitt „Familien mit behinderten Kindern" unter 4.2.1.3 beschriebene Situation der Väter behinderter Kinder trifft grundsätzlich auch für die Väter progredient erkrankter Kinder zu. Zusätzlich müssen die Väter die Tatsache des frühzeitigen Sterbens ihrer Kinder verarbeiten. Das stellt besondere Anforderungen an die Bewältigungsleistungen der Väter und ihre spezifische Trauerarbeit. Die von Männern bevorzugt genutzten Bewältigungsstrategien sind im Kapitel II 2 beschrieben. Spezifische Trauerwege von Vätern progredient erkrankter Kinder werden im Folgenden charakterisiert:

Um dem gesellschaftlich erwarteten Bild eines „starken Mannes" zu entsprechen und die anderen Familienmitglieder zu unterstützen, unterdrücken Männer oft ihre eigene Trauer und schieben sie damit auf. Emotionalität und das Zeigen von Schmerz wird Männern gesellschaftlich immer noch wenig zugestanden – auch wenn hier erhebliche Veränderungen der genderspezifischen Haltungen zu beobachten sind. Aus diesem Grund sind Väter progredient erkrankter Kinder in der Regel nicht darin geübt, über ihre Gefühle und Sorgen in Bezug auf ihre Kinder, die familiäre Situation und ihre Partnerschaft zu sprechen (vgl. Sieler 2003, 22ff.; Rosowski 1998, 3). Levang (2002) beschreibt, wie Männer ihre Trauer ausdrücken: Sie versuchen häufig, ihren Alltag unverändert weiterzuleben, sich um ihre Familie zu kümmern und ihre Verletzung und Verzweiflung nicht zu zeigen. Viele Väter lenken sich durch gesteigerte Aktivität ab (vgl. Levang 2002, 77ff.). Böhmisch und Winter (2002, 31) beschreiben das „Prinzip der Externalisierung und Rationalität, das die Beschäftigung mit dem eigenen Inneren und mit eigenen Befindlichkeiten untersagt. Eigene Bedürfnisse werden in den Hintergrund gedrängt." Des Weiteren zeigen sie, dass sich Männer aufgrund des „Prinzip(s) des Alleinseins" meistens keine Unterstützung suchen und versuchen, mit ihren Schwierigkeiten alleine fertig zu werden (vgl. Böhmisch/Winter 2002, 31). Auch Körperliche Signale werden oft verdrängt (ebd.).

Statt Traurigkeit, Verzweiflung und Schmerz, die von Frauen im Prozess der Trauer häufig geäußert werden, drücken Männer mit Zorn eine Emotion aus, die Männern gesellschaftlich zugestanden wird (vgl. Levang 2002, 86). Häufig versuchen sie, keine äußerlich sichtbaren Veränderungen zuzulassen. Männer „wollen ihrer Trauer nicht direkt ins Auge sehen" (Levang 2002, 77) und haben nicht selten das Gefühl trotz tragischer Ereignisse weitermachen zu müssen (vgl. Sieler 2003, 25). Die Lebensrealität der betroffenen Väter erfordert dennoch eine starke Auseinandersetzung mit sich selbst und ihrem Platz im Leben, in der Familie und in ihrer Partnerschaft. Viele versuchen, den bevorstehenden Verlust rational zu erfassen, was in der Rergel nicht gelingt. Das nach außen strukturiert wirkende Leben kann nicht mehr unter Kontrolle gehalten werden (vgl. Sieler 2003, 26). Depressionen als Folge von unbewältigter Trauer können auftreten. Manche Väter können die Symptome nicht unterdrücken, was Sanneck (2002) als ersten Schritt zur Verarbeitung der Trauer ansieht: „Wenn sie nicht mehr die Möglichkeit haben, sich zu sortieren, wie sie es eigentlich gewohnt sind und zu organisieren, wenn Dinge einfach wegbrechen und wenn sich dann immer mehr Abgründe auftun, sie nicht mehr weiter wissen, dann sind sie sich ihrer Trauer bewusst" (Sanneck 2002, zitiert nach Sieler 2003, 27).

4.3.1.4 Die Paar- und Elternbeziehung

Für die Eltern beginnt mit der Diagnosestellung ein außerordentlich schwieriger Weg. Sie sind damit konfrontiert, dass ihr Kind sich nicht wie ein gesundes Kind entwickelt, sondern dass es je nach Erkrankung in verschiedenen Bereichen Entwicklungsstagnationen oder -rückschritte macht bzw. diese machen wird. Jeder dieser Rückschritte, jede Veränderung, die auf die Erkrankung zurückzuführen ist, und jeder Verlust von Fähigkeiten, die das Kind erworben hatte, bedeutet eine Verlusterfahrung für die Eltern.

Gleichzeitig begleiten und erziehen viele Eltern mit den Geschwistern des erkrankten Kindes auch gesunde Kinder. Die Eltern müssen diese unterschiedlichen Entwicklungslinien mit ihrer Elternrolle vereinbaren bzw. diese integrieren.

Ihre Elternschaft wird zumindest z.T. zu einer „Pflegschaft" (vgl. Henkel/Stahl 2008, 426), deren Dauer nicht abzusehen ist. Die ständig gegenwärtige Lebensbedrohung überschattet die Lebensführung und macht eine Zukunftsplanung nahezu unmöglich.

Der Alltag ist häufig von der medizinisch-pflegerischen Versorgung des erkrankten Kindes geprägt. Die Eltern müssen sich die Expertise dafür selbst aneignen und die Familie muss einen sehr großen Teil der Betreuung selbst übernehmen. Die finanzielle Belastung durch z.B. die Notwendigkeit spezieller Nahrung, technischer Hilfsmittel und die Ausstattung der Wohnräume ist hoch, und entsprechende finanzielle Hilfen für die Familien sind in nicht ausreichendem Maße verfügbar (vgl. Henkel/Stahl 2008, 428).

Die Begleitung ihres erkrankten Kindes/ihrer erkrankten Kinder bedeutet für die Eltern, mit z.T. äußerst widersprüchlichen Gefühlen konfrontiert zu sein. Dazu können Ohnmachtgefühle gehören, wenn sie ihr Kind leiden sehen müssen, ohne ihnen dieses Leid nehmen zu können und wenn die Erkrankung ihren Lauf nimmt und sie nichts dagegen tun können. Von Schuldgefühlen wird oft berichtet, besonders bei erblich bedingten Erkrankungen (vgl. Jennessen 2008, 187). Die Eltern erleben das Dilemma, dass sie ihre Kinder beschützen wollen und gleichzeitig in medizinisch notwendige Therapien einwilligen müssen, die für die Kinder Schmerzen bedeuten. Sie müssen sie dieser Situation ausliefern und hilflos zusehen, wie ihr Kind bei ihnen auf Schutz hofft (vgl. Hübner 2007, 45).

Die Eltern sind zudem mit der Frage konfrontiert, ob und in welchem Umfang sie ihr erkranktes Kind und die Geschwister über die Erkrankung und die Prognose informieren. Leyendecker/Lammers geben an, dass progredient erkrankte Kinder seltener über ihre Erkrankung aufgeklärt sind als akut erkrankte Kinder. Selbst wenn dem Kind nichts mitgeteilt wurde, haben sogar Kleinkinder ein Wissen um die Lebensbedrohung, da sie aus den veränderten Verhaltensweisen von Eltern und Krankenpflegepersonal intuitives Wissen schöpfen. Wenn die Eltern es nicht schaffen, mit ihrem Kind über die Prognose und die Situation zu sprechen, kommt es zu „wechselseitigen Täuschungen" zwischen Eltern und den Kindern, mit denen versucht wird, die jeweils andere Person vor der Konfrontation mit dem bevorstehenden Tod zu schützen (Leyendecker/ Lammers 2001, 206). Die daraus erwachsende Isolation erschwert eine mitfühlende Begleitung und macht für die betroffenen Kinder die Äußerung von Ängsten und Fragen unmöglich (vgl. Löbsack 1984, 60; Ortmann 1998; Herbert 1999, 20).

Der Tod eines Kindes bedeutet für die Eltern, dass sie einen Teil von sich selbst verlieren. Ein Teil ihrer Identität und ihrer Zukunft stirbt mit dem Kind. Ein großes Stück ihres Lebensinhaltes geht verloren. Nach dem Tod eines Kindes müssen beide Elternteile ihr Selbst neu konstruieren und sich ihrem Partner/ihrer Partnerin gegenüber neu orientieren. Die gesamte Familie muss ihre Identität neu aufbauen (vgl. Sieler 2003, 37). Die geschlechtsspezifisch unterschiedlichen Bewältigungs- und Trauerwege von Männern und Frauen werden von den Eltern oft als trennend erlebt. Beide Elternteile wünschen sich die Unterstützung und Begleitung des anderen Partners und müssen oft erleben, dass sie sich auf verschiedenen Wegen befinden. Dies erschwert den Umgang mit der Situation erheblich. Die Akzeptanz dieser Unterschiedlichkeit benötigt oft langer Zeit, in der die Betroffenen auf sich allein gestellt sind (vgl. Wiese 2001, 102; Sieler 2003, 53ff.; Fröhlich 2008, 345ff.). Die Partnerschaft wird auf eine harte Probe gestellt, was jedoch nicht häufiger als in Partnerschaften ohne diese spezifische Herausforderungen zum Scheitern der Beziehung führt (vgl. Kap. II 4.2). Zumindest liegen aktuell keine Daten vor, die eine erhöhte Trennungsrate von Eltern progredient erkrankter Kinder nachweisen würden. Die in dieser Studie erhobenen Daten zeigen, dass der Anteil alleinerziehender Elternteile, die Angebote der Kinderhospizbewegung nutzen, im gesellschaftlichen Durchschnitt liegen (vgl. Kap. III 2 und III 3).

4.3.2 Hilfesysteme und Unterstützung

Betroffene Familien benötigen Unterstützung, um ihre spezifischen Lebensaufgaben meistern zu können.

Zunächst liegt häufig ein Bedarf an praktischer Hilfe bei der Versorgung der Kinder, der Haushaltsführung und der Organisation des Alltags vor, der gerade für die Mütter zeitweilige Entlastung bieten soll. Als sehr zeitintensiv werden die Verhandlungen mit Kostenträgern über finanzielle Unterstützung und Bewilligung von Hilfsmitteln beschrieben, ebenso Arztbesuche und Klinikaufenthalte. Zudem benötigen Familien vielfältige und differenzierte Informationen sowohl über die Erkrankungen der Kinder, als auch über Unterstützungsmöglichkeiten.

Die oft zeitlich sehr aufwändige Pflege der erkrankten Kinder ist ein Grund dafür, dass bestehende soziale Kontakte außerhalb der Familie häufig nicht im vorher gelebten Maße aufrecht erhalten werden können. Das ursprünglich bestehende soziale Netz wird brüchig. Oft kommt es dazu, dass Freunde und Freundinnen, Verwandte und Bekannte sich zurückziehen, um der Begegnung mit dem Leiden, dem Sterben und der Trauer auszuweichen. Das kann zu einer zunehmenden Isolation der betroffenen Familien führen, die in ihrer Situation gerade auf Hilfe und Unterstützung angewiesen sind.

Die Familien müssen Hilfsangebote ausfindig machen und neue Netzwerke knüpfen (vgl. Henkel/Stahl 2008, 427), wodurch es vielfach zu einem Beziehungsshift kommt. Durch andere Betroffene im informellen Bereich oder in Selbsthilfegruppen können Eltern und Kinder Unterstützung finden. Sie treffen hier auf Gleichgesinnte, die ähnliche Erfahrungen machen oder gemacht haben und deshalb helfen und begleiten können. Dieser Austausch kann zur psychischen Entlastung in erheblichem Maße beitragen und impliziert in der Regel auch praktische Hilfen durch Information, Beratung oder gegenseitige Entlastungsangebote (vgl. Sieler 2003, 33f.).

Familien progredient erkrankter Kinder haben die Möglichkeit, die vielfältigen Angebote der Kinderhospizarbeit in Anspruch zu nehmen (vgl. Kap. II 1). Dazu gehören sowohl stationäre Kinderhospize als auch ambulante Kinderhospizdienste und Seminarangebote, die sich an alle Familienmitglieder richten. Angebote der Kinderhospizarbeit können dauerhafte Stützpfeiler für Familien mit lebensverkürzend erkrankten Kindern sein.

Angebote aus dem Bereich der ambulanten und stationären pädiatrischen Palliativversorgung können ebenfalls genutzt werden. Hierzu zählen ambulante Kinderkrankenpflegedienste, sozialpädiatrische Zentren und multiprofessionelle Kinderpalliativdienste („Brückenteams"). Ferner gibt es die „Bunten Kreise", die die Nachsorge im Übergang von der Krankenhausbehandlung in die ambulante Versorgung organisieren. Zusammenfassende Informationen zu Hilfsangeboten für progredient erkrankte Kinder sind in der folgenden Tabelle aufgeführt.

Tabelle 2: Unterstützungsangebote für Familien und ihre progredient erkrankten Kinder

a) stationäre Möglichkeiten:

Stationäre Kinderhospize

Beschreibung	Finanzierung	Rechtliche Grundlage	Bemerkungen	Quelle
Entlastung und Aufenthalt für Familien mit progredient erkrankten Kindern.	Krankenkasse	§ 39a Satz 4 SGB V; Verordnung durch Arzt	Kinderärztliche Betreuung überwiegend durch niedergelassene Kinderärzte oder Krankenhausärzte. Die Rahmenvereinbarung mit den Kassen ist auf Hospize für Erwachsene ausgerichtet. (www.bundesrecht.juris.de/sgb_5_39a.html). Die Kinderhospize begleiten die Familien jedoch über einen sehr langen Zeitraum und nehmen die gesamte Familie auf – sie sind deshalb in hohem Maße auf Spenden angewiesen.	www.deutscher-kinderhospizver-ein.de; www.bundesverband-kinderhospiz.de

Stationäre Rehabilitationsmaßnahmen

Beschreibung	Finanzierung	Rechtliche Grundlage	Bemerkungen	Quelle
Aufenthalt in Reha-Einrichtung zur Festigung des Erfolgs einer klinischen Behandlung.	Krankenkasse, Rentenversiche-rungsträger	§ 40 SGB V; § 31 SGB VI	Antrag bei Rentenversicherungsträgern; Beratung über Kinderkliniken und: www.arbeitsgemeinschaft-kinderrehabilitation.de, Dauer bis zu vier Wochen, Zuzahlungen.	SGB V, SGB VI

Familienorientierte Rehabilitation

Beschreibung	Finanzierung	Rechtliche Grundlage	Bemerkungen	Quelle
Reha-Maßnahme für die ganze Familie im Anschluss an einen Krankenhausaufenthalt, da die körperlichen und seelischen Belastungen nicht nur das erkrankte Kind betreffen.	Krankenkasse, Rentenversiche-rungsträger		Keine rechtlich gesicherte Leistung der Krankenkassen oder Rentenversicherungsträger. Beantragung kompliziert. Hilfe des psychosozialen Dienstes des Krankenhauses in Anspruch nehmen! Klinikbeispiel: www.tannheim.de.	DLFH-Sozialinfo 2009.36

Kurzzeitpflege

Beschreibung	Finanzierung	Rechtliche Grundlage	Bemerkungen	Quelle
Stationäre Aufnahme von Kindern und Jugendlichen ohne Familienangehörige.	Pflege-kasse	§§ 39, 42 SGB XI, §§ 53, 54 SGB XII	Beispiel: www.kleine-oase-datteln.de, Arbeitskreis Kurzzeitwohnen in NRW will das Finanzierungsmodell der Kleinen Oase bundesweit bekannt machen und umsetzen.	Zernikow 2008.28

Weitere Leistungen im Zusammenhang mit stationärer Aufnahme

Beschreibung	Finanzierung	Rechtliche Grundlage	Bemerkungen	Quelle
Mitaufnahme als Begleitperson für Kinder unter 12 Jahren	Krankenkasse	§11 Abs. 3 SGB V		http://www.sozialegesetzbuch-sgb.de
Übernahme der täglichen Fahrten anstelle der Mitaufnahme als Begleitperson	Krankenkasse	§11 SGB V		
Erstattung von Verdienstausfall als Begleitkosten der stationären Behandlung	Krankenkasse	§45 Abs. 4 SGB V		

b) ambulante Möglichkeiten

Ambulante Kinderhospizdienste

Beschreibung	Finanzierung	Rechtliche Grundlage	Bemerkungen	Quelle
Begleitung von Familien progredient erkrankter Kinder und Jugendlicher ab dem Zeitpunkt der Diagnosestellung bis über den Tod des Kindes/Jugendlichen hinaus	Kranken-kasse	§39a SGB V	Finanzierung nach §39a ist gebunden an die Qualifikation der Koordinatorin (Palliative Care-, Krankenpflege- und Leitungsausbildung). Höchstbetrag (je nach Bundesland unterschiedlich) ca. 40.000€/Jahr	www.gesetze-im-internet.de/sgb_5/_39a.html

Ambulante Kinderpflegedienste/ häusliche Kinderkrankenpflege

Beschreibung	Finanzierung	Rechtliche Grundlage	Bemerkungen	
Grund- und Behandlungspflege für Kinder und Jugendliche	Kranken- und Pfle-gekasse	§37 SGB V	Ärztliche Verordnung	Spezifische pflegerische Tätigkeiten wie Verbandswechsel, künstliche Ernährung, Ver-abreichung von Medikamenten. Unterweisung von Eltern und anderen beteiligten Per-sonen sowie Gespräche werden nur sehr eingeschränkt erstattet. Hausbesuche eines Arztes werden im Regelfall gar nicht vergütet Präventive Maßnahmen auch nicht An-spruch besteht nur, wenn die im Haushalt lebenden Personen die Pflege nicht überneh-men können, für Grundpflege wird nur gezahlt, wenn gleichzeitig Behandlungspflege notwendig ist. Falls eine Pflegestufe nach SGB XI vorliegt, wird die häusliche Grund-pflege über die Pflegeversicherung finanziert. Sonst ist sie eine Kann-Leistung der Krankenkassen, die in der Regel abgelehnt wird. Siehe www.wegweiser-hospiz-palliativmedizin.de

Familienentlastender Dienst (FED), Familienunterstützender Dienst (FUD)

Beschreibung	Finanzierung	Rechtliche Grundlage	Quelle
Zeitweise Übernahme von Betreuung und Pflege eines behinderten Familienmitgliedes zur Entlastung der Pflege- und Betreuungsperson	Pflegekasse, Sozialamt	§§45 a,b,c SGB XI; §§61–66 SGB XII	http://www.betanet.de/betanet.soziales.recht/Familienlasten.der.-Dienst-654.html (Letzter Zugriff 21.07.2009)

Frühförderung

Beschreibung	Finanzierung	Rechtliche Grundlage	Bemerkungen	Quelle
Interdisziplinäres Team der Frühförderstelle erbringt kombinierte Leistungen. Adressaten: Betroffene Kinder und ihre Familien. Ziel: Förderung von Wahrnehmung, Bewegung, Interaktion, Kommunikation, Entwicklung lebenspraktischer Fähigkeiten.	Krankenkassen, Sozialamt, Gesundheitsamt	§30 SGB IX; §54 SGB XII	Beratung durch Gesundheitsamt, SPZ, Kinderklinik, Wohlfahrtsverbände. Verzeichnis von Frühförderstellen unter www.bmas.de/Publikationen. Kostenübernahmen: Krankenkassen (medizinisch-therapeutische Leistungen, Aufstellung des Förderplans), Sozialamt (heilpädagogische Leistungen bis Schuleintritt), Gesundheitsamt	www.betanet.de (Letzter Zugriff: 21.07.2009)

Sozialpädiatrische Zentren (SPZ)

Beschreibung	Finanzierung	Rechtliche Grundlage	Bemerkungen	Quelle
Ambulante Einrichtungen, Zielgruppe: chronisch und lebensverkurzend erkrankte oder von Krank-heit bedrohte Kinder	Krankenkasse	Verordnung durch Kinder- und Jugendärzte, §119 SGB V	Erstmals 1968 in München, heute mehr als 100 Institutionen. Einbeziehung der Familien, Betreuung bis ins Jugendalter, enge Zusammenarbeit mit niedergelassenen Ärzten und Therapeuten, Fördereinrichtungen und dem öffentlichen Gesundheitssystem. Finanzierung: fester Satz pro Quartal und Fall, inhaltliche Schwerpunkte der SPZ unterschiedlich je nach Fallzusammensetzung	www.dgspj.de (Letzter Zugriff: 21.07.2009)

Brückenteams

Beschreibung	Finanzierung	Rechtliche Grundlage	Bemerkungen	Quelle
Multiprofessionelle Teams, die zu Hause palliativmedizinisch beraten und ärztlich betreuen	Krankenkasse	§37b SGB V (SAPV)	Erstmals 1999 in Bonn.	http://www.sozialgesetzbuch-sgb.de

Bunte Kreise

Beschreibung	Finanzierung	Rechtliche Grundlage	Bemerkungen	Quelle
Psychosoziale Nachsorge von Kindern mit lebensverkurzenden Erkrankungen. Ziel ist ein möglichst fließender Übergang von der Krankenhausbehandlung zur ambulanten Versorgung	Krankenkasse	§§43, 132c SGB V	Erster Bunter Kreis 1992 in Augsburg, mittlerweile gibt es über 20 Institutionen. Rahmenvereinbarung mit den Krankenkassen wurde 2005 verabschiedet (www.vdak-aev.de), darin werden Kinder im Finalstadium einer Erkrankung explizit berücksichtigt, es wird jedoch nur für Kinder bis zum	www.bunter-kreis.de (Letzter Zugriff: 21.07.2009)

und der Aufbau eines Betreuungsnetzes für die ganze Familie („case-management")

12. Lebensjahr gezahlt für 30x60 Minuten in einer Betreuungszeit von bis zu 12 Wochen. Die Bunten Kreise können damit nicht kostendeckend arbeiten.

SAPV, spezialisierte ambulante Palliativversorgung

Beschreibung	Finanzierung	Rechtliche Grundlage	Bemerkungen	Quelle
„Versicherte mit einer nicht heilbaren, fortschreitenden und weit fortgeschrittenen Erkrankung bei einer zugleich begrenzten Lebenserwartung (...) haben Anspruch auf (SAPV) (...) umfasst ärztliche und pflegerische Leistungen einschließlich ihrer Koordination insbesondere zur Schmerztherapie und Symptomkontrolle und zielt darauf ab, die Betreuung (...) in der (...) häuslichen Umgebung zu ermöglichen. Dabei sind die besonderen Belange von Kindern zu berücksichtigen."	Krankenkasse	37b SGB V	Psychosoziale Leistungen werden ausdrücklich nicht berücksichtigt.	www.bundesrecht.juris.de.sgb 5-37b.html (Letzter Zugriff: 21.07.2009)

APPZ (Kompetenzzentrum für ambulante pädiatrische Palliativversorgung), nur in Bonn und Datteln

Beschreibung	Finanzierung	Rechtliche Grundlage	Bemerkungen	Quelle
Modellprojekt zur Koordination und Vernetzung bestehender Leistungsstrukturen für Kinder mit progredienten Erkrankungen und ihre Familien	Krankenkasse	§37b SGB V §132 SGB V	Als Landesinitiative NRW wurden die beiden APPZ am 1.4.2007 gegründet. Vorhandene Angebote und ungenutzte Ressourcen sollen vernetzt werden, um Defizite in der Versorgung zu beseitigen.	www.appz-nrw.de (Letzter Zugriff: 21.07.2009)

Steuerliche Vergünstigungen

Beschreibung	Finanzierung	Rechtliche Grundlage	Bemerkungen	Quelle
Schwerbehindertenstatus, Pauschalbetrag für Kfz-Kosten, Pflege, Haushaltshilfe, häusliche Krankenpflege u.a	Versorgungsamt, Finanzamt, Krankenkasse	§33b EStG; §3a KraftStG; §§60, 38, 37, 32, 33, 40, 45, 11, SGB V		

Leistungen der Pflegekassen

Beschreibung	Rechtliche Grundlage	Bemerkungen	Quelle
Pflegegeld, Verhinderungspflege, Pflegesachleistung, Zuschüsse für Umbaumaßnahmen etc.	§§36, 37, 39, 40, 42, 44, 45 SGB XI		http://www.sozialgesetzbuch-sgb.de
Pflegezeit für Beschäftigte	PflegeZG	Für bis zu 6 Monate können sich Arbeitnehmer in Betrieben mit mehr als 15 Beschäftigten für die Pflege von Angehörigen freistellen lassen. Daneben besteht ein Anspruch auf eine kurzzeitige Freistellung für bis zu 10 Arbeitstage. Es gilt i.d.R. kein Anspruch auf	

Beschreibung	Rechtliche Grundlage	Bemerkungen	Quelle
Pflegestufen Die Pflegestufen 1-3 regeln die Leistungen für Hilfen Pflegebedürftiger. Grundlage für die Feststellung von Pflegebedürftigkeit ist ausschließlich §14 Abs. 4 SGB XI	§§14, Abs. 4, 15 SGB XI	Entgeltfortzahlung, aber besonderer Kündigungsschutz. Bei pflegebedürftigen Kindern wird der natürliche, altersbedingte Pflegeaufwand bei Körperpflege, Ernährung und Mobilität nicht berücksichtigt! Im ersten Lebensjahr liegt deshalb nach dem Gesetz nur ausnahmsweise Pflegebedürftigkeit vor. DLFH (Hrsg): Pflege zu Hause – Hilfen für die Begutachtung durch den medizinischen Dienst DLFH, Adenauerallee 134, 53107 Bonn. Richtlinien zur Begutachtung von Pflegebedürftigkeit unter www.mds-ev.org.	www.mds-ev.org

Leistungen der Krankenkassen

Beschreibung	Rechtliche Grundlage	Bemerkungen	Quelle
Sozialmedizinische Nachsorgeleistungen Nach Entlassung aus stationärer Akutversorgung oder Reha, je nach Schwere der Erkrankung und Unterstützungsbedarf der Familie. Es wird der Versorgungsbedarf eingeschätzt, ambulante ärztliche, therapeutische, pflegerische und medizinisch-technische Versorgung vorbereitet und koordiniert. Dadurch soll das Krankheitsverständnis gefördert, Ängste abgebaut und die Bewältigung alltagsbezogener Anforderungen und krankheitsspezifischer Versorgungsaufgaben unterstützt werden	§43 Abs. 2 SGB V	Für schwerstkranke oder chronisch kranke Kinder bis zum 18. Lebensjahr.	DLFH-Sozialinfo 2009.24
Krankengeld bei Erkrankung des Kindes Krankengeld bis zu 10 Tage Jahr für jedes Kind unter 12 Jahren nach ärztlichem Attest, insgesamt 25 Tage Jahr bei mehreren Kindern, bei Alleinerziehenden mit mehreren Kindern bis 50 Tage Jahr.	§45 SGB V (gilt auch für Arbeitslosengeldbezieher §126 Abs. 2 SGB III (Sozialamt)	Bei schwerer unheilbarer Erkrankung des Kindes mit geringer zeitlicher Lebenserwartung hat ein Elternteil zeitlich unbegrenzten Krankengeldanspruch. Voraussetzung ist Mitgliedschaft in einer gesetzlichen Krankenversicherung und Krankengeldanspruch. Ein berufstätiger Elternteil kann diesen Anspruch auf den pflegenden (nicht berufstätigen) Elternteil übertragen.	DLFH-Sozialinfo 2009.21
Brückenteams (siehe oben) Multiprofessionelle Teams, die zu Hause palliativ-medizinisch beraten und ärztlich betreuen.	§37b SGB V (SAPV)	Erstmals 1999 in Bonn.	

Leistungen des Sozialamtes:

Beschreibung	Rechtliche Grundlage	Bemerkungen	Quelle
Hilfe zum Lebensunterhalt; Eingliederungshilfen für behinderte Menschen; Hilfe zur Pflege.	§§27-74 SGB XII		http://www.sozialgesetzbuch.de/sgbxii/1.html
Hilfe zur Pflege	§§61-66	Kann beantragt werden, wenn die Leistungen der Pflegever-	DLFH-Sozialinfo

Beschreibung	Rechtliche Grundlage	Bemerkungen	Quelle
Orientierung an den Maßstäben der Pflegeversicherung, kann geleistet werden, wenn Pflegebedürftige die Pflegestufe 1 nicht erfüllen oder Hilfe für andere als in §14 Abs. 4 SGB XI genannten Verrichtungen benötigen.	SGB XII	sicherung zur Finanzierung sehr kostenintensiver Pflege nicht ausreicht sowie für Abdeckung der verbliebenen Kosten bei Pflege in Einrichtungen, die nicht von der Pflegeversicherung übernommen werden. Nicht Pflegeversicherte können ebenfalls Leistungen aus Hilfe zur Pflege beziehen.	2009,35
Weitere Sozialleistungen wie Grundsicherung für Arbeitssuchende, Sozialhilfe, Hilfe zum Lebensunterhalt.	SGB III, SGB XII	Kinder unter 15, Menschen zwischen 15 und 65 Jahren, die erwerbsunfähig sind und/oder länger als 6 Monate in voll- oder teilstationären Einrichtungen leben.	DLFH-Sozialinfo 2009,33
Grundsicherung im Alter und bei Erwerbsminderung, dauerhaft aus medizinischen Gründen voll Hilfsbedürftige, erwerbsgemindert Personen ab 18 und hilfebedürftige Menschen ab 65 Jahren.	§§41–46 SGB XII	Voll erwerbsgemindert bedeutet, dass ein Mensch wegen Erkrankung oder Behinderung nicht drei Stunden täglich unter den üblichen Bedingungen des Arbeitsmarktes tätig sein kann.	DLFH-Sozialinfo 2009,34
Übernahme von Bestattungskosten (gehört zu „Hilfe in anderen Lebenslagen").	§74 SGB XII		DLFH-Sozialinfo 2009,35
Kontakt- und Informationsstellen für Selbsthilfe (KISS) in Sozialämtern.		Hilfe bei Suche und Gründung von Selbsthilfegruppen.	http://www.kiss-hh.de/

Leistungen des Jugendamtes:

Beschreibung	Rechtliche Grundlage	Bemerkungen
Jugendhilfeleistungen wie Betreuung von Kindern und Jugendlichen in Notsituationen, Haushaltshilfe.	§20 SGB VIII	Für Kinder unter 12 Jahren, kann beantragt werden, wenn von den Krankenkassen finanzierte Haushaltshilfen nicht ausreichen und oder die Eltern ergänzende Haushaltshilfen nicht selbst finanzieren können.

Weitere:

Beschreibung	Finanzierung	Rechtliche Grundlage	Bemerkungen	Quelle
Wohngeld Erhöhte Frei- und Abzugsbeträge bei Behinderung und Pflegebedürftigkeit.	Wohnungsamt	§13 WoGG		http://www.gesetze-im-internet.de/bundesrecht/wogg/gesamt.pdf
Schwerbehindertenausweis Die Auswirkungen auf die Teilhabe am Leben in der Gemeinschaft	Stadt- oder Kreisverwaltung, Amt	§69 Abs. 5 SGB IX	Wird auf Antrag festgestellt. Grundlage sind seit 11/2009	DLFH-Sozialinfo 2009, 25

meinschaft werden durch die Bezeichnung im Ausweis ausgedrückt. Als schwerbehindert gelten Personen ab einem Grad der Behinderung (GdB) von 50%.	für soziale Angelegenheiten, Versorgungsamt	die Versorgungsmedizinverordnung (VersMedV) und die „Versorgungsmedizinischen Grundsätze"	www.bmas.de
Parkerleichterungen	Straßenverkehrsamt	§46 Abs. 1 Satz 1 Nr.11 StVO	http://www.gesetze-im-internet.de/stvo/index.html

Weitere:

Beschreibung	Bemerkungen	Quelle
Selbsthilfegruppen	Informationen über www.bagselbsthilfe.de.	www.bagselbsthilfe.de.
Herzenswünsche e.V. ist ein eingetragener, bundesweit tätiger Verein, der schwer kranken Kindern und Jugendlichen lang ersehnte Wünsche erfüllt.	Rund 70 ehrenamtliche und drei hauptamtliche Helferinnen und Helfer bemühen sich, zu Eltern, Ärzten, Therapeuten und den betroffenen Kindern einen intensiven Kontakt aufzubauen.	www.herzenswuensche.de

Anmerkungen zu Tabelle 2 „Unterstützungsangebote für Familien und ihre progredient erkrankten Kinder":

Allgemeine Zuständigkeiten:
SGB V: Krankenversicherungsangelegenheiten,
SGB VI: Rentenversicherungsangelegenheiten,
SGB IX: Rehabilitation und Teilhabe behinderter Menschen,
SGB XI: Pflegeversicherung.

Antragstellung
Alle Sozialleistungen müssen beantragt werden. Bis auf wenige Ausnahmen können sie nicht im Nachhinein gestellt werden. Die Antragstellung kann mündlich oder schriftlich erfolgen. Da die Leistungen sich nach der persönlichen Situation der Antragstellenden richten, sind sie verpflichtet darüber Auskünfte zu erteilen, ebenso über Änderungen ihrer Situation. Durch die Änderungsmitteilungen können Hilfen sowohl ausgeweitet als auch eingeschränkt werden. Werden Änderungen nicht mitgeteilt, können Hilfen ganz eingestellt werden.

Anträge werden von den zuständigen Sachbearbeitern schriftlich oder mündlich beantwortet. Schriftliche Begründungen können von den Antragstellern immer verlangt werden. Widerspruchsfristen gegen Entscheidungen betragen vier Wochen. Diese Frist wird in schriftlichen Bescheiden im Abschnitt „Rechtshilfebelehrung" genannt. Sollte ein Bescheid keine oder eine unrichtige Rechtshilfebelehrung enthalten, verlängert sich die Widerspruchsfrist auf ein Jahr (§§36 und 62 SGB X in Verbindung mit §66 SGG Sozialgerichtsgesetz). Wenn dem Widerspruch keine Folge geleistet wird, ist es möglich, beim Sozialgericht Klage einzureichen (vgl. Deutsche Leukämie-Forschungshilfe 2009, 7).

Ausländische Patienten und Patientinnen

Die sozialrechtlichen Unterstützungsmöglichkeiten beruhen auf unterschiedlichen Rechtsgrundlagen. Bestimmte (individuelle) Voraussetzungen sind für die Inanspruchnahme notwendig. Diese Voraussetzungen sind vom Aufenthaltsstatus abhängig.

Kindergeld, Elterngeld und Unterhaltsvorschuss bekommen grundsätzlich alle, die sie zur Erwerbstätigkeit berechtigt. Es gibt hier Ausnahmeregelungen, die jeweils im Einzelfall geprüft werden. Beratung bei Ausländerbehörden und Migrationssozialberatungsstellen.

Leistungen nach dem SGB V, VI, XI richten sich nicht nach dem Aufenthaltsstatus, sondern nach dem Beitragsprinzip. Das heißt: wer bei einem deutschen Arbeitgeber beschäftigt ist, kann diese Leistungen in Anspruch nehmen. Ein Behindertenausweis wird vom Versorgungsamt für die Dauer des voraussichtlichen Aufenthaltes ausgestellt (vgl. Deutsche Leukämie-Forschungshilfe 2009, 38).

Einkommen durch Pflegeversicherung

Leistungen aus der Pflegeversicherung werden nicht als Einkommen bei der Sozialhilfe berücksichtigt (§13 Abs. 6 SGB XI) (vgl. Deutsche Leukämie-Forschungshilfe 2009, 16).

Pflege durch die Eltern

Wenn die Eltern eines erkrankten Kindes Pflegegeld beziehen, muss ein- bis zweimal alle sechs Monate ein beratender Einsatz durch eine Pflegefachkraft stattfinden, damit der Anspruch auf das Pflegegeld aufrecht erhalten werden kann. Die Pflegekasse bezahlt diesen Einsatz (vgl. Zernikow 2008, 18).

Zuzahlungen

Diese müssen für Krankenkassenleistungen gezahlt werden. Der Umfang beträgt meistens 10% der Kosten, mindestens 5 € pro Mittel oder Tag, nicht mehr als höchstens 10 €. Beispiele sind Heil- und Hilfsmittel, stationäre Aufenthalte, Reha-Maßnahmen, Haushaltshilfe und häusliche Krankenpflege. Ausnahmen sind dann gültig zu machen, wenn die Aufwendungen für Kinder unter 12 bzw. unter 18 Jahren getätigt werden und wenn die Belastungsgrenze von 2% des Bruttojahreseinkommens der Familie überschritten wurde, bei chronischen Erkrankungen von 1% des Bruttoeinkommens. Als chronisch krank gilt jemand, der oder die

- pflegebedürftig nach Pflegestufe 2 oder 3 ist
- einen Grad der Behinderung von mindestens 60% vorweist
- eine Erwerbsminderung von mindestens 60% hat
- eine kontinuierliche ärztliche oder psychotherapeutische Behandlung, medikamentöse Therapie, Behandlungspflege und/oder Versorgung mit Heil- und Hilfsmitteln benötigt, ohne die eine lebensbedrohliche Verschlimmerung der Krankheit, Verminderung der Lebenserwartung oder eine Beeinträchtigung der Lebensqualität eintreten würde.

Wenn eine festgestellte Pflegebedürftigkeit der Stufen 2 oder 3 ein Jahr besteht, wird davon ausgegangen, dass eine Dauerbehandlung vorliegt. Berechnungsbeispiele finden sich bei: Deutsche Leukämie-Forschungshilfe (2009, 18).

Fahrtkosten müssen in der Regel zu 100% getragen werden (§60 SGB V, Ausnahmen s. Deutsche Leukämie-Forschungshilfe 2009, 18), Zahnbehandlungen zu 50% (vgl. Deutsche Leukämie-Forschungshilfe 2009, 23).

Viele Informationen sind über das Internet verfügbar, genauere Angaben finden sich im DLFH-Sozialinfo (2009, 46).
Nachfolgend eine Auswahl relevanter Internetadressen:
Bundesministerium für Gesundheit und Soziale Sicherung (BMGS), www.bmgs.bund.de
Bundesarbeitsgemeinschaft Selbsthilfe, www.bagselbsthilfe.de
Sozialhilfe, www.tacheles-sozialhilfe.de
Ratgeber für Menschen mit Behinderung, www.bmas.de
Leistungen der Pflegeversicherung, www.aok-bv.de
Steuermerkblatt für Familien mit behinderten Kindern, www.bvkm.de
Steuertipps für behinderte Mitbürgerinnen und Mitbürger, www.callnrw.de
Steuervorteile für Körperbehinderte, www.bdl-online.de
Lexikon für schwerbehinderte Menschen: Behinderung und Beruf, www.integrationsaemter.de (vgl. DLFH-Sozialinfo 2009, 46)

119

Da Angebote aus dem Bereich der ambulanten und stationären pädiatrischen Palliativversorgung in Deutschland noch nicht flächendeckend vorhanden sind (vgl. Henkel/Stahl 2008, 436), stellt die Entwicklung und Etablierung familienorientierter Versorgungsstrukturen eine maßgebliche Entwicklungsforderung dar. Henkel/Stahl (2008) umreißen diese folgendermaßen: Die Eltern der erkrankten Kinder sind die primären Versorger, die in alle Aspekte einbezogen werden müssen. Die in der pädiatrisch-palliativen Versorgung tätigen professionellen Kräfte definieren sowohl die Bedürfnisse der erkrankten Kinder als auch die der Angehörigen als Gegenstand ihrer Arbeit. Ziele sind dabei die Stärkung der Gesundheit des erkrankten Kindes, die Gesundheitsfürsorge für alle anderen Familienmitglieder und die Stärkung des Familiensystems. Zusammen mit der Familie sollen der Ist-Zustand analysiert sowie Ziele und Planung der Versorgung festgelegt werden (vgl. Henkel/Stahl 2008, 432ff.; Köhlen 2003).

Henkel/Stahl (2008, 435) propagieren den Aufbau von Präventionsdiensten auf kommunaler, regionaler und Länderebene. Diese könnten für Familien mit lebensverkürzend erkrankten Kindern und Jugendlichen eine Anlaufstelle sein, die der spezifischen Beratung und Information dient. Informationen und Angebote zur Vermeidung des Burn-out, angeleitete Gruppen für Eltern, Geschwister oder die ganze Familie, Kontaktbörsen und Vermittlung von Selbsthilfegruppen und Schulungsangebote für die pflegerische Versorgung des Kindes könnten Bausteine der Angebote sein. Als Modell stehen hierfür die APPZ (ambulante pädiatrische Palliativversorgung) in Bonn und Datteln zur Verfügung sowie die Konzeption der ambulanten Kinderhospizdienste.

Die pflegenden Angehörigen benötigen Unterstützung in Hinblick auf die Vermeidung von Überlastung und Erschöpfung, die zum Burn-out führen können. Die psychosozialen Folgen und auch Folgekosten könnten und sollten vermieden werden (vgl. Henkel/Stahl 2008, 436).

Zur Entlastung und Begleitung von Familien und pflegenden Angehörigen sind spezialisierte ambulante Pflegedienste und palliativmedizinische Beratung und Behandlung wünschenswert. Hinderlich ist hier die durch die Gesetzgebung vorgeschriebene Trennung zwischen ambulanter und stationärer Versorgung, die einen flexiblen Einsatz verhindert.

Henkel/Stahl (2008, 436) fordern eine „politisch befürwortete und konzeptgestützte Palliativversorgung mindestens auf Länderebene (die die) gezielte Bereitstellung und (den) verantwortungsvollen Umgang mit Ressourcen ermöglichen (könnte)".

4.3.3 Fazit

Die Situation von Familien, in denen progredient erkrankte Kinder und Jugendliche leben, stellt für alle Beteiligten eine besondere und existentielle Herausforderung dar, die einen hohen jedoch individuell divergierenden Bedarf an Begleitung und Unterstützung zur Folge hat. Diese Unterstützungsmöglichkeiten in Anspruch zu nehmen, fällt vielen Familien zunächst schwer – nicht zuletzt wegen der zu überwindenden bürokratischen Hürden. Auch die möglichen, krankheitsbedingten Veränderungen im sozialen Umfeld sind zunächst nicht leicht zu akzeptieren. Viele Familien berichten jedoch, dass sie ihr Leben mit dem erkrankten Kind gut meistern können, dass sich ihre Horizonte erweitern und ihr Lebensgefühl intensiver und bewusster wird.

Die Chance, die Familien progredient erkrankter Kinder und Jugendlicher dann haben, liegt darin, *abschiedlich leben zu lernen* (vgl. Sieler 2003, 57). Das bedeutet, dass sich Menschen durch die Erkenntnis im Angesicht des verfrühten Todes, dass man im Leben loslassen muss, die Möglichkeit eröffnet, sich intensiver auf Beziehungen und das Leben an sich einzulassen. „Abschiedlich leben lernen bedeutet nicht, jeden Augenblick für das letzte Stündlein zu halten, sondern die Begrenztheit am Ende des Lebens mit den Begrenzungen in meinem alltäglichen Lebensvollzug in Beziehung setzen zu können. Abschiedlichkeit bedeutet anzunehmen, dass alles in Bewegung ist, sich immer verändert und weiterentwickelt" (Schibilsky 1996, 12). Dies ist nur eine Facette im komplexen Bild der Situation von Familien progredient erkrankter Kinder und Jugendlicher.

Es besteht nach wie vor Bedarf forschend zu erfahren, wie sich explizit diese Situation individueller Familiensysteme und einzelner Familienmitglieder darstellt. Die Resultate dieser Studien könnten einmünden in passgenau zugeschnittene Unterstützungsangebote für die einzelnen Adressaten. Mit der hier vorgestellten Untersuchung ist ein Schritt in diese Richtung getan.

4.4 Geschwister progredient erkrankter Kinder

Das Leben von Geschwistern progredient erkrankter Kinder und Jugendlicher ist geprägt von der besonderen Situation, in der ihre Familie lebt – während der Zeit der Erkrankung und über den Tod des Kindes/Jugendlichen hinaus. Die Kennzeichen, die die gesunden Geschwister betreffen, werden in diesem Kapitel erläutert: die spezifischen Probleme und Belastungen sowie die Ressourcen, die bei der Bewältigung in Anspruch genommen und weiterentwickelt werden können. Die Ausführungen basieren größtenteils auf der noch unveröffentlichten Diplomarbeit von Dipl.-Päd. Jenny Bianca Proske (2009) mit dem Titel: „Erfahrungen und Bedürfnis von Geschwistern progredient erkrankter Kinder. Eine qualitative Studie zur Erfassung förderlicher Bedingungen im Lebenslauf unter besonderer Berücksichtigung der kinderhospizlichen Geschwisterarbeit", die im Kontext der Studie an der Universität Oldenburg entstanden ist.

4.4.1 Forschungsstand

Anders als im angloamerikanischen Sprachraum existieren im deutschsprachigen Raum nur wenige Forschungsarbeiten, die sich explizit mit der Situation von Geschwistern progredient erkrankter Kinder befassen. Es liegt aber eine Vielzahl von Veröffentlichungen zur Situation von Geschwistern beeinträchtigter Kinder vor (vgl. Kasten 1993; Achilles 2002, Lüscher 1997, Hackenberg 2008). Zurückgegriffen werden kann auch auf Erkenntnisse aus Studien und Überblickswerken, die sich mit der Situation der Geschwister chronisch kranker Kinder beschäftigen, da vor allem hinsichtlich des erhöhten Risikos einer körperlichen oder seelischen Beeinträchtigung ihrer Gesundheit „die Situation der Geschwister von Kindern mit lebensbedrohlichen oder -limitierenden Erkrankungen mit der von Geschwistern ohne offensichtliche Lebensbegrenzung vergleichbar" ist (Henkel/Stahl 2008, 429). Da Geschwister progredient erkrankter Kinder nicht nur vor die Herausforderung gestellt werden, sich mit der Beeinträchtigung des Geschwisters auseinanderzusetzen, sondern auch mit dessen vorhersehbaren und letztlich eintretenden Tod, würde es der Thematik nicht gerecht werden, ausschließlich Erkenntnisse aus Familien mit behinderten Kindern für die Auseinandersetzung zu nutzen. Zur psychosozialen Situation der Geschwister progredient erkrankter Kinder wurde dezidiert erst in den letzten Jahrzehnten im angloamerikanischen Raum geforscht, insbesondere bezüglich der Situation von Geschwistern krebskranker Kinder. Fokussiert wurden im Sinne der Risikoforschung vorrangig die negativen Auswirkungen, die aus dem Zusammenleben mit einem progredient erkrankten Geschwister resultieren. Es wurde so ein überwiegend defizitorientiertes Bild gezeichnet. Forschungen, die auch die moderierenden Faktoren betrachten, die die Auswirkungen des gemeinsamen Aufwachsens mit einem erkrankten Kind abmildern oder verstärken können, liegen bisher kaum vor. Übereinstimmend werden Geschwister progredient erkrankter Kinder in der Literatur als Risikogruppe angesehen, die besonders anfällig für die Entwicklung psychosozialer Anpassungsprobleme ist (vgl. Cohen et al. 1994, 302).
Im Folgenden wird ein Überblick über die Situation der Geschwister progredient erkrankter Kinder gegeben.

4.4.2 Die Situation der Geschwister progredient erkrankter Kinder

Die Diagnose einer progredienten Erkrankung stellt für die gesamte Familie eine alle Lebensbereiche umfassende Herausforderung dar (vgl. Kapitel II 4.3; Henkel/Stahl 2008, 425). Geschwister progredient erkrankter Kinder im Kindes- und Jugendalter sind häufig erheblichen Stressoren ausgesetzt. Insbesondere bei einer plötzlich auftretenden Erkrankung ist das Geschwister unmittelbar mit einer unklaren bedrohlichen Situation, mit einer Veränderung des Familienalltags und mit einem Wandel der familiären Rollenbeziehungen konfrontiert (vgl. AWMF 2008). Bogyi geht davon aus, dass Geschwister einerseits den Auseinandersetzungsprozess mit der Krankheit und den bevorstehenden Tod des Geschwisters durchleben und andererseits vor allem unter erschwerten Bedingungen, die primär in der Familie bestehen, ihre eigene Rolle finden und behaupten müssen (vgl. Bogyi 1996, 264). Es lassen sich folgende Risiken für die Geschwister progredient erkrankter Kinder herausstellen, die auch als Ursache für das erhöhte Risiko einer Beeinträchtigung der körperlichen und seelischen Gesundheit angesehen werden können, wobei ihre Bedeutung für die Entwicklung der Geschwister noch nicht systematisch erforscht wurde (vgl. Tröster 1999, 160 ff.; Henkel/Stahl 2008, 430):

1. Die Geschwister müssen vor allem mit einer Reihe von *Verlusterfahrungen* umgehen wie z.B. dem Verlust von Sicherheit und Regelmäßigkeit im Familienalltag, (der Alltagsrhythmus der Familie konzentriert sich zumeist vorrangig auf das progredient erkrankte Kind), dem Verlust einer unbeschwerten Kindheit und dem Miterleben von Funktionsausfällen beim erkrankten Kind. Der Verlust eines Teils der elterlichen Zuwendung ist besonders hervorzuheben. Sie sind häufig stark mit der Pflege und Begleitung des progredient erkrankten Kindes beschäftigt, sodass z.T. nur wenig Zeit für die Geschwister verbleibt (vgl. Sieler 2006, 119). Der Verlust wird häufig noch durch Krankenhausaufenthalte des erkrankten Kindes unter Begleitung der Eltern oder eines Elternteils verstärkt, die somit mit einer längeren Abwesenheit der nächsten Bezugspersonen der Geschwister verbunden sind (vgl. Zernikow/Nauck 2008, o.S.). Zum einen droht also der Verlust des geliebten Geschwisters durch den bevorstehenden Tod, und zum anderen empfinden die gesunden Geschwister den zumindest zeitweisen Verlust ihrer Eltern. Es wird von einem „doppelten Verlust" gesprochen (ebd.). Es besteht die Gefahr, dass die Geschwister vernachlässigt werden und infolgedessen ihre Interessen und Bedürfnisse zurückstecken müssen. Für die Eltern ist es daher häufig schwer, ihren Kindern gleichermaßen gerecht zu werden. Für die gesunden Geschwister ist diese Situation meist sehr belastend. Sie benötigen Unterstützung und Beachtung, die ihnen ihre Eltern häufig nicht in ausreichendem Maße geben können.

2. Ein weiteres Risiko ist, dass die Geschwister durch den *Einbezug in die Versorgung des kranken Kindes und oder durch die Mithilfe bei Arbeiten im Haushalt* in ihrer Entwicklung und in ihren Aktivitäts- und Entfaltungsmöglichkeiten eingeschränkt werden können. Dadurch bleibt ihnen weniger Zeit zum Aufbau einer Peer-Group, infolgedessen ein Rückzug von Peers droht (vgl. Tröster 1999, 161).

3. Ebenso können *überhöhte Erwartungshaltungen der Eltern* eine Überforderung der Geschwister progredient erkrankter Kinder bedingen. Fühlen sich die Geschwister verpflichtet, durch besondere Leistungen, z.B. im schulischen Bereich, die Enttäuschung der Eltern über die begrenzten Möglichkeiten des erkrankten Kindes auszugleichen, kann dies die Kinder überfordern (vgl. Tröster 1999, 163). Aber auch die Erwartungen der Eltern, die nicht selten Toleranz und Rücksichtnahme hinsichtlich des Umgangs mit dem erkrankten Kind fordern und das Gefühl seitens der Geschwister, die Eltern entlasten zu müssen, kann zu überangepasstem Verhalten und zur Unterdrückung negativer Affekte wie z.B. Eifersucht führen (vgl. Achilles 2002, 43; Hackenberg 2008, 103). Erhöhte Rücksichtnahme kann darin münden, dass sich die Kinder emotional zurückziehen, auf altersbezogene Aktivitäten verzichten und Angst haben, die Eltern mit ihren Gefühlen zu konfrontieren (vgl. Petermann et al. 1987, 86; Kroll et al. 1994, 63).

4. Eine weitere Anforderung und ein Risiko für die Geschwister besteht darin, eine *gute und tragfähige Geschwisterbeziehung* auch unter erschwerten Bedingungen aufzubauen (vgl. Gamble/Woulbroun 1993, 299). Gelingende geschwisterliche Interaktionen erfordern aufgrund der asymmetrischen Rollenverteilung auf Seiten des gesunden Geschwisters die Fähigkeit zur Empathie, zur Rollenübernahme und den Einsatz instrumenteller Verhaltensweisen mit dem Ziel Kompetenzunterschiede auszugleichen und sich auf die Bedürfnisse des beeinträchtigten Geschwisters einzustellen (vgl. Kasten 1993, 178; Hackenberg 2008, 97; Tröster 2001, 10).

5. Als ein weiteres Risiko kann herausgestellt werden, dass gesunde Geschwister ein von der Behinderung ihres erkrankten Geschwisters unabhängiges Selbstkonzept entwickeln müssen, um die „Überidentifikation mit dem erkranktem Geschwister zu vermeiden" (Gamble/Woulbroun 1993, 300). Es wird befürchtet, dass sich eine verstärkte Identifikation ungünstig auf die individuelle Identitätsentwicklung und auf das Selbstkonzept auswirken könnte. Ein gesundes Selbstkonzept ermöglicht es den Geschwistern, sich trotz der Sonderstellung der Familie „normal" zu fühlen (vgl. Tröster 1999, 162). Die notwendige Abgrenzung wird jedoch unter bestimmten Bedingungen erschwert: Eine Überidentifikation mit dem erkrankten Kind kann zum einen als ein Versuch gesehen werden, eigene Schuldgefühle abzumildern, zum anderen – aufgrund des Erlebens ungleicher elterlicher Aufmerksamkeitsverteilung – kann diese ein Versuch

sein, sich die elterliche Zuwendung wieder zu sichern (vgl. Gamble/Woulbroun 1993, 300f.). Ebenso können verstärkte Distanzierungsbemühungen der Geschwister erkrankter Kinder, die aus dem Bedürfnis resultieren, Abstand von der Behinderung und ein Gefühl der „Normalität" zu gewinnen, psycho-emotionale Belastungen in Form von Schuldgefühlen mit sich bringen.

6. Eine zentrale Herausforderung, vor der die Geschwister im Laufe ihres Lebens gestellt werden, ist die *Konfrontation mit dem voraussehbaren Tod des erkrankten Kindes*. Dies bedingt eine Auseinandersetzung mit existentiellen Fragen zu Sterben und Tod und leitet den vorausgreifenden Trauerprozess ein (vgl. Zernikow/Nauck 2008, o.S.). Antizipatorische Trauer wird ausgelöst durch die Konfrontation mit der Diagnose einer lebensverkürzenden Erkrankung und reicht bis zum Eintreten des Todes. Das Ausmaß der Auseinandersetzung mit dem Sterben und Tod des Kindes wird durch den zugrunde liegenden Krankheitsverlauf bestimmt (vgl. Sourkes 1987, 26ff.). Der antizipatorischen Trauer wird in der Literatur allgemein eine förderliche Funktion zugesprochen, da durch sie die nachgehende Trauer erleichtert wird (vgl. Langenmayr 1999, 29; Petermann et al. 1987, 154; Potts et al. 1999, 52). Aus einer inadäquaten Begleitung der Geschwister in ihrem Trauerprozess können erhebliche Probleme resultieren. Werden sie nicht umfassend und altersangemessen über die Erkrankung und den letalen Verlauf aufgeklärt, so kann das Miterleben der Erkrankung zu verzerrten und bedrohlichen Vorstellungen über die Erkrankung und den Tod führen, „die getragen sind von Missverständnissen, Schuld, Scham und Ärger" (Langenmayr 1999, 39). Vor allem in der Palliativphase der Erkrankung ist das Geschwister verstärkt mit der familiären Trauer, der Verzweiflung der Eltern und der stetigen Verschlechterung des Gesundheitszustandes des Kindes konfrontiert und herausgefordert, Vorstellungen über eine Verbindung zum Geschwister über den Tod hinaus zu entwickeln (vgl. AWMF 2008).

Stellen die vorangegangen Faktoren vor allem potentielle Risiken dar, die sich im familiären Umfeld in direktem Zusammenhang mit der Erkrankung ergeben können, so können die Geschwister jedoch auch mit Belastungen konfrontiert werden, die indirekt mit der Erkrankung zusammenhängen, wie z.B. die hohe psychische Belastung der Eltern, Eheprobleme der Eltern oder stigmatisierende Reaktionen der Umwelt gegenüber dem erkrankten Kind (vgl. Henkel/Stahl 2008, 430).

4.4.3 Psychosoziale Belastungen

Der Frage, ob Geschwister chronisch oder progredient erkrankter Kinder im Gegensatz zu anderen Kindern und Jugendlichen vermehrt Verhaltensstörungen und psychosoziale Anpassungsschwierigkeiten zeigen und sie prinzipiell in ihrer Entwicklung gefährdet sind, widmeten sich seit Ende der 1970er-Jahre eine Vielzahl an Studien (vgl. Wilkins/Woodgate 2005; Murray 1999; Williams 1997). Empirisch wurden diese negativen Folgen für die Geschwister jedoch hauptsächlich bei Familien mit krebskranken Kindern untersucht. Tröster kritisiert die Risikoforschung aufgrund ihrer reinen Defizitorientierung, die die zugrunde liegenden Ursachen für negative Effekte und moderierende Faktoren, wie z.B. individuelle und soziale Ressourcen, außer Acht lässt und in der Krankheit an sich eine „defizitäre Entwicklungsbedingung" sieht (vgl. Tröster 1999, 168f.).

In den Überblicksarbeiten von Bendor und Murray wurden folgende Bereiche, in denen Probleme auftreten können, angeführt: Verlust elterlicher Zuwendung, Gefühl der Einsamkeit, somatische Beschwerden, Entwicklung massiver Schuldgefühle, sozialer Rückzug und verzerrte Krankheits- und Todeskonzepte (vgl. Bendor 1989, 153ff.; Murray 1999, 25f.). Das Ausmaß der Störungen wird in direkten Zusammenhang mit Faktoren vor dem Geschwisterverlust gesetzt. Diese sind vor allem der familiäre Umgang mit der Erkrankung und das Ausmaß der familiären krankheitsbezogenen Kommunikation (vgl. Fanos/Nickerson 1991, 71; Murray 1999, 30). Aufgrund dessen plädiert Bendor für präventive Maßnahmen, die schon vor dem Verlust des Geschwisters ansetzen, um Folgestörungen zu vermeiden (vgl. Bendor 1989, 156). Williams Literaturübersicht, die er auf der Basis von 42 Studien erstellte, die zwischen 1970 und 1995 veröffentlicht wurden und die sich mit den psychosozialen Belastungen der Geschwister chronisch kranker Kinder beschäftigten, belegt, dass 60% der gesichteten Studien ein erhöhtes Risiko für die Geschwister aufzeigten (vgl. Williams 1997, 312). Zwölf dieser Studien befassten sich mit der psychosozialen Angepasstheit der Geschwister krebskranker Kinder, und bis auf eine Ausnahme zeigten alle eine erhöhte psychosoziale Belastung der Geschwister. Auch die Überblicksarbeit von Sharpe/Rossiter, die auf der Meta-Analyse von 51 Studien beruht, zeigt insgesamt einen statistisch signifikanten negativen Effekt für die Geschwister chronisch kranker Kinder (vgl. Sharpe/Rossiter 2002, 705). Tröster, der 36 Forschungsarbeiten in seiner Analyse berücksichtigte, fand in einem Drittel der Studien Angaben für erhöhte Verhaltensauffälligkeiten (vgl. Tröster 1999, 165). Zusammengefasst zeigen sich die negativen Auswirkungen vor allem in folgenden Problembereichen (vgl. Williams 1997, 318; Tröster 1999, 164f.; Sharpe/Rossiter 2002, 705ff.; Murray 1999, 26f.): Anstieg externalisierender und internalisierender Verhaltensauffälligkeiten, Rückzug von sozialen Kontakten, Delinquenz, Regression, Aggression, Unsicherheit, somatische Beschwerden wie z.B. Kopfschmerzen, Bauchschmerzen, Schlaf- und Essstörungen, schulische Probleme, geringer Selbstwert, schlechte soziale Bezüge, Entwicklung stark angstbesetzter Krankheitskonzepte. Emotional auffällige Reaktionen sind vor allem in Bezug auf erhöhte allgemeine Ängstlichkeit, Entwicklung von Gefühlen der Einsamkeit, Eifersucht, Rivalität um die Gunst der Eltern, Wut, Isolation und Zurückweisung, Angst und Schuld nachweisbar (vgl. Wilkins/Woodgate 2005, 313; Petermann et al. 1987, 86f.). Gefühle der Angst sind nach Walker vor allem hinsichtlich drei zentraler Bereiche feststellbar:

1. Angst vor dem Verlust eines Familienmitglieds
2. Furcht vor dem Tod
3. Angst vor Veränderungen in jeglicher Form (vgl. Walker 1988, 208).

Zur Prävalenz von Verhaltensstörungen bei Geschwistern progredient erkrankter Kinder können bislang keine allgemein gültige Aussagen getroffen werden. Es liegen zwar erste Schätzungen vor, diese variieren jedoch stark und die vorhandenen Studien kamen mittels unterschiedlicher Erhebungsmethoden und -instrumente sowie differierender Sample-Auswahl zu ihrem Ergebnis (vgl. Williams 1997, 319; Tröster 1999, 66). Zu der gleichen Schlussfolgerung kamen auch Knees/Winkelheide, die sich mit der Anzahl der in ihrer psychosozialen Anpassung gefährdeten Geschwister von Kindern mit einer Beeinträchtigung auseinandersetzen: Die Angaben schwankten zwischen 35% und 85% der untersuchten Probanden (vgl. Knees/Winkelheide 2006, 157).
Seit 1980 sind vereinzelte Forschungsbestrebungen zu verzeichnen, die versuchen neben negativen Effekten auf die mentale und seelische Gesundheit der Geschwister, die aus dem Zusammenleben mit einem progredient oder chronisch kranken Kind resultieren, auch *positive Auswirkungen* zu identifizieren (vgl. Murray 1999, 31; Williams 1997, 318). Subsumierend ließen sich folgende positive Auswirkungen für die Geschwister progredient erkrankter Kinder feststellen: Neben einem Zuwachs an sozialen Kompetenzen – erhöhte Empathie und Hilfsbereitschaft für die Eltern, das erkrankte Geschwister und andere Menschen – zählen dazu eine verstärkte familiäre Kohäsion, eine beschleunigte Persönlichkeitsentwicklung, höhere Ausprägungen in Selbstständigkeit, Reife und Verantwortungsbewusstsein, ein gutes Selbstkonzept und ein gesundes Selbstbewusstsein. Interessant ist in diesem Zusammenhang auch der Einstellungswandel: Geschwister progredient erkrankter Kinder gelangen – wohl resultierend aus der Konfrontation mit existentiellen Fragen – zunehmend zu einer Wertschätzung des (eigenen) Lebens (vgl. Murray 1999, 27; Wilkins/Woodgate 2005, 312f.). Auch das Ergebnis von Hackenberg, dass Geschwister eine offene, positive Haltung gegenüber Menschen mit einer Beeinträchtigung entwickeln, ist auf die Situation der Geschwister progredient erkrankter Kinder übertragbar (vgl. Hackenberg 1992, 77). Ebenso gibt es Hinweise darauf, dass auch Geschwister nach dem Tod des Kindes positive Effekte aus ihren Erfahrungen ziehen können und die Erfahrung auch in diesem Fall zu einer beschleunigten Persönlichkeitsentwicklung führt (vgl. Davies 1993, 163).
Es lässt sich feststellen, dass das Zusammenleben mit einem progredient erkrankten Kind nicht zwingend zur Entwicklung von Verhaltensauffälligkeiten führt und dass es durchaus auch positive Effekte auf die Persönlichkeitsentwicklung der nicht erkrankten Kinder haben kann (vgl. Cohen et al. 1994, 303). Die zugrunde liegenden Prozesse, die die positiven Auswirkungen verursachen, wurden selten untersucht. Einige qualitative Studien sprechen dafür, dass gerade die Übernahme von zusätzlichen Pflege-, Betreuungs- und Haushaltsaufgaben die erhöhte Selbstständigkeit und Reife der Geschwister

krebskranker Kinder bedingt (vgl. Wilkins/Woodgate 2005, 312f.). Die Zunahme an sozialen Kompetenzen wurde in Verbindung gebracht mit einem – auch unter erschwerten Bedingungen – gut funktionierenden Familiensystem (vgl. Cox et al. 2003, 400). So scheint der Erfolg der familiären Krankheitsbewältigung Auswirkungen auf die Anpassungsleistungen der nicht erkrankten Geschwister zu haben: „Können die Geschwister die Veränderungen in der Familie als bewältigbare Anforderungen begreifen, dann können (…) positive Entwicklungen resultieren (z.B. erhöhte Selbstständigkeit, verbessertes Selbstvertrauen)" (Petermann et al. 1987, 89).

4.4.4 Coping und Bewältigung

Vor dem Hintergrund der obigen Ausführungen wird die Notwendigkeit offensichtlich, die Geschwister von Kindern mit einer progredienten Erkrankung im Lebensverlauf zu unterstützen, um ihre Ressourcen zu stärken und Folgeerkrankungen zu verhindern. Die vorliegenden Forschungsergebnisse geben bisher wenig Aufschluss über die Bedingungen, die zu einer positiven Verarbeitung der auftretenden Probleme führen und demnach förderlich sowie unterstützend für die Bewältigung sein können. Gerade diese könnten jedoch Hinweise darauf geben, wie man Geschwister im Lebensverlauf adäquat unterstützen könnte. In einigen Studien wurden zwar spezifische Merkmale untersucht, die die Anpassung der Geschwister erleichtern respektive erschweren können, jedoch bezog man sich in einem Großteil der Fälle auf soziodemographische und strukturelle Merkmale wie Alter, Geschlecht und Geschwisterfolge (vgl. Williams 1997, 319; Tröster 1999, 166ff.). Diese Faktoren können aufzeigen, welche Geschwister einem besonders hohen Risiko für psychische Beeinträchtigungen ausgesetzt sind, aufgrund ihrer Unveränderbarkeit bietet sich hier jedoch keine Möglichkeit für Unterstützung. Auch sind diese Schlüsse nur begrenzt ableitbar, weil die unterschiedlichen Bedingungs*gefüge*, die diese Risiken abschwächen oder erhöhen können, außer Acht gelassen werden. Die Krankheit eines Geschwisters kann allenfalls als Risiko- oder Stressfaktor konzeptualisiert werden, dessen Bedeutung von verschiedenen individuellen und familiären Ressourcen beeinflusst wird (soziales Netzwerk der Familie, Copingstrategien, elterliche Einstellung zu der Erkrankung) (vgl. Cohen et al. 1994, 303f.; Boeger/Seiffge-Krenke 1996, 359).

Die individuellen Copingstrategien der Geschwister progredient erkrankter Kinder wurden bisher selten systematisch erforscht (vgl. Murray 1999, 29f.), jedoch scheinen gerade das Ausmaß der empfangenen sozialen Unterstützung und familiäre Merkmale (Anpassungsfähigkeit der Familie, Ausmaß der familiären Kommunikation, elterliche Reaktionen auf die Erkrankung) förderlich für die Anpassung der Geschwister an die Situation und für deren Bewältigung zu sein (vgl. Wilkins/Woodgate 2005, 314ff.; Murray 1999, 28ff.; Williams 1997, 319f.). Seifert geht davon aus, dass nur über einen multivariaten Ansatz, „der das gesamte Familiensystem in seiner Dynamik und das Umfeld der Familie berücksichtigt", die Auswirkungen eines beeinträchtigten Kindes auf seine Geschwister geklärt werden können (Seifert 1989, 30; vgl. Kapitel II 2).

4.4.5 Unterstützungsressourcen

Neben den individuellen Bewältigungsstrategien lassen sich wesentliche weitere externe Unterstützungsressourcen für Geschwister progredient erkrankter Kinder und Jugendlicher herausstellen. Sie sind im nachfolgenden Schaubild dargestellt:

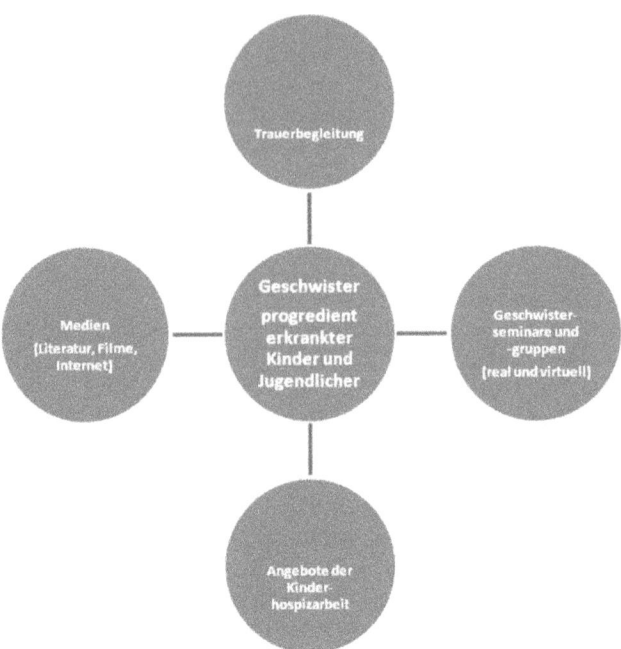

Abb. 6: Unterstützungsressourcen für Geschwister progredient erkrankter Kinder und Jugendlicher

Die angeführten Unterstützungsressourcen sind nicht voneinander getrennt zu betrachten, sondern stehen in einer engen Beziehung zueinander. So sind Angebote der Trauerbegleitung auch Bestandteil der Angebote der Kinderhospizarbeit, und auch Geschwisterseminare werden von Seiten der Kinderhospizarbeit angeboten. Trauer- und Geschwisterseminare werden hingegen aber auch deutschlandweit von Vereinen, wie z.B. „Verein verwaiste Eltern und Geschwister e.V." und „Zentrum für trauernde Kinder e.V.", angeboten.

4.4.5.1 Trauerbegleitung

Trotz der nachweislichen Belege über die förderliche Wirkung der vorauseilenden Trauer wird der tatsächlich eintretende Tod des Bruders oder der Schwester für die gesunden Geschwister als unerwartet oder plötzlich empfunden. Auf diesen Verlust folgt Trauerarbeit. „Even with preparation time, the actual death is a final surprise. (…) Anticipatory grief does not replace the grief that follows the actual death" (Davies 1993, 138). Kinder und Jugendliche stellen sich den Traueraufgaben nach einem Verlust gemäß ihres kognitiven, sozialen, emotionalen und personalen Entwicklungsstandes (vgl. Worden 2006 et al., 130). In der Weiterentwicklung der Trauerphasenmodelle von Kübler-Ross (1970) (vgl. Paul 2001, 14ff.) spricht Worden in seinen Ausführungen von *Traueraufgaben* – damit betont er die Notwendigkeit aktiver Auseinandersetzung der Trauernden mit dem Erlebten (vgl. Worden et al. 2006, 19ff.). Die von Worden beschriebenen Traueraufgaben (vgl. Worden 2006 et al., 19ff.) werden im Folgenden kurz vorgestellt, wobei die vierte Traueraufgabe unter Berücksichtigung neuerer Literatur aus dem englischen Sprachraum (vgl. Klaas 2000, 67ff.) modifiziert wurde. Diese Modelle können wohl als Orientierungsrahmen dienen, sollten jedoch nicht als starre Leitlinie missverstanden werden. Die Trauer von Kindern und Jugendlichen ist mehr noch als die von Erwachsenen durch einen wechselhaften Verlauf charakterisiert, in dem sich Phasen der Trauer mit trauerfreien Phasen abwechseln. Im Prozess der Trauer stellen sich folgende Aufgaben (nach Worden 2006 et al., 19ff.):

1. *Den Verlust als Realität akzeptieren:* Überzeugung gewinnen, dass ein Wiedersehen mit dem Verstorbenen zumindest in diesem Leben nicht möglich ist: In dieser Phase wird der Verlust häufig geleugnet und dieses Nichtwahrhabenwollen verhindert auf längere Zeit den Vorgang

im Trauerprozess: Leugnen der Tatsachen des Verlustes, der Bedeutung des Verlustes oder der Endgültigkeit des Todes.

2. *Den Trauerschmerz erfahren:* Sich auf die Trauer einlassen und Gefühle zulassen: Wird der Tod akzeptiert, können auch die widersprüchlichsten Gefühle (Wut, Zorn; Schmerz, Ohnmacht, Enttäuschung, Hass) zugelassen werden. Worden geht davon aus, dass gerade das soziale Umfeld der Trauernden die Bewältigung dieser Aufgabe erschweren kann, indem es signalisiert, dass die gezeigte Trauer unpassend ist. Wege, um der Bewältigung dieser Aufgabe zu entgehen, sind z.B. die Flucht in Empfindungslosigkeit, das Ausschalten von Erinnerungen an den verstorbenen Menschen oder die Idealisierung des Toten.

3. *Sich anpassen an eine Umwelt, in der der Verstorbene fehlt:* Die Bewältigung dieser Aufgabe setzt voraus, dass sich das Kind eingehend mit der Beziehung zum verstorbenen Geschwister auseinandersetzt sowie mit den Rollen, die dieses zu Lebzeiten eingenommen hat (z.B. Vertrauensperson, Rivale). Die Rollen im Familiensystem müssen neu definiert und gefunden werden.

4. *Für die tote Person im emotionalen Leben und in der Gemeinschaft einen neuen Platz finden, der es erlaubt, sich an sie zu erinnern:* Worden geht durch Rückbezug auf Freuds Trauerarbeitshypothese davon aus, dass das Ziel der „erfolgreichen" Trauer die emotionale Ablösung von dem Verstorbenen und die Reinvestierung der emotionalen Energie in eine andere Beziehung ist (vgl. Worden et al. 2006, 24f.). Demzufolge werden Trauernde – so Klaas – pathologisiert, die an der Bindung bzw. Beziehung zum Verstorbenen festhalten (vgl. Klaas 2000, 68f.). Diese Annahme widerspricht aber vielen Forschungsergebnissen, und Klaas geht davon aus, dass auch Geschwister fortdauernde Bindungen zum verstorbenen Bruder oder Schwester aufrecht erhalten. Dies geschieht durch persönlich-individuelle oder Familienrituale, durch die Identifikation mit dem Verstorbenen, Erinnerungen, religiöse Vorstellungen oder durch verbindende Gegenstände und stellt eine Kraft- und Trostquelle dar (vgl. Klaas 2000, 77f.).

Evaluationsstudien, die die Auswirkungen von Trauerseminaren auf die psychosoziale Situation der verwaisten Geschwister untersuchten, liegen kaum vor. Die Teilnahme an Trauergruppen scheint jedoch positive Auswirkungen auf die familiäre Kommunikation über den Geschwisterverlust/Tod des Geschwisters zu haben und einen offeneren Umgang mit den belastenden Erfahrungen zu begünstigen (vgl. Potts et al. 1999, 55; Bäumer 2000, 204). Für verwaiste Geschwister bestehen vor allem Angebote vom Bundesverband Verwaiste Eltern in Deutschland e.V. (VEID), der mittlerweile mit über 500 lokalen Trauergruppen für verwaiste Eltern und Geschwister ein bundesweites Netzwerk für trauernde Familien darstellt. VEID unterstützt verwaiste Familien auch bei der Suche nach Trauerseminaren, die bundesweit mit verschiedenen Kooperationspartnern organisiert werden und verfügt über eine Liste entsprechender Anbieter.

4.4.5.2 Geschwisterseminare und -gruppen

Selbsthilfegruppen stellen nicht nur für Eltern erkrankter Kinder eine wesentliche Unterstützungsressource bei der Bewältigung der besonderen Situation dar. Sie bieten die Möglichkeit eines offenen Austausches unter Betroffenen. Selbsthilfegruppen und Foren für Geschwister behinderter und erkrankter Kinder lassen sich in *reale* und *virtuelle* einteilen. In den *realen* Selbsthilfegruppen findet der Austausch betroffener Geschwister in der realen Welt an einem bestimmten Ort, zu einem fest vereinbarten Zeitpunkt statt. In den meisten Fällen werden sie von örtlichen Trägern und Vereinen wie z.B. der Lebenshilfe e.V. angeboten (vgl. „Ich bin doch auch noch da!" 2009[48]). *Virtuelle* Selbsthilfegruppen und Foren können online aufgesucht werden.

Als eine Form der direkten Unterstützung von Geschwistern progredient erkrankter und/oder verstorbener Kinder haben sich vor allem Geschwistergruppen und -seminare bewährt. Hinsichtlich der Effektivität dieser Gruppen liegen im angloamerikanischen Raum einzelne Evaluationsstudien vor (vgl.

---

[48] http://lebenshilfe-bremen.de/files/Fly_GeschwGru2010.pdf (Letzter Zugriff: 14.05.2010).

Cunningham et al. 1981, 183; Lobato 1993, 92; Houtzager et al. 2001, 320). Im deutschsprachigen Raum wurde bisher erst eine Evaluationsstudie, die sich explizit auf die Wirksamkeit von Geschwisterseminaren bezieht, durch das Geschwisterprojektes „SisBroJekt" im Zeitraum von Mitte 2006 bis Anfang 2007 von Zernikow et al. durchgeführt.[49] Die Studien zeichnen insgesamt ein sehr positives Bild und belegen vor allem folgende positive Auswirkungen in Bezug auf die Unterstützung der Geschwister progredient erkrankter Kinder: Verbessertes Verständnis der eigenen Situation, der familiären Situation und der Situation des progredient erkrankten Geschwisters; verbesserte familiäre krankheitsbezogene Kommunikation und Interaktion; verbessertes Wissen über die Erkrankung; verbessertes Selbstkonzept im Vergleich zu betroffenen Geschwistern, die nicht an einem Seminar teilgenommen hatten; Reduzierung der Gefühle von Isolation und von Angst.

Die Gruppe der Geschwister progredient erkrankter Kinder kann auch auf Angebote zurückgreifen, die sich allgemein an Geschwister beeinträchtigter Kinder richten und in unterschiedlichen Formen und mit verschiedenen Schwerpunkten für Geschwister im Kindes-, Jugend- und Erwachsenenalter angeboten werden (vgl. Hackenberg 2008, 134).

Für Geschwister progredient erkrankter und/oder verstorbener Kinder werden zum einen auf regionaler Ebene Geschwister- und Trauergruppen von ambulanten Kinderhospizdiensten und zum anderen auf überregionaler Ebene die Familien- und Geschwisterseminare der Deutschen Kinderhospizakademie des Deutschen Kinderhospizvereins e.V. (DKHV) angeboten. Das Angebot der Deutschen Kinderhospizakademie ist vielfältig, auf unterschiedliche Altersgruppen zugeschnitten und umfasst zum jetzigen Zeitpunkt für das Jahr 2009/2010 das Twisterseminar, dass sich an zehn- bis 16-jährige Geschwister richtet, eine Geschwisterfreizeit für Geschwister zwischen acht und14 Jahren (Kanutour), ein Begegnungswochenende für Geschwister ab 18 Jahren und einen Workshop, der sich, begrenzt auf einen Tag, mit dem gesellschaftlichen Bild der Geschwister progredient erkrankter Kinder beschäftigt.[50] Die Seminare richten sich zugleich an Geschwister progredient erkrankter und/oder verstorbener Kinder. Die Geschwisterseminare des DKHV werden in der Regel von Fachleuten geleitet, wobei jedoch die Planung und Durchführung von Workshops und von Seminaren für Geschwister ab 18 Jahren von erwachsenen Geschwistern progredient erkrankter und/oder verstorbener Kinder des Arbeitskreises Geschwister übernommen wird. Im deutschsprachigen Raum liegen zur theoretischen Fundierung der kinderhospizlichen Geschwisterarbeit in den Seminaren keine Veröffentlichungen vor. Vereinzelt sind Berichte und Modelle aus der Arbeit mit Geschwistern beeinträchtigter (vgl. Winkelheide 1992) oder verstorbener Kinder (vgl. Bäumer 2000; Fleck-Bohaumilitzky/Fleck 2000) verfügbar.

Allgemein erklärtes Ziel der Geschwisterseminare der Deutschen Kinderhospizakademie ist nach Sieler die Schaffung eines Raumes, in dem die Kinder und Jugendlichen sich akzeptiert wissen und die Möglichkeit haben, andere Geschwister kennenzulernen und sich mit ihnen auszutauschen (vgl. Sieler 2006, 122). Diese Zielsetzung deckt sich auch mit der von Rosen und Lobato (1993) propagierten allgemeinen Konzeption für Gruppen für Geschwister progredient erkrankter Kinder (vgl. Rosen 1986, 60; Lobato 1993, 91), die folgende Aspekte betont:

1. *Vermittlung von Unterstützung und Verminderung von Gefühlen der Isolation,* indem ein Raum geschaffen wird, in dem die Geschwister bemerken, dass auch ihre eigenen Bedürfnisse anerkannt werden und denen entsprochen wird. Die Kinder haben die Möglichkeit, andere Geschwister progredient erkrankter Kinder kennenzulernen und neue Kontakte aufzubauen. Sie werden bei der Bewältigung der Situation unterstützt, zum einen durch die Seminarleiter/innen, zum anderen durch die Möglichkeit das eigene Repertoire an Bewältigungsstrategien durch das Beispiel der anderen Teilnehmenden erweitern zu können.

2. *Aussprache/Kommunikation:* Die Geschwister sollen die Möglichkeit erhalten, sich über gemeinsame Erfahrungen und über positive wie negative Gefühle, die sie mit dem erkrankten oder verstorbenen Kind verbinden, auszutauschen. Dies kann bei den Geschwistern progredient erkrankter Kinder auch weitergehende Auswirkungen auf die Geschwisterbeziehung haben. Sohni sieht gerade im Austausch der Erfahrungen mit anderen betroffenen Geschwistern die Chance für eine Horizontalisierung der Geschwisterbeziehung, da sie „über gemeinsame

---

[49] (vgl. http://www.vodafone-stiftungsinstitut.de/forschung_palliativversorgung.php#a_sisbrojekt, 2010) (Letzter Zugriff: 14.05.2010).
[50] www.fuer-geschwister.de/berichte.php (Letzter Zugriff: 14.05.2010).

,besondere' Erfahrungen eine ,normale' Geschwisterlichkeit wie andere Kinder und Jugendliche" (Sohni 2004, 91) gewinnen können.

3. *Information und Aufklärung:* Im angloamerikanischen Raum zielen die meisten Geschwistergruppen darauf ab, die Kinder über die Erkrankung des Geschwisters, die Ursachen und dessen Behandlung zu informieren. Dadurch soll der Entstehung von verzerrten Krankheits- und Todeskonzepten und den damit oft verbundenen Gefühlen der persönlichen Verantwortlichkeit für die Erkrankung sowie Angstgefühlen entgegengewirkt werden (vgl. Cunningham et al. 1981, 135; Heiney et al. 1990, 98; Lobato 1993, 91; Houtzager et al. 2001, 315). Dies scheint eine wichtige Intervention zu sein, wenn man die Anzahl der Studien beachtet, die auf einen Mangel an offener familiärer krankheitsbezogener Kommunikation hinweisen (vgl. Houtzager et al. 2001, 315; Wilkins/Woodgate 2005, 315). Dieses Element wurde jedoch in deutschsprachigen Konzeptionen selten direkt erwähnt.

4.4.5.3 Mediale Angebote

Literatur, Filme und das Internet eignen sich als Medien der Erziehung und therapeutischen Arbeit. Sie bieten für die Geschwister progredient erkrankter Kinder Zugänge zur Bewältigung konfliktreicher Situationen und sowohl zur Unterstützung vorauseilender wie auch nachgehender Trauer.

Literatur

Wurden die Themen Tod und Sterben Kindern früher meist über Märchen oder christliche Werke (Gebete, Erzählungen, Gleichnisse) vermittelt (vgl. Harder 1992, 128ff.), so sind in neuerer Zeit gerade in diesem Bereich eine Vielzahl von Kinder- und Jugendbüchern publiziert worden, die sich mit der Behinderung, einer lebensverkürzenden Erkrankung oder dem Tod eines Geschwisters auseinandersetzen. Sie bieten einen thematischen Zugang, indem sie bestehende gesellschaftliche Tabus brechen und Hilfestellungen bei der Realitätsbewältigung von Kindern leisten[51]. Das Lesen von Büchern und die Auseinandersetzung mit den dargestellten Themen kann Kinder und Jugendliche bei der Bewältigung konfliktreicher Situationen helfen (vgl. Haustein 2007, 54ff.; Schins 1992, 221). Gerade die *Modell- und Spiegelfunktion* ist in diesem Zusammenhang besonders relevant. Stellen die Akteure einer Geschichte für die Leser/innen ein Vorbild und Identifikationsobjekt dar, da sie Ähnlichkeiten zu ihrer eigenen Lebensgeschichte aufweisen, fühlen sie sich– aufgrund des gleichen Erlebens – nicht so alleine, ihre eigenen Reaktionen und Gefühle werden ihnen – da benannt – verständlicher, eigene belastende Gefühle wie Wut oder Angst können durch Übertragung auf die Figuren des Buches abgebaut werden, und es kann zu einem vorerst positiven gedanklichen Veränderungsprozess kommen. Dieser kann sich auch durch Übernahme dargestellter Copingstrategien letztendlich auch auf das Verhalten auswirken und eine erfolgreiche Bewältigung in Gang setzen (*Alternativ- und Mobilisierungsfunktion*). Gezielt ausgesuchte Literatur kann auch im Sinne der *Bibliotherapie*[52] für Eltern, Kinderhospizmitarbeiter/innen, Lehrer/innen oder Leiter/innen von Geschwisterseminaren im Sinne eines Stimulus einen thematischen Einstieg bieten. So kann mit den betroffenen Geschwistern über Probleme, unausgesprochene Fragen oder belastende Gefühle, die mit der Erkrankung der Schwester/des Bruders oder deren bevorstehendem Tod zusammenhängen, gesprochen werden – z.B. mit dem Ziel der Einleitung und Bewältigung der vorausgehenden Trauer (vgl. Zimmermann 2005, 24). Für viele Kinder ist es anfangs einfacher, in Stellvertretung ihrer eigenen Gedanken- und Gefühlswelt über die Figuren eines Buches und deren Verhaltensweisen zu sprechen (vgl. Haustein 2007, 56). Es kann grundsätzlich jegliche Literaturgattung verwendet werden: Märchen, erzählende Kinder- und Jugendliteratur, Romane,

---

[51] Hier liegen neben fiktiven Texten auch autobiographische Falldarstellungen (vgl. Knees/Winkelheide 1999) und Sachbücher/Ratgeber vor, die sich in großen Teilen direkt an die Geschwister beeinträchtigter Kinder richten.

[52] Bibliotherapie zählt zu den kreativtherapeutischen Techniken (wie Spiel-, Mal- oder Musiktherapie) und bezeichnet allgemein zunächst einen psychodynamischen Prozess zwischen der Persönlichkeit des Lesers und einem Text, „wobei der Leser bzw. die Leserin eventuell von einem Therapeuten bzw. einer Therapeutin begleitet werden kann" (Schins 1992, 172). Schins empfiehlt vor allem den Einsatz von Bibliotherapie in der Trauerarbeit mit verwaisten Geschwistern in Gruppen und in der Einzelbetreuung. Dabei beschränkt sie sich jedoch nicht nur auf das Lesen der Texte, sondern versucht die Verarbeitung des Gelesenen durch vielfältige Formen der Darstellung anzuregen: z.B. Rollenspiel zum Text erfinden, über den Text schreiben oder Collagen erstellen (Schins 1992, 174ff.). Weiterführende Hinweise zum Einsatz von Biblio- und Poesietherapie bei trauernden/verwaisten Geschwistern findet sich bei Dickerhoff (2007); Haustein (2007, 54ff.); Schins (1992, 171ff.); Zimmermann (2005, 23ff.).

Biographien, christliche Texte (Gebete), Sachbücher, Gedichte. Haustein (2007) bemängelt jedoch, dass viele Bücher zum Thema Tod und Sterben mögliche negative Gefühle, die mit der Trauer einhergehen können (z.B. Angst, Wut, Schuld) oder Streit und die häufig als belastend erlebt werden, nicht erwähnen. Somit werden gerade solche Aspekte der Gefühlswelt der Geschwister ausgespart, die einer Thematisierung bedürfen (vgl. Haustein 2007, 56). Ausgewählte Literatur kann auch im Sinne von Primärprävention und Langzeitpädagogik dazu genutzt werden, Kinder und Jugendliche an die Themen Sterben, Tod und Trauer heranzuführen und eine Auseinandersetzung anzuregen (vgl. Harder 1992, 128ff.). Fischer (1990) sieht gerade die Bewusstmachung des unvermeidlichen Todes als eine zentrale Aufgabe der Jugendliteratur, der Eltern und der Schule an (vgl. Fischer 1990, 45). Die Lektüre eines Buches kann dabei helfen, „den Tod ins Bewusstsein aufzunehmen, um so ein Stück notwendiger Bewältigung des je eigenen Sterbens und der Begegnung mit den Erscheinungsformen des Todes zu lernen" (Fischer 1990, 44).

Filme
Die in Bezug auf Literatur erläuterten Funktionen können auf die Rezeption von Filmen übertragen werden. Filmisch wird das Thema vor allem bezüglich der Behinderung eines Geschwisters aufgearbeitet, jedoch existieren auch einige Reportagen und Dokumentationen, die die Situation Geschwister lebensverkürzender erkrankter und/oder verstorbener Kinder aus einem ressourcenorientierten Blickwinkel darstellen und einen authentischen und würdevollen Zugang zu dem erkrankten Kind und der Familie verschaffen (siehe Anhang). In diesem Zusammenhang ist die tivi-Produktion des ZDF „Moritz – wäre cool, wenn sie ein Engel wird" hervorzuheben, in der der 14-jährige Moritz eindrucksvoll sein Leben mit seiner an Mukopolysaccharidose erkrankten Schwester Luca schildert. Dieser Kurzfilm wurde im Mai 2009 auf dem Deutschen Kinder-Medien-Festival als beste Dokumentation mit dem „Goldenen Spatz" ausgezeichnet.
Eine verstärkte Thematisierung der Themen Behinderung, Sterben und Tod in den Medien kann die – erwünschte – gesellschaftliche Enttabuisierung dieser Aspekte fördern, die Gesellschaft für die Belange und die spezielle Situation der Familien mit einem progredient erkrankten Kind öffnen und eine breitere Akzeptanz fördern. Das Bild des Todes wird heute hauptsächlich über Film und Fernsehen vermittelt – Rest spricht in diesem Zusammenhang von „Todespornographie" (vgl. Rest 2006, 65). Der Tod begegnet den Zuschauenden im Film jedoch meist als Folge eines Gewaltaktes (Unfall, Mord, Krieg). Nur selten wird der *normale* Tod medial authentisch vermittelt. Diese Darstellungen sind immateriell und abstrakt und schaffen eher eine Distanz zum eigenen Leben, als dass sie es nahebrächten (vgl. Fischer 2003, o.S.).

Internet
Im letzten Jahrzehnt ist zudem das Internet als Ressource für Geschwister lebensverkürzend erkrankter und/oder verstorbener Kinder hinzugekommen. Virtuelle Selbsthilfegruppen und -foren existieren in der Welt des World Wide Web. Es bietet den Nutzer/innen Zugänge zur Bewältigung konfliktreicher Situationen im Zusammenleben mit einem progredient erkrankten Kind und zur nachgehenden Trauerbewältigung im Falle des Geschwisterverlustes. Massenmedien können – durch ihre Funktion gesellschaftliche Einstellungen prägen zu können – auch das gesamtgesellschaftliche Verständnis für die Situation Geschwister progredient erkrankter Kinder fördern.
Es findet sich eine Vielzahl von Internetplattformen, die entweder unter einer bestimmten Trägerschaft stehen oder aber von betroffenen Geschwistern selbst erstellt wurden (siehe Anhang). Sind Geschwister häufig aus Sorge um ihre Eltern gehemmt, Fragen, die im Zusammenhang mit der Erkrankung oder dem Geschwisterverlust entstehen, an ihre Bezugspersonen zu stellen und über belastende Gefühle im Familienverbund zu sprechen, kann ihnen gerade der anonymisierte Raum des Internets eine Möglichkeit bieten, sich zu informieren oder sich in Internetforen für Gleichbetroffene ohne hierarchische Ordnung über ihre Belange auszutauschen. Im Folgenden wird eine Auswahl vorgestellt:

- *Fuer-Geschwister.de*: Der DKHV bietet seit 2006 eine Internetplattform für die Geschwister lebensverkürzend erkrankter Kinder an und richtete vor kurzem eine Online-Begleitung ein (vgl. Sieler 2006, 12; Süß-Demuth 2008; www.deutscher-kinderhospizverein.de). Das Webportal www.fuer-geschwister.de wurde innerhalb mehrerer Workshops der Kinderhospizakademie nach den dort geäußerten Wünschen und Bedürfnissen von Geschwistern erstellt und weiterentwickelt. Die Homepage bietet neben themenzentrierten Berichten, einem Gästebuch und zahlreichen Verlinkungen auch die Möglichkeit der virtuellen Erinnerung an den verstorbenen Bruder oder die Schwester sowie Terminankündigungen und fachliche Informationen.[53]

- *Leben ohne Dich*: Geschwisterforum für Geschwister verstorbener Kinder jeden Alters. Es bietet die Möglichkeit des Austausches in einem geschützten Internetforum.[54]

Des Weiteren finden sich viele Webseiten mit Internetforen, die sich an Geschwister behinderter Kinder richten. Diese sind unter anderem:

- *Besondere Geschwister*: Community für Geschwister behinderter Menschen[55]
- *Arbeitskreis Geschwister behinderter Kinder (AK Geki)*: Der AK Geschwisterkinder gibt einen Überblick über die vielfältigen Angebote für Geschwister in Bayern. Außerdem will er Qualitätskriterien festsetzen, Fortbildungsmöglichkeiten für Veranstalter schaffen und durch Öffentlichkeitsarbeit für die besondere Situation der Geschwisterkinder sensibilisieren. Der AK Geschwisterkinder dient als Wegweiser für Eltern und Fachleute aller Professionen, aber vor allem für die Geschwister selbst, die sich dort Rat und Information holen können (vgl. Arbeitskreis Geschwister behinderter Kinder 2010).[56]

Der Austausch in Online-Foren erfolgt meistens durch eine Online-Registrierung, so dass er nur durch eine Zugangsberechtigung möglich ist und damit in einem geschützten Rahmen stattfindet.

Auffällig ist, dass immer mehr Menschen, vor allem trauernde Jugendliche, zur Trauerbewältigung auf das Internet zurückgreifen und mit Hilfe von Fotos, Videos und Erinnerungssprüchen ganz persönliche Gedenkseiten und Trauerportale erstellen („virtuelle Friedhöfe"). So eröffnen sich durch das Medium Internet völlig neue Ausdrucksformen von Trauer und Tod, und es entwickelt sich eine neue Trauerkultur, die systematisch jedoch noch kaum beschrieben (und umstritten) ist (vgl. Fischer 2003).

4.4.5.4 Geschwisterangebote in der Kinderhospizarbeit

Da sich die Angebote der Kinderhospizarbeit konzeptionell an die gesamte Familie richten und das Ausmaß der sozialen Unterstützung sowie die Inanspruchnahme von externen Unterstützungs- und Entlastungsangeboten für Familien mit progredient erkrankten Kindern an sich förderliche Faktoren für die Entwicklung der Geschwister progredient erkrankter Kinder darstellen (vgl. Murray 1999, 29; Cohen et al. 1994, 315; Williams 1997, 319), sind bezüglich der Geschwisterangebote drei Aspekte zu untersuchen:

a) Welche Angebote bestehen für Geschwister progredient erkrankter Kinder in den kinderhospizlichen Versorgungsstrukturen?
b) Sind diese den Bedürfnissen der Geschwister angepasst und
c) Inwieweit erleben die Adressaten diese Angebote als unterstützend und entlastend?

Im deutschsprachigen Raum besteht diesbezüglich ein deutliches Theorie- und Konzeptdesiderat. Im angloamerikanischen Raum sind vermehrt Veröffentlichungen zu finden, die auf der Grundlage von erfahrungsbasiertem Wissen und theoretischen wie empirischen Vorarbeiten versuchen, die stationäre Geschwisterarbeit in Kinderhospizen zu konzeptualisieren und allgemeine Handlungsempfehlungen für die Mitarbeiter/innen abzuleiten (vgl. Davies 2001; Alcoser et al. 1997; Bendor 1989). Bei der Sichtung des deutschsprachigen Literaturbestandes fällt auf, dass bezüglich der Geschwisterbegleitung in den kinderhospizlichen Versorgungsstrukturen keine greifbaren, standardisierten Konzepte beste-

---

[53] http://www.fuer-geschwister.de/ (Letzter Zugriff: 13.05.2010).
[54] http://www.leben-ohne-dich.de/geschw/index.htm (Letzter Zugriff: 14.05.2010).
[55] http://www.besondere-geschwister.de/ (Letzter Zugriff: 15.05.2010).
[56] http://www.geschwister-behinderter-kinder.de/ (Letzter Zugriff: 20.05.2010).

hen. So wird zur Beschreibung der Geschwisterarbeit vornehmlich auf veröffentlichte Texte zurückgegriffen, die sich überwiegend auf die Geschwisterarbeit im Kinderhospiz Balthasar beziehen. Jedoch sind diese, da vom Anbieter selbst verfasst, kritisch zu hinterfragen. Der Mangel an Konzeptualisierung der Geschwisterarbeit ist darauf zurückzuführen, dass die noch recht junge Kinderhospizbewegung in Deutschland, gegründet und getragen durch die Selbsthilfeinitiative betroffener Eltern, ihre Grundpositionen bislang wenig theoretisch fundieren konnte. Bisher ist im deutschsprachigen Raum nur eine wissenschaftliche Veröffentlichung von Wingenfeld/Mikula (2002) zu finden, die die stationären kinderhospizlichen Versorgungsstrukturen und Leistungsangebote am Beispiel des Kinderhospizes Balthasar systematisch zu erfassen versucht. Diese Studie berücksichtigt auch die Angebote für Geschwister und deren Bewertung aus Sicht der Eltern anhand einer einrichtungsinternen Angehörigenbefragung. Bei Sichtung der Quellen, die über die Konzeptionen der einzelnen Kinderhospize Auskunft geben (Broschüren, Homepages; vgl. Barth 2008), wird ersichtlich, dass alle stationären Kinderhospize die Begleitung der Geschwister progredient erkrankter Kinder in ihrer Beschreibung explizit mitberücksichtigen und in das Aufgabenspektrum integrieren. Somit sind die Geschwister Adressaten der stationären Kinderhospizarbeit und haben die Möglichkeit, das erkrankte Kind gemeinsam mit der gesamten Familie in ein Hospiz zu begleiten (vgl. Rest 2006, 197). Diese Möglichkeit wird auch von den Familien genutzt, wie sich beispielhaft anhand der Belegungsstatistik des Kinderhospizes Balthasar zeigen lässt. Im täglichen Durchschnitt war das Kinderhospiz im Jahr 2007 mit 6,6 Kindern, 7,8 Eltern und 3,5 Geschwistern belegt (vgl. Zernikow/Nauck 2008, o.S.). Die Geschwister werden während der Aufenthalte in stationären Kinderhospizen von pädagogischen Fachkräften begleitet und es werden ihnen vielfältige pädagogische Angebote offeriert (vgl. Halbe 2001, 43).

Das 2008 ins Leben gerufene *Geschwisterprojekt Rheinland* des DKHV unter der Leitung von Heike Will widmet sich Kindern und Jugendlichen in ambulanten kinderhospizlichen Versorgungsstrukturen und der systematischen Erfassung von vorhandenen Geschwisterangeboten im Rheinland. Es intendiert die Vernetzung und Sicherung bereits vorhandener Angebote sowie die Entwicklung und Implementierung neuer Unterstützungsmöglichkeiten (vgl. Deutscher Kinderhospizverein e.V. 2009). Die Angebote sollen evaluiert und die Ergebnisse modellhaft anderen ambulanten Kinderhospizdiensten zur Verfügung gestellt werden. Somit zeichnen sich die ersten Schritte zur Konzeptualisierung und Qualitätsentwicklung der Geschwisterarbeit ab.

Erste Forschungsbestrebungen sind auch erkennbar, die die Effektivität von spezifischen therapeutischen Interventionen (vgl. Knapp 2009), von Geschwisterseminaren, -gruppen und Familiencamps für die psychosoziale Anpassung der Geschwister progredient erkrankter und/oder gestorbener Kinder untersuchen und evaluieren (vgl. Potts et al. 1999; Heiney et al. 1990; Houtzager 2001). Als bahnbrechend sind die Arbeiten von Murray zu nennen (vgl. 1995, 2001), der mit Hilfe des „Sibling Social Support Questionaire (SSSQ)" untersuchte, welche Form sozialer Unterstützung Geschwister von krebskranken Kindern von den in die Palliativversorgung ihrer Geschwister eingebundenen Fachkräfte faktisch erhalten und – kontrastierend – welche Form der Unterstützung die Geschwister auf der Grundlage ihrer Erfahrungen als sinnvoll erachten. Die Notwendigkeit bei der Entwicklung geeigneter Angebote das Erleben der Geschwister zu berücksichtigen wird deutlich, wenn man den grundlegenden Auftrag der Kinderhospizarbeit berücksichtigt, der in der „Förderung der Lebensqualität der gesamten Familie, ausgehend von *deren Bedürfnissen und Interessen*" (Droste 2006, 214) besteht.

4.4.6 Fazit

Geschwister progredient erkrankter Kinder und Jugendlicher werden in ihrem Lebenslauf mit zahlreichen Anforderungen im familiären und sozialen Umfeld konfrontiert. Den professionellen Angeboten, insbesondere der kinderhospizlichen Geschwisterarbeit, kommt eine Schlüsselstellung bei der Bewältigung dieser Situation zu. Es wird ersichtlich, dass Geschwister gerade im Kinderhospiz und durch die Teilnahme an Geschwisterseminaren kompensatorische Erfahrungen machen können. Unter einem systemischen Blickwinkel, der Wechselwirkungsprozesse zwischen den einzelnen Systemen, in denen die Geschwister eingebettet sind, integriert, lassen sich weitere förderliche Interventionen nennen, die darauf abzielen den Geschwistern ein förderliches Umfeld zu bereiten. Eine adäquate Versorgung und Unterstützung der gesamten Familie, die auch die Bedürfnisse der Geschwister mitberücksichtigt, setzt adäquates Wissen auf Seiten der professionellen und ehrenamtlichen Mitarbeiter/innen über die Situation der Geschwister und über Trauerprozesse von Kindern und Jugendlichen voraus. Die Mitarbeitenden müssen die Möglichkeit erhalten, sich bzgl. dieser Wissensinhalte weiterzubilden. Dies ist für die Ausbildung der Mitarbeitenden sowohl im ambulanten als auch im stationären Kinderhospizbereich wichtig. In beiden Bereichen werden Geschwister und ihre Familien, also das gesamte Familiensystem, über einen längeren Zeitraum hinweg begleitet.

Des Weiteren ist festzuhalten, dass der *offenen Kommunikation* (emotionale, informelle und thanatale Ebene) in der Familie eine Schlüsselstellung bei der Bewältigung des in Zusammenhang mit der fortschreitenden Erkrankung bestehenden Geschehens zukommt. Eltern benötigen für eine angemessene, altersadäquate Aufklärung ihrer Kinder über die Erkrankung und über deren letalen Verlauf in vielen Fällen zunächst selber Aufklärungsarbeit über die den kindlichen Entwicklungsstand angemessenen Kommunikationsformen und über die Notwendigkeit informierender Gespräche (vgl. Harder 1992, 140; Husebø 2006, 342). Die Tatsache, dass Eltern oft verunsichert sind und sich nicht gerüstet fühlen für solch ein Gespräch, sollte sowohl von den Kinderhospizmitarbeiter/innen als auch von allen in der Versorgung des erkrankten Kindes eingebunden Fachkräften berücksichtigt werden. Somit gewinnt die professionelle Beratung der Familie bzw. die Elternberatung an Bedeutung, da die Eltern gezielt bzgl. der förderlichen Bedingungen für die Geschwister informiert werden, damit diese die Geschwister effektiv in ihrer Entwicklung unterstützen können. Es ist erwiesen, dass gerade die Geschwister lebensverkürzend erkrankter Kinder von der Beratung, die ihre Eltern in Anspruch nehmen, profitieren (vgl. Henkel/Stahl 2008, 432). Außerdem stellt die Teilnahme an den Geschwisterseminaren eine große Unterstützung für die Bewältigung des mit der Erkrankung in Zusammenhang stehenden Geschehens und für die Bewältigung des Geschwisterverlustes dar. Somit ist es wichtig, die Geschwister auf diese Angebote aufmerksam zu machen und sie zu ermutigen, diese in Anspruch zu nehmen. Diese Forderung wird vor allem dann evident, wenn man berücksichtigt, dass die Geschwister in einigen Fällen von ihren Peers keine adäquate Unterstützung und kein Verständnis für ihre Situation erhalten oder sie selber gehemmt sind, die Erkrankung oder den Geschwisterverlust im Freundes- oder Familienkreis zu thematisieren. In diesem Fall werden Geschwisterseminare und -gruppen umso wichtiger (vgl. Wilkins/Woodgate 2005, 315f.). Es finden sich Belege dafür, dass die Teilnahme an solchen Veranstaltungen es den Geschwistern erleichtert, auch außerhalb der Gruppe offener über die Erkrankung und den Geschwisterverlust zu sprechen (vgl. Cunningham et al. 1981, 137f.; Potts et al. 1999, 55).

Es lässt sich herausstellen, dass es für ältere Geschwister kaum altersentsprechende Angebote gibt. Der Ausbau dieser Angebote ist dringend erforderlich. Wünschenswert wäre die Bereitstellung eines flächendeckenden, altersgerechten Angebotes von Geschwisterseminaren sowie auf regionaler Ebene von Geschwister- und Trauergruppen vorzugsweise gekoppelt an oder vernetzt mit ambulanten Kinderhospizdiensten. Ist für jüngere Kinder vor allem die Familie die wichtigste Quelle der Unterstützung in der Trauerverarbeitung, so wird jedoch für Jugendliche im Zuge der Ablösung von den Eltern die Unterstützung durch Gleichaltrige relevant, wofür eine Trauergruppe einen angemessenen Rahmen bieten kann.

Abschließend soll darauf hingewiesen werden, dass die bisherige Forschungslage im deutschsprachigen Raum zur Situation der Geschwister lebensverkürzend erkrankter und/oder verstorbener Kinder als mangelhaft zu bezeichnen ist. Der alleinige Einbezug von Erkenntnissen, die sich auf die Geschwister beeinträchtigter Kinder beziehen, wird der Zielgruppe nicht gerecht. Durch die bisher überwiegend eingenommene Defizitorientierung wird ein negatives Bild erzeugt, das häufig Eingang in die pädagogische Praxis findet und ebenso die gesellschaftliche Sicht auf die Geschwister prägt („Schattenkinder") (vgl. Wiemann 2000). Eine ressourcenorientierte Forschungsausrichtung, die förderliche Bedingungen und Strategien zur Bewältigung untersucht, ist ausdrücklich zu begrüßen Auch fehlen bislang Längsschnittstudien, die die Entwicklung der Geschwister progredient erkrankter Kinder mit Blick darauf verfolgen, inwieweit Maßnahmen auf der sekundären Präventionsebene die nachgehende Trauerarbeit der Geschwister förderlich beeinflussen können.

5. Professionalität in der Kinderhospizarbeit

5.1 Mitarbeiterinnen und Mitarbeiter in der ambulanten und stationären Kinderhospizarbeit
5.1.1 Professionalität in der Kinderhospizarbeit
5.1.1.1 Professionalität – eine Begriffsdefinition
5.1.1.2 Professionalität von hauptamtlichen Fachkräften in der Kinderhospizarbeit
5.1.2 Mitarbeitende in ambulanten Kinderhospizdiensten
5.1.2.1 Die Aufgaben der Koordinator/innen ambulanter Kinderhospizdienste
5.1.2.2 Fachliche Qualifikationen von Koordinator/innen
5.1.2.3 Ehrenamtliche Mitarbeiterinnen und Mitarbeiter in ambulanten Kinderhospizdiensten
5.1.2.4 Tätigkeitsfelder der Ehrenamtlichen in der Kinderhospizarbeit
5.1.3 Mitarbeitende in stationären Kinderhospizen
5.1.4 Leitungskräfte und ihre Aufgaben
5.1.5 Kompetenzen von Mitarbeitenden in der stationären und ambulanten Kinderhospizarbeit
5.1.6 Fort- und Weiterbildungsangebote
5.1.7 Problem- und Belastungsfaktoren
5.1.8 Coping und Bewältigung
5.1.9 Öffentlichkeitsarbeit in der Kinderhospizarbeit

5.1 Mitarbeiterinnen und Mitarbeiter in der ambulanten und stationären Kinderhospizarbeit

Die Situation von haupt- und ehrenamtlichen Mitarbeitern und Mitarbeiterinnen in der ambulanten und stationären Kinderhospizarbeit ist im deutschsprachigen Raum kaum erforscht, sodass zu diesem Themenbereich bislang nur eine Pilotstudie vorliegt (vgl. Philipp/Loffing 2008). Der Hauptgrund dafür ist die recht kurze Existenz von Angeboten der Kinderhospizarbeit in Deutschland. Bei der Beschreibung des Arbeitsfeldes kann sich daher zum einen an Studien aus dem Bereich der Palliativversorgung von Erwachsenen orientiert werden. Es liegen unter anderem Studien von Schröder et al. (2003) und Wittkowski (1993, 1996, 1999) zur Belastungssituation von Mitarbeitenden sowie Studien von Geiss/Belschner/Oldenbourg (2005) und Geiss (2007) zur Bewältigung der Belastungssituation von Mitarbeitenden im Umgang mit Sterbenden vor. Zum anderen können Studien aus dem angloamerikanischen Raum zur Situation von Fachkräften in Hospiz- und Palliativeinrichtungen und in Kinderhospizen hinzugezogen werden. In der Studie von Vachon (1995/2003) wurde die psychische Belastung von Pflegekräften bei der Betreuung Sterbender untersucht, und die Studie von Woolley et al. (1989) befasste sich mit den Belastungen und der Zufriedenheit von Mitarbeitenden in einem Kinderhospiz in England.

Für die im Folgenden behandelten Themengebiete können außerdem theoretische Erkenntnisse aus den Fachgebieten Pädagogik und Pflegewissenschaften hinzugezogen werden. Zur Professionalität von Mitarbeitenden in der Pflege liegen unter anderem Arbeiten von Oevermann (1996), Weidner (1999), Rock (2001) und Combe/Helsper (1996) vor. Die Frage nach notwendigen Kompetenzen von Mitarbeitenden in (Kinder-)Hospizeinrichtungen wurde bislang in Publikationen von Mennemann (1998) und Schmitz-Scherzer (2001) behandelt. Zur Fort- und Weiterbildung in (Kinder-)Hospizeinrichtungen haben Hinse (2006b) und Hofmann (2006) publiziert. Ein weiteres bedeutsames Themenfeld ist das der geschlechtssensiblen Pflege für Menschen mit Beeinträchtigungen. Dieses Thema wurde unter anderem von Jennessen (2007a) und Ortland (2008) erörtert.

Es wird deutlich, dass der Forschungsstand in Bezug auf die *spezifische* Situation von haupt- und ehrenamtlichen Mitarbeitenden in der Kinderhospizarbeit als unzureichend bezeichnet werden kann und weiterer Forschung bedarf.

5.1.1 Professionalität in der Kinderhospizarbeit

Stellt man die Frage, was unter *Professionalität in der Kinderhospizarbeit* zu verstehen ist, so ist es zunächst bedeutsam zu klären, was unter *Professionalität* an sich verstanden wird.

5.1.1.1 Professionalität – eine Begriffsdefinition

In alltagssprachlichen Zusammenhängen wird der Begriff für eine Person verwendet, die ihren Beruf besonders gut ausführt und demnach „vom Fach ist" (vgl. Weidner 1999, 1). Im wissenschaftlichen Kontext wird Professionalität nach Weidner/Moers (1998) mit folgenden vier Kriterien beschrieben:

1. *Wissenschaftlichkeit*: die Systematisierung des Berufswissens zur Wissenschaft
2. *Zentralwertbezogenheit*: die Orientierung der Arbeit an einem zentralen Wert der Gesellschaft
3. *Autonomie*: das Vorhandensein eines gesetzlich geschützten beruflichen Handlungsraumes
4. *Handlungsorientierung*: Aneignung von Kompetenzen zur spezifischen Bearbeitung individueller Problemlagen (vgl. Weidner/Moers 1998, 1ff.).

Um *Professionalisierung* zu definieren werden in Anlehnung an Weidner (1999) drei Erklärungsansätze unterschieden:
1. Der strukturbezogene-funktionsorientierte Ansatz
2. Der prozessorientierte Ansatz
3. Der handlungsorientierte Ansatz (vgl. Weidner 1999, 2).

Unter Professionalität im *strukturbezogenen Professionsmodell* nach Oevermann (1996) werden ein spezifisches berufliches Selbstverständnis, eine klare Vorstellung von der eigenen Berufsrolle und eine berufliche Identität verstanden. Professionalität wird in diesem Modell in Bezug zu verschiedenen Professionsattributen gesetzt. Diese sind: 1) das Expertenwissen, 2) die Gemeinwohlorientierung, 3) die Autonomie des Berufes. Diese Attribute sind nur in klassischen Professionen wie z.B. bei Medizinern oder Juristen gegeben (vgl. Heiner 2004, 17ff.; Rock 2001, 169f.). Combe/Helsper (1996) nennen diese Betrachtungsweise funktionalistisch, weil sie sich auf die Deskription der gesellschaftlichen Funktionen und der Merkmale von Professionen bezieht. Ein professioneller Umgang mit progredient erkrankten Kindern und Jugendlichen beinhaltet im Sinne des strukturbezogenen Professionsmodells neben einer klaren Vorstellung der eigenen beruflichen Identität ein fundiertes fachliches Wissen über Schädigungsbilder, Ätiologie und Therapien.
Der *prozessorientierte Ansatz* ist auf die Prozesse und Gegenprozesse ausgerichtet, in denen sich Arbeits-, Berufs- und Professionspositionen herauskristallisieren (vgl. Weidner 1999, 8). Viele Berufsfelder in Pflege oder Pädagogik sind nicht oder nur in geringem Maße professionalisiert. In diesen Berufsfeldern wird das *handlungsorientierte Professionsmodell* befürwortet. In diesem Modell wird die institutionelle Strukturierung professionellen Handelns kritisiert, da der Umgang mit Menschen weder strukturierbar noch technologisierbar ist und ein individuell-dialogisches Vorgehen befürwortet wird. Professionalität konzentriert sich in diesem Modell auf die Interaktionsprozesse und geht über die beschriebenen Merkmale klassischen professionellen Handelns hinaus, da es das Verhalten im Arbeitsalltag und den Umgang mit den Menschen mit einschließt (vgl. Heiner 2004, 20ff.; Rock 2001, 170; Combe/Helsper 1996, 10ff.).

5.1.1.2 Professionalität von hauptamtlichen Fachkräften in der Kinderhospizarbeit

Professionalität im Sinne des handlungsorientierten und kompetenzbezogenen Modells greift auch in der Kinderhospizarbeit, da dort der Fokus auf der Begleitung der progredient erkrankten Kinder und ihrer Familien liegt und somit die Interaktion mit dem Kind und der Familie im Vordergrund steht. Weidner (1999) bewertet den *handlungsorientierten Ansatz* als besonders geeignet, um Professionalität in der Pflege zu beschreiben, da in diesem das professionelle Pflegehandeln in Form der Interaktion zwischen Professionellen und Patienten zentral ist. Die professionelle Fallarbeit in der Pflege ruht auf den drei Säulen *Inhalte, Strukturen* und *Prozesse*. Die *Inhalte* der Fallarbeit werden durch die spezifische Krankheit, die daraus resultierende Pflegebedürftigkeit und die soziale Situation des Klienten geprägt. Die Pflegekraft bedient sich ihres berufspezifischen Fachwissens, um diese Voraussetzungen zu ermitteln. Die *Strukturen* der Fallarbeit werden durch die Arbeitsbedingungen und -organisationen vorgegeben. Für professionelles Handeln müssen Pflegekräfte Rahmenbedingungen vorfinden, in denen sie sich individuell um den Klienten kümmern können (vgl. Weidner 1999, 16).

In Kinderhospizen sind diese Rahmenbedingungen konzeptionell verankert und demnach eine individuelle Begleitung der progredient erkrankten Kinder und Jugendlichen grundsätzlich möglich. Die dritte Säule professioneller Fallarbeit ist die der *Prozesse*. Diese sind zum einen die Pflegeprozesse und zum anderen die Entwicklung der Beziehungen der Handelnden zueinander. Diese drei Elemente stehen in einer Wechselbeziehung zueinander (vgl. Weidner 1999, 16f.). Um professionelle Fallarbeit in Kinderhospizen leisten zu können, müssen die Pflegekräfte diese Elemente ausfüllen bzw. vorfinden. Weidner (1999) fordert im Zusammenhang mit der Professionalisierung der Pflege auch die Beachtung der Interprofessionalität unterschiedlicher Berufsgruppen (vgl. Weidner 1999, 19). Diese Interprofessionalität ist in den Kinderhospizen aufgrund der multiprofessionellen Teams, bestehend aus den Berufsgruppen der Pädagogen und der Pflegekräfte sowie in quantitativ geringerem Umfang weiterer Professionen, gegeben. Für die ambulante Kinderhospizarbeit spielt der Pflegebereich keine tragende Rolle.

Für die kinderhospizliche Begleitung ist des Weiteren der Aspekt der Selbstbestimmung bedeutsam. Dieser wurde in der Sonderpädagogik im Zuge des sich in den 1980er-Jahren vollzogenen Paradigmenwechsels für Menschen mit Behinderungen debattiert. Als Folge dessen wurde die bis zu diesem Zeitpunkt vorherrschende Defizitorientierung zugunsten des Fokus auf die Kompetenzen und Stärken der Betroffenen revidiert (vgl. Rock 2001, 170ff.). Theunissen (2007) und Theunissen/Plaute (1995) beschreiben ein Konzept der Selbstbestimmung für die Heilpädagogik. Dieses kann als eine relevante Grundlage sonderpädagogischer Professionalität betrachtet werden, da in diesem zum einen die Ressourcenorientierung zum Tragen kommt und zum anderen Menschen mit Behinderung als Experten in eigener Sache anerkannt werden. Dies ist auch ein wesentlicher Grundsatz der Kinderhospizarbeit.

Damit einher ging eine Veränderung der Mitarbeiter- und Mitarbeiterinnenrolle vom Betreuer, der für den Behinderten spricht, hin zum Begleiter, der persönliche Assistenz leistet und im Sinne des Betroffenen handelt (vgl. Rock 2001, 53ff.). Eine Prämisse, die professioneller sonderpädagogischer Arbeit zugrunde liegt, besteht darin, den Menschen in seiner Einzigartigkeit und mit seiner persönlichen Individualität wahr- und anzunehmen. Die Fähigkeit zur Akzeptanz von Vielfalt in Bezug auf Wissen, Können, Lebensgestaltung, Kommunikation, Persönlichkeitsausprägung und Sprache sollte das Menschenbild eines professionellen Sonderpädagogen prägen (vgl. Bergeest 2002, 25). Denn: „Pädagogisches Handeln erfolgt immer vor dem Hintergrund eines verdeckten (unbewusst tradierten) oder offenen (bewussten) Menschenbildes" (Bergeest 2002, 25). Diese Feststellung gilt auch für stationäre Kinderhospize und den Bereich der ambulanten Kinderhospizarbeit.

Für die professionelle Arbeit im Kinderhospiz und der ambulanten Kinderhospizdienste ist des Weiteren die Auseinandersetzung mit existentiellen Problembereichen wie beispielsweise der begrenzten Lebenserwartung der Kinder und Jugendlichen sowie der Lebenssituation der Familien unumgänglich. Darüber hinaus ist die Fähigkeit zur Selbstreflexion der eigenen Arbeit von großer Bedeutung. Um professionelle Arbeit leisten zu können, ist es notwendig, eigenes Handeln zu reflektieren, zu überdenken und gegebenenfalls zu korrigieren.

Abschließend lässt sich folgern, dass eine professionelle Begleitung progredient erkrankter Kinder und Jugendlicher sowie ihrer Familien im Sinne eines pflegerischen und sonderpädagogisch orientierten Verständnisses eine individuelle Unterstützung von Entwicklungsimpulsen und -möglichkeiten bedeutet. Mitarbeiter und Mitarbeiterinnen sollten die Fähigkeit haben oder entwickeln zu erkennen, wo die Interessen und Bedürfnisse der Betroffenen liegen und welche Wünsche bei ihnen vorhanden sind. Dieses Vorgehen erfordert einen ständigen Kommunikations- und Interaktionsprozess mit den Betroffenen (vgl. Bergeest 2002, 20).

Der Fokus professionellen Handelns in der kinderhospizlichen Arbeit liegt in der Interaktion mit den Betroffenen und der Beachtung ihrer Interessen und Bedürfnisse sowie der dafür notwendigen Selbstreflexion und Fachkompetenz der Mitarbeitenden.

5.1.2 Mitarbeitende in ambulanten Kinderhospizdiensten

Die multiprofessionellen Teams in den stationären Kinderhospizen bestehen zum größten Teil aus hauptamtlichen Kräften. Ihre Tätigkeit wird von einer zahlenmäßig kleinen Gruppe von ehrenamtlich Tätigen ergänzt. Dieses Verhältnis ist in den ambulanten Kinderhospizdiensten anders – hier findet sich eine große Gruppe von Ehrenamtlichen, die vielfach von nur einer/m hauptamtlichen Koordinator/in begleitet wird. Die oben beschriebenen Merkmale von Professionalität sowie die weiter unten beschriebenen für die Kinderhospizarbeit notwendigen Kompetenzen gelten ebenso für den ambulanten Bereich. Kennzeichnend ist hier darüber hinaus die Priorität der Zusammenarbeit von hauptamtlichen Fachkräften mit ehrenamtlich Tätigen. Diese werden für ihre kinderhospizliche Arbeit vorbereitend geschult und in der praktischen Begleitung der progredient erkrankten Kinder und Jugendlichen und ihrer Familien eingesetzt. Dabei ist das Ziel nicht, sie zu Fachkräften auszubilden, sondern ihre „hospizliche Haltung" zu entwickeln (vgl. BAG Hospiz 2005, 5).

5.1.2.1 Die Aufgaben der Koordinator/innen ambulanter Kinderhospizdienste
Die ambulanten Kinderhospizdienste werden von Koordinator/innen geleitet. Diese haben vielfältige Aufgaben: Sie sind zuständig für den Aufbau der Dienste in den einzelnen Regionen, sie machen die Angebote durch Öffentlichkeitsarbeit bekannt und werben Spenden ein, sie gewinnen, schulen und begleiten ehrenamtlich Mitarbeitende. Sie koordinieren die Begleitung der Familien durch die Ehrenamtlichen, ermöglichen den Familien konzeptionelle Mitarbeit und unterstützen sie bei der Selbsthilfe. Sie vermitteln Personen aus dem Umfeld der Familien unterstützende Angebote und sind zudem für Qualitätssicherung und -entwicklung sowie Vernetzung mit regionalen und lokalen Einrichtungen zuständig.

5.1.2.2 Fachliche Qualifikationen von Koordinator/innen
Wenn der ambulante Kinderhospizdienst eine Förderung der ambulanten Hospizarbeit nach §39a Abs. 2 Satz 6 SGB V[57] abrufen möchte, müssen die Koordinator/innen qualifikatorische Voraussetzungen erfüllen. Das bedeutet, dass sie fest angestellt sein sollen und über eine Grundausbildung als (Kinder-)Krankenschwester/Pfleger oder Altenpfleger/in verfügen oder ein Studium im Bereich Pflege oder Sozialpädagogik absolviert haben müssen. Andere adäquate Studienabschlüsse oder Berufsausbildungen können im Einzelfall anerkannt werden. Für die Förderung durch die Krankenkassen sollen die Koordinator/innen überdies über eine dreijährige einschlägige Berufserfahrung sowie über eine Zusatzausbildung in Palliative Care verfügen (für Pflegende oder für Nicht-Pflegende). Nachweise über ein 40-stündiges Koordinator/innenseminar und ein Seminar zu Führungskompetenz mit einem Umfang von 80 Stunden gehören ebenfalls zu den Voraussetzungen. Eine so ausgebildete Fachkraft kann für mehrere ambulante Dienste zuständig sein, die jedoch insgesamt höchstens 50 ehrenamtliche Mitarbeitende beschäftigen dürfen.

Die Stellen der Koordinator/innen sind überwiegend als Teilzeitstellen konzipiert. In der Regel zeichnen sie sich durch ein vielfältiges Aufgabengebiet aus. Sie sind an der Schnittstelle zwischen Familien, Ehrenamtlichen und Trägern positioniert. Zu ihrer eigenen Entlastung können die Koordinator/innen Supervision in Anspruch nehmen. Die Entwicklung von Stellenbeschreibungen, Qualitätsrichtlinien und Curricula für Befähigungskurse der Ehrenamtlichen könnten ihre Aufgaben vereinfachen. Der Aufbau bzw. die Verstärkung eines Koordinator/innennetzwerkes wäre ebenfalls eine adäquate Unterstützungsmöglichkeit.

5.1.2.3 Ehrenamtliche Mitarbeiterinnen und Mitarbeiter in ambulanten Kinderhospizdiensten
In Deutschland sind in der Hospizarbeit insgesamt etwa 80 000 Ehrenamtliche tätig (vgl. DHPV 2009, 2). Generell kann davon ausgegangen werden, dass sich 34,3% der Bevölkerung ehrenamtlich engagieren (vgl. Engagementatlas 2009, 9). In den südlichen Bundesländern ist ein deutlich größerer Anteil der Menschen ehrenamtlich tätig, ebenso gibt es ein Ost-West-Gefälle (in den östlichen Bundesländern ist der Anteil freiwillig Engagierter mit 26,5% sehr viel geringer als in den westlichen mit 36,3%; vgl. Engagementatlas 2009, 18). Mehr Ehrenamtliche gibt es in ländlichen Gebieten und in kleineren Gemeinden, während mit steigender Ortsgröße die bürgerschaftliche Beteiligung abnimmt (vgl. Engagementatlas 2009, 21/26). Gute Voraussetzungskriterien für ein Engagement sind Arbeitsplätze

---

[57] http://www.bayerischer-hospizverband.de/pdf/p39a/Rahmenvereinbarung%20nach%20p%2039%20a%20Abs.%202%20Satz%206%20SGB%20V%20%28ambulante%20Hospizarbeit%29.pdf (Letzter Zugriff: 15.08.2010).

und Kirchenzugehörigkeit – wenn Menschen wirtschaftlich und sozial abgesichert sind, ist es ihnen am ehesten möglich, sich für andere einzusetzen (ebd., 24ff.). Außerdem engagieren sich Mitglieder von Haushalten, in denen Kinder leben, häufiger als Kinderlose (vgl. DHPV 2009, 12).

Die Sicht auf ehrenamtliches Engagement hat sich in den letzten Jahren verändert. An Stelle rein altruistischen Handelns möchten viele Freiwillige zunehmend auch eigene Bedürfnisse einbringen und berücksichtigt sehen (vgl. Freiwilligensurvey 2004, 46). Das optimale Verhältnis zwischen Professionellen und Ehrenamtlichen wird mit dem Begriff partnerschaftlich charakterisiert. Der Terminus „unbezahlte Arbeit" zur Beschreibung der Tätigkeiten Freiwilliger wird deshalb im Sprachgebrauch weitgehend durch „bürgerschaftliches Engagement" oder „freiwillig übernommene Arbeit" ersetzt (vgl. Freiwilligensurvey 2004, 47). Im internationalen Vergleich zeigt sich, dass Deutschland zu der Spitzengruppe nordwesteuropäischer Länder mit einem hohen Niveau sozialer Partizipation gehört. Weltweit führend beim freiwilligen Engagement sind die USA und Kanada sowie Norwegen und Schweden (ebd.).
Die Zahl der Engagierten hat zugenommen (vgl. ebd., 57). „Zwar sind die meisten engagierten Bürgerinnen und Bürger Vertreter einer von Bildung und Einkommen her gut ausgestatteten Mittelschicht. Zunehmend gibt es jedoch auch freiwillig Engagierte aus materiell schlechter gestellten Gruppen (z.B. Arbeitslose, Migranten), wo Formen der (geringfügigen) materiellen Anerkennung eine besondere und legitime Form der Unterstützung darstellen. In Bezug auf die Gruppe der Migranten ist darüber hinaus auch die gleichberechtigte und kulturell sensible Anerkennung wichtig" (Freiwilligensurvey 2004, 47). Die Anerkennung und Wertschätzung der Freiwilligentätigkeiten gewinnt an Bedeutung, ein finanzieller Ausgleich sowie Steuererleichterungen sind mittlerweile gesetzlich fixiert.[58]

Im Rahmen der (Kinder-)Hospizarbeit spielen die Ehrenamtlichen in der Begleitung von Familien mit lebensverkürzend erkrankten Kindern eine wichtige Rolle: „Durch ihr qualifiziertes Engagement leisten sie ebenso wie professionelle Mitarbeiter einen unverzichtbaren Beitrag zur Teilnahme des sterbenden Menschen und der ihm nahe Stehenden am Leben" (Rahmenvereinbarung nach §39a Abs. 2 Satz 6 SGB V, Präambel[59]). Sie sind neben den Angehörigen, Freunden und Freundinnen diejenigen, die als Nicht-Professionelle den Begleiteten begegnen. Sie verkörpern ein Stück Alltag und Normalität in der Welt der Begleiteten, die mehr oder weniger stark durch Krankheit und Todesnähe bestimmt ist. Sie fungieren als „Multiplikator/innen für eine angemessene Kultur des Lebens im Umgang mit den sterbenden und trauernden Menschen" (BAG Hospiz 2005, 3). In der Qualifizierung Ehrenamtlicher geht es darum, ihre vorhandenen Kompetenzen im Hinblick auf eine „hospizliche Haltung" zu fördern. Dabei sollen sie nicht professionalisiert werden (vgl. ebd.). Vielmehr geht es darum, sie durch eine entsprechende Vorbereitung in die Lage zu versetzen, ihren Auftrag menschlich zugewandt mit „distanzierter Nähe" durchzuführen (vgl. BAG Hospiz 2005, 5).
Die Qualifizierung Ehrenamtlicher hat für die Hospizdienste auch finanzielle Auswirkungen: Die Förderfähigkeit eines Hospizdienstes nach §39a SGB V setzt voraus, dass die Ehrenamtlichen adäquat

---

[58] Die Förderung und Verbesserung der Rahmenbedingungen des Engagements beziehen sich auch auf die Schutzfunktion, insbesondere in Form der Gewährleistung eines Versicherungsschutzes (Haftpflicht/Unfall) für Engagierte. Engagierte Bürgerinnen und Bürger können Schäden verursachen oder selbst erleiden. Im Bereich der Unfallversicherung sind viele Engagierte mittlerweile vom Versicherungsschutz erfasst. So genießen Engagierte, die für Bund, Länder, Gemeinden und andere öffentlich-rechtliche Institutionen außerhalb eines Beschäftigungsverhältnisses wie Arbeitnehmer tätig werden, den Schutz der gesetzlichen Unfallversicherung. Mit dem Gesetz zur Erweiterung des gesetzlichen unfallversicherungsrechtlichen Schutzes bürgerschaftlich Engagierter ist zum 1. Januar 2005 der Kreis der Begünstigten erweitert worden, z.B. auf solche, die in Vereinen und Verbänden im Auftrag oder mit Zustimmung von Kommunen bzw. öffentlich-rechtlichen Religionsgemeinschaften tätig werden und auf gewählte Ehrenamtsträger gemeinnütziger Körperschaften, die die Möglichkeit der freien Versicherung erhalten. Die Länder Hessen, Niedersachsen, Rheinland-Pfalz, Nordrhein-Westfalen, das Saarland, Berlin und Baden-Württemberg sind auf dem Gebiet des Versicherungsschutzes bereits aktiv geworden und haben mit Versicherungsunternehmen Rahmenverträge abgeschlossen, sowohl im Bereich Unfall als auch im Bereich Haftpflicht. Ab Dezember 2005 gibt es auch in Brandenburg entsprechende Versicherungsschutz. Subsidiäre Rahmenversicherungsverträge schützen Engagierte, die nicht über die gesetzliche Unfallversicherung oder private Haftpflichtversicherung versichert sind und sollen insbesondere den vielen kleinen Initiativen helfen, die mit dem bürgerschaftlichen Engagement verbundenen Risiken abzusichern (vgl. Presse und Informationsamt der Bundesregierung, 2001; Bundesministerium für Gesundheit und soziale Sicherung; Freiwilligensurvey 2004, 45).
[59] http://www.bayerischer-hospizverband.de/pdf/p39a/Rahmenvereinbarung%20nach%20p%2039%20a%20Abs.%202%20Satz%206%20SGB%20V%20%28ambulante%20Hospizarbeit%29.pdf (Letzter Zugriff: 15.08.2010).

qualifiziert sind, ihre Einsätze dokumentieren sowie an Fortbildungen und Supervisionssitzungen teilnehmen (vgl. Rahmenvereinbarungen zu §39a SGB V). Es werden Hospizdienste gefördert, die „für Versicherte, die keiner Krankenhausbehandlung und keiner voll- oder teilstationären Versorgung in einem Hospiz bedürfen, qualifizierte ehrenamtliche Sterbebegleitung in deren Haushalt oder Familie erbringen" (vgl. Bayerischer Hospizverband Rahmenvereinbarung 39a, 4). Mit einer sorgfältigen Vorbereitung, Qualifizierung und Begleitung der ehrenamtlichen Mitarbeiter/innen erfüllen die Hospizdienste ihre Fürsorgepflicht sowohl gegenüber den Begleiteten als auch gegenüber den Ehrenamtlichen selbst (vgl. BAG Hospiz 2005, 6).

Voraussetzungen für die Qualifizierung Ehrenamtlicher sind von deren Seite Offenheit und Bereitschaft, sich mit thanatalen Themen auseinanderzusetzen, eigene Erfahrungen zu reflektieren sowie die anderer zu respektieren, eine eigene „hospizliche Haltung" herauszubilden und die Bedürfnisse der Begleiteten als handlungsleitend wahrzunehmen (vgl. BAG Hospiz 2005, 8).

Die Bundesarbeitsgemeinschaft Hospiz empfiehlt für die Vorbereitung auf die ehrenamtliche Arbeit mindestens 100 Unterrichtseinheiten in einem Zeitraum von sechs bis 12 Monaten (vgl. BAG Hospiz 2005, 10). Die aktuell durchgeführten Befähigungskurse für Ehrenamtliche in der ambulanten Kinderhospizarbeit unterscheiden sich in ihrer Ausgestaltung stark voneinander (Details hierzu in der Koordinator/innenbefragung, Kapitel III 3).

Der Deutsche Hospiz- und Palliativ-Verein fasst die Eckpunkte ehrenamtlicher Arbeit wie folgt zusammen:

- Altruismus und Egoismus in Balance: Ehrenamt bedeutet, anderen zu helfen und eigene Ideen zu verwirklichen.
- Wertschätzung des Ehrenamts: Ehrenamt beruht auf Werten und schafft Wertschöpfung – hier ist Anerkennung notwendig.
- Bindung auf Zeit und Projektbezogenheit.
- Ehrenamtlich Engagierte wollen sich sinn- und zweckvoll betätigen und eine Perspektive sehen – statt sich gewohnheitsmäßig als Ehrenamtliche zu sehen.
- Ehrenamtliche in der Hospizarbeit möchten: Möglichkeiten, sich selbst zu entfalten, sich selbst zu pflegen, sowie Unterstützung bei der Bearbeitung eigener Ängste vor Sterben, Tod und Trauer (vgl. DHPV 2009, 25).

5.1.2.4 Tätigkeitsfelder der Ehrenamtlichen in der Kinderhospizarbeit

Die Tätigkeiten der Ehrenamtlichen werden in der Rahmenvereinbarung zum §39a SGB V wie folgt beschrieben: Die Ehrenamtlichen sind zuständig für

- „Aufbau einer vertrauensvollen Beziehung
- Begleitung der sterbenden Menschen sowie deren Angehörigen und Bezugspersonen."
- Sie leisten „Hilfen beim Verarbeitungsprozess in der Konfrontation mit dem Sterben."
- Sie leisten „Unterstützung bei der Überwindung von Kommunikationsschwierigkeiten."
- Sie leisten „Hilfe bei der im Zusammenhang mit dem Sterben erforderlichen Auseinandersetzung mit sozialen, ethischen und religiösen Sinnfragen" (vgl. Rahmenvereinbarung §3, Satz 4).[60]

In der ambulanten Kinderhospizarbeit liegen die Arbeitsfelder der Ehrenamtlichen in den Bereichen Familienbegleitung und Büro- und Öffentlichkeitsarbeit. Ihre Aufgaben sind:

- Begleitung der lebensverkürzend erkrankten Kinder und Jugendlichen und deren Familien und Bezugspersonen
- Unterstützung beim Be- und Verarbeiten der Situation der Familien
- Unterstützung bei der Überwindung von Kommunikationsschwierigkeiten innerhalb der Familie

---

[60] http://www.bayerischer-hospizverband.de/pdf/p39a/Rahmenvereinbarung%20nach%20p%2039%20a%20Abs.%202%20Satz%206%20SGB%20V%20%28ambulante%20Hospizarbeit%29.pdf (Letzter Zugriff: 15.08.2010).

- Unterstützung bei der Auseinandersetzung mit sozialen, ethischen und religiösen Sinnfragen
- Entlastung durch alltagspraktische Unterstützung
- „einfach nur da sein", ohne etwas zu tun und mitzutragen, was in der Familie gerade geschieht (vgl. Globisch/ Hartkopf 2009, 130).

Konkret kann die Begleitung der erkrankten Kinder und Jugendlichen sowie ihrer Geschwister bedeuten, dass die Ehrenamtlichen im Rahmen der vorhandenen Kompetenzen altersgerechte Aktivitäten wie z. B. Spaziergänge, Vorlesen oder Ausflüge organisieren. Sie bieten sich als Gesprächspartner/innen sowohl für „Alltagsthemen" als auch für alle Themen aus den Bereichen Krankheit, Sterben, Tod und Trauer an und fördern die Lebensqualität „auf allen Sinnes- und Wahrnehmungsebenen"[61] (Homepage DKHV, ambulante Kinderhospizarbeit). Sie sind „manchmal einfach nur da, an der Seite der Kinder" (ebd.).
Für die Eltern bieten sich Freiräume, wenn sich die ehrenamtlichen Mitarbeiter/innen um die Kinder kümmern. Auch für sie fungieren die Ehrenamtlichen als Gesprächspartner/innen, sowohl für thanatale Themen als auch je nach Bedürfnis der Begleiteten für andere, auch alltägliche Themenfelder.[62]
Die Begleitung einer Familie findet in der Regel im häuslichen Umfeld statt. Oft erstreckt sie sich über einen langen Zeitraum, bis hin zu mehreren Jahren. Deshalb wird vom Deutschen Kinderhospizverein e.V. empfohlen, dass zwei Ehrenamtliche in einer Familie eingesetzt sind („Tandem"). Das erhöht für die Familie die Chance auf Kontinuität und Verlässlichkeit der Begleitung, und die Ehrenamtlichen können sich abwechseln oder in ihrer Tätigkeit unterschiedliche Schwerpunkte setzen. Im Falle eines Personalwechsels bleibt der Familie so eine vertraute Person erhalten (vgl. Hartkopf/Hug 2006, 71).

5.1.3 Mitarbeitende in stationären Kinderhospizen
In den stationären Kinderhospizen schließt die Begleitung der Familien während ihrer Aufenthalte das gesamt Familiensystem ein. Das bedeutet, dass nicht nur die progredient erkrankten Kinder und Jugendlichen, sondern ebenso ihre Eltern und Geschwister Angebote der Einrichtungen nutzen können. Die Familien werden von einem multiprofessionellen Team, bestehend aus Pädagogen und Pädagoginnen, Pflegern und Pflegerinnen, Seelsorgern und Seelsorgerinnen, sowie geschulten ehrenamtlichen Mitarbeitenden begleitet (vgl. Student/Mühlum/Student 2004, 58ff.). Des Weiteren sind in den stationären Kinderhospizen auch Zivildienstleistende, Praktikanten und Praktikantinnen in der Pflege und dem pädagogischen Bereich sowie Helferinnen und Helfer im Freiwilligen Sozialen Jahr in die Begleitung der Familien involviert. Viele Mitarbeiter und Mitarbeiterinnen stationärer Kinderhospize haben Fort- und Weiterbildungen zu Palliative Care, Trauerbegleitung und Schmerztherapie absolviert, um in der Arbeit mit den Familien und in der Pflege sowie Begleitung der progredient erkrankten Kinder und Jugendlichen auf deren spezielle Bedürfnisse eingehen zu können. Im Folgenden werden die für die Arbeit in stationären Kinderhospizen und im ambulanten Kinderhospizbereich relevanten Kompetenzen von Mitarbeitern und Mitarbeiterinnen erläutert.

5.1.4 Leitungskräfte und ihre Aufgaben
Leitungskompetenzen in der Hospizarbeit können nach Hinse (2006a) vier Kompetenzbereichen zugeordnet werden. Diese Kompetenzbereiche können auch auf Leitungen in Kinderhospizen übertragen werden.

1. *Organisatorische Kompetenzen: Kontakte zum Träger der Einrichtung herstellen und pflegen, Kommunikation und Kooperation im Team fördern.* Dies beinhaltet, den Mitarbeitern und Mitarbeiterinnen regelmäßige Team- und/oder Mitarbeitergespräche anzubieten. Mitarbeitende sollten die Möglichkeiten haben, offen im Team über Ängste und Bedürfnisse zu sprechen und ihre Situation zu reflektieren (vgl. Dingerkus 2005b, 91ff.).
2. *Methodische Kompetenzen: Ziele vereinbaren, Aufgaben und Rollen klären, Sitzungen leiten.* Zur Förderung der Mitarbeiterzufriedenheit ist eine detaillierte Arbeitsplatz- und Stellenbe-

---

[61] http://www.deutscher-kinderhospizverein.de/41_allgemeines_einzel.php?id=11 (Letzter Zugriff: 20.09.2010).
[62] http://www.deutscher-kinderhospizverein.de/41_allgemeines_einzel.php?id=12 (Letzter Zugriff: 20.09.2010).

schreibung notwendig. Diese umfasst die Beschreibung der Aufgabenbereiche, der Kompetenzen und Zuständigkeiten und beinhaltet auch Aussagen zu den Arbeitszeiten. Über- oder Unterforderungen und daraus resultierende Unzufriedenheit der Mitarbeiter und Mitarbeiterinnen können dadurch reduziert und zum Teil vermieden werden (Hinse 2006a, 157f.).

3. *Soziale Kompetenzen: Arbeitsklima fördern, Mitarbeiter- und Mitarbeiterinnenmotivation, Konflikte klären.* Auch die Mitarbeitermotivation kann zu einer höheren Mitarbeiterzufriedenheit beitragen. Herzberg et al. entwickelten bereits 1959 mit der „Zwei-Faktoren-Theorie" ein Modell zur Messung von Zufriedenheit und Unzufriedenheit von Mitarbeitenden. Hofmann unterscheidet zwischen Hygiene- und Motivationsfaktoren, die die individuelle Arbeitsleistung maßgeblich beeinflussen. Hygienefaktoren sind Führung, Führungsstil, Vergütung, Bedingungen am Arbeitsplatz, zwischenmenschliche Beziehungen und Sicherheit am Arbeitsplatz. Motivationsfaktoren sind die Anerkennung von Leistung, Erfolg, Aufstiegsmöglichkeiten/Karriereplanung, Verantwortung, Leistung und selbstständige Entscheidungsmöglichkeiten (vgl. Hofmann 2006, 189ff.). Mitarbeiter*un*zufriedenheit erfolgt häufig aufgrund von schlechten Hygieneverhältnissen. Ein hoher Grad an Zufriedenheit wird erreicht, wenn die Motivationsfaktoren als stimmig wahrgenommen werden (vgl. Hofmann 2006, 190f.). Eine wichtige Aufgabe der Leitung ist die Teamentwicklung. Dazu gehört, Raum für die Reflexion der Arbeit und die persönliche arbeitsbezogene Weiterentwicklung zu geben, aber auch, Angebote zur Problem- und Konfliktlösung bereitzuhalten. Außerdem kann Supervision als eine bedeutsame Möglichkeit, Konflikte, Probleme und Fälle zu besprechen, herausgestellt werden (vgl. Hinse 2006a, 159f./174f.).

4. *Persönliche Kompetenzen: Eigene Stärken und Schwächen kennen und daran arbeiten, Nähe und Distanz zur Arbeit und zu den Mitarbeitenden ausbalancieren, Selbstpflege und Weiterentwicklung* (vgl. Hinse 2006a, 158f.). Leitungskräfte sollten nicht nur auf die Belange der Mitarbeiter und Mitarbeiterinnen Rücksicht nehmen, sondern auch ihre eigene Person im Blickfeld haben, da sonst die Gefahr einer Überlastung gegeben ist, die auch zu einem Burnout-Syndrom führen kann. Dies wird auch von Hinse (2006a, 184f.) bestätigt, der sowohl den Mitarbeitern und Mitarbeiterinnen als auch den Leitungskräften/Koordinator/innen dazu rät, durch die Nutzung eigener Kraftquellen und Erholungsmöglichkeiten eine aktive Burn-out-Prophylaxe zu betreiben. Auch Fort- und Weiterbildungen sollte eine Einrichtungsleitung nicht nur ihren Mitarbeitern und Mitarbeiterinnen gewähren. Der eigene Besuch von Fort- und Weiterbildungen ist bedeutsam, um neue Impulse für die Arbeit zu erhalten (vgl. Hinse 2006a, 175ff.).

5.1.5 Kompetenzen von Mitarbeitenden in der stationären und ambulanten Kinderhospizarbeit

Für die Arbeit in stationären und ambulanten kinderhospizlichen Feldern sind sowohl fachliche als auch persönlich-emotionale Kompetenzen relevant. Letztere werden auch als „Schlüsselkompetenzen" oder „Soft Skills" bezeichnet. Für die Hospizarbeit sind die persönlich-emotionalen Kompetenzen, die eng mit einer besonderen Einstellung bzw. inneren Haltung verbunden sind, von besonderer Bedeutung (vgl. Student/Mühlum/Student 2007, 112). Dies verdeutlicht folgendes Zitat: „Hospizpioniere bringen manchmal zum Ausdruck, die Tätigkeit bestehe zu 90% aus Haltung und nur zu 10% aus spezifischem Fachwissen" (ebd.). Dabei ist herauszustellen, dass fachliche Kompetenzen und Schlüsselkompetenzen in einer Wechselwirkung zueinander stehen und somit in ihrer Verzahnung die Professionalität von Mitarbeitenden in der Kinderhospizarbeit kennzeichnen.

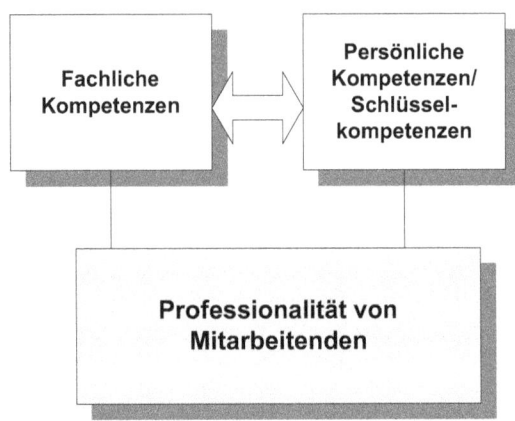

Abb. 7: Kompetenzen von Fachkräften in der Kinderhospizarbeit

In der Begleitung Sterbender und ihrer Angehöriger ist ein hochqualifiziertes Profil der Fachkräfte gefordert (vgl. Schmitz-Scherzer 2001, 8). Dieses umfasst verschiedene Kompetenzbereiche, die Mennemann (1998) in einem „Kompetenzprofil" für Sterbebegleiter und Sterbebegleiterinnen folgendermaßen bezeichnet:

- Personale Kompetenz
- Kommunikative Kompetenz
- Soziale Kompetenz
- Professionelle Kompetenz
- Institutionelle Kompetenz
- Performanz, die Fähigkeit, die Kompetenzen reflektiert und gezielt anzuwenden (vgl. Mennemann 1998, 278).

Im Folgenden werden einzelne Kompetenzbereiche für Mitarbeitende in kinderhospizlichen Feldern näher erläutert.

Fachliche Kompetenzen
Unter fachlichen Kompetenzen wird die berufliche Qualifikation, das fachliche Wissen eines Mitarbeiters oder einer Mitarbeiterin verstanden. Im angelsächsischen Sprachgebrauch werden diese Kompetenzen auch mit „Hard Skills" bezeichnet. Diese werden in den meisten Fällen vom Arbeitgeber vorausgesetzt, können aber durch Fort- und Weiterbildungen (weiter-)entwickelt werden (vgl. Huck-Schade 2003, 16). Die fachlichen Kompetenzen von Mitarbeitenden und das vorhandene fachliche Wissen sind berufsgruppenspezifisch und von der jeweiligen Ausbildung abhängig. Im Folgenden werden die wesentlichen fachlichen Kompetenzbereiche, die für die Kinderhospizarbeit bedeutsam sind, herausgestellt. Diese beziehen sich zum Teil auf die spezifischen Inhalte einer Berufsgruppe.

Pflegekenntnisse
Die pflegerische Versorgung progredient erkrankter Kinder und Jugendlichen erfolgt in stationären Kinderhospizen primär durch (Kinder-)Krankenschwestern und (Kinder-)Krankenpfleger. Für die pflegerische Versorgung der erkrankten Kinder ist die Fähigkeit erforderlich, verschiedenste pflegerische Tätigkeiten und Techniken gezielt einzusetzen. Ebenso bedeutsam ist der Einsatz und die Anwendung von Alternativen zu gängigen Pflegekonzepten, um optimale Pflege gewährleisten zu können und das Wohlbefinden des Kindes zu steigern (vgl. Wick 1999, 14). Eine Alternative zu bzw. Erweiterung der vorherrschenden Pflegekonzepte ist z.B. das Konzept der Kinästhetik, das auf der Grundlage des Konzeptes der Verhaltenskybernetik von Smith, Hatch und Maietta in den 1980er-Jahren in den

USA entwickelt wurde. Kinästhetik ist ein erfahrungsbezogenes Lern- und Bewegungskonzept, das die Erweiterung der Fähigkeiten zur Interaktion bei Bewegungen unterstützt. Bewegungsabläufe in der Pflege werden gemeinsam mit dem Betroffenen durchgeführt, sodass dieser aktiv in den Pflegeprozess einbezogen wird (vgl. Hatch/Maietta 2003).

Des Weiteren ist als Alternative und Ergänzung für vorherrschende Pflegekonzepte das Konzept der Basalen Stimulation in der Pflege zu nennen (vgl. Bienstein/Fröhlich 1991; 2007). Es wurde von Fröhlich (1990) in der Sonderpädagogik für die Begleitung von Menschen mit körperlicher und/oder schwerstmehrfacher Beeinträchtigung entwickelt und von Bienstein/Fröhlich (1991) speziell auf das Gebiet der Pflege übertragen. Das ganzheitliche Konzept der Basalen Stimulation in der Pflege umfasst die Stimulation der Wahrnehmungsbereiche, somatische, vestibuläre und vibratorische Erfahrungen und kann vielfältig im Pflegealltag eingesetzt werden. Die Betroffenen werden dabei mit in die pflegerischen Abläufe einbezogen und können Körpererfahrungen machen, die wesentlich zu ihrem Wohlbefinden beitragen können (vgl. Bienstein/Fröhlich 2007, 13ff.). Der Faktor „Zeit" ist in der Anwendung des Konzeptes zu beachten, da im pflegerischen Alltag häufig wenig Zeit für eine individuelle Pflege von Einzelnen bleibt und ein Vorgehen im Sinne der Basalen Stimulation Zeit in Anspruch nimmt (vgl. Bienstein/Fröhlich 2007, 100ff.). Die Konzepte Kinästhetik und Basale Stimulation werden auch in stationären Kinderhospizen angewendet und sind zum Teil sogar konzeptionell verankert.

Geschlechtssensible Pflege/Gender Care

Alle Menschen, unabhängig von Krankheit oder Behinderung, verfügen über Geschlechtlichkeit (vgl. Jennessen 2007a, 158), so auch progredient erkrankte Kinder und Jugendliche, die als Folge ihrer Erkrankung in vielen Fällen körperlich oder auch schwerstmehrfach beeinträchtigt sind. Eine elementare Grundannahme ist in diesem Kontext die Kategorisierung in das biologische (sex) und das soziale Geschlecht (gender) (vgl. Jennessen 2007a, 158). Die Frage nach Gender Care, der geschlechtersensiblen Pflege von dauerhaft pflegeabhängigen Menschen ist von elementarer Bedeutung für die Qualität von Pflege, da „pflegerische Situationen (…) niemals abstrakt (sind), sondern unmittelbar an die konkrete Körperlichkeit der Interaktionspartner gebunden und somit nicht zu trennen vom sozialen Geschlecht und den damit konnotierten, mehr oder minder verbindlichen Geschlechterrollen, Lebensbedingungen und individuellen Biografien von Pflegenden und Gepflegten" (Jennessen 2007a, 158). In diesem Zusammenhang muss auch die Berufsgruppe der Pflegenden betrachtet werden. Hier zeigt sich ein Bild, das eine dringende Auseinandersetzung mit dem Thema Gender Care begründet, da 90% aller professionell und 73% der im privaten Bereich Pflegenden weiblich sind (vgl. Dressel/Cornelißen/Wolf 2005, 351). An die (Berufs-)Rollen sind normative gesellschaftliche Erwartungen gekoppelt. So gilt Pflege als weiblich, da sie mit typisch weiblichen Tätigkeiten verbunden wird. Und auch die Pflegenden selbst zeigen geschlechtsspezifische Interaktionsmuster in der Kommunikation mit den Patienten (vgl. Jennessen 2007a, 166f.). In der Pflege wird der Genderaspekt häufig vernachlässigt oder gar nicht beachtet. Jennessen (2007a) fordert für körperbehinderte Männer und Frauen, dass sie frei wählen können, ob eine weibliche oder männliche Pflegekraft pflegerische Handlungen bei ihnen ausübt (vgl. Jennessen 2007a, 172). Eine Studie vom Bundesministerium für Familien, Senioren, Frauen und Jugend zur Assistenz- und Pflegesituation behinderter Frauen unterstützt diese Forderung mit der Aussage, dass sich 72% der Frauen weibliche Pflegekräfte wünschen (vgl. BMFSFJ 2008, 14). Durch Beachtung des Genderaspektes kann die Zufriedenheit der Pflegebedürftigen gesteigert und somit die Qualität der Pflege verbessert werden (vgl. Nigl-Heim 2004, 13).

Die zunehmende Bedeutung des Gender Care Aspektes zeigt sich in seiner aktuellen gesundheitspolitischen Beachtung, beispielsweise dadurch, dass auch die Pflegereform die Bedeutung geschlechtssensibler Pflege fest geschrieben hat. Der Deutsche Bundestag hat am 14. März 2008 das Gesetz zur strukturellen Weiterentwicklung der Pflegeversicherung beschlossen. Dort ist die Beachtung geschlechtsspezifischer Unterschiede in der Pflege ein gesetzlich verankertes Leitprinzip. Außerdem werden die geschlechtsspezifischen Unterschiede und Bedarfe bezüglich der Pflegebedürftigkeit von Männern und Frauen berücksichtigt (vgl. BMFS 2008[63]).

---

[63] www.bmfsfj.de/bmfsfj/generator/Kategorien/aktuelles,did=109972.html (Letzter Zugriff: 30.06.2008).

Auf Kinderhospize übertragen bedeutet die Beachtung des Genderaspektes eine notwendige Veränderung der Personalstruktur, da weibliche Pflegekräfte in der Überzahl sind und eine geschlechtssensible Pflege der progredient erkrankten männlichen Kinder und Jugendlichen aktuell nicht durchgängig gewährleistet ist.

Medizinische Kenntnisse

Neben den pflegerischen sind medizinische Fachkenntnisse auf Seiten der Pflegekräfte auch im Hinblick auf Kenntnisse der Diagnose und der damit einhergehenden medizinischen Bedürfnisse erforderlich. Die Datenlage zu medikamentöser Therapie für progrediente Erkrankungen im Kindes- und Jugendalter ist jedoch extrem limitiert. Außerdem kann sich die Gabe und Einnahme von Medikamenten als problematisch erweisen, da einerseits wenige Darreichungsformen speziell für Kinder vorhanden sind (zu große Tabletten, bittere Säfte). Andererseits müssen oft über zehn verschiedene Medikamente an 3–5 Einnahmezeiten pro Tag verabreicht werden. Eine weitere Schwierigkeit ist, dass die Symptompräsentationen häufig altersspezifisch und undifferenziert sind. Die betroffenen Kinder sind oft nicht in der Lage lautsprachlich zu kommunizieren, und die Pflegekräfte können die nonverbalen Signale nur schwer oder gar nicht deuten. Die Symptomerfassung und -deutung erweisen sich daher häufig als schwierig.

Pflegekräfte sind vor weitere vielfältige medizinisch-pflegerische Herausforderungen gestellt. Zu diesen gehören unter anderem die Langzeitbeatmung, therapierefraktäre Krampfanfälle, Spastiken, Unruhe, Schlafstörungen, Ernährungsprobleme, Obstipationen, Sondierungen, Handling bei schwerer mehrfacher Behinderung etc. (vgl. Zernikow/Nauck 2008, 1378).

Kommunikationstechniken/Unterstützte Kommunikation

Die Kommunikation stellt eine wichtige Komponente in der (Sterbe-)Begleitung dar (vgl. Schmitz-Scherzer 2001, 9). Daher ist die Kommunikationskompetenz für Fachkräfte aller Professionen in der Kinderhospizarbeit als eine weitere wesentliche fachliche Kompetenz herauszustellen. Es lassen sich einige Kommunikationsbarrieren und Schwierigkeiten identifizieren: Die Interaktion mit den progredient erkrankten Kindern und Jugendlichen kann durch verschiedene Faktoren erschwert werden, bei jungen Kindern etwa durch das Fremdeln (ab dem 8. Lebensmonat) und der damit einhergehenden starken Fixierung auf die Eltern und bekannte Personen (vgl. Zernikow/Nauck 2008, A5). Dieses Interaktionsproblem kann in stationären Kinderhospizen gehäuft auftreten, da die Familien stationäre Kinderhospize nur für einen begrenzten Zeitraum besuchen und die Pflegepersonen häufig wechseln.

Eine weitere Kommunikationsbarriere ist, dass die Kommunikationsformen von schwerstmehrfach behinderten Menschen häufig durch die Behinderung nachhaltig im Ausdruck verändert sind. Die verbale Kommunikation ist daher oftmals nicht oder nur eingeschränkt möglich. Es ist in vielen Fällen notwendig, auf Körpersignale zu achten, die über die emotionale Befindlichkeit Aufschluss geben können. Fröhlich/Simon (2006) führen an, dass die Deutung der körpersprachlichen Signale häufig schwer les- und verstehbar ist. Dies macht es für Mitarbeitende in der Kinderhospizarbeit notwendig, die Körpersignale deuten zu lernen. Es setzt ein ausführliches Kennenlernen der Betroffenen und eine Offenheit für alternative Formen der Kommunikation voraus. Außerdem ist die Exklusivität der Situationen notwendig, da schwerstmehrfach behinderte Menschen häufig Ruhe und direkte Zuwendung für gelingende Kommunikation benötigen (vgl. Fröhlich/Simon 2006, 71f.). Eine Möglichkeit der nonverbalen Kommunikation stellt das Konzept der *Basalen Stimulation* bereit (vgl. Stadler 1998, 131).

Die Bereitstellung von Alternativen der Kommunikation kann durch die so genannte *Unterstützte Kommunikation* erfolgen. Hierbei handelt es sich um eine Vielzahl an „pädagogischen bzw. therapeutischen Maßnahmen, die eine Erweiterung der kommunikativen Möglichkeiten bei Menschen ohne Lautsprache bezwecken" (Kristen 1994, 15). Nach den Anfängen mit Kommunikationstafeln und Gebärdensprache existiert seit den 1990er-Jahren ein großes „Angebot an Schreibhilfen, elektronischen Kommunikationshilfen und Umweltkontrollsystemen" (Kristen 1994, 19). Aber auch die Deutung der Körpersignale der Menschen, die nur mittels körpersprachlicher Signale kommunizieren können, kann zu einer gelingenden Kommunikation und zu Interaktionen zwischen Mitarbeitenden und Menschen mit Behinderungen führen (vgl. Kristen 2005, 39ff.).

Schmeichel (1978a, 1983) hat mit dem Begriff der *„pädagogischen Koexistenz"* einen weiteren Handlungsansatz für die Interaktion mit progredient erkrankten Kindern und Jugendlichen entwickelt. In diesem Ansatz ist es bedeutsam, dass der/die Mitarbeitende „die Thematik der Situation einbezieht und durch diesen Bezug die Persönlichkeit des Kranken nicht vor seinem Tod zerfallen lässt" (Schmeichel 1983, 228). Die Vermeidung von Artikulationsangeboten durch Mitarbeiter und Mitarbeiterinnen bezüglich thanataler Themen bedeutet „Kommunikationsverweigerung und vereitelt den Aufbau von Koexistenz" (Schmeichel 1983, 229).

Weitere Kommunikationsbarrieren können in der Kommunikation mit den Eltern und Geschwistern entstehen. Es sind auf Seiten der Mitarbeitenden umfangreiche Kenntnisse in Gesprächsführung und Kommunikationstechniken unabdingbar. Dabei kann sowohl auf das OPI-Konzept (vgl. Schulte/Köster/Tessmer 2006) als auch auf das Konzept der personenzentrierten Gesprächsführung nach Carl Rogers (vgl. Rogers 2009; 1977) zurückgegriffen werden. Nach Letztgenanntem setzt einfühlsame Begleitung voraus, dass die Mitarbeiter und Mitarbeiterinnen die Fähigkeiten der Empathie, Wertschätzung und Kongruenz besitzen (vgl. Pörtner 2005, 77).

Auseinandersetzung mit der eigenen Sterblichkeit

Die Auseinandersetzung mit der eigenen Sterblichkeit ist eine weitere Schlüsselkompetenz in der Begleitung progredient erkrankter Kinder und Jugendlicher und ihrer Familien. Leyendecker (2008) nennt diese eigene Auseinandersetzung eine „essentielle Voraussetzung" für die Begleitung von Sterbenden (vgl. Leyendecker 2008, 14). Die Auseinandersetzung umfasst die Reflexion der eigenen Einstellung zum Tod, Sterben und der eigenen Endlichkeit (vgl. Tausch-Flammer 2001, 12). Die Konfrontation mit Tod und Trauer in der Begleitung von Betroffenen hat für die Begleitenden oftmals das Erleben der eigenen Angst vor dem Tod und das Aufwerfen vieler existentieller Fragen zur Folge, wie z.B. die Frage nach einem Leben nach dem Tod. Die Auseinandersetzung mit dem Sterben und Tod kann schwierig und mit Konflikten verbunden sein, weil viele Begleitende im Verlauf ihrer Biographie selbst eine Tabuisierung dieser Aspekte erlebt haben (vgl. Leyendecker 2008, 15). Die Aufarbeitung und Auseinandersetzung mit diesen Fragen und Ängsten sind aber dennoch unabdingbar, um nicht handlungsunfähig im Umgang mit einem schwerstkranken oder sterbenden Kind zu werden. Die Begleitung sterbender Kinder und die Unterstützung ihrer Familien erfordert somit immer auch eine intensive Auseinandersetzung mit sich selbst (vgl. Glanzmann/Bergsträßer 2001, 141). Nur durch die Bewusstmachung eigener Vergänglichkeit wird eine adäquate Sterbebegleitung möglich. Darüber hinaus kann die Auseinandersetzung mit der eigenen Sterblichkeit auch dazu führen, dass man bewusster und intensiver lebt und das Leben als etwas besonders Wertvolles zu schätzen lernt (vgl. Börgens 2003, 118). Die Auseinandersetzung mit der eigenen Sterblichkeit und den Themen Tod und Sterben kann alleine erfolgen, aber auch im Team im Rahmen eines angeleiteten Gesprächskreises. Dort können folgende Fragen besprochen werden, die zu einer Auseinandersetzung anregen:

- Habe ich Angst vor dem Tod?
- Was würde ich tun, wenn ich nur noch kurze Zeit zu leben hätte?
- Habe ich schon einen Toten gesehen, angefasst, geküsst?
- Wie und wo möchte ich begraben werden? (vgl. Weber 2008, 63f.).

Auch Phantasiereisen können durch Visualisierung innerer Bilder und das Spüren der damit verbundenen Emotionen zu einer Auseinandersetzung mit diesen Fragen anregen (vgl. Weber 2008, 64). Darüber hinaus sollten die Mitarbeiter und Mitarbeiterinnen bei der Begleitung von trauernden Eltern in der Lage sein, deren Trauer auszuhalten und dafür Sorge tragen, dass den Eltern ausreichend Zeit und Raum zur Verfügung stehen, um ihre Gedanken und Gefühle zum Ausdruck zu bringen (vgl. Lehmann-Geck 2003, 8). „Je mehr es im Vorfeld gelingt, die Möglichkeit des Sterbens gedanklich, gefühlsmäßig und im Gespräch zuzulassen, desto mehr ist bereits an Vorbereitung getan, desto besser kann gegebenenfalls Abschied genommen werden. Je mehr Schmerz im Vorfeld zugelassen wird, desto mehr ist vom ‚Berg der Trauer' bereits abgetragen" (Ritter 2005, 48).

Kenntnisse in Sterbe- und Trauerbegleitung

Um eine gelingende Sterbebegleitung und Trauerarbeit zu ermöglichen, ist es notwendig, den Familien zu signalisieren, dass über Themen wie Tod und Sterben gesprochen werden darf und die Mitarbeitenden bereit sind, ihre Ängste, Sorgen und ihre Trauer mitzutragen (vgl. Köster 2002, 18). Adäquate Sterbe- und Trauerbegleitung progredient erkrankter Kinder und Jugendlicher setzt sowohl für Pflegekräfte sowie Pädagogen und Pädagoginnen als auch für ehrenamtlich Tätige ein fundiertes Fachwissen über kindliche Todesvorstellungen und Trauerprozesse voraus. Die Thematisierung thanataler Aspekte bedingt, dass die Fachkräfte Kenntnisse über den Umgang von Heranswachsenden verschiedener Alters- und Entwicklungsstufen mit dem Tod haben. Sie sollten außerdem den Verlauf von Trauerprozessen kennen. Orientierung hierfür bietet beispielsweise das Modell von Worden (2006). Des Weiteren sind Kenntnisse der Entwicklungspsychologie über das System Familie und die verschiedenen Krankheitsbilder notwendig (vgl. Lehmann-Geck 2003, 8). Spätestens seit der Veröffentlichung der Forschungsarbeiten von Kübler-Ross (1984) ist bekannt, dass progredient erkrankte Kinder und Jugendliche häufig intuitiv um ihre lebensbedrohliche Situation wissen, und es besteht ein weitgehender Konsens darüber, dass betroffenen Kindern in entwicklungsangemessener Weise die Wahrheit über die Diagnose mitgeteilt werden sollte. Dies kann Aufgabe eines Begleiters in einem Krankenhaus oder Kinderhospiz oder einem ambulanten Kinderhospizdienst sein, wenn die Eltern nicht dazu in der Lage sind. Meist erfolgt dies unter der Voraussetzung der Zustimmung der Eltern und der Absprache mit ihnen (vgl. Leyendecker 2008, 18ff.). Viele Eltern fühlen sich bei der Thematisierung von Tod und Trauer mit ihrem progredient erkrankten Kind überfordert. Die Unterstützung des Kindes bei der psychischen Bewältigung seiner Lebenssituation und der Auseinandersetzung mit Krankheit und Tod zählen somit durchaus zum Aufgabenbereich der Mitarbeiter und Mitarbeiterinnen in der Kinderhospizarbeit. Ihre Aufgabe ist es, für die Thematisierung von Sterben und Tod offen zu sein, die Bedürfnisse der Kinder und Jugendlichen einfühlsam zu erspüren und den Kindern ausreichend Raum und Ausdrucksmöglichkeiten zu bieten, um ihre Kommunikationswünsche, Gefühle und Ängste zum Ausdruck bringen zu können (vgl. Wingenfeld 2005, 186).

Eine weitere Zielgruppe der Sterbe- und Trauerbegleitung in der Kinderhospizarbeit sind die Geschwister. Die Mitarbeiter und Mitarbeiterinnen sind aufgefordert wahrzunehmen, welche Bedürfnisse die Geschwister signalisieren, um die individuellen Unterstützungsangebote daran ausrichten zu können. Die Grundlage für die Zusammenarbeit mit den Geschwistern ist ein Vertrauensverhältnis, dessen Aufbau oftmals viel Zeit erfordert (vgl. Sieler 2006, 122). Die Notwendigkeit für den Aufbau eines Vertrauensverhältnisses wird auch in der Studie der amerikanischen Psychoanalytikerin Helen Rosen von 1986 deutlich. Sie belegte, dass 66% der betroffenen Kinder ihre Gefühle und Gedanken über die eigene Trauer und Sterben und Tod niemandem anvertrauen. 50% der Geschwister fühlten sich mitschuldig am Tod des Geschwisterkindes und häufig findet Verdrängung oder die Verleugnung des Todes statt (vgl. Voss-Eiser 1992, 22).

Viele Eltern schweigen nach dem Tod des Kindes, um dem noch lebenden Kind die eigene Trauer nicht zu zeigen und es dadurch nicht noch mehr zu belasten. Als Folge dessen schweigt das Kind seinerseits, weil es Sorge hat, die Eltern mit seiner Trauer aus der Fassung zu bringen oder zusätzlich zu belasten. Aus diesem Grund ist es für Geschwister verstorbener Kinder oftmals eher möglich mit anderen Personen als mit den Eltern über ihre Trauer zu sprechen (vgl. Voss-Eiser 1992, 25). In der amerikanischen Literatur wird dieses Schweigen „conspirancy of silence" genannt, die Verschwörung der Stille oder des Schweigens (vgl. Voss-Eiser 1992, 14f.). Durch Außenkontakte – beispielsweise zu einem Kinderhospiz oder einem ambulanten Kinderhospizdienst – kann diese unausgesprochene Trauer thematisiert und somit ihre Folgen wie Verhaltensauffälligkeiten und psychische Störungen bei den Geschwistern gemindert werden (vgl. Sieler 2006, 121). Kast (1992, 158f.) betont die Wichtigkeit, das Thema innerhalb der Familie zu besprechen und zu bewältigen, da das Teilen des gemeinsamen Verlustes den Geschwistern das Gefühl gibt, den notwendigen und adäquaten Rückhalt in der Familie zu haben.

Persönlich-emotionale Kompetenzen

Persönlich-emotionale Kompetenzen werden auch mit dem Begriff der Schlüsselkompetenzen bezeichnet. Dieser Begriff wurde in den 1970er-Jahren von Mertens (1931–1989) geprägt. „Unter Schlüsselqualifikationen versteht man die Fähigkeiten, das Wissen, das Können und die Einstellung, mit denen wiederkehrende Situationen und Aufgaben im Alltag und Berufleben gelöst werden" (Huck-Schade 2003, 14). Schlüsselkompetenzen setzen sich aus einem breiten Spektrum von Fähigkeiten zusammen. Sie umfassen die Sozialkompetenz, die Methodenkompetenz und die Selbstkompetenz/Persönliche Kompetenz. Unter Sozialkompetenz, im angelsächsischen Sprachraum auch „Soft Skills" genannt, wird die innere und äußere Haltung der Mitarbeitenden verstanden und Fähigkeiten wie Kommunikations- oder Kooperationsfähigkeit gefasst. Methodenkompetenz bedeutet die Fähigkeit, über vielfältige Methoden zu verfügen und diese nach Bedarf situations- und themenadäquat einzusetzen. Selbstkompetenz meint, dass Fachkräfte eigene Fähigkeiten wie z.B. Flexibilität oder Kreativität in den beruflichen Kontext und die zu erledigenden Aufgaben einbringen (vgl. Huck-Schade 2003, 14ff.). Huck-Schade (2003) stellt heraus, dass es bei den Schlüsselkompetenzen von Mitarbeitenden und Führungskräften eine Geschlechtsspezifität gibt. Die Liste der „Soft Skills" bei Frauen ist um ein Vielfaches umfangreicher als bei Männern. Männer sind jedoch häufiger als Frauen in Führungspositionen anzutreffen, obwohl Studien belegen, dass der weibliche Führungsstil innovativer und erfolgreicher ist (vgl. Huck-Schade 2003, 103). Im Folgenden werden einige ausgewählte Schlüsselkompetenzen erläutert, die für die kinderhospizliche Begleitung sowohl im stationären als auch im ambulanten Bereich relevant sind.

Teamfähigkeit

Fachkräfte in Kinderhospizen arbeiten in multidisziplinären Teams. Diese Zusammenarbeit setzt enge Kooperation und Austausch sowie eine gelingende Zusammenarbeit im Team voraus. Die professionelle Arbeit im Kinderhospiz erfordert demnach einen regelmäßigen und intensiven Austausch der Mitarbeiter und Mitarbeiterinnen. Ein gut funktionierendes Team stellt auch die Basis dar, um die arbeitsspezifischen Herausforderungen gemeinsam bewältigen zu können. Der Bereich der ambulanten Kinderhospizarbeit ist durch die Zusammenarbeit von ehren- und hauptamtlichen Mitarbeitenden gekennzeichnet, was besondere Anforderungen an die Teamarbeit stellt.

Ein respektvoller Umgang miteinander wirkt sich nicht nur auf die Arbeit mit den Familien aus, sondern gibt auch den Mitarbeitenden Kraft für ihre Arbeit (vgl. Letzing 2006, 81). Wichtige Voraussetzungen für eine gute Zusammenarbeit im Team stellen Kommunikations-, Kooperations-, Konflikt- und Kritikfähigkeit dar. Eine regelmäßige Reflexion der Zusammenarbeit im Team hilft den Mitarbeitenden, auftretende Probleme und Schwierigkeiten zu erkennen (vgl. Wick 1999, 14). Die Begleitung eines erkrankten Kindes/Jugendlichen und seiner Familie setzt voraus, dass die Mitarbeiter und Mitarbeiterinnen mit sich selbst verantwortlich umgehen, für sich Sorge tragen und den Blick auf ihre persönliche Situation nicht verlieren. „Menschen, die im Bereich der Kinderhospizarbeit arbeiten, sollten versuchen, auf das eigene seelische Wohlbefinden zu achten und sich stets Zeit für private Aktivitäten zu bewahren. Ein Gleichgewicht zwischen Beruf und Berufung ist die Voraussetzung, um über die Berufung nicht sich selbst und sein Privatleben zu vergessen" (Sieler 2006, 124).

Hinse (2006a) plädiert trotz vielfältiger Spannungs- und Konfliktfelder in der Zusammenarbeit von Haupt- und Ehrenamtlichen für deren gemeinsamen Einsatz in der Hospizarbeit. Spannungen sollten positiv genutzt werden, damit die Zusammenarbeit als bereichernd empfunden und die Hospizarbeit positiv in die Gesellschaft getragen werden kann. Der Einsatz der Ehrenamtlichen in der Hospizarbeit sollte immer durch eine hauptamtliche Leitung koordiniert werden (vgl. Hinse 2006a, 133ff.). Diese Forderung wird in ambulanten Kinderhospizdiensten und in stationären Kinderhospizen bereits umgesetzt. Haupt- und Ehrenamtliche sind in der Kinderhospizarbeit gleichermaßen in die Begleitung der Familien miteinbezogen und können sich daher gegenseitig ergänzen und unterstützen.

Distanzierungsfähigkeit

Die intensive gemeinsame Zeit der Begleitung verlangt von den Mitarbeitenden ein professionelles Verhältnis von Nähe und Distanz. Der enge Kontakt mit den Familien erfordert es, trotz der intensiven Beziehung, die im Rahmen eines Begleitungsprozesses entstehen kann, ausreichend inneren Abstand zu gewinnen, um die Identifikation mit den Familienmitgliedern und eine zu große emotionale Belastung zu vermeiden (vgl. Dingerkus 2005a, 86). In der Pilotstudie von Philipp/Loffing (2008) wurde erhoben, dass ein wesentlicher Coping-Mechanismus von Mitarbeitenden in Kinderhospizen die Distanzierungsfähigkeit darstellt. Je besser es den Mitarbeitenden gelingt, sich von der Arbeit abzugrenzen und zu erholen, desto einfacher fällt ihnen die Bewältigung beruflicher Problem- und Belastungssituationen (vgl. Philipp/Loffing 2008, 6f.).

Empathie

Im Mittelpunkt der praktischen Arbeit im Kinderhospiz und der ambulanten Kinderhospizdienste steht das progredient erkrankte Kind/der progredient erkrankte Jugendliche mit seiner Familie. Diese Zielsetzung erfordert die Bereitschaft der Mitarbeiter und Mitarbeiterinnen, die Individualität der Einzelnen zu achten und die gesamte Familie so anzunehmen, wie sie ist. Kinder mit progredienter Krankheit „sind existenziell abhängig (von ihren Eltern/Anm. d. Verf.) und man kann sie daher nur zusammen mit dem gesamten Familiensystem betrachten. Dabei ist das Wichtigste, dass alle Mitglieder des Familiensystems mit gleicher Intensität begleitet werden, soweit die Familie das möchte" (Lehmann-Geck 2003, 8). Damit der Aufenthalt im Kinderhospiz und eine Begleitung durch einen ambulanten Kinderhospizdienst von den progredient erkrankten Kindern, Jugendlichen und ihren Eltern und Geschwistern als entlastend erlebt werden kann, ist es notwendig, dass die Mitarbeiter und Mitarbeiterinnen Kenntnisse über die Alltagssituationen, Rituale und Gewohnheiten der Familie haben. Dies impliziert eine besondere Sensibilisierung für die spezifische Lebenssituation der jeweiligen Familie. Durch gemeinsame Gespräche im Vorfeld können Wünsche und Ängste der Eltern, Vorlieben des erkrankten Kindes/Jugendlichen und der Geschwister sowie die gewünschten Themen und Inhalte der Begleitung eruiert werden. Den Mitarbeitenden sollte bewusst sein, dass es für die Eltern oftmals ein schwieriger Prozess ist, die Verantwortung für ihr erkranktes Kind auf andere Menschen zu übertragen, da dies zunächst oft außerhalb ihres Erfahrungsbereiches liegt. Darüber hinaus besteht die Aufgabe der Mitarbeiter und Mitarbeiterinnen darin, die Perspektive der Familie nachzuvollziehen, zu reflektieren und bei der Begleitung zu berücksichtigen.

Wertschätzende Grundhaltungen

Eine wichtige konzeptionelle Grundannahme in der Kinderhospizarbeit beinhaltet die Anerkennung des elterlichen Expertentums in Bezug auf alle ihr Kind tangierenden Themen. Die Eltern können sich am besten in ihr Kind einfühlen, kennen dessen Bedürfnisse und Ausdrucksmöglichkeiten und sind somit in der Lage zu entscheiden, welche Maßnahmen sie für ihr Kind als sinnvoll erachten. Für die professionelle Arbeit der Mitarbeiter und Mitarbeiterinnen resultiert daraus eine situative Zurücknahme der eigenen fachlichen Vorstellungen. Gleichberechtigtes Handeln und gemeinsame Lernprozesse zwischen Eltern und professionellen Mitarbeiter/innen sind daher sowohl ein Weg als auch ein Ziel der Kinderhospizarbeit. Die Eltern entscheiden, was eine hilfreiche Begleitung für sie umfasst und wie sich diese gestalten kann (vgl. Dingerkus 2005a, 86).
Weitere bedeutsame Grundhaltungen in der Begleitung der progredient erkrankten Kinder und Jugendlichen sind nach Leyendecker (2008):

- *Personale Verfügbarkeit*: Zeit, Fähigkeit und Mut sich in die psychische Lage des erkrankten Kindes/Jugendlichen einzufühlen.
- *Aufrichtigkeit*: Die aufrichtige und menschliche Haltung, Schwäche, Unsicherheit, Verzweiflung zu erkennen zu geben und nicht zu verstecken.
- *Einfühlung*: Sich in die Situation des Kindes einzufühlen, das Kind anzunehmen, so wie es ist – im Sinne „Pädagogischer Koexistenz" (Leyendecker 2008, 17f.).

Eine weitere Grundhaltung stellt die Wahrnehmung und Achtung der verbliebenen Fähigkeiten des Kindes dar. Daraus resultiert die Anforderung an die Mitarbeiter und Mitarbeiterinnen, die Ressourcen des Kindes zu stärken und durch individuelle Angebote zu erhalten. Dies kann z.B. durch gezielte Angebote zu Körper- und Sinneswahrnehmungen, Lauf- und Greifübungen oder das Füttern einer zubereiteten Mahlzeit geschehen (vgl. Halbe 2003, 26). „Schwerstkranke Kinder stellen gerade in der Situation ihrer lebensgefährlichen Erkrankung eigenständige Persönlichkeiten dar, die als solche ernst genommen und gehört werden müssen" (Krockauer 2005, 82).

Diese Einstellung ist im Empowerment-Ansatz verortet, der eine deutliche „Stärken-Perspektive" beinhaltet. Hier stehen ausschließlich die Ressourcen der Person im Vordergrund, nicht ihre Defizite und Schwächen.

Selbstbestimmung im kinderhospizlichen Kontext bedeutet auch, das von Janusz Korczak (1967) in der „Magna Charta Libertatis" formulierte Grundrecht „Das Recht des Kindes auf den eigenen Tod" zu achten. Weil Kinder nicht sterben sollen, werden alle Maßnahmen von ihren Eltern getroffen, um den Tod zu verhindern. Korczak spricht sich für das Recht auf einen frühen Tod aus. Er sah, wie würdevoll Kinder zu sterben wissen, und war entschieden gegen ein unnützes Herausschieben des Todes. Außerdem ist er der Ansicht, dass der Körper des Kindes nur ihm allein gehört. Das Kind hat das Recht, selbst über seinen Körper zu entscheiden und zu leben. Der Erzieher darf das Kind aus Sorge um dessen Gesundheit nicht überbehüten und es in seiner Entwicklung einschränken (vgl. Korczak 1967, 40ff.).

Rest (2006) plädiert in Anlehnung an Korczak dafür, dass nicht der Schutz der Kinder, sondern ihre Lebensmöglichkeiten im Vordergrund stehen sollten. In Kinderhospizen besteht die Möglichkeit dazu. Das Sterben wird in das Leben integriert, die Kinder können das Leben lebendig vollenden. Nicht der Kampf gegen den Tod, sondern der Kampf um die Lebenssättigung stehen dort im Vordergrund (vgl. Rest 2006, 38ff.).

Flexibilität

Die Begleiter und Begleiterinnen in einem Sterbeprozess müssen die Fähigkeit haben, flexibel auf die sich schnell verändernden Umstände und Bedürfnisse der Sterbenden einzugehen. Sie müssen ihre eigenen Konzepte und Bewertungen kennen und bereit sein, diese situationsadäquat hintanzustellen (vgl. Tausch-Flammer 2001, 12).

Es lässt sich abschließend festhalten, dass es kein eindeutig zu definierendes Expertentum für eine Begleitung im Kontext progredienter Erkrankungen und auf dem letzten Lebensweg gibt. „Vielfältige persönliche, fachliche und seelsorgerische Fähigkeiten sind bei dieser Arbeit gefragt" (Grammer 1999, 102). Die Mitarbeiter und Mitarbeiterinnen bereichern die Kinderhospizarbeit durch ihre individuellen Persönlichkeiten und die daraus resultierenden Fähigkeiten und Talente, die sie in ihre Tätigkeit mit einbringen. Eine Qualifizierung der Mitarbeitenden erfolgt auf der Grundlage ihrer fachlichen und persönlich-emotionalen Qualifikation in erster Linie durch die alltägliche reflektierte Arbeit im Team und mit den Familien (vgl. Köster 2002, 19).

5.1.6 Fort- und Weiterbildungsangebote

In der Sonderpädagogik ist unstrittig, dass sonderpädagogische Professionalität und sonderpädagogische Qualität nicht alleine auf einem zu einem bestimmten Zeitpunkt erworbenen sonderpädagogischen Wissen fußen kann, sondern im Sinne lebenslangen Lernens bezogen auf das jeweilige sonderpädagogische Handlungsfeld vertieft, ausdifferenziert und reflektiert werden muss. Dlugosch (2003) spricht in diesem Zusammenhang von einem berufsbiographischen Projekt, durch das sich das professionelle Selbstverständnis fortwährend konstituiert. Diese Position ist auf kinderhospizliche Professionalität zu übertragen.

Die Darstellung der fachlichen und sozialen Kompetenzen der Mitarbeiter und Mitarbeiterinnen in der Kinderhospizarbeit macht deutlich, dass diese sich regelmäßig weiterbilden sollten, um ihre berufsbegleitende Weiterentwicklung und -qualifizierung sicherzustellen.

Student/Mühlum/Student (2007) weisen darauf hin, dass hauptamtlich Mitarbeitende in der Hospiz- und Palliativarbeit Fortbildungen und Zusatzausbildungen in Palliative Care benötigen. Außerdem könnte die regelmäßige Inanspruchnahme von Supervision die Selbstpflege Helfender verbessern und die Auseinandersetzung mit der eigenen Sterblichkeit vertiefen (vgl. Student/Mühlum/Student 2007, 113f.).

Es ist herauszustellen, dass nicht nur berufliche Fort- und Weiterbildungen im fachlichen Bereich notwendig sind, sondern auch das Training so genannter „Soft Skills" bedeutsam ist. Es stellt sich in diesem Zusammenhang die Frage, wie diese vielfältigen Schlüsselkompetenzen (weiter-)entwickelt werden können. Huck-Schade (2003) führt an, dass „Soft Skills" zum einen schon in der Grundausbildung und zum anderen im Sinne des „Lebenslangen Lernens" durch berufliche Fort- und Weiterbildungen erworben werden sollten. Wesentliche Inhalte in gezielten Soft-Skills-Trainings können die Schulung der Kommunikations-, Kooperations-, Konflikt- und Teamfähigkeit sein. Die hierfür einzusetzenden Methoden sind vielfältig und umfassen das bildnerische Gestalten, Rollenspiele, Theaterspiel, Planspiele sowie Tanz und Musik (vgl. Huck-Schade 2003, 34ff.).

Die berufliche Fort- und Weiterbildung kann sowohl intern, durch Angebote der Kindeshospize oder der ambulanten Dienste selbst, als auch durch die Wahrnehmung von Angeboten in Bildungsinstitutionen erfolgen. Hofmann (2006) nennt Beispiele für interne Fortbildungen wie regelmäßige Gruppenabende, an denen Fallbesprechungen oder kollegiale Beratung und ein Jahresrückblick im gesamten Team vorgenommen werden, um das vergangene Jahr zu reflektieren und gemeinsam Zukunftsperspektiven zu entwickeln. Ebenso ist die Supervision eine Form der internen Fort- und Weiterbildung, die als Einzel- und Gruppensupervision durchgeführt werden kann (vgl. Hofmann 2006, 229ff.). Die regelmäßige Evaluation des internen oder externen Fort- und Weiterbildungsangebotes wird von Hofmann (2006) angeraten, um die Angebote zu verbessern. Evaluierende Maßnahmen können in Form von Fragebogenerhebungen, Feedbackrunden oder einer Meinungsbox durchgeführt werden (vgl. Hofmann 2006, 241ff.).

Hinse (2006a) stellt heraus, dass Fort- und Weiterbildungen systematisch geplant werden sollten. Dabei ist eine langfristige Planung vorzunehmen. Das bedeutet, dass Fortbildungen zur Basalen Stimulation oder Trauerbegleitung nicht nur einmalig, sondern in einem regelmäßigen Turnus besucht werden sollen, damit die Mitarbeitenden jeweils über den aktuellen Stand von Wissenschaft und Theorie informiert werden. Bei kurzfristigen Fortbildungsplanungen steht der Besuch von aktuellen Tagungen, Foren oder Vorträgen zu kinderhospizlichen Themen im Vordergrund. Eine terminliche und inhaltliche Abstimmung ist bei beiden Formen der Planung notwendig, um Personalengpässe zu vermeiden (vgl. Hinse 2006, 175ff.). Hinse (2006a) stellt die Bedeutsamkeit eines regelmäßigen, offenen Ansprechens von Kraftquellen und Erholungsmöglichkeiten, wie z.B. Natur, Familie, Freunde, Hobbys, Glaube und „persönliche Auszeiten", heraus. Dieses sollte von Seiten der Leitung initiiert werden (vgl. Hinse 2006a, 184f.).

Folgende Fort- und Weiterbildungsinhalte können unter anderem für die Mitarbeitenden in der Kinderhospizarbeit relevant sein:

- Basale Stimulation/Kommunikation
- Kinästhetik
- Palliative Care
- Schmerztherapie
- Trauerbegleitung
- Sterbebegleitung
- Alternative Heilmethoden
- Aromatherapie
- Gesprächsführung.

Abschließend lassen sich aus den von Student/Mühlum/Student (2007) aufgestellten Thesen zur Fortbildung in der Hospiz- und Palliativarbeit vier wesentliche Thesen für die Fort- und Weiterbildung für Mitarbeitende in kinderhospizlichen Feldern ableiten:

1. *Sterbebegleitung ist zunächst Alltagshandeln und jeder Mensch ist dazu befähigt.* In Fortbildungen erworbene Qualifikationen und Kenntnisse für die Sterbebegleitung von progredient erkrankten Kindern sollten nicht zur Voraussetzung gemacht werden, da dann die Allgemeinheit (Ehrenamtlichkeit) ausgeschlossen würde.

2. *Für die Sterbebegleitung im Kinderhospiz dienen Fort- und Weiterbildungen der Qualitätssicherung.* Kinderhospizmitarbeitende begleiten im Auftrag eines stationären Kinderhospizes progredient erkrankte Kinder und ihre Familien. Das Kinderhospiz übernimmt daher einerseits Verantwortung für die Kinder sowie Familien und andererseits für die Mitarbeiterinnen und Mitarbeiter. Dies gilt auch im ambulanten Bereich.

3. *Fortbildungen in der Sterbebegleitung dienen der Bewältigung und setzen Kräfte bei den Helfenden frei.* Mitarbeitende in der Kinderhospizarbeit müssen sich in ihrer Arbeit mit thanatalen Aspekten auseinandersetzen. Dabei können eigene, unverarbeitete Erfahrungen und Ängste auftreten, die bearbeitet werden müssen. Bei dieser Auseinandersetzung können Fortbildungen helfen und neue Kräfte für die Arbeit freisetzen.

4. *Fort- und Weiterbildung für Fachkräfte, die Sterbende begleiten, ist eine Entwicklungschance.* Mitarbeitende in kinderhospizlichen Feldern können sich durch Fortbildungen auch persönlich weiterentwickeln (These 3) (vgl. Student/Mühlum/Student 2007, 65f.).

5.1.7 Problem- und Belastungsfaktoren

„Professionelle, die dauerhaft kritisch erkrankte und sterbende Menschen begleiten, sind besonderen beruflichen Belastungen ausgesetzt" (Geiss et al. 2005, 42). Dies lässt sich sowohl für die Begleitung sterbender Erwachsener als auch für die Palliativversorgung von Kindern und Jugendlichen feststellen. Es liegen für die Thematik der Belastung von Professionellen, die in die Begleitung von sterbenden Erwachsenen im Hospiz- und Palliativbereich involviert sind, vielfältige Studien vor, unter anderem die Arbeiten von Schröder et al. (2003) und Geiss (2007) zum Belastungserleben von Fachkräften in der Sterbebegleitung Erwachsener.

Das Belastungserleben bei der Begleitung sterbender Menschen hat nach Wittkowski et al. (2004) einerseits unspezifische Ursachen, die nicht unmittelbar durch den Kontakt mit den Betroffenen bedingt sind, sondern in allgemeinen und strukturellen Merkmalen der Arbeit begründet liegen, und andererseits spezifische Ursachen. Diese stehen in ummittelbarer Beziehung zur Todesthematik (vgl. Wittkowski et al. 2004, 114). Wittkowski (2003) führt drei verschiedene Merkmalsgruppen an, die zur psychischen Belastung in der Arbeit mit Sterbenden führen können:

1. *Individuelle Faktoren*: Alter, Geschlecht und Persönlichkeit
2. *Arbeitsumgebung*: Kommunikationsprobleme im Team, Belastungen durch die berufliche Rolle
3. *Schwierigkeiten in der Kooperation*: Kooperation mit den Patienten und Angehörigen (vgl. Wittkowski 2003, 154ff.).

Aus der Studie von Geiss (2007) geht hervor, dass sich im Hinblick auf die Belastungsfaktoren und deren Bewältigung auch Unterschiede innerhalb der Personengruppen der hauptamtlich und der ehrenamtlich Mitarbeitenden feststellen lassen. So zeigen Ehrenamtliche kaum Beanspruchung und ein sehr hohes Wohlbefinden, da sie meistens selbst bestimmen können, wie sehr sie in die Tätigkeit involviert werden möchten. Für Hauptamtliche (Ärzte/Ärztinnen, Pflegende, Geistliche und Fachkräfte aus psychosozialen Berufsgruppen) stellt sich die Situation anders dar. So weisen ärztliches und pflegendes Personal eine große berufliche Beanspruchung und ein geringes Wohlbefinden auf (vgl. Geiss 2007, 191). Studien aus dem angloamerikanischen Raum stellen unter anderem Schwierigkeiten bei der Rollendefinition, dem eigenen Status innerhalb des Teams und Probleme mit der beruflichen Identität, insbesondere für Sozialarbeiter/Pädagogen in Hospizen heraus (vgl. Parker Olliver et al. 2009; Reese/Raymer 2004; Reese/Sonntag 2001).

Eine Übersicht aller inhaltlichen Beanspruchungsfaktoren, die durch die Sterbebegleitung für die Professionellen entstehen können, stellt Schmitz-Scherzer (2001) aus den Ergebnissen eigener Studien zusammen:

„Besondere Schwierigkeiten für viele Sterbebegleiter ergeben sich aus:
- dem Alter der Sterbenden (die Begleitung jüngerer Sterbender wird als schwerer erlebt)
- der eigenen Unsicherheit

- der Frustration durch die eigene Unsicherheit
- Schwierigkeiten bei plötzlich eintretendem Tod
- Schuldgefühlen bei nicht offener Kommunikation
- Angst vor doppeldeutigen Fragen der PatientInnen
- der stets notwendigen Kontrolle der Antworten auf Fragen von PatientInnen, die nichts von ihrem Zustand wissen
- der starken Identifikation mit dem Patienten und seiner Lage
- dem Mangel an Erfolgserlebnissen und
- den Gesprächen mit Sterbenden und
- dem Sterben" (Schmitz-Scherzer, 2001, 9).

In Bezug auf das Belastungserleben von Fachkräften in der Palliativversorgung von Kindern und Jugendlichen liegen Studien aus dem angloamerikanischen Raum vor (vgl. Davies et al. 2008; Burns et al. 2001; Himelstein et al. 2004; Woolley et al. 1989). Die Studie von Woolley et al. (1989), „Staff stress and job satisfaction at a children's hospice", die in einem Kinderhospiz in England durchgeführt wurde, belegt besondere Belastungen von Mitarbeiterinnen und Mitarbeitern in einem Kinderhospiz. Drei Gruppen von Belastungsfaktoren wurden in der Studie ermittelt:

1. Das Miterleben von Schmerzen und Tod der progredient erkrankten Kinder
2. Schwierigkeiten in der Zusammenarbeit mit den Eltern der Kinder, Identifikation mit den Familien
3. Probleme in der Zusammenarbeit im Team.

Trotz dieser belastenden Faktoren in der Arbeit im Kinderhospiz ist die Zufriedenheit der Mitarbeitenden sehr hoch (vgl. Woolley et al. 1989, 114ff.). Eine Studie von Davies et al. (2008) weist auf folgende Barrieren/Schwierigkeiten von Mitarbeitenden in der pädiatrischen Palliativversorgung hin: unsichere Prognose der progredienten Erkrankung, Nicht-Akzeptanz der unheilbaren Diagnose auf Seiten der Eltern, Zeitdruck, Kommunikationsschwierigkeiten mit den Eltern und Personalmangel (vgl. Davies et al. 2008, 282ff.).

In Deutschland liegt bisher erst eine Pilotstudie vor, die in sechs von acht stationären Kinderhospizen von Philipp/Loffing (2008) durchgeführt wurde. Diese Studie bestätigt die Ergebnisse der Studien aus dem angloamerikanischen Raum und zeigt auf, dass die Mitarbeitenden in stationären Kinderhospizen vielfältigen Belastungssituationen ausgesetzt sind. Als größter Belastungsfaktor wurden Arbeits- und Organisationsbedingungen genannt, gefolgt von sozialen Spannungen im Team und mit der Leitung. Emotionale Belastungen im Hinblick auf die Begleitung und Pflege der progredient erkrankten Kinder und das Sterben und den Tod beurteilen die Mitarbeitenden als geringer belastend als die sozialen Spannungen im Team. Es kann gefolgert werden, dass die primären Belastungen von Mitarbeitenden in Kinderhospizen die Arbeitsbedingungen und sozialen Konflikte betreffen (vgl. Philipp/Loffing 2008, 2ff.). Dies lässt auch die Schlussfolgerung zu, dass Mitarbeitende in stationären Kinderhospizen nicht, wie von Experten gemutmaßt, durch die Konfrontation mit dem Sterben und Tod stärker belastet sind als Fachkräfte in anderen pflegerischen oder sozialen Handlungsfeldern.

5.1.8 Coping und Bewältigung

Der Umgang mit Problem- und Belastungsfaktoren von Professionellen erfolgt individuell. Eine Studie von Woolley et al. (1989) zur Belastung und Zufriedenheit von Mitarbeitenden in einem Kinderhospiz in Großbritannien zeigt folgende Bewältigungsmechanismen für Problem- und Belastungssituationen:

- Informelle Unterstützung durch Kollegen und Kolleginnen, die sich durch gute Beziehungen zueinander auszeichnet
- Gemütliche Atmosphäre im Kinderhospiz
- Wöchentliche Teamsitzungen
- Supervision

- Religiöser Glaube
- Vielfalt an fachlichen und persönlichen Kompetenzen im multiprofessionellen Team
- Unterstützung durch Familie und Freunde im Privatleben
- Freiräume auf der Arbeit und im Privatleben, um Problemsituationen zu bewältigen (vgl. Woolley et al. 1989, 116ff.).

Auch die Pilotstudie von Philipp/Loffing (2008) ergab, dass die Mitarbeitenden stationärer Kinderhospize über vielfältige Coping-Mechanismen verfügen. Diese sind unter anderem die Fähigkeit, sich von der Arbeit abzugrenzen und zu erholen, sowie eine geringe Verausgabungsbereitschaft. Diese Aspekte können als Schutzmechanismen verstanden werden. Des Weiteren haben Mitarbeitende in Kinderhospizen verglichen mit der Gesamtbevölkerung weniger Angst vor dem Sterben wichtiger Bezugspersonen (vgl. Philipp/Loffing 2008, 6f.). Die Mitarbeitenden gaben folgende zur Bewältigung relevante Aspekte an:

- Teamarbeit (Teamsitzungen und -aktivitäten)
- Offene Kommunikation und Aussprache
- Gegenseitiger Respekt
- Zuverlässige Arbeitszeiten
- Eindeutige Zuständigkeitsbereiche
- Absprachen und Transparenz
- Mehr persönlicher Ausgleich
- Wertschätzung durch die Kollegen, Leitung und Gesellschaft
- Angebote zur Entspannung und zum Stressabbau.

Es wurde deutlich, dass die Bereiche der Teamarbeit und der Arbeits- und Organisationsbedingungen sowie persönliche Bedürfnisse bei der Bewältigung von Problem- und Belastungsfaktoren im Vordergrund stehen (vgl. Philipp/Loffing 2008, 9ff.).
Die in der Studie von Beutel/Tausch-Flammer (1990) von professionellen Sterbebegleitern und Sterbebegleiterinnen erfragten hilfreichen Faktoren zur Bewältigung finden sich zum Teil in den oben genannten Aspekten wieder. Die sechs „Kraftquellen", die in der Studie genannt wurden, sind: 1. „Ich selbst", 2. „der Glaube", 3. „das Team", 4. „der Patient", 5. „der Angehörige" und 6. „Zeit haben". Daraus wird ersichtlich, dass sich vier der sechs Kraftquellen explizit auf das soziale Lebensfeld der Professionellen beziehen (vgl. Geiss 2007, 95). In der Studie „Soziale Ressourcen in der Begegnung mit Sterben und Tod" von Geiss (2007) wurden erstmalig ausführlich soziale Ressourcen für Professionelle ermittelt, die in Konfrontation mit Sterben und Tod stehen. Der Dimension des „Inneren Verbundenseins" kommt dabei eine besondere Bedeutung zu, da diese eine starke Konnotation zu Wohlbefinden und Belastung der Professionellen aufwies und demnach einen bedeutsamen Schutzfaktor und eine Bewältigungsmöglichkeit darstellt. Inneres Verbundensein kann dabei mit Sinnhaftigkeit und Sinnvermittlung gleichgesetzt werden (vgl. Geiss 2007, 195ff.) und erfüllt somit aus salutogenetischer Perspektive die zentrale Teilkomponente des Kohärenzsinnes (vgl. Kap. I 1.2).
Auch Vachon (2003) zitiert Studien, nach denen die spirituellen und religiösen Überzeugungssysteme der Mitarbeitenden in Hospizeinrichtungen für die Bewältigung von Problem- und Belastungssituationen hilfreich sind (vgl. Wittkowski 2003, 156f.).
Die Studie des Forschungsprojektes zu den Be- und Entlastungsfaktoren in kritischen Krankheits- und Sterbeprozessen von Geiss et al. (2005) zeigt zudem, dass das Ausmaß der spirituellen Orientierung von Mitarbeitenden, die professionell mit Sterbenden oder kritisch Erkrankten zu tun haben, eine große Rolle bei der Bewältigung von beruflichen Belastungsfaktoren spielt. Des Weiteren beeinflusst die spirituelle Orientierung die Einstellungen, die der Einzelne den Aspekten Sterben, Tod und Trauer entgegenbringt (vgl. Geiss et al. 2005, 42ff.). Unter spiritueller Orientierung wurden Religiosität und transpersonales Vertrauen gefasst. Transpersonales Vertrauen ist die eigene spirituelle Erfahrung, das Erleben einer Verbundenheit mit einer höheren Macht. Die Studie belegt, dass sich Professionelle, die über eine hohe spirituelle Orientierung verfügen, im Beruf wohler fühlen und weniger belastet sind.

Demnach stellt Spiritualität in einem Arbeitsfeld mit hohen Burn-out-Raten eine wichtige professionelle Ressource dar (vgl. Geiss et al. 2005, 47/53f.).

Als hilfreiche Methoden zur Stressbewältigung im beruflichen Umfeld gelten folgende aktive Handlungen: Ruhephasen schaffen und dadurch Zeitdruck abbauen, Entspannungstechniken einsetzen, positive Selbstinstruktion, Feedbacksysteme und Supervisionsgruppen, bewusste Freizeitgestaltung und das bewusste Genießen im Alltag als Bewältigungsstrategien im privaten Umfeld (vgl. Schmidt 2004, 73ff.).

Zusammenfassend lässt sich festhalten, dass die Begleitung progredient erkrankter Kinder und ihrer Familien eine sehr anspruchsvolle professionelle Tätigkeit darstellt, die in einem emotional herausfordernden Feld stattfindet. Förderliche Aspekte und Ressourcen im Arbeitsbereich können Distanzierungsfähigkeit, geringere Verausgabungsbereitschaft und verminderte Angst vor dem Sterben von Bezugspersonen, der spirituelle Glaube, spezifische „Kraftquellen" sowie der aktive Einsatz von Methoden der Stressbewältigung sein.

5.1.9 Öffentlichkeitsarbeit in der Kinderhospizarbeit

Die Öffentlichkeitsarbeit im Sinne öffentlicher Darstellung der Ziele, Aufgaben und Angebote der Kinderhospizarbeit stellt einen wichtigen Baustein professioneller und ehrenamtlicher Tätigkeit in diesem Handlungsfeld dar. Aus diesem Grund werden einige relevante Aspekte dieses Tätigkeitsfeldes nachfolgend kurz beleuchtet.

Ziel der Öffentlichkeitsarbeit ist es „die Kinderhospizarbeit in Deutschland so bekannt zu machen, wie die Arbeit in Kindergärten".[64] Dies soll dazu beitragen, Unkenntnis und Tabuisierungen bezüglich der Thematik des Sterbens von Kindern und Jugendlichen abzubauen. Es wird daran gearbeitet, „die Politik und andere Entscheidungsgremien davon zu überzeugen, dass die Versorgungsstrukturen für lebensverkürzend erkrankte Kinder und ihre Familie weiter verbessert werden müssen".[65]

Laut Hinse (2006c) erfolgt Öffentlichkeitsarbeit in der Kinderhospizarbeit über drei Wege:

1. Die persönliche Kommunikation von Mensch zu Mensch
2. Die Gruppenkommunikation in Veranstaltungen
3. Die öffentliche Kommunikation über verschiedene Medien.

Alle drei Kommunikationsformen bedingen sich gegenseitig und erhalten eine große Wirkung wenn sie miteinander verbunden werden. Die Wirkung lässt sich mit den vier Aspekten gelingender Kommunikation nach Schulz von Thun planen. Es sollen Fragen zum Sachinhalt (Ziele, Kosten, Lage etc.), zur Selbstaussage (Träger des Kinderhospizes), zu Beziehungen (Zielgruppen) und zur Zielsetzung (Zielklärung) gestellt werden, aus denen dann ein Konzept für die Öffentlichkeitsarbeit entwickelt werden kann. Dabei soll aus den drei gängigen Kommunikationsformen der Öffentlichkeitsarbeit (s.o.) die zutreffendste für Zielgruppe und Ziel ausgewählt werden. Um Spender zu werben, empfiehlt Hinse die Medienkommunikation mittels Flyer oder Zeitungsartikel. Für das Werben von Mitarbeitern/Mitarbeiterinnen oder Vereinsmitgliedern und zur öffentlichen Bewusstseinsbildung eignet sich die Gruppenkommunikation in Form von öffentlichen Veranstaltungen. Die persönliche Kommunikation eignet sich hingegen im Kontakt mit Pflegediensten und Hausärzten (vgl. Hinse 2006c, 245ff.). Dabei ist es wichtig, Öffentlichkeitsarbeit regelmäßig und kontinuierlich zu betreiben. Es sollte die Zuständigkeit für die Öffentlichkeitsarbeit in der Einrichtung geklärt und Gelder für diese bereitgestellt werden (vgl. Hinse 2006c, 250ff.). Die Öffentlichkeitsarbeit hat sowohl für stationäre Kinderhospize als auch die ambulanten Kinderhospizdienste eine große Bedeutung.

Die aktive Öffentlichkeitsarbeit wird in den ambulanten Kinderhospizdiensten zum Teil von den Ehrenamtlichen geleistet, in einigen Diensten sind hauptamtliche Kräfte dafür eingestellt. Die Öffentlichkeitsarbeit ist außerdem ein wichtiger Bestandteil der Einwerbung von Spenden, von denen ein erheblicher Anteil der Finanzierung abhängt. Mit Informationsständen, Vorträgen und Presseberichten u.a. werden diese Ziele verfolgt. Der Aufenthalt der progredient erkrankten Kinder und Jugendlichen in

---

[64] http://www.deutscher-kinderhospizverein.de/7_oeffentlichkeitsarbeit.php (Letzter Zugriff: 20.09.2010).
[65] Ebd.

Kinderhospizen wird von den Krankenkassen nur zum Teil gedeckt, der der weiteren Familienangehörigen nicht. Es gibt derzeit keine kostendeckende Refinanzierung über Versorgungsbeiträge bzw. Vergütungsvereinbarungen mit den Krankenkassen. Es ist daher notwendig, um Unterstützer zu werben, die durch ihre Spenden die verbleibenden Anteile der Aufenthalte finanzieren (vgl. Kraft 2006, 60). Der jährlich am 10. Februar stattfindende „Tag der Kinderhospizarbeit" bietet mit gebündelten Veranstaltungen die Möglichkeit zu verstärkter Präsenz in den Medien.[66]

Die Öffentlichkeitsarbeit hat also den Auftrag, die Angebote der Kinderhospizarbeit, die vielen Menschen unbekannt sind, publik zu machen, um potentiellen Adressaten und Ehrenamtlichen die Möglichkeit der Kontaktaufnahme und Nutzung zu gewähren. Sie soll für die Situation der lebensverkürzend erkrankten Kinder und Jugendlichen und deren Familien sensibilisieren. Kraft stellt heraus, dass neben dem Finanzierungsaspekt das Ziel von Öffentlichkeitsarbeit sein soll, politische und gesellschaftliche Akzeptanz für die Kinderhospizarbeit zu erreichen, damit Betroffene über die Möglichkeit der Kinderhospizarbeit schneller und besser informiert werden (vgl. Kraft 2006, 61).

---

[66] http://www.deutscher-kinderhospizverein.de/7_kihotag.php (Letzter Zugriff: 20.09.2010)

6. Qualität und Kinderhospizarbeit?

6.1 Einleitung: Eine schwierige Frage – Qualität und Kinderhospizarbeit?

So wie die Kinderhospizarbeit in Deutschland noch ein sehr junges und größtenteils unerforschtes Gebiet ist, steht auch die Diskussion um Qualität und Qualitätsmanagement in diesem Bereich noch am Anfang.

"Moderne Hospizarbeit: Das ist Zuneigung, ja Liebe zu den Menschen gepaart mit Kompetenz und gesicherter Qualität" (Burgheim 2006, 7). Diese Aussage von Werner Burgheim zeigt, welche Merkmale die „moderne" Hospizarbeit auszeichnet. Zunächst benennt Burgheim die Mitmenschlichkeit als wesentlichen Pfeiler hospizlicher Begleitung. Außerdem zeichnet sich die „moderne" Hospizarbeit durch Kompetenz aus. Diese lässt sich in fachliche und persönliche Kompetenz der Mitarbeitenden unterteilen (vgl. Kap. II 5). Burgheim (2006) benennt des Weiteren die „gesicherte Qualität". Was dies in Bezug auf die Kinderhospizarbeit bedeutet, wird im Folgenden diskutiert. Dabei wird die Intention der Leitlinien, die im Rahmen der vorliegenden Studie entwickelt wurden, und ihre Bedeutung für die Kinderhospizarbeit erläutert.

Forschungsstand

Das Thema Qualität in Kinderhospizen ist ein neues und noch weitgehend unerforschtes Gebiet. Dies ist mit der erst kurzen Existenz der Kinderhospizarbeit in Deutschland zu begründen. Einzig in der Studie von Wingenfeld/Mikula (2002) wird bislang die Qualität der Arbeit in einem Kinderhospiz in Deutschland untersucht. Bei den Überlegungen zu der Frage, was Qualität in der kinderhospizlichen Arbeit ausmacht, werden daher unter anderem Publikationen mit Themen aus dem Sozial- und Gesundheitssektor sowie aus Erwachsenenhospizen herangezogen. In der Fachdiskussion und Forschung der sozialen und medizinischen Berufe wurde das Thema Qualität und Qualitätsmanagement Mitte der 1990er-Jahre erstmalig ansatzweise erörtert (vgl. Beck 1994; Jantzen 1994; Sander 1994). Die Publikationen beschäftigten sich überwiegend mit der Frage, was Qualität in sozialen Feldern bedeutet und ob Qualitätsmanagement in sozialen Institutionen überhaupt eingeführt werden kann. Sie nahmen fast ausschließlich einen eher kritischen Standpunkt ein. Seit Ende der 1990er-Jahre folgten vermehrt Publikationen zu diesem Thema (vgl. Heiner 1996; Brunner et al. 1998; Peterander/Speck 1999). In der aktuelleren Forschung stellt sich der Standpunkt der Diskussion weniger qualitätskritisch dar, da die betriebswirtschaftlich orientierten Ansätze heute nicht mehr unreflektiert übernommen und nicht nur die Risiken, sondern auch die Vorteile und Errungenschaften von Qualitätsmanagement gesehen werden (vgl. Peterander/Speck 2004; Vomberg 2002).

6.2 Qualitätsbegriff in der Kinderhospizarbeit

Der Begriff der Qualität geht auf das lateinische Wort „qualitas" zurück und kann mit „Beschaffenheit" und „Eigenschaft" beschrieben werden (vgl. Kempfert/Rolff 2005, 11). Im allgemeinen Sprachgebrauch wird die Bezeichnung „Qualität" als Synonym für ein Produkt verwendet, das besonders hohen Ansprüchen genügt. In unterschiedlichen Praxiszusammenhängen und Wissenschaftsdisziplinen gibt es eine Vielzahl von Qualitätsbegriffen, ein einheitliches Verständnis ist nicht vorhanden (vgl. Baartmans/Geng 2006, 17). Bauer (1996) unterscheidet drei Definitionen von Qualität:

1. *Der instrumentelle Qualitätsbegriff*: Er bezieht sich auf die technische Seite der Qualität und ist der Produktion entlehnt.
2. *Der objektive Qualitätsbegriff*: Er stellt die ökonomische Effizienz von Qualität in den Vordergrund.
3. *Der dynamisch-normative Qualitätsbegriff*: Er sieht Qualität als subjektive, wertbezogene und dynamische Kategorie, die immer wieder neu definiert und reflektiert werden muss. Er erfordert professionelle und ethisch-moralische Kriterien und ist abhängig von der jeweiligen Person. Ziel ist die Erlangung und Verbesserung der Lebensqualität (vgl. Bauer 1996, 28ff.).

Qualität in Kinderhospizen ist sowohl subjektiv als auch wertbezogen und dynamisch. Qualität in der kinderhospizlichen Arbeit wird immer wieder neu definiert und reflektiert. Ein Ziel der Kinderhospizarbeit ist die Erlangung und Verbesserung der Lebensqualität der lebensverkürzend erkrankten Kinder und ihrer Familien. Der *dynamisch-normative Qualitätsbegriff* in Anlehnung an Bauer (1996) eignet sich daher für die Klärung der Frage, was unter Qualität in der Kinderhospizarbeit verstanden werden kann und wodurch sich diese auszeichnet. Für die Diskussion der Frage nach Qualität in der Kinderhospizarbeit kann des Weiteren die von Donabedian (1980/1982) entwickelte Kategorisierung von Qualität in drei Dimensionen hinzugezogen werden. Diese entstammt der US-amerikanischen Gesundheitsökonomie (vgl. Schädler/Schwarte/Trube 2001) und gestaltet sich wie folgt:

1. *Strukturqualität:* Darunter können die Rahmenbedingungen der ambulanten Kinderhospizdienste und der stationären Kinderhospize erfasst werden. Hierzu gehören die bauliche, technische, finanzielle und personelle Ausstattung (vgl. Baartmans/Geng 2006, 17), die jedoch für sich kein Garant für qualitativ gute Arbeit sind.
2. *Prozessqualität:* Sie umfasst das konkrete Handeln in der jeweiligen kinderhospizlichen Einrichtung und ist die zentrale Kategorie in der Kinderhospizarbeit. Es geht dabei unter anderem um Planung, Durchführung und Dokumentation von Betreuungsmaßnahmen, Umsetzung der Konzeption, Kooperation mit anderen Institutionen, Vergütung der Mitarbeitenden, Supervision und Hilfeplanung (vgl. Baartmans/Geng 2006, 18). Mit der Kategorie „Prozessqualität" kann jedoch lediglich die Dokumentation von Arbeitsprozessen erfasst werden. Psychosoziale Aspekte wie Freundlichkeit und Einfühlungsvermögen sind hingegen nicht überprüfbar (vgl. Braun 2004, 39), bestimmen aber maßgeblich die Qualität der Kinderhospizarbeit.
3. *Ergebnisqualität*: Sie macht Aussagen zur Effektivität der kinderhospizlichen Angebote und zum Erfolg der geleisteten Arbeit. Es wird mit ihr überprüft, ob angestrebte Ziele erreicht wurden. Dies kann unter anderem durch eine „Kosten-Nutzen-Analyse" ermittelt werden (vgl. Baartmans/Geng 2006, 18). Ergebnisqualität ist in der Kinderhospizarbeit nur schwer messbar. Es kann versucht werden, sie durch Fragen zur Auslastung und Akzeptanz des Angebotes zu erfassen (vgl. Volkmar 1998, 64ff.).

Die drei Dimensionen der Qualität haben eine hierarchisch-lineare Beziehung, das heißt, sie beeinflussen sich gegenseitig und eine Veränderung in einer der Dimensionen zieht Veränderungen in den anderen Dimensionen nach sich (vgl. Baartmans/Geng 2006, 17ff.). Sie können in Kinderhospizen in Form einer „Ist-Analyse" überprüft werden, die eine wichtige Grundlage dafür bildet, Qualitätskriterien für die Arbeit zu bestimmen. Es kann ein betrieblicher Maßstab für Prozesse festgelegt und ein idealtypischer Ablauf der Leistungserbringung definiert werden (vgl. Dubs 1998, 20).

Speck schlägt eine Differenzierung in drei Arten sozialer Qualität vor, die an dieser Stelle ebenfalls kurz skizziert werden:

- *Organisatorische Qualität*: Im Sinne lernender Organisationen wirken die verschiedenen Einzelaspekte einer Organisation zusammen und verbinden in qualitätssichernder Weise die Einzelkompetenzen ihrer Mitglieder mit der Institution als Ganzes.
- *Professionelle Qualität*: Die einzelnen Mitglieder einer sozialen Institution verfügen inhaltlich über professionelle Kompetenzen im Rahmen ihres jeweiligen Handlungsauftrags (z.B. Förderung, Beratung, Pflege, Lehre).
- *Interaktionale Qualität*: Die Professionellen haben die Kompetenz, die unmittelbare Begegnung und Beziehung zu den ihnen anvertrauten Menschen wertschätzend und respektvoll zu gestalten (vgl. Speck 2004, 24).

Diese Differenzierungskategorien werden in der Strukturierung der in der Studie entwickelten Leitlinien für gute Kinderhospizarbeit erneut aufgegriffen.

6.3 Qualitätsmanagement und Kundenorientierung in der Kinderhospizarbeit

Der Begriff der Qualität ist ein Bestandteil der in den 1990er-Jahren im sozialen Sektor auftauchenden Begrifflichkeiten des Qualitätsmanagements, der Qualitätsentwicklung und der Qualitätssicherung (vgl. Böckelmann 2003, 27). Diese Begrifflichkeiten werden in der Anwendung in sozialen Dienstleistungen häufig nicht klar voneinander abgegrenzt und synonym verwendet. Qualitätsmanagement ist die übergeordnete Begrifflichkeit für alle Prozesse und Entwicklungen, die sich mit Qualität in Einrichtungen befassen und das Ziel haben, die Qualität der Dienstleistung zu verbessern. Qualitätssicherung und Qualitätsentwicklung lassen sich diesem Begriff unterordnen, denn Aufgaben wie Planung, Sicherung, Entwicklung und Kontrolle von Qualität gehören zu einem Qualitätsmanagement (vgl. Vomberg 2002, 20ff.; Böckelmann 2003, 40; Baartmans/Geng 2006, 39).

Die Forderung nach mehr Wettbewerb unter den sozialen Dienstleistungen im Zuge der Einführung von Qualitätsmanagementsystemen hat zur Folge, dass der Begriff *Kundenorientierung* in aller Munde ist (vgl. Speck 1999, 155ff.). Die Adressaten sozialer Dienstleistungen, wozu auch die Institutionen der Kinderhospizarbeit gehören, sollen im Zuge dessen „Kunden" genannt werden (vgl. Rausch 2005, 128). Die Anwendung des Kundenbegriffs in sozialen Dienstleistungen ist laut Mattner (2004) problematisch, da die Klienten von sozialen Dienstleistungen in den meisten Fällen nicht selbst für die erhaltene Dienstleistung zahlen und eine Kundensouveränität in der Wahl der Anbieter nicht gegeben ist. Als ein Beispiel dafür sind Menschen mit geistigen und schweren Beeinträchtigungen zu nennen, die selten ein Mitspracherecht bei der Wahl eines Angebotes haben und deren häufig eingeschränkten finanziellen Ressourcen es nicht ermöglichen, ein Angebot selbst zu finanzieren (vgl. Gerspach/Mattner 2004, 48). Meinhold fordert trotz der Vorbehalte, den Kundenbegriff als eine Grundhaltung und Gedankenfigur zu sehen. Das Verständnis vom Kunden, dessen Bedürfnisse und Erwartungen beachtet werden, beinhaltet eine Wertschätzung, die Bestandteil des Selbstverständnisses sozialer Dienstleister sein sollte (vgl. Meinhold 1998).

Grundsätzlich sollte keine unreflektierte Übertragung der Begrifflichkeiten aus der Wirtschaft auf Humandienstleistungen erfolgen, da sich die Organisationsstrukturen, Zielsetzungen und Adressaten von Profit- und Non-Profit-Organisationen wesentlich unterscheiden (vgl. Vomberg 2001, 12ff.; Speck 1999, 155ff.). Aufgrund der von Speck (1999) so genannten „Ökonomisierung der Sprache" (vgl. Speck 1999, 102ff.) im Rahmen des Qualitätsmanagements in der Wirtschaft sind vor einer Anwendung im sozialen Bereich wie der Kinderhospizarbeit Transfer- und Adaptionsleistungen von den betriebswirtschaftlich orientierten zu den sozialen Denksystemen notwendig (vgl. Böckelmann 2003,

205ff.). Das bloße Ersetzen von Begriffen wie Achtung, Menschlichkeit und Freiheit durch Kaufkraft, Effizienz und Markt wäre kontraproduktiv (vgl. Speck 1999, 102ff.).

6.4 Die Debatte um Qualität und Qualitätsmanagement in der Kinderhospizarbeit

Das Thema Qualitätsmanagement im Sozial- und Gesundheitssektor wird seit den 1990er-Jahren diskutiert, weil zu jenem Zeitpunkt die Kostenträger von den sozialen und medizinischen Institutionen Maßnahmen zur Qualitätssicherung und Erhöhung der Effizienz und Effektivität forderten. Die Sozialgesetzgebung kann laut Vomberg (2002) als der „Motor" gesehen werden, der die Qualitätsdebatte im Sozial- und Gesundheitssektor antrieb (vgl. Vomberg 2002, 22). Seit Mitte der 90er-Jahre haben verschiedene Gesetzgebungen für Bewegung in der Qualitätsdebatte gesorgt. Bereits 1989 wurde mit dem Gesundheitsreformgesetz die neue Terminologie der Qualitätssicherung eingeführt. Es folgte die Revision des Rehabilitationsrechtes im Sozialgesetzbuch SGB XI. Dort wurde der Begriff „Qualität" als Zukunftsforderung festgeschrieben. Harte Qualitätsstandards wurden dann 1994 durch das Pflegeversicherungsgesetz im SGB XI geschaffen. Private und öffentliche Träger wurden erstmalig gleichgestellt. Das Pflegegeld konnte nun ausgezahlt werden, was zur Folge hatte, dass es einen deutlichen Trend zu mehr Markt und Wettbewerb gab (vgl. Vomberg 2001, 22ff.).

Durch die Novellierung des Bundessozialhilfegesetzes (BSHG) §93 und §94 in den Jahren 1994 und 1996 wurde den sozialen Einrichtungen eine Qualitätsprüfung aufgenötigt. Aus den freien Trägern sollten Unternehmer im Wettbewerb werden. Der Nachweis von Qualität der Dienstleistung wurde als Voraussetzung für Kostenerstattungen eingesetzt. Die Richtlinien sahen vor, dass Einrichtungen, die Pflege- bzw. Sozialhilfeleistungen erbringen, interne Maßnahmen zur Qualitätssicherung durchführen sollen und sich an externen Qualitätsmanagementmaßnahmen beteiligen müssen (vgl. Vomberg 2002, 23ff.).

Für die Hospizarbeit mit Kindern und Erwachsenen gilt das am 1.1.2002 verabschiedete Pflege-Qualitätssicherungsgesetz (PQsG). Es konkretisiert für die ambulante und stationäre Pflege Grundsätze zur Qualitätssicherung. §80 SGB XI lautet: „Die zugelassenen Pflegeeinrichtungen sind verpflichtet, sich an Maßnahmen zur Qualitätssicherung zu beteiligen; bei stationärer Pflege erstreckt sich die Qualitätssicherung neben den allgemeinen Pflegeleistungen auch auf die Leistungen bei Unterkunft und Verpflegung (§87) sowie auf die Zusatzleistungen (§88)."[67] In der Rahmenvereinbarung nach §39a SGB V zur Sicherung der Qualität in der stationären Hospizversorgung wird in §4 festgelegt: „Die Qualität der Leistungserbringung ist laufend zu prüfen (…). Der Träger des Hospizes ist dafür verantwortlich, dass Maßnahmen zur internen Sicherung der Qualität festgelegt und durchgeführt werden. Er soll sich ferner an Maßnahmen der externen Qualitätssicherung beteiligen."[68] Weitere Vorschriften zur Qualitätssicherung, die diesen Bereich betreffen, sind in §2093 BSHG, §2080 Pflege VG zu finden (vgl. Burgheim 2006, 71f.). Die geschilderten Gesetzesänderungen hatten große Auswirkungen auf die Institutionen des Sozial- und Gesundheitswesens. Durch die Nötigung zur Qualitätsprüfung und Kontrolle wurde die Debatte um Qualität neu entfacht und viele Institutionen sahen sich gezwungen, Qualitätsmanagement einzuführen, um den Kontrollen durch den Gesetzgeber standhalten zu können. Diese „Ökonomisierungstendenzen" im sozialen Bereich haben sich bis heute weiter fortgesetzt (vgl. Gleichmar 2000, 34ff.).

Die gesellschaftlichen und politischen Entwicklungen und insbesondere die gesetzlichen Bestimmungen wie sie §80 des SGB XI[69] der Qualitätssicherungsmaßnahmen für stationäre Pflegedienste vorschreibt, tragen dazu bei, dass die Entwicklung von Qualitätsstandards und Qualitätsmanagementmodellen auch für Angebote der Kinderhospizarbeit notwendig sind.

6.4.1 Leitlinien in der Kinderhospizarbeit

In die Debatte um Qualität und die Einführung von Qualitätsmanagement in der Kinderhospizarbeit ist auch die Frage nach Leitlinien für die kinderhospizliche Begleitung einzuordnen. Leitlinien und Stan-

---

[67] http://www.sozialgesetzbuch.de/gesetze/11/index.php?norm_ID=1108000
[68] http://www.hospiz-mv.de/downloads/dokumente/Rahmenvereinbarung%20%C2%A7%2039a%20SGB%20V_station%C3%A4r_%20Endfassung%2014.04.2010.pdf
[69] http://www.sozialgesetzbuch.de/gesetze/11/index.php?norm_ID=1108000

dards sind Bestandteile eines Qualitätsmanagementprozesses im Bereich sozialer Dienstleistungen. Bei der Definition der Begrifflichkeit Leitlinie gibt es Abgrenzungsschwierigkeiten, da neben dem Begriff Leitlinie auch die Begriffe Standards und Richtlinie verwendet werden. *Richtlinien* sind im Gegensatz zu Leitlinien starre Vorgaben, die einen rechtlich legitimierten Normcharakter haben. *Leitlinien* sind Handlungskorridore und Orientierungshilfen, von denen auch abgewichen werden darf. *Standards* beinhalten die Abbildung spezifischen Wissens zu einem bestimmten Zeitpunkt. Sie können sowohl zu Leitlinien als auch zu Richtlinien werden (vgl. Thomeczek 2000, 196f.).

Welche Intention und welche Inhalte haben Leitlinien? Im Gesundheitswesen hat die Ärzteschaft mit der Arbeitsgemeinschaft der medizinisch-wissenschaftlichen Gesellschaft (AMWF) eine Definition von Leitlinien entwickelt. In der von der Bundesärztekammer und Kassenärztlichen Bundesvereinigung gemeinsam formulierten Definition von Leitlinien heißt es unter anderem: „Leitlinien sind systematisch entwickelte Entscheidungshilfen über die angemessene Vorgehensweise bei speziellen gesundheitlichen Problemen. Leitlinien sind wissenschaftlich begründete und praxisorientierte Handlungsempfehlungen. Leitlinien sind Orientierungshilfen, von denen in begründeten Fällen abgewichen werden kann oder sogar muss" (BÄK/KBV 1997). Die Bundesärztekammer hat diese Definition noch um folgenden Aspekt erweitert: „Systematische Entscheidungshilfen bei denen die regelmäßige Überprüfung auf Gültigkeit relevant ist" (Thomeczek 2000, 195f.). Des Weiteren lassen sich neben den medizinischen Leitlinien auch so genannte evidenzbasierte Leitlinien anführen. „Evidenzbasierte Leitlinien werden auf der Grundlage der besten verfügbaren wissenschaftlichen Evidenz erstellt. Sie sind das Resultat einer systematischen Zusammenstellung und Aufarbeitung der Literatur, werden regelmäßig aktualisiert oder enthalten einen Hinweis auf ihre Geltungsdauer" (Ollenschläger 2004, 177). Diese Leitlinien können auch mit Hilfe von Studien definiert werden. Zu beachten ist bei der Entwicklung von Leitlinien nach Ollenschläger (2004, 178), dass der Prozess der Leitlinienerstellung systematisch, unabhängig und transparent sein muss.

Die Intentionen von Leitlinien beziehen sich auf mehrere Aspekte. Im Allgemeinen dienen sie dem Qualitätsmanagement in der Gesundheitsversorgung. Sie können aber auch zur Kostenoptimierung eingesetzt werden. Darüber hinaus sind sie Grundlage ärztlichen Handelns und stellen einen Schutzfaktor für Patienten und Patientinnen dar, denn diese haben die Gewissheit vor schädlichen Methoden geschützt zu werden (vgl. Thomeczek 2000, 196). Ein Problem ist, dass es keine einheitlichen Leitlinien gibt. Sie werden zudem von vielen verschiedenen Herausgebern, wie z.B. von den Kostenträgern, den Krankenhäusern, Qualitätszirkeln und wissenschaftlichen Instituten, entwickelt (vgl. Thomeczek 2000, 198ff.).

Es stellt sich die Frage, was unter Leitlinien in der Kinderhospizarbeit gefasst werden kann und welche Intention mit Leitlinien verfolgt werden sollte. Das Ziel der Kinderhospizarbeit ist es, eine hohe Lebensqualität bis zuletzt zu ermöglichen. Dafür sind eine hohe Qualität der Dienstleistung und eine besondere Qualifizierung der Begleiter zu gewährleisten. Um dieses Ziel zu erreichen, können Leitlinien bedeutsam sein. Bislang liegen für die Kinderhospizarbeit in Deutschland aber keine verbindlichen Leitlinien vor, und es kann sich daher nur an Leitlinien aus der Hospizarbeit sowie an europäischen und internationalen Standards der pädiatrischen Palliativversorgung orientiert werden (vgl. Burgheim 2006, 71ff.). Im Folgenden werden die bereits vorliegenden Leitlinien der Hospizarbeit sowie die europäischen und internationalen Standards der pädiatrischen Palliativversorgung dargestellt.

6.4.2 Richtlinien nach Rest (2006a)

Rest (2006a) fordert die Einführung einer Akkreditierungsagentur, die ein „Hospiz-Qualitätssiegel" für die fachliche Organisation des Dienstes verleiht und sich dabei an den folgenden Richtlinien orientiert:

- Patienten und Angehörige als gemeinsame Adressaten der Fürsorge des Dienstes
- Das Team ist multidisziplinär
- Die Kontinuität des Dienstes (24-Stunden-Erreichbarkeit)
- Kenntnisse über die Symptomkontrolle (Schmerzlinderung)
- Die Offenheit und die unkonfessionelle Religiosität
- Freiwillige Helfer als Bestandteil des Dienstes

- Die Aufnahme der Patienten unabhängig von der Kostenfrage
- Die Beratung der Hinterbliebenen/Trauerarbeit
- Die Kooperation mit anderen Diensten
- Die stationäre Rückendeckung für den Hauspflegedienst (vgl. Rest 2006a, 29ff.; Student/Mühlum/Student 2007, 27ff.).

6.4.3 ACT-Charta

In der pädiatrischen Palliativversorgung wurden in Großbritannien bereits Leitlinien für die Versorgung und Begleitung progredient erkrankter Kinder und ihrer Familien entwickelt. Die ACT-Standards des englischen Dachverbandes ACT (Association for children with Life-threatening or Terminal Conditions and their Families) wurden erstmalig 1993 veröffentlicht und kontinuierlich überarbeitet. Sie sind in Großbritannien anerkannte Standards für die Versorgung schwerkranker Kinder (vgl. Association for Children's Palliative Care 2007).

1. "Every child shall be treated with dignity and respect and shall be afforded privacy whatever the child's physical or intellectual ability.
2. Parents shall be acknowledged as the primary carers and involved as partners in all care and decisions involving their child.
3. Every child shall be given the opportunity to participate in decisions affecting his or her care, according to age and understanding.
4. An honest and open approach shall be the basis of all communication.
5. Information shall be provided for the parent, the child, the siblings and other relatives, appropriate to age and understanding.
6. The family home shall remain the centre of caring whenever possible. Care away from home shall be provided in a child-centred environment by staff trained in the care of children.
7. Every child shall have access to a 24-hour multi-disciplinary children's palliative care team for flexible support in the home, and be in the care of a local paediatrician.
8. Every child and family shall receive emotional, psychological and spiritual support to meet their needs. This shall begin at diagnosis and continue throughout the child's lifetime, death and in bereavement.
9. Every family shall be entitled to a named keyworker who will enable the family to build up and maintain access to an appropriate network of support.
10. Every family shall be given the opportunity of a consultation with a paediatric specialist who has particular knowledge of the child's condition.
11. Every family shall have access to flexible short term breaks (respite care) both in their own home and away from home, with appropriate children's nursing and medical support.
12. Every child shall have access to education and other appropriate childhood activities.
13. The needs of adolescents and young people shall be addressed and planned for well in advance.
14. Every family shall have timely access to practical support, including clinical equipment, financial grants, suitable housing and domestic help" (http://www.act.org.uk/index.php/about-act/charter.html; Stand: 18.08.2009).

Aus diesen Standards ergibt sich für die Kinderhospizarbeit, dass sowohl die erkrankten Kinder als auch die Eltern und Geschwister eine ganzheitliche Unterstützung und Begleitung von der Diagnose bis über den Tod hinaus durch ein multiprofessionelles Team erhalten sollen. Vorrang soll dabei die ambulante Versorgung haben, die rund um die Uhr bereitzustellen ist. Die erkrankten Kinder sollen mit Respekt und Würde begleitet und die Eltern als kompetente Partner der Fachkräfte geachtet werden. Die Angebote sollen den Fähigkeiten, Bedürfnissen und dem Alter entsprechend gestaltet werden. In der Studie von Wingenfeld/Mikula (2002) wurden weitere Standards für die Kinderhospizarbeit aufgestellt. Sie sind zum größten Teil deckungsgleich mit denen der ACT. Dabei ist anzumerken, dass Wingenfeld/Mikula (2002) ihre Standards aus der Evaluation der Arbeit eines einzigen Kinderhospizes entwickelt haben. Sie lauten folgendermaßen:

- Bedürfnisorientierte Pflege und Betreuung (Palliative Care)
- Unterstützung der Kinder bei der psychischen Bewältigung von Krankheit und Sterben
- Entlastung der pflegenden Angehörigen bzw. Familien (Respite care)
- Anleitung, Beratung und psychosoziale Unterstützung der Angehörigen
- Krisenintervention und Übergangsbetreuung
- Sterbebegleitung in der finalen Phase
- Trauerbegleitung (vgl. Wingenfeld/Mikula 2002, 20ff.).

6.4.4 ICPCN-Charta

Die ICPCN-Charta (Charter of rights for life- limited and life threatened children) über die Rechte lebensbegrenzt und lebensbedrohlich erkrankter Kinder ist eine international anerkannte Charta, die von der Organisation ICPN (International Children's Palliative Care Network) entwickelt wurde, dem weltweit einzigen Netzwerk von Organisationen und Personen, im Feld der pädiatrischen palliativen Care:[70]

1. „Gemäß den Bestimmungen der Weltgesundheitsorganisation (*World Health Organisation*; WHO) hat jedes Kind ein Recht auf individuelle sowie kulturell und für sein Alter angemessene, palliative Versorgung. Die spezifischen Bedürfnisse Jugendlicher und junger Menschen müssen Berücksichtigung finden und in die Versorgung einfließen.
2. Die palliative Pflege für das Kind und dessen Familie beginnt zum Zeitpunkt der Diagnose und läuft parallel zu jeglichen Heilbehandlungen während der Krankheit des Kindes. Sie geht über den Tod hinaus und begleitet die Familie auch in der Trauerzeit. Das Ziel der palliativen Versorgung ist die Schmerzlinderung und die Förderung der Lebensqualität.
3. Die Eltern oder Erziehungsberechtigten des Kindes sind in ihrer Funktion als primär Versorgende anzuerkennen. Sie sind gleichwertige Ansprechpartner und in allen Versorgungsfragen und bei allen Entscheidungen, die ihr Kind betrifft, einzubeziehen.
4. Jedes Kind soll gemäß seines Alters und Entwicklungsstandes ermutigt werden, bei Entscheidungen mitzuwirken, die seine Versorgung betreffen.
5. Eine sensible, jedoch ehrliche Herangehensweise bildet die Grundlage aller Kommunikation mit dem Kind und der Familie des Kindes. Sie sollen würdevoll behandelt und in ihrer Privatsphäre geachtet werden, unabhängig von ihren physischen oder intellektuellen Fähigkeiten.
6. Jedes Kind und jeder Jugendliche hat das Recht auf Zugang zu Bildung. Spiel- und Freizeitaktivitäten sollen ermöglicht werden, ebenso der Austausch mit Geschwistern und Freunden und die Teilnahme an den normalen Alltagsaktivitäten eines Kindes.
7. Das Kind und dessen Familie sollen die Möglichkeit haben, einen pädiatrisch Fachkundigen zu konsultieren, der das betroffene Kind kennt und in seiner Erkrankung fachkundig ist. Jedes Kind soll durch einen Pädiater oder einen Arzt mit pädiatrischem Wissen und Erfahrungshintergrund weiter versorgt werden.
8. Das Kind und dessen Familie haben das Recht auf einen persönlich benannten und verfügbaren Case Manager, dessen Aufgabe der Aufbau, die Koordinierung und die zur Verfügung Stellung angemessener Hilfe ist. Dazu zählen das multidisziplinäre Versorgungsteam und angemessene Ressourcen.
9. Das Zuhause des Kindes soll, wenn möglich, das Zentrum der Versorgungsleistungen sein. Eine Behandlung außerhalb seines Zuhauses soll in einem kindergerechten Umfeld stattfinden mit hauptamtlichen und ehrenamtlich Mitarbeitenden, die in palliativer Kinderversorgung ausgebildet sind.
10. Jedes Kind und jedes Familienmitglied, einschließlich der Geschwister, hat Anspruch auf kulturell angemessene, klinische, seelische, psychosoziale und seelsorgerliche Hilfe, um seinen

---

[70] http://www.icpcn.org.uk/

besonderen Bedürfnissen gerecht zu werden. Trauerbegleitung für die Familie des Kindes soll zur Verfügung stehen, solange die Notwendigkeit dazu besteht."[71]

6.4.5 IMPaCCT-Standards pädiatrischer Palliativversorgung in Europa

IMPaCCT (International Meeting for Palliative Care in Children, Trento) ist seit 2007 eine Arbeitsgruppe der EAPC (European Association for Palliative Care). Diese definiert „Standards pädiatrischer Palliativversorgung in Europa", die in Deutschland unter anderem vom Bundesverband Hospiz e.V. und dem Deutschen Kinderhospizverein e.V. unterstützt werden.[72] Die IMPaCCT empfiehlt für Europa minimale Versorgungsstandards in der pädiatrischen Palliativversorgung. Diese sind in drei Felder unterteilt, von denen jedes eine weitere Unterteilung in Unterpunkte aufweist. Sie beziehen sich größtenteils auf die ACT-Charta, führen diese aber genauer aus und ergänzen diese um weiterführende Aspekte.

1. „Elementare Versorgungsstandards":
   - Versorgung: Lebensqualität, Zugang ermöglichen, Begleitung über den Tod hinaus, selbst gewählter Ort, Wechsel zwischen Orten soll möglich sein
   - Versorgungseinheit: Familie und Kind gleichermaßen, zur Verfügungsstellung von Ressourcen, aktive Beteiligung
   - Das Palliativteam: Beachtung der Wünsche der Familien, fachliche Kompetenzen, Multiprofessionalität, Begleitung 24 Stunden/365 Tage, Kontinuität der Versorgung, Supervision und Unterstützung für Teammitglieder
   - Versorgungskoordinator: ein Mitglied ist Versorgungskoordinator, Hilfestellung für Familie, ständiger Ansprechpartner
   - Symptommanagement
   - Trauer
   - Altersentsprechende Versorgung
   - Schuldung und Weiterbildung
   - Finanzierung
   - Sterbehilfe
2. „Schmerz- und Symptommanagement in der pädiatrischen Palliativversorgung"
3. „Ethische Aspekte und gesetzliche Kinderrechte in der pädiatrischen Palliativversorgung"

Die Standards werden in Deutschland von vielen Organisationen aus dem Bereich der Pädiatrischen Palliativ Care unterstützt (vgl. Craig et al. 2008, 401ff.).

6.4.6 Quality Assurance Package nach Herd (2004)

Die Associaton of Children's Hospice in Großbritannien hat unter der Leitung von Eve Herd in einem dreijährigen Projekt das "Quality Assurance Package" entwickelt, das 2004 erstmalig veröffentlicht wurde. Es ist ein Instrument, mit dem die Mitarbeitenden in ambulanten Kinderhospizdiensten und in stationären Kinderhospizen die Qualität ihres Dienstes selbst evaluieren und optimieren können. Das „Quality Assurance Package" deckt sechs Schwerpunkte der Kinderhospizarbeit ab. Diese sind:
   - access
   - the child
   - the family
   - the staff
   - the environment
   - communication.

Für jeden der sechs Bereiche wurden jeweils drei bis vier „focus questions" entwickelt, die differenziert nach der qualitativen Umsetzung der Kinderhospizarbeit fragen. Zu jeder dieser Fragen gibt es

---

[71] http://www.icpcn.org.uk/page.asp?section=000100010014&sectionTitle=Charter (Letzter Zugriff: 17.08.2009).
[72] ICPCN- International childrens palliative care network (2008): ICPCN- Charter of rights for life-limited and life threatened children. http://www.icpcn.org.uk/page.asp?section=000100010014&sectionTitle=Charter (Letzter Zugriff: 12.08.2009).

mehrere „value statements". Die Fachkräfte sollen auf einer Skala von 1–5 bewerten, inwieweit die statements auf ihren Dienst zutreffen. Dadurch können sie evaluieren, wo genau die Stärken und die Schwächen des Dienstes liegen und an diesen weiter arbeiten (vgl. Herd 2004, 2f.).

6.4.7 SORGSAM – Qualitätshandbuch für stationäre Hospize

Das Qualitätshandbuch für stationäre Hospize trägt den Namen „SORGSAM" und wurde 2006 in Kooperation mit über 40 deutschen stationären Hospizen vom Deutschen Caritasverband, dem Diakonischen Werk und der Bundesarbeitsgemeinschaft Hospiz entwickelt. Das Handbuch ist konsequent an der Perspektive des sterbenden Menschen ausgerichtet, da dieser im Mittelpunkt allen Handelns steht. Der Begriff „sorgsam" steht dafür, dass die gesamte Organisation in einen qualitativen Prozess eingebunden ist, der der Individualität des Einzelnen verpflichtet ist. Das Handbuch erfüllt nach dem Willen der bei der Entwicklung Beteiligten zwei Funktionen:

1. Es soll als Standard zur Sicherung und Darlegung fachlicher Mindestanforderungen beitragen.
2. Es soll als Leitfaden die Qualitätsentwicklungsarbeit vor Ort unterstützen.

Die in dem Handbuch angeführten Leitlinien stationärer Hospize sind folgende:

1. Orientierung am Menschen
2. Mitarbeiterorientierung
3. Behandlungsteam
4. Vernetzung
5. Ethische Orientierung
6. Gesellschaftliche Wirkung.

Als Ergebnis des Projektes sind insgesamt 12 Prozesse identifiziert worden, anhand derer sich die Leistungen der Hospize beschreiben lassen. Die Darstellung der 12 Prozesse bildet den Schwerpunkt des Handbuchs. Die „Prozesslandschaft" umfasst folgende fünf Bereiche:

- *Patient*: Aufnahme, Ernährung, Hospiz als Lebensort, Versorgung Verstorbener
- *Angehörige*: Angehörige im Hospiz
- *Team*: Teamorganisation im Hospiz
- *Träger*: Leistungsentwicklung, Hospizkultur und Personalmanagement
- *Gesellschaft*: Hospiz in der Gesellschaft .

In dem Prozessablauf wird sich an drei Zielen orientiert, die den drei Dimensionen der Qualität entsprechen:

1. Prozess-Ziele: Lebensqualität des Patienten erhalten, der Würde des Patienten gerecht werden etc.
2. Strukturkriterien: Personelle Besetzung, materielle Ressourcen
3. Ergebniskriterien: Rückmeldung der Patienten und Angehörigen, fachliche Überprüfung etc.

Das Qualitätshandbuch „SORGSAM" bietet somit eine umfassende Erfassung der Qualität in stationären Hospizen an. Es dient bestehenden Hospizen als Leitfaden und gibt bei der Gründung neuer Hospize Orientierung und Hilfestellung.

Zusammenfassend lässt sich anschließend an die Darstellung der bereits vorliegenden deutschen und internationalen Leitlinien und Standards folgern, dass sich sowohl Unterschiede als auch Gemeinsamkeiten finden lassen. Die Gemeinsamkeit der Standards ist, dass sie sowohl die Versorgung und Begleitung lebensverkürzend erkrankter Kinder und Jugendlichen in den Blick nehmen, als auch die Unterstützung der Familie fokussieren. Die Standards der EAPC zur Pädiatrischen Palliativversorgung in Europa wurden auch vom Deutschen Kinderhospizverein und dem Bundesverband Kinderhospiz unterstützt. Es ist zu hinterfragen, ob es gesonderter kinderhospizlicher Standards für Deutschland bedarf oder ob die vorhandenen europäischen und internationalen Standards der Pädiatrischen Palliativversorgung auch für die Kinderhospizarbeit in Deutschland gelten können und sollten. Da sich die dargestellten Standards insgesamt auf einem eher grundlegenden Orientierungsniveau bewegen, kann vermutet werden, dass sie als Fundament für kinderhospizliche Angebote durchaus geeignet sind, jedoch der Konkretisierung und Spezifizierung für die Praxis bedürfen. Diese Konkretisierung soll im Rahmen der vorliegenden Studie durch die aus den Forschungsergebnissen generierten Leitlinien für gute Kinderhospizarbeit erfolgen.

6.5 Möglichkeiten und Grenzen von Leitlinien in der Kinderhospizarbeit
Die Chancen und Risiken von Leitlinien in der Kinderhospizarbeit können auf organisatorischer, sozialpolitischer, professionspolitischer und auf der Adressatenebene diskutiert werden.

6.5.1 Möglichkeiten
Organisatorische Ebene
Die Einführung von Leitlinien beinhaltet grundsätzlich die Chance, die Arbeit in Kinderhospizen grundlegend zu überdenken und zu reorganisieren. Leitlinien können dabei mithelfen, administrative Strukturen in Frage zu stellen und diese zu verändern (vgl. Gerull 1999, 7). Außerdem können sie dazu beitragen, dass Mitarbeiter und Mitarbeiterinnen eine höhere Arbeitszufriedenheit empfinden, da in Leitlinien, beispielsweise durch die Festschreibung von Supervision und Qualifizierungsmaßnahmen, die Abgrenzung der Zuständigkeiten und Arbeitsprozesse verankert werden, die zu einem höheren Maß an Zufriedenheit und einer stärkeren Identifikation mit der Einrichtung führen können.

Sozialpolitische Ebene
Durch Leitlinien können Leistungen von einer unabhängigen, externen Stelle überprüft und ihre Qualität dadurch sichergestellt werden (vgl. Rugor/Studzinski 2003, 24).

Professionspolitische Ebene
Leitlinien können zu einer Professionalisierung kinderhospizlicher Arbeit beitragen. Dabei geht es um die fachliche Weiterentwicklung professionellen Handelns. Die Professionalisierung stärkt die Position der Konsumenten, da das berufliche Tun überprüft werden kann. Diese Professionalisierung der Arbeit in Kinderhospizen beinhaltet unter anderem regelmäßige Supervision, Organisationsberatung und Fort- und Weiterbildungen (vgl. Stein 2006, 331ff.; Speck 1999, 31ff.).

Ebene der Adressaten
Die Bedürfnisse und Wünsche der Kunden von Kinderhospizen können durch Leitlinien expliziter beachtet und erfüllt werden. Progredient erkrankte Kinder und deren Familien werden durch die Einführung von Leitlinien vom Klienten zum Kunden mit eigenen Bedürfnissen und Wünschen (vgl. Speck 2004, 15ff.; Böckelmann 2003, 228f.). Eine weitere Chance ist, dass durch Leitlinien sichtbar gemacht werden kann, worin die Leistung für den Einzelnen besteht. Die Erbringung der Leistung wird nicht dem Zufall überlassen, sondern es wird sichergestellt, dass sie so erbracht wird, wie sie vereinbart wurde. Dies erfolgt durch die Dokumentation der Prozesse und Abläufe (vgl. Schädler 2001, 30ff.; Rugor/Studzinski 2003, 23; Vomberg 2002, 34).

6.5.2 Grenzen
Organisatorische Ebene
Die Einführung von verbindlichen Leitlinien in der Kinderhospizarbeit erfordert einen gewissen Zeitaufwand von der Leitung und den Mitarbeitern und Mitarbeiterinnen. Dieser Zeitaufwand birgt die Gefahr, dass die benötigte Zeit von der regulären Arbeitszeit abgezweigt wird, da die zusätzlichen Stunden nicht bezahlt werden, und die Bedürfnisse der Kunden nicht mehr hinreichend erfüllt werden können (vgl. Speck 1999, 15ff.). Ein weiteres Risiko stellt der Aspekt der Qualitätsbeurteilung mit Hilfe von Leitlinien dar. Die Qualität in Kinderhospizen ist nur schwer messbar und einschätzbar. Daher ist die Gefahr gegeben, dass sich die Qualitätsbeurteilung auf die Struktur- und Ergebnisqualität fokussiert und das bedeutsamste Qualitätsmerkmal, der Umgang mit den progredient erkrankten Kindern

und deren Familien sowie die mit diesem einhergehenden Interaktionsprozesse, nicht beachtet werden, da diese nicht messbar sind (vgl. Tielking 2006, 14).

Sozialpolitische Ebene
Es besteht grundsätzlich die Gefahr, dass die soziale Qualität, also die Lebensqualität der Menschen in sozialen Einrichtungen und somit auch in Kinderhospizen gefährdet ist, wenn der Qualitätsbegriff nur mit Wirtschaftlichkeit und Kostenreduzierung in Verbindung gebracht wird. Der Abbau der staatlichen Verantwortung im Sozialbereich zugunsten von einer Regulation durch den Markt birgt generell die Gefahr, dass die Bedürfnisse der Kunden nicht mehr erfüllt werden können (vgl. Vomberg 2002, 22ff.; Gleichmar 2000, 34ff.; Speck 1999, 15ff.).

Professionspolitische Ebene
Leitlinien in Kinderhospizen können, wenn sie als starre Vorgaben interpretiert und angewendet werden, zu einer stärkeren Standardisierung der Arbeitsabläufe, Ziele und Prozesse führen. Damit einher geht die Befürchtung der Mitarbeiter und Mitarbeiterinnen, einen Verlust der Flexibilität ihres alltäglichen Handelns zu erleiden. Die professionelle Autonomie kann durch Standards und Handlungsanweisungen drastisch eingeschränkt werden. Dies kann zu einer Mitarbeiter- und Mitarbeiterinnenunzufriedenheit führen, die sich wiederum negativ auf das gesamte Betriebsklima in der Institution auswirken kann (vgl. Schwarte/Oberste-Ufer 1997, 18f.; Böckelmann 2003, 243ff.).

Ebene der Adressaten
Wenn Leitlinien als starre Vorgaben gehandelt werden, können sie von Kostenträgern dazu verwendet werden, dass sich ein so genanntes „Kosten-Nutzen-Denken" in sozialen Einrichtungen durchsetzt und fachliche Gesichtspunkte kaum mehr berücksichtigt werden (vgl. Schädler 2001, 30ff.). Kinder und Jugendliche mit progredienten Erkrankungen sind keine „Kosten-Treiber". Als Folge dessen haben sie weniger Chancen auf dem allgemeinen Arbeitsmarkt und ihr Bildungsanspruch wird in Frage gestellt (vgl. Speck 1999, 60ff./209ff.; Rausch 2005, 139ff.). In diesem Zusammenhang ist auch Peter Singers „praktische Ethik" einzuordnen. Er stellt das Lebensrecht von schwerstbeeinträchtigten Neugeborenen aus Kostengründen in Frage und hält deren Tötung für zulässig. Unter diese Personengruppe fallen auch Kinder und Jugendliche mit progredienten Erkrankungen. Diese „passive Euthanasie" ist grundsätzlich abzulehnen (vgl. Stadler 1998, 53ff.). Ein rein an der Kostenreduzierung ausgerichtetes Qualitätsmanagement birgt aber die Gefahr in sich, dass dieser Forderung Vorschub geleistet werden könnte.
Zusammenfassend lässt sich festhalten, dass die Chancen von Leitlinien immer auch mit potentiellen Grenzen bzw. Gefahren konnotiert sind. Als ein Beispiel dafür ist die Gefahr der Standardisierung der Arbeitsabläufe zu nennen. Die Chance besteht in einer genauen Zuständigkeits- und Handlungsbeschreibung für die Mitarbeiter und Mitarbeiterinnen, die dazu dient, dass die Leistung so erbracht wird, wie sie vereinbart wurde. Das Risiko ist, dass die Fachkräfte in ihrer Handlungsfreiheit eingeschränkt werden und die Einbuße ihrer Flexibilität die individuelle Hilfeplanung und Förderung für die Kunden erschwert.

6.6 Fazit
Die Einführung von Leitlinien in der Kinderhospizarbeit beinhaltet Chancen, aber auch Grenzen und bedarf aus diesem Grund des intensiven Diskurses aller Akteure. Es stellt sich insbesondere im Hinblick auf die Adressaten der Kinderhospizarbeit die Frage, wie sich Menschlichkeit, Professionalität und Autonomie mit Wirtschaftlichkeit und Effizienz verbinden lassen (vgl. Gespach/Mattner 2004, 193). Beck (2001) stellt in diesem Zusammenhang heraus: „Die fachliche, politische, rechtliche und finanzielle Kontrolle über die Ziele und die Wirkungsbeurteilung liegt im Bereich (behinderten)-pädagogischen Handelns bei den Anbietern und nicht bei den Adressaten der Leistung" (Beck 2001, 343). Die Adressaten der Kinderhospizangebote stehen in einer Abhängigkeit von der Dienstleistung und den Anbietern. Diese steigt mit dem Grad des Unterstützungsbedarfes und erfordert im Hinblick

auf Qualitätsmanagement eine besondere soziale Verantwortung der Dienstleistungen (vgl. Beck 2001, 343). Die Einschätzung der erbrachten Qualität einer Leistung ist in besonderem Maße von der Rückmeldung der Kunden abhängig. Dies stellt für Kinderhospize, die mit Menschen mit geistigen und schweren Beeinträchtigungen arbeiten, eine besondere Schwierigkeit dar, da eine Rückmeldung häufig nur eingeschränkt bzw. über Dritte möglich ist (vgl. Mattner 2004, 47).

Leitlinien sollten an den Bedürfnissen der Kunden von Kinderhospizarbeit ausgerichtet sein. Die progredient erkrankten Kinder und ihre Familien sollten im Sinne der Selbstbestimmung als „Experten in eigener Sache" angesehen werden und ihre Interessen sollten, wenn sie es selbst nicht können, stellvertretend von den Mitarbeiter/innen und Angehörigen vertreten werden. Das Prinzip der Selbstbestimmung sollte auch für das berufliche Handeln der Mitarbeiter und Mitarbeiterinnen gelten, denn erst durch sie kann die Selbstbestimmung für die Kunden ermöglicht werden. Standardisierung und starre Handlungsvorgaben wären für die Selbstbestimmung der Mitarbeiter und Mitarbeiterinnen eher hinderlich.

Die internationalen Standards und Leitlinien der pädiatrischen Palliativversorgung wie die ACT-Charta und die ICPN sind aufgrund ihrer Inhalte und Zielsetzungen für den Einsatz in der Kinderhospizarbeit durchaus geeignet, müssen allerdings für die deutsche Kinderhospizarbeit angepasst, konkretisiert und spezifiziert werden.

Jennessen (2009a) postuliert fünf Thesen für die Qualität in thanatosspezifischen Handlungsfeldern, die als weiterführende Orientierung für kinderhospizliche Qualität dienlich sind:

1. Thanatopädagogische Qualität in Handlungsfeldern der Sonderpädagogik beinhaltet strukturelle, professionelle und interaktionale Dimensionen.

2. Thanatopädagogische Qualität in Handlungsfeldern der Sonderpädagogik läuft bei Vernachlässigung der strukturellen Dimension Gefahr der Personalisierung, Privatisierung und Individualisierung des in diesem Kontext bestehenden professionellen sonderpädagogischen Auftrags.

3. Für die Entfaltung der Qualität thanatopädagogischen Handelns müssen in den beteiligten Institutionen Möglichkeiten der Enttabuisierung, Qualifikation und Kommunikation bereitgestellt werden.

4. Die Qualität thanatopädagogischen Handelns ist in einem hohen Maße davon abhängig, inwieweit die beteiligten Professionellen über die Kompetenz verfügen reflexiv ethische Dimensionen im Kontext existentieller Fragestellungen zu erfassen und in ihrer Bedeutung anzuerkennen.

5. Für sonderpädagogische Qualität sind auf der Ebene der Ethik und des Menschenbildes allgemeingültige Kriterien möglich und sinnvoll. Für die handlungsleitende Professionalität sind zusätzlich auf das jeweils spezifische Handlungsfeld bezogene Qualitätsindikatoren zu entwickeln und zu evaluieren.

In Erweiterung des Qualitätsbegriffs von Speck (2004) sei kinderhospizliche Qualität abschließend folgendermaßen definiert:

Kinderhospizliche Qualität ist der Wert oder die Güte professionellen und ehrenamtlichen Handelns bzw. einer Organisation (Kinderhospiz oder ambulanter Kinderhospizdienst) im Sinne ihrer Zweckbestimmung auf der Basis anerkannter fachlicher Normen, evidenzbasierten Wissens und eines humanen Wertesystems.

III. Empirie

1. Forschungsmethodik

1.1 Triangulatives Forschungsdesign

Die in der Studie ausgewählten und angewandten Methoden lassen sich der empirischen Sozialforschung zuordnen. „Empirische Sozialforschung ist die systematische Erfassung und Deutung sozialer Erscheinungen (…)" (Atteslander 2008, 4). Atteslander (2008) fasst unter den Methoden der empirischen Sozialforschung Erfassungsinstrumente wie Befragung, Beobachtung und Inhaltsanalyse, bei denen zwischen quantitativen und qualitativen Methoden unterschieden werden kann. Für die Erhebungen in der vorliegenden Studie wurde durch eine Kombination beider Methodenrichtungen ein triangulatives Forschungsdesign gewählt. Der Begriff der Triangulation stammt ursprünglich aus der Landvermessung und ist in der empirischen Sozialforschung die Bezeichnung für die Betrachtung eines Forschungsgegenstandes von mindestens zwei Punkten aus. Dies geschieht in der Regel durch die Verwendung verschiedener methodischer Zugänge (vgl. Flick 2007, 11). Denzin versteht unter Triangulation "(…) the combination of methodologies in the study of the same phenomena" (Denzin 1970, 297). Er unterscheidet vier Formen der Triangulation: 1. Daten-Triangulation, 2. Investigestor-Triangulation, 3. Theorien-Triangulation, 4. Triangulation von Methoden (vgl. Flick 2007, 13–17). Besondere Beachtung findet die vierte Form der Triangulation, die noch unterschieden wird in 1.) die Triangulation innerhalb einer Methode („within-method") und 2.) die Kombination von quantitativen und qualitativen Forschungsmethoden („between-method") (vgl. Flick 2007, 15). In der vorliegenden Studie wurde die 2. Version mit der Kombination von quantitativen und qualitativen Forschungsmethoden gewählt. Es handelt sich um ein so genanntes integriertes Design aus qualitativer und quantitativer Forschung. Nach Miles und Huberman (1994) lassen sich diese Designs in vier Basisdesigns unterteilen. Für die vorliegende Studie wurde aus diesen vier Basisdesigns das Design ausgewählt, indem parallel qualitative und quantitative Erhebungen durchgeführt wurden.

Abb. 8: Parallele Erhebung qualitativer und quantitativer Forschung in Anlehnung an Miles/Huberman (1994) und Mayring (2001)

Die Integration qualitativer und quantitativer Methodologie hat viele Vorteile. Zum einen werden die jeweiligen Stärken und Schwächen der Methode ausgeglichen, und zum anderen kann eine gegenseitige Bereicherung und eine Erkenntniserweiterung erfolgen (vgl. Mayring 2001, 1ff.; Flick 2007, 95). Innerhalb der Erhebung wurde nach dem so genannten „Verallgemeinerungsmodell" nach Mayring (2001) vorgegangen. Dabei erfolgte zunächst eine qualitative Erhebung, die durchgeführt und ausgewertet wurde. Im Anschluss daran wurde eine quantitative Erhebung durchgeführt, um die Ergebnisse der qualitativen Erhebung zu verallgemeinern.

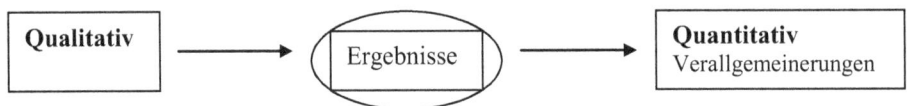

Abb. 9: Verallgemeinerungsmodell nach Mayring (2001)

In der Auswertung der quantitativen und qualitativen Erhebungen wurde beiden methodologischen Zugängen ein gleichberechtigter Stellenwert eingeräumt, und die Ergebnisse wurden nicht nur miteinander verglichen, sondern aufeinander bezogen. Auf der Ebene der gefundenen Ergebnisse in der Verbindung von qualitativer und quantitativer Forschung können nach Kelle (2008) drei mögliche Varianten auftreten:
1. die Ergebnisse konvergieren,
2. die Ergebnisse verhalten sich komplementär zueinander,
3. die Ergebnisse sind divergent (vgl. Kelle 2008, 232).

In der vorliegenden Studie stimmen die Ergebnisse überwiegend tendenziell überein, d.h. die Aussagen der Probanden in der Fragebogenerhebung decken sich mit den Aussagen der Probanden aus den Experteninterviews. Zum Teil wurden aber auch Divergenzen der quantitativen und qualitativen Ergebnisse festgestellt.

1.1.1 Qualitative Methoden
Da es in der qualitativen Teilstudie um die Analyse des sozialen Systems Kinderhospiz und um die subjektiven Meinungen der Familien sowie der Mitarbeiter und Mitarbeiterinnen dieses Systems geht, wurde eine Vorgehensweise im Sinne der *qualitativen Sozialforschung* ausgewählt. Die Aufgabe der qualitativen Forschung ist es, die Lebenswelten der Personen von innen heraus, aus ihrer Sicht zu beschreiben. Die Grundlagen und Prinzipien qualitativen Denkens sind Subjektbezogenheit, Offenheit als Grundhaltung gegenüber den Untersuchungspersonen und den Methoden, die Dokumentation der Verfahrensschritte, die Deskription des Untersuchungsgegenstandes und die Kommunikation sowie Interaktion zwischen dem Forscher und dem zu Erforschenden (vgl. Mayring 2001, 19ff., 34ff.; Lamneck 2005b, 20ff.; Flick/von Kardoff/Steinke 2005, 13ff.).

1.1.1.1 Experteninterview

Eine Form der Befragung in der empirischen Sozialforschung ist das Interview (vgl. Atteslander 2008, 121). Aus den vielfältigen qualitativen Interviewformen wurde das Experteninterview ausgewählt. Unter *Experteninterviews* lässt sich eine spezifische Form qualitativer Interviews fassen, die komplexe soziale Interaktionen beinhalten: „ExpertInnen-Interviews unterscheiden sich von anderen Befragungsmethoden in der Gesprächsführung und Auswertung; spezifisch für sie ist das Erkenntnisinteresse und die Befragtengruppe. Im ExpertInnen-Interview sind die Befragten in einer Doppelrolle präsent – als Professionelle und als Personen –, was Konsequenzen für die Interviewsituation und Gesprächsführung hat. Diesen Umstand gilt es systematisch im Hinblick auf Validität, Reliabilität und Generalisierbarkeit der Daten zu reflektieren" (Abels 2005, 175). Experten sind folglich Menschen, die über ein spezifisches Wissen verfügen, und Experteninterviews eine geeignete Methode, um dieses Wissen zu erschließen (vgl. Gläser/Laudel 2004, 10f.). Im Rahmen eines Experteninterviews wird die Person durch das Forschungsinteresse anderer Personen zum Experten (vgl. Meuser/Nagel 2003a, 484). Notwendig für die Durchführung eines Experteninterviews ist die vertiefende Auseinandersetzung mit der Thematik im Vorfeld des Interviews, durch die der Forscher Sicherheit in dem zu erforschenden Untersuchungsfeld gewinnt und dadurch befähigt ist, dem Interviewpartner spezifische Fragen zu stellen und spontan zu agieren. Ein angemessenes Erhebungsinstrument des Experteninterviews stellt ein Interviewleitfaden dar, durch dessen Entwicklung im Vorfeld eine erfolgreiche Auseinandersetzung mit der Thematik gewährleistet ist. Eine Orientierung am Interviewleitfaden gewährleistet, dass sich das Interview nicht in Themen verliert, die für die Forschungsfragen nicht relevant sind (vgl. Meuser 2005, 71). Ein Leitfadeninterview empfiehlt sich, „– wenn in einem Interview mehrere unterschiedliche Themen behandelt werden müssen, die durch das Ziel der Untersuchung und nicht durch die Antworten des Interviewpartners bestimmt werden, und – wenn im Interview auch einzelne, genau bestimmbare Informationen erhoben werden müssen" (Gläser/Laudel 2004, 107). Die Standardisierung, die durch den Leitfaden zustande kommt, erleichtert die Vergleichbarkeit mehrerer Interviews und deren Auswertung (vgl. Mayring 2002, 70). Das Leitfadeninterview soll einem natürlichen Alltagsgespräch ähneln. Das kann erreicht werden, indem der Leitfaden nicht als zwingendes Ablaufschema genutzt wird, sondern das Gespräch lediglich lenkt und als eine Orientierungshilfe für den Forscher fungiert. Die Interviews werden durch ein Tonbandgerät aufgezeichnet, sodass eine präzise Verschriftlichung der Gesprächsinhalte erfolgen kann. Die Tonbandaufnahme bietet den Vorteil, dass sämtliche Aussagen erfasst werden können.

Die Auswertung der Experteninterviews

Die Auswertung der gewonnenen Daten dient dem Zweck, repräsentative Informationen im Expertenwissen zu entdecken und die Informationen für andere nachvollziehbar zu machen. Dies ist eine anspruchsvolle Aufgabe, da die Interviewtexte zunächst einer besonderen Interaktion und Kommunikation unterliegen und in Form und Inhalt einmalig sind (vgl. Meuser/Nagel 2005). Das Ziel der Auswertung des Experteninterviews ist es, „(…) im Vergleich mit den anderen ExpertInnentexten das Überindividuell-Gemeinsame herauszuarbeiten, Aussagen über Repräsentatives, über gemeinsam geteilte Wissensbestände, Relevanzstrukturen, Wirklichkeitskonstruktionen, Interpretationen und Deutungsmuster zu treffen" (Meuser/Nagel 2005, 80). Die Transkription der auf Tonband aufgenommenen Daten bildet den ersten Schritt der Auswertung (vgl. Meuser/Nagel 2005, 83). Als Protokollierungstechnik wurde die wörtliche Transkription gewählt. Die Transkription der Interviews wurde in Anlehnung an Bortz und Döring unter Berücksichtigung der von ihnen aufgestellten Transkriptionsregeln durchgeführt (vgl. Bortz/Döring 2002, 312). Die Abschrift erfolgte pro Interview in einem Word-Dokument mit Zeilen- und Seitennummerierung, um in der späteren Ergebnisdarstellung präzise Quellenangaben zu ermöglichen. Aufgrund des Datenschutzes wurden die Interviewpersonen anonymisiert und die einzelnen Interviews mit Buchstaben gekennzeichnet (vgl. Froschauer/Lueger 2003, 74). Die Auswertung der Interviews erfolgte durch die qualitative Inhaltsanalyse in Anlehnung an Mayring. Er beschreibt das Ziel der qualitativen Inhaltsanalyse wie folgt: „Die qualitative Inhaltsanalyse will Texte systematisch analysieren, indem sie das Material mit theoriegeleitet am Material entwickelten Kategoriesystemen bearbeitet" (Mayring 2003, 114). Das allgemeine Ablaufmodell der qualitativen

Inhaltsanalyse wurde bei der Auswertung der Interviews beachtet (vgl. Mayring 2003, 54). Die drei Grundformen der qualitativen Inhaltsanalyse sind:

1. Die Zusammenfassung: Reduktion des Materials so, dass die wesentlichen Inhalte erhalten bleiben.
2. Die Explikation: Ergänzungen einzelner Textteile durch zusätzliches Material, das das Verständnis verbessert und erläutert.
3. Die Strukturierung: Filtern von bestimmten Aspekten aus dem Material unter vorher festgelegten Kriterien (vgl. Mayring 2002, 115, und 2003, 58).

Für die Forschungsfrage der qualitativen Studie eignet sich die Auswertungsmethode der Strukturierung, da mit dieser Methode auch große Textmengen bewältigt werden können (vgl. Mayring 2002, 121). Mayring (2003) führt an: „Ziel der Analyse ist es, bestimmte Aspekte aus dem Material herauszufiltern, unter vorher festgelegten Ordnungskriterien einen Querschnitt durch das Material zu legen, oder das Material aufgrund bestimmter Kriterien einzuschätzen" (Mayring 2003, 115). Die strukturierende Inhaltsanalyse kann entsprechend dem Forschungsziel in die vier Typen der inhaltlichen, typisierenden, skalierenden und formale Strukturierung unterteilt werden (vgl. Mayring 2003, 85). Die für die Auswertung des vorliegenden Datenmaterials am besten geeignete Methode ist die inhaltliche Strukturierung. Deren Ziel ist es, „bestimmte Themen, Inhalte, Aspekte aus dem Material herauszufiltern und zusammenzufassen" (Mayring 2003, 89). Mayring (2003) nennt drei zentrale Regeln für die strukturierende Inhaltsanalyse:

1. Die Definition der Kategorien: Es wird genau definiert, welche Textbestandteile unter eine Kategorie fallen.
2. Die Ankerbeispiele: Konkrete Textstellen werden angeführt, die unter eine Kategorie fallen und als Beispiel für diese Kategorie gelten sollen.
3. Die Codierregeln: Dort, wo Abgrenzungsprobleme zwischen Kategorien bestehen, werden Regeln formuliert, um zweideutige Zuordnungen zu ermöglichen (vgl. Mayring 2003, 83).

Im Anschluss an diese drei Schritte wurden die Ergebnisse aufbereitet und das Kategoriensystem überarbeitet. Dabei wurde mit Hilfe des Datenverarbeitungsprogramms *MAXQDA* gearbeitet. Die inhaltlich dichtesten Aussagen zu den einzelnen Kategorien wurden herausgefiltert und mit Interpretationsvorschlägen versehen. Diese wurden in einem weiteren Analyseschritt im Forscherteam diskutiert und dialogisch validiert. Die aus der Datenerhebung gewonnenen Erkenntnisse wurden anschließend mit den zur Verfügung stehenden spezifischen Theorien in Beziehung gesetzt und ausformuliert. Das Ergebnis ist ein System verschiedener Kategorien zu einem bestimmten Thema, die mit konkreten Textpassagen verknüpft werden.

1.1.1.2 Teilnehmende Beobachtung

Eine weitere Methode der empirischen Sozialforschung, die für die Studie ausgewählt wurde, ist die Beobachtung. „Unter Beobachtung verstehen wir das systematische Erfassen, Festhalten und Deuten sinnlich wahrnehmbaren Verhaltens zum Zeitpunkt seines Geschehens" (Atteslander 2008, 67). Beobachtung kann dabei sowohl im Rahmen quantitativer als auch qualitativer Sozialforschung Anwendung finden. Für die Studie wurde eine Form der qualitativ orientierten Beobachtung ausgewählt, die Teilnehmende Beobachtung (vgl. Atteslander 2008, 67ff.). Die Teilnehmende Beobachtung ist eine Standardmethode der Feldforschung. Der Gegenstand der Teilnehmenden Beobachtung ist „das soziale Handeln von Individuen und Gruppen" (Lamneck 2005b, 553). Der Beobachter steht dabei nicht passiv, registrierend außerhalb des Gegenstandsbereiches, sondern er nimmt selbst an der sozialen Situation teil. Er steht im direkten Bezug zu dem Beobachteten und sammelt Daten, während er an der natürlichen Situation partizipiert (vgl. Mayring 2002, 80). „Teilnehmende Beobachtung bedeutet, dass die

Forscher direkt in das zu untersuchende soziale System gehen und dort in der natürlichen Umgebung Daten sammeln" (Atteslander 2008, 88).

Die Teilnehmende Beobachtung als ein Zugang ethnographischer Forschung scheint in der deutschen Forschungslandschaft ein nicht besonders populärer Zugang zu spezifischen Forschungsfeldern zu sein. Auf der Grundlage der Aussage Lelgemanns (2007, 252), dass es nur mit hermeneutischen und qualitativen Methoden möglich ist, auch Menschen mit schwersten Behinderungen in Forschungsprojekte einzubeziehen, sollten den erkenntnisgenerierenden Chancen der Methode Teilnehmende Beobachtung gerade in explorativ-sonderpädagogischen Studien besondere Bedeutung beigemessen werden. Kennzeichnend für die Teilnehmende Beobachtung ist die persönliche Teilnahme des Forschenden „an der Praxis derjenigen, über deren Handeln und Denken er bzw. sie Daten erzeugen möchte. Dabei ist die Annahme leitend, dass durch die Teilnahme an face-to-face-Interaktionen bzw. die unmittelbare Erfahrung von Situationen Aspekte des Handelns und Denkens beobachtbar werden, die in Gesprächen und Dokumenten – gleich welcher Art – über diese Interaktionen bzw. Situationen nicht in dieser Weise zugänglich wären" (Lüders 2003, 151). Diese Variante der Datenerhebung kann wie andere methodische Zugänge in der Feldforschung auch als „intellektuelles, methodisches und soziales Abenteuer" (Patry/Dick 2002, 93) bezeichnet werden. Diese Feststellung sollte jedoch nicht in der Art verstanden werden, dass die Methode ein leichtfertig durchgeführtes Experiment mit nicht absehbaren Folgen darstellt. Vielmehr ist die Auseinandersetzung mit den u.a. von Lüders (2003, 152) thematisierten ethischen Fragen der Teilnehmenden Beobachtung eine Grundvoraussetzung für den praktizierten Zugang zum Feld.

Die Bedingungen, Zugänge und möglichen Auswirkungen der Teilnehmenden Beobachtung im Kontext stationärer Kinderhospize wurden sowohl im Vorfeld des Feldzugangs als auch während der Felderschließung kontinuierlich reflektiert und mit den die betroffenen Kinder betreuenden Bezugs- und Pflegepersonen kommuniziert. Die Erfahrungen der Forschenden während des Beobachtungszeitraumes wurden gerade im Hinblick auf die ethische Dimension des Kontaktes mit den beobachteten Kindern und ihren Familien dialogisch reflektiert. Gerade die Intention, auch die fortschreitend erkrankten Kinder aktiv mit in die Qualitätsdebatte einzubeziehen und ihren nicht lautsprachlichen Ausdrucksmöglichkeiten Gehör zu verschaffen, sollte als ethisch begründetes Bemühen um Partizipation am Forschungsprozess verstanden werden.

Atteslander (2008) führt verschiedene Formen der Teilnehmenden Beobachtung an. Die idealtypische Form qualitativ-teilnehmender Beobachtung ist unstrukturiert, aktiv-teilnehmend und offen (vgl. Atteslander 2008, 89). Diese Form wurde in etwas abgewandelter Form (halb-strukturiert) auch in der Studie angewendet. Das Forscherteam begab sich direkt in das Untersuchungsfeld Kinderhospiz, um den Aufenthalt eines Kindes über einen Zeitraum von ca. zehn Tagen begleitend zu beobachten. Die Forschenden wurden somit als Teilnehmende Beobachter Teil der Kultur des Forschungsfeldes Kinderhospiz (vgl. Scholz 2005, 401). Es wurden vor allem alltägliche Interaktionen mit dem lebensverkürzend erkrankten Kind in unterschiedlichen Situationen beobachtet, die Aufschluss über sein Erleben geben sollten.

Die Beobachterrolle kann in diesem Fall als „Beobachter-als-Teilnehmer" (Gold 1958, zit. n. Flick 2007, 283) typisiert werden, weil die Beobachtung von außen im Vordergrund stand. Für die Auswahl von Beobachtungssequenzen in teilnehmenden Beobachtungen wird zum einen empfohlen, „Situationen zu finden, in denen die relevanten Akteure und die interessierenden Aktionen zu vermuten sind. Andererseits sollten möglichst unterschiedliche Situationen aus dem Spektrum des durchschnittlichen Tagesablaufs ausgewählt werden, um darüber die Variationsbreite des tatsächlich Beobachtbaren zu vergrößern" (Flick 2007, 290).

Der Vorteil der Teilnehmenden Beobachtung ist neben den Zugriff auf weitere Informationen innerhalb der Einrichtung auch darin zu sehen, dass die Beobachtenden sehr nahe am Geschehen sind und dieses in seiner Gesamtheit erfassen können. Dafür muss der Nachteil in Kauf genommen werden, dass die Teilnehmenden Beobachter bereits durch ihre bloße Anwesenheit verändernd auf das Feld einwirken. „Da sich der Einfluss des Teilnehmenden Beobachters auf das, was er beobachtet, nicht vermeiden lässt, setzen moderne Verfahren auf die Reflexion der Beziehung zwischen Beobachter und Beobachteten" (Scholz 2005, 385). Dieser Schritt wurde ebenfalls in der nachgehenden kommunikativen

Auseinandersetzung innerhalb des Forschungsteams vollzogen und spiegelt sich in Auswahl und Interpretation der gewonnenen Daten wider. Als Nachteile bzw. Problematiken der Teilnehmenden Beobachtung als Untersuchungsmethode sind unter anderem zu benennen: Das Dilemma der Teilnahme (Identifikation) und Distanz. Dieses wird von Girtler (1992) als Gefahr der Teilnahme zur Anteilnahme bezeichnet (vgl. Girtler 1992, 64f.). Daneben müssen forschungsethische Probleme bedacht werden, wie etwa die Eigenbestimmungsrechte des Einzelnen. Wenn beispielsweise eine Teilnahme an einem Forschungsprozess nicht freiwillig wäre oder aber Situationen manipuliert würden, wäre das als forschungsethisch bedenklich einzuordnen (vgl. Atteslander 2008, 97f.). Aufgrund dessen wurde im Rahmen der Durchführung der Teilnehmenden Beobachtung ein Einverständnis der beteiligten Personen eingeholt und ein offenes Beobachten natürlicher Situationen gewählt.

Aufgrund der besonderen Situation nicht lautsprachlich kommunizierender Kinder stellt die Teilnehmende Beobachtung die wohl einzige Erhebungsmethode dar, Erkenntnisse über das unmittelbare Erleben der erkrankten Kinder während ihrer Aufenthalte in stationären Kinderhospizen zu erlangen. Es kann in dieser spezifischen Forschungssituation also nicht – wie für die Teilnehmende Beobachtung grundsätzlich gefordert – darum gehen, im Vergleich zu Interviews zu präzisieren, welche *anderen* Einsichten durch diese Methode ermöglicht werden. Vielmehr scheint es für die hier untersuchte Personengruppe, das Feld Kinderhospiz und die erkenntnisleitende Fragestellung keine forschungsmethodische Alternative zu geben. In der Vorgehensweise der Teilnehmenden Beobachtung wurde sich an dem Ablaufplan einer Teilnehmenden Beobachtung nach Mayring (2002) orientiert. Dieser sieht als erstes die Erstellung eines Beobachtungsleitfadens vor. Zur Erfassung der Situation des Kindes wurde im Vorfeld nach einem adäquaten Beobachtungsbogen recherchiert. Hier stehen bislang kaum adäquate Instrumente zur Erfassung der psycho-physischen Gesamtsituation schwer beeinträchtigter Kinder zu Verfügung. Diese Einschätzung wurde unter anderem auch vom Begründer der Basalen Stimulation, Prof. Dr. Andreas Fröhlich, bestätigt und als deutliches Desiderat der Schwerstbehindertenpädagogik konstatiert. Aus diesem Grund wurde eigens ein Erfassungsbogen entwickelt, der sich auf folgende Quellen stützt:

- Zieger, A. (2005): Körpernaher Dialogaufbau mit Menschen im Koma/Wachkoma nach schwerer erworbener Hirnschädigung
- Sarimski, K. (2005): Kommunikationsförderung bei nicht oder wenig sprechenden Kindern. www.difgb.de/sarimski-komm-05.pdf. Stand: Februar 2008
- Sarimski K./Steinhausen H.-C. (2006): KIDS2 – Geistige Behinderung und schwere Entwicklungsstörungen (KIDS Kinder-Diagnostik-System)
- Great Ormond Street Hospital for Children NHS Trust and Institute of Child Health (2003). Paediatric Pain Profile

Aus den in diesen Quellen beschriebenen nonverbalen Kommunikationsformen und den dort erläuterten Möglichkeiten der Interpretation wurde ein kurzer diagnostischer Fragebogen entwickelt, mit dem zunächst im Gespräch mit den Bezugspersonen des Kindes seine Kommunikations- und Ausdrucksmöglichkeiten erfasst wurden (vgl. Anhang TB 1). Die so gewonnenen Erkenntnisse wurden in der anschließenden mehrtägigen teilnehmenden Beobachtung als Folie der Dokumentation und Interpretation der Interaktionen mit dem betroffenen Kind genutzt. Der zweite Schritt der Durchführung der Teilnehmenden Beobachtung war, in Anlehnung an Mayring (2002), die Herstellung des Kontaktes durch den Beobachter zum Forschungsfeld. Dieser Schritt beinhaltet die Schwierigkeit, dass der Forscher im Forschungsfeld aufgenommen und akzeptiert werden will, ohne ein Störfaktor zu sein. Da die Teilnehmende Beobachtung grundsätzlich nur durch die Kooperation aller Beteiligten möglich ist (vgl. Damman 1991, 134), galt die Freiwilligkeit der Akteure im Forschungsprozess als Grundvoraussetzung dieses Forschungsteils.

Für diese Beobachtungen nutzten die Forschenden ein halb standardisiertes Beobachtungsschema, das offen für die beobachteten Verläufe war und lediglich die Kategorien *Situation, Reaktion, Umgang mit der Reaktion* und *Interpretation* enthielt, sowie Raum für *weitere Anmerkungen* ließ (vgl. Anhang TB 2). Hiermit ließen sich sämtliche Aktivitäten und Interaktionen der beobachteten Kinder während der

Beobachtungszeiten im Kinderhospiz strukturiert und dennoch offen erfassen. Entsprechend der Forderung eines holistischen Anspruches Teilnehmender Beobachtungen (vgl. Scholz 2005, 386) sollte dieses Höchstmaß an Offenheit möglichst viele Aspekte des Feldes und der in ihm beobachteten Interaktionen erfassen. In der Auswertung der erhobenen Daten erfolgt eine Orientierung an folgender Grundaussage von Scholz, die für die vorliegende Studie als Empfehlung für eine „erzählende" Darstellung themenrelevanter Schwerpunkte rezipiert wird:

„Forschungsberichte, die auf der Teilnehmenden Beobachtung basieren, können keine Regeln im Sinne naturwissenschaftlicher Gesetze aufstellen. Im Sinne einer naturwissenschaftlichen Regel kann die gleiche Handlung nicht verschieden interpretiert werden. Im Kontext eines Prozesses und einer komplexen Situation führen geringfügige, zeitlich nicht stabile Faktoren zu einer Veränderung der Bedeutung einer Handlung. Die mit einer Handlung verbundenen Sinnstiftung kann variieren. Die Teilnehmende Beobachtung hat ihre Stärke in der Wahrnehmung dieser geringfügigen, eben häufig nicht stabilen Faktoren. Deren Darstellung bedarf nun allerdings auch eines eigenständigen Verfahrens, das hier kurz als ‚Erzählung' bezeichnet werden soll. Die Erzählung beschreibt keine statistischen Zusammenhänge und auch keine strengen Ursache-Wirkungsrelationen. Sie ist dennoch nicht zufällig, denn sie muss plausibel sein: die einzelnen Handlungen als sinnvolle Elemente eines Prozesses darstellen" (Scholz 2005, 391).

In diesem Sinne werden die beobachteten Interaktionen und die Situationen entsprechend dem qualitativen Forschungsparadigma ohne statistische Quantifizierungen und dementsprechend erzählend dargestellt. Hierfür wurden die vorliegenden Bebachtungsprotokolle zunächst auf zentrale Themen hin untersucht. Das beobachtungsmethodische Vorgehen sah so aus, dass während des Forschungsprozesses eine zunächst sehr offene Beobachtung zunehmend durch eine fokussiertere Beobachtung aufgegeben wurde. Zu den für die Forschungsfrage relevanten Themen wurden Beobachtungen vorgenommen und zu Hypothesen verdichtet, die im weiteren Beobachtungsprozess vertiefend untersucht wurden. So konnten Themen expliziert werden, die die Situation der lebensverkürzend erkrankten Kinder während ihrer Aufenthalte im Kinderhospiz betreffen. Sie sollen Aufschluss geben über ihr Erleben des Aufenthaltes. Die Vielzahl der erhobenen Feldnotizen und Beobachtungsprotokolle wurden im Anschluss an die Teilnehmende Beobachtung in einem abschließenden Schritt vom Forscherteam ausgewertet und in Anlehnung an Scholz (2005) in Form einer „erzählenden Darstellung" verschriftlicht.
Aufgrund der systemtheoretischen Verortung der Studie kann dieses Erleben nicht losgelöst von relevanten Kontextfaktoren verstanden werden, sodass sich die Themenschwerpunkte auch auf die Interaktionen zwischen Mitarbeiter/innen sowie Eltern des erkrankten Kindes beziehen. Die situationsübergreifende Bedeutung der Daten wird in der Synthese der Erkenntnisse der verschiedenen qualitativen und quantitativen Daten dieser Studie herausgearbeitet und spezifiziert werden.

1.1.1.3 Gruppendiskussion
Die Gruppendiskussion ist eine vergleichbar junge Methode sozialwissenschaftlicher Forschung und hat ihren Ursprung im angloamerikanischen Raum. Im angloamerikanischen Sprachraum werden Gruppendiskussionen „focus groups" oder „group interviews" genannt (vgl. Lamneck 2005a, 18, 29). „Die Gruppendiskussion ist eine Gespräch mehrerer Teilnehmer zu einem Thema, das der Diskussionsleiter benennt, und dient dazu, Informationen zu sammeln" (Lamneck 2005b, 408). Lamneck sieht in der Gruppendiskussion eine Sonderform innerhalb der Befragungsmethoden. Gruppendiskussionen dienen nicht lediglich der Befragung mehrerer Personen gleichzeitig, sondern sie sind ein „diskursiver Austausch von Ansichten und Argumenten" (Lamneck 2005b, 35). Die Erkenntnisziele von Gruppendiskussionen sind vielfältig. Sie dienen zur Ermittlung von Gruppenmeinungen zu einem bestimmten Gegenstand, zur Informationsermittlung, als Pretest-Methode und zur Komplementierung, Relativierung oder Korrektur empirischer Ergebnisse anderer Methoden. Im Falle der vorliegenden Studie wurde letzteres Erkenntnisziel angestrebt: Die bereits erhobenen Daten sollten kommunikativ validiert werden. Hierdurch erfolgte die im Projektdesign festgeschriebene prozessintegrierte Rückkopplung der Forschungserkenntnisse mit den aus unterschiedlichen Perspektiven Beteiligten aus der Praxis. (vgl.

Lamnek 2005b, 736; Lamneck 2005a, 77f.). Das bedeutet, dass die Teilnehmenden der Gruppendiskussion eine Konfrontation mit Daten/Informationen erfahren, in diesem Fall mit vorläufigen Ergebnissen aus den Datenerhebungen (Experteninterviews, teilnehmende Beobachtungen und schriftliche Befragungen von Eltern und Mitarbeitern und Mitarbeiterinnen stationärer Kinderhospize), über die sie sich austauschen, zu denen sie ihre Meinungen und Standpunkte äußern und die sie diskutieren konnten. Vor der Durchführung einer Gruppendiskussion sind einige Aspekte zu bedenken, wie z.B. Überlegungen zur Größe und Zusammensetzung der Diskussionsgruppe, Auswahl eines Diskussionsortes, Anordnung der Anwesenden im Raum sowie Überlegungen im Bezug auf die Aufzeichnung der Gruppendiskussion. Es ist empfehlenswert, die Diskussion sowohl auf Tonband als auch auf Video aufzuzeichnen. Zudem sollte die Fragestellung konkretisiert werden und eine Struktur für die Diskussion entwickelt werden (vgl. Lamneck 2005a, 94f., 169).

Die Teilnehmenden an der Gruppendiskussion im Rahmen dieses Forschungsprojektes waren vier Mitarbeitende aus zwei Kinderhospizen aus den Bereichen Pflege und Pädagogik sowie vier Elternteile progredient erkrankter Kinder. Die Dauer der Gruppendiskussion betrug 2,5 Stunden. Die Diskussion sollte an einem für alle Teilnehmenden neutralen, aber gut erreichbaren Ort stattfinden, deshalb wurde ein Tagungshaus angemietet.

Um eine thematische Strukturierung vorzunehmen, wurde die Gruppendiskussion in fünf Diskussionsblöcke eingeteilt. Die Diskussion folgte in ihrem Verlauf weitgehend einem „natürlichen Gespräch". Das oberste Prinzip in der Gruppendiskussion, die Herstellung von Selbstläufigkeit, wurde somit beachtet (vgl. Loos/Schäffer 2001, 13/51). Selbstläufigkeit meint demnach, dass die Gruppe ihren Diskussionsfokus weitgehend selbst findet und der Moderator so wenig wie möglich lenkend eingreift. Die Gesprächsleitung erfolgte nach den von Lamneck (2005a, 100/156) aufgestellten Kennzeichen einer Gesprächsleitung (offener Gesprächsrahmen, offene und eindeutige Frageformulierung, interessierte Diskussionsleitung, ausreden lassen, Hintergrundwissen liefern und Ermutigung, sich an persönliche Erlebnisse zu erinnern). Der formale Verlauf der Gruppendiskussion wurde in Anlehnung an Lamneck (2005a, 148) dreiteilig gegliedert.

1. Vorstellungsrunde
2. Grundreiz: Einführung in die Diskussion
3. Diskussionsrunde (vgl. Lamneck 2005a, 148).

Die gesamte Diskussion wurde ausführlich dokumentiert. So wurden Videoaufnahmen von der ganzen Gruppe sowie Tonbandaufnahmen und ein nonverbales Protokoll erstellt. Nach jedem Abschnitt wurden die getroffenen Aussagen in einer „Focus Illustration Map" (FIM) zusammengefasst und direkt mit den Teilnehmenden rückgekoppelt (vgl. Pelz/Schmitt/Meis 2004). Hierbei handelt es sich um eine prozessbegleitende Ergebnissammlung, die visualisiert und mit den Teilnehmenden evaluiert wird. Die „Focusgroup Illustration Maps" bilden die Grundstruktur der Gruppendiskussion ab. Die Vorteile der Visualisierung liegen in der direkten Rückwirkung der Diskussionsbeiträge in manifestierter Form auf die Teilnehmenden und in der Chance einer unmittelbaren konsensuellen Validierung der Ergebnisse. Am Ende der Gruppendiskussion liegt damit bereits eine schriftliche und strukturierte Zusammenfassung der wichtigsten Ergebnisse vor, die später mit den anderen Protokollen abgeglichen wird (vgl. Pelz/Schmitt/Meis 2004). Neben der Auswertung der erhobenen Daten durch die FIMs erfolgte die Auswertung der Tonbandaufnahme und Transkription mit Hilfe der qualitativen Inhaltsanalyse nach Mayring (2003) (vgl. Kap. III 1.1).

1.1.2 Quantitative Methoden: Schriftliche Befragung (Fragebogen)
Eine übliche Form der Befragung in der empirischen Sozialforschung ist die schriftliche Befragung. Darunter wird in der Regel der postalische Versand und Rücklauf von Fragebögen verstanden (vgl. Atteslander 2008, 147). Bei einer starken Strukturierung der schriftlichen Befragung kann von einer quantitativen Methodik gesprochen werden.

1.1.2.1 Fragebogengestaltung und -konstruktion

Zur Konstruktion und Gestaltung der Fragebögen wurde sowohl auf die Empfehlungen von Diekmann (2001, 404ff.; 2008, 442), Schnell (2008) und Kirchoff (2003) zurückgegriffen als auch auf die „Faustregeln der Fragenformulierung" nach Atteslander (2003, 173). In Anlehnung an Schnell wurden zur inhaltlichen Differenzierung und Transparenz der Themenschwerpunkte inhaltliche gleiche Fragen zu *Fragenkomplexen* zusammengefasst, die aufeinander aufbauen (vgl. Schnell 2008, 315). Durch dieses Vorgehen konnte außerdem dem motivierenden Aspekt entsprochen werden, mit leichten, interessanteren Fragen zu beginnen und erst später zu sensiblen Teilaspekten der Thematik zu gelangen (vgl. Kirchhoff 2003, 20). Es wurden Fragetypen nach Einstellungen, Überzeugungen, Verhalten und sozialstatistischen Merkmalen ausgewählt (vgl. Diekmann 2001, 404f.). Die meisten Fragen wurden als geschlossene Fragen konzipiert, d.h. dass sie durch die Art der Antwortvorgaben klassifiziert werden. Es wurden Fragen des Selektionstypus verwendet, also Fragen mit vorgegebenen Alternativen, wobei der Befragte eine von zwei (Alternativ-Fragen) oder mehrere Antwortmöglichkeiten (Mehrfachauswahlfrage) auszuwählen hat. Es wurden ebenfalls so genannte Ja-Nein-Typen von Fragen gewählt, die mit Ja oder Nein genügend beantwortet werden können (vgl. Atteslander 2008, 164f.). An einigen Stellen konnten Antworten zu vorgegebenen Kategorien frei ergänzt werden. Hier stand eine gesonderte, offene Antwortkategorie zur Verfügung, in der die Befragten ihre Antworten selbstständig formulieren konnten.

Die Kodierung der geschlossenen Fragen erfolgte in entsprechenden numerischen Variablen. Für jede offene Frage wurden mehrere String-Variablen (d.h. alphanumerische Variablen) angelegt, in die jeweils nur ein Statement des Befragten als vollständiger Text eingetragen wird. Nach jeder String-Variablen folgt eine numerische Variable, die es erlaubt, das vorangehende Statement kategorial einzuordnen.

Des Weiteren wurde als besondere Form der Mehrfachauswahl Fragen die Skala-Fragen verwendet, mit denen Werte, Meinungen und Gefühle bezüglich der Intensität und Häufigkeit gemessen wurden (vgl. Atteslander 2008, 164). In der Auswahl der Antwortskalen der Skala-Fragen wurde sich auf die Ausführung von Rohrmann (1978) bezogen. Die Fragen wurden so formuliert, dass stets der Grad der Zustimmung abgefragt werden konnte. Es wurden jeweils fünf mögliche Antwortkategorien vorgegeben. Die Kategorien wurden dabei so gewählt, dass in etwa Äquidistanz zwischen den Kategorien besteht und die Antwortskalen somit annähernd Intervallskalen-Niveau haben. Des Weiteren wurden an einigen Stellen offene Fragetypen ausgewählt, in denen die Befragten ihre Meinung in Bezug auf Wünsche und Verbesserungsvorschläge kundtun konnten.

1.1.2.2 Pretest

Nach der Auswahl des Erhebungsinstrumentes der schriftlichen Befragung und der Erstellung eines Fragebogens erfolgte die Durchführung eines Pretests. Unter Pretest kann eine Vor- oder Testerhebung verstanden werden. Er dient dazu, das Erhebungsinstrument auf seine Tauglichkeit zu prüfen. Die Zahl der Untersuchungsobjekte ist im Pretest deutlich geringer als in der Hauptuntersuchung (vgl. Atteslander 2008, 277f.). Nach Atteslander (2008) sind bei der Durchführung und Auswertung von Pretests vier Punkte zu beachten: Zuverlässigkeit (Reliabilität) und Gültigkeit (Validität): „Unter Reliabilität versteht man dabei das Ausmaß, in dem die Anwendung eines Erhebungsinstrumentes bei wiederholten Datenerhebungen unter gleichen Bedingungen und bei denselben Probanden das gleiche Ergebnis erzielt. Die Validitätsprüfung gibt an, inwieweit die Anwendung eines Erhebungsinstrumentes tatsächlich die Variable misst, die es zu messen vorgibt" (Atteslander 2008, 278). Ein weiteres Kriterium ist die Verständlichkeit der Fragen: Dabei sind sowohl die Überprüfung der sprachlichen als auch der inhaltlichen Verständlichkeit zu beachten. Die sprachliche Verständlichkeit beinhaltet, dass ein angemessenes Sprachniveau (keine Fachwörter) verwendet wird. Die inhaltliche Verständlichkeit betrifft die Fragenformulierung. Es soll überprüft werden, ob die Intention der Fragen verstanden wird. Außerdem muss die Klarheit der Kategorien und der Kategorienbildung überprüft werden: Die Beantwortungskategorien müssen sowohl sprachlich als auch inhaltlich verständlich sein. Es soll zudem geprüft werden, ob die Fragen ausschließlich, eindeutig und vollständig sind (vgl. Atteslander 2008, 278–280). Durch die Ergebnisse des Pretests können eine Überarbeitung und Modifikation der Fragen bzw. des Erscheinungsbildes des Fragebogens und sogar ein erneuter Pretest notwendig werden. Zeigen die Rückmeldungen des Pretests, dass der Fragebogen inhaltlich, formal und gestalterisch in der vorliegenden Form adäquat ist, kann die eigentliche Befragung ohne eine weitere Bearbeitung des Fragebogens durchgeführt werden.

In der vorliegenden Studie wurden die zu Fragebögen verdichteten Aspekte vor der Verschickung in Form von Pretests rückgekoppelt. Die Pretests sollten garantieren, dass der jeweilige Fragebogen von der Zielgruppe verstanden wurde und die für die Fragestellung relevanten Inhalte erfasste. Weiterhin wurde damit die Gültigkeit des Fragebogens überprüft. Dadurch kann eine Untersuchung zu annähernd fehlerfreien Messergebnissen führen. Des Weiteren wurden in den Pretests auch technische Fragen abgeklärt, so z.B. der Umfang der Fragebögen. Zusätzlich sollte geklärt werden, ob der Aufbau der Fragebögen in sich schlüssig, die Instruktionen klar, die Fragen verständlich und die Filter korrekt waren oder Antwortvorgaben fehlten (vgl. Kirchhoff 2003, 24). Dazu wurde der Fragebogen an Testpersonen erprobt. Diese waren Angehörige der jeweiligen Zielgruppe und sollten den Fragebogen nach Möglichkeit unter denselben Bedingungen bearbeiten, d.h. sie hatten denselben zeitlichen Rahmen und Ort wie die Zielgruppe der eigentlichen Befragung. Die von den Testpersonen zurückgemeldeten Anmerkungen und Verbesserungsvorschläge wurden in die Fragebögen eingearbeitet, sodass dieser genau auf die jeweiligen Zielgruppen abgestimmt werden konnte.

1.1.2.3 Auswertung

Die statistische Auswertung erfolgte mit Hilfe des Computerprogramms SPSS 16.0. und 17.0. Der Vorteil EDV-gestützter Analyseprogramme in der Statistik liegt darin, dass dem Fragebogen angepasste „Eingabemöglichkeiten und Datenprüfungen direkt bei der Eingabe die Zahl der Falscherfassungen gegenüber früher üblichen Methoden (mildern)" (Atteslander 2008, 328). Zunächst wurde jeder Fragebogen kodiert, d.h. den einzelnen Fragen und Antworten wurden verschiedene Zeichen, Zahlen und Abkürzungen zugeordnet. Jeder Frage wurde ein Variablenname gegeben in Form einer Abkürzung und jeder Antwortmöglichkeit eine Zahl (1–10) zugeordnet. Dadurch wurden auch die Angaben, die Rückschlüsse auf einzelne Personen oder Kinderhospize zugelassen hätten, anonymisiert. Anschließend wurde eine Datenmaske erstellt. In dieser kann anhand des Kodierplans jeder ausgefüllte Fragebogen als Zahlenkolonne dargestellt werden (vgl. Kirchhoff et. al 2003, 37ff.). Anschließend erfolgte die Dateneingabe. Dabei wurde zum einen die Angaben eines jeden Probanden eingegeben, wobei den vorgegebenen Antwortkategorien im Sinne der Codierung Zahlen (1–10) zugeordnet wurden, und zum anderen wurden offene Antworten als Variable angelegt und kodiert.

In einem weiteren Schritt erfolgte eine Grundauswertung der Daten. So ließen sich die Antworten computergestützt zählen und die Ergebnisse in Form von Tabellen und Grafiken visualisieren. Je nach Fragetyp wurden Häufigkeitstabellen, Säulen- oder Balkendiagramme sowie Tortendiagramme verwendet. Um weitere Zusammenhänge und Strukturen in den Daten zu erkennen, wurde anschließend eine erneute Auswertung der Daten vorgenommen in Form einer Datenanalyse. Diese erfolgte durch die Erstellung einfacher Kreuztabellen, Korrelations- und Regressionsanalysen und Signifikanztests in den einzelnen Fragebögen (vgl. Kirchhoff et al. 2003, 69ff.).

1.2. Die Forschungsperspektiven der einzelnen Akteur/innen

Die Forschungsperspektiven der einzelnen Akteur/innen im Forschungsfeld Kinderhospizarbeit können wie folgt untergliedert werden:

1. *Die Forschungsperspektive der Familien*: Eltern und progredient erkrankte Kinder und Jugendliche sowie ihre Geschwister,[73] die die Angebote der stationären und ambulanten Kinderhospizarbeit nutzen

2. *Die Perspektive der haupt- und ehrenamtlichen Mitarbeiter/innen in stationären Kinderhospizen und ambulanten Kinderhospizdiensten.*

---

[73] Die Perspektive der Geschwister wurde im Rahmen der Studie nicht gesondert erhoben, sondern durch die Befragung der Eltern (Familien) mit erfasst.

Im Folgenden werden zunächst die Forschungsperspektiven der Familien sowie der Mitarbeiter und Mitarbeiterinnen in stationären Kinderhospizen dargestellt. Daran anschließend wird die Forschungsperspektive von Familien, die ambulante Kinderhospizdienste nutzen, und von haupt- und ehrenamtlichen Mitarbeitern und Mitarbeiterinnen in den ambulanten Diensten erläutert.

1.2.1 Die Forschungsperspektive von Familien und Mitarbeiter/innen in der stationären Kinderhospizarbeit

Die Forschungsperspektive der Familien mit progredient erkrankten Kindern wurde in drei verschiedene Perspektiven aufgeschlüsselt:

1. Die Perspektive der Eltern
2. Die Perspektive der Geschwister
3. Die Perspektive der progredient erkrankten Kinder und Jugendlichen.

Für die Erfassung einzelner Perspektiven wurden unterschiedliche Erhebungsmethoden im Sinne des triangulativen Forschungsdesigns eingesetzt.

1.2.1.1 Die Perspektive der Eltern

Als qualitative Erhebungsmethode im Feld der stationären Kinderhospize wurde das Experteninterview gewählt, da dieses auf den Wissensvorsprung abzielt, „der aus der privilegierten Position des Experten in einem Funktionskontext resultiert" (Meuser/Nagel 2003, 57). Die Eltern progredient erkrankter Kinder und Jugendlichen werden als Experten für ihre spezifische Lebenssituation und als Nutzer von kinderhospizlichen Angeboten ernst genommen und nach ihrer subjektiven Einschätzung dieser Bereiche befragt.

Es wurden zehn Experteninterviews geführt. Als Interviewpartner/innen konnten Mütter und Väter progredient erkrankter Kinder gewonnen werden, die über eine längere Erfahrung mit Kinderhospizarbeit sowohl im ambulanten als auch stationären Bereich verfügen. Die Familien wohnen über das Bundesgebiet verteilt. Telefonisch wurden sie über das Forschungsvorhaben informiert, und es wurden Besuchstermine vereinbart. Die Interviews fanden alle im häuslichen Umfeld der Familien statt. Die Dauer der Interviews variierte von zwei bis über vier Stunden. Die Rahmenbedingungen und Informationen zu den Gesprächspartnern wurden in einem Skript festgehalten. Die Interviews wurden wortgetreu transkribiert und, wie in Abschnitt 1.1.1 erläutert, ausgewertet

Als zweite Erhebungsmethode wurde die schriftliche Befragung von Familien, die stationäre Kinderhospize nutzen, gewählt. Diese stellt aus verschiedenen Gründen besondere Anforderungen an das Verfahren der Datenerhebung. Zum einen liegen bundesweit keine verlässlichen Daten zur Anzahl von Familien vor, die die Angebote stationärer Kinderhospize in Anspruch nehmen. Der Grund hierfür liegt in den unterschiedlichen Trägerschaften der einzelnen Einrichtungen und der Tatsache, dass diese wiederum in zwei unterschiedlichen übergeordneten Dachverbänden (Bundesverband Kinderhospiz e.V. und Deutscher Kinderhospizverein e.V.) organisiert sind. Eine statistische Sammlung und Bündelung von Belegungszahlen und Kontakten mit Familien für das gesamte Bundesgebiet hat dementsprechend bislang nicht stattgefunden. Zum anderen unterliegen die familienbezogenen persönlichen Daten der Kinderhospiznutzer den Auflagen des Datenschutzes und können somit nicht an Dritte weitergegeben werden.

Dies bedeutet für die vorliegende Studie, dass keinerlei Hinweise für die numerische Benennung der Grundgesamtheit (N) der zu untersuchenden Gruppe von Kinderhospiznutzern vorliegen. Insofern wurde eine Samplingstrategie gewählt, die unabhängig von der nicht zu definierenden Grundgesamtheit eine möglichst hohe Anzahl von Familien zur Mitarbeit an der Befragung zu gewinnen beabsichtigte. Hier entschloss sich das Forschungsteam, als Weg der Akquise der Familien die Multiplikatoren a) Deutscher Kinderhospizverein e.V. und b) Stationäre Kinderhospize zu nutzen.

Zunächst wurden alle stationären Kinderhospize, die sich in der ersten Kooperationsanfrage des Projektteams zur Mitarbeit bereit erklärt hatten, telefonisch kontaktiert und um die Verteilung von Fragebögen an die sie besuchenden Familien gebeten. Fünf Kinderhospize erklärten sich hierzu bereit, wobei die Anzahl der angeforderten Fragebögen erheblich variierte (zwischen 30 und 200 Fragebögen).

Ein Kinderhospiz versah den Fragebogen mit einem eigenen Begleitschreiben und versandte diesen im Januar 2008 an alle Familien, die in der Vergangenheit die Angebote der Einrichtung nutzten. Die anderen beteiligten Institutionen verteilten die Fragebögen an Familien, die im Erhebungszeitraum Dezember 2007 bis März 2008 die Einrichtung besuchten. Die Familien wurden gebeten, den Fragebogen auszufüllen und an das Forschungsteam zu senden. Allen Fragebögen lagen ein Begleitschreiben des Forschungsteams sowie ein frankierter Rückumschlag bei. Die Angaben der Eltern sind anonym, und es besteht keine Möglichkeit, die Herkunft der jeweiligen Absender zurückzuverfolgen. Zudem werden alle erhobenen Daten vom Forschungsteam streng vertraulich behandelt. Der Deutsche Kinderhospizverein e.V. erklärte sich bereit, die Fragebögen mit der im Dezember 2007 verschickten Weihnachtspost an die Familien lebensverkürzend erkrankter Kinder zu versenden, die Mitglied in diesem Dachverband sind.

Insgesamt wurden 550 Fragebögen über die stationären Einrichtungen und 350 Fragebögen über den Deutschen Kinderhospizverein e.V. an die Familien weitergegeben. Hierbei muss jedoch beachtet werden, dass von einer erheblichen Schnittmenge der durch diese beiden Zugänge angesprochenen Familien auszugehen ist: So sind viele der Familien Mitglied im Deutschen Kinderhospizverein e.V. und haben somit den Fragebogen auf diesem Weg erhalten und werden parallel in dem von ihnen besuchten Kinderhospiz erneut gebeten, diesen auszufüllen. Alle Familien wurden in dem Begleitschreiben über diese Möglichkeit des zweifachen Angesprochenwerdens informiert und gebeten, den Fragebogen pro Familie nur einmal auszufüllen. Das Forschungsteam nahm diese potentielle Dopplung jedoch bewusst in Kauf, um eine möglichst große Anzahl von Familien zu erreichen.

Eine weitere Schwierigkeit bestand darin, dass die für den Einsatz von Fragebögen empfohlene zeitnahe Erinnerung der Befragtengruppe durch die Forscher aufgrund der dargestellten Datenschutzbestimmungen und der Anonymisierung nicht möglich war. So wurden lediglich die beteiligten Kinderhospize nach einer Frist von sechs Wochen nach Erhalt der Fragebögen erneut telefonisch kontaktiert, nach dem bisherigen Absatz der Fragebögen gefragt und die zusätzliche Zusendung weiterer Fragebögen angeboten. Auf diesem Weg wurde an die Erhebung und die damit verbundene notwendige Verteilung der Fragebögen erinnert und somit der Versuch unternommen, über die Aktivierung der Multiplikatoren einen möglichst hohen Rücklauf an Fragebögen zu forcieren.

Insgesamt liegen 172 ausgefüllte Fragebögen vor. Dies ist das größte Sample, das bislang bundesweit aus der Gruppe der Familien mit lebensverkürzend erkrankten Kindern erfasst wurde. Der Rücklauf erstreckte sich über knapp drei Monate von Anfang Februar 2008 bis Mitte April 2008.

Institutionen/Kinderhospize	Anzahl verschickte Fragebögen	Anzahl Rücklauf
Deutscher Kinderhospizverein e.V.	350	
Löwenherz, Syke	180	
Regenbogenland, Düsseldorf	30	
Balthasar, Olpe	50	
Arche Noah, Gelsenkirchen	200	
Bärenherz, Wiesbaden	90	
Gesamt	**900**	**172**

Die Ergebnisse wurden mit Hilfe des statistischen Datenanalyseprogramms SPSS 16.0 erfasst und ausgewertet und vom Forschungsteam analysiert und interpretiert.

1.2.1.2 Die Perspektive der progredient erkrankten Kinder und Jugendlichen
Neben den Perspektiven der Eltern und Fachkräfte in der Kinderhospizarbeit hat sich das Forscherteam zum Ziel gesetzt, die Qualität von Kinderhospizarbeit auch aus der Perspektive der betroffenen Kinder und Jugendlichen zu erfassen. Hierbei handelt es sich in mehrfacher Hinsicht um eine besondere Herausforderung: Zum einen verfügen viele progredient erkrankte Kinder und Jugendliche nicht oder nicht mehr über die Möglichkeit lautsprachlicher Kommunikation. Auch Formen der Unterstützten Kommu-

nikation (UK) sind häufig nicht einsetzbar, sodass körpernahe Ausdrucksformen wahrgenommen und verstanden werden müssen, wenn die Erlebenswelt der Betroffenen erschlossen werden soll. Zum anderen bedeutet die Thematisierung des subjektiven Erlebens von Kinderhospizarbeit mit verbal kommunizierenden Kindern und Jugendlichen immer auch die zumindest implizite Auseinandersetzung mit deren fortschreitender Erkrankung und begrenzter Lebenserwartung. Diese Tatsache bedarf einer äußerst sensiblen Interaktions- und Kommunikationskompetenz des Forschenden, der den individuellen krankheitsspezifischen Wissensstand und die subjektive Bereitschaft, sich mit dieser Thematik auseinanderzusetzen, situativ erfassen und berücksichtigen muss. Die persönlichen Wünsche und Grenzen des progredient erkrankten Befragten gelten als die absolute Richtschnur der Kommunikation, hinter der auch das Forschungsinteresse des Interviewenden zurückzustehen hat. Die ethische Verantwortung für diese Erhebungssituation ist dem Forscherteam bewusst, sie wird dialogisch reflektiert, und potentiell kritische Punkte des Gesprächsverlaufs werden antizipiert, um eine verantwortungsvolle, situations- und themenadäquate Kommunikation mit den Gesprächspartnern zu gewährleisten. Da sich in der qualitativen Forschung die Auswahl der einzusetzenden Methoden an den Inhalten zu orientieren hat, werden folgende methodische Zugänge zu den Erlebenswelten der Betroffenen gewählt:

Zur Erfassung der Perspektiven der *nicht lautsprachlich kommunizierenden Kinder und Jugendlichen* wurde die *Teilnehmende Beobachtung* als Erhebungsmethode gewählt. Die Erhebungen wurden im März 2008 in zwei Kinderhospizen von zwei Forscher/innen durchgeführt und anschließend ausgewertet und verschriftlicht.

Zur Erfassung der Perspektiven der *lautsprachlich kommunizierenden Kinder und Jugendlichen* wurde das Experteninterview als Erhebungsmethode gewählt, da die erkrankten Kinder und Jugendlichen als Experten in eigener Sache angesehen werden. Diese Form der offenen, halbstrukturierten Befragung (vgl. Mayring 1999, 50) ermöglicht den Betroffenen, in einer alltagsnahen Gesprächssituation von ihren Aufenthalten in Kinderhospizen detailliert zu berichten. Hierfür wurde ein Gesprächleitfaden entwickelt, der unterschiedliche Bereiche und Angebote stationärer Kinderhospize fokussiert und hierzu die Meinungen der Jugendlichen explizit erfragt. Es wurden zwei Interviews mit lautsprachlich kommunizierenden Betroffenen geführt, die mindestens im höheren Grundschulalter sind und deren Erkrankung nicht mit gravierenden kognitiven Einschränkungen einhergeht. Das Design dieses Forschungsbereiches stellt sich somit der besonderen Herausforderung, betroffene Kinder und Jugendliche mit und ohne Lautsprache in ihrem Erleben von Kinderhospizarbeit ernst zu nehmen und als einen essentiellen Orientierungspunkt in die Bewertung von kinderhospizlicher Qualität einfließen zu lassen.

1.2.1.3 Die Perspektive der hauptamtlichen Mitarbeiter/innen in stationären Kinderhospizen

Ziel der explorativen Erfassung der Perspektive von hauptamtlichen Fachkräften in stationären Kinderhospizen ist es, neben dem Zugang über progredient erkrankte Kinder und Jugendliche sowie ihrer Eltern, Erkenntnisse über die Vorstellungen guter Kinderhospizarbeit aus Sicht der professionell in diesen Einrichtungen Mitarbeitenden zu erhalten. Diese sollen Aufschluss geben über persönliche Motive der Wahl dieses Tätigkeitsfeldes, arbeitsspezifische Belastungen und Ressourcen sowie subjektive Vorstellungen von Qualität und Qualitätsmanagement in der Kinderhospizpraxis.

Ebenso wie in der Erhebung der Elternperspektive und der Perspektive der progredient erkrankten Kinder und Jugendlichen wurde auch hier das *Experteninterview* als eine Erhebungsmethode gewählt, um somit das funktionsbezogene Sonderwissen der Befragten in angemessener und fokussierter Weise erfassen zu können. Als Interviewpartner/innen wurden die Leitungen bzw. Geschäftsführer/in, die pädagogische Leitung und eine Pflegekraft aus zwei unterschiedlichen Kinderhospizen ausgewählt.

Insgesamt wurden sechs qualitative Interviews geführt. Die Auswahl der Interviewpartner/innen aus verschiedenen Tätigkeitsbereichen erfolgte, um ein möglichst umfassendes Meinungsbild der Fachkräfte zu dem Thema Qualität von Kinderhospizen zu erhalten. Die Interviewerinnen nahmen zu den Interviewpartnern/rinnen telefonisch Kontakt auf und vereinbarten zeitnahe Gesprächstermine. Die jeweils drei Interviews wurden an je einem Tag durch die Interviewerinnen in den Räumlichkeiten der beiden Kinderhospize geführt, d.h. in dem beruflichen Alltagsmilieu der Interviewpartner/innen.

Da sich signifikante Unterschiede hinsichtlich der Ausführlichkeit und der Veranschaulichung durch Beispiele in der Beantwortung der Fragen feststellen ließen, wurden in einem anschließenden Script die Rahmenbedingungen der einzelnen Interviews geschildert und eine kurze Vorinformation zu den sechs Interviewpartnern/innen gegeben.

Entsprechend des triangulativen Forschungsdesigns der vorliegenden Studie basieren die schriftlichen Befragungen aller Proband/innen auf den in den qualitativen Teilstudien gewonnenen Erkenntnissen. Als weitere Erhebungsmethode zur Befragung hauptamtlich Mitarbeitender in stationären Kinderhospizen wurde auch hier die *quantitative Erhebung mittels eines Fragebogens* ausgewählt.
Zunächst wurden die zu einem Fragebogen verdichteten Aspekte der Experteninterviews in Form eines Pretests mit der Zielgruppe rückgekoppelt. Der Pretest des Mitarbeiterfragebogens wurde zum einen in einem Kinderhospiz mit fünf Mitarbeitern und Mitarbeiterinnen aus den verschiedenen Bereichen der Pflege, Pädagogik, Verwaltung und Leitung durchgeführt und zum anderen der für die Untersuchung verantwortlichen Mitarbeiterin des Kooperationspartners Deutscher Kinderhospizverein e.V. zur Verfügung gestellt.

Die Rückmeldungen der Fachkräfte aus dem Kinderhospiz erfolgten schriftlich und anonym, sodass keinerlei Rückschlüsse auf die befragten Testpersonen möglich waren. Das Feedback der Mitarbeiterin des Deutschen Kinderhospizvereins erfolgte in einem ausführlichen Gespräch mit der Projektleitung. Erneut wurden die Rückmeldungen der Fachleute mit den Projektzielen in Bezug gesetzt und im Forschungsteam diskutiert. Vor allem inhaltlich widersprüchliche Meinungen bedurften einer gründlichen fachlichen Auseinandersetzung. Die Anmerkungen und Verbesserungsvorschläge der verschiedenen Mitarbeiter und Mitarbeiterinnen wurden entsprechend der teaminternen Diskussion in den Fragebogen eingearbeitet. Aufgrund der Notwendigkeit eines befragtenfreundlichen Umfangs des Fragebogens wurden verschiedene Fragen inhaltlich zusammengefasst, und auf einige inhaltliche Aspekte, die die Zielsetzung der Studie nicht maßgeblich beeinflussten, konnte verzichtet werden. Die so entstandene neue Version des Fragebogens wurde den im Pretest befragten Personen erneut vorgelegt und von allen Testpersonen als adäquat und aussagekräftig bewertet. Erst die somit mehrfach getestete, modifizierte und mit den Praktiker/innen abgeglichene Fassung des Erhebungsinstrumentes wurde anschließend in der Studie eingesetzt.
Es waren fünf Kinderhospize bereit, den Fragebogen innerhalb des Fachteams zu verteilen und um Mitarbeit zu werben. Bei dem so entstandenen Stichprobenverfahren handelt es sich demnach um eine bewusste Auswahl bzw. Quotenauswahl, wobei das Merkmal *hauptamtliche Fachkraft in einem stationären Kinderhospiz* als Quote fungiert. Es kann davon ausgegangen werden, dass eine Übertragung auf alle Fachkräfte in Kinderhospizen in Deutschland möglich ist, da die hier gewählte Stichprobe „ein verkleinertes Abbild der Grundgesamtheit darstellt und somit eben die Grundgesamtheit repräsentiert" (Diekmann 2001, 339). Insgesamt wurden 146 Fragebögen versandt. Diese waren ebenfalls mit einem Begleitschreiben und einem frankierten Rückumschlag versehen. Dieses Vorgehen ermöglichte eine anonyme Rücksendung der Fragebögen, ohne dass diese in der Einrichtung zentral gesammelt werden mussten. So konnten auch einrichtungskritische Äußerungen getroffen werden, die bei einer Rücksendung über die Kinderhospizleitung möglicherweise nur eingeschränkt formuliert worden wären. Der Rücklauf erfolgte im Zeitraum von Ende Februar 2008 bis Mitte April 2008. Die Rücklaufquote beträgt 62 Fragebögen, was einem prozentualen Anteil an der Grundgesamtheit von 42,5% entspricht.

Institutionen/Kinderhospize	Anzahl verschickte Fragebögen	Anzahl Rücklauf	Rücklauf in Prozent
Löwenherz, Syke	60		
Regenbogenland, Düsseldorf	25		
Arche Noah, Gelsenkirchen	35		
Bärenherz, Wiesbaden	26		
Gesamt	**146**	**62**	**42,5%**

1.2.2 Die Forschungsperspektive von Familien sowie haupt- und ehrenamtlichen Mitarbeiter/innen in der ambulanten Kinderhospizarbeit

Bei der Sichtung und Rückkoppelung (vgl. Erläuterungen zur Methode Gruppendiskussion) der im ersten Teil der Studie erhobenen qualitativen und quantitativen Daten zeigte sich die Notwendigkeit, den Teil der Erhebungen, der sich auf die ambulante Kinderhospizarbeit bezieht, zu erweitern. Die schriftliche Befragung von Akteurinnen und Akteuren in den ambulanten Kinderhospizdiensten verfolgte das Ziel, ein differenziertes Bild über den Stand dieses Feldes zu zeichnen. Die bedeutsame Rolle, die ambulante Kinderhospizarbeit für die betroffenen Familien spielt, sowie die rasche Entwicklung im Bereich der ambulanten Dienste, die Vielfältigkeit der Angebote und Strukturen, die bisherigen Ansätze zur Qualitätssicherung in Abhängigkeit von der jeweiligen Trägerschaft und die unterschiedlichen Sichtweisen in Bezug auf ehrenamtliche Mitarbeiterinnen und Mitarbeiter waren ausschlaggebend dafür, eine detaillierte Befragung verschiedener Segmente innerhalb der Zielgruppe vorzunehmen. Diese Erhebung wurde in Form von drei unterschiedlichen Fragebögen konzipiert. Bei den Adressaten handelt es sich um:
- die Koordinatorinnen und Koordinatoren ambulanter Kinderhospizdienste,
- ehrenamtlich Mitarbeitende ambulanter Kinderhospizdienste und
- Familien lebensverkürzend erkrankter Kinder und Jugendlicher, die von ambulanten Kinderhospizdiensten begleitet werden.

1.2.2.1 Koordinator/innen ambulanter Kinderhospizdienste

Die Befragung der Koordinatorinnen und Koordinatoren der ambulanten Kinderhospizdienste zielte darauf ab, erstmalig ein differenziertes Bild der Arbeit dieser Berufsgruppe und der Strukturen der Dienste sowie der Zusammenarbeit mit den Familien, anderen Hauptamtlichen, und den ehrenamtlichen Mitarbeitern und Mitarbeiterinnen zu erstellen. Die Koordinator/innen verfügen in ihrer Position über vielfältige Informationen zu diesen Themenbereichen. Bereits bei der Recherche über die zum Erhebungszeitpunkt tätigen ambulanten Kinderhospizdienste wurde deutlich, wie heterogen in Bezug auf Trägerschaften, Beschäftigungsbestimmungen und Arbeitsorganisation sowie Mitarbeiter/innenzahl die Situation der Dienste ist. Die Notwendigkeit einer Bestandsaufnahme wurde hier deutlich als Voraussetzung dafür, über den aktuellen Stand der ambulanten Kinderhospizarbeit in Deutschland Auskunft geben zu können. Zudem sollten die Koordinator/innen ihren beruflichen Hintergrund, ihre Ausbildungssituation und demographische Faktoren mitteilen. Damit sollten Erkenntnisse bezüglich ihrer Positionen vertieft werden.

1.2.2.2 Ehrenamtliche Mitarbeiter/innen ambulanter Kinderhospizdienste

Von ehrenamtlich Mitarbeitenden sollten deutschlandweit Auskünfte und Einschätzungen zu ihrer Tätigkeit in ambulanten Kinderhospizdiensten gewonnen werden. Über ehrenamtliche Tätigkeiten existieren in Deutschland bereits Erhebungen (vgl. z.B. Engagementatlas 2009; Freiwilligensurveys der Bundesregierung 2005), jedoch gibt es bezogen auf das Feld der Kinderhospizarbeit keine empirisch fundierten Erkenntnisse zu den Spezifika dieses Aufgabenbereiches sozialen Engagements. Im Rahmen dieser Studie bot sich die Möglichkeit einer ersten Datenerhebung, die vom Forschungsteam wahrgenommen wurde. Die ehrenamtlich Mitarbeitenden wurden bezüglich ihrer Motivationen und des Umfangs ihrer Tätigkeiten befragt sowie demographische Aspekte zu den personalen Hintergrün-

den der Befragten erhoben. Besonderes Augenmerk wurde auf Details der Tätigkeiten in der Familienbegleitung gelegt, die als Schwerpunkt der ambulanten Kinderhospizarbeit gilt. Im Fokus des Interesses des Forschungsteams standen des Weiteren die Befähigung bzw. die Schulungen, die die ehrenamtlich Mitarbeitenden in Vorbereitung auf ihre Tätigkeit in der Familienbegleitung absolvieren. Hierzu
gab es bis dato ebenfalls keine empirisch abgesicherten Erkenntnisse. In Bezug auf die Erarbeitung
von Empfehlungen für die ambulante Kinderhospizarbeit stellen diese Informationen einen wichtigen
Baustein dar.

1.2.2.3 Familien, die ambulante Kinderhospizdienste nutzen
Über die Familien progredient erkrankter Kinder und Jugendliche, die ambulante Kinderhospizdienste
nutzen, wurden bisher keine zusammenfassenden und verwertbaren Daten erhoben. Die Situation gestaltet sich ähnlich wie bei der Gruppe der Familien, die stationäre Kinderhospize nutzen (erläutert in
Punkt 1.2.1.1).
Der Stellenwert der ambulanten Kinderhospizarbeit für die Familien wurde in den qualitativen Interviews als hoch beschrieben, dies sollte in der quantitativen Befragung überprüft werden. Der deutschlandweit zu verzeichnende Ausbau der ambulanten Versorgung durch Kinderhospizdienste weist auf
einen hohen und bisher nicht gedeckten Bedarf seitens der Familien progredient erkrankter Kinder und
Jugendlicher hin. Diese sollten in der Befragung die Möglichkeit erhalten, ihre Erfahrungen mit und
ihre Bewertungen der Begleitung durch ambulante Kinderhospizdienste mitzuteilen. Die Daten aus der
Erhebung sollten ein genaueres Bild liefern über aktuellen Stand, den Bedarf und die Ausgestaltung
der Angebote der ambulanten Kinderhospizarbeit für die Familien. Es sollten daraus Leitlinien für die
Empfehlungen zur Optimierung der Angebote erarbeitet werden. Der Großteil der Fragen bezieht sich
auf die diesbezüglichen Erfahrungen der Probanden, es werden außerdem strukturelle und demographische Daten erfragt.
Insgesamt versprach sich das Forschungsteam durch diese drei Teilbefragungen einen in Deutschland
bisher nicht verfügbaren Überblick über die vielfältige Landschaft der ambulanten Kinderhospizarbeit
und ihre Akteur/innen. Auf dieser Grundlage kann die Entwicklung von Leitlinien und Empfehlungen
für die Weiterentwicklung und Optimierung der ambulanten Kinderhospizarbeit basieren.

1.2.2.4 Die Befragungen
Die Gestaltung der drei Fragebögen erfolgte wie bereits in Punkt 1.1.2 dargestellt. Sie enthalten sowohl offene als auch geschlossene Fragen. Die Anzahl der Fragen ist bei allen drei Bögen in etwa
gleich, der Familienfragebogen enthält auf sechs Seiten 30 Fragen, der für die Koordinatorinnen und
Koordinatoren auf fünf Seiten 32 Fragen, der für die ehrenamtlich Tätigen auf sieben Seiten ebenfalls
32 Fragen. Alle Fragebögen sind in deutscher Sprache verfasst, wurden vor ihrer Verteilung an die
Proband/innen durch Pretests validiert und auf Verständlichkeit und Vollständigkeit überprüft. Dies
geschah jeweils durch Vertreter/innen der Adressatengruppen, d.h., die Fragebögen für die Koordina-
tor/innen wurden exemplarisch von Koordinator/innen getestet usw. Die Rückmeldungen erfolgten
schriftlich und ergänzend telefonisch. Die Anmerkungen wurden vom Forschungsteam eingearbeitet
und die veränderte Version den Testpersonen erneut vorgelegt. Die endgültigen Fassungen wurden
dann an die Befragten weitergeleitet. Für die Teilnahme der ambulanten Kinderhospizdienste an der
Studie wurden vom Forschungsteam als Kriterium festgelegt, dass die Dienste über hinreichende Erfahrungen in der Begleitung von Familien lebensverkürzend erkrankter Kinder/Jugendlicher verfügen
sollten, die als Kern der Tätigkeit der ambulanten Kinderhospizdienste gilt. Als Gründungsstichtag
wurde daher der 31.12.2006 festgelegt. Es wurden somit all diejenigen Dienste ausgeschlossen, die in
Planung und Aufbau begriffen waren bzw. sind und bisher keine Familien begleitet haben. Mit Hilfe
persönlicher Kontakte, Internetrecherche und Unterstützung des Kooperationspartners Deutscher
Kinderhospizverein e.V. wurde eine Liste aller zum Zeitpunkt der Befragung in Deutschland tätigen
ambulanten Kinderhospizdienste erstellt. Dies waren insgesamt 60 Dienste, von denen sechs zu dem
Zeitpunkt keine Familien begleiteten und fünf weitere noch im Aufbau begriffen waren. Die übrigen
kamen nach Anwendung der Auswahlkriterien für die Teilnahme in Frage. Sie wurden alle telefonisch
kontaktiert. Das Vorhaben des Forschungsprojektes wurde ihnen vorgestellt und um ihre Teilnahme

geworben. Von den angesprochenen Diensten nahmen schließlich nach Überprüfung ihrer zeitlichen und logistischen Kapazitäten 29 ambulante Kinderhospizdienste an der Studie teil.

Verteilung der Fragebögen und Rücklauf
Die Koordinator/innen stellten für die Erhebung wichtige Vermittlungsstellen dar, da es nur über sie möglich war, die Ehrenamtlichen und die Familien zu erreichen. Da die Befragung anonym erfolgen sollte, um den Proband/innen ein freies Antworten zu ermöglichen, waren die Koordinator/innen somit die einzig möglichen Vermittlungspersonen, um die Befragungsinstrumente an die Proband/innen weiterzuleiten. Für die Koordinator/innen beinhaltete die Teilnahme an der Studie deshalb neben dem Ausfüllen der für sie konzipierten Fragebögen auch die Information der Ehrenamtlichen und der vom ambulanten Kinderhospizdienst begleiteten Familien sowie das Weiterleiten der Fragebögen an diese. Den teilnehmenden ambulanten Kinderhospizdiensten wurde deshalb nach telefonischer Vereinbarung per Post die entsprechende Anzahl Fragebögen für die Koordinator/innen (insgesamt 55), die Familien (371) und die Ehrenamtlichen (723) zugestellt, mit der Bitte, sie jeweils an die entsprechende Probandengruppe weiterzuleiten.
Sämtliche Bögen enthielten ein Anschreiben, in dem den jeweiligen Proband/innen das an sie gerichtete Anliegen erläutert wurde. Sie wurden darin explizit aufgefordert, bei Rückfragen das Forschungsteam zu kontaktieren; alle Kontaktmöglichkeiten waren im Anschreiben aufgeführt. Außerdem lag ein adressierter, frankierter Rückumschlag bei, in dem der ausgefüllte Fragebogen direkt an das Forschungsteam geschickt werden sollte. Der Rücklauf erstreckte sich über die Zeit von November 2008 bis Februar 2009.

Personengruppen	Anzahl verschickte Fragebögen	Anzahl Rücklauf	Rücklauf in Prozent
Koordinator/innen	55	41	74,5%
Ehrenamtliche	723	248	34,3%
Familien	371	91	24,53
Gesamt	**1149**	**380**	**33,07%**

Im Laufe dieser Zeit wurden die Koordinator/innen der ambulanten Kinderhospizdienste zweimal per Email an das Forschungsvorhaben erinnert und gebeten, die an sie gerichteten Fragebögen ausgefüllt zurückzuschicken und die für die Ehrenamtlichen und die begleiteten Familien konzipierten Erhebungsinstrumente weiterzuleiten. Aufgrund des durch die Wahrung des Datenschutzes erforderlichen indirekten Verteilungsweges war es nicht möglich, die Ehrenamtlichen und die Familien selbst zu kontaktieren, um sie an das Ausfüllen der Bögen zu erinnern und damit den Rücklauf zusätzlich zu erhöhen.
Die Befragung der Koordinator/innen war teilanonym, es wurde nach Name und Adresse des ambulanten Kinderhospizdienstes gefragt, jedoch nicht nach den Namen der Koordinator/innen selbst. Aufgrund der geringen Anzahl der Koordinator/innen pro Dienst sind hier Rückschlüsse auf die Personen möglich. Die Familien wurden nach dem Namen des von ihnen genutzten ambulanten Kinderhospizdienstes gefragt, aufgrund der hohen Nutzerzahlen sind hier Rückschlüsse auf die Probanden ausgeschlossen. Die Befragung der ehrenamtlichen Mitarbeiter/innen war vollständig anonym.
Der Rücklauf ist, besonders in Anbetracht der oben geschilderten Umstände, als hoch zu bezeichnen. Die Auswertung der Fragebögen erfolgte mit Hilfe des Statistikprogramms SPSS 17.0.

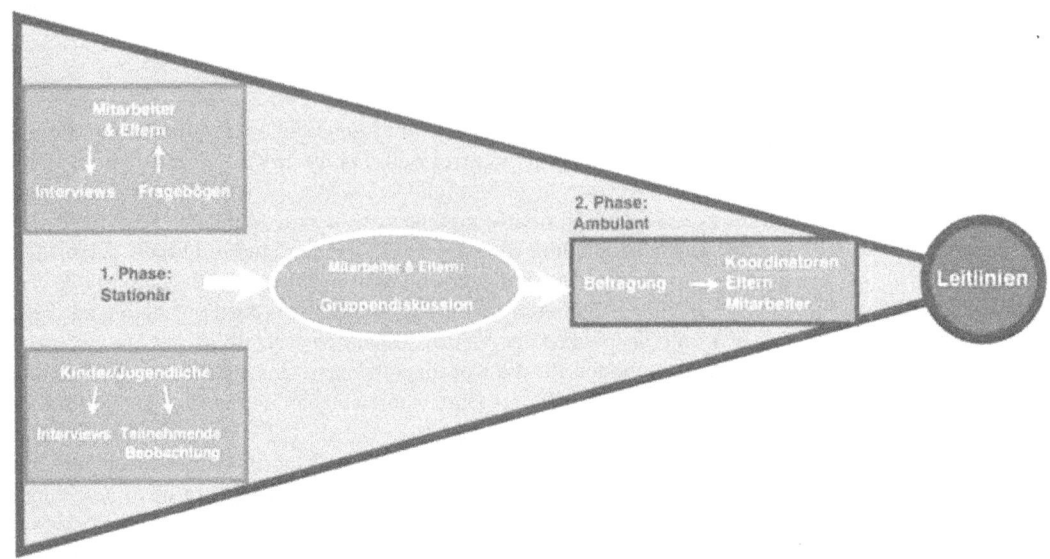

Abb. 10: Forschungsdesign

2. Stationäre Kinderhospizarbeit

2.1 Die Perspektive der betroffenen Familien

Die Perspektiven von Familien mit einem progredient erkrankten Kind wurde im Rahmen der vorliegenden Studie zum einen mit Hilfe von qualitativen Experteninterviews und zum anderen darauf aufbauend mittels einer deutschlandweiten quantitativen Fragebogenerhebung erfasst. Die Experteninterviews bildeten die Grundlage für die Fragebogenerhebung. Aus den gewonnenen Erkenntnissen der Experteninterviews wurde ein Fragebogen entwickelt, der somit die relevanten Themen und Interessen der Familien widerspiegelt und die für sie relevanten Inhalte aufgreift. Im Folgenden wird zunächst die Auswahl der Erhebungsmethoden begründet und die Durchführung der Untersuchung erläutert. Daran anschließend werden die Ergebnisse der beiden Teilerhebungen zusammengeführt und interpretiert.

2.1.1 Begründung und Durchführung der Experteninterviews

Als Erhebungsmethode des explorativen Teils der Studie wurde das Experteninterview gewählt, da dieses auf den Wissensvorsprung abzielt, „der aus der privilegierten Position des Experten in einem Funktionskontext resultiert" (Meuser/Nagel 2003, 57). Eltern werden somit als Experten für ihre spezifische Lebenssituation mit einem progredient erkrankten Kind und als Nutzer von kinderhospizlichen Angeboten ernst genommen und nach ihrer subjektiven Einschätzung dieser Bereiche befragt (vgl. Kap. III 1).

Es ist intendiert, die subjektiven Perspektiven von Familien zu erfassen, die die Angebote stationärer Kinderhospize nutzen. Hierfür wurden über die Leitungen der beiden in dieser Phase involvierten Kinderhospize Eltern progredient erkrankter Kinder angesprochen und um Mitarbeit gebeten. Außerdem wurden vom Deutschen Kinderhospizverein e.V. Kontakte zu Familien vermittelt, die bereit waren, über ihre Lebenssituation und ihre Erfahrungen mit stationärer Kinderhospizarbeit Auskunft zu geben.

Mit den interessierten Familien wurde telefonisch Kontakt aufgenommen und die Ziele und Inhalte des geplanten Interviews erläutert. Ingesamt wurden zehn Familien für die Durchführung der Experteninterviews ausgewählt. Von diesen zehn Familien hatten vier das eine und fünf das andere sowie eine Familie beide der in dieser Erhebung berücksichtigten Kinderhospize besucht. Die Interviews wurden bei den Familien zu Hause, also in einer ihnen vertrauten Umgebung durchgeführt. Zwei Interviews fanden mit beiden Elternteilen statt, die anderen erfolgten jeweils mit der Mutter der progredient erkrankten Kinder. Im Abschluss an die Interviews fassten die Interviewenden die jeweiligen Rahmenbedingungen der Gespräche sowie Informationen zu den Familien, den Interviewverläufen, der Atmosphäre und *essentials* im Sinne eines Memos in einem Kurztext zusammen.

Die Datenkodierungen und Analysen zeigen deutlich, dass die Auswahl der Interviewpersonen sowohl in der Qualität als auch ihrer Quantität als adäquat im Sinne des erkenntnisleitenden Interesses gelten können. So wurde in der Auseinandersetzung mit den Daten herausgearbeitet, wie viele unterschiedliche Typen gefunden wurden, und dass eine theoretische Sättigung des Forschungsfeldes erreicht wurde, die vermuten lässt, dass die Forschenden in weiteren Interviews keine neuen Typen mehr finden würden. Da in verschiedenen Publikationen die Angaben zur Sättigungsgrenze variieren und konkrete Zahlenangaben vermieden werden (vgl. Krüger/Marotzki 1999, 20), ist für die vorliegende Studie aus Sicht des Forschungsteams konstatierbar, dass die hier gewählte Anzahl der interviewten Eltern dem Untersuchungsfeld angemessen ist.

2.1.2 Begründung und Durchführung der Fragebogenerhebung

Die schriftliche Befragung von Familien, die stationäre Kinderhospize nutzen, stellt aus verschiedenen Gründen besondere Anforderungen an das Verfahren der Datenerhebung. Zum einen liegen bundesweit keine verlässlichen Daten zur Anzahl von Familien vor, die die Angebote stationärer Kinderhospize in Anspruch nehmen. Der Grund hierfür liegt in den unterschiedlichen Trägerschaften der einzelnen Einrichtungen und der Tatsache, dass diese wiederum in zwei unterschiedlichen übergeordneten Dachverbänden (Bundesverband Kinderhospiz e.V. und Deutscher Kinderhospizverein e.V.) organisiert sind. Die statistische Sammlung und Bündelung von Belegungszahlen und Kontakten mit Familien für das gesamte Bundesgebiet hat dementsprechend bislang nicht stattgefunden. Zum anderen unterliegen die familienbezogenen persönlichen Daten der Kinderhospiznutzer den Auflagen des Datenschutzes und können somit nicht an Dritte – in diesem Fall das Forschungsteam der HAWK Holzminden – weitergegeben werden.

Dies bedeutet für die vorliegende Studie, dass keinerlei Hinweise für die numerische Benennung der Grundgesamtheit (N) der zu untersuchenden Gruppe von Kinderhospiznutzern vorliegen.[74] Insofern wurde eine Samplingstrategie gewählt, die unabhängig von der nicht zu definierenden Grundgesamtheit eine möglichst hohe Anzahl von Familien zur Mitarbeit an der Befragung zu gewinnen beabsichtigt. Hier entschloss sich das Forschungsteam, als Weg der Akquise der Familien die Multiplikatoren a) Deutscher Kinderhospizverein e.V. und b) stationäre Kinderhospize zu nutzen.

Bei der schriftlichen Befragung der Familien wurde vorab ein Pretest durchgeführt, um den Fragebogen von den Betroffenen selbst hinsichtlich Lesbarkeit, Vollständigkeit und Verständlichkeit testen zu lassen. Erst nach der Überarbeitung des Fragebogens mit Hilfe der Rückmeldungen der an dem Pretest Beteiligten wurde er an die Familien verschickt (vgl. Kap. III 1).

Zunächst wurden alle stationären Kinderhospize, die sich in der ersten Kooperationsanfrage des Projektteams zur Mitarbeit bereit erklärt hatten, telefonisch kontaktiert und um die Verteilung von Fragebögen an die sie besuchenden Familien gebeten. Fünf Kinderhospize erklärten sich hierzu bereit, wobei die Anzahl der angeforderten Fragebögen erheblich variierte (zwischen 30 und 200 Fragebögen). Ein Kinderhospiz versah den Fragebogen mit einem eigenen Begleitschreiben und versandte diesen im Januar 2008 an alle Familien, die in der Vergangenheit die Angebote der Einrichtung nutzten. Die anderen beteiligten Institutionen verteilten die Fragebögen an Familien, die im Erhebungszeitraum Dezember 2007 bis März 2008 die Einrichtung besuchten. Die Familien wurden gebeten, den Fragebogen auszufüllen und zurückzusenden. Allen Fragebögen lagen ein Begleitschreiben des Forschungsteams

---

[74] Mit Grundgesamtheit = N wird im Folgenden die Gesamtanzahl der Probanden (Fragebögen) bezeichnet.

sowie ein frankierter Rückumschlag bei. Die Angaben der Eltern waren anonym. und es besteht keine Möglichkeit, die Herkunft der jeweiligen Absender zurückzuverfolgen. Zudem werden alle erhobenen Daten vom Forscherteam streng vertraulich behandelt. Der Deutsche Kinderhospizverein e.V. erklärte sich bereit, die Fragebögen mit der im Dezember 2007 verschickten Weihnachtspost an die Familien lebensverkürzend erkrankter Kinder zu versenden, die Mitglied in diesem Dachverband sind.

Es wurden 550 Fragebögen über die stationären Einrichtungen und 350 Fragebögen über den Deutschen Kinderhospizverein e.V. an die Familien weitergegeben (900 Fragebögen insgesamt). Hierbei muss jedoch beachtet werden, dass von einer erheblichen Schnittmenge der durch diese beiden Zugänge angesprochenen Familien auszugehen ist: So sind viele der Familien Mitglied im Deutschen Kinderhospizverein e.V. und haben somit den Fragebogen auf diesem Weg erhalten. Sie werden parallel in dem von ihnen besuchten Kinderhospiz erneut gebeten, diesen auszufüllen. Alle Familien wurden in dem Begleitschreiben über diese Möglichkeit informiert und gebeten, den Fragebogen pro Familie nur einmal auszufüllen. Das Forschungsteam nahm diese potentielle Dopplung jedoch bewusst in Kauf, um eine möglichst große Anzahl von Familien zu erreichen.

Eine weitere Schwierigkeit bestand darin, dass die für den Einsatz von Fragebögen empfohlene zeitnahe Erinnerung der Befragtengruppe durch die Forscher aufgrund der dargestellten Datenschutzbestimmungen und der Anonymisierung nicht möglich war. So wurden lediglich die beteiligten Kinderhospize nach einer Frist von sechs Wochen nach Erhalt der Fragebögen erneut telefonisch kontaktiert, nach dem bisherigen Absatz der Fragebögen gefragt und die zusätzliche Zusendung weiterer Fragebögen angeboten. Auf diesem Weg wurde an die Erhebung und die damit verbundene notwendige Verteilung der Fragebögen erinnert und somit der Versuch unternommen, über die Aktivierung der Multiplikatoren eine möglichst hohe Rücklaufquote zu forcieren. Es wurden von den Familien insgesamt 172 ausgefüllte Fragebögen zurückgesandt. Damit liegt der Studie das größte Sample von Familien lebensverkürzend erkrankter Kinder und Jugendlicher zugrunde, das in Deutschland bislang erstellt wurde. Die Ergebnisse wurden mit Hilfe des statistischen Datenanalyseprogramms SPSS Version 16.0 erfasst und anschließend vom Forschungsteam analysiert und interpretiert.

2.1.3 Darstellung und Interpretation der Ergebnisse

Im Anschluss an die Experteninterviews wurden in Anlehnung an Mayrings (2003) qualitative Inhaltsanalyse mit der Methode der „inhaltlichen Strukturierung" Kategorien erstellt, denen jeweils Unterkategorien zugeordnet sind. An dem Kategoriensystem wurde sich auch in der Auswertung der Fragebogenerhebung orientiert, da der Fragebogen aus den Ergebnissen der Experteninterviews generiert wurde.

A Demographische Angaben – die Situation der Familie
- Diagnose
- Symptome und Verlauf der progredienten Erkrankung

B Belastungsfaktoren für die Familie
- Diagnoseschock
- Prognose und Unsicherheiten über die Zukunft
- Ethische Fragen am Lebensende
- Finanzielle Belastungen
- Pflege- und Betreuungspersonal
- Veränderungen im sozialen Netzwerk
- Urlaubsplanung

C Geschlechtsspezifische Belastungsfaktoren und deren Bewältigung
- Belastungsfaktoren für die Mutter und deren Bewältigung
- Belastungsfaktoren für den Vater und deren Bewältigung
- Belastungsfaktoren für die Partnerschaft und deren Bewältigung
- Belastungsfaktoren für die Geschwister und deren Bewältigung

---

D Unterstützungsbedarfe und Ressourcen der Familien
- Professionelle Unterstützungsmöglichkeiten
- Qualifiziertes Personal
- Haushaltshilfe
- Selbsthilfegruppen
- Unterstützung durch das soziale Netzwerk

E Unterstützungsressource stationäres Kinderhospiz
- Erstkontakt – Berührungsängste
- Die Aufenthalte im Kinderhospiz
- Rahmenbedingungen und Räumlichkeiten
- Pflege und Begleitung der progredient erkrankten Kinder und Jugendlichen
- Angebote für die Geschwister und deren Begleitung
- Angebote für die Eltern und deren Begleitung
- Unterstützung bei der Bewältigung und Trauerverarbeitung
- Kontakt nach dem Tod
- Kritik äußern, Konflikte offen ansprechen
- Erfahrungen mit ambulanten Kinderhospizdiensten

Es folgt eine ausführliche Darstellung der einzelnen Kategorien und Unterkategorien, in der sowohl eine Interpretation der Interviewaussagen[75] und quantitativen Daten als auch eine Verknüpfung mit wesentlichen Studien und Publikationen vorgenommen wird. Im Anschluss an die Darstellung werden zentrale Ergebnisse zusammengefasst und aus diesen Schlussfolgerungen sowie Handlungsempfehlungen abgeleitet.

A Demographische Angaben – die Situation der Familie
Die Lebenssituation der Familien wird durch die Geburt eines progredient erkrankten Kindes radikal verändert. In vielen Fällen steht das erkrankte Kind mit seinen, durch die progrediente Erkrankung bedingten, pflegerischen, emotionalen und psychosozialen Bedürfnissen im Mittelpunkt des familialen Lebens. Mütter von behinderten oder lebensverkürzend erkrankten Kinder sind häufig die Hauptpflege- und Bezugspersonen, während die Väter ihrer beruflichen Beschäftigung nachgehen (vgl. Eckert 2002, 32f./68f.; vgl. Kap. II 4). 83% der Personen, die in Deutschland einen Angehörigen zu Hause pflegen, sind weiblich. In der Regel handelt es sich dabei um die Ehefrauen, Mütter oder Töchter des pflege- und hilfebedürftigen Menschen (vgl. Schneekloth/Potthoff 1993, 13).
Die Probanden, die an der quantitativen Studie teilgenommen haben, sind zu fast 90% weiblich. 12,5 % der Probanden sind männlich und ein Paar (0,6%) füllte den Fragebogen gemeinsam aus. Bei den weiblichen Probanden handelt es sich mit hoher Wahrscheinlichkeit um die Mütter der progredient erkrankten Kinder und Jugendlichen.

---

[75] Die Personennamen in den Interviewaussagen wurden anonymisiert.

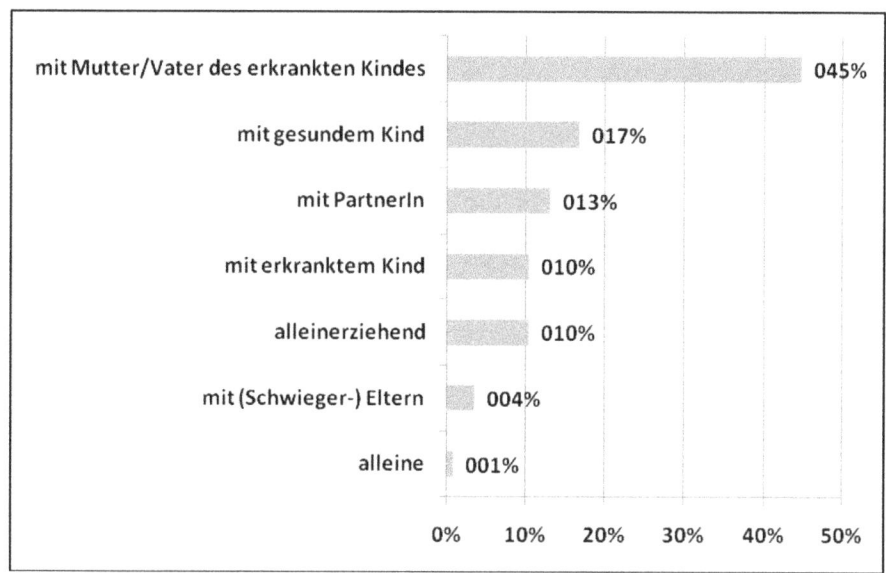

mit Mutter/Vater des erkrankten Kindes 045%
mit gesundem Kind 017%
mit PartnerIn 013%
mit erkranktem Kind 010%
alleinerziehend 010%
mit (Schwieger-) Eltern 004%
alleine 001%

Abb. 11: Lebensformen der Befragten (N = 167, Mehrfachnennungen)

Die Mehrzahl der Probanden lebt mit dem Vater bzw. der Mutter des progredient erkrankten Kindes zusammen (44,8%). In dem meisten Fällen handelt es sich dabei um ein Zusammenleben in einer traditionellen Kleinfamilie. Dies entspricht auch den Erhebungen des Statistischen Bundesamtes zu Lebensformen in Deutschland (2008). Demnach ist die Ehe nach wie vor die überwiegende Familienform, da drei Viertel aller Familien mit minderjährigen Kindern verheiratete heterosexuelle Paare sind (vgl. Statistisches Bundesamt 2008a). Die von den Probanden benannte Lebensform hat aber dennoch eine große Variationsbreite, da auch „alleine lebend" (0,8%), „mit den (Schwieger-)Eltern" (3,6%) und „alleinerziehend" (10,4%) angegeben wurde.

Aus einer Erhebung des statistischen Bundesamtes von 2003 geht hervor, dass knapp 2,2 Millionen Kinder unter 18 Jahren, somit fast jedes siebte (15%) der rund 14,9 Millionen minderjährigen Kinder in Deutschland, bei einer alleinerziehenden Mutter oder einem alleinerziehenden Vater aufwachsen (vgl. Statistisches Bundesamt 2004). Mit 10,4% der alleinerziehenden Probanden liegt deren Anteil somit unter dem Bundesdurchschnitt.[76] In Publikationen von Cloerkes und Seifert wird auf eine geschlechtsspezifische Problematik in Bezug auf Alleinerziehende mit behinderten Kindern hingewiesen, da diese zusätzlichen Belastungen ausgesetzt sind (vgl. Cloerkes 2001; Seifert 2003; vgl. auch Kap. II 4). Diese Problematik wird durch Zahlen des statistischen Bundesamtes verdeutlicht, da Alleinerziehende in Deutschland überproportional von Armutsgefährdung betroffen sind (vgl. Statistisches Bundesamt 2008a).

Diese Erkenntnisse zeigen, dass die Familienformen sehr heterogen sind und die Zielgruppe der Alleinerziehenden besonderer Beachtung und Unterstützung bedarf. Die kinderhospizlichen Angebote sollten die spezifischen Bedürfnisse und Wünsche von alleinerziehenden Eltern mit progredient erkrankten Kindern berücksichtigen.

---

[76] Es liegt keine Signifikanz zwischen den Variablen „Geschlecht" und „Lebensform: alleinerziehend" vor (asymptotische Signifikanz: 0,821 (df = 1; p >0,05)). Das bedeutet, dass kein bedeutsamer Zusammenhang zwischen dem Geschlecht (männlich/weiblich) und dem Merkmal alleinerziehend hergestellt werden kann.

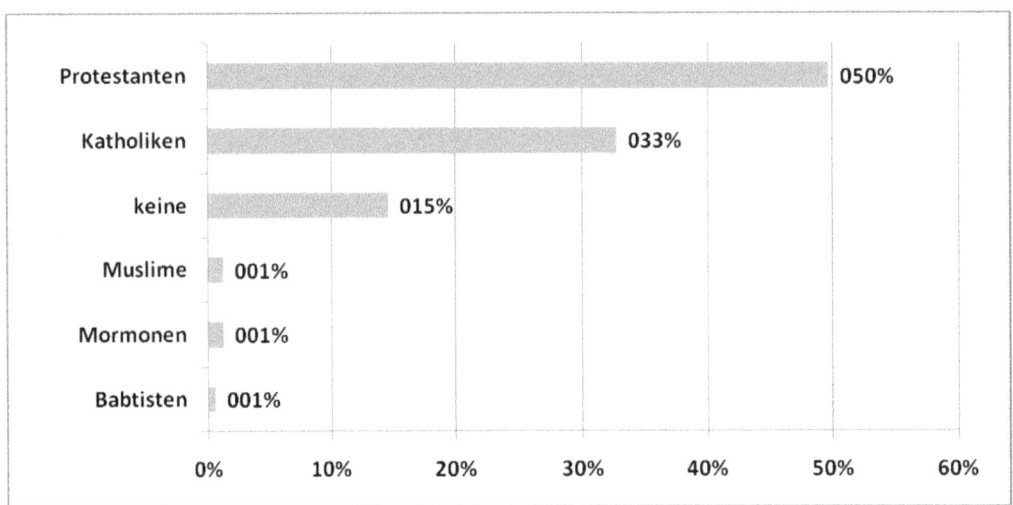

Abb. 12: Konfessionszugehörigkeit (N = 168)

Kinderhospize werden überwiegend von Familien mit christlicher Konfessionszugehörigkeit besucht. 49,7% der Befragten haben eine protestantische und 32,7% eine katholische Konfessionszugehörigkeit. 14,6% sind Atheisten, 1,2% Muslime und 1,2% Mormonen. 0,6% der Probanden gaben an, der baptistischen Kirche anzugehören.

Zahlen zur Konfessionszugehörigkeit in Deutschland zeigen, dass die Anzahl der protestantischen und katholischen Gläubigen ungefähr identisch ist. Laut Angaben der Deutschen Bischofskonferenz lag im Jahr 2008 die Zahl der katholischen Christen in Deutschland bei etwa 25,2 Millionen Menschen, was einem Anteil von 30,7% an der Gesamtbevölkerung entspricht (vgl. Deutsche Bischofskonferenz 2010). 24,832 Millionen Menschen gehörten 2007 in Deutschland der evangelischen Kirche an. Im Bundesdurchschnitt ist etwa jeder Dritte evangelisch (30,2%) (vgl. EKD 2008, 3ff.). 60,9% der Bevölkerung in Deutschland gehörten 2007/2008 demnach einer der beiden christlichen Kirchen an. Betrachtet man die Familien, die Kinderhospize besuchen, so zeigt sich, dass diese Familien mit einem Anteil von 70% christlichen Glaubens sind und somit deutlich über dem bundesdeutschen Durchschnitt liegen.

Die Zahl der derzeit in Deutschland lebenden Muslime kann nicht exakt benannt werden, denn das Ausländerzentralregister, die Einbürgerungsstatistik und der Mikrozensus enthalten keine Angaben zur Religionszugehörigkeit (vgl. Statistisches Bundesamt 2009). Die Angaben der Probanden zu ihrer Konfessionszugehörigkeit lassen des Weiteren keine Rückschlüsse auf einen Migrationshintergrund zu,[77] da eine muslimische Religionszugehörigkeit nicht mit einem Migrationshintergrund gleichzusetzen ist, wenngleich zwischen den Faktoren ein enger Zusammenhang bestehen kann. 27% aller in Deutschland lebenden Familien haben einen Migrationshintergrund (vgl. Statistisches Bundesamt 2009).

Es kann aufgrund der Angaben der Probanden zu ihrer Konfessionszugehörigkeit vermutet werden, dass nur ein sehr kleiner Anteil der Familien, die Kinderhospize nutzen, einen Migrationshintergrund hat. Ein weiterführender Aspekt, der in dieser Studie nicht beantwortet werden kann, ist die Frage nach der Fallzahl von Familien mit einem Migrationshintergrund in Deutschland, die ein progredient erkranktes Kind haben. Hieraus resultiert zudem die Frage, ob die Angebote der Kinderhospizarbeit Familien mit einem Migrationshintergrund und Familien mit einer nicht christlichen Konfessionszugehörigkeit auch erreichen (vgl. hierzu auch Kap. III 4).

---

[77] „Seit der Aufnahme des neuen Themenkomplexes Migration und Integration in das Erhebungsprogramm des Mikrozensus im Jahr 2005 kann nach der Bevölkerung mit Migrationshintergrund und der Bevölkerung ohne Migrationshintergrund unterschieden werden. Das Konzept der Bevölkerung mit Migrationshintergrund drückt aus, dass sich die Beschäftigung mit dem Themenkomplex Migration nicht nur auf die Betrachtung der Zuwanderer selbst – d. h. die eigentlichen Migranten – beziehen soll, sondern auch bestimmte ihrer in Deutschland geborenen Nachkommen einschließen muss" (Statistisches Bundesamt 2010a).

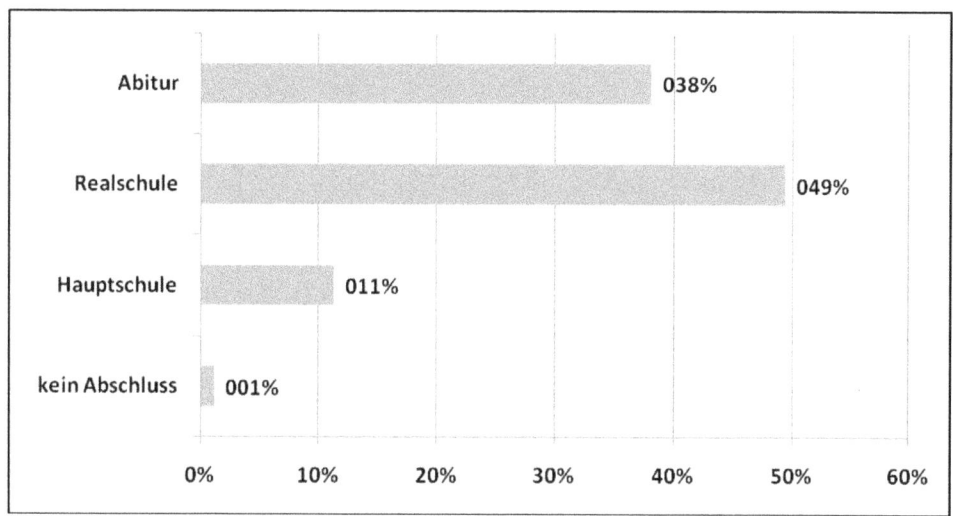

Abb. 13: Schulabschlüsse (N = 167)

Die Mehrzahl der Probanden hat einen Schulabschluss Dabei überwiegt der Realschulabschluss, gefolgt vom Abitur. Deutlich weniger Probanden verfügen über einen Hauptschulabschluss. Keinen Schulabschluss haben 1,2% der Probanden. Im Vergleich zum bundesdeutschen Bildungsstand ist der Bildungsstand der Probanden hoch, da im Jahr 2008 knapp 46% der Personen über 15 Jahre einen so genannten „höherwertigen" allgemeinen Schulabschluss hatten. 21% besaßen einen Realschulabschluss und etwas über 24% die Fachhochschul- oder Hochschulreife (vgl. Statistisches Bundesamt 2010b).[78]

Nach dem Berufsabschluss gefragt, gaben 72,3% der Probanden an, eine Berufsausbildung zu haben, 23,7% haben einen akademischen Abschluss erworben. Nur 4% der Befragten besaßen keinen Berufsabschluss. Im bundesdeutschen Vergleich zeigt sich, dass die berufliche Qualifikation der Probanden höher ist, da 2008 51% der Bevölkerung über eine Lehre/Berufsbildung im dualen System und 6% über einen Fachschulabschluss verfügten. 13% hatten einen Fachhochschul- oder Hochschulabschluss/Promotion und 28% (noch) keinen beruflichen Abschluss (vgl. Statisches Bundesamt 2010b).
Aus dem Vergleich der Verteilung der Bildungs- und Berufsabschlüsse der Probanden mit dem bundesdeutschen Durchschnitt kann gefolgert werden, dass es sich bei der Mehrzahl um Frauen mit einem mittleren bis hohen Bildungsstand handelt. Es stellt sich die Frage, warum so genannte bildungsferne oder bildungsarme[79] Personen und Familien von den Angeboten der Kinderhospizarbeit nicht erreicht werden oder diese nicht den Zugang zu diesen finden.[80]

---

[78] Zu beachten ist dabei, dass es sich bei den Probanden in der Mehrzahl um weibliche Personen handelt.
[79] Laut Allmendinger/Leibfried (2003, 13ff.) muss zwischen absoluter (fehlende Abschlusszertifikate) und relativer Bildungsarmut (Personen, die in Zertifikaten/Zeugnissen weniger Bildung aufweisen als der Bundesdeutsche (z.B. kein Abitur) haben) unterschieden werden. Außerdem sind Kompetenzen ein wichtiger Indikator für Bildungsarmut, denn seit PISA lässt sich Bildungsarmut auch über vorhandene und nicht vorhandene Kompetenzen (Kulturtechniken) messen. Des Weiteren ist zu beachten, „Personen, die national gesehen „bildungsreich" sind, können international „bildungsarm" sein" (Allmendinger/Leibfried 2003, 13).
[80] An dieser Stelle muss die Fragebogenkonzeption der vorliegenden Studie kritisch reflektiert werden, da die Teilnahme aufgrund der verwendeten Sprache (Fachvokabular) gewisse Kompetenzen vorausgesetzt hat und daher Personen, die diese Kompetenzen nicht oder nur unzulänglich beherrschen, von der Teilnahme ausgeschlossen wurden.

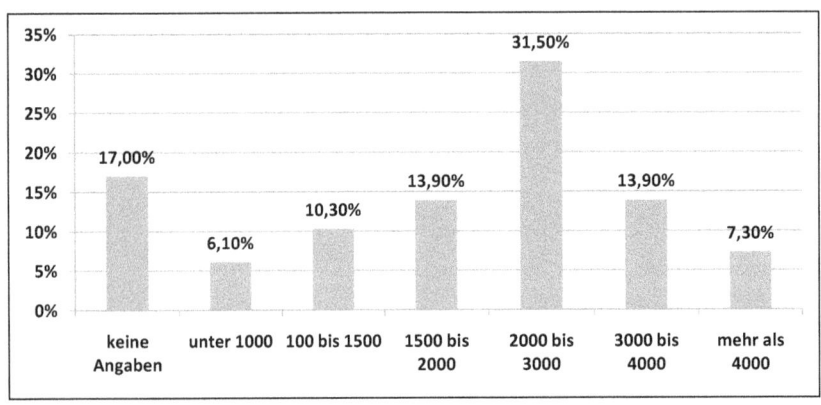

Abb. 14: Monatliches Nettoeinkommen der Probanden (Familien) (N = 165)

Das den Familien monatlich zur Verfügung stehende Nettoeinkommen liegt bei den meisten Probanden zwischen 2000,– und 3000,– Euro (31,5%).[81] Nur 7,3% verfügen monatlich über mehr als 4000,–
Euro netto. Ein monatliches Nettoeinkommen von unter 1000,– Euro zu haben, gaben 6,1% der Probanden an. Das durchschnittliche monatliche Haushaltsnettoeinkommen der Familien in Deutschland
betrug im Jahr 2009 ca. 2840,– Euro (vgl. Statistisches Bundesamt 2009). Demnach liegt über die
Hälfte der betroffenen Familien mit ihrem monatlichen Haushaltsnettoeinkommen im bundesdeutschen Durchschnitt und darüber. Allerdings verfügt auch jede zweite Familie über unterdurchschnittli-
che finanzielle Ressourcen. Es ist an dieser Stelle zu berücksichtigen, dass die progrediente Erkrankung eines Kindes oder Jugendlichen mit häufigen Krankenhausaufenthalten, Arztbesuchen, Kurauf-
enthalten und Therapien sowie Pflege bzw. einem erhöhten Betreuungsbedarf verbunden ist. Die Kosten für diese Aufwendungen müssen häufig anteilig oder gänzlich von den Familien getragen werden.
Zudem haben die meisten Familien noch weitere Kinder. Es kann daraus gefolgert werden, dass den
meisten Familien monatlich de facto ein wesentlich geringerer Betrag zur Verfügung steht, als dies aus
dem reinen Nettoeinkommen ersichtlich ist. Dennoch lässt sich festhalten, dass die Familien über ein
durchschnittliches bis überdurchschnittliches monatliches Nettoeinkommen verfügen und demnach der
Mittel- bis Oberschicht zuzuordnen sind. Familien mit unterdurchschnittlichen monatlichen Nettoeinkommen sind in der Gruppe der Befragten unterrepräsentiert.

---

[81] Dies verdeutlicht der Median von 4,00.

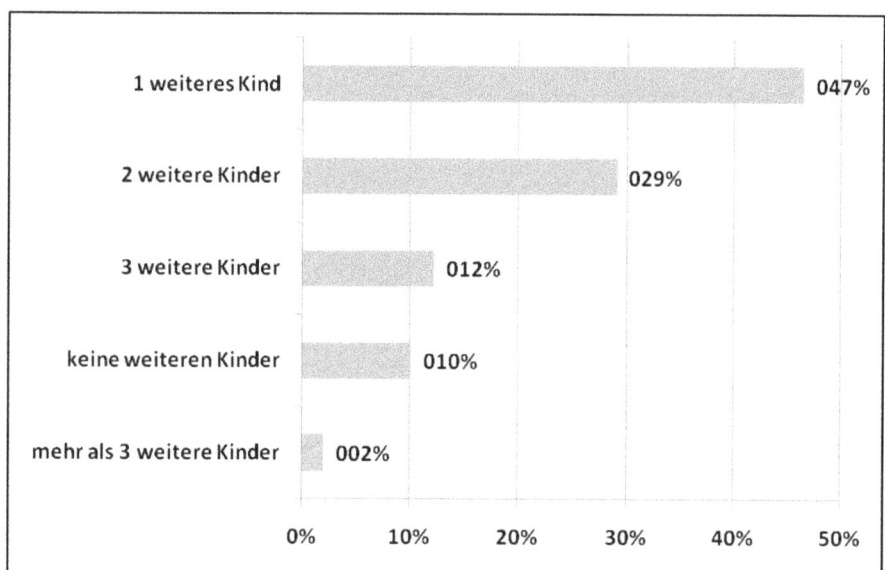

Abb. 15: Anzahl weiterer Kinder (N = 148)

Fast 50% der Probanden haben außer dem progredient erkrankten Kind noch ein weiteres Kind. 29,1% haben noch zwei weitere Kinder. Drei weitere Kinder leben in 12,2% und mehr als drei weitere Kinder in 2% der befragten Familien. 10,1% der Probanden haben keine weiteren Kinder.

In Deutschland lag die durchschnittliche Kinderzahl im Jahr 2007 bei 1,37 Kindern pro Frau (vgl. Statistisches Bundesamt 2008b). Die Daten spiegeln, dass Familien mit progredient erkrankten Kindern überdurchschnittlich viele Kinder haben. Es zeigt sich, dass eine progrediente Erkrankung eines Kindes nicht zwangsläufig dazu führt, keine weiteren Kinder zu bekommen, sondern dass sie bei einigen Familien das Gegenteil bewirkt oder aber keinen Einfluss auf die weitere Familienplanung hat.[82]

Diagnose

Die Krankheits- und Erscheinungsformen progredient erkrankter Kinder und Jugendlichen sind sehr heterogen. Bei Bredow et al. (2008) und Jennessen (2008) finden sich Zusammenstellungen ausgewählter Schädigungsbilder im Überblick.

Hinsichtlich der Diagnosestellung ist herauszustellen, dass einige genetische Erkrankungen mit charakteristischen Dysmorphiezeichen einhergehen,[83] die unmittelbar nach der Geburt oder sogar schon pränatal diagnostiziert werden können. „Die Mehrzahl der genetischen Erkrankungen wird allerdings erst verzögert diagnostiziert (…)" (Bredow et al. 2008, 343), meist erst dann, wenn sich die typischen Symptome wie die Muskelschwäche oder eine Entwicklungsverzögerung zeigen (vgl. Bredow et al. 2008, 343).

Einige Kinder und Jugendliche haben eindeutig diagnostizierbare Erkrankungen wie z. B. Progressive Muskeldystrophien und Stoffwechselerkrankungen (vgl. Jennessen 2008, 177ff.; vgl. auch Kap. III 3), wohingegen viele Kinder seltene genetische Erkrankungen und Störungen haben, die auch den Kinderärzten in der Regel nicht vertraut sind (vgl. Bredow et al. 2008, 343).

Gemeinsames Kennzeichen der Erkrankungen ist, dass sie fortschreitend und lebensverkürzend sind und mit hoher Wahrscheinlichkeit zum Tod im Kindes-, Jugend- oder frühen Erwachsenenalter führen.

---

[82] Nicht berücksichtigt werden konnte hier allerdings die Geschwisterfolge, sodass davon ausgegangen werden kann, dass das lebensverkürzend erkrankte Kind das Zweitgeborene einer Familie ist.

[83] Dysmorphiesyndrome sind Trisomien 13 und 18 sowie über 50 verschiedene Formen der Arthrogryposis multiplex congenita und die Potter-Syndrome (vgl. Bredow et al. 2008, 343). „Die meisten Dysmorphiesyndrome gehen mit einer Lebenserwartung von nur wenigen Stunden oder Tagen bis Monaten einher" (Bredow et al. 2008, 343).

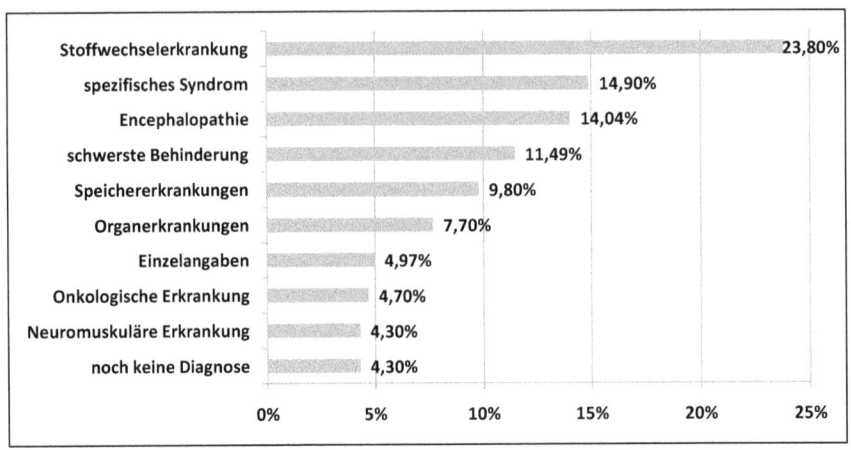

Abb. 16: Diagnose des ersten lebensverkürzend erkrankten Kindes (N = 166, Mehrfachnennungen)

Die These der Heterogenität des Personenkreises (vgl. Kap. II 3) kann durch die Angaben der Probanden bestätigt werden. Kinder und Jugendliche mit lebensverkürzenden Erkrankungen, die Kinderhospize besuchen, weisen sehr unterschiedliche Schädigungsformen und Krankheitsbilder auf. Die größte Gruppe bilden verschiedene Stoffwechselerkrankungen (23,8%), gefolgt von spezifischen Syndromen (14,9%). 14,04% der Probanden gaben an, ihr Kind ist an einer Encephalopathie (Gehirnerkrankung oder -schädigung) erkrankt, für die ein Unfall, Geburtskomplikationen oder andere Vorkommnisse ursächlich sind. 9,8% der erkrankten Kinder haben Speichererkrankungen, zu denen beispielsweise die verschiedenen Typen der Mukopolysaccharidosen zählen. 11,49% gaben an, ihr Kind habe eine schwere Behinderung, was in der Regel komplexen Förderbedarf im Bereich körperlicher und geistiger Entwicklung bedeutet. 4,3% der erkrankten Kinder leiden an einer neuromuskulären Erkrankung und 7,7% an einer irreversiblen Organschädigung. Nur 4,7% der Kinder, die ein Kinderhospiz besuchen, haben eine onkologische Erkrankung. Dies verwundert angesichts der Tatsache, dass in der Gruppe der progredienten Erkrankungen die onkologischen Erkrankungen zahlenmäßig dominieren (vgl. Zernikow 2008, 4). Es kann vermutet werden, dass diese Zielgruppe überwiegend in Kinderkliniken und Krankenhäusern, die auf onkologische Erkrankungen spezialisiert sind, begleitet werden. 4,3% der Befragten gaben an, noch keine eindeutige Diagnose erhalten zu haben. Auch dies ist verwunderlich, da die meisten stationären Kinderhospize nur progredient erkrankte Kinder und Jugendliche aufnehmen, bei denen eine eindeutige Diagnose oder zumindest eine lebensverkürzende Prognose vorliegt. Da Mehrfachantworten möglich waren, gaben einige der Probanden auch körperliche, geistige und schwerste Behinderungen als zusätzliche Diagnosen an.[84]

In den folgenden Aussagen aus den Experteninterviews werden von den befragten Eltern die Diagnosen ihrer progredient erkrankten Kinder beschrieben.[85]

„(...) Er hat eine Stoffwechselerkrankung, eine Kupferstoffwechselverwertungsstörung, die eigentlich auch einen Namen hat, mit dem Menkes-Syndrom. Das ist aber ausgeschlossen worden, dass er das hat, per gentechnischer Untersuchungen in Kopenhagen mit Hautproben. Er wird eine Unterform davon haben, die aber natürlich komplett unerforscht ist und somit auch nicht therapierbar." (Interview K, Abs. 4)

---

[84] Die Standardabweichung und die Streuung sind hoch, da Mehrfachantworten möglich waren.
[85] Anonymisierung der Personennamen.

„Also, meine Tochter Annika (...) leidet an der unheilbaren Stoffwechselerkrankung MPS Typ 3 San Filippo." (Interview A, Abs. 17)

„Und dann hatte man halt die Diagnose, Lissencephalie, eine schwere Hirnfehlbildung, die früher eine Lebenserwartung vielleicht bis zwei Jahren beschert hat, aufgrund der starken Anfälle, der Essschwierigkeiten und auch der zahlreichen Bronchien- und Lungenentzündungen. (...)" (Interview E, Abs. 71– 75)

Es wird einerseits die Heterogenität der Erscheinungsformen und andererseits die häufig vorhandene Uneindeutigkeit der Diagnosen, ihrer Auswirkungen und Prognosen deutlich.

Wie aus den Daten der quantitativen Erhebung hervorgeht, dupliziert sich die Herausforderung einer fortschreitenden Erkrankung in einigen Familien, da sie mehr als ein progredient erkranktes Kind haben. Dies betrifft mit 8,5% jedoch nur einen relativ kleinen Prozentanteil der befragten Familien. Es kann vermutet werden, dass es sich dabei um genetische Erberkrankungen handelt, die auch zu einer Erkrankung des zweiten Kindes geführt haben. Die Fragebogenerhebung ergab des Weiteren, dass die Verteilung der Häufigkeiten bei der Diagnose des zweiten progredient erkrankten Kindes mit den Angaben über die Diagnose des ersten progredient erkrankten Kindes übereinstimmt. Hier dominieren Stoffwechselerkrankungen, gefolgt von Speichererkrankungen.[86]

Es lässt sich konstatieren, dass die Bedarfe der lebensverkürzend erkrankten Kinder und Jugendlichen aufgrund der Heterogenität der Diagnosen stark divergieren und individuell diagnostisch ermittelt und in den Förder- und Begleitungsprozessen berücksichtigt werden müssen. Dies gilt auch für die Gestaltung der Angebote der Kinderhospizarbeit.

Symptome und Verlauf der progredienten Erkrankungen

Der Verlauf und die Symptome einer progredienten Erkrankung sind in ihrer Ausprägung sehr unterschiedlich. So kann eine lebensverkürzende Erkrankung nach Jennessen (2010) Auswirkungen auf die Physis, die Kognition und die Kommunikation haben, die sich von Fall zu Fall unterscheiden. Es lassen sich aber auch Gemeinsamkeiten herausstellen. Diese sind unter anderem der fortschreitende Verlust von Fähigkeiten, ein verfrühter Tod und der Bedarf an medizinisch-therapeutischer Behandlung und Pflege (vgl. Jennessen 2010, 280; vgl. auch Kap. II 3). Außerdem ist anzuführen, dass nahezu alle Kinder mit lebenslimitierenden Erkrankungen am Lebensende unter Schmerzen leiden (vgl. Goldman 2000, zitiert nach Zernikow 2008, 101). Eltern progredient erkrankter Kinder eignen sich häufig differenziertes medizinisches Wissen über die Erkrankungen ihrer Kinder an und können aus diesem Grund Symptomveränderungen meist rasch erkennen und deuten. Dies ist besonders bedeutsam bei Kindern, die sich nicht verbal äußern können (vgl. Zernikow 2008, 101).

Die Schilderungen der Eltern in den Experteninterviews weisen auf die Diversität der Symptome hin, die mit einer progredienten Erkrankung einhergehen.

„So ein schwerbehindertes Kind wie Jakob, das ist dann gar nicht mehr vorstellbar. Wenn ich also sage, mein Kind kann nicht sitzen, nicht laufen, nicht essen, nicht sprechen, dann sagt jeder, das gibt's doch nicht (...)." (Interview H, Abs. 113)

„Also, es ist ja eigentlich klar, vom Verlauf her, der wird nicht anfallsfrei sein, wenn das Gehirn weiter kaputtgeht, gehen immer mehr Regionen kaputt, die halt machen, dass man Anfälle bekommt. Oder es entstehen Vernarbungen, die wieder gesundes Gewebe irritierten und das Einzige, was das Gehirn machen kann, ist, mit einem Anfall reagieren. Die Anfallstypen werden sich ändern, das ist halt so. Wo wir am Anfang wirklich noch dachten, wir kriegen den anfallsfrei, ist es jetzt wirklich so, dass wir irgendwie den Frieden damit machen, so wenig Anfälle, so wenig schwere Anfälle wie möglich und so

---

[86] Diese Frage beantworteten insgesamt nur 13 Probanden. Dabei handelt es sich um die 8,5% der Probanden, die angaben, ein weiteres erkranktes Kind zu haben.

viel trotzdem dann noch mitbekommen wie möglich." (Interview J, Abs. 23)

Die Krankheitsverläufe einer progredienten Erkrankung bei Kindern und Jugendlichen sind je nach Form der Erkrankung sehr unterschiedlich. In den meisten Fällen wird die progrediente Erkrankung erst im Kleinkindalter diagnostiziert. Viele Eltern befinden sich bis zu diesem Zeitpunkt in dem Glauben, ein unauffällig entwickeltes und gesundes Kind zu haben. Dies wird auch in den folgenden Aussagen der Interviewpersonen aus den Experteninterviews deutlich.

„Ja, und wie gesagt, so das erste Jahr lief für uns da auch unauffällig. Also schon, dass der Fynn in der Entwicklung der letzte war, aber er hat alles andere, was die beiden gemacht haben, auch gemacht (...). Und wir haben dann halt einfach irgendwann so gesagt, also hat so jeder sein Tempo und jeder seine Zeit. Also das war, war wirklich dann auch okay. Und dann sind die in eine Tagesstätte gekommen, als die ein Jahr alt waren. Und da war das erste Mal so, dass eine Mitarbeiterin auch sagte, irgendwie mit dem Fynn würde sie nicht so ganz wissen, ob das alles okay ist, die Art wie er sich so weiterentwickelt (...). Mit zwei Jahren, kurz bevor er zwei wurde, hatte er dann aber auf einmal eine Epilepsie bekommen und ganz schnell auch ziemlich massiv (...). Dann wurden immer MRT's gemacht vom Schädel, die aber unauffällig waren, wo man also wirklich nicht sagen konnte, gut da ist irgendwie etwas da, findet was statt oder warum ist es überhaupt so." (Interview J, Abs. 1–8)

„Wir haben gedacht, wir hätten ein gesundes Kind. Sie hat sich normal, ein bisschen langsam entwickelt, aber eigentlich normal. Sie war in diesen U-Untersuchungen eigentlich immer noch in der Norm, zwar bei den etwas langsameren, aber noch in der Norm. Man hat uns beruhigt, sie kommt noch, sie ist halt ein Spätentwickler, sie ist erst mit 1½ Jahren gelaufen und man sagte, das ist, ist alles noch, die wird einfach noch, die braucht noch ein bisschen. Naja gut, und dann ging die Zeit ins Land und mit 2½ dann, wo dann so die Sprachentwicklung da sich fortsetzt und ja die motorischen Fähigkeiten einfach zunehmen, ganz logisch, hat es bei ihr dann angefangen, sich ein bisschen komisch zu verändern. Also das hat sich so ein bisschen, ja wie soll ich sagen, Sprachentwicklung lief ein bisschen und dann hat's stagniert, oder auch die Bewegungsabläufe. Sie konnte nie Bobby-Car, diese Rutschautochen da fahren oder konnte nie schaukeln, die hat einfach oder Tretauto, Dreirad, Dreirad fahren konnte sie nicht." (Interview A, Abs. 23–24)

Die Eltern müssen sich aufgrund des progredienten Verlaufes der Erkrankung nach und nach von den vorhandenen Fähigkeiten ihrer Kinder verabschieden und den sich zunehmend verschlechternden gesundheitlichen Zustand der Kinder akzeptieren (vgl. Droste 2006, 216).

„Und wenn's weg ist, es kommt nicht mehr wieder. Also, sie verlernen ihre Fähigkeiten, das ist ganz klar, das ist einfach die Krankheit. Aber ich kann den Zeitrahmen eben rauszögern. Sie verliert die Sprache, klar. Sie wird irgendwann nimmer laufen können, aber sie kann halt jetzt noch laufen, zwar nicht mehr so gut wie vor fünf Jahren, aber sie läuft hier in der Wohnung, sie läuft unten im Hof und das ist schon mal wichtig." (Interview A, Abs. 52)

Zusammenfassung

Die meisten befragten Familien leben in Form traditioneller Kleinfamilie zusammen und haben zum größten Teil eine christliche Konfessionszugehörigkeit. Familien mit einem Migrationshintergrund und bildungsferne Familien sind kaum anzutreffen. Der Großteil der Befragten gehört aufgrund seines Schulabschlusses, der Berufsausbildung und bezüglich des monatlichen Haushaltsnettoeinkommens der (gehobenen) Mittelschicht an. Hier zeigt sich der Bedarf, weitere Zielgruppen (bildungsferne Familien und Familien mit Migrationshintergrund) mehr in den Fokus zu rücken und Entwicklungen zu initiieren, die darauf abzielen, sie zu erreichen.

Eine besondere Problematik wird ferner bei der Gruppe der Alleinerziehenden mit progredient erkrankten Kindern deutlich. Diese sind überproportional von Armutsgefährdung betroffen. Kinderhospize sollten für diese Zielgruppe besondere Unterstützungsangebote entwickeln, um sie besser entlasten und unterstützen zu können. Aber auch finanzielle Entlastungen von Seiten der Krankenkassen und Ämter würden für diese Familien die Armutsgefährdung reduzieren.

Die Analyse der erhobenen Daten ergab des Weiteren, dass Familien mit progredient erkrankten Kindern in der Regel nur ein lebensverkürzend erkranktes Kind und in den meisten Fällen noch weitere gesunde Kinder haben. Sie liegen in Bezug auf die durchschnittliche familiäre Kinderzahl über dem Durchschnitt deutscher Familien.

Die Diagnosen der erfassten lebensverkürzenden Erkrankungen sind sehr heterogen. Es dominieren Stoffwechselerkrankungen, gefolgt von spezifischen Syndromen und Speichererkrankungen. Kinder und Jugendliche mit onkologischen Erkrankungen sind in Kinderhospizen selten anzutreffen. Sie werden in spezialisierten onkologischen Stationen der Kinderkliniken palliativ versorgt. Die Zielgruppe, die von Kinderhospizen erreicht wird, sind primär Kinder und Jugendliche mit spezifischen, häufig seltenen Erscheinungsformen lebensverkürzender Erkrankungen, die einer individuellen und umfassenden pflegerisch-therapeutischen und pädagogischen Begleitung bedürfen.

Die Symptome der progredienten Erkrankungen der Kinder sind entsprechend der Diagnosen ebenfalls sehr heterogen. Allen Diagnosen gemein ist, dass sich der Gesundheitszustand der lebensverkürzend erkrankten Kinder und Jugendlichen zunehmend verschlechtert und dieser progrediente Verlauf für die Eltern eine große emotionale und physische Belastung darstellt, da er auch eine sukzessive oder schubweise intensiver und zeitaufwändiger werdende Begleitung und Pflege der Kinder bedingt.

B Belastungsfaktoren für die Familie

Die progrediente Erkrankung eines Kindes kann, wie die vorhergegangenen Ausführungen aufgezeigt haben, in der Familie zu verschiedenen Belastungsfaktoren führen. Henkel/Stahl beschreiben die Belastungen von Familien mit lebensverkürzenden Erkrankungen in sechs Kategorien: „Diagnose, Prognose und Unsicherheit über die Zukunft, Elternschaft wird zur ‚Pflegschaft‘, soziale Kontakte, Gesprächsführung mit Angehörigen, finanzielle Belastungen und Einfluss der Bewältigungsstrategie auf das Wohlbefinden der Eltern" (Henkel/Stahl 2008, 425ff.). Diese Belastungen stellen an Mütter und Väter unterschiedliche Anforderungen (vgl. Henkel/Stahl 2008, 425).

Im Folgenden werden zunächst einige grundlegende Belastungskategorien, die in den qualitativen Interviews benannt wurden, näher beschrieben. Im sich daran anschließenden Abschnitt über „Geschlechtsspezifische Belastungsfaktoren und deren Bewältigung" werden dann die unterschiedlichen Anforderungen an Mütter und Väter sowie Geschwister betroffener Kinder näher betrachtet.

Diagnoseschock

Eine Diagnose wird von den Eltern einerseits erwünscht, um Gewissheit in einer emotional unsicheren Situation zu erhalten, und andererseits gefürchtet, da sie die endgültige Gewissheit des Unumgänglichen bedeutet. In der Rückschau wird der Tag, an dem die Diagnose mitgeteilt wurde, oft als der „schlimmste Tag" im ganzen Leben bezeichnet. Die Diagnosestellung wird daher in der Literatur auch mit „Diagnoseschock" betitelt (vgl. Hinze 1999, 117ff.; Ziemen 2002b, 170ff.; vgl. Kap. II 4). Die Aussagen der befragten Eltern in den Experteninterviews bestätigen den in der Literatur beschriebenen Schockzustand nach der Diagnosestellung.[87]

„Das war also wirklich der Supergau im Gehirn. Und dann weiß ich noch, wo ich sagte, wie sollen wir damit leben? Also das war, es war alles zusammengebrochen (...)." (Interview G, Abs. 35–44)

Auch die Unsicherheit vor der Diagnosestellung und das lange Warten auf diese werden von den befragten Eltern beschrieben.

„Es hat auch ziemlich lange gedauert, wir haben lange darauf gewartet, auf die Diagnose, fünf Monate darauf gewartet. In der Zeit hatte ich mir Mühe gegeben, jetzt nicht zu sehr da drüber nachzudenken und auch noch nicht irgendwie im Internet eben irgendwie zu gucken oder so was. Weil wir erst gesagt haben, wir warten erstmal ab und danach, klar, ging's natürlich los." (Interview F, Abs. 14)

---

[87] Die Personennamen wurden anonymisiert.

Nach der Diagnosestellung kommen verschiedene Reaktionsformen zum Tragen, die zum Teil den so genannten Abwehrmechanismen zuzuordnen sind. So wird die Diagnose einer progredienten Erkrankung in einigen Fällen geleugnet, oder es kann auch zu gegenseitigen Schuldzuweisungen des Paares kommen, wie die unten stehende Aussage verdeutlicht (vgl. Kap. II 4).

„(...) Die waren alle geschockt. Ich war auch geschockt. Ich hab gesagt, wo hab ich mir das weggeholt? Ich hab meinen Mann damals im Krankenhaus beschimpft, dass er fremdgegangen ist oder so, weil ich gedacht hab, du bist fremdgegangen und hast das dann hier irgendwie so und aber die Ärzte haben gesagt, das kann man sich überall wegholen. Das kann man sich beim Einkaufen, beim Einkaufswagen holen. Das ist ein Virus, da kannst du nichts, da kannst du nichts gegen machen." (Interview D, Abs. 25–26)

Durch die Diagnosestellung werden die Eltern vor eine neue und unerwartete Lebenssituation gestellt. Häufig bleibt ihnen keine Zeit zu reflektieren, wie sie mit der neuen Situation umgehen sollen.

„Also so, und ich denk auch, also wir haben's jetzt in der Situation nicht anders gewusst, das ist ja so über uns gekommen, aber eigentlich, also man hätte vieles besser machen können. Man hätte sicherlich oder ich hätte mich auch ein Stück weit von dieser Verantwortung distanzieren müssen und auch ja mehr Zeit für die Restfamilie einfach mir nehmen müssen." (Interview E, Abs. 97)

Zu Beginn herrscht bei einigen Eltern eine große Unsicherheit und Überforderung mit und über die progrediente Erkrankung des Kindes. Sie wissen nicht, wie mit dem Kind umgegangen werden soll und welche Bedürfnisse es hat.

„Heute weiß ich nicht, wie wir das damals geschafft haben. Aber irgendwie kommt man da durch denke ich mir." (Interview H, Abs. 89)

Prognose und Unsicherheit über die Zukunft
Eng verbunden mit der Diagnose ist die damit verbundene Prognose der Lebensbedrohlichkeit. Eltern erleben nach der Diagnosestellung „Verzweiflung, Hoffnungslosigkeit, Angst sowie andere belastende Gefühle" (Henkel/Stahl 2008, 426). Sie empfinden zudem meist eine tiefe Trauer. In vielen Fällen beinhaltet diese neben der Trauer um den bedrohlichen gesundheitlichen Zustand des Kindes auch die Trauer über den verloren gegangenen Lebensentwurf und die damit verbundenen Möglichkeiten (vgl. Jonas 1990).

„Anders gewünscht und geplant eigentlich, das ist nicht zu unterschätzen, weil ich denke, das wird auch uns immer noch verfolgen immer wieder. Das hätte jetzt einmal so schön werden können und das ist daneben gegangen. Wir können noch nicht mal ein weiteres Kind kriegen, weil, die Wahrscheinlichkeit liegt bei 25%." (Interview G, Abs. 293–298)

Der Familienalltag verändert sich mit der Diagnose einer lebnsverkürzenden Erkrankung und ist von den Erfordernissen der Pflege und Begleitung des progredient erkrankten Kindes geprägt (vgl. Eckert 2002, 33ff.). Diese nehmen viel Zeit in Anspruch, erfordern von den Eltern spezielle medizinische und pflegerische Kenntnisse und bedingen zudem einen großen organisatorischen Aufwand bezüglich der familiären Alltagsgestaltung.

„So der Alltag gestaltet sich halt so, dass man ständig halt betreut, pflegt und ja, dass das eben kein Alltag ist." (Interview G, Abs. 501)

„(...) wenn dann so das Kind kommt in die Familie und dann fangen die Therapien an. Und dann kommt die Krankengymnastik und dann kommt die Frühförderung und dann kommt die Sehfrühförderung und es kommt alles in einer Woche. Also das heißt jeder Tag ist auch noch mit Therapien durch-

setzt, neben den ganzen Arztbesuchen und der Vorsorge und weiß ich nicht was und das ist Irrsinn. Also man hat die ganze Arbeit mit dem Kind und auch so die Sorge und dann hat man auch dieses andere, diesen riesen Organisationsmoloch, den man ja sonst auch nicht hatte." (Interview E, Abs. 123)

Alle Familienmitglieder sind in ihrer Lebens- und Alltagsgestaltung betroffen. Spontane Unternehmungen sind aufgrund der Kontinuität und dem Aufwand der Pflege in der Regel kaum möglich und müssen im Voraus geplant werden.

„Man ist nicht mehr so frei, man ist nicht mehr spontan oder man kann nicht mehr spontan sein. Jeder Ausflug, den man machen möchte oder Familien oder Freunde besuchen ist tabu. Weil das ist mal nicht eben Kind einpacken und wegfahren, da liegt ja viel mehr dran. Man muss viel mitschleppen und Lisa muss ja auch medizinisch versorgt werden und das ist schon schwierig." (Interview D, Abs. 22)

Im zeitlichen Kontext der Diagnosestellung erfolgt meist auch eine erstmalige Auseinandersetzung mit dem Thema Sterben und Tod. Damit einher geht auch die Anerkennung der Tatsache, dass das Kind lebensbedrohlich erkrankt ist und sterben wird.

„Ja, wir hatten uns ja schon, dadurch dass wir jetzt schnell die Diagnose hatten, hatten wir uns eine ganze Zeit damit beschäftigt. Weil wir uns, also uns wurde damals gesagt, sie hat eine Lebenserwartung von zwei bis sechs Jahren. Und insofern hatten wir uns mit dem Thema Tod und so schon ziemlich auseinandergesetzt, von Anfang an." (Interview E, Abs. 222–224)

Einige Eltern antizipieren das bevorstehende Todesereignis und treffen bereits Vorbereitungen für die Bestattung des Kindes. Diese Imagination und die ersten Vorbereitungen helfen vielen Eltern dabei, das bevorstehende Todesereignis akzeptieren zu lernen.

„Und dann überlegt man sich ja, vielleicht sollte man das auch, also man überlegt sich viel, was sollte man auf so einer Beerdigung alles machen, sollte man das aufgreifen oder so. (...) Oder welche Musik man spielen soll. Was er schön fand, das überlegt man natürlich. Ob man selbst einen Text dazu schreiben sollte. Natürlich was über Max, aber vielleicht auch, wir wissen nicht so viel über ihn tatsächlich. Vielleicht über unser Leben oder wie alle das doch getragen haben. Das was in seine Anzeige kommt, das hab ich eigentlich schon, seitdem er irgendwie fünf Monate war. Das ist ein Gedicht für Max, auf Max, was anderes könnte das Gedicht irgendwie übertreffen, weil das alles aussagt. Das ist eigentlich immer schon dagewesen." (Interview G, Abs. 1068)

Die Trauerverarbeitung verläuft bei den einzelnen Familienmitgliedern in Phasen, die jeweils sehr unterschiedlich durchlaufen werden (vgl. Zernikow 2008, 84). Aufgrund dessen kann es zu Konflikten und einer Entfremdung innerhalb der Familie oder der Elternbeziehung kommen. Die Situation kann aber auch zu einem tieferen gegenseitigen Verständnis und der Akzeptanz des unterschiedlichen Umgangs mit der Situation führen.

„Inzwischen nicht mehr so unterschiedlich. Am Anfang ja, da hat mein Mann sich sehr zurückgezogen und ich habe das schon immer gleich so ausgesprochen, was ich meine und da konnte mein Mann gar nicht mit umgehen." (Interview B, Abs. 142–143)

„(...) Und dass man das eben genauso auch, ja, so bei den anderen akzeptieren kann, dass die eigenen Themen nicht immer zeitgleich auch die Themen von dem anderen sind. Und das eigene Gefühl, dass man das lassen kann und dass man den auch nicht immer da hin mitnehmen muss (...), sondern wirklich auch manche Sachen da lassen kann bei dem und auch seine Sachen nicht als, die sind das einzige was zählt oder so, sondern wirklich auch, wir, wir wissen das ja beide, wir lieben den beide und wir würden uns das beide anders wünschen. Und trotzdem hat eben jeder auch das Recht, seine Sachen, die ihm am meisten da weh tun, dass die auch für den Priorität haben, so." (Interview J, Abs. 460)

Die langsame Verabschiedung vom eigenen Kind ist für die Eltern sehr schmerzhaft. Die Eltern wissen häufig nicht, wie viel gemeinsame Zeit ihnen noch mit ihrem Kind bleibt.

„Es ist sehr unklar. Im letzten Herbst ging es ihm sehr schlecht. Da hat schon für uns innerlich so eine Art Verabschiedung angefangen. Aber jetzt geht's wieder und das ist irgendwie so alles zwischen Wochen, Monaten und Jahren, die wir noch mit ihm haben werden. Aber das es sehr begrenzt ist, sehr verkürzt ist, das ist uns schon klar." (Interview C, Abs. 12)

Ethische Fragen am Lebensende

„Palliativmedizin hat das Ziel, Kinder mit schweren, potenziell lebensverkürzenden Erkrankungen gemeinsam mit ihren Familien ganzheitlich zu betreuen" (Rellensmann 2008, 61) – diese Zielsetzung behält für den gesamten Bereich der Pädiatrischen Palliative Care ihre Gültigkeit. Unabdingbar treten am Lebensende ethische Fragestellungen auf, die die Linderung von Schmerzen, Ängsten und Atemnot durch eine medikamentöse Behandlung in der finalen Phase betreffen können (vgl. Rellensmann 2008, 61). Das Sterbenlassen kann zwei Formen annehmen: „den Behandlungsverzicht, in dem eine mögliche Behandlung nicht begonnen wird" und den „Behandlungsabbruch, bei dem eine einmal begonnene Maßnahme nicht fortgesetzt wird" (Rellensmann 2008, 63). Diese sensiblen ethischen Aspekte des Sterbenlassens in den skizzierten Formen beschäftigen viele Eltern progredient erkrankter Kinder, da einige Kinder aufgrund der mit der progredienten Erkrankung einhergehenden Symptome nur mit Hilfe von Beatmungs- oder Sauerstoffgeräten lebensfähig sind und/oder künstlich durch eine Magensonde (PEG) ernährt werden.

Das Leiden des eigenen Kindes mitzuerleben, ist, wie die Aussage der Interviewperson B deutlich macht, insbesondere in Notsituationen von den Eltern nur schwer auszuhalten, und es kann aufgrund dessen zu Überlegungen hinsichtlich lebenserhaltender Maßnahmen kommen.

„Und dann habe ich, als sie mir das so gesagt haben, da habe ich gesagt: Macht die Dinger ab, macht die Maschinen aus, ich will das nicht. Der hat sich nur gequält und das war ganz, ganz schrecklich, das auszuhalten. Also dieses Gefühl, ja der war ja mehr tot als lebendig und das konnte man nicht mit angucken." (Interview B, Abs. 49)

Für die Eltern ist es zunächst bedeutsam in Bezug auf die lebenserhaltenden Maßnahmen eine eigene Position zu finden und über diese verbindliche Absprachen mit behandelnden Ärzten, der Familie und Freunden zu treffen.

„Eigentlich sind wir da auch in den Hospizgesprächsrunden drin, weil, das ist ja die Frage, wie wir dazu stehen, sobald man da ankommt. Ist ja eine entscheidende Frage, ist ja ein Hospiz. Und die waren überrascht, dass wir die Sachen eigentlich alle schon sehr klar geklärt haben und das, was die Ärzte anscheinend nicht schaffen, das haben wir für uns schon längst geklärt." (Interview G, Abs. 170)

Das Thema der lebenserhaltenden Maßnahmen wird mit den Eltern insbesondere in Krankenhäusern von Ärzten thematisiert. Einige Ärzte gehen in Gesprächssituationen nur wenig sensibel mit den Eltern um. Häufig ist dieses unsensible Vorgehen, so die Interpretation der Interviewperson H, auch der eigenen Hilflosigkeit der Ärzte zuzuschreiben.

„Die Kinderärztin ist sehr nett, sehr bemüht, aber sehr hilflos. Also das muss man einfach sagen. Die kennt sich damit nicht aus. Im letzten Jahr ging's dem Jakob sehr, sehr schlecht. Da kam sie dann hier nach Hause, was sie auch nie tut und hat uns dann einen Vortrag darüber gehalten, ob wir unseren Sohn denn noch reanimieren lassen wollen, wenn er, wenn er denn nun, wenn es denn nun noch schlimmer würde. Was ich natürlich in der Situation überhaupt nicht brauchen konnte. Aber ich denke, das ist einfach der Hilflosigkeit zuzuschreiben, die wusste nicht mehr, was sie sagen sollte. Die sah, dem Kind geht's einfach super schlecht und sie wusste auch nicht, was sie uns jetzt da anraten

sollte." (Interview H, Abs. 127)

Die von der Interviewperson H beschriebene Hilflosigkeit der Ärztin kann auch mit inhaltlichen Vorbehalten von Seiten der Ärzte zu erklären sein. Nicht selten herrscht bei behandelnden medizinischen Fachkräften die Meinung vor, dass Eltern zum einen keine Entscheidungen für ihre Kinder fällen können, da sie zu wenig von der Sache verstehen und emotional zu beteiligt sind, und zum anderen, dass die Beteiligung von Eltern an so genannten „end of life decisions" nicht zuzumuten ist, da diese die Eltern zu sehr belasten (vgl. Rellensmann 2008, 57f.). Außer Frage steht, dass die Entscheidung, im Zweifelsfall keine lebensverlängernden Maßnahmen zu ergreifen, für die Eltern sehr schwer zu fällen ist, weshalb sie offen, frühzeitig und umfassend zu diesem Themenkomplex aufgeklärt und beraten werden sollten.

Die Auseinandersetzung mit ethischen Fragen am Lebensende wird aber durch Vorfälle wie die Erfahrung eines Notfalles notwendig. Dabei können, wenn sich die Eltern gegen eine Reanimation des Kindes entscheiden, auch Schuldgefühle entstehen.

„Und dann, also ich konnte das ganz lange nicht entscheiden, weil ich gedacht hab, ich verrate mein Kind. Ich wollte es ja haben und ich hätte auch immer ein behindertes Kind genommen. Du kannst nicht sagen, nee also, dann lass es gehen. Obwohl, also wir standen ja vor Situationen, wo es ihm so schlecht ging, da hab ich gedacht, er muss eh sterben, lieber Gott, lass es, dass es jetzt zu Ende ist. Entweder, dass der Anfall aufhört oder dass es das Ende ist. Und dann hatten wir das aber entschieden, dass wir nicht reanimieren und das sagen wir auch jedes Mal, wenn wir ins Krankenhaus gehen."
(Interview G, Abs. 132–138)

Die Entscheidung, keine lebensverlängernden Maßnahmen durchzuführen, kann, so die Aussage der Interviewperson G, keine generelle und eindeutige Entscheidung sein, weil Notfälle stark voneinander divergieren und deshalb in der jeweiligen Situation über die adäquate Behandlung des Kindes entschieden werden muss.

„Und dann kommt das tiefe Absaugen dazu, Atemstillstand und all solche Dinge. Und man ist ja ganz schnell in dieser Kette, dass man dann den Notarzt wegen irgendwas hat, der sieht das, direkt bebeutelt, beatmet usw. der Mechanismus wieder in Gang gesetzt, also das wollte ich sagen, das kommt dann von der anderen Seite, dass man dann doch in die Zwangssituation kommt, diese Entscheidung da neu zu bedenken oder in Frage zu stellen. Es ist also immer ein großer Druck, der da von außen kommt." (Interview G, Abs. 152)

Es hat sich bewährt, eine schriftliche Erklärung für Notfälle auszufüllen und möglichst mit sich zu tragen, damit sich in Notfällen die Helfer und Ärzte daran orientieren können. Bewährt hat sich dabei die so genannte „Do-Not-Resucitate-Order" (Empfehlungen zum Vorgehen in Notfallsituationen) (vgl. Rellensmann 2008, 64ff.).

Finanzielle Belastungen
Familien mit progredient erkrankten Kindern sind häufig ökonomisch benachteiligt. Sie haben meistens hohe finanzielle Belastungen, die durch die häufigen Krankenhausaufenthalte und kostenintensiven Medikamente sowie Pflege- und Betreuungskosten bedingt sind (vgl. Thimm/Wachtel 2002, 11; Henkel/Stahl 2008, 429). „Berufstätige Mütter sehen sich häufig gezwungen ihre Arbeitsstelle aufzugeben, um sich der Pflege des kranken Kindes zu widmen" (Mastroyannopoulou et al. 1997, 823ff.). Hierdurch verringert sich das Einkommen der Familie zusätzlich.
Um finanzielle Bezuschussung zu erhalten, müssen sich die Familien mit verschiedenen Ämtern und Behörden auseinandersetzen. In den meisten Fällen geht es um die Erstattung von Geldern für einen Kinderhospizaufenthalt oder um die Bewilligung von Hilfsmitteln.

„Ich hab riesige Probleme bei der Finanzierung. Ich muss immer Klimmzüge machen, dass ich das finanziell auf die Reihe krieg, weil unser Landratsamt bzw. der Bezirk, die sind dermaßen bescheuert, die haben mir das letzte Mal unterstellt, ich wollt Urlaub mit dem Kind im Kinderhospiz machen. Und dann mussten wir denen erst mal klar machen, was überhaupt in dem Kinderhospiz abgeht und warum ich da überhaupt mit dem Kind hingehe." (Interview A, Abs. 646)

„Du musst für ein paar Schuhe kämpfen, Annika braucht orthopädische Schuhe, ja die erzählen mir, die braucht keine Schuhe, ich sag, die braucht neue Schuhe, die passen nimmer, ja der Arzt bescheinigt nicht, dass sich die Füße verändert haben. Also wieder zum Arzt, der Amtsarzt, ich sag, ich brauch die Schuhe, die passen nicht mehr, die Fußzehen hängen vorne raus, ja gut, das geht aber nur, wenn du da bist, auf der Matte stehst und sagst hier, aber jetzt ein Rezept. Also es ist unglaublich." (Interview A, Abs. 180)

Henkel/Stahl führen an, dass Sozialarbeiter den Familien dabei behilflich sein können, die finanziellen Ansprüche geltend zu machen und notwendige Bezuschussungen und Kostenerstattungen zu erwirken (vgl. Henkel/Stahl 2008, 429).

Pflege- und Betreuungspersonal
Eine kompetente Pflege- und Betreuungsperson für die Begleitung und Pflege des erkrankten Kindes zu finden, kann eine weitere Belastung für die Familie darstellen.

„Das organisieren zu können, ist auch erstmal ein Lernprozess. Also man muss doch relativ viele Anstrengungen unternehmen, um geeignete Menschen zu finden, die das machen können, die sich das zutrauen, die zuverlässig sind, die in die Familie reinpassen, die mit dem relativ geringen Salär zufrieden sind usw." (Interview E, Abs. 45)

Dabei stellt sich für einige Familien die Frage, ob Fachpflegepersonal bevorzugt werden soll oder ob auch ungelerntes Personal beschäftigt werden kann. Die nachfolgend zitierte Interviewperson ist der Meinung, dass auch ungelerntes Personal die Pflege und Begleitung der erkrankten Kinder übernehmen kann.

„Ich glaub, es gibt Profis, die sich nicht drauf einlassen können und die es dann trotzdem nicht sehen und es gibt Laien, die, die sagen, ich beschäftige mich jetzt mit dem Kind, damit ich möglichst schnell weiß, wie, wie die ganzen Sachen ablaufen, dann geht es. Also ich würd's jetzt nicht daran festmachen, dass das nur, nur eine ausgebildete Fachkraft erkennen kann." (Interview H, Abs. 187)

Interviewperson G führt Bedenken hinsichtlich des Einsatzes von Fachkräften mit wenig Berufserfahrung an.

„Und wir haben mittlerweile ziemlich Erfahrene, wir hatten immer Schwestern kurz nach dem Diplom, also manche haben sich sehr gut da eingearbeitet, muss ich sagen. Aber etliche waren völlig überfordert, wo ich gedacht hab, also da brauch ich nicht 43 Euro für die Pflegestunde bezahlen bzw. unsere Versicherung nicht." (Interview G, Abs. 341)

Veränderungen im sozialen Netzwerk
„Weil die Versorgung des kranken Kindes sehr viel Zeit beansprucht, können vorher bestehende soziale Kontakte außerhalb des familiären Rahmens häufig nicht aufrechterhalten werden. Dadurch brechen oftmals Teile des ursprünglich bestehenden sozialen Netzes weg" (Henkel/Stahl 2008, 427). Dazu kann zudem kommen, dass einige Familienangehörige und Freunde „die Konfrontation mit Leiden, Sterben und Tod vermeiden (wollen)" (Henkel/Stahl 2008, 427) und sich aus diesem Grund von der Familie des erkrankten Kindes distanzieren.
Die vorenthaltene Unterstützung durch das soziale Netzwerk, die eigene Familie oder Freunde kann

ein großer Belastungsfaktor für die betroffenen Familien sein.

„Also es haben sich auch Freunde abgewandt, auch meine Familie, so muss ich sagen, hat sich abgewandt. Aber, ja man findet andere Freunde, andere Familienmitglieder, die auch noch betroffen sind und das hilft dann schon. Aber so, das hat sich schon ganz schön geändert." (Interview D, Abs. 22)

„Und ja, in der Verwandtschaft, da haben wir eher die Probleme gehabt. Dass die Eltern sich überhaupt nicht gekümmert haben. Meine Schwester ist damals, als es passiert ist, hier eingezogen. Die hat das ganz toll gemacht, die hat die beiden Großen, die hat sie bemuttert (...). Aber von unseren Eltern haben wir, hätten wir mehr erwartet. Da ist eigentlich so gut wie gar nichts gekommen." (Interview B, Abs. 39)

In vielen Fällen kommt es zu einer Neugestaltung des sozialen Netzwerkes der Familie, da das Umfeld sehr unterschiedlich mit der progredienten Erkrankung eines Kindes umgeht. Viele Eltern schildern den Verlust von Freundschaften aufgrund der Erkrankung des Kindes. Bedingt durch die negativen Reaktionen im Umfeld der Familie ziehen sich betroffene Familien zum Teil auch verstärkt auf bestehende innerfamiliäre Kontakte zurück (vgl. Eckert 2002, 48ff.; Kallenbach 1997, 72; vgl. Kap. II 4).

„(...) also da merkt man dann auch, dass einfach so diese emotionale Unterstützung da ist, denn sonst ist es schon, schon oft so, dass Freundschaften auch wegbrechen, dass da einfach so 'ne Berührungsangst da ist, oder ja, wahrscheinlich sind's Berührungsängste oder Desinteresse, weil man dann eben wenig Gemeinsames machen kann, dass da einiges sich so, ja überlebt hat." (Interview C, Abs. 20)

Die Reaktionen des Umfeldes hängen auch davon ab, welche Einstellungen und Vorerfahrungen jeweils in Bezug auf Behinderung oder Krankheit vorliegen.

„Meine Mutter ist aus einer Generation, wo es das noch gar nicht gab (...). Da war kein Kind behindert, sagen wir mal so in ihrem Umfeld und insofern hat sie sich auch nie damit auseinandergesetzt. Also bis heute. Sie weiß, dass der Jakob behindert ist, sie findet ihn ja auch manchmal ganz nett, aber im Endeffekt, kann sie mit ihm nichts anfangen. Während meine Schwiegermutter, die wohnt ja bei uns im Haus, die geht da voll und ganz drin auf, der Jakob ist ihr absoluter Liebling. Also so unterschiedlich ist das dann (...)." (Interview H, Abs. 97)

Bei einigen Personen im Umfeld der Familie kommt es zu Abwehrmechanismen in Bezug auf die Behinderung des Kindes, wie die Aussage der Interviewperson A deutlich macht.

„Die nimmt das einfach nicht an, und sie hat drei gesunde Enkelkinder von der anderen Tochter oder von der Tochter, und das Kind vom Sohn ist halt krank. Und ich hab aber irgendwann von ihr mal gehört, ich hab drei gesunde Enkelkinder. Und dann hab ich gedacht, du blöde Kuh." (Interview A, Abs. 917)

Einige Eltern machen aber auch positive Erfahrungen, wenn sie selbst mit der progredienten Erkrankung offen umgehen. Diese Haltung kann offensichtlich dazu beitragen, bestehende Berührungsängste des sozialen Umfeldes zu mindern.

„Wir haben auch, all unseren Freunden, Familienmitgliedern, das war alles klar, das wurde offen angesprochen. Und ich muss sagen, wir haben von keinem Ablehnung erfahren, im Gegenteil." (Interview G, Abs. 396)

Es können durch zufällige Begegnungen und durch das Kennenlernen von ebenfalls betroffenen Familien mit ähnlichen Erfahrungen auch neue Bekanntschaften und Freundschaften entstehen. Häufig nehmen Familien den Kontakt mit anderen betroffenen Familien auf oder besuchen Selbsthilfegruppen (vgl. Kallenbach 1999, 70; Eckert 2002, 52).

„(...) Und es kamen aber auch, muss ich auch dazu sagen, es kamen noch neue Freundschaften dazu. (...) Es sind sehr viele mit Familien mit behinderten Kindern, ganz logisch, weil du dort die gleichen oder oftmals die gleichen Themen hast, die gleichen Sorgen und Nöte, aber die gleichen Freuden oder schöne Aufenthalte im Kinderhospiz zum Beispiel." (Interview A, Abs. 114)

Eine zusätzliche Schwierigkeit im Kontakt mit dem Umfeld ergibt sich aus der progredienten Erkrankung des Kindes selbst. Nicht nur die offensichtliche körperliche und/oder geistige Beeinträchtigung eines progredient erkrankten Kindes, sondern auch die mit der progredienten Erkrankung untrennbar verbundenen Tabuthemen Sterben und Tod stoßen im Umfeld häufig auf Ablehnung und Unverständnis (vgl. Jennessen 2007, 15).

„Wenn du mit ‚normal Sterblichen' sprichst über Tod, das ist immer noch ein Tabuthema und gerade bei Kindern, das wollen wir nicht hören. Es ist ja auch so, wenn du so ein schwerkrankes Kind hast, die ersten Wochen wird noch gefragt: Wie geht es denn? Aber dann irgendwann muss auch mal gut sein, ne? Dann reicht es auch mal. Das gibt es ja eigentlich nicht, dass ein Kind wirklich so krank ist. Da können viele ganz schlecht mit umgehen." (Interview B, Abs. 129–131)

Das den Eltern gegenüber geäußerte Mitleid[88] von Seiten des Umfeldes wird von der Interviewperson E als unangenehm und verletzend empfunden.

„Und es, es verändert ja auch den Umgang der anderen Menschen miteinander, man wird ja wirklich dann auf das Kind und auf die Pflege reduziert, nicht so, wie geht's denn dem Kind und so und dann hat man immer das Gefühl, egal oder bei, zumindest bei den meisten, die man so trifft, dass sie irgendwie den Eindruck haben, man hat die Megaarschkarte gezogen. Man wird dann so mitleidig behandelt, das ist so unangenehm, das ist doch ein bisschen heftig." (Interview E, Abs. 395)

Einige Großeltern haben große Probleme im Umgang mit der progredienten Erkrankung des Enkels und der damit verbundenen Konfrontation mit der thanatalen Thematik. Dies ist häufig abhängig von der eigenen Lebensgeschichte.

„Und ich habe Riesenprobleme gehabt und dann hab ich gesagt, ich möchte ein Gespräch mit dem Arzt, mit meinen Eltern, mit seinen Eltern und mit uns als Eltern. Und der Arzt soll einfach mal sagen, was MPS ist und wie das verläuft und dass man da ein bisschen mehr Verständnis bekommt. Von meiner Familie war es glaub ich, ich hab gesagt, um das nicht so in die Schiene zu bringen, ihr seid diejenigen, die das nicht kapieren, alle miteinander. Und wir waren zusammen und der Arzt hat das erklärt und alle gucken betroffen und die Schwiegermutter machte ein paar Mal zwischendurch irgendwelche Bemerkungen, wo ich gedacht hab, die versteh"s nicht. Und der Schlusssatz von ihr war zu dem Arzt: Aber die muss doch hören! Und so zieht sich das ganze Thema Schwiegereltern durch die Krankheit. So wie damals dieser eine Satz war, vergesse ich niemals in meinem Leben, so zieht sich das da durch." (Interview A, Abs. 911)

Auch das weitere Umfeld, also die Nachbarschaft und Öffentlichkeit, reagiert oft eher abwehrend und ausweichend in Bezug auf die progrediente Erkrankung des Kindes. Die progrediente Erkrankung wird nicht gesehen und/oder in der Interaktion verschwiegen. Für die Eltern wäre es positiver, wenn ihnen von ihrem Umfeld ehrliches Interesse und der Mut, sie direkt anzusprechen, entgegengebracht würden. Dies spiegelt die Tatsache wider, dass die Themen Sterben und Tod in Bezug auf Kinder und Jugendliche Tabuthemen in der Gesellschaft sind und eine große Unsicherheit hinsichtlich des Umgangs mit diesen vorherrscht (vgl. Jennessen 2007, 15f.).

---

[88] Mitleid hat in den verschiedenen Fachdisziplinen unterschiedliche Bedeutungen und wird dementsprechend unterschiedlich bewertet Im Grimm'schen Wörterbuch ist das Wort „mitleiden" ursprünglich als Tätigkeit gemeint, im Sinne von das Leiden mit anderen teilen. Im 19. Jahrhundert wurde das Wort als Substantiv gebraucht und bezeichnet zunehmend die Teilnahme am fremden Leiden in der eigenen Empfindung und den Besitz eines Gefühls, das man hat (vgl. Gottwald/Dederich 2009, 302ff.).

„Das kennen die anderen wiederum nicht und oftmals im Gespräch, ja gut wir gehen ins Kinderhospiz, ja was macht ihr denn da, was ist denn da und dann sind das fünf, sechs Sätze und dann merkst du schon, wie das Thema irgendwie schwenkt und plötzlich ist was ganz anderes aktuell. Also ich hab auch manchmal das Gefühl, man will da auch nicht so wahnsinnig einsteigen, weil es ist doch Hospiz, Kinderhospiz, Tod." (Interview A, Abs. 116)

Urlaubsplanung
Die Urlaubsplanung verlangt von den Familien eine organisatorische Höchstleistung, da vieles im Vorfeld bedacht und geplant werden muss. Daher kann mit der Urlaubsplanung auch ein hoher Stress- und Belastungsfaktor verbunden sein.

„Mit Mike in einen Urlaub zu fahren, das ist eine organisatorische Höchstleistung. Es sieht aus wie ein Umzug, weil man einfach divers viel mitnehmen muss. Man muss immer sehr viel bedenken und man muss jedes Notfallmedikament dabei haben und, und, und. Die ganze Frage, die immer darüber schwebt ist: Was passiert, wenn? Also muss man ganz viel gesunden Optimismus jedes Mal mitbringen und es ist eigentlich auch jedes Mal schiefgelaufen. Er ist immer krank geworden. Wir sind mit den letzten Sauerstoffreserven nach Hause gefahren, und es war nicht erholsam." (Interview K, Abs. 212)

Zusammenfassung
Es ergeben sich für das Familienleben, neben der Herausforderung für die Paarbeziehung und die innerfamiliäre Rollenverteilung, des progredienten Verlaufs der Erkrankung und dem damit verbundenen hohen Betreuungs- und Pflegebedarf, noch weitere Belastungsfaktoren.
Der in der Literatur beschriebene Schockzustand einer lebensverkürzenden Diagnose konnte durch Aussagen betroffener Eltern bestätigt werden. Eine weitere Belastung betrifft den Zeitpunkt der Diagnosestellung, da lebensverkürzende Erkrankungen häufig erst im Kleinkindalter diagnostiziert werden, wenngleich diesbezügliche Vermutungen häufig bereits vorher existieren. Viele Eltern leben demnach eine lange Zeit mit einer Ungewissheit, die den Gesundheitszustand und die Prognose ihres Kindes betrifft. Zudem werden die meisten Familien mit hohen, finanziellen Belastungen konfrontiert, die sich aus der Erkrankung des Kindes und der benötigten medizinisch-pflegerischen Hilfsmittel ergeben. Außerdem birgt eine progrediente Erkrankung des Kindes auch die Notwendigkeit der Suche nach adäquatem und kompetentem Pflege- und Betreuungspersonal, da auch die Hauptpflege- und Bezugsperson zeitweise entlastet werden will und muss. Außerdem bedeutet eine progrediente Erkrankung eines Kindes auch eine Veränderung im Hinblick auf das Umfeld der Familie. Häufig ist ein Wegbrechen des sozialen Netzwerkes zu verzeichnen, das aus dem Unverständnis, der Unwissenheit und den Berührungsängsten des Umfeldes in Bezug auf Krankheit, Sterben und Tod resultiert. Es können aber auch neue Beziehungen und Netzwerke entstehen, die die Familien als bereichernd und unterstützend erleben. Außerdem ist die Urlaubsplanung für Familien häufig mit einem hohen organisatorischen Aufwand verbunden.
Es ist in diesem Zusammenhang bedeutsam, die gesellschaftliche Stigmatisierung und Tabuisierung der Themen Behinderung, Krankheit und Tod herauszustellen, denen betroffene Familien häufig begegnen. Hier kann die Kinderhospizarbeit durch Öffentlichkeitsarbeit einen wesentlichen Beitrag zur gesellschaftlichen Enttabuisierung und Öffnung beitragen.

C Geschlechtsspezifische Belastungsfaktoren und deren Bewältigung
Dass der Umgang mit der neuen Situation von Frauen und Männern unterschiedlich sowie geschlechtsspezifisch gestaltet sein und auch die Verarbeitung und Bewältigung dieser neuen Situation divergieren kann, zeigen die Aussagen der befragten Eltern in den Experteninterviews, die in den folgenden beiden Kapiteln dargestellt werden.

Belastungsfaktoren für die Mutter und deren Bewältigung
In vielen Fällen sind die Mütter nach der Geburt des progredient erkrankten Kindes die Hauptpflege- und Bezugspersonen. Sie stellen häufig ihre eigenen beruflichen wie auch privaten Interessen zurück,

während der Partner berufstätig ist (vgl. Thimm 2002, 100; Seifert 2003, 45; vgl. Kap. II 4). Dies geht auch aus den Aussagen der befragten Personen in den Experteninterviews hervor.

„Es sind fast immer die Mütter. Genau, wie auch immer die Mütter überbleiben, wenn die Beziehungen auseinandergehen." (Interview E, Abs. 351–353)

Einige Mütter sind weiterhin berufstätig. Sie erleben aber in ihrem beruflichen Leben viele Nachteile, die sowohl genderspezifisch als auch durch ihre spezielle Situation als Mutter eines progredient erkrankten Kindes bedingt sind (vgl. Seifert 2003, 45; Cloerkes 2001, 243f.). Die Berufstätigkeit der Mutter erfordert viel Organisations- und Logistiktalent, da die zeitlichen Freiräume äußerst begrenzt sind. Dies betrifft insbesondere alleinerziehende Mütter.

„Da hab ich noch eine Stunde, zwei verkürzt, also hatte wirklich das Glück, von einer vollen Stelle auf ne 80 Prozentstelle runterzugehen, wo ich jetzt auch seitdem bin, also ich arbeite ja immer noch sechs Stunden am Tag, also 30 Stunden die Woche (...). Aber bis dato bzw. auch hinterher, als er dann im Kindergarten war, hatte er eine Tagesmutter (...) bis ich dann eben von der Arbeit kam. (...) Aber noch klappt es eben ganz gut, da kann ich ihm dann auch noch gerecht werden, das ist natürlich dann auch die Hauptsache noch für mich. Und dadurch sind wir eben einfach auch unabhängig." (Interview F, Abs. 50, 60)

In den meisten Fällen stellen aber die Mütter die eigene berufliche Entwicklung und Karriere zugunsten der Pflege und Begleitung des erkrankten Kindes zurück.

„Das war vorher komplett anders, also da haben wir beide Teilzeit gearbeitet und haben uns das ziemlich aufgeteilt, weil wir auch so recht gleichwertige Berufe haben. Ja und für mich bedeutete das einfach, beruflich halt erstmal dann nicht wie bei Roberts Schwester nach einem Jahr wieder zumindest in Teilzeit arbeiten zu können, sondern da steht jetzt an, wenn Robert einen Kindergartenplatz bekommen sollte, halt wieder einsteigen zu können, also einfach so diese drei Jahre jetzt pausiert zu haben, aber natürlich auch in Zukunft halt ganz anders nur arbeiten zu können, also überhaupt nicht mehr so mit dem Ziel, noch ja irgendwie sehr viel arbeiten zu können, sondern nur, nur sehr, sehr reduziert." (Interview C, Abs. 14)

Die Mutter-Kind-Beziehung ist durch die intensive Betreuung und Pflege in vielen Fällen sehr eng und symbiotisch, sodass es einigen Müttern schwerfällt, das Kind loszulassen.

„Also so intensiv war das, Hammer, also naja und von daher kann man nicht sagen okay, ja also mein Mann sagt dann man manchmal. Ja, du hattest so wenig Zeit für mich und dies und das, aber dann denk ich immer so, es ist nicht, weil ich so obsessiv davon von Maja Besitz ergreifen wollte sondern es war einfach schwer anders möglich. Und ich bin da kaum rausgekommen, also es hat mich so gepackt." (Interview E, Abs. 115)

Der Prozess der Verarbeitung und Bewältigung der betroffenen Mütter beginnt in den meisten Fällen direkt nach der Diagnosestellung, da die lebensverkürzende Diagnose ihres Kindes ein großer Schock für die Mütter ist. Sie müssen sich bereits früh von den Erwartungen an eine normale Entwicklung und demnach auch von einer normalen Kindheit und einem langen Leben verabschieden (vgl. Thimm/Wachtel 2002, 12; Jonas 1994, 33; vgl. Kap. II 4).

„Da war es raus, was das Kind hat, mit einer Hautbiopsie noch mal belegt, und dann stehst du natürlich als Familie vor einem riesen Scherbenhaufen, Land unter, Erde tu dich auf und lass mich rein. Man ist total von der Rolle, man ist einfach nur geschockt und denkt, das kann nicht sein und die spricht noch und die läuft noch und die soll irgendwann nicht mehr sprechen und irgendwann nimmer laufen und irgendwann immer steif im Bett liegen und sich nicht mehr bewegen können, unvorstellbar.

Absolut unvorstellbar." (Interview A, Abs. 28–32)

Als Reaktion auf die Diagnose, die den Lebensplan der Familie und insbesondere den der Mütter radikal verändert, leugnen einige Mütter auch die Wahrheit.[89]

„(...) Ich hab gesagt, ihr habt die Röntgenbilder vertauscht. Ich sag, meine Tochter ist gar nicht krank, was habt ihr denn und guckt sie doch mal an und so, ne, und ich sag, die ist ja gar nicht." (Interview D, Abs. 30)

Die Annahme der Diagnose des Kindes ist für einige Mütter sehr schwierig, und es kann zu ambivalenten Gefühlen gegenüber dem Kind kommen. Diese Ambivalenz äußert sich darin, dass neben Gefühlen der Zuneigung und Liebe zu ihrem Kind auch Gefühle der Wut, Enttäuschung und Ablehnung auftreten und daraus im Extremfall der Gedanke resultiert, das Kind medizinisch nicht zu versorgen und den damit verbundenen verfrühten Tod in Kauf zu nehmen (vgl. Jonas 1994, 74; Fröhlich 1993, 256).

„Also wir haben auch eine Ärztin (...) damals in der Ambulanz kennengelernt, die mehr oder weniger zu mir gesagt hat, ihr Kind ist so retardiert, der kriegt sowieso nichts mit. Und denn hab ich wirklich, wir sind dann nach Hause gefahren, und ich hab dann gedacht, ja, also eigentlich kannst du das Kind ja zu gar nichts gebrauchen, also macht's ja auch nichts, wenn du's nicht versorgst, im Prinzip wird ja nichts machen, macht man natürlich nicht aber theoretisch wäre das die Schlussfolgerung daraus gewesen." (Interview H, Abs. 55)

Die Trauer nach der Diagnose bezieht sich auch auf die Erfahrung, kein gesundes Kind geboren zu haben.[90] In vielen Fällen sind die Mütter in dieser ersten Zeit der Trauer auf sich gestellt und werden mit ihrer Trauer alleine gelassen.

„Es hat uns alle umgehauen. Es war wie ein Jahr Trauer. Also es war wirklich gut ein Jahr, da sind wir da gar nicht rausgekommen, da waren wir nur verzweifelt, da waren wir, ich war eigentlich den, den guten Teil des Tages war ich am Füttern und ansonsten, ja, und am Pflegen und am Durchbewegen und am Massieren und so weiter, weil sie ja eben gar keine eigene Aktivität quasi hat, ja, und das war so um die Zeit, da war sonst nichts. Und rückblickend find ich das ist viel verlangt." (Interview E, Abs. 95)

In einen Austausch mit anderen Müttern, die auch betroffen sind, zu gehen, kann in dieser Situation entlasten (vgl. Cloerkes 2001, 54). Dieser Austausch von Betroffenen findet in den meisten Fällen im Krankenhaus oder auch im Kinderhospiz statt, da sich die Familien in diesen Institutionen häufig längere Zeit aufhalten und somit Kommunikations- und Begegnungsoptionen bestehen.

„Und dann hab ich gedacht, nee, also du musst da mal ins Hospiz und mal wieder mit Leuten sprechen. Das hat mir im Krankenhaus auch immer gut getan, mit betroffenen Müttern mal zu sprechen. Ja und dann hab ich gesagt, ich fahr dahin, und mein Mann wollte eigentlich gar nicht." (Interview G, Abs. 192)

Die Interviewperson C ist der Meinung, dass es erst möglich wird anderen Betroffenen zu helfen, wenn man sich selbst mit der Situation auseinandergesetzt hat.

„Also wir sind jetzt auch in keiner Selbsthilfegruppe oder anderen Organisation und ja wobei jetzt kommt langsam so die Zeit, wo, wo ich so denke, ach, mittlerweile haben wir uns so mit diesem Thema

---

[89] Dies ist einer der vier Abwehrmechanismen, die häufig nach der Diagnose einer Behinderung zum tragen kommen und dazu dienen, das innere Gleichgewicht wieder herzustellen (vgl. Cloerkes 2001, 236f.; vgl. Kap. II 4).
[90] Jonas spricht von einem dreifachen Verlusterleben der Mütter (vgl. Jonas 1990, 41ff.).

befasst, dass es vielleicht auch ganz schön ist da, nicht unbedingt zur eigenen Unterstützung andere zu treffen, sondern eher sich da auch so ein bisschen gesellschaftlich zu engagieren in dem Bereich, weil man natürlich viel mehr die Mängel erkennt, wenn man selber betroffen ist." (Interview C, Abs. 116)

Trotz der vorhandenen Unterstützung und der zunehmenden Bewältigung der Situation berichten die Mütter über immer wiederkehrende belastende Tage, an denen sie eine Ausweglosigkeit und tiefe Erschöpfung empfinden. Wenn diese Belastung zunimmt und dauerhaft anhält, können Mütter auch Depressionen oder andere psychische Störungen entwickeln (vgl. Praschak 2003, 35).

„Man hat ja auch mal einen Depri-Tag und du sagst: Ich möchte am Liebsten nur mit Mike auf der Couch sitzen und heulen und unser armes Schicksal beweinen." (Interview K, Abs. 124)

Die mit der progredienten Erkrankung des Kindes einhergehende Beschäftigung mit den Themen Sterben, Tod und Trauer wirkt sich aber auch auf die eigene Einstellung zum Leben und Sterben positiv aus. Mütter lernen, mit den eigenen Ängsten besser umzugehen.

„Also das ist, das gibt dann auch irgendwie so ein eigenes Selbstbewusstsein. Früher hat man gesagt, oh was wäre, wenn du jetzt irgendwie, weiß ich nicht, du wärst jetzt unheilbar an Krebs erkrankt. Oh, wie schlimm! Wie willst du damit umgehen? Und heute habe ich das für mich ganz klar, wie ich damit umgehe oder viel klarer. Ich weiß nicht, in der Situation ist es nun wieder anders. Man steckt ja auch drin. Aber es ist, man ist vielleicht ein bisschen anders vorbereitet." (Interview E, Abs. 451–453)

Die Interviewperson G gibt eine retrospektive Einschätzung ihrer Erfahrung mit der Verarbeitung der Situation. Sie schildert, dass sie sich schon in verschiedenen Stadien der Bewältigung befunden hat. Diese Stadien beinhalteten auch einige Extremsituationen.

„Also ich hab mich ja gefühlsmäßig in ganz verschiedenen Stadien schon befunden, ja und zu Extremsituationen. Dann hab ich auch oft gedacht, ob man das nicht aufschreiben sollte. Und dann hab ich mir überlegt, nee, wenn du diese Situation überwunden hast, dann möchtest du auch nicht unbedingt dran erinnert werden. Also man kann das feiern, seine Situation, aber es ist auch gut, wenn man vergisst." (Interview G, Abs. 936)

Belastungsfaktoren für den Vater und deren Bewältigung
Durch den erhöhten Pflegebedarf des progredient erkrankten Kindes widmet sich in den meisten Familien ein Elternteil der Pflege und Begleitung des Kindes. In vielen Fällen ist es die Mutter, unabhängig von der innerfamiliären Rollenverteilung vor der Geburt. Für den Vater bedeutet diese Situation häufig, dass er zum Alleinverdiener wird. Dies impliziert einerseits mehr Druck in Bezug auf die Alleinverdienerrolle und andererseits weniger Zeit, um zu Hause zu sein, dort an der Pflege des Kindes beteiligt zu sein und eine Beziehung zum progredient erkrankten Kind und den Geschwistern aufzubauen (vgl. Kallenbach 1997, 35; Pelchat et al. 2003, 237f.; vgl. Kap. II 4).
Die folgenden Aussagen von Müttern über die Väter ihrer erkrankten Kinder aus den Experteninterviews[91] geben Aufschluss darüber, wie sich die Männer aus Perspektive ihrer Frauen mit der Situation und der Trauer auseinandersetzen und diese bewältigen.

„Für meinen Mann hat sich das verändert insofern, als es dann klar war, durch die Behinderung von Robert, dass ich erstmal nicht sehr schnell wieder in meinen Beruf einsteigen kann, sondern er vielmehr gezwungen ist, allein das Geld nach Hause zu bringen und er ist selbständig und hat dann, ja, sehr viel mehr in Bereichen gearbeitet, wo er vorher immer gesagt hat, dass das nicht unbedingt so, dass er das macht zum Geld verdienen, aber halt auch noch andere Sachen, die Spaß machen nebenher machen will, also eigentlich hat er einen recht kreativen Beruf und hat das dann eben total zu-

---

[91] Leider wurden hierzu von den männlichen Interviewpartnern keine Äußerungen gemacht, sodass nur die Aussagen der Frauen über ihre Männer vorliegen.

rückgestellt. Und von daher ist das für ihn auch eine ganz, ganz massive Veränderung auch, auf einmal Alleinverdiener zu sein, das war vorher komplett anders, also da haben wir beide Teilzeit gearbeitet und haben uns das ziemlich aufgeteilt, weil wir auch so recht gleichwertige Berufe haben." (Interview C, Abs. 14)

Der Prozess der Verarbeitung der Diagnose und der Bewältigung der neuen krisenhaften Lebenssituation und der Trauer erfolgt bei Männern häufig anders als bei Frauen. In vielen Fällen reagieren sie sachlicher auf die Diagnosestellung, oder es kommt zu verschiedenen Abwehrmechanismen, wie zur Intellektualisierung, Rationalisierung oder der Verleugnung der Behinderung (vgl. Kallenbach 1997, 26; vgl. Kap. II 4). Dennoch ist auch für sie die lebensverkürzende Diagnose ihres Kindes zunächst ein Schock.

„Ich habe das schon immer gleich so ausgesprochen, was ich meine, und da konnte mein Mann gar nicht mit umgehen. Für meinen Mann ist damals auch eine Welt zusammengebrochen. Für mich auch, aber anders, ich hatte ja auch ganz andere Möglichkeiten, dadurch, dass ich mit ihm 24 Stunden zusammen bin, kann ich das sehr viel besser aufarbeiten als jemand, der natürlich arbeiten gehen muss und dann nur ein paar Stunden da war." (Interview B, Abs. 143)

Die Verarbeitung der Diagnose erfolgt, wie die Schilderungen der Interviewperson C zeigen, bei Männern in vielen Fällen eher auf einer rationalen Ebene (vgl. Hinze 1992, 136ff.; Kallenbach 1997, 31). Es fällt vielen Vätern schwer, die mit der Diagnose verbundene neue Lebenssituation anzunehmen und damit umzugehen.

„Sprechen konnten wir sehr offen darüber, aber es anzunehmen, war, war sehr, sehr schwierig. Also das war, ja, insbesondere für meinen Mann ganz schwierig, weil Robert ja auch noch sehr klein war und einfach die Bindung zu ihm aufzubauen, war natürlich viel schwieriger als zu einem gesunden Kind, weil er halt nie durch Mimik oder Gestik signalisieren konnte, dass ja ein ganz enger Bezug auch zum Vater da ist. Und das hat schon einige Monate gedauert. Also mein Mann ist total offen und extrem kinderlieb und so und dadurch hat es dann auch funktioniert, aber wo ich so gedacht hab, das muss für, ja, Väter, die da nicht so offen sind und so bereit, das anzunehmen, ganz, ganz schwierig sein." (Interview C, Abs. 10)

Väter von progredient erkrankten Kindern haben häufig, wenn die Mutter die Hauptbezugsperson für das Kind ist, eine größere Distanz zu ihren Kindern. Ihnen bleibt demnach auch weniger Zeit für die Bewältigung der Situation und auch weniger Zeit für einen Beziehungsaufbau zum Kind (vgl. Hinze 1999, 96ff. und 1992, 136f.; Kallenbach 1997, 31).
Die Interviewperson A schildert, dass ihr Partner sich überwiegend organisatorischen Aufgaben widmet und weniger Interesse an Beschäftigung mit thanatalen Aspekten zeigt. Einige Väter neigen dazu, die Thematisierung von belastenden Themen zu vermeiden und ihre Gefühle zurückzuhalten (vgl. Hinze 1992, 136ff.). Die Auseinandersetzung mit thanatalen Themen beschäftigt einige Frauen hingegen sehr und sie wünschen sich den Partner als Gesprächspartner, der ihre Interessen und Wünsche bzgl. der Auseinandersetzung mit diesen Aspekten teilen soll.

„Der konnte bis zum heutigen Tag, konnte und kann, sag ich immer, bis zum heutigen Tag nicht über die Krankheit reden. (...). Er hat immer wirklich mitgemacht, mitgeholfen, immer das Tagesgeschäft, sag ich mal einfach, das was anstand und diese normalen Dinge, aber nie so, wie geht das denn, wie sieht es innen drinnen wirklich aus und das konnte ich mit ihm auch nicht, da hab ich mir andere Leute gesucht, mit denen ich da reden konnte und die das auch geschafft haben, aber er eigentlich nicht." (Interview A, Abs. 348)

„Ich glaub, es gibt da, weiß nicht, ich weiß es nicht, ob das ein bisschen Selbstschutz ist, keine Ahnung. Ich hab's ab und an mal probiert, irgendwann hab ich gedacht, wenn er nicht will, muss ja

nicht, er hat seinen Schwerpunkt eben bei anderen Dingen." (Interview A, Abs. 349–350)

In einigen Fällen, wie das Beispiel der Interviewperson F zeigt, kommt es nach der Diagnosestellung zu einem Kontaktabbruch von Seiten des Vaters zum Kind und somit auch zu einer Trennung von der Mutter, da der Vater mit der Diagnose und der veränderten Situation emotional nicht umgehen kann.

„Ja, der hat sich also komplett rausgezogen aus der Verantwortung und aus der Situation, obwohl er eben vorher die zwei Jahre mit ihm zu Hause war. Also er kam da überhaupt nicht mit klar und ist dann komplett weg." (Interview F, Abs. 20)

Es wird deutlich, dass die unterschiedliche und häufig auch geschlechtsspezifisch geprägte Auseinandersetzung mit der veränderten Lebenssituation auch zu einer Veränderung in der Partnerschaft führen kann.

Belastungsfaktoren für die Partnerschaft und deren Bewältigung
Die Partnerschaft der Eltern wird durch die progrediente Erkrankung des Kindes vor eine neue Herausforderung gestellt (vgl. Eckert 2002, 43f.). Bedingt durch den hohen Zeitaufwand für die Pflege und Betreuung des Kindes haben die Eltern in vielen Fällen weniger Zeit für sich als Paar. Die getrennten Lebens- und Tätigkeitsbereiche des Elternpaares können diese Entfremdung fördern, wodurch das Gefühl entstehen kann, nebeneinander her zu leben (vgl. Kallenbach 1997, 19ff.; Hinze 1999, 96ff.; vgl. Kap. II 4). Die Aussagen der Interviewpersonen aus den Experteninterviews verdeutlichen diese Problematik.

„Und, ja dann eben auch für die Partnerschaft einfach eine irrsinnige Belastung, so diese erste Phase." (Interview C, Abs. 10)

„Manche leben, glaube ich, auch so ein bisschen aneinander vorbei, weil auch nicht die Zeit bleibt für die Beziehung." (Interview G, Abs. 898)

Die wenigen Freiräume für das Paar müssen durch den Einsatz von Pflegekräften und weiteren Betreuungspersonen organisatorisch geschaffen werden.

„Und jetzt haben wir über diese Möglichkeit der Verhinderungspflege eine Heilerziehungspflegerin, die alle zwei Wochen abends Babysitting macht, damit wir weggehen können. Wo wir gesagt haben, das sind so unsere Freiräume als Paar und die jetzt eben auch tagsüber stundenweise kommt (...)" (Interview C, Abs. 172)

Die Mütter als Hauptbezugs- bzw. Pflegepersonen sind durch die intensive Pflege und Begleitung zeitlich meist stark eingebunden. Eigene Freiräume können nur mit Hilfe zusätzlicher Betreuungspersonen organisiert werden. In einigen Fällen übernehmen dies andere Familienmitglieder oder es ist der Einsatz von Fachkräften notwendig, die eine angemessene und bedürfnisgerechte Versorgung des Kindes gewährleisten können.

„Also man ist einfach, ja viel zu Hause. Die Kinder sind ja wie rohe Eier, oft kann man gar nicht raus, oft ist sie gar nicht im Kindergarten, sodass ich dann wirklich auf die Kinderkrankenschwestern setzen muss, die für sie kommen, um überhaupt einkaufen zu können oder solche Geschichten." (Interview E, Abs. 29)

Durch die unterschiedliche und geschlechtsspezifische Verarbeitung der Situation von Müttern und Vätern (vgl. Hinze 1999, 17f.) kann es zu Konflikten, Entfremdung und Einsamkeit kommen, oder schon vorhandene Konflikte können durch die neue Belastung verstärkt werden (vgl. Jonas 1994, 108f.; Seifert 2003, 48ff.).

„Also es ist immer nur die Mutter, die bleibt, und ob der Vater bleibt, das ist ne zweite Geschichte. Wenig bleiben. Und es ist auch für eine Beziehung sehr belastend. Irgendwann sind auch beide so überlastet, dass man sich Vorwürfe macht, du könntest ja auch mal aufstehen oder dies und jetzt hast du auch noch Herzrasen. Fang du nicht auch noch an. Das kann ich jetzt nicht auch noch gebrauchen. Und du kümmerst dich gar nicht, wenn's mir schlecht geht und lass mich doch in Ruhe so, also es ist schon belastend." (Interview G, Abs. 892–896)

In einigen Fällen ist eine Trennung der Eltern die Folge der sich verstärkenden Konflikte und in den meisten Fällen bleiben die Mütter alleine mit dem Kind zurück. Alleinerziehende Mütter von behinderten oder progredient erkrankten Kindern sind besonders stark belastet, da die Verantwortung und Versorgung des Kindes von ihnen allein getragen wird (vgl. Praschak 2003, 35; Sarimski 1996, 323).

„Ja, der hat sich also komplett rausgezogen aus der Verantwortung und aus der Situation, obwohl er eben vorher die zwei Jahre mit ihm zu Hause war. Also er kam da überhaupt nicht mit klar und ist dann komplett weg." (Interview F, Abs. 20)

Für einige Elternpaare kommt eine Trennung nicht in Frage und die gegenseitige Unterstützung in der belastenden Lebenssituation überwiegt die konfliktreichen Aspekte der Beziehung. Hier wird ersichtlich, dass eine progrediente Erkrankung auch positive Auswirkungen auf die Paarbeziehung haben und diese stärken und festigen kann.

„Nein, nein, wir haben uns nicht getrennt und wir haben's auch nicht vor. Wir wollten gern noch zumindest die 50 Jahre voll machen. Wir sind jetzt 20 Jahre verheiratet." (Interview H, Abs. 71–75)

Studien aus Deutschland und den USA unterstreichen diese Aussage, da es bei Paaren mit behinderten oder chronisch erkrankten Kindern zu weniger oder gleich vielen Scheidungen kommt als bei Paaren mit nicht behinderten Kindern. Die Familienverhältnisse von Familien mit behinderten oder chronisch erkrankten Kindern sind ebenso funktionstüchtig wie die von Familien mit gesunden Kindern (vgl. Krause 1997, 79; Lightsey/Sweeney 2008, 212).
Es lässt sich folgern, dass die Geburt eines progredient erkrankten Kindes einerseits eine destabilisierende Wirkung auf eine Partnerschaft haben kann, diese andererseits aber auch stabilisieren kann. Der vermutete Zusammenhang zwischen einer Behinderung eines Kindes und erhöhten Scheidungsraten ist bei diesen Familien nicht gegeben. Vielmehr scheinen sich bereits existierende Paardynamiken durch die Herausforderung des Lebens mit einem lebensverkürzend erkrankten Kind sowohl positiv als auch negativ zu intensivieren.

Belastungsfaktoren für die Geschwister und deren Bewältigung
Ein Ergebnis der vorliegen Studie ist, dass viele Familien mit einem progredient erkrankten Kind weitere Kinder haben. Die Geschwister des progredient erkrankten Kindes sind zum größten Teil gesund bzw. nicht progredient erkrankt.
Nicht nur für die Eltern, sondern auch für die Geschwister verändert sich die Lebenssituation durch die Geburt eines progredient erkrankten Kindes bzw. eine entsprechende Diagnose. Schwester und/oder Bruder eines chronisch erkrankten Kindes zu sein, beinhaltet sowohl positive als auch negative Aspekte und kann sich demnach stabilisierend, aber auch destabilisierend auf die Entwicklung des Geschwisters auswirken. Geschwister eines progredient erkrankten Kindes zu sein, bedeutet früher mit Leid und Krankheit als andere Kinder konfrontiert zu werden. Geschwister progredient erkrankter Kinder müssen zudem früh lernen, Rücksicht zu nehmen und Verantwortung zu übernehmen (vgl. Achilles 2003, 64 und 2005, 42). Positive Auswirkungen sind zum Beispiel eine größere Empathiefähigkeit, eine frühere emotionale Reife oder auch eine starke emotionale Bindung an das erkrankte Geschwister (vgl. Henkel/Stahl 2008, 429ff.; vgl. Kap. II 4.4).
Dass die Eltern durch die aufwändige Pflege des progredient erkrankten Kindes zeitlich und psychisch so stark eingebunden sind und dadurch in vielen Fällen weniger Zeit und Aufmerksamkeit für die Ge-

schwister verbleibt (vgl. Achilles 2005, 42; Henkel/Stahl 2008, 430), wird auch von den Interviewpersonen in den Experteninterviews bestätigt.[92]

„Ja, also die Tage waren wirklich zu kurz und vor allen Dingen hatte ich einfach fast überhaupt keine Zeit mehr für die Kinder. Für mich selber gar nicht, aber für die Kinder auch nicht. Und das fand ich auch sehr schlimm also, weil ich da eigentlich immer sehr viel Wert draufgelegt habe und, ja, manchmal, wenn ich dann so, so alte Urlaubsbilder sehe, jetzt kurz bevor Maja geboren wurde oder so, dann das kann ich heute kaum aushalten. Wie anders das war, wie unkompliziert es war und wie auch so dieses, die Leichtigkeit." (Interview E, Abs. 12–129)

„(...) Aber natürlich hat sie damit zu kämpfen, dass ihr Bruder anders ist und eine ganz starke Außenseiterposition hat. Ja, das übliche halt. Die enorme Aufmerksamkeit, aber bei ihr kann man halt nicht von Veränderung, weil's kein Vorher gab für sie, sprechen." (Interview C, Abs. 14)

Den meisten Eltern progredient erkrankter Kinder ist es wichtig, ihre Kinder gleich zu behandeln. Achilles merkt in diesem Kontext an, dass sich das in der Praxis nicht oder nur sehr schwer durchführen lässt. Zum einen weil alle Kinder einmalig sind und andere Bedürfnisse haben und zum anderen weil das progredient erkrankte Kind als „Sorgenkind" der Familie häufig im Mittelpunkt des Familienlebens steht und daher auch mehr Aufmerksamkeit als die Geschwister bekommt (vgl. Achilles 2003, 60f.).
Dennoch bemühen sich viele Eltern, wie die folgende Aussage zeigt, etwa durch gemeinsame Unternehmungen mit den Geschwistern ihnen soviel Zuwendung und Beachtung wie möglich zukommen zu lassen.

„Dann nehme ich ihn oft mit, wenn irgendwas ist, bei den Kindern zum Beispiel, schön ist das nicht. Die Kinder, wenn die irgendwelche Schulveranstaltungen haben oder so ist das auch schwierig mit Jonas zusammen. Wir machen das dann, aber ich bin dann natürlich längst nicht so entspannt, weil ich natürlich ein Ohr immer bei Jonas habe und dann die ganzen Kinder um ihn rum, das regt ihn dann auf. Natürlich muss er das irgendwo aushalten, aber man selber ist schon angespannter." (Interview B, Abs. 201)

Durch die Konfrontation mit der Erkrankung des Geschwisters und den Aspekten Krankheit und Tod (vgl. Henkel/Stahl 2008, 430), kann es dazu kommen, dass Geschwister massive Ängste entwickeln. So kann beispielsweise die Angst entstehen selbst behindert zu werden oder zu erkranken (vgl. Achilles 2005, 42f. und 2003, 65f.; Bogyi 1996, 165).

„Ja und gestern Abend lag er wieder im Bett und sagt, warum müssen denn alle sterben, dass ist doch nicht, ja ich sag, Christian, das muss man wissen, wenn man irgendwas zum Leben bringt, muss man auch wissen, dass es irgendwann zu Ende ist. Weißt du, dann ist der Körper auch nicht mehr in der Lage zu leben und dann ist das auch gut so. Ja, ja. Dann war ein Kind, das hatte z.B., Kind ist gut, die war 20, die war mit acht angefahren worden vom Bus und lag dann da eigentlich im Sterben, aber über Monate hin und die Mutter hatte auch Krebs. Das war schon bei unserem ersten Aufenthalt so und im Herbst lag sie immer noch da und ist mittlerweile auch gestorben (...). Und das hatte den Christian sehr beschäftigt, weil man ja immer sagt, lauf nicht über die Straße, willst du totgefahren werden? Er hat natürlich auch viele Ängste. Das war dann so, dass er überhaupt nicht mehr über die Straße gehen konnte, weil er dann ganz ordentlich immer geguckt hatte. Und dann hatte er für sich 'ne Lösung und hat gesagt ja, ja ich pass ja auf, die X hat ja nicht aufgepasst. Ja, und dann haben sie ihm das letzte Mal erklärt, doch die X hat schon aufgepasst. Ja, aber dann der Busfahrer nicht. Doch, der hat auch aufgepasst, aber der konnte die nicht sehen. Jetzt haben wir wieder diesen Rückschlag, dass er wieder kaum über die Straße kommt. Nachher denkt er, ja vielleicht werde ich nicht gesehen oder

---

[92] Es handelt sich hierbei um Aussagen von Müttern der erkrankten Kinder über ihre weiteren Kinder, also die Geschwister des erkrankten Kindes.

vielleicht sehe ich nicht."(Interview G, Abs. 566)

Das Risiko für Geschwister progredient erkrankter Kinder in ihrer seelischen und körperlichen Gesundheit beeinträchtigt zu werden, ist laut Studien höher als bei anderen Geschwistern Es können aus den vorhandenen Ängsten auch Verhaltensauffälligkeiten entstehen (vgl. Petermann et al. 1987, 73; Tröster 1999,172; Henkel/Stahl 2008, 429; vgl. auch Kap. II 4.4.). Bestimmte Verhaltensweisen, wie zum Beispiel das „zu Hause bleiben und nicht weggehen wollen" von Geschwistern, werden von den Eltern auf die besondere familiäre Situation zurückgeführt. So können sich Geschwister für das progredient erkrankte Kind mit verantwortlich fühlen und nehmen übermäßig Rücksicht. Zum Teil besteht des Weiteren die Gefahr einer zu starken Identifikation mit dem erkrankten Geschwister (vgl. Achilles 2005, 42; Stahl/Henkel 2008, 430).
Die Interviewperson H hat diese oben beschriebenen Verhaltensweisen auch bei ihrem eigenen Kind feststellen müssen.

„(...) Also aber das ist so generell, glaube ich, das Problem von diesen Geschwistern von behinderten Kindern, dass die alle nicht so, so den Abstand zur Familie haben wie, wie die mit denen, die die nur gesunde Geschwister haben. Also das merkt man schon. Also ich hab ja auch Kontakt mit anderen Familien. Also meine Freundin, die ich im Hospiz kennengelernt habe, deren Tochter ist fast genauso alt wie Mareike und die haben das Gleiche. Die sitzt auch zu Hause und liest und, und ist bei der Familie und geht auch nicht so raus. Klar mal mit Freundin, Mareike geht auch, trifft sich heute auch mit Freundinnen, aber nicht so wie Gleichaltrige in einer anderen Lebenssituation." (Interview H, Abs. 7)

Ebenso können die häufigen Krankenhausaufenthalte des erkrankten Kindes bei den Geschwistern Ängste auslösen und einen weiteren Belastungsfaktor darstellen. Diese sind verbunden mit großen Unsicherheiten, da die Situation im Krankenhaus von Kindern nur schwer einzuschätzen ist. Daher ist es für gesunde Geschwister sehr wichtig, die Wahrheit bezüglich der Prognose und des Ausmaßes der Erkrankung des Geschwisters zu erfahren. Eltern sollten offene Gespräche mit ihren Kindern über die Erkrankung des Geschwisters führen, damit deren Ängste abgebaut werden können bzw. gar nicht erst aufgebaut werden müssen (vgl. Buckingham 1993, 134).

„So nach der Geburt war wieder alles ganz toll und super und dann, als das mit dem Herzstillstand gewesen ist, hat er ja lange auf der Intensivstation in Hamburg gelegen. Dann hat man so gemerkt, die Kinder waren hier, ich war alleine in Hamburg, und mein Mann ist immer gependelt, und dann merkte man so bei den Kindern, vor allen Dingen bei Karin, dass sie Angst hatte. Sie konnte sich das nicht vorstellen, was ist denn jetzt passiert." (Interview B Abs. 7)

Die belastende Situation und die Trauer der Geschwister können sich in einigen Fällen negativ auf schulische Leistungen auswirken (vgl. Henkel/Stahl 2008, 430). Die Schilderung der Interviewperson E bestätigt diese Annahme.

„Das war jetzt schon unbegreiflich auch irgendwie schwer zu akzeptieren. Also die Kinder sind da eigentlich jetzt gut mit umgegangen. Also die waren jetzt nicht irgendwie aufsässig oder so, aber ich hatte halt gemerkt, dass unser Sohn, unser Matthias war in der fünften Klasse, er war 11, der hatte in der Schule total versagt, der hatte das Schuljahr wiederholen müssen, ja und also da hat man schon gemerkt, dass es ihn umgehauen hat einfach. Es hat uns alle umgehauen. Es war wie ein Jahr Trauer." (Interview E, Abs. 95)

Auch auffällige physische Symptome, wie Einnässen oder Essstörungen, können ein Ausdruck der emotionalen Belastungen und der Ängste des Geschwisters sein (vgl. Henkel/Stahl 2008, 430). Dies verdeutlicht auch die folgende Aussage.

„Also, wir haben so ein Problem bei ihr, sie ist eigentlich ein positives, sehr, sehr fröhliches Kind, au-

ßergewöhnlich und hat auch eine außergewöhnliche Sozialkompetenz, wobei man das ja den Geschwisterkindern dann auch immer nachsagt, dass die da schon sehr viel weiter sind, als das in ihrem Alter üblich ist und sie hat aber das Problem, sich ganz massiv einzunässen. Also jetzt nicht mehr, aber bis vor einem Monat war das so, dass das tagsüber 8-10 Mal passiert ist, also ganz massiv und besucht eben hier in dem sozialpädiatrischen Zentrum auch eine Gestaltungstherapie, macht das mit und es war aber sehr bemerkenswert, dass sie dann in den zwei Wochen des Kinderhospizaufenthaltes überhaupt kein Thema war. Es hat super funktioniert, und dann war ich im Anschluss daran eine Woche zeitversetzt noch mal mit ihr alleine hier im Urlaub, und seitdem ist es halt kein Thema mehr. Es ist einfach so, dieser erhöhte Aufmerksamkeitsgrad und besonders, dass der Papa dann auch mal da ist und so, wahrscheinlich viel besser zur Lösung des Problems beiträgt, als alle Therapien der Welt. Aber da merkt man dann so, dass sie natürlich einiges zu verarbeiten hat." (Interview C, Abs. 126)

Die progrediente Erkrankung eines Geschwisters beeinflusst auch die Beziehung der Geschwister untereinander. Achilles nennt acht Unterschiede, die eine Beziehung zwischen Geschwistern eines behinderten oder chronisch erkrankten Kindes im Gegensatz zu einer „normalen“ Geschwisterbeziehung ausmachen (vgl. Kap. II 4.4). Einer der acht Unterschiede lautet: „Rivalität ist ihnen verboten“. Geschwister müssen schon sehr früh Rücksichtnahme lernen und der normale Geschwisterkonflikt um die Gunst der Eltern kann nicht oder nur eingeschränkt in der üblichen Weise ausgetragen werden (vgl. Achilles 2005, 42f. und 2003, 63f.).

„Hier heißt es ja auch immer: Psst. Jonas schläft und erschreckt ihn nicht. Das nervt ja auch, immer Rücksicht nehmen, und ich weiß, wenn Jonas mal nicht da ist und die Kinder hier, dann sagen die schon: Oh, wir dürfen schreien (lacht)." (Interview B, Abs. 79–83)

Das Gefühl der gesunden Geschwister, gesünder, kräftiger und klüger als das erkrankte Geschwister zu sein, führt nicht etwa zu mehr Lebensfreude und Selbstbewusstsein, sondern ist häufig der Grund für Scham und die Entwicklung von Schuldgefühlen (vgl. Achilles 2003, 65f.). Das, wie die Interviewperson J es nennt, „schlechte Gewissen“ zeigt sich auch bei ihrem nicht erkrankten Kind.

„Das ist ganz schwierig oder hast du ein schlechtes Gewissen, dass du gesund bist und der nicht. Wenn sie vorher keins hatten, aber ab dann haben sie den Gedanken, ich könnte ein schlechtes Gewissen haben, ich muss vielleicht sogar ein schlechtes Gewissen haben, genau." (Interview J, Abs. 236–265)

Geschwister behinderter oder chronisch erkrankter Kinder haben häufig das Gefühl, weniger Zeit und Aufmerksamkeit von ihren Eltern zu bekommen. Als Folge dessen kann Eifersucht oder Rivalität des Geschwisters auf das progredient erkrankte Kind entstehen. Diese wird jedoch aus Loyalität und Rücksichtnahme auf das erkrankten Kind und die Eltern nicht offen ausgelebt, sondern unterdrückt (vgl. Petermann et al. 1987, 73).

„Die brauchen nur einmal fragen, fühlst du dich vernachlässigt. Daraufhin hatte er dann im Sommer gesagt, also wenn ich es mir so recht überlege, für den Max hast du 70 % Prozent Zeit, Christian ist also sieben, ist aber schon in der dritten Klasse, und für mich 30. Da hab ich gedacht, stimmt genau. Und ich sag ja, und belastet dich das? Ach, manchmal hätte ich es schon gerne anders, aber ist schon in Ordnung so." (Interview G, Abs. 616)

Der Kontakt der Geschwister zueinander gestaltet sich sehr unterschiedlich. Einige Geschwister entscheiden selbst, wie viel Kontakt sie zum progredient erkrankten Geschwister haben wollen bzw. wie sie diesen gestalten.

„Ja, ich glaube Yvonne hat eine ganz gute Beziehung, weil Yvonne macht das genau so, wie sie das möchte. Mal existiert Mike kaum für sie, dann ist er irgendwie nicht da, dann ignoriert sie ihn, und

dann lebt sie ihr Leben, und das ist auch alles so in Ordnung. Und dann hat sie ganz enge Phasen, wo sie jeden Abend bei ihm im Bett einschläft mit, mit ihm kuschelt, ihm einen erzählt und so weiter. Das macht sie aber von sich aus, und genauso lassen wir es auch." (Interview K, Abs. 168)

Es lassen sich neben den genannten negativen Auswirkungen auch positive Aspekte herausstellen. Dazu gehören unter anderem eine verstärkte Wertschätzung des eigenen Lebens, eine erhöhte Empathie sowie Sensibilität und auch ein starkes Selbstbewusstsein Diese Ergebnisse aus Studien basieren überwiegend auf subjektiven Einschätzungen von Geschwistern (vgl. Henkel/Stahl 2008, 431; Hackenberg 2008, 92).

Bewältigungsstrategien von Geschwistern behinderter Kinder sind bislang selten systematisch untersucht worden. Die möglichen Belastungen der Geschwister können individuell stark divergieren und unterschiedliche Wege der Bewältigung der Situation und der Trauerverarbeitung bedingen (vgl. Hackenberg 2008, 108; vgl. Kap. II 4.4.).

Vielen Eltern fällt es schwer, gegenüber den Geschwistern die Wahrheit über die progrediente Erkrankung des Geschwisters auszusprechen (vgl. Achilles 2003, 64). Ein offener Umgang mit dem Thema eröffnet aber häufig den Weg zur Verarbeitung und baut bestehende themenbezogene Ängste ab, wie die Aussage der Interviewperson K zeigt.

„Also, wir sind beide der Überzeugung, von vornherein, also schon immer gewesen, dass wir unsere Kinder nicht anlügen wollen. Es ist immer die Frage, welche Dosis der Wahrheit man ihnen mitteilt, wie man es ihnen mitteilt, aber anlügen tue ich beide nicht. Und wenn es mir nicht gut ging, hat Yvonne das gemerkt, weil es Mike nicht gut ging. Wenn Mike im Krankenhaus war, man braucht dann nicht, also ich find es ganz schlimm zu lügen. Das gehört mit zu den schlimmsten Dingen, die man überhaupt tun kann. Also wenn sie da Fragen hat, dann werden die auch beantwortet." (Interview K, Abs. 18–22)

Einige Eltern brauchen Zeit, bis sie ihren anderen Kindern von Art und Ausmaß der Diagnose des progredient erkrankten Geschwisters berichten können. Geschwisterseminare[93] können Eltern bei dieser Thematisierung unterstützen. Aus diesem Grund können diese spezifischen Begegnungs- und Bildungsangebote für Geschwister hilfreiche Funktionen bei der Bewältigung der Situation übernehmen.

„Also Verwandte, die wussten schon was los ist, aber unsere Kinder nicht. Unseren Kindern haben wir das nicht gesagt. Wir haben zwar gesagt, dass ihre Schwester krank ist, aber wir haben noch nicht gesagt, wie schlimm es um sie steht. Das haben wir nicht so, das kam erst so nach ein zwei Jahren. Weil ich hatte Familienseminare besucht, für betroffene Eltern (...), da waren auch Geschwisterseminare gewesen und da haben wir unsere Kinder auch hin, also sind da hingefahren, und das fand ich ganz wichtig, weil ich wollte eigentlich, dass die Kinder mitkriegen, dass es in anderen Familien genauso ist. Und die mussten natürlich immer ihre Geschwister vorstellen, ihre Kranken. Und meine Kinder haben immer gesagt, Lisa hat einen Gehirnschaden, weil wir ihnen gesagt haben, Lisas Gehirn hat sich nicht entwickelt. Und irgendwann kam die Mittlere, und da sagte sie, Mama, ich will jetzt wissen, was das für eine Krankheit ist, ich will den Namen wissen. Alle anderen Kinder sagen die Krankheiten von ihren Geschwister, Down Syndrom zum Beispiel, und ich kann immer nur sagen, das Gehirn hat sich nicht entwickelt. So und da haben wir uns mit den Kindern hingesetzt und denen das erklärt und erzählt und dann war das auch in Ordnung gewesen." (Interview D, Abs. 17–20)

Nicht immer trauen Eltern ihren Kindern zu, dass sie die Situation begreifen können, und denken zum Beispiel, dass sie noch zu jung sind, um über das ganze Ausmaß und die Folgen einer progredienten Erkrankung in Kenntnis gesetzt zu werden. Erkenntnisse über kindliche Todesvorstellungen zeigen jedoch, dass Kinder altersunabhängig eine Vorstellung vom Tod besitzen und dass daher eine offene

---

[93] Geschwisterseminare in unterschiedlichster Form werden unter anderem regelmäßig vom Deutschen Kinderhospizverein e.V. im Rahmen der Kinderhospizakademie angeboten.

Thematisierung dieser Aspekte möglich und wichtig ist (vgl. Franz 2006, 125ff.; Zernikow/Henkel 2008, 80ff.).

Für die Interviewperson H war es dennoch schwierig, ihren Kindern gegenüber diese Aspekte offen zu thematisieren, insbesondere, weil sie selbst die Situation noch nicht verarbeitet hatte.

„Also, mit den Kindern denke ich, ist schwierig, der Luca war fünf und die Mareike war sieben. Also in dem Alter denke ich, ist schwierig, den Geschwistern beizubringen, da kommt jetzt ein Kind, man ist ja selber noch in der Situation, das man das ja noch gar nicht verarbeitet hatte." (Interview H, Abs. 79)

Die Trauerverarbeitung bei den Geschwistern verläuft, wie auch bei den Eltern, in Phasen. Es kann von einem Trauerprozess gesprochen werden, der schon vor dem Tod des Kindes einsetzt (vgl. Franz 2006, 125).

Dass sich die Trauerverarbeitung mit zunehmendem Alter der Geschwister verändert, zeigen die beiden folgenden Aussagen der Interviewperson J.

„(...) Das ist jetzt aber auch schon paar Jahre her, da war so, dass man am Anfang auch mit dem, mit den Hospizaufenthalten und so, dass er gefragt hat, wenn der Fynn stirbt, ob er dann in den Behindertenhimmel kommt." (Interview J, Abs. 223)

„Das ist glaube ich auch schwierig, so für Kinder, zu abstrahieren. Wir haben uns kurz darüber unterhalten, dass die, bei Filmen weint man ja nicht, oder als Erwachsener weint man irgendwann, aber das hat man nicht von Anfang an, das kommt erst. Und das ist jetzt so langsam das Alter, dass so was kommt, dass es reicht, sich in andere einzufühlen und dass man weiß, wie's denen geht und dass man dann weint über so ein, in so einer Situation." (Interview J, Abs. 235–238)

Um ein Geschwister zu trauern, bedeutet für einige Kinder, sich von den Wünschen und Vorstellungen, die sie mit einem gesunden Geschwister verbinden, zu lösen und die Realität zu akzeptieren. Das Begreifen und Verstehen der progredienten Erkrankung des Geschwisters entwickelt sich bei den meisten Geschwistern in einem kontinuierlichen Prozess.

„Die Geschwister, da ist wirklich so 'ne Entwicklung auch gewesen von den ersten Aufenthalten im Hospiz, da war das, der Fynn ist eben behindert, fertig. Aber von Sterben war überhaupt nicht die Rede und auch für die Kinder, die haben's als solches nicht wahrgenommen, obwohl wir das auch ausgesprochen haben. Je älter die werden und je mehr Kinder eben aus dem Bekanntenkreis auch sterben, desto mehr haben die das auch präsent. Jetzt ist so ein Alter, wo die selber auch natürlich denken, auch Kinder können schon mal sterben, haben sie jetzt auch erlebt und auch, auch der Fynn könnte sterben. Das fängt jetzt so erst an und vielleicht ist das einfach, dass die anderen, die sind zwei, drei Jahre jünger, dass das da noch gar nicht das Alter ist. Bei der Größten von denen aus der Generation, ja, da ist das so." (Interview J, Abs. 195)

Ihr Wissen um die Erkrankung des Geschwisters wird in einigen Fällen im Umfeld durchaus mit einer radikalen Offenheit vertreten, wie folgendes Zitat der Interviewperson G verdeutlicht.

„Da hatten wir noch keinen Sauerstoff, da konnten wir noch so weggehen. Dann haben wir den Max dann irgendwie da durch die Kasse geschoben und dann sagte sie, oh da ist ja einer müde und er, der ist nicht müde, also Christian sagt, der ist nicht müde, der ist behindert und der wird bald sterben. Die Frau war völlig schockiert, und ich sag: Christian, das kannst du nicht so sagen. Wieso, wenn das doch stimmt? Ich sag: Ja, aber die Leute werden traurig und die wissen dann nicht, was sie zu dir sagen sollen. Na ja gut, dann sag ich das nicht mehr so." (Interview G, Abs. 375)

Die Fragen von den Kindern zum Sterben des Geschwisters kommen oft scheinbar beiläufig und ergeben sich im alltäglichen Miteinander.

„Ja, weil das, das ist ja ganz oft so, dass das irgendwie so in einer Tätigkeit, die am Rande damit zu tun hat, passiert. Man macht irgendwie was, oder so und da war eben, ich hab den gewickelt und ihm die Flasche gegeben und hin und her und dann waren eben die ganzen Stofftiere drum rum und so und dann kam so eben peu a peu und wird das dann sein und gebt ihr ihm was mit von den Stofftieren und so was alles. Solche Sachen, also wirklich ja, wo man merkt Sachen, die denen was bedeuten, die erfragen die, was die denn für mich bedeuten oder so für uns im normalen Ablauf und im normalen Leben und dann im Sterben und im Weggehen lassen so.“ (Interview J, Abs. 218–219)

In der folgenden Aussage der Interviewperson C wird die von ihr erlebte Tabuisierung des Themas Behinderung und Krankheit und die häufig vorhandene Unkenntnis über den Umgang damit in einem Regelkindergarten geschildert.

„Eigentlich hat sie für das Thema, also Roberts Erkrankung, nur uns wirklich als Ansprechpartner. Ihr Kindergarten ist wenig offen leider. Das ist ein Regelkindergarten und die sind an behinderte Kinder nicht gewöhnt und entsprechend ist auch der Umgang, also ziemlich erschreckend eigentlich und da merkt man so richtig, das ist für sie eine andere Welt und da findet sie das zwar ganz schön, wenn Robert sie mit abholt, aber ansonsten findet da so überhaupt keine Auseinandersetzung, also sie meidet das Thema auch total im Kindergarten. Und hier zu Hause ist es so, dass ja, mein Mann und ich eigentlich bereit stehen für Fragen. Aber das ist auch sehr selten der Fall.“ (Interview C, Abs. 128)

Nach dem Tod des progredient erkrankten Kindes verändert sich das gesamte Familiensystem langfristig. Häufig erleiden die Geschwister einen doppelten Verlust. Zum einen verlieren sie ihren Bruder oder ihre Schwester und zum anderen empfinden sie einen Verlust ihrer Eltern, die durch den Tod des Kindes stark belastet und zeitlich wie emotional beansprucht sind. Die Gefühle der Geschwister sind daher häufig ambivalent. Sie sind einerseits tief betroffen über die Krankheit und den zu erwartenden Tod des Geschwisters und trauern aufrichtig. Andererseits sehnen sie auch zeitweise den Tod des Geschwisters herbei, um von ihren Eltern wieder mehr Aufmerksamkeit zu erhalten (vgl. Wiese 2003, 40; Franz 2002, 117f.).

Zusammenfassung
Die Bewältigung und Verarbeitung der krisenhaften Situation, die durch die progrediente Diagnose des Kindes und der damit verbundenen neuen Lebenssituation entsteht, erfolgt individuell, häufig phasenhaft und geschlechtsspezifisch.
In den meisten Fällen übernehmen nach der Geburt eines erkrankten Kindes die Mütter die aufwändige Pflege und intensive Begleitung des Kindes. Dies geht oft mit dem Verzicht auf die berufliche Tätigkeit und die eigene Karriere einher. Die Beziehung zum erkrankten Kind ist häufig sehr eng und kann symbiotische Züge annehmen. Väter erkrankter Kinder sind in vielen Fällen berufstätig, dementsprechend seltener zu Hause und weniger in die direkte Versorgung des Kindes involviert.
Ein geschlechtsspezifisches Charakteristikum der Auseinandersetzung mit der Erkrankung des Kindes ist, dass sich die Mütter meist wesentlich früher und emotionaler mit diesen Aspekten beschäftigen als die Väter. Bei Müttern und Vätern können sich in der Bewältigung verschiedene Abwehrmechanismen zeihen, wie etwa das Leugnen, die Vermeidung oder auch eine Kommunikationsverweigerung. Die geschlechtsspezifische Bewältigung kann zu verstärkten Paarkonflikten führen, wobei diese in eine endgültige Trennung des Paares münden können. Studien belegen allerdings, dass die Scheidungsrate von Eltern behinderter oder chronisch erkrankter Kinder nicht höher ist als die in anderen Familien. Eine progrediente Erkrankung eines Kindes kann auch positive Auswirkungen auf die Paarbeziehung haben und zu einer Stärkung dieser führen.
Die progrediente Erkrankung eines Geschwisters kann sowohl negative als auch positive Auswirkungen auf die anderen Kinder einer Familie und die Geschwisterbeziehung haben. Negative Auswirkungen sind unter anderem das erhöhte Risiko von Geschwistern erkrankter Kinder, psychische oder auch

physische Verhaltensauffälligkeiten zu entwickeln. Zudem kann die Erkrankung des Geschwisters zu einer erhöhten Identifikation mit dem Geschwister führen und Ängste in Bezug auf das eigene Sterben hervorrufen. Positive Auswirkungen können eine stärkere Empathiefähigkeit und Sensibilität sowie eine stärkere Wertschätzung des eigenen Lebens sein. Die progrediente Erkrankung eines Geschwisters hat auch Auswirkungen auf die Geschwisterbeziehung. Sie kann bei einigen Geschwistern eine Rivalität hervorrufen, die jedoch oftmals nicht offen ausgelebt, sondern aus Rücksichtnahme vor dem Geschwister und den Eltern unterdrückt wird.

Der Prozess der Bewältigung und Trauerverarbeitung bei Geschwistern erfolgt in Phasen und ist sehr individuell und auch altersabhängig. Einige Kinder gehen sehr offen mit der Erkrankung und dem bevorstehenden Sterben des Geschwisters um, andere vermeiden und verdrängen diese Themen. Für die Eltern stellt sich die Frage nach der Thematisierung dieser Aspekte mit den Geschwistern. Einige Eltern vermeiden diese aufgrund eigener Unsicherheiten und Ängste und begrüßen es, dass die Thematisierung in Geschwisterseminaren oder aber im Kinderhospiz erfolgen kann. Es lässt sich folgern, dass eine offene Thematisierung dieser Aspekte mit den Geschwistern elementar bedeutsam für die Bewältigung der Situation und für den Abbau von Ängsten und Unsicherheiten ist.

D Unterstützungsbedarfe und Ressourcen der Familien

Aus diesen vielfältigen und individuell verschiedenen Belastungsfaktoren für die Familien ergeben sich für die Organisation des Alltags mit einem progredient erkrankten Kind spezifische Unterstützungsbedarfe. Sie reichen von der Unterstützung bei der Haushaltsführung oder Hilfe bei der Pflege bis hin zur Freizeitbeschäftigung der Geschwister. Jede Familie hat einen unterschiedlichen Bedarf an Umfang, Form und Bereich der benötigten Unterstützung.

Professionelle Unterstützungsmöglichkeiten

In vielen Familien mit behinderten Kindern werden Unterstützungsmöglichkeiten aus dem professionellen Hilfssystem genutzt (vgl. Thimm/Wachtel 2002, 45). Die Probanden der Fragebogenerhebung gaben an, folgende professionelle Unterstützungsangebote außer der Kinderhospizarbeit und privater Unterstützungsmöglichkeiten in Anspruch zu nehmen:

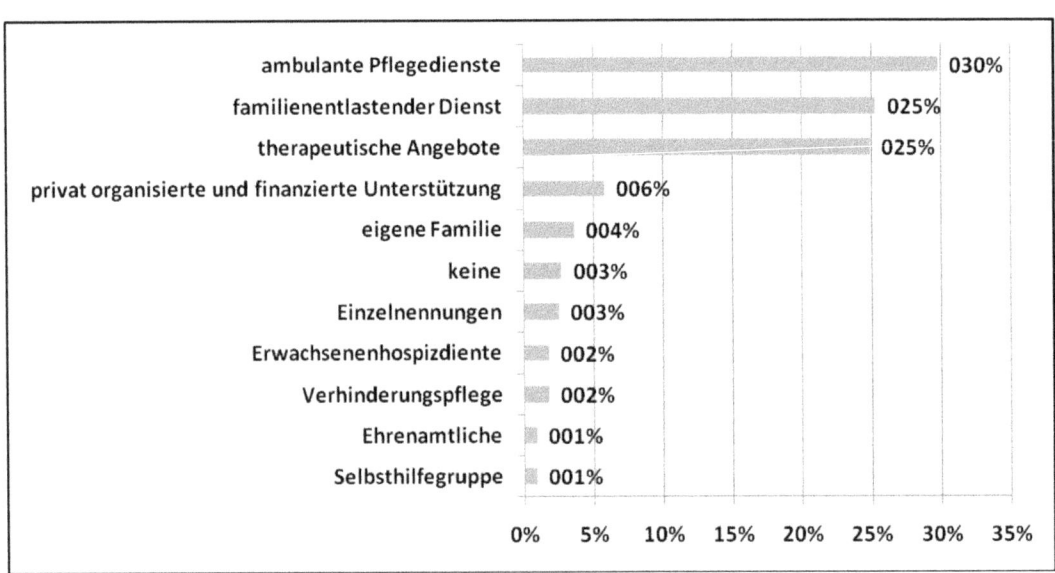

Abb. 17: Nutzung weiterer Unterstützungsangebote (N = 127, Mehrfachnennungen)

Am häufigsten werden ambulante Pflegedienste (29,8%), familienentlastender Dienst (25,3%) und therapeutische Angebote (24,9%) von den Familien als professionelle Unterstützungsressource genutzt.

Neben den professionellen Diensten nutzen die Familien auch privat organisierte und finanzierte Unterstützungsvarianten und die eigene Familie.

Ein großes Problem ist für viele betroffene Familien die Finanzierung der benötigten Unterstützung. Da die Zeit, die die ambulante Kinderkrankenpflege abdeckt, häufig als nicht ausreichend erlebt wird, müssen sich die Familien um andere Unterstützungsmöglichkeiten bemühen. Eine Möglichkeit sind die familienentlastenden Dienste (FED). Diese müssen allerdings im Regelfall von der Familie selbst finanziert werden (vgl. Thimm/Wachtel 2002, 100ff.). Deshalb möchten viele Familien einen ambulanten Kinderhospizdienst nutzen, der bedingt durch den Einsatz von Ehrenamtlichen kostenfrei ist und ergänzend zum Pflegedienst und familienentlastenden Dienst eingesetzt werden kann (vgl. Droste 2006, 215).

„(...) Ja, das hab ich schon mal überlegt sogar, auch mit Ehrenamtlichen. Zumal es jetzt ja auch darum geht, diese große, ich sag mal, einen großen Zeitraum auch mit Maja zu überwinden. Also auch zeitlich, dass sie auch zeitlich einfach immer einen da hat für sich. Und das müssen ja jetzt nicht unbedingt Krankenschwestern sein oder so. Also ich hab es schon überlegt, ja. Auch aus finanziellen Gründen. Das ist sonst sehr teuer. Also insbesondere, wenn sie krank ist, ist das richtig heftig." (Interview E, Abs. 336–343)

Qualifiziertes Personal

Die Interviewperson C wünscht sich aufgrund von negativen Erfahrungen für die Pflege ihres progredient erkrankten Kindes qualifizierte Fachkräfte. Ihrer Meinung nach sind nicht ausgebildete Helfer und Helferinnen häufig überfordert und bereiten den Eltern mehr Arbeit und Sorge, als dass sie sie entlasten.

„Wir haben jetzt, also wir hatten bis Mai diesen Jahres ein Au-pair-Mädchen. Das war ein Versuch, ja, irgendwie den Alltag ein bisschen besser in den Griff zu kriegen, aber das war nicht so erfolgreich. Wo mir dann auch klar wurde, dass es eben tatsächlich nur eine Fachkraft sein kann, die Robert betreut, dass also alles andere dann doch mit so viel, ja, Ungewissheiten verbunden ist, dass es nicht wirklich funktioniert, dass ich dann eben trotzdem keine Freiräume habe." (Interview C, Abs. 172)

IP H vertritt hier eine divergierende Position. Für sie sind nicht unbedingt Ausbildung und fachliche Kenntnisse der Pflegeperson relevant, sonder eher ihre Empathiefähigkeit sowie die Beziehung zwischen dem Kind und der Pflege- und Betreuungsperson.

„Ich glaub, es gibt Profis, die sich nicht drauf einlassen können und die es dann trotzdem nicht sehen, und es gibt Laien, die sagen, ich beschäftige mich jetzt mit dem Kind, damit ich möglichst schnell weiß wie, wie die ganzen Sachen ablaufen, dann geht es. Also ich würd's jetzt nicht daran festmachen, dass das nur, nur eine ausgebildete Fachkraft erkennen kann." (Interview H, Abs. 187)

Haushaltshilfe

In Haushalten mit einem progredient erkrankten Kind, das intensiv gepflegt werden muss, fällt neben den regulären Haushaltstätigkeiten z. B. auch eine weitaus höhere Menge an zu reinigender Wäsche an. Dass die Übernahme der Haushaltstätigkeiten durch eine Haushaltshilfe oder Reinigungsfrau eine große Entlastung für die Hauptpflege- und Bezugsperson darstellen kann, zeigt die Aussage der IP K.

„Sauber machen, einkaufen, wir haben unheimlich viel Wäsche mit Mike. Mike hat ganz viele Spucktücher, er hat Sachen, die jeden Tag gewaschen werden müssen, Bettwäsche und so weiter, das ist schon was anderes. (...) Ich denke, eine Haushaltshilfe, so dass ich wüsste, da kommt einmal in der Woche jemand und der saugt und wischt mal alles durch und das muss ich nicht mal eben noch, obwohl ich eigentlich gerne mal zum Mittag schlafen würde oder so noch in der Zeit." (Interview K, Abs. 223–224)

Selbsthilfegruppen

Eine wesentliche Unterstützungsressource für die betroffenen Eltern ist der Austausch mit anderen Familien, deren Kind ebenfalls progredient erkrankt ist. Zum Teil kommt dieser Austausch durch den Besuch von Selbsthilfegruppen zustande. Diese sind entweder von großen Trägern, wie der Lebenshilfe e.V., initiiert oder aus einer Elterninitiative heraus entstanden und tragen sich selbst (vgl. Cloerkes 2001, 5f.; Jennessen 2007, 235f.). Es haben sich in Deutschland einige Selbsthilfegruppen etabliert, die sich mit speziellen Formen progredienter Erkrankungen auseinandersetzen, wie zum Beispiel für Muskeldystrophie. Der Selbsthilfeverband „Verwaiste Eltern e.V." bietet bundesweit trauernden Eltern, die ihr Kind verloren haben, die Möglichkeit der Begegnung und des gegenseitigen Austausches. Auch verwaiste Geschwister können sich deutschlandweit in regionalen und/oder überregionalen Trauergruppen austauschen (vgl. Bundesverband Verwaiste Eltern in Deutschland e.V. 2010; Jennessen 2007, 235f.).

„Ja, und dass man sich mal austauschen konnte und dass man auch mal sieht, na ja den anderen geht's auch nicht viel besser als einem selber." (Interview H, Abs. 101)

„Gut, als der Jakob dann 10 Monate alt war, bin ich in den Gesprächskreis von der Lebenshilfe, hat ja 'ne gut ausgebaute Lebenshilfe und die haben Elterngesprächskreise, und da hab ich natürlich dann die anderen Eltern mit den behinderten Kindern kennengelernt, was dann wirklich von Vorteil war."
(Interview H, Abs. 99)

Unterstützung durch das soziale Netzwerk

Eine weitere wesentliche Unterstützungsressource kann das soziale Netzwerk darstellen, das sich aus der eigene Kernfamilie, weiteren Familienmitgliedern, Freunden und Bekannten zusammensetzt. Die Interviewperson F beschreibt die von ihr genutzte Unterstützung durch die eigene Familie und Freunde.

„Ja und dann hat man die Diagnose, aber dann ist es eben, hatten wir natürlich dann sehr viel Rückhalt eben durch unsere Familien bzw. hauptsächlich durch meine Familie, Freunde (...) eben so die ganzen Freunde, die sind immer noch da und die sind also auch jetzt noch verstärkt da, für mich jetzt irgendwo." (Interview F, Abs. 16)

Die Unterstützung durch Freunde und Bekannte kann in unterschiedlichen Lebensphasen und in unterschiedlichen Themenbereichen erfolgen, so zum Beispiel bei der Bewältigung der Situation im Allgemeinen und speziell im Prozess der Trauerarbeit.

„Also, es gibt da sehr intensive Freundschaften, die sind da und die sind auch geblieben und die waren auch zum Teil jetzt in der Phase der Trauer, sag ich mal, sehr aktiv. Also, dass sie wirklich dann jede Woche oder manchmal auch zweimal die Woche gekommen sind und dann standen sie einfach vor der Tür und dann konnte ich fünfzig Mal meine Story erzählen, war auch in Ordnung, es war gut." (Interview E, Abs. 421)

Weitere von den befragten Personen allerdings nicht erwähnte, aber dennoch wesentliche Unterstützungsressourcen können stationäre Unterstützungssysteme wie Heime oder verschiedene Formen der Kurzzeitbetreuung darstellen (vgl. Günther 2002, 147ff.).

Zusammenfassung

Die Belastungen im Familienalltag mit einem progredient erkrankten Kind oder Jugendlichen sind vielfältig und auf unterschiedliche Lebensbereiche bezogen. Der Unterstützungsbedarf der Familien ist dementsprechend hoch. Die Familien benötigen vor allem Unterstützung in ihrem alltäglichen Leben. Diese reicht von dem Einsatz einer Haushaltshilfe über die Geschwisterbetreuung bis hin zur Pflege des erkrankten Kindes durch ambulante Pflegedienste. Außerdem werden von den Familien auch die eigene Familie und Freunde als Unterstützungsressource angeführt. Eine wesentliche Unterstützungsressource, die nicht von den Befragten genannt wurde, können zudem stationäre Hilfssysteme sein, wie beispielsweise Heime oder Varianten der Kurzzeitbetreuung.

Ein grundsätzliches Problem stellt für die Familien die Finanzierung weiterer unterstützender Dienste außer dem Pflegedienst dar (z.B. die familienentlastenden Dienste (FED). Daher nutzen einige Familien auch die kostenfreien Angebote ambulanter Kinderhospizdienste.

E Unterstützungsressource stationäres Kinderhospiz

„Wir sind da, wir tragen mit – im Leben und im Sterben" (Kinderhospiz Löwenherz 2009). Dieser Leitsatz des Kinderhospizes Löwenherz beinhaltet die wesentlichen Aspekte der Kinderhospizarbeit: die Lebens- und Sterbebegleitung von lebensverkürzend erkrankten Kindern und Jugendlichen und deren Familien. Kinderhospizliche Angebote umfassen sowohl die Möglichkeit eines Aufenthaltes in einem stationären Kinderhospiz als auch die Begleitung durch einen ambulanten Kinderhospizdienst. „Die Aufenthalte in stationären Kinderhospizen bieten demnach den temporären Ausstieg aus dem Alltag und Entlastung und Entspannung in einer anderen, als der alltäglichen Umgebung, während die ambulanten Angebote den Familien alltagsnahe Entlastung in ihrem gewohnten Umfeld ermöglichen" (Jennessen 2010, 283).

Die Probanden wurden zu ihren Erfahrungen, die sie bisher mit und in stationären Kinderhospizen gemacht haben, befragt. Dabei standen auch die Erfahrungen im Hinblick auf den Erstkontakt mit dem Kinderhospiz und Fragen nach der Zufriedenheit mit der Strukturqualität der Einrichtung im Fokus des Erkenntnisinteresses.

Erstkontakt – Berührungsängste

Die Kinderhospizarbeit ist eine in Deutschland noch recht neue Form der Unterstützung von Familien mit lebensverkürzend erkrankten Kindern und Jugendlichen. Es ist daher zu vermuten, dass sie in der Öffentlichkeit, aber auch bei den betroffenen Familien selbst noch nicht flächendeckend bekannt ist. Es verwundert infolgedessen nicht, dass Kinderhospize den meisten Probanden (75,6%) der Fragebogenerhebung nicht bekannt waren, bevor sie das erste Mal persönlich Kontakt mit ihnen hatten. Nur 24,4% kannten Kinderhospize bereits im Vorfeld ihres ersten direkten Kontaktes (N = 168).

Die Unkenntnis über die Kinderhospizarbeit wird in der Aussage der IP E aus den Experteninterviews bestätigt.

„Die meisten wissen überhaupt nicht, dass es so was gibt oder dass Kinder so krank sein können. Das wissen die meisten nicht und haben da keine Vorstellung davon. Die meisten denken immer bei schwerkranken Kindern und Kinderhospiz an krebskranke Kinder." (Interview E, Abs. 321–323)

Der geringe Bekanntheitsgrad von Kinderhospizen ist zum einen mit der erst kurzen Existenz der Kinderhospizarbeit in Deutschland zu begründen, da erst 1998 das erste stationäre Kinderhospiz in Olpe eröffnete, und zum anderen mit der noch nicht hinreichenden öffentlich-medialen Präsenz der Bewegung.

Erste Informationen über Kinderhospize erhalten viele Eltern progredient erkrankter Kinder durch behandelnde Ärzte oder vom Pflegepersonal in Kliniken. Aber auch Mitarbeitende in ambulanten Kinderpflegediensten können Multiplikatoren für die Erstinformation sein.

„Über das Krankenhaus, das Kinderkrankenhaus mehrfach, über Kinderkrankenschwestern, die dort so ein, Casemanagement nannte sich das, machen. Dann auch über den Professor, und im Kinderkrankenhaus war es auch passiert, dass uns eine Broschüre überreicht wurde (...)." (Interview C, Abs. 22)

Eine weitere erste Informationsmöglichkeit ist die Öffentlichkeitsarbeit von Kinderhospizen und Kinderhospizdiensten in Form von Informationsflyern und Fernseh- und Radiobeiträgen.

„Ich hatte von der Lebenshilfe, hatte Lisa Frühförderung. (...) und da war ein Flyer vom Kinderhospiz. Und ich hab diesen Flyer mitgenommen und habe den meiner Frühförderin mal drauf angesprochen (...). Und sie hat gesagt, Mensch, das wäre aber ganz gut für euch und so, dass ihr da vielleicht (...)." (Interview D, Abs. 34)

Erstinformationen über die Angebote der Kinderhospizarbeit werden auch durch Freunde, Bekannte und andere betroffene Familien vermittelt.

„Als wir die Diagnose hatten, da gab's das Kinderhospiz noch nicht oder war dann erst im Entstehen. Wir haben Bekannte, genau, wir haben Bekannte gehabt, die dann schon hin sind mit ihren Kindern und hatten eine bekannte Familie mit einem MPS-Kind auf einer Reha kennengelernt und die sind dann auch dort hin. Und das Kind ist zu Hause verstorben und die haben dieses Kind genommen und haben es von zu Hause ins Kinderhospiz überführt. (...) Und da haben wir gesagt, okay, wir fahren ins Kinderhospiz. Hatten immer schon mal vorgehabt, wir gucken uns das mal an, haben's aber immer wieder so ein bisschen weggeschoben, weil Hospiz und mein Kind ist ja noch nicht so krank (...)." (Interview A, Abs. 379–380)

Der Deutsche Kinderhospizverein e.V. bietet ebenfalls vielfältige Informationen und Bildungsangebote in Form von Seminaren in der Kinderhospizakademie an, in denen die Familien über die Kinderhospizarbeit informiert werden (vgl. Deutscher Kinderhospizverein 2010). Dadurch kommen einige betroffene Familien in einen ersten Kontakt mit der Kinderhospizarbeit.

„(...) Und die erzählt dann halt eben von dem Kinderhospizverein. Und irgendwie war, waren wir uns gleich so warm und haben halt eben ganz viel uns unterhalten und, ja, und die hatte dann erzählt halt, eben von dem Verein, dass da Seminare stattfinden und so. Und dann haben wir das erste Seminar halt eben bei dem Verein mitbesucht und haben uns da auch gleich super aufgehoben gefühlt und sind dann auch dem Verein mit beigetreten und sind dann auch darüber halt eben zu dem Kinderhospiz (...) gekommen." (Interview J, Abs. 416)

Auch Selbsthilfegruppen können in einigen Fällen den ersten Zugang zu einem Kinderhospiz herstellen.

„Ich hab also davon schon sehr früh gehört, von dem Verein LISS, LISS e.V. Also ein Verein für an Lissenzephalie erkrankte Kinder. Und da hab ich ein Bericht von Eltern gelesen, die waren da und fanden es da gut und haben halt erzählt, wie liebevoll auch die Betreuung war für die Kinder. Und ja, da hab ich gedacht, Mensch, das wäre doch was, das müsstest du mal ausprobieren (...)." (Interview E, Abs. 226)

Die Aussagen der befragten Eltern aus den Experteninterviews zu den Formen und Multiplikatoren des Erstkontaktes mit einem Kinderhospiz werden von den Ergebnissen der Fragebogenerhebung bestätigt.

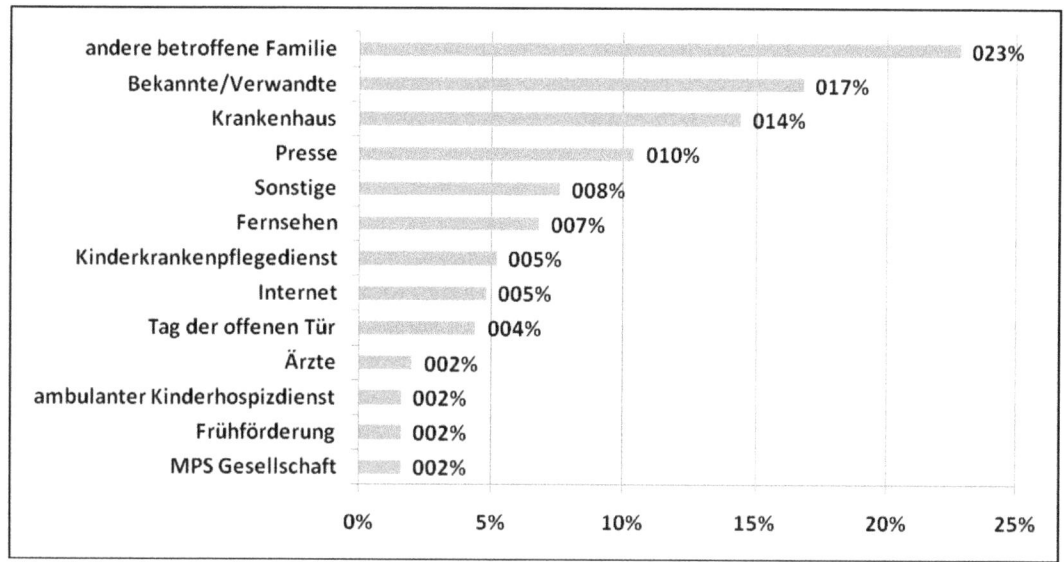

Abb. 18: Erstinformation (N = 169, Mehrfachnennungen)

Der wichtigste Multiplikator im Erstkontakt mit der Kinderhospizarbeit sind andere betroffene Familien. Auch Bekannte bzw. Verwandte sind bedeutsame Informanten über Angebote des Kinderhospizes. Weiterhin ist der medizinisch-pflegerische Versorgungsbereich ein Multiplikator, da über 20% der Probanden angaben, durch Krankenhäuser, Ärzte und Kinderkrankenpflegedienste zum ersten Mal von Kinderhospizen erfahren zu haben. Die Presse, das Internet und das Fernsehen, also die mediale Öffentlichkeit, spielen hingegen eine eher marginale Rolle. Aus den Angaben kann gefolgert werden, dass das wesentliche Ziel der Selbsthilfebewegung „Betroffene beraten Betroffene" bei der erstmaligen Information von Familien mit einem progredient erkrankten Kind relevant ist. Die Option der Selbsthilfe nutzen viele Familien mit behinderten oder progredient erkrankten Kindern, da sie im Austausch mit anderen betroffenen Familien Halt und Unterstützung finden (vgl. Kallenbach 1997, 70; Eckert 2002, 52; vgl. Kap. II 4).

Es wird aber auch ersichtlich, dass der Bedarf und die Notwendigkeit einer verstärkten Öffentlichkeitsarbeit der Kinderhospizarbeit in Deutschland besteht. Eine stärkere öffentliche Präsenz kann dazu verhelfen, dass betroffene Familien schneller und einfacher über die vielfältigen kinderhospizlichen Angebote in Deutschland informiert werden.

Berührungsängste – erste Assoziationen

Der Begriff „Kinderhospiz" löst zunächst bei den meisten Eltern Berührungsängste aus, denn mit dem Begriff „Hospiz" wird zunächst vielfach das „Sterbehaus" assoziiert, analog zum Hospiz für Erwachsene.

„Und da war ein Flyer vom Kinderhospiz und ich hatte mich mit einem Hospiz, für mich war Hospiz immer ein Sterbehaus. Da will ich eigentlich nichts mit zu tun haben, obwohl ich weiß, dass Lisa eigentlich ein Kind fürs Hospiz ist. Aber da wollte ich eigentlich nie was mit zu tun haben." (Interview D, Abs. 34)

„Nein, man muss sich ja auch erst mal damit auseinandersetzen. Ich mein, Hospiz denkt man ja immer an Erwachsenenhospiz und denkt dann ja, gut für die letzte Zeit." (Interview H, Abs. 203)

Die Art und Weise, wie die Eltern über Kinderhospize informiert werden, ist bedeutsam für den Abbau von Berührungsängsten. Wenn dies unsensibel geschieht, bleiben die Berührungsängste groß und werden sogar noch verstärkt.

„Im Kinderkrankenhaus war es auch passiert, dass uns eine Broschüre des Kinderhospizes überreicht wurde, bevor wir überhaupt wussten, wie schlecht es um Robert steht. Das war damals sehr, sehr unschön. Das habe ich noch in ganz, ganz unguter Erinnerung, weil da eben auch dieser Gedanke Hospiz natürlich mit, ja, wie man es sonst kennt, von alten Leuten immer mit diesem, mit dieser Finalität verbunden war. Und das war, war sehr unschön, aber das weiß das Krankenhaus auch, dass die das nicht mehr machen sollten. (...)" (Interview C, Abs. 22)

Einigen Eltern fällt es schwer, das Kinderhospiz als die richtige Einrichtung für ihr Kind und ihre Familie anzunehmen, weil es dazu gehört die progrediente Prognose ihres Kindes zu akzeptieren, da zur Aufnahme in einem Kinderhospiz die Bestätigung einer progredienten Diagnose von ärztlicher Seite vorhanden sein muss (vgl. Lamp 2001, 35). Nur mit dieser progredienten Diagnose wird ein Aufenthalt in einem Kinderhospiz von den Krankenkassen mitfinanziert. Eltern, die erstmalig in ein Kinderhospiz fahren, müssen also in der Verarbeitung der progredienten Erkrankung bereits den Schritt gemacht haben, die Finalität der Erkrankung zu akzeptieren.

„Diese lebenslimitierende Diagnose, die man braucht, die auch da ist, die war ganz, ganz schlimm. Also das so schwarz auf weiß. Wir brauchten eine Verordnung, um ins Kinderhospiz zu gelangen. Da braucht man diese lebenslimitierende Prognose. Und es war ja auch klar, es stand ja auch fest. Wir haben genug um sein Leben gebangt, aber das so schwarz auf weiß zu sehen und damit dann so umzugehen, das war schon ganz schwierig." (Interview K, Abs. 54–56)

Für einige Eltern bedeutet der erste Besuch in einem Kinderhospiz auch der „Abschied von der Normalität", also der Abschied von einem scheinbar normalen und alltäglichen Familienleben. Sie versuchen deshalb den Zeitpunkt des ersten Besuchs im Kinderhospiz so lange wie möglich hinauszuzögern.

„Und ich kannte das ja auch, ich wusste ja auch, was dahinter steht und dass es nicht so der letzte Schritt ist und trotzdem habe ich mich erstmal so ein bisschen geweigert und gedacht: Ach, im Moment machen wir noch mit dem Wohnmobil die Touren, so ne. Ich habe eigentlich immer gedacht, da hast du keine Berührungsängste. Aber hatte ich wohl doch ein bisschen. Das hat also schon ein paar Monate gedauert, bis es dann so da war." (Interview B, Abs. 51)

Die Aussagen der Interviewpersonen werden durch die Ergebnisse der Fragebogenerhebung bekräftigt.

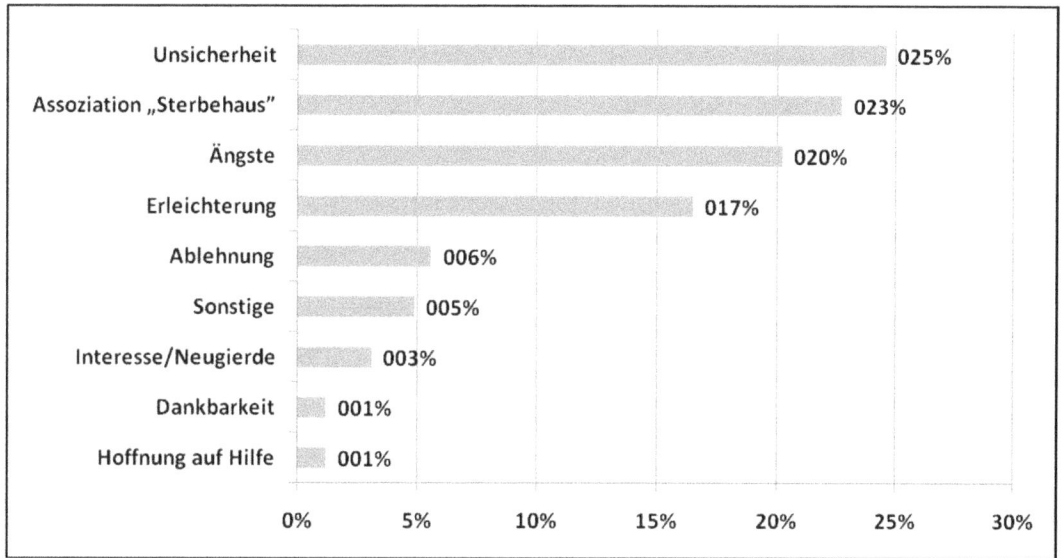

Abb. 19: Erste Assoziationen mit dem Begriff Kinderhospiz (N = 168, Mehrfachnennungen)

Der Begriff „Kinderhospiz" löste bei der Mehrzahl (73,1%) der Probanden negative Assoziationen, wie die Assoziation mit einem Sterbehaus, Ängste und Unsicherheit aus. Allerdings verspürten 16,5% der Probanden auch eine große Erleichterung. Dennoch wird ersichtlich, dass mit einem Kinderhospiz von den betroffenen Familien überwiegend das Sterben, der Tod sowie Leid und Trauer verbunden werden und sie zunächst weniger einen Ort erwarten, der ihnen Hilfe und Unterstützung bieten kann.
Es scheint daher mehr Öffentlichkeitsarbeit der Kinderhospizbewegung notwendig, die aufzeigt, dass Kinderhospize überwiegend Räume der Unterstützung und Entlastung ab dem Zeitpunkt der Diagnose bieten, in denen das Sterben zwar stattfindet, aber auch das Leben und die Erhaltung der Lebensqualität einen hohen Stellenwert haben.

Erstkontakt
Die befragten Eltern in den Experteninterviews berichten durchweg positiv von ihren Erstkontakten mit Kinderhospizen. Im Fall der Interviewperson C fand der erste Kontakt über ein Telefonat statt.

„Weil die Internetpräsentation schon so ansprechend war, dass wir da, ja, einfach angerufen haben und dann war auch schon so das erste Telefonat so positiv und offen, dass das überhaupt kein Problem war." (Interview C, Abs. 24)

Die Angaben der Probanden der Fragebogenerhebung zu den Formen des ersten Kontaktes mit dem Kinderhospiz weisen darauf hin, dass die meisten Familien über ein Telefonat (48,6%) oder einen persönlichen Besuch (29,2%) erstmalig mit dem Kinderhospiz in Kontakt getreten sind.

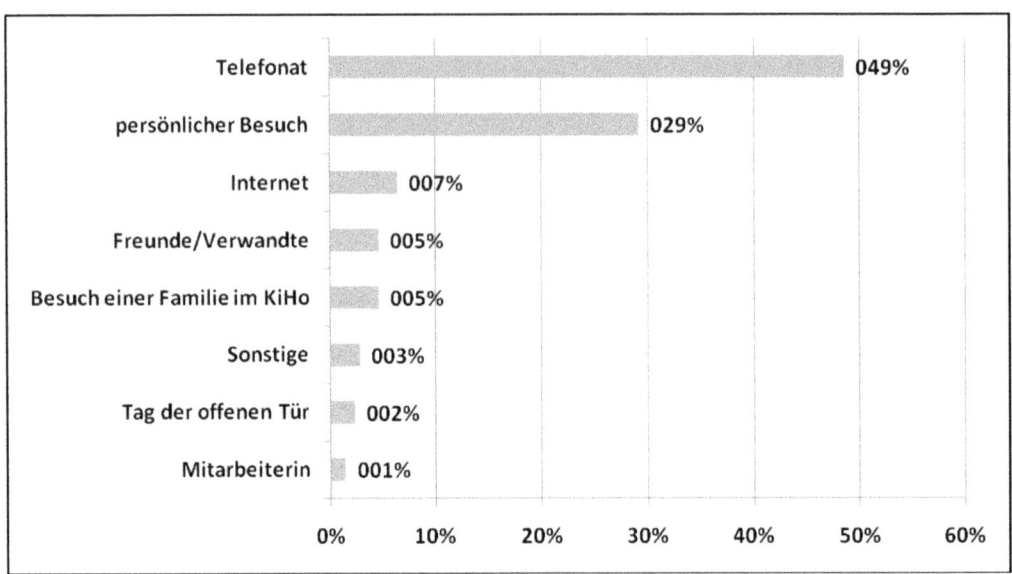

Abb. 20: Formen des Erstkontaktes (N = 166, Mehrfachnennungen)

Ein erster Besuch im Kinderhospiz kann einerseits dazu verhelfen, bei den Eltern vorhandene Ängste abzubauen, andererseits können durch einen Besuch auch neue Ängste aufgebaut werden, wie das Beispiel in der Aussage der Interviewperson A aufzeigt.

„Und dachten eigentlich, na ja, wenn da jetzt so ein Kind verstorben ist oder das Kind da liegt jetzt, ist da vielleicht im Haus, dann laufen sie alle mit gesenktem Blick da rum, und keiner traut sich was zu sagen, und keiner lacht und, keiner sagt gicks und gacks, und das war einfach nicht so. Die Kinder, die waren damals auch, klar, also Kinder von der Familie noch, die waren damals ja noch klein, die sind da rumgesprungen und die Eltern sind ganz normal da rumgelaufen, es war keiner schwarz angezogen, es war alles, was wir uns so vorgestellt haben, die sind jetzt alle betrübt und Trauer und jeder sitzt in der Ecke und heult, war eigentlich nicht. Und dann haben, weiß nicht, wer uns damals begrüßt hat vom Personal, also ganz nett sind wir empfangen worden, durften erst einen Kaffee trinken. Na gut, dann hat die Familie gesagt, sie würde uns gerne mitnehmen zu der Tochter in den Abschiedsraum. Wir hatten Annika dabei, Annika ist da irgendwo dann draußen geblieben und wir sind dann mit den Eltern in den Abschiedsraum und das war, muss ich sagen, für mich sehr, sehr heftig." (Interview A, Abs. 382)

Die erste Ankunft und die Aufnahme im Kinderhospiz werden von der Interviewperson C als sehr positiv beschrieben. Durch die einfühlsame und umfassende erste Betreuung fühlte sie sich angenommen und sehr willkommen.

„Das war also erstmal sehr, eine wahnsinnig hohe Aufmerksamkeit, die uns da zuteilwurde, dass die es wirklich geschafft haben, dadurch dass dann jemand ausschließlich zuständig ist für das ankommende Kind und die Familie und diese ganze Einführung macht beim ersten Mal (...) und das war dann total angenehm. Also sofort irgendwie, als wir da auf den Parkplatz fuhren, in Empfang genommen zu werden und Robert wurde gleich auf den Arm genommen, und dann wurde uns sehr ausführlich das Hospiz gezeigt und dieses Einführungsgespräch war auch sehr gut. Das habe ich als sehr positiv in Erinnerung." (Interview C, Abs. 30)

Bereits vor dem ersten Aufenthalt im Kinderhospiz werden von den Eltern erste relevante Auskünfte über ihr Kind an das Kinderhospiz übermittelt, sodass bereits bei der Ankunft eine erste Informationsgrundlage über die Bedürfnisse des Kindes vorliegt.

228

„Also, wir wurden sehr umfassend informiert. Also, wir hatten vorher schon, durch den Kontakt eben, dass wir dann auch eine Woche dorthin fahren wollten, dass viel gefordert wird. Ein gesamter Tagesablauf von Mike, wann er was bekommt an Medikamenten, was er gerne mag, was er nicht gerne mag und so weiter. Also, er hatte eine ganz dicke Akte dann da." (Interview K, Abs. 68)

Auch das Kinderhospiz informiert die Eltern bereits vor der Ankunft über wichtige organisatorische Aspekte.

„Teilweise wusste ich's vom Telefonat, teilweise von dem Schreiben, die man immer mitbekommt, ja manches hat man dann noch vor Ort dann eben erzählt bekommen, wie was geregelt wird und wo es Getränke gibt und wer in die Küche darf und solche Geschichten." (Interview E, Abs. 229–230)

Die sorgfältige Anamnese, die bei jeder Ankunft erstellt wird, erzeugt bei den Eltern ein Gefühl von Zuverlässigkeit und Vertrautheit und wird aus diesem Grund sehr positiv bewertet. So gibt das Aufnahmegespräch den Eltern die Möglichkeit, Veränderungen, die seit dem letzten Aufenthalt eingetreten sind und die meistens Verschlechterungen des Allgemein- und Gesundheitszustandes ihres Kindes betreffen, zu verbalisieren.

„Aufnahmegespräche zum Beispiel, es wird ja bei jedem, bei jeder Aufnahme, auch selbst wenn Annika, Silvester waren wir dort, dann waren Fasching dort, das sind grade mal zwei Monate Unterschied, es wird jedes Mal ein Aufnahmegespräch gemacht. Die Unterlagen vom letzten Mal wurden hergenommen, wurden überarbeitet, was hat sich verändert, wie sind die Medikamente, stimmt das alles noch. Also, man sagt nicht, na ja die war ja erst vor zwei Monaten da, sondern man macht wirklich ganz gezielt die Aufnahmegespräche, als wenn sie vor fünf Jahren das letzte Mal dagewesen ist. Sehr sorgfältig, sehr genau, akribisch, ausführlich." (Interview A, Abs. 674–676)

Die Aufenthalte im Kinderhospiz
Das Erleben des Aufenthaltes im Kinderhospiz wird durch verschiedene Komponenten, wie etwa die Lage des Kindeshospizes, die Dauer des Aufenthaltes und die Besuchskonstellation beeinflusst. Die Probanden der Fragebogenerhebung wurden zu den von ihnen bisher besuchten Kinderhospizen befragt. Es zeigt sich folgende Verteilung der bislang besuchten Einrichtungen.

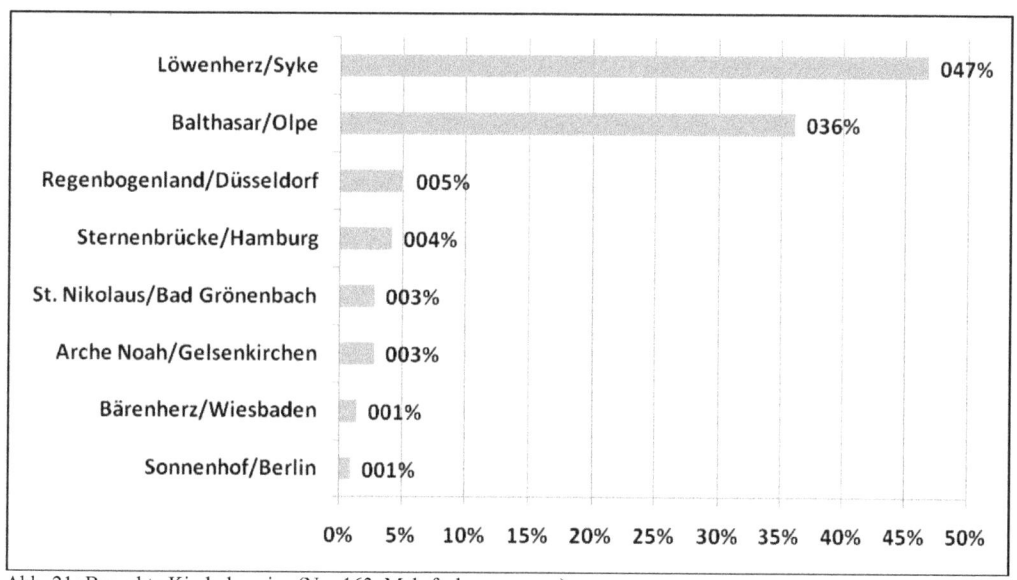

Abb. 21: Besuchte Kinderhospize (N = 163, Mehrfachnennungen)

Die Verteilung der Häufigkeiten auf die einzelnen Kinderhospize ist einerseits mit dem Eröffnungsdatum des jeweiligen Hauses zu erklären. Andererseits ist es auch möglich, dass innerhalb dieser Einrichtung die Akquise der Studienteilnehmer/innen mit besonderem Engagement betrieben wurde.[94] Ein Rückschluss auf die Zufriedenheit der Familien mit den Kinderhospizen lässt sich daraus nicht ableiten.

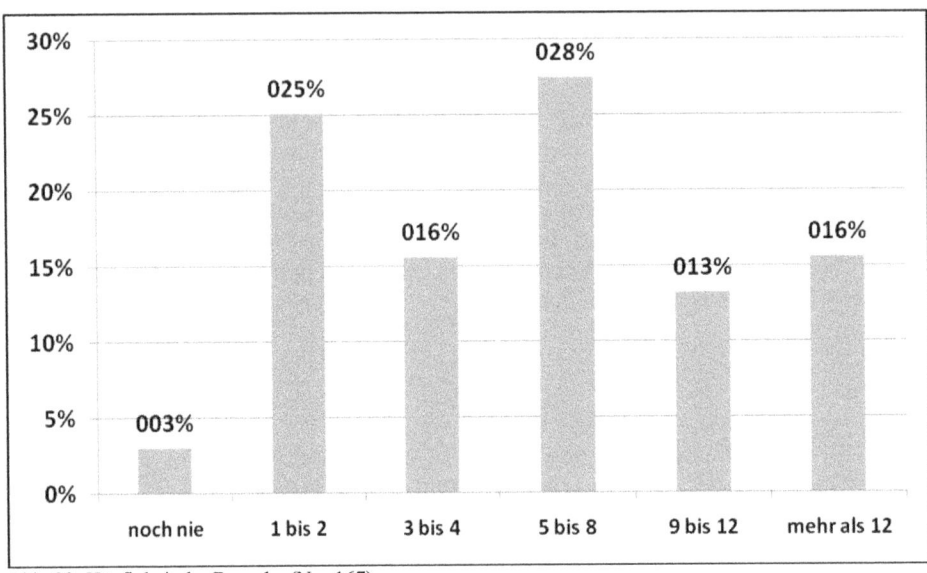

Abb. 22: Häufigkeit der Besuche (N = 167)

Die meisten Probanden waren schon mehr als einmal in einem Kinderhospiz.[95] Durchschnittlich blicken sie auf fünf bis acht Aufenthalte in einem Kinderhospiz zurück. Diese Angaben machen deutlich, dass die betroffenen Familien stationäre Kinderhospize regelmäßig besuchen und diese eine wesentliche Unterstützungsressource darstellen.

Die Daten zeigen, dass unter den Probanden auch Familien sind, die Kinderhospize bisher nicht selber genutzt haben, aber die Einrichtungen sehr gut kennen. Dies kann zweierlei Gründe haben. Zum einen existieren Kinderhospize noch nicht lange. Außerdem wurden bei der Befragung auch Familien angeschrieben, deren Kind bereits verstorben ist. Es ist möglich, dass diese Familien Kinderhospize nicht nutzen konnten, da es noch keine gab. Zum anderen kann es sein, dass es sich bei den Probanden um Väter handelt, die noch nicht mit im Kinderhospiz waren oder aber das das erkrankte Kind bislang alleine dort war.

Betroffene Familien haben im Rahmen der Kurzzeitpflege die Möglichkeit, 28 Tage lang, also vier Wochen im Jahr, das Angebot der Kinderhospize zu nutzen (vgl. Weiland 2001, 13; Rest 2006, 44). Die jährliche Aufenthaltsdauer im Kinderhospiz ist somit für die Familien, abgesehen von Notfällen, begrenzt. Die Aufenthalte im Kinderhospiz werden deshalb von den Familien häufig über das ganze Jahr verteilt.

Für viele Familien reichen diese 28 Tage jedoch nicht aus. Dies geht auch aus der Aussage der IP B im Rahmen eines Experteninterviews hervor.

„Die 28 Tage im Jahr nutzen wir schon aus. (...) Dieses Jahr haben wir schon Probleme, es fehlen uns schon Tage. Das ist auch nicht viel, 28 Tage. Da muss man schon haushalten mit, wenn man das rich-

---

[94] An der Verteilung der Fragebögen haben sich neben dem DKHV beteiligt: Kinderhospiz Löwenherz/Syke, Balthasar/Olpe, Regenbogenland/Düsseldorf, Arche Noah/Gelsenkirchen und Bärenherz/Wiesbaden.
[95] Der Median liegt bei 4,00 (Md = 4). Die große Spannweite (5) weist darauf hin, dass die Familien unterschiedlich häufig Kinderhospize nutzen.

tig nutzen will, vor allen Dingen, wenn du dann so kurze Sachen machst. Zum Beispiel jetzt in Brüssel. Da kommst du an, das ist ein Tag, dann war er zwei Tage da, und Montag habe ich ihn wieder abgeholt. Das sind schon vier Tage, ne." (Interview B, Abs. 62–69)

In Krisenzeiten steht den Familien ein Platz zu, unabhängig davon, ob sie sich vorab angemeldet haben oder nicht, da es in jedem Kinderhospiz die Vereinbarung gibt, einen Platz für erkrankte Kinder und deren Familien in Krisensituationen frei zu halten oder aber bei voller Belegung ggf. frei zu machen ist. Darum zu wissen, ist für die Interviewperson D sehr beruhigend.

„Ja, ist viel zu wenig. Also 28 Tage, ich finde das echt einen Witz. Also, ich hab jetzt für dieses Jahr noch fünf Tage über. Wenn meine 28 Tage weg sind und dann kommt eine Krise, dann kann ich trotzdem noch mal hin. Das wird dann durch die Spenden halt aufgefangen und so. Und das find ich schon ganz gut, weil das ist so, wo ich schon immer Angst hatte, Mensch, wenn die 28 Tage vorbei sind, was passiert denn? Wir haben jetzt ja erst ein halbes Jahr rum und ich hab nur noch 5 Tage über und das ist viel zu wenig." (Interview D, Abs. 49–50)

Sehr begehrt sind für die Aufenthalte Ferienzeiten und Feiertage wie Weihnachten, Silvester und Ostern. Aufgrund der starken Frequentierung wurden bestimmte Regeln und Wartelisten erstellt, damit möglichst viele Familien die Option haben, zu diesen beliebten Zeiten ein Kinderhospiz zu besuchen.

„Und man versucht da wirklich, die Wünsche da auf die Reihe zu kriegen und die Terminwünsche, die Eltern geben die Terminwünsche an und man guckt halt, wie man's auf die Reihe bringt." (Interview A, Abs. 668)

Progredient erkrankte Kinder und Jugendliche dürfen mit ihren Familien nur dann ein Kinderhospiz besuchen, wenn eine Diagnose vorliegt, aus der hervorgeht, dass es sich um eine lebensverkürzende Erkrankung handelt. „Voraussetzung für die Aufnahme ist, dass das Kind an einer lebensbegrenzenden Krankheit leidet. Dieses muss der behandelnde Kinderarzt auf der Verordnung bescheinigen. Eine klare Diagnose ist nicht unbedingt erforderlich. Es ist ausreichend, wenn Schwere und Auswirkungen der Erkrankung sowie die Begleiterscheinungen so gravierend sind, dass das Kind nur noch eine begrenzte Lebenszeit haben wird" (Kinderhospiz Löwenherz e.V. 2009, 9).
Die Probanden wurden im Rahmen der Fragebogenerhebung gefragt, wie lange nach Diagnosestellung sie das erste Mal in ein Kinderhospiz gefahren sind.

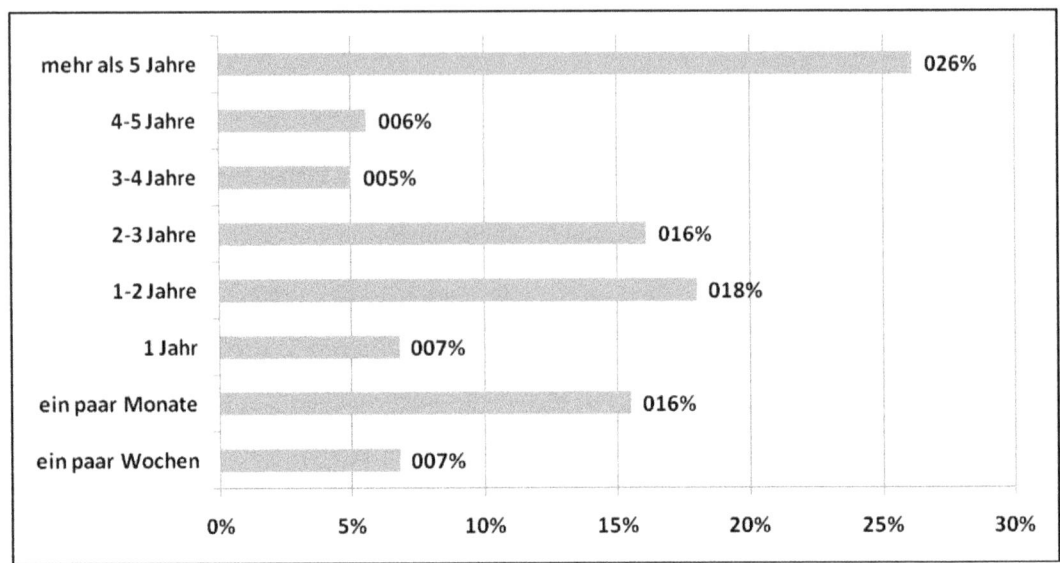

Abb. 23: Erster Aufenthalt nach Diagnose (N = 161)

Der erste Aufenthalt nach Diagnosestellung erfolgte bei den meisten Probanden in einem deutlichen zeitlichen Abstand zur Diagnosestellung.[96] In den meisten Fällen sind es mehrere Jahre. Dass 15,5% ein paar Monate nach der Diagnosestellung und 6,8% ein paar Wochen nach Diagnosestellung im Kinderhospiz waren, ist erstaunlich. Hier kann gefolgert werden, dass nach der Diagnosestellung die Information der Eltern über das Angebot der Kinderhospize sehr schnell erfolgte.

Die Verteilung lässt einerseits Rückschlüsse auf den häufig ungewissen Krankheitsverlauf zu. Dieser ist in vielen Fällen mit einer Diagnosestellung im Kleinkindalter verbunden. Andererseits sind die Zahlen auch mit dem Gründungsjahr des ersten Kinderhospizes in Deutschland zu erklären. Da es erst seit 1998 in Deutschland die Möglichkeit gibt, stationäre Kinderhospize zu besuchen, konnten viele betroffene Familien mit älteren Kindern diese erst von diesem Zeitpunkt an nutzen, was ein weiterer Grund dafür sein könnte, dass ca. ein Viertel der Befragten Kinderhospize erstmalig erst mehr als fünf Jahre nach Diagnosestellung besuchten.

---

[96] Der Median von 5,00 weist auf einen Durchschnitt von 2–3 Jahren hin. Die Varianz ist hoch (5,587) und die Spannbreite groß (7).

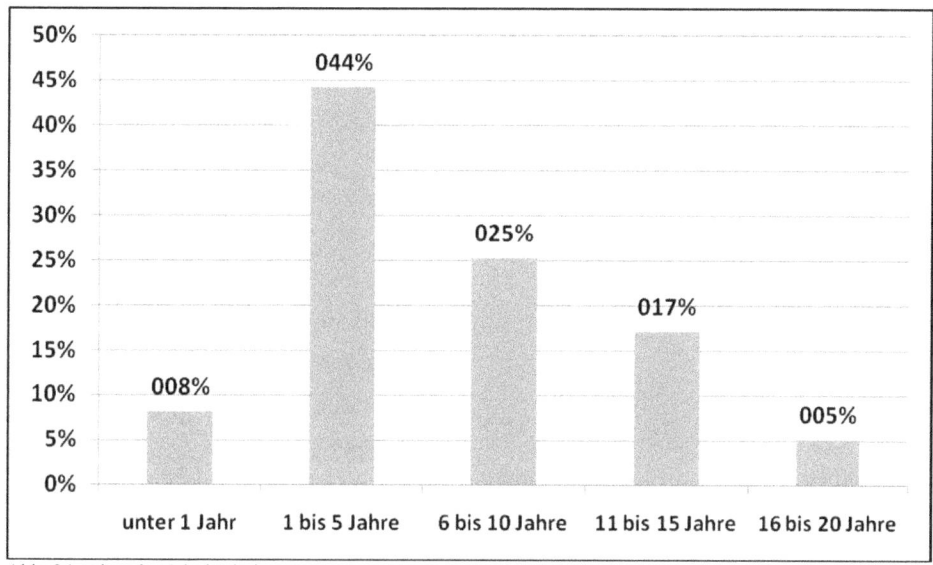

Abb. 24: Alter des Kindes beim ersten Aufenthalt (N = 158)

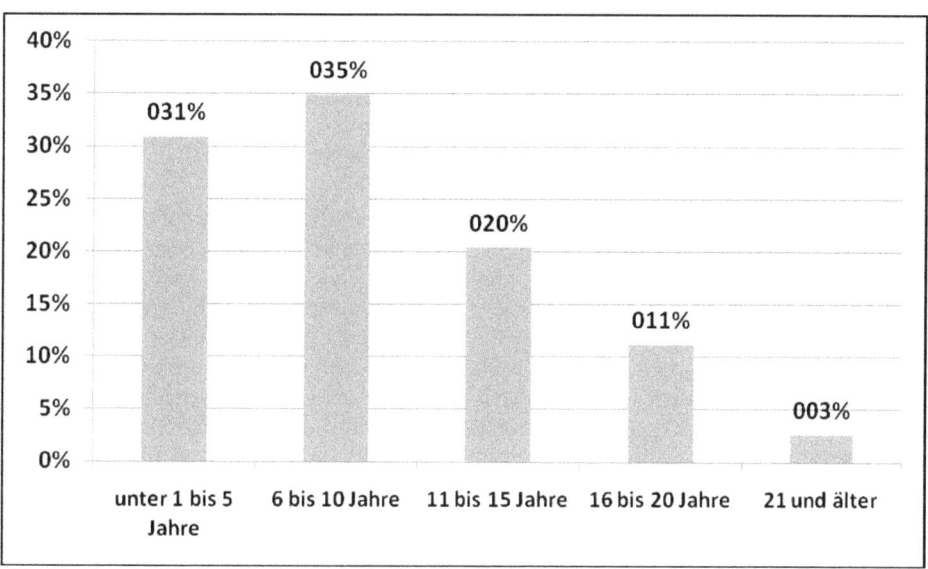

Abb. 25: Alter des Kindes beim letzten Aufenthalt (N = 152)

Es wird ersichtlich, dass die meisten lebensverkürzend erkrankten Kinder bei ihrem ersten Aufenthalt im Kinderhospiz 1 bis 5 Jahre alt waren (44,3%). Dies lässt zum einen Rückschlüsse auf die noch nicht lange Existenz der Kinderhospize zu und zum anderen gibt dies Aufschluss über den Zeitpunkt der Diagnosestellung. Bei ihrem letzten Aufenthalt im Kinderhospiz waren die meisten Kinder 6 bis 10 Jahre alt (34,87%). Daraus lässt sich folgern, dass die meisten Kinder, die Kinderhospize nutzen, im Durchschnitt 1 bis 10 Jahre alt sind, und die Zielgruppe überwiegend aus Klein-, Vorschul- und Schulkindern besteht. Progredient erkrankte Jugendliche sind als Besucher/innen in Kinderhospizen hingegen in der Minderheit.

Es stellt sich die Frage, warum erkrankte Jugendliche bislang eher in geringer Anzahl von den Angeboten der Kinderhospizarbeit erreicht werden. Die Eröffnung der ersten Jugendhospize Balthasar/Olpe (Jugendhospiz Balthasar 2009) sowie Sternenbrücke/Hamburg und die Planung weiterer Kinderhospize einen Jugendtrakt anzubauen, können dazu beitragen, mehr Jugendliche mit den Angebote der

Kinderhospizarbeit zu erreichen. Hier ist auch zu beachten, dass die Lebenserwartung bei einigen progredienten Erkrankungen in den vergangenen Jahren deutlich gestiegen ist und somit auch eine sich verändernde Gruppe von Jugendlichen und jungen Erwachsenen in den Fokus der Begleitung gerät.

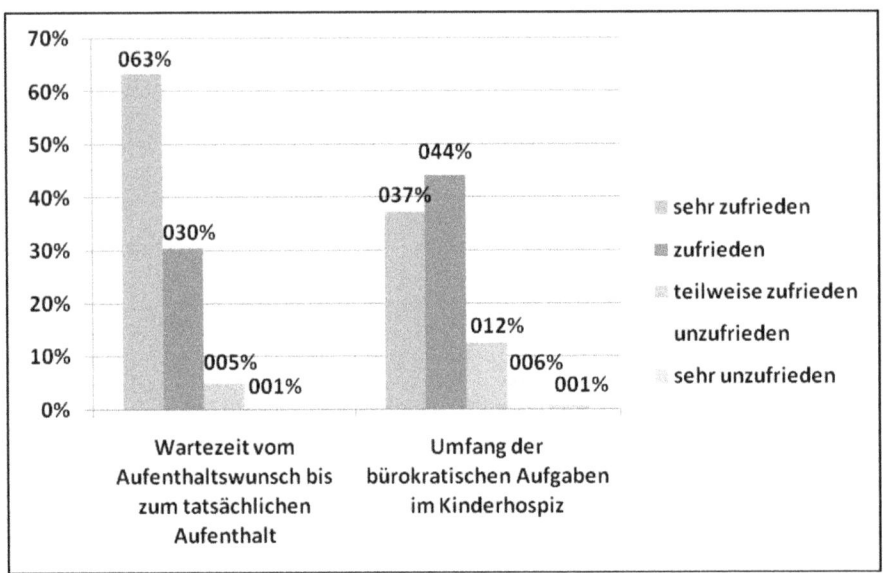

Abb. 26: Bewertung von Wartezeit und bürokratischem Aufwand vor dem ersten Aufenthalt (N = 161)

Die Probanden sind mehrheitlich sehr zufrieden und zufrieden mit der Wartezeit vom Aufenthaltswunsch bis zum tatsächlichen Aufenthalt in einem Kinderhospiz.[97]

Auch der Umfang der bürokratischen Aufgaben im Kinderhospiz ist für die meisten Probanden nicht zu groß. Mit „bürokratischen Aufgaben" sind sowohl die bei den Krankenkassen zu stellenden Anträge auf Kostenübernahme, die Absprachen mit dem Kinderhospiz als auch die Anamnesebögen gemeint, die bei jedem Besuch während des Aufnahmegesprächs im Kinderhospiz ausgefüllt werden müssen. Es zeigt sich bei den bürokratischen Aufgaben im Meinungsbild eine leichte Tendenz zur Unzufriedenheit, da 12,4% angaben „teilweise zufrieden", 5,6% „unzufrieden" und 0,6% „sehr unzufrieden" gewesen zu sein.[98] Insgesamt scheinen die Eltern jedoch nach einer ersten Entscheidung für einen Aufenthalt im Kinderhospiz dieses Angebot eher schnell und weitgehend unbürokratisch und somit niedrig schwellig nutzen zu können

---

[97] Der Median von 1,00 („sehr zufrieden") weist auf die hohe Zufriedenheit hin.
[98] Darauf weisen auch der Median von 2,00 („zufrieden") hin.

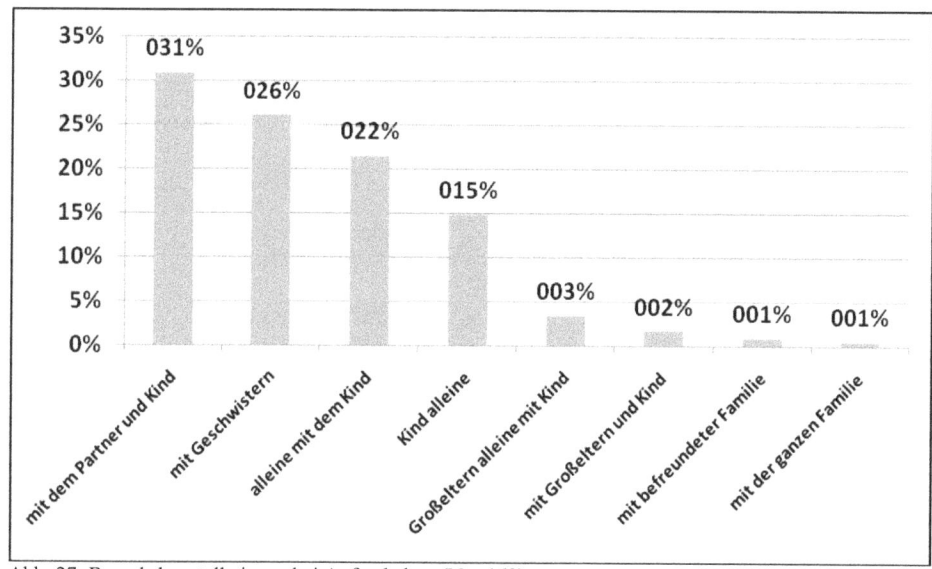

Abb. 27: Besuchskonstellationen bei Aufenthalten (N = 163)

Die Besuchskonstellationen der Familien bei den Aufenthalten im Kinderhospiz variieren. Die meisten Probanden kommen mit dem Partner, dem erkrankten Kind und den Geschwistern in das Kinderhospiz – also mit der ganzen Familie. Das „Kind alleine" wurde von 14,9% der Familien angegeben. Diese Angaben werden auch in der unten stehenden Kreuztabelle bestätigt, da 66,3% aller Probanden angaben, meistens mit dem Partner und dem erkrankten Kind das Kinderhospiz zu besuchen.

			Aufenthalt meistens mit dem Partner und dem Kind		
			nein	ja	Gesamt
Geschlecht der ausfüllenden Person	männlich	Anzahl	5	16	21
		% der Gesamtzahl	3,1%	9,8%	12,9%
	weiblich	Anzahl	50	91	141
		% der Gesamtzahl	30,7%	55,8%	86,5%
	Paar	Anzahl	0	1	1
		% der Gesamtzahl	,0%	,6%	,6%
	Gesamt	Anzahl	55	108	163
		% der Gesamtzahl	33,7%	66,3%	100,0%

Tab. 3: Kreuztabelle: Familienkonstellation bei Aufenthalten: Geschlecht – mit Partner und dem Kind (N = 163)

Bei der Kreuzung der Variablen „Geschlecht" und „Aufenthalt meistens alleine mit dem Kind" gaben 39,9% der weiblichen Probanden an, dass sie meistens alleine mit dem erkrankten Kind im Kinderhospiz waren. Der häufige gemeinsame Aufenthalt von Mutter und Kind im Kinderhospiz ist mit der bereits erläuterten vorherrschenden, eher klassischen Rollenverteilung in Familien mit behinderten und erkrankten Kindern zu erklären, die eine Berufstätigkeit des Mannes und eine Hausfrauentätigkeit der Frau zur Folge hat.

			Aufenthalt meistens alleine mit dem Kind		
			nein	**ja**	**Gesamt**
Geschlecht der ausfüllenden Person	männlich	Anzahl	11	10	21
		% der Gesamtzahl	6,7%	6,1%	12,9%
	weiblich	Anzahl	76	65	141
		% der Gesamtzahl	46,6%	39,9%	86,5%
	Paar	Anzahl	1	0	1
		% der Gesamtzahl	,6%	,0%	,6%
	Gesamt	Anzahl	88	75	163
		% der Gesamtzahl	54,0%	46,0%	100,0%

Tab. 4: Kreuztabelle: Familienkonstellation bei Aufenthalten: Geschlecht – ohne Partner (N = 163)

Kinderhospize sind ein Ort der Unterstützung und Entlastung für Familien mit einem progredient erkrankten Kind. Diese Unterstützung und Entlastung bedeuten auch, dass das progredient erkrankte Kind alleine im Kinderhospiz gepflegt und begleitet werden kann, ohne dass die Familie mit im Kinderhospiz ist. 14,9% der Probanden gaben an, dass ihr Kind alleine das Kinderhospiz besucht. Trotzdem ist es für viele Eltern zunächst emotional sehr schwierig, ihr erkranktes Kind im Kinderhospiz alleine zu lassen. Diese für die Familien oftmals erste längere Trennung von ihrem Kind bringt die Notwendigkeit des Loslassens mit sich, wodurch der Aufenthalt auch den Charakter einer Vorbereitung auf den bevorstehenden Tod des Kindes haben kann (vgl. Wingenfeld/Mikula 2002, 23).
Es muss häufig erst ein Loslöseprozess stattfinden, der einige Zeit in Anspruch nehmen kann und für die Eltern häufig nicht einfach ist. Diesen Prozess beschreiben in den folgenden Aussagen aus den Experteninterviews die IP B und F.

„Es ist ja so, du kannst ihn ja jederzeit abgeben. Eigentlich ist es ja so geplant, dass man als Elternteil ihn eben da abgibt und was für sich macht und was ich so schön finde im Hospiz, wenn du jetzt sagst: Ich möchte ihn jetzt aber heute Abend fertig machen, dann macht man das und dann ist das auch absolut kein Thema und völlig in Ordnung. Die ersten Male, als wir da waren, habe ich ihn eigentlich komplett fertig gemacht. Immer mal nur so eine halbe Stunde zum Kaffeetrinken oder sonst irgendwas, weil ich das eben nicht konnte. Ich musste das wirklich in ganz, ganz kleinen Schritten lernen. Inzwischen habe ich eben schon ein ganzes Wochenende geschafft und das ist schon echt gut." (Interview B, Abs. 123)

„Ich meine klar, ich denk mal, es ist auch mal wieder so 'ne Sache des Loslassens, auch vom Grundsatz her, nicht anzurufen. Kann dann ja auch eben 'ne Form sein, dass man jetzt sagt, hör mal, man kann jetzt loslassen und wenn irgendwas ist, werden die sich schon melden. Aber nee, da war ich noch nicht so weit." (Interview F, Abs. 375)

Die Eltern beobachten sehr genau den Umgang des Personals mit den eigenen progredient erkrankten Kindern und auch mit denen, die ohne die Eltern im Kinderhospiz sind, um zu sehen, wie mit ihrem Kind in der eigenen Abwesenheit möglicherweise verfahren wird.

„Vor allen Dingen hab ich auch, es war für mich halt auch gut, bei sehr vielen Aufenthalten dabei zu sein, um einfach die Leute auch kennenzulernen. Ich muss, ich muss sehen, wie ist der Mensch, wie gehen die mit dem Kind um, oder man beobachtet dann einfach von der Ferne, ich sitz irgendwo und unterhalte mich mit jemanden, kann aber genauso gut sehen, was passiert mit meinem Kind, wenn's am Tisch gefüttert wird oder wenn man sich mit ihr beschäftigt. Wie machen die das." (Interview A, Abs. 416)

In einigen Familien haben die einzelnen Familienmitglieder eine unterschiedliche Auffassung darüber, ob das erkrankte Kind alleine ins Kinderhospiz fahren soll. Das ist mit der unterschiedlich starken alltäglichen Belastung der Familienmitglieder zu begründen.

„Meine Kinder und mein Mann wollten das gar nicht, die wollten Lisa mitnehmen in den Urlaub und da hab ich gesagt, wisst ihr was, ich brauch auch mal Urlaub. Ich möchte auch mal ausschlafen. Ihr könnt jeden Tag ausschlafen. Ihr habt Feiertage, ihr habt Ferien. Ich sag, aber ich, ich hab das nicht. Ich muss immer sonntags aufstehen und samstags. Feiertage ich sag, kenn ich gar nicht." (Interview D, Abs. 52)

Wenn die Eltern positive Erfahrungen mit dem Loslassen und Verabschieden des progredient erkrankten Kindes auf Zeit gemacht haben, erleben sie es als sehr entspannt und normal, dass das Kind eine Zeit im Kinderhospiz alleine verbringt.

„Also ich für mich jetzt, für Annika, ich denk, auch aber für mich ist es halt einfach wichtig, da Kraft zu kriegen. Ob ich jetzt dabei sein kann oder nicht, ich sag mal hängt von anderen Dingen ab. Aber auch wenn die Annika alleine dort ist, weiß ich, es geht ihr gut und ich kann mich auf die Dinge daheim konzentrieren und dann ist auch irgendwo Entlastung da." (Interview A, Abs. 1007)

Ein weiterer bedeutsamer Aspekt für die Wahl eines Kinderhospizes ist die Dauer der Anfahrt zum Kinderhospiz. Es kann vermutet werden, dass die Familien keine weite Strecke in Kauf nehmen wollen und eher ein Kinderhospiz in Wohnortnähe für ihren Besuch auswählen.
Hier zeigt sich keine eindeutige Tendenz, da 47% der Probanden diese Frage verneinten und 53% diese bejahten (N = 155). Dies weist darauf hin, dass einige Familien den Aufenthalt in einem Kinderhospiz nach anderen Kriterien als der Wohnortnähe auswählen, es aber auch Familien gibt, die hingegen die Nähe zum häuslichen Umfeld bevorzugen.
Für diese Feststellung ist auch die unregelmäßige regionale Verteilung der stationären Kinderhospize ersichtlich. Nicht in allen Regionen/Bundesländern existiert ein stationäreres Kinderhospiz, sodass einige Familien aus tendenziell unterversorgten Regionen häufig eine weitere Strecke in Kauf nehmen, während andere dies aufgrund der räumlichen Nähe zu einem Kinderhospiz nicht tun müssen.
Es stellt sich die Frage, ob es der Gründung weiterer stationärer Kinderhospize bedarf, um eine flächendeckende regionale Versorgung und eine wohnortnahe Unterstützung für betroffene Familien zu gewährleisten.[99]

---

[99] Es wird davon ausgegangen, dass der Bedarf der stationären kinderhospizlichen Versorgung aktuell als gedeckt gilt, wohingegen die Versorgung im ambulanten Bereich als defizitär angesehen werden kann.

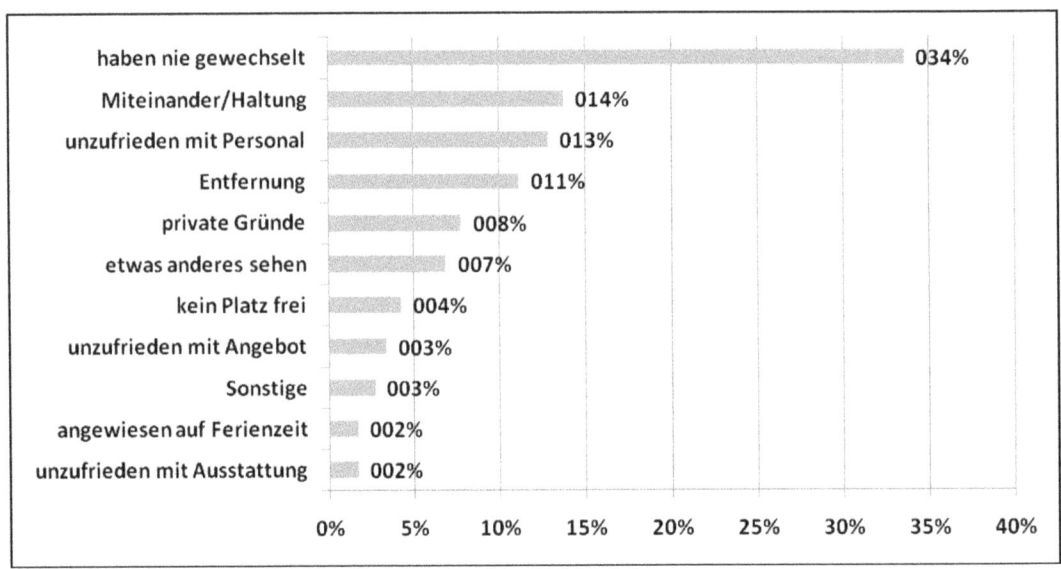

Abb. 28: Gründe für einen Wechsel des Kinderhospizes (N = 87, Mehrfachnennungen)

Seitdem es mehrere stationäre Kinderhospize in Deutschland (aktuell 8) gibt, wird von den Verantwortlichen in der Praxis eine Tendenz zum so genannten „Kinderhospizhopping" vermutet. Damit ist gemeint, dass Familien mit progredient erkrankten Kindern Kinderhospize häufiger wechseln, da sie bei Unzufriedenheit mit einem Haus oder dem bloßen Wunsch nach Abwechslung die Möglichkeit haben, auf ein anderes Kinderhospiz auszuweichen.
Dieser Wechsel der Einrichtung wird von der IP F abgelehnt, da es für sie wichtig ist, dass sie und ihr Kind im Kinderhospiz bereits bekannt sind. Durch die Vertrautheit wird es vielen Eltern auch erst möglich, ihr Kind in die Begleitung durch das Personal abgeben zu können.

„Also wir reden da ja in dem Moment auch immer von dem Hospizhopping, und das mag ich eben einfach nicht. Also ich persönlich nicht, für mich ist es nichts, weil ich find, man muss einfach ja ein Vertrauensverhältnis aufbauen oder, ich müsste vielleicht nicht, aber da sind wir dann wieder bei den Erwartungen, was eben die verschiedenen Familien haben. Also für mich ist das eben wirklich 'ne Vertrauenssache. Ich muss denen vertrauen können und andersrum, was ja genauso wichtig ist, die müssen mir auch vertrauen können, so." (Interview F, Abs. 187)

Die Aussage der IP F wird durch die Ergebnisse der Fragebogenerhebung bestätig, die zeigen, dass mehr als ein Drittel aller Probanden noch nie das Kinderhospiz gewechselt hat. Von den Familien, die schon einmal gewechselt haben, gaben 12,9% als Grund die Unzufriedenheit mit dem Personal an, 11,2% nannten die Entfernung, 7,8% gaben private Gründe an. 13,8% der Probanden benannten als Wechselgrund das Miteinander bzw. die Haltung im Kinderhospiz, 6,9% wollten einmal etwas anderes sehen. 4,3% nutzten ein alternatives Kinderhospiz, da in dem bislang besuchten kein Platz frei war, und 3,4% waren mit dem Angebot des Kinderhospizes grundsätzlich unzufrieden.
Die nachfolgende Kreuztabelle macht deutlich, dass sich die Gründe für einen Wechsel nicht primär auf das Personal beziehen, sondern andere Aspekte überwiegen (Haltung/Miteinander, private Gründe etc.), da lediglich 26,7% als Grund für einen Wechsel die Unzufriedenheit mit dem Personal angaben. Aspekte der Haltung und des Miteinanders lassen sich allerdings sehr wohl auch an einzelnen, in den Einrichtungen tätigen Personen festmachen, weisen aber zudem auf konzeptionelle und teambezogene Komponenten hin, die über die Persönlichkeit der Einzelnen hinausgehen. Die nachfolgende Tabelle zeigt zudem, dass eine hohe Anzahl an Pflegepersonal für das erkrankte Kinde nicht signifikant als Grund für einen Kinderhospizwechsel fungiert.

			Sechs und mehr Pflegepersonen während eines Aufenthaltes		
			nein	ja	Gesamt
Grund für einen Wechsel: Unzufriedenheit mit Personal	nein	Anzahl	48	23	71
		% der Gesamtzahl	55,8%	26,7%	82,6%
	ja	Anzahl	12	3	15
		% der Gesamtzahl	14,0%	3,5%	17,4%
	Gesamt	Anzahl	60	26	86
		% der Gesamtzahl	69,8%	30,2%	100,0%

Tab. 5: Kreuztabelle: Gründe für Wechsel des Kinderhospizes – Unzufriedenheit mit häufigem Personalwechsel (N = 86)

Die Entwicklung von bundesweit einheitlichen Leitlinien und Standards könnte eine Möglichkeit sein, den benannten Aspekten der Unzufriedenheit der Familien entgegenzuwirken. Allerdings können eine bestimmte Haltung und ein positives Miteinander nur begrenzt durch Leitlinien und Standards beeinflusst werden. Hier empfehlen sich zusätzlich institutionsinterne und selbstreflexive Prozesse der Auseinandersetzung mit den kinderhospizlichen Leitideen.

Rahmenbedingungen und Räumlichkeiten
Die Rahmenbedingungen der stationären Kinderhospize können die Zufriedenheit der Familien während der Aufenthalte beeinflussen. Zu diesen zählen Lage, Räumlichkeiten und Ausstattung des Kinderhospizes.
Die folgenden Aussagen der Interviewpersonen geben Aufschluss über die Meinung der befragten Eltern zu diesen Aspekten.

„Ich war, glaube ich, jetzt in den ganzen Aufenthalten erst einmal in der Stadt. Also sonst hatte ich noch nie irgendwie das Bedürfnis. Also meistens ist es schon irgendwie so für mich einfach auch so der Aufenthalt so, dass ich wirklich einfach nur sag, ich will jetzt nichts großartig sehen und hören, sondern einfach nur für mich schlafen, lesen, schlafen." (Interview F, Abs. 432)

Einige Eltern befürworten es, wenn sie in der Nähe des Kinderhospizes einkaufen können und verschiedene Ausflugsmöglichkeiten vorhanden sind. Außerdem empfinden sie es als positiv, während des Aufenthaltes nicht auf ein Auto angewiesen zu sein. Das bedeutet, dass eine gute Anbindung an den öffentlichen Nahverkehr gegeben sein muss.

„Die Lage ist ja eigentlich wirklich schön. Man kann da spazieren gehen, (...) zum Shoppen gehen (...) kann man ja dann auch notfalls in die Stadt fahren oder so was. Also, ich muss das jetzt nicht in einer Großstadt liegen haben, also, ich muss nicht 'ne Großstadt drum herum haben. Was nett ist, ist dass man da mal in die Stadt gehen kann, mal was einkaufen oder mal ein Eis essen oder einen Kaffee trinken. Dass das geht, dass das sogar zu Fuß geht. (...) Also, wenn ich jetzt ohne Auto bin oder so was, dass ich selbst dann die Möglichkeit habe. Wenn das jetzt weit außen liegen würde wie manche Kurkliniken oder so was, dann wär's ja schon ein Problem." (Interview H, Abs. 339–341)

Somit kann in Bezug auf die Lage von Kinderhospizen konstatiert werden, dass sich die Wünsche der Eltern stark voneinander unterscheiden und je nach individuellen Interessen und Bedürfnissen des Einzelnen variieren.
In Kinderhospizen wird den Eltern die Pflege des Kindes vom Pflegepersonal in dem Maße abgenommen, wie sie es wünschen. Hierfür stehen den progredient erkrankten Kindern in einem separaten Bereich kindgerecht und wohnlich gestaltete Einzelzimmer zur Verfügung, in denen sie während ihrer Aufenthalte übernachten und gepflegt werden. Die Möglichkeit, getrennt von dem erkrankten Kind schlafen zu können, bedeutet für die Eltern Entlastung und Erholung.

„Weil man immer, grad als Eltern oder als Mutter von einem behinderten Kind, man schläft schlecht, man hört, du bist, bist immer, immer in der Halbschlafstellung nur, weil ja irgendwas sein könnte. Und es sollen ja grad die Eltern auch entspannen und in Ruhe mal schlafen können und wieder Kraft schöpfen können. Und ich glaub, wenn man wirklich so dabei ist, dass man die Geräusche da hört, (...) dann ist es nicht gar so gut." (Interview A, Abs. 692–694)

Mit der Einrichtung und Gestaltung der Gemeinschaftsräume im Kinderhospiz ist die IP F sehr zufrieden und empfindet diese als warm, einladend und familiär.

„Das ist ja wirklich wie ein Wohnzimmer. Wo man sich dann eben auch als Eltern abends hinsetzen kann und lesen kann oder Fernsehen gucken kann oder wo man eben auch dann Gespräche hat. Das ist einfach viel familiärer da, auch von der räumlichen Seite her." (Interview F, Abs. 265)

Ein Kritikpunkt, der von Elternseite häufig genannt wird, ist, dass es für die Geschwister in einigen Kinderhospizen keine angemessenen separaten Unterbringungsmöglichkeiten gibt. Sie müssen mit im Elternzimmer logieren, sodass weder sie noch die Erwachsenen adäquate Rückzugsmöglichkeiten haben.

„Genau, dann kann man abends kein Licht anmachen, nicht mehr lesen und so, dss ist wirklich eine ganz starke Einschränkung, sich schlecht auf diesen Balkon setzen und es geht ja vielen so, dass sie dann noch ein Geschwisterkind dabei haben." (Interview C, Abs. 52)

„Die sagen natürlich, klar können die Geschwister mitkommen, aber die denken natürlich nicht da drüber nach, dass man da wie die Sardinen in der Büchse auf diesen Zimmer hängt (lacht)." (Interview H, Abs. 301)

Besonders für Familien mit Kindern im Jugend- und/oder jungen Erwachsenenalter ist dies sehr problematisch.

„Nein, nein, für uns ist das ein Problem, dass wir als Familie nicht fahren können. Weil die Großen mittlerweile in dem Alter sind, wo man nicht mehr mit fünf, vier Personen auf einem Zimmer schlafen kann." (Interview H, Abs. 259)

Diese räumliche Enge führt dazu, dass einige Familien mit älteren Geschwisterkindern nicht mehr als ganze Familie zusammen das Kinderhospiz besuchen können oder wollen. Nur im äußersten Notfall würden einige Familien mit den älteren Kindern zusammen in das Kinderhospiz kommen. Dies bedeutet eine notwendige Trennung innerhalb der Familie, die dem Anspruch des Kinderhospizes, die Familie als Ganzes zu begleiten, nicht gerecht werden kann.

„Das geht nicht. Man hat ein Zimmer, da ist ein Doppelbett drin und die Schlafcouch und das war's und das heißt, wenn wir mit zwei großen Kindern hinfahren, dann muss eins von den Kindern auf der Isomatte mit einem Schlafsack schlafen und das andere schläft halt auf der Schlafcouch. Und für Eltern mit größeren Kindern ist es, also zumindest mit zwei größeren Kindern wie wir ist es ein Problem, das kann man nicht. Also bei uns wird immer ausgewürfelt, wer kann wann mitfahren. (...) Ja, das ist, ja ist auch blöd. Vor allen Dingen auch die größeren Geschwisterkinder möchten ja, ich mein dann, dann haben wir Zeit, wann sollen sie und haben sie mehr Zeit außer dann." (Interview H, Abs. 261)

Außerdem hat die gemeinsame Unterbringung der Geschwister mit ihren Eltern auch Auswirkungen auf die Partnerschaft der Eltern, da sie nicht die Möglichkeit haben, ungestörte Zeit alleine zu verbringen.

„Und viele in einem Zimmer, weil die Eltern immer mal ihre Ruhe haben wollen oder sollen, was weiß

ich, ihre Zweisamkeit mal genießen und dann liegen noch zwei Kinder dabei, ist so auch nicht ganz so ideal." (Interview A, Abs. 704)

Insgesamt ist es den befragten Eltern wichtig, dass es Ausweichmöglichkeiten für sie selbst und für die Geschwister gibt, damit alle ihren unterschiedlichen Beschäftigungen nachgehen können und ihren Bedürfnissen entsprochen werden kann.

"Ja, und so von der Situation war das wirklich das Einzige, was wir so, baulich dachten, da haben die Architekten nicht so richtig aufgepasst, dass es halt keine Möglichkeit gibt, irgendwie Geschwisterzimmer oder noch so 'ne kleine Nische oder so zumindest im Elternzimmer, dass man sich abends eben überhaupt nicht in dem Zimmer aufhalten kann, wenn das Geschwisterkind dort schläft. Das man so gar keine Rückzugsmöglichkeit hat, denn die anderen Räume, da gibt's zwar sehr schöne Wohnräume, dieses Wohnzimmer, diese gute Stube und oben auch das Turmzimmer, aber da ist dann natürlich immer mal auch noch 'ne andere Familie." (Interview C, Abs. 48)

Die Probanden der Fragebogenerhebung wurden ebenfalls nach ihrer Zufriedenheit mit den Räumlichkeiten befragt. Hier wird ein ähnliches Meinungsbild wie in den Aussagen der Interviewpersonen sichtbar.

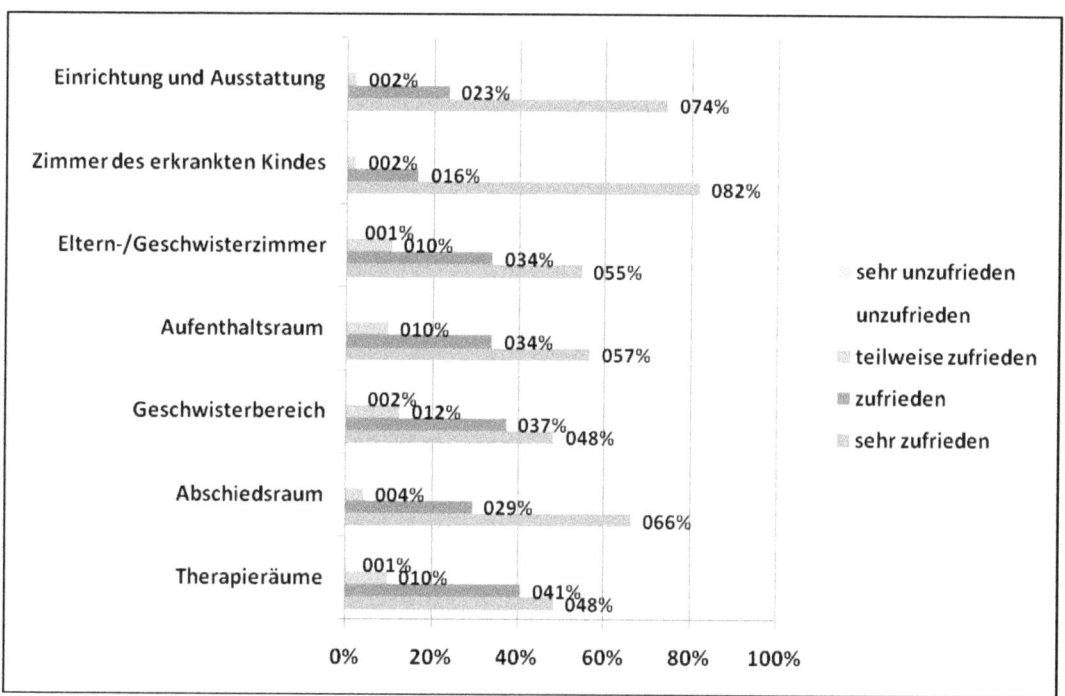

Abb. 29: Bewertung der Räumlichkeiten (N = siehe unten stehende Tabelle)

		Einrichtung und Ausstattung	Zimmer des erkrankten Kindes	Eltern- bzw. Geschwisterzimmer	Aufenthalts-raum	Geschwister-bereich	Abschiedsraum	Therapie-räume
N	Gültig	158	159	154	154	137	143	155
	Fehlend	14	13	18	18	35	29	17
	Mittelwert	1,27	1,20	1,58	1,53	1,69	1,38	1,64
	Median	1,00	1,00	1,00	1,00	2,00	1,00	2,00
	Standardabweichung	,487	,447	,729	,668	,774	,567	,711
	Varianz	,238	,200	,532	,447	,599	,321	,505
	Schiefe	1,525	2,129	1,033	,878	,900	1,202	,873
	Standardfehler der Schiefe	,193	,192	,195	,195	,207	,203	,195
	Spannweite	2	2	3	2	3	2	3
	Minimum	1	1	1	1	1	1	1
	Maximum	3	3	4	3	4	3	4

Tab. 6: Bewertung der Räumlichkeiten

Die Angaben zeigen, dass die meisten Probanden mit den Räumlichkeiten im Kinderhospiz sehr zufrieden oder zufrieden sind. Bei den Items „Geschwisterbereich", „Therapieräumen" und „Eltern- bzw. Geschwisterzimmer" wird eine leichte Tendenz zur Unzufriedenheit erkennbar.[100] Hier wird wie auch in den Interviewaussagen deutlich, dass die in einigen Kinderhospizen nicht vorhandenen separaten Geschwisterzimmer diese Unzufriedenheit bedingen. Es sind daher bauliche Verbesserungen notwendig, um den Familien mehr und adäquate Rückzugsmöglichkeiten während ihres Aufenthaltes zu bieten.

Die Probanden[101] haben mehrheitlich keine Wünsche oder Verbesserungsvorschläge an die Einrichtung und Ausstattung im Kinderhospiz (34,9%). Allerdings wurden in den vorliegenden offenen Antworten ebenfalls am häufigsten „separate Geschwisterschlafzimmer" als ein Wunsch zur Verbesserung genannt, gefolgt von „bessere Betten", „separater Geschwisterbereich" und „größere Elternschlafzimmer". Auch hier dominiert der Wunsch der Probanden nach einer Verbesserung der Einrichtung und Ausstattung der Wohnbereiche für Eltern und Geschwister.

Des Weiteren wird aus den Angaben der Probanden eine hohe Zufriedenheit mit dem Außengelände (63,5%, N = 159), der Verpflegung (75,5%, N = 159) und der Hygiene und Sauberkeit (78,9%, N = 161) im Kinderhospiz deutlich. In Bezug auf das Außengelände wünschen sich 15,9% mehr Sport- und Spielgeräte, jeweils 7,9% Ruhezonen und Spielmöglichkeiten für die erkrankten Kinder und 6,3% abgetrennte Bereiche für die erkrankten Kinder und Geschwister. 4,8% nannten die Barrierefreiheit als einen Wunsch. Die Barrierefreiheit ist angesichts der Tatsache, dass viele der erkrankten Kinder im Rollstuhl sitzen, unbedingt erforderlich, damit auch sie das Außengelände unbegrenzt nutzen können.

Auch in Bezug auf die Verpflegung haben die meisten Probanden keine Wünsche (47,2%, N = 59). Die wenigen geäußerten Anliegen bezogen sich auf ein gesundes, vollwertiges, biologisches Essen. Außerdem gab es viele Einzelnennungen, die aufgrund ihrer Spezifität hier nicht sämtlich aufgeführt sind. Mit der Hygiene/Sauberkeit im Kinderhospiz sind die meisten Probanden ebenfalls sehr zufrieden, da diesbezüglich 77,3% keine Wünsche äußerten. 6,8% nannten hier die bedarfsgerechte Reinigung der Elternzimmer, und 4,3% wünschen sich die Möglichkeit der Staubsaugernutzung für die Eltern.

Zusammenfassung

Anliegen, Angebote und Inhalte der Kinderhospizarbeit sind im öffentlichen Bewusstsein immer noch weitestgehend unbekannt. Die meisten Probanden kannten die Angebote der Kinderhospizarbeit nicht, bevor sie zum ersten Mal Kontakt zu einem Kinderhospiz aufnahmen. Betroffene Familien lernen die kinderhospizlichen Unterstützungsmöglichkeiten vielfach erst kennen, nachdem sie durch Multiplika-

---

[100] Median von 2,00 (Md = 2), große Spannweite von 3.
[101] 84 Probanden von 172 beantworten diese Frage.

tor/innen auf diese hingewiesen wurden. Multiplikator/innen können Ärzte und Pflegepersonal in Kliniken und ambulanten Kinderhospizdiensten sowie andere betroffene Familien sein, aber auch öffentliche Informationen in Form von Flyern und Medienberichten.

Es wird ersichtlich, dass die Familien vor einem ersten Kontakt, große Berührungsängste mit Kinderhospizen haben, da sie häufig zunächst negative Assoziationen mit dem Begriff Kinderhospiz verbinden. Die Assoziation des Begriffes Kinderhospiz mit einem Sterbehaus erzeugt bei einigen Eltern, die nicht mit den Inhalten der Kinderhospizarbeit vertraut sind, große Berührungsängste. Sie empfinden überwiegend Ängste und Unsicherheiten in Bezug auf das Kinderhospiz als Institution. Auch hier zeigt sich ein deutlicher Verbesserungsbedarf im Hinblick auf die öffentliche Darstellung der gesamten Bandbreite der Kinderhospizarbeit.

Vor einem ersten Kinderhospizaufenthalt ist von den Eltern eine besondere Herausforderung zu bewältigen. Sie benötigen aus formal-abrechnungstechnischen Gründen eine Bestätigung der finalen Diagnose ihres Kindes. Diese zu erhalten, bedeutet für sie, dass sie sich selbst mit der Situation soweit auseinandergesetzt haben müssen, dass sie in der Lage sind, die Prognose zu akzeptieren und daraus weitere Handlungsschritte abzuleiten.

Wenn diese erste Hemmschwelle überschritten werden konnte, machen die Eltern überwiegend positive Erfahrungen bei der Vorbereitung des Aufenthaltes, dem Erstkontakt mit dem Kinderhospiz und ihrem ersten Besuch in der Einrichtung.

Die Mehrheit der Probanden hat durch ein telefonisches Gespräch oder einen persönlichen Besuch erstmalig mit einem Kinderhospiz Kontakt aufgenommen. Sie schätzen die liebevolle, informierte Aufnahme durch das Personal und die Erfahrung der Mitarbeitenden mit der Arbeit mit Familien, die ihnen ein Gefühl von Normalität und Angenommensein vermittelt.

Die Mehrzahl der Probanden war bislang fünf bis acht Mal in einem Kinderhospiz. Der erste Aufenthalt nach Diagnosestellung erfolgte in der Regel mehrere Jahre später. Dies kann zum einen auf die erst kurze Existenz von Kinderhospizen in Deutschland hinweisen. Zum anderen ist jedoch auch zu vermuten, dass die Familien entweder erst deutlich später über die Möglichkeit kinderhospizlicher Unterstützung informiert wurden oder erst in einem deutlichen Abstand zur Diagnose Wunsch, Bereitschaft oder Notwendigkeit dieser Form der Begleitung entstehen.

Die Zahl von 28 Aufenthaltstagen reicht vielen Familien nicht aus. Besonders Alleinerziehende geben dies an, da für sie die Sicherstellung und Organisation der Betreuung bei gleichzeitiger Berufstätigkeit ein großes Problem darstellt.

Die Probanden fahren in den meisten Fällen als ganze Familie ins Kinderhospiz. Die Hälfte der Befragten nimmt für einen Aufenthalt eine weite Strecke in Kauf. Die andere Hälfte besucht Kinderhospize im regionalen Umfeld. Dies lässt Rückschlüsse auf die uneinheitliche regionale Verteilung von Kinderhospizen in Deutschland zu und wirft die Frage auf, ob es der Gründung weitere Kinderhospize bedarf, um für mehr Familien eine wohnortnahe, stationäre Begleitung zu gewährleisten. Kinderhospize sind auch ein Ort, an dem die progredient erkrankten Kinder alleine, ohne ihre Familie versorgt werden können. Einige Eltern sehen dies als Chance für sich und das Kind, um neue sowie eigene Erfahrungen zu machen und Abstand sowie Entlastung zu erhalten. Als positiv wird von den Eltern die individuelle und flexible Betreuung ihrer erkrankten Kinder herausgestellt. Sie erleben die Mitarbeitenden in der Regel als offen und einfühlsam. Das steht häufig im Gegensatz zu anderen Einrichtungen des Sozial- und Gesundheitswesens, mit denen sie bereits Erfahrungen gemacht haben.

Die Zufriedenheit mit den Rahmenbedingungen, die die Räumlichkeiten, Ausstattung und Einrichtung umfassen, ist sehr hoch. Bemängelt wird lediglich die Unterbringung der Geschwister in den Elternschlafzimmern. Hier wird angemerkt, dass die Unterbringung von Eltern und Kindern im selben Zimmer nicht bedürfnisgerecht ist. Bei zunehmendem Alter der Geschwister wird eine gemeinsame Unterbringung von Eltern und gesunden Geschwistern in einem Schlafraum als unangemessen wahrgenommen. Das führt in einigen Fällen dazu, dass Familien mit älteren Kindern nicht mehr gemeinsam ins Kinderhospiz kommen. In diesem Punkt kann das Kinderhospiz seinem Anspruch, die Familie als Ganzes anzusprechen, nicht gerecht werden.

Den häufigen Wechsel des Kinderhospizes lehnt mehr als die Hälfte der Probanden ab. Wenn es doch zu einem Wechsel der Einrichtung kam, so sind die Gründe hierfür in der Unzufriedenheit mit dem

Personal, einer zu weiten Entfernung und in der Unzufriedenheit mit der Haltung und dem Miteinander im Kinderhospiz zu sehen. Hier besteht ein Verbesserungsbedarf bzw. der Bedarf nach Qualitätssicherung (Leitlinien und Standards) und selbstreflexiver Entwicklungsprozesse der Organisation, um den Wünschen und Bedürfnissen der Familien besser entsprechen zu können.

Pflege und Begleitung der progredient erkrankten Kinder und Jugendlichen
Die bedürfnisorientierte Pflege und Begleitung progredient erkrankter Kinder in Kinderhospizen ist ein Schwerpunkt der Kinderhospizarbeit. Die progredient erkrankten Kinder können Kinderhospize alleine oder mit ihren Familien besuchen. Bei einem Aufenthalt mit der Familie übernehmen Fachkräfte im Kinderhospiz den Bedürfnissen der Eltern entsprechend die Pflege und Begleitung des progredient erkrankten Kindes, um die Eltern zu entlasten (vgl. Wingenfeld/Mikula 2002, 22f.). Für den ersten Aufenthalt in einem Kinderhospiz ist es zunächst wichtig, dass sich die Mitarbeitenden und die Familien kennenlernen, eine Vertrauensbeziehung aufbauen und sachliche Informationen zu den psychosozialen, medizinischen und pflegerischen Bedürfnissen des progredient erkrankten Kindes austauschen. Auf dieser Basis können die Eltern meist sukzessive die Pflege ihrer lebensverkürzend erkrankten Kinder vertrauensvoll an das Personal abgeben. Bei einem alleinigen Aufenthalt des Kindes im Kinderhospiz ist die erste längere Trennung von ihrem Kind für die Eltern häufig nicht einfach, da sie die Notwendigkeit der Ablösung beinhaltet.
Auch für die Interviewperson F, die ihr Kind erstmalig in ein Kinderhospiz begleitet hat, war das Abgeben der Verantwortung und der Pflege des Kindes an das Personal zunächst schwierig.

„Beim ersten Aufenthalt und so ist man immer noch viel mit dabei, was vom Grundsatz her eigentlich auch immer schwierig ist, gerade beim ersten Aufenthalt, kennen natürlich die Mitarbeiter da das Kind noch nicht, die wissen noch nicht, wie er so tickt.“ (Interview F, Abs. 102)

Dass das Personal in den Kinderhospizen über die Bedürfnisse der progredient erkrankten sehr gut informiert ist, schafft bei den Eltern Vertrauen, wie die Aussage der Interviewperson F zeigt.

„Also das ist z.B., wenn ich den Johan da mal alleine lasse (...) und ich rufe abends an, ist egal, wen ich da dran habe, die sagen alle, können alle ganz genau sagen, was grade mit Johan passiert ist an dem Tag. Also wissen sie, wie ich das meine, jetzt so als ein Beispiel halt. Klar, dann rufen se dann doch im Endeffekt noch denjenigen, der dann zu dem Zeitpunkt für Johan zuständig ist, der dann noch mal Genaueres sagen kann, aber, und auch untereinander eben einfach.“ (Interview F, Abs. 126)

Der enge Kontakt und ein regelmäßiger Austausch der Mitarbeitenden mit den Eltern schenken den Eltern Vertrauen, sodass sie das progredient erkrankte Kind beruhigt in der Obhut des Personals lassen können.

„Das ist beruhigend, das, ja, ich kann fahren, ich ruf dann, wenn sie alleine ist, frage ich, wann kann ich mich melden, die einen wollen eher, dass ich, ich ruf also täglich an, bin vielleicht ein bisschen über, aber ich muss da, einmal am Tag muss ich und wenn ich nur den Satz hör, es ist alles okay. Und dann hör ich, wie's ausschaut und dann können die genau, wenn ich sag, wie war denn die Nacht und da erfahr ich, um drei Uhr war sie mal wach und da hat sie sich nicht mehr beruhigt und dann haben wir ihr was zu trinken gegeben, haben ihr frische Windel gemacht und wenn sie um fünf immer noch gewacht hat und dann haben wir ihr dann das Medikament gegeben, den Schmerzsaft, den ich da vorne angesprochen hab, das krieg ich wirklich gesagt. Und es gibt mir einfach auch das Gefühl, es wird ordentlich geguckt und dem Kind geht's dann auch gut dabei.“ (Interview A, Abs. 682–686)

Beruhigend ist es für die Eltern auch, dass im Kinderhospiz versucht wird, den Tagesablauf der progredient erkrankten Kinder ähnlich wie zu Hause zu gestalten.

„Ja, die versuchen natürlich, dass auch alles so weitergeht, wie im Alltag, wie es zu Hause auch ist.

Gut es gibt natürlich paar, mal zwischendurch Sachen, wo das nicht so ist aber da spricht man halt drüber und da ist auch keiner einem böse drum oder so, wie die versuchen oder sagen auch wirklich, wenn die Kinder hier herkommen möchten wir den auch, dass sie genauso einen Tagesablauf haben wie zu Hause auch. Also, du soll sich nichts verändern, weil wenn man ins Krankenhaus geht mit so einem Kind, da kann man nicht sagen, sie inhaliert aber erst um halb vier. Nein, da muss um drei inhaliert werden, dann muss nachts um zwölf noch mal inhaliert werden und was weiß ich da und Medikamente werden nach Uhrzeit und wenn du zuhause bist, das kannst du, das geht ja gar nicht." (Interview D, Abs. 59–60)

Palliativversorgung

Palliativversorgung und der damit verbundene Einsatz der Palliativmedizin wird in den meisten Kinderhospizen angeboten. Die Palliativversorgung schließt Palliativmedizin, Pflege und psychosoziale Sterbebegleitung mit ein (vgl. Zernikow 2008, 5). Sie umfasst die Schmerztherapie, Symptomkontrolle und die psychosoziale Unterstützung des Patienten und seiner Familie. Primäres Ziel ist das Wohlbefinden des progredient erkrankten Kindes (vgl. Beland 2006, 83ff.).

Das Kinderhospiz arbeitet in der Palliativversorgung eng mit externen Spezialisten, wie Kliniken und Ärzten, zusammen. Einige Mitarbeitende in Kinderhospizen haben auch die Zusatzausbildung „Palliative Care" absolviert.

„Da sind zwei Ärztinnen, zwei Kinderärztinnen, die ihre Praxis in (...) haben und die kommen auch zweimal fest in der Woche und gucken sich alle Kinder an und auf Notfall sofort." (Interview K, Abs. 190)

Die Interviewperson H empfindet die Möglichkeit, mit externen Medizinern Rücksprache zu halten, als sehr erleichternd.

„(...) Also beim letzten Mal war es sogar so, dass die gesagt haben, der hat die Hand jetzt so dick, wir sollten jetzt mit Cortison wieder anfangen, was meinen Sie? Und da hab ich halt gesagt, ja, dann müssen wir mit (...) Rücksprache nehmen und dann hat der Pfleger gesagt, ja, kein Problem, ich ruf da jetzt gleich an und dann machen wir das. Und das ist natürlich auch schön." (Interview H, Abs. 404)

Die Interviewperson B hat im Kinderhospiz umfassende Information und Beratung in Bezug auf den Einsatz und die Optionen der Palliativmedizin erhalten. Die diesbezüglichen Hinweise und die erfahrene Unterstützung bewertet sie als äußerst hilfreich.

„Also, wir haben, als es ihm so schlecht ging, darüber gesprochen, über Morphium. Da stand das noch nicht an, aber ich hatte das schon so als P in den Augen und dann hat (...) mir eben auch noch Alternativen gesagt, wobei ich die schon wieder vergessen habe, aber sie sicherlich nicht. Ja und so Schmerzmittel eben auch. Ich habe das gerade bei einem andern Kind mitgekriegt, da sagte die Mutter: Mensch, der ist so unzufrieden. Jetzt hatte sie das Abschlussgespräch und dann sagte (...) sie meint, dass das Schmerzen sind und dass man dann auch guckt und sagt: Das Schmerzmittel reicht jetzt nicht mehr. Du musst mal den Arzt fragen und der muss was höher Dosiertes geben." (Interview B, Abs. 166–167)

Eine einfühlsame Begleitung der Eltern und die Aufklärung über mögliche Nebenwirkungen palliativmedizinischer Maßnahmen sind notwendig, da mit diesen auch die Frage nach dem Einsatz lebensverlängernder Maßnahmen bzw. die Frage nach direkt-aktiver, indirekt-aktiver und passiver Sterbehilfe[102] verbunden ist (vgl. Marckmann 2010, 93).

---

[102] Passive Sterbehilfe meint das Unterlassen oder Abbrechen lebensverlängernder Maßnahmen bei schwerstkranken Menschen. Aktive Sterbehilfe bedeutet die Beschleunigung des Todesprozesses durch das aktive Eingreifen in den Sterbeprozess (vgl. Marckmann 2010, 93). „Bei der direkten Sterbehilfe wird die Lebensverkürzung als primäres Ziel einer Intervention angestrebt, während bei der indirekten Sterbehilfe die Lebensverkürzung als unmittelbare Nebenfolge einer medizinisch notwendigen Behandlungsmaßnahme, z.B. einer hochdosierten Schmerztherapie, lediglich in Kauf genommen wird" (Marckmann 2010, 93).

Es stellt sich für betroffene Eltern insbesondere die Frage nach dem Einsatz von lebenserhaltenden Maßnahmen, wenn sich der gesundheitliche Zustand ihres Kindes akut verschlechtert. Die Interviewperson D hat sich dafür entschieden, bei ihrem Kind keine lebenserhaltenden Maßnahmen vornehmen zu lassen. Im Kinderhospiz hat sie sich erstmalig in ihrer auch umstrittenen Position unterstützt gefühlt.

„Also, wir haben immer gesagt, bei Lisa sollen keine lebenserhaltenden Maßnahmen gemacht werden. Das haben wir im Krankenhaus unterschrieben, wo die Ärzte nicht mit einverstanden waren eigentlich, weil die haben immer gesagt: Wir sind Ärzte, wir müssen Leben retten. Und wir haben gesagt, wir sind aber die Eltern von Lisa und wir möchten das nicht. Und bei (Name des Kinderhospizes; Anm. d. V.) haben wir das genauso. Aber da war die Reaktion von denen ganz anders. Die haben das akzeptiert. Hier war das okay. Wenn ihr aber euch anders entscheiden solltet, in einem Notfall, könnt ihr immer noch sagen: Jetzt wollen wir doch ins Krankenhaus oder jetzt wollen wir doch das und das oder Herzmassage oder was weiß ich." Aber wir haben erstmal alles unterschrieben, dass nichts gemacht werden soll." (Interview D, Abs. 46)

Kontinuität in Pflege und Begleitung

Ein wesentlicher Qualitätsaspekt in der Pflege ist die so genannte Bezugspflege, die eine Kontinuität von Beziehung und Pflegehandlungen gewährleisten soll. Nach Ersser/Tutton ist die Kontinuität in der Pflege ein Teilbereich des Konzeptes „Primary Nursing" (vgl. Ersser/Tutton 2000, 4ff.).[103]

In Kinderhospizen wird dieses Qualitätsmerkmal in der Pflege nach Aussagen der Interviewpersonen bedingt durch das Schichtsystem und die damit verbundenen Personalwechsel nur unzureichend erfüllt. Der Wunsch der Interviewpersonen nach Kontinuität in der Pflege und Begleitung ihrer progredient erkrankten Kinder ist damit zu begründen, dass eine qualitativ gute Pflege maßgeblich vom detaillierten Wissen der Pflegeperson über den zu Pflegenden abhängt. Zudem ist eine ritualisierte Kontinuität von Personen und Pflegehandlungen gerade für schwerstkranke, pflegebedürftige Kinder von Bedeutung.

„Das war jetzt beim letzten Mal so, (...) und wir fast täglich einen Wechsel hatten, bei den Kinderkrankenschwestern oder auch den Zivildienstleistenden. Also das war so, da waren wir dann ziemlich genervt und haben das dann auch (...) recht deutlich gesagt und so, aber es ließ sich dann, also das war ein bisschen schwerfällig, auch nicht wirklich ändern, weil die dann so eingeteilt waren und es war dann aber echt jeden Tag, dass wir dann wieder neu erklären mussten, was Robert zu Essen bekommen muss und dies und das und jenes. Also für uns nicht so schön, wo wir dann auch dachten, wenn das so weitergeht, dann haben wir auch gar nicht die Ruhe, mal alleine was zu machen, sondern denken immer schon wieder ein neues Gesicht." (Interview C, Abs. 60)

„Klar, ist man natürlich dann auch immer mit dabei. Vor allem durch die verschiedenen Schichten, durch das Schichtsystem, was die da ja dann eben auch überall haben in den Einrichtungen, ist natürlich immer wieder jemand anders für ihn zuständig. Wo man dann immer wieder neu alles erklären muss, klar." (Interview F, Abs. 104)

Ein Aufenthalt im Kinderhospiz ist für die erkrankten Kinder zunächst etwas Unbekanntes und Ungewohntes und er kann bei einigen progredient erkrankten Kindern Stress und Ängste erzeugen. Sie sind daher, so die Interviewperson E, insbesondere bei ihren ersten Aufenthalten in einem Kinderhospiz auf eine Kontinuität in der Zuwendung und Ansprache angewiesen.

---

[103] „Primary Nursing" ist ein von Marie Manthey in den 1960er-Jahren in den USA entwickeltes Pflegesystem (vgl, Ersser/Tutton 2000, 5f.). Das Konzept des Primary Nursing nach Ersser/Tutton beinhaltet vier Kernelemente. Diese sind: 1. Bestimmte Muster von Verantwortung, Autorität, Autonomie und Rechenschaftspflicht, 2. Kontinuität in der Pflege, 3. Direkte Kommunikation, 4. Pflegeplanender ist zugleich Pflegedurchführender. Bei Abwesenheit der Primary Nurse pflegt eine Associate Nurse (zugewiesene Pflegekraft) den Patienten nach dem erstellten Pflegeplan (vgl. Ersser/Tutton 2000, 4).

„Ja, also ich denke die Lebensqualität für sie, wenn sie jetzt nicht gerade krank ist, ist eigentlich immer gut, also ich empfind sie als gut und sie musste sich erst sehr eingewöhnen da. Sie hatte am Anfang auch oft nachts Anfälle, weil sie einfach Angst hatte vor diesen Fremden. Aber jetzt so nach den ganzen Aufenthalten kennt sie das irgendwie." (Interview E, Abs. 551)

In vielen Kinderhospizen gibt es in der Nacht nur eine pflegende Fachkraft. Dies wird von einigen Eltern ebenfalls stark kritisiert und reicht nach Meinung der Interviewperson A nicht aus, da viele erkrankte Kinder aufgrund ihrer gesundheitlich instabilen Verfassung auch nachts medizinisch versorgt werden müssen. Sie sieht mit einer Nachtschwester die gesundheitliche Versorgung ihres Kindes nicht mehr gewährleistet.

„Da sind wirklich die Kinder, die intensive medizinische Versorgung brauchen, die abgesaugt werden müssen oder solche Dinge, die du halt einfach nicht eben hinlegen kannst und sagen, jetzt guck ich noch mal schnell nach dem im zweiten Zimmer, weil da irgendwas war. Jetzt musst du erst mal fertig werden. (...) jetzt ist mein Kind auch so weit, dass es medizinische Betreuung in der Nacht braucht. Dann, was passiert da, wenn neben dran auch noch zwei liegen, denen es noch schlechter geht?" (Interview A, Abs. 757–758, 769)

Die Angaben der Probanden aus der Fragebogenerhebung bestätigen die zum Teil nicht vorhandene Kontinuität in der Pflege und Begleitung der erkrankten Kinder.

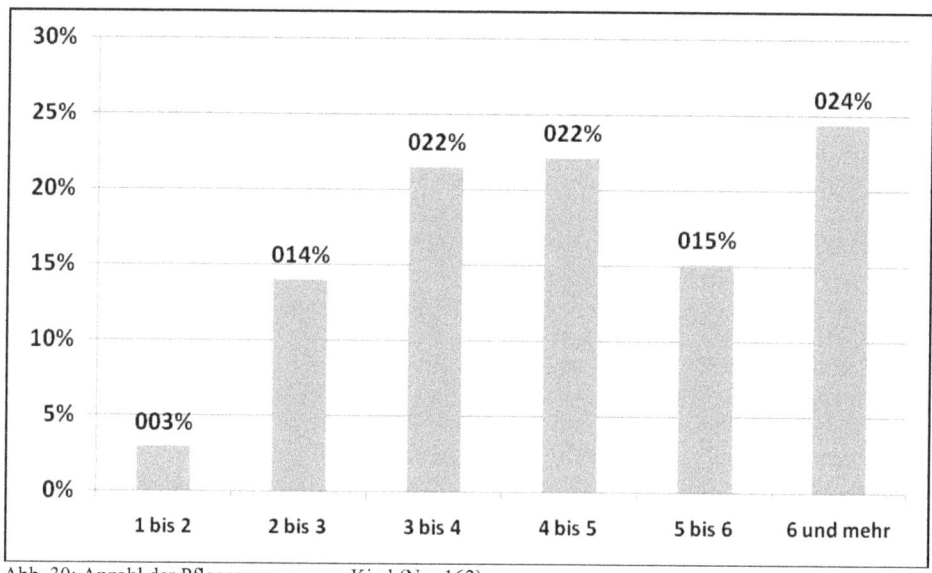

Abb. 30: Anzahl der Pflegepersonen pro Kind (N = 162)

Obgleich die Mehrzahl der Kinderhospize eine 1:1-Begleitung der erkrankten Kinder und Jugendlichen propagiert, also ein Bezugspflegesystem etabliert hat, geht aus den Angaben der Probanden hervor, dass es zu einer hohen Fluktuation des Pflegepersonals während eines Aufenthaltes kommt. Die Majorität der Probanden gab an, dass ihr Kind von fünf bis sechs, sowie von mehr als sechs Pflegepersonen gepflegt wurde. Dass dies auch in sonderpädagogischen Institutionen keine Seltenheit ist, wurde in einer Studie von Ortland aufgezeigt. Während eines Schuljahres wurde ein sehr häufiger Wechsel von Pflegepersonen an der Förderschule für körperliche und motorische Entwicklung festgestellt und bemängelt (vgl. Ortland 2008, 104). Auch Wingenfeld/Mikula kritisieren in ihrer Erhebung in einem Kinderhospiz die mangelnde personelle Kontinuität in der Versorgung der erkrankten Kinder und der Unterstützung ihrer Angehörigen. Bei diesem Thema handelt es sich um einen wichtigen Qualitätsaspekt, da ein häufiger Wechsel des Personals sowohl für die erkrankten Kinder als auch für die Eltern eine Belastung darstellt (vgl. Wingenfeld/Mikula 2002, 70).

Dass der häufige Wechsel von Pflegepersonen und die nicht vorhandene Kontinuität in der Pflege zur Unzufriedenheit bei den Eltern erkrankter Kinder führen können, zeigen auch die folgenden Daten:

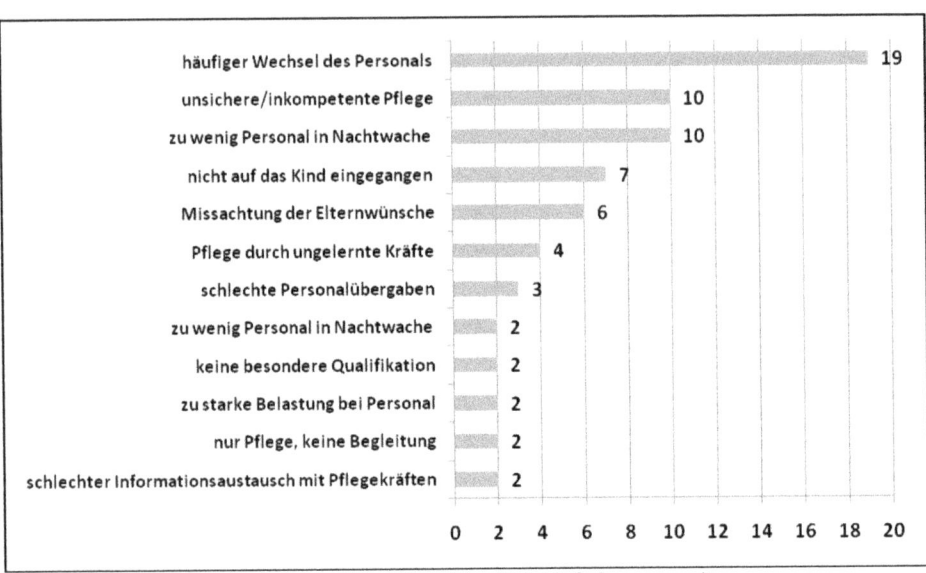

Abb. 31: Gründe für Unzufriedenheit mit der Pflege (N = 56, Mehrfachnennungen)

Als häufigste Nennung für die Unzufriedenheit mit der Pflege und Begleitung des erkrankten Kindes wurde der häufige Wechsel des Pflegpersonals genannt, gefolgt von unsicherer/inkompetenter Pflege und zu wenig Personal. Ebenfalls bemängelt wurden die Pflege durch ungelernte Kräfte, schlechte Personalübergaben und die Missachtung der Elternwünsche. In diesem Zusammenhang wird einerseits erneut die Unzufriedenheit der Probanden mit dem häufigen Wechsel des Personals augenfällig, andererseits aber auch die bereits erwähnte Kritik an der unzureichenden personellen Ausstattung in einigen Kinderhospizen.
Der Einwand der Probanden am Einsatz von ungelerntem Personal in der Begleitung der progredient erkrankten Kinder im Kinderhospiz wird auch in den Interviews erhoben. In der Regel arbeiten in einem Kinderhospiz hauptamtliche Fachkräfte und ungelerntes Personal, wie Zivildienstleistende sowie Helfer und Helferinnen im Freiwilligen Sozialen Jahr, zusammen.
Ein Personal ohne fachliche Qualifikation kann, so die Meinung der Interviewperson C, die Begleitung eines erkrankten Kindes oder Jugendlichen nicht angemessen erfüllen, gefährdet die Qualität der Pflege und Betreuung und wird daher in dieser Funktion abgelehnt.

„Was wir auch nicht so positiv fanden, dass die Zivildienstleistenden unserer Meinung nach und das eine, die eine Frau, die hat Freiwilliges Soziales Jahr gemacht, dass die sehr viel pflegerische Dinge übernommen hat, wo wir so gemerkt haben, da war einfach nicht ausreichend Kenntnis da, natürlich nicht. Und dann passierte es auch, dass die dreimal in Folge Robert betreut haben, also über drei Schichten. Und da haben wir dann bei der Dritten gesagt, nee, das können wir nicht machen, das wollen wir nicht, weil man dann auch merkte, das tut auch Robert nicht gut. Also das war dieses Mal wirklich so ja, dass sie da dran echt noch arbeiten müssen.“ (Interview C, Abs. 62)

Betrachtet man die Angaben der Probanden der Fragebogenerhebung im Zusammenhang mit den Interviewaussagen einiger Eltern, so wird deutlich, dass die Begleitung durch ungelerntes Personal kein Einzelfall darstellt, da 18,4% der Probanden benennen, ihr Kind wurde von Zivildienstleistenden/Praktikanten/FSJler/innen begleitet.

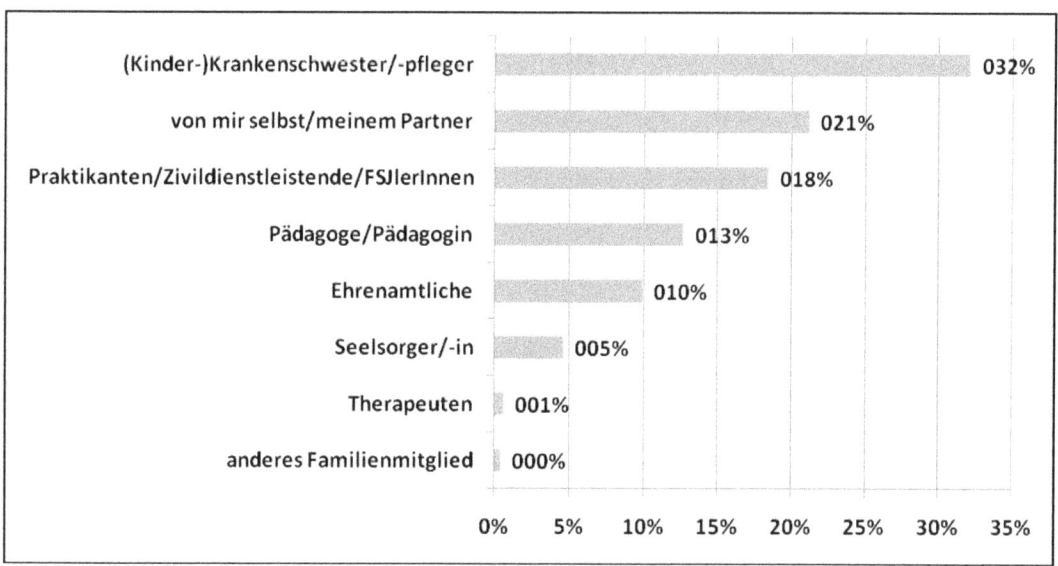

Abb. 32: Begleitende Personen (N = 162, Mehrfachnennungen)

Es zeigt sich, dass in die Begleitung der lebensverkürzend erkrankten Kinder weitere Mitarbeitende außer den Kinderkrankenschwestern und Pflegern im Kinderhospiz involviert sind. Am häufigsten wurde die Begleitung des Kindes durch Zivildienstleistende/Praktikanten/FSJler/innen genannt, gefolgt von der Begleitung durch die Pädagogen und Pädagoginnen. Fast ein Viertel der Probanden gab an, dass sie selbst oder ihr Partner das Kind begleiten.

Die Tatsache, dass die progredient erkrankten Kinder während ihrer Aufenthalte vom multiprofessionellen Team der Einrichtung begleitet werden, ist als positiv zu bewerten, da die Begleitung im Kinderhospiz mehr als nur eine kompetente und bedürfnisgerechte Pflege umfasst. Sie beinhaltet auch die psychosoziale Begleitung der betroffenen Kinder und Jugendlichen.

Es verwundert allerdings, dass 18,4% der Befragten von der Begleitung ihres Kindes durch Zivildienstleistende, Praktikanten und FSJler/innen berichten. Diese vergleichsweise hohe Anzahl wird von vielen Probanden als ein Missstand bemängelt, da es sich bei diesen Gruppen überwiegend um ungelernte Kräfte handelt, die keinerlei medizinisch-pflegerische Kenntnisse haben.

Die Tatsache, dass 21,2% der Probanden selbst oder ihr Partner das lebensverkürzend erkrankte Kind im Kinderhospiz betreuen, verwundert ebenfalls, da ein wesentliches Ziel in den Kinderhospizen die Entlastung der Eltern ist. Es kann auf der Grundlage der zitierten Interviewaussagen jedoch vermutet werden, dass die Probanden ihr Kind freiwillig, möglicherweise nur in einem begrenzten zeitlichen Rahmen mit begleiten, wobei dieser Umstand nicht aus Gründen des Personalmangels entstanden ist.

Die nachfolgenden Angaben der Probanden aus der Fragebogenerhebung bestätigen die relative Unzufriedenheit mit der Anzahl der Pflegepersonen. Die Bewertung von Ausbildung und Kompetenz sowie die Gesamtbewertung zeigen aber grundsätzlich hohe Zufriedenheitswerte der Eltern mit der Pflege ihres Kindes.[104]

---

[104] Dies machen die unterschiedlichen Mediane deutlich. Er ist bei Frage 21a) bei 2,00, wohingegen er bei Frage 21b) und c) bei 1,00 liegt. Auch weist die größere Spannweite von 4 daraufhin, dass die Eltern mit der Anzahl der Pflegepersonen relativ unzufrieden sind.

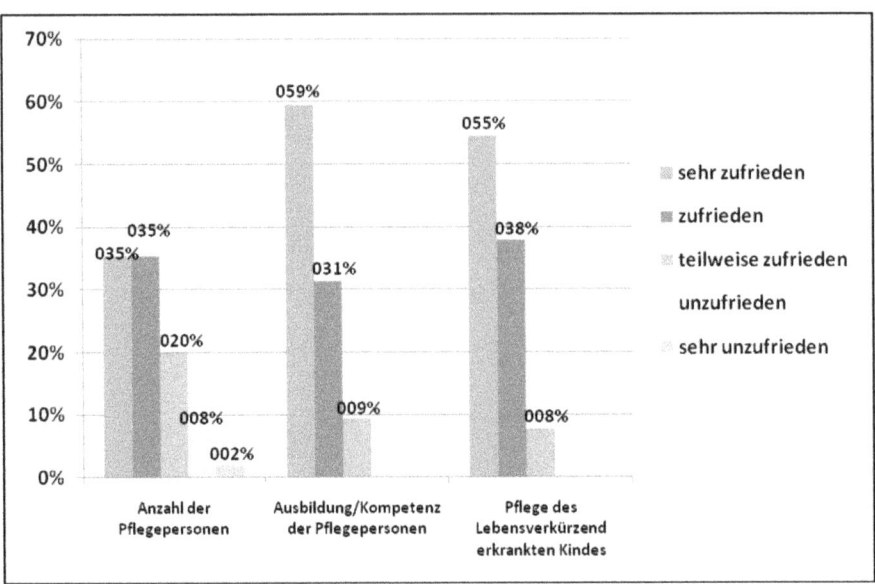

Abb. 33: Zufriedenheit mit Pflege und Begleitung des erkrankten Kindes (N = verschieden)

Aus den Angaben geht die Notwendigkeit einer optimierten personellen Versorgung hervor, um eine Kontinuität der Pflegepersonen gewährleisten zu können. Diese würde maßgeblich zur Zufriedenheit der Eltern und der erkrankten Kinder während eines Aufenthaltes beitragen und kann daher als ein wesentliches Qualitätsmerkmal in der Pflege der erkrankten Kinder identifiziert werden. Das Konzept des „Primary Nursing" sollte in Kinderhospizen Bestandteil der Pflegekonzeption sein und konsequent umgesetzt werden.

Eltern als Experten

„Als Experten bezeichnet man einen Spezialisten auf einem oder mehreren bestimmten Fachgebieten. Er verfügt in diesen Bereichen über umfangreiches und fundiertes Wissen, sowohl theoretisch als auch handlungsbezogen" (Schulevaluation 2010). Diese Definition aus dem schulischen Bereich lässt sich auch auf das elterliche Expertentum in Kinderhospizen übertragen und stellt ein bedeutsames Ziel und Konzept der Kinderhospizarbeit dar (vgl. Droste 2006, 214f.). Eltern lebensverkürzend erkrankter Kindes verfügen meist über ein umfangreiches und fundiertes Wissen hinsichtlich ihrer erkrankten Kinder. Dieses ist sowohl theoretisch als auch handlungsbezogen. Das heißt, viele Eltern besitzen ein umfangreiches Wissen in Bezug auf Krankheitsbild, medizinische Maßnahmen, Therapie und Pflege, das sie auch praktisch in der Versorgung ihres Kindes anwenden können.

Viele Eltern schätzen die pflegerische Fachkenntnis und Erfahrung der Mitarbeitenden in Kinderhospizen und sind dankbar für die hilfreichen Tipps und Anregungen zur Optimierung der Pflege. Umgekehrt werden die Eltern auch von den Mitarbeitenden um Rat gefragt, was die spezifische Versorgung und Pflege ihres Kindes angeht.

„Und man kriegt was für zu Hause mit an die Hand, dass man sagt: Hier, das kannst du so und so machen, und dann geht es ihm hinterher auch wieder besser. Gerade das mit der Ernährungspumpe hat seine Lebensqualität um einiges verbessert. Das ist auch schön." (Interview B, Abs. 113)

„Ja, es ist ja so und so, dass wir wie so eine Übergabe machen. Wann wird was, wo gemacht und ich schreibe jedes Mal einen Plan, wann er was bekommt und was wir machen und dann ist es meist auch so, dass ich den ersten Tag dabei bin und das zeige und die sich das auch wirklich angucken. Wenn sie sich unsicher sind, fragen sie nach, was ich ganz wichtig finde. Ich finde nämlich nicht, dass das dann so ist, dass man dann wenig Ahnung hat, sondern ich finde das ganz wichtig, weil es mir ganz viel Sicherheit gibt. Sie können das alles gar nicht wissen, woher denn. Wenn sie dann nachfragen, dann er-

kläre ich das lieber fünfmal, aber dann bin ich mir sicher, sie machen es richtig, also für Jonas richtig. Sicherlich geht es auch anders, aber für ihn ist es dann so schöner." (Interview B, Abs. 160–161)

Hier kann von gelingender Umsetzung des kinderhospizlichen Leitgedankens, dass die Eltern die Experten für ihre Kinder sind, gesprochen werden. Die diesbezüglichen Aussagen der Eltern in den Interviews sind uneingeschränkt positiv.

„Das war sehr beeindruckend. Also, das war ganz, ganz positiv und im Kinderhospiz eigentlich auch so das erste Mal so dieses Erlebnis, dass man, dass ausschließlich das gemacht wurde, was wir als Eltern vorgegeben haben. Ganz angenehm hab ich das empfunden. Das war nicht so, wie sonst im Krankenhaus oder bei Kinderärzten, dass man immer so einen Rechtfertigungszwang hat, wenn man sagt, das möchten wir jetzt nicht so, sondern anders. Das war sehr gut." (Interview C, Abs. 88)

Auf die Wünsche der Eltern in Bezug auf Pflege und Begleitung des progredient erkrankten Kindes wird im Kinderhospiz eingegangen und diesbezügliche Absprachen werden eingehalten. Auch in Krisensituationen führen die Mitarbeitenden die Wünsche der Eltern aus.

„Dann machen die das, weil ich sag alle, maximal alle zweieinhalb Stunden Windelwechsel, egal ob sie reingemacht oder also groß oder nicht und dann machen die das." (Interview A, Abs. 815)

„Es gibt sogar Kinder, die würde ich nicht mehr mit dem Löffel füttern wollen, weil die fast ersticken. Die werden blau dann, weil die Eltern das wollen und das machen die dann. Ich würde das nicht machen. Ich bin dann kurz vorm Aufspringen und will das Kind irgendwie nehmen, nach unten halten und drauf hauen, nein, wenn die Eltern wünschen, dass die den ganzen Tag füttern, dann füttern die den ganzen Tag." (Interview G, Abs. 772)

Die Eltern schätzen im Kinderhospize das gleichberechtigte Miteinander mit den Mitarbeitenden zum Wohl des Kindes.

„Ich bin jetzt nicht derjenige, der sagt, ach, die wissen alles und ich weiß gar nichts. Also ich, die wissen was und ich weiß was. Und deshalb müssen wir halt einfach gucken, dass zum Wohl von Annika das einfach umgesetzt wird, was ihr gut tut." (Interview A, Abs. 795)

Auch die Angaben der Probanden auf die Aussage „Ich wurde während des Aufenthaltes als kompetent für die Pflege des lebensverkürzend erkrankten Kindes anerkannt" zeigen, dass das elterliche Expertentum mehrheitlich in Kinderhospizen als Leitlinie anerkannt und umgesetzt wird.

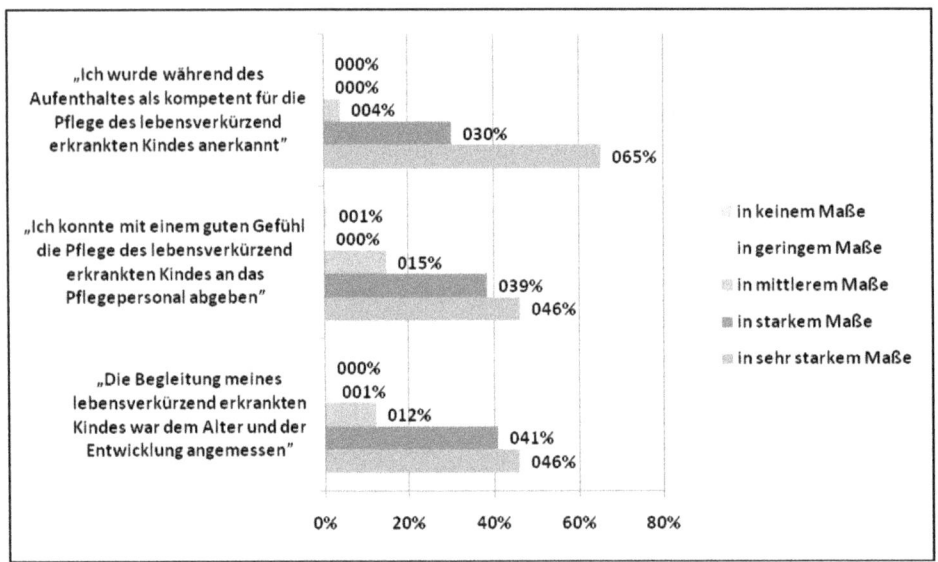

Abb. 34: Bewertung von Aussagen zur Begleitung des Kindes (Na = 159, Nb = 156, Nc = 157)

Der Aussage „Die Begleitung meines lebensverkürzend erkrankten Kindes war dem Alter und der Entwicklung angemessen" stimmen die meisten Probanden in sehr starkem und in starkem Maße zu (N = 157). Auch die Aussage „Ich konnte mit einem guten Gefühl die Pflege des lebensverkürzend erkrankten Kindes an das Pflegepersonal abgeben" (N = 156) wird mit hohen Zustimmungswerten äußerst positiv bewertet. Eine ausgeprägt starke Zustimmung erfolgte auch zu der Aussage „Ich wurde während des Aufenthaltes als kompetent für die Pflege des lebensverkürzend erkrankten Kindes anerkannt" (N = 159). Die Angaben weisen auf eine mehrheitlich hohe Zufriedenheit der Probanden mit der Pflege und Begleitung ihres progredient erkrankten Kindes im Kinderhospiz hin.[105] Der Aussage „Ich wurde während des Aufenthaltes als kompetent für die Pflege des lebensverkürzend erkrankten Kindes anerkannt" wird mehrheitlich in sehr starkem Maße (Median: 1,00, Spannweite: 2) zugestimmt, wohingegen den beiden anderen Aussagen nur in starkem Maße (Median: 2,00, Spannweiten: 4 und 3) zugestimmt wird.[106]

Pädagogische Angebote
Die bedürfnisgerechte und individuelle Pflege der progredient erkrankten Kinder und Jugendlichen steht bei einem Aufenthalt im Kinderhospiz häufig im Vordergrund. Es werden in den Kinderhospizen neben der Pflege aber auch pädagogische bzw. unterschiedliche, nicht-pflegerische Angebote bereitgestellt. Diese haben das Ziel, die Fähigkeiten der Kinder und Jugendlichen zu erhalten und zu fördern. Ferner tragen sie zu einem größeren Wohlbefinden und zur Entspannung der Kinder und Jugendlichen bei (vgl. Halbe 2003, 26). Die pädagogischen Angebote des Kinderhospizes werden von den meisten Eltern ausdrücklich positiv bewertet.
Die Interviewperson E beschreibt ihren Eindruck, dass die Mitarbeitenden darum bemüht sind, herauszufinden, was sie den progredient erkrankten Kindern anbieten können und hierbei auf die individuellen Bedürfnisse, Fähigkeiten und Interessen des Kindes achten.

„Also die Kinder werden ja eben nicht nur satt und trocken gepflegt, sondern man versucht ja schon irgendwie so viel wie einer jetzt durchhalten kann auch mit dem zu machen. Also so was alles grade so

---

[105] Die unterschiedlichen Mediane von 2,00 und 1,00 weisen dennoch auf Unterschiede hin.
[106] Dies belegt auch die unterschiedliche Varianz, die bei Frage 20a) geringer (s = 0,312) als bei den beiden anderen Fragen 20b) (s = 0,583) und 20c) (s = 0,537) ist.

angesagt hat. Einer kann nur Snoezelen, die andere kann nur kuscheln, der dritte geht gerne raus, eben was halt (...). Also, das wird auch vorher ziemlich genau abgeklärt, was können wir überhaupt machen, was dürfen wir machen und was kommt gut an, was gar nicht und so, also sie machen sich doch schon ein ziemlich genaues Bild von dem Kind und der jeweiligen Situation immer." (Interview E, Abs. 555–557)

„Die fahren die Kinder mit den Betten raus, selbst wenn die wirklich gar nichts mehr können oder verkleiden die, schminken die, ja. Also manchmal, mit diesem Vorlesen, das mag er gerne, aber manchmal hab ich gedacht, jetzt machen sie sich so 'ne Arbeit, ob sich das lohnt?" (Interview G, Abs. 790)

Nach Meinung einiger Eltern sind spezielle Förderangebote für die progredient erkrankten Kinder nicht notwendig. Es ist ihnen wichtiger, dass sich das lebensverkürzend erkrankte Kind im Kinderhospiz wohlfühlt und entspannt. Der Aufenthalt im Kinderhospiz soll für das Kind und die Familie somit primär wie ein Urlaub gestaltet sein und dementsprechende Erholung vom Alltag bieten.

„Aber ich glaub nicht, dass die jetzt sagen würden, ja wir arbeiten uns jetzt für die Woche da drin ein und lassen ihn da jetzt mit, das glaube ich nicht, nee. Also für uns ist das ja dann auch Urlaub. Für Jakob ist das dann auch Urlaub. Also deshalb denke ich immer das Wichtigste ist, er fühlt sich wohl und er hat seine Beschäftigung. Die machen ja auch Programm für die behinderten Kinder und insofern das, ob er da jetzt nun gefördert wird oder nicht, das ist im Endeffekt in der Woche oder in den anderthalb Wochen, wo wir da sind, egal." (Interview H, Abs. 380).

Ob die progredient erkrankten Kinder an den pädagogischen Angeboten teilnehmen können, ist häufig vom Personalschlüssel abhängig.

„Und dann kann man ja auch immer sagen, das und das ist wichtig. Es ist schon so, dass, dass halt nicht immer alles gemacht werden kann. Also Jakob geht z.B. gern spazieren, wenn der Personalschlüssel nicht da ist, dann kann er halt nicht spazieren gehen, ist halt einfach so. Da muss man schon Abstriche machen. Was wir, was z.B. immer gemacht wird, der Jakob malt unheimlich gerne und da nehmen sie sich in der Regel immer Zeit für. Also, wenn wir kommen, dann heißt es schon immer, ja der Jakob kann ja wieder malen und so." (Interview H, Abs. 361–363)

Wenn die Geschwister einen Ausflug machen, braucht ein progredient erkranktes Kind, um mitkommen zu können, eine eigene, zusätzliche Begleitperson. Da diese nicht immer verfügbar ist, fällt das Angebot für das progredient erkrankte Kind in einigen Fällen aus. Manchmal leisten die Eltern dann selber die Begleitung, um ihrem Kind den Ausflug zu ermöglichen.

„Ja, die gehen mit den Kindern reiten, wenn man das möchte, die gehen spazieren, also immer so nach den Bedürfnissen der Kinder auch so ein bisschen ausgerichtet. Wenn viele Geschwisterkinder da sind, machen die natürlich auch viel für die Geschwisterkinder, wo auch die kranken Kinder mit einbezogen werden. Aber es kommt immer drauf an. Lisa konnte nicht ins Kino gehen zum Beispiel oder, oder jetzt auf den Spielplatz. Könnte sie auch, aber ist schwierig. Es ist natürlich auch, dann fehlt immer eine Kinderkrankenschwester. Und die Pädagogen, die können natürlich nicht da jetzt da die kranken Kinder alle mitnehmen. Dann müssen wir Eltern da halt einspringen. Machen wir auch, ist überhaupt kein Problem. Also das würde glaube ich auch gar nicht so gehen, dass die mit allen Kindern da jetzt was unternehmen. So, ist schwierig. Ist auch von den Zeiten her mit dem Essen und dem Versorgen oder was und dann würde halt immer eine Kinderkrankenschwester fehlen. Wenn die zwei Kinder hat, ist natürlich dann blöd." (Interview D, Abs. 66)

Die Eltern organisieren auch selber Angebote für die Abendgestaltung, wenn kein pädagogisches Personal im Hause ist (z.B. Videoabende).

*„Und dann haben wir halt immer so Videoabende gemacht, die haben da so 'ne ganz große Lein-
wand, auch um den Kindern ein bisschen was zu bieten, weil das ist vielleicht auch kleines Problem. Abends sind da noch zwei Schwestern da, bis dann wirklich um halb zehn alle irgendwie weg
sind, aber man kann halt nicht mehr mit denen spielen. Und wenn die Eltern nicht da sind, sind
die halt ein bisschen ja, ist langweilig so." (Interview G, Abs. 588–590)*

Anhand der geschilderten Beispiele in Bezug auf die pädagogischen Angebote für die progredient erkrankten Kinder wird deutlich, dass in einigen Kinderhospizen ein Personal- und ein Angebotsmangel
vorherrschen und sich die meisten Eltern mehr pädagogische Begleitung der progredient erkrankten
Kinder und Jugendlichen wünschen.
Die bereits offerierten pädagogischen Angebote sind, wie die Angaben der Probanden in der Fragebogenerhebung zeigen, vielfältig und umfassen sowohl die Freizeitgestaltung als auch pädagogisch-
therapeutische Angebote.

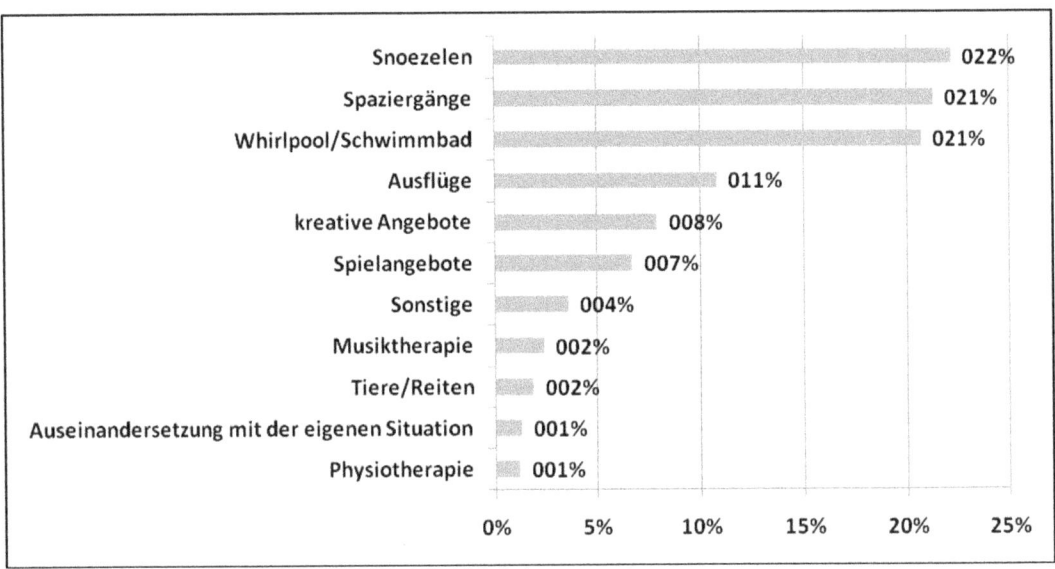

Abb. 35: Angebote für das erkrankte Kind (N = 162, Mehrfachnennungen)

Die meisten lebensverkürzend erkrankten Kinder nutzen während ihrer Aufenthalte unterschiedliche
(freizeit-)pädagogische Angebote des Kinderhospizes. Dabei stellt Snoezelen die am häufigsten genutzte Option dar (22,2%), gefolgt von Besuchen des Whirlpools bzw. Schwimmbads (20,7%). Insgesamt überwiegen deutlich die pädagogischen Entspannungsangebote gegenüber den pädagogischen
Freizeitangeboten, denen eher eine aktivierende Funktion zugeschrieben wird.
An dieser Stelle kann die Frage gestellt werden, ob die getrennte Betrachtung von Pädagogik und Pflege in Bezug auf die Begleitung von progredient erkrankten Kindern zulässig und sinnvoll ist, da Pflege
als Voraussetzung für Pädagogik (Förderung) und auch als möglicher pädagogischer Rahmen angesehen werden kann. Nach Klauß besteht zwischen Pflege und Pädagogik eine komplexe Beziehung, die
eine strikte Trennung der Bereiche aufhebt. Je nach Perspektive kann Pflege eine Voraussetzung, ein
möglicher Rahmen, Anlass und Bestandteil für die Pädagogik sein (vgl. Klauß 2003, 59ff.; vgl. Kap.
III 2.3).
Diese Interdependenz gilt es in der Gestaltung entwicklungs- und krankheitsadäquater Angebote im
Kinderhospiz zu reflektieren und in adäquater Weise zu berücksichtigen.

Auseinandersetzung mit der eigenen Situation und mit der Erkrankung
Progredient erkrankte Kinder wissen um ihren bevorstehenden Tod, auch ohne eine Thematisierung
von Seiten der Bezugspersonen und haben „Kommunikationsbedürfnisse in Bezug auf thanatale Fra-

gestellungen" (Jennessen 2010, 280). In Bezug auf den bevorstehenden Tod können Ängste vorhanden sein oder aber entstehen. Es bedarf eines diesbezüglich offenen und sensiblen Umgangs und der psychosozialen Unterstützung der betroffenen Kinder und Jugendlichen durch ihre Bezugspersonen (vgl. Buckingham 1993, 131; Wingenfeld/Mikula 2002, 80).

Aufgrund der lebensverkürzenden Erkrankung und der damit einhergehenden Symptome sind einige progredient erkrankte Kinder kognitiv beeinträchtigt und können sich nur schwer oder gar nicht verbal äußern. Für Eltern und Fachkräften ist es häufig nicht eindeutig, ob, wie viel und was die Kinder um ihre eigene Erkrankung wissen. IP C ist der Meinung, dass ihr Kind darum weiß, wenn über es und seine Krankheit gesprochen wird.

„Wissen wir nicht, aber weil er sich so eigentlich überhaupt nicht äußern kann, auch nicht mimisch oder durch Gestik. Und ich denke aber schon, dass so diese Auseinandersetzung, die wir mit dem Thema haben, dass das irgendwie schon bei ihm ankommt. Also das kann man immer bei ihm nur atmosphärisch sagen, aber das glaube ich schon." (Interview C, Abs. 80)

Die Interviewperson A ist der Meinung, dass, da man nicht weiß, ob überhaupt und was die erkrankten Kinder mitbekommen, die Kinder nicht mit der eigenen Erkrankung und dem damit verbundenen Sterben konfrontiert werden sollten.

„Man spricht da also nicht unbedingt so im Beisein der Kinder, weil man einfach nicht weiß, was auch bei den Kindern da noch ankommt. Das sind so Dinge, wo ich merke, die sind wirklich doch sensibel. Weil mir passiert es ab und an einmal, ist gerade am Wochenende wieder, waren wir auf einer Geburtstagsfeier, auch von der Familie mit zwei behinderten Kindern, das Thema kommt dann schon irgendwo, man lässt ja jetzt die Kinder dabei und du sprichst da drüber. Ist vielleicht nicht sinnvoll, ich find, es ist nicht gut." (Interview A, Abs. 965)

Im Kinderhospiz sind der Tod und das Sterben elementarer und zugleich optionaler Bestandteil der Begleitungsangebote. Die unweigerliche Konfrontation mit diesen Aspekten ist für manche Eltern problematisch. Sie machen sich Sorgen um ihre erkrankten Kinder, die kognitiv in der Lage sind, ihre eigene und die Situation anderer erkrankter Kinder zu erfassen. Sie möchten ihr Kind vor der Auseinandersetzung mit dem Sterben schützen. Es stellt sich die Frage, ob das Bedürfnis, das Kind vor einer Thematisierung des bevorstehenden Todes zu schützen, nicht dem eigenen Bedürfnis nach Vermeidung entspringt und die diesbezüglichen Ängste und Unsicherheiten der Eltern auf ihr Kind projiziert werden.

„Und jetzt war dieses Sommerfest, dies Windradfest, wo dann die Eltern der verstorbenen Kinder, in dem Jahr, in dem ihre Kinder da gestorben sind, nicht im Kalenderjahr, aber in diesem Hospizjahr, noch mal Abschiednehmen und dann waren da Kinder untergebracht, die bei vollem Verstand waren. Ich wollte die auch mal drauf ansprechen, dass das die Kinder belastet hat. Es hat uns belastet, obwohl wir schon vorher abreisen durften, aber es waren die Vorbereitungen und manche Eltern." (Interview G, Abs. 848)

Fachkräfte in Kinderhospizen sollten Kenntnisse über kindliche Todesvorstellungen und Trauerverarbeitung haben (vgl. Kap. II 2 und Kap. II 5). Die Kompetenzen der Mitarbeitenden in diesem Bereich sind unterschiedlich. Zivildienstleistende sowie Helfer und Helferinnen im Freiwilligen Sozialen Jahr sind, so die Interviewperson C, in diesen Situationen überfordert.

„Also, es gab Krankenschwestern oder Pfleger, die konnten das, und es gab auch welche, die waren dazu nicht wirklich in der Lage. Aber das waren dann auch eher, ich überlege grad', also es waren eher vielleicht auch die Zivildienstleistenden und die FSJlerin, die das dann, die völlig überfordert war." (Interview C, Abs. 76–78)

Die Interviewperson A ist der Meinung, dass die hauptamtlichen Mitarbeitenden in der Lage sind zu erkennen, wenn es den erkrankten Kindern gesundheitlich und/oder emotional schlecht geht und angemessen damit umzugehen.

„Also, ich glaub schon, dass man auf ihre Stimmung und Gefühlslage da eingeht." (Interview A, Abs. 961)

Die Angaben der Probanden in der Fragebogenerhebung bezüglich der Thematisierung thanataler Aspekte mit den erkrankten Kindern weisen darauf hin, dass diese Aspekte mehrheitlich nicht thematisiert werden. Werden Sterben und Tod Bestandteil der Auseinandersetzung, so geschieht dies vor allem im Gespräch oder aber durch kreative, musikalische oder spielerische Methoden. In einigen wenigen Fällen erfolgt die Beschäftigung mit thanatalen Themen auch mit Hilfe von Ritualen.

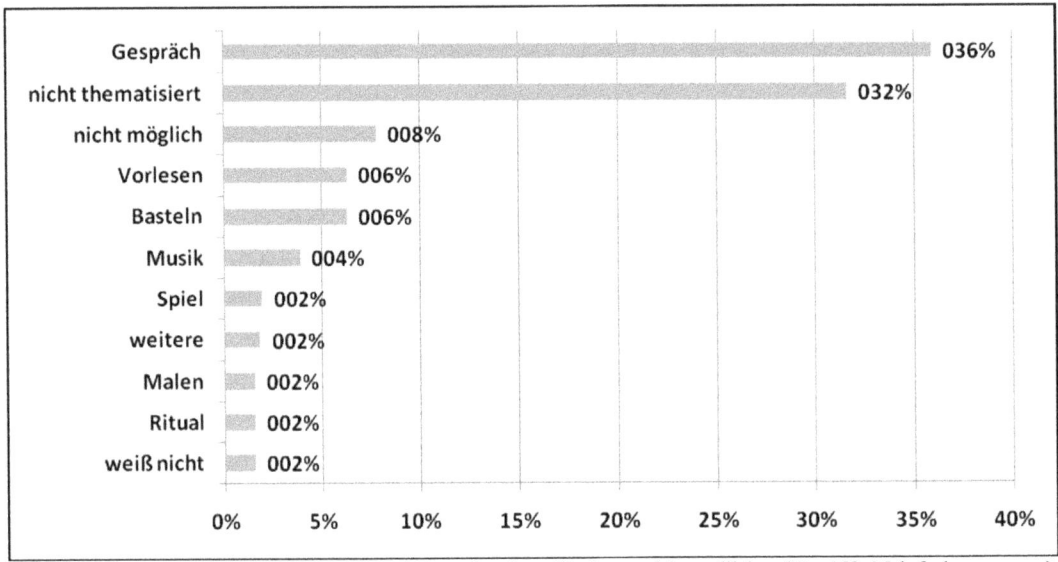

Abb. 36: Thematisierung thanataler Aspekte mit den erkrankten Kindern und Jugendlichen (N = 158, Mehrfachnennungen)

31,6% der Probanden sind der Meinung, dass die Aspekte Sterben, Tod und Trauer während der Aufenthalte mit dem lebensverkürzend erkrankten Kind nicht thematisiert werden. Dies ist ein erstaunlich hoher Wert, wenn davon ausgegangen werden kann, dass in Kinderhospizen gerade thanatale Themen offen kommuniziert werden sollten. Entweder diese Kommunikationsinhalte werden gerade von den Betroffenen bewusst ferngehalten oder es besteht eine generelle Schwierigkeit der aktiven Auseinandersetzung mit der Thematik. Für letztgenannte Hypothese würde die Tatsache sprechen, dass auch bei der diesbezüglichen Kommunikation zwischen Mitarbeiter/innen und Eltern Kommunikationsbarrieren vorzuliegen scheinen (vgl. Kap. III 2.2). 35,9% der Befragten meinen, dass diese Aspekte in Gesprächskontexten thematisiert werden. 7,8% der Probanden gaben an, dass eine solche Thematisierung nicht möglich sei. Die themenbezogene Auseinandersetzung erfolgte nach Meinung einiger Befragten zudem durch Vorlesen, Basteln, Musik, Spiel und Malen sowie durch Rituale. Nur 1,5% der Probanden gaben an, die Form der Auseinandersetzung nicht einschätzen zu können.

Die meisten Probanden haben keine Wünsche und Verbesserungsvorschläge an die Pflege und Begleitung des lebensverkürzend erkrankten Kindes. Die Mehrzahl der genannten Wünsche bezieht sich auf das Personal in den Kinderhospizen. Es wird deutlich, dass in Bezug auf die Personalfluktuation und die Anzahl des Personals ein großer Verbesserungsbedarf besteht. Zum Teil gibt es Wünsche hinsichtlich einer besseren fachlichen Qualifikation des Personals („kompetenteres Personal") und einer stärker pädagogisch ausgerichteten Begleitung der erkrankten Kinder.

Zusammenfassung

Die Begleitung der progredient erkrankten Kinder ist in den meisten Kinderhospizen sehr individuell auf deren Bedürfnisse ausgerichtet und alters- bzw. entwicklungsadäquat gestaltet. Diese individuelle Pflege und Begleitung der Kinder im Kinderhospiz trägt maßgeblich zur Erhöhung ihrer Lebensqualität bei.

Palliative Care ist ein wesentlicher Bestandteil der Palliativversorgung von progredient erkrankten Kindern und Jugendlichen. In Kinderhospizen wird nach den Grundsätzen von Palliative Care gearbeitet, das heißt, dass z.B. je nach Bedarf schmerztherapeutische Maßnahmen eingesetzt werden bzw. eng mit spezialisierten Kinderkrankenhäusern, pädiatrischen Palliativstationen und Kinderärzten zusammengearbeitet wird.

Die Probanden sind grundsätzlich mit der Pflege und Begleitung ihres lebensverkürzend erkrankten Kindes im Kinderhospiz sehr zufrieden. Lediglich in Bezug auf die Kontinuität in der Pflege und Begleitung und den häufigen Einsatz von ungelerntem Personal wurde Kritik geäußert. Hier wünschen sich die Befragten mehrheitlich Verbesserungen im Hinblick auf geringere Personalfluktuationen und eine bessere fachliche Qualifikation.

Die Eltern sind die Experten für ihr progredient erkranktes Kind. Dieser Leitsatz der Kinderhospizarbeit wird in den meisten Einrichtungen von den Mitarbeitenden umgesetzt. Die Mitarbeitenden greifen auf die Erfahrungen und Kenntnisse der Eltern in Bezug auf die Versorgung und Pflege der progredient erkrankten Kinder zurück. Aber auch die Eltern nehmen Tipps und Anregungen von Seiten der Mitarbeitenden an und bewerten diesen wechselseitigen Informations- und Erfahrungsaustausch äußerst positiv.

Die progredient erkrankten Kinder werden nicht nur pflegerisch versorgt, sondern können zudem (freizeit-)pädagogische Angebote wie das Snoezelen oder den Whirlpool nutzen, die zu ihrem Wohlbefinden während der Aufenthalte beitragen. Einige Eltern sind der Meinung, dass diese Angebote nicht notwendig sind, da der Aufenthalt der Kinder primär Urlaub und Erholung sein soll und somit auf spezielle Förder- und Therapieangebote verzichtet werden kann. Andere Eltern äußern hingegen auch Kritik an dem als unzureichend erlebten pädagogischen Angebot der Einrichtungen.

Die Thematisierung der Aspekte Sterben, Tod und Trauer in Anwesenheit der Kinder bzw. mit diesen ist ein sehr kontrovers bewerteter Aspekt. Viele Eltern möchten ihre Kinder vor der Konfrontation schützen, da für sie häufig nicht erkennbar ist, wie viel die progredient erkrankten Kinder verstehen und verarbeiten können. Einige Eltern kritisieren des Weiteren den offenen Umgang mit dem Thema in den Kinderhospizen. Dort würden die progredient erkrankten Kinder mit thanatalen Aspekten unweigerlich durch das Versterben anderer Kinder und die Gedenkfeiern konfrontiert.

Bei der Frage nach der Thematisierung der Aspekte Sterben, Tod und Trauer mit den erkrankten Kindern zeigt sich auf Seiten der Probanden eine große Unsicherheit. Vielfach meinen sie, dass diese sensiblen und bedeutsamen Aspekte nicht mit ihrem Kind thematisiert werden. Die Mitarbeiterinnen und Mitarbeiter berichten hingegen, dass sie diese Aspekte in den meisten Fällen mit den erkrankten Kindern im Gespräch oder beim Vorlesen thematisieren. Hier stellt sich die Frage, ob die Eltern darüber informiert sind bzw. ihr Einverständnis dazu gegeben haben und warum die Tatsache, dass scheinbar eine themenbezogene Auseinandersetzung stattfindet, nicht zwischen Eltern und den Fachkräften kommuniziert wird.

Angebote für die Geschwister und deren Begleitung

Die Geschwister eines progredient erkrankten Kindes benötigen in ihrer besonderen Lebenssituation Unterstützung. Diese benötigte Unterstützung können ihre Eltern aufgrund eigener Überlastung häufig nur eingeschränkt leisten (vgl. Henkel/Stahl 2008, 431; Achilles 2005, 42f.). Mögliche Formen der professionellen Unterstützung für diese Kinder und Jugendlichen sind z.B. spezifische Geschwistergruppen (vgl. Henkel/Stahl 2008, 431), aber auch die stationäre Kinderhospizarbeit, die neben der Pflege und Begleitung der progredient erkrankten Kinder und Eltern auch die Begleitung der Geschwister beinhaltet (vgl. Halbe 2003, 26; Droste 2006, 214f.). Das Kinderhospiz kann ein Ort sein, an dem die Eltern durch ihre Entlastung bei der Pflege des lebensverkürzend erkrankten Kindes Zeit mit ihren gesunden Kindern verbringen können. Außerdem finden die Geschwister in den Mitarbeitenden

Ansprechpartner/innen, die offen für ihre Sorgen und Ängste sind und ihnen verschiedene entwicklungsgerechte Freizeitangebote offerieren (vgl. Halbe 2001, 2003). Die Aussagen der Interviewpersonen machen deutlich, dass viele Geschwister deshalb sehr gerne zu Aufenthalten ins Kinderhospiz fahren.

„Also, wo man jetzt beim zweiten Aufenthalt merkte, sie ist da völlig glücklich und hat immer gesagt, wenn wir einen Ausflug mit ihr machen wollten, sie will lieber dort bleiben und lieber bei Robert bleiben." (Interview C, Abs. 122)

Nicht nur die Angebote des Kinderhospizes für die Geschwister, sondern auch die Zeit, die die Geschwister mit den Eltern verbringen können, können zu ihrem Wohlbefinden beitragen. Für die Eltern ist es wichtig, dass sie im Kinderhospiz Zeit für die Geschwister des progredient erkrankten Kindes haben, während dieses von den Fachkräften betreut wird. Eltern und Geschwister können im Kinderhospiz frei von den Verpflichtungen des Alltags zusammen sein und die gemeinsame Zeit genießen (vgl. Halbe 2001, 43).

„Aber das Kinderhospiz ist für die wie so ein, ja weiß ich auch nicht. Da haben Mama und Papa endlich mal Zeit für mich und da sind die Pädagogen, die machen was mit mir, ich bin was Besonderes und das ist einfach mal schön für die (...). Wir konnten unheimlich viel mit den Großen machen. Das ist total schön." (Interview B, Abs. 55, 125)

„Aber der Grundtenor ist dann, Mama und Papa sind jetzt da und haben dann Zeit für mich. Das ist auch in Ordnung, das finde ich auch vollkommen in Ordnung." (Interview K, Abs. 158)

Im Kinderhospiz treffen die Geschwister auf andere betroffene Geschwister und können sich mit diesen austauschen. Besonders die älteren Geschwister brauchen nach Meinung der Interviewperson H den Austausch mit anderen Gleichaltrigen, die sich in einer ähnlichen Situation befinden.

„Die Geschwisterkinder, haben wir in dem Hospiz beobachtet, sind sehr schlaue, aufgeweckte, selbstbewusste Kinder, die in kürzester Zeit miteinander umgehen können, sich verstehen und miteinander spielen können. Sie sind ähnlich gestrickt von der Ernsthaftigkeit her. (...) Und deshalb haben wir das eigentlich auch gemacht oder ich hab's dann auch so gemacht, weil ich gedacht hab, der soll auch mal sehen, dass es andere Geschwisterkinder gibt. Und also, ich wollte so ein bisschen Normalität reinholen." (Interview G, Abs. 378, 387)

„Und ich glaub auch 'ne 18-, 19-Jährige braucht oft noch den Austausch vielleicht mit anderen Geschwisterkindern, die im gleichen Alter sind und wenn es nur mal ein Wochenende ist, mal Zelten gehen oder Kanufahren auf, das muss ja gar nichts Großes sein (...)." (Interview H, Abs. 698)

Im Kinderhospiz erfahren die Geschwister durch die pädagogischen Mitarbeitenden Zuwendung und Aufmerksamkeit, und sie genießen es auch, einmal im Mittelpunkt der Aufmerksamkeit stehen zu können (vgl. Halbe 2001/2003).

„Aber das war halt auch ganz toll, immer so ein Mal- und Bastelangebot zu haben, wenn unsere Tochter das wollte und für sie war das paradiesisch, am Anfang war sie das einzige Geschwisterkind auf einmal in dieser, das hat sie auch selber geäußert, in der Rolle zu sein, die Außenseiterin zu sein und die anderen Kinder waren mal in der Mehrzahl, also die behinderten Kinder und das hat sie total genossen." (Interview C, Abs. 120)

Einigen Eltern ist es nicht wichtig, dass ein besonderes pädagogisches Programm für die Geschwister vorgehalten wird. Sie präferieren eher eine angemessene und bedürfnisorientierte, individuelle Begleitung ihrer Kinder.

„Wobei wir auch nicht so sind, dass wir immer ganz viele organisierte Aktivitäten fordern für sie. Also uns ist es lieber, wenn sie selber sucht, was sie spielen will, und die Pädagogen das dann unterstützen, als dass jetzt da das Wahnsinnsangebot ist." (Interview C, Abs. 134)

Es geht aus den Interviewaussagen hervor, dass den Geschwistern während der Aufenthalte von den pädagogischen Fachkräften vielfältige pädagogische Angebote gemacht werden. Diese Vielfalt der pädagogischen Angebote wird auch durch die Angaben der Probanden in der Fragebogenerhebung konstatiert.

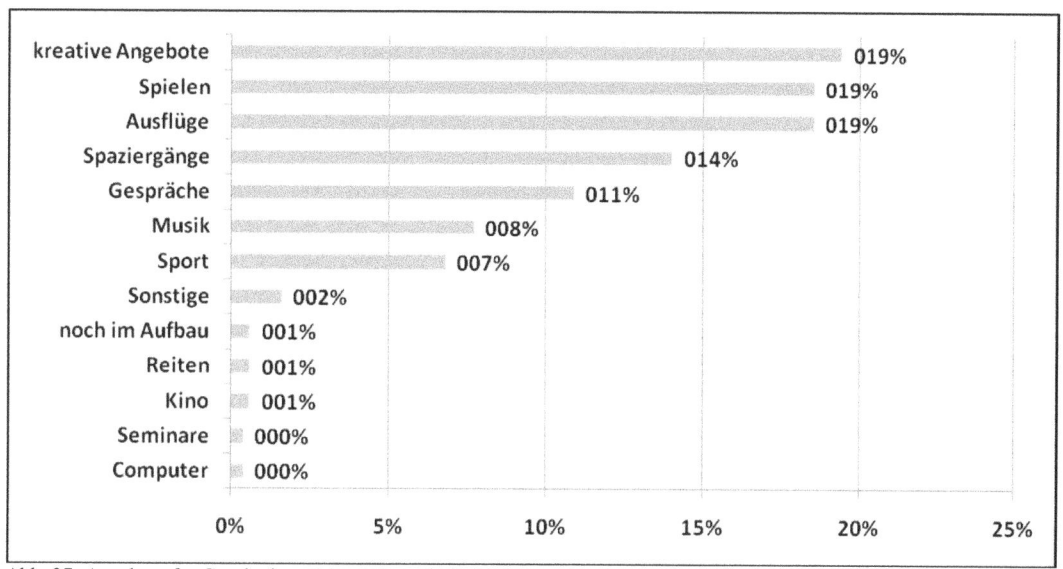

Abb. 37: Angebote für Geschwister (N = 103, Mehrfachnennungen)

Die Probanden nannten folgende pädagogische Angebote, die für die Geschwister im Kinderhospiz bereitgestellt werden: kreative Angebote (19,4%), Spielen (18,5%), Ausflüge (18,5%), Spaziergänge (14%), Sport (6,8%), Musik (7,7%), Gespräche (10,9%).[107]
Obgleich die Vielfältigkeit der Angebote von den Interviewpersonen und Probanden als positiv herausgestellt wurde, äußern einige Interviewpersonen Kritik an dem Umfang und der Dauer der Geschwisterbegleitung. Die Interviewperson E führt an, dass eine zeitlich und inhaltlich umfassendere Geschwisterbegleitung den Eltern mehr Zeit für eigene Bedürfnisse ermöglichen würde.

„Wie ich insgesamt finde, manchmal, also es gibt ja Kinderbetreuung im Kinderhospiz für Kinder und also irgendwie zwei Stunden am Tag oder so und das ist manchmal für, das ist manchmal sehr schwierig. Weil manche Eltern mit dem Eindruck kommen, es wäre Rundumbetreuung da, auch für die Geschwisterkinder. Jetzt ist aber die Rundumbetreuung ja für das erkrankte Kind und manche sind aber so auf, dass sie auch gar keine Lust haben, was mit den gesunden Kindern zu machen. Die sind einfach fertig und ja also das finde ich manchmal dann schwierig, weil ich sag mal, manche brauchen das, manche brauchen es auch gar nicht. Aber für die, die es brauchen, ist es manchmal wenig, habe ich den Eindruck." (Interview E, Abs. 477–479)

Die Interviewperson C hat ihre Kritik direkt an das Kinderhospiz herangetragen und diese wurde dort als Anregung positiv aufgenommen und umgesetzt.

---

[107] Zu den Geschwisterangeboten haben durchschnittlich nur 60% der Probanden Angaben gemacht, da nur Probanden die Fragen beantworten sollten, die noch weitere Kinder außer dem erkrankten Kind haben.

„(...) dass wir das sehr schade fanden, dass seine Schwester eben, ja nicht so begrüßt wurde. Und das haben die also jetzt beim zweiten Aufenthalt schon so umfassend geändert gehabt, das war, also unsere ganzen Anregungen aufgegriffen, das war sehr, also hat uns total gefreut. Sehr, sehr positiv. Und das merkte man auch, dass das seiner Schwester halt auch wirklich gut getan hat. Das muss man echt sagen, dass das unheimlich gut ankam, dass es dann auf einmal diesen kleinen, wissen Sie wahrscheinlich, Geschenkkorb zur Begrüßung gab, im Zimmer. Also das war so eine Idee, die dann halt umgesetzt worden ist von den pädagogischen Mitarbeitern, wo nur Kleinigkeiten drin sind, aber genau das war irgendwie ganz schön." (Interview C, Abs. 36)

Die Angaben der Probanden in der Fragebogenerhebung zu der Geschwisterbegleitung im Kinderhospiz bestätigen den von den Interviewpersonen angesprochenen Bedarf der Erweiterung der Angebote hinsichtlich der Dauer der Begleitung pro Tag.

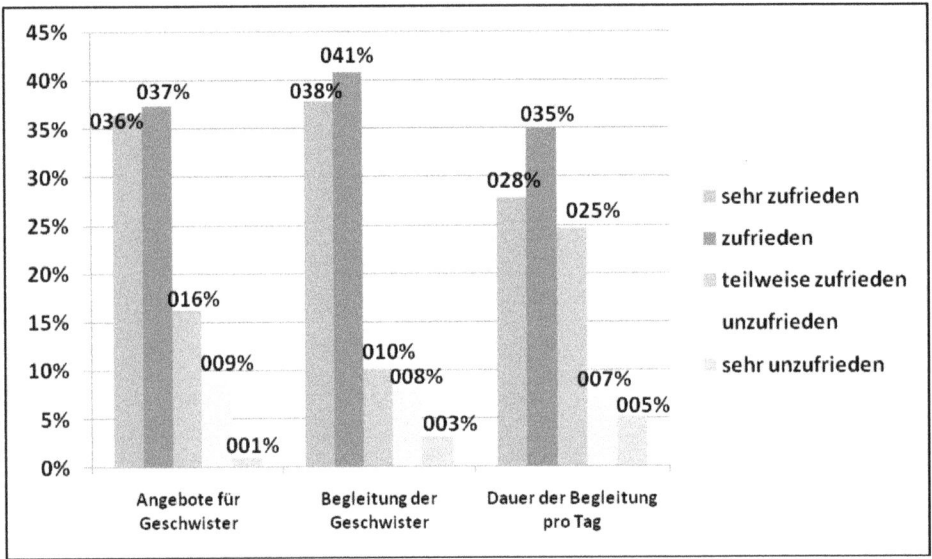

Abb. 38: Zufriedenheit mit Geschwisterangeboten (Na = 99, Nb = 98, Nc = 97)

Die Probanden sind überwiegend sehr zufrieden und zufrieden mit der Begleitung der Geschwister, den Angeboten für Geschwister und dem Umfang ihrer Begleitung. Es zeigt sich aber bei der Dauer der Begleitung pro Tag (27c) eine Tendenz zur Unzufriedenheit, die etwas ausgeprägter ist als bei den beiden anderen erfragten Aspekten.[108] Dieses Ergebnis wurde bereits in der Studie von Wingenfeld/Mikula deutlich, in der sich ein relativ großer Teil der Befragten eine umfassendere Betreuung des Geschwisterkindes gewünscht hätte (vgl. Wingenfeld/Mikula 2002, 74).

Aus nachfolgender Kreuztabelle geht hervor, dass die Probanden, die mehrheitlich der Meinung waren, dass alle Familienmitglieder gleichermaßen im Kinderhospiz begleitet werden, auch mit der Begleitung der Geschwister sehr zufrieden oder zufrieden sind. Es ist eine Signifikanz zwischen den Variablen (asymptotische Signifikanz: 0,000) vorhanden.

---

[108] Dies ist an der im Vergleich zu 27a) und b) höheren Standardabweichung (1,104) und der höheren Varianz (s = 1,219) abzulesen.

			Zufriedenheit mit Begleitung der Geschwister					
			sehr zufrieden	zufrieden	teilweise zu-frieden	unzufrieden	sehr unzu-frieden	Ge-samt
Die Familienmit-glieder wurden im Kinderhospiz glei-chermaßen gut begleitet	in sehr starkem Maße	Anzahl	24	10	1	1	0	36
		% der Gesamtzahl	25,0%	10,4%	1,0%	1,0%	,0%	37,5%
	in starkem Ma-ße	Anzahl	11	21	3	0	0	35
		% der Gesamtzahl	11,5%	21,9%	3,1%	,0%	,0%	36,5%
	in mittlerem Maße	Anzahl	0	9	4	1	0	14
		% der Gesamtzahl	,0%	9,4%	4,2%	1,0%	,0%	14,6%
	in geringem Maße	Anzahl	0	0	2	3	3	8
		% der Gesamtzahl	,0%	,0%	2,1%	3,1%	3,1%	8,3%
	in keinem Maße	Anzahl	0	0	0	3	0	3
		% der Gesamtzahl	,0%	,0%	,0%	3,1%	,0%	3,1%
	Gesamt	Anzahl	35	40	10	8	3	96
		% der Gesamtzahl	36,5%	41,7%	10,4%	8,3%	3,1%	100,0%

Tab. 7: Kreuztabelle: Begleitung der Familie – Begleitung der Geschwister (N = 96)

In der Regel werden die Geschwister im Kinderhospiz von Pädagogen und Pädagoginnen begleitet (vgl. Halbe 2003, 26f.). Ferner sind aber auch Personen anderer Professionen in die Begleitung involviert. Dies verifizieren ebenso die Angaben der Probanden.

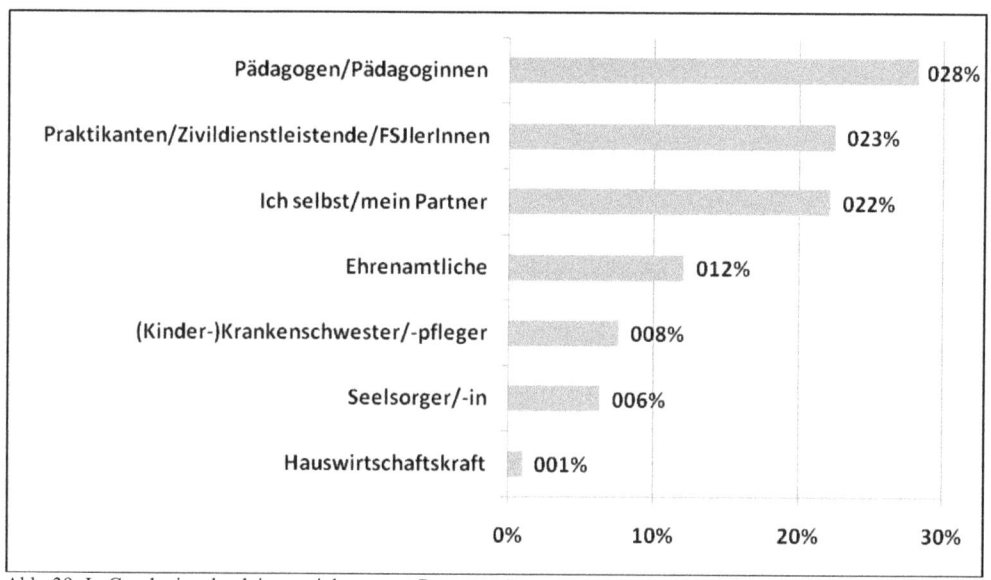

Abb. 39: In Geschwisterbegleitung einbezogene Personen (N = 102, Mehrfachnennungen)

Die Angaben der Probanden belegen in der Mehrzahl, dass die Geschwister während des Aufenthaltes überwiegend von Pädagogen und Pädagoginnen begleitet werden (28,3%). Ebenfalls häufig erfolgt die Betreuung durch Zivildienstleistende, Praktikanten und FSJler/innen (22,5%). Zudem sind ehrenamtliche Mitarbeitende in die Begleitung der Geschwister involviert. Auch die (Kinder-)Krankenschwestern und Pfleger sowie Seelsorger und Seelsorgerinnen übernehmen Aufgaben in der Geschwisterbetreuung. Die Begleitung erfolgt somit multiprofessionell.
Interessant ist, dass 22,2% der Probanden angaben, ihre Kinder selbst im Kinderhospiz zu begleiten. Als Grund für die Angaben der Probanden kann einerseits ein Personalmangel im Kinderhospiz vermutet werden. Andererseits ist es möglich, dass die Eltern den Aufenthalt bewusst nutzen, um mit den Geschwistern Zeit zu verbringen. Da das erkrankte Kind im Kinderhospiz 24 Stunden gepflegt und be-

gleitet wird, können sie die Zeit, die im Alltag häufig nicht vorhanden ist, für sich und die Geschwister nutzen.

Es ist außerdem auffällig, dass die Geschwister häufig von Zivildienstleistenden/Praktikantinnen und FSJler/innen begleitet werden. Dies ist durchaus kritisch zu hinterfragen, da es sich hierbei um ungelernte Kräfte ohne pädagogische oder therapeutische Qualifikation handelt, die zumindest die bereits skizzierten spezifischen Bedürfnisse von Geschwistern erkrankter Kinder nicht angemessen in ihren Begleitungsangeboten berücksichtigen können.

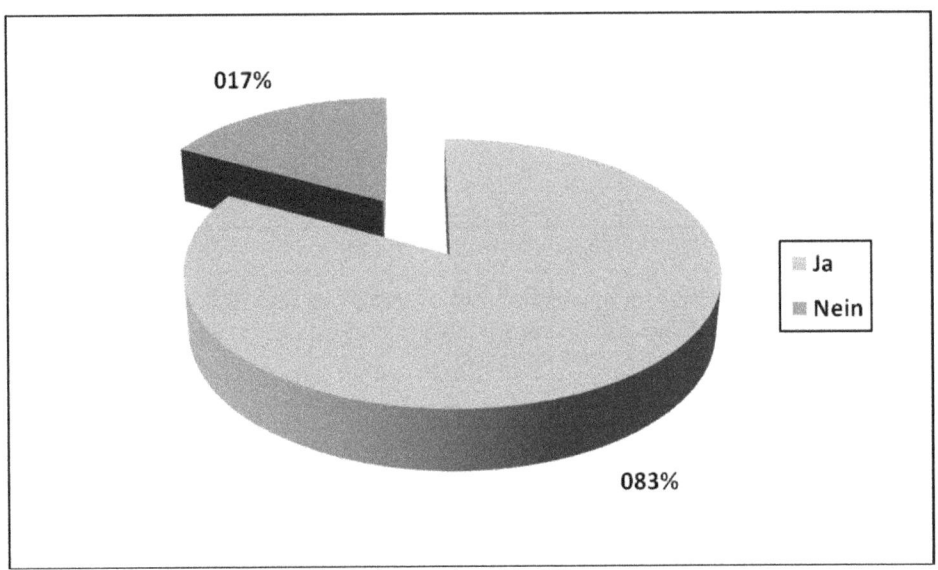

Abb. 40: Altersangemessenheit der Geschwisterangebote (N = 98)

Kinderhospize sollen Geschwistern lebensverkürzend erkrankter Kinder und Jugendlicher altersgerechte Angebote offerieren. Die Probanden sind überwiegend der Meinung, dass die Geschwisterangebote in den von ihnen besuchten Kinderhospizen dem Alter der Geschwister angemessen sind (83% Zustimmung).

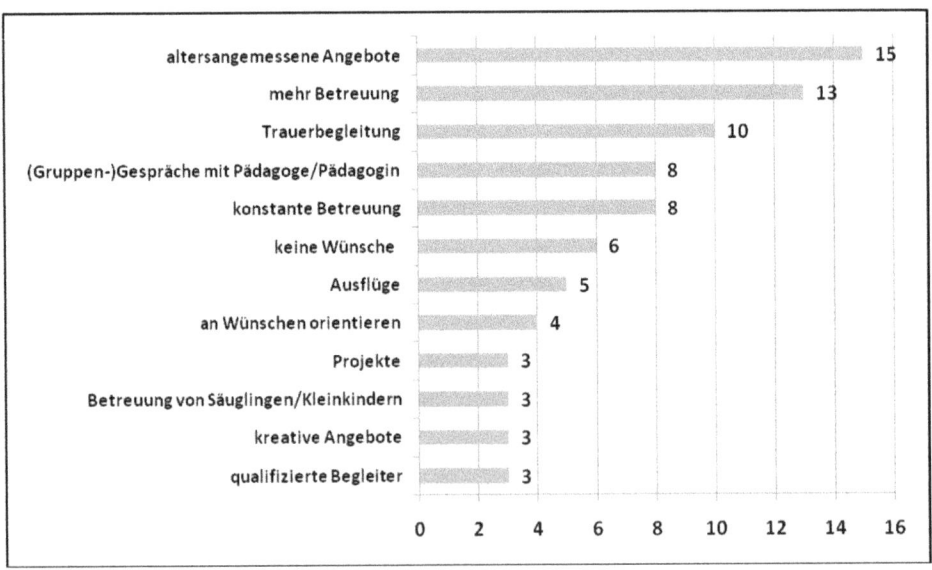

Abb. 41: Wünsche an Geschwisterangebote (N = 50)

262

Die Probanden wurden nach ihren Wünschen und Verbesserungsvorschlägen für die Angebote für Geschwister in den Kinderhospizen befragt. Die meisten Wünsche beziehen sich insgesamt auf die Dauer und den Umfang der Begleitung der Geschwister. Außerdem werden verstärkt altersentsprechende Angebote und eine Intensivierung der Trauerbegleitung gewünscht. Hier scheint ein deutlicher Verbesserungsbedarf in den Kinderhospizen zu bestehen.

Unterstützung bei der Auseinandersetzung mit der eigenen Situation
Geschwister progredient erkrankter Kinder werden früher als andere Kinder mit den Aspekten Sterben und Tod konfrontiert (vgl. Achilles 2005, 42f.; vgl. Kap. II 4.4). Die meisten Interviewpersonen begrüßen es, dass die Kinderhospize Geschwistern adäquate Formen der Auseinandersetzung mit ihrer besonderen Lebenssituation bieten.

„Die haben ja diese Trauerbegleitung und Beratung und da sind auch ein, zwei sehr gut ausgebildete Leute drunter, die haben dann das Thema Tod aufgearbeitet in der Runde mit den Kindern, mit der Essenz, das sie sagt, im Grunde haben das die Kinder viel klarer und deutlicher und besser verarbeitet als die Erwachsenen." (Interview G, Abs. 241)

Das Konzept der Trauerbegleitung für die Geschwister ist, laut Aussage der Interviewperson B, so angelegt, dass die Trauerbegleitung dann einsetzt, wenn die Kinder selbst den Anstoß dazu geben.

„Ist vielleicht auch zwischendurch einfach mal Thema. Wenn, zwischen Tür und Angel. Wenn ein Kind kommt, das anspricht, dann wird es auch ausdiskutiert und besprochen. Es sind ja auch ganz viele Bücher da, also nicht nur für Erwachsene, auch für Kinder und ich glaube, wenn Kinder das interessiert und wenn die darüber reden wollen, ist es kein Thema. Also dann können sie hingehen und das besprechen. Entweder mit dem Seelsorger oder aber auch mit den Pädagogen." (Interview B, Abs. 154–159)

Häufig wird die Trauerarbeit im Kinderhospiz mit dem Einsatz von Trauer- und Abschiedsritualen gestaltet. So wird in den Kinderhospizen an besonderen Gedenktagen und Erinnerungsorten der verstorbenen Kinder und Jugendlichen gedacht. Die Rituale können in diesen Situationen verschiedene Funktionen erfüllen. Sie dienen z.B. der Erinnerung an den Verstorbenen, der Emotionsregulierung und haben einen gemeinschaftsfördernden Charakter (vgl. Jennessen 2008, 79ff.).
Die vom Kinderhospiz ausgerichteten Trauer- und Abschiedsrituale werden von den befragten Eltern als hilfreich für ihre Kinder bewertet.

„Da war, hat es mir gut getan, bei diesen Abschiedsritualen war dann eben unsere Tochter auch dabei und hat das von sich aus gewollt und fand das ganz positiv, auch diesen Luftballon steigen lassen zu dürfen, das durfte sie für das eine verstorbene Mädchen, das sie auch kennengelernt hatte, dann auch machen und das war so zum ersten Mal für sie wirklich ein Umgang mit dem Thema Tod, und dass das Robert eben auch passieren kann und so und das zum ersten Mal, weil sie ja auch erst viereinhalb ist, sie das überhaupt erst verbalisieren konnte und das fand ich sehr schön. Und das merkte man auch, das war für sie eine ganz, ganz große Befreiung. Das war unheimlich positiv." (Interview C, Abs. 106)

Jede Situation, in der die Aspekte Sterben, Tod und Trauer im Kinderhospiz präsent sind, sollten nach Ansicht der Eltern im Sinne antizipatorischer Trauerarbeit genutzt werden.
Die Interviewperson spricht in ihrem Beispiel auch kritisch diesbezüglich nicht vorhandene Kompetenzen der Mitarbeitenden an.

„Da war eine Situation, da ist eine Taube zugeflogen und diese Taube war so ganz erschöpft. Die konnte auch aus eigener Kraft dann letztendlich nicht mehr weiter und klar man hat ihr dann eben Wasser hingestellt und was zu Essen und so. Dann hat man eben dann den Taubenzüchter angerufen,

der wollte die Taube dann abholen. Und dann kam ich irgendwie aus dem Mittagsschläfchen wieder runter, auf einmal guck ich, ich sag, wo ist die Taube geblieben? Ja, die ist gestorben, die ist tot. (...) Und dann kriegte ich mit, wie einer von den Geschwisterkindern eben dann noch mal nachfragte, was ist denn jetzt mit der Taube? Da wurde nicht drauf eingegangen. Diese Person war absolut überfordert in dem Moment. (...) ich sag, das kann's doch nicht sein. (...), ich möchte denen jetzt auch nicht Unrecht tun, das waren vielleicht irgendwelche Situationen in dem Moment, wo eben einfach diese Reaktion nicht anders möglich war. Also diese Person hat mir dann hinterher gesagt, nee, nee ich hatte das hinterher bei dem Gespräch dann noch angesprochen, dass dieses Geschwisterkind, aber einfach in dem Moment hab ich gedacht, was ist jetzt hier los? Nee, vor allen Dingen, wo haben sie die Taube hingebracht? Wo ist die jetzt hingekommen?" (Interview F, Abs. 289)

Die betroffenen Geschwister sprechen im Kinderhospiz auch miteinander über die Themen Krankheit, Sterben und Tod und haben eine eindeutige, klare und auf Erwachsene manchmal fast brutal wirkende Sprache. Die Kinder tauschen sich eher untereinander aus, da sie ihren Eltern ihre eigenen Sorgen oft nicht zumuten wollen.

„Und die Eltern waren noch nicht mal so weit, dem Bruder erklären zu können, hör mal, die kann nicht sehen, geschweige denn, die wird sterben irgendwann, vielleicht auch sehr bald. Ja, und dann haben eben die anderen Kinder das übernommen. Dann haben die gesagt, die sterben alle hier. (...) Also ganz radikale Aufklärung unter Kindern, also nicht so wie die Erwachsenen. Viel ehrlicher, direkter, klarer." (Interview G, Abs. 238, 233)

„Die führen auch Gespräche. Also der Christian will nicht, dass Max stirbt, also die führen Gespräche, wobei man denkt, die Kinder sagen den Müttern oder den Familien nicht alles, weil sie ja dann die Sorge wieder sehen in den Gesichtern, ja." (Interview G, Abs. 616)

Manche Kinder reagieren auf die Konfrontation mit dem Sterben im Kinderhospiz mit abfallenden schulischen Leistungen. Wichtig ist es daher, dass auch die Schule über die besondere Situation des Geschwisters eines progredient erkrankten Kindes und den damit verbundenen Aufenthalt der Familie in einem Kinderhospiz informiert ist. Ein offener Austausch der Eltern mit den Lehrkräften wäre daher wünschenswert.

„Also, als wir das erste Mal da waren, da war überhaupt kein Kind in der Finalphase. Da sind wir zurückgekommen, da hat die Mareike die einzige sechs in Englisch geschrieben, die sie jemals geschrieben hat. Und dann hab ich dann auch zu der Lehrerin gesagt, ich sag: Wissen Sie, ich hätte ihnen das vielleicht sagen sollen, wir waren im Kinderhospiz und es könnte vielleicht damit was zu tun haben." (Interview H, Abs. 426–428)

Einige Eltern sind sich jedoch nicht sicher, ob es im Kinderhospiz eine Trauerbegleitung für Geschwister überhaupt gibt und welche Rolle diese für ihr gesundes Kind spielt. Das deutet darauf hin, dass den Familien vor und während ihrer Aufenthalte nicht alle Angebote transparent gemacht werden.

„Ja, und vielleicht auch sogar irgendjemand der jetzt, weiß ich nicht, speziell geschult ist auch für diese Bedürfnisse, der auch vielleicht sich mal mit den unterhält (...). Das weiß ich nicht, ob sie das thematisieren, aber es, ich glaube, das, darauf ist die Arbeit, glaube ich, gar nicht ausgerichtet." (Interview E, Abs. 489–493)

Die bei einigen Eltern vorhandene Unsicherheit in Bezug auf die Thematisierung thanataler Aspekte mit den Geschwistern zeigt sich auch in den Ergebnissen der quantitativen Erhebung.

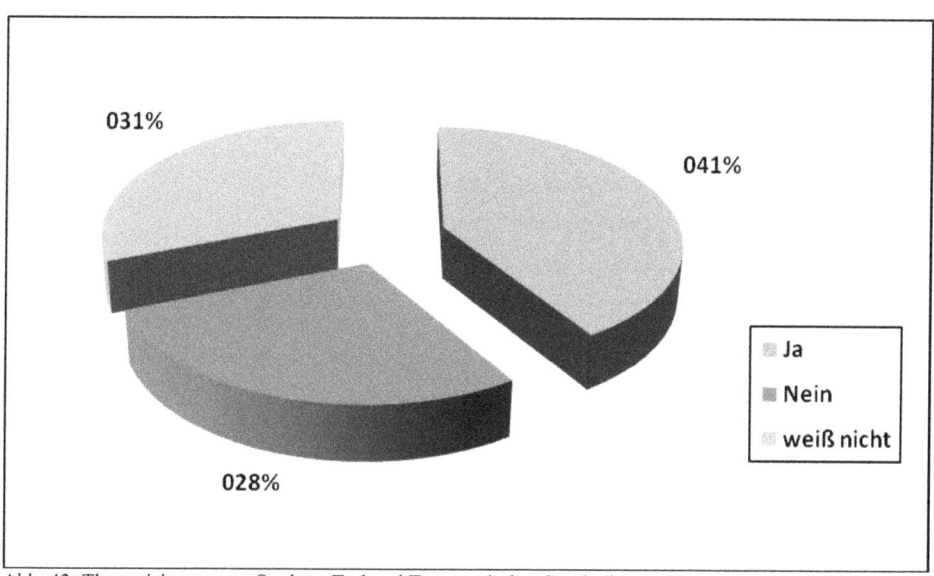

031%

041%

028%

- Ja
- Nein
- weiß nicht

Abb. 42: Thematisierung von Sterben, Tod und Trauer mit den Geschwistern (N = 105)

Auf die Frage, ob während der Aufenthalte die Aspekte Sterben, Tod und Trauer mit den Geschwistern thematisiert wurden, gaben 31% der Probanden an, dies nicht zu wissen. 41% bejahten und 28% verneinten diese Frage.

Die Angabe, dass diese Thematisierung häufig nicht stattfinde bzw. dies nicht bekannt sei, bestätigt die in der Theorie vertretene Auffassung, dass viele Geschwister progredient erkrankter Kinder diese Aspekte nicht mit ihren Eltern thematisieren wollen bzw. die Eltern nicht darüber informieren, wenn sie sich mit diesen Themen auseinandersetzen. Sie möchten die Eltern nicht zusätzlich belasten und vertrauen sich daher häufig Außenstehenden an oder sprechen gar nicht über ihre persönliche, themenbezogene Auseinandersetzung (vgl. Voss-Eiser 1992, 14f.). Aber auch die oben bereits formulierte Hypothese, dass die Thematisierung thanataler Themen mit den verschiedenen Beteiligten auch im Kinderhospiz möglicherweise eine Herausforderung darstellt, die gerne vermieden wird, mag dafür ursächlich sein, dass immerhin ein Drittel der Befragten angibt, dass eine solche Auseinandersetzung nicht stattfinde.

Geschichten, Bilderbücher und kreatives Tun sind hilfreiche Wege und Methoden der Thematisierung der Aspekte Sterben, Tod und Trauer mit den Geschwistern (vgl. Halbe 2001, 43). Dass diese vielfältigen Methoden auch in Kinderhospizen Anwendung finden, zeigen im Folgenden die Angaben der Probanden.

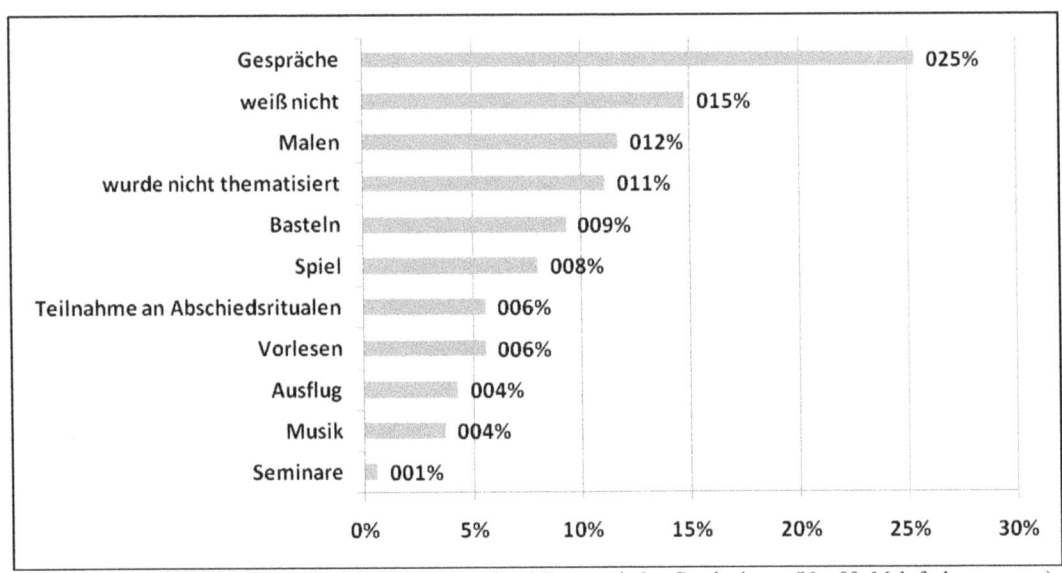

Abb. 43: Methoden der Thematisierung von Sterben, Tod und Trauer mit den Geschwistern (N = 88, Mehrfachnennungen)

Bei der Frage nach den Formen der Kommunikation thanataler Themen mit den Geschwistern zeigt sich, dass ein Viertel der Probanden hierzu keine Angaben machen kann oder vermutlich diese Aspekte nicht thematisiert hat. Findet eine thanatosbezogene Auseinandersetzung statt, erfolgt diese laut Meinung der Probanden in Form von Gesprächen, Malen, Spiel, Basteln, Musik, Ausflügen, Vorlesen, der Teilnahme an Abschiedsritualen und Geschwisterseminaren.
Die Vielfalt der Methoden weist auf eine überwiegend an den individuellen Bedürfnissen und Interessen sowie am Alter orientierten Trauerbegleitung der Geschwister im Kinderhospiz hin. Es wird darüber hinaus die Ungewissheit einiger Eltern hinsichtlich der Frage erkennbar, ob die Themen überhaupt und wenn ja, in welcher Form sie angesprochen werden.

Zusammenfassung
Die Daten zeigen, dass Kinderhospize für Geschwister progredient erkrankter Kinder ein wichtiger Ort sind, um mit der oftmals durch die lebensverkürzende Erkrankung des Geschwisters hervorgerufene und herausfordernde Lebenssituation umzugehen. Sie halten für die Geschwister verschiedene pädagogische Angebote und auch die Möglichkeit einer Auseinandersetzung mit der eigenen Situation bereit. Diese wird durch adäquate Methoden, auch im Rahmen der Trauerbegleitung, ermöglicht. Die Aussagen der Interviewpersonen und die Angaben der Probanden weisen darauf hin, dass Kinderhospize fernerhin als bedeutsame Orte des Austausches der betroffenen Geschwister untereinander hervorzuheben sind. Geschwister haben im Kinderhospiz des Weiteren die Möglichkeit, mit ihren Eltern entspannt und von den alltäglichen Belastungen entlastet Zeit zu verbringen.
Die vielfältigen pädagogischen Angebote sind mehrheitlich auf die Freizeitgestaltung ausgelegt. Die Probanden sind größtenteils mit der pädagogischen Begleitung der Geschwister zufrieden. Tendenzen der Unzufriedenheit zeigen sich in Bezug auf den täglichen Umfang Geschwisterbegleitung. Hier ist eine Erweiterung der zeitlichen Dauer der Begleitung anzustreben, da diese maßgeblich zur Entspannung und Entlastung der Eltern beizutragen vermag.
Die Geschwister werden in den Kinderhospizen mehrheitlich durch Pädagogen und Pädagoginnen begleitet. In einigen Kinderhospizen werden auch ungelernte Kräfte, wie Zivildienstleistende und Praktikant/innen, in der Begleitung eingesetzt. Dies ist durchaus kritisch zu hinterfragen, da es sich hierbei um ungelernte Kräfte ohne pädagogische oder therapeutische Qualifikation handelt, die den zum Teil spezifischen Bedürfnissen der Kinder und Jugendlichen mit erkrankten Geschwistern nicht angemessen entsprechen können. Dieses Ergebnis weist aber auch darauf hin, dass die Begleitung der Geschwister in den meisten Kinderhospizen im Wesentlichen auf Freizeitbeschäftigung und Entertain-

ment ausgelegt ist und pädagogische Angebote eher zweitrangig sind. Es ist gleichwohl zu vermuten, dass dies mehrheitlich den Bedürfnissen der Geschwister entspricht, wenn diese ihren Urlaub im Kinderhospiz verbringen und entsprechende Freizeitaktivitäten bevorzugen. Die Mehrzahl der befragten Eltern ist der Meinung, dass die offerierten Angebote dem Alter der Geschwister entsprechen.

In den Kinderhospizen erfolgt unter Einsatz vielfältiger Methoden eine angemessene Trauerarbeit, zu der auch Trauer- und Abschiedsrituale genutzt und entsprechende Impulse der Geschwister aufgegriffen werden. Hier scheinen die Angebote jedoch nicht immer altersangemessen zu sein, da sich die angegebenen Methoden überwiegend an Kinder richten. Für Jugendliche fehlen adäquate Angebote, wie etwa angeleitete Gesprächskreise oder aber die Auseinandersetzung mit diesen Aspekten mit Hilfe spezifischer, attraktiver Medien. Viele Probanden wissen nicht, ob mit ihren gesunden Kindern während der Aufenthalte die Aspekte Sterben, Tod und Trauer thematisiert wurden. Dies spiegelt die in der Literatur vorhandene These wider, dass die Geschwisterkinder ihre Eltern häufig nicht mit diesen sensiblen Themen zusätzlich belasten wollen und sie es daher bevorzugen, diese mit anderen Personen zu thematisieren.

Abschließend lässt sich resümieren, dass in der Gesamtbeurteilung der in der Befragung berücksichtigten Themenbereiche die Begleitung der Geschwister die höchsten Unzufriedenheitswerte aufweist bzw. der umfassendste Entwicklungsbedarf konstatierbar ist (Geschwisterzimmer, Umfang und Dauer der Begleitung, Altersangemessenheit der Angebote).

Angebote für die Eltern und deren Begleitung

Das Konzept der Kinderhospizarbeit sieht eine umfassende Begleitung des gesamten Familiensystems vor. Die Eltern werden für die Dauer des Aufenthaltes in einem Kinderhospiz ihren Bedürfnissen entsprechend von der Pflege des progredient erkrankten Kindes entlastet und haben somit Zeit für sich, die Paarbeziehung und die gesunden Geschwister. Zudem erhalten sie emotionale Unterstützung durch die pädagogischen Mitarbeitenden und den Seelsorger/die Seelsorgerin bei der Bewältigung der belastenden Lebenssituation (vgl. Halbe 2003, 26f.).

Der Aufenthalt im Kinderhospiz soll für die Eltern eine Entlastung von der Pflege und Begleitung des progredient erkrankten Kindes darstellen. Die Eltern können die Zeit im Kinderhospiz in erster Linie dazu nutzen, ihre Primärbedürfnisse zu befriedigen, wie schlafen, in Ruhe essen und Zeit für sich haben. Rest (2006) nennt Kinderhospize daher auch ironisch „Angehörigen-Genesungswerke", in denen die Angehörigen physisch und psychisch entlastest werden (vgl. Rest 2006, 44). „Die Entlastung der pflegenden Angehörigen gehört zum Kern des Leistungsangebotes von Kinderhospizen. In ihrer einfachsten Form besteht sie darin, es den Eltern zu ermöglichen, sich für einen begrenzten Zeitraum der alltäglichen Versorgungsverpflichtungen ganz oder partiell zu entledigen" (Wingenfeld/Mikula 2002, 85).

Diese Entlastung empfinden auch mehrheitlich die befragten Interviewpersonen.

„Also, 'ne Entlastung einfach von dem Alltag zu haben, für alles verantwortlich zu sein. Also was mit der Grundversorgung zu tun hat von A bis Z und auch einfach Zeit zu haben für sich selber, aber auch für die Geschwisterkinder. Das ist ganz wichtig. Man kommt da nicht hin und ist motiviert, um schwere Themen zu bearbeiten und groß Selbsterfahrung zu machen, die macht man sowieso. Weil da kommt man automatisch hin und da haben wir auch nie einen Hehl draus gemacht." (Interview J, Abs. 439)

Die Eltern genießen es, im Kinderhospiz ausschlafen zu können, da sie im Alltag durch die umfassende Pflege des progredient erkrankten Kindes häufig zu wenig Schlaf erhalten und somit oft erschöpft und völlig übermüdet sind.

„Also besonders, wenn jetzt, sag ich mal, etliche Wochen oder Monate nachts oft aufwacht, dann ist das wirklich ein Hit, dann ist das, man kann schlafen. Manchmal man kommt dahin, man hat erst mal so einen Schub mit Kopfschmerzen, weil man so angespannt ist auch noch von der Reise und dass man, da merkt man, so wie da so diese Last erst mal von einem abfällt, dass man erst mal schlafen kann und dass man auch wirklich sagen kann, so, es ist zwar Abendessenszeit für Maja, aber nicht für

mich, ich muss sie heute nicht füttern." (Interview E, Abs. 561)

Das Ausruhen und die Entspannung sind zwei weitere für die Eltern wichtige Aspekte im Kontext der Aufenthalte im Kinderhospiz. Dies tun zu können, ist laut Aussage der Interviewperson A, erst nach einigen Aufenthalten möglich, da es Zeit benötigt, sein Kind mit einem guten Gefühl in die Betreuung der Mitarbeitenden abgeben zu können.

„Du weißt, sie ist wach, es ist jemand da, der nach ihr guckt, die kriegt jetzt ihr Frühstück und du kannst mal in Ruhe aufstehen und kannst mal in Ruhe morgens duschen und musst nicht gleich schnell ein bisschen Wasser ins Gesicht und Zähne putzen und schon auf der Matte stehen, um das Kind irgendwo zu betreuen und zu versorgen. Und dann haben wir uns wieder getroffen, irgendwann um halb elf und dann war gut. Dann ist sie ein bisschen geknuddelt und geschmust worden und dann haben die wieder irgendwelche Aktivitäten gemacht. Und so bringt's natürlich auch Erholung." (Interview A, Abs. 498)

Die Zeit im Kinderhospiz wird von den Eltern auch genutzt, um Zeit für sich selbst zu haben und allmählich zur Ruhe zu kommen.

„Aber meistens ist man so leer und müde, dass man einfach nur die Zeit abhängt. Wobei ich sag, so die ersten zwei Tage hat man ein Buch in der Hand und läuft nur durchs Haus, wie aufgestachelt. Und habe dann vielleicht höchstens am Abend fünf Seiten gelesen. Man kann sich nicht hinsetzen, man ist einfach immer unterwegs und unruhig. Bis man zu sich selbst wieder kommt. Aber ich denke, das kann man da ganz gut. Man kann halt spazieren gehen und wir sind auch alle, glaube ich, so leer, dass wir diesen Rummel gar nicht so sehr brauchen. Also ein Tag wegfahren, dann kommt man schon fix und fertig wieder und denkt, nächsten Tag bleibst du erst mal hier und ruhst dich aus." (Interview G, Abs. 525–527)

Insbesondere für Alleinerziehende bietet der Aufenthalt im Kinderhospiz die Möglichkeit, die alleinige Verantwortung für das Kind für einige Wochen mit anderen teilen zu können.

„Und ich war dann wirklich, wie's bei uns dann zu der Trennung dann kam, in der Trennungsphase, ich war heilfroh, dass ich dieses Haus hatte, dass ich auch vorher schon so oft mit ihr dort war und dass ich wirklich sagen konnte, jetzt hab ich in dem Moment, wo ich keine Betreuung hab für sie oder wo ich selber die Betreuung nicht machen kann oder wo ich einfach mal 'ne Auszeit brauch, jetzt hab ich die Möglichkeit, sie dorthin zu bringen." (Interview A, Abs. 446)

Der Aufenthalt im Kinderhospiz bietet den Eltern auch die Möglichkeit, sich wieder als Paar zu erleben, wozu in ihrer besonderen, häufig zeitlich angespannten Lebenssituation ansonsten kaum Gelegenheiten bleiben.

„Für uns war das so, dass wir einfach nur Ruhe und entspannen und auch mal wieder zueinander kommen, dass man wieder als Mann und Frau da ist und nicht wie Bruder und Schwester halt. Das ist halt so, wenn man so ein Kind hat." (Interview D, Abs. 94)

Angebote
Die Angebote für die Eltern im Kinderhospiz sind freiwillig. Durch die Option der freiwilligen Teilnahme an diesen fühlen sich die Eltern nicht unter Druck gesetzt und entscheiden frei, ob sie diese in Anspruch nehmen möchten.

„Also, man kann ja dann wirklich machen, was man will. Und wenn die Clowns kommen und man sagt, nee, also da hab ich jetzt nun wirklich keine Lust drauf, dann kann man auch gehen, dann sagt auch keiner was." (Interview H, Abs. 504)

Die Angebote werden von den Mitarbeitenden zum Teil auf Wunsch der Eltern gestaltet. Diese können an die Mitarbeitenden eigene Ideen und Wünsche herantragen, die dann möglichst umgesetzt werden, was zu einer Verbesserung der Angebotspalette und ihrer Qualität beizutragen vermag.

„Oder wenn ich sag, also ich würde gerne mal Seidenmalen machen, also da, dass ist ja auch immens teuer, das besorgen die alles und machen das alles." (Interview G, Abs. 610)

Neben der Übernahme der Pflege des erkrankten Kindes durch qualifizierte Pflegekräfte werden den Eltern vielfältige Beratungs- und Freizeitangebote offeriert, die maßgeblich mit zur Entlastung beitragen können. Die Angaben der Probanden der Fragebogenerhebung weisen darauf hin, dass die Eltern größtenteils die vielfältigen Angebote ihren individuellen Vorlieben entsprechend nutzen.

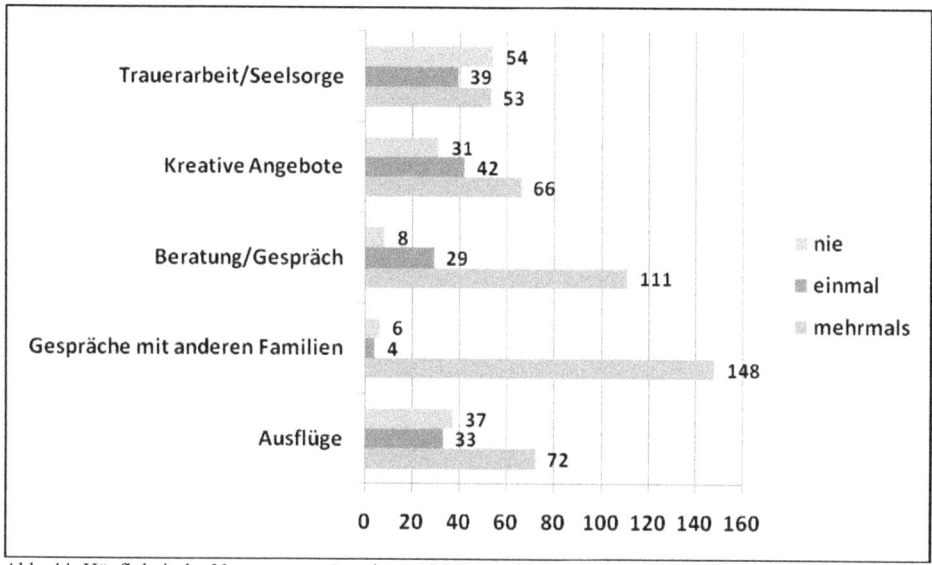

Abb. 44: Häufigkeit der Nutzung von Angeboten (N = verschieden, Mehrfachnennungen)

Die Mehrzahl der Probanden nutzt die vielfältigen Gesprächsangebote (148 Personen) in den Kinderhospizen mehrmals. Außerdem werden von 111 Probanden Beratungsangebote mehrmals wahrgenommen. Trauerarbeit und Seelsorge nehmen 53 Personen mehrmals in Anspruch. Kreative Angebote, Ausflüge und Entspannungsangebote werden hingegen weniger häufig wahrgenommen. Gar keine Angebote nutzen lediglich 1,1% der Probanden. Bei der Verteilung der Häufigkeiten der Nutzung der Angebote zeigt sich ein Schwerpunkt bei der Inanspruchnahme der Gesprächsangebote mit anderen Eltern und den vom Kinderhospiz angebotenen Gesprächen und Beratungen.
Es wird deutlich, dass Kinderhospize Orte sind, an denen Eltern offen mit anderen betroffenen Eltern und Mitarbeitenden über ihre Sorgen und Belastungen sprechen wollen und können und dort auch angemessen von qualifiziertem Fachpersonal unterstützt und beraten werden. Trauerarbeit/Seelsorge, kreative Angebot und Ausflüge werden hingegen seltener genutzt.
Die Option, immer einen Gesprächspartner zu haben, wird von den befragten Eltern als sehr erleichternd und beruhigend bewertet.

„Und, da ist ja immer jemand, den man ansprechen kann, wenn es einem dabei nicht gut geht oder so und das ist immer das Wichtigste, das ist immer ganz schön, dass man da wirklich immer jemanden hat, wo man sagen kann: Du, mir geht's nicht gut, was kann ich jetzt machen und ich kann damit ganz schlecht umgehen mit der Situation." (Interview D, Abs. 40)

Sich den Gesprächspartner selbst aussuchen zu können, bedeutet, dass alle Fachkräfte eine offene Haltung haben und fähig sein sollten, Gespräche zu führen und auf die Anliegen der Eltern eingehen zu können. Die Eltern haben in den meisten Kinderhospizen die Möglichkeit, sich die Gesprächspartner nach Sympathie und unabhängig von der Berufsgruppenzugehörigkeit selbst zu wählen.

„Wer einem auch menschlich einfach nah ist. Also das ist, man führt auch solche Gespräche mit den Krankenschwestern einfach auch. Das kommt immer drauf an." (Interview K, Abs. 144)

Einige Eltern äußern den Wunsch nach organisierten Gesprächsrunden, da es ihnen zum Teil schwer fällt, Themen aktiv anzusprechen oder Gesprächspartner eigeninitiativ zu wählen.

„Da hätte ich mir so ein bisschen gewünscht, dass es da vielleicht noch mehr ja, so eine Gesprächsrunde, also irgendwas so ein bisschen Organisiertes gibt. Oder so ein Angebot, dass man nicht konkret, ja, es dem Zufall eigentlich überlassen muss, zu einem Gespräch mit ihm zu finden." (Interview C, Abs. 102)

Besonders in Krisensituationen ist es entlastend, von Mitarbeitenden angesprochen zu werden und nicht selbst die Gesprächsinitiative ergreifen zu müssen.

„Ich weiß es nicht, kann es nicht sagen, kann's nicht irgendwo dran festhalten, aufhängen also, sicherlich in so extrem Situationen wie damals, als das eine Kind verstorben ist und wir da waren, da hat eine von den Mitarbeiterin dann schon gesehen, da waren wir das dritte Mal da und das zweite Mal war ein Kind verstorben, da wär ich, hab ich dann wirklich gesagt so, ich glaub, jetzt ist Feierabend, ich glaub, jetzt komm ich nicht mehr. Ist ja auch klar, war wirklich, war wirklich Horror und da haben die schon gemerkt, da müssen wir jetzt mal ein Gespräch führen. Ja, ja dann wurde dann schon gesagt, wir sollten uns doch mal unterhalten oder so was." (Interview H, Abs. 510–512)

Die Probleme und Gesprächsbedarfe der Eltern sind sehr unterschiedlich. Die Gespräche umfassen persönliche Aspekte, die Themen Sterben und Tod, Themen, die die Partnerschaft betreffen, berufliche Fragen, Geschwistersorgen, Bewältigung, Lebensgestaltung und den Alltag zu Hause.

„Und ich hab halt auch, in meiner Trennungsphase hab ich sehr viel mit der Frau (...) gesprochen und die hat mich da sehr unterstützt. Hat mir immer wieder Mut gemacht und auch solche Dinge was ist, hängen damit, eigentlich es ging gar nicht um Annika in dem Moment, sondern es ging drum, wie organisiere ich mein Leben, wie krieg ich das auf die Reihe mit diesem riesigen Berg an Problemen, der auf uns beide da zukam und es hat wirklich, es war wirklich gut. Wir haben alle Zeitrahmen gesprengt, wir haben gesagt eine Stunde fürs Gespräch und haben 2½ Stunden gesessen und da ist aber keiner, der sagt, Sie, es ist jetzt halb zwölf oder es ist zwölf, es ist Mittagspause, ich möchte jetzt gerne mal oder ich hab jetzt Feierabend. Also, ich muss wirklich sagen, da sind wir sehr, sehr gut und sehr kompetent auch betreut." (Interview A, Abs. 374)

Der Austausch mit anderen Eltern, die ähnlich betroffen sind, ist für viele Eltern erleichternd und bereichernd. Sie fühlen sich verstanden und bekommen Unterstützung bei der Bewältigung der Situation (vgl. Cloerkes 2001, 53f.; Rest 2006, 44).

„Und bist nicht isoliert. Du bist zwar doch in dem, in dem, klar, bist du im Hospiz, aber sind alles Familien mit behinderten Kindern. Aber die Familien haben alle die gleichen Bedürfnisse. Die können alle auch nicht irgendwo Silvester feiern, und da trifft man sich halt da und hat die Möglichkeit, was zu machen." (Interview A, Abs. 460)

Die den Eltern präsentierten Angebote im Kinderhospiz sind vielfältig und entsprechen überwiegend auch dem, was die Eltern sich wünschen, wie im Folgenden die Angaben zur Zufriedenheit mit den kinderhospizlichen Angeboten verdeutlichen.

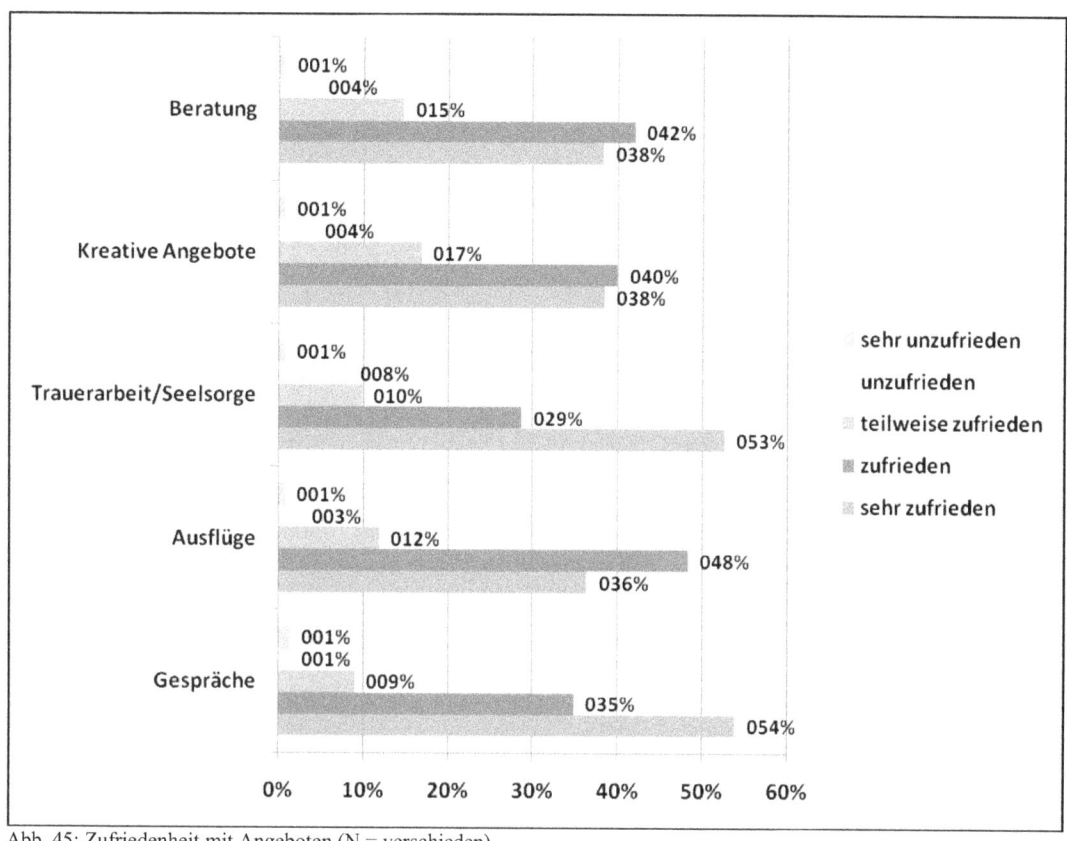

Abb. 45: Zufriedenheit mit Angeboten (N = verschieden)

Die Probanden sind überwiegend sehr zufrieden und zufrieden mit den von ihnen genutzten Angeboten im Kinderhospiz (Md = 1 und 2). Die Zufriedenheit mit der Trauerarbeit und den Beratungs- und Gesprächsangeboten fällt minimal höher aus als die mit den anderen Angeboten.[109]
Es wurde die Frage gestellt, welche Wünsche und Verbesserungsvorschläge die Eltern an die Angebote haben.[110] Die von den 61 Probanden geäußerten Wünsche sind sehr vielfältig und reichen von dem Wunsch nach mehr „Beratung" (5 Nennungen) über „Trauerbegleitung" (4 Nennungen), „sportliche Angebote" (3 Nennungen), „Gruppengespräche" (7 Nennungen), „kreative Angebote" (7 Nennungen), „Entspannungsangebote" (5 Nennungen), „organisierte Angebote" (7 Nennungen), „mehr Freizeitangebote innerhalb des Hauses" (3 Nennungen), „Betreuung der Geschwister (3 Nennungen), „therapeutische Angebote" (3 Nennungen) bis zu „Mitarbeiterinitiative zum Gespräch" (9 Nennungen).
Sehr interessant sind bei diesen Nennungen die Wünsche der Probanden nach Gruppengesprächen sowie der Wunsch nach mehr Mitarbeiterinitiative zum Gespräch. Dies weist zum einen auf Schwierigkeiten in der Kommunikation der Eltern und Mitarbeitenden hin und zum anderen auf die unterschiedlichen Erwartungen an einander. Es zeigt sich hier auch ein deutlicher Widerspruch zu den Angaben der Mitarbeitenden. Diese wünschen sich nämlich, dass die Gesprächsinitiative verstärkt von den Eltern ausgeht und begründen dies mit dem Wunsch, diese thematisch nicht überfordern zu wollen.

---

[109] Darauf verweisen die Mediane von 1,00. Die Varianz ist beim Item „Trauerarbeit" aber am höchsten (0, 976), was zeigt, dass die Probanden hier sehr unterschiedlich bewerten und die Qualität der Angebote der Trauerarbeit möglicherweise stark variiert.
[110] Diese Frage wurde von 61 der 172 Probanden beantwortet, von denen wiederum 19 angaben, keine Wünsche zu haben.

In Kinderhospizen werden häufig weitere Angebote gestaltet, die von den Probanden mehrheitlich auch genutzt werden.

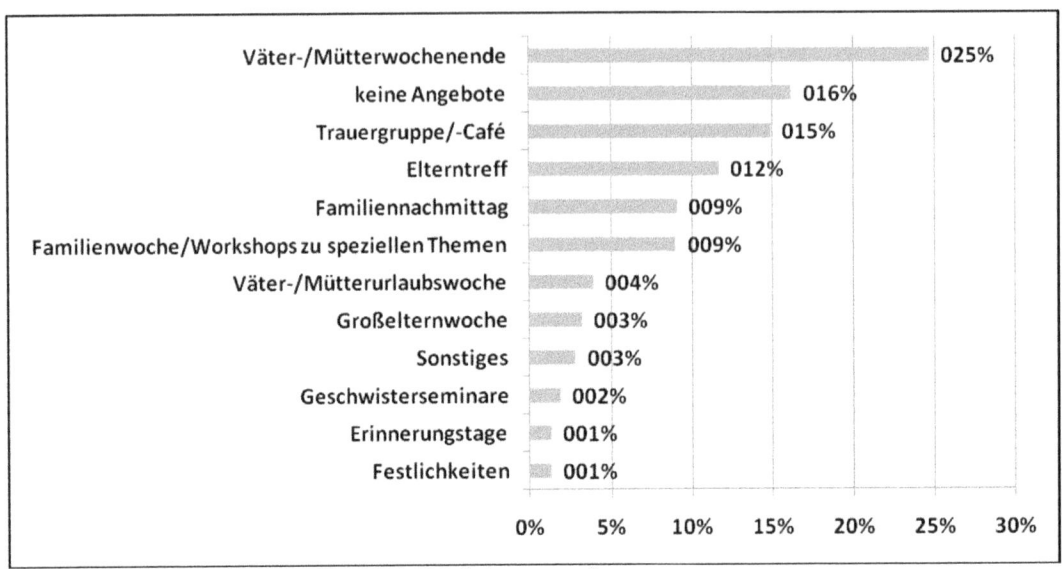

Abb. 46: Sonstige genutzte Angebote (N = 104, Mehrfachnennungen)

Die meisten Probanden nutzen diese weiteren, vom Kinderhospiz organisierten Angebote. Darunter befinden sich die Väter- bzw. Mütterurlaubswochen, Trauergruppe/-Café, Elterntreffs und Familienwochen bzw. Workshops zu speziellen Themen. Nur 16,2% gaben an, keine weiteren Angebote des Kinderhospizes zu nutzen. Das Kinderhospiz ist demnach für die Probanden ein Ort, den sie zusätzlich zu den regulären Aufenthalten für verschiedene spezifische Angebote nutzen. Die meisten Kinderhospize werden ihrem Anspruch demnach gerecht, die Familien auch über die Aufenthalte hinaus zu begleiten und für diese sowohl eine bedeutsame Unterstützungsressource im alltäglichen Leben darzustellen als auch spezifische Formen für die inhaltliche Auseinandersetzung mit der besonderen Lebenssituation bereitzustellen.

24 Probanden von 172 Befragten wünschen sich weitere Angebote für die Eltern. Die Wünsche sind unter anderem mit jeweils zwei Nennungen der „Familiennachmittag", eine „Begleitung über den Tod hinaus", „Wochenenden für trauernde Eltern", „psychosoziale Berater" und die „Begleitung zwischen den Aufenthalten". Drei Nennungen wurden in Bezug auf den Wunsch nach themenbezogenen Gesprächskreisen und wohnortnahen Angeboten gemacht. Vier Probanden wünschen sich einen regionalen Elterntreff. Die von den Probanden gewünschten Angebote haben gemein, dass sie überwiegend im Alltag der Familien stattfinden sollen. Dies ist ein Hinweis auf den Ausbau der ambulanten kinderhospizlichen Begleitung und auf eine bessere Vernetzung der ambulanten und stationären Kinderhospizarbeit.

Unterstützung im Bewältigungsprozess und in der Trauerverarbeitung
Eltern lebensverkürzend erkrankter Kinder sind vor allem an dem Zeitpunkt, an dem sie von der infausten Prognose erfahren, in vielerlei Hinsicht auf Informationen und beratende Unterstützung angewiesen. Es besteht ein großer Informationsbedarf im Hinblick auf grundlegende medizinische und pflegerische Fragen sowie zu den Möglichkeiten der Unterstützung durch formelle Leistungsangebote. Ebenso besteht häufig der Wunsch Kontakt zu anderen betroffenen Eltern aufnehmen zu können. Aber auch Fragen der Finanzierung sind von Belang wie beispielsweise bezüglich der für die Versorgung des Kindes benötigten Hilfsmittel (vgl. Henkel/Stahl 2008, 428). Im weiteren Verlauf der Erkrankung verändert sich der Versorgungsbedarf des Kindes, und dementsprechend werden weitergehende Infor-

mationen z.B. hinsichtlich spezialisierter Versorgungsangebote erforderlich. Im Verlauf der finalen Krankheitsphase herrscht auf Seiten der Eltern meist Informationsbedarf zu der Frage, welche Möglichkeiten und Voraussetzungen bestehen, um dem Kind ein Versterben in der häuslichen Umgebung zu ermöglichen oder ggf. Angebote einer Einrichtung hierfür in Anspruch zu nehmen. Später stellt sich auch die Frage nach den Erfordernissen im Zusammenhang mit der Bestattung des Kindes (vgl. Wingenfeld/Mikula 2002, 86).

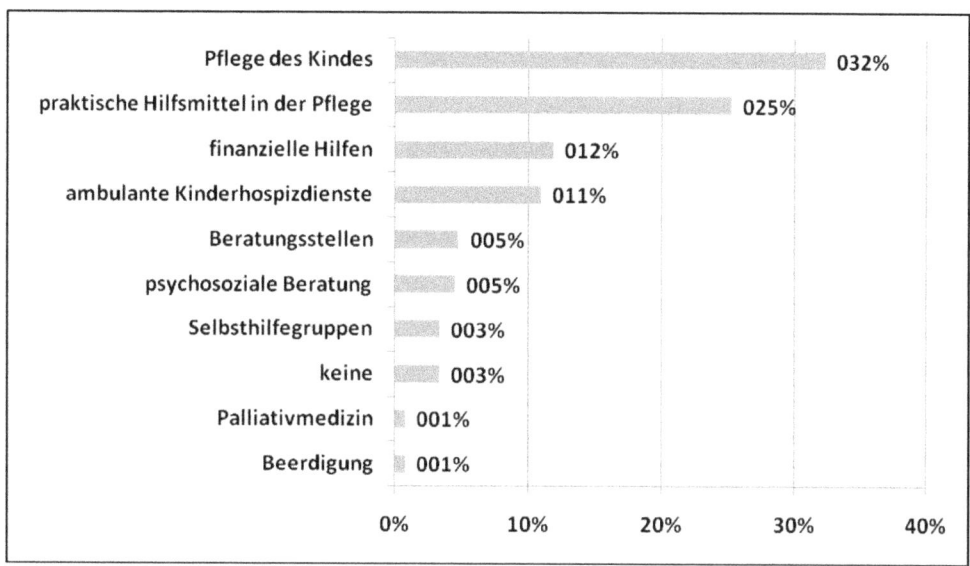

Abb. 47: Tipps und Informationen während der Aufenthalte (N = 151, Mehrfachnennungen)

Die Probanden gaben an, während ihrer Aufenthalte zu den in der Grafik dargestellten Bereichen Informationen, Tipps und Beratung in Anspruch genommen zu haben. Es überwiegen hier deutlich pflegerisch-medizinische Inhalte. Hier wird der hohe Stellenwert der Pflege und Medizin in der kinderhospizlichen Arbeit deutlich, der die alltäglichen Fragen und existentiellen Themen der Familien widerspiegelt.

Es ist anzumerken, dass Kinderhospize dem umfassenden Informations- und Beratungsbedarf der betroffenen Eltern sicherlich nicht vollständig gerecht werden können, da eine stationäre Einrichtung, die in den meisten Fällen vergleichsweise weit entfernt vom Heimatort angesiedelt ist, hier lediglich erste Anstöße bzw. Hilfestellungen zur Bearbeitung von Alltagsproblemen zu leisten vermag und sich Tipps und Informationen meist nicht auf die Vermittlung von regionalen Hilfsangeboten beziehen können (vgl. Wingenfeld/Mikula 2002, 87).

Die Aufenthalte im Kinderhospiz geben den Eltern die Gelegenheit, sich mit ihrer eigenen Situation auseinanderzusetzen und während aller Phasen der Trauerbewältigung professionell begleitet zu werden. Kinderhospize werden von den Eltern als geschützter Raum empfunden. In ihnen besteht die Möglichkeit, das Thema zu bearbeiten.

Der Aufenthalt im Kinderhospiz gibt, so die Interviewperson K, manchen Eltern das erste Mal die Möglichkeit, ihrer Trauer zu begegnen, weil sie dort ausreichend Zeit und Raum dazu haben und sich aufgehoben fühlen.

„Würde es das Kinderhospiz nicht geben, würden wir glaube ich ganz anders mit einigen Sachen umgehen. Es sind viele Lernprozesse, die dort stattgefunden haben. Dieses Loslassenkönnen auch, dieses weil ich mein Kind liebe, darum möchte ich das und das nicht und nicht weil ich es aufgebe oder weil ich selber nicht mehr kann. Das ist ja ein Prozess, der einfach auch stattfindet, auf eine ganz liebevolle Art ist einfach da. Wir sind alle unheimlich froh, dass wir diesen Schritt damals gemacht haben und

gesagt haben: Wir probieren das, wir machen das.“ (Interview K, Abs. 236)

Es gibt Raum für Einzel- oder Gruppengespräche mit den Fachkräften zu bestimmten Fragestellungen, und auch der Austausch mit den anderen Eltern kann erfolgen. Dieser ist informell oder wird durch die Gesprächsrunden organisiert.

„Und wir hatten dann Montagsrunde und dann haben die einen das auch, die eine Familie das auch thematisiert halt, dass sie Sorge haben und dann kam das schon, wurde das schon besprochen das Thema, dass man überlegt hat, wie sieht das aus und. Aber im Alltag oder so schiebt man das ja schon von sich.“ (Interview H, Abs. 552)

Die Trauerbegleitung der Eltern durch das Kinderhospiz erfolgt kontinuierlich und unter Berücksichtigung des dreifachen Trauerweges (vgl. Rest 2006). Eltern und Mitarbeitende kennen sich häufig gut und können daher gemeinsam die Veränderungen besprechen, die meist eine Verschlechterung des gesundheitlichen Zustandes des progredient erkrankten Kindes bedeuten.

„Also, wir reden da auch eben sehr viel drüber. Aber nee, auch in dem Moment, wenn wir neu ankommen und wir das erste Gespräch haben, dann ziehen wir uns zurück, ohne Johan dann in dem Moment und sprechen alles durch. Doch, das denke ich mir schon, also je öfter wir dahin kommen umso mehr natürlich, klar. Also ich bin jetzt nächstes Mal über Weihnachten da. Wird natürlich schon noch sehr spannend werden, weil die den Johan dann jetzt seit Ostern nicht mehr gesehen haben. Also, ich denke mal, da werden wir dann eben noch einiges mehr dann wieder neu besprechen müssen, weil er sich ja doch innerhalb vom ¾ Jahr noch mehr verändert, als wenn wir alle drei Monate immer mal kurz da sind.“ (Interview F, Abs. 506)

Gespräche über die Themen Sterben, Tod und Trauer ergeben sich häufig aus dem Moment heraus. Manche Eltern vermeiden sie zunächst, erkennen aber häufig einen bestimmten Punkt ihrer Entwicklung, an dem es notwendig erscheint, über diese Aspekte zu sprechen und sich einen adäquaten Gesprächspartner zu suchen.

„Da hab ich eine Weile gebraucht, bis dann so die ersten Gespräche kamen. Das erste war dann sehr heftig, da hatte ich sehr zu kämpfen damit, weil, das hab ich selber angestoßen. Und das ging wirklich in die Vollen mit Tod und Abschiednehmen und, aber ich hab das dann da irgendwo, ich hab's gebraucht, ich hab's selber initiiert, ich hab da, nun, ich bin da auf jemanden zugegangen und da haben wir wirklich uns einfach mal 'ne Stunde rausgesetzt, sehe ich heut noch die Situation, Sonnenuntergang und war irgendwann im Sommer. Und ja, dann bist du mitten im Thema und die Leute sind auch sehr offen.“ (Interview A, Abs. 336)

Eine wichtige Rolle spielt für viele Eltern der exemplarische Umgang anderer betroffener Familien mit der belastenden Situation. Es ist möglich und unter Umständen für den eigenen Bewältigungsprozess hilfreich, am Beispiel einer anderen Familie zu sehen, wie diese mit dem Sterben ihres Kindes umgeht. Der Austausch der Eltern untereinander über das Thema Sterben und Tod kann ebenfalls positive Auswirkungen auf die Eltern haben (vgl. Rest 2006, 44).

„Und wir haben eine Familie kennengelernt, die zum Abschiedsritual ihres Sohnes kam mit einem Geschwisterkind und sehr positiv mit dem Tod ihres Kindes umging, das war sehr, sehr bereichernd, aber das war auch, glaube ich, eine sehr außergewöhnliche Familie. Die also ganz klar gesagt haben, das Kind ist eindreiviertel Jahre alt geworden und dass es das Beste war für ihn, was ihm passieren konnte. Und das war, hatte so eine ähnliche Geschichte wie unser Sohn und das war dann schon so, ja einfach gut zu hören, dass es so was auch gibt.“ (Interview C, Abs. 104)

Für die Eltern ist es bedeutsam, einen Weg zu finden, der individuell angemessen erscheint, um mit dem Thema generell, aber auch mit der Trauer der anderen Besucher/innen des Kinderhospizes umgehen zu können.

„Und das sind Dinge, wo ich dann gerne mal auf oder ja, gerne mal aufpassen muss, dass ich es nicht so gar so an mich dran lasse, weil dann schläfst du schon mal 'ne Nacht nicht, nicht weil deine nicht schläft, sondern weil du denkst, meine Güte, der hat heute Nacht wieder was, was ist denn da los und. Dann wird es nämlich gerne bisschen, man muss aufpassen, dass es nicht zu viel wird." (Interview A, Abs. 282)

Einige Eltern distanzieren sich nach einer intensiven Phase wieder etwas vom Kinderhospiz, wenn sie in ihrer Verarbeitung wieder mehr bei sich selbst angekommen sind und die Zeit des intensiven Mitteilungsbedarfes und des Beispiellernens vorbei ist.

„Ich denke mal, dass vielleicht auch die Erwartungen oder auch bei mir sich einfach, ja meine Erwartungen einfach geändert haben. So am Anfang war ich ja eben noch komplett am Anfang mit allem, mit dem Erfahren, was das Kinderhospiz angeht, und auch mit meinen eigenen Erfahrungen, wie ich damit umgeh. Also da war's einfach noch anders und da hat's mir wirklich auch gut geholfen, aber mit der Zeit war's mir dann einfach zu wenig." (Interview F, Abs. 157)

Im Kinderhospiz hat das Thema Sterben, Tod und Trauer einen festen Platz. Dort gibt es keine Angst oder eine Tabuisierung des Themas, und es existiert dort in Bezug auf das Sterben und den Tod eine Art von Normalität, die die Eltern entlastet.

„Zu dem Zeitpunkt, als es ihm so schlecht ging, war da so und so überhaupt gar nichts, da musste ich immer mit jedem drüber sprechen. Ob der das nun hören wollte oder nicht, das war mir eigentlich ziemlich egal. Ich musste das einfach rauslassen. Da waren viele, die mit uns drüber gesprochen haben und auch über Tod. Ja, und zum Beispiel Eltern, die schon den Grabstein von ihrem lebenden Kind haben und so was alles. Ja, aber du kannst mit denen drüber reden. Das verurteilt keiner, sondern man hört sich das an und weiß, ja gut, die haben ihre Gründe dafür und im Hospiz gehört der Tod einfach schon zum Leben dazu und das ist anders, als wenn du dich mit Freunden unterhältst. Denen könnte ich das so auch nicht sagen, weil die schockiert wären. Ich habe zum Beispiel ein aufgebahrtes Kind dort gesehen und den hatte ich im Endstadium dort kennengelernt und als ich ihn dann tot gesehen habe, war das ein schöner Augenblick. Wenn man das jemanden erzählt, der ihn vorher nicht kannte und der das alles Drumherum nicht kennt, dann ist das für jemanden schwer zu verstehen." (Interview B, Abs. 132–133)

Die im Kinderhospiz eingesetzten Abschieds- und Trauerrituale bieten Gesprächsanlässe für die Eltern und sind hilfreich bei der Trauerverarbeitung (vgl. Jennessen 2007, 81 f.). Die Möglichkeit zur Trauerarbeit besteht schon allein durch die Tatsache, dass ein Kind im Kinderhospiz stirbt.

„Es gibt ja auch so viele Zeichen und dann steht man erst vor den Windrädern und dann kommt man ja auch zu dem Thema und dann muss man auch irgendwie sein Herz ausschütten oder vorne ist so ein sehr schöner Brunnen mit so Schmetterlingen und ein Baum und also das sind auch immer wieder so viele Symbole." (Interview G, Abs. 868)

Die meisten Mitarbeitenden sind in Bezug auf das Thema Sterben und Tod sehr wertschätzend, offen, ehrlich und weichen den elterlichen Fragen und Anliegen nicht aus. Sie bieten den Eltern die Möglichkeit, ihre Anliegen wann und wie sie es wollen zu thematisieren und stellen daher eine wesentliche Unterstützungsressource bei der Trauerbewältigung dar.

Das Thema Sterben, Tod und Trauer spielt für die Eltern eine unterschiedlich wichtige Rolle. Die Bedeutung des Themas ist oftmals, so die Interviewperson H, von dem gesundheitlichen Zustand des

Kindes abhängig.

„Also, da haben wir uns jetzt noch nicht drüber unterhalten. Vielleicht weil, weil wir es auch nicht, doch letztes Jahr da ging es dem Jakob ja sehr schlecht, da war er ja sehr krank und also wusste ja auch keiner wie's sich entwickelt. Und da waren wir im Sommer da und da war 'ne andere Familie, deren Kind ging's auch schlecht, und es waren halt nur zwei Familien da, also zwei Eltern da, die anderen Kinder waren alle ohne. Und wir hatten dann Montagsrunde und dann haben die einen das auch, die eine Familie das auch thematisiert halt, dass sie Sorge haben und dann kam das schon, wurde das schon besprochen das Thema, dass man überlegt hat, wie sieht das aus und. Aber im Alltag oder so schiebt man das ja schon von sich." (Interview H, Abs. 552)

Die Angaben der Probanden in der Fragebogenerhebung bestätigen, dass die Familien in der Mehrzahl die Gespräche mit anderen Eltern suchen, um sich mit der besonderen Situation und auch mit thanatalen Aspekten auseinanderzusetzen.

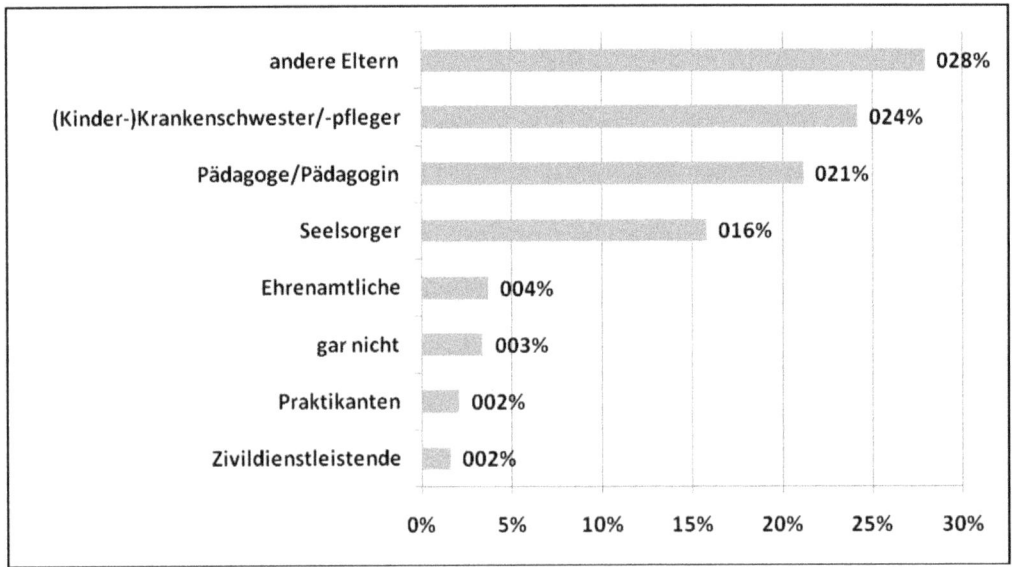

Abb. 48: Thematisierung thanataler Aspekte mit verschiedenen Personen (N = 157, Mehrfachnennungen)

Zu der Frage, mit wem die Eltern während ihrer Aufenthalte im Kinderhospiz über das Thema Sterben, Tod und Trauer sprechen, zeigen die Daten, dass mit 27,9% andere Eltern die am häufigsten gewählte Personengruppe darstellen. Dieser Wert unterstreicht die Bedeutung des Selbsthilfegedankens in der Kinderhospizarbeit. 24,2% sprechen über das Thema mit dem Pflegepersonal, 21,2% mit den Pädagogen und Pädagoginnen und 15,8% mit dem Seelsorger des Kinderhospizes. Die berufgruppenspezifischen Daten (Pflege und Pädagogik) zeigen nahezu identische Häufigkeitswerte und können als Indiz dafür interpretiert werden, dass weniger die Profession als die Person als ausschlaggebendes Kriterium für die Wahl des Gesprächspartners gilt.

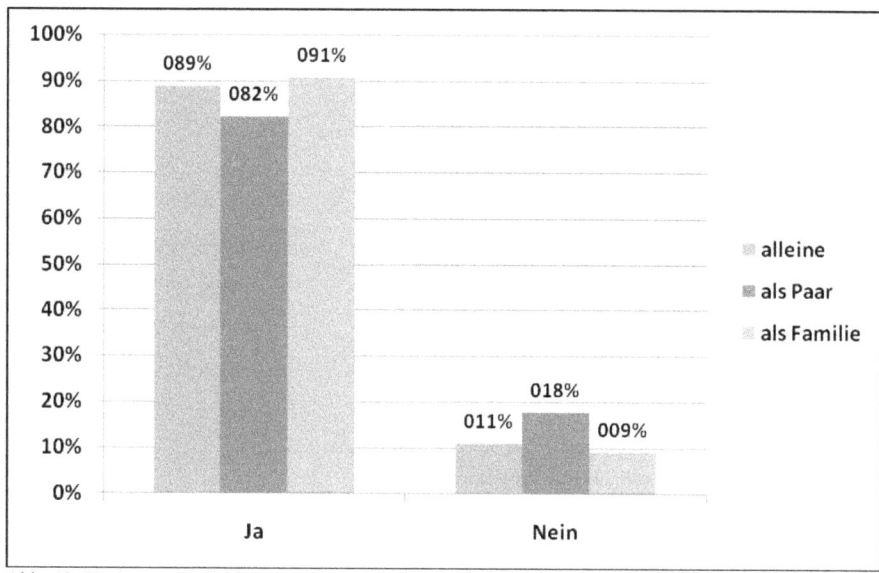

Abb. 49: Rückzugsmöglichkeiten während der Aufenthalte (N = verschieden)

Die Mehrzahl der Probanden gab an, für sich alleine, als Paar und auch als Familie genügend Rückzugsmöglichkeiten während der Aufenthalte im Kinderhospiz gehabt zu haben. Die meisten Rückzugsmöglichkeiten gibt es für Familien als Ganzes, weniger gut können sich die Elternpaare zurückziehen, da 17,8% diese als nicht gegeben bewerten.

Der Zusammenhang zwischen den Variablen: „Zustimmung: Nach Aufenthalt im Kinderhospiz als Paar gestärkt" und „Rückzugsmöglichkeiten für Paar" ist signifikant höher (asymptotische Signifikanz: 0,001) als der Zusammenhang zwischen den Variablen „Zustimmung: Nach Aufenthalt im Kinderhospiz als Paar gestärkt" und „Zufriedenheit mit Eltern- bzw. Geschwisterzimmer" (asymptotische Signifikanz: 0,229).

Dieses Ergebnis bestätigt die Annahme, dass die Eltern durch die nicht vorhandenen Geschwisterzimmer im Kinderhospiz nicht genügend Rückzugsmöglichkeiten als Paar haben und sich demnach nach einem Aufenthalt weniger als Paar gestärkt fühlen. Dies ist auch als ein Hinweis auf die unzureichende Dauer der Begleitung der Geschwister zu verstehen.

Koeffizienten[a]

Modell		Nicht standardisierte Koeffizienten		Standardisierte Koeffizienten	T	Signifikanz
		B	Standardfehler	Beta		
1	(Konstante)	2,795	,361		7,753	,000
	43b) Rückzugsmöglichkeiten für: Paar	-,869	,255	-,320	-3,413	,001
	12c) Zufriedenheit mit Eltern- bzw. Geschwisterzimmer	,162	,134	,113	1,209	,229

a. Abhängige Variable: 44c) Zustimmung: nach Aufenthalt im Kiho als Paar gestärkt

Tab. 8: Kreuztabelle: Rückzugsmöglichkeiten als Paar und Zufriedenheit mit Eltern- bzw. Geschwisterzimmer

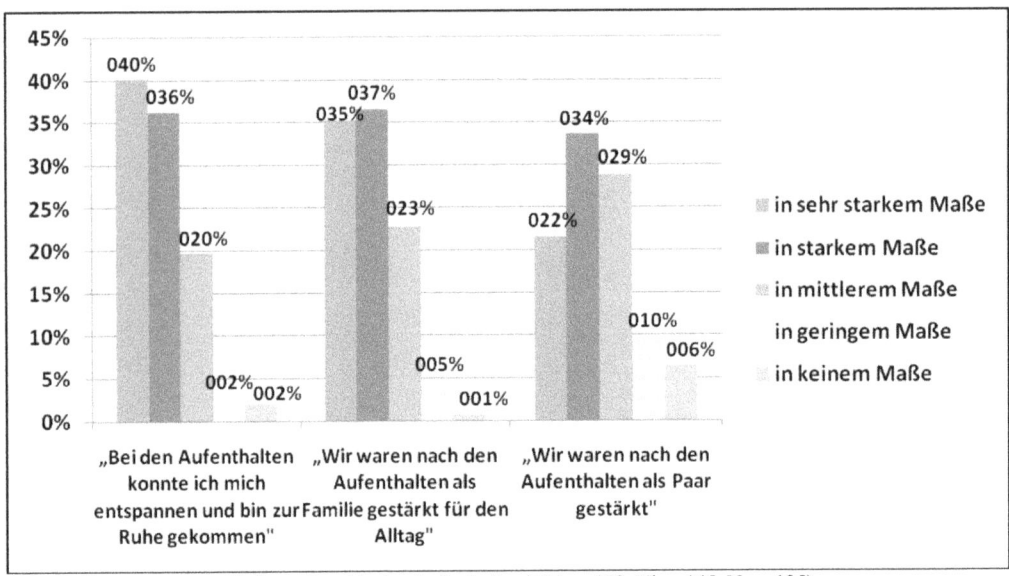

Abb. 50: Bewertung verschiedener Aspekte des Aufenthaltes I (Na = 152, Nb = 145, Nc = 125)

Die Probanden stimmen der Aussage „Bei den Aufenthalten konnte ich mich entspannen und bin zur Ruhe gekommen" in hohem Maße zu. Auch die Aussage „Wir waren nach den Aufenthalten als Familie gestärkt für den Alltag" wurde mehrheitlich mit großer Zustimmung bewertet. Bei der Aussage „Wir waren nach den Aufenthalten als Paar gestärkt" zeigt sich hingegen eine weniger starke Zustimmung. 6,4% gaben sogar an, dieser Aussage in keinem Maße zustimmen zu können. Dies ist ebenfalls ein Hinweis darauf, dass die Probanden während der Aufenthalte in einem als nicht ausreichend erlebten Maß Zeit ausschließlich als Paar nutzen können. Dies ist auf die Tatsache zurückzuführen, dass die Geschwister mit im Elternzimmer übernachten und die Dauer der Geschwisterbetreuung nach Meinung der Probanden häufig unzureichend ist.

Es stellt sich die Frage, ob das Kinderhospiz nicht auch ein Ort sein sollte, an dem die Paarbeziehung der Eltern gestärkt wird. Die unten stehende Kreuztabelle zeigt, dass sich alleinerziehende Mütter und Väter deutlich besser im Kinderhospiz entspannen und zur Ruhe kommen können als zusammenlebende Ehe- oder Lebenspartner. Das Gefühl, als Paar nicht ausreichend Rekreationsmöglichkeiten nutzen zu können, hat demnach auch Auswirkungen auf die grundsätzliche Bewertung der Entspannung während des Aufenthaltes im Kinderhospiz.

			Lebensform: Mutter/Vater alleinerziehend		
			nein	ja	Gesamt
Mutter/Vater kann sich im Kinderhospiz entspannen und zur Ruhe kommen	in sehr starkem Maße	Anzahl	52	8	60
		% der Gesamtzahl	34,9%	5,4%	40,3%
	in starkem Maße	Anzahl	45	9	54
		% der Gesamtzahl	30,2%	6,0%	36,2%
	in mittlerem Maße	Anzahl	23	6	29
		% der Gesamtzahl	15,4%	4,0%	19,5%
	in geringem Maße	Anzahl	3	0	3
		% der Gesamtzahl	2,0%	,0%	2,0%
	in keinem Maße	Anzahl	3	0	3
		% der Gesamtzahl	2,0%	,0%	2,0%
	Gesamt	Anzahl	126	23	149
		% der Gesamtzahl	84,6%	15,4%	100,0%

Tab. 9: Kreuztabelle: Entspannung alleinerziehender Mütter und Väter (N = 149)

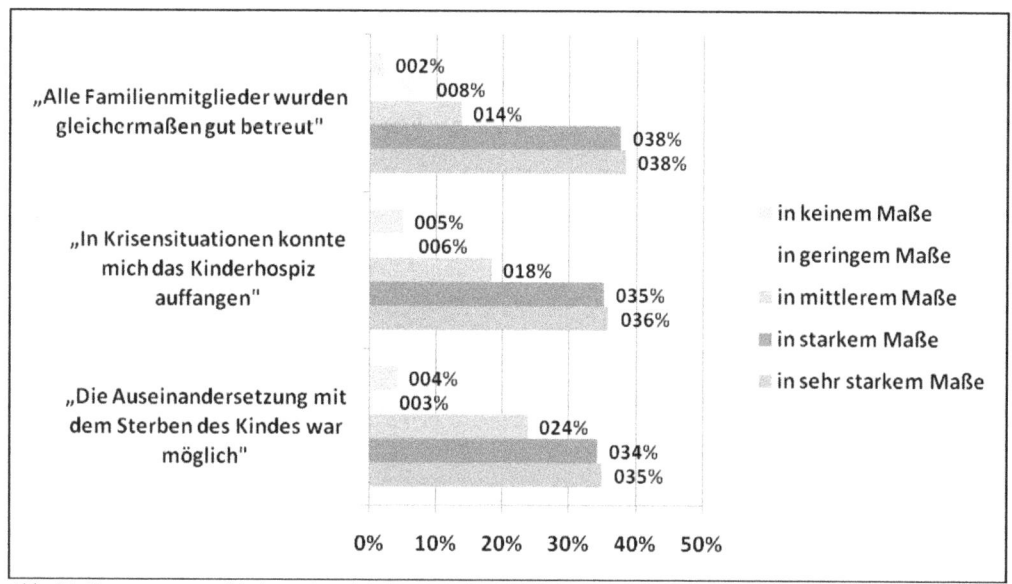

Abb. 51: Bewertung verschiedener Aspekte des Aufenthaltes II (Na = 143, Nb = 142, Nc = 146)

Den Aussagen „Die Auseinandersetzung mit dem Sterben des Kindes war möglich" und „In Krisensituationen konnte mich das Kinderhospiz auffangen" sowie „Alle Familienmitglieder wurden gleichermaßen gut betreut" wurde von den meisten Probanden in sehr starkem und in starkem Maße zugestimmt (Median = 2). Hier zeigt sich, dass ein wichtiger Auftrag der Kinderhospizarbeit in den Einrichtungen erfüllt und von einem hohen Anteil der Nutzer/innen äußerst positiv bewertet wird. Trotzdem wurden auch die Items „in geringem Maße" und „im mittlerem Maße" benannt. Darauf weist auch die Spannweite von 4 hin.

Auch die Interviewaussagen der Eltern weisen darauf hin, dass das Thema Sterben, Tod und Trauer einen festen Platz im Kinderhospiz hat und die Auseinandersetzung mit dem Sterben möglich ist. Dem Thema wird dort ohne Angst oder Tabuisierung begegnet.

„Zu dem Zeitpunkt, als es ihm so schlecht ging, war da so und so überhaupt gar nichts, da musste ich immer mit jedem drüber sprechen. Ob der das nun hören wollte oder nicht, das war mir eigentlich ziemlich egal. Ich musste das einfach rauslassen. Da waren viele, die mit uns drüber gesprochen haben und auch über Tod. Ja und zum Beispiel Eltern, die schon den Grabstein von ihrem lebenden Kind haben und so was alles. Ja, aber du kannst mit denen drüber reden. Das verurteilt keiner, sondern man hört sich das an und weiß, ja gut, die haben ihre Gründe dafür und im Hospiz gehört der Tod einfach schon zum Leben dazu und das ist anders, als wenn du dich mit Freunden unterhältst. Denen könnte ich das so auch nicht sagen, weil die schockiert wären. Ich habe zum Beispiel ein aufgebahrtes Kind dort gesehen und *den hatte ich im Endstadium dort kennengelernt und als ich ihn dann tot gesehen habe, war das ein schöner Augenblick. Wenn man das jemanden erzählt, der ihn vorher nicht kannte und der das alles Drumherum nicht kennt, dann ist das für jemanden schwer zu verstehen." (Interview B, Abs. 132–133)*

Umgang mit Krisensituationen
Kinderhospize begleiten Familien mit progredient erkrankten Kindern auch in Krisensituationen, z.B. wenn es zu einer Verschlechterung des gesundheitlichen Zustandes eines Kindes kommt oder in der finalen Phase des Krankheitsverlaufes. Auch nach dem Tod eines Kindes begleitet das Kinderhospiz die Familien (vgl. Wingenfeld/Mikula 2002, 23; Student 2005, 116). Die meisten befragten Eltern haben die Erfahrung gemacht, dass ihnen in Krisensituationen im Kinderhospiz sehr schnell und umfassend

geholfen werden kann. Krisenbedingte Aufenthalte sind jederzeit und sofort möglich, und der Umgang mit der Krise wird von den Eltern als äußerst professionell erlebt.

„Und dann bin ich im Sommer dorthin gefahren als Notsituation. Da habe ich mich ganz schwer getan, weil ich genau wusste, dass sie auch sehr gut belegt sind. Es war in den Sommerferien, mitten drin (...). Und Mike ging es so schlecht und mir ging es so schlecht. Ich hatte eine Woche nicht geschlafen, aber wirklich nicht geschlafen, komplett nicht geschlafen, weil keins der Kinder im Kindergarten war, der Sommerferien hatte. Mike hat die ganze Nacht Randalo gemacht, also es war ständig Alarm, ich musste ihn ständig absaugen, abvibrieren. Man kam überhaupt nicht zur Ruhe und ich hab nur noch geheult. Und dann sagte mein Mann: Dann ruf da jetzt an. Und dann habe ich angerufen und habe gefragt, ob wir kommen können. Wir durften gleich am nächsten Tag kommen, und ich hab so geweint, also es war, ich habe nur gepackt, sofort angefangen zu packen und packen und wusste immer nur, das hältst du noch durch, bis morgen hältst du das noch durch. Das schaffst du noch. (...) Die haben dann Familien angerufen, die sind ein paar Tage später gekommen, haben hin und her geschoben. Ich weiß nicht, wie sie es gemacht haben, aber es war auch nicht so: Ach und euch geht's ja so schlecht und ihr bleibt noch hier. Sondern es war eher: Entscheide du, möchtest du noch hier bleiben, dann regeln wir alles, wenn du nach Hause willst, wenn du lieber ins Krankenhaus willst. Ihm ging es so schlecht, er war noch nicht mal transportfähig zu gewissen Zeitpunkten eben auch (...). Ich hatte eben einfach das Gefühl: Hier wird (...) du musst das nicht immer alleine tragen, du musst es nicht alleine tragen, dieses Mal." (Interview K, Abs. 70)

Die folgende Aussage der Interviewperson H zeigt, dass nicht alle betroffenen Eltern über die Möglichkeit der Notfallaufnahme in einem Kinderhospiz informiert sind. Dies weist darauf hin, dass eine diesbezüglich eindeutigere Information der Eltern von Seiten des Kinderhospizes notwendig ist.

„Dass uns keiner gesagt hat, als wir im Sommer ankamen und es Jakob wieder besser ging und ich gesagt hab, es war alles nur Horror und die sagten, ja wir wussten das, wir haben aus Datteln gehört, dass es dem Jakob so schlecht geht und dann sagte die Trauerbegleiterin zu mir, ja warum haben Sie denn nicht angerufen, wir haben auf Ihren Anruf gewartet." (Interview H, Abs. 562–564)

Das Wissen um diese Möglichkeit der Krisenintervention und die Kompetenz des Kinderhospizes in Krisensituationen beruhigt auch die Eltern, die die Notfallhilfe bislang noch nicht in Anspruch genommen haben bzw. nehmen mussten.

„Was mich so ziemlich beruhigt, ist auch das, dass man sagt, wenn ein Kind in die finale Phase kommt, ist es vollkommen unerheblich, wie lang das dauert, man kann mit dem Kind dahin und es kann Wochen dauern, es kann Monate dauern, man wird nicht heimgeschickt." (Interview A, Abs. 614)

Auch während der Aufenthalte im Kinderhospiz kann es zu krisenhaften Situationen kommen, wie z.B. zum Tod eines anderen Kindes. In diesen Situationen versuchen die Mitarbeitenden, so einfühlsam und bedürfnisorientiert wie möglich auf alle Beteiligten einzugehen.

„Ich habe immer so meine Zeiten, wo ich dann wieder wach bin und dann hör ich dann von oben piep, piep, das ist das Überwachungsgerät. Und ich denk, och da läuft ja einer. Ah ja, auf jeden Fall sind wir dann zum Frühstücken gegangen und dann irgendwie merkt man schon, es war, also die Ruhe vom Vortag war nicht da, war irgendwie 'ne Nervosität da unter den Schwestern. Und dann kam eine Schwester rein und sagte ja, wir hätten eine traurige Mitteilung, ein Kind sei gestorben. Und zwar war das eben ein Kind, dem es gut ging, dass es nicht zum Sterben jetzt da lag." (Interview G, Abs. 218)

Das unmittelbare Erleben dieser Krisensituationen kann für Geschwister progredient erkrankter Kinder sehr belastend sein. Die Begleitung der Geschwister umfasst neben freizeitgestalterischen Aktivitäten auch die Unterstützung bei der Krisen- und Trauerbewältigung (vgl. Weiland 2001, 15). Einige Eltern möchten die Geschwister jedoch möglichst vor Krisensituationen im Kinderhospiz schützen.

„Also viele von den anderen Eltern und jetzt die Geschwisterkinder, an dem schönen Ort ist jemand gestorben. Der Christian kommt zu mir, Mama das kann doch nicht sein, hier ist es so schön. Da hab ich mir die Kinder geschnappt mit meinem Mann, dann sind wir rausgegangen und haben den halben Morgen irgendwie Flugzeuge gebaut. Also irgendwas, wo man kein Material brauchte und wo die dann beschäftigt waren, weil das Kind wurde ja gewaschen, dann kam der Arzt, dann musste das Kind rausgefahren werden in diesen Trauerraum." (Interview G, Abs. 228–232)

Die Begleitung von den Familien progredient erkrankter Kinder umfasst in den Kinderhospizen auch die Begleitung in der finalen Phase und die Trauerbewältigung nach dem Tod des Kindes (vgl. Student 2005, 116; Wingenfeld/Mikula 2002, 23). Vor dem ersten, aber auch bei weiteren Aufenthalten beschäftigen sich die Eltern mit der Möglichkeit, dass sie den Tod eines anderen oder ihres eigenen Kindes dort erleben werden. Von Seiten des Kinderhospizes werden die Eltern auch vor ihrer Ankunft zu einem Aufenthalt über die momentane Situation ihres Kindes befragt und darüber informiert, falls eine kritische Situation bei anderen Kindern zu erwarten ist. Es wird mit dem Thema sehr offen umgegangen. Die Eltern haben dadurch die Möglichkeit, antizipatorisch Strategien des Umgangs mit der Situation zu entwickeln und werden nicht unerwartet damit konfrontiert.

„Ich weiß noch, dass ich da im Prinzip mit gemischten Gefühlen hingegangen bin, weil ich ja auf der einen Seite dann eben auch wusste, dass da auch jeder Zeit eben auch die Situation eintreten kann, dass da ein Kind stirbt. Dass man da natürlich schon so hoffentlich passiert's dann nicht gerade in der Zeit, wo ich da bin. Also beim ersten Aufenthalt ist es nicht passiert. Also, da hab ich mich eben sehr wohlgefühlt, hab auch, auch den Johan sehr schnell abgeben können." (Interview F, Abs. 98)

„Es kommt, legen Sie mich jetzt nicht fest wie viel vorher, ein paar Tage vorher ein Anruf vom Kinderhospiz. Da wird man gefragt, wie's dem Kind, also erst mal wir freuen uns, dass ihr kommt, schön dass wir Sie wiedersehen und wann ist denn die Anreise und wie, wie wollt ihr denn da sein? Braucht das Kind was besonderes, wie geht's dem Kind, ist alles okay bei Euch? Und ich hab's zwar jetzt persönlich noch nicht erlebt, aber ich weiß von einer Freundin, da hat man gesagt, dass ein Kind da ist, dem's sehr schlecht geht und man rechnet damit, dass das Kind verstirbt. Und das, finde ich, ist sehr wichtig." (Interview A, Abs. 520)

Kontakt nach dem Tod

Wesentliche Grundpfeiler der Kinderhospizarbeit sind die Begleitung der Familie bis zu dem Tod ihres Kindes, die Sterbebegleitung und auch die Begleitung der Familien über den Tod des Kindes hinaus. Eine Aufgabe der Kinderhospize ist es, die Familien in den einzelnen Phasen der Trauer zu begleiten und ihnen bei der Bewältigung des schmerzhaften Verlustes zur Seite zu stehen (vgl. Droste 2006, 213ff.; vgl. Kap. II 1).

Die Trauerbegleitung der Familien kann in verschiedenen Formen erfolgen, beispielsweise durch den Besuch der Beerdigung, postalische Beileidsbekundungen, postalischen Kontakt an den Geburtstagen, persönliche Besuche der Familie oder telefonischen Kontakt (vgl. Macdonald et al. 2005, 884). Die Formen der Trauerbegleitung variieren je nach Institution und sind häufig nicht konzeptionell verankert und somit ihre Wirksamkeit nicht empirisch belegt (vgl. DeCinque et al. 2004, 131ff.). Die Studie von Macdonald et. al belegt die Bedeutsamkeit und die positiven Effekte, die entstehen, wenn Kontakte zu den Eltern verstorbener Kinder durch Krankenhausmitarbeiter/innen gesucht und aufrechterhalten werden. Eltern befürworten diese postthanatalen persönlichen Kontakte durch Mitarbeitende aus der Institution, in der ihr Kind verstorben ist. Sie begrüßen es, wenn Mitarbeitende die Beerdigung besuchen und Brief- oder Telefonkontakt halten (vgl. Macdonald et al. 2005, 884ff.).

Dass den Probanden die Begleitung nach dem Tod des Kindes durch das Kinderhospiz essentiell wichtig ist, belegen die Angaben im nachfolgenden Diagramm.

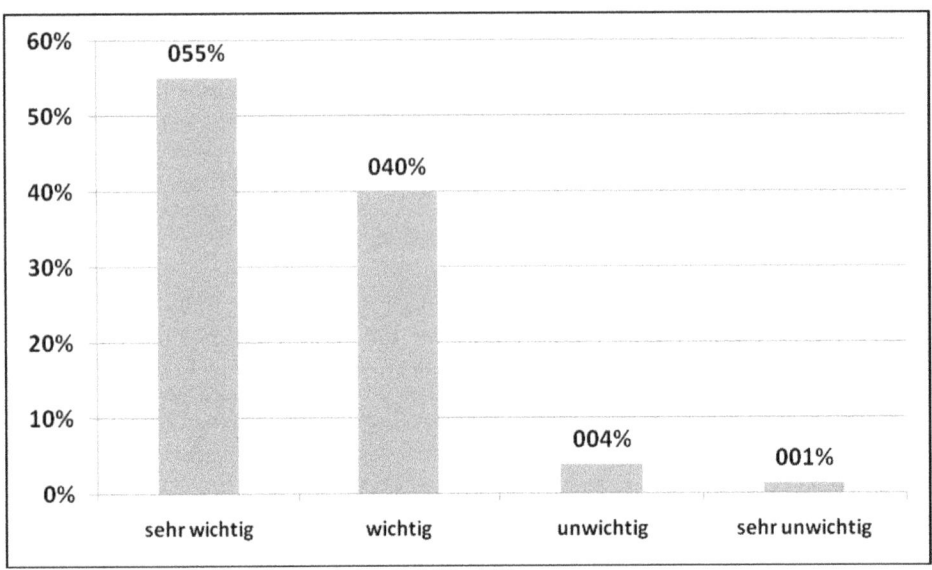

Abb. 52: Bewertung des Kontaktes nach dem Tod (N = 158)

Der Kontakt nach dem Tod ist auch für die meisten Probanden der vorliegenden Studie sehr bedeutsam, wie deren Aussagen deutlich zeigen (Median = 1,00). Allerdings zeigen das Minimum = 1 und das Maximum = 4, dass auch einige Probanden den Kontakt als eher unwichtig und sogar sehr unwichtig erachten.

Die Formen des Kontaktes nach dem Tod variieren je nach Kinderhospiz und den Wünschen der Eltern. Die Probanden gaben unter anderem folgende Wünsche und Vorstellungen im Hinblick auf den Kontakt nach dem Tod an: eigener Besuch des Kinderhospizes, Gespräche, telefonischer Kontakt, Tag für verwaiste Eltern, Infobriefe und regelmäßige Treffen. Aus den Nennungen der Probanden geht deutlich hervor, dass der Wunsch nach einem persönlichen postthanatalen Kontakt überwiegt.

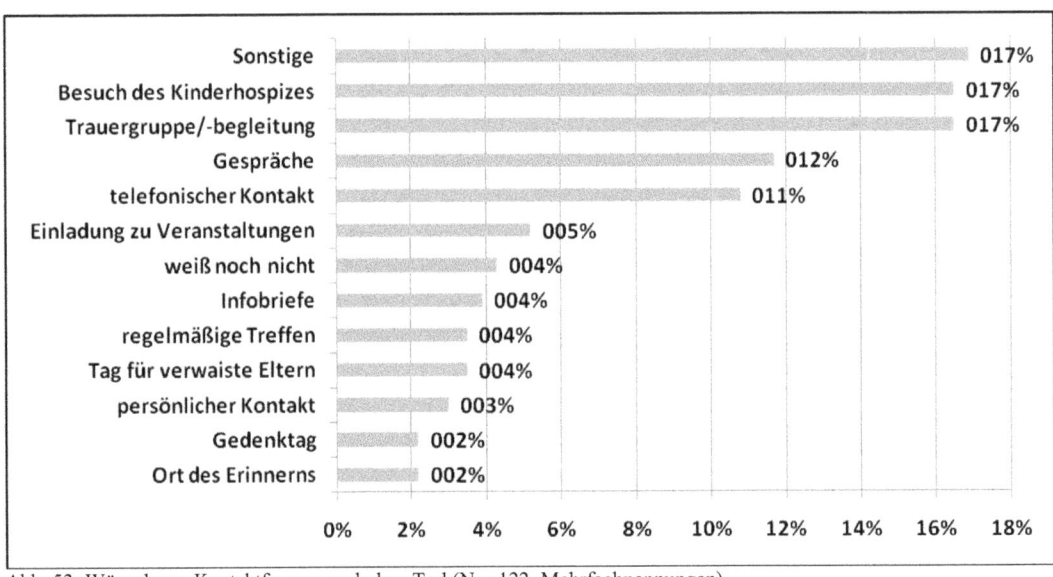

Abb. 53: Wünsche an Kontaktformen nach dem Tod (N = 122, Mehrfachnennungen)

Aus den Angaben der Probanden mit einem bereits verstorbenen Kind geht jedoch auch hervor, dass der Kontakt in einigen Fällen selten oder vollständig abgebrochen ist. Diesen prozentualen eher geringen Werten ist jedoch nicht zu entnehmen, ob die Reduktion oder der Abbruch des Kontaktes von den Eltern oder dem Kinderhospiz initiiert wurde. Es ist jedoch zu vermuten, dass die Eltern verstorbener Kinder zum Teil auch die Distanz zur Institution Kinderhospiz suchen, wenn dies ihrem Weg der Trauerverarbeitung entspricht.

Es stellt sich hier zudem die Frage, wie weit die Begleitung durch eine stationäre Einrichtung gehen kann oder sollte. Das Helen House in Großbritannien hat zwei Mitarbeiter/innen, die in der Funktion von „Bereavement Workers" den Kontakt zu den verwaisten Angehörigen aufrecht erhalten und unter anderem Hausbesuche abstatten. In den deutschen Kinderhospizen finden sich solche Aufgabenzuordnungen bislang nur ansatzweise, wobei Hausbesuche aufgrund der räumlichen Entfernungen in einem zum Teil bundesweiten Einzugsgebiet bestenfalls in seltenen Ausnahmen in Betracht kommen können (vgl. Wingenfeld/Mikula 2002, 88).

Die meisten der Probanden gaben an, dass ihr lebensverkürzend erkranktes Kind zum Zeitpunkt der Befragung noch nicht verstorben ist. 37% gaben an, ihr Kind sei bereits verstorben.[111]

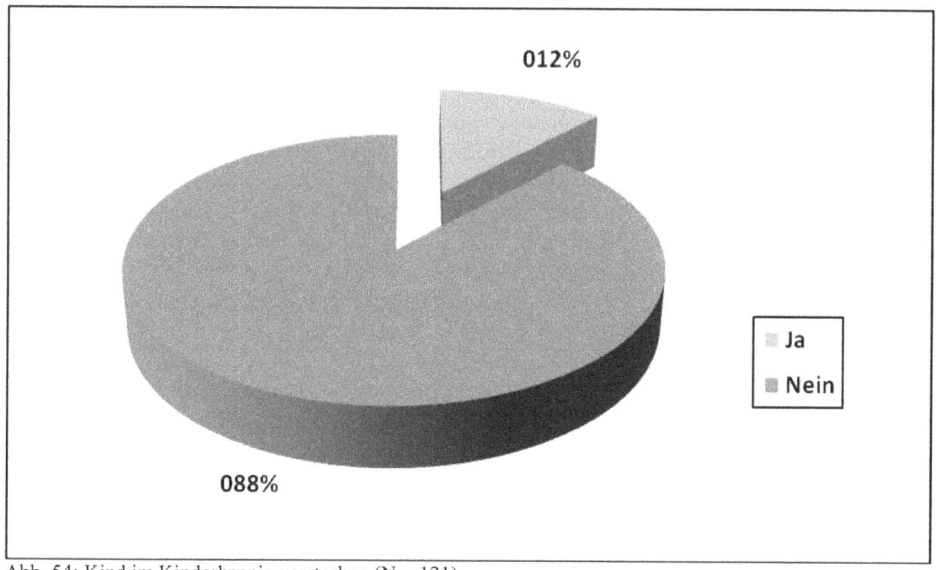

Abb. 54: Kind im Kinderhospiz verstorben (N = 121)

Die Frage, ob das Kind, im Kinderhospiz verstorben sei, verneinten 88% der Probanden. 12% der 121 Befragten bejahten diese. Es kann gefolgert werden, dass es sich bei den mit ja Antwortenden sowohl um die Eltern handelt, deren Kind noch nicht verstorben ist, als auch um diejenigen, deren Kind bereits zu Hause oder in einer anderen Institution verstorben ist. Von den ca. 60 Probanden, deren Kind bereits verstorben ist, gaben 14 an, dass das Kind im Kinderhospiz verstorben sei. 46 der bereits verstorbenen Kinder starben demnach an einem anderen Ort, wie zu Hause oder im Krankenhaus. Dieses Ergebnis verwundert nicht, da sich die meisten Familien wünschen, dass ihr Kind in der vertrauten Umgebung des häuslichen Umfeldes verstirbt.

---

[111] 163 der 172 Probanden beantworteten diese Frage (94,8%). Als fehlend sind 4,7% anzugeben.

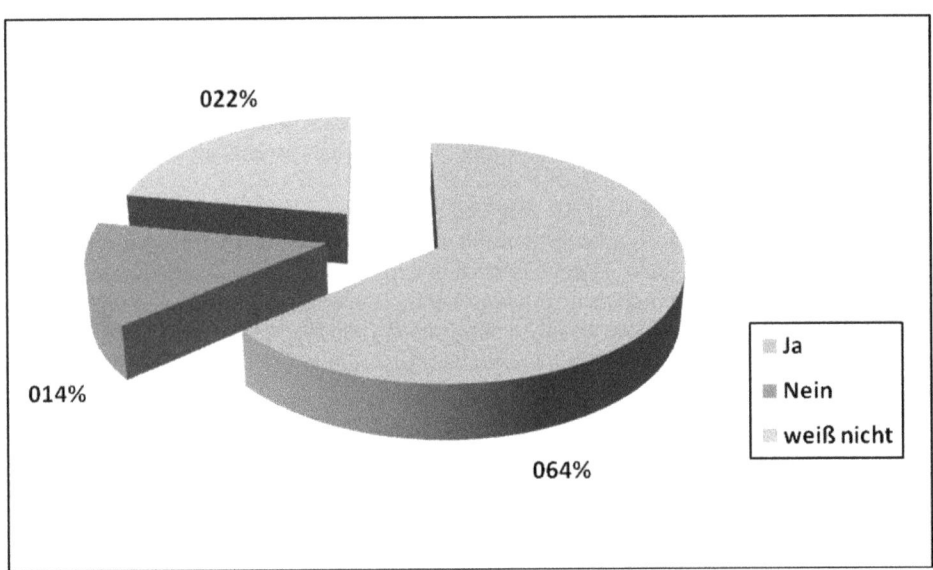

022%

014%

064%

Ja
Nein
weiß nicht

Abb. 55: Kinderhospiz als Ort des Sterbens auswählen (N = 129)

An dieser Stelle ist anzumerken, dass einige Probanden angaben, dass auch ihr zweites lebensverkürzend erkranktes Kind bereits verstorben sei. Von 14 Befragten, die zwei lebensverkürzend erkrankte
Kinder haben, gaben drei an, dass auch ihr zweites erkranktes Kind bereits verstorben ist. Über die
Hälfte der 129 bei dieser Frage erfassten Probanden kann sich vorstellen, dass ihr Kind im Kinderhospiz verstirbt. 14% können sich das nicht vorstellen und 22% geben an, diese Frage aktuell nicht beantworten zu können. Kinderhospize sind somit zum einen Orte, an denen Kinder sterben, erfüllen aber
auch zum anderen ihre Funktion, Familien dahingehend zu stärken, ihre Kinder zu Hause bis zum Tod
begleiten zu können.

Umgang mit Kritik und Konflikten
Für Eltern stellt die Frage der offenen Kritik im Kinderhospiz und an kinderhospizlichen Angeboten
eine besondere Herausforderung dar. Häufig benötigen sie zunächst Zeit, um die Strukturen und Zuständigkeiten im Kinderhospiz zu erfassen und verschaffen sich ein differenziertes, subjektives Bild
von der Einrichtung, bevor sie sich in der Lage sehen, auch Kritik zu äußern. Außerdem sind sie sehr
auf die Aufenthalte im Kinderhospiz angewiesen und sehen die Gefahr, sich durch kritische Anmerkungen bei den Fachkräften unbeliebt zu machen. Eine Erschwernis in Bezug auf die Äußerung von
Kritik ist die im Kinderhospiz mögliche Vermengung von Professionalität und Privatsphäre.

*„Mit der Zeit lernt man die, lernt man das Personal besser kennen, man lernt die Situation besser ken-
nen. Man kann auch Dinge ansprechen, die einem auffallen oder die bitten eigentlich sogar drum, zu
sagen, was man verbessern könnte. Ob sie natürlich alles abstellen, verbessern könnten kurzfristig,
weiß man nicht. Sie tun alles wirklich, was in ihren Mitteln steht." (Interview A, Abs. 396)*

Die Angaben der Probanden in der Fragebogenerhebung weisen trotz der erwähnten Schwierigkeiten
darauf hin, dass in den Kinderhospizen mehrheitlich für die Familien die Möglichkeit besteht, Kritik
zu äußern und Konflikte offen anzusprechen.

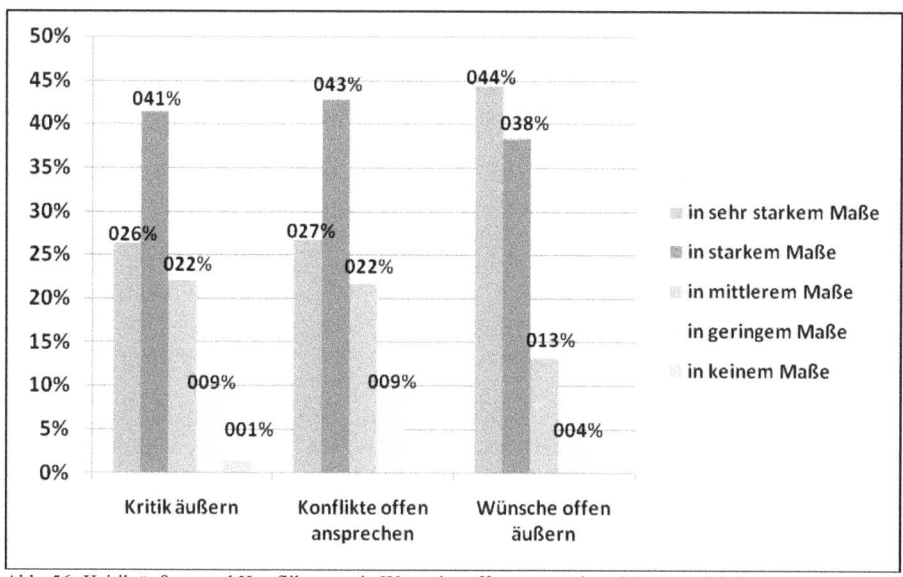

Abb. 56: Kritik äußern und Konflikte sowie Wünsche offen ansprechen (N = verschieden)

Die Probanden können während ihrer Aufenthalte mehrheitlich Kritik äußern, Konflikte offen ansprechen und ihre Wünsche offen äußern. Die Zustimmung zu den Aspekten „Kritik äußern" und „Konflikte offen ansprechen" erfolgt jedoch in weniger starkem Maße als beim Aspekt „Wünsche offen äußern" (siehe auch geringere Standardabweichung dieses Items von 0,828). Die Daten legen nahe, dass einige Probanden Schwierigkeiten haben bzw. die Möglichkeit nicht gegeben ist, Kritik zu äußern und Konflikte offen anzusprechen. Dies wird auch durch die größere Spannweite von 4 beim Item „Kritik offen äußern" deutlich. Einige Befragte bewerten die Möglichkeit der offenen Kommunikation kritischer Aspekte sogar ausgesprochen negativ. Hier lassen sich diesbezüglich sowohl negative Erfahrungen mit einzelnen Personen als auch Institutionen bezogene Differenzen vermuten. Im Vergleich mit den anderen Daten zur Bewertung kinderhospizlicher Qualität fällt eine deutlich negativere Einschätzung der kritik- und konfliktbezogenen Aspekte auf, die auf einen Optimierungsbedarf im Sinne einer kritik- und fehlerfreundlichen Kultur der Kinderhospize hinweisen.

Zusammenfassung

Die Ergebnisse der Studie bestätigen, dass die Begleitung der Eltern in stationären Kinderhospizen ein wesentlicher Bestandteil der Kinderhospizarbeit ist. Sie umfasst verschiedene Freizeitangebote und Aktivitäten und bietet den Eltern die Möglichkeit, sich zu entspannen und von der Pflege und Betreuung ihrer erkrankten Kinder entlastet zu werden. Es wird des Weiteren Raum für die Trauerbewältigung durch eine professionelle Begleitung gegeben. Das Prinzip der Freiwilligkeit ist bei den Angeboten maßgeblich. Die Eltern können diese Angebote und Möglichkeiten ihren Bedürfnissen und Befindlichkeiten entsprechend in Anspruch nehmen. Bei der Nutzung der kinderhospizlichen Angebote während eines Aufenthaltes dominierten die Gesprächs- und Beratungsangebote. Dies weist auf die Bedeutsamkeit der Kinderhospize als Ort des Austausches über Belastungen und Ängste hin, die zur Entlastung und Unterstützung betroffener Eltern beitragen. Eltern können dort offen über ihre Sorgen und Ängste mit anderen betroffenen Eltern sprechen und treffen auch bei den Mitarbeiterinnen und Mitarbeitern auf Verständnis und professionell-fachliche Hilfe bei der Bewältigung belastender Lebenssituationen. Das Thema Sterben, Tod und Trauer ist im Kinderhospiz allgegenwärtig. Für die Eltern bietet das Kinderhospiz durch das Angebot der professionellen Trauerbegleitung die Möglichkeit, sich bedürfnisorientiert mit der eigenen Trauer auseinanderzusetzen.

Ein weiteres Ergebnis ist, dass die Zusammenarbeit der Eltern mit den Mitarbeitenden im Kinderhospiz den Leitsatz „Die Eltern sind die Experten für ihre Kinder" explizit berücksichtigt. Die Mitarbeitenden fragen die Eltern um Rat bezüglich der Betreuung der erkrankten Kinder und Jugendlichen und berücksichtigen deren Gewohnheiten und Wünsche bei der Pflege und Versorgung des Kindes. Die Eltern bekommen von den Mitarbeitenden aber auch fachliche Anregungen, Tipps und konkrete Hilfestellungen, etwa bei Anträgen von Hilfsmitteln und der Optimierung und Erleichterung von Pflegehandlungen. Der Austausch ist in den meisten Fällen von gegenseitiger Wertschätzung und Achtung geprägt.

Während der Aufenthalte ergeben sich für die meisten Familien und die einzelnen Elternteile angemessene Rückzugsmöglichkeiten. Weniger positiv werden die Rekreationsmöglichkeiten für die Eltern als Paar bewertet. Dies weist auf die problematische Unterbringung der Geschwister im Elternzimmer und die häufig unzureichende tägliche Dauer der Begleitung der Geschwister hin.

Die Aspekte Sterben, Tod und Trauer thematisieren die Probanden überwiegend mit anderen Eltern, jedoch auch mit Mitarbeitenden verschiedener Professionen. Dies weist zum einen auf die Bedeutung der Person anstelle der Profession hin und zum anderen auf die Relevanz des Selbsthilfegedankens in der Kinderhospizarbeit.

Die Mehrzahl der Kinder der hier befragten Eltern ist zum Zeitpunkt der Erhebung noch nicht verstorben. Die bereits verstorbenen Kinder starben mehrheitlich zu Hause (88%). Über die Hälfte der Probanden kann sich vorstellen, das Kinderhospiz als Ort des Sterbens für ihr erkranktes Kind zu wählen. Dies weist einerseits auf das vertrauensvolle Verhältnis der Probanden zum Kinderhospiz hin und andererseits auf die dort mögliche einfühlsame Sterbe- und Trauerbegleitung. Diese ermöglicht den Familien im Kinderhospiz von ihrem Kind Abschied zu nehmen und dabei angemessen und umfassend von einem multiprofessionellen Team begleitet zu werden.

Ein wesentlicher Pfeiler der Kinderhospizarbeit ist die Begleitung der Familie über den Tod hinaus (End of Live Care). Dieses Aufgabenspektrum wird von der Mehrzahl der Probanden als wichtig und relevant eingeschätzt. Die Befragten erachten es als sehr bedeutsam, dass sie auch nach dem Tod ihres Kindes weiterhin Kontakt mit dem begleitenden Kinderhospiz haben (können). Sie wünschen sich mehrheitlich einen persönlichen Kontakt. Diesem Wunsch wird in den meisten Kinderhospizen auch entsprochen, allerdings weniger auf der Ebene des persönlichen Kontaktes als durch eher postalische oder telefonische Kommunikation. Dies ist mit den räumlichen Entfernungen zu begründen, die eine persönliche Begleitung der Familien nach dem Tod des Kindes erschweren. Ambulante Kinderhospizdienste könnten diese „Versorgungslücke" schließen, wofür jedoch eine enge Kooperation mit stationären Kinderhospizen unabdingbar ist. Der Ansatz des englischen Helen House, in dem Mitarbeiter/innen in der Funktion von „Bereavement Workers" den Kontakt zu den verwaisten Angehörigen zum Teil noch lange aufrechterhalten und Hausbesuche abstatten, scheint somit in der deutschen Kinderhospizszene aufgrund struktureller und quantitativer Differenzen vornehmlich von den ambulanten Kinderhospizdiensten leistbar.

Die Ergebnisse der Studie zeigen, dass Eltern in den von ihnen besuchten Kinderhospizen mehrheitlich ihre Wünsche, Kritik und Konflikte offen thematisieren können. Die auffallende Anzahl negativer Bewertungen in diesem Bereich spiegelt jedoch auch einen deutlichen Verbesserungsbedarf in der Kommunikation zwischen Mitarbeitenden und Eltern und in der Gestaltung einer konflikt- und fehlerfreundlichen Einrichtungskultur.

Erfahrungen mit ambulanten Kinderhospizdiensten

„Ambulante Dienste sehen ihre Aufgabe vornehmlich in der Begleitung der Familien durch praktische und emotionale Unterstützung im Alltag" (Zernikow/Michel 2008, 23).

Die Probanden der Fragebogenerhebung wurden auch zu ihren bisherigen Erfahrungen mit ambulanten Kinderhospizdiensten befragt, da es anzunehmen ist, dass Familien, die stationäre Kinderhospize besuchen, auch das Angebot der ambulanten Kinderhospizarbeit in Anspruch nehmen.

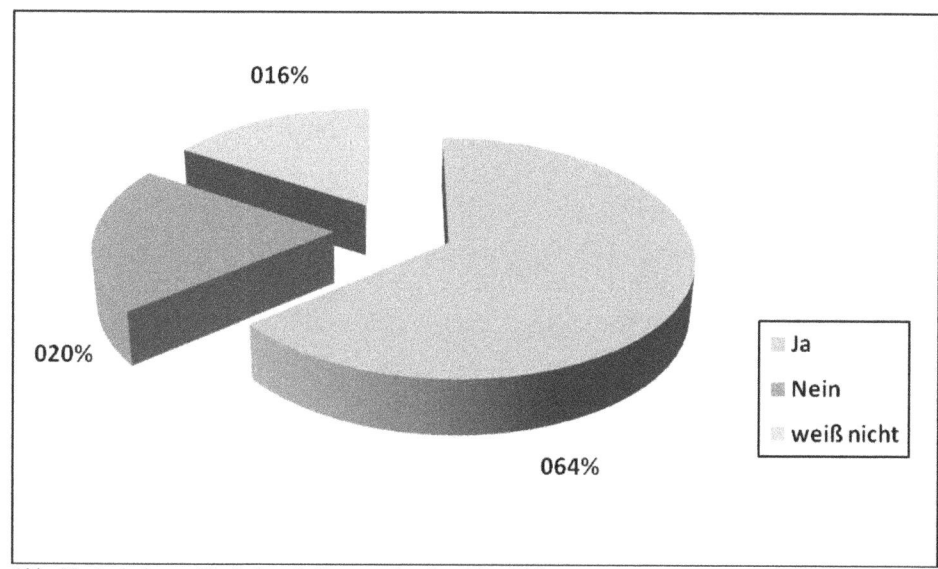

016%

020%

064%

Ja

Nein

weiß nicht

Abb. 57: Ambulanter Kinderhospizdienst vorhanden (N = 166)

Die meisten Probanden geben an, dass es in ihrer Region einen ambulanten Kinderhospizdienst gibt (64%). 16% wissen dies nicht, und 20% verneinten die Existenz eines Dienstes. Es wird deutlich, dass aktuell keine 100%ige ambulante Versorgung der Familien gewährleistet ist und dass ein Bedarf an der Gründung weiterer ambulanter Dienste besteht. Ebenfalls besteht der Bedarf an einer besseren öffentlichen Präsenz der Kinderhospizarbeit bzw. der ambulanten Dienste, da 16% der Probanden nicht wissen, ob in ihrer Region ein solcher Dienst existiert.

Die Frage, ob sie einen existierenden ambulanten Kinderhospizdienst nutzen, verneinen 51% und 49% bejahen dies (N = 124). Es kann in diesem Zusammenhang die Frage aufgeworfen werden, warum die Hälfte der Familien die vorhandenen ambulanten Dienste nicht nutzt. Die Kostenfrage greift an dieser Stelle nicht als Begründung, da die ambulanten Kinderhospizdienste ihren Dienst den Familien kostenfrei zur Verfügung stellen. Es müssen daher andere Motive ausschlaggebend sein.

			Ausreichendes Angebot ambulanter Kinderhospizdienste		
			nein	ja	Gesamt
Existenz ambulanter Kinderhospizdienst in der Region	nein	Anzahl	23	1	24
		% der Gesamtzahl	19,2%	,8%	20,0%
	ja	Anzahl	54	28	82
		% der Gesamtzahl	45,0%	23,3%	68,3%
	weiß nicht	Anzahl	14	0	14
		% der Gesamtzahl	11,7%	,0%	11,7%
	Gesamt	Anzahl	91	29	120
		% der Gesamtzahl	75,8%	24,2%	100,0%

Tab. 10: Kreuztabelle: Existenz ambulanter Kinderhospizdienst und ausreichende Versorgung (N = 160)

Die Kreuztabelle macht deutlich, dass die Probanden, in deren regionalem Umfeld kein ambulanter Kinderhospizdienst vorhanden ist, fast einstimmig der Meinung sind, dass die Angebote der ambulanten Kinderhospizdienste nicht ausreichen. Es besteht eine hohe Signifikanz (asymptotische Signifikanz: 0,001) zwischen diesen Variablen, was auf deutliche Entwicklungsbedarfe in diesem kinderhospizlichen Sektor hinweist.

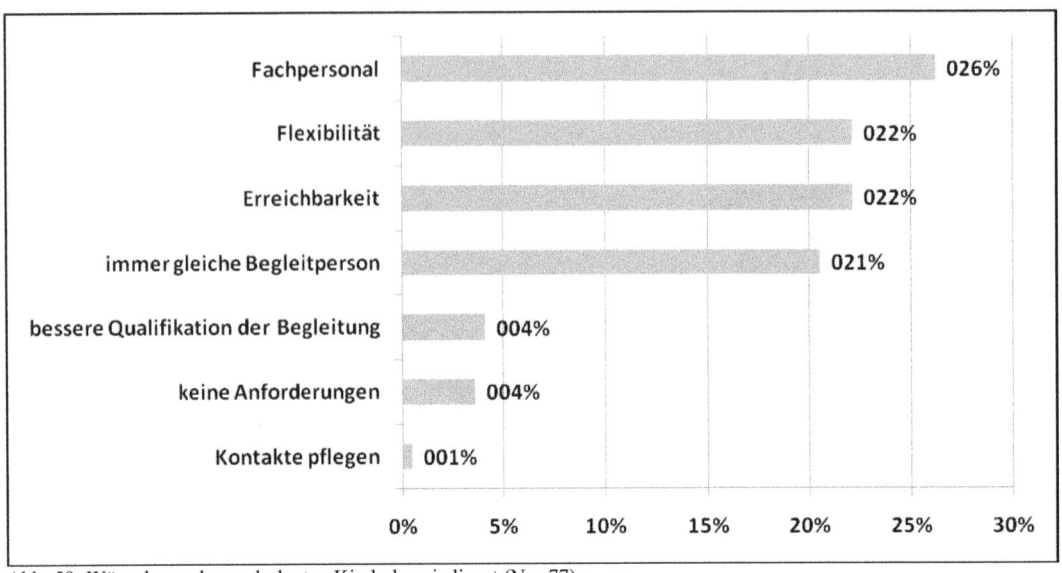

Abb. 58: Wünsche an den ambulanten Kinderhospizdienst (N = 77)

Als Wünsche an ambulante Dienste führen die Probanden, die deren Begleitungsangebote bislang nicht nutzen, unter anderem eine bessere Qualifikation der Begleitung, die Kontinuität der Begleitpersonen, eine bessere Erreichbarkeit, Flexibilität und den Einsatz von Fachpersonal an. Es zeigt sich, dass dem Wunsch der Probanden nach Kontinuität in der Begleitung auch bei den ambulanten Diensten nicht entsprochen werden kann. Zudem wird auch hier Kritik an ungelerntem Personal deutlich. Die Probanden wünschen sich mehr Fachpersonal und eine bessere Qualifikation der Begleitenden. Diesem Wunsch widerspricht der Auftrag ambulanter Kinderhospizdienste. Die Dienste setzen in der Familienbegleitung Ehrenamtliche ein, die durch einen Befähigungskurs für ihr freiwilliges soziales Engagement vorbereitet wurden. Pflegerische Tätigkeiten sind beispielsweise nicht Bestandteil der ambulanten Begleitungsangebote der erkrankten Kinder.

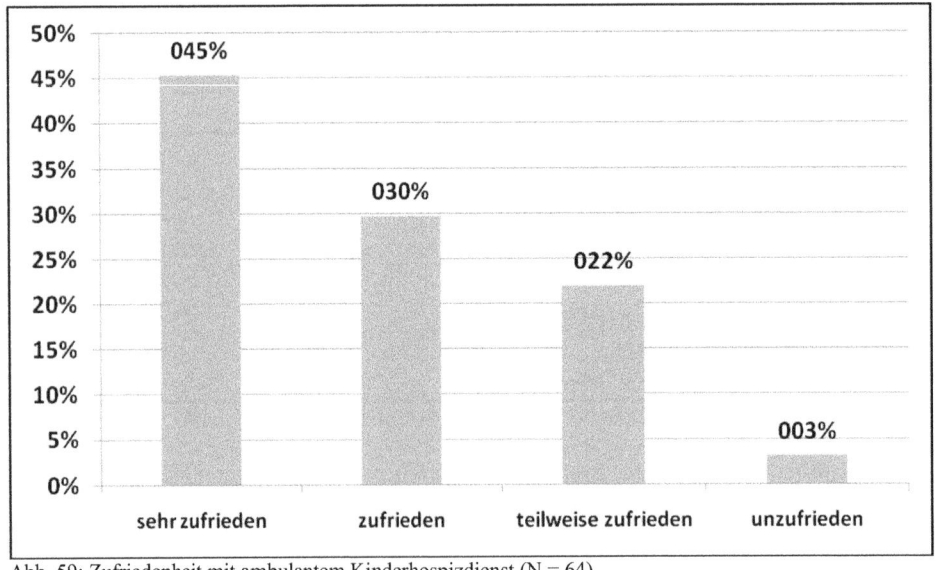

Abb. 59: Zufriedenheit mit ambulantem Kinderhospizdienst (N = 64)

Die Probanden wurden befragt, ob sie mit den von ihnen genutzten ambulanten Diensten zufrieden sind. Obwohl die meisten Befragten angaben sehr zufrieden und zufrieden (Median = 2) zu sein, ist auch punktuell eine leichte Tendenz zur Unzufriedenheit erkennbar.

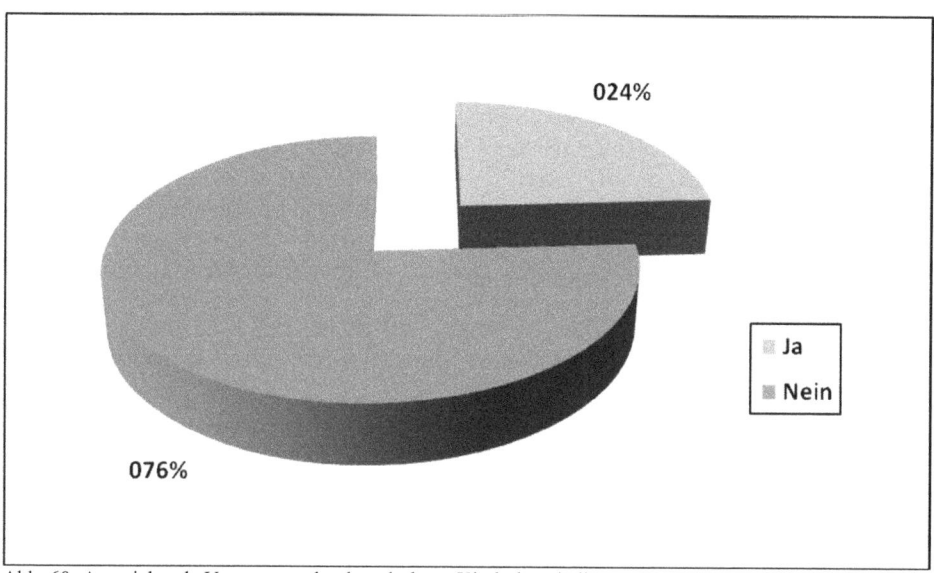

Abb. 60: Ausreichende Versorgung durch ambulante Kinderhospizdienste (N = 120)

Die Mehrzahl der Befragten ist der Meinung, dass das Angebot an ambulanten Kinderhospizdiensten in Deutschland nicht ausreicht. Weniger als ein Viertel der Probanden bewerten dieses als ausreichend. Es besteht also nach der Meinung eines überwiegenden Teils der angesprochenen Nutzergruppe der Bedarf nach weiteren Gründungen ambulanter Kinderhospizdienste in Deutschland.

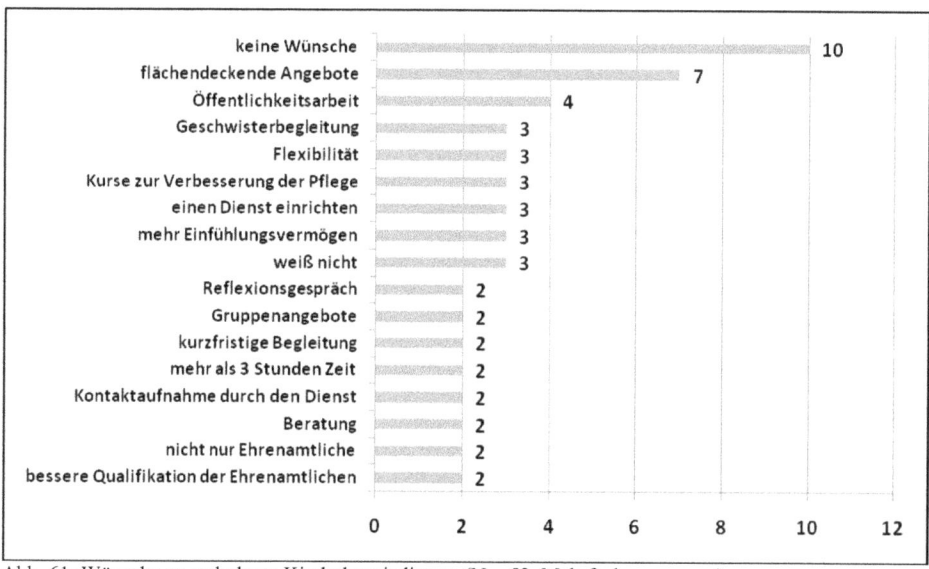

Abb. 61: Wünsche an ambulante Kinderhospizdienste (N = 52, Mehrfachnennungen)

Die Probanden wurden befragt, welche Wünsche und Verbesserungsvorschläge sie an die ambulanten Kinderhospizdienste haben. Am häufigsten wurden flächendeckende Angebote (7 Nennungen) zzgl. drei Nennungen, die sich auf die Gründung eines Dienstes bezogen sowie Öffentlichkeitsarbeit (4

Nennungen) genannt. Auch die Professionalisierung der Einsatzkräfte ist ein in verschiedenen Wünschen identifizierbares Anliegen. Insgesamt wird hier der Bedarf nach einem weiteren Ausbau des ambulanten Versorgungsnetzes in der Kinderhospizarbeit und nach einer besseren öffentlichen Präsenz deutlich.

Zusammenfassung

Ambulante Kinderhospizdienste sind neben den stationären Kinderhospizen eine wesentliche Unterstützungsressource für Familien mit progredient erkrankten Kindern.

Die meisten Probanden geben an, dass es in ihrer Region einen ambulanten Kinderhospizdienst gibt. Diesen nutzt allerdings nur die Hälfte der befragten Familien. Kritik wurde in Bezug auf den Mangel an Fachpersonal, die fehlende Flexibilität des Personals und die schlechte Erreichbarkeit des Dienstes geäußert. Hier zeigen sich Bedarfe der Familien, die allerdings durch die Angebote der ambulanten Kinderhospizdienste nicht gedeckt werden können, da sie ihrem Auftrag und ihrer Konzeption widersprechen (vgl. Kap III 3.3)

Die meisten Probanden sind der Meinung, dass die Anzahl der ambulanten Kinderhospizdienste in Deutschland nicht ausreicht. So verwundert es auch nicht, dass sich mehrheitlich flächendeckende Angebote gewünscht wurden.

F Fazit

Die Ergebnisse der Befragung der Familien progredient erkrankter Kinder und Jugendlicher zeigen durchgängig eine hohe Zufriedenheit mit der stationären Kinderhospizarbeit. Die stationäre kinderhospizliche Versorgung entspricht somit in hohem Maße den Wünschen und Ansprüchen der betroffenen Probanden und somit in hohem Maße dem Anspruch an „gute" Kinderhospizarbeit, wie auch folgende Aussagen eindrucksvoll verdeutlichen.

„Das ist für mich meine zweite Familie. Also es ist nicht für mich so, dass das jetzt ein Hospiz ist und dass das alles so, ne, da fährt man jetzt hin und dann gibt man Lisa ab so für ein paar Tage, sondern das ist einfach für mich so meine Familie geworden, weil alle lieb und nett sind da." (Interview D, Abs. 38)

„Ja, also das ist der außergewöhnliche Ort für eine außergewöhnliche Situation sag ich immer und das sehe ich auch nach wie vor so." (Interview G, Abs. 251)

„Wir sind restlos begeistert (lacht)." (Interview B, Abs. 228)

„Das ist für mich einfach so wichtig, zu wissen, es gibt das und das, ist, ich hab noch keinen gesehen, wir kommen dahin, das ist wie ein zwotes Zuhause, ein kurzes Zuhause zwar, sind ja immer nur, sind ja keine langen Zeiträume, aber es ist einfach, es ist nicht so, dass ich sage, ich geh irgendwo hin in die Fremde, sondern ich geh irgendwohin (...), ich geh zurück, genau. Ich komm wieder an." (Interview A, Abs. 464–466)

„Es ist für uns ein Paradies, doch absolut." (Interview A, Abs. 514)

„Wir gehen wirklich sehr gern hin und freuen uns auch immer wieder. Sind traurig, wenn wir gehen, freuen uns dann schon wieder auf den nächsten Aufenthalt. Wir streuen's übers Jahr, wir sind meistens Fasching, Pfingsten und Herbstferien dort, sodass das immer so, ich hab's mal genannt, das finde ich irgendwie, den Vergleich finde ich schön, das ist unsere Rettungsinsel übers Jahr." (Interview A, Abs. 101)

Trotzdem zeigen die Ergebnisse der Befragung auch Entwicklungsbedarfe und eine leichte Tendenz zur Unzufriedenheit der befragten Familien mit einigen Bereichen und Angeboten der stationären

Kinderhospizarbeit auf. Es kann aufgrund der vorliegenden Daten Entwicklungsbedarf in folgenden Teilbereichen konstatiert werden:

- *Öffentliche und mediale Präsenz der kinderhospizlichen Angebote*: Die Präsenz der Kinderhospizarbeit in der Öffentlichkeit und der Bekanntheitsgrad der Kinderhospize bei betroffenen Familien sind als gering zu bewerten. Zudem bestehen große Vorbehalte in Bezug auf die Inanspruchnahme kinderhospizlicher Angebote an sich. Kinderhospize werden überwiegend mit Sterbehaus tituliert. Der wesentliche Aspekt der Lebensbegleitung für die gesamte Familie ab dem Zeitpunkt der Diagnose einer lebensverkürzenden Erkrankung wird wenig publik gemacht und daher auch kaum wahrgenommen.
- *Geschwisterbegleitung und Geschwisterunterbringung*: Insbesondere die Dauer der Begleitung pro Tag sollte ausgebaut werden, wozu mehr qualifiziertes Personal notwendig ist. Außerdem besteht von Seiten der Eltern der ausdrückliche Wunsch nach separaten Geschwisterzimmern, die allerdings in einigen Kinderhospizen schon vorhanden sind.
- *Kontinuität und Professionalität der Pflege und die Begleitung der erkrankten Kinder*: Hier sind Strukturen erforderlich und im Sinne der Pflegequalität wünschenswert, die eine ritualisierte Kontinuität vor allem in der Pflege der schwerstkranken Kinder und Jugendlichen sicherstellen.
- *Gesprächsangeboten von Seiten der Mitarbeitenden an die Eltern*: Die Probanden wünschen sich mehr Mitarbeiterinitiative zum Gespräch.
- *Thematisierung von Sterben, Tod und Trauer mit den erkrankten Kindern und den Geschwistern*: Hier lassen die widersprüchlichen Aussagen von Eltern und Mitarbeitenden auf eine unzureichende Kommunikation schließen, die durch einen offenen Diskurs behoben werden sollte.
- *Begleitung der Familien nach dem Tod*: Der Kontakt gestaltet sich mehrheitlich nach den Wünschen der Familien, lässt jedoch den Wunsch vieler Familien nach persönlicheren Kontaktmöglichkeiten häufig unberücksichtigt. Hier scheint eine Vernetzung mit den ambulanten Kinderhospizdiensten hilfreich.
- *Ambulante Kinderhospizarbeit*: Es besteht ein erhöhter Bedarf der weiteren Gründung ambulanter Kinderhospizdienste, um eine flächendeckende regionale Verteilung der Dienste zu gewährleisten.

2.2 Die Perspektive der progredient erkrankten Kinder und Jugendlichen

Neben den Perspektiven der Eltern und Fachkräfte in der Kinderhospizarbeit ist es die Intention dieser Studie, die Qualität von Kinderhospizarbeit auch aus der Perspektive der betroffenen Kinder und Jugendlichen zu erfassen. Hierbei handelt es sich aus mehrfacher Hinsicht um eine besondere Herausforderung: Zum einen verfügen viele progredient erkrankte Kinder und Jugendliche als Folge- oder Begleiterscheinung ihrer Erkrankung nicht oder nicht mehr über die Möglichkeit lautsprachlicher Kommunikation. Auch Formen der Unterstützten Kommunikation (UK) sind häufig nicht einsetzbar, sodass körpernahe Ausdrucksformen wahrgenommen und verstanden werden müssen, wenn die Erlebenswelt der Betroffenen erschlossen werden soll. Zum anderen bedeutet die Thematisierung des subjektiven Erlebens von Kinderhospizarbeit mit verbal kommunizierenden Kindern und Jugendlichen immer auch die zumindest implizite Auseinandersetzung mit ihrer progredienten Erkrankung. Diese Tatsache bedarf einer äußerst sensiblen Interaktions- und Kommunikationskompetenz der Forschenden, die den individuellen krankheitsspezifischen Wissensstand und die subjektive Bereitschaft, sich mit dieser Thematik auseinanderzusetzen, situativ erfassen und berücksichtigen muss. Die persönlichen Wünsche und Grenzen des progredient erkrankten Befragten gelten als absolute Richtlinie der Kommunikation, hinter der auch das Forschungsinteresse des Interviewenden zurückzustehen hat. Die ethische Verantwortung für diese Erhebungssituation ist dem Forscherteam bewusst, sie wird dialogisch reflektiert und potentiell kritische Punkte des Gesprächsverlaufs antizipiert, um eine verantwortungsvolle, situations- und themenadäquate Kommunikation mit den Gesprächspartnern zu gewährleisten.

2.2.1 Schwerstbehinderte, nicht lautsprachlich kommunizierende progredient erkrankte Kinder

2.2.1.1 Durchführung der Erhebung

Im Vorfeld der Durchführung der Teilnehmenden Beobachtung wurde der Kontakt durch die Beobachtenden zum Forschungsfeld hergestellt. Dieser Schritt beinhaltet die Schwierigkeit, dass der Forscher im Forschungsfeld aufgenommen und akzeptiert werden möchte, ohne ein Störfaktor zu sein. Da die Teilnehmende Beobachtung grundsätzlich nur durch die Kooperation aller Beteiligten möglich ist (vgl. Damman 1991, 134), galt die Freiwilligkeit der Akteure im Forschungsprozess als Grundvoraussetzung dieses Forschungsteils. Zunächst erklärten sich zwei der kooperierenden stationären Kinderhospize bereit, ein Mitglied des universitären Forschungsteams für den Zeitraum des Aufenthaltes eines Kindes als teilnehmenden Beobachter einzuladen. Diese Tatsache setzt eine große Offenheit für die Transparenz der kinderhospizlichen Arbeit voraus, da den Forschenden durch ihre Teilnahme im Feld Einblick in sämtliche einrichtungsinterne Abläufe gewährt wird. Beide Einrichtungen betonten, dass dieser externe Blick auf das eigene Tun als Chance der Reflexion und Weiterentwicklung der eigenen pflegerisch-pädagogischen Praxis interpretiert werde.

In dem einen Kinderhospiz fand die Vorbereitung der Beobachtung in Kooperation mit einer dort tätigen Sozialpädagogin, in dem anderen Kinderhospiz mit der stellvertretenden Pflegedienstleiterin statt. Zunächst wurde abgeklärt, ob in den für den Forschungsprozess potentiell möglichen Beobachtungszeiträumen Kinder das Kinderhospiz besuchen würden, die für die teilnehmende Beobachtung in Frage kämen. Hierfür wurden lediglich zwei Kriterien zur Auswahl der beobachteten Kinder erstellt:

- Schwerste Behinderung[112] ohne lautsprachliche Kommunikation
- Alter bis höchstens 10 Jahre, da die Interviews mit lautsprachlich kommunizierenden fortschreitend erkrankten Jugendlichen durchgeführt werden sollten.

Ob die Kinder mit oder ohne ihre Familien das Kinderhospiz besuchten, war für die Auswahl der Kinder zunächst nicht relevant, da das Ziel war, vorrangig die Perspektive der Kinder zu erfassen und somit deren Alltag im Kinderhospiz zu beobachten.

Nachdem in beiden Einrichtungen zwei Kinder ausgewählt worden waren, die diesen beiden Kriterien entsprachen, wurde von Seiten der Kinderhospize mit den betroffenen Eltern Kontakt aufgenommen, das Anliegen des Projektes vorgestellt und um die Möglichkeit gebeten, den Aufenthalt des Kindes im Kinderhospiz teilnehmend beobachten zu dürfen. Beide Familien willigten ohne Bedenken in diese Forschungskooperation ein. In beiden Fällen begleiteten die Eltern ihr fortschreitend erkranktes Kind während des Aufenthaltes im Kinderhospiz, der in einem Fall zehn und in dem anderen Fall vierzehn Tage betrug. Beide Familien hatten das Kinderhospiz bereits mehrfach besucht und waren dem Großteil des dort tätigen Personals bekannt. Nähere Informationen zur psychosozialen Familiensituation und der spezifischen Situation des erkrankten Kindes in Bezug auf Krankheitsdiagnose, -verlauf und Prognose sind dem Forschungsteam bekannt, werden jedoch aus datenschutztechnischen Gründen an dieser Stelle nicht veröffentlicht.

Anschließend an die Herstellung des Kontaktes zum Untersuchungsfeld wurde in einem dritten Schritt die Teilnehmende Beobachtung in den beiden Kinderhospizen durchgeführt. Dafür war es vorab notwendig, dass die Forschenden mit den Familien ausführliche Gespräche führten, in denen Ziele und Methodik der gesamten Studie und der Teilnehmenden Beobachtung thematisiert wurden. Zum einen war es beabsichtigt, ein Höchstmaß an Transparenz des Forschungsprozesses zu erzielen und zum anderen durch den persönlichen Kontakt zwischen Eltern und Forschenden einen Vertrauensprozess zu initiieren, der eine offene Kommunikation während des Beobachtungszeitraumes ermöglichen und somit zum Gelingen der Beobachtung beitragen sollte. Des Weiteren wurden die Ausdrucks-, Kommunikations- und Interaktionsformen der fortschreitend erkrankten Kinder mit dem eigens entwickelten Erhebungsbogen (siehe unten) erfragt, wodurch die in den nächsten Tagen stattfindenden Beobachtungen wichtige Interpretationshilfen erhielten.

---

[112] Zur Definition der Personengruppe beziehen wir uns auf die Beschreibung besonderer Bedürfnisse schwerstbehinderter Menschen nach Fröhlich (1999, 432).

Für die Auswahl von Beobachtungssequenzen in teilnehmenden Beobachtungen wird einerseits empfohlen, „Situationen zu finden, in denen die relevanten Akteure und die interessierenden Aktionen zu vermuten sind. Andererseits sollten möglichst unterschiedliche Situationen aus dem Spektrum des durchschnittlichen Tagesablaufs ausgewählt werden, um darüber die Variationsbreite des tatsächlich Beobachtbaren zu vergrößern" (Flick 2007, 290). Da für das Erleben des Aufenthaltes aus der Perspektive der Kinder alle Situationen als potentiell relevant eingestuft werden konnten, wurden unterschiedliche Situationen zu unterschiedlichen Tageszeiten für die Beobachtungen gewählt. Diese wurden mit den Mitarbeitern und Mitarbeiterinnen in den Einrichtungen abgestimmt, die sich mit den Terminvorschlägen der Forschenden jedoch grundsätzlich einverstanden zeigten.

Von größerer Relevanz war jedoch die terminliche Absprache der einzelnen Bebachtungsphasen mit den Eltern der fortschreitend erkrankten Kinder. Da diese mit ihren Kindern den Aufenthalt als eigene Zeit der Erholung genießen sollten, war es ein Anliegen des Forschungsteams den Familien ein Höchstmaß an familiärer Intimität und Entspannung zu gewähren, ohne diese durch die permanente Anwesenheit eines Beobachters zu beeinträchtigen. Aus diesem Grund wurden mit den Eltern am Ende einer jeden Bebachtungsphase Absprachen bezüglich der nächsten Beobachtung getroffen, die sich an den Freizeitplanungen der Familie orientierten. Um die Familien möglichst wenig in ihrer gemeinsamen Zeit zu stören, wurden vorrangig Situationen ausgewählt, bei denen die Eltern nicht oder nur teilweise anwesend waren. Neben der Wahrung der familiären Intimsphäre entsprach dieses Vorgehen auch dem Forschungsziel, das jeweilige Kind in seinem Erleben des kinderhospizlichen Aufenthaltes zu beobachten, wobei weniger die Interaktionen mit der eigenen Familie als die mit den Mitarbeitern und Mitarbeiterinnen im Kinderhospiz im Vordergrund standen. Aus diesem Grund finden sich unter den dokumentierten Bebachtungssequenzen eine Vielzahl von Szenen aus dem Pflege- und Betreuungsalltag der Kinder, in denen die Eltern eine eher sekundäre Rolle spielten. Während der Teilnehmenden Beobachtung wurden von den Forschenden Feldnotizen und Beobachtungsprotokolle erstellt. Neben den detailliert protokollierten Beobachtungen fanden viele, äußerst interessante und erkenntnisreiche Gespräche mit den Eltern der beobachteten Kinder statt. In diesen wurden neben dem familiären Belastungs- und Bewältigungserleben auch Einschätzungen und Erfahrungen zur Kinderhospizarbeit thematisiert. Außerdem wurden regelmäßige Rückfragen zu den Inhalten der Feldnotizen der Forschenden beantwortet, sowie punktuell Wahrnehmungen und Eindrücke der Forschenden diskutiert.

Da die Rolle der Forschenden nicht allen Mitarbeiterinnen und Mitarbeitern in den Einrichtungen bekannt war, wurde diese situations- und personenspezifisch mehrfach neu thematisiert, sodass sukzessiv alle Beteiligten über die Ziele und Inhalte der Beobachtung informiert waren. Zur Vermeidung des Eindrucks externer Kontrolle durch die Beobachtenden wurde mehrfach angesprochen, dass die Rolle der Beobachteten durchaus als ungewöhnlich und punktuell auch als unangenehm empfunden werden könne. Für die Gestaltung einer positiven und vertrauensvollen Atmosphäre bemühten sich die Forschenden immer wieder, deutlich zu kommunizieren, dass im Fokus der Beobachtung nicht die Arbeit der Pflegenden und Betreuenden, sondern das situative Erleben der erkrankten Kinder stehe.

2.2.1.2 Darstellung und Interpretation der Ergebnisse

Die Vielzahl der erhobenen Feldnotizen und Beobachtungsprotokolle wurden im Anschluss an die Teilnehmende Beobachtung in einem abschließenden Schritt vom Forscherteam ausgewertet und in Anlehnung an Scholz (2005) in Form einer „erzählenden Darstellung" verschriftlicht. Da die Daten aus zwei verschiedenen Kinderhospizen zusammengetragen wurden, lag ein Fokus auf der Identifizierung von Übereinstimmungen und Unterschieden.

Die Ergebnisse der Teilnehmenden Beobachtung stellen die Qualität von Kinderhospizarbeit aus der Perspektive zweier betroffener Kinder dar. Hierbei ist zu beachten, dass das Erfassen des subjektiven Erlebens der betroffenen Kinder aufgrund der eingeschränkten Kommunikationsmöglichkeiten eine besondere Herausforderung darstellte.

Aus den Beobachtungsprotokollen wurden anschließend gemeinsame Thesen abgeleitet, die vier thematischen Bereichen zugeordnet werden können:

Kategorie 1: Kommunikation
Kategorie 2: Pflege und Begleitung
Kategorie 3: Kooperation der Fachkräfte mit den Eltern
Kategorie 4: (Sonder-) Pädagogische und therapeutische Angebote

Im Folgenden werden die vier Kategorien anhand von den aus der Beobachtung entwickelten Thesen zusammenfassend und mit einigen ausgewählten Beobachtungssequenzen unterlegt dargestellt.

Kategorie 1: Kommunikation

Der Aspekt der Kommunikation mit den lebensverkürzend erkrankten Kindern bildet einen Schwerpunkt der Teilnehmenden Beobachtung, da diese aufgrund der Erkrankung körpersprachlich erfolgt und, so die Ausgangsthese, das Verstehen der Kommunikationsformen der betroffenen Kinder maßgeblich zum Wohlbefinden und somit zur Qualität der kinderhospizlichen Arbeit, aus Sicht der betroffenen Kinder, beiträgt (vgl. Fröhlich/Simon 2004, 71–72).

Die beiden lebensverkürzend erkrankten Kinder verfügen über unterschiedliche körpernahe Kommunikationsformen. Sie drücken mit Hilfe der individuellen körpernahen Kommunikationsformen ihre Bedürfnisse und Wünsche aus. Die körpernahen Kommunikationsformen wurden in den jeweiligen Beobachtungssituationen von dem Beobachter gedeutet, der diese vorab im Gespräch mit den Eltern und Mitarbeitenden und in der intensiven Beobachtung des Kindes erfasste. Da die beiden Kinder nicht über elementare „Ja-Nein-Codes" (in Anlehnung an Zieger 2005) verfügen, gestalten sich die körpernahen Kommunikationsformen der beiden Kinder wie folgt:

Körpersprachliche/ basale Äußerungen zum „Wohlbefinden" und „Unwohlsein/Stress/Schmerzen/Angst" in Anlehnung an Zieger (2005):

Körpersprachliche/basale Äußerungen „Wohlbefinden"	Kind 1	Kind 2
Entspannte „aufmerksame" Körper- und Kopfhaltung	X	X
Entspannte Mimik	X	X
Mund leicht geöffnet	X	
Ruhige Atmung	X	X
Augen mittelweit offen		
Rosige (Gesichts-) Hautfarbe	X	X
Lachen/Lächeln		X
Ab- und Zunahmen der Lautbildung	X	
Hinwenden		X
Blickkontakt		X
Muskelentspannung	X	
Flüssigkeitsverlust (Speichel, Kot, Urin)		
Innehalten von Bewegungen	X	

Körpersprachliche/basale Äußerungen „Unwohlsein/Stress/Schmerzen/Angst"	Kind 1	Kind 2
Angestrengte, „verkrümmte" Körperhaltung		X
Angespannte Mimik	X	X
Mund weit offen und verzerrt („ersticktes Schreien")	X	
Körperliche Unruhe („Beben")		X

Unruhige, „hektische" Atmung		
Augen weit offen, Blick starr oder „hektisch"	X	
Rote (Gesichts-) Hautfarbe	X	
Schweißausbrüche		
Abwenden		X
Schreien		
Quengeln/Weinen	X	X
Wegschieben		
Schlagen, beißen, kratzen		
Ab- und Zunahme der Lautbildung	X	X
Unansprechbarkeit		
Rückzug, Ausweichen vor Reiz/ Berührung		X
Muskelanspannung	X	
Erregte Bewegungen	X	X
Flüssigkeitsverlust (Speichel, Kot, Urin)	X	

Um diese individuellen körpernahen Ausdrucksformen verstehen zu können, ist zum einen eine intensive Beschäftigung der Pflege- und Begleitkräfte mit dem Kind notwendig und damit verbunden die Kontinuität in der Begleitung. Zum anderen erfordert das Verstehen einen regen Austausch mit den Eltern, die als Experten die körpersprachlichen Äußerungen ihres Kindes deuten können. Zudem sind auf Seiten der Pflegekräfte Kenntnisse in Basaler Kommunikation nach Mall (2008) und Basaler Stimulation (in der Pflege) nach Fröhlich und Bienstein (2009) unabdingbar. Der regelmäßige Besuch von Fort- und Weiterbildungen, um sich diese Kenntnisse anzueignen und bereits vorhandene Kenntnisse zu vertiefen, ist daher notwendig.

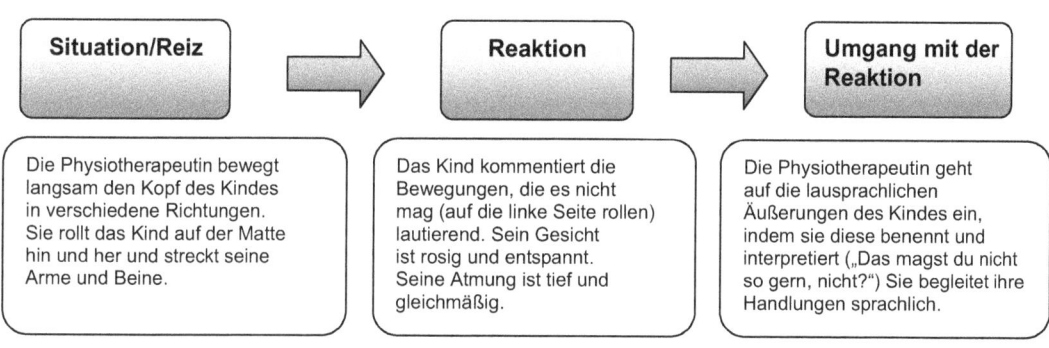

Abb. 62: Beobachtungssequenz „Kommunikation"

Interpretation der Beobachtungssequenz:
Das Kind äußert durch die lautsprachlichen Äußerungen seine Zustimmung und Ablehnung zu den Übungen. Es genießt die Zuwendung und die Bewegungen und entspannt zunehmend. Die Krankengymnastin geht auf die non-verbalen Äußerungen des Kindes ein.

Die Beobachtungssequenz zeigt einen sehr sensiblen und dialogischen Umgang der Physiotherapeutin mit dem erkrankten Kind. Die körpereigenen Reaktionen des Kindes werden wahrgenommen, benannt und interpretierend widergespiegelt. Hier geschieht Kommunikation, die im Konzept der Basalen Stimulation auch als Herstellung von Gemeinsamkeit bezeichnet wird. „Die Handlung selbst, insofern das Gegenüber mit einbezogen wird, wird zur Kommunikation, zur wechselseitigen Verständigung und kann damit auf direktem Wege die zentralen Ziele erreichen" (Fröhlich 2009, 22). Neben den zentralen

Zielen der physiotherapeutischen Behandlung werden somit zugleich weitere Ziele wie das Erleben eigener Selbstwirksamkeit, des Verstandenseins und der Gestaltung von Kommunikation erreicht.

Kategorie 2: Pflege und Begleitung
Die Pflege und Begleitung der lebensverkürzend erkrankten Kinder stehen im Fokus der Teilnehmenden Beobachtung. Viele der beobachteten Situationen sind Pflegesituationen, in denen eine Pflegekraft mit dem betroffenen Kind interagiert. Dabei wurde festgestellt, dass die Pflege der schwerstbeeinträchtigten, progredient erkrankten Kinder im Kinderhospiz in der Regel liebevoll, empathisch und unter Einsatz umfangreicher zeitlicher Ressourcen (z.T. im Umfang von mehr als einer Stunde für die morgendliche Grundpflege) erfolgt. Dies geht auch aus der folgenden Beobachtungssequenz „Pflege" hervor.

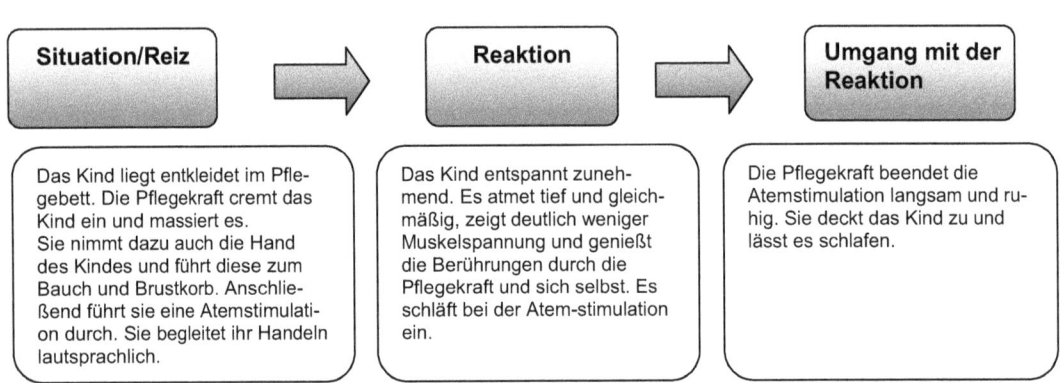

Abb. 63: Beobachtungssequenz „Pflege"

Interpretation der Beobachtungssequenz:
Das Kind genießt die Massage, den Körperkontakt sowie die Körperberührung und entspannt bei dieser intensiven Körpererfahrung. Dies zeigen seine zunehmende Entspannung und Schläfrigkeit. Die Kinderkrankenschwester trägt durch ihr ruhiges, bedachtes Handeln, das sie lautsprachlich begleitet, zur Entspannung des Kindes bei. Die Rahmenbedingung dieser Interaktion ist maßgeblich geprägt von der Ruhe des Settings und den zur Verfügung stehenden zeitlichen Ressourcen.

Lebensverkürzend erkrankte Kinder benötigen während ihrer Aufenthalte im Kinderhospiz die Kontinuität des Betreuungs- und Pflegepersonals, das ihre spezifischen Bedürfnisse und körpereigenen Signale versteht und auf diese adäquat reagiert.
Nur durch empathisch erhobene, gewachsene und immer wieder aktualisierte Kenntnisse über die individuellen Bedürfnisse der lebensverkürzend erkrankten Kinder ist es möglich dem Anspruch an bedürfnisorientierter Pflege gerecht zu werden. Dies erfordert zweifelsohne ein hohes Maß an Kontinuität der Begleitung. Ausgangspunkt pflegerischer Handlungen sind die Gewohnheiten und Rituale der Kinder in Bezug auf Pflege, Ernährung und Medikation, die auch im Kinderhospiz sämtliche Pflegehandlungen prägen sollten, ohne dass auf Beratung der Eltern hinsichtlich optimierbarer Pflegesituationen und -techniken zu verzichten wäre.
„Sie soll möglichst alles so haben wie zu Hause. Das gibt ihr Sicherheit." So beschreibt die Mutter eines der beobachteten Kinder ihren Wunsch zur Gestaltung der Pflege im Kinderhospiz. Eine an den Bedürfnissen nach Sicherheit, Ruhe und Entspannung orientierte Gestaltung von Pflegesituationen der Kinder wird auch in der folgenden Beobachtungssequenz „Bedürfnisorientierte Pflege" deutlich

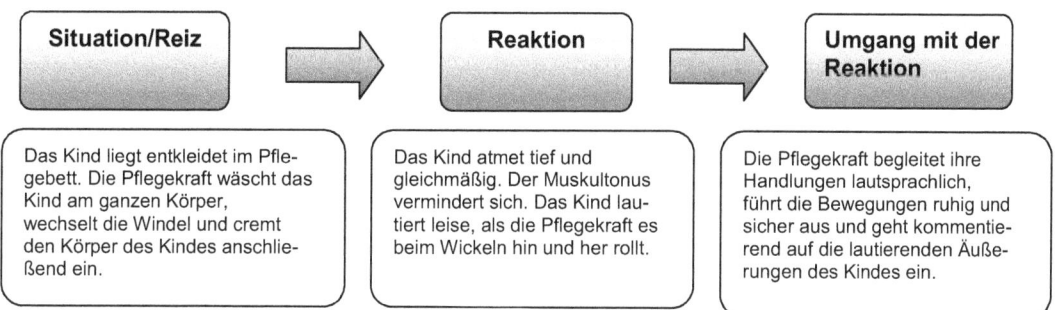

Situation/Reiz	Reaktion	Umgang mit der Reaktion
Das Kind liegt entkleidet im Pflegebett. Die Pflegekraft wäscht das Kind am ganzen Körper, wechselt die Windel und cremt den Körper des Kindes anschließend ein.	Das Kind atmet tief und gleichmäßig. Der Muskultonus vermindert sich. Das Kind lautiert leise, als die Pflegekraft es beim Wickeln hin und her rollt.	Die Pflegekraft begleitet ihre Handlungen lautsprachlich, führt die Bewegungen ruhig und sicher aus und geht kommentierend auf die lautierenden Äußerungen des Kindes ein.

Abb. 64: Beobachtungssequenz „Bedürfnisorientierte Pflege"

Interpretation der Beobachtungssequenz:

Das Kind kommentiert die Handlungen der Pflegekraft zustimmend und bei offensichtlich weniger angenehmen Berührungen/Bewegungen auch ablehnend. Die körpereigene Sprache (Lautieren und Muskeltonus) sind eindeutig und zielgerichtet. Die Pflegekraft nimmt diese Äußerungen wahr und führt die Handlungen in einem angemessenen Verhältnis von Empathie und Zielorientierung weiter aus.

Die hier beschriebene Situation aus dem Bereich der Grundpflege eines Kindes kann als bedürfnisorientierte Pflege bezeichnet werden, die es ermöglicht dem Kind ein Höchstmaß an Verlässlichkeit und Vertrauen in die Erfüllung grundlegender Bedürfnisse zu gewährleisten.

Neben den vielfältigen, äußerst sensibel gestalteten Pflegesituationen konnten auch Momente der Pflege beobachtet werden, in denen die kindlichen Bedürfnisse aus der Perspektive der Beobachtenden nur unzureichend beachtet und berücksichtigt wurden. Diese eher kritischen Beobachtungen an dieser Stelle ebenfalls aufzuführen, hat nicht zum Ziel, die beteiligten Pflegekräfte zu kritisieren, sondern für besondere Bedürfnisse der Kinder in alltäglichen Pflegesituationen zu sensibilisieren:

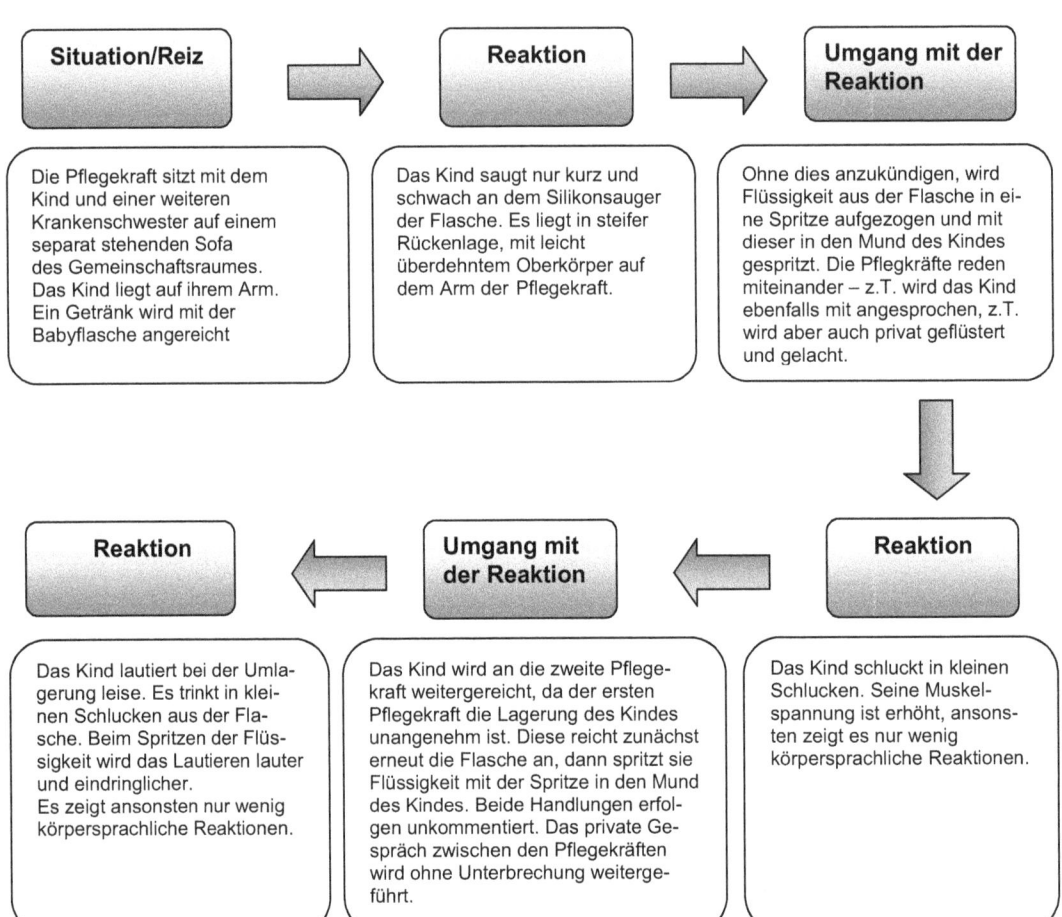

Situation/Reiz

Die Pflegekraft sitzt mit dem Kind und einer weiteren Krankenschwester auf einem separat stehenden Sofa des Gemeinschaftsraumes. Das Kind liegt auf ihrem Arm. Ein Getränk wird mit der Babyflasche angereicht

Reaktion

Das Kind saugt nur kurz und schwach an dem Silikonsauger der Flasche. Es liegt in steifer Rückenlage, mit leicht überdehntem Oberkörper auf dem Arm der Pflegekraft.

Umgang mit der Reaktion

Ohne dies anzukündigen, wird Flüssigkeit aus der Flasche in eine Spritze aufgezogen und mit dieser in den Mund des Kindes gespritzt. Die Pflegkräfte reden miteinander – z.T. wird das Kind ebenfalls mit angesprochen, z.T. wird aber auch privat geflüstert und gelacht.

Reaktion

Das Kind lautiert bei der Umlagerung leise. Es trinkt in kleinen Schlucken aus der Flasche. Beim Spritzen der Flüssigkeit wird das Lautieren lauter und eindringlicher. Es zeigt ansonsten nur wenig körpersprachliche Reaktionen.

Umgang mit der Reaktion

Das Kind wird an die zweite Pflegekraft weitergereicht, da der ersten Pflegekraft die Lagerung des Kindes unangenehm ist. Diese reicht zunächst erneut die Flasche an, dann spritzt sie Flüssigkeit mit der Spritze in den Mund des Kindes. Beide Handlungen erfolgen unkommentiert. Das private Gespräch zwischen den Pflegekräften wird ohne Unterbrechung weitergeführt.

Reaktion

Das Kind schluckt in kleinen Schlucken. Seine Muskelspannung ist erhöht, ansonsten zeigt es nur wenig körpersprachliche Reaktionen.

Abb. 65: Beobachtungssequenz „Schluckbewegungen"

Interpretation der Beobachtungssequenz:
Dem Kind wird in dieser Pflegesituation nicht die ungeteilte Aufmerksamkeit der Pflegekräfte zuteil. Diese sind stark in die kollegiale Kommunikation und somit nur begrenzt in die Interaktion mit dem Kind involviert. Dies hat zur Folge, dass zum einen eine für Schluckbewegungen eher ungünstige Körperhaltung nicht bemerkt wird und zum anderen die lautsprachliche Begleitung der Pflegehandlungen unterbleibt.

Dieses Beispiel zeigt, dass Pflegesituationen aufgrund der zum Teil besonderen Herausforderung, die die Flüssigkeitsaufnahme für ein schwerstbehindertes Kind bedeuten kann, auch für die Pflegekräfte herausfordernd sein können. Die Herausforderung besteht darin, diese Situation so zu gestalten, dass trotz divergierender subjektiver Bedürfnisse die ungeteilte Aufmerksamkeit auf das Kind und seine Ausdrucksformen gerichtet ist. Nur so kann es gelingen, die Pflegehandlungen situativ an den Bedürfnissen des Kindes auszurichten, die eigenen Handlungen konsequent lautsprachlich zu begleiten und störende Nebengeräusche und -handlungen zu minimieren.
Auch in anderen Pflegesituationen waren immer wieder Nebenhandlungen zu beobachten, wenn Pflegekräfte hinzukamen und wieder gingen, nachdem sie mit der das Kind pflegenden Kollegin gesprochen hatten. In einer Situation waren insgesamt vier unterschiedliche Pflegekräfte während einer ca.

einstündigen Pflegesituation anwesend, d.h. eine konstante Pflegekraft und drei Kolleginnen nacheinander, von denen eine aktiv mit in die Pflegesituation eingriff.

Der in obiger Situation dokumentierte Wechsel der Pflegekraft während einer Pflegehandlung und die zusätzliche Modifikation des Hilfsmittels ohne beides verbal zu kommentieren, kann als äußerst ungünstig für eine bedürfnisorientierte Gestaltung einer für das Kind grundsätzlich schwierigen Pflegesituation interpretiert werden.

Aufgrund weiterer detaillierter Beobachtungen zur Pflegesituation der betroffenen Kinder können zusätzlich folgende Aussagen getroffen werden, die nicht auf der Ebene konkreter Pflegesituationen angesiedelt sind, sondern eher relevante strukturelle Aspekte der Pflege betreffen:

- Dem Bedarf nach Kontinuität des Pflegepersonals wird nicht immer entsprochen: Häufig wechselnde Betreuungs- und Pflegepersonen stellen keine Ausnahme dar. So wurde in einem von uns besuchten Kinderhospiz das beobachtete Kind an seinen ersten drei aufeinanderfolgenden Morgen in der Einrichtung von drei unterschiedlichen Krankenschwestern grundpflegerisch versorgt. Der Wechsel der Pflegekräfte hat zum einen zur Folge, dass sich das Kind, aber auch seine Eltern an immer neue Pflegepersonen gewöhnen müssen und zum anderen, dass die Pflegekräfte die Kinder und ihre Bedürfnisse und Kommunikationsformen z.T. nicht oder nur sehr flüchtig kennen. Hier wäre zumindest eine Einarbeitung der „neuen" Pflegekraft durch eine Fachkraft wünschenswert, die die spezifischen Wünsche und subjektiven Kommunikationswege des betroffenen Kindes gut kennt.

- Ritualisierte Kontinuität in der kinderhospizlichen Begleitung der erkrankten Kinder ist nicht alleine auf das pflegende Personal zu beziehen. Sie benötigt zudem verlässliche Räume. Die bereits im obigen Punkt erwähnte personelle Diskontinuität wurde auf räumlicher Ebene fortgesetzt: So wurde das betroffene Kind an diesen drei Tagen an drei unterschiedlichen Orten grundpflegerisch versorgt und nahm sein Frühstück an drei unterschiedlichen Plätzen im Gemeinschaftsraum zu sich. Dieses hohe Maß an Diskontinuität ist nicht geeignet, um dem schwerst erkrankten Kind gerade zu Beginn seines Aufenthaltes eine verlässliche Eingewöhnung zu ermöglichen

- Es findet im Regelfall eine Bezugsbetreuung in der Pflege statt. Bei dieser handelt es sich jedoch nicht immer um eine 1:1-Betreuung, da die Pflegekräfte je nach Auslastung des Kinderhospizes noch ein weiteres Kind zu versorgen haben. Die Grundversorgung der Kinder ist dann gewährleistet, jedoch bleibt keine Zeit für eine individuelle Förderung des einzelnen Kindes.

- Das für die Pflege eingesetzte Personal ist zum Teil ungelernt. Auch Zivildienstleistende oder Praktikanten übernehmen die Pflege der lebensverkürzend erkrankten Kinder. Dies ist kritisch zu sehen, da diese über keine oder nur unzureichende Kenntnisse bzgl. der spezifischen Erkrankung und der damit verbundenen notwendigen Pflege verfügen.

Für die bedürfnisorientierte Betreuung und Pflege der Kinder ist es notwendig, dass sich Eltern und Fachleute in einem permanenten und wertschätzenden Austausch miteinander befinden. Dieser gelingt, wenn die Zuständigkeiten für die Pflege des Kindes während eines Aufenthaltes im Kinderhospiz den Vorstellungen der Eltern entsprechend kommuniziert und abgeklärt werden.

Kategorie 3: Kooperation der Fachkräfte mit den Eltern
Im Sinne des systemtheoretischen Gegenstandsverständnisses der Studie wurden auch die Eltern im Forschungsfeld Kinderhospiz in die Teilnehmende Beobachtung miteinbezogen. Die reziproke Kooperation zwischen Fachkräften und Eltern trägt maßgeblich zum Wohlbefinden der lebensverkürzend erkrankten Kinder im Kinderhospiz bei (vgl. Dingerkus 2005, 86). Ob und wie diese Ausgangsthese in der Praxis umgesetzt wird, zeigen die folgenden Aspekte. Der im Konzept der Kinderhospize verankerte Grundgedanke, dass die Eltern die Experten für ihre Kinder sind, wird in den von uns beobachteten Pflegesituationen weitgehend umgesetzt. Die Expertenrolle der Eltern wird von den Mitarbeitern und Mitarbeiterinnen in der Regel akzeptiert, aber auch in einigen Fällen in Frage gestellt, z.B. wenn die Eltern nach Ansicht der Pflegekräfte zu Schaden des Kindes handeln (z.B. unsachgemäße Handhabung der PEG-Sonde). Die Beachtung der elterlichen Expertenrolle geht aus der unten stehenden Beobachtungssequenz „Absprachen in Pflegesituationen" hervor. In der danach folgenden Beobachtungs-

sequenz „Kooperation mit Eltern" wird das mit dieser Thematik verbundene Konfliktpotential deutlich.

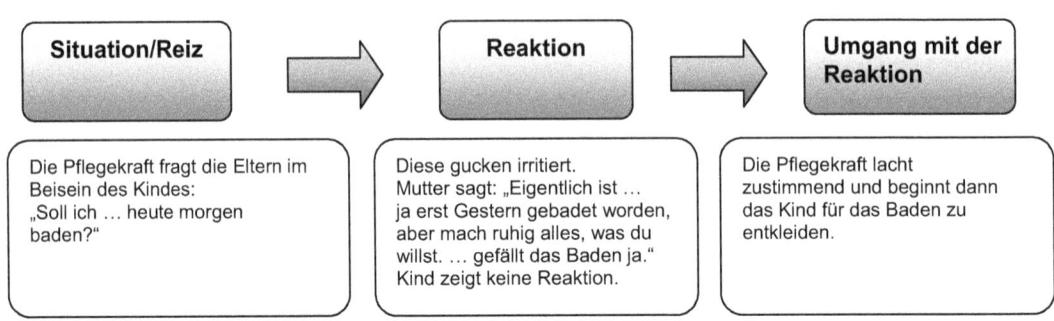

Abb. 66: Beobachtungssequenz „Absprachen in Pflegesituationen"

Interpretation der Beobachtungssequenz:
In dieser Beobachtungssequenz wird deutlich, dass der Elternwille von Seiten der Pflegekräfte erfragt und ernst genommen wird. Die Eltern als Experten für ihr Kind werden zunächst nach ihrer Einschätzung bzgl. einer Pflegehandlung befragt. Die Mutter gibt in dieser Situation die Entscheidung an die Pflegekraft zurück. Sie zeigt hier ihre Flexibilität bzgl. möglicher Abweichungen vom häuslichen Alltagsrhythmus. Ihre Äußerungen zeugen zudem von großem Vertrauen in die Kompetenz der Pflegekraft.
Aus dieser Sequenz lässt sich folgende Schlussfolgerung ziehen: Ein offener und regelmäßiger Austausch der Fachkräfte während der Aufenthalte mit den Eltern ist bedeutsam, um Missverständnisse und Konflikte zu vermeiden und sich gegenseitig Tipps und Anregungen zur Verbesserung der Begleitung des lebensverkürzend erkrankten Kindes zu geben. Werden die Eltern als Experten und primäre Entscheidungsträger in Fragen der Pflege ihres Kindes miteinbezogen, stärkt dies ihr Vertrauen in die Versorgungsqualität und ermöglicht die zunehmende Abgabe diesbezüglicher Entscheidungsbefugnisse an die Pflegekräfte. Wie an anderer Stelle dieser Studie offensichtlich wurde, hat dies signifikante Auswirkungen auf die Dimensionen der Entlastung und Entspannung der Eltern während ihrer Aufenthalte im Kinderhospiz.

Dieser Beobachtungssequenz vorausgegangen war eine Situation, in der das Kind von der Pflegekraft im Badezimmer gepflegt und angezogen wurde. Der Vater des Kindes schaute ins Badezimmer hinein, ohne es zu betreten. Die Krankenschwester gibt ihm mit freundlichem Gesicht und einer winkenden Handbewegung zu verstehen, dass er gehen soll. Darauf schließt der Vater die Badezimmertür nach wenigen Sekunden wortlos.

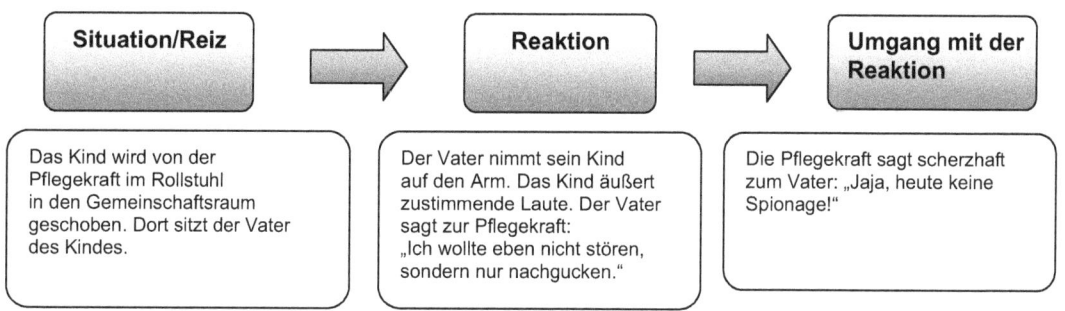

Situation/Reiz	Reaktion	Umgang mit der Reaktion
Das Kind wird von der Pflegekraft im Rollstuhl in den Gemeinschaftsraum geschoben. Dort sitzt der Vater des Kindes.	Der Vater nimmt sein Kind auf den Arm. Das Kind äußert zustimmende Laute. Der Vater sagt zur Pflegekraft: „Ich wollte eben nicht stören, sondern nur nachgucken."	Die Pflegekraft sagt scherzhaft zum Vater: „Jaja, heute keine Spionage!"

Abb. 67: Beobachtungssequenz „Kooperation mit Eltern"

Interpretation der Beobachtungssequenz:
Trotz des scherzhaften Tones der Pflegekraft ist dennoch ein Problem der Zuständigkeiten erkennbar. Der Vater antizipiert in diesem Moment, dass die Pflegekraft sich möglicherweise durch seinen Blick ins Badezimmer kontrolliert gefühlt haben könnte. Dies zeugt von hoher Sensibilität für die Brisanz des Themas Eltern-Pflegekraft-Expertise in der Begleitung des erkrankten Kindes. Die Krankenschwester greift die Erklärung des Vaters scherzhaft auf, zeigt hiermit jedoch ebenfalls ihre Kenntnis der Thematik. Grundsätzlich zu hinterfragen bleibt jedoch, warum Eltern sich ihren Wünschen entsprechend nicht in allen Situationen der Pflege und Betreuung ihres Kindes willkommen fühlen können.

Die Pflege eines lebensverkürzend erkrankten Kindes im Kinderhospiz durch die Fachkräfte ist immer mit den Themen *Abgabe von Verantwortung, Vertrauen, Expertentum* und *Kommunikation* konnotiert. Eltern, die ihr Kind zu Hause täglich pflegerisch versorgen, haben die Möglichkeit, diese pflegerischen Handlungen für die Zeit ihres Aufenthaltes abzugeben und somit für die eigene Entlastung zu sorgen. Dies setzt voraus, dass sie der Kompetenz der Pflegekräfte vertrauen und ihr Kind bei ihnen pflegerisch gut aufgehoben wissen. Der Aufbau dieses Vertrauens benötigt Zeit und positive Erfahrungen mit der Versorgung des Kindes. Für die Pflegenden erfordert eine gelingende Kooperation das Wissen darüber, dass die Delegation von Pflegehandlungen an Fachkräfte für Eltern nicht immer leicht gelingt und sie die Möglichkeit erhalten müssen, sukzessives Vertrauen zu entwickeln. Hilfreich scheint es, Eltern grundsätzlich und ausnahmslos in Pflegesituationen ihres Kindes willkommen zu heißen, dies auch situativ zu kommunizieren und den elterlichen individuellen Bedürfnissen entsprechend in diese mit einzubeziehen.

Kommunikation ist auch auf einer anderen Ebene ein beobachtetes Thema im Feld gewesen, wie die folgende Beobachtungssequenz „Imitation" verdeutlicht:

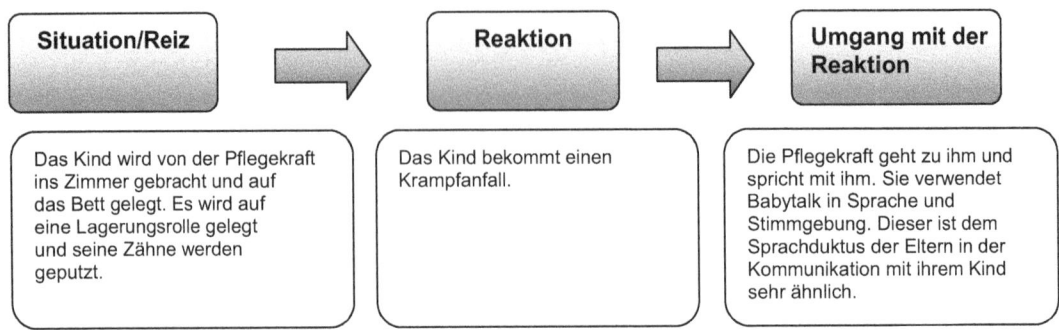

Situation/Reiz		Reaktion		Umgang mit der Reaktion
Das Kind wird von der Pflegekraft ins Zimmer gebracht und auf das Bett gelegt. Es wird auf eine Lagerungsrolle gelegt und seine Zähne werden geputzt.		Das Kind bekommt einen Krampfanfall.		Die Pflegekraft geht zu ihm und spricht mit ihm. Sie verwendet Babytalk in Sprache und Stimmgebung. Dieser ist dem Sprachduktus der Eltern in der Kommunikation mit ihrem Kind sehr ähnlich.

Abb. 68: Beobachtungssequenz „Imitation"

Interpretation der Beobachtungssequenz:
Die Pflegekraft hat den Krampf sofort erkannt, bleibt ruhig, reagiert angemessen und professionell. Die Imitation der Eltern kann zum einen als Unsicherheit im eigenen Umgang mit dem Kind interpretiert werden, die sie auf bewährte Kommunikationsformen zurückgreifen lässt. Möglich ist jedoch auch, dass die verwendete Sprache gezielt einsetzt, um dem Kind Sicherheit durch vertraute Kommunikation zu vermitteln.

Wie in dieser Situation fiel auch in anderen Interaktionen zwischen Kind und Pflegekräften auf, dass einige Mitarbeiter und Mitarbeiterinnen den elterlichen Dialog mit dem Kind imitieren. Sie sprechen in der gleichen Tonlage oder benutzen dieselben Wörter in der Kommunikation mit dem erkrankten Kind. Es stellt sich in diesem Zusammenhang die Frage, ob es für die Erweiterung der kommunikativen, aktionalen und emotionalen Kompetenzen der Kinder sinnvoll wäre, wenn die Mitarbeiter und Mitarbeiterinnen auch eigene Ideen und Kommunikationswege in den Dialog mit den Kindern einbringen oder ob für die lebensverkürzend erkrankten Kinder eine konsequente Kontinuität in der Ansprache aufrechterhalten werden sollte.
Dieses Spannungsfeld gilt auch für den Einsatz von dem Kind vertrauten Spielzeug. In einem Fall unserer Beobachtungen wurde immer dann das Lieblingsspielzeug (Kuscheltier) des Kindes von der zuständigen Pflegekraft hinzugezogen, wenn es sich um für das Kind schwierige Pflegesituationen handelte – vor allem bei der Nahrungsaufnahme. Zum einen schien das betroffene Kind meist von den beiden Impulsen (Essen *und* Spielzeug) überfordert, was sich im Rückzug von beiden Angeboten äußerte. Zum anderen scheint aber auch hier der Hinweis auf alternierende Reize angebracht, die die Chance bieten, dem Kind neue Wahrnehmungs-, Interessens- und Entwicklungsoptionen zu eröffnen. Möglicherweise liegt ein sinnvoller Umgang mit diesem Aspekt in einem auf das Kind abgestimmten Gebrauch beider Kommunikationswege, wobei die Einführung neuer Impulsen immer in Absprache mit den Eltern erfolgen sollte, um dem Kind die eventuelle Wiederholung unangenehmer Erfahrungen zu ersparen.

Weitere Beobachtungen zu diesem Themenbereich beziehen sich auf die folgenden beiden Aspekte:
- Trotz der liebevollen Begleitung der lebensverkürzend erkrankten Kinder durch die Pflegekräfte tragen regelmäßige Eltern-Kind-Interaktionen zum Wohlbefinden der Kinder bei. Dies wurde durch die beobachteten positiven Reaktionen der Kinder in Situationen festgestellt, in denen die Eltern nach kürzeren oder auch längeren Abwesenheitsphasen mit ihren Kindern interagierten. Dies spricht für eine notwendige enge Zusammenarbeit der Fachkräfte mit den Eltern während der Aufenthalte im Kinderhospiz, da sowohl der Kontakt mit den Eltern als auch die Begleitung der Fachkräfte auf unterschiedlichen Ebenen zum Wohlbefinden der Kinder beitragen.
- Die Eltern erleben ihr Kind im Kinderhospiz auf andere Weise als im Alltag, da sie durch Abnahme der Pflege entlastet werden. Es bleibt dadurch Zeit für entspannte, nicht alltägliche Situ-

ationen wie z.B. das gemeinsame Kuscheln oder Snoezelen. Die dadurch bedingte Entspannung der Eltern wirkt sich positiv auf die Eltern-Kind-Interaktionen und das Wohlbefinden des Kindes aus.

Kategorie 4: (Sonder-) Pädagogische und therapeutische Angebote

Die pädagogische Arbeit bildet neben der Pflege und Begleitung der lebensverkürzend erkrankten Kinder einen weiteren wichtigen Bereich der Kinderhospizarbeit (vgl. Halbe 2003, 26–27). Die diesem Themenkomplex zugrunde liegende Ausgangsfrage lautet, ob in der alltäglichen Praxis der kinderhospizlichen Arbeit neben der Pflege und Begleitung auch pädagogische Angebote mit den lebensverkürzend erkrankten Kinder durchgeführt werden. Außerdem ist es für die Qualität stationärer Kinderhospize zudem relevant, *welche* Angebote jeweils mit den schwerstkranken Kindern durchgeführt werden.

- Pflege und Begleitung der lebensverkürzend erkrankten Kinder erfolgt in den beiden als Forschungsfelder verfügbaren Kinderhospizen hauptsächlich durch die Pflegekräfte. Pädagogische Angebote beziehen sich in beiden Kinderhospizen primär auf die Begleitung der Geschwister und Eltern, sodass nur vereinzelt gezielte (sonder-) pädagogische Angebote für die lebensverkürzend erkrankten Kinder beobachtet werden konnten.
- Die (sonder-) pädagogischen Angebote, die für die Kinder mit den Pflegekräften gemacht werden, beinhalten überwiegend das Vorlesen und das Spazierengehen. Auf diese Angebote reagierten beide Kinder durchweg positiv, sodass vermutet werden kann, dass die pädagogischen Angebote einen Teil der Qualität kinderhospizlicher Arbeit für die betroffenen Kinder ausmachen können und sollten.
- Es lässt sich hieraus folgern, dass die meist für die Betreuung zuständigen Kinderkrankenschwestern über nur unzureichende Kenntnisse und Kompetenzen bzgl. der (sonder-) pädagogischen Begleitung der schwerstkranken Kinder verfügen. Hier besteht Bedarf an Weiterqualifizierung und interdisziplinärer Vernetzung mit den pädagogischen Fachkräften.
- Gemeinsame pädagogische Angebote mit mehreren lebensverkürzend erkrankten Kindern, wie zum Beispiel ein Ausflug oder gemeinsames Musizieren, wurden kaum durchgeführt. Trotzdem konnte festgestellt werden, dass die beobachteten Kinder in unterschiedlichster Form positiv in der Interaktion mit anderen lebensverkürzend erkrankten Kindern reagieren, und somit davon ausgegangen werden kann, dass gemeinsame pädagogische Angebote eine positive Wirkung entfalten. Möglicherweise ist nicht allen Pflegekräften bewusst, dass die Interaktionen zwischen den Kindern durchaus für sie angenehme und befriedigende Erfahrungen darstellen können, wie aus der Beobachtungssequenz „Snoezelenraum" hervorgeht.

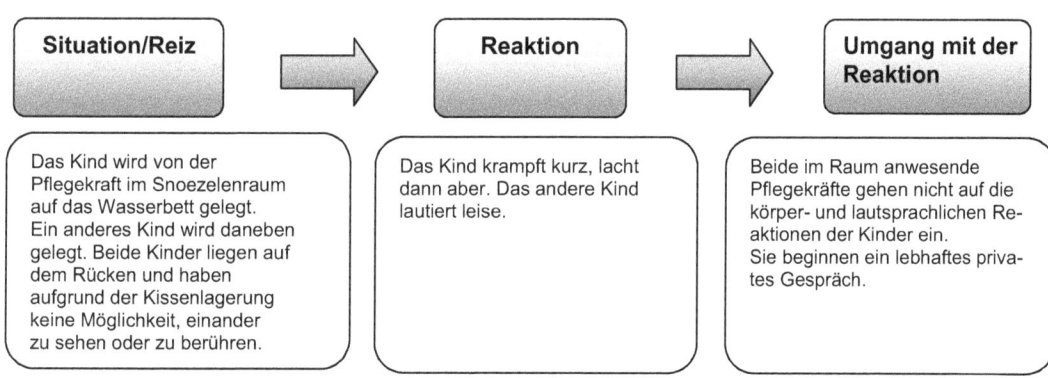

Abb. 69: Beobachtungssequenz „Snoezelenraum"

Interpretation der Beobachtungssequenz:
Den Kindern werden durch die ungünstige Lagerung im Raum kein Kontakt und keine Interaktion miteinander ermöglicht. Das Snoezelen hat eher den Charakter passiven Entertainments als den gestalteten gemeinsamen Erlebens. Die beiden Pflegekräfte gehen ihren persönlichen Interessen nach und achten nicht auf die Bedürfnisse der beiden Kinder. Zudem stört die Interaktion der Pflegekräfte die Entspannung der Kinder, da im Snoezelenraum Entspannungsmusik läuft.

Snoezelen kann als pädagogisch-therapeutisches Angebot je nach Intention der das Kind begleitenden Fachkraft als zielgerichtete Einzelaktion durchgeführt werden. Die Beobachtung von Snoezelenangeboten im Feld Kinderhospiz lässt vermuten, dass diese meist ohne konkrete Zielrichtung bzw. systematische Gestaltung genutzt werden. Häufig war hier ein hohes Maß an Unruhe durch das Kommen und Gehen verschiedener Mitarbeiter/innen zu beobachten, was dem Snoezelen eher die Funktion eines undifferenzierten Freizeitangebotes als einer gezielten Aktivität verleiht. Hierin unterscheiden sich Kinderhospize scheinbar nicht von vielen anderen Institutionen der Förderung und Rehabilitation von Kindern mit schwersten Behinderungen.

Auch die Tatsache, dass wie in oben zitierter Beobachtungssequenz zwei Kinder nebeneinander auf das Wasserbett gelegt werden, wirkt eher zufällig. Eine Interaktion zwischen den beiden Kindern im Sinne gemeinsamen Erlebens dieser entspannenden Sequenz scheint nicht intendiert. Gerade Momente höchster Entspannung und Zufriedenheit, wie sie das Snoezelen für viele schwerstbehinderte Kinder bietet, können jedoch für die unterschiedlichsten, behutsamen Wege der Kontaktaufnahme und Kommunikation sinnvoll pädagogisch genutzt werden – z.B. durch unterstützte Berührungen, Blickkontakt u.ä. Gemeinsame Angebote für mehrere Kinder könnten auch eine Bereicherung für die Qualität der in den Kinderhospizen durchgeführten Therapien darstellen.

Die therapeutischen Angebote in den Kinderhospizen tragen, in Form von Kooperation mit externen Fachkräften wie z.B. mit Physio- und/oder Musiktherapeuten, aber auch durch die pädagogisch-therapeutischen Angebote (Snoezelen, Kinästhetik) der Pflegekräfte selbst, zum Wohlbefinden der lebensverkürzend erkrankten Kinder maßgeblich bei. Dies verdeutlichen die folgenden beiden Beobachtungssequenzen „Whirlpool" und „Snoezelenraum 2".

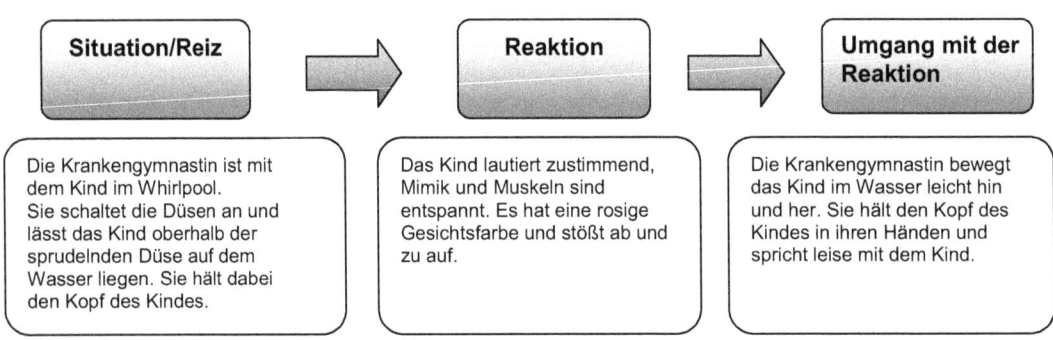

Abb. 70: Beobachtungssequenz „Whirlpool"

Interpretation der Beobachtungssequenz:
Das Kind genießt das Wasser, den Sprudel und die Körperlage auf dem Wasser. Es entspannt zunehmend. Das Aufstoßen kann als Zeichen der Schleimlockerung gesehen werden. Die Bewegung im Whirlpool hat als krankengymnastisches Angebot eine positive Wirkung auf das Wohlbefinden des Kindes.

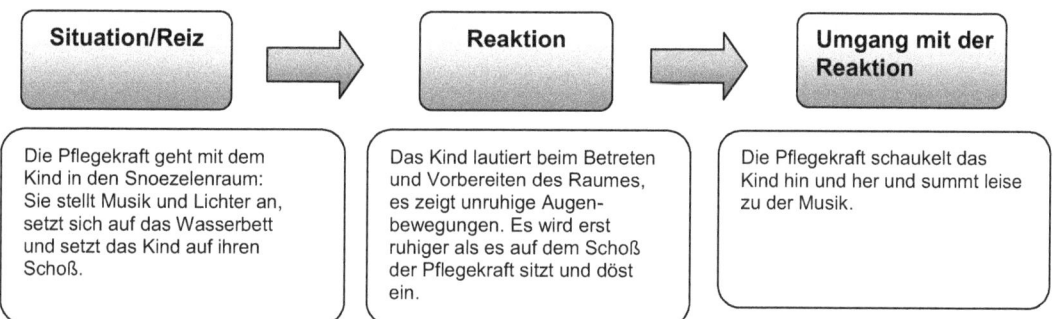

Situation/Reiz	Reaktion	Umgang mit der Reaktion
Die Pflegekraft geht mit dem Kind in den Snoezelenraum: Sie stellt Musik und Lichter an, setzt sich auf das Wasserbett und setzt das Kind auf ihren Schoß.	Das Kind lautiert beim Betreten und Vorbereiten des Raumes, es zeigt unruhige Augenbewegungen. Es wird erst ruhiger als es auf dem Schoß der Pflegekraft sitzt und döst ein.	Die Pflegekraft schaukelt das Kind hin und her und summt leise zu der Musik.

Abb. 71: Beobachtungssequenz „Snoezelenraum 2"

Interpretation der Beobachtungssequenz:

Das Kind genießt den Aufenthalt im Snoezelenraum mit seinen Reizen und visuellen wie vestibulären Anregungen. Es wird deutlich, dass die körperliche Nähe und Zuwendung der Pflegekraft zusätzlich eine beruhigende, entspannende Wirkung hat.

In den beiden hier dargestellten Beobachtungssequenzen wird deutlich, dass die pädagogisch-therapeutischen Angebote von den Kindern als wohltuende, in beiden Fällen entspannende Maßnahmen erlebt wurden. Ihre körpersprachlichen Signale lassen sich hier recht eindeutig interpretieren.

Je nach Krankheitsbild und aktuellem Gesundheitsstatus der sich im Kinderhospiz befindenden Kinder scheinen jedoch auch Angebote sinnvoll, die weniger entspannende und stärker anregende, motivierende Funktionen haben. Dies zeigt auch nachfolgende Beobachtungssequenz „Schaukeln".

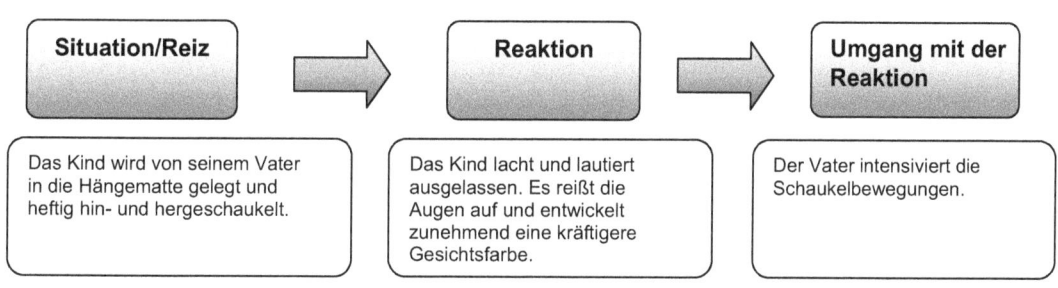

Situation/Reiz	Reaktion	Umgang mit der Reaktion
Das Kind wird von seinem Vater in die Hängematte gelegt und heftig hin- und hergeschaukelt.	Das Kind lacht und lautiert ausgelassen. Es reißt die Augen auf und entwickelt zunehmend eine kräftigere Gesichtsfarbe.	Der Vater intensiviert die Schaukelbewegungen.

Abb. 72: Beobachtungssequenz „Schaukeln"

Interpretation der Beobachtungssequenz:

Die durch die starken Schaukelbewegungen hervorgerufenen Reize zeigen, dass das Kind diese sehr genießt. Auch der Vater interpretiert die Reaktion in dieser Weise und bewegt die Schaukel noch etwas kräftiger. Die im Vergleich mit anderen Situationen, in denen es gezielt stimuliert wurde, ausgelassene Reaktion zeigt, dass das Kind starke Reize mag. Möglicherweise verhelfen die in dieser Beobachtungssequenz beschriebenen Reize dem Kind dazu, „das eigene Leben zu spüren" (Fröhlich 2009, 19), wie es als ein Teilziel Basaler Stimulation formuliert wird. Gerade schwerstbehinderte Kinder sind häufig darauf angewiesen, ihre Fähigkeiten zur sensorischen Integration über stärkere und somit greifbare Reize weiterzuentwickeln. Da bislang keine der Fachkräfte in dieser Form mit dem erkrankten Kind agierte, ist zu vermuten, dass diesbezügliches Fachwissen hier noch ausbaufähig ist und im Falle des beobachteten Kindes auch ein Austausch mit den Eltern über verschiedene, sinnvolle Fördermöglichkeiten einer adäquaten abwechslungsreichen Begleitung zugutekäme.

Abschließend lässt sich folgern, dass aus den aus den Beobachtungen entwickelten Feststellungen und Hypothesen zahlreiche Aspekte der Qualität von Kinderhospizen aus der Perspektive der betroffenen Kinder abzulesen sind. Diese werden ergänzt durch die Beschreibung und Auswertung der Daten mit lautsprachlich kommunizierenden Jugendlichen, die sich im folgenden Kapitel anschließt.

2.2.1.3 Zusammenfassung und Ausblick
- Schwerstbehinderte, lebensverkürzend erkrankte Kinder erfahren in Kinderhospizen meist eine äußerst sensible, empathische und bedürfnisorientierte Pflege, für die den Pflegenden ausreichende zeitliche Ressourcen zur Verfügung stehen.
- Schwerstbehinderte, lebensverkürzend erkrankte Kinder benötigen im Kinderhospiz ein hohes Maß an ritualisierter Kontinuität, um sich sicher zu fühlen. Diese Kontinuität ist – sofern noch nicht gegeben – auf personaler und räumlicher Ebene, aber auch auf der Ebene konkreter Pflegehandlungen herbeizuführen.
- Schwerstbehinderte, lebensverkürzend erkrankte Kinder benötigen im Kinderhospiz die professionelle und ungeteilte Achtsamkeit und Aufmerksamkeit der Pflegenden in für sie subjektiv schwierigen Pflegesituationen. Die Pflegekräfte benötigen die fachliche Kompetenz zur erfolgreichen und bedürfnisorientierten Gestaltung dieser Situationen.
- Schwerstbehinderte, lebensverkürzend erkrankte Kinder profitieren von gezielten pädagogisch-therapeutischen Angeboten. Diese können sowohl als Einzelangebote als auch als kommunikative Begegnungsorte zwischen den Kindern gestaltet sein. Für beide Formen weisen die vorliegenden Daten deutliche Entwicklungsbedarfe auf.
- Die Kooperation zwischen Fachkräften und Eltern bedarf zum Wohle der Kinder eines kontinuierlichen und die jeweilige Expertise wertschätzenden Dialoges. Ein solcher impliziert auch, dass die Fachkräfte die Eltern in allen Interaktionen mit dem Kind willkommen heißen, da nur auf diesem Weg das Vertrauen in die Kompetenz der Fachleute wachsen kann. Dieser Dialog gelingt nicht immer und muss deshalb auf der Grundlage des Wissens um die Perspektive der jeweils anderen Beteiligtengruppe gelernt und im Prozess des Miteinanderseins kontinuierlich reflektiert werden. Für diesen Prozess tragen die Fachkräfte des Kinderhospizes die primäre Verantwortung.

Trotz der ausführlichen Teilnehmenden Beobachtung in zwei Kinderhospizen und der sich daran anschließenden Auswertung, bleiben einige Fragen offen und es besteht der Bedarf nach weiterführender Erforschung der Perspektive der lebensverkürzend erkrankten Kinder und Jugendlichen, die nicht lautsprachlich kommunizieren können.

- Zur Erfassung der Bedürfnisse und Wünsche der lebensverkürzend erkrankten Kinder und Jugendlichen ist die Entwicklung eines umfassenden und ausführlichen Beobachtungsverfahrens notwendig. Die für die Studie entworfenen Bögen können dafür als erste Impulse gelten.
- Im Hinblick auf die Rolle der Eltern während gemeinsamer Aufenthalte im Kinderhospiz besteht, wie die Teilnehmende Beobachtung zeigt, weiterer Forschungsbedarf. Eine grundsätzliche Klärung des Rollenaspektes und die damit einhergehende diesbezügliche Haltung der Professionellen würden auch maßgeblich zum Wohlbefinden der Kinder beitragen.
- Die pädagogischen und therapeutischen Angebote für die lebensverkürzend erkrankten Kinder und Jugendlichen sollten ausgebaut werden, da diese zur Lebensqualität der Kinder beitragen. Dabei sollten nicht nur Einzel- sondern auch Gruppenangebote entwickelt werden.

2.2.2 Lautsprachlich kommunizierende lebensverkürzend erkrankte Jugendliche
2.2.2.1 Durchführung der Erhebung
Neben dem Erleben der Aufenthalte von lebensverkürzend erkrankten Kindern, die aufgrund der Schwere ihrer Erkrankung nicht lautsprachlich kommunizieren und kognitiv beeinträchtigt sind, wurde auch das Erleben der Aufenthalte in Kinderhospizen zweier progredient erkrankter Jugendlicher mit

lautsprachlicher Kommunikation und ohne kognitive Beeinträchtigung erfasst. Als Erhebungsmethode wurde das Experteninterview gewählt, da die erkrankten Jugendlichen als Experten für ihre Erkrankung und ihr Erleben der Aufenthalte in Kinderhospizen fungieren (siehe Methodenteil Experteninterviews). Es wurde auf Grundlage vorhandenen theoretischen Wissens und der bereits durchgeführten teilnehmenden Beobachtung ein Interviewleitfaden entwickelt. Grundlage war folgende Fragestellung: Wie erleben lebensverkürzend erkrankte Jugendliche, die ein stationäres Kinderhospiz besuchen, die Qualität der kinderhospizlichen Angebote?

Der Leitfaden wurde zielgruppenspezifisch entwickelt. Das bedeutet zum einen, dass die Fragen in altersgerechter und leichter Sprache in kurzen und verständlichen Sätzen formuliert wurden, und zum anderen wurde eine Begrenzung in der Anzahl der Fragen vorgenommen. In einem nächsten Schritt wurden mit Hilfe zweier Kinderhospize zwei Interviewpartner/innen gesucht. Die Suche erwies sich als schwierig, da viele Gäste der Kinderhospize die Kriterien „lautsprachliche Kommunikation" und „Jugendliche" nicht erfüllen. Neben diesen beiden Kriterien war des Weiteren das Prinzip der Freiwilligkeit relevant. Das bedeutet, dass sich die Jugendlichen freiwillig für das Interview bereit erklären sollten. Es fanden sich schließlich zwei progredient erkrankte Jugendliche, die sich für ein Interview bereit erklärten.

Ein Experteninterview wurde während des Aufenthaltes eines erkrankten Jugendlichen im Kinderhospiz, das zweite Interview im häuslichen Umfeld des Jugendlichen vom Forscherteam durchgeführt. Sie wurden elektronisch aufgezeichnet und anschließend transkribiert. Mit Hilfe der zusammenfassenden Inhaltsanalyse nach Mayring (2008) und MAXQDA wurden die Interviews ausgewertet und folgende Kategorien im Zuge des Analyseverfahrens generiert:

Kategorie 1: Lebenssituationen der progredient erkrankten Jugendlichen
Kategorie 2: Persönliches Erleben der Aufenthalte im Kinderhospiz
Kategorie 3: Erleben der Aufenthalte im Kinderhospiz mit und ohne Familie
Kategorie 4: Bewältigung der progredienten Erkrankung und Thematisierung thanataler Aspekte
Kategorie 5: Wünsche an die Angebote der stationären Kinderhospizarbeit

2.2.2.2 Darstellung und Interpretation der Ergebnisse

Kategorie 1: Lebenssituationen der progredient erkrankten Jugendlichen

Progredient erkrankte Jugendliche besuchen in der Regel bis zu einem Alter von 18 Jahren, in Ausnahmen auch bis 21 Jahre, stationäre Kinderhospize. Jugendliche sind nach deutschem Recht: "Wer 14, aber noch nicht 18 Jahre alt ist" (vgl. §7 Abs. 1 Nr. 2 SGB VIII, 1990). 2009 wurde das erste deutsche Jugendhospiz, angegliedert an das Kinderhospiz Balthasar, in Olpe eröffnet, das speziell auf die Bedürfnisse der erkrankten Jugendlichen ausgerichtet ist. Es „soll die bisherige Hospizlandschaft in Deutschland ergänzt und diese wichtige Versorgungslücke geschlossen werden"[113]. Das Leitziel der Begleitung im Jugendhospiz ist „So viel Selbstständigkeit wie möglich". Das bedeutet, dass die Jugendlichen ihren Aufenthalt so selbstständig, wie es ihnen möglich ist, gestalten können, sie aber professionelle Unterstützung und Hilfe durch die Mitarbeitenden erhalten. Unter lebensverkürzend erkrankten Jugendlichen versteht das Kinderhospiz Balthasar die Zielgruppe der 16- bis 25-Jährigen (vgl. http://www.kinderhospiz-balthasar.de/?page=588, letzter Zugriff: 05.05.2010). Im April 2010 eröffnete ein weiteres Jugendhospiz in Hamburg, das an das Kinderhospiz Sternenbrücke angegliedert ist (vgl.https://www.sternenbruecke.de/aktuelles.html, letzter Zugriff: 07.05.2010). In diesem Jugendhospiz werden lebensverkürzend erkrankte Jugendliche im Alter von 18 bis 27 Jahren begleitet. Diese Altersgruppe wird per Gesetz als „Junge Volljährige" definiert (vgl. §7 Abs. 1 Nr. 3 SGB VIII, 1990).

Das Erleben der Aufenthalte von progredient erkrankten Jugendlichen in stationären Kinder- und Jugendhospizen ist individuell verschieden und hängt von verschiedenen Faktoren und Einflussgrößen ab. Als eine wichtige Einflussgröße ist die Heterogenität der lebensverkürzenden Diagnosen innerhalb der Zielgruppe progredient erkrankter Kinder und Jugendlichen herauszustellen. So besuchen viele le-

---

[113] vgl. Flyer Kinderhospiz Balthasar Sonderausgabe 2010, http://www.kinderhospiz-balthasar.de/media/docs/Jugendhospiz_flyer.pdf (Letzter Zugriff: 08.04.2010).

bensverkürzend erkrankte Kinder und Jugendliche, die sich aufgrund der Schwere ihrer Erkrankung nicht lautsprachlich äußern können und kognitiv beeinträchtigt sind, stationäre Kinder- oder Jugendhospize. Es sind aber auch progredient erkrankte Kinder und Jugendliche in Kinder- oder Jugendhospizen anzutreffen, die lautsprachlich kommunizieren und nicht kognitiv beeinträchtigt sind. Jennessen (2010) führt in Hinblick auf weitere diverse Einflussgrößen an: „Zu diesen die Diversität der Lebenssituation kennzeichnenden Variablen gehören beispielsweise:
- Zeitpunkt der Diagnose
- Individuelles Entwicklungsalter
- Auswirkungen des Krankheitsverlaufes auf die Physis
- Auswirkungen des Krankheitsverlaufes auf die Kognition
- Auswirkungen des Krankheitsverlaufes auf die Kommunikation
- Kommunikationsbedürfnisse in Bezug auf thanatale Fragestellungen
- Personale und soziale Ressourcen sowie individuelle Resilienz" (Jennessen 2010, 271ff.).

Es lassen sich aber auch gemeinsame Kennzeichen einer lebensverkürzenden Erkrankung benennen. Diese sind
- „Fortschreitender Verlust von Fähigkeiten
- Verfrühter Tod
- Leben mit Abschieden
- Bedarf an medizinisch-therapeutischer Behandlung und Pflege
- Irritationen des näheren und weiteren sozialen Umfeldes
- Spezifische Entwicklungsaufgaben
- Beibehaltung entwicklungsgemäßer Lebensthemen" (Jennessen 2010, 27ff.).

Des Weiteren können in Bezug auf die Kinderhospizarbeit weitere Aspekte herausgestellt werden, wie die Besuchkonstellation während des Aufenthaltes im Kinder- oder Jugendhospiz (mit oder ohne Familie), die Anzahl der bisherigen Aufenthalte im jeweiligen Kinder- oder Jugendhospiz und die in den Kinder- und Jugendhospizen vorhandenen Angebote. Außerdem ist das individuelle Erleben auch dadurch bedingt, dass jeder lebensverkürzend erkrankte Jugendliche unterschiedliche subjektive Bedürfnisse und Wünsche hat, die vom Kinder- oder Jugendhospiz erfüllt oder nicht erfüllt werden können.
Die Lebenssituation der beiden Jugendlichen unterscheidet sich aufgrund der individuellen psychosozialen Situation, die unter anderem durch das Leben in unterschiedlichen Familienformen, verschiedenen Geschwisterkonstellationen und durch die jeweilige Erkrankung geprägt ist. Der interviewte Jugendliche (IP) F. ist der älteste von vier Kindern und wohnt mit diesen bei seinen Eltern. Beide Eltern haben einen Migrationshintergrund (vgl. IP F.; S. 15; Z. 460–470). Der interviewte Junge D. wohnt alleine mit seiner Mutter zusammen. Er hat eine ältere Schwester, die aber in einer eigenen Wohnung lebt. Trotz aller Verschiedenheit und der Individualität eines jeden Lebens lassen sich doch Gemeinsamkeiten beschreiben. Die erste Gemeinsamkeit bezieht sich auf das Geschlecht. Beide Interviewpersonen sind männlich und im Jugendalter. IP F. ist 13 Jahre und IP D. 15 Jahre alt. Eine weitere Gemeinsamkeit ist, dass beide Jugendlichen um ihre Erkrankung wissen und die Diagnose genau benennen können. Einer der Jugendlichen ist an dem Louis-Bar-Syndrom erkrankt, der andere Jugendliche hat eine Spinale Muskelatrophie.

„Louis-Bar-Syndrom." (IP D.; S. 6, Z. 164)

„Spinale Muskelatrophie." (IP F.; S. 12, Z. 382)

Beide Jugendliche verbindet die lebensverkürzende Diagnose und die damit einhergehende Lebensbedrohung. Diese stellt für betroffene Jugendliche eine Grenzsituation dar, in der sie häufig eine große Unsicherheit, Hilflosigkeit und Ängste erleben (vgl. Daut 2005, 59).
Eine weitere Gemeinsamkeit ist, dass beide Interviewpersonen die Förderschule mit dem Förderschwerpunkt körperliche und motorische Beeinträchtigungen besuchen. Diese Schulform wird häufig von progredient erkrankten Kindern und Jugendlichen, insbesondere von Kindern und Jugendlichen

mit Muskel- und Stoffwechselerkrankungen (vgl. Fries/Leglemann 2008; Bergeest 2006) besucht, da diese sich unter anderem die bedürfnisorientierte Förderung dieser Zielgruppe zur Aufgabe gemacht hat.

Lebensverkürzend erkrankte Jugendliche können seit 1998 in Deutschland mit ihren Familien oder alleine die Angebote der stationären Kinderhospizarbeit nutzen. In Bezug auf die Frage nach der Häufigkeit des Besuchs eines Kinderhospizes geben IP F. und IP D. an, dass es nicht ihr erster Besuch im Kinderhospiz ist. Auf die Nachfrage, wie oft sie bereits im Kinderhospiz waren, gibt IP D. folgende Antwort.

„So genau weiß ich das jetzt nicht." (IP D.; S. 1, Z. 22)

Sie haben bisher nur je ein Kinderhospiz besucht. IP F. besucht das Kinderhospiz sowohl mit seiner Familie als auch alleine.

„Also in den Herbstferien letztes Jahr, da war ich mit meiner Mutter und mit meinen Geschwistern, aber sonst war ich nur alleine." (IP F.; S. 2, Z. 56–57)

IP F. gibt an, dass er seinen nächsten Aufenthalt im Kinderhospiz bereits geplant hat. IP D. merkt in diesem Zusammenhang an, dass er in Zukunft nicht mehr in das Kinderhospiz darf, sondern in das Jugendhospiz fahren wird, das angebaut werden soll.

„Aber bald darf ich hier nicht mehr ins Kinderhospiz." (IP D.; S. 1, Z. 26)

Die Aussage der IP D. zielt auf eine grundsätzliche Veränderung in der Kinderhospizarbeit ab, da mit dem Bau und der Eröffnung des ersten Jugendhospizes 2009 in Olpe, angegliedert an das bisherige Kinderhospiz, die Zielgruppe der lebensverkürzend erkrankten Jugendlichen mit ihren altersspezifischen Bedürfnissen angesprochen und in Zukunft stärker bedürfnisorientiert begleitet werden soll. Im Jugendhospiz werden Jugendliche und junge Erwachsene im Alter von 16 bis 27 Jahren durch ein multiprofessionelles Team und eine bedürfnisorientierte Ausstattung begleitet.

Kategorie 2: Persönliches Erleben der Aufenthalte im Kinderhospiz
Das persönliche Erleben der Aufenthalte im Kinderhospiz ist individuell verschieden und neben der psychosozialen Situation der Jugendlichen von weiteren Einflussfaktoren abhängig. Als ein bedeutsamer Einflussfaktor kann das Personal in Kinderhospizen benannt werden, da beide Interviewpartner dieses als erstes bei der Frage „Was fällt dir als erstes ein, wenn du an das Kinderhospiz denkst?" erwähnen.

„Wenn ich hier dran denke, fallen mir immer erst die Pfleger und die Pflegerinnen ein." (IP D.; S. 2, Z. 36–37)

„Die Mitarbeiter. Also die sind sehr nett und man kann halt auch mit den reden und alles. Ich meld mich auch manchmal telefonisch." (IP F.; S. 2, Z. 60–61)

Aus der Aussage der IP F. geht hervor, dass der Kontakt zu den Mitarbeitenden telefonisch auch unabhängig von den Aufenthalten gehalten wird. Es wird die besondere Rolle, die die Mitarbeitenden des Kinderhospizes im Leben des Jugendlichen spielen, ersichtlich.

Im Kinderhospiz wird darauf geachtet, dass der individuelle Tagesablauf der Jugendlichen eingehalten wird. Dabei wird häufig auf die Wünsche der Jugendlichen bzgl. der Freizeitgestaltung eingegangen. Für IP F. gestaltet sich der Tagesablauf im Kinderhospiz folgendermaßen:

„Oh ja, aufstehen, waschen oder duschen, frühstücken, Play Station, vielleicht gehen wir auch manchmal raus, Park spazieren, Enten füttern, Eis essen, ja." (IP F.; S. 3, Z. 112–113)

IP F. gibt weiterhin an, abends Musik zu hören oder viel nachzudenken. Es wird deutlich, dass die IP F. vielfältige und seinen Bedürfnissen entsprechende Angebote im Kinderhospiz wahrnehmen kann und wahrnimmt.

IP D. macht zum Tagesablauf keine genauen Angaben. Sein Tagesablauf besteht überwiegend aus Spielen mit einer Spielkonsole. Außerdem gibt er an, dass er sich häufig mit anderen Personen im Kinderhospiz unterhält. Meistens finden diese Gespräche mit den Eltern der anderen Kinder statt, die das Kinderhospiz besuchen. Häufiges Gesprächsthema dieser Kommunikationen ist IP D's Lieblingsbeschäftigung, die Wii.

„IP D.: Ich unterhalt mich hier sehr oft und ganz gerne.
I: Mit wem unterhältst du dich denn?
IP D.:   Mit den Eltern.
I: Mit den Eltern von den anderen Kindern, die hier sind?!
IP D.:   (Kopfnicken)
I: Und worüber sprecht ihr dann so?
IP D.:   Meistens über die Wii." (IP D.; S. 3, Z. 63–68)

Diese und die folgende Aussage machen deutlich, dass das Kinderhospiz für lebensverkürzend erkrankte Jugendliche ein wichtiger Ort der Kommunikation mit verschiedenen Personen ist. Die IP F. unterhält sich überwiegend mit den Mitarbeitenden des Kinderhospizes.

„Also, dass die immer so, wie soll ich sagen, Verständnis haben und so. Dass man mit den über alles reden kann und so. Aber nicht so, z.B. wir reden jetzt über was Persönliches und z.B. das ist so einer, der würde das weitersagen, obwohl ich jetzt sage, sagst bitte nicht weiter und, und das wär dann doof, wenn die das weitersagen würden, aber so sind die halt nicht." (IP F.; S. 3, Z. 63–67)

Diese Aussage zeigt, dass die Mitarbeitenden sehr verständnisvoll und offen für die Bedürfnisse der erkrankten Jugendlichen sind, und dass diese mit deren Loyalität und Verschwiegenheit rechnen können, was persönliche Dinge betrifft. Das Verhältnis zwischen den Fachkräften und den Jugendlichen kann somit als vertrauensvoll bezeichnet werden. Bei beiden Interviewpartnern fällt auf, dass sie im Kinderhospiz wenig Kontakt zu anderen Kindern und insbesondere nicht zu Jugendlichen in ihrem Alter haben.

„Das ist selten." (IP D.; S. 4, Z. 116)

Als Grund benennt IP D., dass er mit den meisten Kindern im Kinderhospiz aufgrund deren eingeschränkter Fähigkeiten, Schwere der Erkrankung und Behinderung nicht spielen kann.

„Mit Kindern kann ich hier selten spielen, die können ja meistens nichts mehr." (IP D.; S. 4, Z. 113–115)

Interessant ist, dass IP D. die Frage, ob er zu Jugendlichen Kontakt hat, wenn er wieder zu Hause ist, ebenfalls verneint (vgl. IP D.; S. 4, Z. 118). Es kann daraus gefolgert werden, dass die sozialen Kontakte von progredient erkrankten Jugendlichen zu Gleichaltrigen häufig stark eingeschränkt sind und sich zumeist auf die Schule beziehen (vgl. Leyendecker/Lammers 2001, 55). „Es klafft eine große Lücke zwischen dem Bedürfnis nach sozialem Kontakt und dessen Erfüllung" (Leyendecker/Lammers 2001, 55). Die aufgrund der Erkrankung und der damit verbundenen Hilfsbedürftigkeit vorhandene stärkere und längere Abhängigkeit vom Elternhaus und der Besuch von Förderschulen, die in der Regel nicht in der Nähe des Wohnortes angesiedelt sind, stellen mögliche Erklärungsansätze dar. Dies ist auch ein Ergebnis einer Studie von Daut (2005), der junge Männer mit Duchenne Muskeldystrophie zu ihrer Lebenssituation befragte (vgl. Daut 2005, 168ff.).

Die Eröffnung der ersten Jugendhospize in Deutschland kann diesbezüglich eine Verbesserung von adäquaten Kontaktmöglichkeiten der Jugendlichen darstellen. Dabei ist kritisch anzumerken, dass es sich bei diesen Kontaktmöglichkeiten um zielgruppenspezifische soziale Kontakte zu ebenfalls Betroffenen handelt und der Kontakt zu nicht erkrankten Gleichaltrigen, im Sinne der Inklusion, dadurch nicht gefördert wird.

IP F. antwortet auf die Frage, wer im Kinderhospiz seine Freunde sind:

„Eigentlich sind da meine Freunde die Mitarbeiter." (IP F.; S. 7, Z. 216)

Diese Aussage weist zum einen auf das enge Vertrauensverhältnis zu den Mitarbeitenden hin, zum anderen betont sie noch einmal die Problematik der geringen sozialen Kontaktmöglichkeiten im Kinderhospiz, insbesondere zu Gleichaltrigen.

Als weitere Einflussfaktoren auf das persönliche Erleben der Aufenthalte im Kinderhospiz können die Rahmenbedingungen benannt werden, da beide Interviewpartner es sehr schön und angenehm empfinden, dass die Kinderhospize ausreichend Platz für Rollstuhlfahrer bieten und dadurch die Möglichkeit besteht, sich frei nach Belieben und individuellen Wünschen zu bewegen.

„Wir können uns frei bewegen." (IP D.; S. 4; Z. 102)

Auch die Barrierefreiheit der Küche oder des Aufenthaltsraumes finden bei beiden Interviewpersonen großen Anklang. Besonders das Badezimmer entspricht IP F.'s Vorstellung.

„IP F.: Das Badezimmer gefällt mir.
I: Warum?
IP F.: Weil das ist sehr groß, meine Mama wünscht sich auch so eins. Mir gefällt das einfach so groß und dann kann ich mich einfach so bewegen." (IP F.; S. 8, Z. 253–256)

Die Möglichkeiten der Freizeitgestaltung während des Aufenthaltes bewerten beide Interviewpersonen als positiv.

„I: Und die Möglichkeiten zur Freizeitgestaltung, wie würdest du die einschätzen?
IP. D: Freizeit würde ich auf die Kategorie gut setzen." (IP D.; S. 4, Z. 105–107)

Die häufigen Personalwechsel empfindet die IP F. nicht als störend.
„I: Wie findest du das, dass da auch ein Wechsel ist zwischen den Mitarbeitern?
IP F.: Gut.
I: Ja? Findest du es nicht doof, dass die sich abwechseln?
IP F.: Nö, warum soll ich das doof finden?" (IP F.; S. 11, Z. 173–183)

Der Aufenthalt in den jeweiligen Kinderhospizen wird von beiden Interviewpersonen als positiv bewertet. Sie benennen kaum Kritik- bzw. Verbesserungsaspekte. Lediglich IP F. gibt an, dass der Aufenthalt im Kinderhospiz zu schnell vorbeigeht und er gerne länger bleiben würde.

„I: Okay. Gibt es auch was, was dir überhaupt nicht gefällt im Kinderhospiz?
IP F.: Nein, das eigentlich nicht. Weil die Einrichtung die, wenn man da hinkommt dann sind man dann dies Haus mit dem (...) und das ist einfach toll und die sind halt einfach nett und es gibt einfach nichts, was mir da nicht gefallen würde. Nur mir gefällt nicht, wenn ich so früh nach Hause muss. Wenn die Woche, also ich bin ja immer in den Ferien da und dann buche ich immer für eine oder zwei Wochen und dann gehen die, geht die Zeit immer so schnell vorbei. Und das ist dann ein bisschen blöd.
I: Das heißt du würdest gern länger bleiben?
IP F.: Ja." (IP F.; S. 6–7, Z. 187–197)

Die Aussage der IP F. weist auf die Problematik hin, dass Aufenthalte in stationären Kinderhospizen jährlich auf 28 Tage begrenzt sind. Von Seiten der Eltern besteht, laut Ergebnissen der Befragung, ein hoher Bedarf an längeren Aufenthalten und einer Aufhebung der Beschränkung auf 28 Tage pro Jahr. Dieser Bedarf besteht auch bei den erkrankten Jugendlichen. Es ist an dieser Stelle anzumerken, dass der Bedarf an stationären Kinderhospizen in Deutschland gedeckt zu sein scheint, da einige Kinderhospize bereits Belegungsprobleme haben (vgl. Zernikow/Michel 2008, 27). Für einige Zielgruppen besteht die Möglichkeit der längerfristigen Unterbringung und Unterstützung in stationären Kurzzeitpflegeeinrichtungen, wie z.B. in Wohngruppen für beatmete Kinder (vgl. Zernikow/Michel 2008, 28–30), die sich jedoch signifikant von der konzeptionellen Ausrichtung stationärer Kinderhospize unterscheiden.

Kategorie 3: Erleben der Aufenthalte im Kinderhospiz mit und ohne Familie
Lebensverkürzend erkrankte Jugendliche besuchen das Kinderhospiz entweder mit ihren Familien oder alleine. Beide Interviewpartner besuchen das Kinderhospiz häufiger alleine als mit der Familie. Dies entspricht der Lebensphase der Adoleszenz. In dieser erfolgen die Ablösung vom Elternhaus und die Zunahme der Bedeutung der Peer-Group. Dieser Prozess ist bei lebensverkürzend erkrankten Jugendlichen durch die krankheitsbedingte Pflegebedürftigkeit und die dadurch erhöhte und verlängerte Abhängigkeit von den Eltern vielfach erschwert (vgl. Leyendecker/Lammers 2001, 55; Daut 2005, 168–172). IP F. fährt lieber alleine ins Kinderhospiz, und auch IP D. besucht das Kinderhospiz lieber alleine, da er dann auch Unternehmungen alleine machen kann.

„Also jetzt nichts gegen meine Eltern, aber ich mag's auch, alleine da zu sein." (IP F.; S. 11, Z. 351)

„I: Was hat dir besser gefallen, mit oder ohne deine Mutter im Kinderhospiz zu sein?
IP D.: Ohne. Ganz klar ohne.
I: Und wieso?
IP D.: Weil ich ohne meine Mutter Sachen machen kann (...)
IP D.: Wenn wir z. B. einen Ausflug machen wollten, wollte sie immer mit.
I: Und das wolltest du nicht?
IP D.: Neee." (IP D.; S. 5, Z. 140–150)

IP F. gibt auf die Frage, ob er seine Eltern vermisst bzw. sie ihn vermissen an, dass er sie manchmal vermisst, aber noch nie Heimweh hatte, wenn er im Kinderhospiz war. Seine Eltern hingegen rufen ihn häufig im Kinderhospiz an. Er vermutet, dass seinen Eltern die Trennung auf Zeit schwerer fällt als ihm. Dies bekräftigen auch die Ergebnisse der Befragung von betroffenen Eltern, die zeigen, dass es für einige Eltern sehr schwierig ist, ihr Kind erstmalig alleine im Kinderhospiz zu lassen.

„Och ich glaub nicht so gut, weil meine Eltern die rufen doch meistens an, wie geht's dir und so, vermisst du uns. Bei dem Vermissen da gebe ich nie eine Antwort." (IP F.; S. 10, Z. 315–317)

Auch Geschwisterkinder vermissen ihre Geschwister, wenn diese alleine ins Kinderhospiz fahren, wie aus der Aussage von IP F. hervorgeht.

„Also, letztes Mal, wo ich im Kinderhospiz war, da hat meine, hat meine Mutter mir erzählt, da hat mein Bruder wegen mir geweint, weil ich nicht da war. Ja." (IP F.; S. 10–11; Z. 322–327)

IP D. ist hingegen der Meinung, dass es für seine Mutter Erholung ist, wenn er alleine im Kinderhospiz ist.

„I: Was glaubst du, wie es für deine Mutter ist, wenn sie ohne dich zu Hause ist?
IP D.: Erholung." (IP D.; S. 5, Z. 135–137)

Die folgende Aussage von IP F. macht deutlich, dass der Aufenthalt mit der Familie wie der ganz normale Alltag erlebt wurde. Es kann daraus gefolgert werden, dass IP F. es als etwas Besonderes erlebt, alleine im Kinderhospiz zu sein und sich vom Familienalltag zu erholen sowie Abstand zu gewinnen.

„I: Du warst ja auch schon mal mit deinen mit deiner Mutter und mit deinen Schwestern zusammen im Kinderhospiz, neh?
IP F.: Ja.
I: Wie fandst du das, mit denen zusammen da zu sein?
IP F.: Eigentlich ganz normal (...) keine Ahnung, wie ich das fand, also das war eigentlich wie der normale Alltag mit Mutter und so." (IP F.; S. 11, Z. 341–347)

Die Besonderheit auch mal alleine zu sein und etwas vom Alltag Abweichendes zu erleben, wird auch durch die folgende Antwort von IP F. bekräftigt, die er auf die Frage nach dem Unterschied zwischen seinem Alltagsleben zu Hause und dem Erleben im Kinderhospiz gibt.

„IP F.: Ja, also, mein Alltag hier ist eigentlich immer Schule, Hausaufgaben, rausgehen, bisschen mit Freunden abhängen ja und so weiter. Aber auch wenn jetzt nicht meine Freunde im Kinderhospiz wären, ja, aber man freut sich ja auch manchmal mal, weg zu sein von den Eltern oder so. Weil manchmal haben, machen die Eltern Stress und so. Aber manche Eltern, nicht alle, aber manche." (IP F.; S. 10, Z. 303–308)

Die Entscheidung, ob der Besuch des Kinderhospizes mit oder ohne Familie durchgeführt wird, liegt bei den Interviewpersonen selbst.

„I: Wer entscheidet denn, ob du alleine gehst oder mit deiner Familie?
IP F.: Ich selber." (IP F.; S. 13, Z. 359–360)

Kategorie 4: Bewältigung der progredienten Erkrankung und Thematisierung thanataler Aspekte
„Progredient erkrankte Kinder und Jugendlichen wissen häufig intuitiv aufgrund ihrer eigenen Leibeserfahrung und des Verhaltens der Umwelt, wie es um sie steht" (Leyendecker/Lammers 2001, 132). So wissen auch die beiden erkrankten Interviewpartner um ihre Erkrankung und können die Diagnose genau benennen.
IP D. erfuhr von seiner Krankheit, laut eigener Aussage, von einem Arzt, der Spezialist für diese Krankheit ist und selbst zwei erkrankte Kinder mit dem Louis-Bar-Syndrom hat (vgl. IP D.; S. 6, Z. 163–166). IP F. hat die Diagnose von seiner Mutter mitgeteilt bekommen (vgl. IP F.; S. 12, Z. 184). Es ist zu vermuten, dass die Jugendlichen auch um die Lebensbedrohlichkeit ihrer Erkrankung wissen. Die Diagnosemitteilung ist eine besondere Herausforderung für die Eltern, die diese in der Regel übernehmen, aber auch für Ärzte und Pädagogen und Pädagoginnen, die diese Aufgabe übernehmen können, wenn sich die Eltern nicht dazu in der Lage sehen. Wesentlich ist eine einfühlsame, aufrichtige und offene Art der Mitteilung (vgl. Leyendecker 2008, 18–20). Auch in der Studie von Daut (2005) wurde die Bedeutsamkeit einer umfassenden Information über die Erkrankung und deren Auswirkungen für junge Männer mit Duchenne Muskeldystrophie nachgewiesen (vgl. Daut 2008, 153).
Die Auseinandersetzung mit der eigenen Erkrankung stellt einen wichtigen Aspekt bei der Bewältigung dieser dar. Dabei kann auch die Auseinandersetzung mit der Erkrankung anderer betroffener Kinder und Jugendlicher helfen. Auf die Frage, ob sie wissen, welche Erkrankungen die anderen Kinder und Jugendlichen im Kinderhospiz haben, reagieren die Interviewpersonen sehr unterschiedlich. IP D. benennt einige Erscheinungsformen einer lebensverkürzenden Erkrankung.

„Immer unterschiedlich, z.B. Gehirntumor und solche Sachen. Und Kinder, die nicht gut atmen können." (IP D.; S. 6, Z. 169–170)

Für IP F. ist es hingegen nicht wichtig zu wissen, welche Erkrankung die anderen Kinder haben.

„Nein, nein, das weiß ich nicht und so genau möchte ich das auch nicht wissen, weil das ist ja auch irgendwie so was, was man nicht so rumerzählen soll und so weiter. Also ich will jetzt nicht genau wissen, was die haben und mir wär das, also mir ist das eigentlich egal, ob ein Mensch gesund ist oder nicht. Also Mensch ist Mensch." (IP F.; S. 12–13, Z. 387–392)

Die Aussagen der Jugendlichen weisen auf verschiedene Phasen der Bewältigung und Copingmechanismen hin. Diese sind in der Regel alters- und entwicklungsabhängig. Lebensverkürzend erkrankte Jugendliche verstehen meist, zumindest intuitiv, ihre Diagnose und deren Todesbedrohung. Sie haben häufig ein ähnlich reifes Todeskonzept wie Erwachsene entwickelt (vgl. Leyendecker/Lammers 2001, 115; Wittkowski 1990, 48–49). IP F. empfindet den anderen Kindern gegenüber ein starkes Mitgefühl bezüglich der Schwere ihrer Erkrankungen.

„Also, ich denk dann auch immer: Oh Gott warum? Ich war letztes Mal beim Arzt, und da war da so ein kleines Kind, der dann, also dies Kleinkind hat eine Spritze bekommen, es hat geschrieen wie am Spieß. Also, oh Gott warum so ein kleines Kind, das kann doch nicht, das ist doch unschuldig, was hat's jetzt gemacht und. Ich fand das einfach schade und so. Bei den anderen Kindern im Kinderhospiz da ist das halt so, man kann's halt nicht ändern." (IP F.; S. 13, Z. 396–401)

Gerne würde er mit dem Personal über andere Kinder und deren Situation sprechen. Jedoch wird ihm nach eigener Aussage von den Mitarbeiter/innen mitgeteilt, sie dürften mit ihm nicht über diese Thematik sprechen. Er gibt sich dann mit dieser Aussage zufrieden.

*„IP F.: Also nein, nicht direkt aber man, aber wie soll ich das erklären, nein, nicht direkt, aber die würden, also, die würden mir das bestimmt nicht direkt sagen, aber, aber man hat halt, man hat halt ein ungutes Gefühl dabei, wenn man so fragt oder wenn ein Kind jetzt so schlecht geht oder so.
I: Hast du das Gefühl, das gehört sich nicht, da so nachzufragen?
IP F.: Nein. Weil manchmal, weil die dürfen ja nicht, also man kann schon darüber reden, aber die sagen uns halt nicht, weil die dürfen's nicht und so weiter, und dann hab ich auch immer Verständnis dafür. Dann sag ich nicht, warum sagst mir das nicht, bitte sag mir das. Dann sag ich halt ja okay, dann ist ja gut und das war's eigentlich."* (IP F.; S. 13–14, Z. 422–431)

An dieser Stelle wird ein Entwicklungsbedarf von Seiten der Mitarbeitenden deutlich in Bezug auf die Offenheit der Thematisierung von thanatalen Aspekten gegenüber anderen betroffenen Kindern und Jugendlichen. Auch wenn die Schweigepflicht es den Mitarbeitenden nicht zulässt, über die spezifische Erkrankung eines Kindes oder Jugendlichen mit Dritten zu sprechen, so eröffnet die gezielte interessierte Nachfrage eines Jugendlichen über den Gesundheitszustand eines anderen Gastes im Kinderhospiz Möglichkeiten einer offenen und enttabuisierten Kommunikation über dessen konkrete Fragen bezüglich Krankheit, Sterben und Tod.
IP F. hat während einer seiner Aufenthalte im Kinderhospiz noch keinen Todesfall mitbekommen (vgl. IP F.; S. 13, Z. 402–404). IP D. hingegen hat schon mal erlebt, dass während eines Aufenthaltes ein Kind verstorben ist. Er reagiert auf diese Frage sehr direkt.

„Sag doch, wenn du sterben meinst. Nicht gut. Ist nicht schön zu hören. Im Februar war ich hier, da ist ein Kind gestorben." (IP D.; S. 6, Z. 173–174)

In einer solchen Situation sind die Mitarbeitenden in Kinderhospizen herausgefordert, die Jugendlichen mit ihren Emotionen und Ängsten bezüglich des Leidens und Todes bedürfnisorientiert zu begleiten.
IP F. kann sich vorstellen, ins Kinderhospiz zu gehen, wenn es ihm selber gesundheitlich schlecht gehen würde.
„I: Ja. Wenn es dir mal schlecht ginge, du hast ja eben mal erzählt, du warst schon mal im Krankenhaus, wenn es dir mal so richtig schlecht ginge, könntest du dir auch vorstellen, ins Kinderhospiz zu

gehen?
IP F.: Wenn's mir (überlegend) ja, ja." (IP F.; S. 14, Z. 446–450)

Diese Aussage weist zum einen darauf hin, dass sich IP F. im Kinderhospiz sehr wohl und gut beglei-tet fühlt und zum anderen darauf, dass das Kinderhospiz für ihn auch ein Ort ist, den er in Krisenzeiten und zum Lebensende hin aufsuchen würde.

Kategorie 5: Wünsche an die Angebote der stationären Kinderhospizarbeit
Die Interviewpersonen wurden auch nach ihren Wünschen an die Angebote des Kinderhospizes ge-fragt und können beide keine Wünsche benennen.
„I: Soll es so sein wie beim letzten Mal?
IP F.: Ja, also ich hab da nicht direkt ein Wunsch aber, nein, ich hab kein Wunsch. Ich find das ein-fach schön da und das war's." (IP F.; S. 15, Z. 480–482)
IP D. betont noch mal, dass er mit dem, wie es ist, sehr zufrieden ist und nichts verändern möchte.
„I: Wenn du etwas im Kinderhospiz anders machen könntest, was wäre das?
IP D.: Ich find, es kann hier bleiben wie es ist.
I: Wenn du daran denkst, dass du vielleicht bald wieder hierher kommst, was würdest du dir für deinen nächsten Besuch wünschen?
IP D.: Nichts. Bin glücklich so wie es ist." (IP D.; S. 7, Z. 187–192)

IP F. äußert noch einen Wunsch auf Nachfrage. Dieser bezieht sich aber nicht explizit auf die Kinderhospizarbeit.
„I: Was wünschst du dir am allermeisten?
IP F.: Fußballverein spielen. Ich bin sehr großer Fußballfan und früher, wo ich klein war, hab ich mal meiner Mutter gesagt, schickt mich im Fußballverein, Fußballverein." (IP F.; S. 14, Z. 453–455)

2.2.2.3 Zusammenfassung und Ausblick
Die Ergebnisse der Befragung von lebensverkürzend erkrankten Jugendlichen beziehen sich auf das subjektive Erleben zweier männlicher Jugendliche im Kinderhospiz und sind nicht auf die gesamte Zielgruppe, insbesondere nicht auf das Erleben von weiblichen Jugendlichen, zu übertragen. Es lässt sich festhalten, dass sich die Lebenssituationen von progredient erkrankten Jugendlichen individuell verschieden gestalten, in Abhängigkeit von der psychosozialen Situation, die beeinflusst wird durch die jeweilige Familienform, Geschwisterkonstellation, Besuch einer Schulform, Alter, Geschlecht und Spezifität der Erkrankung. Es lassen sich dennoch Gemeinsamkeiten herausstellen, wie das Erleben von Grenzsituationen, die durch Hilflosigkeit und Unsicherheit geprägt sein können (vgl. Jennessen 2010, 271ff.).
Lebensverkürzend erkrankte männliche Jugendliche erleben die Aufenthalte im Kinderhospiz indivi-duell verschieden und abhängig von verschiedenen Einflussfaktoren.

- Ein Einflussfaktor auf das Erleben ist die Besuchskonstellation. Von beiden Jugendlichen wird ein Aufenthalt alleine dem Aufenthalt mit der Familie vorgezogen. Dies ist mit der Entwicklungsaufgabe in der Phase der Adoleszenz zu begründen, die eine Ablösung vom Elternhaus und eine Zunahme der Bedeutung der Peer-Group vorsieht. Dieser Prozess ist häufig bei progredient erkrankten Jugendlichen durch die krankheitsspezifische Pflegebe-dürftigkeit und die damit verbundene Abhängigkeit vom Elternhaus erschwert. Das Kinder- oder Jugendhospiz kann ein Ort sein, an dem die Jugendlichen und ihre Familien bei einer schrittweisen Ablösung unterstützt werden.
- Beide Jugendliche geben an, wenig Kontakt zu Gleichaltrigen im Kinderhospiz zu haben. Dies kann als eine grundsätzliche Herausforderung im Leben von lebensverkürzend er-krankten Jugendlichen konstatiert werden, die sich nicht nur auf Kinderhospize bezieht. Kinderhospize können dennoch ein Ort sein, an dem neue Kontaktmöglichkeiten für Ju-gendliche geschaffen werden, und die Eröffnung sowie der Bau von Jugendhospizen könn-ten diesem Problem positiv entgegenwirken. Allerdings ist kritisch anzumerken, dass es

sich dabei um das Schaffen von Kontaktmöglichkeiten unter Betroffenen handelt und nicht, im Sinne der Inklusion, um Kontakte zu nicht fortschreitend erkrankten Gleichaltrigen. Dies ist als eine Entwicklungsaufgabe der Kinderhospizarbeit herauszustellen, da Kinderhospize als Sondereinrichtungen anzusehen sind, die sich explizit an die Zielgruppe der progredient erkrankten Kinder, Jugendlichen und deren Familien richtet. Diese Besonderung ist durchaus intendiert, da von besonderen Lebenssituationen der lebensverkürzend erkrankten Jugendlichen ausgegangen werden kann, die spezifische Begleitungsbedarfe erforderlich machen. Dennoch bleibt die Frage der gesellschaftlichen Teilhabe bestehen, für die Kinderhospize neue Wege sozialräumlicher Öffnung beschreiten und durch diese Kontaktmöglichkeiten ihrer Gäste zu nicht behinderten Jugendlichen gestalten könnten und sollten.

- Als ein positiver Einflussfaktor auf das Erleben werden von den Jugendlichen die Mitarbeitenden in Kinderhospizen erwähnt. Diese werden als sehr einfühlsam, offen, bedürfnisorientiert und sogar als „Freunde" beschrieben.
- Weitere positive Einflussfaktoren auf das Erleben der erkrankten Jugendlichen sind die vielfältigen Freizeitmöglichkeiten und Angebote in den Kinderhospizen und die bedürfnisorientierten Räumlichkeiten.
- Lebensverkürzend erkrankte Jugendliche bewältigen ihre Erkrankung und lebensbedrohliche Situation individuell unterschiedlich. Die Auseinandersetzung mit der eigenen Erkrankung stellt einen wichtigen Aspekt bei der Bewältigung dieser dar. Beide Jugendlichen wissen um ihre Erkrankung, und es ist zu vermuten, dass sie auch deren lebensbedrohlichen Verlauf kennen. Kinder- und Jugendhospize können für die Jugendlichen Möglichkeiten der Auseinandersetzung mit der eigenen Situation und der Unterstützung bei dieser bieten. Dieser Prozess bedarf fachlich qualifizierter Mitarbeitenden, die auf die Wünsche und Bedürfnisse der Jugendlichen eingehen, enttabuisiert mit ihnen kommunizieren und diese einfühlsam begleiten.
- Im Kinderhospiz werden die erkrankten Jugendlichen mit dem Leiden und dem Sterben der anderen erkrankten Kinder und Jugendlichen konfrontiert. Sie empfinden Mitleid und merken an, dass es nicht „schön" ist das Sterben eines Kindes mitzuerleben. Hier sind die Fachkenntnisse und Kommunikationskompetenzen der Mitarbeitenden in Kinderhospizen gefragt, die die Jugendlichen mit ihren Fragen und Ängsten bezüglich des Leidens und Todes bedürfnisorientiert begleiten sollten.
- Eine Schwierigkeit stellt die offene Thematisierung thanataler Aspekte der Mitarbeitenden mit den Jugendlichen dar, wenn diese sich auch auf Nachfrage nicht über den Krankheitszustand eines anderen Kindes äußern. Hier werden die Jugendlichen mit ihrem fürsorglichen Interesse, das immer auch von der eigenen krankheitsspezifischen Lebenssituation geleitet sein mag, alleine gelassen.

Ausblick

- Da die Interviews mit männlichen Jugendlichen geführt wurden, kann bezüglich des Erlebens von weiblichen lebensverkürzend erkrankten Jugendlichen im Kinderhospiz keine Aussage getroffen werden. Hier wäre eine weitere Untersuchung mittels qualitativer Interviews notwendig, um deren Perspektive zu erfassen.
- Die Eröffnung der Jugendhospize macht eine Evaluation des Erlebens von lebensverkürzend erkrankten Jugendlichen in dieser neuen hospizlichen Begleitungsform unabdingbar. Eine Gegenüberstellung des Erlebens von Jugendlichen in Kinderhospizen und Jugendhospizen könnte in einer weiteren Studie die Angebotszufriedenheit erheben und aufzeigen.
- Die Aussagen der lebensverkürzend erkrankten Jugendlichen beziehen sich auf die Angebote der stationären Kinderhospize. Die Nutzung und die Zufriedenheit mit den ambulanten Kinderhospizdiensten wurden nicht erhoben, dies stellt ein weiteres bedeutsames Forschungsfeld dar, um die Qualität der Kinderhospizarbeit umfassend, aus Sicht der betroffenen Jugendlichen, zu bewerten.

2.3 Die Perspektive der Mitarbeitenden in stationären Kinderhospizen

Ziel der explorativen Erfassung der Perspektive von hauptamtlichen Fachkräften in stationären Kinderhospizen war es, neben dem Zugang über progredient erkrankte Kinder und Jugendliche sowie deren Eltern Erkenntnisse über die Vorstellungen guter Kinderhospizarbeit aus Sicht der professionell Tätigen zu erhalten. Diese sollen Aufschluss über die persönlichen Motive zur Wahl dieses Tätigkeitsfeldes, arbeitsspezifische Belastungen und Ressourcen sowie subjektive Vorstellungen von Qualität in der Kinderhospizpraxis geben.

2.3.1 Begründung und Durchführung der Erhebungsmethode *Experteninterviews*

Für diesen Teilbereich der Studie wurde die Erhebungsmethode der qualitativen Interviews ausgewählt, da das eigene Erleben und die persönlichen Erfahrungen der Mitarbeiter und Mitarbeiterinnen im Zentrum der Befragung stehen. Aus den vielfältigen qualitativen Interviewformen wurde das Experteninterview aus folgendem Grund ausgewählt: „Der Experte verfügt über technisches Prozess- und Deutungswissen, das sich auf sein spezifisches professionelles oder berufliches Handlungsfeld bezieht. Insofern besteht das Expertenwissen nicht allein aus systematisiertem, reflexiv zugänglichem Fach- oder Sonderwissen, sondern es weist zu großen Teilen den Charakter von Praxis- oder Handlungswissen auf (…)" (Bogner/Littig/Menz 2005, 46; vgl. Kap. III 1 Methodologie). Als Interviewpartner und Partnerinnen wurden aus zwei Kinderhospizen die Leitungen, jeweils eine Pflegekraft und eine Pädagogin/ein Pädagoge ausgewählt. Die Auswahl der Interviewpartner und Partnerinnen aus verschiedenen Professionen und Tätigkeitsbereichen erfolgte, um ein möglichst umfassendes und multiprofessionelles Meinungsbild der Fachkräfte zu dem Thema „Qualität von Kinderhospizen" zu erhalten. Insgesamt wurden sechs Experteninterviews geführt. Die Interviewerinnen nahmen zu den Interviewpartnern und -partnerinnen telefonisch Kontakt auf und vereinbarten zeitnahe Gesprächstermine in den Räumlichkeiten der Kinderhospize, d.h. in dem beruflichen Alltagsmilieu der Interviewpartner und -partnerinnen.

Da sich signifikante Unterschiede hinsichtlich der Ausführlichkeit und der Veranschaulichung durch Beispiele in der Beantwortung der Fragen feststellen ließen, wurden in einem anschließenden Skript die Rahmenbedingungen der einzelnen Interviews festgehalten und eine kurze Vorinformation zu den sechs Interviewpartnern und -partnerinnen gegeben.

2.3.2 Begründung und Durchführung der Fragebogenerhebung

Die Ergebnisse der qualitativen Untersuchungen bilden die theoretische Grundlage für die Entwicklung und Ausarbeitung eines halb standardisierten Fragebogens, der quantitativ angelegt ist und somit zahlenmäßig ein größeres und zugleich umfassenderes Sample sowohl der zu befragenden Eltern als auch der Erfahrungen und Sichtweisen der unterschiedlichen professionellen Mitarbeiter und Mitarbeiterinnen der Kinderhospize zu erfassen vermag. Die Quantifizierung der Daten soll des Weiteren dazu beitragen, Korrelationen und Kopplungen zwischen Teilaspekten der Thematik festzustellen und zu analysieren. Der Fragebogen soll eine möglichst umfassende Erhebung der beteiligten Kinderhospize, des professionellen und alltagstheoretischen Know-how der beteiligten Fachkräfte der Kinderhospize sowie ihrer Nutzer im gesamten Bundesgebiet ermöglichen.[114]

Folgende Inhalte wurden zu Einzelfragen verdichtet:

Fragenkomplexe

I. Demographische Angaben *II. Beruflicher Werdegang und Tätigkeitsfeld im Kinderhospiz* *III. Begleitung der lebensverkürzend erkrankten Kinder und Jugendlichen, der Geschwister und die Zusammenarbeit mit den Eltern* *IV. Die Zusammenarbeit im Team* *V. Persönliche Aspekte der Arbeit*

---

[114] Die ausführliche Darstellung der Methoden erfolgte in Kapitel III 1 Methoden.

Der Fragebogen umfasst insgesamt 53 Einzelfragen. Die im Anschluss an die inhaltlichen Fragen erhobene Demographie beinhaltet Aspekte des Alters, Geschlechts sowie der Ausbildung und der Dauer der Tätigkeit im Kinderhospiz. Außerdem wurden Daten zum Einkommen und Familienstand gesammelt.

Die Fragebogenerhebung hatte das Ziel, die Perspektive von Mitarbeitenden in stationären Kinderhospizen in Deutschland widerzuspiegeln. „Der erste wichtige Moment der Befragung ist die Festlegung der Grundgesamtheit oder Population. Die Grundgesamtheit besteht aus allen Untersuchungseinheiten, die prinzipiell befragt werden können" (Schlittgen 2000, 3). Die Grundgesamtheit in der vorliegenden Erhebung bilden daher alle Mitarbeitende in stationären Kinderhospizen. Parallel zur Durchführung des Pretests mit hauptamtlichen Fachkräften in stationären Kinderhospizen wurden alle an einer Mitarbeit interessierten Einrichtungen erneut telefonisch kontaktiert und Ziele sowie Inhalte der schriftlichen Befragung erläutert. Erneut waren fünf Kinderhospize bereit, den Fragebogen innerhalb des Fachteams zu verteilen und um Mitarbeit zu werben. Es entstand ein Stichprobenverfahren bzw. eine Teilerhebung (vgl. Kap. III 1).

Bei der Auswahl der Probanden handelt es sich hier um eine bewusste Auswahl bzw. Quotenauswahl, wobei das Merkmal *hauptamtliche Fachkraft in einem stationären Kinderhospiz* als Quote fungiert. Es kann davon ausgegangen werden, dass eine Übertragung auf alle Fachkräfte in Kinderhospizen in Deutschland möglich ist, da die hier gewählte Stichprobe „ein verkleinertes Abbild der Grundgesamtheit darstellt und somit eben die Grundgesamtheit repräsentiert" (Diekmann 2007, 339). Insgesamt wurden 146 Fragebögen an fünf stationäre Kinderhospize in Deutschland versandt. Diese waren mit einem Begleitschreiben und einem frankierten Rückumschlag versehen. Dieses Vorgehen ermöglicht eine anonyme Rücksendung der Fragebögen, ohne dass diese in der Einrichtung zentral gesammelt werden mussten. So können auch einrichtungskritische Äußerungen getroffen werden, die bei einer Rücksendung über die Kinderhospizleitung möglicherweise nur eingeschränkt formuliert würden. Der Rücklauf betrug 62 Fragebögen, was einem prozentualen Anteil von 42,5 % entspricht. Dieser prozentuale Rücklauf von 42,5% wird im Folgenden, obwohl es sich nur um eine Stichprobe bzw. eine Teilerhebung handelt, mit „Grundgesamtheit = N" (N = 62) bezeichnet.

In der Auswertung der Fragebögen erfolgte zunächst eine Anonymisierung der Angaben, die Rückschlüsse auf die einzelnen Kinderhospize der Befragten zugelassen hätten, indem der Namen der Kinderhospize codiert wurde. In der Abfolge der einzelnen Fragen wurden die Angaben eines jeden Mitarbeitenden eingegeben, wobei den vorgegebenen Antwortkategorien im Sinne der Codierung Zahlen (1–10) zugeordnet wurden. So ließen sich die Antworten computergestützt zählen und die Ergebnisse in Form von Tabellen und Grafiken visualisieren. Je nach Fragentyp wurden Häufigkeitstabellen, Säulen- oder Balkendiagramme und Tortendiagramme verwendet. Bei den Daten handelt es sich ausschließlich um kategoriale Daten, die Merkmale wie Geschlecht, Meinung, Alter bezeichnen. Die kategorialen Daten werden durch Nominal- und/oder Ordinalskalen beschrieben (vgl. Statista Lexikon 2010). Die Daten zu den offenen Fragen wurden als qualitative Antworten gesondert kategorisiert. Die so aufbereiteten Daten werden im Folgenden auf der Grundlage des theoretischen Gegenstandsverständnisses dargestellt und analysiert.

2.3.3 Darstellung und Interpretation der Ergebnisse

In Anlehnung an Mayrings qualitative Inhaltsanalyse (2003) wurden mit Hilfe der Methode der „inhaltlichen Strukturierung" neun Kategorien entwickelt, denen jeweils Unterkategorien zugeordnet sind.

A Demographische Angaben: Beruflicher Werdegang, Tätigkeitsfelder
- Beruflicher Werdegang
- Tätigkeitsbereiche der Mitarbeitenden
- Tätigkeitsfelder einer Kinderhospizleitung
- Zusammenfassung

B Spezifische Handlungskompetenzen
- Auseinandersetzung mit der eigenen Sterblichkeit
- Problem- und Belastungsfaktoren
- Arbeits- und Organisationsbedingungen
- (Sterbe-) Begleitung der progredient erkrankten Kinder und Jugendlichen
- Kooperation mit den Eltern
- Bewältigung der Problem- und Belastungsfaktoren
- Fachliche und persönliche Kompetenzen
- Zusammenfassung

C Die Begleitung der progredient erkrankten Kinder und Jugendlichen
- Kommunikation mit den lebensverkürzend erkrankten Kindern
- Thematisierung thanataler Aspekte und Trauerbegleitung
- Selbstbestimmung
- Zusammenfassung

D Die Begleitung der Geschwister
- Thematisierung thanataler Aspekte und Trauerbegleitung
- Pädagogische Konzeptionen
- Zusammenfassung

E Die Zusammenarbeit mit den Eltern
- Thematisierung thanataler Aspekte und Trauerbegleitung
- Elterliches Expertentum
- Zusammenfassung

F Die Zusammenarbeit im Team – Kooperation mit Institutionen und Fachkräften
- Zusammenarbeit im Team
- Kooperation mit anderen Institutionen und Fachkräften
- Zusammenfassung

G Fort- und Weiterbildungen
- Zusammenfassung

H Öffentlichkeitsarbeit
- Zusammenfassung

I Qualität in der kinderhospizlichen Begleitung
- Zusammenfassung

Es folgt eine ausführliche Darstellung der einzelnen Kategorien, in der eine Interpretation der Interview-aussagen und Ergebnisse der Fragebogenerhebung und eine Verknüpfung mit vorhandenen theoretischen Erkenntnissen vorgenommen wird.

A Demographische Angaben: Beruflicher Werdegang, Tätigkeitsfelder
Die persönlichen Angaben der Probanden[115] setzen sich aus Angaben zum Geschlecht, Alter, Kinder-zahl, Familienstand, Einkommen und Konfessionszugehörigkeit zusammen. Es handelt sich dabei um Nominalskalen.
88% der Probanden sind weiblich und 12% männlich (N = 61). Dieses Ergebnis spiegelt die in pflege-rischen- und sozialen Berufen vorhandene Geschlechterverteilung wider. So waren 2003 86% der Be-

---

[115] Im Folgenden werden die befragten Mitarbeitenden mit „Probanden" bezeichnet. Dies ist eine geschlechtsneutrale Bezeichnung, die sowohl das weibliche als auch das männliche Geschlecht einschließt.

schäftigten in Deutschland in ambulanten Pflegeeinrichtungen und 85% in stationären Pflegeeinrichtungen weiblich (vgl. Statistisches Bundesamt 2003, 1010–1013).

Studien belegen zudem, dass 60 Prozent der Führungspositionen in pflegerischen und sozialen Berufen von Männern besetzt sind. Sie profitieren dabei insbesondere häufig von den in „Frauendomänen" typischen Karriere verhindernden Faktoren für Frauen, wie z.B. die durch die Familienplanung entstehenden Auszeiten und die überproportional vielen Frauen in Teilzeitarbeitsverhältnissen (vgl. Borutta/Giesler 2006).

Die Kreuztabelle zeigt, dass die klassische Geschlechterverteilung in pflegerischen und sozialen Berufsfeldern im Kinderhospiz im Leitungsbereich nicht bzw. in nicht so stark ausgeprägter Form vorhanden ist. Von den sieben Leitungskräften in den Kinderhospizen sind lediglich zwei männlich.

Geschlecht		Funktion Leitungskraft		
		Nein	Ja	Gesamt
	Männlich	5	**2**	7
	Weiblich	48	6	54
	Gesamt	53	8	61

Tab. 11: Kreuztabelle: Funktion Leitungskraft und Geschlecht

Die nachfolgenden Angaben der Probanden zeigen die Altersstruktur der Mitarbeitenden in den Kinderhospizen auf.

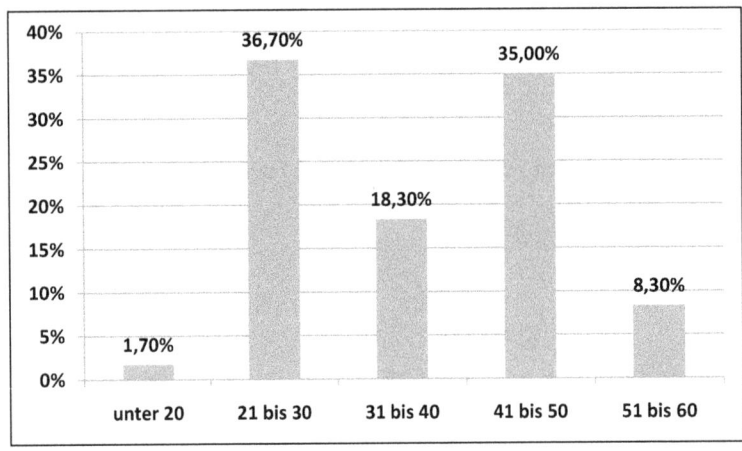

Abb. 73: Alter der Mitarbeitenden in stationären Kinderhospizen (N = 60)

Die am häufigsten vertretene Altersgruppe in Kinderhospizen ist diejenige der 21- bis 30-jährigen Mitarbeitenden (36,7%), gefolgt von der der 41- bis 50-Jährigen (35%).[116] 18,3% sind 31- bis 40-jährig und 8,3% 51- bis 60-jährig. Am wenigsten vertreten sind die unter 20-Jährigen (1,7%). Die Altersgruppe der über 61-Jährigen (0%) ist nicht vertreten.[117]

Die Altersstruktur der Mitarbeitenden in den Kinderhospizen ist mit der noch nicht langen Existenz von stationären Kinderhospizen in Deutschland zu erklären. Des Weiteren ist für die Arbeit in einem Kinderhospiz Berufserfahrung obligatorisch. Diese haben die unter 20-Jährigen in der Regel noch nicht ausreichend gesammelt, weshalb ihre Altersgruppe einen nur minimalen Prozentanteil der Mitarbeiterschaft ausmacht.

---

[116] Dies wird durch den Median von 3,00 belegt (Codierung: 1 = unter 20; 2 = 21–30; 3 = 31–40; 4 = 41–50; 5 = 51–60).
[117] Spannweite = 4.

43,3% der Probanden, die in einem Kinderhospiz beschäftigt sind, haben eigene Kinder, 56,7% sind kinderlos (N = 60). Hier spielen vermutlich die Berufsgruppenzugehörigkeit und die Geschlechterverteilung eine bedeutsame Rolle.

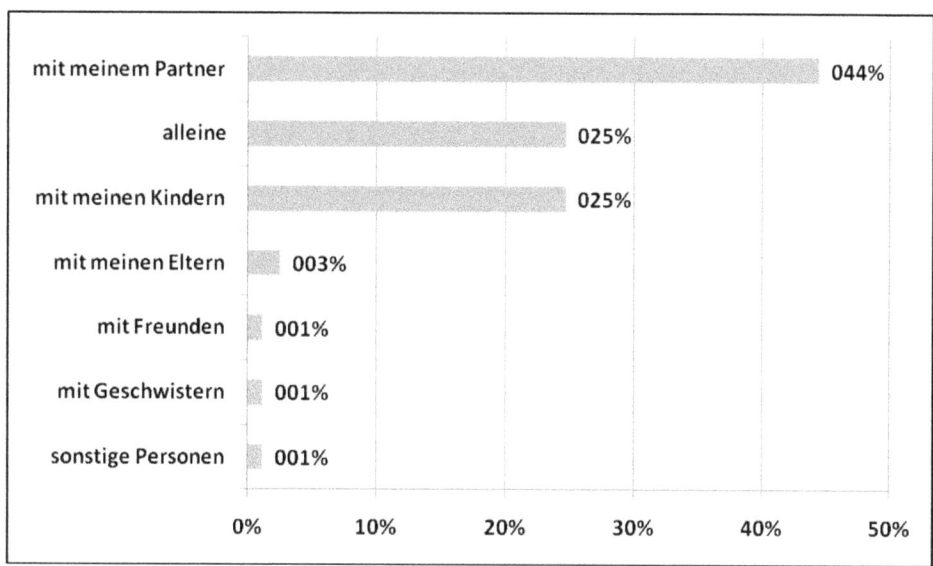

Abb. 74: Familienstand der Mitarbeitenden stationärer Kinderhospize (N = 60)

Beim Familienstand bzw. dem Zusammenleben mit weiteren Personen zeigt sich, dass die meisten Probanden (44,4%) mit ihrem Partner zusammen leben, gefolgt von alleine Lebenden (24,7%) und mit ihren Kindern zusammen Lebenden (24,7%). 2,5% der Probanden leben mit ihren Eltern und jeweils 1,2% mit sonstigen Personen, Geschwistern oder Freunden zusammen.[118]

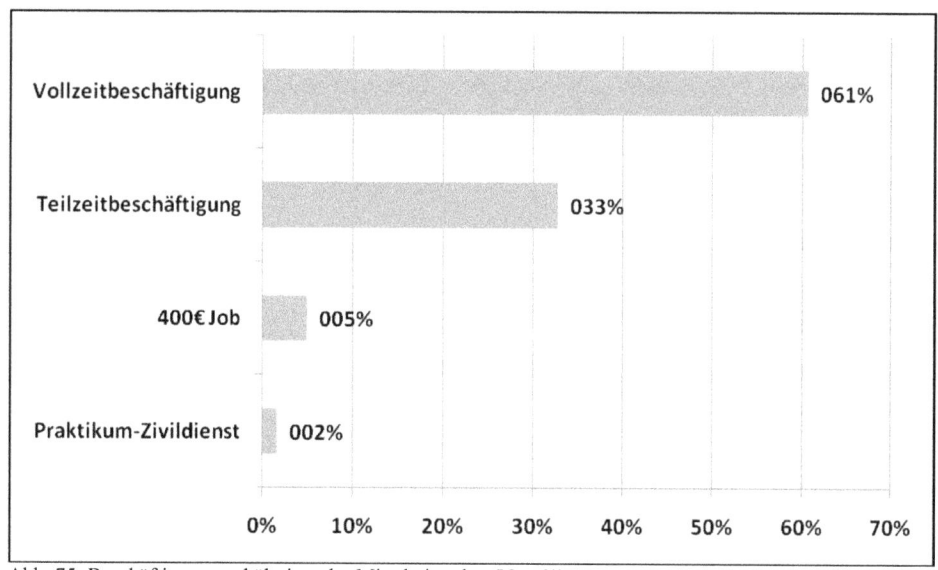

Abb. 75: Beschäftigungsverhältnisse der Mitarbeitenden (N = 61)

---

[118] Die Merkmalsausprägungen waren vorgegeben. Es bestand die Möglichkeit der Mehrfachnennung und der offenen Antwortgebung.

Vollzeitstellen bilden den größten Teil der Beschäftigungen in stationären Kinderhospizen.[119] Diese führen 60,66% der Probanden aus. 32,79% sind teilzeitbeschäftigt und 4,92% haben einen 400-Euro-Job. 1,64% absolvieren ein Praktikum oder den Zivildienst.[120]

Ungeachtet der hohen Anzahl der Vollzeitbeschäftigten kann hier angemerkt werden, dass insgesamt 37,71% der Probanden in Kinderhospizen teilzeitbeschäftigt sind.[121] Hier sind Fragen nach der Kontinuität und Qualität der Begleitung der lebensverkürzend erkrankten Kinder und ihrer Familien zu stellen (vgl. Kap. III 2.2).

Vergleicht man die Angaben der Probanden mit den Statistiken, die das Personal in Pflegeeinrichtungen betreffen, so relativiert sich das Bild, denn in stationären Pflegeeinrichtungen waren 2001 46% Vollzeitbeschäftigte und 48% Teilzeitbeschäftigte tätig (vgl. Statistisches Bundesamt 2003, 1013).

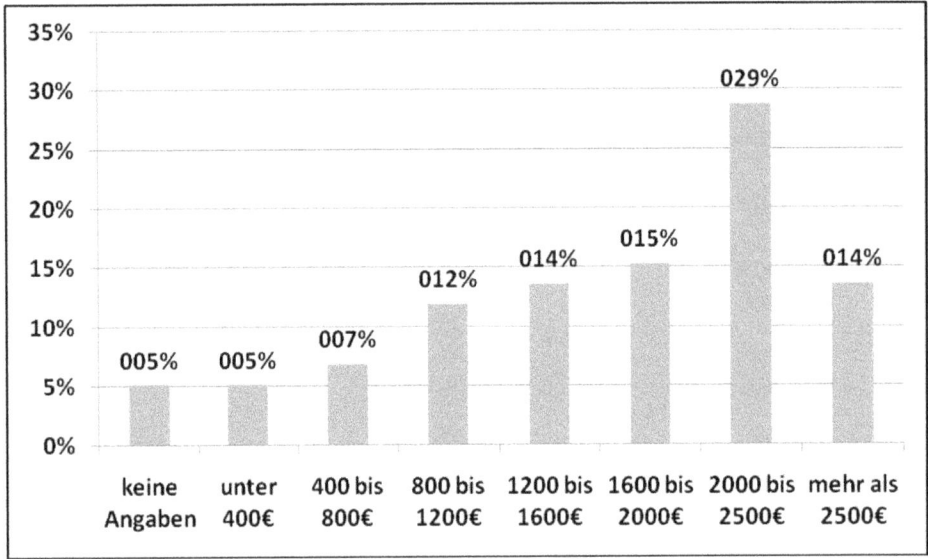

Abb. 76: Monatliches Bruttoeinkommen der Mitarbeitenden (N = 59)

Das monatliche Bruttoeinkommen beträgt bei 28,8% der Probanden 2000,– bis 2500,– Euro. Von den Probanden wurde die gesamte Spannweite der möglichen Antwortvorgaben genutzt. Das bedeutet, dass einige Mitarbeitende in stationären Kinderhospizen ein sehr geringes, andere hingegen ein vergleichsweise hohes monatliches Bruttoeinkommen haben. Dies lässt sich mit den unterschiedlichen Beschäftigungsverhältnissen und den innerhalb der Einrichtungen zu besetzenden Funktionen und Hierarchien begründen.

---

[119] Median = 1, (Codierung: 1 = Vollzeitbeschäftigung; 2 = Teilzeitbeschäftigung; 3 = 400-Euro-Job).
[120] Spannweite = 4.
[121] Es besteht keine Signifikanz zwischen den Variablen „Geschlecht" und dem „Umfang der Arbeitsstelle" (asymptotische Signifikanz = 0,854; df = 1; p <0,05).

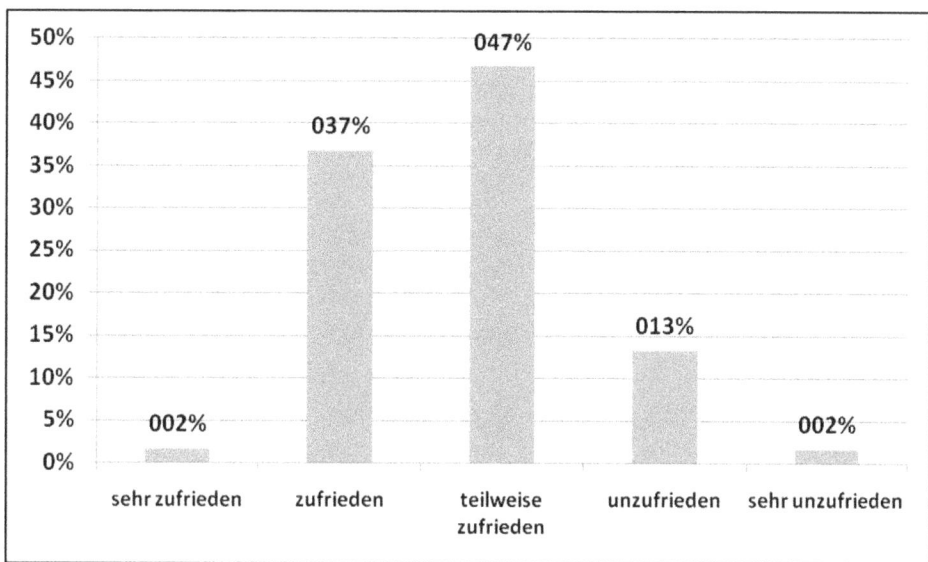
Abb. 77: Zufriedenheit mit dem Einkommen (N = 59)

Die Mehrzahl der Probanden ist mit ihrem Einkommen teilweise zufrieden (46,7%) (Median/Md = 3= „teilweise zufrieden"). Zufrieden sind 36,7% und unzufrieden 13,3%. Sehr zufrieden sind nur 1,7% (Minimum = 1). Das Item „sehr unzufrieden" wurde fast nicht genannt (Maximum = 5; Spannweite = 4). Hier wird ersichtlich, dass die meisten Probanden eher unzufrieden mit ihrem Einkommen sind. Aufschlussreich ist, dass die Personen in den unteren Einkommensgruppen nicht wesentlich unzufriedener sind als die in den oberen Einkommensgruppen. In diesem Zusammenhang kann allerdings der jeweilige Stellenumfang nicht berücksichtig werden. Das bedeutet, dass möglicherweise eine geringfügig beschäftigte Krankenschwester mit ihrem in Relation adäquaten Gehalt in gleichem Maße zufrieden ist wie ihre vollzeitbeschäftigte Kollegin.

Beruflicher Werdegang
Bei den Berufsausbildungen der Mitarbeitenden in den vier stationären Kinderhospizen zeigt sich ein sehr vielfältiges und somit multiprofessionelles Bild. Dies entspricht den Prinzipien kinderhospizlicher Begleitung, denn das Mitarbeiterteam in stationären Kinderhospizen setzt sich aus Mitarbeitenden der Bereiche Pflege, Pädagogik, Verwaltung und Hauswirtschaft zusammen. In den Teams arbeiten sowohl Haupt- als auch und Ehrenamtliche (vgl. Student/Mühlum/Student 2004, 58ff.; vgl. Kap. II 5). Die Mannigfaltigkeit in Bezug auf die Berufsausbildungen und den beruflichen Werdegang der Mitarbeitenden geht aus den Aussagen der Mitarbeitenden in den Experteninterviews hervor. Die Pflegekräfte in stationären Kinderhospizen haben, wie die folgenden Aussagen der IP[122] E und IP B zeigen, in vielen Fällen eine Ausbildung zur (Kinder-) Krankenschwester oder zum (Kinder-) Krankenpfleger absolviert und waren bereits vor Aufnahme der Tätigkeit im Kinderhospiz in unterschiedlichen Gebieten der (Kinder-)Krankenpflege, aber auch in der Hospizarbeit für Erwachsene tätig.

„Ich bin eine Kinderkrankenschwester, habe 14 Jahre den ambulanten Kinderkrankenpflegedienst geleitet und aufgebaut, hier im Landkreis und dann haben wir aus der Arbeit der ambulanten Kinderkrankenpflege das Kinderhospiz entwickelt (...)."(Interview B, Abs. 4)

„Hab dann halt meine Ausbildung in der Uni Klinik gemacht und war dann in der ambulanten Pflege bei Erwachsenen, hab da auch Hospizarbeit mitgemacht und hab halt gemerkt, dass mir das schon liegt und dass ich das gerne mache (...)." (Interview E, Abs. 2)

---

[122] Interviewperson.

Ein ähnlich heterogenes Bild zeigt sich bei den pädagogischen Mitarbeitern und Mitarbeiterinnen. Diese kommen aus unterschiedlichen beruflichen Feldern, wie die Aussagen der IP C und IP D verdeutlichen. Einige pädagogische Mitarbeiter und Mitarbeiterinnen haben für die Tätigkeit im Kinderhospiz relevante Zusatzausbildungen absolviert, wie beispielsweise die Ausbildung zur Trauerbegleiter/in oder Familienberater/in.

„Ja, ich bin von meinem Grundberuf Erzieherin. (...) Habe dort eine heilpädagogische Tageseinrichtung für Kinder geleitet und einen ganz normalen Regelkindergarten. Und bin dann gefragt worden, ob ich Interesse hätte an der Arbeit in einem Kinderhospiz (...). Und habe dann noch eine Ausbildung zur Trauerbegleiterin absolviert und noch eine Zusatzqualifizierung zur Kindertrauerbegleiterin gemacht (...)." (Interview C, Abs. 4)

„Ich bin Sozialpädagogin mit verschiedenen Zusatzausbildungen. Ich hab eine systemische Familienberatungsausbildung und eine dreijährige Ausbildung, das heißt Orgodynamik. Da ging es noch um den Lebensbogen, von der Geburt, auch das Thema Sterben wurde sehr intensiv bearbeitet. Und ich habe vorher auch schon Beratungsarbeit gemacht und habe gemerkt, dass ich etwas zu geben habe in dem Bereich Menschen in Krisensituationen. Das ist auch einer meiner Schwerpunkte, die Elternarbeit unter anderem hier." (Interview D, Abs. 6)

Die Angaben der Probanden aus der Fragebogenerhebung bekräftigen die Aussagen der Mitarbeitenden aus den Interviews.
Den größten Anteil der Mitarbeitenden in stationären Kinderhospizen stellen die (Kinder-) Krankenschwestern/Pfleger (56,41%), gefolgt von den Pädagogen und Pädagoginnen (14,2%) und den Mitarbeitenden im Verwaltungsbereich (7,7%). Als weitere berufsqualifizierende Abschlüsse wurden mit jeweils unter 3% genannt: Erzieher und Erzieherinnen sowie Mitarbeiter und Mitarbeiterinnen aus den Bereichen Seelsorge, Hauswirtschaft und Altenpflege. Hier zeigt sich eine hohe Standardabweichung bzw. große Streuung. Zusammen mit den unter „Weitere" gefassten Nennungen aus dem Bereich Altenpflege stellt die Berufsgruppe der Pflegenden mit insgesamt 58,41% somit die größte Berufsgruppe vor den Mitarbeiter/innen aus der Pädagogik (Dipl. Pädagog/innen und Erzieher/innen) mit insgesamt 14,2%.

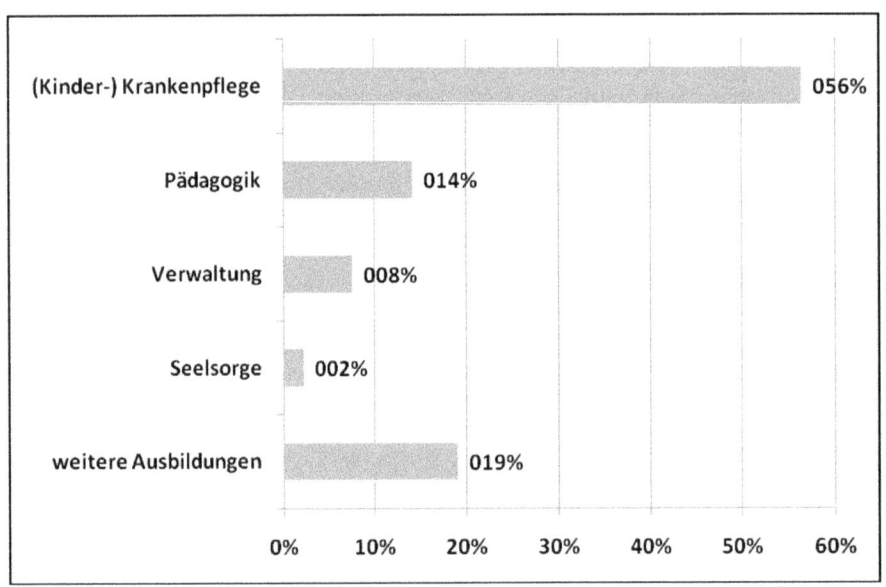

Abb. 78: Berufsausbildungen der Mitarbeitenden stationärer Kinderhospize (N = 78, Mehrfachnennungen)

Es zeigt sich, dass die Mitarbeitenden in stationären Kinderhospizen ursprünglich aus sehr unterschiedlichen beruflichen Arbeitsfeldern stammen.

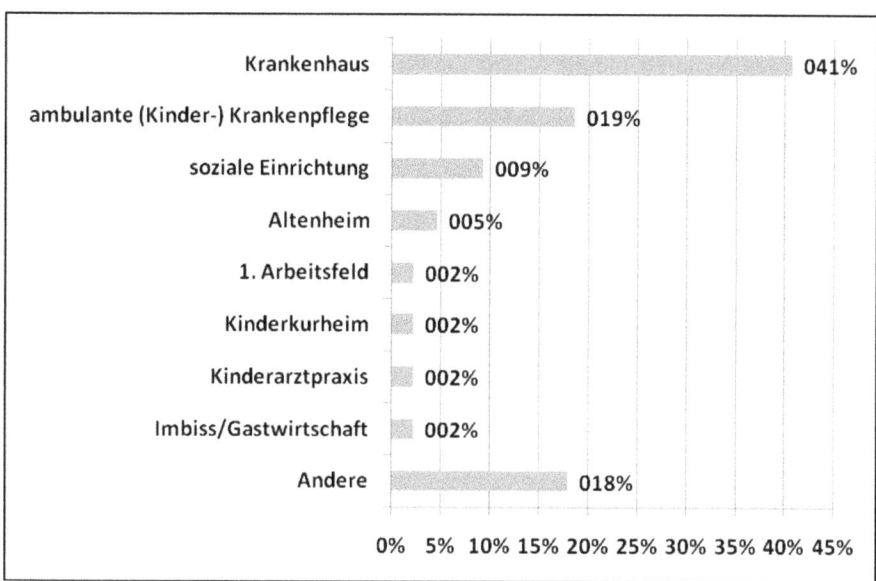

Abb. 79: Arbeitsfelder der Mitarbeitenden vor der Tätigkeit im Kinderhospiz (N = 86, Mehrfachnennungen)

Die meisten Probanden gaben an, vor Aufnahme ihrer Tätigkeit im Kinderhospiz im pflegerisch-medizinischen Bereich gearbeitet zu haben (68,6%). Im sozialen Bereich waren anteilig wesentlich weniger Probanden tätig (9,3%). Die beruflichen Arbeitsfelder sind bis auf die Kategorie „Imbiss/Gastwirtschaft" in dem sozialen und pflegerisch-medizinischen Bereich anzusiedeln.[123]

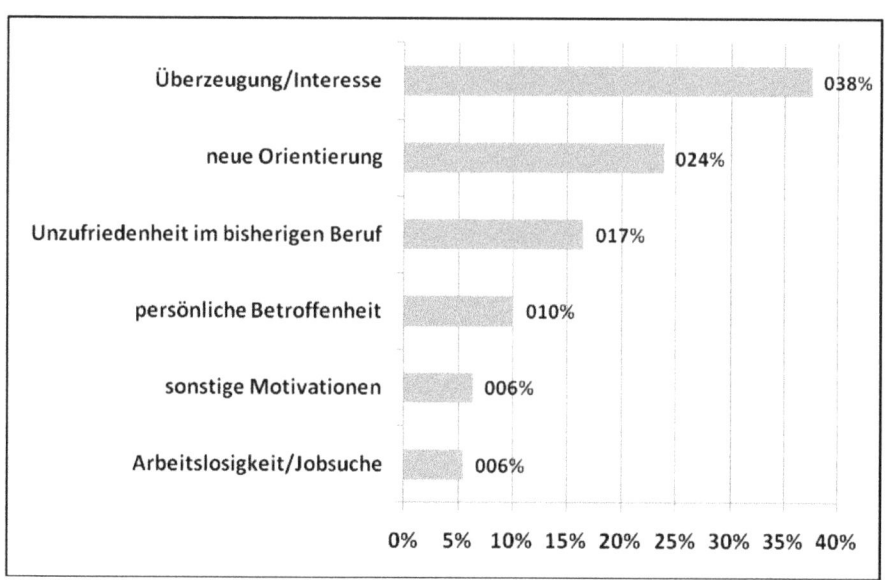

Abb. 80: Motivationen der Mitarbeitenden für ihre Tätigkeit im Kinderhospiz (N = 61)

---

[123] Bei dieser Variable ist die Standardabweichung als hoch zu bezeichnen bzw. die Streuung groß. (Es wurden nur Antworten ab 1,2% im Diagramm erfasst.)

„Menschen, die sich zum professionellen Helfen in der Hospizarbeit und Palliativmedizin entscheiden, haben – oft aufgrund biographischer Zusammenhänge – den Wunsch, sich dieser besonderen Situation des Sterbens zu widmen; sie möchten helfen, für andere Menschen da sein und damit ihrem eigenen Leben mehr Tiefe und Sinn geben" (Müller 2008, 407). Diese Aussage impliziert die Motivation von Menschen, sich für eine Tätigkeit in einem (kinder-) hospizlichen Feld zu entscheiden. Die Probanden der Studie nannten allerdings nur zu 10,1%, dass sie sich aufgrund persönlicher Betroffenheit (biographischer Zusammenhänge) für dieses neue Tätigkeitsfeld entschieden haben.

Das im Zitat enthaltene „helfen, für andere Menschen da sein und damit ihrem eigenen Leben mehr Tiefe und Sinn geben" findet sich in der am häufigsten genannten Angabe der Probanden (37,6%), aus „Überzeugung und Interesse" sich für diese Tätigkeit entschieden zu haben, wieder. Gefolgt wird dies von 23,85%, der Probanden, die sich mit dieser Aufgabe beruflich neu orientieren wollten. An dritter Stelle standen mit 16,51% diejenigen, die mit ihrem bisherigen Beruf unzufrieden waren. Bei 5,50% der Befragten bildeten Arbeitslosigkeit bzw. Jobsuche den Ausgang der Aufnahme ihrer Tätigkeit.

Es kann aus den Angaben gefolgert werden, dass sich die Mehrzahl der Probanden ganz bewusst für das neue Tätigkeitsfeld „Kinderhospizarbeit" entschieden hat und nur sehr vereinzelt existentielle Gründe wie die „Arbeitslosigkeit/Jobsuche" bei der beruflichen Orientierung im Vordergrund standen.

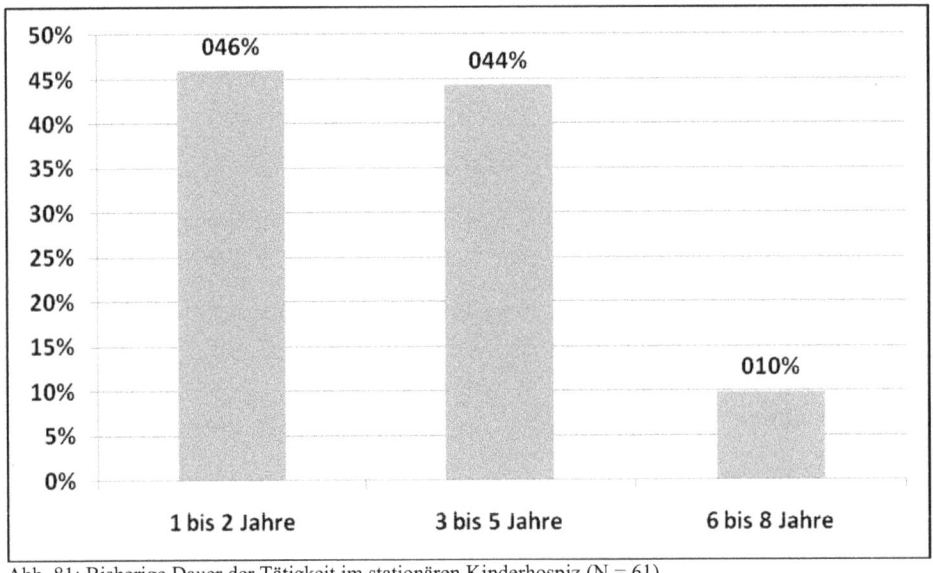

Abb. 81: Bisherige Dauer der Tätigkeit im stationären Kinderhospiz (N = 61)

Gut 90% der Probanden gaben an, erst seit 1 bis 5 Jahren[124] in einem stationären Kinderhospiz zu arbeiten. Knapp 10% sind dort seit 6 bis 8 Jahren tätig. Diese Angaben sind mit der erst kurzen Existenz der stationären Kinderhospize zu begründen – das erste Kinderhospiz Balthasar in Olpe 1998 wurde eröffnet – und mit der Neugründung weiterer Kinderhospize in den vergangenen Jahren.

---

[124] Kategorien 1 bis 2 Jahre und 3 bis 5 Jahre zusammengefasst.

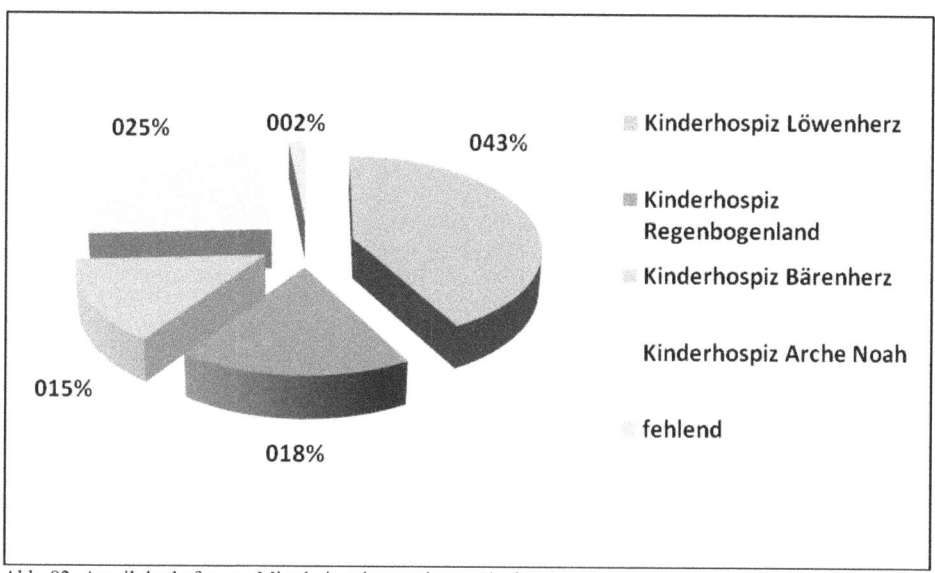

025%   002%   043%   ▨ Kinderhospiz Löwenherz

                                        ▨ Kinderhospiz
                                           Regenbogenland

                                           Kinderhospiz Bärenherz

015%   Kinderhospiz Arche Noah

          018%   fehlend

Abb. 82: Anteil der befragten Mitarbeitenden sortiert nach einzelnen Kinderhospizen (N = 61)

Die Mehrzahl der Probanden ist im Kinderhospiz Löwenherz tätig, gefolgt von den Kinderhospizen Regenbogenland in Düsseldorf, Arche Noah in Gelsenkirchen und Bärenherz in Wiesbaden. Dies lässt Rückschlüsse auf die Verteilung der Fragebögen bzw. den Rücklauf zu. An dieser Stelle ist anzumerken, dass von den ursprünglich fünf an der Erhebung teilnehmenden Kinderhospizen nur vier Institutionen ihre Fragebögen eingesandt haben.

Chi-Quadrat-Tests

	Wert	df	Asymptotische Signifikanz (2-seitig)
Chi-Quadrat nach Pearson	34,289[a]	6	,000
Likelihood-Quotient	31,910	6	,000
Zusammenhang linear-mit-linear	1,178	1	,278
Anzahl der gültigen Fälle	61		

a. 7 Zellen (58,3%) haben eine erwartete Häufigkeit kleiner 5. Die minimale erwartete Häufigkeit ist ,89.

Tab. 12: Zusammenhang Dauer der Beschäftigung und Kinderhospiz

Die Mitarbeitenden in der Arche Noah/Gelsenkirchen, sind am längsten im Kinderhospiz tätig, wohingegen die Mitarbeitenden im Regenbogenland, Düsseldorf, am kürzesten im Kinderhospiz beschäftigt sind. Der Chi-Quadrat-Test zeigt eine hohe Signifikanz zwischen den Variablen „Dauer der Arbeit im Kinderhospiz" und „stationäres Kinderhospiz" (asymptotische Signifikanz: 0,000). Es besteht demnach ein hoher Zusammenhang zwischen der Dauer der Tätigkeit und dem stationären Kinderhospiz, in dem sie arbeiten.
Neben der Tatsache, dass eine konstante Mitarbeiterstruktur sicherlich ein nicht zu unterschätzendes Qualitätsmerkmal für Institutionen darstellt, muss bei der Analyse dieser Daten beachtet werden, dass einige Kinderhospize ihre Mitarbeiterteams in den vergangenen Jahren aufgrund steigender Belegungszahlen kontinuierlich erweitert haben. So lässt sich von einer nicht so langen Tätigkeitsdauer im Kinderhospiz nicht unmittelbar der Rückschluss auf eine hohe Mitarbeiterfluktuation ziehen, sondern bedarf der Beachtung einrichtungsspezifischer Besonderheiten.

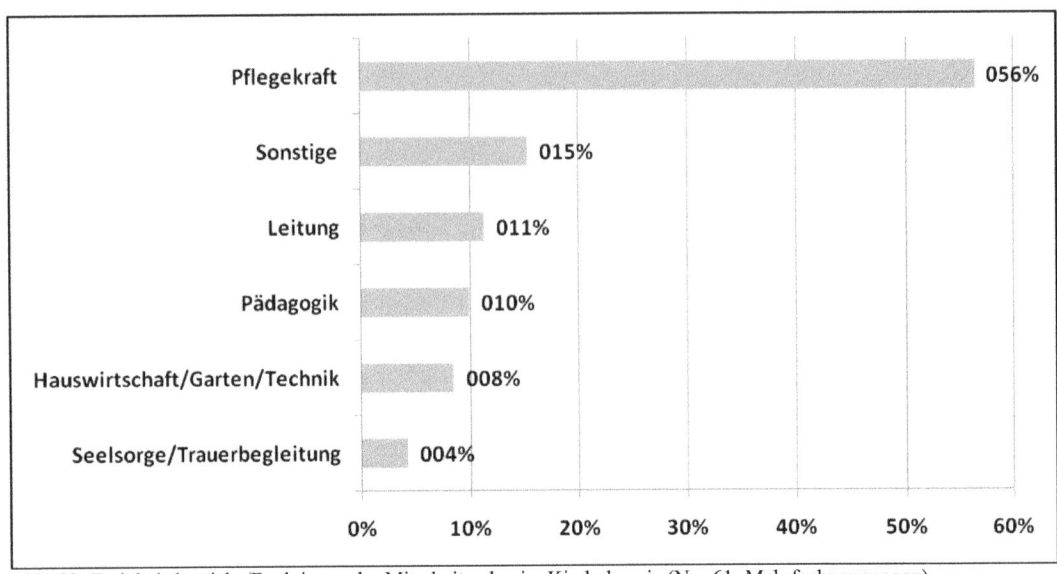

Abb. 83: Tätigkeitsbereiche/Funktionen der Mitarbeitenden im Kinderhospiz (N = 61, Mehrfachnennungen)

Über die Hälfte der Probanden gab an, als Kinderkrankenschwester bzw. Kinderkrankenpfleger einge-stellt worden zu sein. 11,27% sind als Leitungskraft eingestellt, 9,86% als Pädagoge/Pädagogin, 8,45% als Mitarbeitende in den Bereichen Hauswirtschaft, Garten und Technik, 4,23% als Seelsor-ger/Seelsorgerin und/oder Trauerbegleiter/Trauberbegleiterin. Des Weiteren wurden mit unter 1% ge-nannt: „Nachtwache", „Verwaltung", „Praktikant/Zivildienstleistende" und „Pflegedienstleitung". Hier wird deutlich, dass der Großteil der Beschäftigten in stationären Kinderhospizen Kinderkranken-schwestern oder -pfleger und die Teams in Kinderhospizen multidisziplinär zusammengesetzt sind.

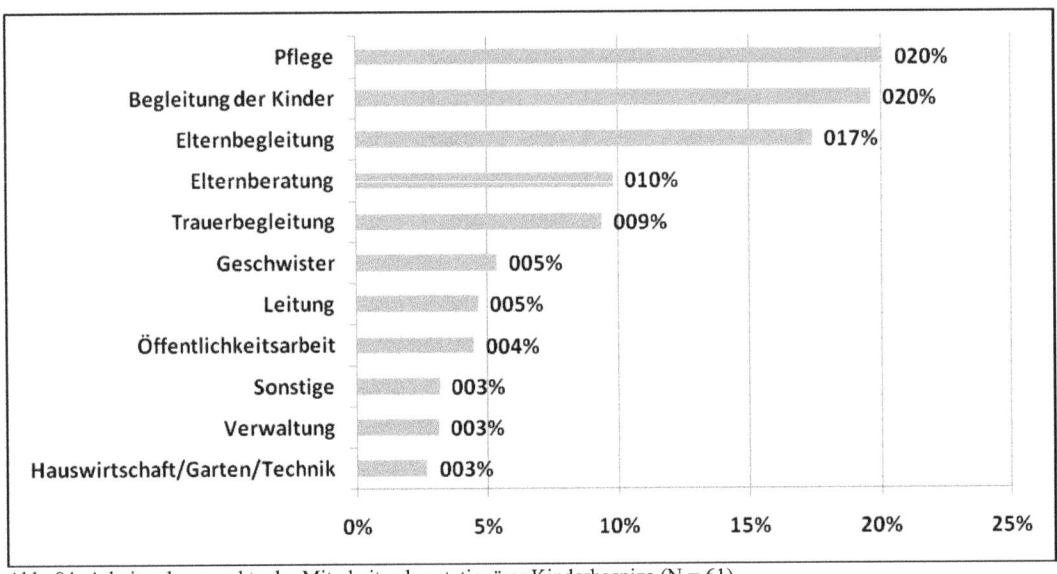

Abb. 84: Arbeitsschwerpunkte der Mitarbeitenden stationärer Kinderhospize (N = 61)

Die Arbeitsschwerpunkte der Probanden sind je nach Berufsgruppenzugehörigkeit sehr divergent. 20,09% gaben „Pflege" als ihren Arbeitsschwerpunkt an, gefolgt von 19,64% mit „Begleitung der le-bensverkürzend erkrankten Kinder und Jugendlichen". 17,41% nannten „Elternbegleitung", 9,82% „Elternberatung zu spezifischen Aspekten", 9,38% „Trauerbegleitung" und 5,36% „Geschwisterbegleitung". Des Weiteren wurden mit unter 5% „Leitungsfunktion", „Öffentlichkeitsarbeit", „Verwaltung" sowie „Hauswirtschaft, Technik, Garten" genannt.

Aus der Kreuzung der Items Berufsausbildung und ausgeführte Tätigkeiten wird ersichtlich, dass sowohl die Pädagogen und Pädagoginnen als auch die Pflegekräfte professionsübergreifende Arbeitsschwerpunkte im Kinderhospiz ausüben. Von den Pädagogen und Pädagoginnen gab jeweils die Hälfte als einen ihrer Arbeitsschwerpunkte die Pflege des progredient erkrankten Kindes/Jugendlichen an.

Die tatsächlichen Tätigkeitsfelder der professionellen Mitarbeiter und Mitarbeiterinnen in Kinderhospizen sind demnach nicht nur ausbildungsspezifisch, sondern umfassen eine Vielzahl von Tätigkeiten, für die sie nicht grundständig qualifiziert sind. Dies ist im Sinne einer ganzheitlichen Betrachtung der Lebenssituationen fortschreitend erkrankter Kinder, Jugendlicher und ihrer Eltern als besonderes Qualitätsmerkmal stationärer Kinderhospizarbeit zu bewerten, erfordert aber auch berufsbegleitende Qualifizierungs- und Weiterbildungsangebote, um ihm in angemessener Weise gerecht werden zu können.

Tätigkeitsfelder einer Kinderhospizleitung

Die Tätigkeitsfelder und Aufgaben einer Kinderhospizleitung sind sehr vielfältig und umfangreich Die facettenreichen Verpflichtungen einer Leitung in einem stationären Kinderhospiz sind in der Aussage der IP A wiederzufinden. Kinderhospizleitungen sind im Regelfall nicht praktisch in die Pflege der erkrankten Kinder involviert, sondern als pflegerische Leitung für die Beratung und Begleitung der Mitarbeiter und Mitarbeiterinnen zuständig. Deutlich wird, dass es Aufgabe der Leitung ist, nicht nur auf die Belange der Mitarbeiter und Mitarbeiterinnen Rücksicht zu nehmen, sondern ferner sich selbst im Blick zu haben, da sonst die Gefahr einer Überlastung, die zu einem Burnout-Syndrom führen kann, gegeben ist (vgl. Hinse 2006a, 184–185; Schmidt 2004, 41–43).

„Den meisten Tag telefonieren und Gespräche führen, natürlich mit der Co-Leitung zusammen. Erstkontakt mit Familien, die Anfragen die kommen wollen oder auch mit sozialen Einrichtungen und Krankenhäusern. Wir machen die ganze Belegungsplanung gemeinsam, die Mitarbeiterführung, Kontakte nach außen, also Öffentlichkeitsarbeit, Weiterentwicklung, Visionsarbeit, Projektentwicklungsarbeit und ganz, ganz viel Koordination, Mitarbeiter, verschiedene Themen. Und zu den Familien vielleicht direkt noch. Wir machen immer die Abschlussgespräche, also Leitung/Co-Leitung. Bei den Eltern zu gucken, so was läuft gut, was läuft nicht so gut? Also einmal hier im Aufenthalt, aber auch um Prozesse der Familien begleiten zu können." (Interview B, Abs. 7)*

„(...) Also, wenn Sie die Arbeit zusammenfassen hier, dann haben sie natürlich primär zu tun mit den kranken Kindern, also ganz praktische Pflegefragen, als pflegerische Leitung, sehr viel im Bereich Mitarbeiterführung, sehr viel im Bereich Geschäftsführungsaufgaben einschließlich Gebäude-Management, also alles was hier kaputt ist oder instand gehalten werden muss (...). Und so hab ich ganz, ganz viele Bereiche wo ich immer mal wieder mir unterschiedliche Schwerpunkte raussuche. Merke aber schon, dass es zeitlich sehr schwierig ist die alle unter einen Hut zu kriegen. Denn, wenn sie mehr an Elterngesprächen an Zeit verbringen, was natürlich nötig ist, dann haben sie gleichzeitig wieder weniger Zeit für die Mitarbeiter. Investieren sie mehr für die Mitarbeiter, haben sie weniger Zeit für die Kinder. Also das ist ganz schwierig unter einen Hut zu kriegen. Und der große Teil, das ist ja in allen Kinderhospizen auch so, ist der Bereich Öffentlichkeitsarbeit (...) und so bewegt man sich das ganze Jahr zwischen diesen großen Bereichen." (Interview B, Abs. 7).*

Die Interviewperson B macht deutlich, dass für ihr professionelles Handeln in einer Führungsposition ein partnerschaftlicher Umgang mit den Mitarbeiter und Mitarbeiterinnen und die gemeinsame Kommunikation einen großen Stellenwert einnehmen. Diese Aspekte können mit den Begriffen der „Teambildung" und der „Mitarbeiterzufriedenheit" tituliert werden, beides sind wesentliche Aufgabengebiete einer Leitungskraft (vgl. Hinse 2006a, 158ff.).

„Also, ein wichtiger Aspekt ist, denke ich Kommunikation. Was natürlich in der Vielfalt der Aufgaben, natürlich manchmal wieder hinten runterfällt. Denke ich aber, ist wirklich das A und O, mit den Leuten in Kontakt zu sein. Worauf ich mich selber immer wieder konzentrieren muss, ist auf der Begegnungs-

ebene wirklich da zu sein und nicht schon irgendwie mich mit jemandem zu unterhalten und in Gedanken schon halb im Büro wieder zu sitzen. Also direkter Kontakt und ich versuche ein partnerschaftliches Verhältnis miteinander zu gewährleisten. Natürlich bin ich manchmal Vorgesetzte und muss manchmal ein strenges Wort oder eine unbequeme Entscheidung treffen, aber immer noch den Menschen dahinter zu sehen und nicht nur die Funktion. Und zu gucken was macht das mit dem Menschen aus, dem ich das jetzt gerade sage und zu versuchen auf der Ebene auch so ein Verständnis dafür zu haben. Das ist so mein Führungsbild." (Interview B, Abs. 71)

Neue Anregungen und Ideen bekommt eine Leitung, laut Aussage der IP A, durch das Beobachten der Bedürfnisse der progredient erkrankten Kinder und Jugendlichen und eine Orientierung an den an sie herangetragenen Wünschen der Familien. Durch diese Vorgehensweise werden neue Ideen entwickelt und verwirklicht, die den Bedürfnissen der progredient erkrankten Kinder und Jugendlichen und ihrer Familien entsprechen.

„Aus der Erfahrung und aus dem Gucken, genau Hingucken, was brauchen diese Kinder. Also wenn ich überlege, was wir in den letzten Jahren so neu begonnen haben bzw. was wie ich eben schon sagte in manchen anderen Kinderhospizen ja inzwischen auch, weil's so gut war, mitkopiert wird, dann liegt das immer daran diese Ideen, die wir hatten, hinzugucken, was brauchen die Familien, hinzuhören, auch was meinen die Mitarbeiter. Wir haben vor einiger Zeit ein Kindertrauerzentrum begonnen hier im Haus für Kinder, die hier aus der Umgebung jemanden verloren haben, das kam daraus, dass immer mehr Menschen danach gefragt haben und wir irgendwann gesagt haben, wir müssen's machen, wir müssen's anbieten. Also, das macht sehr viel die Erfahrung einerseits, das genaue Hingucken, was verlangen die Kinder und natürlich mit Grenzen, was verlangen die Eltern." (Interview A, Abs. 103)

Zusammenfassung

Die Analyse der demographischen Angaben der Probanden zeigt auf, dass es sich hinsichtlich der Geschlechtszugehörigkeit um eine sehr homogene Gruppe handelt. Die Daten spiegeln wider, dass überwiegend weibliche Beschäftigte in stationären Kinderhospizen arbeiten. Diese geschlechtsspezifische Verteilung im Kinderhospiz zeigt die Geschlechterverteilung in pflegerischen und sozialen Berufsgruppen in der Bundesrepublik Deutschland.

Ein weiteres Ergebnis ist, dass die Mehrzahl der Mitarbeitenden in Kinderhospizen einer Vollzeitbeschäftigung nachgeht. Dennoch gibt es einen hohen prozentualen Anteil an Teilzeitbeschäftigten, der mit der bislang eher unsicheren Finanzierung der Kinderhospize begründet werden kann. Die in sozialen und pflegerischen Tätigkeitsfeldern häufig anzutreffende Besetzung der Leitungsposition mit männlichen Fachkräften, während die Mitarbeitenden in den untergeordneten Positionen weiblich sind, ist in stationären Kinderhospizen nicht zu finden.

Die Ergebnisse der Studie zeigen auch, dass es sich bei den Mitarbeitenden in stationären Kinderhospizen um eine sehr heterogene Gruppe handelt. Die Heterogenität wird in den verschiedenen Altersgruppen, den unterschiedlichen Familienständen und den verschiedenen Beschäftigungsverhältnissen sichtbar, die von einem 400-Euro-Job über eine Teilzeitbeschäftigung bis hin zu einer Vollzeitbeschäftigung reichen. Das monatliche Bruttoeinkommen der Mitarbeitenden variiert stark. Dies ist mit den unterschiedlichen Beschäftigungsverhältnissen zu begründen. Mit ihrem monatlichen Bruttoeinkommen ist die Mehrzahl der Probanden in stationären Kinderhospizen nur teilweise zufrieden, mit einer Tendenz zur Unzufriedenheit. Dies spiegelt die relativ niedrige Vergütung von Mitarbeitenden, die ein Beschäftigungsverhältnis in medizinischen und pädagogischen Tätigkeitsfeldern haben, wider.

Die Angaben der Probanden zu ihrem beruflichen Werdegang und dem aktuellen Tätigkeitsfeld in stationären Kinderhospizen zeigen einerseits, dass in Kinderhospizen eine insofern homogene Berufsgruppenzugehörigkeit vorherrscht, dass die meisten Mitarbeitenden vor Aufnahme ihrer Tätigkeit im Kinderhospiz in pflegerisch-medizinischen Bereichen gearbeitet haben. Andererseits verdeutlichen die Daten, dass in Kinderhospizen multidisziplinäre Teams arbeiten, die sich aus Fachkräften verschiedener beruflicher Handlungsfelder des sozial-pflegerischen Bereiches zusammensetzen. Ein ähnlich multiprofessionelles Bild zeigt sich in Bezug auf die Arbeitsschwerpunkte der Mitarbeitenden. Diese sind nicht professionsgebunden, sondern professionsübergreifend, da sowohl Probanden mit pädagogischer

Berufsausbildung als auch Probanden, die von der Profession her Pflegekräfte sind, auch im jeweils anderen Arbeitsschwerpunkt tätig sind.

Leitungen von stationären Kinderhospizen haben im Rahmen ihrer Tätigkeit, vielfältige und umfassende Verpflichtungen zu erfüllen. Sie sind weniger in die praktische Arbeit im Kinderhospiz eingebunden, als dass sie Aufgaben in der Personalverwaltung, Planung und Organisation übernehmen. Der Aspekt der Mitarbeiterzufriedenheit ist bedeutsam. Um diese zu fördern und zu sichern ist die Beachtung kontinuierlicher Teambildungsprozesse für eine Leitung relevant. Die Kooperation mit verschiedenen Institutionen und Fachkräften stellt einen wichtigen weiteren Aufgabenbereich der Leitung dar. Kinderhospize sind Bestandteil eines interdisziplinären Netzwerkes von verschiedenen Institutionen, die in die Begleitung von Familien mit lebensverkürzend erkrankten Kindern involviert sind. Leitungen haben die Aufgabe, die Kooperation mit den Institutionen zu initiieren, zu pflegen und auszubauen.

B Spezifische Handlungskompetenzen

Mitarbeitende in Kinderhospizen müssen über vielfältige fachliche und persönliche Kompetenzen verfügen, um ihre Arbeit fachlich adäquat leisten zu können. Diese Kompetenzen können als spezifische Handlungskompetenzen beschrieben werden und beinhalten unter anderem die Auseinandersetzung mit der eigenen Sterblichkeit und den Umgang mit Problem- und Belastungssituationen. Mennemann (1998) bezeichnet diese spezifischen Handlungskompetenzen als „Kompetenzprofil für Sterbebegleiter und Sterbebegleiterinnen" (Mennemann 1998, 278). Geiss stellt des Weiteren heraus, dass das Ausmaß der spirituellen Orientierung von Mitarbeitenden, die in ihrem Beruf mit Sterbenden oder kritisch Erkrankten zu tun haben, eine große Rolle bei der Bewältigung von beruflichen Belastungsfaktoren spielt. Zudem beeinflusst die spirituelle Orientierung die Einstellungen, die der Einzelne den Aspekten Sterben, Tod und Trauer entgegenbringt (vgl. Geiss et al. 2005, 42ff.).

Auch die durch Experteninterviews befragten Mitarbeitenden sind der Meinung, dass für die Arbeit in einem stationären Kinderhospiz eine spezielle Grundhaltung (ein Menschenbild) bedeutsam ist. Dieses variiert, ist aber bei vielen Mitarbeitenden religiös oder spirituell geprägt.

„Also, wenn ich die nicht hätte, ich glaube, dann würde ich hier nicht arbeiten. Zu sehen, dass alles, was da ist, einen Sinn hat. Also für mich geht es sehr schnell über in spirituelle Grundannahmen. Also religiös/spirituell, wie auch immer. Das ist für mich klar, dass das einen Sinn hat. Dass sich das Leben ausdrückt in verschiedenen Formen und alles ist ein Teil vom Ganzen." (Interview D, Abs. 30)

„Also, ich denke, ein Menschenbild ist ganz wichtig, ein vernünftiges zu haben, und den Menschen auch zu respektieren und den Menschen an sich zu sehen. Wenn man das nicht hätte, dann wird man, glaube ich, auch nicht mit Herz hier arbeiten. Ist einfach so." (Interview E, Abs. 43)

„(...) Ich selber und das liegt nicht nur an unserer Trägerschaft, ich selber arbeite nach dem christlichen Menschenbild. Für mich ist der Mensch ein, ein Individuum, für mich ist der Mensch ein Geschöpf Gottes und für mich ist auch ein Kind natürlich was ganz Besonderes. Und unter diesem christlichen Menschenbild, was heute ja fast jeder vertritt, aber für mich persönlich hat das ganz konkrete Äußerungen im Sinne von, wie ich grad schon gesagt hab, du bist was ganz besonderes, auch wenn du krank bist. Und du, na, mit dem Tod ist nicht alles vorbei (...)." (Interview A, Abs. 56)

Die IP A hat eine religiöse Grundhaltung, die auf einem christlichen Menschenbild basiert. Dass die Grundhaltung von Kinderhospizmitarbeitenden christlich geprägt sein kann, ist unter anderem mit der kirchlichen Trägerschaft einiger Kinderhospize zu begründen. Diese stellt auch konkrete Anforderungen an die Einstellung neuer Mitarbeiter und Mitarbeiterinnen, wie folgende Aussage der IP A zeigt.

„Also, mir ist es wichtig, dass die Mitarbeiter zur Kirche stehen, katholisch, evangelisch wie auch immer und von daher auch im Vorstellungsgespräch gesagt kriegen, wir sind 'ne katholische Trägerschaft, das ist das besondere am Kinderhospiz, auch das besondere, und wir, zu unserem Jahres- und Tagesablauf gehören christliche Elemente (...)." (Interview A, Abs. 62)

Die IP B führt an, dass eine Festlegung eines spezifischen religiösen oder spirituellen Hintergrundes eines jeden Mitarbeitenden nicht notwendig ist, denn die Begegnung mit Sterben, Tod und Trauer in der Arbeit führt zur Auseinandersetzung mit Fragen nach dem Sinn und Ursprung des Lebens. Diese Fragen werden auch mit Hilfe von Ritualen bearbeitet, die zum Teil einen religiösen Hintergrund haben.

„Also, ich glaube, dass jeder von uns einen bestimmten religiösen Hintergrund hat, der nicht festgelegt ist, weil die Arbeit einen auch sehr mit religiösen Themen. Die Begegnung, so nahe des Lebens und des Sterbens bringt einen einfach an die Urfragen, wo komme ich her, wo gehe ich hin? Wir arbeiten auch ganz viel mit Ritualen und mit Symbolen und die kommen natürlich auch teilweise aus religiösen Bezügen." (Interview B, Abs. 43)

Es stellt sich die Frage, welche Auswirkungen die religiösen oder spirituellen Grundhaltungen der Mitarbeitenden auf die Arbeit mit den Familien haben? Nicht alle Familien, die Kinderhospize besuchen, haben eine spirituelle oder christliche Grundhaltung. Wie werden Familien mit einem anderen Glauben als dem christlichen im Kinderhospiz begleitet und welche (Abschieds-) Rituale sind diesbezüglich zu bedenken, wenn gerade in der finalen Phase verschiedene Rituale zum Tragen kommen, die zum Teil auch religiös geprägt sind? „In virtually all religions there are clearly set rules, religious laws and procedures about what is to be done during dying process and after the death" (Brown 2007, 169).

Auseinandersetzung mit der eigenen Sterblichkeit
Eng verbunden mit der Frage nach der Grundhaltung von Mitarbeitenden, ist die Frage nach der Auseinandersetzung mit der eigenen Sterblichkeit. Diese stellt eine wichtige Voraussetzung für die Arbeit in einem stationären Kinderhospiz dar (vgl. Tausch-Flammer 2001, 12; Glanzmann/Bergsträßer 2001, 141; vgl. Kap. II 5 Professionalität in der Kinderhospizarbeit). Die Auseinandersetzung mit der eigenen Sterblichkeit bildet die Voraussetzung für eine Tätigkeit im Kinderhospiz, da dort die Mitarbeitenden mit dem Tod und Sterben der lebensverkürzend erkrankten Kinder und Jugendlichen konfrontiert werden und damit umgehen müssen. Dies beinhaltet einerseits, eine eigene Haltung in Bezug auf das Sterben und den Tod zu entwickeln und andererseits, einen eigenen Weg des Umgangs damit zu finden. Leyendecker (2008) sieht in der eigenen Auseinandersetzung eine „essentielle Voraussetzung" für die Begleitung von Sterbenden (vgl. Leyendecker 2008, 14). Sie kann daher als ein Kennzeichen der Professionalität in der Kinderhospizarbeit bezeichnet werden. Dass einige Mitarbeitende in Kinderhospizen eine solch professionelle Grundhaltung entwickelt haben, zeigt die Aussage der IP B.

„Für mich ist es Grundlage meiner Arbeit und auch Grundlage der Arbeit mit den Familien. Wenn ich mir nicht meiner eigenen Endlichkeit bewusst wäre oder mich nicht damit auseinandergesetzt hätte, wäre es schwierig hier zu arbeiten." (Interview B, Abs. 45)

Die IP B stellt zum einen heraus, dass man ohne eine Auseinandersetzung Gefahr läuft, die Belastungssituationen, die durch das Sterben und den Tod eines Kindes hervorgerufen werden, nicht angemessen bewältigen zu können. Zum anderen ist die Auseinandersetzung notwendig, um den Familien in ihrem Schmerz und ihrer Trauer beistehen zu können.

„(...) Also, wenn ich mich mit diesen Fragen nicht auseinandergesetzt habe, dann kann ich hier nicht arbeiten. Oder es ist zumindest sehr schwer, oder ich laufe Gefahr, mit den Kindern mit zu sterben und in ein tiefes Loch zu fallen, wenn ein Kind stirbt. Also ich muss mir darüber im Klaren sein, auch ich bin sterblich, mein Leben ist endlich, auch ich werde so wie viele unserer Kinder Abschied nehmen müssen irgendwann. Und ich muss diese Dinge einfach mal für mich durchdacht haben, um hier auch trauernden Menschen helfen zu können (...)." (Interview C, Abs. 58)

Deutlich wird, dass es in der Auseinandersetzung mit den Themen Sterben, Tod und Trauer einer Unterstützung bedarf, um die eigenen Ängste, die Trauer und den Schmerz angemessen bewältigen zu können. Dies erfolgt bereits in einigen Kinderhospizen durch Trauerbegleitung und Supervision.

„Also, es ist ganz oft Thema in der Supervision, es ist oft Thema hier, die Kollegen wissen natürlich, ich bin Trauerbegleiterin, und wenn hier Kinder sterben, kommen oft auch gerade jüngere Kollegen. Und wollen einfach darüber reden, wollen einfach mitteilen, wie es ihnen geht. Das ist schon Thema, es ist auch Thema in, wir haben immer Mitarbeitertage am Anfang des Jahres und da ist es immer auch Thema und es ist auch wichtig, dass es hier Thema ist." (Interview C, Abs. 64)

Die Arbeit im Kinderhospiz, so die Aussage der IP E, verändert den Menschen durch die Konfrontation und die Auseinandersetzung mit den Aspekten Sterben, Tod und Trauer und kann zu einer reflektierten sowie bewussten Lebensweise und zu einer geringeren Angst vor dem Tod und Sterben beitragen. Auch ein Ergebnis der Pilotstudie von Philipp/Loffing (2008) zeigt, dass Mitarbeitende in stationären Kinderhospizen weniger Angst vor dem Tod einer Bezugsperson haben als die Gesamtbevölkerung (vgl. Philipp/Loffing 2008, 6–7).

„Also, ich denke mit der Arbeit hier, jetzt in den drei Jahren, verändert man sich schon selber. Man lernt, sein Leben einfach viel mehr wertzuschätzen. Man handelt auch dem entsprechend, Kleinigkeiten sind nicht mehr wichtig. Wenn man viele in seinem Alter hört, da stört einen, weiß ich auch nicht, dass man grad am Wochenende nicht rausgehen kann oder man hat gerade die beste Hose nicht gekriegt, weil sie schon weg war und das wird einfach zur Nichtung, ganz klein und die Erfahrung will man einfach nicht missen. Also, man lernt einfach, sein Leben mehr zu genießen. Und dem Thema Tod und Sterben denke ich, wenn es so ist, dann ist es so und zum Beispiel viele in meinem Alter wissen schon genau, wie sie ihre Hochzeit planen. Ich hab zum Beispiel ein Brief zu Hause liegen, der verschlossen ist, wenn ich sterbe, ein Abschiedsbrief, mal so wie soll meine Beerdigung sein, wo will ich aufgebahrt werden und, und, und man befasst sich einfach mehr damit." (Interview E, Abs. 49)

Auch die Mehrzahl der Probanden der Fragebogenerhebung hat sich schon mit ihrer eigenen Sterblichkeit auseinandergesetzt.

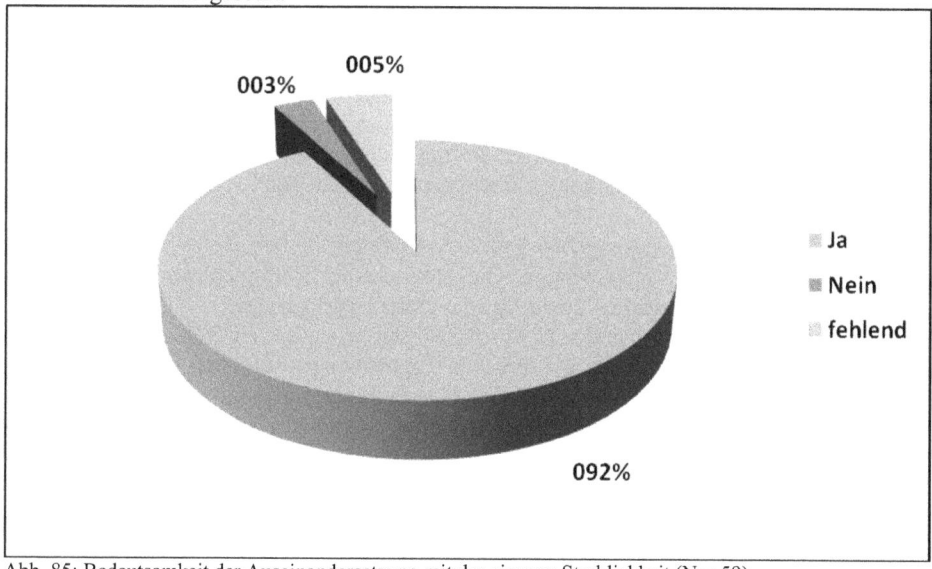

Abb. 85: Bedeutsamkeit der Auseinandersetzung mit der eigenen Sterblichkeit (N = 59)

92% der Probanden gaben an, sich bereits mit ihrer eigenen Sterblichkeit auseinandergesetzt zu haben. Nur 3% verneinten diese Frage, und 5 % machten hierzu keine Angaben.

Ein wesentliches Merkmal von Professionalität in Kinderhospizen wird demnach von der Mehrheit der Mitarbeitenden in Bezug auf die eigene Person bejaht.

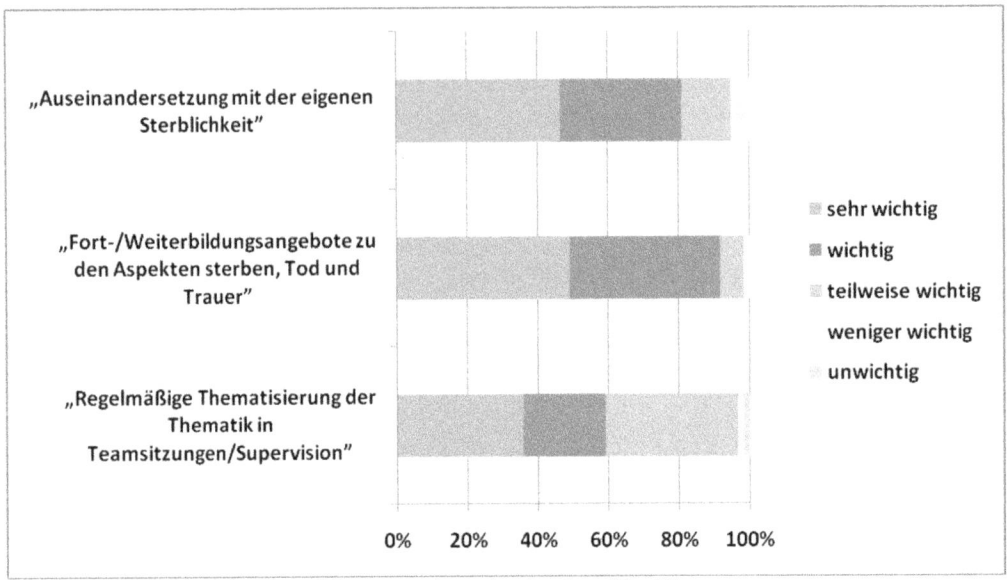

Abb. 86: Zustimmung zu der Thematisierung von thanatalen Aspekten (N = 59)

Die Auseinandersetzung mit der eigenen Sterblichkeit erachten fast 50% der Probanden als sehr wichtig und 34,48% als wichtig. 13,97% gaben an diese teilweise wichtig zu finden, und 5,17% erachten sie als weniger wichtig (N = 58).

Die regelmäßige Thematisierung dieser Aspekte in Teamsitzungen/Supervision bewerten 35,6% als sehr wichtig und 23,7% als wichtig, 37,3% finden es weniger wichtig und 1,7% unwichtig (N = 59). Die Tatsache, dass 37,3% und 1,7% die Auseinandersetzung mit thanatalen Themen weniger wichtig und unwichtig finden, ist in diesem Tätigkeitsfeld eher irritierend und lässt vermuten, dass es gegenüber der Thematisierung der Aspekte in einem professionellen Rahmen Vorbehalte und Unsicherheiten bei fast 40% der Probanden gibt. Diese können sich einerseits auf ihre eigenen Ängste in Bezug auf die Thematik beziehen und andererseits auf Ängste, diese sehr sensible und persönliche Auseinandersetzung in einem professionellen Rahmen zuzulassen und zu kommunizieren. So hat die Konfrontation mit Tod und Trauer in der Begleitung von Sterbenden für die Begleiter oftmals das Erleben der eigenen Angst vor dem Tod und das Aufwerfen vieler existentieller Fragen zur Folge (vgl. Leyendecker 2008, 15).

Der Besuch von Fort- und Weiterbildungsangeboten zu den Aspekten Sterben, Tod und Trauer halten fast 50% für sehr wichtig und 34,48% für wichtig. Die Mehrheit der Befragten schreibt thanatalen Themen als Fort- und Weiterbildungsinhalten demnach eine große Bedeutung zu.

Die Zustimmung der Mehrzahl der Probanden zu der Bedeutsamkeit einer eigenen Auseinandersetzung mit thanatalen Themen, der Thematisierung dieser in Teamsitzungen und dem Besuch von themenspezifischen Fort- und Weiterbildungsangeboten, sind als Indikator dafür zu sehen, dass die Probanden in hohem Maße die Aspekte Sterben, Tod und Trauer als elementare Bestandteile ihrer Arbeit begreifen und dies professionell reflektieren.

Problem- und Belastungsfaktoren

„Die tägliche Arbeit mit sterbenden Menschen sowie der Umgang mit Leid und unausweichlicher Endlichkeit stellen hohe Anforderungen an den professionellen Helfer" (Müller 2008, 407). Dass dies auch in Kinderhospizen der Fall ist, konnte unter anderem durch die Studie von Woolley et al. belegt werden (vgl. Woolley et al. 1989, 114–115). Nach Wittkowski (2003) gibt es drei verschiedene Merkmalsgruppen, die zu psychischer Belastung in der Arbeit mit Sterbenden führen können:

1. Individuelle Faktoren: Alter, Geschlecht, Persönlichkeit
2. Faktoren aus der Arbeitsumgebung: Kommunikationsprobleme im Team, Belastungen durch die berufliche Rolle
3. Schwierigkeiten in der Kooperation mit den Patienten und Angehörigen (vgl. Wittkowski 2003, 154–163).

Diese drei Merkmalsgruppen finden sich auch zum Teil in den nachfolgenden Aussagen und den Angaben aus der Fragebogenerhebung der Probanden wieder.

Arbeits- und Organisationsbedingungen

Ein Ergebnis der Pilotstudie zur Belastungssituation von Mitarbeitenden in Kinderhospizen von Philipp/Loffing (2008) ist, dass Mitarbeitende in Kinderhospizen in Bezug auf die Zusammenarbeit im Team und die Arbeitsorganisation am stärksten belastet sind. Weniger belastend stellt sich hingegen für Mitarbeitende das Sterben der lebensverkürzend erkrankten Kinder dar (vgl. Philipp/Loffing 2008, 2–4). Dieses Ergebnis kann auch durch die vorliegende Studie bestätigt werden.

Eine Problem- und Belastungssituation stellen, laut Aussagen der Interviewpersonen, die Arbeits- und Organisationsbedingungen dar, die eng verbunden mit der zeitlichen Problematik sind. Diese Feststellung wird getroffen, obwohl in Kinderhospizen, wie die Aussage der IP E zeigt, im Vergleich zu anderen Arbeitsstellen (z.B. Krankenhaus) für die Begleitung der erkrankten Kinder deutlich mehr Zeit und Raum zur Verfügung stehen.

„Also, das ist eigentlich, wenn man vorher in der ambulanten Pflege oder im Krankenhaus gearbeitet hat, gerade in der ambulanten Erwachsenenpflege, ist das hier eigentlich eine schöne Arbeit. Und ich wollte auch nie mehr woanders arbeiten, weil man hat einfach höchstens ein oder zwei Kinder, hat Zeit für die Kinder, kann verschiedene Sachen, die den Kindern guttun, machen und ist nicht nur wie im Krankenhaus: Essen austeilen, Infusionen anhängen, Medikamente rausgeben. Man ist ja gar nicht mehr am Kind und hier ist man einfach am Kind, an den Eltern und nimmt die ganze Familienpflege mehr wahr, so, also.“ (Interview E, Abs. 85)

Diese Aussage zeigt, dass die allgemeinen Arbeitsbedingungen der Einrichtung den Mitarbeitern und Mitarbeiterinnen deutlich mehr Zeit gewähren, um sich der Begleitung der Familien und speziell der erkrankten Kinder und Jugendlichen widmen zu können, als dies in anderen pädiatrisch-pflegerischen Bereichen der Fall ist. Allerdings kommt in der Aussage der IP A ferner zur Sprache, dass hinsichtlich zeitlicher Faktoren auch Schwierigkeiten im Kinderhospiz bestehen.

„Ja, auf jeden Fall, also das sind so in etwa zwischen, ja ich komm so fast jede Woche, so an die 55 bis 60 Stunden und das ist nicht gesund für mich, das weiß ich, aber auf der anderen Seite was soll ich tun, wenn so viele Menschen danach fragen bzw. die Arbeit da ist, damit es auch eine gute Arbeit wird und das ist 'ne Grenze für mich (…).“ (Interview A, Abs. 100)

IP B bestätigt die starke zeitliche Belastung und begründet sie mit der Doppelbelastung aufgrund ihrer Tätigkeit in verschiedenen Bereichen. Sie führt als Bewältigungsstrategie ihre Freizeit in Form von Erholungsurlaub an.

„Grenzen von Belastung sind manchmal da, weil es einfach sehr viel ist, immer sehr vielschichtig ist. (…) Und das immer alles unter einen Hut zu kriegen, da muss der Hut schon manchmal sehr groß sein. Und was für mich Bewältigungsstrategien sind, ist in den Urlaub fahren, wegfahren, richtig weit weg sein, um dann wirklich auch den Abstand zu kriegen, den inneren Abstand auch und viel Zeit für mich. Also, nichts haben.“ (Interview B, Abs. 63)

„24 Stunden hat der Tag leider nur, manchmal bräuchte ich 36.“ (Interview B, Abs. 67)

IP D erwähnt die vielen von ihr geleisteten Überstunden. Dies lässt entweder auf einen akuten Personalmangel oder auf eine eher schlecht organisierte Personalplanung schließen.

„Also, es ist so, dass ich ziemlich viele Überstunden habe und ich könnte auch sehr viel mehr machen. Habe da für mich aber auch eine klare Grenze. Dann ist für mich wichtig, dass ich keine volle Stelle habe, sondern, dass ich da immer wieder Zeit zwischen habe, um mich auch zu erholen, um auch bestimmte Dinge, die mir privat wichtig sind, machen zu können. Das ist mir für mich persönlich wichtig. Das heißt aber auch, dass ich in Zeiten, wo mehr gefragt ist, auch mehr zu machen. Das ist auch in Ordnung. Aber als Grund, ist es für mich gut, dass da Platz ist. Ich brauche auch den inneren Raum um dann rausgehen zu können, so innerlich." (Interview D, Abs. 58)

Die Aussagen der Interviewpersonen zu den Arbeits- und Organisationsbedingungen machen deutlich, dass die Mitarbeitenden in stationären Kinderhospizen einerseits viel Zeit und Raum für die intensive Begleitung der lebensverkürzend erkrankten Kinder und ihre Familien haben, und andererseits geht aus den Aussagen auch eine deutliche zeitliche Überlastung hervor. Es stellt sich in diesem Zusammenhang die Frage, wie mit den zeitlichen Problem- und Belastungssituationen der Mitarbeiter und Mitarbeiterinnen umgegangen wird. Werden ihnen genügend Auszeiten und Freiräume sowie Erholungsmöglichkeiten bereitgestellt oder müssen sie sich selbst darum kümmern und erhalten keine strukturelle Unterstützung von Seiten des Kinderhospizes? In der Pilotstudie von Philipp/Loffing wurde empfohlen, dass ein verlässlicher Dienstplan wie auch die genaue Beschreibung von Zuständigkeiten und Aufgaben hilfreich sein könnten, um die zeitlichen Belastungssituationen der Mitarbeitenden zu verringern (vgl. Philipp/Loffig 2008, 15).

Die Aussagen der Mitarbeitenden in den Interviews werden durch die Angaben der Probanden der Fragebogenerhebung bekräftigt. Auch hier zeigt sich, dass zeitliche Faktoren eine wesentliche Problem- und Belastungssituation für Mitarbeitende in Kinderhospizen sind.

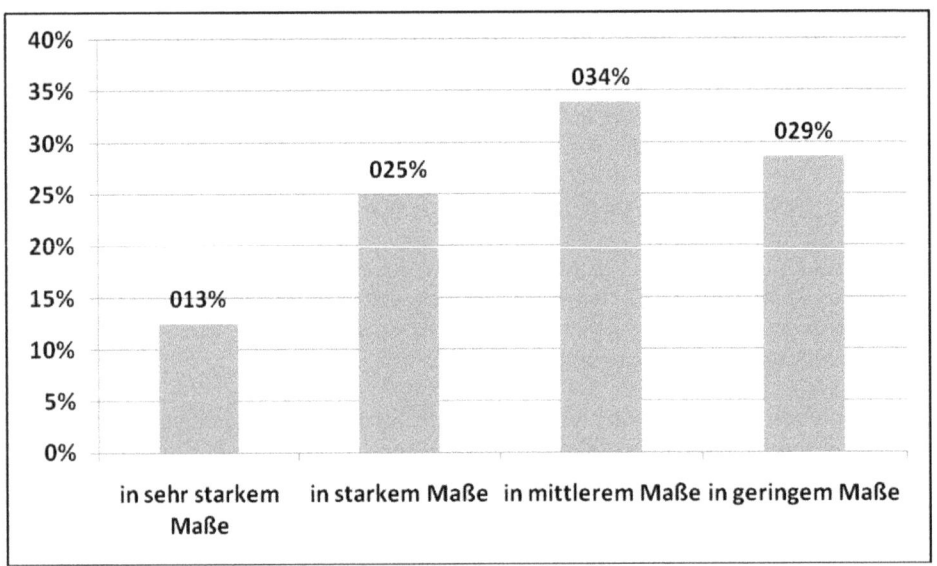

Abb. 87: Problem- und Belastungsfaktoren: zeitliche Faktoren (N = 56)

Zeitliche Faktoren sind für viele Probanden ein Belastungsfaktor, da alle Befragten diesen Belastungsaspekt auf unterschiedlichen Niveaus als relevant erachten und keiner der Befragten die Variable „in keinem Maße" angab.
Diese Ergebnisse werden durch die Ausführungen von Beutel & Tausch (1996) bekräftigt, da sie die Arbeitsbedingungen in Institutionen, wie z.B. Hospizen, Krankenhäusern und Altenheimen, die häufig durch Zeitdruck, schwere körperliche Arbeit und belastende Arbeitszeiten gekennzeichnet sind, als ei-

nen wesentlichen Belastungsfaktor herausstellen (vgl. Beutel/Tausch 1996). Auch die bereits skizzierten Ergebnisse der Studie von Philipp/Loffing (2008) werden bestätigt, da die zeitlichen Faktoren der Arbeitsorganisation zugeordnet werden können.

Ein weiterer wesentlicher Aspekt, der zu Problem- und Belastungsfaktoren führen kann, ist die Kooperation mit Kollegen, also die Zusammenarbeit im Team.

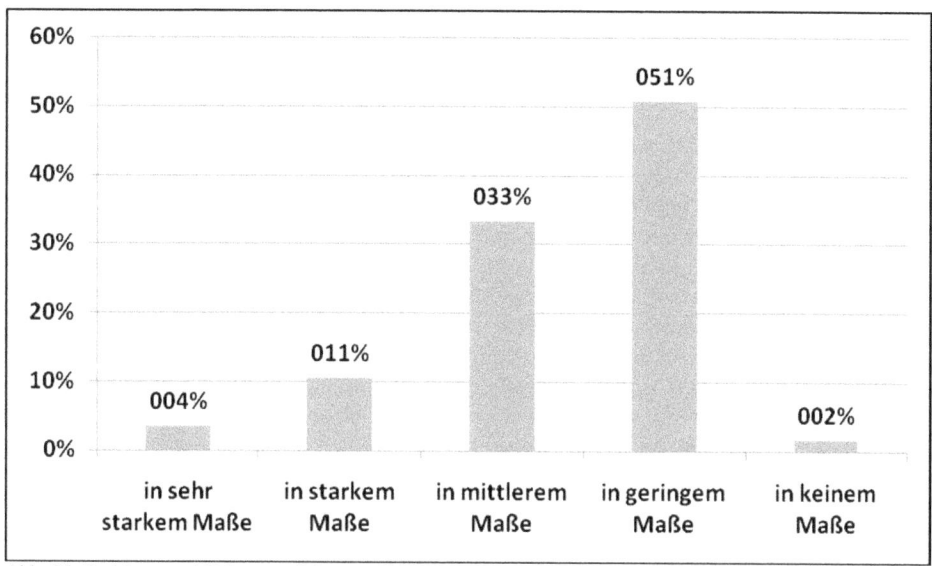

Abb. 88: Problem- und Belastungsfaktoren: Kollegen und Kolleginnen (N = 57)

Die Probanden gaben an, hinsichtlich der Zusammenarbeit mit ihren Kollegen und Kolleginnen nur in geringem und mittlerem Maße Belastungen zu empfinden. Nur 10,53% erleben diese in starkem Maße und 3,51% in sehr starkem Maße. Laut Wittkowski ist dies eine Merkmalsgruppe, die zu psychischer Belastung in der Arbeit mit Sterbenden führen kann, da Faktoren aus der Arbeitsumgebung, wie z.B. Kommunikationsprobleme im Team, als belastend empfunden werden können (vgl. Wittkowski 2003, 154–163). Dies ist in dieser Studie aber nur bei wenigen Probanden der Fall. An dieser Stelle ist ein deutlicher Widerspruch zu der bereits zitierten Pilotstudie von Philipp/Loffing (2008) zu erkennen, da dort angeführt wurde, dass hinsichtlich der Zusammenarbeit in den Teams der untersuchten Kinderhospize hohe Belastungen vorhanden sind.

(Sterbe-) Begleitung der progredient erkrankten Kinder und Jugendlichen
Eine Problem- und Belastungssituation stellt die (Sterbe-) Begleitung der progredient erkrankten Kinder und Jugendlichen dar. Dies wird in der Aussage der IP E deutlich. Wenn die verabreichte Medikation nicht mehr ausreicht, oder die Ernährung sehr problematisch wird, nimmt sie ihre persönlich-fachlichen Grenzen und spezifischen Fragen wahr.

„Also, Grenzen oder Zweifel, ja ich denke wenn man einfach merkt, ein Kind hat Schmerzen oder es bricht immer wieder, man probiert alles aus, nahrungsmäßig, es gibt Medikamente für den Magen-Darm-Trakt und es wird einfach nicht besser. Das ist ganz klar, dann kommen Grenzen auf einmal, wo man nicht mehr weiß, was soll man noch machen, um dem Kind zu helfen. Oder mit Schmerzen, wenn man merkt Schmerzmittel schlagen nicht an, man hat schon mit der Schmerzklinik das höchste Schmerzmittel vereinbart und das Kind fühlt sich immer noch nicht wohl, ganz klar, dann kommen viele Grenzen und auch Zweifel. " (Interview E, Abs. 35)

Die Reaktion der IP E zeigt eine mögliche Form des Umgangs mit der ständigen Konfrontation mit dem Tod. Müller führt verschiedene Reaktionsformen an, zu denen unterschiedliche Abwehrstrategien, Schuldgefühle, Ideologisierung der Hospizarbeit, Verspiritualisierung der Erlebnisse, Ohnmacht und Überforderung gehören (vgl. Müller 2008, 407).

Die Interviewperson A schildert eine Problem- und Belastungssituation mit einem mit einer Muskelerkrankung lebenden Jungen, der selber beschlossen hatte, kein Absauggerät mehr zu benutzen. Dieser Entschluss führte dazu, dass er starb. IP A berichtet, dass es für sie schwer war, diese Entscheidung zu akzeptieren, da dem Jungen aus fachlicher Sicht hätte geholfen werden können. Diese Schilderung weist auf den Aspekt der Selbstbestimmung der progredient erkrankten Kinder und Jugendlichen hin.

„Also, ich denke, wenn man mit sterbenden Menschen insgesamt umgeht, dann kommt man natürlich in Grenzbereiche für sich selber, in Grenzbereiche für das Kind oder die Angehörigen und auch in Grenzbereiche im Sinne von Schuldgefühlen. Einerseits wissen wir, dass alle unsere Kinder sterben werden. Andererseits sehen wir aber auch den verständlichen, für mich sehr verständlichen Kampf der Eltern, nach dem Motto: Aber noch nicht jetzt! Und es ist schwer das zu akzeptieren. (…) vor kurzer Zeit war hier ein Junge, der war geistig fit, der hatte eine Muskelerkrankung und er war zum Schluss nicht mehr in der Lage den Schleim aus seiner Lunge abzuhusten. Und wissen Sie, wenn sie von der Intensiv kommen und sie wissen, dass nur ein Absauggerät ihm deutliche Hilfe bringen kann und er selber hatte aber beschlossen, ich will, dass nichts mehr gemacht wird, dann fällt es mir nach so vielen Jahren Erfahrung, die ich in dem Bereich hab, sehr schwer das zu akzeptieren, auch von innen, nichts zu tun. Im Sinne von, ich könnte ihn ja rein technisch mit wenigen Handgriffen helfen, dass es ihm wieder besser geht, auf der anderen Seite war uns allen auch klar, alle Achtung, der hat das so für sich beschlossen und deshalb tun auch wir nichts. Deswegen hab ich im Nachhinein dann doch keine Schuldgefühle, aber es fällt immer manchmal schwer das auszuhalten, ja." (Interview A, Abs. 52)

IP E beschreibt ebenfalls eigene Grenzen im Hinblick auf den sich zunehmend gesundheitlich verschlechternden Zustand der progredient erkrankten Kinder und Jugendlichen.

„An Grenzen gerate ich wieder, wenn ich merke, dass es einem Kind nicht gutgeht und wenn ich dafür einfach nichts mehr machen kann (…)." (Interview E, Abs. 89)

Als Beispiel nennt sie die Situationen, dass nicht die Möglichkeit besteht, mit einem Kind in den Whirlpool zu gehen aufgrund einer zu hohen Infektionsgefahr oder das Kind zu schaukeln, weil ihm dann schlecht wird.

„Das sind so Augenblicke, wo man merkt, das Kind kann das nicht. Wir versuchen natürlich immer, das zu tun, was das Kind noch kann, aber manchmal möchte man gerne irgendwelche Sachen machen und dem Kind etwas Gutes tun und man muss es dann abbrechen, weil man einfach merkt, das ist es nicht. Das Kind mag es nicht oder es funktioniert aus anderen Gründen nicht. Wir haben eine Schaukel, wo man die Kinder wunderbar reinlegen kann. Dann legt man die Kinder da rein und meint, es ist alles wunderbar und dann spannt sich das Kind total an. Man holt es dann raus und die Mutter erzählt einem erst hinterher, so was wie schaukeln mag mein Kind nicht, dem wird dann immer übel. Das sind manchmal so Grenzen oder wenn Kinder gerne in den Whirlpool gehen würden und die Eltern sagen, oh Infektionsgefahr, der erkältet sich so leicht und so. Da kommt man schon mal an Grenzen, ja." (Interview F, Abs. 29)

Die geschilderten Problem- und Belastungssituationen weisen darauf hin, dass Mitarbeitende in Kinderhospizen aufgrund der progredienten Erkrankung mit diesen einhergehenden Grenzsituationen und der damit verbundenen Todesnähe eine hohe emotionale Belastung empfinden können. Wenn die Belastungen überhand nehmen, kann eine mögliche Reaktion auch die Aufgabe des Arbeitsplatzes sein (vgl. Müller 2008, 407).

Ebenso weisen die Angaben der Probanden in der Fragebogenerhebung darauf hin, dass die (Sterbe-)Begleitung der lebensverkürzend erkrankten Kinder ein Belastungsfaktor darstellen kann.

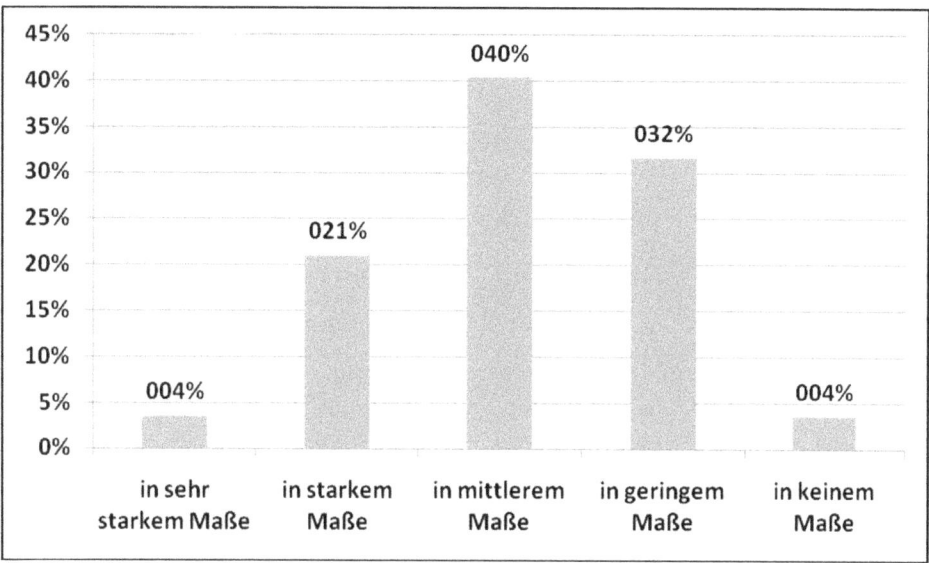

Abb. 89: Problem- und Belastungsfaktoren: progredient erkrankte Kinder (N = 57)

Schmitz-Scherzer (2001) stellt heraus, dass sich besondere Schwierigkeiten für viele Sterbebegleiter aus dem Alter der Sterbenden ergeben. So wird die Begleitung jüngerer Sterbender als schwerer erlebt als die eines eher älteren Menschen (vgl. Schmitz-Scherzer 2001, 9). Dies wird auch durch die Angaben der Probanden bestätigt, die zeigen, dass sie in Bezug auf die progredient erkrankten Kinder Problem- und Belastungssituationen in unterschiedlichem Maße erleben. Anders als in der Sterbebegleitung erwachsener Menschen zeichnet sich die Tätigkeit in stationären Kinderhospizen durch eine oft Jahre dauernde Begleitung der erkrankten Kinder in unterschiedlichsten Krankheitsphasen aus. Die subjektiv erlebten Belastungen beziehen sich demnach nicht nur auf die konkreten Sterbeprozesse, sondern auch auf die vorausgehenden Krankheitsverläufe. Jennessen (2008) konnte in einer Untersuchung mit Lehrkräften, die lebensverkürzend erkrankte Kinder in der Schule begleiten, feststellen, dass die Ohnmacht der Begleitenden und der sukzessive Verlust von Fähigkeiten der Kinder als äußerst belastend wahrgenommen werden. Es ist zu vermuten, dass diese Erfahrungen auch für Mitarbeitende in Kinderhospizen belastend sind.

Interessant ist, dass die Mitarbeitenden in Bezug auf die konkrete Sterbebegleitung und das Sterben der erkrankten Kinder und Jugendlichen weniger Belastungen empfinden als in Bezug auf die dieser Phase vorausgehende Lebensbegleitung der erkrankten Kinder und Jugendlichen.

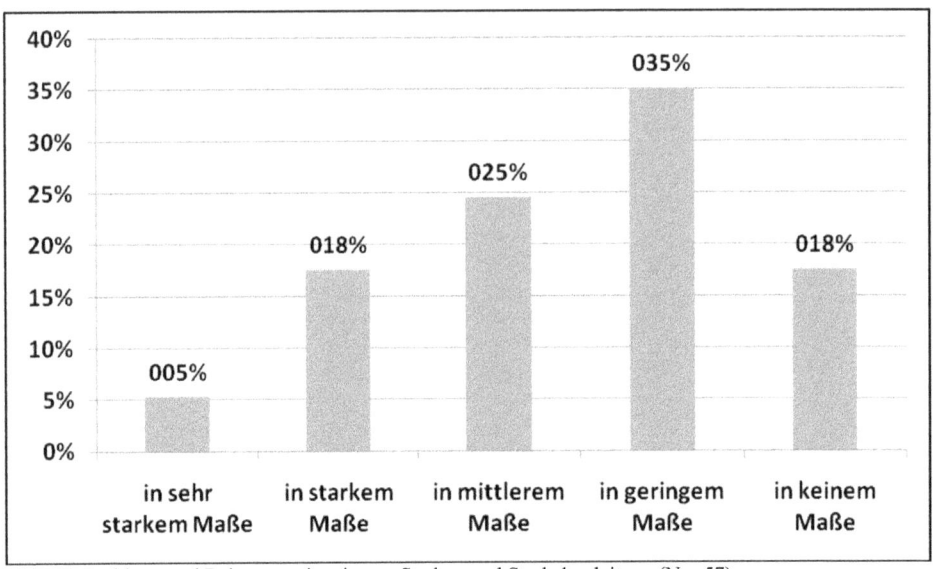

Abb. 90: Problem- und Belastungssituationen: Sterben und Sterbebegleitung (N = 57)

Die Belastung hinsichtlich der Aspekte Sterbebegleitung und Sterben ist bei den Probanden als relativ gering zu bewerten, da 24,56% angaben, in mittlerem Maße und 35,09% in geringem Maße dadurch belastet zu sein. Nur 5,26% der Probanden gaben an, durch die Sterbebegleitung in sehr starkem Maße und 17,54% in starkem Maße in Problem- und Belastungssituationen zu geraten.

Kooperation mit den Eltern
Eine weitere, von den Mitarbeitenden genannte Problem- und Belastungssituation stellt die Kooperation mit den Eltern der erkrankten Kinder und Jugendlichen dar. Ein Ergebnis der Pilotstudie von Philipp/Loffing (2008) ist, dass die ständige Anwesenheit der Eltern in den Kinderhospizen und der hohe Anspruch dieser an die Pflege und Begleitung ihrer Kinder für die Mitarbeitenden als belastend empfunden werden kann (vgl. Philipp/Loffing 2008, 8). Damit einher geht die Frage nach dem elterlichen Expertentum. Die Eltern gelten in der Kinderhospizarbeit als Experten für ihr Kind. Dies führt in den stationären Kinderhospizen dazu, dass die Mitarbeiter und Mitarbeiterinnen in einen Konflikt zwischen der eigenen Professionalität und der Anerkennung des elterlichen Expertentums geraten können. IP B schildert ein Beispiel für dieses Konfliktfeld.

„Grenzen dann, wenn Kinder Schmerzen haben oder ein Unwohlsein da ist und wir dort an die Grenzen kommen zu helfen. Andere Grenzerfahrungen finde ich ist, wenn Mütter unbedingt um jeden Preis noch wollen, dass das Kind gefüttert wird, das Kind sich aber ständig verschluckt und man dauernd das Gefühl hat, man tut da gar nichts Gutes, sondern man setzt da so ein Leistungskonzept durch, was die Mutter hat, aber was für das Kind eher schädlich ist. Das gibt hier dann auch richtig Konflikte im Team, wenn die Kollegen dann sagen, ich mach das nicht mehr, das tut mir einfach in der Seele weh. Und wir dann auch mit den Eltern ins Gespräch gehen und sagen: Ihr könnt das gerne so machen, das heißt nicht, dass ihr das falsch macht, aber wir können es nicht tun. Und das setzt auch Prozesse in Gang, entweder, dass sie sauer wird, weil wir es nicht so übernehmen und da geht es dann auch an die Grenze dessen, dass wir sagen, die Eltern sind die Fachleute. Nicht weil wir nicht glauben, dass sie es richtig machen, sondern weil wir merken, wenn ich das Kind versorge, und mach was bei dem Kind, was mir total widerstrebt, weil ich einfach das Gefühl hab, das tut dem Kind nicht gut. Da kann ich das nicht machen, nur weil die Mutter sagt, ich muss das tun (...)." (Interview B, Abs. 39)

Eine ähnliche für sie belastende Erfahrung mit Eltern schildert die IP C.

„(...) Also Grenzen erlebe ich schon mal dann, wenn Eltern über Gebühr noch nach therapeutischen Möglichkeiten suchen, obwohl wir manchmal sehr gut erkennen können oder auch wissen von ärztlicher Seite, dass eine palliative Versorgung jetzt angezeigter wäre und angesagter wäre. Also dann möchte ich das den Eltern, das einfach immer auch mitteilen. So manchmal auch dann wirklich sagen, halt, wahrt jetzt doch auch die Grenze! Schaut genau hin! Euer Kind wird sterben und es ist schon auf dem Weg dahin. Und belastet es nicht noch mit unnötigen therapeutischen Möglichkeiten. Also das ist für mich oft sehr schwierig auszuhalten. Es kommt selten vor hier im Kinderhospiz, aber es kommt vor. Aber das wirkt dann auf, das ist belastend (...)." (Interview C, Abs. 48)

Wichtig ist es bei Meinungsverschiedenheiten mit den Eltern, so IP F, den Rückhalt und die Unterstützung der Leitung zu haben.

„Klar gibt es Grenzen. Wenn die Mutter sagt, das muss so und so gemacht werden, dann versuchen wir erst mal das komplett so umzusetzen. Wenn wir dann irgendwie das Gefühl haben, das tut dem Kind nicht gut. Wo ich dann persönlich dann überlegen muss, mache ich das jetzt so, nur weil Mama das will? Oder mache ich es anders, weil ich merke, das Kind will es so nicht? (...) Dass wir ab einem gewissen Punkt sagen, bis hierhin und nicht weiter und dann müssen sie es bitte selber machen (...) Diese Grenzen hat man immer wieder. Eine Grenze wäre auch für mich, wenn die Eltern mich persönlich damit angreifen würden. Wenn die gar nicht, da und da hätte ich was falsch gemacht, das kommt immer mal wieder vor. Aber wenn dann jemand persönlich wird, dass ich sagen muss: Tut mir leid, das muss ich mir von Ihnen hier nicht sagen lassen. Das dürfen wir auch. Das muss man aber auch erst lernen und wenn man dann noch den Rückhalt von der Leitung hat, die sagt: Ja, natürlich müsst ihr euch nicht alles gefallen lassen. Dann klappt das auch meistens ganz gut." (Interview F, Abs. 14)

In der Aussage der IP C werden weitere Konfliktfelder in der Kooperation mit den Eltern angesprochen. Unter anderem wird deutlich, dass auch Konflikte unter den Eltern entstehen können. Außerdem spricht die IP C die Grenzen an, die im Kinderhospiz durch die Hausregeln gesetzt und punktuell von Eltern überschritten werden. Des Weiteren geht aus der Aussage hervor, dass unter den Eltern ein Konkurrenzkampf um die Aufmerksamkeit der Mitarbeiter und Mitarbeiterinnen herrschen kann und diese darauf achten müssen allen Elternteilen gleichermaßen gerecht zu werden.

„Also, es entstehen, hier sind unterschiedlichste Menschen, die auch in ihren Prozessen unterschiedlich weit sind und unter den Eltern entstehen natürlich schon mal Konflikte. Da gehen wir grundsätzlich davon aus, dass alle erwachsen sind und die Konflikte unter den Eltern sich auch lösen lassen. Ohne unser Eingreifen. Aber natürlich gibt es manchmal auch Grenzenüberschreitungen und da müssen wir klare Worte sprechen und auch Grenzen aufzeigen. Zum Beispiel im Umgang mit Alkohol, mit der Lautstärke, das sind schon mal Dinge, wo wir dann auch sagen müssen: halt, stopp. Also das sind jetzt unsere Regeln, hier im Haus, und die bitten wir sie auch zu beachten. So, und untereinander ist es schon mal bei den Eltern so, dass ich das Gefühl habe, es sind alle sehr bedürftige Menschen im Hinblick auf gesprächsbedürftig sein und da müssen wir als Mitarbeiter oder ich auch ganz besonders darauf achten, so allen gerecht zu werden. Und so Aufmerksamkeit gleichmäßig zu verteilen. Also da hab ich gemerkt, dass Eltern sehr wohl darauf achten, mit wem wird hier gesprochen und wer hat hier mit wem ein Gespräch und wie begleitet man unser Kind und und und." (Interview C, Abs. 20)

Es stellt sich im Hinblick auf das Konfliktfeld des elterlichen Expertentums die Frage, ob die Achtung der elterlichen Expertenrolle nicht auch Bestandteil von Professionalität im kinderhospizlichen Handlungsfeld sein muss. Die Akzeptanz der elterlichen Expertenrolle von Seiten der Mitarbeitenden kann zu einer wesentlichen Kompetenz für Mitarbeitende in Kinderhospizen werden, wenn die Mitarbeitenden diese nicht grundsätzlich in Frage stellen. Damit verbunden ist die Abkehr von der höheren Bewertung der eigenen Kompetenzen.

Die Angaben der Probanden in der Fragebogenerhebung validieren die Aussagen der Mitarbeitenden in den Interviews.

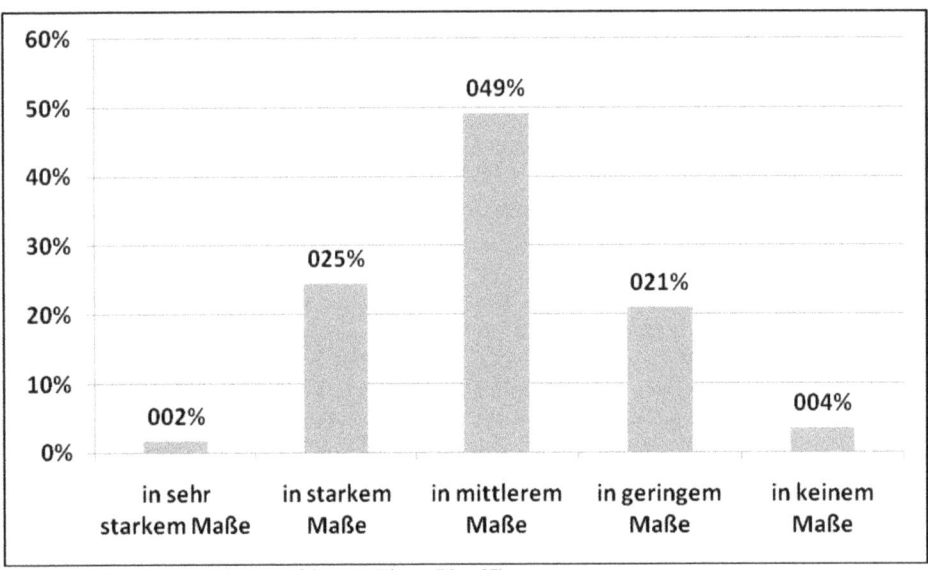

Abb. 91: Problem- und Belastungsfaktoren: Eltern (N = 57)

Nur 3,51% der Probanden erleben im Kontakt mit den Eltern keinerlei Belastungen. Eine erneut starke Fixierung der mittleren Antwortkategorie lässt vermuten, dass viele Befragte diese Frage nur schwer mit einer eindeutigen Tendenz beantworten können. Grund hierfür könnten die sehr unterschiedlichen Erfahrungen im Kontakt mit den Eltern sein, die zwangsweise stark divergierende Einschätzungen dieser Arbeitskonstellation in Abhängigkeit von Faktoren wie persönlicher Sympathie, Lebenslage, Situation usw. zur Folge haben müssen. Diese Analyse wird durch Aussagen von Wittkowski bestätigt, der anführt, dass Beanspruchungen und Belastungen von Mitarbeitenden auch in der Beziehung und Kooperation mit den Angehörigen von schwerstkranken und sterbenden Menschen liegen (vgl. Wittkowski 2003, 154ff.).
Die Probanden der Fragebogenerhebung gaben des Weiteren an, in Bezug auf folgende Aspekte in ihrer Arbeit im Kinderhospiz in Problem- und Belastungsfaktoren zu geraten.

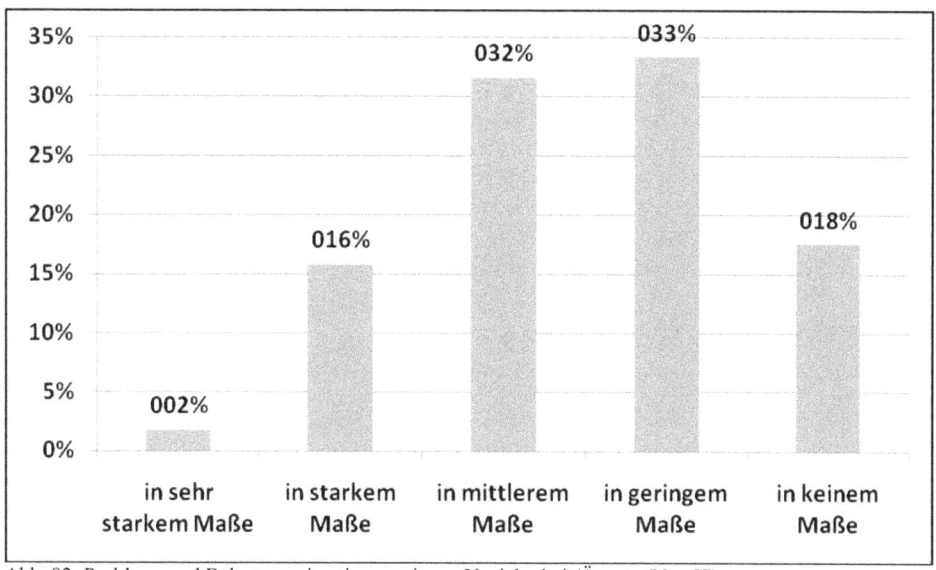

Abb. 92: Problem- und Belastungssituationen: eigene Unsicherheit/Ängste (N = 57)

Schmitz-Scherzer (2001) stellt heraus, dass Professionelle im Feld der Sterbegleitung häufig hinsicht-lich der eigenen Unsicherheit und der Frustration durch die eigene Unsicherheit in besondere Schwie-rigkeiten geraten (vgl. Schmitz-Scherzer 2001, 9). Diese Gefühle der Hilflosigkeit bei professionell Helfenden „werden häufig aus einem übergroßen Anspruch an sich selber, die Probleme der sterben-den und trauernden Menschen lösen zu müssen, gespeist" (Müller 2008, 411). Wie die oben dargestell-ten Daten zeigen, geben die in der vorliegenden Studie befragten Probanden hingegen an, nur wenig bzw. gar nicht hinsichtlich eigener Unsicherheiten und Ängste in Problem- und Belastungssituationen zu geraten. Eine starke Verwendung eher mittlerer Antwortitems lässt vermuten, dass diese Frage möglicherweise nicht einfach zu beantworten ist, da die subjektiv erlebten Belastungen durch eigene Ängste situativ sehr unterschiedlich auftreten.

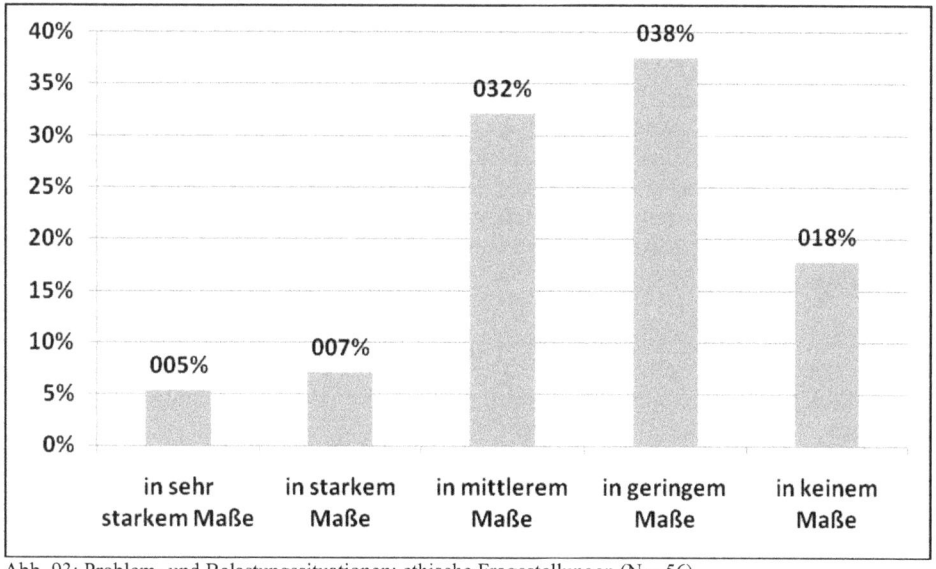

Abb. 93: Problem- und Belastungssituationen: ethische Fragestellungen (N = 56)

Ethische Fragestellungen am Lebensende sind wesentlicher Bestandteil der Begleitung von Sterbenden und deren Angehörigen. Sie umfassen Fragen nach dem Sterbenlassen (Behandlungsverzicht und Behandlungsabbruch), aber auch Fragen hinsichtlich der Entscheidungsfähigkeit von Eltern und den erkrankten Kindern und Jugendlichen selbst (vgl. Rellensmann 2008, 57–59; 61ff.).

Die Probanden der Studie empfinden ethische Fragestellungen in der Mehrzahl als wenig belastend, da 32,14% auf diese Fragen mit dem Item in mittlerem Maße, 37,5% in geringem Maße sowie 17,86% in keinem Maße antworteten. Lediglich 5,36% fühlen sich in sehr starkem Maße und 7,14% in starkem Maße von ethischen Fragen in ihrer Arbeit belastet.

Dieses Ergebnis verwundert, und es kann vermutet werden, dass die Formulierung des Items „ethische Fragestellungen" zu offen gestaltet wurde und der Interpretationsspielraum, was genau mit ethischen Fragestellungen gemeint war, sehr groß war.

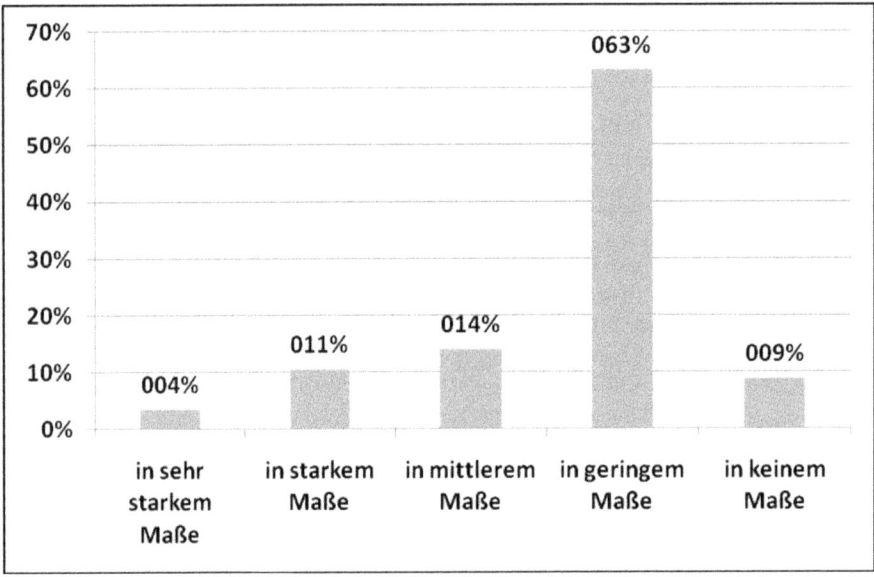

Abb. 94: Problem- und Belastungsfaktoren: Geschwister (N = 57)

Die Geschwisterbegleitung ist für die wenigsten Probanden belastend, da sich 63,2% hiervon in geringem Maße und 8,77% in keinem Maße belastet fühlen. Nur 10,53% der Befragten nehmen hier eine starke und 3,51% eine sehr stakte Belastung wahr. Dies kann zum einen damit begründet werden, dass es sich bei der Mehrzahl der Probanden um Kinderkrankenschwestern und -pfleger handelt, die eher marginal in die Begleitung der Geschwister involviert sind. Möglich ist zum anderen auch, dass die Kontakte mit den gesunden Geschwistern für die Befragten eine angenehme und ressourcenstärkende Erfahrung im kinderhospizlichen Arbeitsalltag darstellen, die möglicherweise auch dazu beiträgt, andere Belastungssituationen zu kompensieren.

Es stellt sich die Frage, wie sich das Empfinden von Problem- und Belastungssituationen in den einzelnen Berufsgruppen gestaltet. Hier zeigt sich folgende Datenlage: Die Kinderkrankenschwestern und -pfleger empfinden Problem- und Belastungssituationen in Bezug auf die lebensverkürzend erkrankten Kinder und Jugendlichen durchschnittlich in mittlerem Maße.[125]

---

[125] Es ist keine Signifikanz gegeben (asymptotische Signifikanz = 0,168).

			Problem-/Belastungssituationen: lebensverkürzend erkrankte Kinder					
			in sehr starkem Maße	in starkem Maße	in mittlerem Maße	in geringem Maße	in keinem Maße	Gesamt
Berufsaus-bildung: (Kinder-) Kranken-schwes-terPfleger	Nein	Anzahl	1	2	5	9	0	17
		% der Gesamt-zahl	1,8%	3,5%	8,8%	15,8%	,0%	29,8%
	Ja	Anzahl	1	10	18	9	2	40
		% der Gesamt-zahl	1,8%	17,5%	31,6%	15,8%	3,5%	70,2%
	Gesamt	Anzahl	2	12	23	18	2	57
		% der Gesamt-zahl	3,5%	21,1%	40,4%	31,6%	3,5%	100,0%

Tab. 13: Kreuztabelle: Problem- und Belastungssituationen der Kinderkrankenschwestern in Bezug auf lebensverkürzend erkrankte Kinder (N = 57)

Ein ähnliches Bild zeigt sich bei der Frage nach Problem- und Belastungssituationen der Kinderkrankenschwestern und Pfleger in Bezug auf die Eltern.[126]

			Problem-/Belastungssituationen: Eltern					
			in sehr starkem Maße	in starkem Maße	in mittlerem Maße	in geringem Maße	in keinem Maße	Gesamt
Berufsausbildung: (Kinder-) Kran-kenschwes-ter/Pfleger	Nein	Anzahl	1	3	9	3	1	17
		% der Gesamt-zahl	1,8%	5,3%	15,8%	5,3%	1,8%	29,8%
	Ja	Anzahl	0	11	19	9	1	40
		% der Gesamt-zahl	,0%	19,3%	33,3%	15,8%	1,8%	70,2%
	Gesamt	Anzahl	1	14	28	12	2	57
		% der Gesamt-zahl	1,8%	24,6%	49,1%	21,1%	3,5%	100,0%

Tab. 14: Kreuztabelle: Problem- und Belastungssituationen der Kinderkrankenschwestern in Bezug auf die Eltern (N = 57)

Im Hinblick auf ihre Kollegen und Kolleginnen geraten die Pflegekräfte hingegen deutlich weniger in Problem- und Belastungssituationen als in der Kooperation mit den Eltern.[127]

			Problem-/Belastungssituationen: Kollegen					
			in sehr starkem Maße	in starkem Maße	in mittlerem Maße	in geringem Maße	in keinem Maße	Gesamt
Berufsausbildung: (Kinder-) Kranken-schwester/ Pfleger	Nein	Anzahl	2	1	6	8	0	17
		% der Ge-samtzahl	3,5%	1,8%	10,5%	14,0%	,0%	29,8%
	Ja	Anzahl	0	5	13	21	1	40
		% der Ge-samtzahl	,0%	8,8%	22,8%	36,8%	1,8%	70,2%
	Gesamt	Anzahl	2	6	19	29	1	57
		% der Ge-samtzahl	3,5%	10,5%	33,3%	50,9%	1,8%	100,0%

Tab. 15: Kreuztabelle: Problem- und Belastungssituationen der Kinderkrankenschwestern in Bezug auf Kollegen und Kolleginnen (N = 57)

---

[126] Keine Signifikanz vorhanden (asymptotische Signifikanz = 0,490).
[127] Auch hier ist keine Signifikanz vorhanden (asymptotische Signifikanz = 0,221).

Die unten stehende Kreuztabelle weist darauf hin, dass auch die befragten Pädagogen und Pädagoginnen hinsichtlich der Zusammenarbeit mit Kollegen und Kolleginnen nur in mittlerem und geringem Maße in Problem- und Belastungssituationen geraten.[128]

		Problem-/Belastungssituationen: Kollegen					
		in sehr starkem Maße	in starkem Maße	in mittlerem Maße	in geringem Maße	in keinem Maße	Gesamt
Berufsausbildung: Diplom Pädagoge/in	Nein	2	5	15	26	1	49
	Ja	0	1	4	3	0	8
Gesamt		2	6	19	29	1	57

Tab. 16: Kreuztabelle: Problem- und Belastungssituationen der Pädagogen in Bezug auf Kollegen und Kolleginnen (N = 57)

Ein ähnliches Meinungsbild zeigt sich bei der Frage nach den Problem- und Belastungssituationen mit den Eltern und den Geschwistern der erkrankten Kinder und Jugendlichen.[129]

		Problem-/Belastungssituationen: Eltern					
		in sehr starkem Maße	in starkem Maße	in mittlerem Maße	in geringem Maße	in keinem Maße	Gesamt
Berufsausbildung: Diplom Pädagoge/in	Nein	1	13	23	11	1	49
	Ja	0	1	5	1	1	8
Gesamt		1	14	28	12	2	57

Tab. 17: Kreuztabelle: Problem- und Belastungssituationen der Pädagogen in Bezug auf die Eltern (N = 57)

		Problem-/Belastungssituationen: Geschwister					
		in sehr starkem Maße	in starkem Maße	in mittlerem Maße	in geringem Maße	in keinem Maße	Gesamt
Berufsausbildung: Diplom Pädagoge/in	Nein	2	6	7	29	5	49
	Ja	0	0	1	7	0	8
Gesamt		2	6	8	36	5	57

Tab. 18: Kreuztabelle: Problem- und Belastungssituationen der Pädagogen in Bezug auf die Geschwister (N = 57)

Aus den Angaben der Kinderkrankenschwestern und Pfleger sowie der Pädagogen und Pädagoginnen lassen sich keine berufsgruppenspezifischen Belastungsfaktoren ablesen und erkennen. Beide Berufsgruppen bewerteten ihr Arbeitsfeld gleichermaßen als belastend bzw. nicht belastend.

Bewältigung der Problem- und Belastungsfaktoren
Es stellt sich die Frage, wie die Mitarbeitenden die aufgezeigten Problem- und Belastungsfaktoren bewältigen und ob sie professionelle Formen der Unterstützung bei der Bewältigung bevorzugen oder häufiger die belastenden Aspekte im privaten Bereich bewältigen.

---

[128] Es besteht keine Signifikanz zwischen den Variablen (Chi-Quadrat/asymptotische Signifikanz: 0,804).
[129] Auch hier bestehen keine Signifikanzen (asymptotische Signifikanz: 0,475 bzw. 0,556).

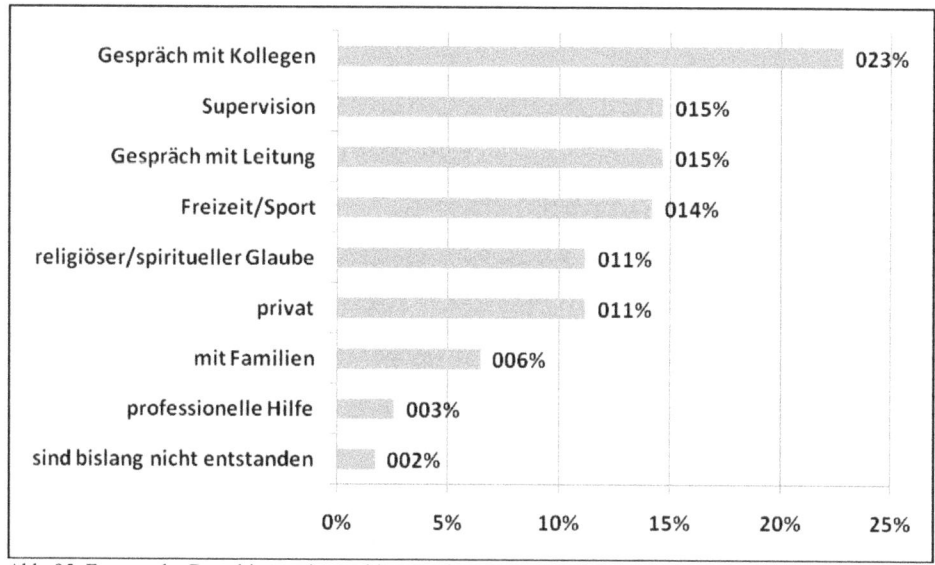

Gespräch mit Kollegen	023%
Supervision	015%
Gespräch mit Leitung	015%
Freizeit/Sport	014%
religiöser/spiritueller Glaube	011%
privat	011%
mit Familien	006%
professionelle Hilfe	003%
sind bislang nicht entstanden	002%

Abb. 95: Formen der Bewältigung der Problem- und Belastungssituationen (N = 59)

Die Bewältigung der Problem- und Belastungssituationen, die während der Arbeit im Kinderhospiz entstehen können, erfolgt von den meisten Probanden in professionellen Kontexten. Sie setzen sich mit diesen im Gespräch mit Kollegen (22,84%), in der Supervision (14,66%) und im Gespräch mit der Leitung (14,66%) auseinander. Dieser Aspekt wird auch in der Studie von Woolley et al. als eine Möglichkeit des Copings herausgestellt (vgl. Woolley et al. 1989, 116f.), und auch Müller führt an, dass die Supervision dazu verhelfen kann, die eigene Situation mit Hilfe anderer zu reflektieren (vgl. Müller 2008, 414).

Einige wenige Probanden bewältigen die Probleme außerhalb des Kinderhospizes, also im privaten Bereich (11,21%) bzw. durch Freizeit und Sport (14,22%). Zudem hilft der religiöse oder spirituelle Glaube einigen Probanden bei der Bewältigung beruflicher Herausforderungen (11,21%).

Dass spirituelle und religiöse Überzeugungssysteme Mitarbeitenden in Hospizeinrichtungen dazu verhelfen können, die Problem- und Belastungssituationen zu bewältigen, wird auch in den Ausführungen von Wittkowski nachgewiesen (vgl. Wittkowski 2003, 156f.).

Von 18 Probanden, die die offene Frage nach Wünschen für die Bewältigung der Problem- und Belastungssituationen beantworteten, äußerten 13 Befragte Ideen. Drei Probanden wünschen sich mehr Zeit. Außerdem sehen sie einen Bedarf an größerem Verständnis durch die Einrichtungsleitung (2 Nennungen) und mehr Rückzugsmöglichkeiten im Dienst (2 Nennungen). Zudem gab es verschiedene Einzelnennungen wie „Fallbesprechungen", „Trauerarbeit" und „Gespräche im Team".

Dass die professionelle Arbeit in einem Kinderhospiz die regelmäßige Reflexion der eigenen Tätigkeit erfordert, wird auch durch verschiedene Aussagen der Mitarbeitenden bestätigt. IP D führt die „persönliche Reflexionsfähigkeit" als eine bedeutsame Kompetenz an. Diese umfasst die Reflexion der Arbeit, aber auch Offenheit und die Fähigkeit zuzuhören sowie sich auf Prozesse einlassen zu können.

„(...) Das hat was mit einer persönlichen Reife, mit einer persönlichen Reflexionsfähigkeit zu tun. So was ist ganz ganz wichtig für mich. Dass ich weiß, was ich tue, dass ich in der Lage bin, das zu reflektieren (...). Dass ich bereit bin, offene Fragen zu stellen oder gemeinsame Antworten zu suchen. Das geht nicht darum, was vorzugeben. Manchmal habe ich vielleicht eine Idee von einer Antwort und die kann ich dann mitteilen. Und das ist auch wichtig, dass ich meine Ideen mitteile. Und es ist wichtig, dass ich zuhöre, dass ich hinhöre. Diese Bereitschaft, sich einzulassen auf die Prozesse oder auf das, was dann kommt. (...) Das finde ich sehr wesentlich, neben den beruflichen Kompetenzen." (Interview

D, Abs. 64)

In dem Kinderhospiz der IP B finden regelmäßig Supervision und Teamtage statt. Die Kommunikation im Team ist für IP B eine wichtige Reflexionsmöglichkeit.

„Wir haben regelmäßig Supervision und wir haben regelmäßige Teamtage (...). Und wir reden viel miteinander. Miteinander, untereinander." (Interview B, Abs. 53)

Als eine weitere Reflexionsmöglichkeit wird von der IP C die persönliche Reflexion der Arbeit genannt. Die Reflexion der Arbeit erfolgt neben der Reflexion im Team auch im privaten Kontext.

„Ich reflektiere meine Arbeit sehr verschieden. Für mich zu Hause, im Gespräch mit Anderen, durch lesen, Filmbeiträge, viel auch über den Austausch mit meinen Kollegen hier, in der Supervision, in Seminaren (...)." (Interview C, Abs. 38)

Einige Mitarbeiter und Mitarbeiterinnen haben unterschiedliche Selbstreflexionsstrategien im privaten Bereich, wie z.B. Rituale, entwickelt. An dieser Stelle kann die Frage gestellt werden, ob diese notwendig sind, um das eigene, professionelle Handeln umfassend zu reflektieren und daraus Konsequenzen zu ziehen, oder ob es nicht Aufgabe des Kinderhospizes ist, den Mitarbeitenden ausreichende professionelle Reflexionsmöglichkeiten anzubieten, sodass sie nicht genötigt werden, Reflexionsstrategien im privaten Rahmen zu entwickeln.

„Für mich selber habe ich genug Möglichkeiten, entweder mit Freunden zu reden, die auch was mit Krankenpflege zu tun haben. Dass die inzwischen sich auch gut auskennen, nachdem ich auch öfter mal erzähle. Eigene Rituale, die man zu Hause dann so macht, bestimmte Musik hören oder was auch immer (...)." (Interview F, Abs. 50)

Fachliche und persönliche Kompetenzen
Für das Aufgabenfeld der Begleitung sterbender Menschen und ihrer Familien ist ein hochqualifiziertes Profil von beruflichen und persönlichen Kompetenzen notwendig (vgl. Schmitz-Scherzer 2001, 8). Diese Kompetenzen sind sowohl fachlicher als auch persönlicher Art (Schlüsselkompetenzen). Es kann sich hier an dem Kompetenzprofil von Mennemann orientiert werden (vgl. Mennemann, 1998, 278; vgl. Kap. II 5). Pädiatrische Palliativversorgung ist eine noch junge Spezialdisziplin innerhalb von Medizin und Pflege. Daher konnten viele professionell Tätige in dieser Disziplin in ihrer Aus- oder Weiterbildung noch nicht ausreichend auf ihre Tätigkeit vorbereitet werden (vgl. Henkel 2008, 417). Positiv sind die Entwicklungen auf dem Gebiet der Aus- und Weiterbildung, da 1999 der erste Lehrstuhl für Palliativmedizin in Bonn eingerichtet wurde, weitere folgten, und auch in der Krankenpflegeausbildung ist seit 2003 die Palliativmedizin obligatorischer Bestandteil.[130] Auch für Psychologen, (Sonder-)Pädagogen und Sozialarbeiten werden an einige Universitäten Lehrveranstaltungen angeboten (vgl. Henkel 2008, 417).

---

[130] „Jedoch kann der ausgewiesene theoretische Stundenumfang mit 24 Unterrichtsstunden (...) nur eine allgemeine Einführung in diesen Themenbereich ermöglichen" (Henkel 2008, 417).

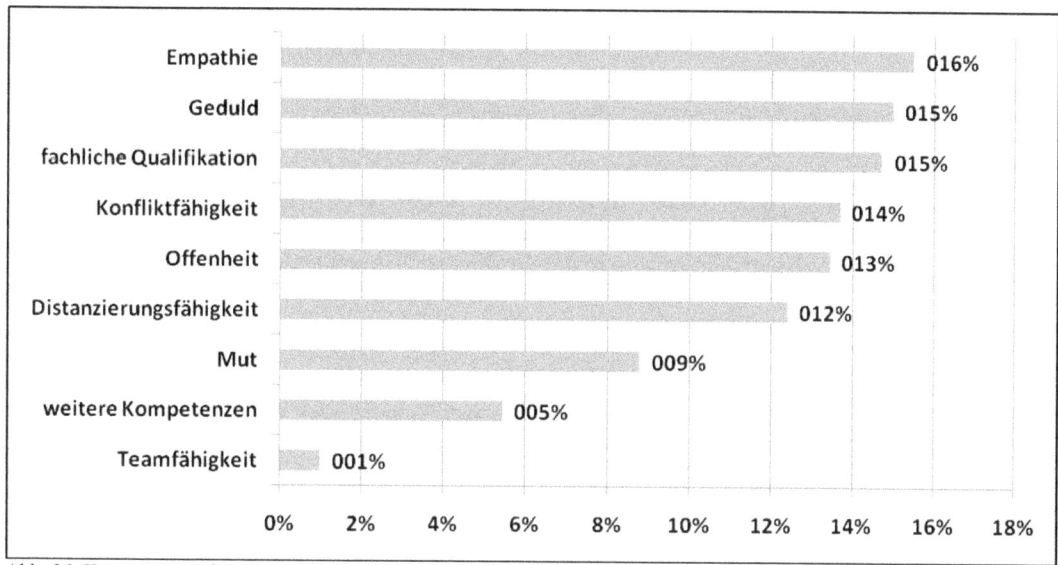

Abb. 96: Kompetenzen für die Arbeit im Kinderhospiz (N = 61)

Es zeigt sich hinsichtlich der tätigkeitsbezogenen Kompetenzen ein differenziertes Meinungsbild, das bestätigt, dass vielfältige Kompetenzen fachlicher und persönlicher Art notwendig sind, um professionell in einem Kinderhospiz zu arbeiten. 15,5% gaben als wichtige Kompetenz Empathie an. 14,99% nannten Geduld, 14,73% fachliche Qualifikation, 13,7% Konfliktfähigkeit, 13,44% Offenheit, 12,4% Distanzierungsfähigkeit und 8,79% Mut. Ebenfalls genannt wurde Teamfähigkeit. Einige der erwähnten Kompetenzen finden sich auch in dem Kompetenzprofil von Mennemann (1998) wieder. Interessant ist, dass die persönlichen Kompetenzen (Schlüsselkompetenzen) im Vergleich zu den fachlichen Kompetenzen überwiegen. Sehr bedeutsam scheint die Kompetenz der Empathie zu sein, die in einigen Publikationen auch mit „Herzenswärme" bezeichnet wird (vgl. Geiss et al. 2005).

Im Folgenden werden mit Hilfe von Aussagen der Mitarbeitenden aus den Interviews die fachlichen und persönlich-emotionalen Kompetenzen umfassend dargestellt.

Fachliche Kompetenzen
Die fachlichen Kompetenzen, die für die Arbeit in einem Kinderhospiz benötigt werden, sind mannigfach, so auch die Aussage der IP B. Sie sind ihrer Meinung nach professionsspezifisch. In jeder Profession sind also andere fachliche Qualifikationen gefordert.

„Das ist natürlich auch sehr unterschiedlich und manchmal auch sehr zu differenzieren, in welcher Position bin ich denn. Also, in welcher Funktion sage ich mal so. Die ausgebildeten Pflegekräfte müssen natürlich auch eine hohe Kompetenz mitbringen in der pflegerischen Versorgung von Kindern. Die Pädagogen im Umgang mit den Kindern, wie kann ich das Vertrauen von Kinder fördern und wie kann ich sie auch in ihrer Entwicklung fördern? Hauswirtschaftskräfte wieder was ganz anderes." (Interview B, Abs. 83)

Die IP E stellt insbesondere die fachlichen Kompetenzen für die Arbeit als Pflegekraft im Kinderhospiz als bedeutsam heraus.

„(...) Man muss schon fachlich kompetent sein, weil ja viele verschiedene Erkrankungen sind. Auch viele Sachen die nur fachlich bewältigt werden können, wie Infusionen oder Absaugen und Pflege und, und, und da muss man einfach eine fachliche Kompetenz für haben, denke ich." (Interview E, Abs. 97)

Die Aussagen lassen die Schlussfolgerungen zu, dass die fachlichen Kompetenzen der Mitarbeiter und Mitarbeiterinnen die Voraussetzung für die professionelle Begleitung der Familien bilden.
Mitarbeitende können die benötigten fachlichen Kompetenzen mittlerweile auch im Rahmen der beruflichen Weiterbildung erwerben. So wurde 2004 das erste Curriculum „Zusatzweiterbildung Palliativversorgung von Kindern und Jugendlichen für Gesundheits- und Kinderkrankenpfleger/innen, Kinderärztinnen und -ärzte und psychosoziale Mitarbeiter/innen" erstellt (Henkel/Zernikow 2004).
Die von den Interviewpersonen am häufigsten und bedeutsamsten genannten Kompetenzen für professionelles Handeln im Kinderhospiz sind hingegen persönlich-emotionale Kompetenzen, die einen liebevollen, partnerschaftlichen Umgang mit den Familien, geprägt von Respekt und Akzeptanz, ermöglichen.

Persönlich-emotionale Kompetenzen
Die IP B ist der Meinung, dass die persönlich-emotionalen Kompetenzen der Fachkräfte die Qualität der Arbeit im Kinderhospiz ausmachen. Sie benennt im Einzelnen: keine Angst vor dem Tod zu haben, Mitmenschlichkeit und Empathie. Die fachlichen Kompetenzen kommen dann hinzu.

„Aber was wir alle brauchen ist, dass wir keine Angst haben vor dem Tod oder keine Angst vor dem Thema. (...) Und ich glaube, die Kompetenz braucht es, der Mitmenschlichkeit und vielleicht auch den Wunsch, anders mit dem Thema umgehen zu wollen, als nur mit Angst. Und die Kompetenzen. (...) jeder hier im Haus, ob es die Putzfee ist oder ob es die Gärtnerin ist oder ob es die Kinderkrankenschwester ist, ist jedem Kind liebevoll zugewandt. Und ich glaube, das ist eine Qualität, die bringt man vom Herzen mit. Das ist eine emotionale Fähigkeit, die kann man auch nicht trainieren oder so was, die haben die Leute oder sie haben sie nicht. Wir haben ganz viel Glück, dass wir ganz viele Menschen gefunden haben, die das mitbringen. Und das denke ich, ist die höchste Qualität, also das ist auch das Wichtigste. Und dann kommen die fachlichen Qualitäten dazu (...)." (Interview B, Abs. 83)

IP F erwähnt ebenfalls Empathie wie auch Kommunikation und Offenheit als notwendige Kompetenzen. Sie weist darauf hin, dass diese Aspekte auch in dem OPI-Konzept verankert sind, das in einigen Kinderhospizen als theoretische Kommunikationsgrundlage angewandt wird.

„Einfühlungsvermögen. Man muss auf allen Ebenen kommunizieren können, zuhören. Von den Geschwisterkindern, betroffenen Kindern, Eltern, Mitarbeitern, das sind so viele verschiedene Ebenen, auf denen man sich auch unterhalten muss, indem man Sachen klären muss. Sich immer wieder auf etwas anderes einstellen können (...) Geduld, das sind so viele Sachen. Jetzt so konkret, offen sein auf jeden Fall. Es gibt hier so ein Konzept, das OPI-Konzept und das O steht unter anderem für Offenheit. Dass man für alles wirklich offen ist, Sachen einfach respektieren kann, die von den Eltern und von den Familien kommen. (...)" (Interview F, Abs. 70)

„(...) Ja, und dann ist natürlich, was nicht immer leicht ist rauszufinden bei so einem Vorstellungsgespräch, ist natürlich wichtig, dass die Leute teamfähig sind (...). Also ich denke, das Wichtigste ist, dass diese Menschen eine Einstellung zu sich selber, zu ihrem eigenen Sterben und Tod haben und ich glaube, dass es von ganz alleine schon so ist, dass sich die meisten Leute nicht einfach so im Hospiz bewerben. Das setz ich einfach bei den meisten voraus." (Interview A, Abs. 127)

Die intensive Begleitung der Familien und insbesondere der Kinder erfordert von den Mitarbeitenden in Kinderhospizen ein professionelles Verhältnis von Nähe und Distanz. Die so genannte Distanzierungsfähigkeit macht einen großen Teil (kinder-)hospizlicher Professionalität aus (vgl. Dingerkus 2005b, 86).
Die Arbeit im Kinderhospiz führt Mitarbeiter und Mitarbeiterinnen an ihre eigenen Grenzen und erschwert es häufig, eine professionelle Distanz einzunehmen. Die Konfrontation mit Schmerzen, Sterben, Tod und Trauer sowie die enge Begleitung der Familien und die dadurch entstehende Nähe in der

Beziehung stellen hier besondere Anforderungen an die Fachkräfte. Nach der Studie von Philipp/Loffing (2008) ist diese Distanzierungsfähigkeit bei Mitarbeitenden in Kinderhospizen in sehr hohem Maße anzutreffen. Zudem ist auch eine geringere Verausgabungsbereitschaft bei den Mitarbeitenden gegeben. Die Mitarbeitenden schonen sich und verausgaben sich nicht in ihrer Arbeit – ein für die Arbeit in Hospizen relevanter Schutzmechanismus (vgl. Philipp/Loffing 2008, 6f.). IP A ist der Meinung, dass Mitarbeiter und Mitarbeiterinnen in Kinderhospizen lernen können, eine professionelle Distanz zur eigenen Arbeit einzunehmen. Dabei helfen die verschiedenen Reflexionsmöglichkeiten im Kinderhospiz selbst sowie Auszeiten im privaten Bereich.

„Also, ich glaube, dass man das lernen kann und dass man das in so einer Arbeit lernen muss und ich glaube, dass ich das nach inzwischen wie gesagt 25 Jahren gelernt habe. Also, ich sage den Mitarbeitern auch immer wieder und mir natürlich damit auch, man muss selber Möglichkeiten finden, diese Arbeit hier, wo auch immer, und wie auch immer einerseits zu reflektieren und andererseits Abstand dazu zu finden. Ich hab viele Möglichkeiten erlebt, vom ganz normalen Treffen zum Kaffeetrinken bis hin über Bungeejumping und Gleitschirmfliegen.“ (Interview A, Abs. 96)

Die Aussage der IP E macht deutlich, dass es nicht immer möglich ist, eine professionelle Distanz einzunehmen, und dass zumindest zeitweise belastende Themen mit in den privaten Bereich getragen werden.

„Also, man versucht schon, eine Distanz zu finden oder Grenzen zu ziehen, was aber nicht immer möglich ist. Da kann man professionell sein, wie man will, das schafft man einfach gar nicht, man nimmt's auch schon mal mit. Und dann muss man einfach zu Hause die Möglichkeit haben zu reden, sich damit auseinanderzusetzen oder einfach erst mal Ballast abzuwerfen beim Sport oder sonst wo.“ (Interview E, Abs. 81)

IP C spricht ihre anfänglichen Schwierigkeiten an, die professionelle Distanz zu wahren. Es kann vermutet werden, dass auch das Alter oder die Berufserfahrung als Kriterien darüber entscheiden, ob und wie professionelle Distanz eingenommen werden kann. Diese Vermutung bestätigt auch eine Studie von Vachon, die anführt, dass Pflegekräfte, die jünger sind, also weniger Berufserfahrung haben, einem höheren Stressrisiko ausgesetzt sind als ältere Pflegekräfte (vgl. Vachon 1995, 110).

„Also, das gelingt mir mittlerweile wirklich gut. Da bin ich mächtig stolz auf mich, dass ich wirklich sehr schnell oder ich muss sagen, es gelernt habe, sehr schnell abzuschalten. Ich muss noch 30 km fahren, ehe ich zu Hause bin, und merke, wie mit jedem Kilometer das Kinderhospiz verschwindet. Und wenn ich zu Hause bin, dann kann ich ganz was anderes machen. Und dann spielt es auch keine große Rolle mehr hier. Es sei denn hier ist was Gravierendes geschehen. Ein Kind ist gestorben, oder ich hatte ein wichtiges Gespräch mit einem Elternteil, das hängt mir dann manchmal auch noch ein bisschen mehr nach, aber nicht so, dass es mich belastet. Also, da hab ich wirklich gut gelernt, das abzuspalten. So nach Feierabend. Feierabend ist Feierabend. Da muss ich sagen, hatte ich am Anfang große Schwierigkeiten mit.“ (Interview C, Abs. 84)

„Also, man könnte hier ja jeden Tag acht Stunden sein. Das schließt so ein bisschen an das Thema an, und es ist manchmal wichtig, nein zu sagen. Dass ich mich auch nicht für alles innerlich zuständig fühle (...) Ich muss manchmal sagen, meine Arbeit ist hier im Haus und auch da zu sagen, bis hierhin und nicht weiter. (...) Da merke ich, dass es da wichtig ist, Grenzen zu ziehen. Und da gibt es manchmal auch noch was, wo ich merke, das nehme ich nicht auch noch an. Fertig.“ (Interview C, Abs. 60)

Die Aussage der Interviewperson C macht deutlich, dass es bedeutsam ist, in der Arbeit Grenzen zu setzen. Dies setzt aber die Fähigkeit der Mitarbeitenden voraus, sich von der Arbeit distanzieren zu können.

Die Interviewaussagen weisen darauf hin, dass die stationäre Kinderhospizarbeit für die Mitarbeitenden auf der einen Seite ein persönlich sehr bereicherndes Tätigkeitsfeld ist, das auf der anderen Seite auch viele Herausforderungen birgt, die die emotionale Distanzierung erschweren.

Zusammenfassung

Die Daten zeigen, dass eine positive und ressourcenorientierte Grundhaltung der Mitarbeitenden in der kinderhospizlichen Arbeit bedeutsam ist. Fachkräfte in Kinderhospizen haben in den meisten Fällen eine spezifische Grundhaltung. Diese ist häufig spirituell bzw. religiös geprägt. In einigen Kinderhospizen werden, aufgrund der kirchlichen Trägerschaft, nur Mitarbeitende beschäftigt, die einer christlichen Konfession angehören. Hier stellt sich die Frage, ob die Konfessionszugehörigkeit die Begleitung von Familien beeinflusst, die einen anderen als den christlichen oder keinen Glauben haben. Diese Frage bleibt in dieser Studie unbeantwortet und lässt sich als ein weiterer Forschungsbedarf herausstellen. Als eine wichtige Voraussetzung für die Arbeit im Kinderhospiz zeigt sich die Auseinandersetzung der Mitarbeitenden mit der eigenen Sterblichkeit, da die tagtägliche Konfrontation mit dem bevorstehenden Sterben der progredient erkrankten Kinder und Jugendlichen die thanatalen Aspekte allgegenwärtig macht.

Die erlebten Problem- und Belastungssituationen der Mitarbeitenden sind vielfältig und individuell verschieden. Diese Vielfalt lässt sich zum einen mit den unterschiedlichen Arbeitsschwerpunkten der Mitarbeiter und Mitarbeiterinnen erklären, zum anderen sind diese Erfahrungen auf ihre individuellen Persönlichkeiten zurückzuführen, da jeder Mensch Herausforderungen und Grenzen subjektiv empfindet. Es wurden drei wesentliche Bereiche von den Interviewpersonen herausgestellt:

1. Arbeits- und Organisationsbedingungen
2. Die Begleitung der progredient erkrankten Kinder und Jugendlichen
3. Die Kooperation mit den Eltern und dabei insbesondere die Auseinandersetzung mit der elterlichen Expertenrolle.

Die von den Mitarbeitenden genannten Problem- und Belastungssituationen müssen bewältigt werden, um die Gesundheit und Arbeitsfähigkeit der Fachkräfte zu gewährleisten. Hierfür nutzt die Mehrzahl der Mitarbeitenden professionelle Angebote, die vom Kinderhospiz bereitgestellt werden, wie beispielsweise die Supervision. Viele Probanden bewältigen die Problem- und Belastungssituationen aber auch durch sportliche oder religiöse Aktivitäten im privaten Bereich.

Reflexionsfähigkeit ist eine persönlich-emotionale Kompetenz und bildet demnach einen wesentlichen Baustein von Professionalität in der Kinderhospizarbeit. Mitarbeitern und Mitarbeiterinnen stehen in einigen Kinderhospizen vielfältige Möglichkeiten der Reflexion und Bewältigung zur Verfügung, wie z.B. Supervision, Dienstbesprechungen und Mitarbeitergespräche. Es lässt sich folgern, dass „vielfältige persönliche, fachliche und seelsorgerische Fähigkeiten (...) bei dieser Arbeit gefragt" sind (Grammer 1999, 102).

Die Mitarbeitenden sind der Meinung, dass fachliche *und* persönliche Kompetenzen die Voraussetzung für eine professionelle Begleitung und Versorgung der Familien bilden. Die Persönlich-emotionalen Kompetenzen wurden von den Befragten als bedeutender als die Fachlichkeit und als Grundlage für die Qualität im kinderhospizlichen Alltag bewertet.

Eine weitere persönlich-emotionale Kompetenz ist die so genannte Distanzierungsfähigkeit, die bedeutet, sich von der teilweise subjektiv als belastend wahrgenommenen Tätigkeit im Kinderhospiz distanzieren zu können. Aus den Aussagen der Mitarbeitenden geht hervor, dass diese Kompetenz durch die Reflexion beruflicher Erfahrungen erlernt werden kann.

C Begleitung der progredient erkrankten Kinder und Jugendlichen

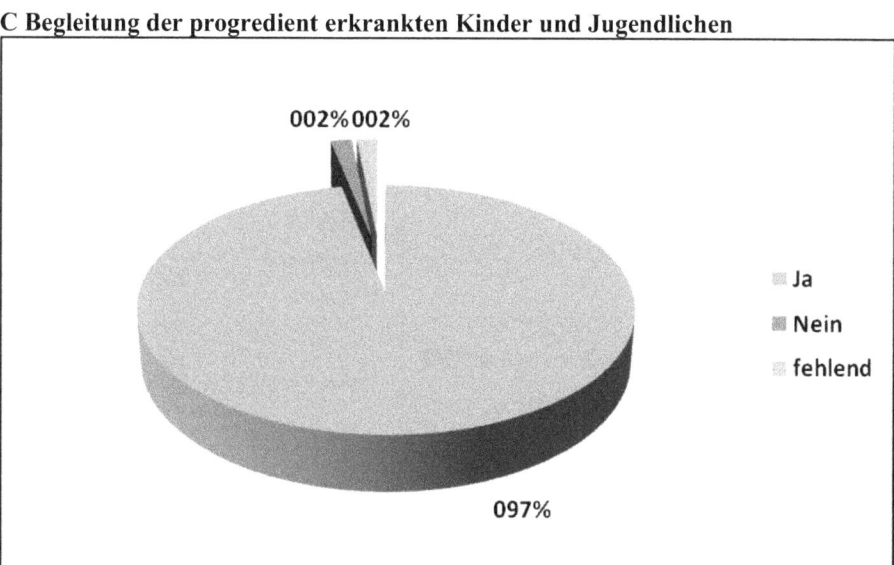

Abb. 97: Einbindung der Mitarbeitenden in die Pflege der erkrankten Kinder und Jugendlichen (N = 61)

Dass Tätigkeiten im Kinderhospiz professionsübergreifend ausgeführt werden, zeigt sich auch in Bezug auf die Pflege und Begleitung der progredient erkrankten Kinder und Jugendlichen, da über 90% der Probanden in diese involviert sind. Dies bedeutet, dass auch „pflegefremde" Professionen, wie z.B. Pädagogen und Pädagoginnen, Pflegetätigkeiten ausführen (siehe unten stehende Kreuztabelle). Alle Probanden, die als Profession Pädagoge/Pädagogin angaben (insgesamt 13,1%), merkten an, in die Pflege und Begleitung der lebensverkürzend erkrankten Kinder involviert zu sein.[131]

| | | | Involviert in: Pflege und Begleitung lebens- verkürzend erkrankter Kinder | | |
			Nein	Ja	Gesamt
Berufsausbildung: Diplom Pädagoge/in	**Nein**	Anzahl	1	52	53
		% der Gesamtzahl	1,6%	85,2%	86,9%
	Ja	Anzahl	0	8	8
		% der Gesamtzahl	,0%	13,1%	13,1%
	Gesamt	Anzahl	1	60	61
		% der Gesamtzahl	1,6%	98,4%	100,0%

Tab. 19: Kreuztabelle: Berufsausbildung Pädagoge/Pädagogin und involviert in Pflege und Begleitung der erkrankten Kinder (N = 61)

Angesichts des professionsübergreifenden Arbeitens in Kinderhospizen kann die Notwendigkeit herausgestellt werden, die interdisziplinäre Zusammenarbeit der verschiedenen Professionen zu intensivieren. Demzufolge müssen Mitarbeitende in Kinderhospizen, gleich welcher Profession sie angehören, vielfältige pflegerische, medizinische, pädagogische und psychologische Fachkenntnisse mitbringen oder berufsbegleitend erwerben (vgl. Schmitz-Scherzer 2001, 8), um den Anforderungen der Tätigkeit gewachsen zu sein.

Die Angebote, die die erkrankten Kinder und Jugendlichen im Kinderhospiz nutzen können, umfassen ein breites Spektrum im therapeutischen, pädagogischen und Freizeit bezogenen Bereich.

---

[131] Es ist keine Signifikanz zwischen den Variablen gegeben (Chi-Quadrat-Test, asymptotische Signifikanz = 0,695).

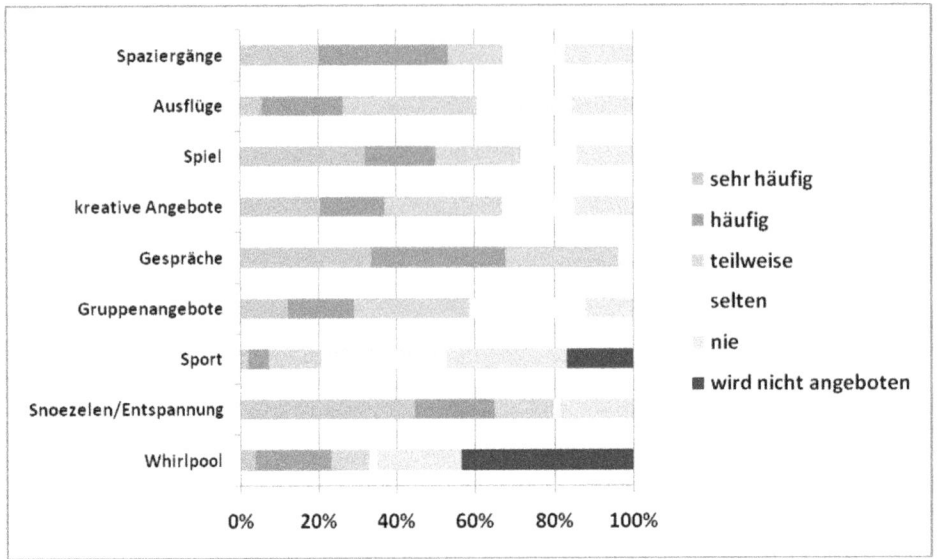

Abb. 98: Verteilung der Angebote für progredient erkrankte Kinder und Jugendliche, die alle Mitarbeitenden durchführen (N variiert je nach Angebot)

Die Mitarbeitenden wurden befragt, in welchem Umfang sie in diese Angebote eingebunden sind. Fast die Hälfte der Probanden ist sehr häufig an Snoezelen-[132] bzw. Entspannungsangeboten beteiligt. In Gespräche (32,21%) und Spielangebote (32,14%) sind die Probanden ebenfalls sehr häufig involviert. Gleichwohl sind sie in einige Bereiche weniger stark eingebunden. So z.B. in die sportlichen Angebote, wo ein knappes Drittel der Probanden angab, diese nicht durchzuführen (30,19%). Auch Entspannung im Whirlpool oder Ausflüge werden in den meisten Kinderhospizen selten oder gar nicht angeboten.[133]

Die großen Unterschiede in der Nennung der Häufigkeiten der Angebote für die lebensverkürzend erkrankten Kinder sind auf die unterschiedlichen strukturellen Rahmenbedingungen bzw. Ausstattungsmerkmale der Kinderhospize zurückzuführen. Nicht jedes Kinderhospiz verfügt über einen Whirlpool oder bietet sportliche Angebote an. Einige Kinderhospize haben ein Schwimmbad (Bewegungsbad), andere hingegen ein Pflegebad. Über einen Snoezelenraum verfügen alle Kinderhospize (vgl. Black 2009, 160).

Kommunikation mit den lebensverkürzend erkrankten Kindern

Die Kommunikation stellt eine bedeutsame Komponente der Sterbebegleitung in (Kinder)- Hospizen dar (vgl. Schmitz-Scherzer 2001, 9) und prägt in früheren Phasen fortschreitender Krankheitsverläufe maßgeblich die Beziehungsebene zwischen den erkrankten Kindern und Jugendlichen und ihren Begleitern. Für eine gelingende Kommunikation sind verschiedene Aspekte wichtig. Neben den Gesprächsführungskompetenzen (vgl. Ritter 2008, 88) auf Seiten der Begleiter sollten professionell Helfende in der Kinderhospizarbeit auch über Kenntnisse im Bereich non-verbaler Kommunikation verfügen, denn „Man kann nicht nicht kommunizieren" (Watzlawick et al. 2000, 53). Viele Kinder und Jugendliche können sich aufgrund ihrer Erkrankung nicht lautsprachlich äußern. Grund hierfür ist die Schwere der körperlichen Beeinträchtigung vieler lebensverkürzend erkrankten Kinder und Jugendlichen in Kinderhospizen, die dazu führt, dass die Möglichkeit der verbalen Kommunikation und die Fein- und Grobmotorik der betroffenen Kinder und Jugendlichen stark eingeschränkt sind und so die

---

[132] Das aus den Niederlanden stammende Konzept des Snoezelen wurde Ende der 1970er-Jahre entwickelt, um Menschen mit sensorischen Störungen und schwersten Behinderungen adäquate Freizeit- und Erholungsmöglichkeiten zu bieten. Snoezelen wird als Freizeitangebot, multisensorische Reizeinwirkung, Anregung der Sinne, gezielte Förderung, strukturierte Therapie, pädagogische Intervention oder als Milieu für verschiedene Methoden der Physio- bzw. Psychotherapie auch in Kinderhospizen in Deutschland genutzt (vgl. Brehmer 1994, 776ff.).

[133] Bei diesen Antworten ist die Standardabweichung als hoch zu bezeichnen, da es eine große Streuung der Antworten gab.

Verständigung mit den Begleitern überwiegend mittels körpereigener Kommunikationsformen erfolgt. Mitarbeitende in Kinderhospizen sollten in der Lage sein, diese körpersprachlichen Signale der Kinder und Jugendlichen zu deuten.

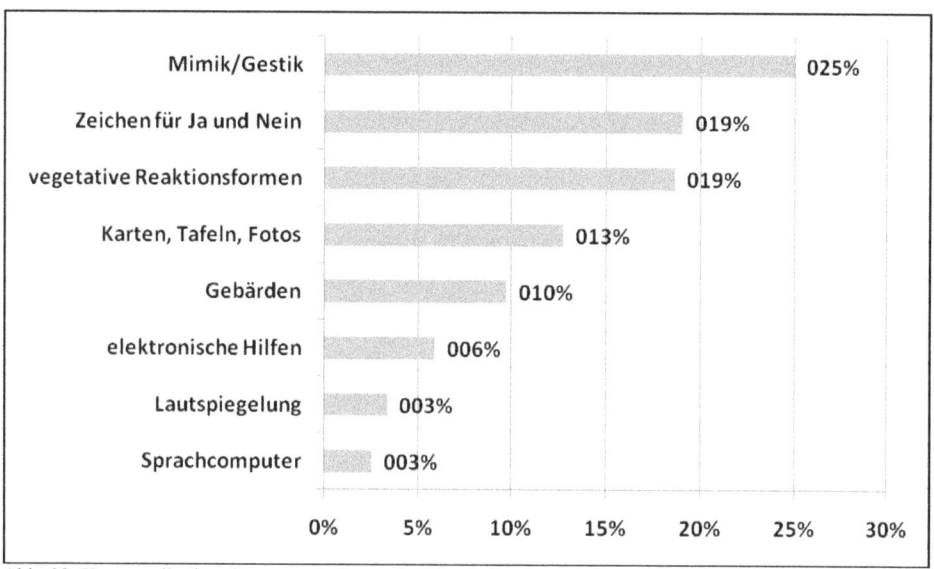

Abb. 99: Kommunikationsformen, mit denen die Mitarbeitenden mit den erkrankten Kindern und Jugendlichen kommunizieren (N = 61, Mehrfachnennungen)

Die Probanden wurden nach den Formen der Kommunikation mit den lebensverkürzend erkrankten Kindern befragt. Hier bestand die Möglichkeit, aus verschiedenen Kommunikationsformen der Unterstützten Kommunikation auszuwählen. Ein Viertel der Probanden gab an, mit den lebensverkürzend erkrankten Kindern nonverbal mit Hilfe von Mimik und Gestik zu kommunizieren, also mit körpereigenen Kommunikationsformen. 19,07% kommunizieren durch vereinbarte Zeichen von „Ja" und „Nein" und 18,64% durch vegetative Reaktionsformen mit den erkrankten Kindern und Jugendlichen. Die körpereigenen Kommunikationsformen überwiegen deutlich, da elektronische Hilfen (5,93%) und Sprachcomputer (2,54%) weitaus seltener zur Kommunikation eingesetzt werden.

Die Daten zeigen, dass die Mitarbeitenden in Kinderhospizen mit Hilfe von Formen der Unterstützten Kommunikation mit den erkrankten Kindern und Jugendlichen kommunizieren. Es besteht die Notwendigkeit, dass Mitarbeitende in Kinderhospizen Kenntnisse in Unterstützter Kommunikation haben, um mit den erkrankten Kindern und Jugendlichen kommunizieren zu können. Fehlen sie, ist dies ein Hinweis auf einen relevanten Fort- und Weiterbildungsbedarf.

Es besteht die Notwendigkeit, die Kontinuität in der Begleitung/Pflege zu gewährleisten, da das Deuten von nonverbalen Kommunikationsformen das Kennen der betroffenen Person und ihrer Ausdrucksformen voraussetzt (vgl. Fröhlich/Simon 2006, 71f.).

Eine Möglichkeit der nonverbalen Kommunikation mit schwerstmehrfach beeinträchtigten Kindern ist das Konzept der Basalen Stimulation in der Pflege nach Bienstein/Fröhlich (2006) (vgl. Fröhlich/Simon 2006, 71f.).

Die IP A erwähnt, dass dies ein Konzept ist, das auch in Kinderhospizen Anwendung findet. Ebenso wird in diesem Zusammenhang die Bedeutung der Interdisziplinarität angesprochen. Nur im Austausch mit anderen Fachkräften, wie z.B. mit den Schmerztherapeuten, können die Äußerungen der Kinder erkannt und verstanden werden.

„Na ja, es gibt die unterschiedlichsten Konzepte und Ansätze (...). Konzepte, natürlich, Basale Stimulation ist, denke ich, heute so ein, so ein Thema, was überhaupt nicht mehr wegzudenken ist aus der

Pädiatrie, aus der Pflege solcher schwerkranken Kinder, aber auch immer wieder dieses, dieses raus-kriegen, was, was will das Kind oder bzw. was hat das Kind dafür auch diese Zusammenarbeit mit den, mit den Kinderschmerztherapeuten, die da auch Erfahrung haben. Denn sie haben oftmals Kinder, schwerstmehrfachbehinderte oder geistig behinderte Kinder vor sich, denen sehen sie nicht an, dass die Schmerzen haben und trotzdem interdisziplinär also mit unterschiedlichsten Personengruppen zu überlegen, hinzugucken hat das Kind, kann es nicht vielleicht doch und so geht's bei allen Äuße-rungen. Also auch bei Hunger, bei Unwohlsein, bei Freude, also zu gucken, was meinst du und dieses, das ist ja das, was Palliativmedizin insgesamt, aber auch bei Kindern ausmacht, dass ganz viele unter-schiedliche Berufsgruppen zusammen eine gute Arbeit machen." (Interview A, Abs. 50)

IP B benennt als eine weitere Möglichkeit der nonverbalen Kommunikation die Massage. Diese ist dem Wahrnehmungsbereich der somatischen Stimulation in der Basalen Stimulation zuzuordnen und führt zur Entspannung des Körpers. Sie dient aber auch als Beziehungsinstrument.

„Basale Stimulation, ganz viel Berührung, ganz viel Massage. Also Erleben und Genuss auf der Kör-perebene, gerade weil der Körper oft auch so malträtiert ist. Durch eine schwere Spastik oder wenn man merkt, dass man durch ganz langsames Arbeiten, durch ganz klare Berührungen (...) merkt man einfach, dass der Körper sich entspannt und damit die Kinder oft auch wieder wacher werden, sich auch ein Stück mehr in die Beziehung begeben." (Interview B, Abs. 37)

IP F erachtet die körpereigenen Kommunikationsformen der Kinder und Jugendlichen, wie Mimik und Gestik, als bedeutsame Kommunikationsformen. Sie spricht in diesem Kontext auch die Zusammenar-beit mit den Eltern an, da diese als Experten die körpersprachlichen Signale ihrer Kinder am besten deuten und verstehen können.

„Durch Mimik, ganz viel. Gestik. Wir haben Kinder, die z.B. ihre Stirn ganz kraus machen, wenn sie dann nein. Oder Kinder, die mit den Augen zwinkern, wenn sie etwas wollen oder ja sagen. Wir haben Kinder, die total gleich angespannt sind und Spastiken haben, die sich verstärkt, einen knallroten Kopf kriegen, anfangen zu schwitzen. Wo man einfach sieht, dass es ihnen nicht gut geht oder sie das in dem Moment nicht wollen. Und dann im Gegensatz dazu, völlig entspannt, offene Augen, bis hin zum La-chen oder lächeln. Die Kinder, die noch laufen können, zeigen das auch ziemlich deutlich. Wir haben auch Kinder, die sich umdrehen und dass man es schon eindeutig sehen kann. Es ist eben auch ein bisschen Erfahrungssache, inwieweit man das gut sehen kann oder nicht. Und natürlich auch, dass die Eltern uns das beim Aufnahmegespräch sagen und sagen, wenn der rechte Finger oben ist, dann heißt es das und das und wenn die rechte Faust geschlossen ist, bedeutet das das und das. Wir haben so Bei-spiele, wo genau drin steht, wie in einem Wörterbuch, bei dem Zeichen ist dann immer das und so."
(Interview F, Abs .27)

Die Aussagen der Interviewpersonen machen deutlich, dass die Mitarbeitenden in Kinderhospizen über vielfältige Kenntnisse bezüglich Kommunikationsformen verfügen sollten, um mit den progredient er-krankten Kindern und Jugendlichen kommunizieren und ihre Bedürfnisse verstehen zu können. Daraus ergibt sich der Bedarf nach Fort- und Weiterbildungen für die Fachkräfte.
Weiterhin ist anzuführen, dass sich Sprachprobleme in der Kommunikation mit Kindern und Jugendli-chen mit Migrationshintergrund ergeben können. Hier Bedarf es ggf. eines professionellen Dolmet-schers, um in Interaktion mit den Kindern aber auch mit ihren Angehörigen treten zu können (vgl. Rit-ter 2008, 92).

Thematisierung thanataler Aspekte und Trauerbegleitung
Ein wichtiger Bereich der Kinderhospizarbeit ist die Auseinandersetzung mit den Aspekten Sterben, Tod und Trauer. Demnach sollten Mitarbeitende in Kinderhospizen auch Kenntnisse über kindliche Todesvorstellungen und Trauerprozesse haben (vgl. Lehmann-Geck 2003, 8; Zernikow/Henkel 2008, 80ff.). Die Aspekte Sterben und Tod werden in Kinderhospizen auch mit den lebensverkürzend er-

krankten Kindern thematisiert, obwohl es von Seiten der Eltern zum Teil Vorbehalte demgegenüber gibt. Diese werden häufig damit begründet, dass die erkrankten Kinder nicht mit diesen Themen belastet werden sollen und dass sie diese aufgrund der Schwere ihrer kognitiven Beeinträchtigung nicht verstehen können (vgl. Jennessen 2007, 14f.; Zernikow/Henkel 2008, 80).

Diesen Vorbehalten kann entgegengesetzt werden, dass lebensverkürzend erkrankte Kinder oftmals intuitiv von ihrer lebensbedrohlichen Situation wissen, ohne dass diese mit ihnen offen thematisiert worden wäre, und dass ihnen durch eine Thematisierung Ängste vor dem Sterben und Tod genommen werden können (vgl. Leyendecker 2008, 18ff.; vgl. Kap. II 3). Ritter plädiert für eine frühestmögliche Einbeziehung der Kinder in Therapieentscheidungen, da für eine gelingende Therapie eine Aufklärung über die Maßnahmen notwendig ist. Diese ist aber nur mit dem Einverständnis der Eltern möglich (vgl. Ritter 2008, 90f.).

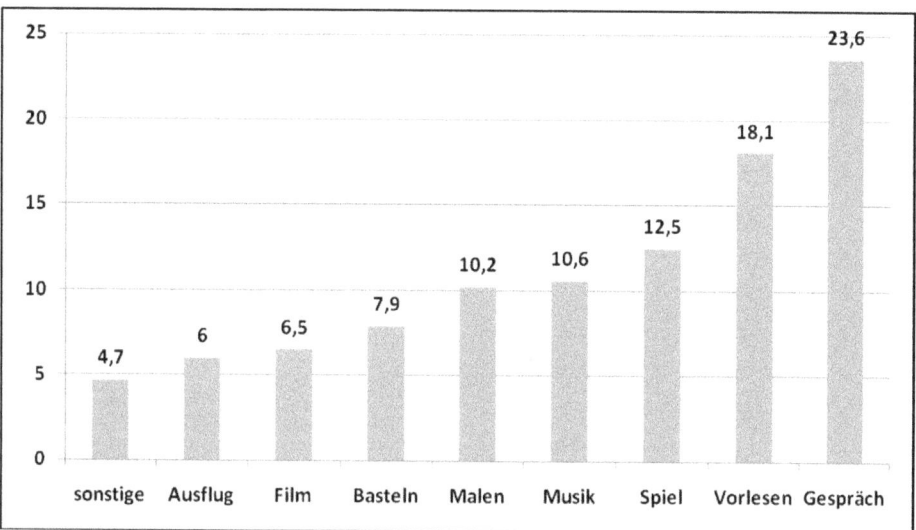

Abb. 100: Methoden der Thematisierung thanataler Aspekte mit den progredient erkrankten Kindern und Jugendlichen (N = 61, Mehrfachnennungen)

Die Probanden wurden danach gefragt, wie sie mit den lebensverkürzend erkrankten Kindern thanatale Aspekte thematisieren. Fast ein Viertel gab an, in Form von Gesprächen mit den lebensverkürzend erkrankten Kindern über Sterben und Tod zu kommunizieren. 18,1% nannten das Vorlesen. Auch die Thematisierung der Aspekte durch musikalische oder kreative Angebote findet statt. Des Weiteren werden diese Aspekte in spielerischen Angeboten und bei Ausflügen thematisiert.

Es überrascht, dass trotz der eingeschränkten nonverbalen Kommunikationsmöglichkeiten einiger betroffener Kinder und Jugendlichen die Probanden thanatale Aspekte am häufigsten im Gespräch mit den Kindern thematisieren. Hier ist zu vermuten, dass es sich bei den Gesprächen entweder um einseitige verbale Interaktionen von Seiten der Probanden handelt, in denen die erkrankten Kinder nur zuhören können, oder mit Gesprächen auch nonverbale Kommunikationsformen gemeint werden, in denen die Mitarbeitenden die körpereigenen Reaktionen der Kinder deuten.

„Die Kommunikation mit palliativmedizinisch zu versorgenden Kindern und deren Eltern stellt hohe Anforderungen an die Gesprächsführungskompetenzen aller professionellen Betreuer" (Zernikow/Henkel 2008, 80). Hier kann erneut auf die notwendigen Kompetenzen von Mitarbeitenden verwiesen werden (vgl. Kap. II 5).

Selbstbestimmung und Teilhabe

Im März 2009 ist das „Übereinkommen über die Rechte von Menschen mit Behinderungen" der UN-Konvention in Deutschland in Kraft getreten. In diesem Übereinkommen sind in Art. 3 „Allgemeine Grundsätze" angeführt: „die Achtung der dem Menschen innewohnenden Würde, seiner individuellen

Autonomie, einschließlich der Freiheit, eigene Entscheidungen zu treffen, sowie seiner Unabhängigkeit" und „die volle und wirksame Teilhabe an der Gesellschaft und Einbeziehung in die Gesellschaft" (vgl. Beauftragter der Bundesregierung für die Belange behinderter Menschen 2008).

Der Grundsatz der Selbstbestimmung ist seit den 1990er-Jahren ein in der Sonderpädagogik vertretenes Ziel in der Arbeit mit Menschen mit Behinderungen. Der Begriff der Selbstbestimmung kann verschiedene Bedeutungen haben. Im pädagogischen Sinn bezieht sich der Begriff der Selbstbestimmung auf die Einstellungen und Fähigkeiten eines Individuums, um als Experte das eigene Leben zu gestalten. Dazu gehört auch, Entscheidungen unabhängig von externen Einflüssen zu treffen. Selbstbestimmung wird als Entwicklungsprozess gesehen, der das ganze Leben anhält (vgl. Kulig/Theunissen 2006, 241ff.). In der Begleitung lebensverkürzend erkrankter Kinder und Jugendlicher stellt sich die Frage nach der Selbstbestimmung, insbesondere in Bezug auf die medizinisch-pflegerische Behandlung, also auf Entscheidungen in existentiell bedrohlichen Situationen und am Lebensende. Rellensmann führt an: „Die Frage, wann Kinder entscheiden können, ist untrennbar mit der Frage, was Kinder entscheiden können, verbunden" (Rellensmann 2008, 58).

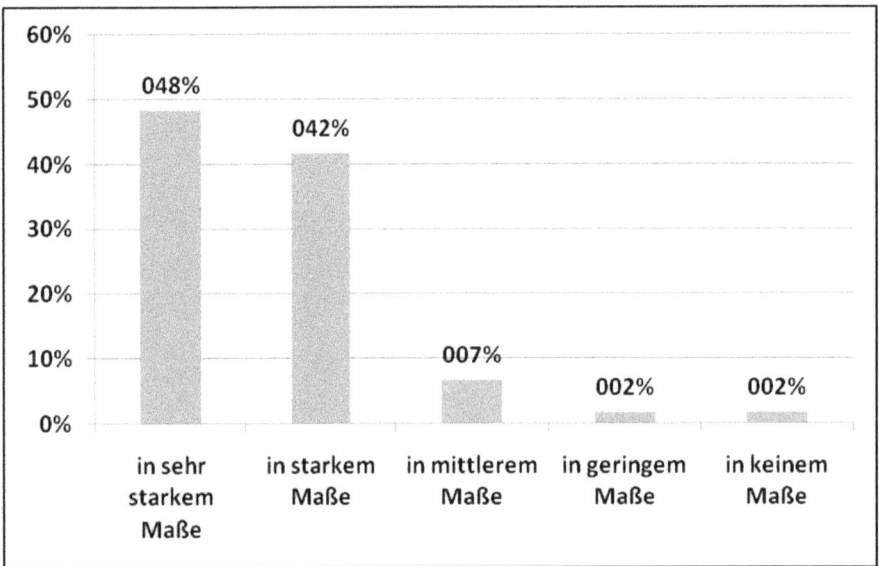

Abb. 101: Bewertung: Die Selbstbestimmung der progredient erkrankten Kinder und Jugendlichen hat Priorität in meiner Arbeit (N = 60)

Es zeigt sich, dass der Aspekt der Selbstbestimmung auch für die Zielgruppe der lebensverkürzend erkrankten Kinder und Jugendlichen in den Kinderhospizen geachtet wird:[134]. Fast 50 Prozent der Probanden gaben an, die Selbstbestimmung der erkrankten Kinder und Jugendlichen „in sehr starkem Maße" und 41,7% „in starkem Maße" zu achten (Median = 2). Nur 1,7% achten diese "in geringem Maße" und 1,7% „in keinem Maße".

Dass die Selbstbestimmung am Lebensende von jungen Erwachsenen in Kinderhospizen geachtet wird, verdeutlicht auch die folgende Aussage der Interviewperson A.

„Also, ganz klar. (...) Also, wenn die Kinder sich eben noch äußern können, dann ist deren Wunsch für uns oberstes Maxim. Anderes Beispiel: Ein 19-Jähriger mit Knochenkrebs, mit heftigen Schmerzen und mit heftigen Durchfällen also dem ging's überhaupt nicht gut Magen-Darmmäßig, der verlangt hier plötzlich Pommes zu essen. Da wird jeder in der Klinik sagen, du musst Diät, du musst was besonderes haben, der hat Pommes bekommen, obwohl das gegen menschlichen und medizinischen Verstand wo-

---

[134] Trotz der hohen Spannweite (4) und der erhöhten Varianz (s^2 = 0,667) ist das Meinungsbild der Probanden einheitlich.

möglich gesprochen hätte und der ist am nächsten Tag verstorben. Und das war das größte für ihn, noch mal Pommes gegessen zu haben. Also so viel zum Thema Selbstbestimmung." (Interview A, Abs. 54)

In den Kinderhospizen wird versucht, bei allen lebensverkürzend erkrankten Kindern und Jugendlichen, unabhängig von der Schwere ihrer Beeinträchtigung, die Selbstbestimmung zu achten.

„Also, da achten wir sehr gut drauf. Bei den Kindern, die sich äußern können, ist das auch kein Problem, die fragen wir genau wie die gesunden Geschwisterkinder. Bei den schwerstmehrfach behinderten Kindern, da achte ich immer darauf, dass so die Würde der Kinder gewahrt bleibt, sodass sie in größtmöglicher Selbstbestimmung hier ihren Alltag gestalten. Und dazu gehört, dass ich mich genau informiere, was brauchen die Kinder, was sind ihre Grundbedürfnisse, was macht ihnen Freude, wodurch kann ich sie entspannen, aber auch, was mag ein Kind gar nicht (...)." (Interview C, Abs. 50)

Solange ein Kind nicht volljährig ist, übernehmen die Eltern stellvertretend einen Großteil der relevanten Entscheidungen. Wenn Kinder mit Erreichen der Volljährigkeit aufgrund ihrer kognitiven Beeinträchtigung nicht in der Lage sind, Entscheidungen zu treffen, müssen die Eltern auch im Erwachsenenalter diese Aufgabe übernehmen (vgl. Rellensmann 2008, 58f.).
Die IP F stellt die Rolle der Eltern als Übersetzer für die Selbstbestimmung der progredient erkrankten Kinder, die sich verbal nicht äußern können, heraus, da diese als Experten die Bedürfnisse und Wünsche ihrer Kinder am besten kennen.

„Es spielt eine Rolle, solange die Kinder das auch selbst äußern können, ansonsten müssen die Eltern als Übersetzer dienen. Dass die Eltern bestimmen, was gut und was nicht so gut ist für die Kinder. Ich denke, das ist bei jedem anderen, normalen Kind ja eigentlich auch so, dass das Kind Ideen hat und die Eltern letztendlich entscheiden, ob es das darf oder nicht. Insofern halten wir uns daran, die einzige Regel, die wir haben, solange es dem Kind guttut." (Interview F, Abs. 31)

Die Achtung der kindlichen Selbstbestimmung ist für die IP D auch eine Grenzfrage, die immer neu geklärt werden muss.

„Das ist auch eine Grenzfrage. Wo fängt das an? Wo hört die Selbstbestimmung auf? Ich kann es versuchen, zu ertasten, erahnen, erfühlen. Ich kann mich auf den Weg machen. Vielleicht liege ich auch manchmal falsch. Dann weiß ich nicht, wo die Selbstbestimmung dann gegeben ist." (Interview D, Abs. 28)

Insbesondere hinsichtlich der Entscheidungen am Lebensende kann diese Aussage der IP D aufgegriffen werden. Im Zweifelsfall kann sich an den so genannten „Prüfsteinen für tragfähige Therapieentscheidungen von Unmündigen" nach Harrison et al. orientiert werden. Unmündige sollten über folgende Fähigkeiten verfügen:
- „sich über relevante Informationen auszutauschen und diese zu verstehen
- mit einem gewissen Grad von Unabhängigkeit selbstständige Entscheidungen zu treffen
- den potenziellen Nutzen und die Risiken zu verstehen und zwischen Behandlungsplänen abzuwägen,
- eine stabile Werthaltung zu nutzen" (Harrison et al. 1997, 825ff.) .

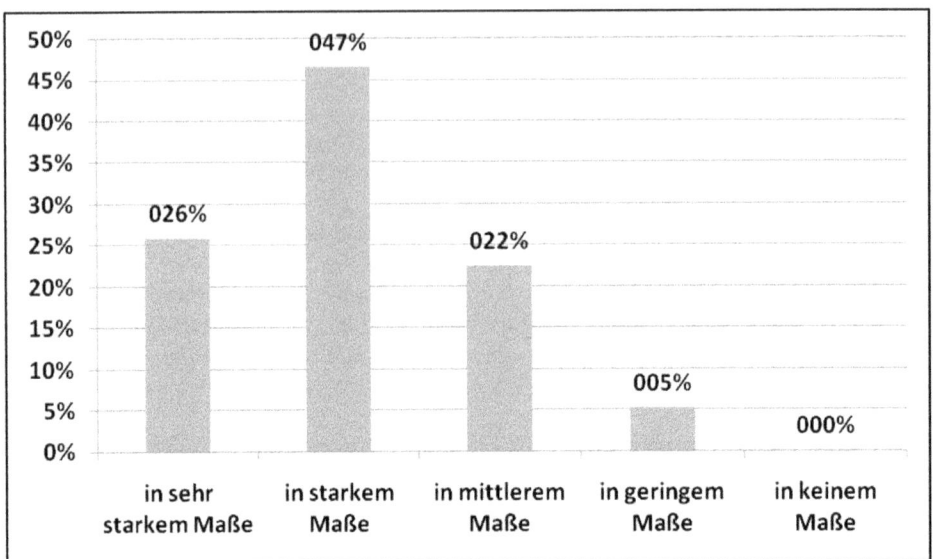

Abb. 102: Bewertung: Die Wünsche und Bedürfnisse der progredient erkrankten Kinder und Jugendlichen haben Vorrang vor den Wünschen der Eltern (N = 58)

Die Wünsche und Bedürfnisse der lebensverkürzend erkrankten Kinder und Jugendlichen werden von ihren kinderhospizlichen Begleitern als bedeutsamer eingeschätzt als die Wünsche der Eltern. Die Daten zeigen jedoch, dass dieser Aussage nicht in einem so ausgeprägten Maße zugestimmt wird wie der Selbstbestimmung der betroffenen Kinder und Jugendlichen. Nur ein Viertel der Befragten stimmt dieser Aussage „in sehr starkem Maße" und fast 50% „in starkem Maße" zu. 22,41% wählen eine mittlere Antwortkategorie.[135] Es ist zu vermuten, dass sich gerade in der mittleren Antwortkategorie diejenigen Befragten wiederfinden, die diese Aussage situativ unterschiedlich bewerten.[136] Die Angaben der Probanden deuten auf ein ethisches Dilemma[137] der Mitarbeitenden in Kinderhospizen hin, was die Beachtung der Wünsche und Bedürfnisse der erkrankten Kinder und Jugendlichen betrifft. Die meisten lebensverkürzend erkrankten Kinder und Jugendlichen, die Kinderhospize nutzen, sind schwer und mehrfach beeinträchtigt, und ihre Eltern treten daher in den meisten Fällen stellvertretend für ihre Wünsche und Bedürfnisse ein. Die Mitarbeitenden orientieren sich aus diesem Grund häufig an den Aussagen der Eltern, wenn es darum geht, die Wünsche und Bedürfnisse der erkrankten Kinder und Jugendlichen in Therapie, Behandlung und Pflege zu berücksichtigen.

---

[135] (Median = 2) (Codierung: 1 = in sehr starkem Maße; 2 = in starkem Maße; 3 = in mittlerem Maße; 4 = in geringem Maße; 5 = in keinem Maße).

[136] Die hohe Varianz (s^2 = 0,697) weist auf ein divergentes Meinungsbild der Probanden hin.

[137] Unter einem ethischen Dilemma versteht man eine ethisch-moralische Entscheidungssituation, in der mehrere Handlungen gleichzeitig geboten sind, sich gegenseitig aber ausschließen. Die Befolgung des einen Gebots führt zum Verstoß des anderen, in anderen Worten: die Befolgung des Richtigen führt gleichzeitig zum Verstoß des Richtigen. Ein ethisches Dilemma kann formalisiert wie folge dargestellt werden: (i) Es ist geboten, a zu tun. (ii) Es ist geboten, b zu tun. (iii) Ich kann aber nicht zugleich a und b tun (vgl. Williams 1978, 91ff.).

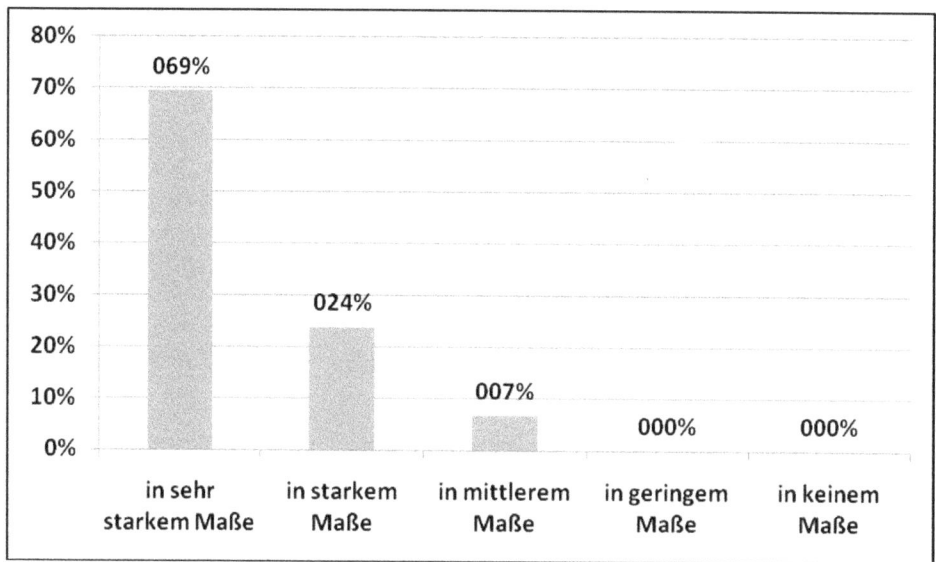

Abb. 103: Bewertung: Es ist mir wichtig, den progredient erkrankten Kindern und Jugendlichen Teilhabe am sozialen Leben zu ermöglichen (N = 59)

Die Teilhabe am sozialen Leben von Menschen mit Behinderungen in der Gemeinschaft, wurde auch in der UN-Konvention im „Übereinkommen über die Rechte von Menschen mit Behinderungen" festgeschrieben. So heißt es dort in Art. 3 „Allgemeine Grundsätze", dass „die volle und wirksame Teilhabe an der Gesellschaft und Einbeziehung in die Gesellschaft" ein Grundsatz sein sollte (vgl. Beauftragter der Bundesregierung für die Belange behinderter Menschen 2008). Die Teilhabe der betroffenen Kinder und Jugendlichen am sozialen Leben ist ein weiterer Grundsatz der Sonderpädagogik und der Kinderhospizarbeit.

Auf die kinderhospizliche Praxis übertragen kann Teilhabe das Partizipieren am sozialen Leben in der Gemeinschaft des Kinderhospizes, aber auch in der Nachbarschaft („community care") und der Gesellschaft bedeuten. Diese Teilhabe ist für fast 70% der Mitarbeitenden in Kinderhospizen „in sehr starkem Maße" (Md = 1) und für 23,73% „in starkem Maße" wichtig. „In mittlerem Maße" nannten nur 6,78% der Befragten, „in geringem Maße" und „in keinem Maße" wurde von den Probanden nicht angegeben.[138] Dieses hohe Maß an Zustimmung zum Teilhabegedanken bedarf des weiteren Abgleichs mit den dieses Ziel fokussierenden Aktivitäten der Fachkräfte während der Aufenthalte der Kinder und Jugendlichen.

Lebensqualität

„Ziel jeder Palliativversorgung ist eine möglichst hohe Lebensqualität (…)" (Zernikow/Michel 2008, 10). Zernikow/Michel beschreiben Lebensqualität als einen komplexen, multifaktoriellen und dynamischen Prozess (vgl. Zernikow/Michel 2008, 10). Betroffene empfinden verschiedene Dinge als zur Lebensqualität beitragend, wie Schmerzarmut, körperliche Berührung, ein normales Leben führen, die Erfüllung eines lang gehegten Wunsches (vgl. Zernikow/Michel 2008, 10f.).

Die Erhaltung der Lebensqualität ist auch ein Grundsatz der Kinderhospizarbeit. Die IP E schildert, dass dieser Grundsatz in ihrer Arbeit im Vordergrund steht.

„Also, wesentlich ist eigentlich, dass es den Kindern gut geht, dass man denen noch Freude in der Zeit bringt, die sie noch haben. Und dass man vielleicht auch Fähigkeiten erhellt und fördert, die sie noch haben." (Interview E, Abs. 31)

---

[138] Minimum = 1; Maximum = 3, geringere Varianz (s^2 = 0,376).

Laut Aussage der IP A soll die noch verbleibende Zeit im Sinne der progredient erkrankten Kinder und ihrer Familien gestaltet werden. Des Weiteren sollen die noch verbleibenden Fähigkeiten der Kinder gefördert und ihre Bedürfnisse von den Mitarbeitenden beachtet werden.

„Also, die Überschrift über der Kinderhospizarbeit und über unserem Haus ist die noch verbleibende Zeit zu gestalten (...) Und das Wesentliche ist für mich, bereit zu sein einerseits für die Gespräche, für die Angebote im Sinne von Trauer, also da zu sein, hellwach zu sein und hellhörig zu sein, hinhören auf der anderen Seite, aber dann auch durchaus mit den Kindern schöne Dinge hier im Haus zu erleben, mit der ganzen Familie sich darauf zu konzentrieren, was hat das Kind noch an Fähigkeiten und Möglichkeiten und dementsprechend mit dem Kind gemeinsam die Zeit angenehm und erfüllt zu erleben. Immer unter dem Hintergrund, das darf man nicht vergessen, das ist für mich sehr, sehr wichtig, genau hinzuhören und zu gucken, was braucht das Kind, was will es mir vielleicht sonst noch mitteilen." (Interview A, Abs. 48)

Nicht die lebensverkürzende Krankheit des Kindes, sondern das Kind als Persönlichkeit mit all seinen Fähigkeiten steht im Vordergrund der Begleitung für die IP C. Diese Aussage spiegelt eine professionelle Einstellung und Haltung wider.

„Also, wesentlich für mich ist jetzt, das Kind als Person anzusehen und nicht die Krankheit in den Vordergrund zu stellen (...). Und die Persönlichkeit des Kindes zu achten und auf Würde und einen würdigen Umgang mit erkrankten Kindern, gerade auch mit schwerstmehrfach behinderten Kindern zu finden, das ist für mich ganz ganz wichtig (...) Und einfach zu schauen, welche Fähigkeiten sind noch da. Und nicht immer zu gucken, welche Fähigkeiten hat das Kind schon nicht mehr. Und dann einfach aus den verbliebenen Fähigkeiten noch etwas zu machen und mit diesen Fähigkeiten zu arbeiten. Das ist wichtiger Bestandteil der pädagogischen Arbeit mit erkrankten Kindern." (Interview C, Abs. 42)

Auch die Mehrzahl der Probanden der Fragebogenerhebung sieht die Unterstützung der Lebensqualität als ein wichtiges Ziel in ihrer Arbeit an.

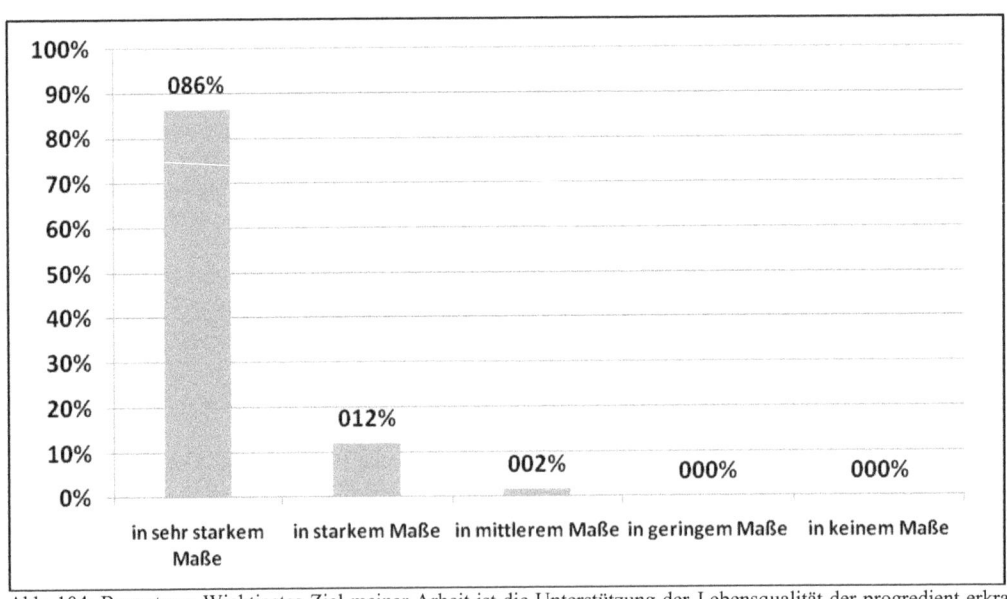

Abb. 104: Bewertung: Wichtigstes Ziel meiner Arbeit ist die Unterstützung der Lebensqualität der progredient erkrankten Kinder und Jugendlichen (N = 59)

Die Unterstützung der Lebensqualität der lebensverkürzend erkrankten Kinder und Jugendlichen wird von fast allen befragten Fachkräften „in sehr starkem Maße" und „in starkem Maße" als bedeutsam erachtet.[139] Das Ergebnis zeigt, dass der Aspekt der Lebensqualität nicht nur ein theoretischer Grundsatz, sondern dass er bereits ein wesentlicher Bestandteil und eine Zielsetzung in der kinderhospizlichen Praxis ist.

Von den 27 Probanden, die die Frage nach Verbesserungsvorschlägen für die Begleitung der erkrankten Kinder und Jugendlichen beantworteten, haben sieben keine Wünsche. Von den 20 Probanden, die Wünsche und Verbesserungsvorschläge äußern, wünschen sich 14 in ihrer Arbeit mit erkrankten Kindern und Jugendlichen „mehr Personal und mehr Zeit". Drei Probanden gaben an, mehr und bessere „Schmerztherapie/Schmerzerkennung" anbieten zu wollen, zwei wünschten sich „mehr Achtung vor der Selbstbestimmung der erkrankten Kinder". Die Daten weisen darauf hin, dass Verbesserungen überwiegend im Bereich der Personalstruktur und -planung für notwendig gehalten werden. 35 Probanden machten zu dieser offenen Frage keine Angaben.

Zusammenfassung

Die Analyse der Antworten der Probanden zu der Begleitung der lebensverkürzend erkrankten Kinder und Jugendlichen zeigt zum einen die Vielfalt der Angebote, die für die Zielgruppe gemacht werden. Zum anderen wird die professionelle und empathische Haltung der meisten Probanden gegenüber der Zielgruppe ersichtlich.

Die Mehrzahl der Probanden achtet die Wünsche und Bedürfnisse der betroffenen Kinder und Jugendlichen und versucht, diese durch nonverbale Kommunikationsformen zu erfassen, wenn keine verbale Kommunikation (mehr) möglich ist, Daraus lässt sich folgern, dass Mitarbeitende in Kinderhospizen über Kenntnisse in Unterstützer Kommunikation verfügen sollten. Sind diese nicht vorhanden, wäre dies ein wesentlicher Inhalt für Fort- und Weiterbildungen. Das Erkennen und Achten der nonverbalen Kommunikationsformen der lebensverkürzend erkrankten Kinder setzen ein intensives gegenseitiges Kennenlernen als Basis des Verstehens der individuellen Ausdrucksmöglichkeiten voraus. Nur im Rahmen einer konstanten, verlässlichen und kontinuierliche Begleitung der erkrankten Kinder und Jugendlichen kann eine gelingende Kommunikation zwischen den Betroffenen und ihren Begleitern gewährleistet werden.

Die sensiblen und häufig mit Vorbehalten verbundenen Aspekte von Sterben, Tod und Trauer, werden von den meisten Mitarbeitenden in adäquater Weise thematisiert, wobei den quantitativen Daten keine vertiefenden Angaben zu Häufigkeit und Qualität der themenspezifischen Auseinandersetzung zu entnehmen sind.

Mitarbeitende in Kinderhospizen achten in der Begleitung der lebensverkürzend erkrankten Kinder die wesentlichen Grundsätze der Kinderhospizarbeit – *Selbstbestimmung und Teilhabe am sozialen Leben* – in hohem Maße. Mit weniger Zustimmung bedacht wurde die Aussage, dass die Wünsche der erkrankten Kinder Vorrang vor den Wünschen den Eltern haben sollen. Hier sind Mitarbeitende mit einem ethischen Dilemma konfrontiert, da die Eltern häufig stellvertretend für ihre schwerstbeeinträchtigten, z.T. nur nonverbal kommunizierenden Kinder und Jugendlichen deren Wünsche und Bedürfnisse formulieren (müssen).

Bei der Begleitung der progredient erkrankten Kinder steht das Postulat der Aufrechterhaltung und Förderung von Lebensqualität im Vordergrund. Außerdem orientieren sich die Mitarbeitenden in der Begleitung der progredient erkrankten Kinder an den Fähigkeiten, Stärken und Ressourcen der Kinder, was somit einem Leitgedanken sonderpädagogischer Diagnostik und Förderung entspricht.

D Begleitung der Geschwister

„Pädiatrische Palliativversorgung schließt die Sorge für die Familienmitglieder ein, insbesondere auch für die sehr vulnerable Gruppe der Geschwister des Patienten" (Henkel/Stahl 2008, 431). Daher ist die Geschwisterbegleitung ein bedeutsamer Pfeiler der Kinderhospizarbeit (vgl. Bobzien 2000, 19ff.). Geschwister progredient erkrankter Kinder und Jugendlicher erfahren in den Kinderhospizen Zuwendung,

---

[139] (Median = 1; Spannweite =2). Die geringe Varianz weist auf ein einstimmiges Meinungsbild der Probanden hin (s^2 = 0,166).

Bestätigung und Begleitung durch meist pädagogisch qualifizierte Fachkräfte. Der Aufenthalt bietet ferner die Möglichkeit eines Austausches mit anderen Geschwistern. In den pädagogischen Mitarbeitern und Mitarbeiterinnen können die Geschwister Ansprechpartner/innen finden, die sie ernst nehmen, ihnen zuhören und sich mit ihnen auseinandersetzen (vgl. Halbe 2001, 43; Sieler 2006, 122; vgl. Kap. II 4.4).

In die Angebote für die Geschwister sind nur wenige Mitarbeitenden, vor allem diejenigen mit einer pädagogischen Grundausbildung involviert, wie die folgenden Angaben der Pflegekräfte verdeutlichen:

			Arbeitsschwerpunkt: Geschwisterbegleitung		
			Nein	Ja	Gesamt
Berufsausbildung: (Kinder-) Krankenschwester/Pfleger	Nein	Anzahl	12	5	17
		% der Gesamtzahl	19,7%	8,2%	27,9%
	Ja	Anzahl	37	7	44
		% der Gesamtzahl	60,7%	11,5%	72,1%
	Gesamt	Anzahl	49	12	61
		% der Gesamtzahl	80,3%	19,7%	100,0%

Tab. 20: Kreuztabelle: Berufsausbildung (Kinder-) Krankenschwester/Pfleger und Arbeitsschwerpunkt Geschwisterbegleitung (N = 61)

60,7% der Kinderkrankenschwestern/Pfleger bewerten die Geschwisterbegleitung nicht als einen ihrer Arbeitsschwerpunkte, während dies 11,5% angeben.[140]
Die Aussage der IP E weist ebenfalls darauf hin, dass die Begleitung der Geschwister in stationären Kinderhospizen überwiegend durch Pädagogen und Pädagoginnen geleistet wird.

„ Aber ich als Kinderkrankenschwester habe viel weniger mit ihnen zu tun, weil die wollen natürlich nicht den ganzen Tag bei ihrem behinderten Bruder/Schwester sein, das haben sie ja zu Hause oft genug. Hier hat jemand für sie Zeit und natürlich suchen sie sich dann meistens die Pädagogen, die für sie zuständig sind." (Interview E, Abs. 23)

Die Geschwisterangebote in den Kinderhospizen sind sehr vielfältig, wie die Angaben der Probanden aus der Fragebogenerhebung verdeutlichen. Sie umfassen kreative und sportliche Angebote sowie Gruppenangebote. Außerdem bieten die Kinderhospize für die Geschwister Gespräche, Spielangebote und Ausflüge an.

---

[140] Es ist keine Signifikanz vorhanden (asymptotische Signifikanz = 0,234).

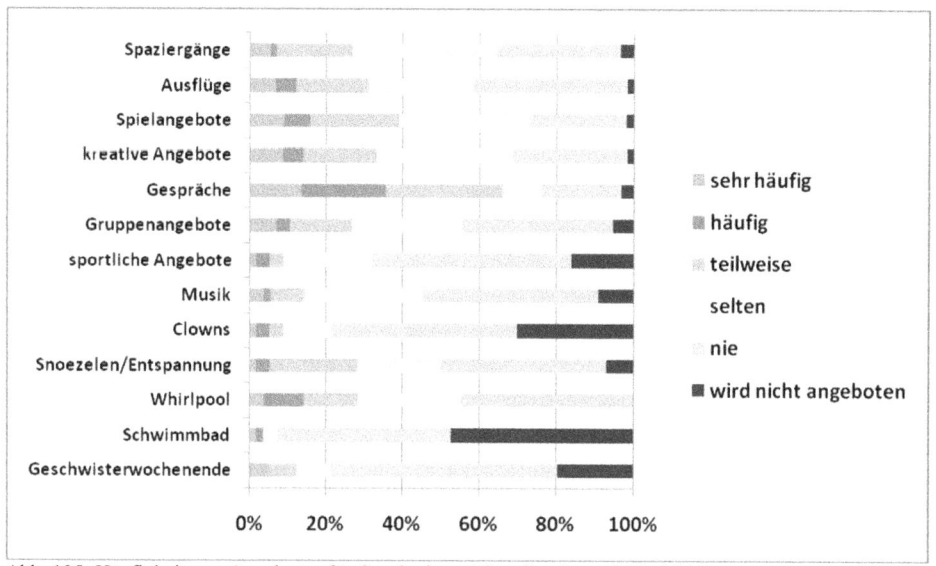

Abb. 105: Häufigkeit von Angeboten für Geschwister (N variiert je nach Variable)

Die Probanden sind am häufigsten in Gesprächsangebote (13,56% „sehr häufig", 22,03% „häufig") involviert und sehr selten in den Besuch eines Schwimmbades eingebunden (45,45% „nie", 42,27% „wird nicht angeboten"). Auch Geschwisterwochenenden werden nur selten angeboten. Außerdem zeigt sich, dass die Geschwisterangebote in den befragten Kinderhospizen deutlich variieren.

Dass sich die Geschwisterbegleitung in Kinderhospizen durch eine Vielfältigkeit der Angebote auszeichnet, zeigt auch folgende Aussage der Interviewperson F.

„Für die Geschwister, je nachdem welches Alter die haben, ist ganz klar. Wir haben manchmal auch Jugendliche, die keine Lust haben, was zu basteln oder irgendwie, die beschäftigen sich schon alleine. Aber selbst da haben wir so was wie eine Playstation und einen Computer und die können Fernsehen gucken, Video, DVD, haben wir alles da. Aber auch Ausflüge für die Größeren, wir gehen nicht in ein Spieleparadies, wo ne Rutsche und ein paar Bälle sind, sondern vielleicht eher was, was nur für Jugendliche geeignet ist. Mit den Kleineren wird auch gebastelt und gemalt und wenn die Eltern sagen, der kommt immer zu kurz und der ist inzwischen schon fast auffällig, dass man speziell guckt, was man speziell für Angebote macht (...) und wir haben auch ein Geschwisterwochenende. Die Geschwisterkinder kommen hierher, die Eltern sind irgendwo unterwegs, aber das Geschwisterwochenende. Das letzte, was wir jetzt hatten, da ging es rund um das Mittelalter, mit Kostümen und die haben dann kleine Lederbeutel gebastelt und die Jungs durften Schwertkämpfe üben. Da war eine Gruppe, die das jedes Wochenende macht, die haben das dann organisiert. Mit Bogen schießen und im Zelt schlafen und Lagerfeuer und mittelalterliche Lieder singen. Das war schon nett mit anzusehen." (Interview F, Abs. 19)

Die Aussage zeigt, dass die Angebote im Kinderhospiz der IP für Geschwister altersentsprechend, individuell und äußerst kreativ sind. Außerdem wird der Geschlechtsspezifität Rechnung getragen, da bei Geschwisterwochenenden auch geschlechtspezifische Angebote für Mädchen und Jungen gemacht werden.
Die Angaben der Probanden bestätigen die Altersangemessenheit der Angebote für Geschwister.

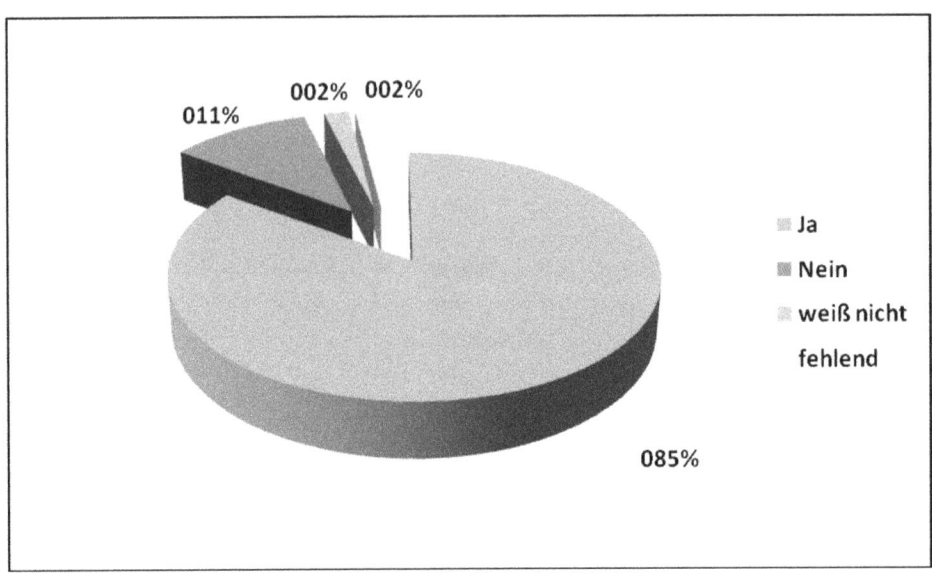

Abb. 106: Altersangemessenheit der Angebote für die Geschwister (N = 61)

Fast 90 Prozent der Probanden gaben an, dass die Angebote für die Geschwister im Kinderhospiz überwiegend dem Alter angemessen gestaltet werden. Nur 11% verneinten diese Frage. Daraus lässt sich folgern, dass einer altersgemäßen Begleitung der Geschwister aus Sicht der Fachkräfte in der Mehrzahl der in die Studie involvierten Kinderhospize Rechnung getragen wird (vgl. hierzu auch die Ergebnisse der Gruppendiskussion, Kap. III 2.4).

Thematisierung thanataler Aspekte und Trauerbegleitung
Die pädagogische Arbeit mit den Geschwistern progredient erkrankter Kinder und Jugendlichen durch ambulante Kinderhospizdienste und in stationären Kinderhospizen beinhaltet auch, Fragen und Wünsche der Kinder zum Thema Tod und Sterben aufzugreifen und zu thematisieren. Häufig ist es für die Geschwister einfacher, mit anderen Personen als mit ihren Eltern zu sprechen (vgl. Halbe, 2001, 43; Voss-Eiser 1992, 25; vgl. auch Kap. II 4.4 Geschwister progredient erkrankter Kinder). Vorrausetzung dafür ist, dass die Mitarbeiter und Mitarbeiterinnen in Kinderhospizen Kenntnisse über kindliche Todesvorstellungen haben und die Phasen des Trauerprozesses kennen.
Aus der Aussage der IP E geht hervor, dass bzgl. der Thematisierung von Sterben und Tod die Kinder und Jugendlichen den Zeitpunkt der Auseinandersetzung selbst bestimmen.

„Also wir warten bei allen Kindern, ob bei Kranken oder Gesunden, eigentlich da drauf, bis die uns ansprechen, ganz klar. Wir sagen jetzt nicht wir machen (...) sondern die von selbst müssen darauf kommen. Mit Geschwisterkindern wird halt ziemlich viel Kreatives gemacht, (...) um da irgendwie auf die Bahn zu kommen. Zum Beispiel: Wie fühlt sich das Geschwisterkind? Dann wird halt mal ein Familienbild gemalt in der Familie. Oder, ja, und wenn die Kinder halt auf einen zu kommen, ganz klar auch während der Pflege, bei uns auch, redet man halt oder erzählt man halt ganz normal, was man selber denkt, so, die Wahrheit. Man erzählt denen jetzt nicht irgendwas, sondern was man sich selbst vorstellt. Also ich stelle mir vor, dass es so und so ist, was meinst du denn, wie es ist, so.“ (Interview E, Abs. 27)

Mitarbeiter und Mitarbeiterinnen greifen Impulse der Geschwister auf und thematisieren diese einfühlsam und zeitnah. Interessant an dieser Aussage ist, dass sie eine eher abwartend-passive Haltung erkennen lässt und Impulse zur thematischen Auseinandersetzung eher mittelbar gegeben zu werden scheinen. Zu hinterfragen wäre, ob im Kontext des geschützten Rahmens Kinderhospiz nicht auch aktive Strategien sinnvoll wären, die den Geschwistern Räume der Thematisierung thanataler Aspekte offerieren, ohne dass diese selbst die Kommunikationsinitiative ergreifen müssen.

IP A spricht die Altersangemessenheit in der Auseinandersetzung mit den Themen Sterben, Tod und Trauer an. Des Weiteren ist Offenheit und Aufrichtigkeit der Mitarbeiter und Mitarbeiterinnen in der Kommunikation mit den Geschwistern bedeutsam.

„Das ist abhängig natürlich vom Alter. Also primär kann ich sagen, das Thema wird thematisiert. Aber es ist bei Kindern, kranken Kindern wie Geschwisterkindern unsere Erfahrung, dass sie das nicht auf irgendwelche festen Termine beschränken können. Also, wenn Kinder sie danach fragen, Geschwister oder erkrankte Kinder, dann müssen die sofort eine Antwort geben. Das kann aber auch beim Mittagessen sein oder beim Spaziergang. Aber zu sagen, wir unterhalten uns heute Nachmittag über Tod und Abschiednehmen von deinem Geschwister, das funktioniert meistens nicht und wollen wir auch nicht, weil wir finden Geschwister, weil wir finden, dass die Kinder ehrliche Antworten, ehrliche Fragen stellen, dann wenn sie eben kommen und dann sofort eine ehrliche Antwort brauchen. Auf der anderen Seite ist es natürlich so, dass die Kinder das hier im Haus ja auch mitbekommen. Zunächst mal, es gibt auch andere, die kranke Geschwister haben, nicht nur ich und es kommt ja immer auch wieder vor, dass hier im Haus ein Kind verstirbt. Wenn dem so ist, dass hier im Haus ein Kind verstirbt, dann werden auch die Geschwister der anderen Familien an dieses Thema herangeführt. Das kann soweit gehen, wenn die Familie damit einverstanden ist, dass die Geschwister sich dieses verstorbene Kind auch angucken, anfassen, die müssen es begreifen, was Tod ist, begreifen im wahrsten Sinne. Also das sind alles so Dinge, natürlich ist das hier immer wieder möglich, aber wir lassen die Kinder, kranke Geschwister den Ton und das Tempo angeben." (Interview A, Abs. 46)

Die Auseinandersetzung der Geschwister mit dem Tod erfolgt sehr unterschiedlich. Diese Unterschiede sind zum einen mit der individuellen Persönlichkeit des Kindes oder Jugendlichen zu begründen und zum anderen mit der Alters- und/oder Geschlechtsspezifität. Außerdem können familiäre Faktoren einen großen Einfluss auf die Auseinandersetzung haben.

„Also, sehr, wir begleiten die Kinder sehr wach und sehr aufmerksam. Wissen, dass die Kinder oft sehr viele Fragen haben, die sie ihren Eltern zu Hause nicht stellen. Teilweise aus einer Angst heraus, die Eltern traurig zu machen, oder auch weil sie wissen, das wird abgeblockt in der Familie, da kann ich nicht nachfragen. Und die Geschwisterkinder wissen, dass wir sehr offen hier mit allen Themen umgehen und auch sehr offen mit dem Thema Tod. Also, auf Fragen der Geschwisterkinder wird eine offene ehrliche Antwort gegeben. Da, fragen wir natürlich die Eltern auch im Erstkontakt, so was wissen ihre gesunden Kinder über die Erkrankung, über den Verlauf der Erkrankung, über Sterben, Tod und Abschiednehmen. Wir fragen bei den Eltern nach, wie wird das Thema in der Familie thematisiert. Ist's überhaupt ein Thema? Und wenn ja, wer bringt es ein? Sie als Eltern oder kommt es von den Kindern. Und wie möchten Sie, dass wir damit umgehen? Und die meisten Eltern sagen offen, wir gehen zu Hause auch offen damit um. Es gibt auch schon mal Eltern, die sagen, das ist bei uns gar kein Thema, aber Sie dürfen offen damit umgehen. Die meisten Eltern sind sogar erleichtert, wenn wir das Thema mit den Kindern besprechen. Es wird natürlich sehr aktuell, wenn hier im Haus Kinder sterben und die Geschwisterkinder sind da. Dann gibt es sowohl eine Elternrunde, um es aufzubereiten, als auch eine Geschwisterrunde und dann muss man sehr aufmerksam die Kinder begleiten. Aber grundsätzlich ein offener Umgang mit dem Thema Tod und Sterben." (Interview C, Abs. 38)

Geschwister stellen während ihres Aufenthaltes im Kinderhospiz Fragen zum bevorstehenden Tod des Geschwisterkindes – ein Thema, über das sie zu Hause aus Rücksicht auf die Eltern nicht sprechen würden. Sich diesen Fragen zu stellen, ist ein wesentlicher Teil der pädagogischen Arbeit mit Geschwistern in Kinderhospizen. Vor der Thematisierung sollten sich die Pädagogen und Pädagoginnen bei minderjährigen Kindern die Einverständniserklärung der Eltern holen (vgl. Halbe 2001, 43).

Die Thematisierung kann für einige Eltern eine Erleichterung darstellen, da sie Hemmungen und Ängste haben das Thema selber mit ihren Kindern zu besprechen. Wie wird aber damit umgegangen, wenn die Eltern keine Thematisierung wünschen und die Geschwister diese aber einfordern?

„Da gibt es auch verschiedene Zugänge. Wir haben hier im Haus bestimmte Rituale. Wenn eine neue Familie kommt, die bastelt einen Schmetterling für das erkrankte Kind. Die Geschwister basteln für sich auch manchmal einen und nehmen den dann mit nach Hause, aber der Schmetterling für die erkrankten Kinder hängt im Flur. Und wenn ein Kind verstirbt, dann haben wir hier einen kleinen Gedenkplatz, da steht eine Kerze, die wird angezündet und da steht ein Foto und da kann man sich in das Gedenkbuch eintragen, also die Eltern und die Mitarbeiter hier im Haus. Dann wird der Schmetterling abgehängt und beim Abschiedsritual wird er mit einem Gasluftballon steigen gelassen. Dieses Ritual erzählen wir auch, wie wir das machen. Und da ist z.B. die Möglichkeit, darüber zu sprechen. Da muss man dann auch sehen. Manche Kinder gehen sehr schnell darüber hinweg. (...) Es gab, glaube ich, eine Untersuchung, wo deutlich wurde, dass 66 Prozent der Geschwister nicht über ihre Situation reden. Das macht einem noch mal deutlich, wie viel die eigentlich mit sich abmachen, wie viel die eigentlich tragen. Und trotzdem ist es wichtig, denen nicht was überzustülpen (...).“ (Interview D, Abs. 16)

Grundsätzlich ist bei der Thematisierung von Tod und Sterben mit Geschwistern zu beachten, dass die Kinder und Jugendlichen darin unterstützt werden sollten, ihren eigenen individuellen Weg des Umgangs mit thantalen Themen zu finden. Des Weiteren bedeutet professionelles Handeln der Mitarbeiter und Mitarbeiterinnen auch, nicht immer eine passende Antwort auf die Fragen der Kinder haben zu müssen.

Die Angaben der Probanden in der Fragebogenerhebung zeigen, dass die Trauerbegleitung ein wesentlicher Bestandteil der Geschwisterarbeit in Kinderhospizen ist.

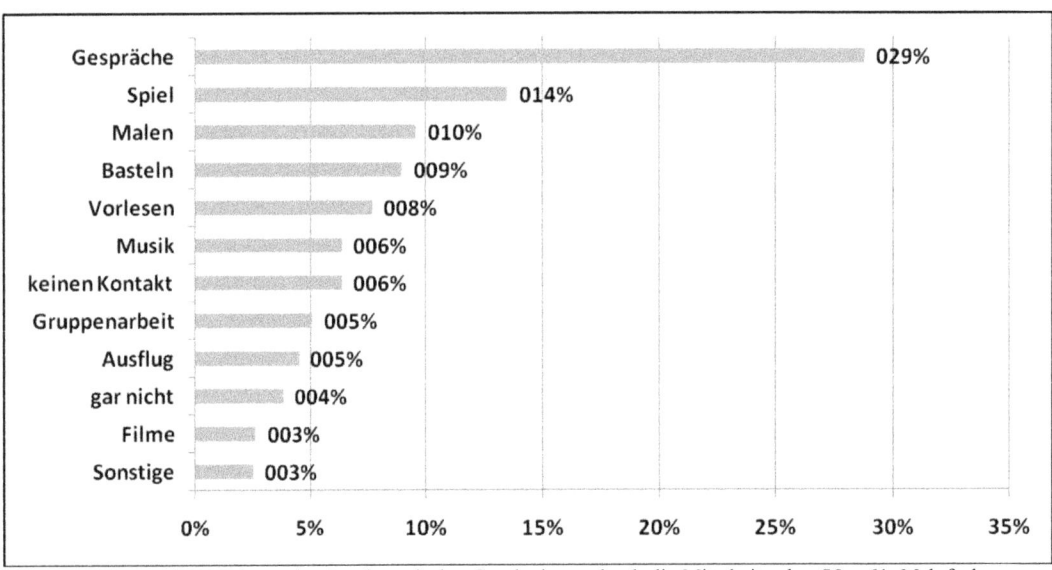

Abb. 107: Thematisierung thanataler Aspekte mit den Geschwistern durch die Mitarbeitenden (N = 61, Mehrfachnennungen)

Die Thematisierung thanataler Aspekte geschieht nach Angaben der Probanden mit Hilfe von verschiedenen Methoden und überwiegend durch Gespräche (28,8%). Aber auch kreative und spielerische Zugänge zur thanatalen Thematik sowie das Vorlesen haben einen sehr hohen Stellenwert.

Pädagogische Konzeption
Konzeptionell wird in den befragten Kinderhospizen sehr unterschiedlich mit Geschwistern lebensverkürzend erkrankter Kinder und Jugendlicher gearbeitet. Dies belegen vor allem die Aussagen der Interviewpersonen. Es existiert keine einheitliche pädagogische Konzeption, sondern es wird sich häufig

in der Planung und Gestaltung der Angebote an den Interessen und Wünschen der Geschwister orientiert.

„Ja, analog zur Elternrunde, gibt es auch eine Geschwisterkinderrunde, wo auch die Geschwisterkinder gefragt werden, wie geht es euch, was wünscht ihr euch für die Zeit des Aufenthaltes? Und aus dem, was die Geschwisterkinder sich wünschen, wird genauso wie bei den Eltern so ein Programm für die Woche erstellt, und da richten wir uns auch weitestgehend nach den Bedürfnissen der Geschwisterkinder. Bieten ihnen aber auch von uns aus Dinge an, da spielt das kreative Tun auch eine ganz große Rolle, weil über dieses kreative Tun oder auch über Rollenspiel über Puppenspiel wir sehr gut an die Gefühle der Kinder herankommen.“ (Interview C, Abs. 30)

IP E nennt zwei Säulen der Geschwisterarbeit. Diese sind Freizeitangebote (Erlebnispädagogik) und Rollenspiele, in denen Themen aufgegriffen werden, die von den Geschwistern selbst benannt werden.

„Es gibt so zwei Säulen, das eine sind erst mal Freizeitangebote. Das ist die ganze Palette: Von auf den Spielplatz fahren, bis mal ins Kino gehen, Ausflüge ins Schwimmbad. Zum Beispiel der Fabian war mit seiner Mutter am Meer und die haben alle möglichen Muscheln gesammelt. Und er möchte jetzt gerne eine Ausstellung machen, und jetzt bereiten wir hier eine kleine Ausstellung vor. Er hat dann auch selber so Ideen, und wir basteln gerade ein Plakat, eine Ankündigung und überlegen, wie wir das alles drapieren. Er hat da auch super tolle Ideen und das machen wir jetzt mit ihm. Und das finde ich auch ganz schön, dass so eine Aktion mit den Eltern gelaufen ist, und dann geht das Thema sozusagen weiter und dann machen wir da was draus. Ganz viel auch im kreativen Bereich, was sich jahreszeitlich anbietet. Banal ist der Kicker, seit wir den im Flur haben, der hat eine ganz zentrale Funktion. Erst wollten wir den da gar nicht stehen haben, da spielt sich ganz viel ab. Sowohl mit den Kindern als auch mit den Erwachsenen.. Auch ein toller Zugang zu Vätern, das ist nicht immer so leicht, mit dem Kicker. Der hat seinen Platz hier im Haus gefunden. Manchmal machen wir auch Rollenspiele, manchmal entstehen einfach Rollenspiele auch. Da ist, denke ich, das zweite Standbein, Themen aufzugreifen, die von den Kindern kommen. Sowohl verbal als auch spielerisch. Dann kommen Äußerungen, dann kann man noch mal nachfragen. Das ist dann so die zweite Säule, Angebote für die Kinder zu machen um die Dinge, die zu Hause passieren. Das die ausgesprochen werden können. Das ist aber auch eine Arbeit, das braucht dieses Feingefühl hinzuhören und dann die Dinge aufzugreifen. Das lässt sich jetzt weniger mal so, jetzt sprechen wir mal über dies oder das.“ (Interview E, Abs. 14)

Konzeptionell ist die Geschwisterarbeit laut Aussage der IP B in ihrem Kinderhospiz „niedrigschwellig“. Diese Bezeichnung impliziert die Abkehr von einem Förder- oder Therapieansatz und die Orientierung der Angebote für Geschwister an den Prinzipien einer gestalteten Freizeit. Diese Angebote sollen vor allem ohne „hohe Schwellen“ und somit einfach nutzbar sein.

„Wir nennen es immer so ein bisschen niedrigschwellige Angebote. Das heißt, es sieht erst mal aus, wie ah ja, da wird gebastelt miteinander oder da wird draußen rumgetobt im Bauwagen oder Lagerfeuer draußen gemacht oder so was. Sind also erst mal niedrigschwellig dahingehend, dass wir nicht sagen, so jetzt machen wir hier Therapie und setzen uns zusammen und reden darüber, wie geht es dir denn als Geschwisterkind? Sondern Spaß haben und Gemeinschaft erleben. Es kümmert sich auch jemand um mich. So dieses Gefühl zu vermitteln, ich bin wichtig und dennoch gucken die Kollegen aus der Pädagogik natürlich auch, wie ist das Kind im Sozialverhalten? Wie geht das Kind mit anderen um? Wie spielt es? Und wenn da so Defizite erkannt werden oder so was, dann ist das auch wieder etwas, worüber wir mit den Eltern in den Austausch gehen.“ (Interview B, Abs. 31)

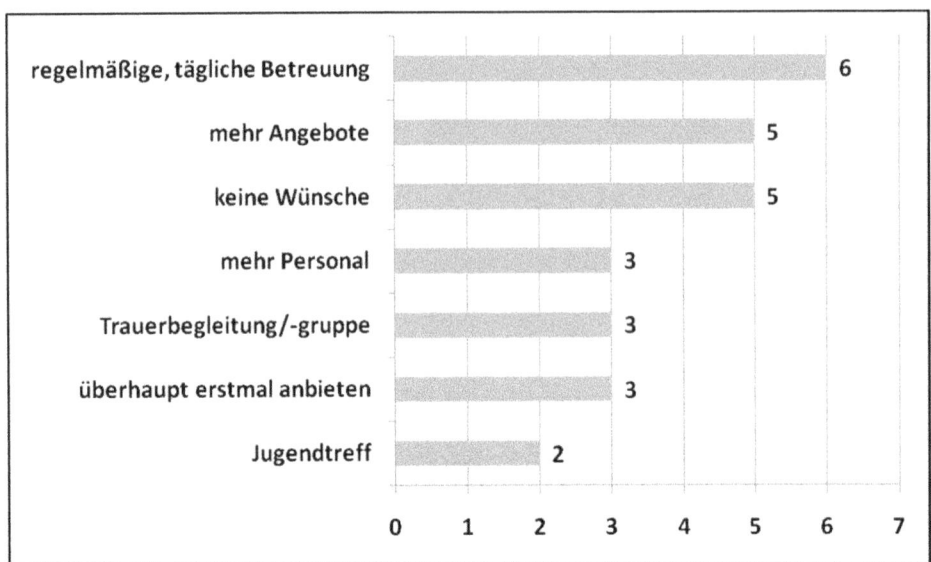

Abb. 108: Verbesserungsvorschläge und Wünsche an die Begleitung der Geschwister (N = 25, Mehrfachnennungen, fehlend 37, gültige Nennungen erst ab 2 aufgeführt)

25 Probanden beantworten die Frage nach Wünschen und Verbesserungsvorschlägen an die Geschwisterangebote. Von diesen haben fünf keine weiteren Wünsche. Von den 20 Probanden, die Wünsche haben, nennen die meisten die „regelmäßige, tägliche Betreuung" der Geschwister, fünf weitere Probanden wünschen sich „mehr Angebote", jeweils drei Nennungen beziehen sich auf die Items „mehr Personal", „die erstmalige Einrichtung eines Geschwisterangebotes" und „Trauerbegleitung/-gruppe". Zwei Nennungen beziehen sich auf einen Jugendtreff für Geschwister.

Die meisten Wünsche finden sich auch bei den Angaben der befragten Eltern wieder, sodass davon ausgegangen werden kann, dass ein Mangel an spezifischen Geschwisterangeboten, regelmäßiger Begleitung sowie an personellen Ressourcen für diesen Bereich vorhanden ist.

Zusammenfassung

Die hier vorgestellten Ergebnisse zeigen, dass die Geschwisterbegleitung neben der Begleitung der progredient erkrankten Kinder und Jugendlichen und der Begleitung der Eltern einen Schwerpunkt kinderhospizlicher Arbeit bildet.

In den meisten Kinderhospizen ist die Begleitung der Geschwister Aufgabe der pädagogischen Fachkräfte. In der Praxis sind aber auch weitere Mitarbeitende und die Eltern selbst in die Begleitung involviert. Die professionelle Begleitung der Geschwister erfordert von den Mitarbeitenden neben den fachlichen auch verschiedene persönlich-emotionale Kompetenzen, wie z.B. Einfühlungsvermögen und Offenheit.

Die Angebote für die Geschwister in den Kinderhospizen sind aus Sicht der befragten Fachkräfte sehr vielfältig, altersentsprechend und geschlechtsspezifisch gestaltet.

Das Kinderhospiz bietet Geschwistern Möglichkeiten der Auseinandersetzung mit der Krankheit, dem Sterben und Tod des erkrankten Geschwisters. Bei der Thematisierung dieser Aspekte wird sich an den Bedürfnissen und Gesprächsbedarfen der Geschwister orientiert. Die Probanden thematisieren thanatale Aspekte in der Geschwisterbegleitung überwiegend in Gesprächen oder aber in spielerisch-kreativer Form.

Die Geschwisterbegleitung erfolgt in den meisten Kinderhospizen nicht auf Grundlage einer pädagogischen Konzeption, sondern sie ist vielmehr mit dem Schlagwort *Freizeitgestaltung* zu bezeichnen. Die Interviewpersonen einiger Einrichtungen lehnen eine förderorientierte und therapeutische Orientierung des Geschwisterangebotes weitgehend ab. In anderen Kinderhospizen hingegen wird der Fokus stärker auf die Trauerarbeit und -begleitung gelegt. Es lässt sich daraus ein Bedarf der Entwicklung einer pädagogischen Konzeption bzw. pädagogischer Handlungsempfehlungen für die Geschwisterarbeit in Kinderhospizen ableiten, um eine größere Transparenz kinderhospizlicher Geschwisterarbeit herzustellen.

Die Wünsche der Probanden nach „mehr Personal" und „mehr Angeboten" sowie „regelmäßiger und täglicher Begleitung" der Geschwister finden sich auch bei den Wünschen der Eltern wieder. Hier kann auf die Notwendigkeit der Optimierung und Ausweitung der Geschwisterbegleitung geschlossen werden.

E Kooperation mit den Eltern

Neben der Begleitung der betroffenen Kinder und Jugendlichen sowie der Geschwister ist die Elternbegleitung ein weiterer Pfeiler der Kinderhospizarbeit. Die Eltern sollen in ihrer besonderen Lebenssituation während ihrer Aufenthalte in den stationären Kinderhospizen begleitet und unterstützt werden. Hierzu werden sie ihren Wünschen entsprechend in der Pflege ihrer erkrankten Kinder entlastet, die Geschwister werden begleitet (s.o.) und den Eltern selbst werden vielfältige Angebote in den Bereichen Freizeit und Beratung gemacht (vgl. Kap. II 2.1).

Dass den Eltern während ihrer Aufenthalte im Kinderhospiz verschiedene Freizeitangebote gemacht werden, die sich an deren individuellen Wünschen orientieren und freiwillig genutzt werden können, dokumentiert die Aussage der IP A.

„Also, ich halte die Zusammenarbeit mit den Eltern mindestens für so wichtig wie die direkte Zusammenarbeit am Kind, am kranken Kind. Weil die Eltern sind diejenigen, die uns in der Zeit ihr Kind überlassen in Anführungszeichen bzw. die Pflege uns übergeben. Und ich denke, es muss von Anfang an ein Vertrauensverhältnis entstehen. Hinzu kommt, dass Kinderhospizarbeit ja insgesamt nur, nur freiwillig ist für die Eltern. Ist ja was anderes wie in der Klinik, wo sie eingewiesen werden und dann auch schön das tun was der Onkel Doktor oder die Schwester sagt, weil sie wollen ja wieder nach Hause mit ihrem Kind, soll ja wieder gesund werden. Und ich denke hier ist ganz wichtig, dass wir eine Vertrauensbasis aufbauen können in der Zeit, wo jeder einerseits respektvoll mit dem anderen umgeht, aber andererseits wir trotzdem, ja, eine Beziehung entwickeln während der Aufenthalte hier im Haus, die für die Eltern für lange Zeit tragfähig ist."(Interview A, Abs. 16)

Die Erwartungen der Eltern an das Kinderhospiz unterscheiden sich. Eine wesentliche Voraussetzung für die kinderhospizliche Arbeit ist jedoch, dass die Eltern mit dem Kinderhospiz und den Mitarbeitenden zusammenarbeiten.

„Ohne Eltern geht hier nichts und das ist für manche Eltern, gerade die mehr so den Anspruch haben Kurzzeitpflege zu kriegen, auch manchmal überraschend, wie stark sie mit einbezogen werden bzw. nicht sie müssen die Arbeit machen, sondern sie müssen uns erzählen, wie es ist mit ihrem Kind. Das geht nicht einfach nur, das Kind hier abzugeben und sofort wieder wegzufahren, sondern wir holen sie in der ersten Zeit auch sehr stark ran und sagen ihnen, wir wollen es ähnlich machen, wie ihr es zu Hause macht. Also brauchen wir auch eine Einarbeitungszeit und damit geht natürlich auch eine Beziehungsarbeit los." (Interview B, Abs. 20)

Im Vordergrund der Elternbegleitung steht der Aspekt der Entlastung. Eltern erhalten im Kinderhospiz die Möglichkeit, Zeit für sich selbst, als Paar und für ihre nicht erkrankten Kinder zu finden.

„Also, ganz hoch oben an steht die Entlastung der Familie von der Rund-um-die-Uhr-Pflege des erkrankten Kindes. Das ist erstmal oberstes Gebot, die Familien da zu entlasten, sodass sie noch mal auch einen Blick bekommen für sich selber, für die Paarbeziehung, für die gesunden Geschwisterkinder. Und das geht ja nur, wenn sie von der Pflege entlastet sind, so. (...)." (Interview C, Abs. 14)

Die Elternbegleitung erfolgt in den Kinderhospizen professionsübergreifend. Das heißt, dass sowohl die Pflegekräfte als auch die Pädagogen und Pädagoginnen in die Begleitung der Eltern eingebunden sind. Die Angaben der Probanden in der Fragebogenerhebung dokumentieren dies, da von 44 Kinderkrankenschwestern und -pflegern 31 angaben, dass sie in die Elternbegleitung involviert sind.[141]

		Arbeitsschwerpunkt: Elternbegleitung		
		Nein	Ja	Gesamt
Berufsausbildung: (Kinder-) Krankenschwester/Pfleger	Nein	9	8	17
	Ja	13	31	44
	Gesamt	22	39	61

Tab. 21: Kreuztabelle: Berufsausbildung (Kinder-)Krankenschwester/Pfleger und Arbeitsschwerpunkt Elternbegleitung (N = 61)

Von den acht Pädagogen und Pädagoginnen gaben sieben an, dass die Elternbegleitung ihr Arbeitsschwerpunkt im Kinderhospiz ist.[142]

		Arbeitsschwerpunkt: Elternbegleitung		
		Nein	Ja	Gesamt
Berufsausbildung: Diplom Pädagoge/in	Nein	21	32	53
	Ja	1	7	8
	Gesamt	22	39	61

Tab. 22: Kreuztabelle: Berufsausbildung Diplom Pädagoge/in und Arbeitsschwerpunkt Elternbegleitung (N = 61)

Die Elternangebote in Kinderhospizen sind vielfältig. Sie reichen von Gesprächen und Beratungen über kreative Angebote bis hin zu Trauerbegleitung/Seelsorge. Am häufigsten sind die Probanden in die Aufgaben wie folgt eingebunden: „*Information*" (43 von 60 Personen gaben an „sehr häufig" und „häufig", 13 „teilweise" involviert zu sein) und „*Beratung/Einzelgespräche*" (36 von 56 Personen „sehr häufig" und „häufig", 9 „teilweise"), gefolgt von „*Trauerarbeit*" (20 von 57 Personen „sehr häufig" und „häufig", 22 „teilweise"), „*Gruppengespräche*" (38 Personen von 57 „selten" und „gar nicht" involviert"). „*Sportliche Angebote*" (43 von 57 Personen sind „selten" oder „gar nicht" involviert und „*Ausflüge*" (35 von 57 sind hier „selten" und „gar nicht" beteiligt) nehmen hingegen einen vergleichsweise geringen Raum ein.

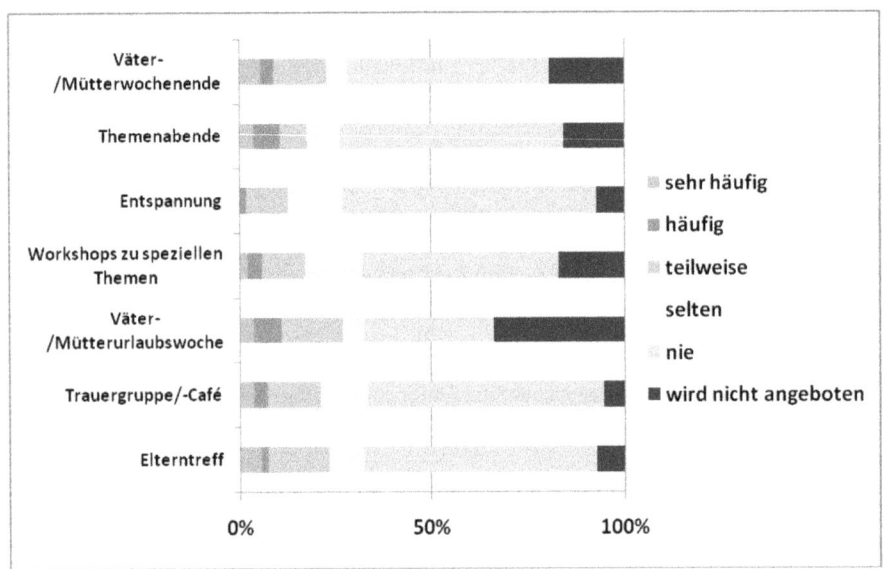

Abb. 109: Häufigkeit der Angebote für Eltern (N variiert je nach Variable)

---

[141] Es besteht keine Signifikanz (asymptotische Signifikanz = 0,088).
[142] Eine Signifikanz zwischen den Variablen ist nicht vorhanden (asymptotische Signifikanz = 0,136).

Speziellere Angebote, wie der Elterntreff, die Trauergruppe/Cafe, Workshops zu speziellen Themen, Entspannungsangebote, Themenabende und Väter-/Mütterurlaubswochen werden sehr selten und zum Teil auch gar nicht in den Kinderhospizen angeboten bzw. die Probanden sind nicht in diese Angebote involviert.

Trotzdem erfolgt eine bedürfnisorientierte Begleitung, wie die Aussage der IP C darlegt. Des Weiteren benennt sie die in ihrem Kinderhospiz für die Eltern zur Wahl stehenden Angebote.

„(...) Dann findet bei uns am Wochenanfang eine Elternrunde statt. In dieser Elternrunde machen sich die Eltern miteinander bekannt und werden dann von mir auch ermuntert, Erwartungen zu äußern, Wünsche zu äußern, Vorstellungen zu benennen, was sie hier tun können, wie wir sie entlasten können, was sie sich wünschen von uns. Und über diese Dinge kommt man erst mal miteinander ins Gespräch. Da stehen dann solche Wünsche wie Ausschlafen können ganz hoch oben auf der Prioritätenliste. Oder auch mit den gesunden Kindern noch mal was unternehmen. Oder auch Gespräche zu führen. So, das wünschen sich auch viele Eltern. Und nach dieser Vorstellungsrunde stellen wir uns auch vor und benennen dann das, was hier möglich ist. Also wir machen den Eltern Angebote zur Entspannung, so. Autogenes Training, Muskelentspannung nach Jakobson, diese Dinge. Wir arbeiten kreativ mit den Eltern, weil viele Eltern ihre Gefühle nicht gut in Worte fassen können, zumindest bei den ersten Aufenthalten nicht. Und über kreatives Tun kommt man zunächst auch mal an die Eltern gut heran. Arbeiten mit Ton, Malen auf Seide, überhaupt das Malen spielt hier eine große Rolle. Dann bieten wir den Eltern Einzelgespräche an, die auch gut angenommen werden. Zu den Themen, die den Eltern auf den Nägeln brennen. Und es gibt auch die Möglichkeit, Gruppengespräche zu führen. Zu Themen, die alle Eltern interessieren. Die werden auch gut angenommen. Das sind oft Themen, die sich um Abschied und Loslassen drehen, oder auch um die gesunden Geschwisterkinder. Es ist oft eine große Sorge der Eltern. Kommen die zu kurz, was kann ich tun, erkenn ich auch deren Bedürfnisse und Probleme? Wir machen den Eltern auch Angebote meditativer Art, wir feiern hier alle Feste im Kirchenjahr mit den Eltern, wir achten auf Geselligkeit, auf den Austausch der Eltern untereinander, schaffen dafür Möglichkeiten, machen Ausflüge in die nähere Umgebung. Also, es ist ein ganz breit gefächertes Angebot." (Interview C, Abs. 14)

Die IP C schildert in ihrer Aussage auch die Bedeutsamkeit von Gesprächsangeboten für die Eltern. Diese verhelfen den Eltern bei der Bewältigung der Situation.

Da Mütter und Väter progredient erkrankter Kinder und Jugendlichen die Lebenssituation mit ihrem Kind sehr unterschiedlich und oftmals geschlechtsspezifisch bewältigen (vgl. Hinze 1996, 113), haben einige Kinderhospize zunehmend auch genderspezifische Angebote in ihrem Repertoire. IP A spricht die unterschiedlichen Formen der Trauerbewältigung von Männern und Frauen an.

„Also, das liegt ganz am Thema. Zunächst mal, wissen wir aus der praktischen Arbeit, aber auch theoretisch, dass Männer anders trauern wie Frauen. Wir wissen auch, dass der Gesprächsbedarf bei Frauen wesentlich höher ist als bei Männern. Und je nach dem, was für Themen jetzt dran sind, ist es häufig so, dass es entweder Einzelgespräche sind oder durchaus geschlechtsspezifisch getrennt (...)." (Interview A, Abs. 28)

Auch IP C führt an, dass Frauen sich häufiger Gespräche wünschen als Männer und die Bewältigung der Situation sowohl auf diesem Weg als auch über das kreative Tun stattfindet. Männer hingegen finden eher über den Weg des praktischen Handelns miteinander ins Gespräch. Aufgrund dieser Beobachtung wird in dem Kinderhospiz überlegt, einen Werkbereich einzurichten, um so ein spezifisches Angebot für Männer bereitstellen zu können.

„Die Angebote für die Mütter, die sind breit gefächter. Und die Mütter sind auch diejenigen, die oft Gespräche sich wünschen. Einzelgespräche oder auch thematische Gruppengespräche. Oder auch diese ganzen, dieser ganze Bereich der Kreativität, das sind eher so Dinge, die frauenspezifisch sind. Die

Männer, die finden so untereinander oft Gespräche über praktisches Tun, so zum Beispiel über Grill-abende. Oder, wenn wir sagen, wir möchten gerne mit den Kindern einen Ausflug machen, wer unter-stützt uns (...). Gesprächsangebote auch so Gruppengesprächsangebote, die sind ja grundsätzlich für alle da und die werden auch von Vätern in Anspruch genommen. So, aber nicht so häufig, wie von den Frauen. Was wir jetzt überlegen, das sind Angebote im Werkbereich für Väter. Also, arbeiten mit Speckstein, mit Ytong, wo sie so richtig was tun können. Also das werden wir jetzt so in unser Angebot aufnehmen (...)." (Interview C, Abs. 16)

In dem Kinderhospiz der IP F finden einmal im Jahr ein Väter- und ein Mütterwochenende statt. Dabei priorisieren Väter sportliche Aktivitäten und Mütter Wellnessangebote.

„(...) Wir haben einmal im Jahr ein Väterwochenende und einmal im Jahr ein Mütterwochenende. Die Väter gehen meistens klettern, paddeln oder so was. Die Frauen machen meistens Wellness (...)." (In-terview F, Abs. 19)

Die Angaben der Probanden der Fragebogenerhebung weisen darauf hin, dass in den meisten Kinder-hospizen bereits verschiedene geschlechtsspezifische Angebote offeriert werden.

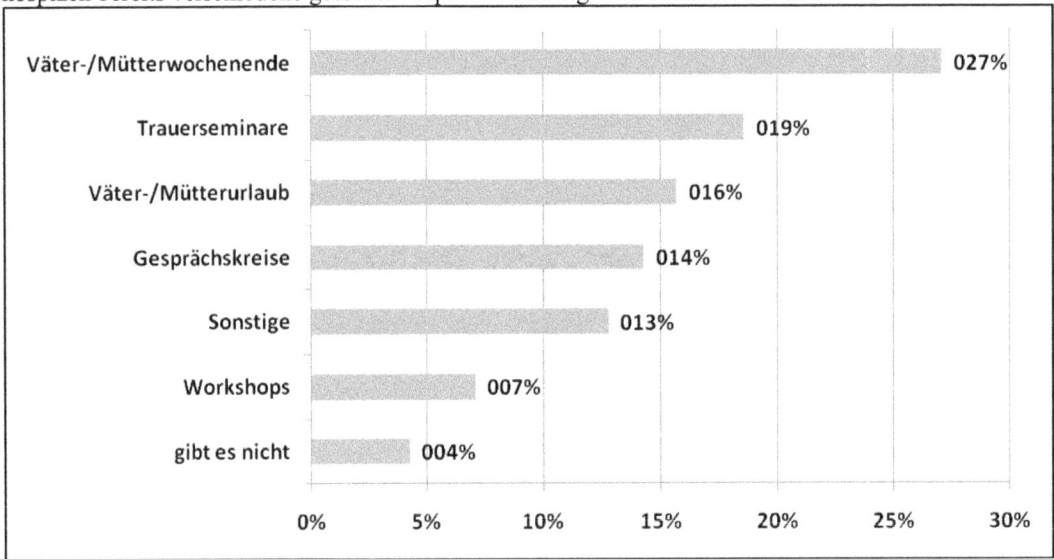

Abb. 110: Geschlechtsspezifische Angebote für Mütter und Väter (N = 57)

Die Mehrheit der Probanden bestätigt, dass es geschlechtsspezifische Angebote für Mütter und Väter in den Kinderhospizen gibt. 27,1% nannten Väter- und Mütterwochenenden, 14,3% Gesprächskreise, 15,7%, Väter- und Mütterurlaubswochen, 18,6% Trauerseminare und 7,1% Workshops. 4,3 % geben an, dass diese Angebote bislang nicht existieren.
Die Kinderhospize berücksichtigen demnach überwiegend geschlechtspezifische Bewältigungsprozes-se durch entsprechende Angebote, wobei über deren Qualität an dieser Stelle keine Angaben gemacht werden können.

Thematisierung thanataler Aspekte und Trauerbegleitung
Da die progrediente Erkrankung des Kindes einen lebensverkürzenden Verlauf hat, ist die Auseinan-dersetzung mit den Aspekten Sterben, Tod und Trauer auch in der Elternbegleitung wesentlich. Auf Seiten der Mitarbeitenden ist in jeder Phase der Begleitung der Familie die „Gesprächsführung als Ba-siskompetenz" (Ritter 2008, 88) von Bedeutung.
Die Angaben der Probanden der Fragebogenerhebung zeigen die Vielfältigkeit der Methoden mit Hilfe derer thanatale Aspekte in Kinderhospizen thematisiert werden auf.

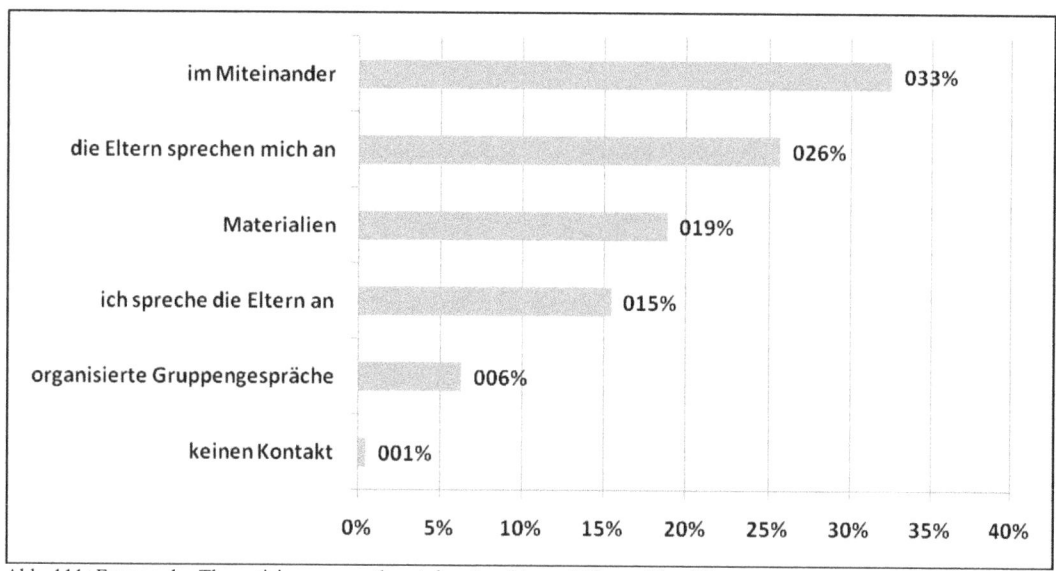

Abb. 111: Formen der Thematisierung von thanatalen Aspekten mit Eltern (N = 60)

32,57% der Befragten geben an, dass sich Gespräche über thanatale Aspekte im alltäglichen Miteinander ergeben. Ein Viertel der Befragten wird von den Eltern auf diese Aspekte angesprochen, und 15,43% sprechen die Eltern aktiv auf diese Themen an. 18,86% der Probanden stellen den Eltern geeignete Materialien wie Literatur und Filme zur Verfügung, und 6,29% nannten organisierte Gruppengespräche, in denen diese Aspekte thematisiert werden.

Dieses Ergebnis findet sich auch in der Befragung der betroffenen Eltern wieder, da diese angaben, dass in den meisten Fällen sie selbst die Mitarbeitenden ansprechen und diese eher nicht aktiv gesprächsinitiativ werden (vgl. Kap. II 2.1). Dieses Ergebnis kann zum einen mit der Unsicherheit der Mitarbeitenden begründet werden, die möglicherweise nicht immer genau wissen, ob die Eltern zu einer Thematisierung dieser Aspekte bereit sind. Sie warten darauf, dass die Eltern auf sie zukommen, um eventuell ablehnende und problematische Situationen zu umgehen und die Eltern nicht mit der Thematik zu bedrängen. Es scheint eher selten der Fall zu sein, dass Mitarbeiterinnen und Mitarbeiter die Eltern nach ihren Wünschen und Bedürfnisse bezüglich der themenbezogenen Auseinandersetzung fragen und diese als Auftraggebende ihrer Begleitungstätigkeiten ernst nehmen. Zum anderen kann vermutet werden, dass die Mitarbeitenden eigene Unsicherheiten und Ängste in Bezug auf die Aspekte verspüren und es schwierig finden, über thanatale Themen mit den unmittelbar betroffenen Angehörigen zu sprechen. Hier kann eine Auseinandersetzung mit der eigenen Sterblichkeit hilfreich sein, diese Unsicherheiten und Ängste zu reflektieren und ggf. zu reduzieren.

Die geschilderte Problematik verdeutlicht die häufig und somit auch im Kontext von Kinderhospizen vorhandene Sprachlosigkeit bzw. gehemmte Kommunikation in Bezug auf das Sterben und den Tod. Kommt es dennoch zu einem Austausch über thanatale Themen, sind diese Gespräche nicht selten von Unsicherheit und Hilflosigkeit geprägt (vgl. Zingrosch 2000, 66).

Die Probanden wurden befragt, warum sie die thanatalen Aspekte nicht mit den Eltern thematisieren. Zehn Probanden gaben an, nicht über die Aspekte Sterben, Tod und Trauer mit den Eltern zu sprechen. Gründe dafür waren unter anderem, dass die Eltern nach ihrer Einschätzung noch nicht dazu bereit sind (4 Nennungen). Drei Probanden waren noch nie in der Situation, diese Aspekte zu thematisieren, ein Proband nannte die eigene Verdrängung dieser Aspekte als Grund, und ebenfalls eine Person sagte, dass das erkrankte Kind noch mobil und fit ist und dementsprechend keine Veranlassung für eine Thematisierung gesehen wird.

Die Angaben der vier Probanden, dass die Eltern dazu noch nicht bereit waren, können mit Ergebnissen einer Studie von Davies et al. (2008) untermauert werden. Ein Resultat dieser Studie ist, dass eine Schwierigkeit in der Zusammenarbeit von Professionellen in der pädiatrischen Palliativmedizin und Familien mit progredient erkrankten Kindern die Nicht-Akzeptanz der Familien der finalen Diagnose und der lebensbedrohlichen Situation ihres Kindes darstellt. Damit eng verbunden ist auch das Unvermögen einer einfühlsamen Diagnosemitteilung und Kommunikation mit den Familien über thanatale Themen auf Seiten der Professionellen (vgl. Davies et al 2008, 285ff.).
Grundsätzlich zeigt sich an dieser Stelle die Notwendigkeit von Supervision sowie Fort- und Weiterbildung, die die Möglichkeit bieten können, sich mit eigenen Ängsten und Unsicherheiten auseinanderzusetzen, verdrängende Mechanismen zu reflektieren und diesen vorzubeugen bzw. diese zu reduzieren.

„Die Gesprächsführung mit kranken Kindern und ihren Angehörigen ist immer vom persönlichen Stil geprägt, der sich vor dem Hintergrund der biografischen Einflüsse, der entsprechenden Ausbildung, der eigenen Motivation und der beruflichen Erfahrung entwickelt hat" (Ritter 2008, 88). Dies wird auch in den folgenden Aussagen der IP B und C deutlich. IP B erläutert den Eltern gegenüber nur auf ausdrückliche Bitte ihre eigenen Todesvorstellungen.

„Mit Familien auf Anfrage. Das heißt, wenn sie während eines Gesprächs fragen, was denken Sie denn, dann wird das nicht außen vorgehalten, sagen wir es mal so. Ich würde keiner Mutter sagen, was ich glaube, was nach dem Tod geschieht, wenn sie mich nicht fragen würde (...)." (Interview B, Abs. 47)

Gegensätzlich sieht das IP C, die den Eltern gegenüber ihre christlichen Ansichten vom Sterben und Tod vermittelt und die eigene Authentizität in den Gesprächen mit den Eltern als wesentlich erachtet.

„Ja, wir sind ein kirchlicher Träger, wir haben eine christliche Grundeinstellung und die verstecken wir auch nicht. Und ich werde oft gefragt von Eltern, sehr oft im Einzelgespräch, was glauben Sie, ist mit dem Tod alles vorbei, was denken Sie darüber und dann antworte ich offen, ich bin Christ und ich sage ihnen dann, wie ich darüber denke. Dass eben für mich das Leben mit dem Tod nicht vorbei ist, sondern weitergeht, wie, das weiß ich natürlich auch nicht, aber das finde ich ist sehr wichtig, dass man da authentisch ist und nicht irgendwas erzählt, sondern das, was ich auch wirklich (...) Und wir haben natürlich auch sehr viele Eltern im Haus, die atheistisch sind oder einer anderen Glaubensrichtung angehören. Aber auch die sind hier willkommen und auch mit diesen Eltern kann man sehr gute Gespräche führen über diese Themen, die werden hier im Haus auch geführt." (Interview C, Abs. 40)

In der Aussage der IP C findet sich zum einen der Hinweis auf die Grundhaltung der Authentizität wieder, die ein wesentlicher Bestandteil der nondirekten Gesprächsführung nach Rogers (2000) ist. „Voraussetzung ist der authentische und empathische Umgang mit dem Gegenüber" (Ritter 2008, 88). Zum anderen spricht die IP C den Aspekt des Glaubens in der Trauerbegleitung an. „Tod und Sterben eines Kindes konfrontieren mit dem eigenen Glauben und mit Gottesbildern" (Ritter 2008, 96). Die IP C spricht mit den Eltern über ihren eigenen Umgang mit dem Tod, der durch ihren christlichen Glauben geprägt ist.

„Trauer beginnt vor dem Tod" (Ritter 2008, 93). Demnach setzt auch die Trauerbegleitung im Kinderhospiz vor dem Tod des Kindes an und endet nicht mit dem Tod, sondern reicht über den Tod hinaus. Die Forderung nach einer Begleitung der Familien über den Tod des Kindes hinaus, wird in der Literatur als notwendig dargestellt (vgl. Wingenfeld 2005, 183) und, so die Aussage der IP A, auch in Kinderhospizen umgesetzt. Die Begleitung der Eltern nach dem Tod ihres Kindes findet auf verschiedenen Wegen und mit Hilfe verschiedener Methoden statt, wie z.B. durch den telefonischen Kontakt, die Möglichkeit eines Aufenthaltes der Eltern nach dem Tod des Kindes im Kinderhospiz und durch ein festliches Ritual, bei dem einmal im Jahr an die verstorbenen Kinder erinnert wird.

„Kinderhospizarbeit ist Arbeit über den Tod des Kindes hinaus. Wir haben das hier so geregelt, dass wir auf jeden Fall im so genannten Trauerjahr, also im ersten Jahr nach dem Tod des Kindes, uns feste Zeiten und feste Termine auch notieren und Mitarbeiter dafür auch zuständig sind und einteilen, wo Kontakte stattfinden. Also telefonisch auf jeden Fall, aber auch persönlich bzw. bei Besuchen hier oder bei Besuchen bei den Eltern. Wir haben uns da feste Zeiten notiert, sodass da mehrere Kontakte in dem ersten Trauerjahr stattfinden bis einschließlich zum ersten Todestag des Kindes. Darüber hinaus bieten wir den Eltern an, bis zu fünf Tage nach dem Tod des Kindes irgendwann mal mit der ganzen Familie hier noch mal Gast sein zu können. Das ist für Eltern wichtig, die wollen noch mal da sein, wo sie mit dem Kind so viel schöne Zeit erlebt haben und es ist wichtig, dass man sich mit den Eltern gemeinsam an dieses Kind immer wieder erinnert also auch wir als Mitarbeiter. Und dann gibt es Familien, man kann das natürlich nicht so genau an dem Trauerjahr festmachen, die Kontakte sind oftmals viele Jahre danach noch immer. Und ein wichtiger Kontakt ist das so genannte (...) Fest, da gibt's ja inzwischen unterschiedliche Modelle. Im Kinderhospiz stellen wir (...) auf, auf die Flügel werden die Namen der verstorbenen Kinder geschrieben und dieses (...) Fest findet einmal im Jahr statt, wo wir also alle die Familien einladen, deren Kind im letzten Jahr verstorben ist, um dieses (...) im Gedenken an das Kind aufzustellen. Es versterben etwa 20 bis 25 unserer Kinder im Jahr, sodass wir dann hier eine große, wenn auch heftige Feier, aber trotzdem gute Feier, das sind alles solche Momente, solche Spuren, solche Erinnerungen, die hier festgehalten werden.“ (Interview A, Abs. 42)

Die hier und auch in den folgenden Textpassagen aufgeführten Formen des Erinnerns werden in der Thanatologie auch als Mementos bezeichnet. Im Sinne von Erinnerungsobjekten sind dies Gegenstände, „die für den Trauernden in Verbindung zu einem verstorbenen Menschen stehen" (Nijs 1999, 68). Der Begriff leitet sich aus dem Lateinischen ab und bedeutet: Ich gedenke. In Erweiterung dieses Begriffsverständnisses werden unter Mementos nicht nur dingliche Erinnerungen verstanden, sondern auch andere Möglichkeiten des Gedenkens impliziert. „Zu diesen zählen beispielsweise räumlich oder zeitlich fixierbare Erinnerungen, die im Gedenken an einen verstorbenen Menschen hilfreich sind. Rituale im Sinne von Mementos können neben den persönlichen Gegenständen oder mit der Persönlichkeit des Verstorbenen assoziierte Orte auch amtliche Dokumente, Grabbeigaben oder bestimmte Symbole, wie Kerzen, an bestimmten für sie gestalteten Orten sein" (Jennessen 2008, 101).

IP B führt außerdem postalische und telefonische Kontakte, Abschiedsrituale, Trauergruppenangebote und Erinnerungstage an. Außerdem werden auch die Geschwister des verstorbenen Kindes durch eine jährliche Geburtstagspost bedacht.

„Also erst mal ist es so, dass wir weiterhin Kontakt halten. Wenn wir davon erfahren, dass ein Kind gestorben ist, nehmen wir relativ schnell Kontakt auf, rufen an oder schreiben. Dann brennt ja hier auch die Kerze, und dann fragen wir sie, wann sie zum Abschiedsritual kommen wollen. Wenn sie das nicht tun, schreiben wir sie trotzdem weiterhin an. Wir haben Trauergruppenangebote, und wir laden alle Eltern, deren Kinder verstorben sind, zum Erinnerungstag im Dezember ein. Wenn sonst Aktionen sind, wie Tag der offenen Tür, dann sind sie auch immer wieder mit eingeladen. Zum Todestag nimmt einer von uns Kontakt auf und zum Geburtstag des Kindes eigentlich auch. Und die Geschwister kriegen weiterhin ihre Post, das heißt also der Geburtstag der Geschwister, dann werden sie angeschrieben, auch wenn das Kind verstorben ist.“ (Interview B, Abs. 28)

Die IP C spricht in ihrer Aussage der Bedeutsamkeit der regelmäßigen Begleitung der Eltern in dem ersten Jahr nach dem Tod des Kindes an, da das erste Jahr das schwierigste in der Bewältigung sei. Die Formen der nachgehenden Trauerbegleitung sind konzeptionell verankert und werden in unterschiedlicher Weise gestaltet.

„Ja, die bestehen über den Tod des Kindes hinaus. Die sind auch in unserer Konzeption grundgelegt. Wir halten von uns aus Kontakt ein ganzes Jahr nach dem Tod des Kindes, weil die Eltern, die zu uns kommen uns immer wieder erzählen, dass das erste Jahr nach dem Tod des Kindes für sie das schwie-

rigste ist. Weil man alles zunächst einmal ohne das Kind erlebt. Den Wechsel der Jahreszeiten, die Geburtstage, Familienfeste, kirchliche Feste. Und das fällt den Eltern sehr schwer und darauf haben wir konzeptionell reagiert und haben gesagt, wir müssen die Eltern zumindest ein Jahr lang von uns aus noch begleiten. Das heißt, dass wir in regelmäßigen Abständen bei den Eltern anrufen, dass die Eltern natürlich auch wissen, dass sie uns anrufen können, dass wir die Eltern einladen, noch einmal fünf Tage hier im Kinderhospiz zu verbringen, dass wir die Eltern einladen, am Todestag ihrer Kinder hierher zu kommen, dann schreiben wir ihnen auch unabhängig ob sie jetzt kommen oder nicht. Also, da sind recht engmaschige Kontakte während dieses Jahres. Darüber hinaus, über das Trauerjahr hinaus bestehen sie auch weiter, aber wir merken dann, dass es dann deutlich weniger wird. Für uns ein Zeichen, dass die Eltern dann auch wieder Fuß gefasst haben in ihrem ganz normalen Alltag. Aber die Eltern, die Rückmeldungen von den Eltern, die sind äußerst positiv, weil sie sagen, das tut uns gut. Das tut uns gut, wenn jemand anruft, wenn der Name unseres verstorbenen Kindes noch mal ausgesprochen wird, wenn wir mit Menschen reden können, die unser verstorbenes Kind auch gekannt haben. Und das merkt man auch bei den Besuchen der Eltern nach dem Tod ihrer Kinder hier im Haus. Da geht es wirklich um das Sich- Erinnern. Um das bewusste, wir erinnern uns gemeinsam an das verstorbene Kind. Das tut gut. Also da haben wir sehr gute Konzeptionen." (Interview C, Abs. 28)

IP C benennt das Konzept des „Dreifachen Trauerwegs" nach Rest (2006), das der Trauerbegleitung in ihrer Arbeit zugrunde liegt.

„Also unsere Arbeit ist eine prozessorientierte Unterstützungsarbeit, und wir versuchen, sehr individuell auf die Eltern einzugehen. Also das ist für uns grundlegend und auch im Konzept grundgelegt zu gucken, wo steht der Einzelne hier? Wie geht es dieser Mutter heute? Und wie kann ich darauf reagieren auf ihre ganz aktuellen Bedürfnisse (...)? Und da ist uns ein Konzept besonders wichtig geworden für die tägliche Arbeit und das ist das Konzept des dreifachen Trauerweges von Professor Rest, der ja von einer vorauseilenden Trauer spricht, von einer begleitenden Trauer und von einer nachgehenden Trauer. Und das ist so unserer Arbeit auch grundgelegt. Immer auch so im Hinterkopf zu haben, wenn ich mit dieser Mutter spreche, muss ich auch immer wieder berücksichtigen, dass es sich um einen trauernden Menschen handelt, denn wir sind hier ein Kinderhospiz. Bei aller Lebensfreude, die hier auch da ist, und auch bei allen anderen Angeboten ist dieses Konzept hier Grundlage unseres Tuns." (Interview C, Abs. 18)

Die Angaben der Probanden in der Fragebogenerhebung belegen die Vielfältigkeit der Kontaktformen nach dem Tod des Kindes mit den Familien.

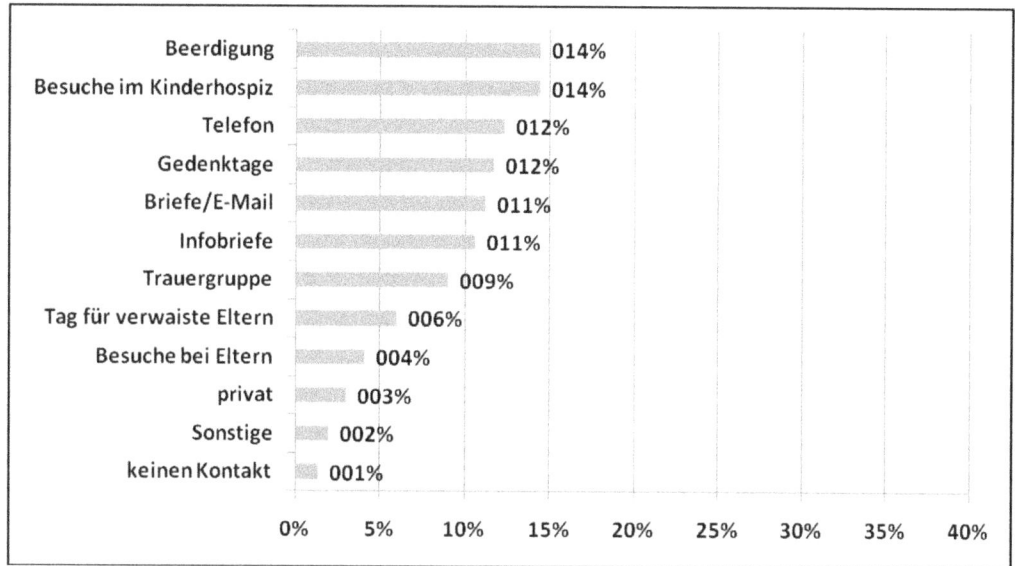

Abb. 112: Kontaktformen mit den Eltern nach dem Tod des erkrankten Kindes (N = 61, Mehrfachnennungen)

Die meisten Probanden geben an, nach dem Tod eines progredient erkrankten Kindes oder Jugendlichen weiterhin Kontakt zu den Eltern bzw. der Familie zu halten. Nur 1,4% sagen, dass kein postthanataler Kontakt mehr zu den Eltern bestehe. Die Mehrheit gab zudem an, die Beerdigung des verstorbenen Kindes besucht zu haben (14,4%). Die Daten zeigen auch, dass ebenso viele Eltern ins Kinderhospiz zu Besuch kommen und dadurch der Kontakt gehalten wird. 12,3% halten den Kontakt per Telefon, 11,7% treffen die Eltern an speziellen Gedenktagen. Außerdem wurden folgende Kontaktvarianten genannt: Briefe/E-Mail, Infopost, Besuche bei den Eltern, privater Kontakt, Tag für verwaiste Eltern und Trauergruppe.

Es lässt sich feststellen, dass einige Kinderhospize die in der Literatur gestellte Forderung nach der Begleitung der Familien über den Tod hinaus in Form einer kontinuierlichen Trauerbegleitung der Eltern und der Geschwisterkinder praktisch umsetzen. Durch den weiterbestehenden Kontakt zum Kinderhospiz kann den Eltern Beistand geleistet und die Unterstützung sowie Begleitung der Familie bei der Entwicklung neuer Lebensperspektiven umgesetzt werden.

Bedeutsam ist in diesem Zusammenhang zu erwähnen, dass auch die Fachkräfte, die ein erkranktes Kind und dessen Familie vor dem Tod begleitet haben, trauern. Dies ist ein Fakt, auch wenn auf Seiten der Mitarbeitenden häufig versucht wird, dies zu verdrängen, wie folgende Aussage von Brown belegt: „(…) carers in children's hospices may feel it is unprofessional to cry (…)" (Brown 2007, 247). Dabei ist die Beziehung zum Kind und seinen Angehörigen ausschlaggebend, denn „in Abhängigkeit von der persönlichen Beziehung zum Kind und zu seinen Angehörigen (…) erleben Teammitglieder ihre Betroffenheit beim Tod eines Kindes unterschiedlich" (Ritter 2008, 98). So verabschieden sich die Teammitglieder in Form von individuellen Trauerprozessen vom Kind. Es gibt aber auch kollektive Trauerprozesse, die die Mitarbeitenden im Sinne institutioneller Copingstrategien bei der Bewältigung der eigenen Trauer unterstützen können. Wenn in einer Institution, wie es in Kinderhospizen der Fall ist, vielfältige Formen des Kontaktes mit Angehörigen nach dem Tod eines Kindes bestehen, so weist dies auf eine „gewisse Teamkultur" (Ritter 2008, 98) hin. In Kinderhospizen ist die Teamkultur sehr ausgeprägt und stark ritualisiert.

Elterliches Expertentum

Die für die Kinderhospizarbeit wesentliche Leitidee *„Die Eltern sind die Experten für ihre Kinder"* wird in der Aussage der IP B erwähnt. Deutlich wird in der Passage zudem, dass dieses Konzept auch zu Konflikten mit den Mitarbeitenden führen kann.

„(...) das Stichwort ist, die Eltern sind für uns die Fachleute für ihre Kinder und das ist schon das Konzept der ganzen Kinderhospizarbeit. Also, wir sind zwar auch Fachleute, Kinderkrankenschwestern oder Pädagogen und haben unseren Job ja auch gelernt, aber in Bezug auf das, was das einzelne Kind betrifft, ist die Mutter, ist der Vater für uns erst mal der Fachmensch. Die uns einfach sagen, wie das zu laufen hat. Auch wenn sich unsere Fachkompetenz vielleicht manchmal die Haare rauft und sagt: Um Gottes willen, was machen die denn da? Das aber wirklich zurückzustellen und erst mal zu schauen, weil meistens haben die Eltern ihre Gründe, warum sie es so machen und nicht anders." (Interview B, Abs. 22)

Die Angaben der Probanden zu Aspekten, die das elterliche Expertentum und die Mitbestimmung der Eltern betreffen, weisen auch darauf hin, dass die Mitarbeitenden diese ihrer Arbeit zugrunde legen.

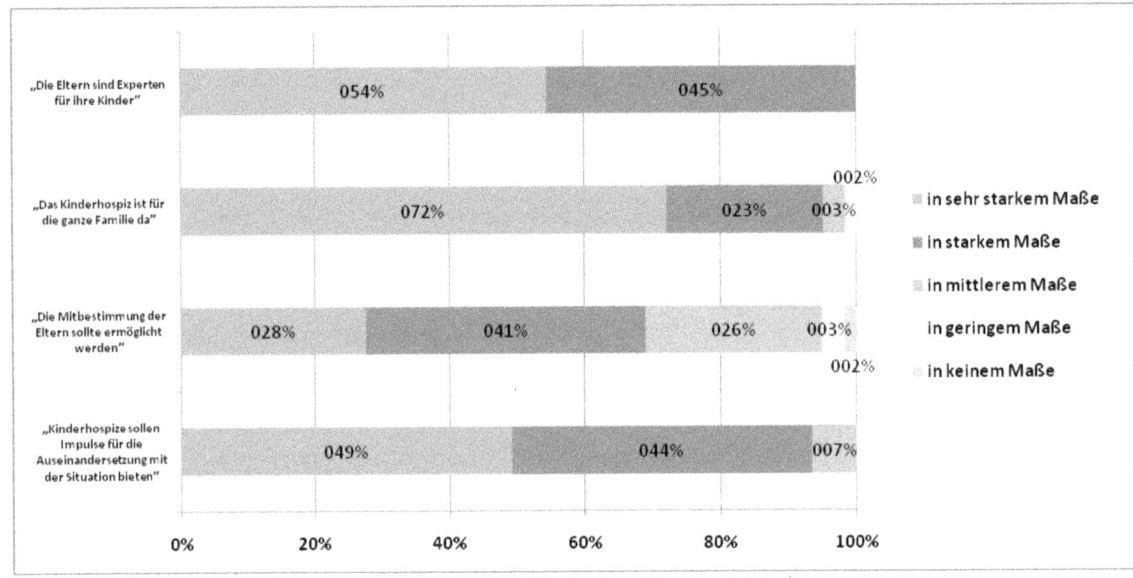

Abb. 113: Zustimmung zu wesentlichen Aspekten der Kinderhospizarbeit (N = verschieden)

Die Mitarbeitenden wurden um ihre Bewertung der folgenden Aussagen gebeten:
„Die Eltern sind die Experten für ihre Kinder."
„Das Kinderhospiz ist für die ganze Familie da."
„Die Mitbestimmung der Eltern sollte ermöglicht werden" und
„Kinderhospize sollen Impulse für die Auseinandersetzung mit der Situation bieten".

Dem Grundsatz der Kinderhospizarbeit, dass die Eltern die Experten für ihre Kinder sind, wird von allen Probanden in sehr starkem und starkem Maße zugestimmt.[143]
Bei der Frage nach der Mitbestimmung der Eltern zeigt sich ein anderes Meinungsbild. 68,76% geben an, dass die Mitbestimmung „in sehr starkem" und „in starkem Maße" ermöglicht werden sollte. 25,86% stimmen dieser Aussage „in mittlerem Maße", 3,45% „in geringem Maße" und 1,72% „in keinem Maße" zu.[144]
Es zeigt sich, dass einige Probanden eine Mitbestimmung der Eltern für problematisch halten und eher ablehnen. Dies lässt Schwierigkeiten in der Zusammenarbeit von Mitarbeitenden und Eltern im Hinblick auf die Frage nach den Kompetenzen und Zuständigkeiten vermuten. Wessen Kompetenzen werden mehr geachtet und wer ist zuständig bzw. verfügt über die relevanten Informationen und Fähigkei-

---

[143] Median = 1; Spannweite = 1.
[144] Spannweite = 4. Auf dieses divergente Meinungsbild weisen auch die hohe Varianz (s^2 = 0,831) und die hohe Standardabweichung hin (0,912).

ten? Es stellt sich auch die Frage nach dem Expertentum in der Kinderhospizarbeit an sich. Wer sind die Experten für die Betreuung und Versorgung des Kindes: die Eltern oder die Mitarbeitenden und wessen fachliche Kenntnisse und Meinung zählen mehr und werden stärker geachtet? Die in pädagogischen und medizinischen Handlungsfeldern vorzufindende Differenzierung in Eltern- versus Fachkompetenz scheint auch in der Kinderhospizarbeit ein Thema zu sein, das potentiell Spannungen in Bezug auf Inhalte und auf der Ebene der Beziehungsgestaltung beinhaltet. Die Tatsache, dass viele Eltern lebensverkürzend erkrankter Kinder aufgrund der zum Teil niedrigen Fallzahlen der Krankheitsbilder neben ihrer Elternkompetenz über ein sehr spezialisiertes Fachwissen verfügen, konnotiert dieses Spannungsverhältnis in besonderer Weise.

Empfehlungen und Informationen
Den Eltern werden von Seiten der Mitarbeitenden während ihrer Aufenthalte Empfehlungen und Informationen zu verschiedenen Bereichen, wie der Pflege des erkrankten Kindes, der Bewältigung von Paarproblemen, der Begleitung der Geschwisterkinder und dem Umgang mit Sterben und Tod, gegeben.

„(...) Also Anleitung ist schon viel, weil viele Eltern gar nicht wissen, was noch möglich ist und entweder tauschen sie sich mit anderen Eltern aus oder wir sagen einfach mal, wir können das noch machen und das noch machen, also auch Anleitung und da sein und nicht nur mit trauern und sterben zu tun haben, sondern die Eltern einfach auf ihrem Weg noch ein bisschen denen Erleichterung zu bringen, so." (Interview E, Abs. 113)

„Viele müssen erst überlegen, aber mittlerweile kennt man die Eltern schon und man, manchmal sagen sie, ach ja bin ich noch gar nicht drauf gekommen. Ich denke, das ist auch oft wenn man tagtäglich mit dem Kind zu tun hat, sieht man das nicht mehr so (...). Die brauchen dann einfach noch mal neue Ideen." (Interview E, Abs. 115)

Auch die Angaben der Probanden der Fragebogenerhebung weisen darauf hin, dass die Eltern während ihrer Aufenthalte zu verschiedenen Aspekten von den Mitarbeitenden Tipps und Anregungen erhalten.

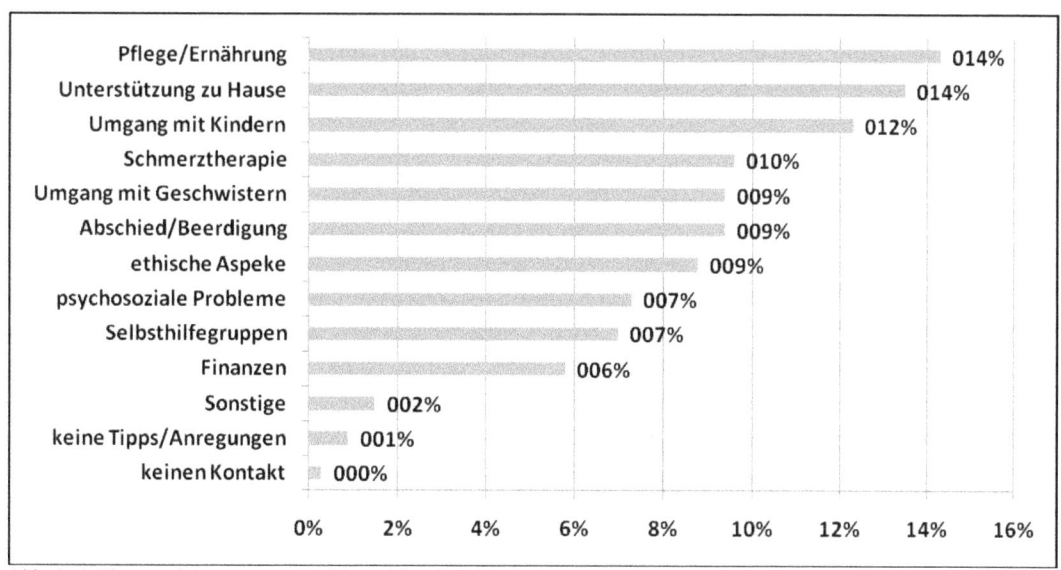

Abb. 114: Tipps und Anregungen für Eltern (N = 61, Mehrfachnennungen)

Die häufigsten Empfehlungen erhalten die Eltern hinsichtlich der Versorgung und Pflege des erkrankten Kindes (14,3% Pflege/Ernährung; 9,6 % Schmerztherapie; 12,3% Umgang mit dem Kind). Aber auch Tipps zum Umgang mit den Geschwistern (9,4%) und zu ethischen Aspekten (8,8%) werden von den Mitarbeitenden gegeben.

Die Bandbreite der Empfehlungen und Informationen ist groß. Hier zeigt sich die Bedeutsamkeit eines multiprofessionellen Teams, da die Inhalte der genannten Tipps und Informationen sowohl pflegerische als auch psychosoziale und seelsorgerische Aspekte betreffen. Es kann daraus gefolgert werden, dass die diesbezügliche Beratung von Mitarbeitenden aller Professionen geleistet wird.

Dass die Mitarbeitenden der Pflege auch vorrangig Tipps im Kontext von Pflegehandlungen geben, wird aus der nachfolgenden Kreuztabelle ersichtlich.[145]

| | | Tipps und Anregungen: Pflege und Ernährung des lebensverkürzend erkrankten Kindes | | Gesamt |
		nein	ja	
(Kinder-) Kranken-schwester/ Pfleger	Nein	11	6	17
	Ja	1	43	44
Gesamt		12	49	61

Tab. 23: Kreuztabelle: Beruf (Kinder-)Krankenschwester/Pfleger und Tipps und Anregungen zur Pflege und Ernährung des erkrankten Kindes

Zusammenfassung

Die Daten dieser Teilbefragung der Studie zeigen, dass die Kooperation mit den Eltern neben der Begleitung der progredient erkrankten Kinder und Jugendlichen sowie der Geschwister einen Schwerpunkt in der Kinderhospizarbeit bilden.

Die Analyse der Elternangebote macht deutlich, dass die Eltern vielfältige Angebote in den Kinderhospizen auf freiwilliger Basis nutzen können. Diese werden überwiegend von den Pädagogen und Pädagoginnen gestaltet, aber auch professionsübergreifend angeboten. In einigen Kinderhospizen wird auch der geschlechtsspezifischen Copingstrategien von Müttern und Vätern in Form von gendersensiblen Angeboten Rechnung getragen.

Die Thematisierung der Aspekte Sterben, Tod und Trauer mit den Eltern erfolgt in den einzelnen Kinderhospizen auf unterschiedliche Weise. In den meisten Fällen ist ihre Gestaltung an dem Bedarf, den Interessen und Bedürfnissen der Eltern orientiert. Der Kontakt mit den Eltern über den Tod des Kindes hinaus stellt einen wesentlichen Grundgedanken der Kinderhospizarbeit dar, der in vielen Kinderhospizen durch die Bereitstellung vielfältiger Trauerbegleitungsangebote und Mementos umgesetzt wird. Allerdings zeigen sich hier auch eigene Unsicherheiten und Ängste bei einigen Probanden, die die Eltern nicht aktiv auf diese Aspekte ansprechen, sondern darauf warten, dass die Eltern die Gesprächsinitiative ergreifen. Regelmäßige Supervision sowie Fort- und Weiterbildungen zu thanatalen Aspekten und im Bereich der Gesprächsführung und Beratung könnten diese Schwierigkeiten aufheben.

Die Kooperation mit den Eltern ist in den meisten Kinderhospizen nicht konzeptionell verankert. Allerdings wird von den Interviewpersonen der Leitgedanke „Die Eltern sind die Experten" als verbindlicher und konsensualer Grundsatz für die Elternbegleitung benannt. Hier zeigen sich ein weiterer Entwicklungsbedarf und Verbesserungsmöglichkeiten, denn die Probanden stimmen zwar der das elterliche Expertentum betreffenden Aussage in starkem Maße zu, bewerten aber die Mitbestimmung der Eltern im Kinderhospiz als eher problematisch. Es kann daraus gefolgert werden, dass es um Kompetenzen und Zuständigkeiten in der Pflege und Betreuung der erkrankten Kinder und Jugendlichen geht, die zu Problemen in der Zusammenarbeit von Eltern und Mitarbeitenden führen können.

Die Eltern erhalten während ihrer Aufenthalte von Mitarbeitenden verschiedener Professionen Empfehlungen und Informationen zu verschiedenen medizinisch-pflegerischen und psychosozialen Themenbereichen. Es überwiegen hier konkrete Tipps zur Pflege und Begleitung des erkrankten Kindes.

---

[145] Der Chi-Quadrat-Test zeigt eine hohe Signifikanz (asymptotische Signifikanz = 0,000) zwischen den beiden Variablen.

F Die Zusammenarbeit im Team – Kooperation mit Institutionen und Fachkräften

Einen weiteren bedeutsamen Bereich der Befragung der Mitarbeitenden stellt der Themenkomplex *Zusammenarbeit im Team* dar. Das Team in Kinderhospizen ist multidisziplinär. Für multidisziplinäre Teams ergeben sich in der Zusammenarbeit verschiedene Besonderheiten, die zu beachten sind. Ein gut funktionierendes Team bildet die Basis, um die Arbeit im Kinderhospiz gemeinsam bewältigen zu können. Ein respektvoller Umgang miteinander stärkt nicht nur die Familien, sondern gibt auch den Mitarbeitern Kraft für ihre Arbeit im Kinderhospiz (vgl. Letzing 2006, 81).

Zusammenarbeit im Team

Die Zusammenarbeit im multidisziplinären Team wird von den Interviewpersonen in der qualitativen Erhebung sehr unterschiedlich wahrgenommen. Im Folgenden wird mit Hilfe von Aussagen der Mitarbeitenden die Zusammenarbeit zwischen den einzelnen Professionen skizziert.

Zusammenarbeit von Pflegekräften sowie Pädagogen und Pädagoginnen

IP E ist der Meinung, dass die Mitarbeiter und Mitarbeiterinnen der verschiedenen Bereiche im Kinderhospiz voneinander lernen können und die Zusammenarbeit als bereichernd empfunden wird.

„Doch ist schon gelungen. Also die Pädagogen lernen viel durch uns in der Pflege, wie man was macht und wie man damit umgeht und wir haben zum Beispiel morgens immer ein pädagogisches Angebot, wo die Pädagogen wirklich sagen von 08.00 bis 10.00 Uhr gehen wir jetzt mal mit dem kranken Kind schwimmen oder füttern das oder, oder. Dadurch lernen die halt durch uns und wir lernen alleine in dem Umgang mit Trauer und Sterben oder in der Gesprächsführung, wie wir damit umzugehen haben oder wie man halt manche Sachen angeht." (Interview E, Abs. 57)

Interessant an dieser Aussage ist, dass die originär pflegerische Tätigkeit der Nahrungsanreichung als pädagogisches Angebot bezeichnet wird. Dies entspräche einem sehr professionellen Ansatz der Begleitung schwerstbehinderter Kinder, in dem keine scharfe Trennung zwischen Pädagogik und Pflege vorgenommen wird, sondern pflegerische Tätigkeiten gezielt als pädagogische Beziehungs- und Förderangebote gestaltet werden.

Die Zusammenarbeit der unterschiedlichen Professionen kann aber auch zu Schwierigkeiten führen, da zum Teil gegensätzliche professionelle Ansätze und Sichtweisen aufeinandertreffen, wie z.B. die der Pädagogik und der Pflege. Dies kann zu Spannungen und Konflikten im Team führen.

„(...) Ich bin selber aus der Pflege und aus der Medizin hergekommen, ich hatte meine Schwierigkeiten praktisch und auch meine Bedenken immer wieder, wenn man zwischen, wenn man mit Pflege und Pädagogik zusammenarbeitet. Da kann niemand was zu den Personen sagen, es liegt einfach an dem Ausbildungshintergrund. Sie kriegen als Pädagoge was anderes vermittelt, was ein Mensch ist und was ein Kind ist als Pfleger oder Doktor. Pfleger oder Doktor die, die lernen den Defekt und die lernen, was man da dran macht. Während pädagogische Mitarbeiter zum Beispiel eher sehen, woher ist der Defekt gekommen, also ganz pauschal nur gesagt. Ich hatte da immer meine Schwierigkeiten mit, mit pädagogischen Mitarbeitern und mit deren Sichtweise, aber ich muss sagen, ich hab das nie so wohltuend empfunden wie hier, dass es eben doch geht. Fordert natürlich 'ne gewisse Toleranz von allen, aber ich glaube, dass es insgesamt hier im Team funktioniert." (Interview A, Abs. 78)

IP D bezeichnet die Schwierigkeiten der Zusammenarbeit von Pflege und Pädagogik sogar als einen „Grundkonflikt", der immer wieder im beruflichen Arbeitsalltag auftaucht.

„(...) Es gibt manchmal schon einen Grundkonflikt, die Pflege und die Pädagogik. Da gibt es so eine Spannung immer wieder (...) Da muss man dann auch gucken, was ist jetzt? Da geht es dann darum, Dinge zu benennen. Das liegt an unterschiedlichen Herangehensweisen und Erwartungen, aber im Großen und Ganzen bin ich immer wieder erstaunt. Wir sind ja auch so ein Haufen hier, kannten uns alle nicht und dafür, denke ich letzten Endes, klappt es eigentlich ganz gut, Störungen inbegriffen." (IP D, Abs. 52)

IP C äußert ebenfalls, dass anfängliche Schwierigkeiten in der Zusammenarbeit von den Bereichen Pädagogik und Pflege vorhanden waren, die aber nach einiger Zeit der Eingewöhnung aufgehoben wurden. Die Überwindung dieser Schwierigkeiten wurde zum einen durch eine Verlängerung der Dienstübergabe erreicht und zum anderen durch einen intensiven fachlichen Austausch miteinander.
Deutlich wird in der folgenden Aussage, dass die Zusammenarbeit der unterschiedlichen Professionen auch bereichernd sein kann und dass diese zur umfassenden und ganzheitlichen Versorgung und Begleitung der progredient erkrankten Kinder und ihrer Familien beiträgt.

„Also, am Anfang war das sehr sehr schwierig. Zwei verschiedene Berufsgruppen hier, weil da niemand über den eigenen Tellerrand geguckt hat. Das war wirklich sehr sehr schwierig. Und da hab ich auch manchmal gedacht, ja meine Güte, wir müssen doch hier zu einer Zusammenarbeit finden, aber wenn hier jeder nur seins macht, wie wird das werden? Das hat sich im Laufe der Zeit grundlegend geändert, weil wir einfach gemerkt haben, die beiden Berufsgruppen Pflege und Pädagogik hier in diesem Haus, im Kinderhospiz, die sind aufeinander angewiesen, in dieser kleinen Einheit. Wir müssen viel miteinander reden, wir kümmern uns um die gleichen Menschen. Und mittlerweile finde ich die Zusammenarbeit sehr bereichernd, ich habe viel von den Pflegenden gelernt, und viele Kollegen aus der Pflege, die sagen, wir lernen viel von euch. Und so ist das und das kann sicherlich noch weiterentwickelt werden, aber im Moment finde ich es als sehr bereichernd. Damit das gewährleistet wird, dass jeder von anderen auch viel weiß, haben wir verlängerte Dienstübergaben eingeführt, dienstags, wo ich auch immer Dinge berichte, die aus der Elternrunde mir mitgeteilt werden. Die Kollegen aus der Geschwisterrunde auch Dinge mitteilen. Die Kollegen natürlich auch viele Dinge wissen von den erkrankten Kindern und das alles wird zusammengetragen und dann wird schon auch überlegt, was kann man jetzt so gemeinsam machen. Wenn ich mit kranken Kindern malen möchte, brauche ich auch die Hilfe der pflegenden Kollegin, ne, oder die pflegenden Kollegen fragen schon mal, was kann ich da für ein Bilderbuch vorlesen, oder welche Übungen gibt es jetzt im Körper- und Sinneswahrnehmungsbereich? Also da ist schon sehr viel Offenheit.“ (Interview C, Abs. 68)

IP A weist auf die grundsätzliche Bedeutsamkeit der Zusammenarbeit der verschiedenen Professionen im Kinderpalliativbereich hin.

„Also, zunächst mal glaub ich, dass es, oder wissen wir, dass es im Palliativbereich und seit einigen Jahren, ich glaub Kinderpalliativbereich es geht nicht anders, als dass wir unterschiedliche Professionen sind, die sich unterschiedlichen Sichtweisen und Hintergründen mit solchen Kindern beschäftigen. Also ich halte es für elementar nötig in solchen Einrichtungen, dass man eben nicht nur Pflege hat, dass man eben nicht nur pädagogische Mitarbeiter hat, sondern dass man mit unterschiedlichen Sichtweisen an diese Betreuung und Sorgen der Kinder drangeht.“ (Interview A, Abs. 75)

Es stellt sich die Frage nach inhaltlichen Abgrenzungen und Überschneidungen der Bereiche Pflege und Pädagogik in der Kinderhospizarbeit. Wo hört der Bereich der Pflege auf und wo fängt die Pädagogik an und warum empfinden die Mitarbeitenden die Zusammenarbeit häufig als schwierig? Nach Klauß ist das Verhältnis von Pflege und Pädagogik ein dialektisches. Pflege ist Voraussetzung für Pädagogik und umgekehrt (vgl. Klauß 2003, 48ff.; vgl. Kap. II 1). Daher ist die strikte Trennung der beiden Professionen in der stationären kinderhospizlichen Begleitung aufzuheben und anzuerkennen, dass der Bedarf nach multiprofessioneller Zusammenarbeit besteht, in der Mitarbeitende der Bereiche Pflege und Pädagogik nicht konträr, sondern dialektisch agieren. Um dies zu ermöglichen, ist die Entwicklung einer Struktur für den professionsübergreifenden Austausch notwendig.

Zusammenarbeit mit Ehrenamtlichen
In den meisten stationären Kinderhospizen arbeiten sowohl haupt- als auch ehrenamtliche Kräfte. Diese Zusammenarbeit gestaltet sich häufig als spannungsvoll. Die Gründe dafür reichen von der Bezahlung über die Frage nach dem Berufsstatus bis zur Unverbindlichkeit des Einsatzes von Ehrenamtli-

chen (vgl. Hinse 2006c, 133ff.). Ehrenamtliche sind in den meisten stationären Kinderhospizen nicht in die Pflege involviert, sondern nur in Ausnahmefällen, wenn sie eine entsprechende Fachausbildung vorweisen können. Sie sind, wie die Aussage der IP B verdeutlicht, überwiegend in der Hauswirtschaft tätig.

„Wir haben nicht so viele Ehrenamtliche hier. Wir haben eine Ehrenamtliche in der Pflege, die ist ehemalige Kinderkrankenschwester und die ist auch erst über die Küche in die Pflege gekommen. Und wir haben auch zwölf, glaube ich in der Küchengruppe. Das heißt, die machen Küche. Abends unterstützen die das Team mit. Am Anfang hatten wir das Abendbrot nur über Ehrenamtliche gemacht, das funktionierte dann irgendwann nicht mehr. Weil die immer zu zweit arbeiten wollten und so viele Ehrenamtliche haben wir gar nicht gehabt, als dass jeder Abend abgedeckt wurde. Und wir haben Leute, die noch mit im Garten helfen. Seitdem wir so eine hyperaktive Gartenfee haben, funktioniert das auch gut." (Interview B, Abs. 91)

Einige hauptamtliche Mitarbeiter und Mitarbeiterinnen haben in ihrer Arbeit wenig Kontakt zu den Ehrenamtlichen, wie die Aussage der IP F zeigt.

„(...) Ich habe in meiner direkten Arbeit weniger mit den Ehrenamtlichen zu tun." (Interview F, Abs. 56)

Über die Zusammenarbeit in einem haupt- und ehrenamtlichen Team gibt es unterschiedliche Meinungen. IP B bewertet die Zusammenarbeit mit Ehrenamtlichen punktuell als schwierig. Die Gründe dafür sieht sie darin, dass Ehrenamtliche einen Lohnersatz brauchen, wie beispielsweise Aufmerksamkeit und Zuwendung.

„Bei Ehrenamtlichen ist es manchmal schwierig, aber das ist glaube ich ein Problem, was wir in allen Einrichtungen haben, wo Haupt- und Ehrenamt zusammenarbeitet. Die Ehrenamtlichen brauchen einfach andere Lohnersatzgeschichten und das ist manchmal schwer zu integrieren. Ganz viele Streicheleinheiten, ganz viel Aufmerksamkeit. Wenn man dann mit einem haupt- und ehrenamtlichen Team arbeitet, da hakt es manchmal." (Interview B, Abs. 51)

IP C empfindet die Zusammenarbeit hingegen für ihre Arbeit als bereichernd. Die Zusammenarbeit von Haupt- und Ehrenamtlichen funktioniert ihrer Meinung nach sehr gut, da es monatliche Treffen gibt, um sich auszutauschen.

„Also, die Zusammenarbeit mit den ehrenamtlichen Mitarbeiter und Mitarbeiterinnen, die regelmäßig hier ins Haus kommen, empfinde ich als sehr bereichernd. Finde ich sehr gut, weil die auch so ein bisschen Normalität mit hier her bringen, so frischen Wind von außen. So empfinden es auch die Eltern. Diese Rückmeldungen bekomme ich von den Eltern und wir schulen unsere Ehrenamtlichen ja auch regelmäßig, monatlich und ich denke, dass wir gut zusammengewachsen sind. Ehrenamtliche und Hauptamtliche. Und auch so Hand in Hand arbeiten. Wobei wir dann auch sehr genau hingucken müssen, dass wir niemanden überfordern. Das ist aber auch nicht der Fall, denn bei den monatlichen Treffen ist auch immer ein Punkt Reflexion der Arbeit. Wo die Ehrenamtlichen dann die Gelegenheit haben, zu sagen, das war gut, das war weniger gut, da fühlte ich mich allein gelassen. Und da kommt eigentlich immer nur Positives." (Interview C, Abs. 72)

In den beiden gegensätzlichen Aussagen der IP B und C spiegelt sich der Diskurs über die Zusammenarbeit von Haupt- und Ehrenamtlichen in der Kinderhospizarbeit wider, der auch in anderen Tätigkeitsfeldern des freiwilligen sozialen Engagements zu finden ist.
Es stellt sich in diesem Zusammenhang die Frage, was die Aussagen der Interviewpersonen für die Kinderhospizarbeit bedeuten. Hinse plädiert für die Zusammenarbeit der Haupt- und Ehrenamtlichen, da die vorhandenen Spannungen positiv genutzt werden können. Es wird sich in dieser Studie dem

Plädoyer von Hinse angeschlossen, dass der Diskurs von Ehren- und Hauptamtlichkeit in allen Bereichen der Kinderhospizarbeit zu führen ist. Dieser sollte dazu beitragen, dass die (Kinder-)Hospizarbeit in die Gesellschaft getragen wird und somit in der Mitte der Gesellschaft ankommen kann (vgl. Hinse 2006c, 133ff.).

Zusammenarbeit mit Zivildienstleistenden und Praktikanten

Die Zusammenarbeit mit und der Einsatz von Zivildienstleistenden und Praktikanten ist in den meisten stationären Kinderhospizen der Regelfall. Grundsätzlich wird der Einsatz von Zivildienstleistenden und Praktikanten/innen von den befragten Fachkräften begrüßt. Für den Einsatz sind verschiedene Voraussetzungen zu schaffen. So wird laut Aussage der IP A in den meisten Kinderhospizen darauf geachtet, dass Zivildienstleistende und Praktikanten nur für einen längeren Zeitraum beschäftigt werden, um den Eltern und Kindern Kontinuität in der Begleitung zu gewährleisten.

„Also Zivildienstleistende und Praktikanten, also zunächst mal, ich nehme keine Praktikanten unter oder sag mal Mindestdauer für ein Praktikum von acht Wochen. Das hat den Grund, dass hier nicht jeden Tag fremde Menschen rumlaufen. Das hat auch den Grund, dass die Eltern nicht möchten, dass so häufig die betreuenden Personen wechseln. Wobei sich das in dem Schichtbetrieb auch nicht vermeiden lässt, aber das ist ein anderes Thema. Und Zivildienstleistende und Praktikanten werden angeleitet, auch in der Pflege der kranken Kinder, natürlich nicht die Schwerstkranken aber sind dann in ihrer Schicht, wo sie mitarbeiten, durchaus verantwortlich für dieses Kind, natürlich immer rechtlich auch, aber sowieso unter Beobachtung einer examinierten Krankenpflegekraft." (Interview A, Abs. 86)

Der Einsatz von Zivildienstleistenden und Praktikanten in der Begleitung der progredient erkrankten Kinder und Jugendlichen wird von Seite der Eltern häufig bemängelt, da es sich um ungelernte Mitarbeiter und Mitarbeiterinnen handelt, die den Bedürfnissen der Kinder aufgrund fehlender Kenntnisse in Pflege oder Pädagogik häufig nicht gerecht werden können. Die IP A macht deutlich, dass Zivildienstleistende und Praktikant/innen von einer examinierten Pflegekraft angeleitet werden und nur unter Beobachtung arbeiten. Das bedeutet, dass sie für ein Kind nicht die alleinige Verantwortung tragen.

IP B beschreibt die Arbeit mit den Zivildienstleistenden, FSJler/innen und Praktikanten als sehr bereichernd und als einen gesellschaftlichen Auftrag der Kinderhospizarbeit, junge Menschen auf ihrem Lebensweg zu inspirieren.

„(...) Die Arbeit mit den Praktikanten finde ich immer sehr bereichernd. Also auch gerade wenn FSJler und Zivis da sind, die ja auch eine ganze Zeit lang da sind. Dann habe ich das Gefühl, es ist schön mit so ganz jungen Menschen hier im Haus zu arbeiten, die einfach mal mit anderen Fragestellungen kommen und direkt aus der Schule oder so was. Und ich glaube, dass das auch sehr inspirierend für den Lebensweg ist. Das finde ich gut, das ist, denke ich, auch ein gesellschaftlicher Auftrag, den man da ein Stück hat (...)." (Interview B, Abs. 51)

Das nachfolgende Diagramm gibt einen Überblick über die Bewertung der Zusammenarbeit im Team.

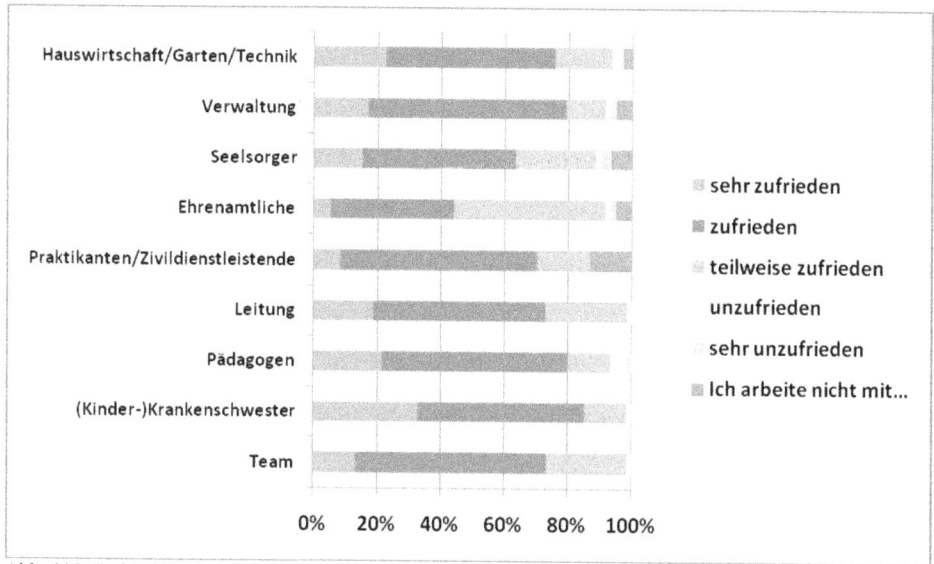

Abb. 115: Zufriedenheit mit der Zusammenarbeit mit den anderen Professionen (N = verschieden)

Die Probanden sind mit der Zusammenarbeit im Team im Kinderhospiz weitgehend sehr zufrieden und zufrieden (zusammen 73,3%). Am wenigsten zufrieden sind die Probanden mit der Zusammenarbeit mit den Ehrenamtlichen (47,5% teilweise zufrieden) und mit der Leitung (25,4% teilweise zufrieden).

Berufsgruppenspezifisch zeigt sich eine hohe Zufriedenheit der Pflegekräfte bezüglich der Zusammenarbeit mit den Pädagogen und Pädagoginnen. Von den Pflegekräften gab die Mehrzahl an zufrieden oder sehr zufrieden mit der Zusammenarbeit mit der anderen Berufsgruppe zu sein.

Bedeutsam ist in diesem Zusammenhang auch die Frage nach einer kritik- und fehlerfreundlichen Kultur in den Kinderhospizen. Können die Mitarbeiter/innen Kritik offen im Team äußern und erfahren sie Rückhalt und Stärke durch das Team?

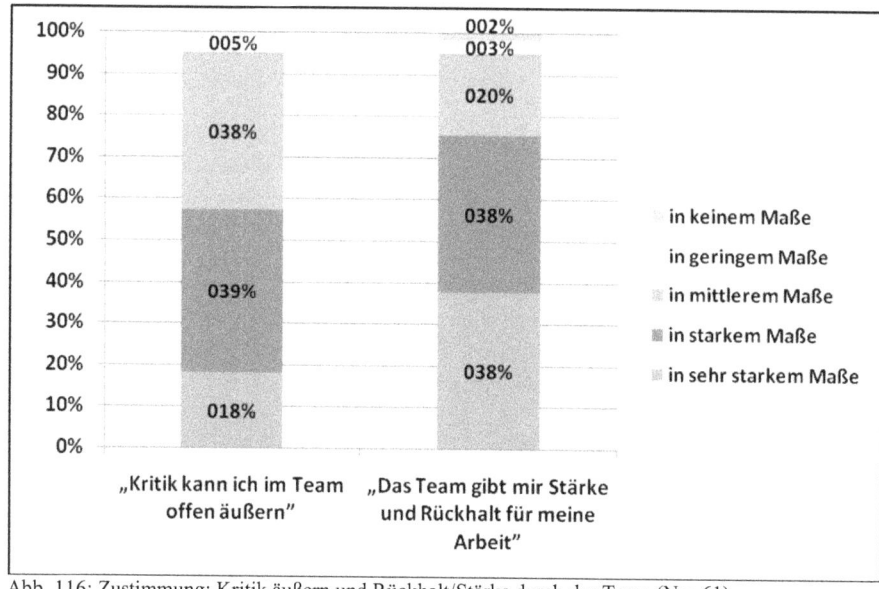

Abb. 116: Zustimmung: Kritik äußern und Rückhalt/Stärke durch das Team (N = 61)

387

Es zeigt sich, dass Kritik im Rahmen des Teams nicht von allen Mitarbeitenden offen angesprochen werden kann. 39,3% der Befragten geben an, dass sie Kritik „in starkem Maße" offen äußern können, wohingegen mehr als ein Drittel der Probanden (37,7%) dies nur „in mittlerem Maße" tun kann. 4,9% gaben an, Kritik nicht offen äußern zu können.[146] Das Team gibt den meisten Probanden „in sehr starkem und in starkem Maße" (zusammen nahezu 80%) Stärke und Rückhalt für ihre Arbeit und stellt somit eine bedeutende berufsbezogene Ressource dar.[147] Gerade im Hinblick auf als problematisch und belastend erlebte Aufgabenbereiche in sozialen Arbeitsfeldern ist als Nutzen von Teamarbeit der social support (vgl. Schwarzer/Leppin 1989) anzuführen, der den einzelnen Fachkräften Rückhalt, Hilfe und die Möglichkeit des Austausches und der wechselseitigen Reflexion bietet. Dieser social support scheint in den hier erfassten Kinderhospizen in einem hohen Maße ausgeprägt.

Kooperation mit anderen Institutionen und Fachkräften
Familien mit lebensverkürzend erkrankten Kindern benötigen für ihre Entlastung und Unterstützung häufig mehr Hilfsangebote als sie die Begleitung durch ein stationäres Kinderhospiz bieten kann. Folglich ist die Vernetzung und Kooperation mit anderen Institutionen, Fachkräften und Diensten von großer Relevanz (vgl. Schulte/Köster/Tessmer 2006, 42f.; vgl. Kap. II 5).
Diese Kooperationen sind im Kontext der Pädiatrischen Palliative Care sehr facettenreich. Es findet unter anderem, laut Aussage der IP B, ein reger Austausch mit Kliniken, Kinderärzten, Selbsthilfegruppen, Kinderkrankenpflegediensten und ambulanten Kinderhospizdiensten statt.

„Kliniken, Kinderärzte, Selbsthilfegruppen, andere Vereine, Kinderkrankenpflegedienste, Kranken-Pflegedienste, Hospizdienste, ganz viel. Also, wenn man dann mal sieht, wer ist eigentlich alles bei der Betreuung oder Begleitung einer Familie involviert, dann sind wir natürlich andockmäßig oft in anderen Bereichen oder mit den anderen auch in Kontakt, mit dem Jugendamt, SPZ, also Sozialpädiatrischer Dienst. Das kommt immer darauf an, wo kommen die eigentlich her und mit wem haben die Kontakte. Krankenkassen, ganz viel." (Interview B, Abs. 77)

„Wir arbeiten mit einem Seelsorger immer zusammen, der halt, wenn wir ihn rufen, zu einer Krankensalbung oder wenn die Eltern einfach eine Betreuung brauchen, dass wir den rufen können und dass der dann mal kommt." (Interview E, Abs. 101)

Weiterhin wird die enge Zusammenarbeit mit Schmerztherapeuten erwähnt.

„Ja und wir arbeiten halt hier viel mit einer Schmerztherapeutin zusammen (...)." (Interview E, Abs. 111)

Diese Aussage weist auf die Bedeutsamkeit der Kooperation mit Kinderpalliativzentren und Palliativstationen an Kliniken hin, da die Schmerztherapie einen wichtigen Bestandteil der Kinderpalliativmedizin darstellt und durch diese eine höhere Lebensqualität der progredient erkrankten Kinder auch im Kinderhospiz möglich ist.
Kinderhospize sind Bestandteil eines interdisziplinären Netzwerkes, das sich aus verschiedenen Institutionen zusammensetzt, die in die Begleitung von Familien mit lebensverkürzend erkrankten Kindern involviert sind. Aufgabe einer Kinderhospizleitung ist es, die Kooperation mit den Institutionen des interdisziplinären Netzwerkes zu initiieren, zu pflegen und auszubauen.

Die Angaben der Probanden der Fragebogenerhebung zeigen die Mannigfaltigkeit der Kooperationsformen der Kinderhospize mit Institutionen und Fachkräfte auf.

---

[146] Die Spannweite (3) und die Varianz ($s^2 = 0,678$) weisen auf ein uneinheitliches Meinungsbild der Probanden hin.
[147] (Median/Md = 2; Spannweite = 3).

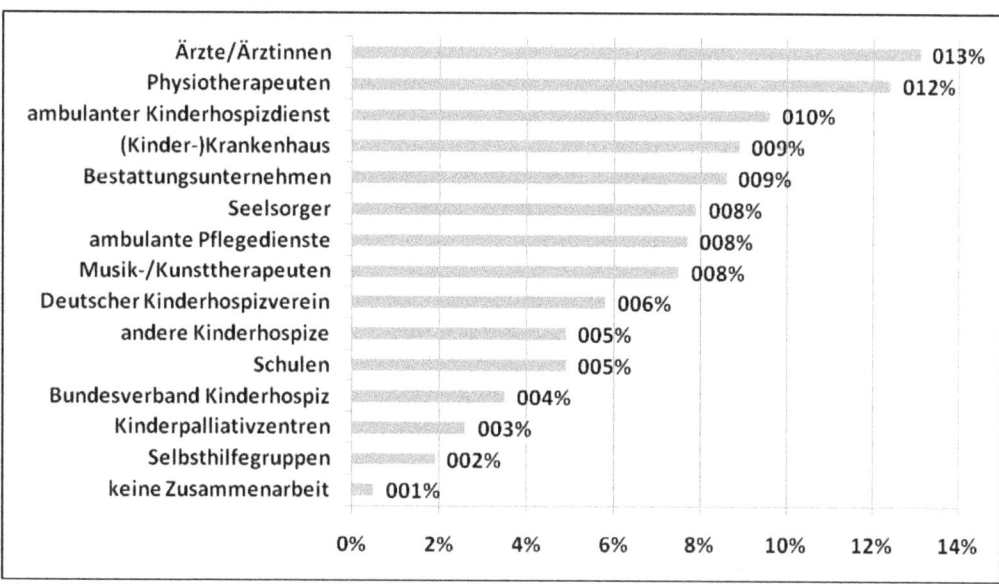

Abb. 117: Kooperationspartner von Kinderhospizen (N = 60)

Die Probanden geben an, dass das Kinderhospiz mit vielen anderen Personen und Einrichtungen kooperiert. Der überwiegende Teil der Kooperationen lässt sich in medizinisch-pflegerischen und therapeutischen Bereichen verorten (Ärzte/Ärztinnen: 13,1%; (Kinder-) Krankenhaus: 8,9%; ambulante Pflegedienste: 7,7%). Des Weiteren kooperieren die Kinderhospize mit dem Deutschen Kinderhospizverein (5,8%) und dem Bundesverband Kinderhospiz (3,5%) sowie mit ambulanten Kinderhospizdiensten (9,6%). Eine Kooperation mit Schulen nannten nur 4,9% der Befragten.

Die Vielfältigkeit der Kooperationen ist als positiv zu bewerten, da Kinderhospize ihrem Anspruch, Bestandteil des Netzwerkes für Familien mit lebensverkürzend erkrankten Kindern zu sein, weitgehend gerecht zu werden scheinen.

Zusammenfassung

Die Ergebnisse der Studie zeigen, dass in der Zusammenarbeit im Team unter den Mitarbeitern und Mitarbeiterinnen mit denselben Tätigkeitsbereichen, wie z.B. den Pflegekräften, ein besonders intensiver und regelmäßiger Austausch stattfindet und dass sich Spannungen in der Zusammenarbeit mit Mitarbeitenden anderer Professionen ergeben können. So wird die Zusammenarbeit von Pflege und Pädagogik von einigen Fachkräften als ein „Grundkonflikt" bezeichnet. Andere Mitarbeitende sehen hingegen in der Kooperation der beiden Professionen eine Bereicherung für die umfassende interdisziplinäre Begleitung der progredient erkrankten Kinder und ihrer Familien. Im Sinne von Klauß ist für die Abkehr von einem konträren hin zu einem dialektischen Verhältnis der Bereiche Pflege und Pädagogik in der Begleitung der progredient erkrankten Kinder und Jugendlichen sowie ihrer Familien zu plädieren. Pflege ist Voraussetzung für Pädagogik und umgekehrt (vgl. Klauß 2003, 48ff.). Es sollten daher in den Einrichtungen adäquate strukturelle Voraussetzungen für den professionsübergreifenden Austausch geschaffen werden, der die von den Mitarbeitenden benannten Schwierigkeiten aufgreifen und reduzieren kann.

Eine leichte Tendenz zur Unzufriedenheit zeigt sich ferner in der Zusammenarbeit mit den Ehrenamtlichen. Es wird die von Hinse postulierte Annahme bestätigt, dass die Zusammenarbeit von Haupt- und Ehrenamtlichen in hospizlichen Feldern spannungsvoll sein kann. Hier kann an einen offenen Diskurs in der Kinderhospizarbeit appelliert werden, der dazu beitragen soll, die Zusammenarbeit von Haupt- und Ehrenamtlichen zu etablieren und weiterzuentwickeln, da diese bereichernde Aspekte für die Begleitung Sterbender entfalten kann. Es zeigt sich des Weiteren, dass auch ungelerntes Personal in der Begleitung der erkrankten Kinder und Jugendlichen eingesetzt wird. Dieser Aspekt ist im Hinblick auf die Notwendigkeit einer fachkompetenten adäquaten Begleitung der progredient erkrankten Kinder und Jugendlichen zumindest in Frage zu stellen.

Der Aspekt der Kooperation der Kinderhospize und der Mitarbeitenden mit anderen Institutionen und Personen wird von den Probanden als sehr bedeutsam erachtet und scheint aufgrund der vorliegenden Daten auch bereits recht ausdifferenziert zu sein, da die Probanden vielfältige Angaben zu bestehenden externen Kooperationen machen. Stationäre Kinderhospize sind somit schon etablierter Bestandteil des Netzwerkes der Institutionen, die Familien mit lebensverkürzend erkrankten Kindern begleiten.

G Fort- und Weiterbildungen

Regelmäßige Fort- und Weiterbildungen tragen zur Professionalität der Mitarbeitenden und demnach auch der Kinderhospizarbeit als solche bei. Sie bieten den dort tätigen Fachkräften die Möglichkeit sich weiterzuentwickeln und weiterzuqualifizieren (vgl. Pörtner 2005a, 83; vgl. Kap. II 5).

Die qualitativen Daten zeigen, dass in einigen Kinderhospizen großer Wert auf die regelmäßige Fort- und Weiterbildung der Mitarbeiter und Mitarbeiterinnen gelegt wird. Den Fachkräften steht dafür ein vielfältiges Qualifizierungsangebot zur Verfügung.

"Ganz viel. Also da legt das Haus ganz viel Wert drauf, da gibt es ein ziemlich hohes Budget auch für. Es werden so nach und nach alle, zumindestens die Schwestern, ich kann jetzt nur aus meinem Bereich erzählen, aus der Pflege, zu der Fortbildung Pädiatrische Palliative Care, Palliativversorgung, geschickt. Da sind inzwischen schon so fünf oder sechs Leute, so nach und nach werden die dahin geschickt. Dann habe ich unter anderem über Heimbeatmung eine Weiterqualifizierung bekommen. Unsere Pädagogen haben als Trauerbegleitung eine Fortbildung oder Weiterqualifizierung gemacht. Selbst die Küche war schon auf irgendwelchen Kursen, so was wie Tagungen." (Interview F, Abs. 52)

"Haben wir auch, z.B. wir haben halt verschiedene Fortbildungsmöglichkeiten (...) und wir setzen viel auf interne Fortbildungen. Dass die, die sich fortgebildet haben, noch mal was zusammenstellen und dann die Mitarbeiter auch noch mal fortbilden können." (Interview E, Abs .73)

Die Fort- und Weiterbildung kann sowohl intern durch Angebote des Kinderhospizes als auch extern durch Experten erfolgen. IP E schildert die Möglichkeit der internen Fortbildung, die in ihrem Kinderhospiz genutzt wird. Diese beinhaltet die Weitervermittlung der Erkenntnisse aus Fort- und Weiterbildungen an andere Mitarbeiter und Mitarbeiterinnen in Form von eintägigen internen Workshops Die Fort- und Weiterbildungen sind zum Teil verpflichtend, es bestehen aber auch freiwillig zu nutzende Angebote. Die freiwilligen Fortbildungen können je nach Interesse von den Mitarbeiter/innen selbst ausgesucht und besucht werden.

"(...) Also wir haben ein paar Fortbildungen, die sind einfach verpflichtend, jedes Jahr, wie Hygiene, Brandschutzübungen und, und, und. Reanimation z.B. wird jedes Jahr wiederholt und manche sind nicht unbedingt verpflichtend, aber eigentlich nehmen trotzdem alle dran teil, weil's halt schön ist, in dem Rahmen zu arbeiten, und dann werden halt verschiedene Themen noch mal, wie z.B. ein Jahr war Gesprächsführung, Kommunikation, wie arbeite ich mit Eltern, Kindern und werden halt verschiedene Themen da angegangen." (Interview E, Abs. 71)

Die IP F ist der Meinung, dass Fortbildung ebenso durch die Arbeit selbst erfolgt und nicht nur durch das gezielte Besuchen von Qualifizierungsmaßnahmen möglich wird. In dem Kontakt mit den progredient erkrankten Kindern und Jugendlichen erfolgt z.B. das Kennenlernen von neuen Krankheitsbildern oder Pflegepraktiken.

"Ich glaube, das ist bei jedem neuen Kind, was man hat. Wo man sich weiter entwickelt und wieder was dazu lernt. Und erst mal die Krankheitsbilder an sich. Also hier habe ich Krankheiten kennengelernt, früher hab ich da nicht einmal was von gehört. Auch wirklich so seltene Sachen, so exotische sag ich da mal, wo man noch nicht mal was in einem medizinischen Wörterbuch drüber findet. Wo es dann

heißt, ja da gibt es ja auch weltweit nur fünf Kinder von, die das haben. Auch das Verhalten, immer wieder mit den verschiedenen Eltern und verschiedene Ansprüche, die die haben, verschiedene Vorstellungen und sich jedes Mal wieder neu drauf einlassen. Wie gesagt, diese Fortbildungen an sich, da gibt es auch immer noch Themen, wo ich immer noch gerne hingehen würde. Also ich denke, da könnte man noch so einiges auch aufbauen (...). (Interview F, Abs. 54)

Die Aussagen zeigen, dass die Arbeit mit progredient erkrankten Kindern ein fundiertes Fachwissen über kindliche Todesvorstellungen und Trauerprozesse, Kenntnisse der Entwicklungspsychologie, über das System Familie und die verschiedenen Krankheitsbilder voraussetzt. Die Mitarbeiter und Mitarbeiterinnen in Kinderhospizen sollten sich demnach regelmäßig weiterbilden, um den aktuellen Entwicklungsstand der Kinderhospizarbeit zu kennen und gleichzeitig eine persönlich-fachliche Weiterentwicklung und Qualifizierung für die Arbeit im Kinderhospiz zu erlangen. Die Themenbandbreite potentieller Fort- und Weiterbildung reicht dabei von Basaler Stimulation über Sterbebegleitung bis hin zu Gesprächsführung.

Neben den regulären Fortbildungsangeboten nutzen die Mitarbeiter und Mitarbeiterinnen auch Impulse außerhalb der Arbeit, um sich weiterzuentwickeln, wie z.B. sportliche oder kirchliche Aktivitäten. Hinse nennt diese Impulse Kraftquellen und Erholungsmöglichkeiten, die von Seiten der Kinderhospizleitung ermöglicht werden sollten (vgl. Hinse 2006b, 175ff.). Die Aussagen der Interviewpersonen zeigen die Bedeutsamkeit dieser Kraftquellen, um einen Ausgleich zur kinderhospizlichen Tätigkeit zu schaffen. Für IP C ist der Ausgleich in kirchlichen Aktivitäten zu finden, die ihr Sicherheit geben und Spaß machen.

„Ja, also ich bin kirchlich stark engagiert (...). Da hole ich mir auch eine Menge Anregungen, so und auch es gibt sehr viele Fortbildungsangebote gerade auch im kirchlichen Bereich, die nehme ich jetzt für mich auch oft in Anspruch. Und die geben mir zusätzlich auch Sicherheit hier und machen einfach auch Spaß. (...) Also da gibt es schon einiges, was für mich auch wichtig ist. Außerhalb dieser festgelegten Arbeit." (Interview C, Abs. 82)

IP E macht deutlich, dass sie ihren Ausgleich in sportlichen Aktivitäten findet. Dieser Ausgleich ist für sie wichtig, um sich persönlich weiterzuentwickeln.

„Man nimmt sein Leben bewusster wahr. Und dadurch handelt man auch mit anderen Menschen bewusster und den Ausgleich einfach z.B. im sportlichen Bereich jetzt zwar, ich mach z.B. viel Sport, andere, weiß nicht, machen was anderes, und dadurch einfach den Ausgleich zu kriegen und sich auch, ja, weiterzuentwickeln. Um die Arbeit länger zu machen, muss man sich einfach da weiterentwickeln. (Interview E, Abs. 79)

Die IP D merkt an, dass es auch bedeutsam ist, sich Auszeiten *während* der Arbeit nehmen zu können.

„Das ist einerseits das Fortbildungsangebot wahrzunehmen und es ist auch eine spirituelle Arbeit hier. Es gibt einmal einen intellektuellen Input in Form von einer Fortbildung oder Selbsterfahrung. Oder ich nehme mir mal eine Auszeit und sage, ich brauche jetzt mal was für mich. Da habe ich auch genügend Möglichkeiten. Wichtig ist, dass ich für mich sorge. (Interview D, Abs. 46)

Dass die Fort- und Weiterbildungen ein wichtiger Qualitätsbaustein für die Arbeit in Kinderhospizen sind, veranschaulichen die Angaben der Probanden der Fragebogenerhebung.

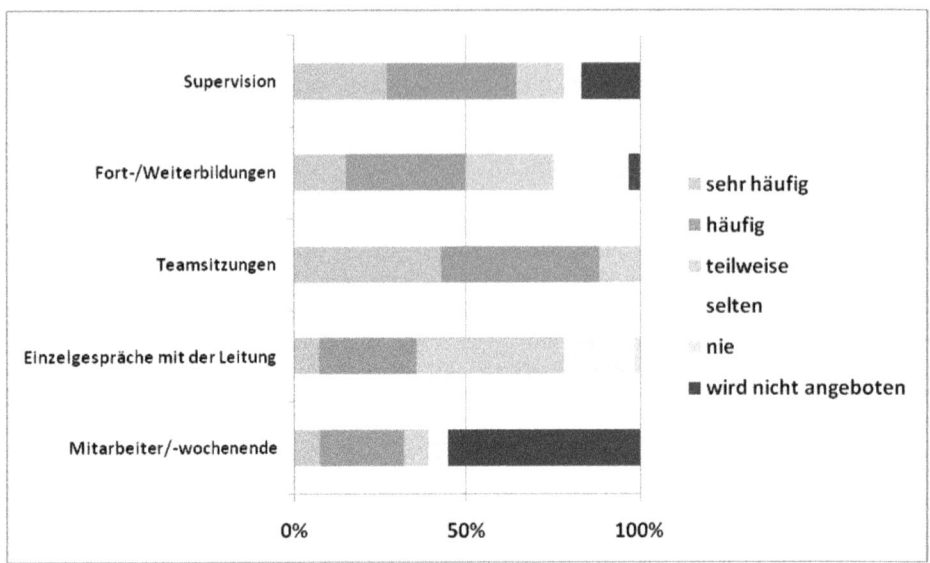

Abb. 118: Häufigkeit der Nutzung von internen Fortbildungsangeboten (N = verschieden)

Für die Probanden stellen insbesondere die Teamsitzungen einen bedeutsamen Rahmen einrichtungsinterner Qualifikation dar, die sie zu 42,6% sehr häufig und zu 45,9% häufig nutzen. Dabei ist anzumerken, dass Teamsitzungen nur dann Fort- und Weiterbildungsangebote sind, wenn sie zur fachlichen Auseinandersetzung genutzt werden. Die Supervision wird von 27,1% sehr häufig und von 37,3% häufig als Qualifizierungsangebot genutzt. Weniger oft gehören Mitarbeiterwochen oder -wochenenden zur Angebotspalette: 55,4% gaben an, dass diese nicht angeboten werden. Einzelgespräche mit der Leitung nutzen die meisten Probanden nur teilweise.

Es kann vermutet werden, dass die Häufigkeit der Nutzung der internen Angebote auch vom Aspekt der Freiwilligkeit abhängt und dass fakultative Angebote weniger häufig wahrgenommen werden als verpflichtende.

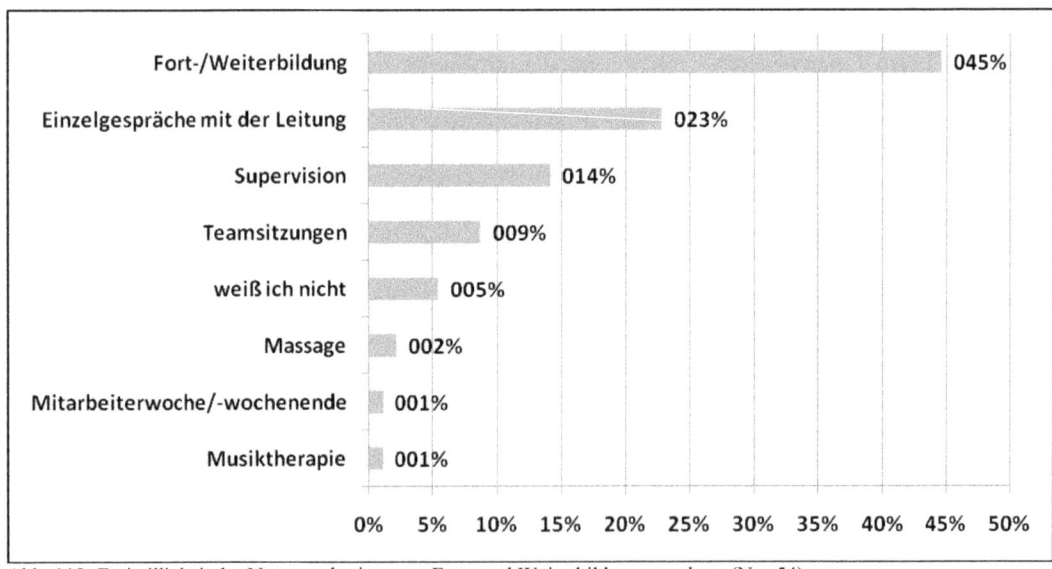

Abb. 119: Freiwilligkeit der Nutzung der internen Fort- und Weiterbildungsangebote (N = 54)

Die Hypothese zur Interdependenz von Freiwilligkeit und Inanspruchnahme von Fortbildungsangeboten wird durch die Angaben der Probanden zur Frage nach der Freiwilligkeit der internen Angebote bestätigt. 44,6% geben an, dass die internen Fort- und Weiterbildungen überwiegend freiwillig sind. Diese werden im Vergleich zu Teamsitzungen, bei denen nur 8,7% angeben, dass sie freiwillig sind, weniger häufig genutzt. Einzelgespräche mit der Leitung sind, so 22,8% der Probanden, ebenfalls ein freiwillig zu wählendes Angebot. Diese werden ebenfalls seltener genutzt als die verpflichtenden Teamsitzungen. Die Supervision wird von 14,1% der Probanden als ein freiwilliges Angebot beschrieben. Es kann also auch hier gefolgert werden, dass es sich um ein eher verpflichtendes internes Angebot handelt, das dementsprechend häufig genutzt wird (siehe Grafik oben). Auch die Mitarbeiterwochenenden scheinen obligatorische Angebote zu sein, da nur 1,1% der Probanden diese als freiwillig bewertet. Diese werden allerdings insgesamt weniger häufig als die verpflichtenden Teamsitzungen und die Supervision genutzt. Dies kann damit begründet werden, dass diese nur in einigen Kinderhospizen angeboten werden.

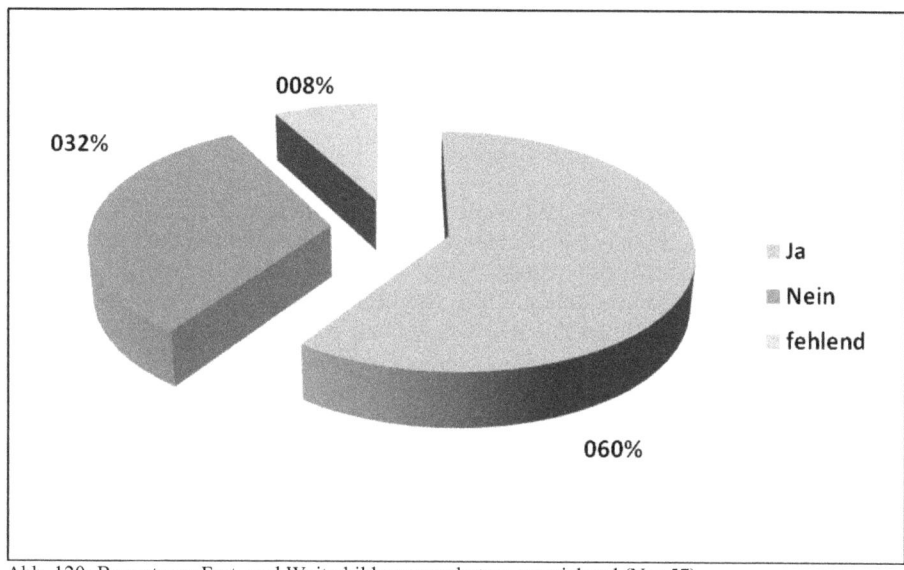

Abb. 120: Bewertung: Fort- und Weiterbildungsangebote = ausreichend (N = 57)

Die Frage, ob die angebotenen Fort- und Weiterbildungsangebote ausreichend sind, bejahten die meisten Probanden (59,7%). Jedoch halten immerhin 32,3% der Befragten die Angebote für nicht ausreichend, was auf qualitative und/oder quantitative Optimierungsmöglichkeiten der Qualifizierung hauptamtlicher Kinderhospizmitarbeiter/innen schließen lässt.

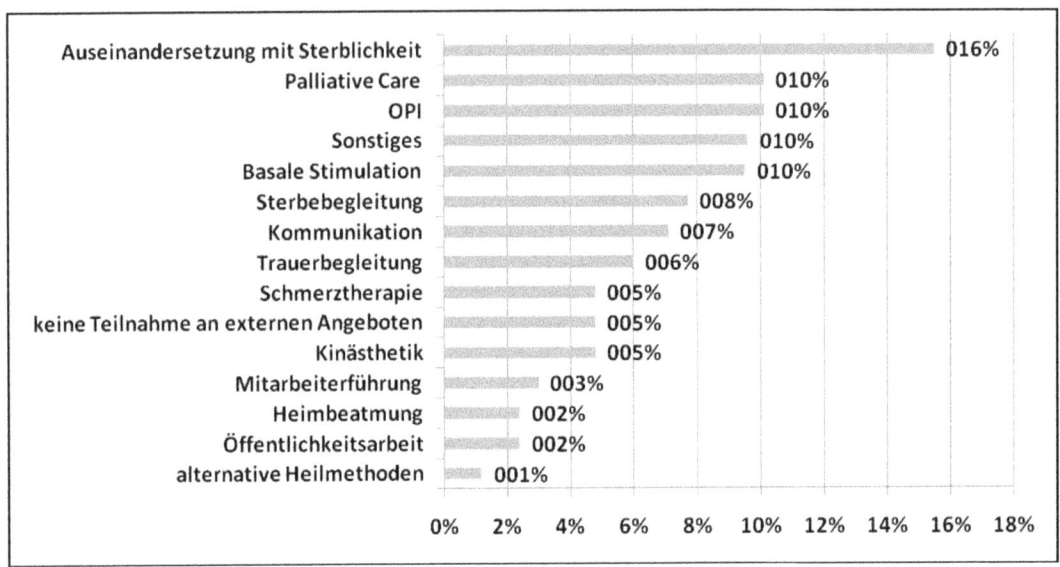

Abb. 121: Themen der besuchten externen Fort- und Weiterbildungsangebote (N = 60)

Die Frage nach dem Besuch der externen Fort- und Weiterbildungsangebote ergibt ein sehr heterogenes Bild. 15,5% der Befragten haben bereits an Fortbildungen zur Auseinandersetzung mit der eigenen Sterblichkeit teilgenommen. Basale Stimulation nannten 9,5%, das OPI-Konzept 10,1%, Palliative Care 10,1%, Schmerztherapie 4,8%, Kommunikation 7,1%, Sterbebegleitung 7,7%, Trauerbegleitung 6%, Mitarbeiterführung 3%, Öffentlichkeitsarbeit 2,4% und alternative Heilmethoden 1,2%. 4,8% der Befragten nutzten bislang keine externen Fort- und Weiterbildungsangebote.

Aus den Angaben kann gefolgert werden, dass es eine große Bandbreite an externen Fort- und Weiterbildungsangeboten für Fachkräfte in Kinderhospizen gibt, die intensiv von diesen unterschiedlich in Anspruch genommen werden. Die Teilnahme an Qualifizierungsmaßnahmen erfolgt wahrscheinlich auf der Grundlage von persönlichem Interesse und beruflichem Background. Es wird deutlich, dass es noch keine einheitliche Fort- und Weiterbildungskonzeption für die Kinderhospizarbeit gibt. Diese könnte die Orientierung und Auswahl für die Mitarbeitenden erheblich erleichtern und würde auch den Kinderhospizleitungen für die Planung der Qualifizierung der Mitarbeiterinnen und Mitarbeiter dienlich sein. Allerdings ist zu vermuten, dass die Bedarfe zu Fortbildungsinhalten auch von den verfügbaren Qualifikationen der Mitarbeitenden des jeweiligen Kinderhospizes abhängig und somit einrichtungsübergreifend deutliche Variationen möglich sind. Es ist herauszustellen, dass Mitarbeitende aller Professionen, die in der Hospiz- und Palliativarbeit tätig sind, Fortbildungen und Zusatzqualifikationen in Palliative Care benötigen, um die lebensverkürzend erkrankten Kinder und Jugendlichen sowie deren Familien angemessen begleiten zu können (vgl. Student/Mühlum/Student 2007, 113f.).

Einige Pflegekräfte haben bereits Palliative Care Fortbildungen absolviert oder aber besuchten (26,7%)[148] diese zum Zeitpunkt der Befragung. Der größte Anteil der Befragten (45%) hat diese bedeutsame Zusatzqualifikation jedoch noch nicht erworben.

---

[148] Es besteht keine Signifikanz (asymptotische Signifikanz = 0,015).

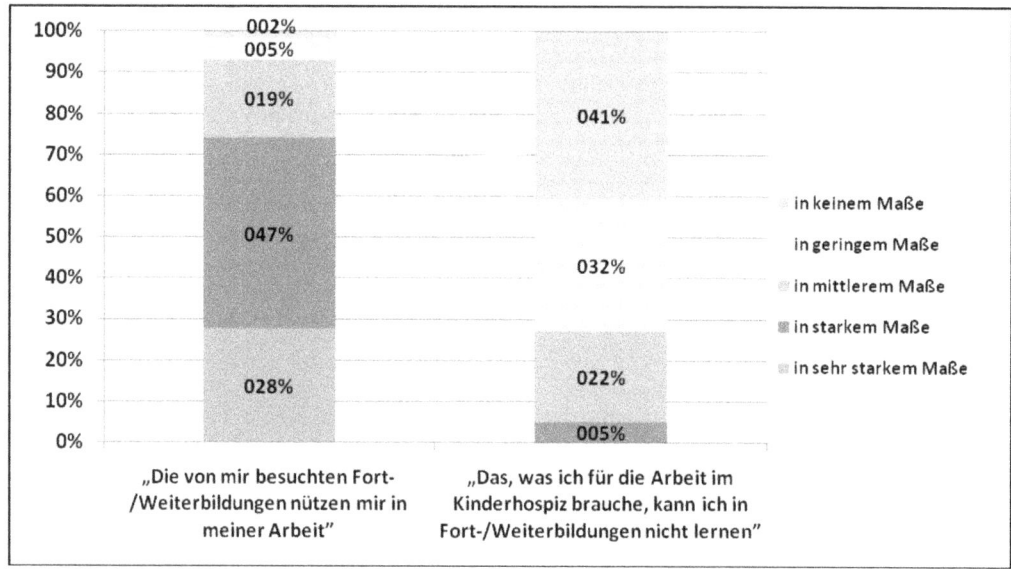

Abb. 122: Bewertung von Fort- und Weiterbildungen (N = 58 und N = 59)

Die besuchten externen Fort- und Weiterbildungen sind den Probanden nach eigener Einschätzung für ihre Arbeit hilfreich. Die meisten Probanden stimmen dieser Aussage „in sehr starkem Maße" (27,59%) und „in starkem Maße" zu (46,55%).

Der Aussage „*Das, was ich für die Arbeit in einem Kinderhospiz brauche, kann ich in Fort- und Weiterbildungen nicht lernen*" stimmen 40,68% „in keinem Maße" zu und 32,2% „in geringem Maße". Nur 22,03% sind der Meinung, dass dies „in mittlerem Maße" zutrifft.[149] Damit geht immerhin fast jede/r dritte Befragte davon aus, dass für die Kinderhospizarbeit vorrangig Kompetenzen benötigt werden, die nicht erlernbar sind. Hier werden insbesondere personale bzw. persönliche Kompetenzen als bedeutsam für die kinderhospizliche Tätigkeit bewertet. Diese Einschätzung impliziert ein nur geringes professionelles Verständnis der eigenen Berufsrolle und bedarf im Hinblick auf Qualifizierung, Professionalisierung und Qualitätsmanagement in der Kinderhospizarbeit weiterer Diskussion. Die Zustimmung der Mehrzahl der Probanden zu der Aussage, dass Fort- und Weiterbildungen für ihre Arbeit hilfreich sind, ist allerdings als Indikator dafür zu bewerten, dass die meisten Probanden einen hohen professionellen Anspruch an ihre Arbeit haben.

Zusammenfassung
Die qualitative und quantitative Erhebung in diesem Themenkomplex zeigen, dass Fort- und Weiterbildungen originäre Bestandteile der beruflichen Tätigkeit in einem Kinderhospiz sind und dazu beizutragen vermögen, die für die Arbeit im Kinderhospiz notwendigen fachlichen Kompetenzen zu erwerben. Das Qualifizierungsangebot trägt demnach mittelbar auch zum Wohlbefinden und der adäquaten Begleitung der progredient erkrankten Kinder und deren Familien bei, da die Fachkräfte durch dieses die für die Arbeit im Kinderhospiz notwendigen Kompetenzen kontinuierlich sichern und erweitern.
Das von den Kinderhospizen bereitgestellte Weiterbildungsangebot ist inhaltlich sehr vielfältig. Die Teilnahme an den Maßnahmen ist zum Teil verpflichtend, es sind aber auch freiwillig nutzbare Angebote verfügbar. Die Mitarbeitenden können in Absprache mit dem Team interessengeleitete Fort- und Weiterbildungen auswählen. Diese Form der Qualifikation erfolgt überwiegend fach- bzw. berufsspezifisch. Als ein Beispiel ist hier die Teilnahme der befragten Fachkräfte an Fortbildungen zur Palliative Care zu nennen. An dieser nehmen ausschließlich Pflegekräfte teil.
Die Fort- und Weiterbildung erfolgt laut Aussage der Interviewpersonen nicht nur durch den Besuch von Fortbildungen und Seminaren, sondern auch durch den alltäglichen Umgang mit den progredient

---

[149] Darauf weisen auch der Median/Md = 4 und die große Spannweite (4) hin.

erkrankten Kindern selbst und deren Eltern. An dieser Stelle stellt sich die Frage, ob durch eine solche Annahme die Bedeutung von Fort- und Weiterbildungsangeboten nicht in Frage gestellt wird. Die Mehrzahl der Probanden ist jedoch der Meinung, dass die Fort- und Weiterbildungsangebote für ihre Arbeit hilfreich sind. Dies ist als Indikator dafür zu sehen, dass die meisten Probanden einen hohen professionellen Anspruch an ihre Arbeit haben.

Impulse aus dem privaten Kontext der Befragten, wie z.B. sportliche oder kirchliche Aktivitäten, werden für die persönliche Weiterentwicklung ebenfalls als bedeutsam eingeschätzt. Nicht erwähnt wird von den Interviewpersonen die Schulung der so genannten Schlüsselkompetenzen. Diese werden eher als personale Eigenschaften vorausgesetzt, wobei bei einem Teil der Befragten kein Bewusstsein für die Tatsache vorzuliegen scheint, dass diese im Sinne eines lebenslangen Professionalisierungsprozesses durch gezielte Fort- und Weiterbildungen weiterentwickelt und gefestigt werden müssen.

H Öffentlichkeitsarbeit

Die Öffentlichkeitsarbeit hat für die Kinderhospizbewegung eine große Bedeutung, da die laufenden Kosten nur durch ein immenses Spendenaufkommen refinanziert werden können. Die Öffentlichkeitsarbeit kann auf vielen Wegen erfolgen. Hinse benennt als zentrale Formen kinderhospizlicher Öffentlichkeitsarbeit die persönliche Kommunikation von Mensch zu Mensch, die Gruppenkommunikation in Veranstaltungen und die öffentliche Kommunikation über verschiedene Medien (vgl. Hinse 2006d, 245ff.).

Laut Aussage der IP C bedeutet Öffentlichkeitsarbeit für sie einerseits, um Spenden zu werben, und andererseits, die Arbeit der Kinderhospize transparent zu machen, da ein großer Aufklärungsbedarf in der Gesellschaft besteht. Sie erwähnt als Beispiel, dass das Konzept der Kinderhospizarbeit häufig fälschlicherweise mit dem der Erwachsenenhospize gleichgesetzt wird.

„Ja eine ganz immens. Also zum einen Mal sichert Öffentlichkeitsarbeit unsere Existenz. Wir brauchen einfach Spenden, um die Arbeit aufrechterhalten zu können. Das ist das eine, und das andere ist aber auch, dass möglichst viele Familien hier zu uns finden und da denk ich, sind wir alle gefordert und alle gefragt, auch in der Öffentlichkeit deutlich zu machen: Hier, hey wir sind ein Kinderhospiz und wir haben ganz andere, eine ganz andere Arbeitsweise als in einem Erwachsenenhospiz. Das wird nämlich oft noch sehr vermischt und sehr vermengt, und es ist oft auch der Grund, dass Eltern nicht rechtzeitig zu uns kommen. Und da spielt die Öffentlichkeitsarbeit einfach eine ganz wesentliche Rolle. Aus dem Grund bieten wir auch die Seminare an, weil da Fachleute sitzen, die mit betroffenen Eltern auch ganz konkret zu tun haben." (Interview C, Abs. 96)

Eine Aufgabe der Öffentlichkeitsarbeit von Kinderhospizen ist, neben dem Aspekt der Finanzierung, die politische und gesellschaftliche Akzeptanz für die Kinderhospizarbeit zu erhöhen, damit Betroffene über die Angebote der Kinderhospize schneller und besser informiert werden können (vgl. Kraft 2005, 61). Die IP B stellt vor allem die Qualität der Kinderhospizarbeit als bedeutsames Kriterium für die Öffentlichkeitsarbeit heraus, das dann in der Öffentlichkeit präsentiert werden kann. Das Kinderhospiz der IP B nutzt für diese Zwecke einen Medienberater. Die IP B spricht zudem die Bedeutung der Öffentlichkeitsarbeit für die gesellschaftliche Aufklärung an, da die Aspekte Kindheit und Tod sowie Tod im Allgemeinen Tabuthemen in unserer Gesellschaft darstelle.

„Fürs Kinderhospiz ist die Öffentlichkeitsarbeit ganz wichtig, weil wir einen ganz großen Teil unserer Finanzierung über Spenden machen und dann müssen wir dafür immer ganz ganz viel tun. Beste Öffentlichkeitsarbeit ist, glaube ich, dass wir hier eine gute Arbeit machen, das ist die allerallerbeste Öffentlichkeitsarbeit, weil sich das auch rumspricht. Aber heißt natürlich auch, dass wir immer wieder Ideen entwickeln müssen, wie geben wir das, was wir hier tun dann nachher (weiter)? Wie bleibt es nicht nur hinter diesen Mauern, sondern wie geht es nach draußen? Und dafür haben wir einen Medienberater, der uns da immer wieder auf die Füße tritt oder mit neuen Ideen kommt oder sagt: Hallo, habt ihr mal wieder eine Geschichte für mich? Was einfach auch heißt, dass wir Familien brauchen, die die Arbeit mittragen. Die zu Interviews bereit sind, die sagen, wie geht es ihnen als Familie. (...) Aber was noch ein ganz wichtiger Aspekt ist, ist die Öffentlichkeit, über die Situation von Familien

aufzuklären. Und damit einen anderen Umgang letztendlich zu initiieren. Wie geht man im Umgang mit Tod und Sterben von Kindern um? Nicht nur von Kindern, sondern auch von Menschen überhaupt. Und wie kann man als Gesellschaft auch anders darauf eingehen? Das ist schon ein gesellschaftlicher Auftrag, ganz klar, den wir uns aber selber auch gestellt haben. Das Kinderhospiz ist eine unglaubliche Herausforderung für die Leute, weil damit deutlich wird, dass Kinder sterben. Was in unserer Gesellschaft nicht so deutlich war, bisher." (Interview B, Abs. 79)

Die Interviewpersonen wurden auch bezüglich der Reaktionen befragt, die ihnen in der Öffentlichkeit begegnen, wenn sie von ihrer Arbeit berichten. Die IP E spricht davon, dass ein falsches Bild in der Öffentlichkeit von Kinderhospizen bestehe. Dieses könne durch Öffentlichkeitsarbeit, wie beispielsweise einen Tag der offenen Tür und themenspezifische Filme, abgebaut werden.

„(...) Und als erstes, wo ich Kinderkrankenschwester geworden bin, ging's erst immer so, oh nein, wie kannst du nur? Dann hat sich das gelegt, dann hab ich im Kinderhospiz angefangen: Um Gottes Willen wie kannst du nur? Man versucht schon irgendwann oder irgendwie denen beizubringen, was das eigentlich für eine Arbeit. Kommt doch mal am Tag der offenen Tür vorbei. Mittlerweile waren ja auch schon viel mehrere Filme im Fernsehen, dass ich schon mal gesagt hab, guckt euch das einfach mal an, das ist gar nicht so wie ihr denkt (...)." (Interview E, Abs. 91)

Die IP B schildert, dass die Reaktionen der Öffentlichkeit häufig sehr positiv und interessiert sind. Sie begründet das damit, dass es ihrem Kinderhospiz bereits gelungen ist, die Hemmschwelle durch Öffentlichkeitsarbeit abzubauen und die Menschen dazu bewegt werden, sich von der Arbeit vor Ort selbst zu überzeugen.

„Ich sag mal so, wenn wir irgendwo eingeladen sind und Vorträge halten, sehr positiv, sehr interessiert. Auch im Allgemeinen, immer wieder, wenn wir Tag der offenen Tür haben, dann strömen immer wieder ganz viele Menschen hierher. Die sich das angucken, die sich über die Arbeit informieren lassen wollen. Ich immer noch mit dem Phänomen, was zieht so viele Menschen hier her, wo es doch eher ein Ort ist, wo die Schwelle relativ hoch ist. Aber wir haben es, glaube ich, geschafft, mit unserer Öffentlichkeitsarbeit die Schwelle relativ niedrig zu halten und diese Menschen eher zu animieren, schaut es euch doch mal an, wie auch der Umgang mit Tod und Sterben sein kann (...)." (Interview B, Abs. 81)

Die Aussagen der IP C und D zeigen, dass sich die Reaktion in der Öffentlichkeit häufig durch ein Bedauern oder auch Unverständnis auszeichnen. Dann liegt es an dem Mitarbeiter/der Mitarbeiterin, die Personen über die Arbeit im Kinderhospiz aufzuklären und zu schildern, was diese tatsächlich kennzeichnet.

„Also, das ist meistens so da, wenn ich mich irgendwo vorstelle, ich arbeite im Kinderhospiz, dann merk ich wie so ein Erschrecken erstmal über die Gesichter geht und oft ist dann spätestens in den Pausen: Sie arbeiten im Kinderhospiz und dann auch schon so lange. Da werd ich bedauert! Dass ich es mir antue, diese schwere Arbeit zu tun und da sag ich dann immer sehr vehement, Moment, also sie müssen mich nicht bedauern. Ich mach das freiwillig. Mich hat niemand gezwungen, im Kinderhospiz zu arbeiten und ich mach das gerne. Es ist eine sehr schöne Arbeit, und dann kann das gar keiner verstehen, dass ich die Arbeit im Kinderhospiz als eine sehr schöne Arbeit bezeichne. Ja, aber da sterben doch Kinder, da haben Sie doch mit trauernden Menschen zu tun. Und dann sag ich: Ja, trotzdem ist es eine sehr schöne Arbeit, die sehr bereichernd ist." (Interview C, Abs. 100)

Die IP C und D schildern in ihren Aussagen auch eigene Beweggründe, im Kinderhospiz zu arbeiten. Die Arbeit wird von ihnen als bereichernd und schön empfunden und der Arbeitsplatz Kinderhospiz als ein ganz besonderer beschrieben.

„Das ist immer, dass Öffentliche viel Interesse haben. Im Privaten erlebe ich das immer so dieses: Was, da arbeitest du? Das könnte ich nie. Das ist so, dass ich das ganz oft einfach erlebe und wenn ich dann ein bisschen erzähle, dann ist es ganz oft so, dass immer noch viel Aufklärungsarbeit nötig ist, das Konzept der Kinderhospizarbeit zu erklären. Die Vorstellung ist, da sterben dauernd Kinder und das ist nicht so. Und wenn ich dann ein bisschen erzähle, was eigentlich meine Arbeit ist und dass wir hier auch viele schöne Momente miteinander teilen. Dass es eigentlich darum geht, das Leben miteinander zu teilen, dann relativiert sich das auch. Es ist mir schon bewusst, es ist auch ein besonderer Arbeitsplatz und es hat was Schönes und manchmal hat es auch ja. Es ist gut so." (Interview D, Abs. 62)

Die Reaktionen der Öffentlichkeit können mit dem Unwissen oder den teilweise inkorrekten Annahmen über Kinderhospizarbeit gedeutet werden und spiegeln das in der Gesellschaft vorhandene Bild über Kinderhospize sowie den Umgang mit dem Thema Kindheit und Tod wider. Dieses ist zum einen von dem Gedanken an ein „Sterbehaus" für die letzte Lebensphase der progredient erkrankten Kinder und zum anderen durch die grundsätzliche Tabuisierung des diadischen Verhältnisses von Kindheit und Tod geprägt.

Zusammenfassung
Die Öffentlichkeitsarbeit ist für die stationären Kinderhospize bedeutsam und überlebenswichtig, da sie sich nach wie vor zu einem hohen Prozentanteil durch Spenden finanzieren. Die Aussagen der Interviewpersonen belegen, dass ein großer Aufklärungsbedarf über die Kinderhospizarbeit in der Öffentlichkeit besteht und dass diese dazu beitragen kann, die politische und gesellschaftliche Akzeptanz der Kinderhospizarbeit in Deutschland zu verbessern.
Die Reaktionen, die den Mitarbeitenden in der Öffentlichkeit entgegengebracht werden, reichen von Unverständnis und Erschrecken über Bewunderung bis hin zu einer Tabuisierung der Arbeit. Daraus ergibt sich als weiterer Auftrag der Kinderhospizarbeit, durch die Öffentlichkeitsarbeit die gesellschaftliche Aufklärung in Bezug auf Krankheit, Sterben und Tod von Kindern voranzutreiben.

I Qualität in der kinderhospizlichen Begleitung
Die Debatte um Qualität und die damit einhergehenden Forderungen nach Qualitätsmanagement sind auch für Kinderhospize von Relevanz, da dies von Politik und Kostenträgern seit den 1990er-Jahren für sämtliche Bereiche des Sozial- und Gesundheitswesens erwartet wird (vgl. Kap. II 6).

Die Angaben der Probanden weisen darauf hin, dass sich die Kinderhospizarbeit mit diesem Thema bereits auseinandergesetzt hat bzw. sich aktuell damit beschäftigt.

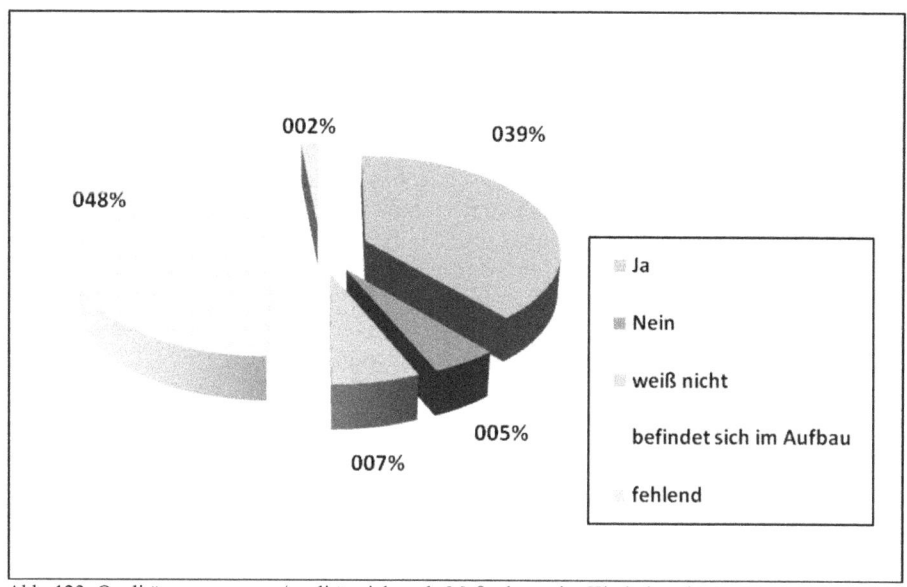

Abb. 123: Qualitätsmanagement/qualitätssichernde Maßnahmen im Kinderhospiz (N = 61)

Fast 40% der Probanden geben an, dass es Formen von Qualitätssicherung und -management bereits in ihrer Einrichtung gibt. Bei 48,4% der Befragten befinden sich diese Themen noch im Aufbau, 6,5% können hierzu keine Angaben machen, und 4,8% verneinten diese Frage.

Es kann daraus gefolgert werden, dass die meisten Kinderhospize den Forderungen, sich mit der Frage der Qualität und dem damit verbundenen Einsatz qualitätssichernder Maßnahmen und Konzepte auseinanderzusetzen, bereits nachgekommen sind oder sich in einem Prozess der Auseinandersetzung befinden.

Bedeutsam ist bei der Einführung von qualitätssichernden Maßnahmen immer auch die Einstellung der Mitarbeitenden in der jeweiligen Institution. Die Angaben der Probanden weisen darauf hin, dass die Mitarbeitenden in Kinderhospizen demgegenüber überwiegend geringe Vorbehalte haben.

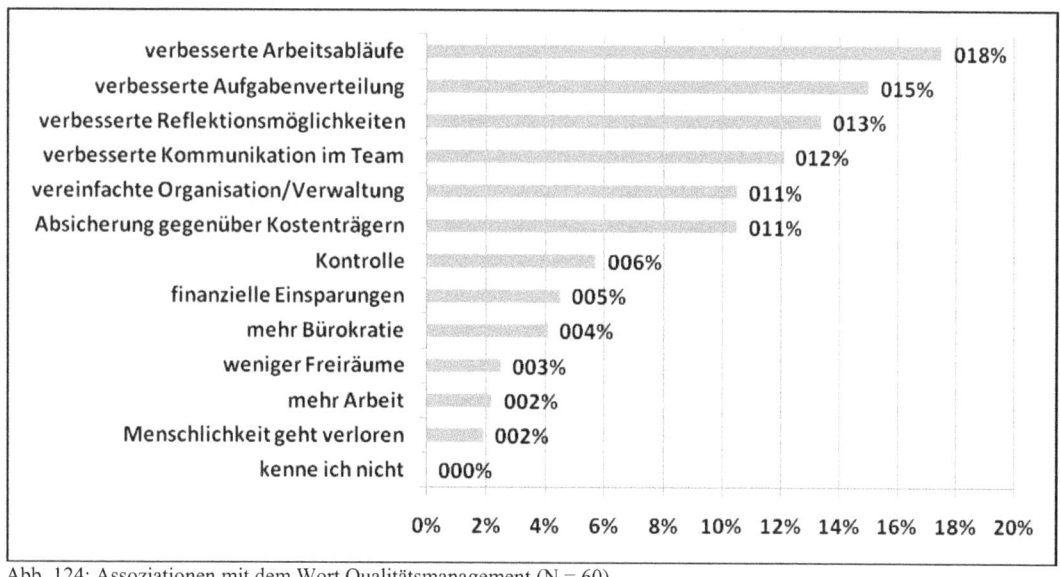

Abb. 124: Assoziationen mit dem Wort Qualitätsmanagement (N = 60)

Die Angaben der Probanden zeigen, dass nur in geringem Maße Vorbehalte bzgl. des Qualitätsmanagements in Kinderhospizen existieren. Es wurden viele positive Aspekte genannt, die mit Qualitätsmanagement konnotiert werden. So erhoffen sich einige Mitarbeitende verbesserte Arbeitsabläufe (17,5%) und eine optimierte Aufgabenverteilung (15%). Dass Qualitätsmanagement zur Absicherung gegenüber den Kostenträgern dienen soll, meinen 10,5% der Befragten. Ebenso viele gehen davon aus, dass es zu einer vereinfachten Organisation/Verwaltung der Einrichtung beitragen kann. 12,1% haben die Hoffnung, dass es zu einer verbesserten Kommunikation im Team führen kann.

Negative Auswirkungen wurden nur von wenigen Probanden genannt. So vermuten 5,7% der Befragten eine stärkere Kontrolle ihrer Arbeit durch qualitätssichernde Maßnahmen, 4,5% befürchten finanzielle Einsparungen, 4,1% mehr Bürokratie und 2,5% weniger Freiräume. 1,9% der Probanden vermuten, dass die Menschlichkeit in ihrer Einrichtung verloren gehen könnte.

Eine weitere Frage, die sich in diesem Zusammenhang stellt, ist, ob sich Qualitätsmanagement mit ethischen Aspekten vereinbaren lässt?

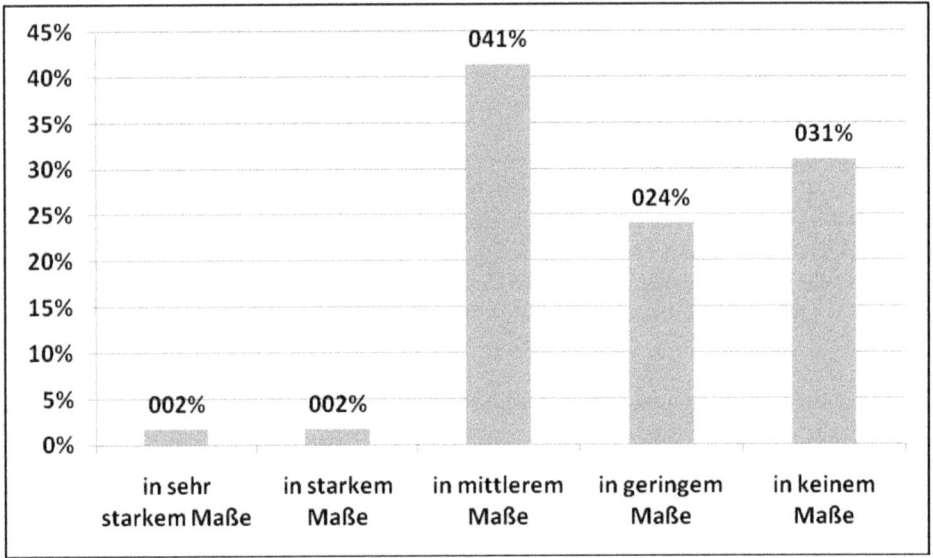

Abb. 125: Widerspruch von Ethik und Qualitätsmanagement (N = 58)

Auch bei diesem Item zeigt sich eine eher positive Haltung gegenüber dem Thema Qualitätsmanagement, da nur 31% angeben, dass dieses sich „in keinem Maße" und 24,1% „in geringem Maße" nicht mit ethischen Aspekten verbinden lässt.

Nach Ansicht der meisten Probanden steht Qualität nicht mit ethischen Aspekten im Widerspruch. Dies ist als ein Indikator für die Bereitschaft der Mehrzahl der Probanden für eine Weiterentwicklung und Qualitätsentwicklung kinderhospizlicher Arbeit zu interpretieren. Außerdem können die Daten als Indiz dafür bewertet werden, dass die professionellen Mitarbeiterinnen und Mitarbeiter Innovationen gegenüber grundsätzlich eher positiv eingestellt sind.

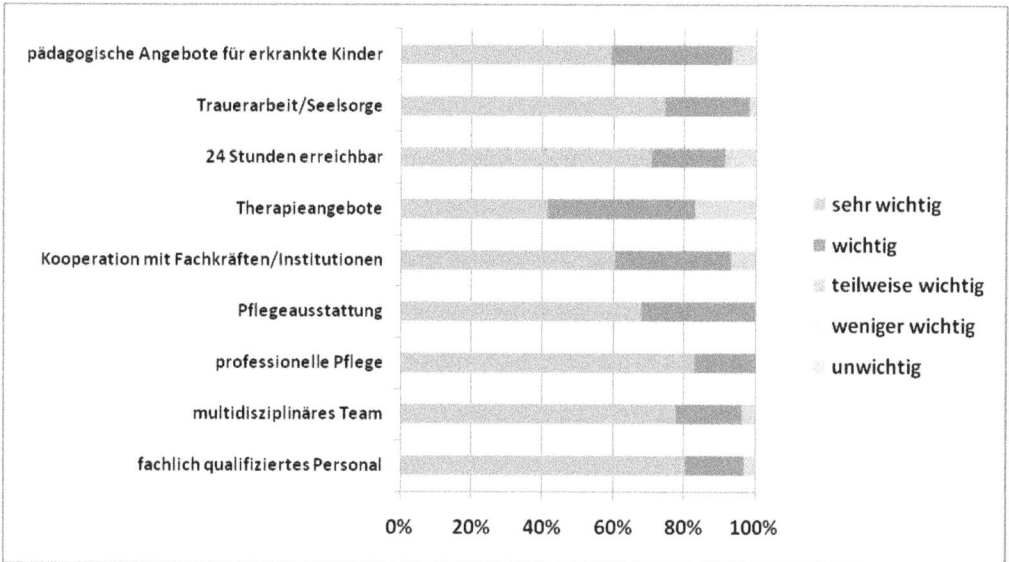

Abb. 126: Leistungs- und Qualitätsmerkmale eines stationären Kinderhospizes I (N = verschieden)

Die Probanden wurden des Weiteren befragt, welche Leistungs- und Qualitätsmerkmale sie für ihre Einrichtung als bedeutsam erachten. Aus dem Diagramm wird ersichtlich, dass alle angegebenen Merkmale als sehr wichtig und wichtig angesehen werden.[150] Von besonderer Bedeutung für die Qualität eines Kinderhospizes sind nach Einschätzung der Befragten eine professionelle Pflege und fachlich qualifiziertes Personal. Aber auch das multidisziplinäre Team und Angebote der Trauerarbeit/Seelsorge scheinen nach Meinung der Probanden wesentliche Leistungs- und Qualitätsmerkmale stationärer Kinderhospize zu sein. Weniger wichtig sind im Vergleich hierzu Therapieangebote und pädagogische Angebote für die erkrankten Kinder und Jugendlichen. Dies ist kritisch zu hinterfragen, da die Therapieangebote und die pädagogische Begleitung der erkrankten Kinder maßgeblich zu deren Wohlbefinden und der Aufrechterhaltung ihrer Lebensqualität beitragen. Im Sinne einer ganzheitlichen Förderung und Begleitung der betroffenen Kinder sollte nicht nur eine professionelle Pflege und fachlich qualifiziertes Personal für diese Pflege bedeutsam sein, sondern die therapeutische und pädagogische Förderung als gleichwertige Elemente in die Begleitung miteinbezogen werden.

---

[150] Die Merkmale wurden im Fragebogen vorgegeben. Es bestand aber auch die Möglichkeit der offenen Antworten.

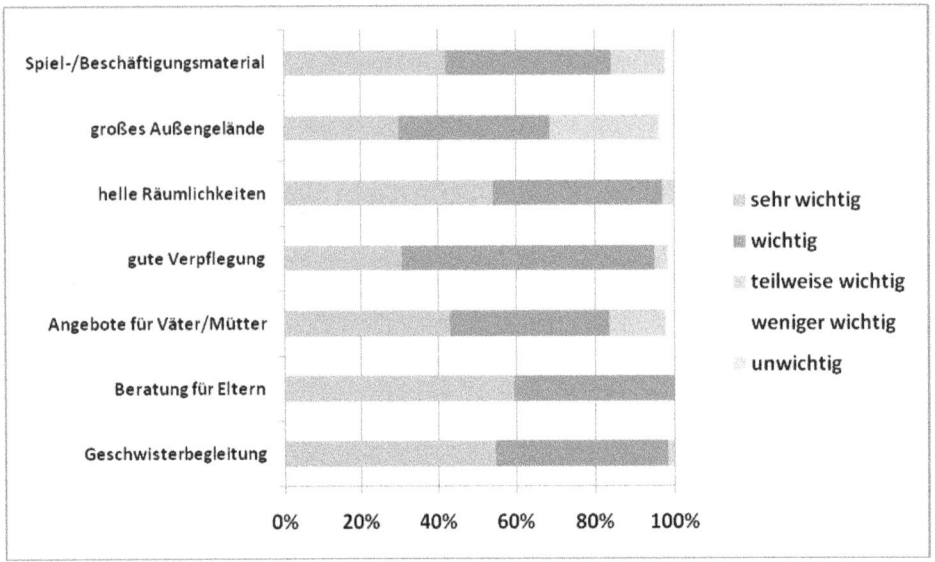

Abb. 127: Leistungs- und Qualitätsmerkmale eines stationären Kinderhospizes II (N = verschieden)

Die Geschwisterbegleitung, die Beratung der Eltern und helle Räumlichkeiten sind für die meisten Probanden wichtige Qualitätsmerkmale eines Kinderhospizes. Weitere Rahmenbedingungen, die der Strukturqualität zugeordnet werden können, wie ein großes Außengelände und eine gute Verpflegung werden als weniger wichtig bewertet.

Es zeigt sich, dass Merkmale der Prozessqualität als wesentlich bedeutsamer eingeschätzt werden als die der Strukturqualität der Einrichtung. Zudem werden die geschlechtsspezifischen Angebote im Vergleich zu den anderen Qualitätsmerkmalen als weniger bedeutsam erachtet.

Zusammenfassung

Die Ergebnisse der quantitativen Erhebung machen deutlich, dass die meisten Probanden dem Thema Qualitätsmanagement und mit diesem einhergehenden Prozessen im Kinderhospiz offen und mit einer positiven Haltung gegenüberstehen. Diese grundlegende Tendenz lässt sich trotz der vorhandenen Befürchtungen feststellen, die sich z.B. auf die Sorge zunehmender Kontrolle und finanzieller Einsparungen beziehen. Qualitätsmanagement steht des Weiteren für die Mehrzahl der Probanden nicht im Widerspruch zu ethischen Aspekten in der kinderhospizlichen Arbeit.

Die wesentlichen Qualitätsmerkmale in der Kinderhospizarbeit werden von der meisten Mitarbeitenden überwiegend mit pflegerischen Tätigkeiten in Verbindung gebracht. Strukturelle Merkmale wie die Räumlichkeiten und Therapieangebote sowie die pädagogische Begleitung werden zwar als bedeutsam, jedoch als deutlich weniger relevant bewertet.

Fazit

Die meisten Probanden sind mit ihrer Arbeit im Kinderhospiz sehr zufrieden und haben wenige Wünsche in Bezug auf Veränderungen oder Verbesserungen der Arbeitssituation. Die vorhandenen Wünsche beziehen sich auf die Arbeitsorganisation, zeitliche Faktoren und eine bessere finanzielle Vergütung.

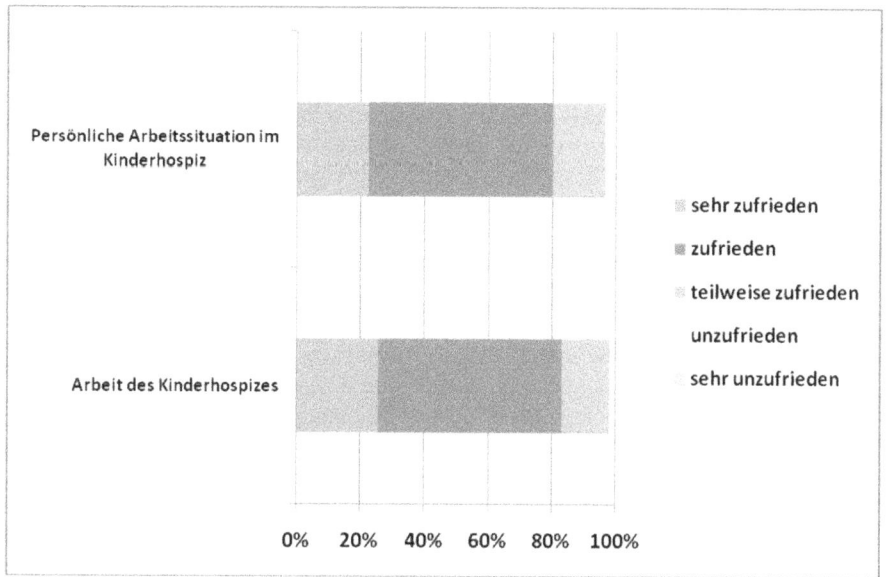

Abb. 128: Zufriedenheit mit der Arbeit des Kinderhospizes und der persönlichen Arbeitssituation (N = 60)

Die meisten Probanden sind mit der grundsätzlichen Arbeit des Kinderhospizes und ihrer persönlichen Arbeitssituation gleichauf zufrieden. Teilweise zufrieden sind nur wenige und unzufrieden nur ein Bruchteil der Probanden. Diese Ergebnisse stehen teilweise im Widerspruch zu den Angaben der doch erheblichen Problem- und Belastungssituationen. Möglicherweise zeigen sie aber auch, dass diese als nicht so gravierend bewertet werden, als dass die Gesamteinschätzung der Arbeitssituation hiervon maßgeblich beeinträchtigt würde.

Von den 16 Probanden, die Wünsche an die Arbeit im Kinderhospiz haben, gaben sechs an, keine Wünsche zu haben, sodass nur zehn Probanden überhaupt diesbezügliche Wünsche formuliert haben. Aus der Zusammenfassung dieser Wünsche an die Arbeit des Kinderhospizes zeigen sich erneut die spezifischen Themen der Probanden, die bereits im Kontext der Problem- und Belastungssituationen deutlich wurden. Diese fokussieren vor allem zeitliche Faktoren und die Arbeitsorganisation im Kinderhospiz. Der Wunsch nach einer besseren Vergütung der Arbeit ist kein kinderhospizspezifischer Wunsch, sondern eine für viele Beschäftigte in sozialen und pflegerisch-medizinischen Berufsfeldern eher typische Haltung.

Weitere Verbesserungswünsche der Mitarbeitenden bestehen insbesondere im Hinblick auf:
- Mehr Personal und mehr Zeit für die Begleitung der erkrankten Kinder und Jugendlichen
- Reflexion im Team und mehr Supervision
- Professionelle Hilfen für die Bewältigung von Problem- und Belastungssituationen,
- Fachrichtungsübergreifende Fort- und Weiterbildungen
- Verbesserung in der Zusammenarbeit der Haupt- und Ehrenamtlichen
- Einbeziehung von Pädagogik in die Leistungs- und Qualitätsmerkmale.

2.4 Gruppendiskussion – Diskussion und dialogische Rückkopplung der Zwischenergebnisse
2.4.1 Begründung der Erhebungsmethode *Gruppendiskussion*
Das Forschungsdesign der hier vorgelegten Studie sieht vor, nach den ersten zwei Erhebungsphasen eine Rückkoppelung der bis dahin gewonnenen Erkenntnisse vorzunehmen, um den weiteren Verlauf des Projektes inhaltlich abzusichern. Zu diesem Zweck wurde im Sommer 2008 eine Gruppendiskussion durchgeführt. Sie wurde in enger Anbindung an das Forscher/innenteam im Rahmen einer Diplomarbeit ausgewertet und interpretiert (vgl. Schürmann/Schürmann 2009). Erläuterungen zur Metho-

de finden sich in Kapitel 8 (Methodenkapitel). Die folgenden Ausführungen stützen sich zusammenfassend im Wesentlichen auf die wissenschaftliche Abschlussarbeit von Schürmann und Schürmann (2009).

Die im Rahmen dieses Forschungsprojektes durchgeführte Gruppendiskussion führt die verschiedenen Wahrnehmungen und Sichtweisen der in diesem Feld agierenden Beteiligten zusammen. Es sind hier die Mitarbeiter/innen von stationären Kinderhospizen und die Eltern erkrankter Kinder. Sie beschäftigen sich mit den vorgestellten vom Forschungsteam erhobenen Daten und können sich damit auseinandersetzen. So werden „Konflikt- und Problemfelder, aber auch Einstimmigkeiten und in der Alltagspraxis häufig verborgene Interaktionsmuster deutlich" (Schürmann/Schürmann 2009, 119)

2.4.2 Ziele und Fragestellungen

Die Durchführung der Gruppendiskussion im Kontext des Forschungsvorhabens hatte zwei Ziele: Sie sollte in einem übergeordneten Sinn zur Evaluation der Qualität von Kinderhospizarbeit beitragen. Des Weiteren diente sie der Validierung der in den ersten beiden Erhebungsphasen gewonnenen Daten (vgl. Forschungsdesign).

Die bisherigen Ergebnisse wurden den Teilnehmenden vorgelegt und konnten von ihnen beurteilt werden. Die Teilnehmer/innen stellten dabei einen Querschnitt der zuvor befragten Grundgesamtheit dar. Es waren verschiedene Qualitäten in der Beurteilung zu erwarten (vgl. Lamnek 2005b, 285ff.), die die weiteren Erhebungen und Auswertungen bereichern sollten. Im Sinne des triangulativen Forschungsdesigns wurden so die Ergebnisse rückgekoppelt. Dadurch bestand die Möglichkeit, komplementäre, divergente Befunde und innovative Ergebnisse, die zuvor unberücksichtigt waren, in die Erhebungen einzubinden (vgl. Schürmann/Schürmann 2009, 111).

Darüber hinaus hatten die verschiedenen an der Gruppendiskussion Beteiligten so erstmals die Möglichkeit, miteinander ins Gespräch zu kommen und sich auszutauschen. Dies wurde sowohl von den Eltern als auch von den Mitarbeitenden begrüßt. Diese formulierten, dass sie sonst immer im Setting Kinderhospiz während der Aufenthalte der erkrankten Kinder und Jugendlichen und deren Familien zusammentreffen – dieser Rahmen gebe bestimmte Formen des Umgangs miteinander vor, die während der Gruppendiskussion außer Kraft gesetzt waren.

2.4.3 Planung und Durchführung
Struktur/Verlaufsplanung

Die Gruppendiskussion soll, wie oben erläutert, bereits erhobene Daten validieren. Deshalb wurden vom Forschungsteam Schwerpunktthemen für die Diskussion mit den Teilnehmenden sowie einzelne Ergebnisse aus den Datenerhebungen ausgewählt und mittels einer Powerpointpräsentation dargestellt. Hierbei handelt es sich um eine Mischform aus „Topic guide" und „questioning route" (vgl. Krueger 1998, 11f.). Der Zweck der Vorstrukturierung liegt zum einen darin, dass das Forschungsteam dadurch die Sicherheit hat, dass relevante Themen diskutiert werden, wodurch sich die Gefahr der inhaltlichen Abschweifung verringert. Zum anderen bietet die Struktur für die Teilnehmenden Entlastung, weil dadurch ein komplexes Thema in handhabbare bzw. diskutierbare Abschnitte bzw. Themenkomplexe aufgeteilt wird. Zur Sicherstellung der Transparenz wurde die thematische Struktur den Teilnehmenden vorab erläutert. Es wurden fünf Themenblöcke behandelt, an die sich jeweils an die Präsentation eine Diskussion anschloss. Nach jedem Diskussionsblock wurde eine im Verlauf hergestellte *focus illustration map* (s.u.) präsentiert, mit der Zwischenergebnisse validiert und konsensual fixiert wurden. Das Forschungsteam moderierte den Diskussionsverlauf.

Thematische Struktur

Die leitende Fragestellung – Was ist gute Kinderhospizarbeit? – wurde anhand von fünf inhaltlichen Schwerpunkten diskutiert. Die Themenauswahl erfolgte aufgrund der Sichtung der bis dahin gewonnenen Ergebnisse durch das Forschungsteam.
Die Themen der Diskussionsblöcke sind folgende:

- Rahmenbedingungen und Angebote der Kinderhospize

- Qualität und Kontinuität in der Begleitung
- Sterben, Tod und Trauer
- Verhältnis zwischen Mitarbeiter/innen und Eltern
- Verhältnis Pflege und Pädagogik.

Vorgestellt wurden ausgewählte Ergebnisse aus den quantitativen Befragungen in Form von Diagrammen sowie Sequenzen aus den qualitativen Interviews und den Teilnehmenden Beobachtungen. Diese stellen sich als besonders prägnant und aussagekräftig oder aber als zum Teil scheinbar widersprüchlich dar. Damit wurden zu Beginn jedes Diskussionsblockes Grundreize gesetzt, die die Auseinandersetzung der Teilnehmenden mit den Aussagen förderten (vgl. Lamnek 2005a, 135ff.).

Gesprächsleitung
Die Gesprächsführung im Laufe der Gruppendiskussion war non-direktiv, um den Teilnehmenden ein offenes Explorieren zu ermöglichen. Der Fokus innerhalb der Themen konnte so von den Gruppenmitgliedern selbst gesetzt werden (vgl. Bohnsack 1997, 499).
Die einzelnen Diskussionsblöcke wurden von der Gesprächsleitung erst dann abgeschlossen, wenn erkennbar war, dass das Potential der Gruppe erschöpft war. Damit alle für das Forschungsteam relevanten Aspekte von den Teilnehmenden diskutiert wurden, konnte die Gesprächsleitung dann weitere Aspekte aufgreifen (vgl. Lamnek 2005a, 155).

Gruppenzusammensetzung
Die Gruppe bestand aus acht Personen (vier Elternteile lebensverkürzend erkrankter Kinder und vier Mitarbeiterinnen aus den Bereichen Pflege und Pädagogik unterschiedlicher stationärer Kinderhospize) zuzüglich Forschungs- und Dokumentarteam. Es handelt sich nach Loos/Schäffer (2001, 43) insofern um eine homogene Gruppe, dass ihre Mitglieder in Bezug auf das Diskussionsthema über „hinreichend ähnliche existentielle Hintergründe und Erfahrungen" (ebd.) verfügen (vgl. auch Bohnsack 2003, 11; Lamnek 2005a, 106). Erwünscht war eine offene und komplexe Diskussion, in der es den Teilnehmenden nicht schwer fallen sollte, ein ausreichend großes Maß an Vertrautheit zu erreichen, um in einen tieferen Diskurs einsteigen zu können. Bezüglich Alter, Geschlecht und Rolle innerhalb der Kinderhospizarbeit war die Gruppe heterogen, was dafür spricht, dass innerhalb des thematischen Feldes durch unterschiedliche Sichtweisen möglichst viele Facetten abgebildet werden konnten.
Die Gruppe wurde „ad hoc" zusammengestellt (vgl. Lamnek 2005a, 98), das heißt, auf die Mitglieder sollte das Merkmal „Erfahrung mit Kinderhospizarbeit" zutreffen. Dem Forschungsteam war nicht bekannt, ob zwischen den Mitgliedern Beziehungen bestanden. Aufgrund der Tatsache, dass die teilnehmenden Mitarbeiter/innen der stationären Kinderhospize zum Teil im selben Haus arbeiten sowie die Elternteile regelmäßig verschiedene Kinderhospize besuchen, musste allerdings davon ausgegangen werden, dass bereits Bezüge bestanden. Es konnte des Weiteren nicht ausgeschlossen werden, dass die Diskussionsbeiträge von Interdependenzen beeinflusst werden würden. Zum einen besteht zwischen Eltern, die auf Aufenthalte in einem Kinderhospiz angewiesen sind, eine Abhängigkeit in Bezug auf die Mitarbeitenden (vgl. Student/Mühlum/Student 2007, 96). Zum anderen sind die Mitarbeitenden nicht unabhängig, weil sie über ihren aktuellen Arbeitsplatz sprechen. Zudem können sie es als konflikthaft erleben, wenn sie mit Elternteilen, denen sie in ihrer Arbeitssituation begegnen, über Zusammenarbeit mit der Elternschaft im Allgemeinen sprechen sollen. Für die Gesprächsleitung war es wichtig, diese Bedingungen und ihre möglichen Auswirkungen im Vorfeld zu bedenken, um eventuell auftretende Auswirkungen für den Gesprächsverlauf zu berücksichtigen.

Ort
Die Gruppendiskussion fand in einem externen Tagungshaus statt. Dieser Ort wurde deshalb gewählt, weil er für alle Teilnehmenden ungefähr gleich weit entfernt und mit verschiedenen Verkehrsmitteln gut erreichbar war. Es handelte sich außerdem um einen neutralen, öffentlichen Ort, der keine Assoziationen mit dem Handlungsfeld aufwies (vgl. Lamnek 2005a, 110ff.). Für die geplante Powerpointpräsentation waren die technischen Geräte zum Teil verfügbar, Raumgröße und -

ausstattung angemessen. Als Sitzordnung wurde ein Kreis gewählt, der die Statusgleichheit der Teilnehmenden widerspiegelte.

Dokumentation/Begleitung
Dokumentation und Begleitung der Gruppendiskussion erfolgten auf verschiedenen Ebenen. Ein Mitglied des Forschungsteams übernahm die Gesprächsleitung, zwei weitere die Präsentation der Ergebnisse. Eine weitere Person führte ein nonverbales Protokoll, in dem gruppendynamische Prozesse und mimisch-gestische Besonderheiten festgehalten wurden. Die gesamte Diskussion wurde filmisch und per Tonbandaufnahme festgehalten. Die einzelnen Diskussionsblöcke wurden von einer Person als „focus illustration map/FIM" (vgl. Pelz/Schmitt/Meis 2004) skizziert und visualisiert und von den Teilnehmenden jeweils am Ende der Blöcke nach der Präsentation der FIM konsensual validiert.

Reflexion
Die Gruppendiskussion verlief erfolgreich und erfüllte die Erkenntnisabsichten. Die Teilnehmenden haben trotz des größer als geplanten Zeitumfangs umfassend und konzentriert diskutiert. Durch ihre Offenheit haben sie Einblicke in ihr jeweiliges Erleben ermöglicht. Die dargestellten Themen und vorläufigen Ergebnisse wurden mit großem Engagement diskutiert. Aus dem großen Interesse der Teilnehmenden an der Diskussion wurde deutlich, dass diese Themen für sie alltagsrelevant sind.
Die Gruppe entfaltete so im Verlauf der Diskussion wie methodisch vorgesehen ihre Eigenstrukturiertheit. Der direkte Austausch der Teilgruppen über konfliktreiche Themenfelder, der nicht zuletzt aufgrund des neutralen Umfeldes möglich war, wurde von den Diskutant/innen als aufschlussreich und bedeutsam für die Praxis beurteilt.

Auswertungsverfahren
Die Diskussion wurde mit verschiedenen Methoden dokumentiert (s.o.). Daher waren sowohl die sprachlichen Äußerungen aller Teilnehmenden als auch Mimik, Gestik und andere nonverbale Handlungen für die Auswertung verfügbar. Von den sprachlichen Äußerungen wurde eine wörtliche Transkription erstellt. Dieser Basistext (vgl. Mayring 2007, 47) wurde durch die anderen dokumentierten Kommunikationsformen ergänzt und anonymisiert. Mit Hilfe der qualitativen Auswertungsmethoden „focus illustration map" (FIM) und „strukturierende Inhaltsanalyse" wurde das Material ausgewertet.

FIM
Bei den FIM's handelt es sich um Visualisierungen, die sowohl die Struktur als auch die Inhalte einer Diskussion zur Verfügung stellen (detailliert bei Pelz/Schmitt/Meis 2004; Schürmann/Schürmann 2009, 170ff.). Sie verfolgen das Ziel, die wesentlichen Kernaussagen und Erkenntnisse aus den verschiedenen Redebeiträgen herauszufiltern, zu strukturieren, sie nachvollziehbar und nach außen transparent darzustellen (vgl. Lamnek 1995, 165; Pelz/Schmitt/Meis 2004, 13). Ihre Anwendung ermöglicht eine Zusammenfassung der Diskussionsinhalte durch die Auswertenden – im vorliegenden Falle die Teilnehmenden selbst. Das zu analysierende Material wird auf wesentliche Inhaltsaspekte reduziert (vgl., Pelz/Schmitt/Meis 2004, 9; Mayring 2002, 115), durch Rückversicherung bei den Diskutant/innen wird bereits während der Diskussion eine „konsensuale Validierung" in Bezug auf Inhalt und Vollständigkeit der Beiträge vollzogen (vgl. Pelz/Schmitt/Meis 2004, 58). Ein ständiger Austausch mit den Feldbeteiligten ist gegeben und erwünscht. Durch die Sichtung der Videomitschnitte wurden die FIM's in einem zweiten Schritt auf ihre Richtigkeit überprüft (vgl. Pelz/Schmitt/Meis 2004, 65).

Qualitative Inhaltsanalyse
Aus dem erhobenen Material sollten ausgehend von den thematischen Vorgaben gezielt themenbezogene Aussagen gefiltert werden. Hierzu wurde das Verfahren der strukturierten Inhaltsanalyse nach Mayring gewählt (vgl. Mayring 2007, 82; Mayring 2002, 115). Nach Erstellung und Überprüfung eines Kodierleitfadens, der an den Schwerpunktthemen der Diskussion ausgerichtet war, wurde das Material kodiert, extrahiert und zusammengefasst. Dann folgten Reduktions-, Generalisierungs- und Interpretationsschritte (vgl. Mayring 2007, 83/89; Mayring 2004, 474). Die thematischen Schwerpunk-

te wurden von der Chronologie der Diskussion gelöst und auf den gesamten Verlauf bezogen. Die Gliederungspunkte des folgenden Abschnitts entsprechen denen des Kodierplanes. Der Themenschwerpunkt „Verhältnis zwischen Pflege und Pädagogik" erscheint innerhalb des Punktes „Rahmenbedingungen und Angebote".

2.4.4 Zentrale Ergebnisse der Gruppendiskussion
Rahmenbedingungen und Angebote
Angebote für die erkrankten Kinder
Als grundlegende Maxime der Kinderhospizarbeit gilt es, die Angebote an die individuellen Bedingungen, Ressourcen und Bedürfnisse der einzelnen Kinder anzupassen. Wünschenswert wäre aus Sicht der Diskussionsteilnehmenden eine stärker pädagogische Ausrichtung der Angebote. Diese Angebote sollten den erkrankten Kindern Wahrnehmungs- und Umwelterfahrungen ermöglichen und ihnen die sie umgebende Welt entsprechend ihren individuellen Voraussetzungen auf allen Sinnesebenen erfahrbar machen (vgl. Wingenfeld/Mikula 2002, 80). Hierbei sollte ein „Überangebot" vermieden werden, um die Kinder nicht zu überfordern und ihnen auch freie Entwicklungszeiten zu offerieren.

Angebote für die Eltern
In der Diskussion wurde deutlich, dass in Bezug auf die Angebote an die Eltern zu unterscheiden ist zwischen solchen, die sich explizit an die Eltern richten wie z.B. Gesprächsangeboten und anderen Aspekten, die indirekt das Erleben der Eltern mit beeinflussen. Diese können beispielsweise die Betreuungsangebote für die Kinder und allgemeine Rahmenbedingungen eines stationären Kinderhospizes sein. Es ist davon auszugehen, dass für alle Beteiligten solche Wechselwirkungen bestehen. Diese wurden lediglich besonders in Bezug auf die Gruppe der Eltern deutlich, weil diese in der Gruppendiskussion als einzige Nutzergruppe direkt anwesend war. Die Positionen der anderen Gruppierungen (erkrankte Kinder und Geschwister) wurden durch die Eltern vertreten.
Bezüglich der Elternangebote stellten die Diskussionsteilnehmer/innen große Unterschiede zwischen den einzelnen stationären Kinderhospizen fest. Entgegen der bisher erhobenen Daten äußerten die Eltern hier Verbesserungsbedarf für die Gestaltung der Elternangebote. Uneinig waren sie sich bei dem Wunsch nach einem umfassenderen Entspannungsprogramm, das die notwendige Entlastung der Eltern von ihrem Alltag fördere. Die Möglichkeit, über (belastende) Themen Gespräche führen zu können, hat hingegen einen hohen Stellenwert. In Übereinstimmung mit den präsentierten vorläufigen Ergebnissen gab es Zustimmung zu offenen Gesprächsangeboten, ebenso wurden gezielte Gesprächsrunden gewünscht. Die Eltern forderten darüber hinaus, dass sie von Seiten der Mitarbeitenden gezielt auf schwierige Themen angesprochen werden. Sie sehen hier eine „Fürsorgepflicht" der Mitarbeitenden und die Gefahr, dass Eltern sich ohne gezielte Ansprache den für sie schwierigen Themen entziehen könnten.
Zu den indirekt die Verfasstheit der Eltern beeinflussenden Variablen gehören die Betreuungsangebote für die Kinder. Abhängig von ihrem Entlastungsbedarf benötigen die Eltern ein unterschiedliches Maß an Betreuungszeit für sowohl die erkrankten wie auch die gesunden Kinder. Die Möglichkeit, einen Rückzugsort für sich in Anspruch nehmen zu können, sowie die Anerkennung als Experten für ihre Kinder von Seiten des Personals sind weitere wichtige Faktoren, die das Erleben eines Aufenthaltes im Kinderhospiz beeinflussen.
Die Eltern beschreiben den Prozess ihrer Entspannung und Entlastung während eines Aufenthaltes im Kinderhospiz in verschiedenen Phasen. Nach einer Ankunftsphase erleben sie eine Zeit, in der sie versuchen, von der regulären Alltagsverantwortung für alle Belange ihres erkrankten Kindes Abstand zu gewinnen. Darauf folgt eine Phase, in der sie dem Pflege- und Betreuungspersonal erneut Auskünfte bezüglich der Versorgung ihrer Kinder geben (müssen). Erst dann erleben sie eine Phase der wirklichen Entspannung, die aufgrund der Verweildauer im Kinderhospiz oft als zu kurz empfunden wird. Ein hohes Maß an Vertrauen in eine fachlich kompetente und verantwortungsbewusst ausgeführte Betreuung der Kinder fördert das Wohlergehen der Eltern und erleichtert die häufig dringend erforderliche Erholung. Hier signalisieren die Eltern, dass sie bereits im Aufnahmegespräch und auch im weiteren Verlauf ihrer Aufenthalte individuelle Zuwendung und Klärung ihrer Bedürfnislage mit den Mitar-

beitenden sowie Absprachen über die Möglichkeiten einer flexiblen Inanspruchnahme der Angebote benötigen.

Die Diskussion bestätigt hier die Ausrichtung der Kinderhospizarbeit, die das Familiensystem stabilisieren, die Autonomie der Eltern stärken und ihre Rolle als Familienvorstand stützen sowie sie entlasten will (vgl. Student/Mühlum/Student 2007, 96).

Die Unterschiede zwischen den Kinderhospizen werden von den Eltern als individuelle Qualitätsmerkmale wahrgenommen. Diese beeinflussen, welches stationäre Kinderhospiz sie für ihre Aufenthalte wählen.

Angebote für die Geschwister

Die Angebote der Geschwisterbetreuung sollten auf ihre individuellen Bedürfnisse und die des Familiensystems abgestimmt sein. Die Unterstützung und Begleitung der Geschwister entlastet die Eltern, was wiederum zur konzeptionell geforderten Stabilisierung des Familiensystems beiträgt (s.o.). Eine flexible und abwechslungsreiche Gestaltung, situationsspezifische Angebote und konstante Betreuungsmöglichkeiten bestimmen laut Aussage der Akteur/innen der Gruppendiskussion das Qualitätsmerkmal „Geschwisterarbeit" eines stationären Kinderhospizes.

Unterbringung der Geschwister

Sowohl die präsentierten Ergebnisse aus den vorangegangenen Erhebungen als auch die der Gruppendiskussion zeigen, dass eine Möglichkeit der Unterbringung von Geschwistern in eigenen Räumen in die räumliche Gestaltung der Kinderhospize Eingang finden sollte. Dies gibt ihnen und ihren Eltern Gelegenheit zum Rückzug und trägt zur Entspannung der räumlichen Situation bei, wobei dieser Aspekt besonders für ältere Geschwister und ihre Familien von hoher Bedeutung ist.

Verhältnis Pflege und Pädagogik

Der Arbeitsschwerpunkt der pädagogischen Mitarbeiter/innen in Kinderhospizen liegt in der Begleitung der Geschwister und der Eltern. Von den Pflegekräften werden überwiegend die erkrankten Kinder betreut, d.h. sie übernehmen auch pädagogische Anteile in der Betreuung, selbst wenn sie in diesem Bereich über keine grundständige Qualifizierung verfügen. In der Diskussion wird – ebenso wie in den vorgestellten Ergebnissen aus den vorangegangenen Erhebungen – deutlich, dass die Pflegekräfte Unterstützung des pädagogischen Fachpersonals in der Begleitung der erkrankten Kinder wünschen, um so den Kindern bedürfnis- und ressourcenorientiert alle Möglichkeiten einer adäquaten Begleitung eröffnen zu können. Die Eltern wünschen für ihre erkrankten Kinder vorrangig Flexibilität und einen quantitativ umfangreicheren Einsatz des pädagogischen Personals. Sie sehen dies als wichtiges Qualitätsmerkmal eines Kinderhospizes an.

Unterschiedliche Bedeutungen und Erwartungen bezüglich eines Kinderhospizaufenthaltes

Unter den teilnehmenden Eltern sind unterschiedliche Positionen dahingehend identifizierbar, ob ein Kinderhospizaufenthalt als Urlaub zu bezeichnen sei. In Übereinstimmung mit den Ergebnissen der Erhebungen sagen die Eltern aus, dass sie sich während der Aufenthalte in den Kinderhospizen in umfassendem Maße entlastet und gut begleitet fühlen. Hier drücken sie hohe Zufriedenheit aus. Sie unterscheiden bei ihren Aufenthalten zwischen geplanten und solchen Besuchen, die sich aus einer Akutsituation ergeben haben. In beiden Fällen dienen die Aufenthalte den jeweiligen Bedarfen an Entlastung. Besuche im Kinderhospiz bieten Möglichkeiten des Austausches mit ähnlich Betroffenen, sie bieten den Eltern aber auch Freizeit zur eigenen Erholung. Als grundsätzliches Merkmal guter Kinderhospizarbeit bezeichnen sie die professionelle Pflege und Versorgung der erkrankten Kinder.

Qualität und Kontinuität der Begleitung

Wechselnde Bezugspersonen

Der mehrmals täglich stattfindende Wechsel von Pflege- und Betreuungspersonen im Kinderhospiz wird von den Eltern kritisiert. Sie bemängeln, dass ihre Kinder den Pflegenden quasi ausgeliefert seien, die zwar korrekte und kompetente Pflege ausführen, jedoch den Kindern zumuten, sich auf viele mehr oder weniger bekannte Personen einstellen zu müssen. Dies wurde in den meisten Fällen als Belastung angesehen, es gab aber auch Stimmen, die es als Bereicherung für die Kinder deuteten, wenn sie durch verschiedene Personen mehr und neue Erfahrungen machen könnten. Diese Eltern haben meist eher ältere Kinder im Jugendalter. Insgesamt herrschte Einigkeit darüber, dass Personalwechsel so gering wie möglich gehalten werden sollte, um eine individuelle und ressourcenorientierte Pflege zu gewährleisten. Als unerlässlich für die Qualität der Betreuung wurde gute Teamarbeit genannt, die eine strukturierte Organisation von Übergaben und umfassende Absprachen beinhaltet. Alle Diskutierenden waren sich der Tatsache bewusst, dass Personalwechsel in Kinderhospizen grundsätzlich unvermeidbar sind.

Kompetenzen der Mitarbeitenden

Kompetenzen der einzelnen Mitarbeitenden

Als wichtige elterliche Forderung an die Mitarbeiter/innen kann aufgrund der Gruppendiskussion festgehalten werden, dass diese vor allem flexibel und tolerant sein sollten. Die Mitarbeiter/innen selbst benennen als eine wichtige Voraussetzung für die Arbeit im Kinderhospiz die Reflexion der eigenen Rolle in diesem spezifischen beruflichen Handlungsfeld. Hierzu gehört auch, sich eigener Grenzen bewusst zu sein und diese transparent zu kommunizieren. Wichtig ist außerdem Offenheit gegenüber den individuellen Wegen und Vorstellungen sowie Bedürfnissen der Familienmitglieder sowie Feinfühligkeit und Empathie, um zu erkennen, wie z.B. erkrankte Kinder Pflegehandlungen empfinden.

Die Kommunikation zwischen Eltern und Mitarbeiter/innen ist von elementarer Bedeutung für eine gelingende Begleitung der Familien. Gegenüber den Familienmitgliedern sollten die Mitarbeitenden eine offene, abwartende Haltung zeigen, mit der sie Bereitschaft zur bedarfsorientierten Begleitung signalisieren. Sie sollten sich darüber bewusst sein, dass sie nicht nur über alltägliche, sondern auch über belastende Themen kommunizieren können, dürfen und sollten. Eine unabdingbare Voraussetzung hierfür ist die je eigene Auseinandersetzung mit thanatalen Aspekten, damit die Mitarbeitenden mit den Ängsten, Sorgen und der Trauer der Familienmitglieder angemessen und wertschätzend umgehen können (vgl. Student/Mühlum/Student 2007, 28).

Teamarbeit

Die Zusammenarbeit im Team wird während der Gruppendiskussion – im leichten Gegensatz zu den vorher erhobenen Daten – sowohl von den Eltern als auch den Mitarbeitenden als außerordentlich wichtig für die Arbeit im stationären Kinderhospiz angesehen. Teamfähigkeit und gelingende Kooperation im Team machten sich demnach besonders bei der Pflege der erkrankten Kinder bemerkbar: gute Kommunikation der Mitarbeiter/innen untereinander kann Pflegesituationen entspannen und zu einer stressfreieren Umsetzung von unumgänglichen Personalwechseln beitragen. Wenn die Mitarbeiter/innen effektiv miteinander kommunizieren und sich gegenseitig informieren, erfüllen sie den Wunsch der Familien, ihre persönlichen und auch intimen Bedürfnisse und Befindlichkeiten zu kennen und zu respektieren. Die Multiprofessionalität eines Teams (und multiprofessionelle Ausrichtung der einzelnen Mitglieder) ist eine bedeutsame Voraussetzung für eine bedürfnisorientierte psychosoziale Begleitung der Familien (vgl. Student 2004, 93; Schürmann/Schürmann 2009, 100). Wenn einzelne Teammitglieder Bedarfe erkennen, denen sie nicht gerecht werden können, dürfen und sollen sie dies den entsprechend ausgebildeten Kolleg/innen mitteilen, sodass diese dafür sorgen können, dass das betreffende Familienmitglied „versorgt" wird (vgl. Herrlein 2003, 95). Gute Absprachen und gute Zusammenarbeit zeigen sich so in der täglichen Arbeit und bestimmen die Atmosphäre im Kinderhospiz wesentlich mit. Ein fürsorglicher Umgang der Teammitglieder miteinander spiegelt sich letztendlich auch im Umgang mit den Familien (vgl. Letzing 2006, 81) und erhöht die Fähigkeiten der Mitarbeitenden, die Familienmitglieder sensibel und fürsorglich zu begleiten.

Idealerweise sollen die Teammitglieder die Kompetenzen jedes Mitarbeitenden respektieren und akzeptieren. Es sollte Raum für Reflexion und Kommunikation geben. Auch Konfliktfähigkeit wird als wichtige Kompetenz für die Mitarbeiter/innen angesehen. Hierbei geht es sowohl um Konflikte innerhalb des Teams als auch um solche mit den Eltern.

Die Bereiche Konflikt- und Teamfähigkeit spielten in den vorgestellten Ergebnissen eine untergeordnete Rolle, die Teilnehmer/innen der Gruppendiskussion waren sich jedoch einig, dass diese Aspekte für den kinderhospizlichen Alltag sehr wichtig sind.

Einsatz von „unausgebildeten" Mitarbeitenden

Als „unausgebildete" Mitarbeitende gelten Zivildienstleistende, Praktikant/innen und Helfer/innen im Freiwilligen Sozialen Jahr (FSJ). Diese haben keine Ausbildung im Bereich Pflege und/oder Pädagogik absolviert. Ihr Einsatz sollte immer in enger Absprache mit den Eltern erfolgen; diese müssen beispielsweise in mehreren Kinderhospizen ihre Einwilligung zum Einsatz der „unausgebildeten" Mitarbeitenden schriftlich fixieren, um die rechtliche Verantwortung zu klären. Werden sie, so der Tenor in der Gruppendiskussion, im Bereich der Freizeitgestaltung der (erkrankten) Kinder eingesetzt, wird dies übereinstimmend eher begrüßt. Im Bereich Pflege ist es von größter Wichtigkeit, dass sowohl von den „unausgebildeten" Mitarbeitenden selbst als auch von den examinierten Kräften sorgfältig geprüft wird, inwieweit ein Einsatz vertretbar ist. Die „unausgebildeten" Mitarbeitenden sollen mit ihren Kompetenzen, aber auch in ihren Grenzen wahrgenommen werden. Der Einsatz variiert je nach Gesundheitszustand der Kinder und ihrer Fähigkeit, ihre Bedürfnisse und ihre Befindlichkeit zu artikulieren.

Sterben, Tod und Trauer

Es geht im Folgenden darum, mit wem die einzelnen Gruppierungen thanatale Aspekte thematisieren. Der letzte Punkt zeigt, welche Umstände/Rahmenbedingungen/Anlässe zur Thematisierung bieten.

Mitarbeiter/innen

Für die Mitarbeitenden ist es wichtig, für die Auseinandersetzung über thanatale Themen Rückhalt und Raum im Team zu finden, um die Familien diesbezüglich gut begleiten zu können. Ebenso ist es hilfreich, sich mit dem Phänomen der eigenen Endlichkeit und Trauer beschäftigt zu haben. Die Gespräche mit den Familienmitgliedern ergeben sich laut Gruppendiskussion im Alltag und eher nicht in besonderen geplanten Situationen.

Eltern

Bei der Frage, mit wem die Eltern thanatale Themen besprechen, gab es unterschiedliche und teilweise divergierende Ergebnisse in den vorangegangenen Datenerhebungen und in der Gruppendiskussion.

Die an der Gruppendiskussion teilnehmenden Eltern gaben an, sich in erster Linie mit anderen Eltern und nicht mit Mitarbeitenden des Kinderhospizes auszutauschen. Dies hat seinen Grund vor allem darin, dass die Eltern mit einem gemeinsamen Erfahrungshintergrund eine Basis besitzen, die einen Austausch fruchtbar erscheinen lässt. Die Mitarbeiter/innen nehmen hier, trotz mehr oder weniger starker Involvierung, eher eine Außenperspektive ein. Dieser Austausch zwischen den Eltern wird von den Mitarbeitenden sehr positiv bewertet, von den Eltern selbst dagegen werden hierzu auch kritische Aspekte benannt. Sie betrachten es als schwierig, die jeweils angemessene Grenze in der Interaktion mit anderen Eltern zu wahren, die ihrer eigenen Befindlichkeit entspricht. Sie haben manchmal Schwierigkeiten, diese persönlichen Bedürfnisse nach Distanz umzusetzen, wenn sie bemerken, dass andere Eltern Unterstützung benötigen. In solchen Fällen erleben sie ihre eigene, ebenso benötigte Entlastung während des Aufenthaltes im Kinderhospiz gefährdet. An dieser Stelle wünschen sie sich aktive Unterstützung von den Mitarbeitenden, die je nach Kinderhospiz unterschiedlich gewährt werde. Eine Klärung ihrer Bedürfnislage und ihres Kommunikationsbedarfes sollte ihrer Meinung nach zu Beginn jedes Aufenthaltes stattfinden.

Die Eltern betonen jedoch grundsätzlich, dass, vorbehaltlich gleicher Bedürfnisse nach Kommunikation, der Austausch mit anderen Eltern sehr positiv und hilfreich sein kann.

Die Auseinandersetzung und die Verarbeitung thanataler Aspekte verändern sich im Laufe der Zeit, entsprechend auch die Bedürfnisse nach diesbezüglicher Kommunikation. Die Familien, die gleichzeitig im Kinderhospiz sind, können sich also an sehr unterschiedlichen Stellen in ihrem individuellen Prozess der Auseinandersetzung befinden.

Die Teilnehmenden der Gruppendiskussion betonen, dass sich aus ihrer Perspektive eine gelingende Begleitung in Kinderhospizen dadurch kennzeichnet, dass

- die einzelnen Elternteile mit ihren Bedürfnissen wahrgenommen werden,
- sie stabilisierend und entlastend begleitet werden,
- die Thematisierung thanataler Aspekte alltäglich geschieht, weil sie sich im Kontext eines Kinderhospizes quasi von selbst ergeben kann,
- in Problemsituationen, in denen sich durch Tabuisierungen schwierige Dynamiken entwickeln (z.B. Sucht, Depressionen), aktive Gesprächsangebote von Seiten der Mitarbeitenden gemacht werden sollten (vgl. „multiprofessionelles Team"),
- die (ständige) Anwesenheit einer Seelsorger/in oder Trauerbegleiter/in, die/der für die Bewältigung und Verarbeitung solcher Situationen geschult ist, hilfreich sein kann.

Neben der Pflege der erkrankten Kinder ist demnach festzuhalten, dass ein wichtiger Bestandteil von Kinderhospizarbeit die Wahrnehmung belastender Themen und die Einladung zu Gesprächen über diese ist. Das Kinderhospiz hat eine Fürsorgepflicht den Eltern und Kindern gegenüber und soll für die Familie insgesamt stabilisierend wirken (vgl. Hartkopf 2006, 19).

Geschwister

Die Thematisierung thanataler Aspekte findet, in Übereinstimmung der präsentierten Ergebnisse mit denen der Gruppendiskussion, überwiegend nicht mit den Eltern statt. Beide Seiten vermeiden dies mit der Begründung, sich gegenseitig nicht noch mehr belasten zu wollen. Vielmehr werden als Gesprächspartner andere Kinder und die Mitarbeitenden der Kinderhospize als „unbeteiligte Dritte" gesucht. Da die Kinder je nach Alter und Entwicklung verschiedene Formen der Verarbeitung und divergierende Wissensstände haben, werden als besonders günstig Gruppen gleichaltriger Kinder (z.B. Geschwisterseminare) genannt, in denen unabhängig von den Eltern und den häuslichen Situationen gezielt ein Raum zur Thematisierung geboten wird. Dies wird von den Kindern und Jugendlichen gut angenommen. Betont wurde des Weiteren die Notwendigkeit, die gesunden Geschwister über die Erkrankung ihres Bruders/ihrer Schwester, die Situation, und auch die Prozesse bezüglich des Fortschreitens der Erkrankung zu informieren, um sie teilhaben zu lassen. Die Teilnehmenden waren sich einig darüber, dass Kinder in Krisen- und Notsituationen selbst über ihre Aktivitäten, wie z.B. die Teilnahme an einer Beerdigung entscheiden können und sollten. Sie betonten den „eigenen Weg" der Kinder, den es zu respektieren gelte. Die Geschwisterkinder könnten sich vielfach gut gegenseitig unterstützen und einen angemessenen alters- bzw. entwicklungsgerechten Umgang mit thanatalen Aspekten pflegen.

Für die Kinderhospizarbeit ist diese Möglichkeit, Kinder in altersgerechter Form bei ihrer Bewältigung zu begleiten, ein wesentlicher konzeptioneller Bestandteil (vgl. Wingenfeld/Mikula 2002, 84).

Erkrankte Kinder

Die Thematisierung thanataler Aspekte sollte den erkrankten Kindern in keiner Weise von außen aufgezwungen werden. Vielmehr sollten die Kinder die Möglichkeit haben, Zeitpunkt, Geschwindigkeit und Verlauf im Sinne einer selbstbestimmten Auseinandersetzung zu wählen (vgl. Leyendecker/Lammers 2001, 109). Erfahrungsgemäß komme von den Kindern dann selbst der Anstoß, wenn sie dafür bereit seien. Die Teilnehmenden der Gruppendiskussion waren sich bezüglich dieser Grundannahmen einig und betonten darüber hinaus die Wichtigkeit der Wahrung der Privatsphäre der Kinder, die auch die Möglichkeit haben sollten, die Gesprächspartner selbst zu wählen – nicht in jedem Falle seien es die Eltern. Die Kinder sollten als „Experten in eigener Sache" (Droste 2007, 217) wahrgenommen und mit Achtung und Respekt behandelt werden. Die Art und Weise der Thematisierung hängt von den kommunikativen Fähigkeiten der Kinder ab. Rituale werden sowohl von Eltern als auch von Mitarbeitenden als angemessen und hilfreich bezeichnet. Der geringe Stellenwert, den Rituale den bisherigen Projektergebnissen nach einnehmen, verwunderte die anwesenden Diskussionteilnehmer/innen. Für die Mitarbeitenden stelle sich die Aufgabe, eine erhöhte Sensibilität für das Befinden der Kinder in Thematisierungssituationen zu zeigen. Es sei wichtig, dass die Mitarbeitenden die Kinder und ihre Reaktionen gut kennen, damit sie sie richtig interpretieren könnten, um z.B. eine Überforderungssituation rechtzeitig wahrzunehmen. Eine Thematisierung thanataler Aspekte sollte gegebenenfalls mit den Eltern abgesprochen werden. Alle Teilnehmenden befürworten, dass in akuten Fällen, wenn z.B. ein Kind im Kinderhospiz verstirbt, die Kinder ein Recht auf Information und angemessene Auseinandersetzung mit der Situation hätten.

Anlässe der Thematisierung

Anlässe der Thematisierung thanataler Aspekte sind überwiegend Alltagssituationen und eher selten geplante oder gezielte Gesprächssettings. Während der Aufenthalte im Kinderhospiz ergeben sich Gespräche beim Essen, ausgelöst etwa durch eine Frage eines Geschwisterkindes oder eine Verschlechterung der Symptomatik eines erkrankten Kindes bis hin zu einem Todesfall während eines Aufenthaltes. Weitere Anlässe sind Todesfälle im Freundes- oder Bekanntenkreis. Aufgrund dieses Alltagsbezuges ist es wichtig, dass alle Mitarbeitenden in der Lage sind, Gespräche über Themen im Bereich Sterben, Tod und Trauer zu führen.

Verhältnis zwischen Eltern und Mitarbeitenden

Das Expertentum der Eltern

Konzeptionell wird in der Kinderhospizarbeit davon ausgegangen, dass die Eltern die Belange ihrer Kinder am besten vertreten können, also als Experten für ihre Kinder angesehen werden können. Um die erkrankten Kinder angemessen begleiten zu können, müssen die Mitarbeitenden dies bedingungslos anerkennen und Eltern und Mitarbeitende zusammenarbeiten und voneinander lernen. Die absolute Anerkennung des elterlichen Expertentums wird sowohl durch die vorläufigen Ergebnisse als auch durch die Gruppendiskussion als eine de facto weitgehend umgesetzte kinderhospizliche Leitidee bestätigt. Beide Seiten begrüßen dies explizit. Dieser Bestandteil von Kinderhospizarbeit unterscheidet sie wesentlich von anderen medizinischen, therapeutischen und pädagogischen Kontexten, in denen sich Familien mit progredient erkrankten Kindern bewegen.

Konfliktfelder zwischen Eltern und Mitarbeiter/innen

Erkennbar wurde im Rahmen der Gruppendiskussion, dass die Eltern zum Teil Ängste und Unsicherheiten bezüglich einer guten Pflege und Versorgung ihrer erkrankten Kinder durch das Pflegepersonal haben. Dies steht ihrer Entspannung und Entlastung während der Kinderhospizaufenthalte im Weg. Für die Eltern ist es eine Herausforderung, sich zurückzunehmen und die Verantwortung für die Versorgung und Pflege der Kinder vermehrt in die Hände des Pflegepersonals zu geben. Da viele Eltern aus bisherigen Kontakten mit medizinischen und therapeutischen Kontexten negative Erfahrungen mitbringen, besteht hier ein Feld für potentielle Konflikte. Sie müssen anerkennen, dass sich die Mitarbeitenden bemühen, dem Leitsatz zu folgen, dass die Eltern als Experten anerkannt und sie deshalb mit ihren subjektiven Bedürfnissen gesehen werden. Seitens der Mitarbeitenden ist es wichtig, diese Konzept so weit wie möglich umzusetzen, jedoch auch die eigenen Grenzen der Toleranz, bestehend aus ihrer erworbenen fachlichen Kompetenz und den persönlichen Empfindungen anzuerkennen. Diese Situation impliziert einen Lernprozess, der die jeweiligen Grenzen im günstigen Fall neu ausbalanciert. Für alle Beteiligten ist es dabei wichtig, den Dialog mit Transparenz und Sensibilität zu gestalten. Für die Mitarbeitenden ist ein klarer Rückhalt durch Team und Leitung in ihrer Einrichtung wichtig. Gelingende Kommunikation ermöglicht, dass beide Seiten voneinander lernen. Hervorgehoben wurden hier die unterschiedlichen Perspektiven von Eltern und Mitarbeitenden: Die Mitarbeitenden verfügen über fachliche Kompetenz, können jedoch auch Distanz einnehmen, während die Eltern in ihrer Situation verbleiben und die Erfahrung machen, dass Außenstehende ihre Situation nur theoretisch erfassen, jedoch nicht emotional nachfühlen können. Dieser Unterschied, der sich (auch) als Grenze darstelle, müsse von beiden Seiten akzeptiert werden.
Ein Feld mit großem Spannungspotential sind die (palliativ-)pflegerischen Maßnahmen im finalen Stadium eines erkrankten Kindes. Hier müssen die Beteiligten davon ausgehen, dass alle Entscheidungen letztlich von den Eltern getroffen und im Nachhinein getragen werden müssen. Dies kann von den

Mitarbeitenden als Entlastung empfunden werden. Das Wohl des Kindes und der anderen Familienmitglieder müsse jederzeit handlungsleitend sein. Es könnte in Einzelfällen gut sein, Entscheidungen nahezulegen, diese würden aber dann von den Eltern getroffen. Handlungsvorschläge müssen in dieser existentiell belastenden Situation höchst sensibel kommuniziert werden und können nur auf der Grundlage gegenseitigen Vertrauens umgesetzt werden.

Für alle Konfliktfelder gilt, dass es für einen offenen, partnerschaftlichen und integrativen Umgang miteinander wichtig ist, Schwierigkeiten zu kommunizieren. Aus den vorläufigen Ergebnissen wurde deutlich, dass gerade dies als problematisch angesehen wird. Die Teilnehmenden der Gruppendiskussion waren sich einig, dass die Beurteilung der gemeinsamen Arbeit und die Auseinandersetzung über Konflikte wesentlich vom Vertrauensverhältnis zwischen Eltern und Mitarbeitenden abhängig sind. Die Gestaltung der persönlichen Beziehungen ist hier eine bedeutsame Variable zur Bewertung des Eltern-Mitarbeiter/innen-Verhältnisses.

Die Gestaltung der Beziehung zwischen Eltern und Mitarbeiter/innen
Die Qualität der Beziehungsebene zu den Mitarbeiter/innen ist für die Eltern z.T. ausschlaggebend für die Wahl des Kinderhospizes. Die Gestaltung der Beziehungen ist ein Prozess des Ausbalancierens auf beiden Seiten. Für die Eltern ist der Aufbau von Vertrauen und Sicherheit wichtig, um die Begleitung ihres erkrankten Kindes an das Personal abzugeben. Die Mitarbeitenden bemühen sich, die Eltern als gleichberechtigte Partner im Sinne des OPI-Konzeptes (vgl. Tessmer 2006, 69) anzuerkennen. Ebenso verfahren die Teammitglieder untereinander. Die Beziehungsebene ist somit entscheidend für die Qualität der Zusammenarbeit und der Begleitung.

2.4.5 Zusammenfassung
Die Eltern geben an, sich in umfassendem Maße während der Aufenthalte in den Kinderhospizen entlastet und gut begleitet zu fühlen und drücken hohe Zufriedenheit mit den kinderhospizlichen Angeboten aus.

Für sie ist die professionelle Pflege und Versorgung der erkrankten Kinder von grundlegender Bedeutung. Hier wünschen sie, die notwendigen Personalwechsel so gering wie möglich zu halten, um eine individuelle und ressourcenorientierte Pflege zu gewährleisten.

Sie wünschen sich ferner ein abwechslungsreiches, breites und stärker pädagogisch ausgerichtetes Angebot sowohl für die erkrankten Kinder als auch für die gesunden Geschwister. Abhängig von ihrem subjektiv erlebten Entlastungsbedarf wünschen sich die Eltern ein unterschiedliches Maß an Betreuungszeit für ihre erkrankten und gesunden Kinder. Die Angebote sollen an die individuellen Bedingungen, Ressourcen und Bedürfnisse der Kinder angepasst werden.

In Bezug auf die Elternangebote wurde deutlich, dass sowohl die Angebote, die sich explizit an die Eltern richten, wie z.B. Gesprächsangebote, als auch die Betreuungsangebote für die Kinder und allgemeine Rahmenbedingungen, die Entlastungs- und Entspannungsmöglichkeiten der Eltern mitbestimmen. Dies gilt sicher auch für die anderen Beteiligten, was darauf hindeutet, dass eine systemische Betrachtung der Familien und des gesamten Kinderhospizes von Bedeutung ist.

Für die Angebotsstruktur ist es wichtig, die Bedürfnislage der Familien bei jedem Aufenthalt im Kinderhospiz neu zu klären, um flexibel und individuell auf die sich verändernden Bedürfnisse eingehen zu können.

Die Schaffung separater Geschwisterzimmer, die diesen und ihren Eltern Gelegenheit zum Rückzug geben und die räumliche Situation besonders für ältere Geschwister und ihre Familien entspannen, ist ein eindeutiger Wunsch an die räumliche Gestaltung der Kinderhospize.

Die Pflegekräfte in Kinderhospizen wünschen sich eine stärkere pädagogische Unterstützung bei der Begleitung der erkrankten Kinder, die überwiegend vom Pflegepersonal betreut und begleitet werden. Wichtige Voraussetzungen für die professionelle Tätigkeit in einem Kinderhospiz sind, die eigene Rolle reflektieren zu können, sich eigener Grenzen bewusst zu sein und diese transparent zu kommunizieren. Die Multiprofessionalität eines Teams (und multiprofessionelle Ausrichtung der einzelnen Mitglieder) ist eine bedeutsame Voraussetzung für eine bedürfnisorientierte psychosoziale Begleitung der

Familien. Gute Absprachen und gute Zusammenarbeit bestimmen die positive Atmosphäre im Kinderhospiz wesentlich mit. So spiegelt sich ein fürsorglicher Umgang der Teammitglieder untereinander und auch im Umgang mit den Familien wider. In Bezug auf „unausgebildete" Mitarbeitende ist es von größter Wichtigkeit, dass sowohl von ihnen selbst als auch von den Fachkräften sorgfältig geprüft wird, inwieweit und in welchen Tätigkeitsfeldern ein Einsatz vertretbar ist. Der Einsatz sollte immer in enger Absprache mit den Eltern geschehen.

Als erwünschte personale Kompetenzen von den Mitarbeitenden in der Kinderhospizarbeit konnten im Rahmen der Gruppendiskussion folgende Aspekte identifiziert werden:

- Konfliktfähigkeit
- kommunikative Kompetenz
- Flexibilität, Anpassungsfähigkeit
- Erkennen und Kommunizieren eigener Grenzen
- Empathie und Einfühlungsvermögen
- Fähigkeit zur Zusammenarbeit.

Für die Mitarbeitenden ist es wichtig, im Bereich thanataler Themen im Team Rückhalt und Raum zu finden, um die Familien diesbezüglich gut begleiten zu können. Ebenso ist es von elementarer Bedeutung, sich mit eigener Endlichkeit und Trauer beschäftigt zu haben.

Kinder (sowohl erkrankte als auch gesunde Geschwister) sollten die Möglichkeit haben, Zeitpunkt, Geschwindigkeit und Verlauf der Thematisierung thanataler Aspekte von sich aus zu wählen. Ihre Bedürfnisse nach geschützter Kommunikation sollen dabei möglichst gewahrt werden, dennoch ist von den Mitarbeitenden unter Umständen die Zustimmung der Eltern einzuholen.

Die Geschwister thematisieren thanatale Aspekte überwiegend nicht mit den Eltern und umgekehrt. Dies fordert die Mitarbeitenden, sich als Gesprächspartner/innen aktiv anzubieten.

Die Eltern wünschen sich in Bezug auf die Thematisierung thanataler Aspekte eine eher abwartende Haltung seitens der Mitarbeitenden. In problematischen Fällen halten sie jedoch gezielte psychosoziale Begleitung für sinnvoll. Sie gehen dabei von einer Fürsorgepflicht der Mitarbeitenden aus.

Die kinderhospizliche Leitidee, die Eltern als Experten anzusehen, bildet eine Grundlage der Kinderhospizarbeit. Diese wird nach den Ergebnissen der Gruppendiskussion in der Praxis gut umgesetzt. Elterliches Expertentum bedeutet einerseits ein Konfliktpotential, andererseits einen Lernprozess für alle Beteiligten, in dem sich die Verknüpfung von Fachwissen mit Erfahrungswissen positiv für die ressourcenorientierte und individuell wirksame Begleitung der erkrankten Kinder auswirken kann.

Als ein weiteres potentielles Konfliktfeld erweist sich die Zusammenarbeit von Eltern und Mitarbeitenden im finalen Stadium erkrankter Kinder. Hier zeigt sich die Notwendigkeit einer gewachsenen Vertrauensbasis, um Spannungen zu thematisieren und in dieser existentiellen Situation zu bewältigen. Der persönlichen Beziehungsebene zwischen Mitarbeitenden und Eltern wird von allen Akteur/innen Priorität bei der Bewältigung von Spannungen eingeräumt.

Die Diskussion bestätigt hier die Ausrichtung der Kinderhospizarbeit, die das Familiensystem stabilisieren, die Autonomie der Eltern stärken und ihre Rolle als Familienvorstand stützen sowie sie entlasten will (vgl. Student/ Mühlum/ Student 2007, 96).

Die Kinderhospize werden von den Eltern in ihrer inhaltlichen Ausprägung als sehr unterschiedlich arbeitend wahrgenommen. Diese als Qualitätsmerkmale bewerteten Divergenzen beeinflussen Eltern bei der Wahl des stationären Kinderhospizes. Gründe für Wechsel des Kinderhospizes sind unzureichende Geschwisterangebote, Pflege- und Versorgungsmaßnahmen, die nicht mit den Eltern abgestimmt waren, sowie unzureichende Kommunikations- und Konfliktfähigkeit des Personals. Die unterschiedliche räumliche Ausstattung verschiedener Kinderhospize wurde nicht als Wechselgrund angegeben. Prioritäten bei der Bewertung eines Kinderhospizes haben somit die Angebots- und Beziehungsebene vor der materiellen Ausstattung.

Das Ausbalancieren einer gemeinsamen Handlungsbasis und eines gemeinsamen Weges der Begleitung werden als wesentliche Bestandteile eines konstruktiven und auf Entlastung ausgerichteten Verhältnisses zwischen Eltern und Mitarbeitenden angesehen.

Kinderhospizarbeit muss die Bedürfnislage der gesamten Familie und der einzelnen Mitglieder fokussieren, um eine ressourcenorientierte, individuelle Begleitung zu realisieren. Diese Bedürfnisse können voneinander abweichen und verändern sich im Laufe der Zeit. Für die Mitarbeitenden bedeutet dies, dass sie den einzelnen Mitgliedern der Familien mit Einfühlungsvermögen und abwartend begegnen müssen, um sie auf ihrem Lebensweg adäquat begleiten zu können (vgl. Droste 2006, 11). Damit wird sowohl an die Mitarbeiter/innen als auch an die Organisationsstrukturen eines Kinderhospizes die Anforderung gestellt, extrem flexibel und anpassungsfähig zu sein. Um dies leisten zu können, bedarf es einer positiven Zusammenarbeit zwischen Leitung und Mitarbeitenden.

Im Sinne der gemeinsamen Aufgabe der Unterstützung der Familien wird von den Teilnehmenden gewünscht, dass die einzelnen Kinderhospize nicht miteinander konkurrieren. Sie heben zudem die Notwendigkeit öffentlicher Präsenz hervor, die Familien den Schritt in ein Kinderhospiz erleichtern würde.

2.5 Zusammenfassende Darstellung der Ergebnisse zur stationären Kinderhospizarbeit

Beschreibung der Stichprobe *Eltern*

Im Rahmen der Studie wurden 12 Familien mit einem lebensverkürzend erkrankten Kind mittels Experteninterviews befragt. Anschließend erfolgte bei 172 Familien, die stationäre Kinderhospize nutzen, eine schriftliche Befragung (Fragebogenerhebung). Dies stellt das größte Sample von Familien mit progredient erkrankten Kindern dar, das bis dato in Deutschland erfasst wurde. Von den 172 Probanden waren fast 90% weiblich – die Mütter der lebensverkürzend erkrankten Kinder und Jugendlichen.

Bei den Familien, die stationäre Kinderhospize besuchen, überwiegt die Familienform der Kleinfamilie mit einer eher traditionellen Rollenverteilung, in der die Väter Alleinverdiener sind. 10,4% der Familien sind Ein-Eltern-Familien (Alleinerziehende).

Die Eltern haben mehrheitlich eine christliche Konfession: 70% gehören einer der beiden christlichen Kirchen an. Familien mit einer anderen Konfessionszugehörigkeit (1,2% Muslime) und/oder mit einem Migrationshintergrund sind in der Nutzergruppe der stationären Kinderhospize unterrepräsentiert bzw. konnten auf dem Weg der schriftlichen Befragung nicht erfasst werden.

Im Vergleich zum Bundesdurchschnitt verfügen die Familien überwiegend über ein durchschnittliches monatliches Haushaltsnettoeinkommen (31% verfügen über 2000,– bis 3000,– Euro Nettoeinkommen bei höheren Kosten) und weisen ein leicht überdurchschnittliches Bildungsniveau auf.

Die meisten Familien haben nur ein lebensverkürzend erkranktes Kind (91,5%). Die Diagnosen der erkrankten Kinder und Jugendlichen lassen sich den vier Gruppen der ACT „Categories of life-limiting and life-threatening conditions"[151] zuordnen. Es überwiegen Kinder und Jugendliche mit life-limiting conditions (Gruppe 2 und 3), da fast jedes vierte erkrankte Kind an einer Stoffwechselerkrankung (23,8%) leidet.[152] Kinder und Jugendliche mit life- threatening conditions sind kaum vertreten.

Bezüglich der Anzahl ihrer Kinder liegen die Familien über dem Bundesdurchschnitt, da mehr als 50% der Familien außer dem lebensverkürzend erkrankten Kind mindestens ein weiteres Kind haben (29,1% haben zwei, 12,2% drei weitere Kinder). Nur 10,1% gaben an, kein weiteres Kind zu haben.

Ergebnisse der Erhebung *Eltern*

Nach der Geburt und der Diagnosestellung („Diagnoseschock") einer lebensverkürzenden Erkrankung bei ihrem Kind befinden sich die Eltern in einer besonderen Situation und sind dauerhaften Belastungen wie Unsicherheiten bezüglich der Prognose, finanziellen Herausforderungen, der Organisation von Pflege und Alltag, sich verändernden sozialen Kontakten sowie ethischen Fragen zu Lebensqualität

---

[151] ACT (2009): Categories of life-limiting and life-threatening conditions. URL:
http://www.act.org.uk/page.asp?section=164&sectionTitle=Categories+of+life-limiting+and+life-threatening+conditions (Letzter Zugriff: 02.08.2010).
[152] Onkologische Erkrankungen (Gruppe 1) sind unterrepräsentiert.

und dem verfrühten Lebensende ausgesetzt. Demnach haben sie einen hohen Bedarf an vielfältigen Unterstützungsressourcen. Das Belastungserleben und dessen Bewältigung sind geschlechtsspezifisch geprägt, und insbesondere die Mütter als Hauptpflege- und Bezugspersonen der erkrankten Kinder sind häufig besonderen Belastungen ausgesetzt. Auch die Situation von Alleinerziehenden (10,4% der Familien) ist im Besonderen zu beachten, da diese in der Regel in noch höherem Maße auf Unterstützung angewiesen sind.

Eine wesentliche Unterstützungsressource bei der Bewältigung der vielfältigen Belastungen ist die stationäre Kinderhospizarbeit, die die Familien im Rahmen des Konzeptes „Respite Care" 28 Tage im Jahr nutzen können. In Bezug auf die Aufenthaltsdauer sind einige Eltern der Meinung, dass die Anzahl der Aufenthaltstage nicht ausreicht und wünschen sich eine Erhöhung dieser.

Vor der ersten Kontaktaufnahme mit einem Kinderhospiz verbinden fast 75% der befragten Eltern negative Gefühle und Ängste mit der Institution. Es überwiegt zudem die Assoziation „Sterbehaus" (22,7%). Dieses Ergebnis macht deutlich, dass die öffentliche Präsenz der Angebote nicht in ausreichendem Maße die Bandbreite der kinderhospizlichen Praxis widerspiegelt, sondern diese ähnlich der hospizlichen Begleitung Erwachsener auf Sterbebegleitung reduziert. Ferner sind zu wenige Informationen über die Möglichkeit eines stationären Aufenthaltes in medizinischen oder psychosozialen Krisensituationen vorhanden.

Wenn sich Eltern für einen Aufenthalt in einem stationären Kinderhospiz entscheiden, so besuchen sie dieses mehrheitlich als ganze Familie. Es besteht aber auch die Möglichkeit, dass das erkrankte Kind das Kinderhospiz alleine besucht. Diese Option nutzen 14,9% der Befragten.

Die Eltern finden im Kinderhospiz Entlastung und Entspannung: 76,3% der befragten Eltern können während ihrer Aufenthalte im Kinderhospiz sehr gut bzw. gut entspannen und zur Ruhe kommen. Fast genauso viele Familien (71,8 %) fühlen sich durch den Aufenthalt als Familie für ihren Alltag gestärkt. Die Entlastungswerte steigen, desto mehr die Eltern dazu bereit sind, die Pflege ihres Kindes an die Mitarbeiter/innen des Kinderhospizes abzugeben. Voraussetzung dafür ist das Vertrauen in die Fachkompetenz des Pflegepersonals und die Kontinuität in der Pflege. Zur Entspannung trägt auch eine signifikant hohe Zufriedenheit mit den räumlichen Bedingungen in Kinderhospizen bei (74,4% sehr zufrieden; 23,4% zufrieden). Für einige Einrichtungen werden von den Eltern separate Geschwisterzimmer gewünscht (6,8%), da die gemeinsame Unterbringung von älteren Geschwistern mit ihren Eltern als nicht angemessen und Erholung bietend bewertet wird.

Die Angebote für die Eltern sind in allen Kinderhospizen freiwillig und variieren hinsichtlich ihrer Inhalte. Sie reichen von Gesprächs- über Entspannungs- bis zu kreativen Angeboten und werden individuell auf die Bedürfnisse und Wünsche der Eltern abgestimmt. Die Eltern sind mit den ihnen offerierten Angeboten in der Mehrzahl sehr zufrieden (z.B. Gesprächsangebote: 53,8% sehr zufrieden; 34,5% zufrieden). Über thanatale Themen tauschen sie sich überwiegend mit anderen Eltern aus (27,9%), mit dem Fachpersonal weniger häufig (23,9%). Während sich die Eltern häufigere aktive Gesprächsangebote von Seiten der Mitarbeiter/innen wünschen, signalisieren diese eine zwar offene, aber eher passive Haltung und erwarten ebenfalls die Gesprächsinitiative von Seiten der Eltern. Auch wenn diese Positionen die Kommunikation über existentielle Themen nicht grundsätzlich behindern, erschweren sie diese situativ. Die Möglichkeit der Thematisierung thanataler Aspekte wird von den Eltern größtenteils gewünscht und findet in der Regel im alltäglichen Umgang und nicht in besonders herbeigeführten (Gesprächs-)Situationen statt. Gewünscht wird von Seiten der Eltern ein individuelles und flexibles Eingehen auf ihre situativen Bedürfnisse.

Die Bewältigung der besonderen Lebenssituation der Eltern erfolgt geschlechtsspezifisch. Den verschiedenen Unterstützungsbedarfen von Männern und Frauen wird in der stationären Kinderhospizarbeit durch geschlechtsspezifische Angebote, beispielsweise Väter- und Mütterwochenenden (24,7%), teilweise bereits entsprochen.

Die Leitidee der Kinderhospizarbeit, dass Eltern die Experten für ihre Kinder sind, wird in den stationären Einrichtungen weitgehend auch praktisch umgesetzt. Die Mehrzahl der Eltern gab an, dass sie in Bezug auf die Pflege ihres erkrankten Kindes als kompetent von den Mitarbeitenden anerkannt wurden (65,4% in sehr starkem und 30,2% in starkem Maße). Ein wesentlicher Bestandteil der Begleitung in stationären Kinderhospizen ist das „End of life Care". Fast 95% der befragten Eltern wünschen sich, dass persönliche Kontakte mit den Mitarbeiter/innen des Kinderhospizes auch über den Tod ihres Kindes hinaus bestehen bleiben. Diesem Wunsch wird auch von Seiten der Kinderhospize durch vielfältige Kontaktformen entsprochen. 64% der Eltern können sich zudem vorstellen, das Kinderhospiz als Ort des Sterbens auszuwählen. Dies lässt auf ein großes Vertrauen der Eltern in die Arbeit des Kindeshospizes und die dort tätigen Mitarbeitenden schließen.

Ein Wechsel von Kinderhospizen erfolgt bei den Familien eher selten (33,6% haben nie gewechselt) und wenn, dann aufgrund von Haltung/Beziehungsschwierigkeiten (13,8%), der Unzufriedenheit mit dem Personal (12,9%), der Entfernung (11,2%) und aus privaten Gründen (7,8%). Das so genannte *Kinderhospizhopping* wird folglich von den Familien weniger betrieben, als aufgrund des verfügbaren Erfahrungswissens zu vermuten gewesen wäre.

Beschreibung der Stichprobe *lebensverkürzend erkrankte Kinder und Jugendliche*

Das Erleben des Aufenthaltes in einem stationären Kinderhospiz von schwerstbehinderten lebensverkürzend erkrankten Kindern, die nicht lautsprachlich kommunizieren, wurde durch die Teilnehmende Beobachtung zweier Kinder (Junge und Mädchen) erfasst. Die Teilnehmende Beobachtung fand in zwei stationären Kinderhospizen zu verschiedenen Beobachtungszeiträumen statt. Außerdem wurden Experteninterviews mit zwei lebensverkürzend erkrankten Jugendlichen (männlich) geführt, die lautsprachlich kommunizieren und kognitiv nicht beeinträchtigt sind. Ein Interview fand während des Aufenthaltes des Jugendlichen in einem Kinderhospiz statt, das zweite wurde im häuslichen Umfeld des Jungen geführt.

Ergebnisse der Erhebung *lebensverkürzend erkrankte Kinder und Jugendliche*

Die Ergebnisse der Beobachtung der schwerstbehinderten, nicht lautsprachlich kommunizierenden lebensverkürzend erkrankten Kinder und Jugendlichen zeigen, dass die Pflege dieser Kinder in den Kinderhospizen meist äußerst sensibel, empathisch und bedürfnisorientiert durchgeführt wird. Den Pflegekräften stehen dafür ausreichende zeitliche Ressourcen zur Verfügung. Schwerstbehinderte, lebensverkürzend erkrankte Kinder benötigen ein hohes Maß an ritualisierter Kontinuität, um sich auch außerhalb ihrer alltäglichen Umgebung sicher zu fühlen. Diese Kontinuität ist zum Teil nicht gegeben: 24,7% der befragten Eltern gaben an, dass sechs und mehr Pflegepersonen während eines Aufenthaltes in die Pflege involviert sind. Dies kann Verunsicherung und Ängste auslösen, da diese Kinder insbesondere in für sie subjektiv auch als Belastung empfundenen Pflegesituationen die ungeteilte Achtsamkeit und Aufmerksamkeit der Pflegenden benötigen, für die es der Kenntnis der sehr individuellen Wünsche der Kinder und der diese berücksichtigenden Pflegeroutinen bedarf. Da überwiegend die Pflegekräfte in die Begleitung der schwerstbehinderten, lebensverkürzend erkrankten Kinder involviert sind, benötigen diese (sonder-)pädagogische Kompetenzen, um auch außerhalb von Pflegesituationen anregende und interessante Freizeitaktivitäten für die erkrankten Kinder zu gestalten. Hier ist Entwicklungsbedarf erkennbar.

Die Ergebnisse der Experteninterviews mit den erkrankten Jugendlichen, die lautsprachlich kommunizieren und nicht kognitiv beeinträchtigt sind, machen deutlich, dass ihnen in den Kinderhospizen vielfältige Angebote offeriert werden, die sich an ihren Wünschen und Bedürfnissen orientieren. Die Jugendlichen sind mit den Freizeitaktivitäten in den von ihnen besuchten Institutionen sehr zufrieden. Sie erleben die häufigen Personalwechsel im Gegensatz zu den schwerstbehinderten, lebensverkürzend erkrankten Kindern als willkommene Abwechslung und haben ein enges Verhältnis zu den Mitarbeitenden. Aufgrund dessen können sie auch thanatale Aspekte mit den Mitarbeitenden thematisieren. Hier zeigt sich jedoch auch Verbesserungsbedarf hinsichtlich der themenspezifischen Offenheit und Kommunikationsbereitschaft der Mitarbeitenden gegenüber den Jugendlichen.

Die Jugendlichen besuchen die Kinderhospize überwiegend alleine und genießen es, ohne die Eltern dort zu sein. Kontakt zu Gleichaltrigen, die nicht kognitiv beeinträchtigt sind, oder zu Gleichaltrigen ohne lebensverkürzende Erkrankung außerhalb des Kinderhospizes haben die Jugendlichen während ihrer Aufenthalte gar nicht oder nur sehr selten. Die Auseinandersetzung mit Peers stellt jedoch eine wesentliche Entwicklungsaufgabe der Adoleszenz dar und sollte gerade im Hinblick auf die Forderung nach Inklusion ein gesellschaftsrelevantes Ziel der Kinderhospizarbeit sein.

Beschreibung der Stichprobe *Geschwister*

Geschwister lebensverkürzend erkrankter Kinder und Jugendlicher wurden im Rahmen der vorliegenden Studie zwar nicht direkt zu ihrem Erleben der Aufenthalte im Kinderhospiz befragt, es können jedoch Ergebnisse aus einer an die Studie angegliederten Diplomarbeit hinzugezogen werden, in der fünf Geschwister zu ihrem Erleben mittels qualitativer Interviews befragt wurden. Ferner haben die an den Interviews (12) und der schriftlichen Befragung teilgenommenen 172 Probanden Angaben zu den Erfahrungen der Geschwister im Kinderhospiz gemacht. Geschwister lebensverkürzend erkrankter Kinder und Jugendlicher werden früh mit Fragen von Krankheit und Pflege sowie mit thanatalen Aspekten konfrontiert und sind daher besonderen Herausforderungen ausgesetzt. Bei der Bewältigung des potentiellen individuellen Belastungserlebens können die stationären Kinderhospize durch ihre Angebote einen wesentlichen Beitrag leisten.

Ergebnisse der Erhebung *Geschwister*

In der im Rahmen der Diplomarbeit von Proske (2009) separat durchgeführten Geschwisterstudie zeigen die befragten Geschwister eine hohe Zufriedenheit mit den stationären kinderhospizlichen Angeboten. Nach Einschätzung der Eltern, die an der Fragebogenerhebung teilnahmen, trägt die Geschwisterbegleitung wesentlich zur Entlastung des Familiensystems bei. Fast 74% sind sehr zufrieden bzw. zufrieden mit den Angeboten für Geschwister. Es zeigt sich aber auch ein Entwicklungsbedarf in Bezug auf die Dauer der Begleitung (24,7% teilweise zufrieden) sowie die Vielfalt und Altersangemessenheit der Angebote. 83% der befragten Eltern sind der Meinung, dass die Angebote altersangemessen sind, wohingegen in den qualitativen Interviews von einigen Eltern eine Unzufriedenheit hinsichtlich dieser (gerade in Bezug auf die Altersgruppe der Jugendlichen) geäußert wurde. Die Geschwisterbegleitung wird überwiegend von den Pädagogen und Pädagoginnen (28,3%) durchgeführt. 22,5% der befragten Eltern gaben an, dass Zivildienstleistende/Praktikanten diese übernehmen, und 22,2% der Eltern verbringen selber während der Aufenthalte Zeit mit ihren gesunden Kindern. Hier scheint es einen Bedarf an mehr qualifiziertem pädagogischem Personal zu geben, das die Geschwister auch unter Berücksichtigung möglicher krankheits- und todesbezogener Kommunikationsbedarfe begleitet.

In Bezug auf die Thematisierung thanataler Aspekte mit den Geschwistern berichten 41% der befragten Eltern, dass mit den Geschwistern über Sterben und Tod gesprochen wird. Ein Drittel ist nicht darüber informiert, ob eine solche Thematisierung stattfindet. Als Grund dafür kann vermutet werden, dass die Geschwister ihre Eltern nicht zusätzlich belasten wollen und daher die Thematisierung verschweigen. Die Formen der Thematisierung sind vielfältig (Gespräche: 25,3%; Malen: 11,7%; Teilnahme an Abschiedsritualen: 5,7%). Für die Auseinandersetzung mit thanatalen Themen mit den Geschwistern ist es unabdingbar, dass die Mitarbeiter/innen über entsprechende Fach- und Kommunikationskompetenzen verfügen, wofür eine entsprechende thanatopädagogische Qualifizierung der Fachkräfte unabdingbar ist.

Beschreibung der Stichprobe *Fachkräfte*

Im Rahmen der Studie wurden sechs Mitarbeiter/innen in zwei Kinderhospizen (Experteninterviews) und 62 Fachkräfte in vier stationären Kinderhospizen (schriftliche Befragung mittels Fragebogen) zu ihrer Tätigkeit befragt. Die meisten Mitarbeitenden in stationären Kinderhospizen sind weiblich (88%). Die Altersstruktur der Fachkräfte variiert (21–30 Jahre: 36,7%; 31–40 Jahre: 18,3%; 41–50 Jahre: 35%; unter 20 Jahren: 1,7%). 43,3% der Befragten haben eigene Kinder. Die meisten Probanden (44,4%) leben mit ihrem Partner zusammen, 24% leben alleine. Die Mitarbeitenden haben vor Aufnahme ihrer Tätigkeit in der Mehrzahl im Krankenhaus (40,7%) gearbeitet. Die meisten Mitarbeitenden sind vollzeitbeschäftigt (60,66%). Das monatliche Bruttoeinkommen liegt bei der Mehrzahl bei 2000,– bis 2500,– Euro monatlich. Die meisten Probanden sind mit ihrem Einkommen nur teilweise zufrieden (46,7%).

Ergebnisse der Erhebung *Fachkräfte*

In den Kinderhospizen arbeiten multidisziplinäre Teams mit einem großen Anteil an (Kinder-) Krankenschwestern (fast 57%; Pädagogen/Pädagoginnen: 10%; Verwaltungsangestellte: 8%; Seelsorge: 2%). Die Entscheidung für die Tätigkeit im Kinderhospiz erfolgte bei der Mehrzahl der Mitarbeitenden aus Überzeugung (37,61%). Aus persönlicher Betroffenheit heraus entschieden sich 10,09% für diese Tätigkeit.

Die befragten Fachkräfte erleben in ihrer Tätigkeit im Kinderhospiz verschiedene Belastungsfaktoren. Diese beziehen sich überwiegend auf Arbeits- und Organisationsbedingungen, beispielsweise zeitliche Faktoren des Arbeitsalltags (25% empfinden diese in starkem und 12,5% in sehr starkem Maße als belastend). Auch in der Kooperation mit den Eltern (24,56% in starkem Maße belastend) und in der Begleitung der erkrankten Kinder und Jugendlichen (21,05% in starkem Maße belastend) sind die Mitarbeitenden Belastungen ausgesetzt. Die Zusammenarbeit mit Kolleg/innen empfinden 50,88% als nur in geringem Maße belastend, was auf gelingende Teamarbeit in den erfassten Einrichtungen hindeutet. Mitarbeitende bewältigen diese Belastungsfaktoren in der Mehrzahl durch professionelle Angebote (Gespräch mit den Kolleg/innen: 22,84%; Supervision: 14,66%). Allerdings lassen die Zahlen auch den Bedarf erkennen, die professionellen Angebote weiter auszubauen. Der Leitsatz: „Die Eltern sind die Experten für ihr Kind" wird von 54,1% in sehr starkem und von 45,19% in starkem Maße grundsätzlich anerkannt. Wie Aussagen der Interviewpersonen belegen, gelingt die Umsetzung dieser Maxime im kinderhospizlichen Alltag jedoch nicht immer und birgt durchaus Konfliktpotential zwischen den Fachkräften und den Eltern.

Die Mitarbeitenden benötigen Fachkompetenz und persönlich-emotionale Kompetenzen, um die an sie gestellten Anforderungen im Tätigkeitsfeld Kinderhospiz angemessen erfüllen zu können. Diese sind auch insofern relevant, da die meisten Mitarbeitenden professionsübergreifende Tätigkeiten ausführen. So sind 97% der Befragten in die Pflege und Begleitung der erkrankten Kinder involviert (auch Pädagog/innen).

80% der befragten Mitarbeiter/innen geben an, dass ihre Einrichtung auf der Grundlage einer Konzeption arbeitet. Nach dem mit 20,7% am häufigsten genannten OPI-Konzept findet sich eine Vielzahl unterschiedlichster Ansätze aus den Bereichen Pädagogik, Therapie und Pflege, ohne dass ein gemeinsames und einheitliches konzeptionelles Fundament benannt wurde. 92% bezeichnen die Auseinandersetzung mit der eigenen Sterblichkeit als wichtige Voraussetzung für die Tätigkeit im Kinderhospiz. Die Grundlage der Arbeit der Fachkräfte ist zudem die Achtung der Selbstbestimmung der erkrankten Kinder und Jugendlichen (48,33% stimmen in starkem Maße zu), die Ermöglichung der Teilhabe am sozialen Leben dieser (69,49% stimmen in sehr starkem Maße zu) sowie die Unterstützung der Lebensqualität der erkrankten Kinder (86,44% stimmen in starkem Maße zu).

Die Kommunikation mit nicht lautsprachlich kommunizierenden Kindern und Jugendlichen erfolgt überwiegend über körpereigene Kommunikationsformen (Mimik und Gestik: 25%) und mit Hilfe von verschiedenen Formen der Unterstützten Kommunikation (Zeichen für „Ja" und „Nein": 19,07%; Bildkarten und Fotos: 12,71%). Fort- und Weiterbildungsangebote in diesem Feld könnten dazu beitragen, die hierfür benötigten fachlichen Kenntnisse der Mitarbeitenden zu erweitern und dadurch zu einer optimierten Kommunikation mit den erkrankten Kindern und Jugendlichen beizutragen.

Die Zusammenarbeit in den Teams der erfassten stationären Kinderhospize wird mehrheitlich und berufsgruppenübergreifend als signifikant positiv bewertet (13,3% sind sehr zufrieden; 60% zufrieden; 25% teilweise zufrieden). Lediglich für die Kooperation mit den ehrenamtlichen Mitarbeiter/innen werden von ca. 50% der Befragten mittlere und negative Bewertungskategorien gewählt. Hier besteht der Bedarf nach einem Diskurs über die Zusammenarbeit von Haupt- und Ehrenamtlichen.

Gute Kinderhospizarbeit benötigt kompetente Mitarbeiter/innen. Deren Kompetenzen setzen sich aus fachlichen und personalen Kompetenzen zusammen, von denen die Fachkräfte selbst ihre personalen Kompetenzen wie Empathie (15,5%) und Geduld (14,9%) leicht bedeutsamer einschätzen als ihre fachliche Qualifikation (14,7%). Mitarbeitende in stationären Kinderhospizen nutzen Fort- und Weiterbildungsangebote in sehr starkem (42,6%) und in starkem Maße (45,9%). Diese Angebote werden berufsgruppenspezifisch angenommen und sind zum Teil verpflichtend oder freiwillig. 35% sind der Meinung, dass die ihnen offerierten Angebote nicht ausreichen, wohingegen 64% der Befragten die Fort- und Weiterbildungsmöglichkeiten im Rahmen ihrer Tätigkeit als hinreichend bewerten. 39,9% gaben an, Kritik im Team offen äußern zu können. 37,7% können dies nur in mittlerem Maße tun. Hier lässt sich der Bedarf einer kritik- und fehlerfreundlicheren Einrichtungskultur konstatieren.

Kinderhospize sind Bestandteil interdisziplinärer Netzwerke verschiedener Institutionen und Personen, die in die Begleitung der lebensverkürzend erkrankten Kinder, Jugendlichen und deren Familien involviert sind. Sie kooperieren unter anderem mit Ärzten und Ärztinnen (13,1%) und mit ambulanten Kinderhospizdiensten (9,6%).

Abschließend lässt sich anführen, dass die befragten Fachkräfte in Kinderhospizen bezüglich ihrer Arbeit hohe Zufriedenheitswerte aufweisen: 83% sind mit der Arbeit ihrer Institution und 78,2% mit ihrer persönlichen Situation zufrieden und sehr zufrieden.

Fazit und Ausblick

Die stationäre kinderhospizliche Versorgung entspricht in hohem Maße den Wünschen und Bedarfen der befragten Familien. Aus den Ergebnissen der mündlichen und schriftlichen Befragungen der Familien, die stationäre Kinderhospize nutzen, lassen sich jedoch auch Entwicklungsideen für die Praxis der Kinderhospizarbeit ableiten. Es besteht Optimierungsbedarf

- hinsichtlich der öffentlichen und medialen Präsenz der kinderhospizlichen Angebote. Die Präsenz der Kinderhospizarbeit in der Öffentlichkeit und die Bandbreite der kinderhospizlichen Angebote bei betroffenen Familien sind als eher gering zu bewerten. Zudem bestehen große Ängste in Bezug auf die Kinderhospizarbeit an sich. Kinderhospize werden überwiegend mit „Sterbehaus" tituliert.
- auf dem Gebiet der Geschwisterbegleitung und -unterbringung. Insbesondere die Dauer der Begleitung pro Tag sollte ausgebaut werden, wozu mehr Personal notwendig ist. Außerdem besteht von Seiten der Eltern der Wunsch nach separaten Geschwisterzimmern, die allerdings in einigen Kinderhospizen schon vorhanden sind.
- in Bezug auf die Kontinuität der Pflege und die Begleitung der erkrankten Kinder sowie den Einsatz von qualifiziertem Personal in der Begleitung der erkrankten Kinder.
- bei den Gesprächsangeboten von Seiten der Fachkräfte an die Eltern. So wünschen sich die befragten Eltern zum Teil mehr Mitarbeiterinitiative zum Gespräch.
- hinsichtlich der Thematisierung der Aspekte Sterben, Tod und Trauer mit den erkrankten Kindern und deren Geschwistern.
- im Hinblick auf die Begleitung der Familien nach dem Tod des lebensverkürzend erkrankten Kindes. Der Kontakt gestaltet sich zwar mehrheitlich nach den Wünschen der Familien, jedoch wünschen sich einige Familien einen persönlicheren Kontakt.
- in der Begleitung lebensverkürzend erkrankter Jugendlicher. Diese gaben an, nur wenig Kontakt zu Gleichaltrigen (erkrankt und nicht erkrankt) zu haben. Hier sollten von Seiten der Kinderhospize Kontaktmöglichkeiten im Sinne einer sozialräumlichen und den Leitgedanken der Inklusion berücksichtigenden Öffnung geschaffen werden.

Auch die Mitarbeitenden, die in stationären Kinderhospizen tätig sind, zeigen mehrheitlich signifikante Zufriedenheitswerte in Bezug auf ihre Arbeit. Es lassen sich dennoch Entwicklungsoptionen aus den Ergebnissen ableiten:

- Fort- und Weiterbildungsmöglichkeiten sollten fest etabliert und strukturell-konzeptionell verankert werden, um die für die Arbeit geforderten fachlichen und personal-emotionalen Kompetenzen der Mitarbeitenden auszubauen. Diese sollten auch – im Sinne eines Kinderhospizkompetenzprofils – professionsübergreifend angeboten und gestaltet werden.
- Der Ausbau von Vollzeitbeschäftigungsverhältnissen sollte angestrebt werden, um eine Kontinuität in der Pflege und Begleitung der erkrankten Kinder und Jugendlichen zu gewährleisten.
- Für die Geschwisterbegleitung ist mehr pädagogisch qualifiziertes Personal notwendig, dass die Geschwisterangebote vielfältiger, altersangemessener und zeitlich umfangreicher zu gestalten vermag.

- Die Etablierung einer kritik- und fehlerfreundlichen Kultur sollte in den Kinderhospizen im Rahmen von Team- und Qualitätsmanagementprozessen forciert werden.
- Um die vielfältigen Problem- und Belastungssituationen, die die Mitarbeitenden in ihrer Arbeit erleben, zu bewältigen, ist die Bereitstellung professioneller Reflexionsmöglichkeiten unumgänglich.
- Mitarbeitende in stationären Kinderhospizen sind mit der Zusammenarbeit im Team mehrheitlich zufrieden. Es zeigt sich eine Tendenz zur Unzufriedenheit in der Zusammenarbeit von Haupt- und Ehrenamtlichen. Ein offener Diskurs über Zuständigkeiten und divergierende Rollenzuschreibungen könnte dazu beitragen, die Kooperation zu optimieren und die jeweiligen persönlichen und fachlichen Hintergründe in ein optimiertes Gesamtarrangement der verfügbaren Kompetenzen zu integrieren.

3. Ambulante Kinderhospizarbeit

3.1 Die Perspektive der Familien, die ambulante Kinderhospizdienste nutzen

Ambulante Kinderhospizdienste unterstützen Familien mit progredient erkrankten Kindern ab dem Zeitpunkt der Diagnose in deren häuslichen Umfeld. Ziel war es, den aktuellen Stand ihrer Erfahrungen, Bedarfe und Wünsche bezüglich der Begleitung durch ambulante Kinderhospizdienste zu erheben und zu dokumentieren Außerdem wurden Informationen und Daten zur Situation der Familien erhoben, die in die zukünftige Entwicklung qualitativ guter und bedarfsorientierter ambulanter Kinderhospizarbeit einfließen können.

3.2 Durchführung der quantitativen Erhebung

Innerhalb der vorliegenden Studie nahmen im Teilbereich *Ambulante Kinderhospizdienste* 91 Familien lebensverkürzend erkrankter Kinder und Jugendlicher an einer quantitativen Befragung teil. Die Fragebögen wurden auf der Grundlage qualitativer Interviews und einer quantitativen Erhebung entwickelt und durch Pretests validiert. Details zur Methodologie finden sich in Kapitel III.1.

Die Proband/innen erhielten die Fragebögen von den ambulanten Kinderhospizdiensten, die sie begleiten. Die Koordinator/innen der ambulanten Kinderhospizdienste wurden vom Forscherteam über die Inhalte und Ziele der Studie informiert und gebeten, die Fragebögen an die Familien weiterzuleiten. Dieses Procedere sicherte den Familien einerseits Anonymität zu, erschwerte dem Forschungsteam andererseits allerdings ein Nachverfolgen der Fragebögen: Die Familien konnten nicht unmittelbar zur Mitarbeit motiviert werden, sondern nur auf dem indirekten Weg über die jeweiligen Kinderhospizdienste. Insgesamt wurden 371 Familienfragebögen an die Koordinator/innen verschickt, von denen 91 ausgefüllt beim Forschungsteam eintrafen – das entspricht einem Rücklauf von 24,53%, was unter den beschriebenen Erhebungsumständen als gute Quote gelten kann.

Die Familien wurden zu drei Themenkomplexen mit insgesamt 30 Einzelfragen befragt. Zunächst berichteten sie über ihre Nutzung des jeweiligen ambulanten Kinderhospizdienstes. Es folgte ein Block mit Fragen zu den in den Familien tätigen ehrenamtlichen Mitarbeiterinnen und Mitarbeitern. Schließlich machten die Proband/innen im dritten Teil der Fragebögen Angaben zu ihrer Person bzw. Familie. Die Fragebögen wurden mit dem Statistikprogramm SPSS Version 17.0 ausgewertet. Zur intensiven Materialauswertung wurden Häufigkeitsberechnungen, Kreuzungen und Signifikanzüberprüfungen mittels Chi-Quadrattests vorgenommen. Aufgrund des explorativen Charakters der Studie mit einer eher geringen Stichprobengröße basiert die Auswertung auf deskriptiver Statistik. Die Ergebnisse sind im Folgenden detailliert beschrieben und interpretiert.

3.3 Darstellung und Interpretation der Ergebnisse
Die Situation der Familien
Die Proband/innen wurden zu folgenden Aspekten befragt:

> *1. Geschlecht der ausfüllenden Person*
> *2. Familienkonstellation*
> *3. Konfession*
> *4. Schulabschluss der ausfüllenden Person*
> *5. Berufsqualifizierender Abschluss der ausfüllenden Person*
> *6. Nettoeinkommen der Familie*
> *7. Weitere Kinder außer den lebensverkürzend erkrankten Kindern*
> *8. Anzahl der lebensverkürzend erkrankten Kinder*
> *9. Diagnosen der lebensverkürzend erkrankten Kinder*

89 Personen machen Angaben zum Geschlecht der den Fragebogen ausfüllenden Person.

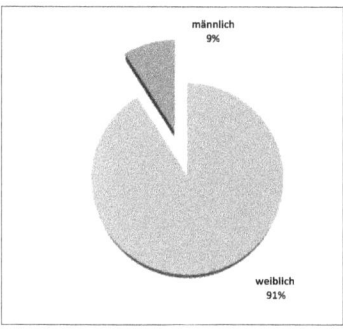

Abb. 129: Geschlecht der ausfüllenden Person (N = 89)

Diese Verteilung entspricht der Dominanz der Frauen/Mütter in der Kinderhospizarbeit. Wie auch aus den qualitativen Interviews deutlich wurde, leisten überwiegend die Mütter die Betreuungs- und Pflegearbeit (vgl. Kap. II 4) und sind auch als aktive Mitglieder in der Kinderhospizarbeit hoch repräsentiert.

Die an der Befragung teilnehmenden Familien wurden gefragt, in welcher Konstellation sie zusammen leben. Als Familien galten für diese Untersuchung „alle Lebensgemeinschaften, in denen Kinder und Erwachsene in einer verlässlichen sozialen Verbindung zusammen leben" (Hartkopf/Hug 2006, 66).

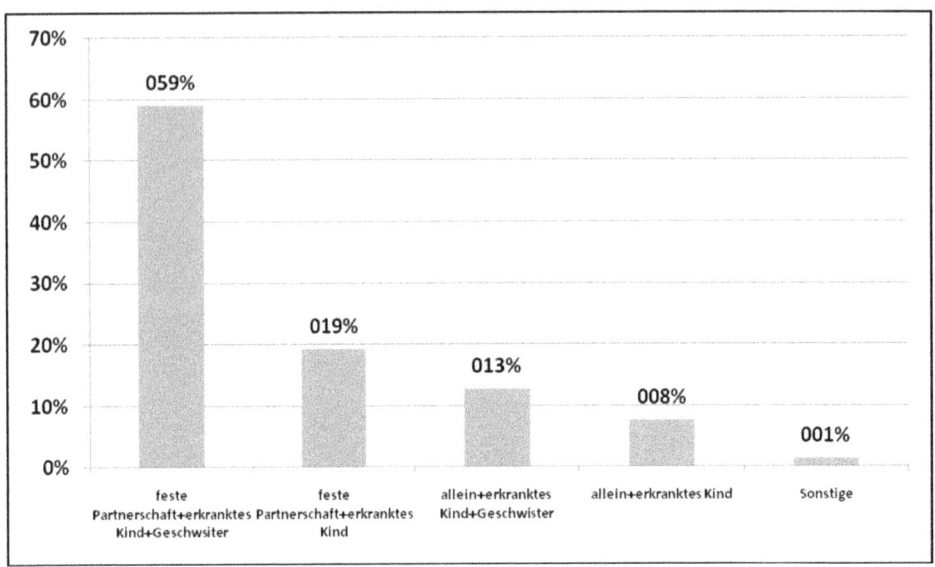

Abb. 130: Familienkonstellationen (N = 77)

77 Familien machen hier Angaben zu acht vorgegebenen Items, unter „Sonstige" konnten offen Ergänzungen eingefügt werden.

Die am häufigsten angegebene Familienkonstellation ist das Zusammenleben von zwei Erwachsenen, die in fester Partnerschaft mit dem/den erkrankten Kind/Kindern und den Geschwistern/dem Geschwister leben (59%). An zweiter Stelle steht die Konstellation „in fester Partnerschaft mit dem erkrankten Kind/ den erkrankten Kindern" mit 19,2%. 12,8% der Befragten leben als Alleinerziehende mit dem erkrankten Kind/den erkrankten Kindern und den Geschwistern/dem Geschwister. Weitere 7,7% leben alleinerziehend mit dem erkrankten Kind/den erkrankten Kindern.

Die Kreuzung der Daten zu Familienkonstellation und Geschlecht zeigt, dass es unter den hier Antwortenden keine alleinerziehenden Väter gibt.

		Geschlecht der ausfüllenden Person		
		männlich	weiblich	gesamt
„Gelebte" Familienkonstellation: alleine mit lebensverkürzend erkranktem Kind	Nein	7	75	82
	Ja	0	6	6
	Gesamt	• 7	81	88[153]

Tab. 24: Kreuztabelle: „Geschlecht der ausfüllenden Person" und "Familienkonstellation: alleine mit lebensverkürzend erkranktem Kind"

---

[153] 88 Probanden machten eine Angabe zum Geschlecht, daher N=88.

| | | Geschlecht der ausfüllenden Person | | |
		männlich	weiblich	gesamt
„Gelebte" Familienkonstellation: alleine mit lebensverkürzend erkranktem Kind und Geschwistern	Nein	7	71	78
	Ja	0	10	10
	Gesamt	7	81	88

Tab. 25: Kreuztabelle: „Geschlecht der ausfüllenden Person" und „Familienkonstellation: alleine mit lebensverkürzend erkranktem Kind und Geschwistern"

Bei der Frage nach der Konfessionszugehörigkeit konnte einer von fünf vorgegebenen Items und unter „andere Konfession" weitere angegeben werden.

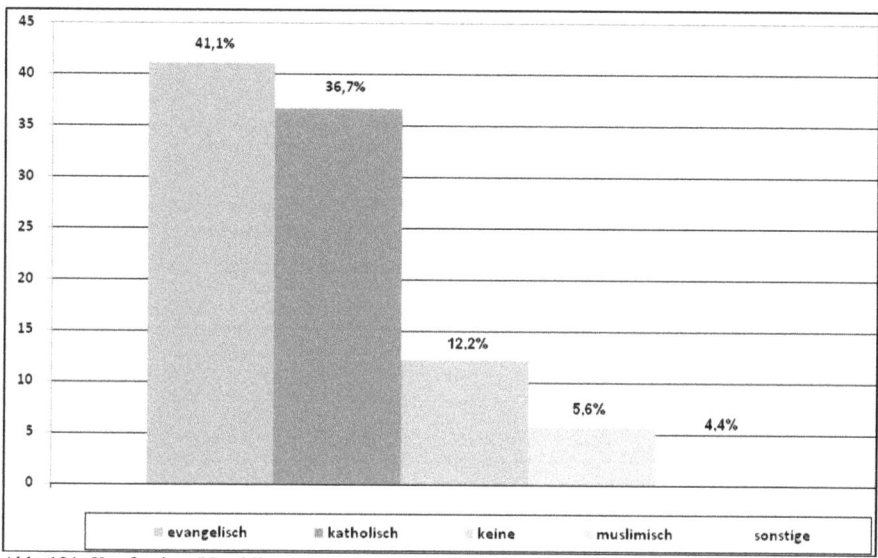

Abb. 131: Konfession (N = 90)

Bei den Konfessionen der teilnehmenden Familien zeigt sich, dass die meisten Befragten christlichen Glaubens sind. Nur 5,6% Muslime beantworteten diese Frage, und die weiteren genannten Glaubensrichtungen ließen sich zu einem Anteil von 4,4% zusamenfassen. Keine Konfessionszugehörigkeit gaben 12,2% der Familien an. Das Item „jüdisch" wurde nicht angekreuzt.
Laut statistischem Bundesamt sind von den in Deutschland lebenden Menschen 30,1% Protestanten, 30,2% Katholiken und 0,13% Menschen jüdischen Glaubens. Über Muslime macht das Bundesamt keine Angaben, da „das Ausländerzahlregister, die Einbürgerungsstatistik und der Mikrozensus (…) keine Angaben zur Religionszugehörigkeit (enthalten)."[154] Verglichen mit der Verteilung im Bundesgebiet findet sich in der Stichprobe eine größere Gruppe von Menschen, die einer der christlichen Kirchen angehört.

---

[154]

http://www.destatis.de/jetspeed/portal/cms/Sites/destatis/Internet/DE/Content/Statistiken/Bevoelkerung/Bevoelkerungsstand/Tabellen/Content75/AltersgruppenFamilienstand.psml;
http://www.destatis.de/jetspeed/portal/cms/Sites/destatis/Internet/DE/Content/FAQ/Bevoelkerung/MigrationIntegration/FrageAntwort2.psml (Letzter Zugriff: 09.11.2009).

Das Bildungsniveau der Proband/innen ist höher als im Bundesdurchschnitt: Die Hälfte der Probanden (N = 88) gibt einen Realschulabschluss als höchsten Schulabschluss an (50,6%), die zweitgrößte Gruppe ist mit 27% diejenige, die die Schule mit dem Abitur verließ. Als dritte Gruppe folgt diejenige mit einem Hauptschulabschluss (13,5%). Kein Schulabschluss wird von 2,2% angegeben, unter „Sonstige" werden 6,7% zusammengefasst. Im Vergleich zu den Zahlen der deutschen Gesamtbevölkerung ist somit in der Stichprobe ein höheres Schulbildungsniveau vorhanden, was darauf schließen lässt, dass Angebote ambulanter Kinderhospizarbeit vorrangig von bildungsnahen Familien genutzt werden.[155]

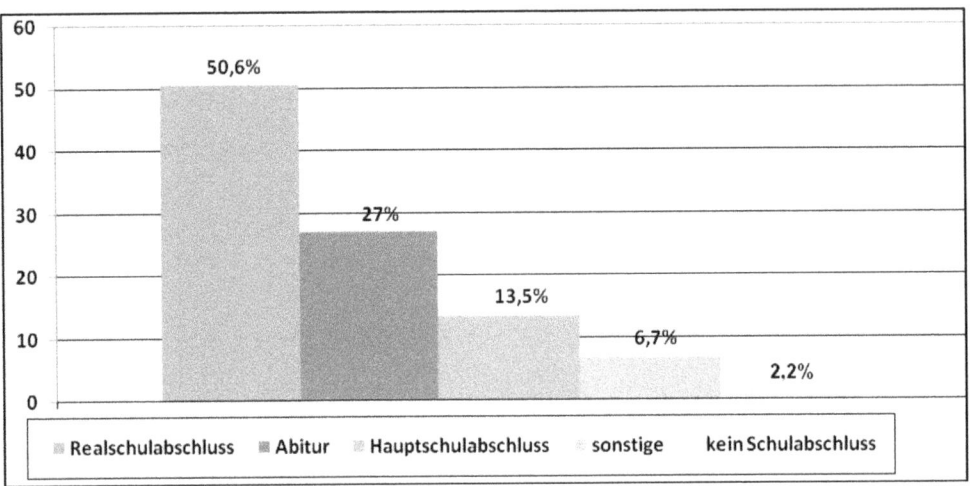

Abb. 132: Höchster Schulabschluss (N = 88)

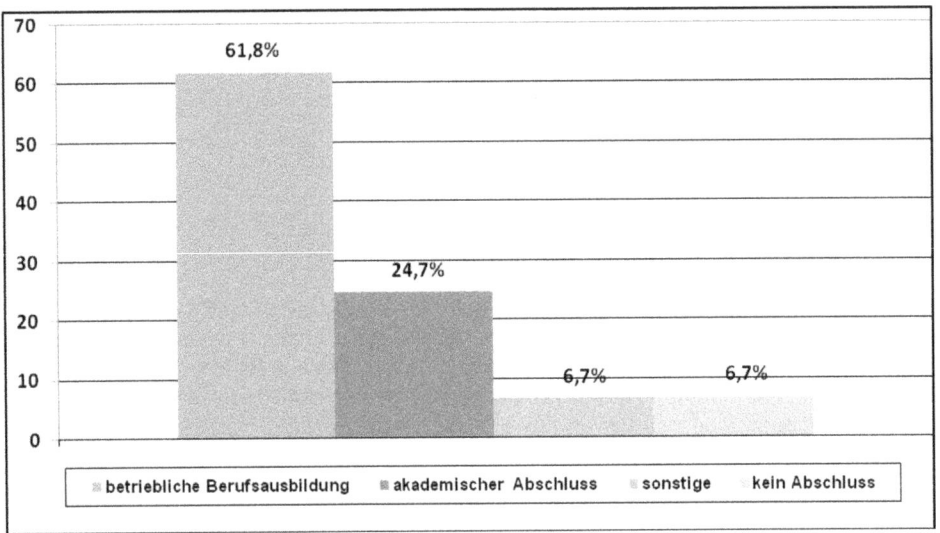

Abb. 133: Berufsqualifizierende Abschlüsse (N = 89)

---

[155] „Im Jahr 2008 hatten knapp 46% der Personen über 15 Jahre einen so genannten ‚höherwertigen' allgemeinen Schulabschluss. Davon besaßen 21% einen Realschulabschluss und etwas über 24% die Fachhochschul- oder Hochschulreife. In der Gruppe der 20- bis unter 30-Jährigen konnten bereits 74% einen solchen Abschluss nachweisen (32% Realschulabschluss, 42% Fachhochschul-/Hochschulreife). Von den Altersjahrgängen ab 60 hatten dagegen 13% eine Realschule und ebenfalls 13% ein Gymnasium erfolgreich absolviert" (http://www.destatis.de/jetspeed/portal/cms/Sites/destatis/Internet/DE/Content/Statistiken/BildungForschungKultur/Bildungsstand/Aktuell,templateId=renderPrint.psml (Letzter Zugriff: 09.12.09).

Das relativ hohe Bildungsniveau der Befragten zeigt sich auch im Blick auf ihre berufsqualifizierenden Abschlüsse. Die meisten Befragten weisen betriebliche Ausbildungsabschlüsse vor (61,8%). Es folgt als zweitgrößte Gruppe diejenige mit akademischen Abschlüssen: Ein Viertel (24,7%) studierte demnach an Universitäten und Fachhochschulen. 6,7% geben „keinen Abschluss" an, ebenso viele sind zusammengefasst unter „sonstige" wie z.B. ausländische Abschlüsse, Fachschulen o. ä.

Das Bildungs- und Ausbildungsniveau der Familien, die ambulante Kinderhospizdienste nutzen, ist demnach relativ hoch.[156] Auch im Vergleich mit den Geamtzahlen für Deutschland sind die Ausbildungsniveaus der Stichprobe höher.[157] Dies kann unabhängig von der quantitativ eher geringen Untersuchungskohorte als deutliche Tendenz hinsichtlich des Status der Familien konstatiert werden, die Angebote der Kinderhospizbewegung nutzen.

Das Netteinkommen der Familien liegt jedoch unter dem Bundesschnitt, wie folgendes Diagramm verdeutlicht:

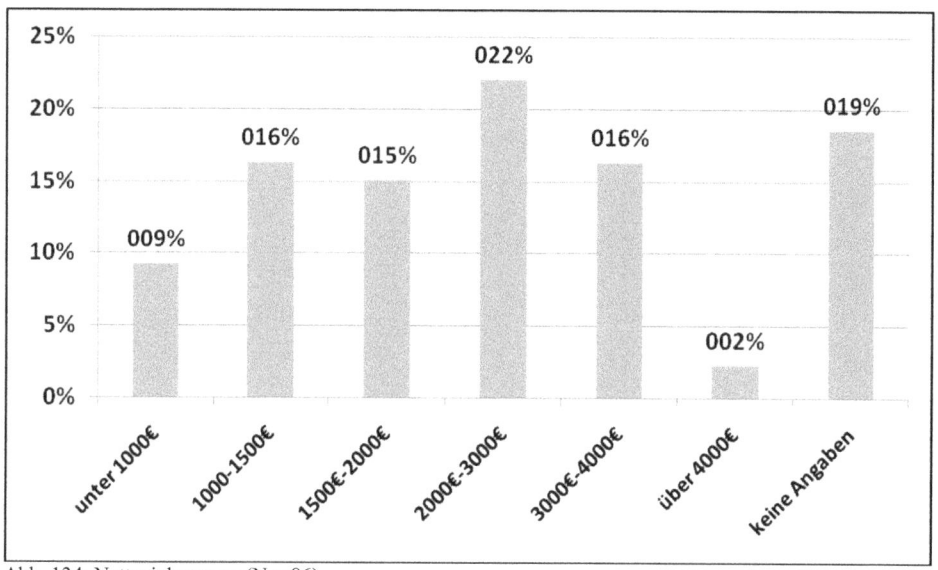

Abb. 134: Nettoeinkommen (N = 86)

Die meisten Proband/innen, die diese Frage beantwortet haben, verdienen netto zwischen 2000,– und 3000,– Euro monatlich. 16,3% stehen monatlich 3000,– bis 4000,– Euro und einem genauso hohen Prozentanteil 1000,– bis 2000,– Euro zur Verfügung. Mehr als 4000,– Euro verdienen 2,3% der Befragten.

Ein Viertel (25,6%) der Familien verdient bis zu 1500,– Euro. Hierzu zählen acht der 16 befragten alleinerziehenden Mütter (50%). Weniger als 2000,– Euro haben insgesamt 15% der vier- oder mehrköpfigen Familien zur Verfügung, was bedeutet, dass bei ihnen ein Armutsrisiko besteht.[158]

---

[156] Im Fragebogen wurde nur nach dem Abschluss der ausfüllenden Person gefragt. Es ist anzunehmen, dass das Bildungsniveau beider Partner in einer Familie in etwa übereinstimmt (vgl. Oerter/Montada 2008, 349ff.; Wirth 2000).

[157] „Als beruflichen Ausbildungsabschluss nannten 2008 knapp 51% eine Lehre/Berufsbildung im dualen System. 1% besaßen einen Fachschulabschluss in der ehemaligen DDR, 6% einen Fachschulabschluss, 13% einen Fachhochschul- oder Hochschulabschluss/Promotion und 28% (noch) keinen beruflichen Abschluss. Von den 30- bis unter 40-Jährigen hatten immerhin knapp 20% ein Fachhochschul-, Hochschulstudium und Promotion erfolgreich abgeschlossen, unter den 60-Jährigen und Älteren befanden sich dagegen nur 10% Akademiker"
(http://www.destatis.de/jetspeed/portal/cms/Sites/destatis/Internet/DE/Content/Statistiken/BildungForschungKultur/Bildungsstand/Aktue ll,templateId=renderPrint.psml (Letzter Zugriff: 09.12.09).

[158] Ein Armutsrisiko besteht, wenn das durchschnittliche Einkommen unter 60% des „bedarfsgewichteten Nettoäquivalenzeinkommens" liegt. Aufgrund unterschiedlicher statischer Berechnung geht z.B. der Armuts- und Reichtumsbericht der Bundesregierung davon aus, dass die Armutsrisikogrenze für eine Einzelperson bei 938,– Euro liegt, während Haushaltsangehörige über 14 Jahren mit Faktor 0,5 und

Als bundesdurchschnittliches Nettoeinkommen galt 2003 pro Haushalt ein Betrag von 2770,– Euro. Dies entspricht tendenziell auch dem Ergebnis des hier angegebenen Durchschnittseinkommen der befragten Familien. Die Tatsache, dass sich trotz des statistisch höheren Bildungsniveaus das mehrheitlich angegebene Nettoeinkommen eher auf einem mittleren Wert befindet, lässt darauf schließen, dass aufgrund des zeitintensiven Pflege- und Betreuungsaufwandes der erkrankten Kinder häufig nur ein Elternteil berufstätig sein kann.[159]

Die Einordnung der finanziellen Situation von Familien hängt von der Anzahl der Familienmitglieder ab. Die Proband/innen wurden deshalb nach der Größe ihrer Familien gefragt. Die auf der Grundlage der Geburtenstatistik ermittelte zusammengefasste Geburtenziffer des Jahres 2008 lag im Bundesdurchschnitt bei 1,38 Kindern je Frau.[160] Mit einem Mittelwert von 1,83 Kindern pro Familie liegen die Angehörigen der Stichprobe etwas über dem Bundesdurchschnitt.

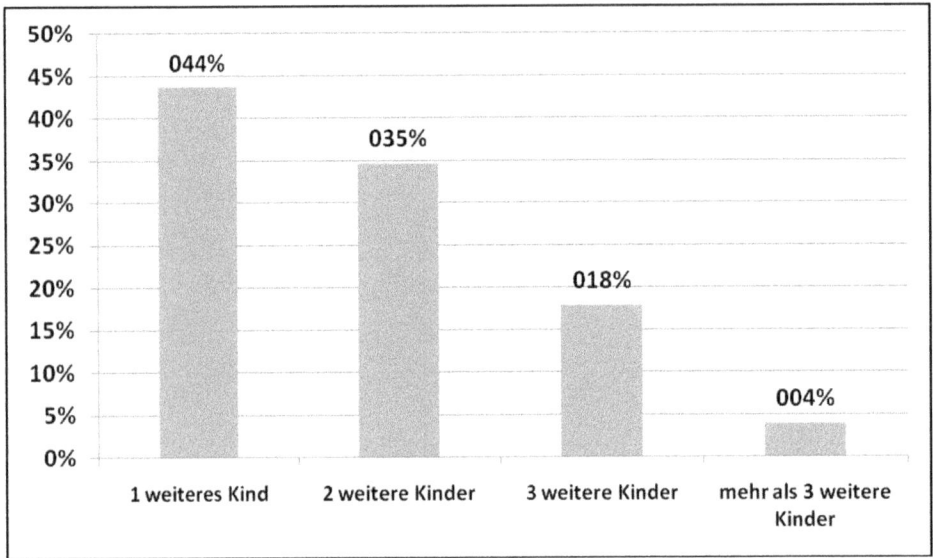

Abb. 135: Anzahl der weiteren Kinder neben dem lebensverkürzend erkrankten Kind/den lebensverkürzend erkrankten Kindern (N = 78)

In 78 Familien der befragten Familien leben außer dem bzw. den erkrankten Kindern ein oder mehrere weitere Kinder. Im Detail heißt das, dass 43,6% dieser Familien ein weiteres Kind haben, 34,6% haben zwei weitere Kinder, und in 17,9% der Familien leben drei weitere Kinder. Das Maximum liegt somit bei vier Kindern.

Haushaltsangehörige unter 14 Jahren mit Faktor 0,3 gewichtet werden. Danach läge eine Familie mit 2 Kindern unter 14 Jahren bei einem Einkommen unter 1970,– Euro unterhalb der Armutsrisikogrenze. Da die Bedarfe der Mitglieder eines Haushaltes nicht proportional zur Haushaltsgröße steigen, wird bei der Berechnung der Armutsgrenze bei Mehrpersonenhaushalten das Durchschnittseinkommen nicht mit der Anzahl der Personen im Haushalt multipliziert. Die erste Person erhält das volle „Bedarfsgewicht" (Faktor 1), die zweite Person im Haushalt erhält das „Bedarfsgewicht" 0,8 und alle weiteren Personen 0,6. Bei einem 4-Personen-Haushalt liegt die Armutsgrenze in Niedersachsen demnach bei 1716,– Euro Familieneinkommen. Vgl. auch http://www.leben-mit-hartz-iv.de/Armut_in_Deutschland_Fragen_und_Antworten.pdf (Letzter Zugriff: 08.12.09).

[159] http://www.destatis.de/jetspeed/portal/cms/Sites/destatis/Internet/DE/Presse/pm/2004/12/PD04__517__p001.psml (Letzter Zugriff: 09.12.09).

[160] http://www.destatis.de/jetspeed/portal/cms/Sites/destatis/Internet/DE/Content/Statistiken/Bevoelkerung/AktuellGeburtenentwicklung,templateId=renderPrint.psml (Letzter Zugriff: 01.12.2009).

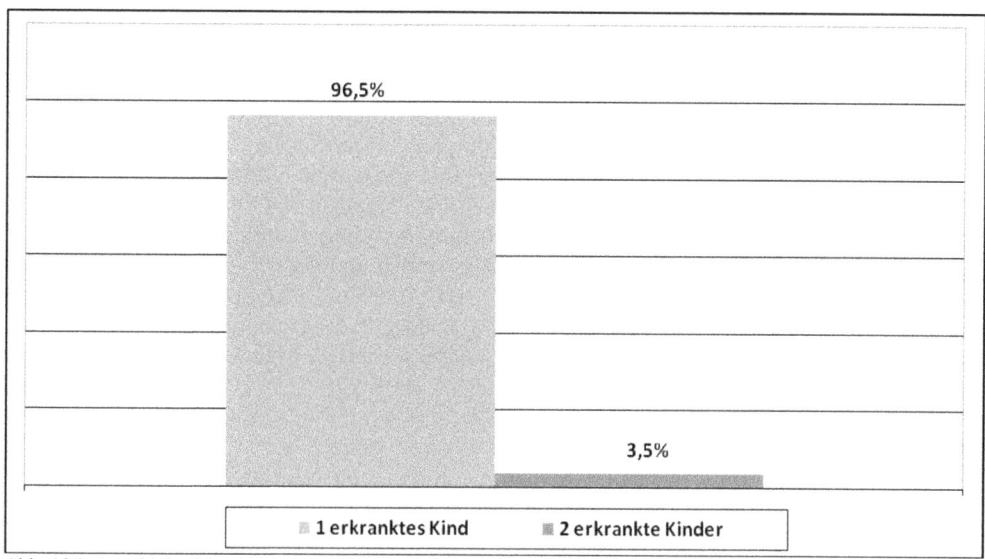

Abb. 136: Anzahl der lebensverkürzend erkrankten Kinder pro Familie (N = 86)

In fast allen Familien lebt ein erkranktes Kind (96,5%), 3,5% der Familien haben mehr als ein erkranktes Kind im Familienverband. Das Maximum liegt bei zwei erkrankten Kindern pro Familie.

Die Diagnosen der erkrankten Kinder zeigt das folgende Diagramm:

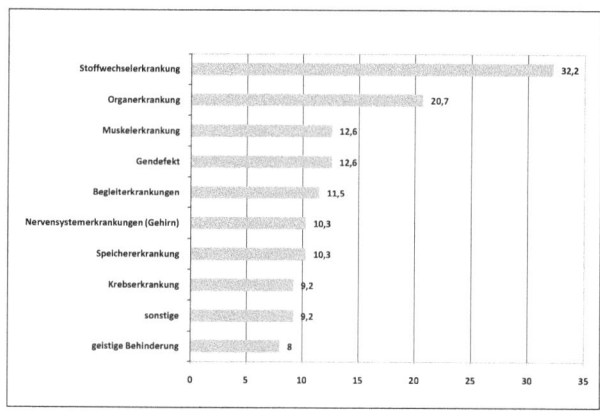

Abb. 137: Diagnosen der lebensverkürzend erkrankten Kinder (N = 87, 119 Nennungen)

Bei dieser Frage konnten Mehrfachnennungen angegeben werden, das heißt, dass bei einigen Kindern mehr als eine Diagnose vorliegt. Von 87 Familien (N = 87) werden insgesamt 119 Diagnosen angegeben, sodass die durchschnittliche Anzahl der Diagnosen pro Kind bei 1,4 liegt.

Stoffwechselerkrankungen machen mit 32,2% den größten Teil der Diagnosen aus. Die zweitgrößte Gruppe sind Organerkrankungen mit 20,7%, gefolgt von Muskelerkrankungen und Gendefekten mit einer Häufigkeit von jeweils 12,6%. Zusätzliche Begleiterkrankungen liegen bei 11,5% der Kinder vor. 10,3% haben Erkrankungen des Nervensystems, die das Gehirn betreffen, ebenfalls 10,3% Speichererkrankungen (lysosomal/degenerativ). Onkologische Erkrankungen werden von 9,2% der Probanden angegeben, geistige Behinderungen von 8%. Das statistische Vorkommen onkologischer Erkrankungen bei Kindern und Jugendlichen wird hier zahlenmäßig nicht widergespiegelt.[161] Vielmehr ist es so, dass viele der onkologisch erkrankten Kinder und ihre Familien in entsprechenden Netzwerken ähnlich denen der Kinderhospizarbeit betreut werden und deshalb eher selten Nutzer der kinderhospizlichen Angebote sind (vgl. Kap. II 4; vgl. auch www.kinderkrebsregister.de und Brückenprojekt.[162] Das Gleiche trifft für HIV-infizierte Kinder und Jugendliche zu, die, wenn sie AIDS-Symptome entwickeln, eher in spezialisierten pädiatrischen HIV-Ambulanzen in Kooperation mit Kinderpalliativteams versorgt werden (vgl. Bredow et. al. 2008, 358ff.).[163]

Zusammenfassung
In den in dieser Stichprobe erfassten Familien leben die Eltern zum größten Teil in fester Partnerschaft, in der Mehrzahl mit mehreren Kindern, wovon in den meisten Fällen nur eines lebensverkürzend erkrankt ist. Überwiegend gehören sie einer der beiden christlichen Kirchen an und sind gut ausgebildet. Die Nettoeinkommen liegen eher im unteren und mittleren Bereich – dies ist sicherlich dem Umstand geschuldet, dass in vielen Familien nur ein Elternteil berufstätig sein kann. Die Diagnosen der lebensverkürzend erkrankten Kinder umfassen überwiegend Stoffwechselerkrankungen, gefolgt von Organerkrankungen. Außerdem liegen bei vielen Kindern Mehrfachdiagnosen vor.

Die Nutzung der ambulanten Kinderhospizdienste und anderer Unterstützungsmöglichkeiten
Um ein detailliertes Bild der Nutzung der ambulanten Kinderhospizdienste durch die Familien zeichnen zu können, wurden die Proband/innen zu folgenden Aspekten befragt:

1. Nutzung der Dienste (regional)
2. Beginn der Nutzung der ambulanten Kinderhospizdienste
3. Nutzung der Angebote
4. Gründe für die Nutzung
5. Zufriedenheit mit den Angeboten
6. Wünsche und Verbesserungsvorschläge an die ambulanten Kinderhospizdienste
7. Nutzung anderer Unterstützungsangebote zu Hause
8. Nutzung von stationären Kinderhospizen

Die regionale Verteilung der von den befragten Familien genutzten ambulanten Kinderhospizdienste ist unten dargestellt. Die Häufung im Bundesland Nordrhein-Westfalen ergibt sich daraus, dass die meisten der an der Studie teilnehmenden Dienste dort angesiedelt sind. Zudem existiert die ambulante Kinderhospizarbeit in NRW bereits am längsten und ist dort auch im Vergleich zu den anderen Bundesländern mit den meisten Diensten quantitativ am besten etabliert (vgl. Kap. III 3.4)

---

[161] Jährlich erkranken etwa 1800 Kinder/Jugendliche unter 15 Jahren neu an einer Krebserkrankung (http://www.kinderkrebsregister.de/texte05pdf/8_22.pdf (Letzter Zugriff: 8.12.09).
[162] http://www.sonnenstrahl-ev.org/content/modules.php?name=Content&pid=16 (Letzter Zugriff: 24.04.10).
[163] Zurzeit wird von ca. 500 HIV-infizierten Kindern in Deutschland ausgegangen (vgl. Bredow et al. 2008, 360).

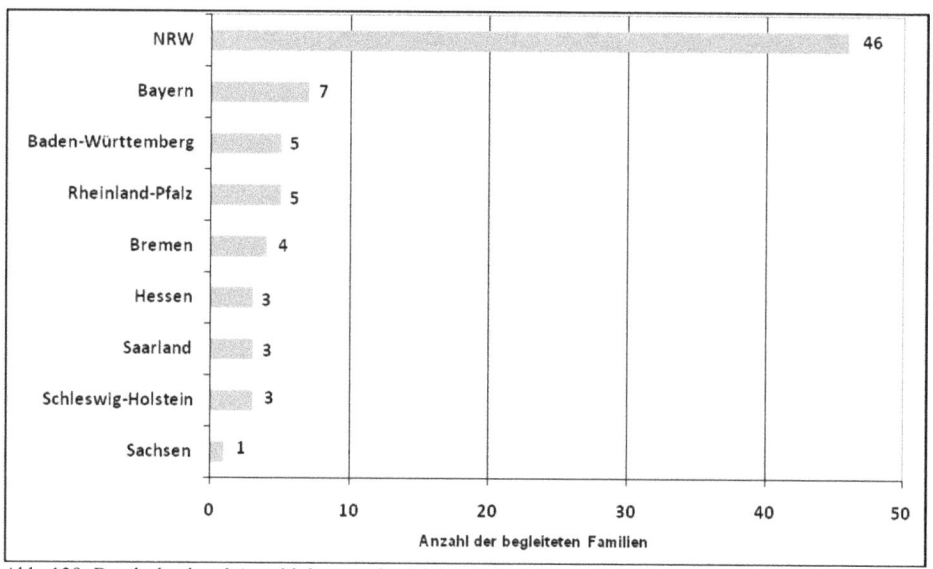

Abb. 138: Bundesland und Anzahl der von der Stichprobe genutzten ambulanten Kinderhospizdienste (N = 77)

Die Daten zeigen, dass die meisten an der Studie teilnehmenden Familien einen ambulanten Kinderhospizdienst mit Sitz in Nordrhein-Westfalen nutzen (46 bei N = 77). Die Zahlen der in den anderen Bundesländern genutzten ambulanten Kinderhospizdienste bewegen sich zwischen einem (Sachsen) und sieben Diensten (Bayern). Ein Blick auf die Verteilung aller zurzeit (2010) in Deutschland existierenden ambulanten Kinderhospizdienste zeigt, dass es derzeit deutliche Unterschiede in der regionalen Verfügbarkeit ambulanter Kinderhospizdienste gibt:

Abb. 139: Regionale Verteilung der 2010 in Deutschland tätigen ambulanten Kinderhospizdienste

Die aktuelle Verteilung ambulanter Kinderhospizdienste in Deutschland zeigt sowohl ein West-Ost- als auch ein Süd-Nord-Gefälle. Die meisten ambulanten Kinderhospizdienste sind in Nordrhein-Westfalen tätig, dort sind sie auch am zeitlich längsten etabliert. In den östlichen Bundesländern ist offensichtlich der Bedarf an ambulanten Kinderhospizdiensten noch nicht gedeckt, in Thüringen beispielsweise befindet sich die ambulante kinderhospizliche Versorgung erst im Aufbau. In Mecklenburg-Vorpommern und Sachsen-Anhalt gibt es punktuell bereits Möglichkeiten, die dort wohnenden Familien ambulant zu begleiten, aber von einer Flächendeckung kann hier nicht ausgegangen werden.

Die Kinderhospizbewegung ist insgesamt noch recht jung (vgl. Kap. II 1). Es sind in den letzten Jahren neben dem Ausbau stationärer Angebote sehr viele erfolgreiche Gründungen ambulanter Kinderhospizdienste zu verzeichnen: Zum ersten Quartal 2010 existierten in Deutschland schon 70 Dienste. Der stetige Anstieg ihrer Nutzerzahlen zeigt bereits bei dieser kleinen Stichprobe die Begleitungsbedarfe der Familien gerade auch im ambulanten Bereich.

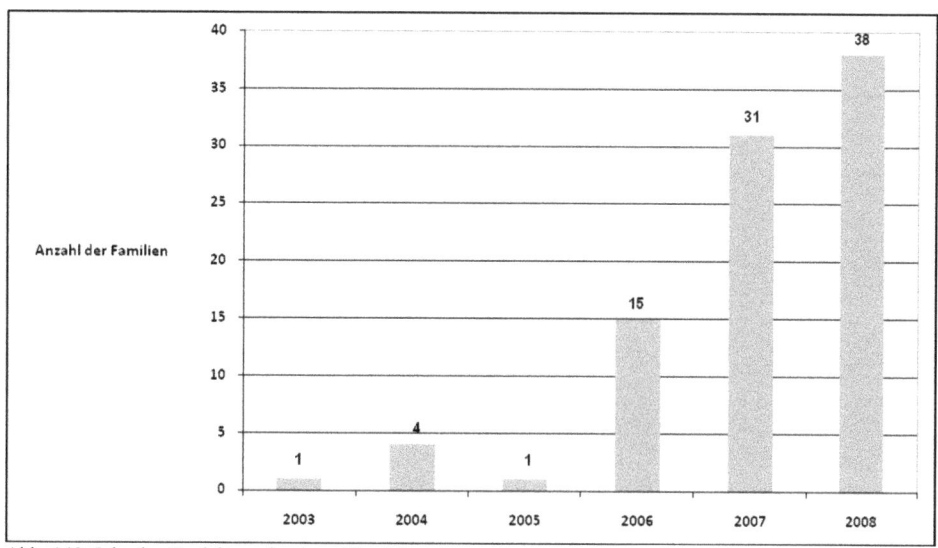

Abb. 140: Jahr des Begleitungsbeginns (N = 90)

Mehr als ein Drittel der Familien nutzen seit 2008 einen ambulanten Kinderhospizdienst. Die Erfahrungswerte dieser Proband/innen beziehen sich damit auf einen Zeitraum von ca. einem Jahr, da die hier ausgewerteten Daten Ende 2008 bis Anfang 2009 erhoben wurden. Die zweitgrößte Gruppe nutzt ambulante Kinderhospizdienste seit 2007, hier liegen 31 Nennungen vor. Eine Gruppe von 15 Familien ist seit 2006 in der Begleitung eines ambulanten Kinderhospizdienstes. Eine Familie gibt 2005 als Beginn der Nutzung an, vier Familien 2004 und eine weitere nutzt den Dienst bereits seit 2003. Diese verfügt demnach bereits über sechs Jahre Erfahrung mit diesem Angebot. In Kap. III 3.4 (Befragung der Koordinator/innen) wird dokumentiert, dass die meisten der an der Studie teilnehmenden ambulanten Kinderhospizdienste seit dem Jahr 2006 tätig sind – der Beginn der Familienbegleitung liegt schwerpunktmäßig ebenfalls in diesem Jahr.

Bei der Frage, welche Angebote der ambulanten Kinderhospizdienste von den befragten Familien genutzt werden, konnten diese aus sechs Antwortvorgaben auswählen, wobei Mehrfachnennungen sowie freie Ergänzungen möglich waren. Insgesamt liegen 200 Nennungen vor, was bei N = 91 bedeutet, dass jede Familie durchschnittlich zwei Angebote in Anspruch nimmt.

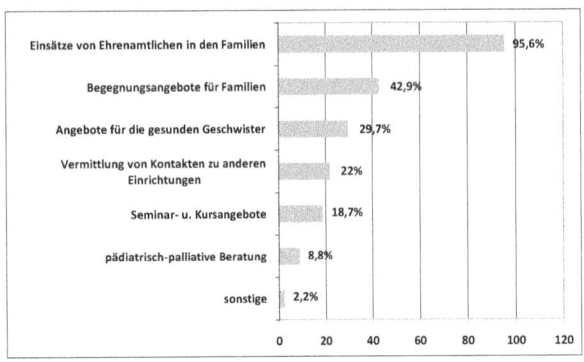

Abb. 141: Inanspruchnahme von Angeboten der ambulanten Kinderhospizdienste durch die begleiteten Familien (N = 91, Mehrfachnennungen)

Das Angebot der „Einsätze von Ehrenamtlichen in den Familien" wird bei Weitem am häufigsten in Anspruch genommen. 87 Familien werden von Ehrenamtlichen zu Hause unterstützt, was einem Anteil von 95,6% der Familien entspricht. Hier liegt eindeutig der Schwerpunkt der Arbeit der ambulanten Kinderhospizdienste. Begegnungsangebote wie z.B. Familiennachmittage werden – allerdings mit deutlichem Abstand – am zweithäufigsten genutzt (42,9%). Der Anteil der Familien, die Angebote für die gesunden Geschwister nutzen, beträgt knapp ein Drittel (29,7%). Von 22% der Befragten wird das Angebot der „Vermittlung von Kontakten zu anderen Einrichtungen/Institutionen" in Anspruch genommen. Nur 18,7% der Familien geben an, dass sie Seminar- und Kursangebote wie Vorträge und Fortbildungen wahrnehmen. „Pädiatrisch-Palliative Beratung" nutzen nur 8,8% der Familien.

Die Nutzung der Angebote wurde in die Bereiche Respite Care, Palliative Care und End-of-Life-Care aufgeschlüsselt. Respite Care beinhaltet entlastende, kurzzeitige Pflege mit dem Ziel, häusliche Pflege-situationen zu stabilisieren und zu erhalten. Das Konzept stammt aus den USA und Großbritannien und richtet sich an pflegende Angehörige. Palliative Care/Palliativversorgung ist ein Sammelbegriff für Palliativmedizin, -pflege und psychosoziale Sterbebegleitung. Er bedeutet „aktive und umfassende Versorgung, welche physische, emotionale und spirituelle Elemente (…) beinhaltet. Ziel ist die Ver-besserung der Lebensqualität des Kindes und die Unterstützung der Familie. Dies beinhaltet die Be-handlung von belastenden Symptomen und die Bereitstellung von Unterstützung und Versorgung am Lebensende sowie Trauerbegleitung nach dem Tod" (ACT 2003, 9; zitiert nach Zernikow/Michel 2008, 4).
End-of-Life-Care ist ein Bestandteil von Palliative Care und bezieht sich auf die letzten Lebenstage der Erkrankten, auch Terminalphase genannt. Besonders in Bezug auf Kinder ist der zeitliche Beginn die-ser letzten Phase schwer einschätzbar, weshalb die End-of-Life-Care nicht scharf von der Palliative Care abzugrenzen ist.

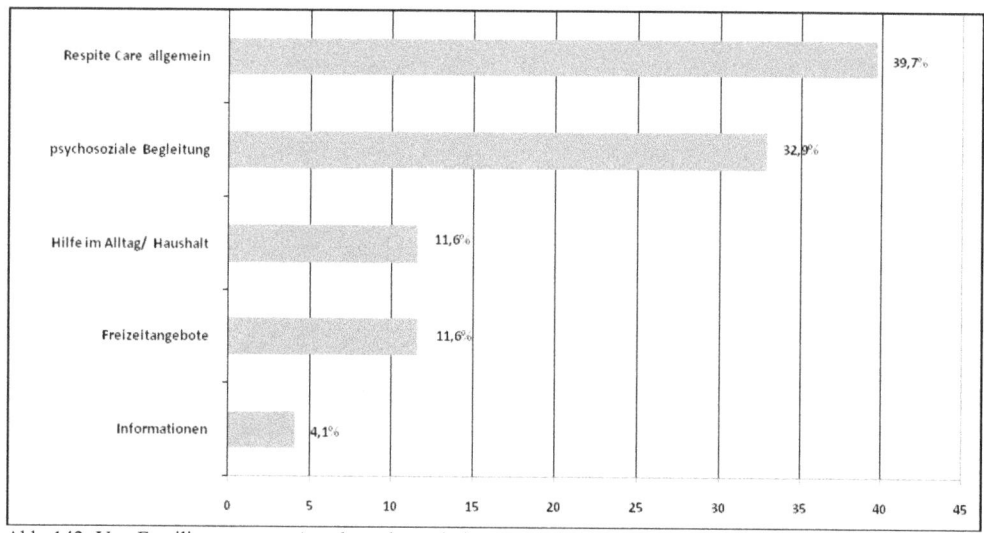

Abb. 142: Von Familien genutzte Angebote der ambulanten Kinderhospizdienste (N = 85)

Alle hier getätigten Nennungen beziehen sich auf den Bereich Respite Care, die Bereiche Palliative Care und End-of-Life-Care werden von den Familien aktuell nicht genutzt.

Die meisten Nutzer (39,7%) nehmen Respite Care allgemein mit den mit ihr konnotierten konkreten Angeboten in Anspruch. Ein knappes Drittel nutzt den Bereich psychosoziale Begleitung (32,9%). Jeweils 11,9% nehmen Hilfe im Haushalt und Alltag bzw. im Bereich Freizeitangebote für die erkrankten Kinder oder die Geschwister in Anspruch. 4,1% nutzen die Begleitung als Informationsquelle.

Die Nutzung von Angeboten aus dem Bereich Respite Care entspricht den Richtlinien und dem Auftrag der ambulanten Kinderhospizarbeit sowie der Ausbildung der Ehrenamtlichen durch die Befähigungskurse (vgl. Globisch 2006, 55ff.). Für die Bereiche Palliative Care und End-of-Life-Care scheinen aufgrund der dort notwendigen Spezialkenntnisse in Pflege und Behandlung eher die Kinderkrankenpflegedienste und die SAPPV-Teams zuständig zu sein (vgl. ebd., 57).

Neben den Angaben zur Nutzung der ambulanten Kinderhospizdienste war relevant, wie zufrieden die Proband/innen mit den von ihnen genutzten Angeboten sind.

Bei diesen Fragen war eine fünfstufige Skalierung von „sehr zufrieden" bis „sehr unzufrieden" vorgegeben. Es wurden sieben Aspekte abgefragt, die im Folgenden dargestellt sind:

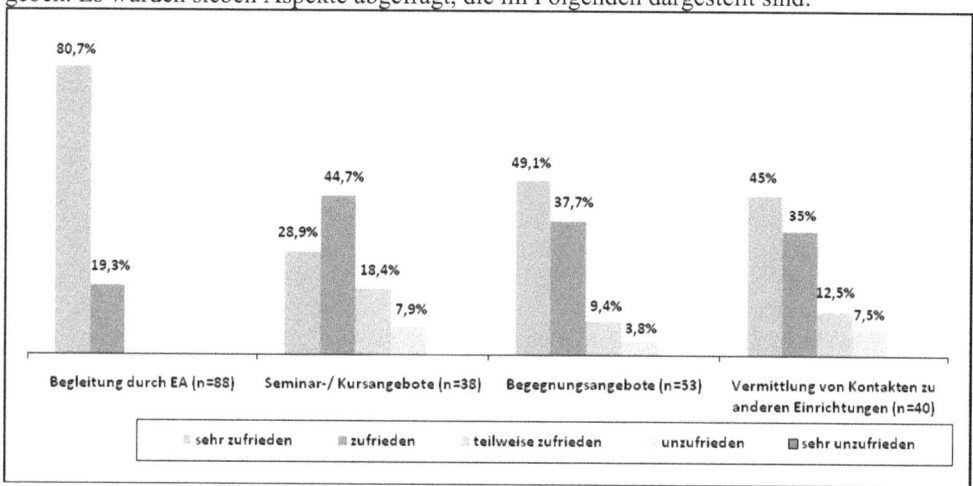

Abb. 143: Zufriedenheit der begleiteten Familien mit den Angeboten der ambulanten Kinderhospizdienste I (in Prozent von jeweils N)

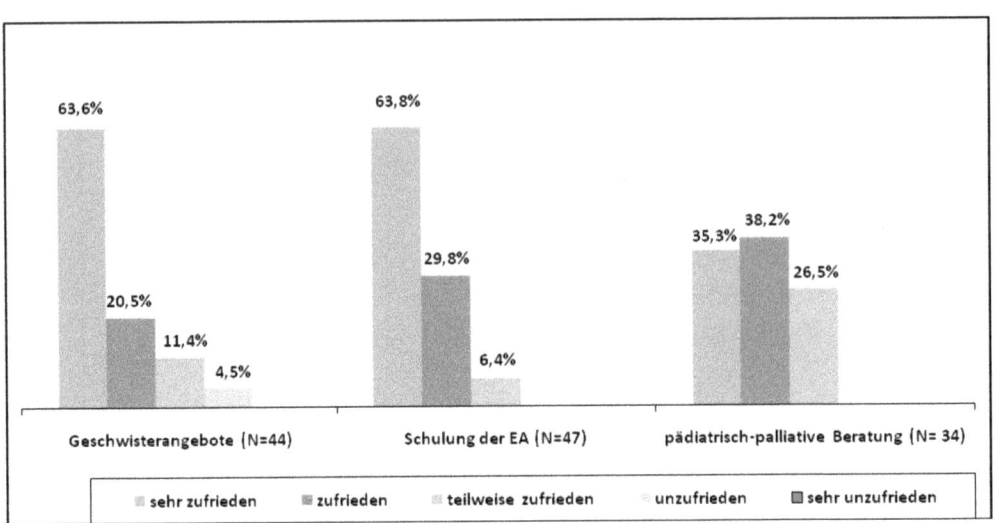

Abb. 144: Zufriedenheit der begleiteten Familien mit den Angeboten der ambulanten Kinderhospizdienste II (in Prozent von jeweils N)

Bei der Frage nach der Zufriedenheit mit den Angeboten zeigen sich signifikant hohe Werte der befragten Eltern in Bezug auf die Qualität der Tätigkeiten der ehrenamtlichen Mitarbeiter/innen: Alle Befragten bewerteten dieses Angebot als „sehr zufriedenstellend" und „zufriedenstellend", die anderen Bewertungsmöglichkeiten wurden nicht gewählt. Die Qualität dieses Angebotes ist aus Sicht der begleiteten Familien nahezu nicht steigerbar.

Auch die weiteren Angebote der Kinderhospizdienste wurden auf einem sehr hohen Zufriedenheitsniveau bewertet: Die Seminar- und Kursangebote, die 18,7% der Probanden nutzen (26 von 29 Diensten halten sie vor; vgl. Kap. III 3.4), werden ebenso wie die Begegnungsangebote von mehr als drei Viertel der Befragten positiv beurteilt. Gleichwohl ist hier Entwicklungspotential identifizierbar, da 26,3% bzw. 13,2% mit diesen Angeboten nur teilweise zufrieden bzw. sogar unzufrieden sind.

Auch bei der Vermittlung von Kontakten zu anderen Einrichtungen und Institutionen, die von allen befragten Diensten angeboten und von 22% der Befragten genutzt werden (vgl. Kap. III 3.4 Koordinator/innenbefragung), gibt es neben einer hohen Zufriedenheit noch Verbesserungswünsche. Einen ähnlichen Eindruck vermittelt die Bewertung der Angebote für Geschwister: 84,1% aller Nennungen sind mit diesem Angebot sehr zufrieden und zufrieden. 11,4% sind mit diesem Bereich teilweise zufrieden, während 4,5% hier Unzufriedenheit äußern.

Mit der Schulung der ehrenamtlichen Mitarbeiterinnen und Mitarbeiter sind 93,6% der Befragten sehr zufrieden und zufrieden (N = 47). Dies lässt auf eine qualitativ sehr hochwertige und den Bedarfen der Familien entsprechende Qualifizierung der ehrenamtlichen Mitarbeiter/innen schließen.

Zur pädiatrisch-palliativen Beratung äußern sich 34 Probanden, von denen insgesamt 73,5 % und damit fast drei Viertel sehr zufrieden und zufrieden mit diesem Angebot sind. Ein weiteres Viertel (26,5%) ist teilweise zufrieden. Die hohe Ausfallrate bei diesem Item (N = 34) erklärt sich daraus, dass pädiatrisch-palliative Beratung nur von einem kleinen Teil der Probanden genutzt wird (s. oben). Sie gehört aktuell nicht zu den Schwerpunkten der Arbeit der ambulanten Kinderhospizdienste. Auch in diesem Bereich, der von den Nutzern als nicht vollständig zufriedenstellend bewertet wird, ist Entwicklungsbedarf erkennbar, wobei es einer differenzierten Analyse der Unzufriedenheitswerte bedarf.

Insgesamt gesehen sind die Zufriedenheitswerte bezogen auf die Angebote der ambulanten Dienste außerordentlich hoch. Auf eine Beschreibung durch einen Mittelwertindex wurde aufgrund der hohen Ausfallraten verzichtet.

Die Familien konnten etwaige Wünsche und Verbesserungsvorschläge in Form einer offenen Antwort formulieren. Dies taten 27 Personen mit insgesamt 31 Nennungen. Es entfallen die meisten Nennungen auf die Bereiche „Vielfalt von Informationen, Vorträge" (z.B. Informationen zu speziellen Themen wie Verhaltensauffälligkeiten lebensverkürzend erkrankter Kinder) und „die Tätigkeiten der Ehrenamtlichen" (z.B. häufigere Besuche, mehr Angebote für die Geschwister). Es gibt weitere Wünsche an die Struktur und Organisation des ambulanten Dienstes, z.B. Vorhaltung eines Notfallplanes, regelmäßigen Kontakt zur Koordinatorin, dezentrale Angebote in ländlichen Gebieten sowie an die Inhalte der Begleitung durch die Ehrenamtlichen. Zu diesen gehören beispielsweise die Übernahme der Grundpflege zur Entlastung der Mutter und ein Repertoire an Spielen für die Begleitung des Kindes. Unter sonstigen Nennungen wurden Kontaktwünsche zu anderen Betroffenen und Hilfen bei versorgungsspezifischen Anträgen genannt.

Neben den ambulanten Kinderhospizdiensten nutzen die Familien zu Hause weitere Unterstützungsangebote verschiedener Anbieter. Proband/innen konnten hier mehrere Angaben zu drei vorgegebenen Items und einer offenen Antwortkategorie machen. Es äußern sich 63 Probanden mit insgesamt 100 Nennungen, was bedeutet, dass pro Familie mehr als eine Unterstützungsmöglichkeit genutzt wird (im Durchschnitt 1,4).

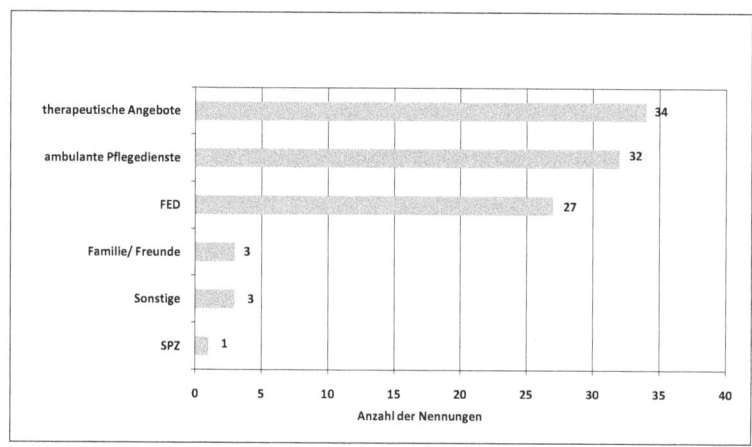

Abb. 145: Nutzung weiterer häuslicher Unterstützungsangebote (N = 63)

34 Familien nutzen therapeutische Angebote, das entspricht mehr als der Hälfte derjenigen, die diese Frage beantwortet haben. Vermutlich sind hier vor allem ambulante physiotherapeutische Therapieformen subsumiert. Die zweithäufigste Nennung bezieht sich auf ambulante Pflegedienste, die von fast der Hälfte der befragten Familien genutzt werden. Außerdem werden Familien entlastende Dienste (FED) (27) und die Unterstützung durch Freunde und Verwandte (3) in Anspruch genommen; eine Familie gibt ein sozialpädiatrisches Zentrum als Unterstützung an.
Die Unterstützung der Familien erfolgt somit in erster Linie durch professionelle Helfersysteme, wohingegen die informellen, privaten Formen der Unterstützung in auffällig geringer Anzahl genutzt werden.
Neben den Unterstützungsmöglichkeiten zu Hause besuchen viele Familien stationäre Kinderhospize. Die Verteilung ist im unten stehenden Diagramm zusammengefasst:

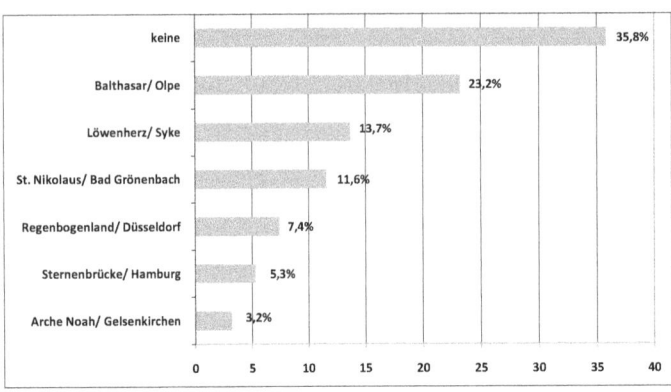

Abb. 146: Nutzung stationärer Kinderhospize (N = 86, Mehrfachnennungen)

Diese Frage konnte mit Mehrfachnennungen beantwortet werden. Einige Familien besuchen bzw. besuchten in der Vergangenheit demnach mehr als ein stationäres Kinderhospiz.

Ein gutes Drittel besucht *kein* stationäres Kinderhospiz und nutzt demnach ausschließlich die ambulanten Angebote der Kinderhospizarbeit und der anderen Anbieter.

Die meisten der Befragten (N = 23,2%) besuchen das Kinderhospiz Balthasar in Olpe, was sicherlich als eine Konsequenz der Tatsache interpretiert werden kann, dass dieses das erste deutsche Kinderhospiz war. Es folgt das Kinderhospiz Löwenherz in Syke, wohin 13,7% Familien fahren. Das Kinderhospiz St. Nikolaus in Bad Grönenbach im Allgäu nutzen 11,6% und das Regenbogenland in Düsseldorf 7,4% der Familien. Die Sternenbrücke in Hamburg wird von 5,3% Familien besucht und die Arche Noah in Gelsenkirchen von 3,2%. Weitere Kinderhospize werden nicht genannt.

Wie wichtig ambulante Angebote als kontinuierliche Unterstützung im Alltag sind, wird hier deutlich: Stationäre Kinderhospize sind punktuell wichtig, werden aber von mehr als einem Drittel der Familien nicht genutzt. Die Wahl des Kinderhospizes scheint in erster Linie durch die Wohnortnähe der Einrichtung bedingt zu sein. So ergibt die Kreuzung der Daten mit dem Standort des jeweils genutzten ambulanten Dienstes, dass die Familien fast alle das nächstgelegene stationäre Kinderhospiz besuchen. Diese Erkenntnis ist divergent zu den Daten aus der Befragung von Familien, die stationäre Kinderhospize nutzen, da hier vornehmlich Aspekte der Konzeption und Haltung des Kinderhospizes als entscheidungsleitende Kriterien für die Wahl eines Kinderhospizes angegeben werden (vgl. Kap. III 2).

Zusammenfassung

Die meisten der an der Studie teilnehmenden Familien nutzen einen ambulanten Kinderhospizdienst in Nordrhein-Westfalen. Sie nehmen schwerpunktmäßig die Einsätze von Ehrenamtlichen in ihrer Familie in Anspruch; die anderen Angebote der Dienste werden zwar ebenfalls, jedoch in weitaus geringerem Maße genutzt. Als Grund für die Nutzung geben die Familien an, dass sie von ihren Alltagsaufgaben entlastet werden möchten, die Nutzung findet somit überwiegend im Bereich Respite Care statt. Diese Angebote erreichen bei den Eltern signifikant hohe Zufriedenheitswerte. Auch die anderen Angebote der ambulanten Kinderhospizdienste werden weitgehend positiv bewertet, lassen jedoch punktuell Optimierungsoptionen erkennen. Weitere, von den Familien genutzte Unterstützungsformen sind therapeutische Angebote, Pflegedienste und die FED. Ein gutes Drittel der Familien fährt nicht in ein stationäres Kinderhospiz, während die anderen meistens diejenigen nutzen, die sich in ihrer Wohnortnähe befinden.

Die in der Familienbegleitung tätigen ehrenamtlichen Mitarbeiterinnen und Mitarbeiter

Da die Begleitung der Familien durch ehrenamtliche Mitarbeiterinnen und Mitarbeiter den Schwerpunkt der Nutzung ambulanter Kinderhospizdienste darstellt, wurden vertiefende Fragen zu folgenden Aspekten gestellt:

1. Anzahl der in der Familienbegleitung tätigen ehrenamtlichen Mitarbeiter/innen
2. Art der Tätigkeiten der ehrenamtlichen Mitarbeiter/innen in der Familienbegleitung
3. Thematisierung thanataler Aspekte durch die ehrenamtlichen Mitarbeiter/innen
4. Gründe, thanatale Aspekte nicht zu thematisieren
5. Art und Weise, in der thanatale Aspekte thematisiert werden
6. Monatlicher Einsatz der ehrenamtlichen Mitarbeiter/innen in den Familien
7. Bewertung der Einsatzzeit
8. Wünsche nach Anzahl von Einsatzstunden
9. Zufriedenheit mit Kompetenzen der ehrenamtlichen Mitarbeiter/innen
10. Weitere wünschenswerte Kompetenzen der ehrenamtlichen Mitarbeiter/innen
11. Begleitung der Familien durch unterschiedliche ehrenamtliche Mitarbeiter/innen
12. Gründe für Wechsel

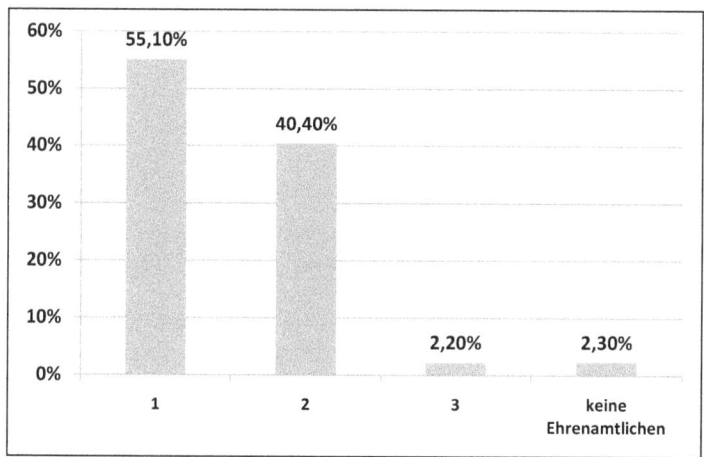

Abb. 147: Anzahl der pro Familie tätigen ehrenamtlichen Mitarbeiter/innen (N = 89)

In über der Hälfte der Familien ist eine ehrenamtliche Mitarbeiterin/ein ehrenamtlicher Mitarbeiter tätig (55,1%). Bei 40,4% begleiten die Ehrenamtlichen im Tandem. 2,2% der Familien berichten, dass sie von drei Ehrenamtlichen begleitet werden.

Das Konzept der Tandemarbeit sieht vor, dass die Familien von zwei Ehrenamtlichen begleitet werden. Da die Begleitungen oft über sehr lange Zeiträume erfolgen, sichert dies die personelle Kontinuität und Stabilität der Begleitung. Die Ehrenamtlichen können sich bei Bedarf gegenseitig vertreten oder, wenn einer von ihnen ausscheidet, kann der andere eine neue Mitarbeiterin in die Begleitung einführen (vgl. Hartkopf/Hug 2006, 71). Diese Empfehlung wird jedoch weitgehend nicht umgesetzt, wie auch der Vergleich mit den Angaben der Ehrenamtlichen zeigt: 67,8% der Ehrenamtlichen arbeiten zwar im Tandem. Mit einem Anteil von 32,2% ist die Zahl derjenigen, die alleine in einer Familie eingesetzt sind, dennoch recht hoch (N = 205, vgl. Kapitel III 3.9). Dies hat jedoch keinen Einfluss auf die Zufriedenheit der Familien mit der Begleitung durch die Ehrenamtlichen: Die Kreuzung der Daten und des Chi-Quadrattests ergeben, dass es keinen signifikanten Zusammenhang zwischen der Anzahl

der ehrenamtlichen Mitarbeiter pro Familie und der Zufriedenheit mit der Begleitung durch die Ehrenamtlichen gibt ($\alpha = 0{,}538$; tau $= 0{,}021$).

Die Ehrenamtlichen führen im Rahmen der Familienbegleitung folgende Tätigkeiten aus:

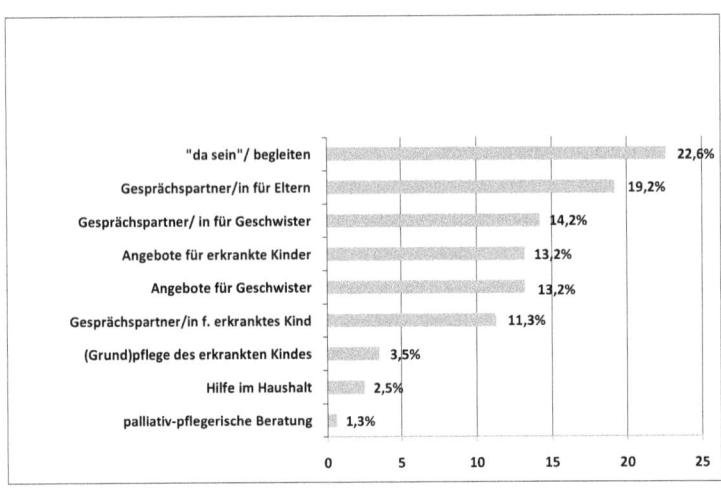

Abb. 148: Tätigkeiten der Ehrenamtlichen in der Familienbegleitung (N = 90)

Die Frage nach den Tätigkeiten hatte neun vorgegebene Antwortitems sowie das Item „Sonstige", bei
dem offen geantwortet werden konnte. Pro Familie werden im Durchschnitt 3,5 Tätigkeiten angegeben.

Die Tätigkeit der Ehrenamtlichen in den Familien wird von diesen zum größten Teil mit „da sein" und
„begleiten" beschrieben – das macht mit 22,6% den eindeutigen inhaltlichen Schwerpunkt der Begleitung aus. Fast ein Fünftel der Tätigkeiten bezieht sich darauf, dass die Ehrenamtlichen als Gesprächs-
partner/in für die Eltern fungieren (19,2%), gefolgt von der Tätigkeit, Gesprächspartner/in für die gesunden Geschwister zu sein (14,2%). Angebote für die Geschwister und für die erkrankten Kinder
nehmen jeweils 13,2% der Befragten in Anspruch. Gespräche mit den erkrankten Kindern machen einen Anteil von 11,3% bei den Tätigkeiten der Ehrenamtlichen aus. Als weitere Tätigkeitsbereiche
werden genannt: (Grund)pflege des erkrankten Kindes und Hilfe im Haushalt. Pädiatrisch-palliative
Beratung wurde von zwei Familien als Tätigkeitsfeld der Ehrenamtlichen angegeben. Die pädiatrisch-
palliative Beratung gehört konzeptionell eher zu den Aufgaben der Koordinator/innen, während die
Ehrenamtlichen, sofern sie mit der Thematik vertraut sind, eine palliativ-pflegerische Beratung durchführen können. Hier sollte der Schwerpunkt eher auf einer Vernetzung mit Kinderkliniken und Kinderkrankenpflegediensten liegen (vgl. Globisch 2006, 56f.), zu deren fachlicher Kompetenz diese
Thematik gehört.

Das Ergebnis bildet ansonsten tendenziell die Curricula zur Ausbildung ehrenamtlicher Mitarbei-
ter/innen für die ambulante Kinderhospizarbeit ab (vgl. Globisch 2006, 55ff.), wobei zu beachten ist,
dass es keine einheitlichen Richtlinien zur Ausbildung Ehrenamtlicher für diesen Bereich gibt, sodass
die Inhalte der Befähigungskurse der einzelnen Anbieter voneinander abweichen können (vgl. Kap. III
3.4).

Die Thematisierung thanataler Aspekte gehört grundsätzlich zu den potentiellen Aufgaben der Ehrenamtlichen in der Familienbegleitung. Die Proband/innen wurden danach gefragt, inwieweit die Themen Sterben, Tod und Trauer sowie der Umgang damit von den Ehrenamtlichen kommuniziert werden.

Diese Frage mit sechs vorgegebenen Items sowie einem Item, bei dem frei geantwortet werden konnte, beantworteten 88 Familien mit insgesamt 124 Nennungen – Mehrfachnennungen waren möglich. Pro Familie wurden demnach durchschnittlich 1,4 Angaben gemacht.

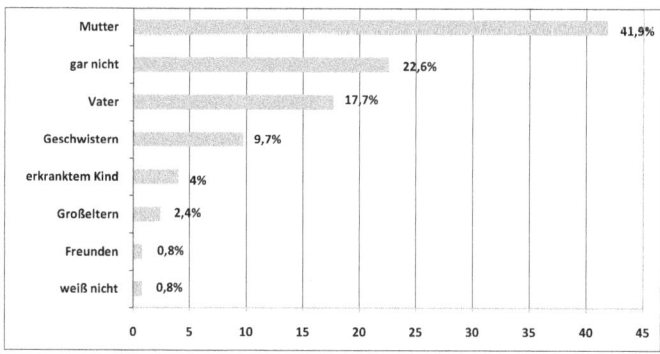

Abb. 149: Thematisierung thanataler Aspekte durch die Ehrenamtlichen mit … (N = 88)

Gespräche von Ehrenamtlichen über thanatale Themen werden demnach vor allem mit den Müttern der erkrankten Kinder geführt und zwar zu einem Anteil von 41,9%. Am zweithäufigsten und somit deutlich seltener werden diese Themen mit den Vätern besprochen (17,7%). Mit den Geschwistern thematisieren die Ehrenamtlichen nach Angaben der Familien zu fast einem Zehntel (9,7%) thanatale Aspekte, mit den erkrankten Kindern selbst lediglich 4%. Als Gesprächspartner werden auch die Großeltern benannt (2,4%) und ebenso mit geringem Anteil Freunde der Familie (0,8%). Ein gleich geringer Anteil der Befragten gibt an, dass sie nicht wissen, ob diese Aspekte mit anderen Familienmitgliedern thematisiert werden. 22,6% sagen aus, dass in ihrer Familie thanatale Aspekte mit den Ehrenamtlichen gar nicht besprochen werden, die Gründe dafür wurden separat erhoben.
Die Tatsache, dass von den Ehrenamtlichen vorrangig Gespräche mit den Müttern der erkrankten Kinder und Jugendlichen geführt werden, könnte einerseits dadurch begründet sein, dass die Mütter vielfach nicht berufstätig sind und sie primär die Betreuung der Kinder übernehmen. Hierdurch stehen sie häufiger mit den ehrenamtlichen Begleiter/innen im Kontakt als die Väter. Insofern ergeben sich mehr Gelegenheiten für Gespräche. Darüber hinaus ist die Kommunikation über Belastungssituationen auch eine von Frauen häufiger praktizierte Form der Bewältigung (vgl. Kap. II 2), während Männer eher zu anderen – gesprächsvermeidenden – Ausdrucksformen neigen (ebd.).
Mit den erkrankten Kindern und Jugendlichen selbst thematisieren nach den Angaben der Familien nur 4% der Ehrenamtlichen thanatale Aspekte. Diese sehr geringe Zahl könnte dadurch begründet sein, dass vielfach erkrankungsbedingt kognitive Einschränkungen bei den Kindern und Jugendlichen vorliegen sowie keine Lautsprache genutzt werden kann, was eine verbale Kommunikation thanataler Themen zumindest erschweren kann. Es mögen auch Ängste seitens der Ehrenamtlichen und/oder der Eltern in Bezug auf die Auseinandersetzung über Sterben und Tod eine Rolle spielen. Aus den qualitativen Interviews dieser Studie ist bekannt, dass Eltern zum Teil davon ausgehen, dass ihre Kinder nicht über ihre Situation informiert sind und dies auch nicht sein sollten. Aus diesem Grund wünschen sie keine Thematisierung thanataler Themen durch die Ehrenamtlichen.
Zu den Gründen, warum thanatale Aspekte nicht thematisiert werden, äußerten sich 29 Familien in offenen Antworten:

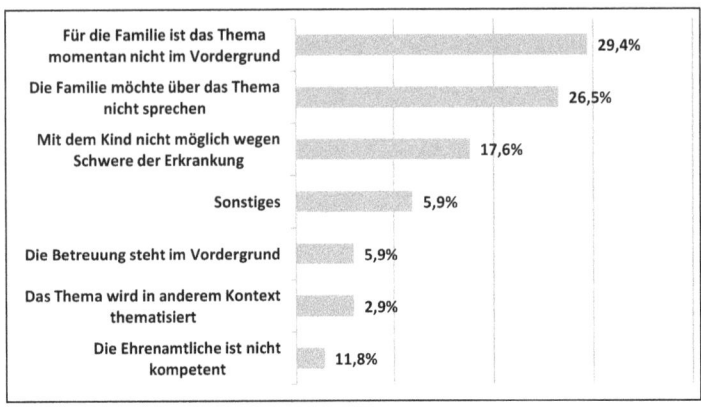

Abb. 150: Gründe, thanatale Aspekte nicht zu thematisieren (N = 29)

Fast ein Drittel gibt an, diese Themen seien derzeit im Begleitungsprozess nicht aktuell (29,4%). Ein weiteres gutes Viertel der Befragten sagt, sie seien momentan nicht dazu bereit, über thanatale Themen mit den Ehrenamtlichen zu sprechen (26,5%). 17,6% geben an, es sei aufgrund der Schwere (und Art) der Erkrankung nicht möglich, mit dem Kind über Sterben und Tod zu kommunizieren. 5,9% thematisieren diese Aspekte in anderem Kontext als mit den Ehrenamtlichen und für weitere 5,9% steht die Betreuung der erkrankten Kinder durch die Ehrenamtlichen im Vordergrund. 2,9% geben an, dass die Ehrenamtlichen für eine Thematisierung thanataler Themen nicht kompetent seien. Unter „Sonstiges" werden Einzelaussagen zusammengefasst.

Die Angebote der Kinderhospizarbeit sollen Raum für die Thematisierung thanataler Aspekte geben. Diese Möglichkeit soll als Angebot, aber nicht als Kommunikationszwang empfunden werden. Für die potentielle Auseinandersetzung damit ist eine entsprechende Befähigung der Ehrenamtlichen wichtig, ohne dass sie unbedingt umgesetzt werden muss. Im Vordergrund der Begleitung durch die ehrenamtlichen Mitarbeiter/innen der Kinderhospizdienste steht die Begleitung im Leben, wozu eine entlastende Unterstützung der Familienmitglieder im häuslichen Alltag zählt. Hier scheinen thanatale Themen eine eher marginale Rolle zu spielen.
Die Ehrenamtlichen selbst geben zu 64% an (N = 211), dass thanatale Themen in ihrer Tätigkeit eine Rolle spielen. Dabei bleibt offen, ob dies heißt, dass sie mit den von ihnen begleiteten Familienmitgliedern darüber kommunizieren oder ob der Thematik eine eher latente Bedeutung zugeschrieben wird. Wird offen kommuniziert, geschieht dies am häufigsten mit den Müttern und Vätern, gefolgt von den Geschwistern und den erkrankten Kindern/Jugendlichen (vgl. Kap. III 3.9). Die Möglichkeit, dass Ehrenamtliche dem Bedarf der Kinder und Jugendlichen folgend, aber ohne Wissen der Eltern mit den Kindern und Jugendlichen über thanatale Themen sprechen, kann nicht ausgeschlossen werden. Dies stellt einen möglichen Konflikt für Betreuende dar (vgl. Leyendecker/ Lammers 2001, 207; Daut 2005, 168ff.).

Unter der Voraussetzung, dass thanatale Aspekte thematisiert werden, wurde gefragt, in welcher Art und Weise dies geschieht. Drei vorgegebene Items sowie ein offenes Item dienen hier zur Erfassung der Aussagen. Es äußern sich 61 Probanden mit 73 Nennungen, was einem Durchschnitt von 1,19 Nennungen entspricht.

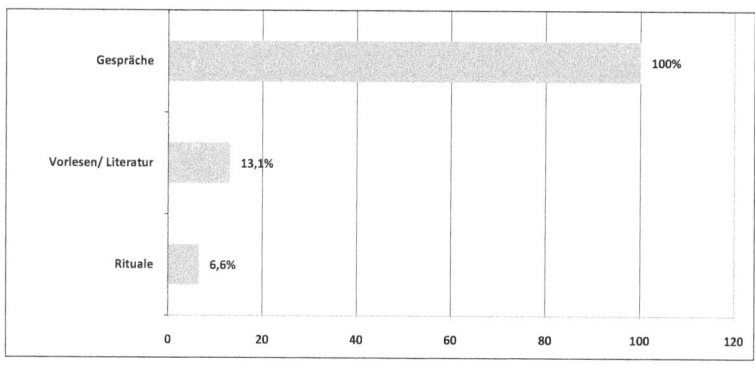

Abb. 151: Formen der Thematisierung thanataler Aspekte (N = 73, Mehrfachnennungen)

In allen befragten Familien werden thanatale Themen durch Gespräche (verbal) kommuniziert. 13,1% der Familien geben darüber hinaus Vorlesen/Literatur als genutzte Möglichkeit der Thematisierung an, nur 6,6% nutzen für die Kommunikation Rituale. Rituale als eine Möglichkeit, auch nonverbal thanatale Themen zu behandeln, sind deutlich unterrepräsentiert. Wie oben festgestellt, liegt der Schwerpunkt der Tätigkeit der Ehrenamtlichen in der „Begleitung im Leben" und nicht primär darin, in Krisensituationen zur Seite zu stehen. Treten jedoch existentielle Grenzsituationen auf, steigt der Bedarf an ritualisierten Ausdrucks- und Kommunikationsformen (vgl. Jennessen 2008). Um auch diesen Begleitungssituationen antizipatorisch begegnen zu können, ist es sinnvoll, sie im Curriculum der Befähigungskurse mit einem ihrer Bedeutung entsprechenden Umfang zu berücksichtigen, um das Handlungsrepertoire der Ehrenamtlichen zu erweitern. Sie könnten damit im Bedarfsfall allen Familienmitgliedern auch nonverbale und verbindende Kommunikationswege über thanatale Themen offerieren.

Der durchschnittliche monatliche Einsatz der Ehrenamtlichen variiert von zwei (Minimum) bis 60 Stunden (Maximum). In der Darstellung ist eine Häufung im Bereich von sechs bis zwölf Stunden ersichtlich. Der Mittelwert der Einsatzstunden beträgt 12,8 Stunden, der Median liegt bei 11 Stunden.

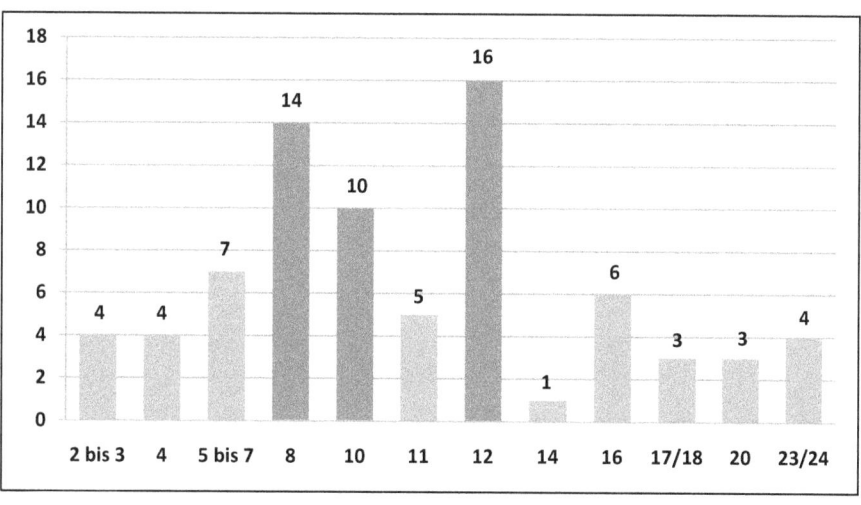

Abb. 152: Durchschnittliche monatliche Einsatzstundenzahl der Ehrenamtlichen in der Familienbegleitung (N = 84)

443

Zusammengefasst lässt sich die durchschnittliche Einsatzstundenzahl der ehrenamtlichen Mitarbeiter/innen wie folgt darstellen:

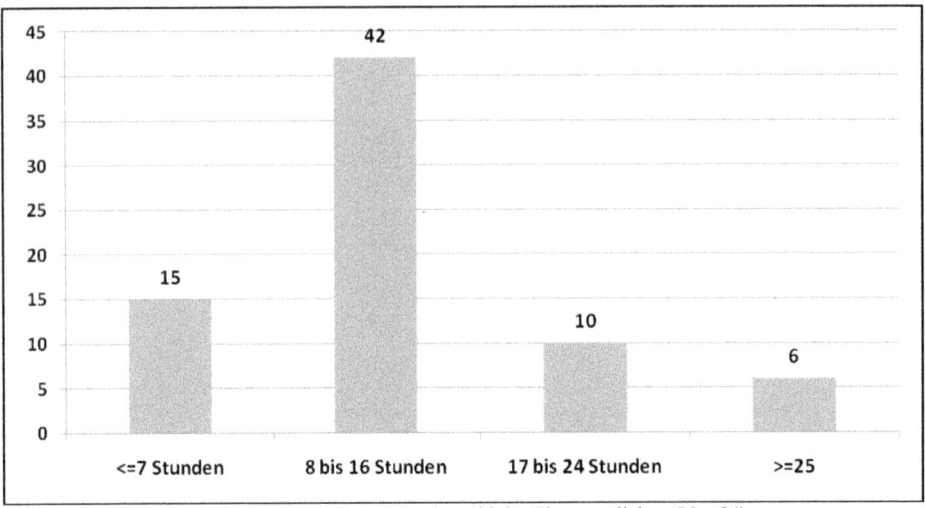

Abb. 153: Nutzergruppen bezogen auf Einsatzstundenzahl der Ehrenamtlichen (N = 84)

Der weitaus größte Teil der Familien bezeichnet die Einsatzstunden der Ehrenamtlichen als ausreichend (72,1%). 27,9% wünschen sich mehr Präsenz der Begleiter/innen in ihren Familien.

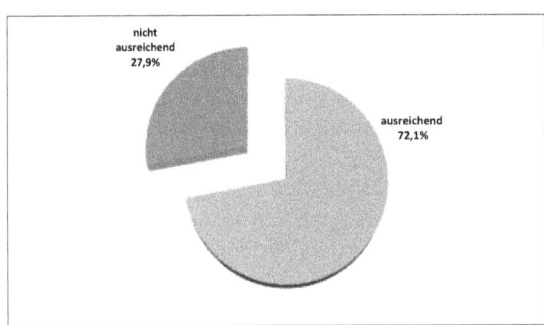

Abb. 154 : Bewertung der Einsatzstundenanzahl (N = 86)

Die Kreuzung der Daten zur Anzahl der Einsatzstunden und dem Wunsch nach mehr Einsatzstunden (14*15) ergibt, dass es keine bestimmte Nutzergruppe gibt, die mit dem Zeitbudget unzufrieden ist. Vielmehr zeigen die Daten, dass die Familien, die sich mehr Zeit mit den Begleiter/innen wünschen, über alle Werte der aktuellen Einsatzzeiten verteilt sind.

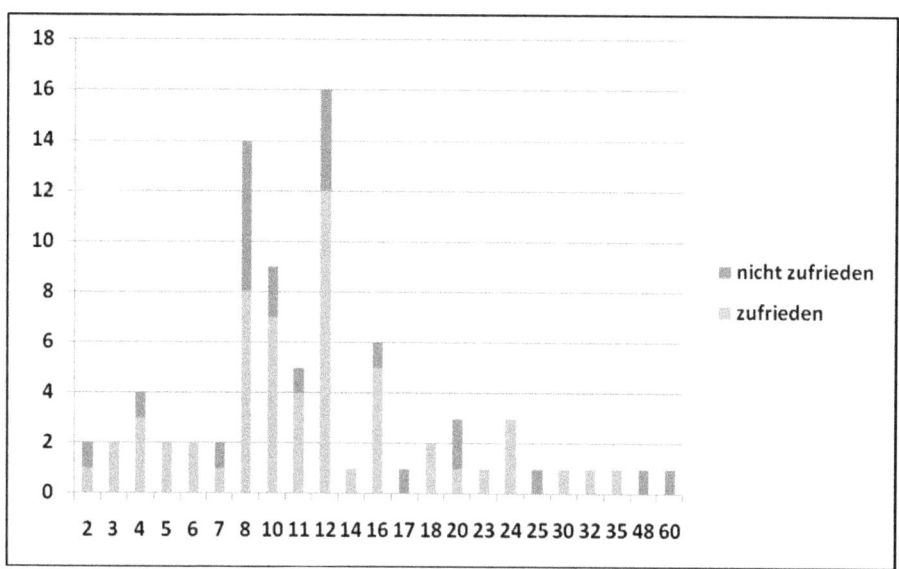

Abb. 155: Anzahl der Familien, die mit der Einsatzstundenzahl zufrieden/unzufrieden sind

Bei den Familien, die sich mehr Präsenz der Ehrenamtlichen in den Familien wünschen (N = 26), variiert die gewünschte Stundenzahl zwischen vier und 300 Stunden monatlich. Eine Häufung ist bei 20 bis 25 Stunden zu erkennen. Dies sind doppelt so viele Stunden, wie jetzt durchschnittlich genutzt werden.

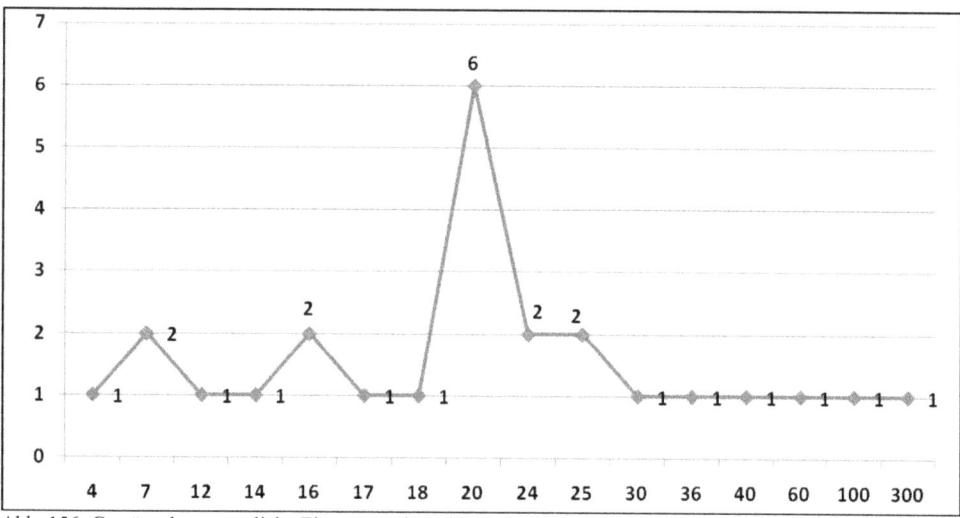

Abb. 156: Gewünschte monatliche Einsatzstundenzahl der Ehrenamtlichen in der Familienbegleitung (N = 26)

Die Zufriedenheit der Familien mit den Kompetenzen der ehrenamtlichen Mitarbeiterinnen und Mitarbeiter konnte mit einer fünfstufigen Skalierung von „sehr zufrieden" bis „sehr unzufrieden" angegeben werden.

445

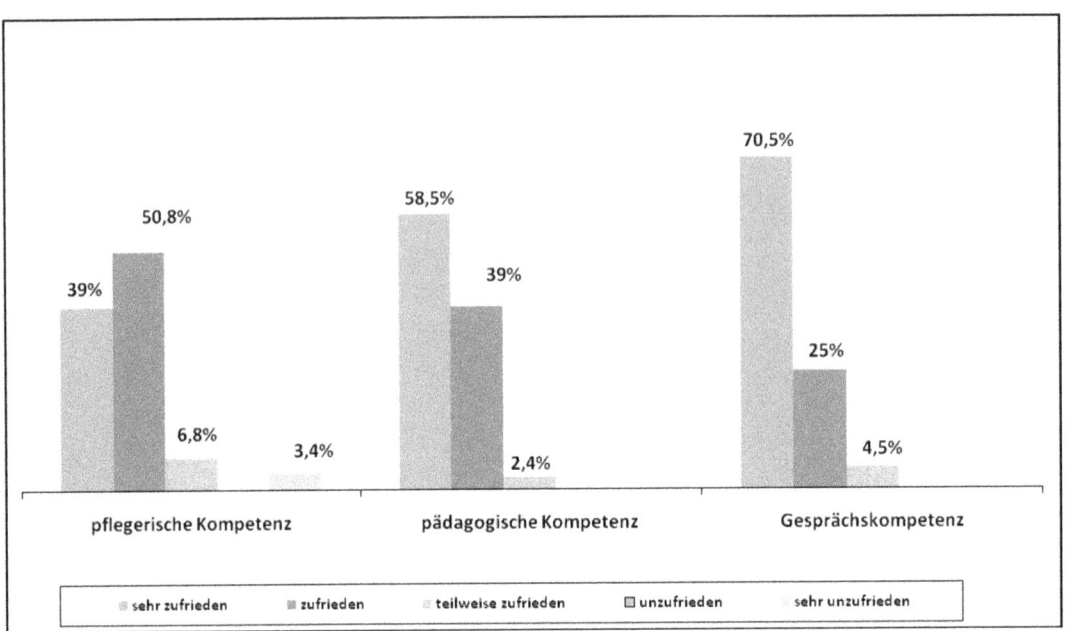

Abb. 157: Zufriedenheit der begleiteten Familien mit den Kompetenzen der Ehrenamtlichen I (N = verschieden)

- *Pflegerische Kompetenz:* Ein ausgesprochen hoher Anteil derjenigen, die diese Frage beantwortet haben, ist mit der pflegerischen Kompetenz der Ehrenamtlichen sehr zufrieden und zufrieden (89,8%). Teilweise zufrieden äußern sich 6,8%; 3,4% sind allerdings sehr unzufrieden.
- *Pädagogische Kompetenz:* Hier zeigt sich ein noch positiveres Bild. Von 82 Familien sind 97,5% sehr zufrieden und zufrieden und nur 2,4% teilweise zufrieden.
- *Gesprächskompetenz der Ehrenamtlichen*: Diese überzeugt die Familien ebenfalls. 95,5% der Befragten sind sehr zufrieden sowie zufrieden und 4,5% teilweise zufrieden. Auch hier wurden die Wertelabels unzufrieden und sehr unzufrieden gar nicht genannt.

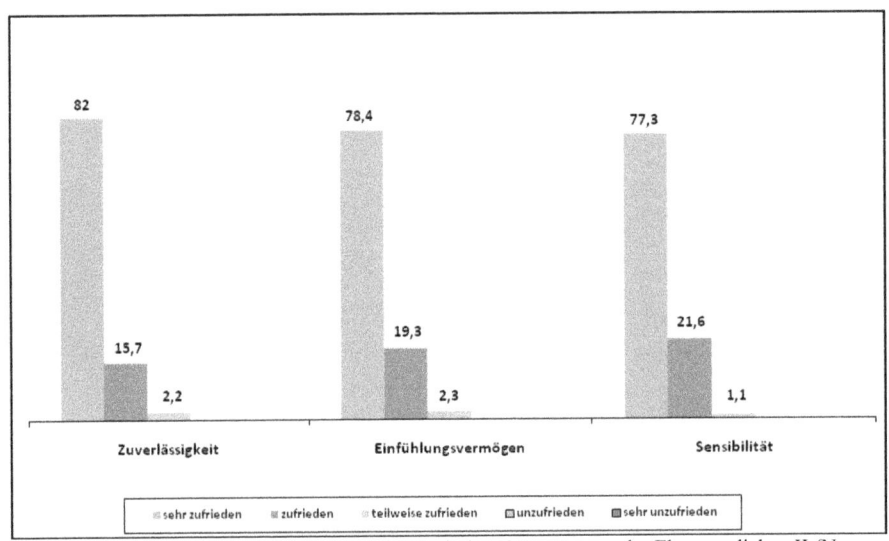

Abb. 158: Zufriedenheit der begleiteten Familien mit den Kompetenzen der Ehrenamtlichen II (N = verschieden)

Die Zufriedenheitswerte der Probanden bezüglich der drei Schlüsselkompetenzen Zuverlässigkeit, Einfühlungsvermögen und Sensibilität befinden sich mit Werten zwischen 97,7% und 98,9% auf einem äußerst hohen Niveau. Für alle drei Kategorien finden sich keine Negativbewertungen, was auf eine umfassende und konsequent positive Einschätzung dieser Kompetenzen schließen lässt.

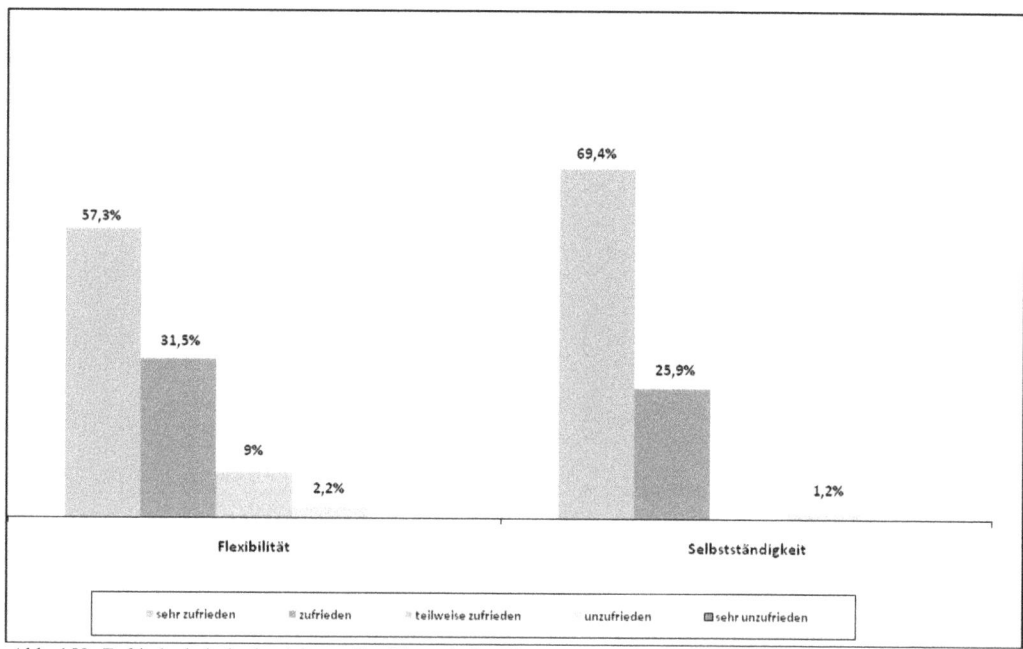

Abb. 159: Zufriedenheit der begleiteten Familien mit den Kompetenzen der Ehrenamtlichen III (N = verschieden)

Die Flexibilität der Ehrenamtlichen wird von Seiten der Familien etwas differenzierter und auf einem breiteren Bewertungsspektrum eingeschätzt: Hier sind aber dennoch 88,8% sehr zufrieden und zufrieden, während 9% teilweise zufrieden und lediglich 2,2% mit der Flexibilität der Ehrenamtlichen unzufrieden sind.
Auch die Selbständigkeit der ehrenamtlichen Mitarbeiter/innen wird äußerst positiv bewertet: Hier zeigen sich 95,3% sehr zufrieden und zufrieden, während mit 1,2% nur ein Proband sehr unzufrieden ist.

Die sehr hohen Werte bei der Zufriedenheit mit den Kompetenzen der Ehrenamtlichen weisen auf eine qualitativ hochwertige Qualifizierung sowie auf optimale personale Grundvoraussetzungen der Ehrenamtlichen hin. Die personalen Kompetenzen („Soft Skills", z.B. Zuverlässigkeit oder Einfühlungsvermögen) werden gegenüber den professionellen Kompetenzen (z.B. pädagogische Kompetenz) etwas positiver eingeschätzt, was dem Grundgedanken freiwilligen sozialen Engagements entspricht.
Lediglich in den Bereichen Flexibilität (zeitliche und inhaltliche sowie auf die Aufgaben bezogene Flexibilität) und Selbständigkeit lassen sich überhaupt Werte messen, die in den Bereich der Unzufriedenheit reichen. Allerdings liegen auch diese nur in sehr geringem Maße vor. Einzig der Bereich der pflegerischen Kompetenz weicht in der Bewertung etwas eindeutiger ab, da hier 3,4% der Befragten angeben, dass sie sehr unzufrieden sind. Die Ehrenamtlichen sollen nach Zielsetzung der Befähigungskurse durchaus grundpflegerische Kenntnisse haben, jedoch keine Behandlungspflege durchführen. Eine Entlastung der Familien in diesem Bereich soll von professionellen Kinderkrankenpflegediensten übernommen werden. Dies trifft in einigen Fällen anscheinend nicht die Bedürfnislage der Familien, in denen der Gesundheitszustand der erkrankten Kinder und Jugendlichen eine auch pflegerische Unterstützung erfordert, die jedoch aus finanziellen und organisatorischen Gründen nicht immer in ausreichendem Maße bereitgestellt werden kann. Hier wird eine Diskrepanz zwischen Bedarf der Familien und Auftrag der Ehrenamtlichen deutlich.
Insgesamt werden die Ehrenamtlichen in ihren Kompetenzen von den Familien jedoch außerordentlich gut bewertet. Dies zeigt auch der Mittelwertindex zur Zufriedenheit:

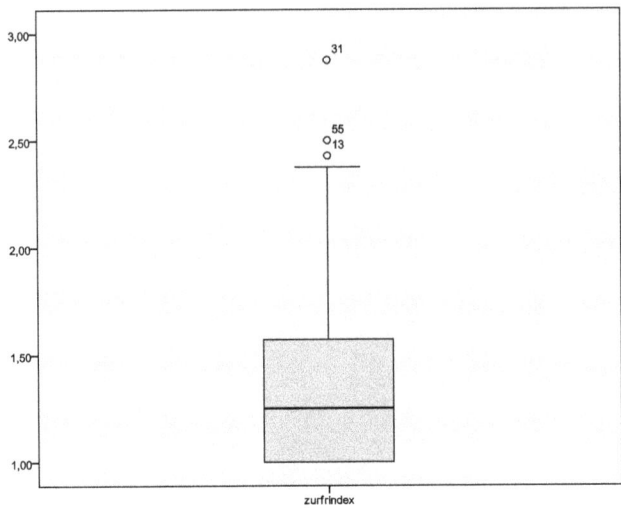

Abb. 160: Mittelwertindex zur Zufriedenheit mit der Kompetenz der Ehrenamtlichen

75% der Werte befinden sich zwischen 1 und 1,59 (IQR 1–1,59), dabei bedeutet 1 „sehr zufrieden"
und 5 „sehr unzufrieden". Der Median befindet sich bei 1,25; Minimum ist der Wert 1 („sehr zufrieden") und Maximum der Wert 2,88 (3 = „teilweise zufrieden"). Diese Angaben belegen die außerordentliche Zufriedenheit der Familien mit der Tätigkeit der ehrenamtlichen Mitarbeiter/innen in der
Familienbegleitung.

Die Proband/innen äußerten sich dazu, ob und wenn ja, welche weiteren Kompetenzen sie sich von
den Ehrenamtlichen wünschen:

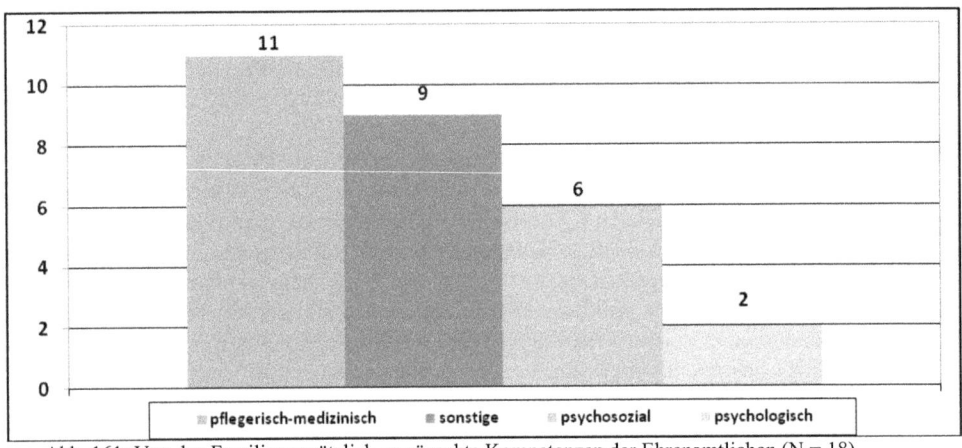

Abb. 161: Von den Familien zusätzlich gewünschte Kompetenzen der Ehrenamtlichen (N = 18)

Diese offene Frage wurde von 18 Familien beantwortet. Mehrfachnennungen waren möglich, pro Familie sind es durchschnittlich 1,6 Nennungen. Die Familien wünschen sich von den Ehrenamtlichen
weitere Kompetenzen vor allem im pflegerisch-medizinischen Bereich, z.B. Sondierung und Überwa-
chung (11). An dritter Stelle stehen eher psychosoziale Kompetenzen (sechs Nennungen), wie Einfühlungsvermögen o.ä. Außerdem wünschen sich zwei Befragte psychologische Kompetenzen der Ehrenamtlichen. Ein Beispiel hierfür ist die erwünschte Fähigkeit einer Mitarbeiterin zur psychologischen

Krisenbegleitung. Sonstige gewünschte Kompetenzen sind körperliche Belastbarkeit, Einhaltung der Schweigepflicht, zeitliche Flexibilität und (Fremd-)Sprachenkompetenz.

Aus diesen Daten geht erneut der Bedarf vieler Familien hervor, Unterstützung bei der Pflege der erkrankten Kinder und Jugendlichen zu erhalten. Aufgrund der hohen Pflegebedürftigkeit vieler Kinder/Jugendlichen benötigen zahlreiche Eltern einen zeitlich umfassenderen Einsatz professioneller Pflegekräfte, als dieser aktuell verfügbar ist. Die hohen Kosten sowie die Schwierigkeiten, von den Krankenkassen hierfür Finanzierungshilfen zu erhalten (vgl. Kap. II 4), erschweren dies jedoch vielfach deutlich. Eine pflegerische Unterstützung durch die ehrenamtlichen Begleiter und Begleiterinnen käme somit zwar den Bedürfnissen der Familien entgegen, widerspräche aber deren originärem Auftrag. Gerade für Familien, deren Kinder in prekären gesundheitlichen Situationen leben – z.B. durch eine dauerhafte Beatmung –, können ehrenamtliche Mitarbeiter/innen nur begrenzt entlastende Funktionen übernehmen, da die Eltern deren Präsenz in der Familie nicht nutzen können, um beispielsweise Aktivitäten außer Haus nachzugehen.

Die meisten Familien werden von den ehrenamtlichen Mitarbeiter/innen kontinuierlich begleitet, d.h. 60,7% hatten bisher keinen Wechsel der Ehrenamtlichen, die ihre Familie begleiten bzw. begleiteten. In 39,3% der Familien erfolgte bereits ein personeller Wechsel.

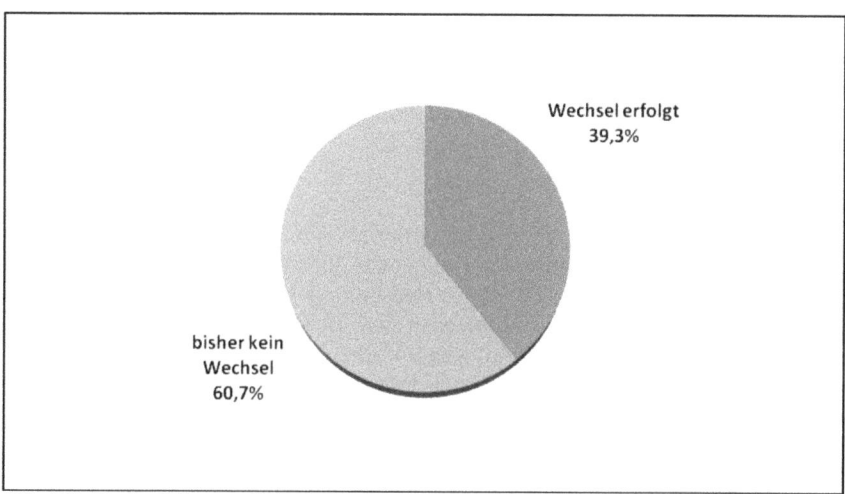

Abb. 162: Wechsel Ehrenamtlicher in der Begleitung der Familien (N = 89)

Die Gründe für einen Personalwechsel wurden offen abgefragt. Von 22 (N = 22) der 35 von einem Wechsel betroffenen Familien liegen hierzu Daten vor. Die quantitativ geringe Rückmeldung könnte ein Hinweis darauf sein, dass diese Frage ein eher schwieriges, evtl. sogar tabuisiertes Thema berührt.

449

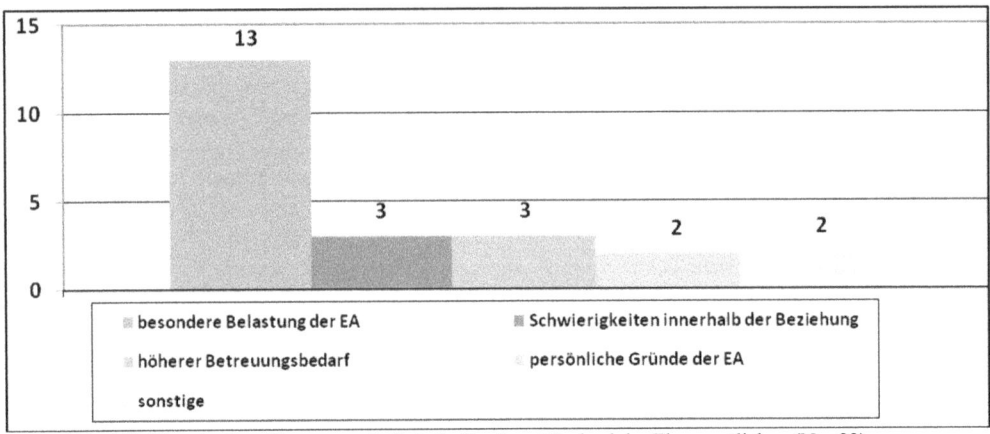

Abb. 163: Von den Familien genannte Gründe für einen Wechsel der Ehrenamtlichen (N = 22)

Von der Mehrheit der Befragten wird als Wechselgrund die besondere Belastung der Ehrenamtlichen angegeben (56,5%). Einige Familien machten die Erfahrung, dass die ehrenamtlichen Mitarbeiter/innen durch die von ihnen als zu „leidvoll" empfundene Familiensituation oder auch von den körperlichen Belastungen, die die Begleitung mit sich brachte, überfordert waren. Bei jeweils 13% waren Schwierigkeiten innerhalb der Beziehung zwischen den Familien und den ehrenamtlich Mitarbeitenden, wie z.B. Grenzüberschreitungen und Einmischung in familiäre Angelegenheiten, ausschlaggebend für den Wechsel der Begleitperson.

Zusammenfassung

Die ehrenamtlichen Mitarbeiter/innen der ambulanten Kinderhospizdienste begleiten die Familien meist alleine (55%), viele aber auch in Form einer Tandemkonstellation (40%). Die Tätigkeiten der Ehrenamtlichen sind weniger im Bereich der Hilfen im Haushalt oder in der Pflege angesiedelt, sondern der Schwerpunkt liegt eindeutig in der mitfühlenden und mittragenden Präsenz in der Familie („da sein") sowie in der Begleitung im Alltag. Gespräche mit Eltern und die Betreuung der erkrankten Kinder/Jugendlichen sowie der gesunden Geschwister nehmen großen Raum im Begleitungsprozess ein. Thanatale Aspekte werden dabei vom einem knappen Viertel der Ehrenamtlichen *nicht* mit den Familienangehörigen thematisiert. Gründe dafür sind, dass die Familie sich dagegen entscheidet, weil sie entweder nicht bereit ist, diese Themen mit den ehrenamtlichen Mitarbeiter/innen zu besprechen oder sie momentan nicht primärer Inhalt der Begleitung sind. Wenn thanatale Themen kommuniziert werden, geschieht dies vor allem in Gesprächen mit den Müttern der lebensverkürzend erkrankten Kinder.

Die Einsätze der Ehrenamtlichen umfassen monatlich durchschnittlich einen zeitlichen Umfang von 12,8 Stunden. Knapp drei Viertel der Familien beurteilen dies als ausreichend, ein gutes Viertel wünscht sich etwa doppelt so viele Einsatzstunden. Die Zufriedenheit der Familien mit den Kompetenzen der Ehrenamtlichen ist außerordentlich hoch, sowohl die personalen als auch die fachlichen Fähigkeiten werden als sehr gut eingeschätzt. Im Bereich der pflegerischen Qualifikationen der Ehrenamtlichen wünschen sich die Familien mehr Kompetenzen. Dies zeigt einen deutlichen Entlastungsbedarf der Familien in diesem Bereich, widerspricht jedoch dem originären Auftrag freiwilligen sozialen Engagements in der Kinderhospizarbeit.

Ein Wechsel der ehrenamtlichen Mitarbeiter/innen geschieht in der hier erfassten Kohorte eher selten. Erfolgt ein personeller Wechsel, wird dies damit begründet, dass die Begleitung für die Ehrenamtlichen physisch oder psychisch zu belastend war. Ein weiterer Grund ist die Beendigung der Mitarbeit von Seiten der Ehrenamtlichen aus privaten Gründen wie beruflicher Auslastung oder eigener Erkrankung.

Fazit

Die hier vorliegenden Daten geben einen erstmaligen Einblick in die Situation der Familien, die ambulante Kinderhospizdienste nutzen. Aufgrund der geringen Stichprobengröße wurde statistisch überwiegend deskriptiv ausgewertet.

Die demographische Beschreibung der Nutzer zeigt, dass es sich bei den Probanden überwiegend um gut ausgebildete, allerdings nicht übermäßig gut verdienende Familien handelt. Ein großer Teil von ihnen hat zwei und mehr Kinder, in fast allen Familien ist nur eines davon lebensverkürzend erkrankt, in der Regel mit mehrjährigem Verlauf.

Die Erfahrungen, die die Familien mit den ambulanten Kinderhospizdiensten beschreiben, beziehen sich auf einen relativ kurzen Zeitraum (Beginn der Nutzung überwiegend zwischen 2006 und 2008), was darin begründet ist, dass sich die ambulante Kinderhospizarbeit in Deutschland noch im Etablierungsprozess befindet. Es ist jedoch ein stetiger Anstieg der Nutzerzahlen zu verzeichnen, was auf einen großen Bedarf ambulanter Unterstützung von Familien mit lebensverkürzend erkrankten Kindern/Jugendlichen hindeutet. Die Familien sind insgesamt außerordentlich zufrieden mit der Begleitung durch die Dienste. Der Schwerpunkt liegt dabei in der häuslichen Begleitung durch ehrenamtliche Mitarbeiter/innen, die in den Familien in verlässlichen zeitlichen Phasen präsent sind, Gespräche führen, die gesunden Kinder betreuen und/oder für die erkrankten Kinder da sind.

Die „Professionalität" der Ehrenamtlichen wird von den Familien hoch eingeschätzt. Hier werden vor allem die personalen Qualitäten, aber auch die fachlichen sehr gut bewertet.

Insgesamt bescheinigen die Nutzer den ambulanten Kinderhospizdiensten eine außerordentlich gute Arbeit, die für sie im Alltag sehr hilfreich und entlastend ist.

3.4 Die Perspektive der hauptamtlichen Mitarbeiter/innen ambulanter Kinderhospizdienste

Die Befragung der Koordinator/innen der ambulanten Kinderhospizdienste zielt darauf ab, erstmalig einen differenzierten Einblick in die Arbeit und Strukturen der Dienste sowie in die Zusammenarbeit mit den Familien, anderen Hauptamtlichen und den ehrenamtlich Mitarbeitenden zu erhalten.[164] Da das Berufsbild der Koordinator/innen in der ambulanten Kinderhospizarbeit ein entsprechend dieses innovativen Unterstützungsmodells ebenfalls noch äußerst junges und somit wenig theoretisch oder empirisch erfasstes darstellt, ist zudem intendiert, die Ergebnisse zur genaueren Charakterisierung der Rolle der Koordinator/innen und zur Spezifizierung der für diese Rolle erforderlichen Kompetenzen und Rahmen gebenden Bedingungen nutzbar zu machen.

3.5 Durchführung der quantitativen Erhebung

Der Fragebogen für die Koordinator/innen umfasst 32 Fragen, die in drei Blöcke unterteilt sind. Den ersten Block bilden 20 Fragen zur Struktur und zu den Rahmenbedingungen, zur Finanzierung und zu den Angeboten des ambulanten Kinderhospizdienstes, zu weiteren Hauptamtlichen, zu den begleiteten Familien und den ehrenamtlich Mitarbeitenden. Daran schließt sich ein Block mit vier Fragen zur Stelle der Koordinator/in an. Den dritten Teil des Fragebogens umfassen sieben Fragen zu demographischen Angaben der Probanden. Es ergeben sich demnach folgende Fragekomplexe:

A	**Struktur und Rahmenbedingungen der ambulanten Kinderhospizdienste**
B	**Tätigkeiten der Koordinator/innen**
C	**Informationen über die Koordinator/innen**

Die Befragung der Koordinatorinnen und Koordinatoren war teilanonym. So wurde nach Name und Adresse des ambulanten Kinderhospizdienstes gefragt, jedoch nicht nach den Namen der Probanden selbst. Da aufgrund der geringen Anzahl der Koordinator/innen pro Dienst teilweise Rückschlüsse auf die Personen möglich sind, wurden die Dienste in der Analyse der Daten jeweils mit Ziffern versehen. Die Ergebnisse der Auswertung der Koordinator/innenbefragung werden im Folgenden detailliert dargestellt. Mit Hilfe des Statistikprogramms SPSS Version 17.0 und 18.0 wurden auf deskriptiver Basis

---

[164] Erläuterungen zur Entwicklung der Fragebögen, zu den Fragetypen, den durchgeführten Pretests und zur Erhebung der Daten in Kapitel III 1.

Häufigkeiten ausgerechnet, Kreuzungen vorgenommen und Signifikanzen überprüft (Details zur Methodik vgl. Kapitel III 1).

3.6 Darstellung und Interpretation der Ergebnisse
A Struktur und Rahmenbedingungen der ambulanten Kinderhospizdienste
In diesem ersten Block des Fragebogens wurden Fragen zu folgenden Themen gestellt:

---

1. Regionale Verteilung der an der Studie teilnehmenden ambulanten Kinderhospizdienste
2. Gründungszeitraum
3. Beginn der Familienbegleitung
4. Beginn der Koordinator/innentätigkeit
5. Trägerschaft
6. Finanzierung der ambulanten Kinderhospizdienste
7. Weitere neben den Koordinator/innen hauptamtlich Beschäftigte
8. Verteilung der neben den Koordinator/innen hauptamtlich Beschäftigten
9. Stundenumfang der neben den Koordinator/innen hauptamtlich Beschäftigten
10. Anzahl der ehrenamtlichen Mitarbeiter/innen
11. Anzahl der aktuell eingesetzten ehrenamtlichen Mitarbeiter/innen in verschiedenen Arbeitsbereichen der ambulanten Kinderhospizdienste
12. Anzahl der Familienbegleitungen
13. Anzahl der aktuell eingesetzten ehrenamtlichen Mitarbeiter/innen pro Familie
14. Anzahl der abgeschlossenen Begleitungen
15. Angebote für die ehrenamtlichen Mitarbeiter/innen
16. Anzahl der ehrenamtlichen Mitarbeiter/innen, die einen Befähigungskurs absolviert haben
17. Umfang der Befähigungskurse
18. Anbieter der Befähigungskurse
19. Angebote der ambulanten Kinderhospizdienste an ihre Zielgruppe
20. Kooperation mit anderen Einrichtungen
21. Kooperation mit stationären Kinderhospizen

In Deutschland existieren derzeit 75 ambulante Kinderhospizdienste in unterschiedlicher Trägerschaft (Stand 1. Quartal 2010). Zudem erfolgen aktuell Neugründungen in großer Anzahl. Zum Zeitpunkt der Erhebung (Ende 2008) gab es 61 Dienste, von denen 29 an der Studie teilnahmen. Die regionale Verteilung der Dienste im Bundesgebiet ist unausgewogen. Es gibt ein West-Ost-Gefälle, das heißt, in den Gebieten der neuen Bundesländer findet sich nur eine geringe Anzahl an ambulanten Kinderhospizdiensten. Im Jahr 2009 waren die meisten der in Deutschland tätigen ambulanten Kinderhospizdienste in Nordrhein-Westfalen (17) beheimatet, die Koordinator/innen von zwölf dieser Dienste nahmen an dieser Studie teil. Vier Dienste aus Bayern sind vertreten und drei aus Baden-Württemberg. Jeweils zwei der teilnehmenden Kinderhospizdienste befinden sich in Sachsen, Bremen und Rheinland-Pfalz, je einer in Schleswig-Holstein, Niedersachsen, Hessen und im Saarland.
Die Gründe für die hohe Anzahl der nordrhein-westfälischen Kinderhospizdienste sind in erster Linie darin zu vermuten, dass die ambulante Kinderhospizarbeit in diesem Bundesland am längsten besteht. Somit findet sich hier die größte Dichte. Es ist anzunehmen, dass mit der zum Teil mehrjährigen Erfahrung der Dienste auch eine größere Offenheit gegenüber der wissenschaftlichen Erhebung einhergeht und die Bereitschaft, an einer Umfrage teilzunehmen höher ist.

Abb. 164: Regionale Verteilung der an der Studie teilnehmenden ambulanten Kinderhospizdienste (N = 29)

Die ersten beiden ambulanten Kinderhospizdienste in Deutschland wurden im Jahr 1999 gegründet (in Berlin und in Kirchheim-Teck, vgl. Weihrauch 2009c, 1). Aufgrund der erst kurzen Existenz der ambulanten kinderhospizlichen Begleitung in Deutschland liegen die Gründungszeiträume der einzelnen Dienste eng beieinander. In der vorliegenden Studie wurden nur Dienste befragt, die bereits über Erfahrung in der Familienbegleitung verfügen. Deshalb wurde die Gründung der Dienste bis zum 31.12.2007 als Teilnahmekriterium festgelegt.

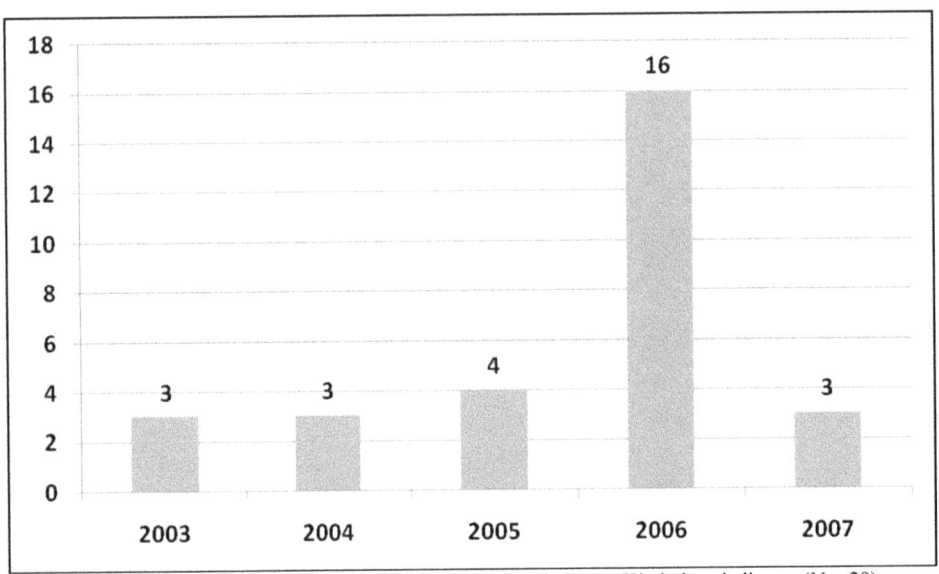

Abb. 165: Gründungsjahre der an der Studie teilnehmenden ambulanten Kinderhospizdienste (N = 29)

In den Jahren 2003 und 2004 wurden jeweils drei der an der Studie teilnehmenden ambulanten Kinderhospizdienste gegründet, 2005 vier. Die meisten Dienste, 16 von 29 Diensten, wurden im Jahr 2006 gegründet (N = 29). Drei Jahre später nahmen drei weitere Dienste ihre Tätigkeit auf.

Die Begleitung der Familien in ambulanten Diensten umfasst die Begleitung der Eltern, der Geschwister und der progredient erkrankten Kinder und Jugendlichen. Sie wird durch ehrenamtliche Mitarbeiter/innen geleistet (vgl. Globisch/Hartkopf 2009, 126f.).

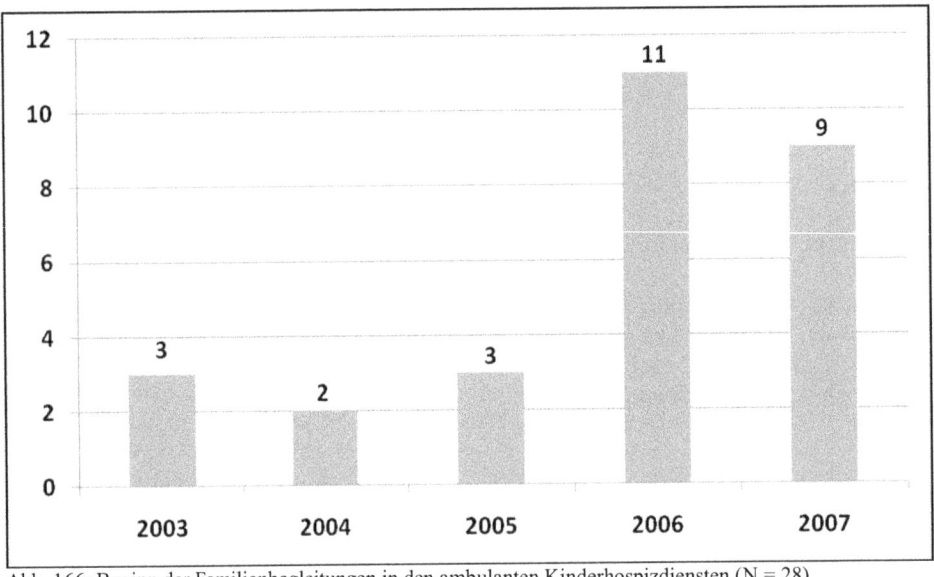

Abb. 166: Beginn der Familienbegleitungen in den ambulanten Kinderhospizdiensten (N = 28)

Der Beginn der Familienbegleitungen erfolgte in den einzelnen ambulanten Kinderhospizdiensten zu unterschiedlichen Zeitpunkten. Im Jahr 2003 nahmen drei Dienste ihre Tätigkeit auf, 2004 zwei und 2005 drei. 2006 waren es elf, und 2007 starteten neun Dienste.

Die ambulanten Kinderhospizdienste werden in den meisten Fällen von hauptamtlichen Koordinator/innen geleitet. Sie sind für den Kontakt zu den Familien erkrankter Kinder und Jugendlicher zuständig, gestalten die Öffentlichkeitsarbeit und vermitteln Kontakte zu kooperierenden Einrichtungen. Sie rekrutieren, schulen und begleiten die ehrenamtlichen Mitarbeiter/innen und koordinieren deren Einsatz in den Familien (vgl. Globisch 2006, 55ff.).

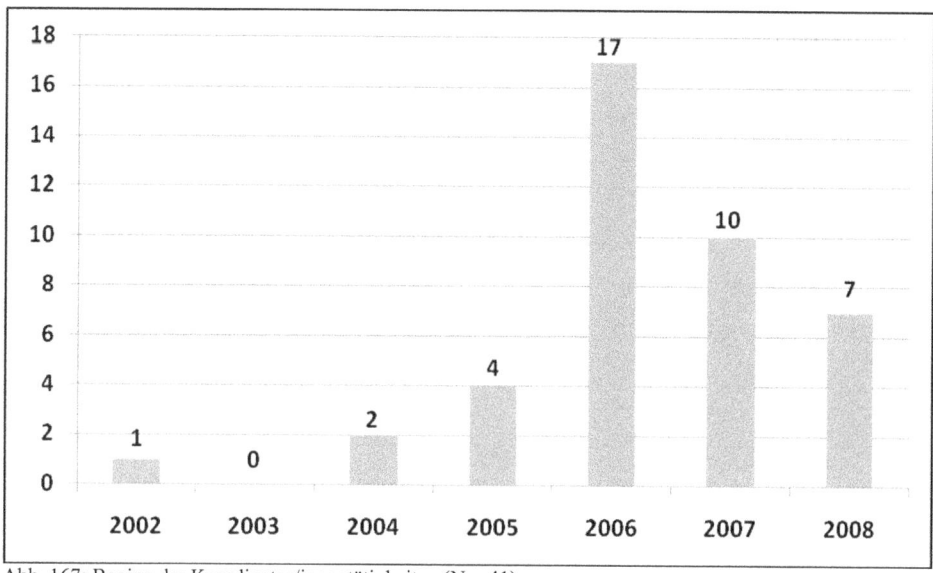

Abb. 167: Beginn der Koordinator/innentätigkeiten (N = 41)

Die dienstälteste Koordinatorin arbeitet seit 2002 in diesem Bereich, weitere zwei sind seit 2004 tätig (4,9%). 2005 nahmen vier Koordinatorinnen ihre Tätigkeit auf. Knapp die Hälfte der Koordinator/innen (41,5%) traten ihre Stelle im Jahr 2006 an, ein Viertel im Jahr 2007 (24,4%). 2008 begannen 17,1% der Koordinator/innen mit ihrer Tätigkeit.

Die Gründungen ambulanter Kinderhospizdienste erfolgen in der Regel vor dem jeweiligen Beginn der Familienbegleitungen. Der Grund für diese Verschiebung liegt vermutlich darin, dass die meisten Dienste nach der Gründung zunächst mit der Aufbauarbeit und Schulung von Ehrenamtlichen beschäftigt sind und somit erst die Voraussetzungen für die Familienbegleitung schaffen müssen. Der Beginn der Koordinator/innentätigkeiten und der Beginn der Familienbegleitungen sind in vielen Fällen identisch. So ist zu vermuten, dass recht kurz nach Einstellung der Koordinator/innen auch die Familienbegleitungen durch die Ehrenamtlichen beginnen. Zum Zeitpunkt der Befragung arbeiteten in 18 der Dienste jeweils eine Koordinator/in, in neun zwei und in einem Dienst drei Koordinator/innen.

Die meisten teilnehmenden ambulanten Kinderhospizdienste stehen unter der Trägerschaft des Deutschen Kinderhospizvereins (DKHV; zwölf Dienste), was bei einer Stichprobengröße von N = 29 fast die Hälfte der an der Studie teilnehmenden Dienste ausmacht. Die nächstgrößere Gruppe bilden die Dienste, die einem Wohlfahrtsverband angeschlossen sind (sechs Dienste). Drei weitere Kinderhospizdienste sind als Stiftungen organisiert. Sechs Dienste arbeiten unter der Trägerschaft eines Hospiz- oder Fördervereins. Ein Dienst gab ein Kinderhospiz als Träger an. Ein weiterer Dienst arbeitet selbstständig. Dass ein hoher Anteil der an dieser Studie teilnehmenden Kinderhospizdienste unter der Trägerschaft des DKHV steht, liegt zum einen darin begründet, dass er der größte Träger in Deutschland ist, und zum anderen darin, dass der DKHV der Kooperationspartner dieses Forschungsvorhabens war und somit bereits Kontakte bestanden, die die Teilnahme der ambulanten Dienste an der Studie beförderten.

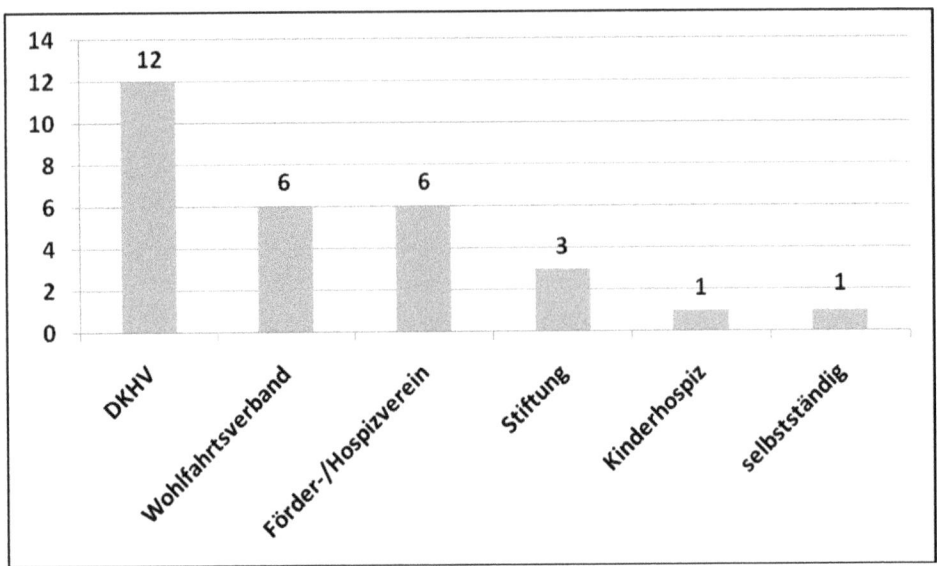

Abb. 168: Trägerschaften der ambulanten Kinderhospizdienste (N = 29)

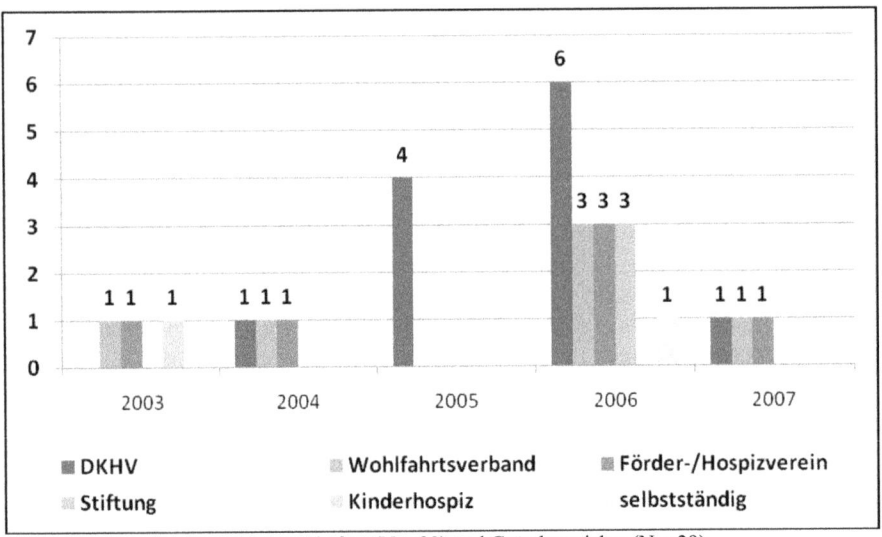

Abb. 169: Kreuzdiagramm: Trägerschaften (N = 29) und Gründungsjahre (N = 29)

Die Kreuzung der Daten zur Trägerschaft der Dienste mit ihrem Gründungsjahr gibt Aufschluss darüber, dass die ersten Dienste, die im Jahr 2003 gegründet wurden, in Trägerschaft eines Wohlfahrtsverbandes, eines Vereins und eines Kinderhospizes arbeiten. Der DKHV nahm seine Funktion als Träger eines ambulanten Dienstes 2004 auf. In den Jahren 2005 und 2006 ist ein deutlicher Zuwachs der vom DKHV gegründeten Dienste zu verzeichnen. Das Jahr 2006 war aber auch für die anderen Träger durch die Gründung mehrerer Dienste geprägt.

Die Finanzierung der ambulanten Kinderhospizdienste erfolgt größtenteils über Spenden. Außerdem finanzieren sich viele Dienste über Zuschüsse zu ambulanten Hospizleistungen nach §39a SGB V.[165] Die von den Krankenkassen geforderte Voraussetzung für die Inanspruchnahme von Leistungen nach §39a ist, dass die Verantwortung für die Tätigkeit eines ambulanten (Kinder-)Hospizdienstes von einer

---

[165] URL: http://www.bayerischer-hospizverband.de/pdf/p39a/Rahmenvereinbarung%20nach%20p%2039%20a%20Abs.%202%20Satz%206%20SGB%20V%20%28ambulante%20Hospizarbeit%29.pdf (Letzter Zugriff: 01.10.2010).

Person getragen wird, die fachlich qualifiziert ist, das heißt, dass die/der Koordinator/in neben einer einschlägigen Berufsausbildung bzw. eines Studiums über mehrjährige Berufserfahrung verfügen oder eine entsprechende Weiterbildung absolviert haben und in Leitungsaufgaben aus- oder weitergebildet sein muss. Außerdem müssen die ambulanten Dienste mit palliativ-pflegerisch erfahrenen Pflegediensten zusammenarbeiten.[166]

Bei der Beantwortung der Frage nach der Finanzierung der ambulanten Kinderhospizdienste waren Mehrfachnennungen möglich. Alle 29 Dienste haben diese Frage beantwortet, durchschnittlich gab es zwei Nennungen (insgesamt 60 Nennungen).

Alle der an der Studie teilnehmenden Dienste benötigen zu ihrer Finanzierung Spenden. Mit gut drei Viertel nehmen 23 der Dienste außerdem Zuschüsse zu ambulanten Hospizleistungen nach §39a SGB V wahr. Drei Dienste verfügen über Stiftungskapital. Ebenfalls drei Dienste bekommen Trägermittel, beispielsweise von einem Wohlfahrtsverband. Zwei Dienste erhalten städtische oder Landes-/Kreisgelder. Nach Angaben des DKHV finanzieren sich die ambulanten Dienste nur zu einem Drittel über Zuwendungen der Krankenkassen, die anderen beiden Drittel müssen eingeworben werden.[167]

Von den befragten ambulanten Kinderhospizdiensten finanzieren sich fünf ausschließlich über Spenden und nehmen keine Leistungen nach §39a in Anspruch.

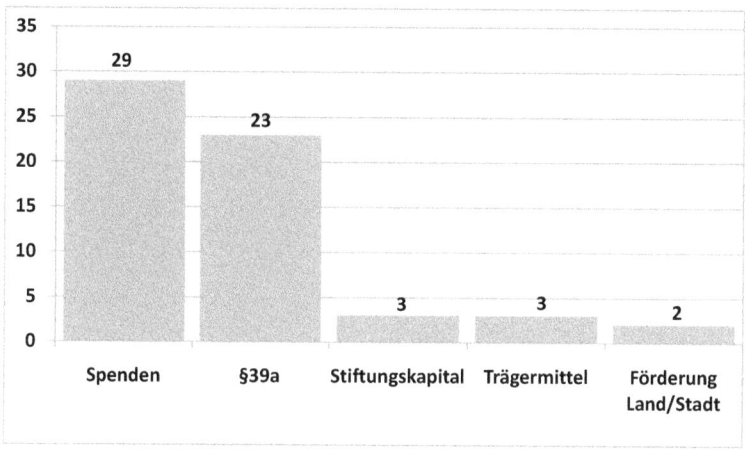

Abb. 170: Finanzierungsanteile der ambulanten Kinderhospizdienste (N = 29, Mehrfachnennungen)

In den ambulanten Kinderhospizdiensten arbeiten ehrenamtlich Mitarbeitende neben den hauptamtlichen Koordinator/innen. In einigen Diensten finden sich weitere hauptamtlich Beschäftigte.

36,6% der Befragten gaben an, dass sie in ihrem Dienst alleine hauptamtlich beschäftigt sind, das entspricht elf Diensten. Knapp zwei Drittel arbeiten mit weiteren Hauptamtlichen zusammen (63,4%, 18 Dienste). Dies deutet darauf hin, dass die Arbeit überwiegend nicht nur auf die Koordinator/in verteilt wird.

---

[166] Vgl. http://www.gesetze-im-internet.de/sgb_5/__39a.html (Letzter Zugriff: 21.9.10)
[167] Vgl. http://www.tag-der-kinderhospizarbeit.de/42_ambulante_einzel_presse_einzel.php?id=20&presse_id=405 (Letzter Zugriff: 14.09.09).

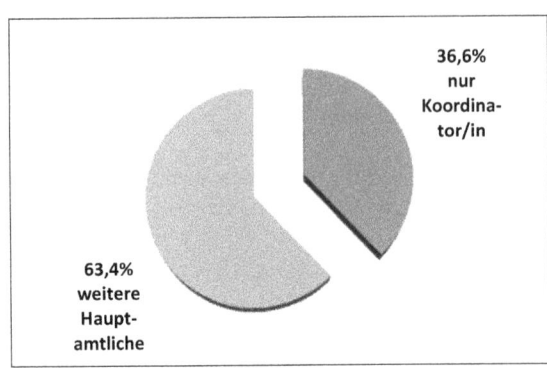

Abb. 171: Hauptamtlich Beschäftigte (N = 29)

Die Personalstruktur in den ambulanten Kinderhospizdiensten gestaltet sich wie folgt.

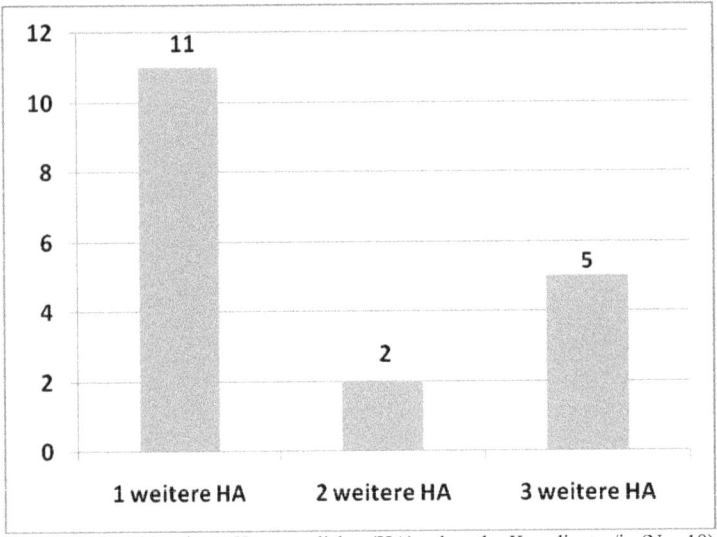

Abb. 172: Anzahl weiterer Hauptamtlicher (HA) neben der Koordinator/in (N = 18)

In elf Diensten arbeitet neben der Koordinator/in eine weitere hauptamtliche Kraft, in zwei Diensten sind es zwei weitere, und in fünf Diensten gibt es drei Hauptamtliche plus je eine Koordinator/in. Das Maximum liegt somit bei insgesamt vier hauptamtlich Beschäftigten.
Die Koordinator/innen wurden gefragt, in welchen Bereichen diese weiteren Hauptamtlichen tätig sind.
Zehn Personen sind als weitere Koordinator/in beschäftigt. Die Bereiche Öffentlichkeitsarbeit und Sozialpädagogik/Sozialarbeit folgen mit acht bzw. fünf Fachkräften. Ein Mal vertreten ist eine dritte Koordinator/in. Jeweils ein Dienst verfügt über eine hauptamtliche Kraft im Bereich Büro/Verwaltung. In einem Dienst ist eine 1-Euro-Kraft beschäftigt.
Diese Angaben stammen aus 18 Diensten. Es wurden 30 Nennungen getätigt, das bedeutet, dass pro Dienst durchschnittlich 1,6 weitere Personen hauptamtlich tätig sind.

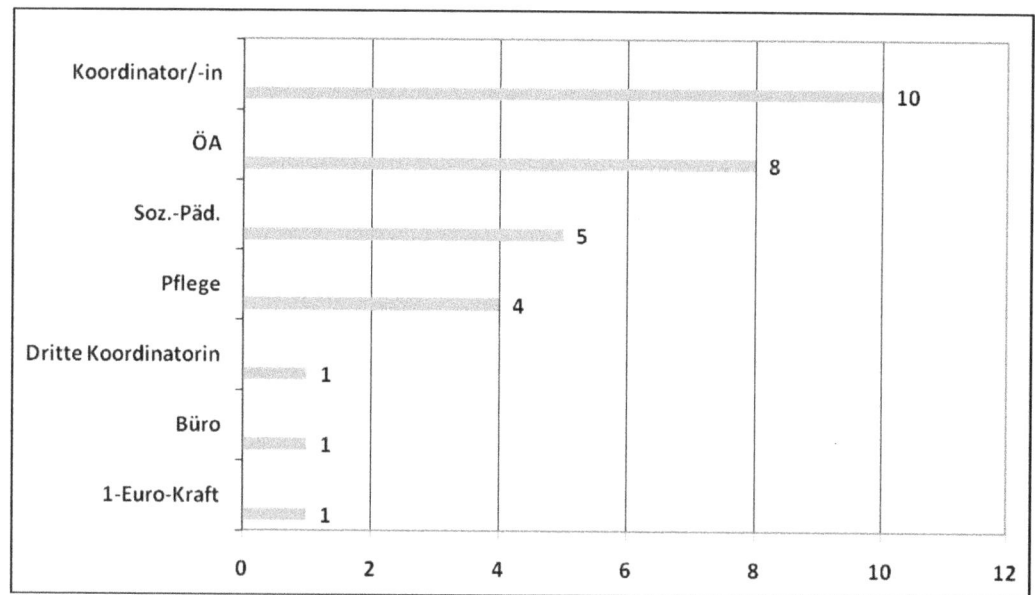

Abb. 173: Verteilung der weiteren hauptamtlich Beschäftigten neben den Koordinator/innen (N = 18, Mehrfachnennungen)

Der Stundenumfang und die Anzahl der Beschäftigungsverhältnisse der weiteren Hauptamtlichen neben den Koordinator/innen sind in unten stehendem Diagramm dargestellt. Die Beschäftigungsverhältnisse der weiteren Koordinator/innen sind sowohl in der Anzahl als auch im Umfang führend. Es folgt der Bereich Öffentlichkeitsarbeit. Von allen 29 an der Studie teilnehmenden Diensten geben damit nur acht Dienste an, dass sie den Bereich Öffentlichkeitsarbeit mit einer hauptamtlichen Kraft besetzt haben. Auffallend ist, dass die für Öffentlichkeitsarbeit vorgesehenen Stellen überwiegend einen Umfang von zehn Stunden pro Woche haben. Bei den unter der Trägerschaft des DKHV stehenden Diensten ist konzeptionell vorgesehen, dass die Koordinator/innen von der Öffentlichkeitsarbeit entlastet werden.
Der Bereich Sozialpädagogik/Sozialarbeit liegt mit dem Gesamtstundenvolumen an dritter Stelle, gefolgt von den Pflegekräften. Pflegerische Tätigkeiten entsprechen nicht den Aufgaben ambulanter Kinderhospizdienste, sie stehen im Widerspruch zum Konzept der ambulanten Kinderhospizarbeit, die hier eine deutliche Abgrenzung zu den Tätigkeiten ambulanter Kinderpflegedienste vornimmt (vgl. Hartkopf/Hug 2006, 72).

Die folgende Tabelle ermöglicht eine Übersicht:

Beschäftigungsverhältnis	Stellenanzahl	Stundenumfang pro Woche	Gesamtstundenvolumen
Weitere Koordinator/innen	10	5 bis 39	219
Öffentlichkeitsarbeit	8	10 bis 39	109
Sozialpädagogik/Sozialarbeit	5	6 bis 39	97
Pflege	3	8 bis 39	57
Dritte Koordinatorin	1	15	15
Hauptamtliche Bürokraft	1	11	11
1-Euro-Kraft	1	20	20

Tab. 26: Stundenumfang der Hauptamtlichen neben den Koordinator/innen

Der Deutsche Hospiz- und Palliativverband ermittelte in einer im Jahr 2009 veröffentlichten Studie eine durchschnittliche Zahl ehrenamtlicher Mitarbeiter/innen von 27 in 58 befragten ambulanten Kinderhospizdiensten (vgl. DHPV 2009, 3). In der durchgeführten Erhebung zeigt sich die Verteilung wie folgt.

Die Anzahl der pro Dienst beschäftigten ehrenamtlichen Mitarbeiter und Mitarbeiterinnen variiert deutlich. Sie liegt zwischen 10 und 50 Personen. Schwerpunkte sind bei einer Anzahl zwischen 10 bis 15 und 16 bis 20 Mitarbeitenden auszumachen, hier sind 16 von 29 Diensten zu verorten. Durchschnittlich sind pro Dienst 24 ehrenamtliche Mitarbeiter/innen tätig, insgesamt sind es in der Stichprobe 697 Ehrenamtliche. Der Median liegt bei 20 Mitarbeitenden.

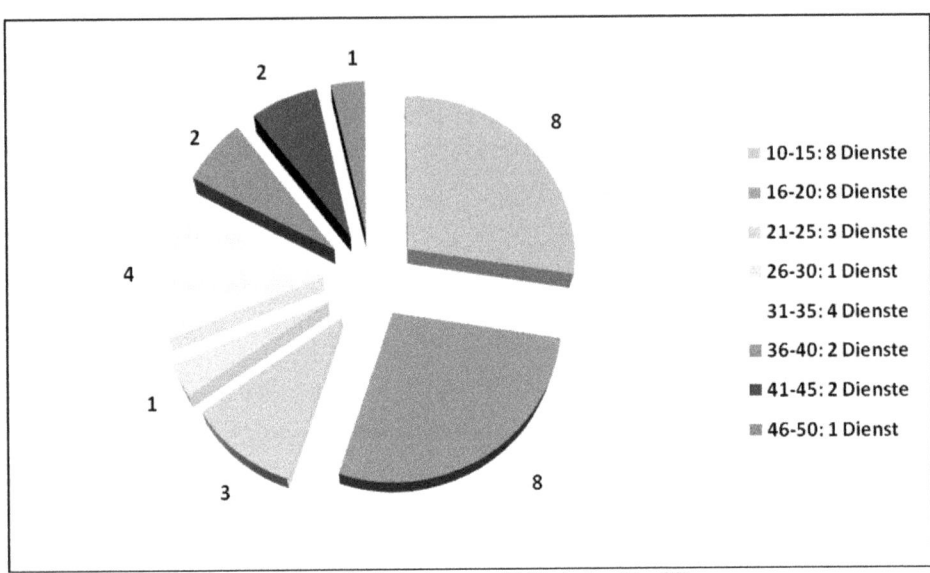

Abb. 174: Anzahl der ehrenamtlichen Mitarbeiterinnen und Mitarbeiter (N = 29)

Die Befragung der Koordinator/innen bezüglich der Anzahl der aktuell in verschiedenen vorgegebenen Bereichen eingesetzten Ehrenamtlichen ergab folgendes Bild. Zu den einzelnen Bereichen äußern sich unterschiedlich viele Dienste (N = verschieden). Die Zahl der aktuell eingesetzten Ehrenamtlichen liegt mit 601 Personen unter der Gesamtzahl der den ambulanten Kinderhospizdiensten zur Verfügung stehenden Ehrenamtlichen von 697. Das bedeutet, dass nicht alle Ehrenamtlichen kontinuierlich eingesetzt werden, sondern deren Einsatz vom jeweiligen Bedarf der begleiteten Familien, von der zu leistenden Öffentlichkeits- und Büroarbeit sowie von den Bedürfnissen der Ehrenamtlichen selbst abhängt.

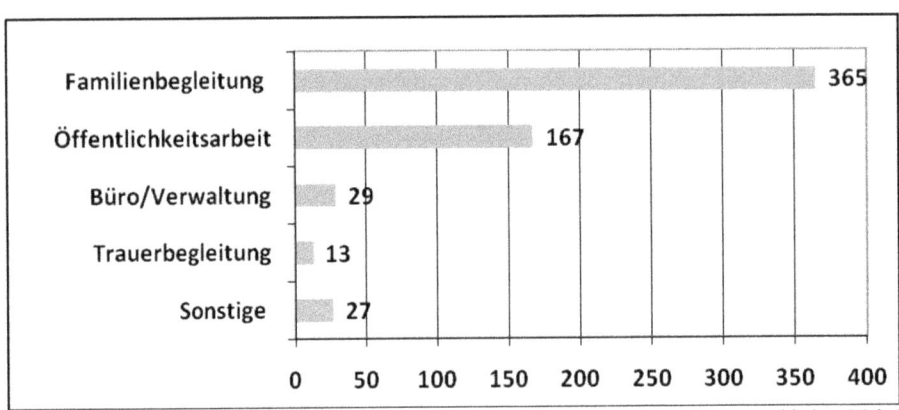

Abb. 175: Anzahl der Ehrenamtlichen in den verschiedenen Tätigkeitsbereichen (N = verschieden, Mehrfachnennungen)

Der Großteil der Ehrenamtlichen ist im Bereich der Familienbegleitungen eingesetzt. Der zweitgrößte Bereich ist der der Öffentlichkeitsarbeit, hier arbeiten 167 Ehrenamtliche, häufig auch bedarfsabhängig. Die drittgrößte Säule kennzeichnet den Bereich Büro/Verwaltung. Im Bereich Trauerbegleitung arbeiten 13 Ehrenamtliche. Unter Sonstige sind mit insgesamt 27 Mitarbeitenden die Bereiche „Geschwister, Feste, Trauer" zusammengefasst.

Die Familienbegleitung ist somit deutlich als Schwerpunkt der Arbeit der ambulanten Kinderhospizdienste zu erkennen. Dies entspricht den jeweiligen Konzepten und Curricula (vgl. Schulte/Köster/Tessmer 2006, 8ff.; Hartkopf/Hug 2006, 63ff.). Die Öffentlichkeitsarbeit ist ebenfalls mit einer großen Zahl an Ehrenamtlichen besetzt. Hier liegt der Grund sicher darin, dass die Finanzierung der Dienste zum großen Teil von Spenden abhängt, für deren Einwerbung Öffentlichkeitsarbeit notwendig ist. 15 der Ehrenamtlichen geben an, dass sie ausschließlich für die Öffentlichkeitsarbeit des ambulanten Kinderhospizdienstes zuständig sind (vgl. Kap. III 3.9).

425 Familien werden von 28 (N = 28) ambulanten Kinderhospizdiensten betreut. Die Anzahl der Familien, die pro Dienst begleitet werden, variiert zwischen drei und 67. Ein Schwerpunkt ist bei sechs bis zehn betreuten Familien auszumachen. Die genaue Verteilung zeigt sich wie folgt:

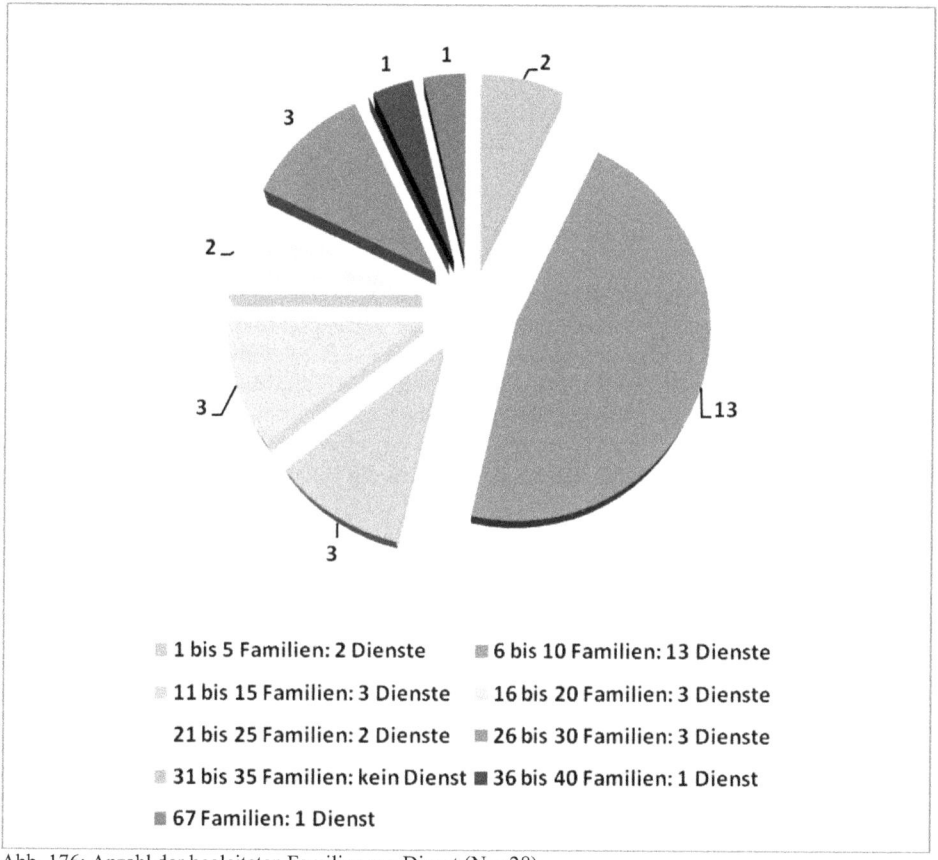

Abb. 176: Anzahl der begleiteten Familien pro Dienst (N = 28)

Der Mittelwert liegt bei 15,8 Familien, der Median bei 10,00. Die Kreuzung der Daten zur Anzahl der Familienbegleitungen pro Dienst mit der Anzahl der Ehrenamtlichen, die in den jeweiligen Diensten mitarbeiten ergab keinen signifikanten Zusammenhang zwischen den Variablen.

Aus methodischen Gründen wurde die Frage nach der Anzahl der pro Familie eingesetzten Ehrenamtlichen offen gestellt. Die Koordinator/innen sollten die Möglichkeit haben, unbelastet von Empfehlungen und Entscheidungsdruck zu antworten. 58,6% der Dienste (17 von 29) geben an, dass sie ein bis zwei Ehrenamtliche pro Familie einsetzen. Weitere 20,7% (6 Dienste) und damit ein Fünftel setzen jeweils zwei Ehrenamtliche ein. 13,81% der Dienste geben an, dass bei ihnen die Ehrenamtlichen ausschließlich alleine in der Familienbegleitung arbeiten, bei 6,9% (zwei Dienste) sind es ein bis drei Mitarbeiterinnen und Mitarbeiter.

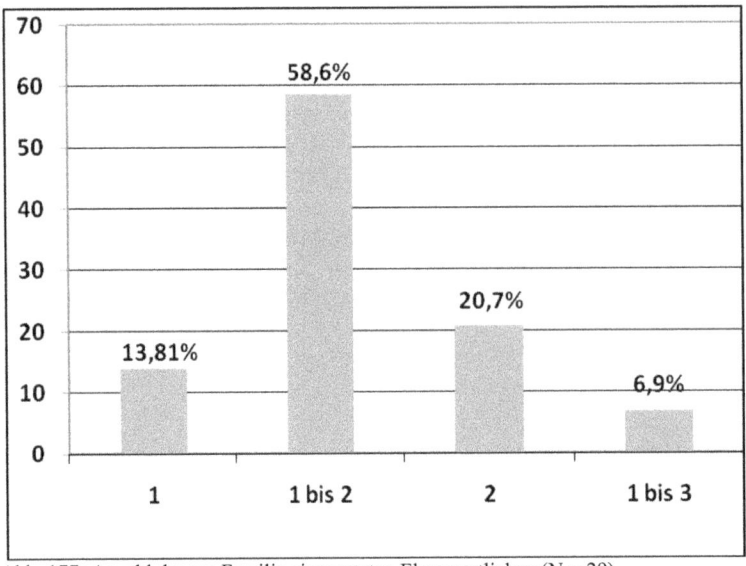

Abb. 177: Anzahl der pro Familie eingesetzten Ehrenamtlichen (N = 29)

Der Einsatz von zwei Ehrenamtlichen pro Familie als Tandem wird konzeptionell empfohlen (vgl. Hartkopf/ Hug 2006, 71; Arbeitskreis psychosozialer Fachkräfte in Hospiz- und Palliativeinrichtungen in NRW 2006, 25). Dies soll für die Familien in der oft jahrelangen Begleitung durch Ehrenamtliche Kontinuität und Zuverlässigkeit gewährleisten und den Ehrenamtlichen die Möglichkeit des gegenseitigen Austausches, der Unterstützung sowie der gegenseitigen Vertretung bieten. Die hohe Zahl der Dienste, die pro Familie eine oder ein bis zwei Ehrenamtliche einsetzen, zeigt jedoch, dass diese Idee in der Praxis in sehr vielen Fällen nicht umgesetzt wird (vgl. auch die Befragungen der Ehrenamtlichen und Familien).

23 Dienste berichteten von insgesamt 109 abgeschlossenen Begleitungen. Zu detaillierten Angaben, z.B. die Dauer oder den Beginn der Begleitungen, wurden in dieser Studie keine Daten erhoben.

Alle ambulanten Kinderhospizdienste betreuen ihre ehrenamtlichen Mitarbeiter/innen. Für sie gibt es unterschiedliche Angebote, die hier erfragt wurden. Der Schulungs- und Betreuungsindex der ambulanten Kinderhospizdienste in Bezug auf die ehrenamtlichen Mitarbeiterinnen und Mitarbeiter wurde unterteilt. Fünf Bereiche konnten mit einer sechsstufigen Skalierung bewertet werden (N = 29, je Frage variabel zwischen 23 und 29).

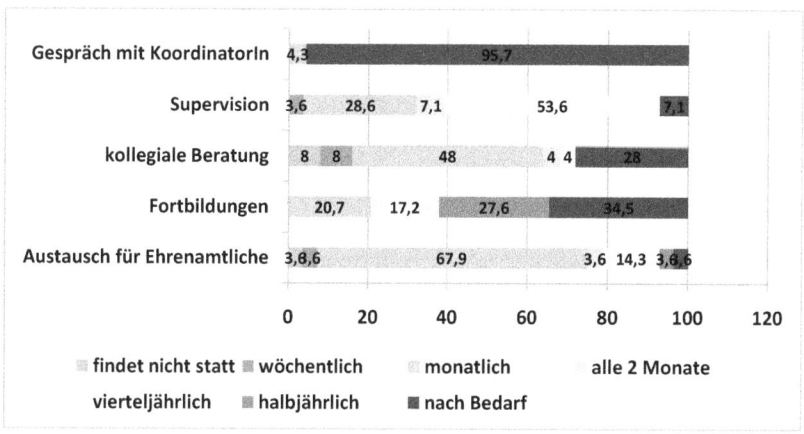

Abb. 178: Häufigkeit der Angebote für ehrenamtliche Mitarbeiter/innen (N = verschieden)

a) Gespräch mit Koordinator/in

Gespräche mit der Koordinatorin/dem Koordinator werden in fast allen der 23 Dienste nach Bedarf geführt, wie 95,7% der Befragten angaben. In 4,8% der Dienste werden sie monatlich geführt. Die anderen zur Verfügung stehenden Items wurden nicht genannt.

b) Externe Supervision

Über die Hälfte der Dienste bietet den Ehrenamtlichen eine externe Supervision im vierteljährlichen Rhythmus an (53,6%). Weitere 28,6% der Dienste ermöglichen dies im monatlichen Abstand. Jeweils 7,1% supervidieren die Ehrenamtlichen nach Bedarf bzw. alle zwei Monate. In 3,6% der Dienste treffen die Ehrenamtlichen die/den Supervisor/in einmal wöchentlich.

c) Kollegiale Beratung/kollegialer Austausch

Der Austausch der Ehrenamtlichen untereinander, evtl. zusammen mit der Koordinator/in, wird überwiegend monatlich angeboten, wie fast die Hälfte (48%) der Befragten angab. Über ein Viertel der Kinderhospizdienste bietet sie nach Bedarf an (28%). Jeweils 4% machen das Angebot vierteljährlich bzw. alle 2 Monate, 8% wöchentlich. Bei 8% der Dienste findet dieses Angebot nicht statt.

d) Fortbildungen

Fortbildungen werden vor allem nach Bedarf angeboten (34,5%). Halbjährlich organisieren 27,6% der Dienste Fortbildungen, und in monatlichen Abständen erfolgen diese in 20,7% der erfassten Dienste. Vierteljährliche Fortbildungen bieten 17,2% der Dienste an. Keine Nennungen bekamen die Items „alle 2 Monate", „wöchentlich" und „findet nicht statt".

e) Austausch für Ehrenamtliche

Dieses findet in nur einem Dienst nicht statt (3,6%). Ein deutlicher Schwerpunkt liegt im monatlichen Austausch – von 67,9% der Dienste angegeben. 14,3% bieten den Austausch vierteljährlich an. In jeweils einem der Dienste treffen sich die Ehrenamtlichen wöchentlich, alle zwei Monate, halbjährlich bzw. nach Bedarf.

Es fällt auf, dass viele Angebote an die Ehrenamtlichen bedarfsorientiert stattfinden. Am häufigsten betrifft dies die Gespräche mit der Koordinator/in. Hier zeigt sich eine Orientierung an den Bedürfnissen der Ehrenamtlichen. Dies ist positiv zu werten. Kritisch zu sehen ist aber gleichfalls, dass diese Handhabung auch die Initiative von Seiten der ehrenamtlichen Mitarbeiter/innen bedingt, wenn diese

463

ihre Wünsche und Bedürfnisse einfordern müssen. Da die Angebote für die Ehrenamtlichen in erster Linie ihrer Unterstützung dienen sollen, muss jeweils erwogen werden, ob eine Institutionalisierung mit feststehender Struktur der Angebote angemessen ist und ob eine Bedarfsformulierung seitens der Ehrenamtlichen eine Überforderung darstellen könnte.

Zu den Kriterien von Qualitätsmanagement gehören regelmäßige Personalgespräche. Hierzu könnten auch die Gespräche der Koordinator/innen mit den Ehrenamtlichen zählen. In allen Diensten besteht zudem für die Ehrenamtlichen die Möglichkeit zur Supervision. Hiermit wird ein wichtiges Qualitätskriterium der Konzeption ambulanter Dienste erfüllt.

In der Mehrzahl der ambulanten Kinderhospizdienste ist die Teilnahme an einem Befähigungskurs die Voraussetzung für eine ehrenamtliche Tätigkeit. Diese sollen die Ehrenamtlichen auf ihre Tätigkeit vorbereiten, ihnen einen Überblick über Inhalte und Zielsetzungen der Kinderhospizarbeit vermitteln und sie in die Lage versetzen, ihre eigene und die Arbeitssituation zu reflektieren. Für die Curricula und den Umfang der Befähigungskurse gibt es keine einheitlichen Vorgaben, sie variieren stark nach Anbieter und nach Trägerschaft der Dienste.

Die Kreuzung der Angaben zur Anzahl der Ehrenamtlichen, die einen Befähigungskurs absolviert haben, mit der Anzahl der Ehrenamtlichen, über die die jeweiligen Dienste verfügen, zeigt, dass in fast allen Diensten fast alle Ehrenamtlichen an einem Kurs teilgenommen haben. Es arbeiten somit in dem hier erfassten Sample nur insgesamt 18 Ehrenamtliche in einem ambulanten Kinderhospizdienst, ohne einen Befähigungskurs absolviert zu haben. Das bestätigt die eigenen Angaben der Ehrenamtlichen, nach denen 95,5% (N = 247) einen Befähigungskurs besucht haben (vgl. Kap. III 3.9). In einigen Diensten haben mehr Ehrenamtliche als aktuell tätig sind (insgesamt 705 zu 679) einen Kurs abgeschlossen. Nach Abschluss des Kurses besprechen die Ehrenamtlichen mit der jeweiligen Koordinator/in ihren Einsatz im ambulanten Kinderhospizdienst. Nicht immer entscheiden sich beide Seiten für eine Zusammenarbeit, wofür sehr unterschiedliche Gründe vorliegen können (vgl. Schulte/Köster/Tessmer 2006, 49).

Der Umfang der von den Ehrenamtlichen absolvierten Befähigungskurse variiert in den einzelnen Diensten (N = 29) von 45 bis 160 Stunden. Die meisten Dienste (37,9%) geben einen durchschnittlichen Umfang von 80 Stunden an. Am zweithäufigsten werden 100, 120 und 160 Stunden genannt (je 10,3%, insgesamt neun Dienste). Zwei Dienste befähigen in einem Umfang von 150 Stunden (6,9%). Weitere Nennungen erfolgten je einmal: 70, 72, 90, 105, 110 und 130 Stunden (je 2,5%). Der mittlere zeitliche Umfang der hier angegebenen Kurse beträgt 101,45 Stunden. Der Median liegt bei 90 Stunden.

Es existiert bis dato keine einheitliche Konzeption der Befähigungskurse. Sie werden von den einzelnen Diensten individuell und sehr unterschiedlich ausgestaltet, was die Intensität und Inhalte sowie die Methoden der Schulungen betrifft. Es kann somit nicht von einer einheitlichen und vergleichbaren Qualifizierung der ehrenamtlichen Mitarbeiterinnen und Mitarbeiter im Sinne eines spezifischen Profils gesprochen werden, wenngleich der außerordentlich hohe Prozentsatz derer, die einen solchen Kurs absolviert haben, darauf hinweist, dass eine solche Befähigung für wichtig gehalten wird. Zur Nachweisbarkeit der Qualifikationen und zur Qualitätssicherung ist es wünschenswert, die Curricula qualitativ und quantitativ anzugleichen und zu vereinheitlichen. Hierzu gibt es bereits Bestrebungen. Eine bundesweite Arbeitsgruppe mit unterschiedlichen Akteuren gab im Jahr 2006 ein Curriculum heraus, das in vielen Befähigungskursen als Grundlage dient (Schulte/Köster/Tessmer 2006).

Die Bundesarbeitsgemeinschaft Hospiz empfiehlt für die Vorbereitung auf die ehrenamtliche Arbeit mindestens 100 Unterrichtseinheiten in einem Zeitraum von sechs bis zwölf Monaten (vgl. BAG Hospiz 2005, 10). Es werden dort zudem inhaltliche Vorgaben festgeschrieben (vgl. ebd., 11f.). Diese Empfehlungen beziehen sich jedoch nicht explizit auf den Bereich der Kinderhospizarbeit, sondern auf die Sterbebegleitung Erwachsener.

Die offene Frage nach den Anbietern der Befähigungskurse beantworteten 27 Dienste. Gemischte Antworten waren möglich, und es wurden 38 Nennungen gemacht, sodass durchschnittlich auf einen Dienst 1,4 Nennungen entfielen. Die meisten (15 Nennungen) gaben an, dass in ihrem ambulanten Kinderhospizdienst interne Kurse abgehalten werden, in denen die Koordinator/innen unterrichten.

Externe Referenten und Referentinnen nutzen fünf der Dienste, auch als Ergänzung zu den internen Referent/innen. Je vier Nennungen gab es bei „DKHV", „Kinderhospiz" und „Wohlfahrtsverband" als Anbieter der Befähigungskurse und je dreimal „Hospize" und „andere". Die oben angesprochene Uneinheitlichkeit in Bezug auf die Curricula der Befähigungskurse setzt sich somit bei den Anbietern der Befähigungskurse fort. Selbst bei den unter einem Träger vereinten ambulanten Diensten variieren die Angaben.

Ebenso uneinheitlich ist das Bild bei den Stundenumfängen der Kurse im Verhältnis zu den Anbietern. Die Kreuzung der Daten zeigt, dass dieselben Anbieter Kurse von unterschiedlicher Dauer durchführen.

Das Anforderungsprofil für die Kursleitungen sieht wie folgt aus: Erfahrung in der Leitung von (ehrenamtlichen) Gruppen, Erfahrung im Bereich der Erwachsenenbildung, reflektierte eigene Erfahrung mit Verlusten und im Umgang mit Sterbenden, methodische und didaktische Kenntnisse und Fähigkeiten, fachliche Kenntnisse und Fähigkeiten analog den Zielen des Vorbereitungskurses (vgl. BAG Hospiz 2005, 11).

Die Durchführung in einem Team wird als empfehlenswert erachtet, damit sich die Teammitglieder ergänzen können. Bei den Fachthemen wird dringend empfohlen, Referent/innen hinzuzuziehen, ebenfalls für die Supervision (ebd.).

Bei der Frage nach den Angeboten der ambulanten Kinderhospizdienste an ihre Zielgruppe konnten zwölf vorgegebene Bereiche angekreuzt werden. Außerdem bestand zusätzlich die Möglichkeit, offen zu antworten. Insgesamt wurden 293 Nennungen bei einer Stichprobengröße von 29 Diensten gemacht. Dementsprechend halten die Dienste durchschnittlich zehn verschiedene Angebote vor. Alle 29 Kinderhospizdienste bieten Familienbegleitungen durch ehrenamtlich Mitarbeitende, die Vermittlung von Kontakten zu anderen Einrichtungen und Institutionen und die Schulung der Ehrenamtlichen an. 28 Dienste informieren die Öffentlichkeit, 27 sind Ansprechpartner für Kindergärten und Schulen, 26 auch für Verwandte, Freunde, Interessierte und Institutionen. Ebenfalls 26 Dienste bieten Seminare und Kurse, 24 Trauerbegleitung an. Begegnungsangebote für Familien halten 20 Dienste vor. Eine Fachbibliothek stellen 19 Dienste bereit. Geschwisterangebote gibt es bei 18 Diensten, pädiatrisch-palliative Beratung führen 17 Dienste durch. Ein Dienst gab an, Netzwerktreffen anzubieten.

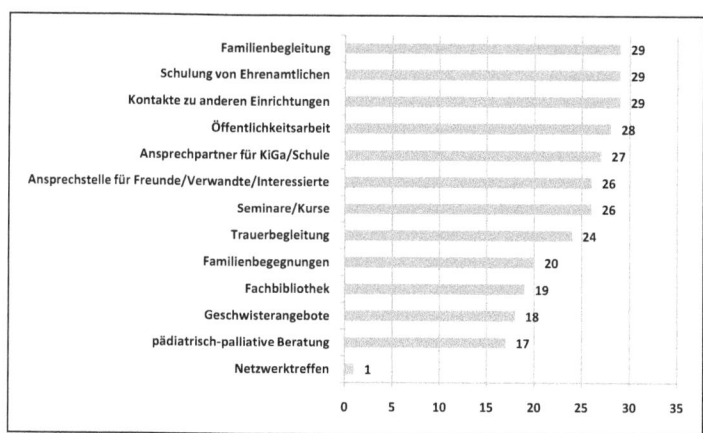

Abb. 179: Angebote der ambulanten Kinderhospizdienste (N = 29)

Die Basis der Arbeit der an der Studie teilnehmenden ambulanten Kinderhospizdienste bilden die Familienbegleitung, die Schulung von Ehrenamtlichen und die Kontakte zu anderen Einrichtungen. Diese Bereiche sind somit als Schwerpunkt der ambulanten Kinderhospizarbeit zu bezeichnen. Große Ge-

meinsamkeiten gibt es auch im Bereich der Öffentlichkeitsarbeit, die eine wichtige Säule bei der Einwerbung von Spenden und somit der Finanzierung der Dienste darstellt. Der größte Teil der Dienste
fungiert außerdem als Ansprechpartner für die verschiedensten Personen und Institutionen und bietet
Seminare und Kurse an.

Die Familienbegegnung ist für ein Drittel der Dienste keine Aufgabe. Geschwisterangebote gibt es bei
38% der Dienste nicht. An dieser Stelle sollte die Begrenztheit der zeitlichen und personellen Kapazitäten der Dienste nicht außer Acht gelassen werden. Eine pädiatrisch-palliative Beratung spielt nicht
bei allen Diensten eine Rolle, sie wird von weit über der Hälfte der Dienste nicht angeboten. Die Möglichkeit der Teilnahme an Netzwerktreffen ist noch im Aufbau und wird bisher nur von einem sehr
kleinen Teil der Dienste genutzt. Die Datenlage ergibt keinen Zusammenhang zwischen der Zahl der
Ehrenamtlichen und den Angeboten, die die Dienste vorhalten (9*16).

Die Frage zur Kooperation mit anderen Einrichtungen wurde in Form von elf vorgegebenen Items zum
Ankreuzen gestellt, unter „Sonstige" konnte offen geantwortet werden. Von 29 Diensten gab es insgesamt 219 Nennungen, was bedeutet, dass durchschnittlich 7,6 Items angekreuzt wurden. Ein Dienst
gab an, nicht mit anderen Einrichtungen zusammenzuarbeiten. Alle anderen haben ein Netzwerk mit
kooperierenden Einrichtungen. Die Zusammenarbeit der Dienste mit Kinderkliniken erreichte hier den
höchsten Wert (28 Nennungen), gefolgt von Zusammenarbeit mit Kinderärzt/innen mit 26 Nennungen.
Kinderkrankenpflegedienste erreichten 25, die stationären Kinderhospize 24 Nennungen. Es folgen mit
je 23 Nennungen Beratungsstellen wie Familienberatungsstellen, Trauerberatung und der Deutsche
Kinderhospizverein. 17 Dienste arbeiten mit Selbsthilfegruppen zusammen, 16 mit Kranken- und Pfle-
gekassen. 13 Mal genannt wurden Einrichtungen wie der Familienentlastende Dienst (FED). 10 der
Dienste arbeiten mit dem Bundesverband Kinderhospiz zusammen. Ein Siebtel entfiel auf die Zusammenarbeit mit Bildungseinrichtungen wie Förderschulen (vier Nennungen). Drei Mal genannt wurden
Palliativeinrichtungen, zwei Mal Ämter wie Jugendamt oder Gesundheitsamt. Fünf Nennungen, wie
z.B. Frühfördereinrichtungen und Trauerseminare, wurden unter „Sonstige" zusammengefasst. Es fällt
auf, dass die Kooperationen vor allem pädiatrisch-medizinisch geprägt sind. Von den 29 Diensten arbeiten fünf nicht mit stationären Kinderhospizen zusammen, hier werden möglicherweise Chancen zur
Beratung von Familien nicht genutzt. Einige weitere Bereiche möglicher Unterstützung sind nicht
hoch repräsentiert, wie z. B. die Kooperationen mit Ämtern wie Jugend- und Sozialämtern. Hier könnten Kooperationen den Familien bei der Finanzierung von Hilfeleistungen Unterstützung bieten.

Die Zahlen in Bezug auf Kooperationen mit dem Deutschen Kinderhospizverein und dem Bundesverband Kinderhospiz stellen eine Verzerrung aufgrund der Stichprobenzusammensetzung dar, die keine
Rückschlüsse auf die Grundgesamtheit zulassen.

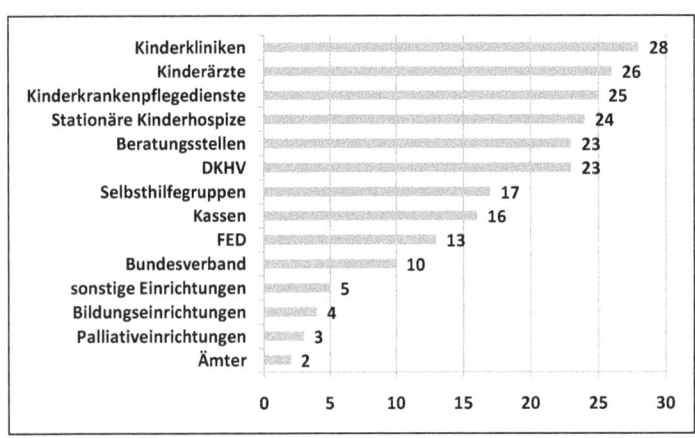

Abb. 180: Zusammenarbeit der ambulanten Kinderhospizdienste mit anderen Einrichtungen (N = 29, Mehrfachnennungen)

Die Dienste gaben an, mit welchem bzw. welchen stationären Kinderhospizen eine Zusammenarbeit besteht. Alle stationären Häuser im Bundesgebiet konnten genannt werden, Mehrfachnennungen waren möglich. 26 Dienste beantworteten diese Frage, insgesamt gab es 60 Nennungen. Auf die einzelnen Dienste entfallen damit durchschnittlich 2,3 Nennungen. Im Einzelnen heißt dies:

Die meisten ambulanten Kinderhospizdienste arbeiten mit dem Kinderhospiz Balthasar in Olpe zusammen. Dies ist das dienstälteste stationäre Kinderhospiz in Deutschland. Ein Viertel aller Zusammenarbeit findet mit diesem Haus statt. Zehn Dienste arbeiten mit dem Kinderhospiz St. Nikolaus in Bad Grönenbach im Allgäu zusammen, je sieben kooperieren mit dem Haus Regenbogenland in Düsseldorf und dem Kinderhospiz Löwenherz in Syke. Es folgt die Sternenbrücke in Hamburg und das Bärenherz in Wiesbaden mit je sechs Diensten. Mit dem Kinderhospiz Bärenherz in Leipzig, der Arche Noah in Gelsenkirchen und dem Kinderhospiz Sonnenhof in Berlin arbeiten jeweils drei der Dienste zusammen.

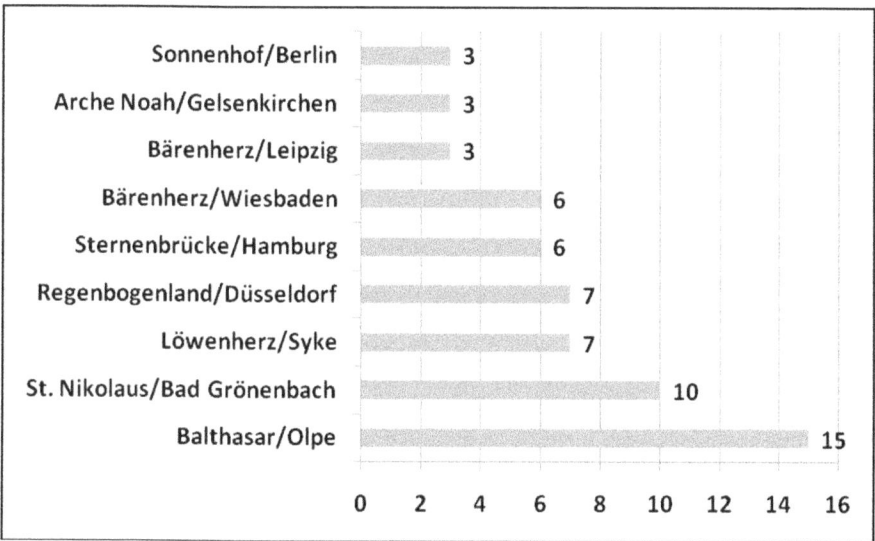

Abb. 181: Zusammenarbeit der ambulanten Kinderhospizdienste mit stationären Kinderhospizen (N = 26, Mehrfachnennungen)

Die Vermutung, dass sich die jeweilige Zusammenarbeit aus regionalen Gründen ergibt, liegt nahe, kann jedoch nicht bestätigt werden, wie das nächste Diagramm zeigt. In der Grafik ist die Kreuzung der Angaben zur Zusammenarbeit der ambulanten Kinderhospizdienste mit den stationären Kinderhospizen und dem Sitz der Dienste (Bundesland) ersichtlich.

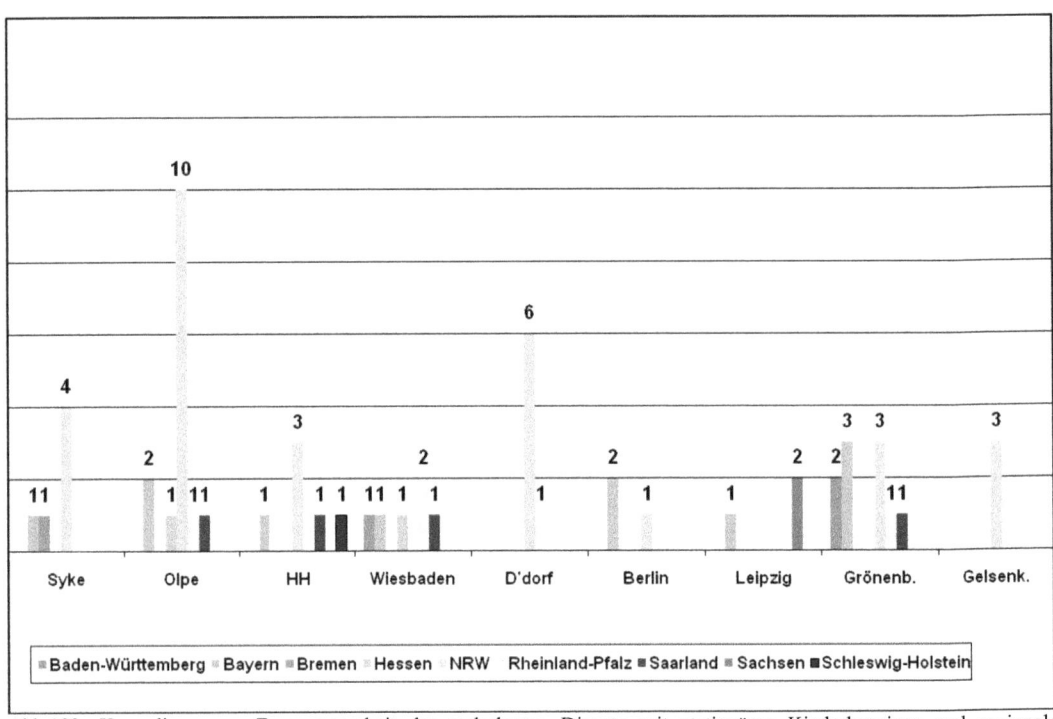

Abb.182: Kreuzdiagramm: Zusammenarbeit der ambulanten Dienste mit stationären Kinderhospizen und regionale Verteilung der Dienste

Hierbei wird deutlich, dass es keine Regelmäßigkeit in der Verteilung gibt. Die ambulanten Dienste arbeiten fast alle nicht nur mit dem nächstgelegenen stationären Haus zusammen, sondern es ergibt sich eine große Bandbreite. Ausnahme ist die Arche Noah in Gelsenkirchen, die nur eine Zusammenarbeit mit Diensten aus Nordrhein-Westfalen angibt.

Es existieren offenbar verschiedene Grundlagen für Kooperationen mit unterschiedlichen stationären Kinderhospizen, wobei sich auch hier die verschiedenen Bedürfnisse von Familien zeigen (vgl. Befragung Familien).

Die Zusammenarbeit mit den stationären Kinderhospizen gestaltet sich nach den Angaben der ambulanten Kinderhospizdienste wie folgt: Der Schwerpunkt in der Zusammenarbeit von ambulanten Kinderhospizdiensten und stationären Kinderhospizen liegt in der Information von Familien (22 Nennungen), danach folgt die Information von Ehrenamtlichen (14 Nennungen). Fünf Nennungen bezogen sich auf „Vernetzung", eine Nennung auf „Öffentlichkeitsarbeit". Unter „Sonstiges" wurden elf der Nennungen zusammengefasst, z.B. „sporadischer informativer Austausch".

Zusammenfassung

Die an der Studie teilnehmenden ambulanten Kinderhospizdienste sind zum größten Teil in Nordrhein-Westfalen ansässig. Die meisten von ihnen wurden im Jahr 2006 gegründet, führen seitdem Familienbegleitungen durch und haben seitdem eine Koordinator/in eingestellt. In ebenfalls vielen der Dienste arbeitet seit 2007 oder 2008 eine Koordinator/in. Die Kinderhospizdienste stehen unter unterschiedlichster Trägerschaft, hier sind am häufigsten der Deutsche Kinderhospizverein, Wohlfahrtsverbände und (Hospiz-)Vereine vertreten. Außerdem gibt es Trägermodelle von Stiftungen, Kinderhospizen und einen selbstständigen Dienst. Überwiegend finanzieren sich die Dienste durch Spenden und durch Leistungen nach §39a SGB V (ambulante Hospizleistungen).

Zwei Drittel von ihnen arbeiten mit mehr als einer hauptamtlichen Kraft, meistens ist dies ein/e weitere/r Koordinator/in. Die bei den weiteren Hauptamtlichen am häufigsten betreuten Arbeitsbereiche sind Koordinator/innentätigkeit sowie Öffentlichkeits- und Sozialarbeit. Die Dienste haben überwiegend ca. 20 ehrenamtliche Mitarbeiter/innen, deren Tätigkeit zum größten Teil in der Familienbegleitung liegt, gefolgt von der Öffentlichkeitsarbeit. Pro Dienst werden ca. 15 Familien begleitet, durchschnittlich von ein bis zwei Ehrenamtlichen.

Die Qualifizierung der ehrenamtlichen Mitarbeitenden stellt sich sehr uneinheitlich dar: Zwar haben fast alle Ehrenamtlichen einen Kurs zur Befähigung als Mitarbeiterin eines ambulanten Kinderhospizdienstes absolviert, die Kurse variieren jedoch stark in Bezug auf Anbieter, Umfang und Intensität. Die Dienste bieten den Ehrenamtlichen verschiedene Fortbildungs- und Reflexionsmöglichkeiten an, auch hier herrscht große Vielfältigkeit.

Der Schwerpunkt der Tätigkeit der ambulanten Kinderhospizdienste liegt in Familienbegleitungen durch ehrenamtliche Mitarbeitende, Vermittlung von Kontakten zu anderen Einrichtungen und Institutionen sowie in der Schulung der Ehrenamtlichen. Öffentlichkeitsarbeit, die Funktion als Ansprechpartner für Kindergärten, Schulen, Verwandte, Freunde, Interessierte sowie Seminare und Kurse spielen eine große Rolle. Eine Vernetzung mit anderen Einrichtungen, vor allem im pädiatrisch-medizinischen Bereich, ist ein wichtiger Bestandteil der Tätigkeit. Einige der Dienste arbeiten nicht mit stationären Kinderhospizen zusammen, einige weitere Bereiche sind ebenfalls nicht stark repräsentiert, z.B. Kooperationen mit Jugend- und Sozialämtern. Die Kooperation mit den stationären Kinderhospizen ist regional unabhängig, hier geht es vorrangig um die Information von Familien und Ehrenamtlichen.

B Tätigkeiten der Koordinator/inne

Der folgende Teil bezieht sich auf alle angegebenen Koordinator/innenstellen (40), unabhängig davon, ob die Koordinator/innen alleine einem Dienst vorstehen oder zusammen in einem Dienst arbeiten. Es wurden zu drei Bereichen Informationen eingeholt.

> 1. *Art der Beschäftigung der Koordinator/innen*
> 2. *Zeitlicher Umfang der Stellen der Koordinator/innen*
> 3. *Supervisionsmöglichkeiten*

Bei den Stellen der Koordinator/innen handelt es sich zum größten Teil um Teilzeitstellen (87,5%). 10% sind vollzeitbeschäftigt, während eine/r auf Honorarbasis arbeitet (2,5%).

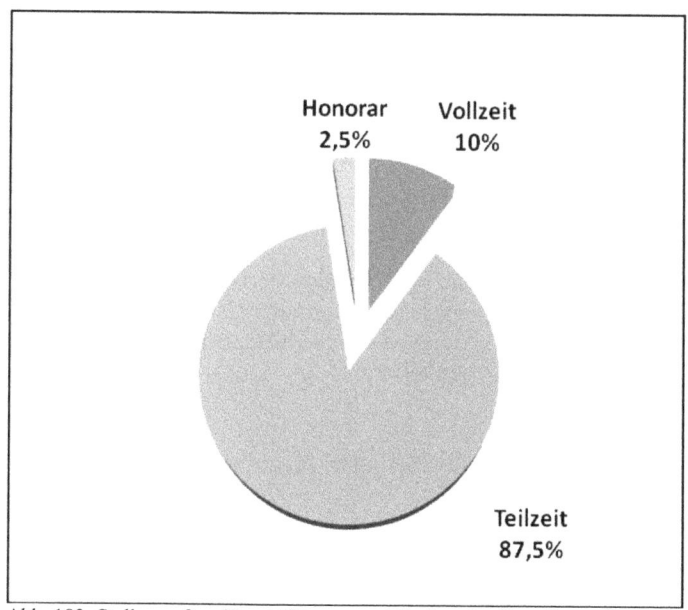

Abb. 183: Stellenumfang/Beschäftigungsverhältnisse der Koordinator/innen (N = 40)

Die Kreuzung der Angaben zum Stundenumfang der Koordinator/innenstellen mit der Anzahl der Familienbegleitungen zeigt, dass kein Zusammenhang zwischen einem hohen Stundenumfang und einer hohen Anzahl von Familienbegleitungen herzustellen ist (exakter Test nach Fisher: 0,36, keine Signifikanz).

Das gleiche gilt für die Kreuzung von Stellenumfang der Koordinator/innen mit der Anzahl der ehrenamtlichen Mitarbeiterinnen und Mitarbeiter. Auch hier besteht kein Zusammenhang, die Verteilung ist unregelmäßig.

Die Arbeitszeit verteilt sich wie folgt:

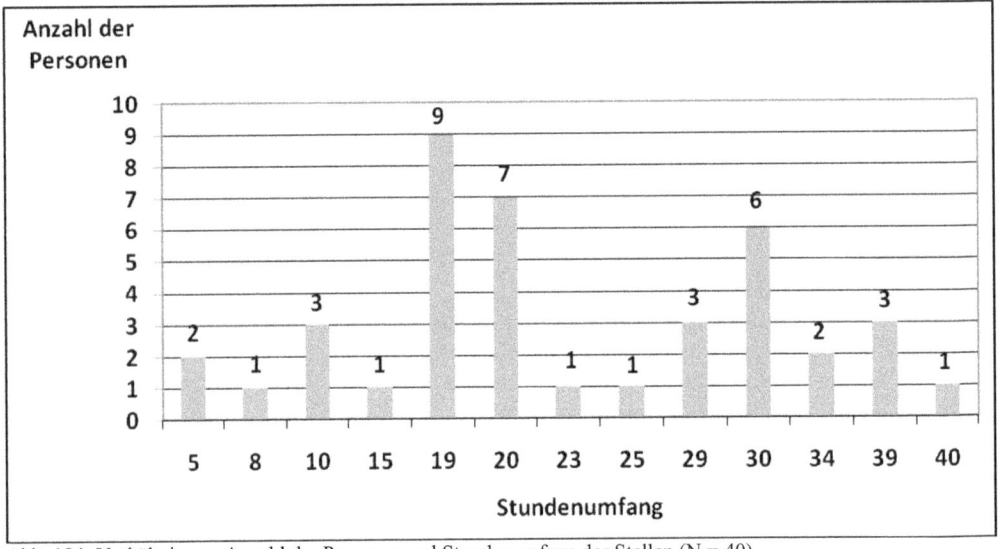

Abb. 184: Verhältnis von Anzahl der Personen und Stundenumfang der Stellen (N = 40)

Die meisten Koordinator/innen arbeiten 19 oder 20 Stunden in der Woche (16 Personen), gefolgt von 30 Stunden wöchentlich (6 Personen). Jeweils drei Personen arbeiten zehn, 29 oder 39 Wochenstunden. Jeweils zwei Personen sind fünf oder 34 Stunden tätig. Jeweils einmal wurde angegeben: acht, 15, 23, 25 und 40 Stunden. Somit ist ein Schwerpunkt bei den 50%-Stellen auszumachen, ein weiterer bei einem Stellenumfang von 30 Stunden pro Woche.

Nicht nur für die ehrenamtlichen Begleiter/innen in den ambulanten Diensten, sondern auch für die Koordinator/innen selbst ist die Supervision ein Aspekt der Arbeit. Alle Koordinator/innen gaben an, dass für sie die Möglichkeit zur Supervision besteht (N = 41).

Zusammenfassung

In Bezug auf die Beschäftigungsverhältnisse der Koordinator/innen zeigt sich kein einheitliches Bild. Die Zahl der Teilzeitstellen (20 und 30 Stunden) überwiegt: Hier gibt es außerdem eine große Bandbreite im Stundenumfang. Das für die kinderhospizliche Arbeit relevante Qualitätsmerkmal der Supervision kann von allen Befragten in Anspruch genommen werden.

C Informationen über die Koordinator/innen

Im Folgenden werden die persönlichen Angaben der Koordinator/innen dargestellt. Es wurden zu sieben Bereichen Fragen gestellt.

1. Geschlechtszugehörigkeit
2. Altersgruppenzugehörigkeit
3. Schulabschluss
4. Bereich, in dem ein berufsqualifizierender Abschluss erworben wurde

Von den 41 Personen (N = 41) sind fünf männlich (12,2%) und 36 weiblich (87,8%). Diese geschlechtsspezifische Verteilung entspricht der Verteilung in anderen medizinischen und sozialen Berufsgruppen und auch den Angaben der Mitarbeitenden in stationären Kinderhospizen.

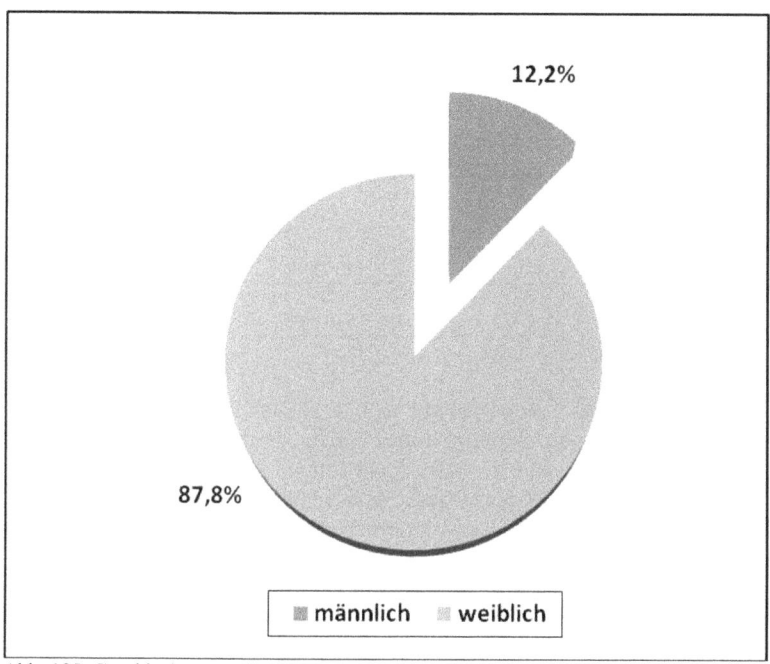

Abb. 185: Geschlechterverteilung (N = 41)

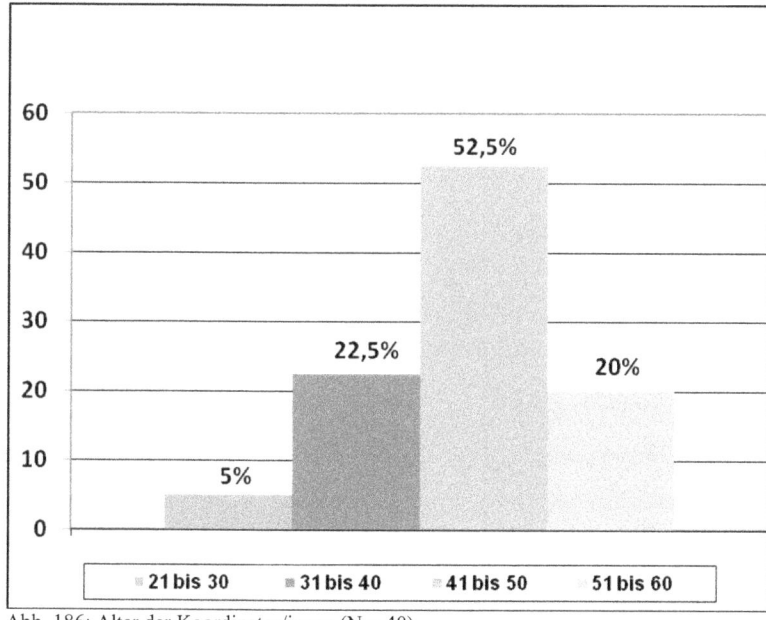

Abb. 186: Alter der Koordinator/innen (N = 40)

471

Die Altersstruktur ist sehr homogen, denn die meisten und damit über die Hälfte der Koordinator/innen gehören zu der Gruppe der über 40-Jährigen. Die zweitgrößte Gruppe ist die der 31- bis 40-Jährigen. 51 bis 60 Jahre alt sind ein Fünftel, unter 30 Jahre 5%. Zum Qualifikationsprofil der Koordinator/innenstellen gehören Berufserfahrung und Weiterbildungen.[168] Die Träger scheinen in der Einstellungspolitik auf Lebens- und Berufserfahrung Wert zu legen. Aufgrund dessen werden selten Berufsanfänger/innen eingestellt, was auch die Altersverteilung erklären kann. Die männlichen Koordinatoren sind in der Mehrzahl im Altersegment von 31 bis 40 Jahren anzutreffen, womit sie statistisch gesehen jünger als die weiblichen Koordinatorinnen sind. Allerdings sind die Fallzahlen hier ausgesprochen gering, sodass keine weiteren Interpretationen angeschlossen werden können.

			Alter				
			21 bis 30 Jahre	31 bis 40 Jahre	41 bis 50 Jahre	51 bis 60 Jahre	Gesamt
Geschlecht der ausfüllenden Person	männlich	Anzahl	1	3	1	0	5
		% der Gesamtzahl	2,5%	7,5%	2,5%	,0%	12,5%
	weiblich	Anzahl	1	6	20	8	35
		% der Gesamtzahl	2,5%	15,0%	50,0%	20,0%	87,5%
Gesamt		Anzahl	2	9	21	8	40
		% der Gesamtzahl	5,0%	22,5%	52,5%	20,0%	100,0%

Tab. 27: Kreuztabelle: Geschlecht und Alter der Koordinatoren und Koordinatorinnen

Die Verteilung der Schulabschlüsse sieht bei N = 39 wie folgt aus: Die größte Gruppe mit 25 Personen hat Abitur gemacht. Elf haben einen Realschulabschluss und drei Personen einen anderen Abschluss. Es kann somit von einem hohen Schulbildungsniveau der Koordinator/innen gesprochen werden.
Bei der Frage nach berufsqualifizierenden Abschlüssen waren Mehrfachnennungen möglich. Deshalb übersteigt die Gesamtzahl der Nennungen 100%. 41 Probanden haben bei insgesamt 67 Nennungen durchschnittlich 1,6 Abschlüsse angegeben. Von diesen entfielen die meisten auf den sozialen/pädagogischen Bereich. Ein knappes Drittel ist im pflegerischen Sektor ausgebildet. Aus dem medizinischen Bereich kommt ein Zehntel der Befragten. Weitere 9% sind im wissenschaftlichen Bereich ausgebildet. Außerdem wurden „andere Bereiche" mit 4,5%, „kaufmännischer Bereich" mit 3% und „rechtlicher Bereich" mit 2,4% angegeben.

---

[168] http://www.gesetze-im-internet.de/sgb_5/__39a.html (Letzter Zugriff: 21.1.10).

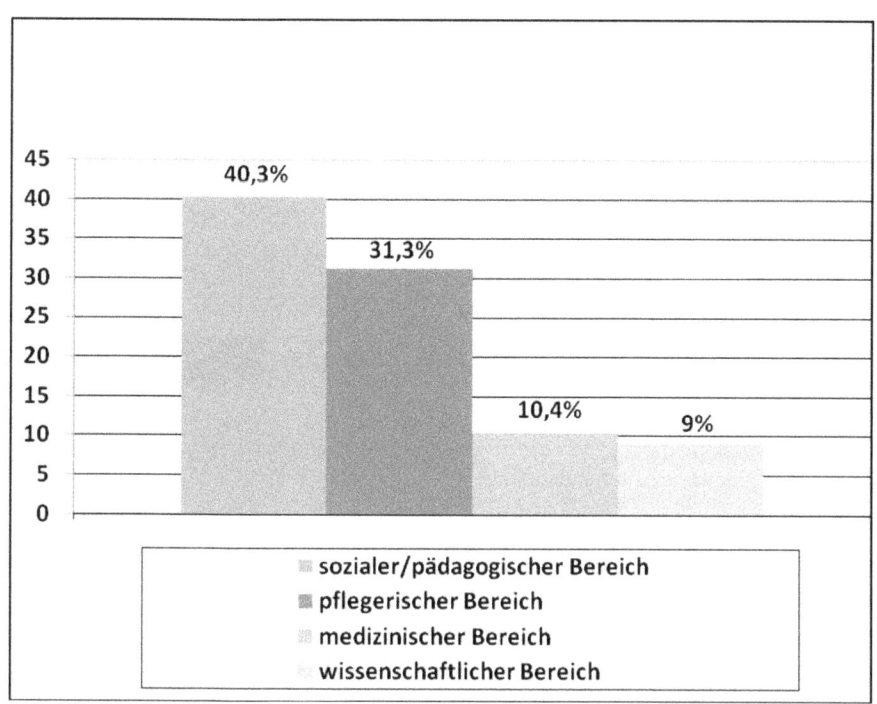

Abb. 187: Berufsqualifizierende Abschlüsse der Koordinator/innen (N = 67, Mehrfachnennungen)

Die Koordinator/innen haben in verschiedenen Bereichen Zusatzausbildungen absolviert. Insgesamt gab es 72 Nennungen bei 37 Personen, die diese Frage beantwortet haben. Das bedeutet, dass die Probandinnen und Probanden im Durchschnitt 2 Zusatzausbildungen angegeben haben.

Am häufigsten vertreten ist der Bereich Palliative Care mit 56,8%, dann folgt die Koordinator/innenschulung mit 45,9%. Eine psycho-soziale Zusatzausbildung haben 43,2% absolviert. Es folgen Zusatzausbildungen im Bereich der pädiatrischen Palliative Care mit 29,7%. Eine Gruppe von 8,1% hat eine pflegerisch-medizinische Zusatzausbildung abgeschlossen, weitere 10,8% der Nennungen entfallen auf andere Zusatzausbildungen.

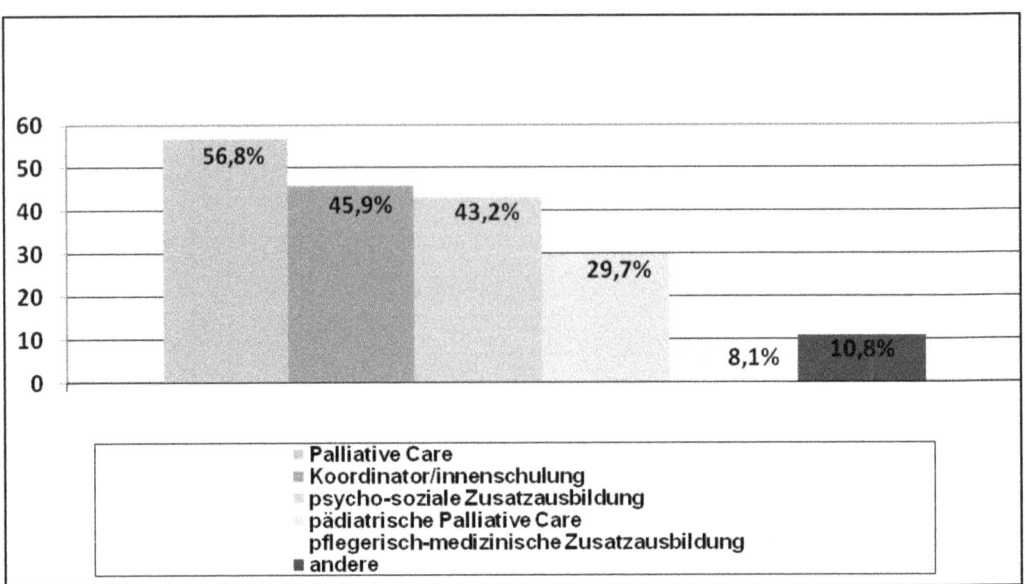

Abb. 188: Zusatzausbildungen der Koordinator/innen (N = 72, Mehrfachnennungen)

Die Finanzierung der ambulanten Kinderhospizdienste hängt von der Qualifikation der Koordinator/innen ab. Deshalb wurde von den Spitzenverbänden der Krankenkassen und den Wohlfahrtsverbänden eine Rahmenvereinbarung nach §39a zu den Voraussetzungen der Förderung verabschiedet (vgl. Rahmenvereinbarung, Fassung 24.4.2010[169]).

Die Koordinator/innen gaben als berufliche Felder vor ihrer Koordinator/innentätigkeit insgesamt 52 Nennungen an, was bedeutet, dass pro Person im Durchschnitt 1,3 Nennungen erfolgten. Die meisten Probanden (N = 41) waren vor ihrer Tätigkeit als Koordinatorin oder Koordinator in einem ambulanten Kinderhospizdienst im medizinisch-pflegerischen Bereich (53,7%) tätig, gefolgt vom sozial-/sonderpädagogischen Bereich (48,8%). Der theologische Bereich wurde zweimal genannt, je einmal wurde Koordinatorin eines Erwachsenenhospizdienstes und Dipl.-Pflegepädagogin angegeben. Unter „andere Bereiche" wurden 14,6% der Nennungen zusammengefasst.

[169] http://infomed.mds-ev.de/sindbad.nsf/e57e9ddd98ebc0a0c12571e700442bee/bd9a86be3f088567c125708c0044da12?OpenDocument (Letzter Zugriff: 21.09.10).

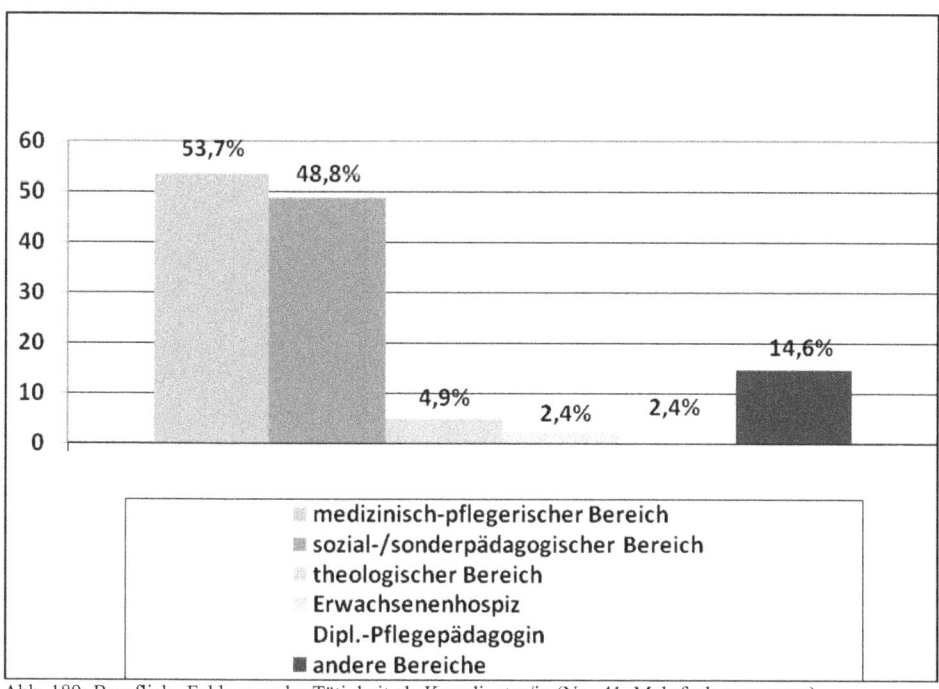

Abb. 189: Berufliche Felder vor der Tätigkeit als Koordinator/in (N = 41, Mehrfachnennungen)

Das monatliche Nettoeinkommen der meisten Koordinator/innen liegt zwischen 800,– und 1200,– Euro, wie 41% angaben. Die nächstgrößere Gruppe verdient zwischen 400,– und 800,– Euro (28,2%). Zwischen 1200,– und 1600,– Euro verdient ein Fünftel aller Befragten (20,5%). 2,6% gaben an, zwischen 1600,– und 2000,– Euro zu verdienen.

Die Kreuzung mit den Angaben zum Stundenumfang der Koordinator/innenstellen ergibt folgendes Bild:

		Monatliches Nettoeinkommen					
		keine An-gaben	400 bis 800 Euro	800 bis 1200 Euro	1200 bis 1600 Euro	1600 bis 2000 Euro	Gesamt
Umfang der Stelle als Koordinatorin: Vollzeitbeschäftigung	nein	1	11	15	7	0	34
	ja	2	0	1	1	1	5
	Gesamt	3	11	16	8	1	39
Umfang der Stelle als Koordinator/in: Teilzeitbeschäftigung	nein	2	1	1	1	1	6
	ja	1	10	15	7	0	33
	Gesamt	3	11	16	8	1	39
Umfang der Stelle als Koordinator/in: Honorarbasis	nein	3	10	16	8	1	38
	ja	0	1	0	0	0	1
	Gesamt	3	11	16	8	1	39

Tab. 28.: Kreuztabelle: Umfang der Beschäftigung und Nettoeinkommen

		Monatliches Nettoeinkommen				
		keine Anga-ben	400 bis 800 Euro	800 bis 1200 Euro	1200 bis 1600 Euro	Gesamt
Arbeitszeit wöchentlich	5	0	0	1	0	1
	8	0	1	0	0	1
	10	0	2	0	0	2
	15	0	0	1	0	1
	19	0	2	5	0	7
	19	0	1	0	0	1
	19	0	1	0	0	1
	20	1	3	2	1	7
	23	0	0	0	1	1
	25	0	0	0	1	1
	29	0	0	3	0	3
	30	0	0	2	4	6
	34	0	0	0	1	1
Gesamt		1	10	14	8	33

Tab. 29: Kreuztabelle: Wöchentliche Arbeitszeit und monatliches Nettoeinkommen

Die Vollzeitstellen der Koordinator/innen werden unterschiedlich entlohnt, denn der Verdienst liegt hier monatlich zwischen 800,– und 2000,– Euro. Die meisten Koordinator/innen mit einer Teilzeitstelle verdienen 800,– bis 1200,– Euro. Der Anteil von fast einem Drittel der Probanden (zehn Personen von 33), die für ihre Tätigkeit 400,– bis 800,– Euro erhalten, erstaunt. Die Teilzeitstellen sind im Stundenumfang sehr unterschiedlich ausgelegt; bei einer Bandbreite von fünf bis 34 Stunden ergeben sich auch unterschiedliche Entlohnungen. Insgesamt ist zu sagen, dass es keine einheitlichen Regelungen bezüglich des Einkommens der Koordinator/innen gibt.

Zusammenfassung

Der überwiegende Anteil der Koordinator/innen ist weiblich sowie zwischen 41 und 50 Jahre alt. Die meisten haben ein hohes Schulbildungsniveau, sie sind am häufigsten im sozialen/pädagogischen und im pflegerischen Bereich ausgebildet, wo sie auch vor Aufnahme ihrer Koordinator/innentätigkeit gearbeitet haben. Der größte Teil von ihnen hat mehr als eine Zusatzausbildung absolviert, am häufigsten im psycho-sozialen Bereich. Die meisten haben zudem eine Zusatzausbildung in Palliative Care oder pädiatrische Palliative Care. Das monatliche Nettoeinkommen ist sehr unterschiedlich, denn es gibt keine einheitliche Regelung diesbezüglich. Die meisten Koordinator/innen arbeiten als Teilzeitkräfte und verdienen im Durchschnitt zwischen 800,– und 1200,– Euro netto monatlich.

Fazit

Die strukturellen Bedingungen der ambulanten Kinderhospizdienste stellen sich aktuell sehr unterschiedlich dar. Es gibt große Unterschiede hinsichtlich der Betriebsgrößen, der Anzahl der begleiteten Familien und der ehrenamtlich Mitarbeitenden. In der Regel verfügen die Dienste erst über eine relativ kurze Erfahrungszeit, was die divergierenden Angebote für die Ehrenamtlichen und die Familien sowie die Präsenz in der Öffentlichkeit mitzubestimmen scheint, da diese jeweils auf dem Hintergrund regionaler Bedingungen und Bedarfe entwickelt und etabliert werden müssen.

Die ambulanten Kinderhospizdienste bilden eine themenbezogene Vermittlungsstelle zwischen Familien, Öffentlichkeit und Ehrenamtlichen. Die Orientierung am Bedarf der Familien, die Fürsorge für die freiwillig Engagierten und die Akquise neuer Ehrenamtlicher sowie der Druck der Geldeinwerbung zur Refinanzierung der Angebote implizieren für die Akteur/innen vielschichtige Herausforderungen und erfordern hohe Flexibilität und großes Einfühlungsvermögen.

Für die Tätigkeit der Koordinator/innen gibt es kein einheitliches Berufsbild. Die Aufgabe erfordert spezifische Berufserfahrung, Leitungskompetenz und Lebenserfahrung. Eine spezifische Vorbereitung durch die Zusatzausbildung (pädiatrische) Palliative Care, die Koordinator/innenschulung sowie eine angemessene Entlohnung und damit Wertschätzung der Tätigkeit sollten selbstverständlich werden. Für die weitgehend als einzige professionelle Kraft arbeitenden Koordinator/innen sind Rückhalt durch Träger und Austausch mit anderen Koordinator/innen sowie externe Supervision wichtiger Bestandteil einer Burn-out-Prophylaxe. Im Sinne der Qualitätssicherung ist es in Zukunft sicher erforderlich, Leitlinien und Standards für die Tätigkeit der Koordinator/innen zu entwickeln und diese in expliziten Stellenbeschreibungen festzuschreiben.

3.7 Die Perspektive der ehrenamtlichen Mitarbeiter/innen ambulanter Kinderhospizdienste
Ziel dieses Teilbereiches der Studie ist es, deutschlandweit möglichst umfassende Auskünfte und Einschätzungen ehrenamtlicher Mitarbeiterinnen und Mitarbeiter von ambulanten Kinderhospizdiensten zu ihrer Tätigkeit zu sammeln. Diese Personengruppe ist in den beiden bislang veröffentlichten Studien von Wingenfeld/Mikula (2002) und Philipp/Löffing (2008) nicht berücksichtigt worden, sodass mit der vorliegenden Erhebung nun erstmalig Daten zur Situation derjenigen vorliegen, die durch ihr freiwilliges soziales Engagement die ambulante Kinderhospizarbeit maßgeblich tragen.

3.8 Durchführung der quantitativen Erhebung
Es wurden insgesamt 723 Fragebögen an ehrenamtlich Mitarbeitende versandt. 248 Fragebögen wurden zurückgeschickt, was einem Rücklauf von 34,3% entspricht. Aufgrund des indirekten Verteilungsweges über die Koordinator/innen der Dienste war es nicht möglich, die Proband/innen im Laufe der Erhebungszeit zu kontaktieren, um sie an das Ausfüllen der Bögen zu erinnern. Dennoch liegt mit insgesamt 248 ausgefüllten Fragebögen ein für diesen noch jungen Bereich beachtliches Sample vor (vgl. Kapitel III 1).
Im Fragebogen sind unterschiedliche Fragetypen enthalten, die im Kapitel III 1 Methoden erläutert sind. Die Ergebnisse des Auswertungs- und Analyseprozesses wurden in Kategorien zusammengefasst, die dem Aufbau des Fragebogens entsprechen. Diese werden im Folgenden detailliert dargestellt.

A Demographische Angaben
- Geschlecht, Alter, Konfession
- Berufs- und Zusatzausbildungen, aktuelle Berufstätigkeit; Gründe dafür, aktuell nicht berufstätig zu sein
- Nettoeinkommen

B Die Tätigkeit der ehrenamtlichen Mitarbeiterinnen und Mitarbeiter in den ambulanten Kinderhospizdiensten
- Beginn der ehrenamtlichen Tätigkeit
- Durchschnittliche monatliche Arbeitszeit
- Tätigkeitsbereiche
- Anzahl der begleiteten Familien pro ehrenamtlicher/m Mitarbeiter/in
- Anzahl der ehrenamtlichen Mitarbeiterinnen/Mitarbeiter pro Familie
- Art der Tätigkeiten in der Familienbegleitung
- Thanatale Aspekte als Bestandteil der Tätigkeit in der Familienbegleitung
- Adressaten der Thematisierung von thanatalen Themen
- Art und Weise der Thematisierung thanataler Aspekte
- Gründe, thanatale Aspekte nicht zu thematisieren

C Beweggründe der ehrenamtlichen Mitarbeiterinnen und Mitarbeiter für ihre Tätigkeit
- Persönliche Erfahrungen mit thanatalen Themen
- Fachliche/berufliche Erfahrungen mit thanatalen Themen
- Gründe für das ehrenamtliche Engagement

D Bewertung der Tätigkeit im ambulanten Kinderhospizdienst
- Befähigungskurs
- Selbsteinschätzung der Qualifikation für die Kinderhospizarbeit
- Absolvierte Fortbildungen (Inhalte) und Wünsche nach Fortbildungen
- Zufriedenheit mit der Arbeitssituation
- Erleben der Wertschätzung durch die Familien

E Belastungssituationen und deren Bewältigung

F Notwendige Kompetenzen für die Kinderhospizarbeit

3.9 Darstellung und Interpretation der Ergebnisse

A Demographische Angaben

In Deutschland sind 34,3% der Bevölkerung ehrenamtlich engagiert (vgl. Engagementatlas Deutschland 2009, 9). Die Geschlechtsunterschiede sind gering, es arbeiten sowohl Männer, als auch Frauen ehrenamtlich – allerdings in unterschiedlichen Bereichen (vgl. ebd.). „Bei Männern dominieren sportliche, freizeit-, politik- und berufsbezogene Tätigkeiten sowie solche bei der Freiwilligen Feuerwehr bzw. den Rettungsdiensten. Bei Frauen spielen dagegen soziale und gesundheitsbezogene Tätigkeiten, Tätigkeiten in Schule und Kindergarten sowie kirchlich-religiöses Engagement eine bevorzugte Rolle" (BAG Hospiz e.V. 2005, 262 kontrollieren). Das typische Tätigkeitsprofil von Männern lautet: „Organisieren, repräsentieren, führen", das von Frauen: „Helfen, betreuen, beraten". In diesem Zusammenhang ist das Engagement der Frauen erheblich öfter auf konkrete Personen bezogen, vor allem auf Kinder und Jugendliche bzw. ältere Menschen (ebd.). Am beliebtesten sind die Bereiche „Sport, Freizeit und Geselligkeit". Gleich danach rangieren die Bereiche „Kinder und Jugendliche" und „Soziales, Gesundheit und Pflege" (vgl. ebd., 10).

Der Hospizbereich ist demnach typischerweise weiblich dominiert. Schätzungsweise 80.000 Personen sind im Hospizbereich ehrenamtlich tätig (vgl. DHPV 2009, 1). Sowohl in der Erwachsenenhospizarbeit als auch im Kinderhospizbereich (dies gilt für den ambulanten ebenso wie für den stationären Teil) sind überwiegend Frauen tätig, wie auch die vorliegenden Daten aus der Stichprobe bestätigen: 86,6% der Proband/innen sind weiblich und nur 13,4% männlich.

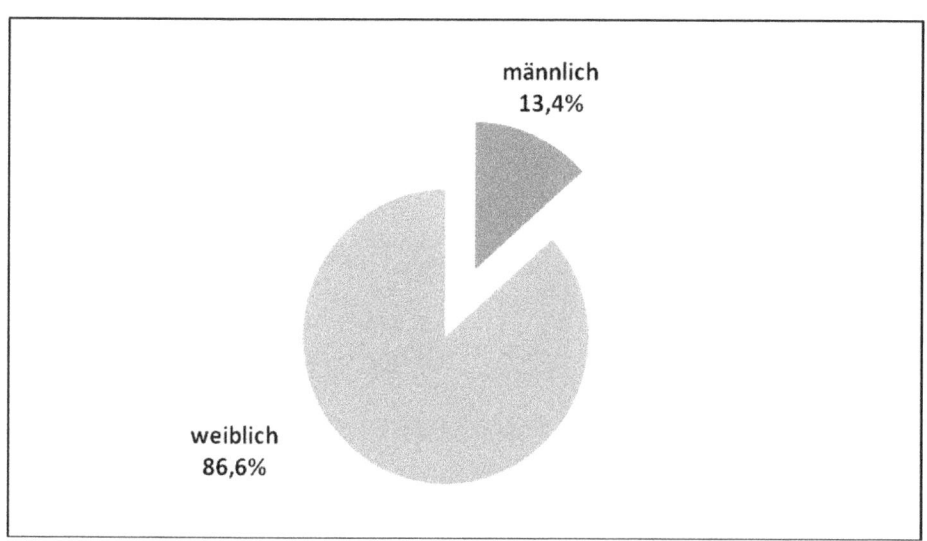

Abb. 190: Geschlechtsverteilung der ehrenamtlichen Mitarbeiterinnen und Mitarbeiter in ambulanten Kinderhospizdiensten (N = 246)

Die Altersverteilung bei den ehrenamtlich Mitarbeitenden gestaltet sich wie folgt: Die meisten Ehrenamtlichen sind zwischen 41 und 50 Jahre alt (39,8%), gefolgt von der Gruppe zwischen 51 und 60 Jahre (25,6%). Fast ein Fünftel der Mitarbeitenden ist zwischen 61 und 70 Jahre (19,5%) und knapp ein Zehntel zwischen 31 und 40 Jahre alt (9,3%). Die kleinste Gruppe mit 1,2% bilden die Ehrenamtlichen, die über 70 Jahre alt sind, gefolgt von den 21- bis 30-Jährigen mit 4,5%.
Damit liegen die in der Kinderhospizarbeit ehrenamtlich Engagierten im Alter etwas über dem Bundesdurchschnitt der Freiwilligen, hier ist das Engagement im Alter von 30 bis 55 Jahre am höchsten (vgl. BAG Hospiz e.V. 2005, 10). Dies könnte damit zu begründen sein, dass sich der Kinderhospizarbeit eher Menschen mit einer größeren Lebens- und Berufserfahrung zuwenden.

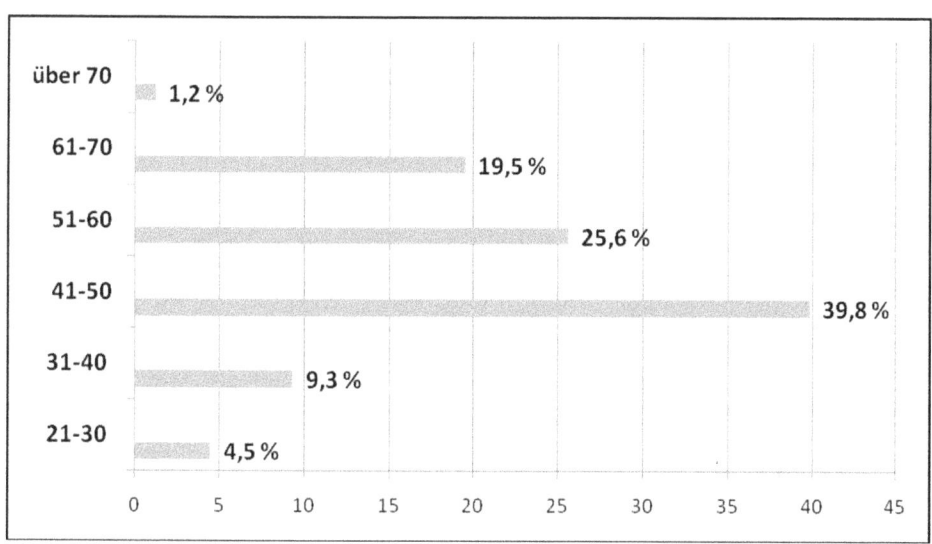

Abb. 191: Altersverteilung der ehrenamtlichen Mitarbeiterinnen und Mitarbeiter (N = 246)

Die Aufschlüsselung des Alters der Ehrenamtlichen nach Geschlecht verdeutlicht die Verteilung der Männer und Frauen in der Stichprobe.

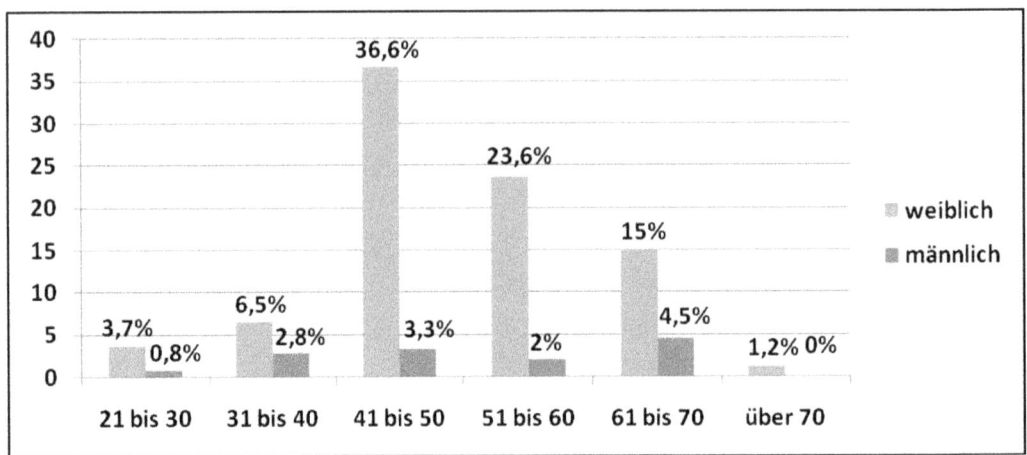

Abb. 192: Verteilung von Alter und Geschlecht in der Gruppe der Ehrenamtlichen (N = 246, Prozentzahlen bezogen auf die Gesamtanzahl der Befragten)

Sowohl Männer als auch Frauen finden sich in den unterschiedlichen Alterssegmenten, allerdings sind die Männer, wie oben bereits beschrieben, deutlich in der Minderzahl. Die meisten weiblichen Ehrenamtlichen sind zwischen 41 und 50 Jahre alt, gefolgt von der Altersgruppe der 51- bis 60-Jährigen. Bei den männlichen Ehrenamtlichen finden sich die höchsten Werte in der Altersgruppe zwischen 61 und 70 Jahre.

Bei der Frage nach ihrer Konfessionszugehörigkeit zeigt sich, dass die meisten Ehrenamtlichen evangelisch sind (37,8%). Die zweitgrößte Gruppe bilden die Katholiken mit 32,5%. 2,8% der Befragten gehören einer freikirchlichen Gruppe an und 0,8% bekennen sich zum Buddhismus. Muslimische und jüdische Konfession wurden von niemandem angegeben. Gut ein Viertel der Probanden gehört keiner Konfession an (26%).
Es stellt sich die Frage, ob und wie Familien mit einer anderen als der christlichen Konfessionszugehörigkeit begleitet werden und ob von Seiten der Koordinator/innen auf eine Passung der Konfessionszugehörigkeit von Familie und Ehrenamtlichen geachtet wird. Gerade in der Begleitung lebensverkürzend erkrankter Kinder und Jugendlicher und deren Familien können religiöse und/oder spirituelle Aspekte eine bedeutsame Rolle spielen, da in jeder Religion divergierende Vorstellungen, Haltungen, Regeln, Rituale und Vorgehensweisen im Umgang mit Sterben und Tod vorherrschen (vgl. Brown 2007b, 169).

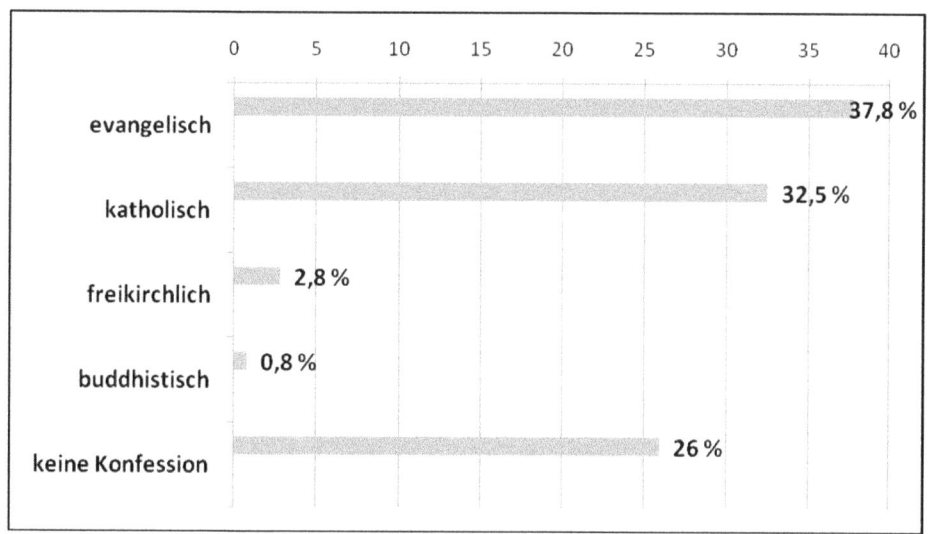

Abb. 193: Konfessionszugehörigkeiten der ehrenamtlichen Mitarbeiterinnen und Mitarbeiter (N = 245)

Laut statistischem Bundesamt liegt der Anteil der Katholiken der in Deutschland lebenden Menschen bei 30,1%, der der Protestanten bei 30,2% und der der Menschen jüdischen Glaubens bei 0,13% (vgl. Statistisches Bundesamt Deutschland 2009).

In der vorliegenden Stichprobe ist der Anteil der zu einer der christlichen Kirchen Zugehörigen etwas höher als in der Gesamtbevölkerung. Dies entspricht einer Umfrage der Prognos AG, nach der ein positiver Zusammenhang zwischen kirchlicher Gebundenheit und freiwilligem Engagement besteht (vgl. Engagementatlas 2009, 24).

Die ehrenamtlich Mitarbeitenden wurden nach ihrem beruflichen Hintergrund und ihrer aktuellen Berufstätigkeit befragt.[170] Der sozial-pflegerisch-medizinische Bereich ist hoch repräsentiert. 67,08% aller von den Ehrenamtlichen absolvierten Berufs- und Zusatzausbildungen sind in diesen Bereichen zu verorten. Im kaufmännischen und Verwaltungsbereich sind 33,74% der Ausbildungen absolviert worden. Die Sektoren Recht, Spiritualität, Journalismus, Technik, Geographie, Therapie und Schule sind mit jeweils weniger als 3% deutlich unterrepräsentiert. Im Mittelfeld befinden sich die Bereiche Wissenschaft (7,6%), Handwerk (5,6%) und Hauswirtschaft (3%).

Ferner nennt über ein Drittel der Probanden in Bezug auf seine aktuelle berufliche Tätigkeit den sozialen Bereich (33,5%), gefolgt vom kaufmännischen (14,3%) und pflegerischen Sektor (12,6%). Im medizinischen Bereich sind 10,4% der Ehrenamtlichen beschäftigt. Auf den schulischen und handwerklichen Bereich entfallen je 3,3% (N = 146).

Unter 3% der Nennungen liegen die Bereiche Recht, Technik (je 2,7%), Wissenschaft sowie freiberufliche und therapeutische Tätigkeiten (je 2,2%). Außerdem werden die Bereiche Kunst (1,6%), Hauswirtschaft (1,1%), Touristik und Nebentätigkeit genannt (je 0,5%).

Interessant ist in diesem Kontext die Frage, warum ein recht hoher Anteil der ehrenamtlichen Mitarbeitenden nicht berufstätig ist. Bei den 113 vorliegenden Antworten zeigt sich, dass die meisten Ehrenamtlichen Rentnerinnen oder Rentner (44,9%) sind. Der am zweithäufigsten genannte Grund ist der, Hausfrau bzw. Hausmann zu sein (40,7%). Einige Befragte sind arbeitslos (5,9%), andere studieren (3,4%), und einige sind berufsunfähig (2,5%).[171]

---

[170] Hier waren Mehrfachnennungen möglich (396 Nennungen).
[171] Je 0,8% geben an, dass sie freischaffend tätig, ohne Arbeit, aber nicht arbeitslos gemeldet oder in Vorbereitung auf eine selbstständige Tätigkeit sind.

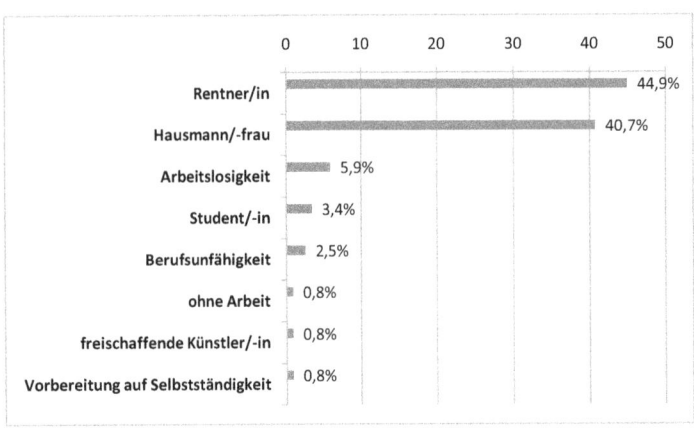

Abb. 194: Gründe der Ehrenamtlichen, aktuell nicht berufstätig zu sein (N = 113)

Die Höhe des Nettoeinkommens pro Monat verteilt sich folgendermaßen: Der Großteil von ihnen erhält zwischen 400,– und 800,– Euro im Monat (21,97%). Die nächstgrößere Gruppe verfügt über 800,– bis 1200,– Euro (16,59%). Mehr als 2500,– Euro haben 13,45% zur Verfügung, weitere 13% 1600,– bis 2000,– Euro. Die Gruppen derer, die 1200,– bis 1600,– Euro bzw. 2000,– bis 2500,– Euro Nettoeinkommen haben, sind mit 8,07% und 8,52% nahezu gleich groß. Mit weniger als 400,– Euro rechnen pro Monat fast 10% (9,87). Keine Angaben zu ihrem Nettoeinkommen machten 8,52% der Probanden. Die Kreuzung der monatlichen Einsatzzeit mit dem Nettoeinkommen ergab einen hochsignifikanten positiven Zusammenhang ($\tau = 0,2$; $p<0,001$), was bedeutet, dass die Bezieher/innen höherer Nettoeinkommen mehr Zeit in das ehrenamtliche Engagement investieren. Diese Aussage entspricht dem Ergebnis, zu dem die Prognos-AG in ihrer Untersuchung des freiwilligen Engagements in Deutschland kommt: Je ungünstiger die soziale Lage eines Menschen, desto niedriger ist die ehrenamtliche Beteiligung (vgl. Engagementatlas 2009, 24).

Zusammenfassung
Die in der Kinderhospizarbeit tätigen Ehrenamtlichen sind überwiegend weiblich, zwischen 40 und 50 Jahre alt und gehören zum größten Teil einer der großen christlichen Kirchen an.
Ungefähr die Hälfte von ihnen ist aktuell berufstätig. Fast 50% der Ehrenamtlichen verfügt über einen beruflichen Hintergrund aus dem sozial-medizinisch-pflegerischen Sektor. Ein weiterer großer Anteil arbeitet hauptsächlich im Haushalt und/oder bezieht Rente.

B Die Tätigkeiten der ehrenamtlichen Mitarbeiterinnen und Mitarbeiter in den ambulanten Kinderhospizdiensten

Der Beginn ihrer ehrenamtlichen Tätigkeit liegt für die meisten Befragten (32,6%) im Jahr 2007. Ein gutes Viertel begann bereits 2006 (26,8%), 24,7% im Jahr 2008. Über Erfahrungen seit 2005 verfügen 9,2% der Mitarbeitenden, weitere 3,8% arbeiten seit 2004 ehrenamtlich. Bereits 2003 begannen 2,1% ihre Tätigkeit, 0,8% im Jahr 2009.
Diese Verteilung entspricht mit einer minimalen zeitlichen Abweichung den Zahlen der Neugründungen von ambulanten Kinderhospizdiensten, da die meisten an der Studie teilnehmenden Dienste im Jahr 2006 gegründet wurden (16 von 29; vgl. Kap. III 3.6). Auch bundesweit erfolgten die meisten Gründungen im Jahr 2006. Es ist anzunehmen, dass die zeitliche Verschiebung daraus resultiert, dass die Dienste erst nach der Gründungsphase mit der Durchführung von Befähigungskursen begannen, nach deren Abschluss die Ehrenamtlichen ihre Tätigkeit aufnahmen.

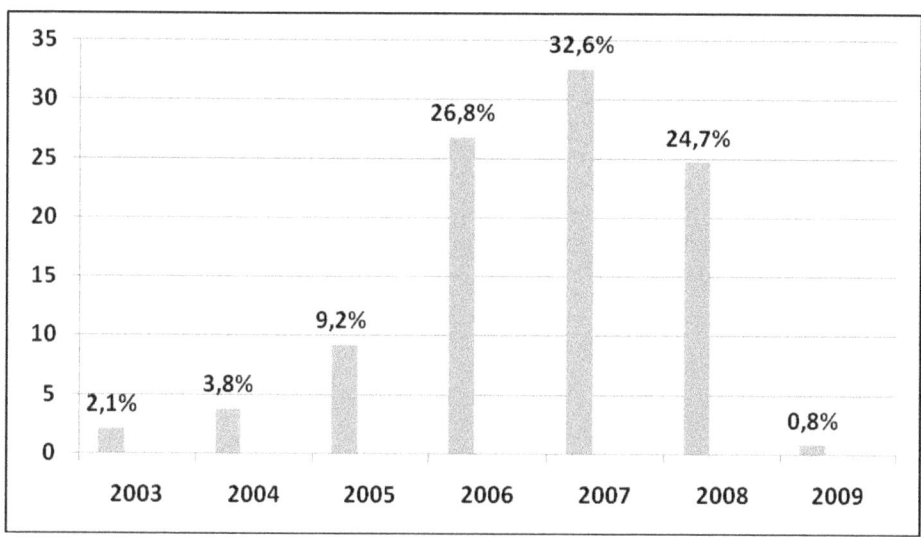

Abb. 195: Tätigkeitsbeginn der ehrenamtlichen Mitarbeiter/innen (N = 248)

Hinsichtlich der monatlichen Arbeitszeit zeigt sich folgendes Bild: 29,9% der ehrenamtlich Mitarbeitenden sind durchschnittlich 11 bis 15 Stunden monatlich für den ambulanten Kinderhospizdienst tätig. Es folgen 24,7% mit einer durchschnittlichen Arbeitszeit von 6 bis 10 Stunden, 17,7% mit 16 bis 20 Stunden. 10,4% gaben eine Arbeitszeit von 1 bis 5 Stunden monatlich an. 7,4% engagieren sich 21 bis 25 Stunden, weitere 3,9% 26 bis 30 Stunden. Je 1,7% leisten 31 bis 35 bzw. 36 bis 40 Stunden ehrenamtliche Arbeit. Je 0,9% benennen 46 bis 50, 70 bis 80 und 110 bis 120 Stunden. Keine Person gab den Zeitraum 41 bis 45 Stunden an (N = 231).
Der Mittelwert liegt bei 16,24 Stunden. Unter Berücksichtigung der Extremwerte gibt der Median mit 14 Stunden ein realistisches Bild der monatlich ehrenamtlich investierten Mitarbeiter/innenstunden.

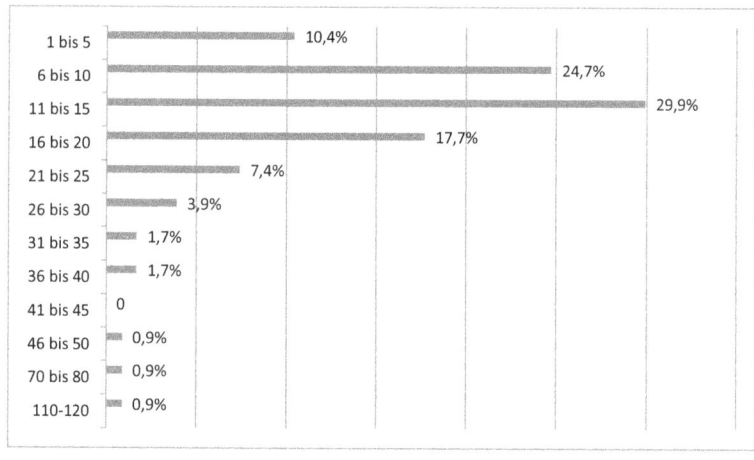

Abb. 196: Durchschnittliche monatliche Einsatzstunden der ehrenamtlichen Mitarbeiterinnen (N = 231)

Die Durchschnittsarbeitszeit der Ehrenamtlichen entspricht damit nahezu der bundesweit errechneten Zeit freiwilligen sozialen Engagements von ebenfalls 16,2 Stunden (vgl. Rösch 2009, 13).

Die Tätigkeiten der Ehrenamtlichen in der ambulanten Kinderhospizarbeit sind in verschiedene Segmente gegliedert. So gehören zu den potentiellen Tätigkeitsfeldern ehrenamtlicher Kinderhospizmitarbeiter/innen die Begleitung der Familien und der Bereich Büro- und Öffentlichkeitsarbeit (vgl. Globisch/Hartkopf 2009, 130).

Nur fünf Probanden gaben an, weder in Familienbegleitungen noch in die Öffentlichkeitsarbeit involviert zu sein. 101 Personen sind in beiden Bereichen und 15 Personen ausschließlich in der Öffentlichkeitsarbeit beschäftigt (durchschnittlich 7,6 Stunden, Median: 6 Stunden/Monat), während 115 Personen Familienbegleitungen durchführen, sich aber nicht in der Öffentlichkeitsarbeit engagieren (N = 244).

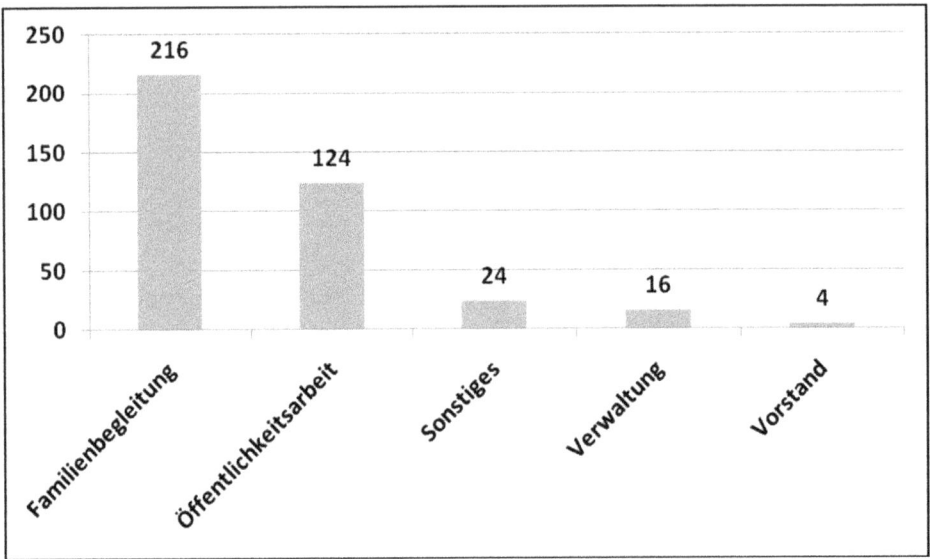

Abb. 197: Verteilung der Tätigkeiten der ehrenamtlichen Mitarbeiter/innen (N = 244, Anzahl der Nennungen)

Die Verteilung der Tätigkeiten der ehrenamtlichen Mitarbeitenden gestaltet sich wie folgt: Die meisten aller Ehrenamtlichen (88,5%) arbeiten in der Familienbegleitung. Die Hälfte (50,8%) aller Ehrenamtlichen ist in der Öffentlichkeitsarbeit tätig, während dem Bereich Verwaltung/Bürotätigkeiten nur 6,6% zuzuordnen sind. Weitere Sektoren wie u.a. Vorstandstätigkeit, Organisation der Treffen von Mitarbeitenden oder Praktikumsbetreuung machen 10% des Gesamtvolumens der Tätigkeiten aus. Ein deutlicher Schwerpunkt liegt damit in der Familienbegleitung.

Keine Auswirkungen hat das Geschlecht der Ehrenamtlichen auf die Art der ausgeführten Tätigkeiten – die Kreuzung der Daten, der Chi-Quadrat-Test und der Goldman-Kruskell-Test zeigen hier keine Signifikanz. Somit kann konstatiert werden, dass Männer und Frauen in der ehrenamtlichen ambulanten Kinderhospizarbeit die gleichen Tätigkeiten ausführen.

Aufgrund der Tatsache, dass die Familienbegleitungen den größten Anteil in den Tätigkeiten der Ehrenamtlichen ausmachen, wurden hier vertiefende Detailfragen zu der Art der Tätigkeiten gestellt. 191 der befragten Ehrenamtlichen begleiten eine Familie, dies entspricht 95,5% der Engagierten (N = 200). Weitere 4,5% sind in zwei Familien tätig. Die Konzentration auf die Begleitung einer Familie ist damit als regelhaft anzusehen und entspricht dem Anspruch auf Verlässlichkeit, da die Familien oft über einen sehr langen Zeitraum begleitet werden. Dies erfordert von den Ehrenamtlichen hohe Verbindlichkeit, um diese Kontinuität zu gewährleisten.

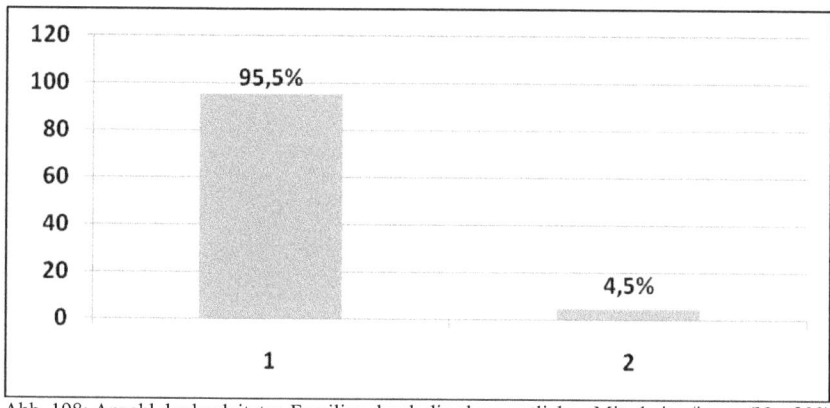

Abb. 198: Anzahl der begleiteten Familien durch die ehrenamtlichen Mitarbeiter/innen (N = 200)

67,8% der Ehrenamtlichen arbeiten im Tandem, 32,2% als einzige/r Ehrenamtliche/r in einer Familie (N = 200). Auch hier bestätigt sich im Vergleich zu den Auswertungen der Familien- und der Koordinator/innenbefragung, dass die Empfehlungen zur Tandemarbeit bei immerhin einem Drittel der Begleitungen nicht umgesetzt werden (vgl. Hartkopf/Hug 2006, 71; Globisch/Hartkopf 2009, 130). Die Gründe dafür können nur vermutet werden. Mitarbeitermangel, zeitliche Ressourcen, Bedarfe der Familien oder zu große Entfernungen zwischen den Familienwohnorten und denen der Ehrenamtlichen (besonders in ländlichen Gebieten) können u.a. hier Faktoren darstellen, die die Begleitung in der Tandemkonstellation erschweren.
Die Analyse der Daten zeigt auch, dass kein Zusammenhang zwischen der Art der Tätigkeiten der Ehrenamtlichen und der Frage besteht, ob diese im Tandem oder alleine durchgeführt wird.

Viele Ehrenamtliche haben in der Familienbegleitung mehrere Tätigkeiten inne – pro Person werden 3,6 verschiedene Aktivitäten in der Begleitung angegeben. Der Schwerpunkt liegt beim „Da sein"/begleiten (22,6%) – übereinstimmend mit dem Curriculum von Schulte/Köster/Tessmer (2006, 35ff.) und den vom DKHV formulierten Anforderungen an Ehrenamtliche und Bedarfe der Familien (vgl. Hartkopf/Hug 2006, 66f.).
Das Führen von Gesprächen mit den einzelnen Familienmitgliedern bildet einen weiteren Schwerpunkt der ehrenamtlichen Tätigkeit in der Familienbegleitung: Ehrenamtliche führen am häufigsten Gespräche mit den Eltern (21,4%), gefolgt von Gesprächen mit den Geschwistern (14,4%) sowie den erkrankten Kindern und Jugendlichen (10,2%). Die Thematisierung relevanter Aspekte in Gesprächen mit den einzelnen Familienmitgliedern ist ebenfalls Teil der Curricula der Befähigungskurse (vgl. Schulte/Köster/Tessmer 2006), die einen systemischen Ansatz in der Betrachtung der Familien zugrunde legen.
Die Ehrenamtlichen begleiten die erkrankten Kinder und Jugendlichen vorwiegend im Rahmen von Freizeit- und Betreuungsangeboten (dies entspricht 12,3% aller Tätigkeiten). Einen Anteil von 4,1% der Tätigkeiten nimmt die Pflege der erkrankten Kinder im Rahmen der Familienbegleitung ein. Dabei bleibt offen, welche pflegerischen Handlungen hiermit genau gemeint sind. Laut DKHV sollen die Ehrenamtlichen fähig sein, grundpflegerische Tätigkeiten auszuführen, sie sollen jedoch keine Behandlungspflege übernehmen. Dies bleibt den Eltern oder den Kinderkrankenpflegediensten vorbehalten (vgl. Globisch 2006, 57).
Die Ehrenamtlichen sind in Freizeitangebote für die Geschwister mit einem prozentualen Anteil von 11,2% und in die Hausaufgabenhilfe mit 0,7% involviert. Des Weiteren unterstützen die Ehrenamtlichen die Familien durch Hilfe im Haushalt (1,5%) und palliativpflegerische Beratung (0,5%[172]). Trauerbegleitung, Hilfeleistung aufgrund des Migrationshintergrundes der Familien in Bezug auf Sprachhilfe und Freizeitangebote für alleinerziehende Mütter wurden je einmal genannt. Zweimal wurde tier-

---

[172] Diese vier Personen haben einen sozialpädagogisch-pflegerisch-medizinischen Berufshintergrund.

gestützte Begleitung (Reiten, Spiel mit Hunden) als Tätigkeitsbereich von Ehrenamtlichen angegeben. Drei befragte Personen variieren ihre Begleitungsangebote je nach Bedarf der Familien (0,4%).

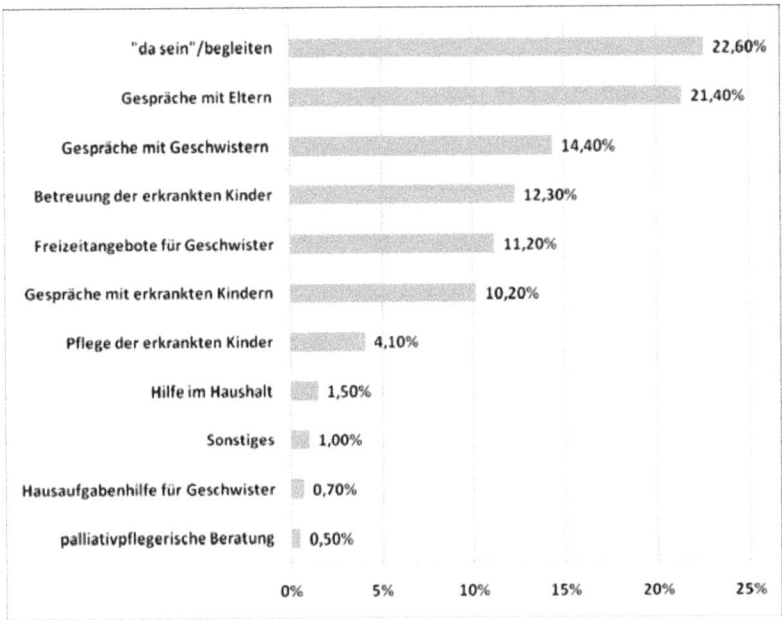

Abb. 199: Tätigkeiten der ehrenamtlichen Mitarbeiter/innen in der Familienbegleitung (N = 756, Mehrfachnennungen)

Ein weiterer bedeutsamer Aspekt kinderhospizlicher Begleitung ist die Trauer- und Sterbebegleitung. 64,9% geben an, dass die Aspekte Sterben, Tod und Trauer in ihrer Tätigkeit als Familienbegleiter/innen eine wichtige Rolle spielen. 35,1%, somit über ein Drittel, verneinen dies (N = 211). Dies erstaunt insofern, da zu den grundsätzlichen Aufgaben ehrenamtlich Engagierter in diesem Bereich auch die „Unterstützung beim Be- und Verarbeiten der Situationen der Familien (…) (sowie) bei der Auseinandersetzung mit sozialen, ethischen und religiösen Sinnfragen" (Globisch/Hartkopf 2009, 130) gehört. Auch wenn zu diesen Themen durchaus andere relevante als zum thanatalen Themenkreis gehörende Aspekte zu zählen sind, war nicht zu erwarten, dass ein großer Anteil Ehrenamtlicher diesen Themenbereich aktuell nicht mit den Familien kommuniziert. Dies zeigt zum einen, dass sich die Entlastung der Familien vorwiegend auf alltagspraktische Tätigkeiten sowie allein auf die Präsenz der Ehrenamtlichen in den Familien konzentriert. Zum anderen ist zu vermuten, dass die Auseinandersetzung über thanatale Themen selbst in den verschiedenen Bereichen der Kinderhospizarbeit Kommunikationserschwernissen und Tabuisierungen unterliegt. Hierauf verweisen auch die diesbezüglichen Daten aus der stationären Kinderhospizarbeit.

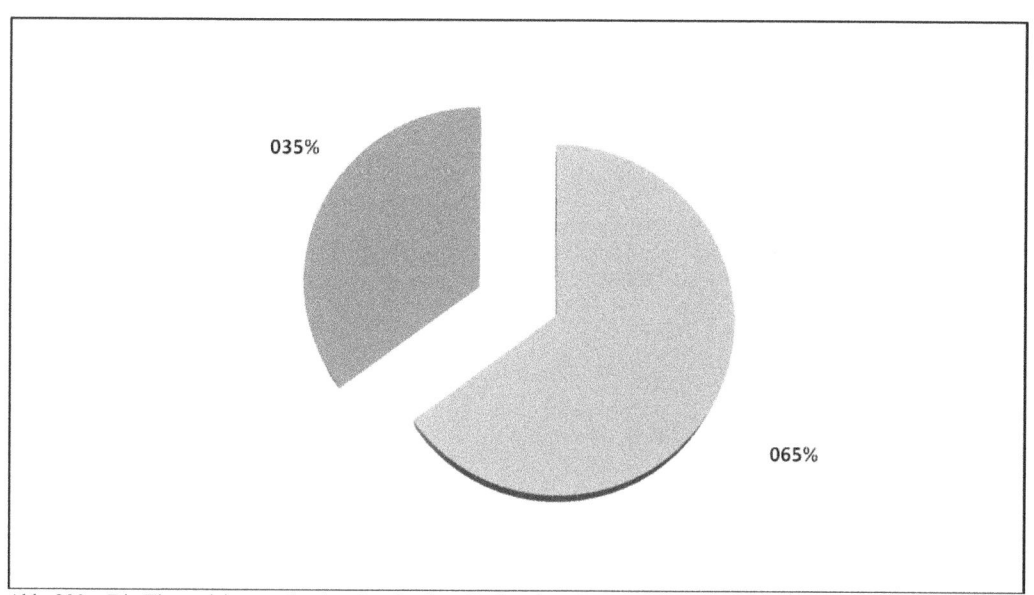

Abb. 200: „Die Thematisierung der Aspekte Sterben, Tod und Trauer sind Bestandteil meiner Tätigkeit in der Familienbegleitung" (N = 211)

Die häufigsten Ansprechpartnerinnen für thanatale Aspekte sind die Mütter (52,7 %) in der begleiteten Familie (Väter: 19%). Mit den Geschwistern der erkrankten Kinder thematisieren die Ehrenamtlichen diese Aspekte hingegen nur zu 13,5% und mit den erkrankten Kindern selbst zu 9,3%. Weitere Personen, mit denen diese Aspekte thematisiert werden, sind Großeltern (3%) und andere Verwandte (0,8%). Jeweils eine Person gibt an, mit der gesamten Familie, mit Freunden und mit Nachbarn über diese Themen zu sprechen (je 0,4%).

Interessant ist die – wenn auch prozentual geringe – Angabe, dass die Ehrenamtlichen thanatale Aspekte auch mit den Großeltern thematisieren. Dies ist ein Hinweis darauf, dass auch bei dieser häufig vernachlässigten Zielgruppe ein Bedarf an Unterstützung gegeben ist. Studien (vgl. Meyer 2000; Reed 2000) belegen, dass Großeltern lebensverkürzend erkrankter Kinder ähnlich wie die Eltern des erkrankten Kindes einen Diagnoseschock empfinden und des Weiteren das Sterben ihres Enkelkindes als „perverse, absurd and totally unnatural" erleben (Brown 2007c, 155). Sie benötigen dementsprechend Unterstützung bei der Bewältigung der belastenden Situation. Eine Unterstützung kann ihnen durch die ambulante und auch die stationäre kinderhospizliche Begleitung offeriert werden (vgl. Brown 2007c, 156ff.).

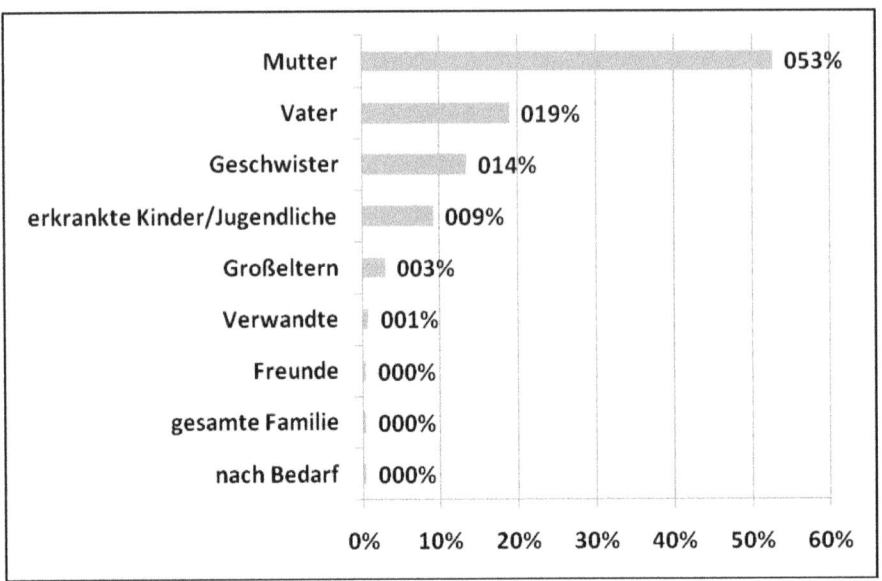

Abb. 201: Adressat/innen der Thematisierung thanataler Themen durch ehrenamtliche Mitarbeiter/innen in der Familienbegleitung (N = 137, Mehrfachnennungen)

Die starke Fokussierung auf die Mütter als Interaktionspartnerin liegt vermutlich darin begründet, dass die Ehrenamtlichen bei ihren Besuchen bei den Familien sehr oft die Mütter antreffen, weil diese den Großteil der Pflege und Betreuung der erkrankten Kinder und Jugendlichen übernehmen und die Väter, aufgrund der häufig vorhandenen traditionellen Rollenaufteilung, berufsbedingt abwesend sind. Ein weiterer Grund könnte sein, dass Frauen analog der weiblichen Bewältigungsmuster Gespräche und Auseinandersetzungen über schwierige und somit auch thanatale Themen suchen (vgl. Kap. II 2).

Bei der Frage nach der Art und Weise der Thematisierung der thanatalen Aspekte machten die 141 Probanden, die diese Frage beantworteten, durchschnittlich 1,3 Angaben. Das Gespräch ist mit 77,7 % aller Nennungen die am häufigsten genannte Form der Thematisierung. 11,2% nennen das Vorlesen als Möglichkeit, diese Aspekte zu thematisieren, weitere 7,8% nutzen Rituale. Buchempfehlungen und Planung der Beerdigung werden von jeweils zwei Personen angegeben, außerdem die Gestaltung der Beerdigung nach dem Tod des erkrankten Kindes sowie das Schreiben von Briefen und E-Mails (je eine Nennung).
Da die Ehrenamtlichen die thanatalen Aspekte überwiegend mit den Müttern thematisieren verwundert es nicht, dass das Gespräch die von ihnen am häufigsten gewählte Methode ist. Es kann vermutet werden, dass sie die Methode des Vorlesens in der Thematisierung mit den Geschwistern und dem erkrankten Kind/Jugendlichen einsetzen.

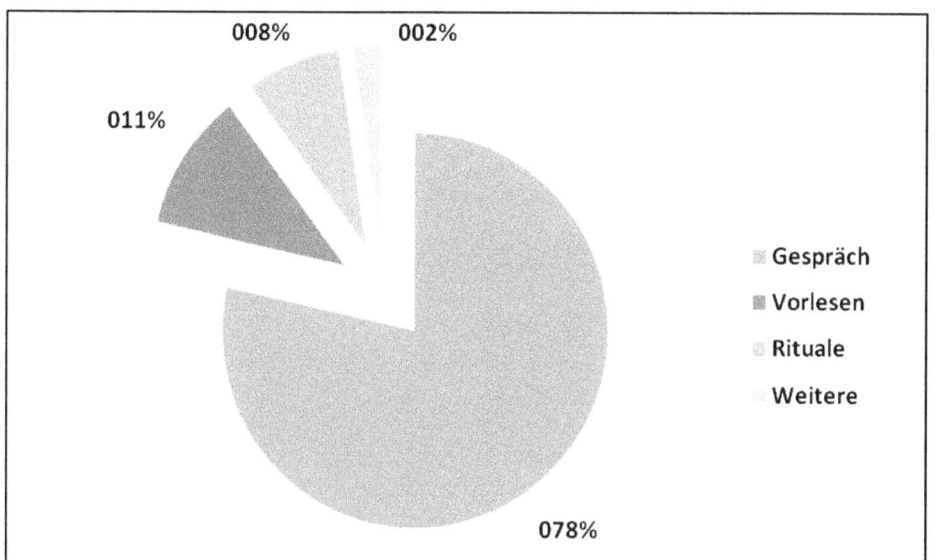

Abb. 202: Formen der Thematisierung thanataler Aspekte durch die ehrenamtlichen Mitarbeiter/innen in der Familienbegleitung (N = 141, Mehrfachnennungen)

Die Ehrenamtlichen geben folgende Gründe an, thanatale Aspekte in der Familienbegleitung *nicht* zu thematisieren: 43,9% meinen, dass in der begleiteten Familie dieser Themenbereich noch nicht aktuell sei (N = 61). Jeweils 12,2% begründen die Nicht-Thematisierung damit, dass in der Familie das Thema verdrängt und vermieden würde oder dass die Eltern das Gespräch darüber nicht suchen. Jeweils 6,1% geben als Grund an, dass sie noch nicht so lange in dieser Familie arbeiten bzw. dass nicht das mögliche Sterben des Kindes im Vordergrund stehe, sondern seine Behinderung.

Auf die oben bereits aufgeführten Hypothesen zur marginalen Berücksichtigung thanataler Themen in der Familienbegleitung sei hier erneut verwiesen. Je 2,4% nennen als Grund neben sprachlichen Schwierigkeiten auch Barrieren aufgrund differierender kultureller und religiöser Hintergründe der Familien. An dieser Stelle kann die oben bereits aufgeworfene Frage nach der Beachtung religiöser und kultureller Diversität erneut aufgegriffen werden. Dass auf Seiten der Ehrenamtlichen in Bezug auf differenter kultureller und religiöser Hintergründe Barrieren empfunden werden, verwundert nicht, da diese mehrheitlich in Nordwesteuropa sozialisiert wurden und eine christliche Konfessionszugehörigkeit haben. Die Aufnahme von kulturellen und religiösen Aspekten in dem Befähigungskurs von Ehrenamtlichen ist eine logische Konsequenz, um die empfundenen Barrieren abzubauen, denn „All cultures have their own ways of dealing with loss, and there may be differences concerning spiritual beliefs, rituals and etiquette" (Brown 2007b, 191).

Die Einzelaussagen, die im Widerspruch zur thanatalen Diagnose stehen, liefern interessante Einblicke in den eher tabuisierten Umgang mit thanatalen Themen:

- „Die Heilung steht im Vordergrund" (4,9%).
- „Das Kind ist nicht lebensverkürzend erkrankt" (eine Nennung).
- „Das erkrankte Kind ist stark behindert" (eine Nennung).
- „Bei einer Begleitung mit Therapiehunden passen thanatale Themen nicht zur positiven Wirkung der Hunde auf die Kinder" (eine Nennung).

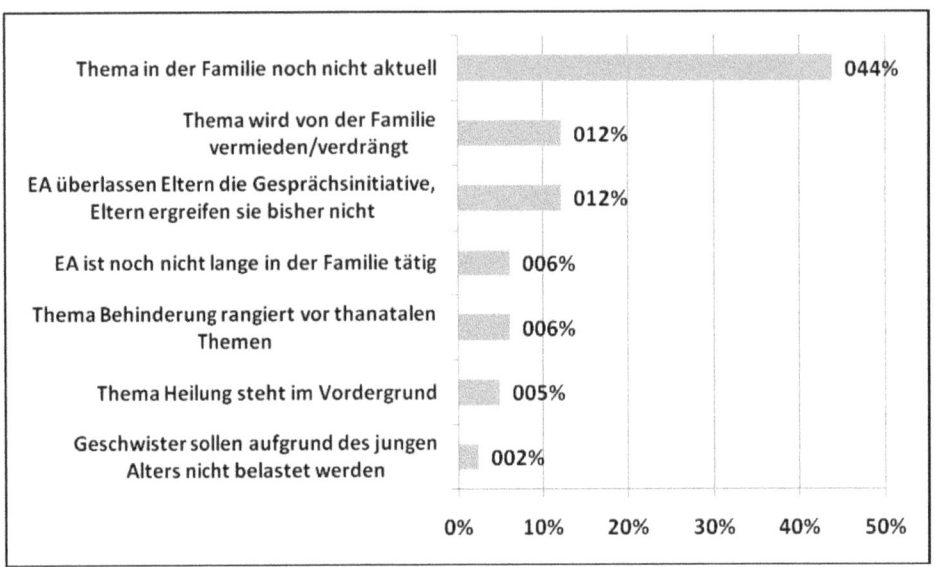

Thema in der Familie noch nicht aktuell	044%
Thema wird von der Familie vermieden/verdrängt	012%
EA überlassen Eltern die Gesprächsinitiative, Eltern ergreifen sie bisher nicht	012%
EA ist noch nicht lange in der Familie tätig	006%
Thema Behinderung rangiert vor thanatalen Themen	006%
Thema Heilung steht im Vordergrund	005%
Geschwister sollen aufgrund des jungen Alters nicht belastet werden	002%

Abb. 203: Gründe der ehrenamtlichen Mitarbeiter/innen, thanatale Aspekte nicht zu thematisieren (N = 61, offene Frage)

Die Thematisierung thanataler Aspekte gehört zwar durchaus zu den möglichen Aufgaben der Ehren-amtlichen, der Schwerpunkt liegt nach Globisch jedoch darin, für die Familien im Alltag da zu sein und „ein offenes Ohr für die Anliegen der Familien zu haben", „mitzutragen, was gerade geschieht" (Globisch 2006, 57). Dies kann bedeuten, durch die eigene Präsenz einen „Raum" zu schaffen, in dem auch thanatale Aspekte angesprochen werden können.
Gleichwohl ist es für die Familien nicht zwingend, sich damit auseinanderzusetzen. Vielmehr sollten die Ehrenamtlichen durch ihre eigene Beschäftigung mit thanatalen Themen in der Lage sein, themen-bezogene Gesprächsanlässe oder Zugänge zu schaffen, wenn dies dem Bedürfnis eines Familienmit-glieds entspricht.

Zusammenfassung
Die Mehrzahl der Ehrenamtlichen nahm ihre Tätigkeit zwischen 2006 und 2008 auf, an erster Stelle im Jahr 2007. Durchschnittlich arbeiten sie pro Monat 16,24 Stunden ehrenamtlich, der Median liegt bei 14 Stunden. Der größte Tätigkeitsbereich ist die Familienbegleitung, gefolgt von der Öffentlichkeits-arbeit. Die meisten Ehrenamtlichen engagieren sich in mehr als einem dieser beiden Bereiche. Die Familienbegleiter/innen sind in der Regel in einer Familie tätig, das Verhältnis von Tandem- zu Ein-zelbetreuung liegt bei etwa 70 zu 30. Schwerpunkt der Tätigkeit in der Familie ist die Begleitung im Alltag, das „Da sein". Gespräche mit den einzelnen Familienmitgliedern – vor allem mit den Müttern – , Freizeitgestaltung sowie Betreuung der Kinder und Jugendlichen (sowohl der gesunden als auch der erkrankten) bilden hier den Schwerpunkt der Begleitungsaktivitäten.
Bestandteil der Familienbegleitung kann auch die Thematisierung thanataler Aspekte sein. Ein Groß-teil der ehrenamtlichen Mitarbeiter/innen thematisiert diese daher im Rahmen der Familienbegleitung – meistens im Gespräch mit den Müttern. Dort, wo nicht über thanatale Themen gesprochen wird, ist dieser Bereich nach Angaben der Ehrenamtlichen für die Familien meist noch nicht aktuell, und es geht in der Familienbegleitung schwerpunktmäßig um die Begleitung im Leben und im Alltag.

C Beweggründe der ehrenamtlichen Mitarbeiterinnen und Mitarbeiter für ihre Tätigkeit
„Menschen, die sich zum professionellen Helfen in der Hospizarbeit und Palliativmedizin entscheiden, haben – oft aufgrund biographischer Zusammenhänge – den Wunsch, sich dieser besonderen Situation des Sterbens zu widmen; sie möchten helfen, für andere Menschen da zu sein und damit ihrem eigenen Leben mehr Tiefe und Sinn geben" (Müller 2008, 407). Diese Annahme wird auch von den Ergebnis-

sen der Studie bestätigt, da ein sehr großer Anteil der ehrenamtlich Mitarbeitenden über persönliche Erfahrungen mit den Aspekten Sterben, Tod und Trauer verfügt.

87,6% der Befragten geben an, einen Todesfall innerhalb der eigenen Familie erlebt zu haben (N = 241). 53,5% berichten über einen Todesfall im Freundeskreis und 2,5% über einen Krankheitsfall in der Familie.[173] Keine Erfahrungen haben 20 Personen, was einem Prozentwert von 8,3% entspricht. Von diesen haben 13 Personen auch keine berufliche Nähe zu thanatalen Themen.[174]

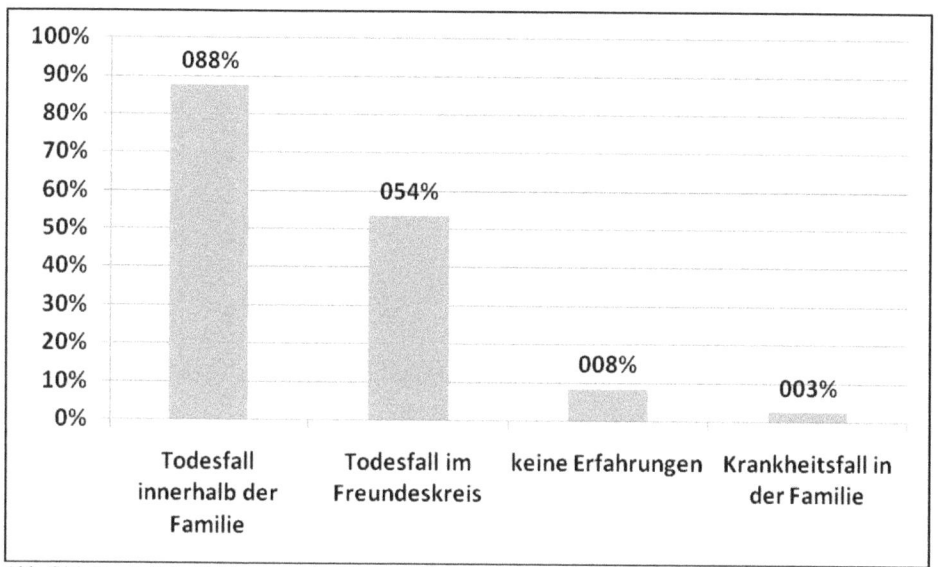

Abb. 204: Persönliche Erfahrungen der Ehrenamtlichen mit thanatalen Themen (N = 241, Mehrfachnennungen)

Die persönliche oder familiäre Erfahrung mit Verlust, Abschied und Trauer erleichtert möglicherweise das Verständnis für die Situation der begleiteten Familien. Sie erfordert jedoch auch die Abgrenzung und damit die Reflexion der eigenen Biographie, um die Tätigkeit in der Familie nicht mit eigener Bewältigungsarbeit zu belasten.

Über ein Drittel der Ehrenamtlichen hat im beruflichen/fachlichen Umfeld keine Erfahrungen mit den Aspekten Sterben, Tod und Trauer gemacht (37,9%; N = 240). Die in Hospizen, Krankenhäusern und Altenheimen Tätigen waren dagegen mit diesen Themen konfrontiert: je ein knappes Drittel war in Hospizen (31,7%) sowie Krankenhäusern tätig (29,6%), und ein Zehntel (10,4%) war in Altenheimen beschäftigt. Weitere Nennungen sind: Erfahrungen mit Sterben, Tod und Trauer bei der Tätigkeit in Förderschulen (4,6%), in außerschulischen Einrichtungen der Behindertenhilfe (4,2%) und im Studium (2,1%). Je drei Nennungen (1,2%) beziehen sich auf die intensive Pflege eines erkrankten Familienmitglieds zu Hause, die Ausbildung zur Trauerbegleiterin, Tätigkeiten als Sozialarbeiterin und in der Kirche. Außerdem verfügen die Befragten über sehr unterschiedliche thanatale Vorerfahrungen aus einem sehr breiten beruflichen und persönlichen Spektrum.

---

[173] Da hier Mehrfachnennungen möglich waren, liegt die Gesamtzahl der Antworten über 100%.
[174] Weitere Nennungen beziehen sich auf eigene schwere Erkrankungen (vier Nennungen), Abschiede von Kollegen (vier Nennungen), ein eigenes verstorbenes Kind (drei Nennungen), Abschiede von Nachbarn (drei Nennungen). Zwei Personen haben selbst ein Kind mit schwerer chronischer Krankheit, je eine Person übernimmt Trauer- und Sterbebegleitungen in der Gemeinde, arbeitet in einer Trauergruppe und erlebt die Suchterkrankung eines eigenen Kindes.

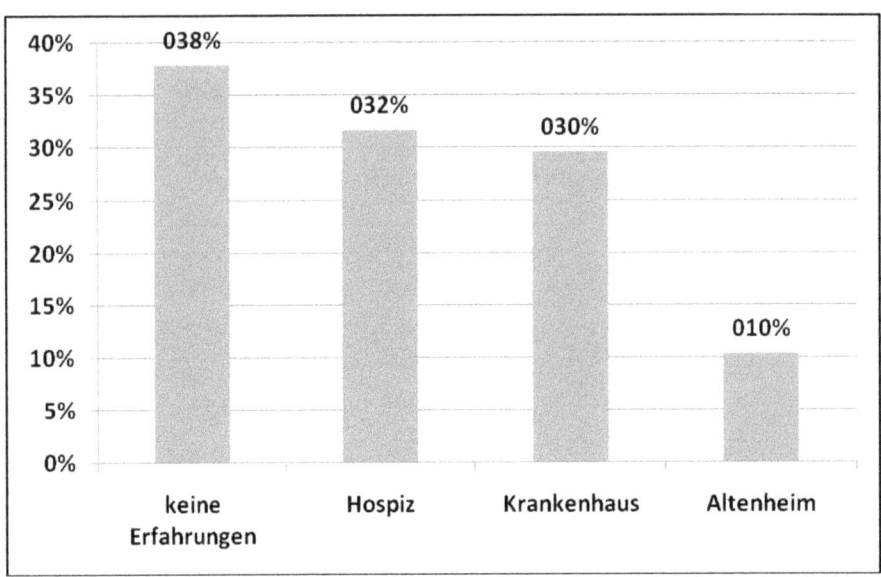

Abb. 205: Fachliche/berufliche Erfahrungen der Ehrenamtlichen mit thanatalen Themen (N = 240, Mehrfachnennungen)

Bürgerschaftliches Engagement unterliegt verschiedenen Einflussfaktoren. Die Bereitschaft dafür hängt nicht allein vom Zeitbudget ab. Vielmehr fördert eine Erwerbstätigkeit mit der damit zusammenhängenden sozialen Einbindung die Bereitschaft dazu. Ein höheres Einkommen und ein höheres Bildungsniveau sind ebenfalls förderliche Faktoren (vgl. Engagementatlas 2009, 9). Bewohner/innen ländlicher Gebiete und/oder kleiner Gemeinden sind häufiger vertreten als Städter/innen (ebd. 21), ebenso gibt es ein West-Ost- und Nord-Süd-Gefälle (ebd. 18), was bedeutet, dass die meiste ehrenamtliche Arbeit im stärker prosperierenden Süden und Westen Deutschlands geleistet wird. Ein Motivationswandel ist zu beobachten, da das „neue" Ehrenamt weniger als früher auf altruistischen Motiven basiert, sondern für die Engagierten vielmehr im Vordergrund steht, dass sie sich und eigene Ideen verwirklichen und ihre eigenen Kompetenzen erweitern möchten (vgl. Weihrauch 2009a, 25). Ehrenamtliche in Deutschland wollen „die Gesellschaft im Kleinen mitgestalten, mit anderen Menschen zusammenkommen und sehen ihr Engagement als wichtige gesellschaftliche Aufgabe" (vgl. Engagementatlas 2009, 13).

Bundesweit gilt der Bereich Kinder und Jugend als Betätigungsfeld für Ehrenamtliche als sehr attraktiv, er steht in der Rangliste der Bereiche an zweiter, der soziale Bereich mit Gesundheit und Pflege an vierter Stelle (vgl. Engagementatlas 2009, 12; vgl. Kap. II 1).[175]

Die Mehrzahl der Probanden (203) nennt als Grund für ihr soziales Engagement, dass die Tätigkeit sie überzeuge und interessiere. Die zweitgrößte Gruppe der Nennungen (183) vertritt die grundlegende Position, dass soziales und politisches Engagement wichtig seien. Mehr als die Hälfte aller Nennungen (151) bezieht sich darauf, dass die Probanden sich persönlich weiterentwickeln wollen. Das Einbringen von beruflichen Erfahrungen als Grund für das ehrenamtliche Engagement ist für ein Drittel ein zentrales Motiv, und die persönliche Betroffenheit ist für 71 Personen maßgeblich. Neue soziale Kontakte finden zu wollen, geben 56 Personen an. Bei den weiteren Nennungen bilden mit 10 Personen diejenigen, die helfen wollen, die größte Gruppe, gefolgt von Dankbarkeit für das persönliche Wohlergehen, für gesunde Kinder und Enkel (acht Nennungen) und Nächstenliebe (sieben Nennungen). Zehn weitere Einzelnennungen wurden zusammengefasst. Auch hier wird die oben zitierte Aussage von Müller bestätigt, nach der Menschen oft aufgrund biographischer Zusammenhänge motiviert sind, sich in der Hospizarbeit und Palliativmedizin zu engagieren, verbunden mit dem Wunsch, auch ihrem eigenen Leben mehr Sinn zu geben. (vgl. Müller 2008, 407).

---

[175] Die Gründe für ihr ehrenamtliches Engagement in ambulanten Kinderhospizdiensten geben 246 Personen an. Es werden pro Person im Durchschnitt drei Gründe für ihr Engagement genannt, Mehrfachnennungen waren möglich (N = 777).

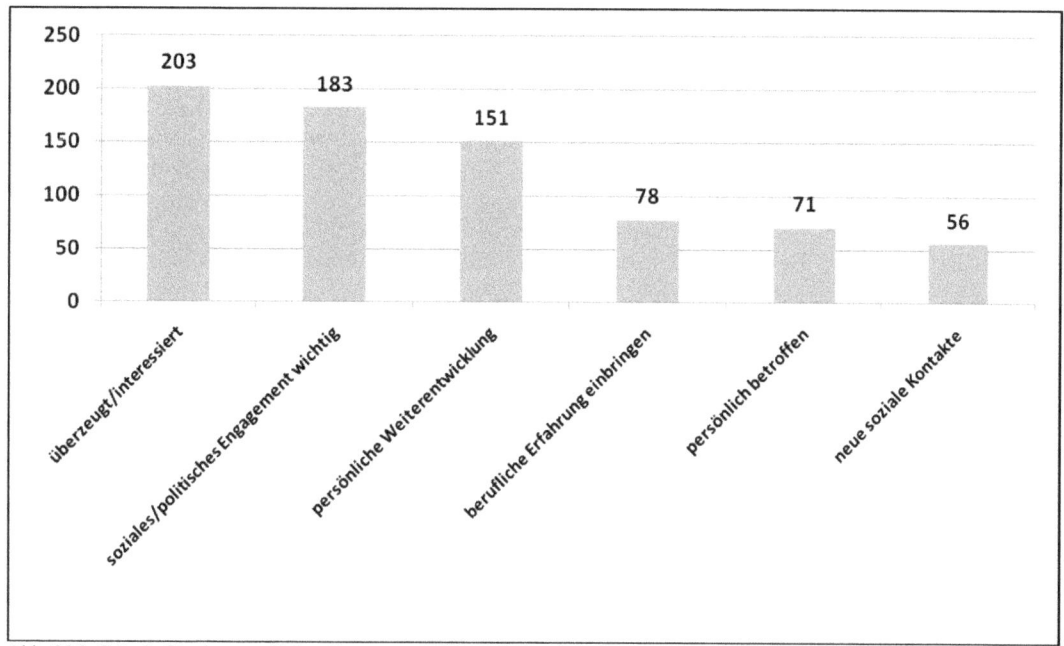

Abb. 206: Gründe für ehrenamtliches Engagement (N = 777, Mehrfachnennungen)

Die angegebenen Motive entsprechen weitgehend denen des „neuen Ehrenamtes". Ausgesprochen altruistische Gründe für ihr Engagement werden nur von wenigen Personen angegeben. Im Widerspruch zur allgemein gewünschten Projektbezogenheit mit zeitlich begrenzter Dauer steht allerdings die in der ambulanten Kinderhospizarbeit gewünschte Verbindlichkeit und dauerhafte Bindung. In diesem Punkt unterscheiden sich die hier tätigen Ehrenamtlichen vom ermittelten Trend (vgl. Weihrauch 2009a, 25).

Zusammenfassung
Die Motivation für die Aufnahme einer ehrenamtlichen Tätigkeit in einem ambulanten Kinderhospizdienst resultiert bei der Mehrzahl der Ehrenamtlichen zum einen aus der persönlichen Betroffenheit (z.B. Todesfall in der Familie oder im Bekanntenkreis) und zum anderen aus der inhaltlichen Überzeugung sowie aus dem Interesse am sozial-politischen Engagement. Die Beweggründe wurden größtenteils auch durch die beruflichen Vorerfahrungen im sozial-pflegerischen Bereich mitgeprägt. Die von den Ehrenamtlichen angegebenen Beweggründe für ihr Engagement entsprechen denen des so genannten „neuen Ehrenamtes", bei dem das Mitgestalten der Gesellschaft durch soziales Engagement und die eigene Weiterentwicklung und Kompetenzerweiterung im Vordergrund stehen (vgl. Weihrauch 2009a, 25).

D Bewertung der Tätigkeit im ambulanten Kinderhospizdienst
Pfeffer/v. Hayek/Schneider (2009) postulieren, dass gute ehrenamtliche Arbeit adäquate Vorinformationen der Ehrenamtlichen voraussetzt. Es ist wichtig, die Ehrenamtlichen auf ihre Aufgaben ausreichend vorzubereiten (vgl. auch Rösch 2009, 24). Der Befähigungskurs für Ehrenamtliche in der Kinderhospizarbeit kann diese Vorbereitung leisten. Es zeigt sich, dass fast alle ehrenamtlichen Mitarbeiterinnen und Mitarbeiter, die an der Studie teilgenommen haben, durch einen Befähigungskurs speziell für die Arbeit mit Kindern qualifiziert sind (96,36%). Nur 3,24% haben keinen Kurs absolviert.[176]
Zur Arbeit mit Erwachsenen sind 67 Personen befähigt, von denen 66 (26,72%) zusätzlich einen Kurs für die Arbeit mit Kindern absolviert haben und somit über eine doppelte Qualifikation verfügen. An verschiedenen Fortbildungen nahmen fünf Personen teil, vier sind zusätzlich Trauerbegleiter/innen. Je

---

[176] 247 Personen beantworteten die Frage nach dem von ihnen absolvierten Befähigungskurs.

zwei Personen absolvierten Kurse zu spezifischen Themen der Kinderhospizbegleitung und zu ehrenamtlicher Tätigkeit. Je eine Person qualifizierte sich für Krisenintervention, Palliative Care für Erwachsene oder Familienbegleitung.

Die persönliche Einschätzung der Ehrenamtlichen bezüglich ihrer Qualifikation für die Arbeit in den ambulanten Kinderhospizdiensten zeigt, dass sich knapp drei Viertel von 245 Befragten (69,8%) sehr gut und gut qualifiziert (N = 245) fühlen. Ein weiteres Viertel (27,4%) sieht sich als in mittlerem Maße qualifiziert. Gering oder gar nicht qualifiziert fühlen sich nur 1,6% der Ehrenamtlichen. Die bisherige Dauer der Tätigkeit hat keinen signifikanten Einfluss auf die subjektive Sicherheit in Bezug auf die Tätigkeiten (15*1). Die Befähigungskurse, die bezüglich Struktur, Inhalte und Umfang außerordentlich differieren, erfüllen somit insgesamt weitgehend den Anspruch, Ehrenamtlichen ein Gefühl von Sicherheit und Kompetenz für ihre Tätigkeit zu vermitteln.

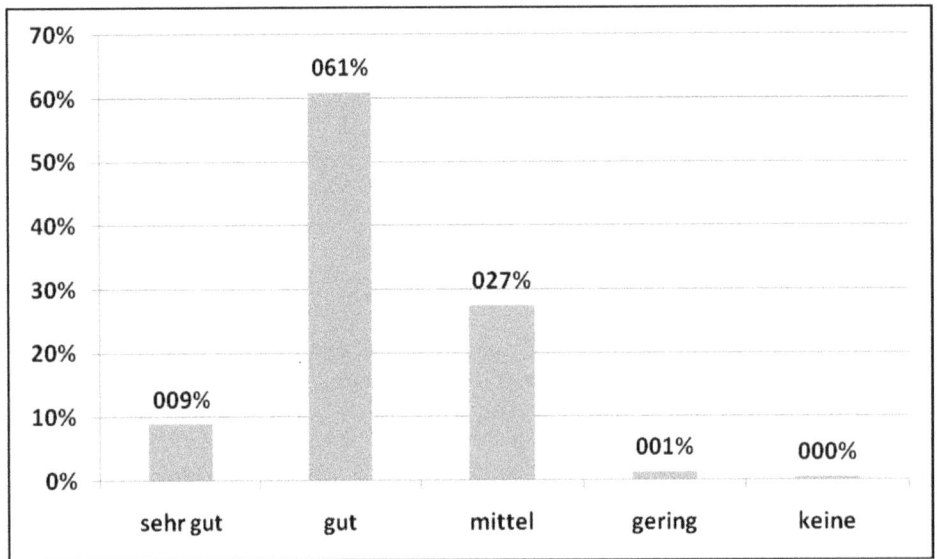

Abb. 207: Selbsteinschätzung der Ehrenamtlichen in Bezug auf ihre Qualifikation für die Kinderhospizarbeit (N = 245)

Ungeachtet dessen, dass sich die Probanden durch den Befähigungskurs gut qualifiziert fühlen, besteht die Notwendigkeit der Fort- und Weiterbildung, da diese den Mitarbeitenden die Möglichkeit bietet, sich persönlich weiterzuentwickeln und fachlich weiterzuqualifizieren (vgl. Pörtner 2005a, 83).
Die Proband/innen wurden befragt, welche Fortbildungen sie bislang absolviert haben.[177] Es wurde ausschließlich nach Fort- und Weiterbildung, nicht nach deren Umfang oder Anbietern gefragt. Die Themen der Fortbildungen waren vorgegeben.

---

[177] 236 Personen, die diese Frage beantworteten, absolvierten pro Person durchschnittlich fünf verschiedene Fortbildungen (Mehrfachnennungen waren möglich, insgesamt 1182 Nennungen).

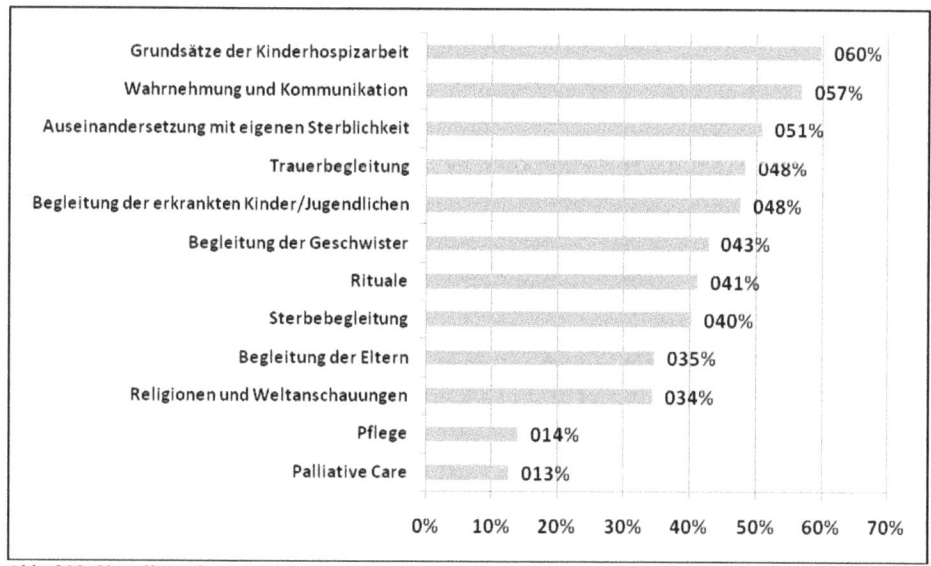

Abb. 208: Verteilung der von Ehrenamtlichen absolvierten Fortbildungsinhalte (N = 236)

Zusätzlich zu den in der oben genannten Grafik aufgeführten primären Fortbildungsinhalten wurden folgende spezifische Themen genannt, mit denen sich die ehrenamtlichen Mitarbeiter/innen qualifizierend auseinandersetzten: Kinästhetik (vier Nennungen), Öffentlichkeitsarbeit (drei Nennungen), Erste Hilfe, „Hospiz macht Schule" (je zwei Nennungen), Bestattung, Tod und Trauer im Wandel, Friedhofsplanung, Psychodrama, Bücher, Kinderphilosophie, Supervision für Ehrenamtliche, Clownsarbeit mit Kindern, spezifische Krankheitsbilder, Respite Care, Kindertrauer (je eine Nennung). 8,9% nahmen bisher an keiner Fortbildung teil. Als Gründe wurden z.B. angegeben, dass sie erst seit kurzer Zeit in diesem Bereich tätig bzw. durch berufliche Vorerfahrung ausreichend qualifiziert seien.

Das Spektrum der Themen, zu denen sich Ehrenamtliche fortbilden, ist sehr breit. Die meisten beziehen sich direkt auf die Kinderhospizarbeit, die Arbeit mit den einzelnen Mitgliedern der begleiteten Familien und die persönliche Auseinandersetzung mit den für diesen Bereich des freiwilligen sozialen Engagements relevanten Themen.

Zur Frage nach Fortbildungswünschen gaben 30 Personen an, keine Wünsche nach weiterer Qualifizierung zu haben (N = 137). Dies weist auf die oben bereits erläuterte Selbsteinschätzung hin, nach der sich viele Ehrenamtliche ausreichend qualifiziert fühlen. Die Bandbreite der geäußerten Weiterbildungswünsche ist jedoch sehr groß (N = 253).

Die Themen der am häufigsten genannten Fortbildungen entsprechen den Weiterbildungen, die auch von den meisten Ehrenamtlichen bereits besucht wurden:

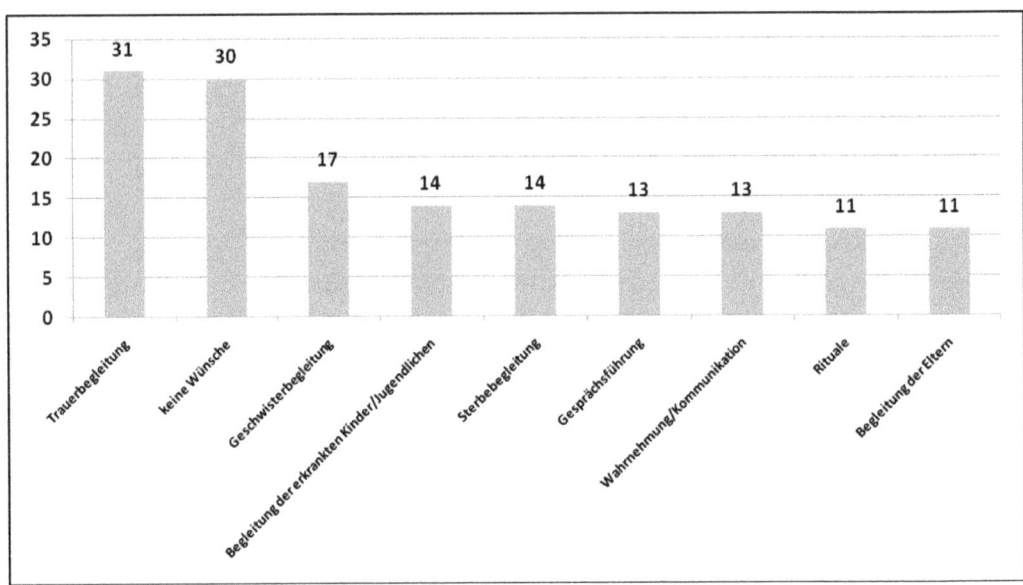

Abb. 209: Häufigste Nennungen von Fortbildungswünschen (N = 137, Mehrfachnennungen)

Bedeutsam ist auch die Frage nach der Zufriedenheit der Ehrenamtlichen mit ihrer Tätigkeit. Diese wird in den folgenden Grafiken mit Hilfe der subjektiven Einschätzungen der ehrenamtlich Tätigen zu verschiedenen Aspekten ihrer Arbeitssituation dargestellt.

Die Zufriedenheit konnte auf einer fünfstufigen Skala eingeschätzt werden. Es zeigt sich insgesamt ein Bild von hoher Zufriedenheit mit eher marginalen Schwankungen in den Teilbereichen.

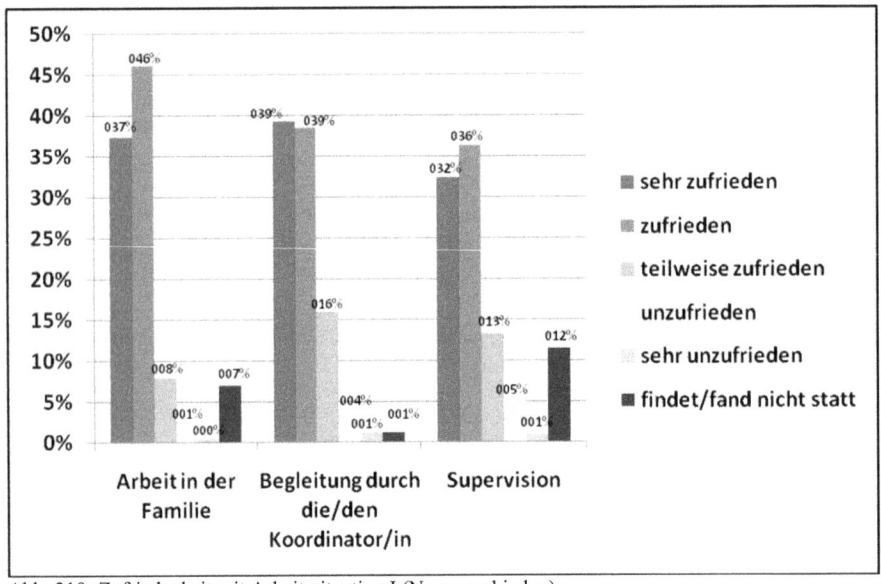

Abb. 210: Zufriedenheit mit Arbeitssituation I (N = verschieden)

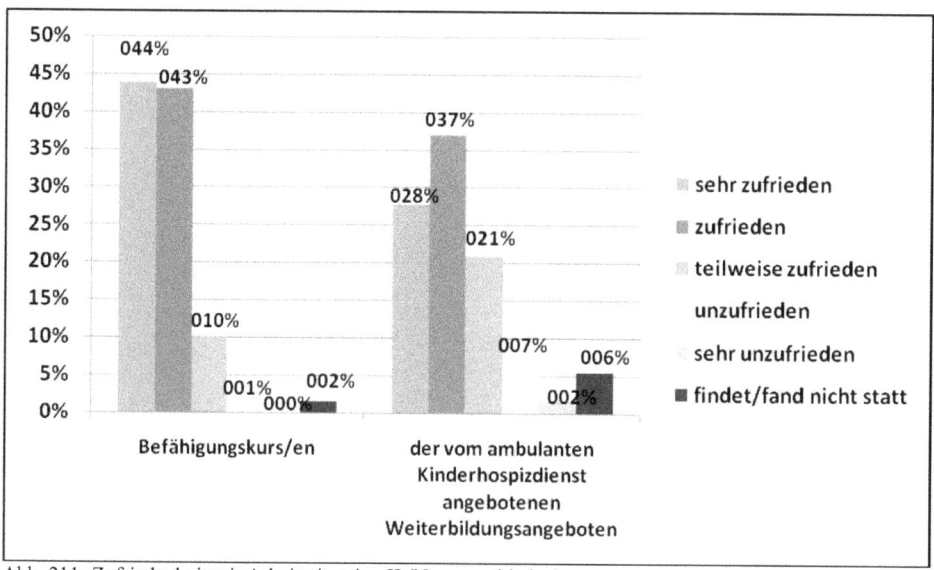

Abb. 211: Zufriedenheit mit Arbeitssituation II (N = verschieden)

Die Einschätzung der Anerkennung der ehrenamtlichen Arbeit durch die Familien fällt ebenfalls sehr positiv aus. Dies zeigen die folgenden Darstellungen:

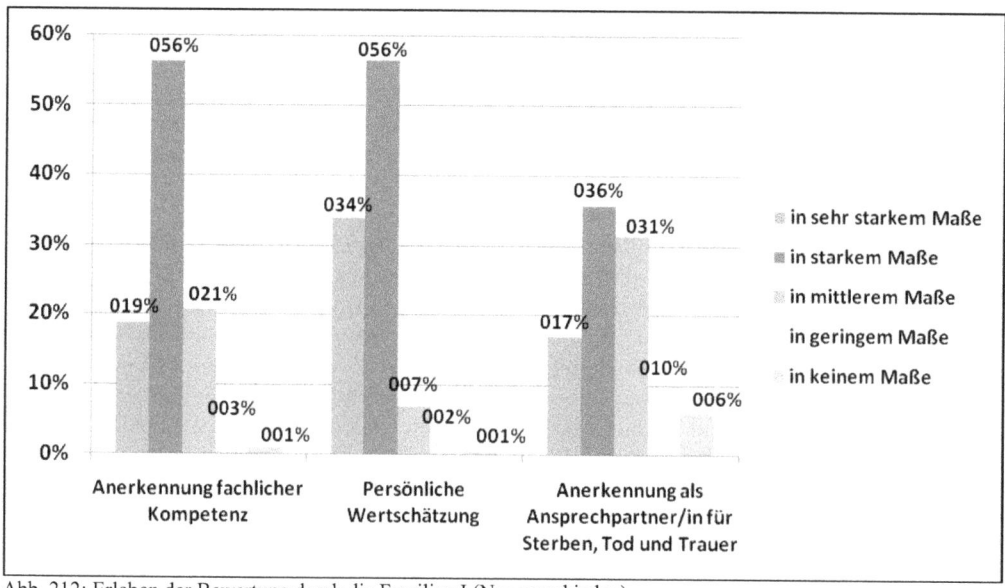

Abb. 212: Erleben der Bewertung durch die Familien I (N = verschieden)

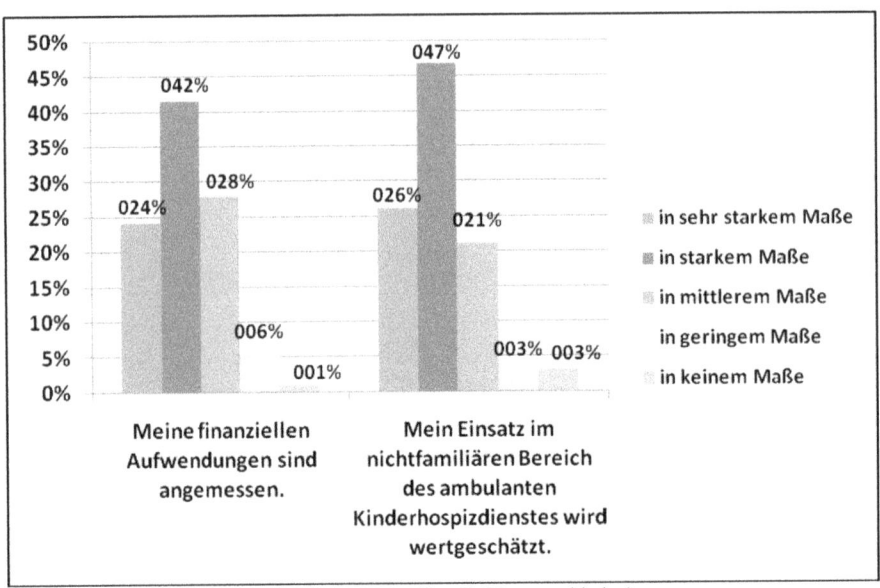

Abb. 213: Erleben der Bewertung durch die Familien II (N = verschieden)

Die durchweg sehr hohen Zufriedenheitswerte zeigen, dass die Ehrenamtlichen ihre Tätigkeit gerne ausüben und für ihren Einsatz aus eigener Wahrnehmung hohe Anerkennung erfahren. Hier haben sicher auch die guten Rückmeldungen der Familien bezüglich der fachlichen Kompetenzen und der generellen Wertschätzung ihrer Arbeit großes Gewicht.

Zusammenfassung
Die Ergebnisse dieses Teilbereiches der Studie zeigen, dass sich die Ehrenamtlichen durch die Befähigungskurse gut qualifiziert fühlen. Dies bestätigt die Bedeutsamkeit der Vorbereitung Ehrenamtlicher auf ihre Tätigkeit in ambulanten Kinderhospizdiensten durch Vorbereitungskurse. Die Begleitung der Arbeit durch Koordinator/innen und Weiterbildungsangebote findet hohe Zustimmung.
Die Thematisierung thanataler Aspekte scheint einen geringeren Stellenwert in der Familienbegleitung einzunehmen bzw. werden die Ehrenamtlichen hier eher weniger als Ansprechpartner/innen gefragt. Der Schwerpunkt der Familienbegleitungen liegt in der alltäglichen Begleitung und Entlastung.
Mit ihren finanziellen Aufwendungen ist immerhin ein gutes Drittel der Ehrenamtlichen nicht zufrieden. Es stellt sich die Frage, inwieweit ehrenamtlich Engagierten in Anbetracht der Zeit und Kompetenzen, die sie zur Verfügung stellen sowie für die Aus- und Weiterbildung finanzielle Ausgleiche geboten werden müssen bzw. können, um eine Balance zwischen einer als sinnvoll bewerteten Tätigkeit und den hierfür erforderlichen Aufwendungen zu halten.
Die Bereiche Öffentlichkeitsarbeit und Verwaltung, die neben der Familienbegleitung ein gutes Drittel der Tätigkeiten der Ehrenamtlichen einnehmen (36,4%), erfahren in der Öffentlichkeit hohe Wertschätzung. Möglicherweise ist hier der Kontakt mit Menschen, die wenig mit Kinderhospizarbeit zu tun haben, von Respekt und Anerkennung für die Beschäftigung mit einem gesellschaftlich eher tabuisierten Thema geprägt, was als Zeichen erlebter Wertschätzung interpretiert wird.

E Belastungssituationen und deren Bewältigung
Die ehrenamtliche Tätigkeit in ambulanten Kinderhospizdiensten ist durchaus anspruchsvoll und stellt die Mitarbeiter/innen vor besondere Herausforderungen. Ebenso wie die professionellen Kräfte geraten auch die ehrenamtlich Engagierten immer wieder in Situationen, in denen sie mit spezifischen Problemen und Belastungen konfrontiert werden, für deren Bewältigung sie Unterstützung benötigen (vgl. Weihrauch 2009b).
Die verschiedenen potentiell belastenden Themenfelder wurden in der Studie einzeln eruiert und sind im Folgenden dargestellt. Ein wichtiges Ergebnis ist, dass sich viele Probanden mit den Fragen zu Be-

lastungssituationen auseinandersetzen (N 207–229), was auf ein großes Interesse an diesem Themenfeld schließen lässt.

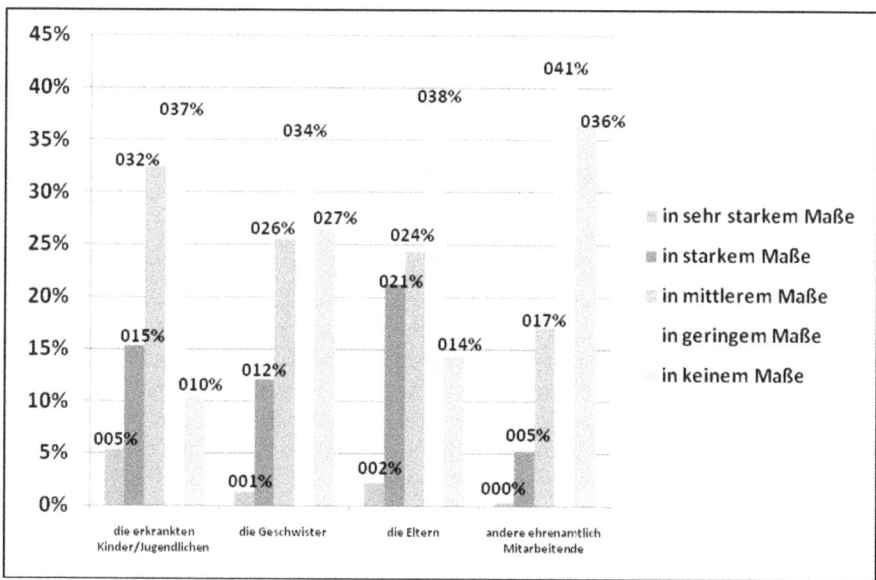

Abb. 214: Problem- und Belastungssituationen in Bezug auf Personengruppen (N = verschieden)

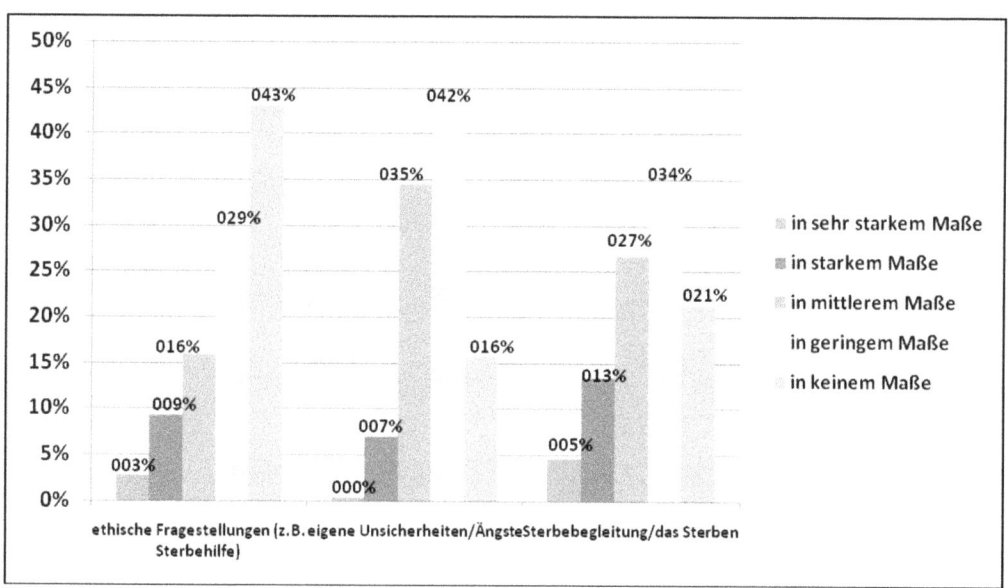

Abb. 215: Problem- und Belastungssituationen in Bezug auf Themen (N = verschieden)

Die höchsten Belastungsquoten der Ehrenamtlichen sind in der Arbeit mit den erkrankten Kindern und Jugendlichen zu finden, gefolgt von der Kooperation mit den Eltern. Auch die Sterbebegleitung empfinden die Ehrenamtlichen teilweise als belastend, ebenso wie die eigenen Ängste und Unsicherheiten. Die Zusammenarbeit mit den anderen Ehrenamtlichen stellt hingegen keine Belastung dar, von diesen erfahren sie eher Unterstützung für ihre Arbeit. Hier zeigt sich ein Widerspruch zu den Ergebnissen der in dieser Studie erhobenen Belastungssituationen von Hauptamtlichen in stationären Kinderhospizen, da diese angaben in Bezug auf die Arbeitsorganisation am stärksten belastet zu sein. Das Sterben der lebensverkürzend erkrankten Kinder stellt sich für sie hingegen als weniger belastend dar (vgl.

Kap. III 2.3). Dieser Widerspruch ist sicherlich in den Unterschieden von haupt- und ehrenamtlichen Tätigkeiten zu begründen. Als Gemeinsamkeit im Belastungserleben von Haupt- und Ehrenamtlichen in der Kinderhospizarbeit kann die Zusammenarbeit mit den Eltern festgestellt werden. In dieser kooperativen Beziehung erleben beide Gruppen die höchsten Belastungen.

Es lässt sich anführen, dass die dargestellten Herausforderungen einen regelmäßigen Bedarf an kollegialem Austausch und Supervision deutlich machen, auch wenn die Belastungssituationen in ihrer Bedeutung für die ehrenamtliche Tätigkeit insgesamt eher als gering eingeschätzt werden können. Des Weiteren zeigt sich die Notwendigkeit, die Zusammenarbeit mit den Eltern zu verbessern.

Berufliche Belastungssituationen, auch die in ehrenamtlichen Settings, erfordern von den Beteiligten spezifische Copingstrategien, die sowohl personale als auch strukturell-institutionelle Komponenten beinhalten können.

Die ehrenamtlich Mitarbeitenden gaben in Bezug auf ihre Bewältigungsstrategien an, dass sie in der Mehrzahl (199 Nennungen) ihre Belastungen im Gespräch und Austausch mit anderen Ehrenamtlichen bewältigen. Außerdem stellen Gespräche mit den Koordinatorinnen und Koordinatoren (162 Nennungen) und Supervision (145 Nennungen) bedeutende Ressourcen dar (weitere Nennungen siehe Grafik).[178] 47 Personen gaben an, dass bisher keine Belastungssituationen entstanden seien.

Interessant ist, dass neben den professionellen Bewältigungsformen der Austausch mit anderen Ehrenamtlichen als favorisierte Strategie genannt wird. Hier findet sich mit dem Aspekt der Selbsthilfe eine Ressource, die nicht nur für das freiwillige soziale Engagement von Bedeutung ist, sondern die Kinderhospizbewegung auf sämtlichen Ebenen prägt.

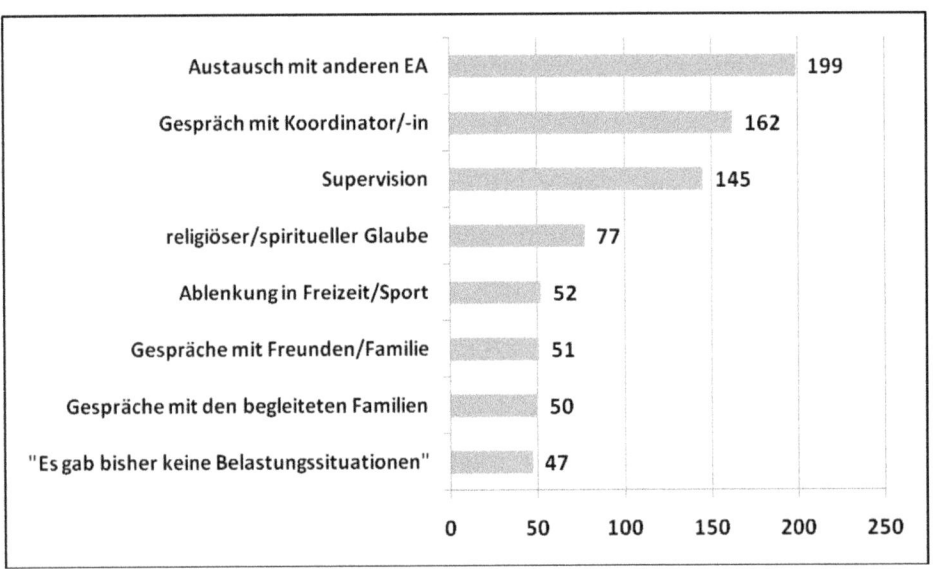

Abb. 216: Bewältigungsformen von Belastungssituationen (N = 106, Mehrfachnennungen)

63 Personen äußern Wünsche für den Umgang mit Problem- und Belastungssituationen.[179] Der Wunsch nach Supervision, die qualifiziert, persönlich, der Koordinatorin gegenüber neutral und häufiger als Einzelgespräche gestaltet sein soll, stellt einen zentralen Wunsch der Befragten dar (20 Nennungen). Außerdem werden Gespräche mit anderen Mitarbeitenden (elf Nennungen), (verpflichtende) Gespräche mit der Koordinatorin/dem Koordinator (neun Nennungen), Austausch im Team und feste

---

[178] Die Frage nach der Bewältigung von Problem- und Belastungssituationen wurde von 240 Probanden beantwortet, die durchschnittlich 3,5 Angaben pro Person tätigten.

[179] Die Frage nach den Wünschen der Ehrenamtlichen in Bezug auf die Bewältigung von Problem- und Belastungssituationen war eine offene Frage, die von 106 Personen beantwortet wurde (N = 106). Von diesen haben 43 Personen keine Wünsche geäußert. Insgesamt gibt es hier 143 Nennungen, das heißt, dass pro Person durchschnittlich 2,3 Nennungen erfolgten.

Gesprächsangebote im Dienst (acht Nennungen) sowie eine bessere und offenere Kommunikation mit den Familien (sieben Nennungen) gewünscht. Alle weiteren sind Einzelnennungen.

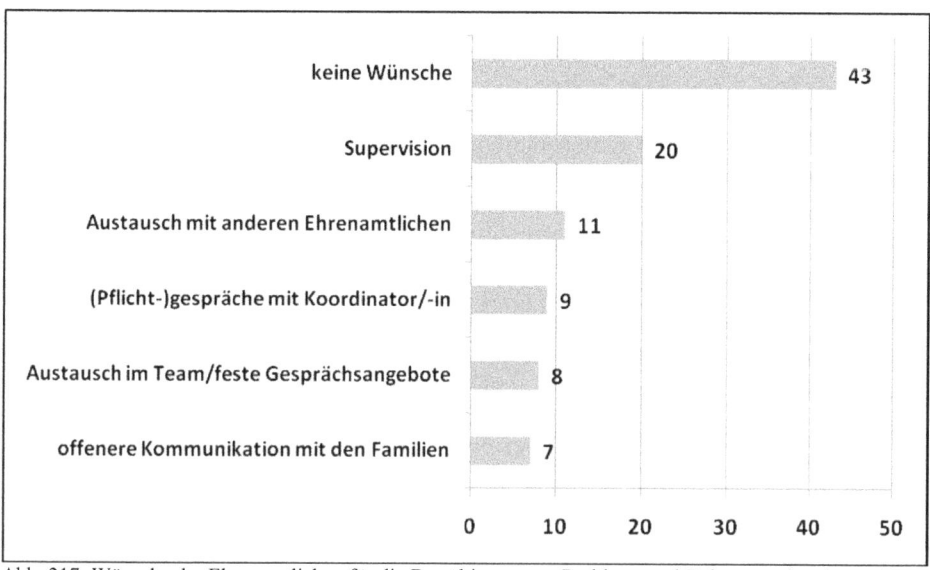

Abb. 217: Wünsche der Ehrenamtlichen für die Bewältigung von Problem- und Belastungssituationen (N = 106, Mehrfachnennungen)

Die Angaben der Probanden zu ihren Wünschen in Bezug auf die Bewältigung von belastenden Situationen weisen darauf hin, dass sich die Mehrheit in ihren Reflexions- und Bewältigungsprozessen bereits gut professionell unterstützt fühlt. Es zeigt sich aber auch, dass bestimmte professionelle Unterstützungsressourcen wie die Supervision und die Gespräche mit den Koordinator/innen ausgebaut werden sollten und dort ein Optimierungs- und Entwicklungsbedarf festzustellen ist.

Zusammenfassung
Haupt- und auch ehrenamtliche Mitarbeiter/innen in der Begleitung Sterbender sind besonderen Belastungen ausgesetzt. Darauf weisen auch die Angaben der ehrenamtlich Tätigen dieser Studie hin. Das Belastungserleben unterscheidet sich von dem der hauptamtlich Tätigen. Während diese höhere Belastungen im Hinblick auf Arbeits- und Organisationsbedingungen empfinden, wie beispielsweise zeitliche Faktoren, und weniger belastet in Bezug auf die (Sterbe-)Begleitung der lebensverkürzend erkrankten Kinder und Jugendlichen sind, stellt sich die Situation bei den Ehrenamtlichen eher gegensätzlich dar. Eine Gemeinsamkeit im Belastungserleben von Haupt- und Ehrenamtlichen in der Kinderhospizarbeit ist die Zusammenarbeit mit den Eltern. Hier zeigt sich der punktuelle Bedarf einer verbesserten Kooperation durch Maßnahmen, die von Seiten des Dienstes organisiert werden sollten, wie z.B. Gesprächsgruppen und gemeinsame Fortbildungen zu spezifischen Themenbereichen.
Den ehrenamtlich Tätigen stehen für die Bewältigung von Belastungen professionelle Ressourcen wie Supervision und Gespräche mit der Koordinatorin/dem Koordinator zur Verfügung, die sie auch häufig in Anspruch nehmen. Dem Austausch mit anderen Ehrenamtlichen kommt eine besondere Bedeutung in der Bewältigung des Belastungserlebens zu. Die geäußerten Verbesserungswünsche der Ehrenamtlichen weisen darauf hin, dass sich die Mehrzahl durch die professionellen Angebote bereits gut unterstützt fühlt, aber dennoch ein Bedarf am Ausbau diese Angebote besteht.

F Notwendige Kompetenzen für die Kinderhospizarbeit
Als zentrale Bestandteile der Befähigungskurse für ehrenamtliche Mitarbeiter/innen in ambulanten Kinderhospizdiensten gelten die Auseinandersetzung mit Sterben und Tod sowie der eigenen Sterblichkeit, Informationen über das Kinderhospizkonzept, Krankheitsbilder und Entwicklungsprozesse be-

troffener Kinder, Informationen über die Situation der Kinder und ihrer Familien sowie die Aspekte Kommunikation, Krisenbewältigung und Beziehungssystem Familie (vgl. Globisch/Hartkopf 2009, 129).

Diesen Themen liegen konzeptionelle Überlegungen zu spezifischen personalen und fachlichen Kompetenzen für die ehrenamtliche kinderhospizliche Arbeit zugrunde, deren jeweilige Relevanz von den Probanden eingeschätzt wurde (N = 245). Die Befragten nannten durchschnittlich sieben Aspekte (insgesamt 1772).

Als wichtigsten Aspekt bewerten die Ehrenamtlichen die Empathie, das Einfühlungsvermögen (95,9%). Ebenfalls als von hoher Relevanz gelten die so genannten soft skills Zuverlässigkeit (93,5%), Offenheit (89%) und Geduld (82%). Als wichtig wird zudem die Fähigkeit der Abgrenzung bzw. der Distanz zur Arbeit bewertet – die Angaben hierzu entsprechen einem Anteil von 78%. Team- und Konfliktfähigkeit bewerten 76,7% bzw. 73,5% der Befragten als wichtig.

Nach Einschätzung der Probanden sind außerdem fachliche Kompetenzen (60%) und Mut (56%) von Relevanz.

Auffällig ist, dass die fachlichen Kompetenzen im Vergleich zu den personalen Kompetenzen als deutlich weniger wichtig eingeschätzt werden. Dieses Ergebnis lässt sich auch in der Aussage von Student/Mühlum/Student wiederfinden: „Hospizpioniere bringen manchmal zum Ausdruck, die Tätigkeit bestehe zu 90% aus Haltung und nur zu 10% aus spezifischem Fachwissen" (Student/Mühlum/Student 2007, 112). Dennoch sind sowohl fachliche als auch personal-emotionale Kompetenzen für die kinderhospizliche Begleitung bedeutsam.

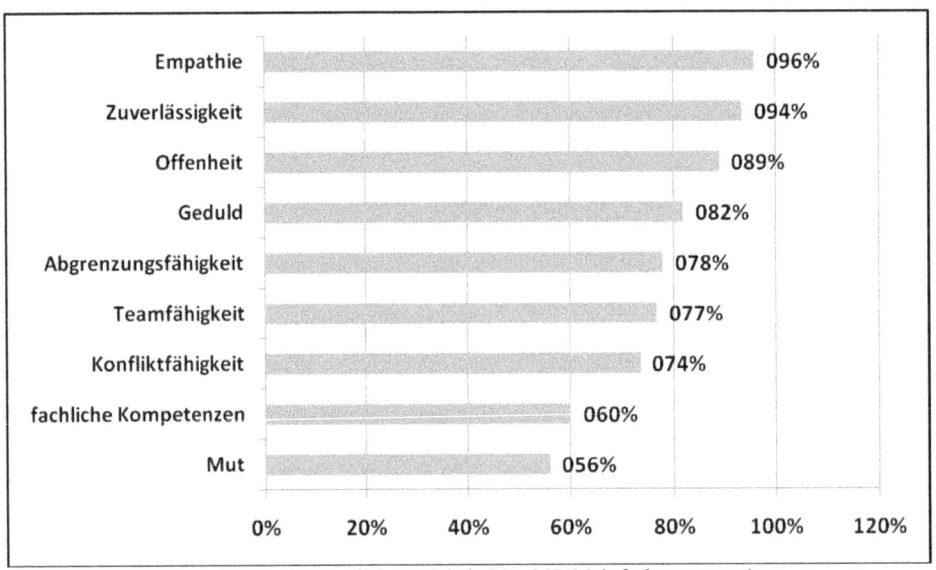

Abb. 218: Kompetenzen für die ehrenamtliche Tätigkeit (N = 245, Mehrfachnennungen)

Die Anforderungen an Ehrenamtliche in der Kinderhospizarbeit sind hoch – die Grundlagen dafür werden durch ihre Vorerfahrungen und Motive sowie durch die Befähigungskurse und Schulungen gelegt. „Ehrenamtliche wissen sehr gut, wie viel soziale Kompetenz und kulturelle Feinfühligkeit mitunter gerade in der ambulanten Arbeit notwendig sind, um die gebotene Betreuung aus der Sicht des Betreuten nicht zu einer Bringschuld für ihn und seine Angehörigen werden zu lassen" (Schneider 2006, 7). Die von den Ehrenamtlichen genannten und für wichtig gehaltenen Kompetenzen ermöglichen erst die Tätigkeit in der ambulanten Familienbegleitung, die den Schwerpunkt ihrer Arbeit bildet: „Auch hier geht es um die Herstellung einer tragfähigen und sicheren Umgebung – allerdings nun in den privaten Lebenswelten der Betreuten, die auf Patientenseite jene ‚Individualität' ermöglichen soll, die sein bisheriges Leben gekennzeichnet hat. Auch hier orientiert sich die Praxis – wie dies einmal von einem Hospizmitarbeiter sehr anschaulich in einer Fußball-Metaphorik formuliert wurde – am Patienten, der ‚sein Abschiedsspiel' als ‚Spielführer' zu spielen hat, während der Hospizdienst die Rolle des beratenden und begleitenden Coaches" (Schneider 2006, 7) einnimmt (vgl. Schneider/v. Hayek 2005). Die hier implizit genannten Anforderungen werden sicherlich zu einem hohen Anteil durch die Kompetenzen Empathie und Abgrenzungsfähigkeit erfüllt. Die Handreichung zur Befähigung ehrenamtlich Mitarbeitender in ambulanten Kinderhospizdiensten zeichnet folgendes Profil als Voraussetzung für den Einsatz und die Befähigung von interessierten Ehrenamtlichen. Erwartet werden:

- Zeitliche Ressourcen
- Hohe Verbindlichkeit
- Bereitschaft zur fortlaufenden Weiterbildung
- Bereitschaft zur Auseinandersetzung mit thanatalen Themen
- Bereitschaft und Fähigkeit zur Selbstreflexion (vgl. Schulte/Köster/Tessmer 2006).

Die von den Ehrenamtlichen selbst für notwendig gehaltenen Kompetenzen entsprechen weitgehend diesem Anforderungsprofil.

Zusammenfassung

Haupt- und ehrenamtlich Tätige in der Kinderhospizarbeit benötigen vielfältige Kompetenzen für die an sie gestellten Anforderungen. Die von den Ehrenamtlichen als notwendig bewerteten Kompetenzen für ihre Tätigkeit sind zum größten Teil nicht im fachlichen, sondern im personalen Bereich zu verorten (z.B. Empathie, Offenheit und Zuverlässigkeit). Fachliche Kompetenzen werden als deutlich weniger relevant bewertet. Diese Selbsteinschätzung entspricht durchaus dem ehrenamtlichen Auftrag in der ambulanten Kinderhospizarbeit (vgl. Student/Mühlum/Student 2007, 112).

Fazit

Die hier vorgestellten Ergebnisse einer Teilbefragung der Studie beschreiben zum ersten Mal das Tätigkeitsfeld der ehrenamtlich Mitarbeitenden in der Kinderhospizarbeit aus deren Perspektive. Sie geben Aufschluss über die sich in diesem Feld engagierenden Personen und deren Motivation für die Aufnahme einer Tätigkeit in einem ambulanten Kinderhospizdienst. Es zeigt sich in Bezug auf Geschlecht, Alter, aktuelles Beschäftigungsverhältnis und Konfessionszugehörigkeit der ehrenamtlich Tätigen ein weitgehend homogenes Bild: Ehrenamtliches Engagement in der Kinderhospizarbeit ist weiblich (fast 90%) und in der Mehrzahl in der mittleren bis älteren Bevölkerungsgruppe zu verorten. Die Ehrenamtlichen haben eine christliche Konfessionszugehörigkeit (über 70%) und gehen bzw. gingen einer Beschäftigung im sozialen Bereich nach.

Für die Aufnahme einer ehrenamtlichen Tätigkeit in der Kinderhospizarbeit ist eine Qualifikation und Schulung in spezifischen Themenbereichen unabdingbar. Dass dies auch in der Praxis bereits umgesetzt wird, belegt das Ergebnis, dass die Mehrzahl der Ehrenamtlichen einen Befähigungskurs (fast 97%) absolviert hat. Die Bedeutsamkeit von Weiterqualifikation durch Fort- und Weiterbildungen zeigt sich darin, dass sich die Ehrenamtlichen sich in einem breiten Spektrum von Themengebieten weiter qualifizieren, das sich im Wesentlichen auf die Kinderhospizarbeit bezieht.

Die Studie belegt zudem, dass die meisten Ehrenamtlichen in der Familienbegleitung tätig sind, gefolgt von der Öffentlichkeitsarbeit. In der Familienbegleitung arbeiten fast 68% in Tandem-Konstellationen. Thanatale Aspekte werden hier überwiegend im Gespräch mit den Müttern der erkrankten Kinder thematisiert. Die Gründe, warum diese Themen nicht angesprochen werden, lassen einerseits auf Tabuisierungstendenzen und Kommunikationserschwernisse und andererseits auf den Bedarf alltagspraktischer Unterstützung der Familien schließen.

Des Weiteren konnte eine hohe Zufriedenheit und ein geringes Belastungsempfinden auf Seiten der Ehrenamtlichen festgestellt werden. Dies ist sicherlich auf die ihnen offerierten adäquaten Unterstützungsressourcen von Seiten der Kinderhospizdienste zurückzuführen. Es konnte dennoch ein punktueller Bedarf des Ausbaus der professionellen Unterstützungsressourcen aufgezeigt werden.

Ferner wurde von den Ehrenamtlichen angegeben, dass sie in stärkerem Maße personale als fachliche Kompetenzen für ihre Tätigkeit benötigen.

Festzustellen ist, dass das freiwillige soziale Engagement in ambulanten Kinderhospizdiensten ein noch sehr junges und weitgehend unerforschtes Tätigkeitsfeld darstellt, in dem ein hoher Weiterentwicklungs- und Forschungsbedarf zum vertiefenden Verständnis der Situation der Ehrenamtlichen und der Weiterentwicklung ihres bedarfsbezogenen Potentials zu verzeichnen ist.

3.10 Zusammenfassende Darstellung der Ergebnisse zur ambulanten Kinderhospizarbeit

Strukturen und Rahmenbedingungen

An der Teilerhebung bezogen auf die ambulante Kinderhospizarbeit in Deutschland nahmen 29 ambulante Kinderhospizdienste teil. Die regionale Verteilung zeigt einen deutlichen Schwerpunkt in Nordrhein-Westfalen, der damit zu begründen ist, dass die ambulante Arbeit hier am längsten und mit den meisten Diensten etabliert ist. Außerdem ist ein Großteil der dort ansässigen Dienste in Trägerschaft des DKHV tätig und aufgrund der Kooperation zwischen DKHV und Forschungsteam somit stark vertreten (12 von 29).

Der Gründungszeitraum der ambulanten Kinderhospizdienste liegt überwiegend im Jahr 2006 (16 von 29). Es handelt sich folglich um ein junges Arbeitsfeld mit begrenzter zeitlicher Erfahrung. Diese Begrenzung gilt dementsprechend auch für die dort tätigen haupt- und ehrenamtlichen Mitarbeiter/innen und für die begleiteten Familien.

Die Finanzierung der Dienste erfolgt bei allen Diensten anteilsmäßig durch Spenden, was eine aktive Öffentlichkeitsarbeit voraussetzt. Die Finanzierung durch Leistungen der Krankenkassen nach §39a SGB V, die 80% der Dienste in Anspruch nehmen, erfordert die Erfüllung der Vorgaben der Kassen bezüglich Qualifikation der Koordinator/innen.

Die Trägerschaften sind heterogen, der DKHV ist mit 41,4% am stärksten vertreten.

Schwerpunkte der Tätigkeit der ambulanten Kinderhospizdienste sind die Familienbegleitung (60,73% der ehrenamtlichen Mitarbeiter/innen sind dort tätig) und die Öffentlichkeitsarbeit (28%).

Pro ambulantem Dienst werden im Durchschnitt 15,8 Familien (im Median 10) begleitet. Die Daten der Ehrenamtlichen zeigen, dass 20,7% dieser Familien von einem Tandem, bestehend aus zwei Ehrenamtlichen, betreut werden. 59% werden von ein bis zwei und 13,81% von einer/m Ehrenamtlichen begleitet. Die Angaben der Familien dazu divergieren, wonach 55% der Ehrenamtlichen die Familien alleine und 40% im Tandem begleiten.

34,5% der Dienste verfügen über mehr als eine/n hauptamtlich tätige/n Koordinator/in.

Insgesamt werden 425 Familien von 40 Koordinator/innen begleitet. Der Betreuungsschlüssel durch die Koordinator/innen liegt bei 1:10,6. Es werden 430 lebensverkürzend erkrankte Kinder und Jugendliche sowie ca. 600 Geschwister lebensverkürzend erkrankter Kinder und Jugendliche begleitet.

Pro Dienst sind im Durchschnitt 24 ehrenamtliche Mitarbeiter/innen tätig (im Median 10).

Zum Erhebungszeitpunkt 2008/2009 standen den ambulanten Kinderhospizdiensten insgesamt 695 ehrenamtliche Mitarbeiter/innen zur Verfügung, von denen 601 Personen aktuell aktiv tätig waren. Die Ehrenamtlichen werden von den Koordinator/innen im Verhältnis 1:15 bzw. 1: 17,3 betreut.

Kooperationen der ambulanten Kinderhospizdienste mit anderen Einrichtungen/Institutionen finden überwiegend im medizinisch-therapeutischen Bereich statt und beinhalten weniger die Zusammenarbeit mit Ämtern und Krankenkassen. Nicht überall ist eine Kooperation mit einem oder mehreren stationären Kinderhospizen vorhanden.

Familien, die ambulante Kinderhospizdienste nutzen

Beschreibung der Stichprobe

Von den 29 ambulanten Diensten, die an der Studie teilnahmen, werden 425 Familien lebensverkürzend erkrankter Kinder und Jugendliche begleitet. Fast 80% der Eltern leben zusammen mit ihren Kindern, ca. 20% sind alleinerziehend. Das Bildungsniveau der Eltern ist etwas höher als im Bundesdurchschnitt. Die Einkommenssituation dagegen ist leicht unterdurchschnittlich.[180] Das Einkommen der Ein-Eltern-Familien ist noch niedriger. Die meisten Familien haben nur ein progredient erkranktes

---

[180] Dies kann darin begründet sein, dass aufgrund intensiver Pflege- und Betreuungsbedarfe der erkrankten Kinder häufig nur ein Elternteil berufstätig sein kann.

Kind. In ca. 43,6% der Familien lebt neben dem lebensverkürzend erkrankten Kind noch ein weiteres Kind. In ca. 35% der erfassten Familien leben zwei weitere und in ca. 18% drei weitere Kinder.

Ergebnisse der Erhebung

Die mediale Präsenz der ambulanten Kinderhospizarbeit ist bisher nicht ausreichend. 16% der Familien, die stationäre Kinderhospize nutzen, wussten nicht, ob es in ihrer Region einen ambulanten Kinderhospizdienst gibt. Dies erfordert mehr Öffentlichkeitsarbeit und deutet auch darauf hin, dass ein Ausbau der ambulanten kinderhospizlichen Versorgungsstruktur notwendig ist.

Die Familienbegleitung kristallisiert sich deutlich als Schwerpunkt der Tätigkeit von ambulanten Kinderhospizdiensten heraus: 95,6% der begleiteten Familien nutzen das Angebot des Einsatzes Ehrenamtlicher in ihrer Familie.

Da die meisten Familien auf eine relativ kurze Zeit der Begleitung zurückblicken (67% seit 2007 und 2008), gibt es bisher nur wenige bzw. recht junge Erfahrungswerte. Die Familien sind mit den fachlichen und personalen Kompetenzen der Ehrenamtlichen sehr zufrieden. Der so genannte „Mittelwertindex zur Zufriedenheit" zeigt, dass sich 75% der Werte zwischen 1 und 1,59 (IQR 1-1,59) befinden.[181]

Diese Werte sind außerordentlich hoch. Sie drücken die sehr hohe Anerkennung der Familienbegleitung durch die ehrenamtlichen Mitarbeiterinnen und Mitarbeiter aus. Neben den ambulanten Diensten nutzen die Familien andere Unterstützungsangebote wie Kinderkrankenpflegedienste, FED und therapeutische Angebote. Die ambulanten Dienste sind demnach ein wesentlicher Bestandteil der Unterstützungsmöglichkeiten für Familien mit lebensverkürzend erkrankten Kindern und Jugendlichen.

Die Eltern nutzen die Begleitung durch Ehrenamtliche im Durchschnitt 12,8 Stunden monatlich (im Median 11 Stunden). Unabhängig vom bisherigen Umfang der Nutzung der ambulanten Kinderhospizdienste wünschen sich 27,9% der Eltern mehr Einsatzstunden der Ehrenamtlichen. Es besteht demnach ein Bedarf an Ausweitung der Einsatzstunden von Ehrenamtlichen.

Der Schwerpunkt der Tätigkeiten der Ehrenamtlichen in den Familien liegt im Da-Sein/Begleiten (22,6%), gefolgt vom Angebot als Gesprächspartner für Eltern zu fungieren (19,2%). Fast ein Viertel der Eltern gab an, dass sie thanatale Aspekte nicht mit den Ehrenamtlichen thematisieren.

Die Familien wünschen sich von den ambulanten Kinderhospizdiensten eine bessere fachliche Qualifikation (besonders im Bereich Pflege). Der Mehrbedarf an Pflege und fachlichen Kompetenzen in diesem Bereich bildet ein Konfliktfeld, da Pflegemaßnahmen, die über die Grundpflegetätigkeiten hinausgehen, konzeptionell nicht zum Aufgabenbereich Ehrenamtlicher gehören. Von Seiten der Familien ist eine Kontinuität der Begleitenden erwünscht. Da die Tandemkonstruktion die Wahrscheinlichkeit einer kontinuierlichen Begleitung erhöht, ist es wünschenswert, noch stärker Begleitungstandems in den Familien einzusetzen.

Durch den hohen Anteil von Frauen in der ehrenamtlichen Begleitung der erkrankten Kinder und Jugendlichen sowie ihrer Geschwister (86,6% sind weiblich), ist die Umsetzung gendersensibler Begleitung kaum zu gewährleisten. Der Anteil männlicher Ehrenamtlicher bedarf eines systematischen Ausbaus, wofür in der Kinderhospizarbeit konzeptionelle Überlegungen notwendig sind.

Die Begleitung der Geschwister umfasst nach Angaben der Ehrenamtlichen einen Anteil von 26,3% ihrer Tätigkeit, die Familien schätzen diesen Anteil auf 27,4% (weitgehende Konvergenz). Die Begleitung der progredient erkrankten Kinder und Jugendlichen macht nach Angaben der ehrenamtlichen Mitarbeiter/innen 26,6% ihrer Einsatzzeit aus. Die Eltern schätzen diesen Anteil nur geringfügig höher ein (28%).

Die Auseinandersetzung über thanatale Themen mit den Geschwistern nimmt nach Angaben der Ehrenamtlichen einen Anteil von 13,5% ihrer Tätigkeit ein – die Eltern schätzen diesen Anteil auf 9,7%. Mit den erkrankten Kindern und Jugendlichen thematisieren die Ehrenamtlichen diese Aspekte nach eigenen Angaben zu einem Anteil von 9,3% ihrer Tätigkeit, während die Eltern diesen Anteil auf 4% schätzen. Die Diskrepanz in den Angaben ist damit zu erklären, dass viele Eltern nicht wissen und/oder nicht wissen möchten, inwieweit sich ihr Kind mit dieser Thematik beschäftigt. Ein weiterer Grund könnte sein, dass sowohl bei den Ehrenamtlichen als auch bei den Eltern durchaus Vorbehalte

---

[181] Dabei bedeutet 1 „sehr zufrieden" und 5 „sehr unzufrieden". Der Median befindet sich bei 1,25; Minimum ist der Wert 1 („sehr zufrieden") und Maximum der Wert 2,88 (3 = „teilweise zufrieden").

gegenüber der Thematisierung von Sterben, Tod und Trauer bestehen. Es ist zu folgern, dass die Thematisierung thanataler Aspekte kein Schwerpunkt im Einsatz der Ehrenamtlichen in der Begleitung progredient erkrankter Kinder und Jugendlicher sowie ihrer Geschwister darstellt.

Die Konfrontation mit thanatalen Aspekten und psychosozialen Problemen in der Familienbegleitung können bei den Ehrenamtlichen als Belastung empfunden werden. Im schlimmsten Fall führen diese zum Abbruch der Begleitung. In 40% der befragten Familien fand bereits ein Wechsel der begleitenden Ehrenamtlichen statt. 56,6% gaben als ein Grund dafür psychische oder physische Belastungen der Ehrenamtlichen an.

Die hauptamtlichen Mitarbeiter/innen: Koordinator/innen
Beschreibung der Stichprobe
Die befragten Koordinator/innen sind zu fast 90% weiblich und mehrheitlich zwischen 41 und 50 Jahre alt. Die Mehrzahl ist seit 2006 als Koordinator/in tätig (41,5%), wonach nur eine begrenzte zeitliche Erfahrung in diesem innovativen Berufsfeld vorliegt. Alle Koordinator/innen verfügen über Berufs- und Zusatzausbildungen (vielfach Palliative Care), überwiegend in medizinisch-pflegerisch-sozialen Bereichen. Insgesamt verfügen sie über ein hohes (Aus-)Bildungsniveau.

Ergebnisse der Erhebung
Koordinator/innen ambulanter Kinderhospizdienste sind Mittler/innen zwischen Familien, Ehrenamtlichen und Trägern. Die Beschäftigungsverhältnisse sind trägerabhängig und sehr heterogen. Die meisten Koordinator/innenstellen sind Teilzeitarbeitsverhältnisse ohne tariflich festgelegte Einkommensbestimmungen. Der Verdienst bewegt sich überwiegend zwischen 800,– und 1200,– Euro Nettoeinkommen (große Spannbreite).

Aus den Angaben der Koordinator/innen zu ihren Tätigkeiten kann gefolgert werden, dass das Arbeitsfeld sehr vielseitig ist und vielfältige Kompetenzen erfordert. Viele befragte Koordinator/innen verfügen neben ihren fachlichen Qualifikationen, die sie aufgrund ihrer Berufsausbildung und Zusatzqualifikationen erworben haben, über die für die Abrechnung mit den Krankenkassen erforderlichen Qualifikationen. Diese sind Voraussetzung für die Refinanzierung der ambulanten Dienste über §39a SGB V.

Alle Koordinator/innen nutzen die Möglichkeit der Supervision, was auf einen professionellen Umgang mit Problem- und Belastungssituationen schließen lässt und als wichtiger Baustein von Professionalität und Qualitätsentwicklung in sozialen Handlungsfeldern gilt.

Ehrenamtliche Mitarbeiter/innen
Beschreibung der Stichprobe
Die in der Kinderhospizarbeit tätigen Ehrenamtlichen sind zu einem Anteil von 86,6% weiblich, zwischen 40 und 50 Jahre alt (40%) und haben zum größten Teil eine christliche Konfessionszugehörigkeit (70%). Ungefähr die Hälfte von ihnen ist im sozial-medizinisch-pflegerischen Berufsfeld beruflich tätig. Ein weiterer großer Anteil ist Hausfrau/Hausmann und/oder bezieht Rente.

Ergebnisse der Erhebung
Die meisten der Ehrenamtlichen nahmen ihre Tätigkeit zwischen 2006 und 2008 auf (überwiegend 2007). Schwerpunkt der Tätigkeit der ehrenamtlichen Mitarbeiter/innen ist die Familienbegleitung, gefolgt von der Öffentlichkeitsarbeit, wobei sich die meisten Ehrenamtlichen in mehr als einem Bereich des Dienstes engagieren. Dabei ist keine geschlechtsspezifische Ausrichtung zu erkennen, da männliche und weibliche Ehrenamtliche die gleichen Tätigkeiten ausüben.

Ihre monatliche Einsatzzeit liegt im Durchschnitt bei 16,24 Stunden (im Median 14 Stunden). Nach ihren Angaben betreuen 70% von ihnen die Familien zu zweit (im Tandem) und 30% alleine.

Schwerpunkt der Tätigkeit in der Familienbegleitung ist die Begleitung im Alltag, das so genannte Dasein, gefolgt von Gesprächen (vor allem mit den Müttern), Freizeitgestaltung und Begleitung der erkrankten Kinder und Jugendlichen sowie ihrer Geschwister.

Die Thematisierung thanataler Aspekte findet meistens im Gespräch mit den Müttern statt, mit den erkrankten Kindern erfolgt diese nur zu einem Anteil von 9,3%. Dort, wo nicht über thanatale Themen gesprochen wird, ist dieser Bereich nach Angaben der Ehrenamtlichen noch nicht aktuell. Es kann gefolgert werden, dass es auch aus Sicht der Ehrenamtlichen in der Familienbegleitung vor allem um die Begleitung im Leben und um Alltagsentlastung geht.

Zur Vorbereitung auf ihre Tätigkeit in der ambulanten Kinderhospizarbeit haben 96% der Ehrenamtlichen einen Befähigungskurs absolviert und fühlen sich dadurch gut qualifiziert. Insgesamt zeigen sich bei den freiwillig sozial Engagierten in Bezug auf ihre Tätigkeit sehr hohe Zufriedenheitswerte, die darauf hinweisen, dass die Ehrenamtlichen ihre Tätigkeit gerne ausüben und einen hohen Gewinn aus ihrer ehrenamtlichen Arbeit schöpfen.

Mit ihren finanziellen Aufwendungen ist ein gutes Drittel der Ehrenamtlichen dagegen nicht zufrieden. Hier stellt sich die Frage, inwieweit ehrenamtlich Engagierten für die Tätigkeit und auch für die Aus- und Weiterbildung finanzielle Ausgleiche geboten werden sollten. Ziel sollte eine Balance zwischen einer als sinnvoll bewerteten Tätigkeit und den hierfür investierten Aufwendungen sein.

Ehrenamtliche erleben in ihrer Arbeit Problem- und Belastungssituationen. Die höchsten Belastungsquoten geben die ehrenamtlichen Mitarbeiter/innen in Bezug auf die Begleitung der erkrankten Kinder und Jugendlichen an, gefolgt von der Begleitung der Eltern. Auch die Sterbebegleitung empfinden die Ehrenamtlichen als belastend, ebenso ihre eigenen Ängste. Der strukturierte und regelmäßige Austausch mit den anderen Ehrenamtlichen stellt eine bedeutsame Unterstützungsressource dar. Dies deutet auf einen Bedarf an professionellen Reflexionsmöglichkeiten sowie begleitenden Fort- und Weiterbildungsangeboten hin.

Die von den Ehrenamtlichen als bedeutsam erachteten Kompetenzen für die Familienbegleitung liegen zum größten Teil nicht im fachlichen, sondern eher im personalen Bereich. Diese Schlüsselkompetenzen sollten durch Fort- und Weiterbildung sowie Reflexionsangebote weiterentwickelt werden können.

Fazit und Ausblick

Aus den Ergebnissen ergeben sich folgende Forderungen und Entwicklungsideen für das Feld der ambulanten Kinderhospizarbeit in Deutschland:

- Der flächendeckende Ausbau der ambulanten Versorgungsstruktur ist weiter voranzutreiben, um für alle potentiellen Adressaten Angebote der Kinderhospizarbeit vorhalten zu können. Der Bedarf ist hier noch nicht gedeckt, wie beispielsweise der Wunsch der Familien nach mehr Einsatzstunden Ehrenamtlicher in ihren Familien zeigt.
- Es ist des Weiteren notwendig, die finanzielle Absicherung der Dienste auszubauen. Hier gibt es bereits aktuelle Bestrebungen, die dabei unterstützen, die Kontinuität der Arbeit der ambulanten Kinderhospizdienste zu gewährleisten.
- Um das sehr hohe Engagement der haupt- und ehrenamtlichen Mitarbeiter/innen zu erhalten und wertzuschätzen, ist eine strukturelle Absicherung notwendig, die sich für die Ehrenamtlichen beispielsweise in einem angemessenen Ausgleich finanzieller Investitionen und bei den Koordinator/innen durch eine qualifikations- und aufgabenadäquate Besoldung zeigen sollte.
- Zur Absicherung der ambulanten Arbeit auf der inhaltlichen Ebene wäre eine verstärkte Vernetzung und Kooperation der ambulanten Kinderhospizdienste nützlich.
- Die Arbeitssituation der Koordinator/innen ist von vielfältigen Anforderungen bei relativ wenig unterstützenden Strukturen geprägt. Hier wären eine Stärkung struktureller Art und der Ausbau von trägerübergreifenden Netzwerken wünschenswert. Inhaltlicher Klärungsbedarf kann beispielsweise in Bezug auf folgende Aspekte konstatiert werden: Sinn von Qualifikationsprofilen für Koordinator/innen, das Vorhalten von einheitlichen Koordinator/innenschulungen und Aufgabenbeschreibungen, um die Position der Hauptamtlichen zu stärken. Es deutet sich des Weiteren ein Bedarf am Ausbau von Vollzeitbeschäftigungsverhältnissen auf der Ebene der hauptamtlichen Mitarbeiter/innen an.
- Um Familien und andere Adressaten umfassend informieren und beraten zu können, wäre ein Ausbau der Kooperationen der ambulanten Kinderhospizdienste mit stationären Kinderhospi-

zen sowie Ämtern und Krankenkassen empfehlenswert. Vorrangig der Bereich Anspruch auf und Finanzierung von Hilfeleistungen scheint nicht ausreichend abgedeckt zu sein.

- Angesichts der Heterogenität in Bezug auf die Befähigung der ehrenamtlichen Mitarbeiter/innen sollten ambulante Kinderhospizdienste die Frage diskutieren, ob es sinnvoll wäre, die Curricula der Befähigungskurse inhaltlich und quantitativ anzugleichen, mit dem Ziel, Standards in der Qualität der Ausbildung Ehrenamtlicher zu gewährleisten.
- Auch bei den ehrenamtlich Mitarbeitenden in ambulanten Kinderhospizdiensten dominiert der Anteil der Frauen. Damit einher geht eine weibliche Sicht und Ausrichtung der Tätigkeit. Im Sinne einer gendersensiblen Begleitung aller Familienmitglieder sollten mehr männliche Ehrenamtliche akquiriert und eingesetzt werden.
- Die Tandem-Begleitung der Familien ist im Sinne der Gewährleistung von Kontinuität und Verlässlichkeit wünschenswert und sollte weiter ausgebaut werden.
- Angestoßen durch den elterlichen Wunsch nach weitergehenden fachlichen Qualifikationen der Ehrenamtlichen – besonders im Bereich Pflege – kann der Bedarf eines (ergebnisoffenen) Diskurses über Ehrenamt und Professionalität in den ambulanten Kinderhospizdiensten konstatiert werden.
- Notwendig ist außerdem die Verstärkung der medialen Präsenz der ambulanten Angebote durch verstärkte Öffentlichkeitsarbeit, mit der sich die ambulanten Kinderhospizdienste als ein Baustein in der Unterstützung der Familien progredient erkrankter Kinder und Jugendlicher profilieren sollten und könnten.
- Im Sinne der Erhaltung und Weiterentwicklung der qualitativ hochwertigen Begleitung der Familien sollten alle Ehrenamtlichen professionelle Reflexionsmöglichkeiten, z.B. die Supervision, sowie Fort- und Weiterbildung besonders im Bereich Schlüsselkompetenzen nutzen können.
- In Bezug auf die Perspektiven aller Nutzer/innen und Mitarbeiter/innen ambulanter Kinderhospizarbeit kann die Forderung nach mehr Transparenz in der Thematisierung thanataler Aspekte gestellt werden. Die verschiedenen Akteure sollten sich darüber verständigen, in welcher Form sie diese Aspekte in ihre Tätigkeit integrieren möchten. Kompetenzen dafür können in Form von Fallbesprechungen sowie Fort- und Weiterbildungsangeboten erworben und/oder ausgebaut werden.

4 Exkurs

Andrea Bliersbach

Familien mit Migrationshintergrund in der Kinderhospizarbeit.
Eine Bestandsaufnahme anhand von Expert/inneninterviews zu besonderen Ressourcen, Bedürfnissen und zum Zugang zu den Angeboten der Kinderhospizarbeit.

4.1 Einleitung

Im Rahmen meiner Diplomarbeit im Fach (Sozial-)Pädagogik an der Universität Oldenburg habe ich von Oktober 2009 bis April 2010 das Thema „Familien mit progredient erkrankten Kindern mit Migrationshintergrund"[182] bearbeitet. Das Erkenntnisinteresse meiner Untersuchung richtete sich nach folgenden Forschungsfragen:

- Was sind die besonderen *Ressourcen, Belastungen* und *Bedürfnisse* von Familien progredient erkrankter Kinder mit Migrationshintergrund?
- Werden die Angebote der Kinderhospizarbeit diesen Bedürfnissen und Ressourcen gerecht?
- Was sind mögliche *Zugangsbarrieren* von Familien mit Migrationshintergrund zu den Angeboten der Kinderhospizdienste?

Da zu dieser Thematik keine spezifische Literatur vorhanden ist, habe ich eine explorative empirische Untersuchung als Forschungsmethode gewählt. Mit dem Ziel eine erste Bestandsaufnahme zu den gestellten Fragen liefern zu können, wurden insgesamt fünf leitfadengestützte Expert/inneninterviews[183] geführt. Interviewpartner/innen waren zwei Koordinatorinnen ambulanter Kinderhospizdienste (B3 und B4), zwei hauptamtliche Mitarbeiterinnen stationärer Kinderhospize (B1 und B5) und eine betrof-

---

[182] In den folgenden Ausführungen verwende ich die Bezeichnungen „Familien mit Migrationshintergrund". Mit „Migrationshintergrund" ist ein komplexes Bedingungsgefüge von verschiedenen Faktoren gemeint, die die Lebenssituation von Migrantinnen und Nicht-Migrantinnen unterscheiden (vgl. Robert Koch Stiftung 2008, 123). Die Bezeichnung birgt immer die Gefahr einer klischeehaften Vereinfachung und Verallgemeinerung, da sie die Unterschiede der Familien mit Migrationshintergrund untereinander nicht berücksichtigt.

[183] Sprache prägt Bewusstsein, deshalb benutze ich grundsätzlich das große „I" bei der allgemeinen Bezeichnung von Personen. Dass so der Lesefluss gestört werden kann, begrüße ich als „Irritationsmoment", der an die Existenz von Frauen erinnert.

fene Mutter (B2). Der vorliegende Text stellt eine kurze Zusammenfassung der Ergebnisse meiner Diplomarbeit dar.

4.2 Forschungsrelevanz

In der Fachliteratur zum Thema Kinderhospizarbeit wird selten auf Familienformen Bezug genommen, die nicht der „traditionellen" Kleinfamilie entsprechen. Demnach stellt sich die Frage nach einer möglichen Mittelschichtsorientierung und „kulturellen"[184] Homogenität innerhalb der Kinderhospizarbeit, die Familien in besonderen Bedürfnislagen vernachlässigt. Familien mit Migrationshintergrund in Deutschland[185] sind aufgrund ihrer besonderen Lebensbedingungen spezifischen Belastungen und Stressfaktoren ausgesetzt, denen bei der Betreuung durch (psycho-) soziale, pädagogische, medizinische und pflegerische Dienste Rechnung getragen werden muss. Für die Kinderhospizarbeit bedeutet dies, dass sich für Familien mit Migrationshintergrund die emotionalen, physischen, familiären sowie finanziellen Belastungen, denen alle Familien mit progredient erkrankten Kindern ausgesetzt sind, eventuell verstärken und dass diese Familien weiteren spezifische Belastungen ausgesetzt sind.[186] So kann z.B. davon ausgegangen werden, dass eine kindliche Behinderung aufgrund von Sonderausgaben die finanzielle Lage von Familien in benachteiligter Lebenslage noch weiter verschlechtert und Ressourcenungleichheit verstärkt (vgl. Büker 2008, 290). Ähnliches gilt für die Wohnsituation, wobei beengte und nicht behindertengerechte Wohnverhältnisse eine den Bedürfnissen des Kindes entsprechende Versorgung erschweren und die Pflegeperson, eventuell sogar die gesamte Familie, gesundheitlich belasten (vgl. Büker 2008, 290f.).

Des Weiteren kann nach Horn (2004, 178f.) von folgenden migrationsspezifischen Belastungen bei Familien lebensverkürzend erkrankter Kinder ausgegangen werden:

- *Stress durch mangelhafte sprachliche Verständigungsmöglichkeit*: Verständigungsprobleme lösen zusätzlichen Stress aus. Wenn nicht genau verstanden wird, was passiert, kann dies Angst auslösen. Das Gefühl nicht verstanden zu werden, kann sehr frustrierend sein, vor allem wenn man das Gefühl hat, dass die eigene Sicht und das eigene Erklärungssystem (von professioneller Seite) nicht gefragt sind.
- *Erschwerende Umstände aufgrund erhöhter finanzieller Unsicherheit.*
- *Vorbelastungen durch negative Erfahrungen mit deutschen Institutionen, Diskriminierungs- und Rassismuserfahrungen*: Es besteht die Möglichkeit, dass bereits gemachte Diskriminierungs- und Rassismuserfahrungen durch den Stress der lebensbedrohlichen Krankheit des Kindes wieder aktualisiert werden. So werden Gefühle der Angst und Abwehr ausgelöst, die es erschweren, wenn nicht sogar verhindern, ein Vertrauensverhältnis zum medizinischen und psy-

---

[184] Der Begriff „Kultur" unterliegt den verschiedensten Bedeutungskontexten (ethnologisch, politisch, anthropologisch etc.), vielfältigen etymologischen Bestimmungen („Kultur" im Sinne von Kunst, „Cultura" im Sinne von Kulturen anbauen) und variablen semantischen Bestimmungen (Kulturprogramm, Kultur haben) (vgl. Merz-Atalik 2008, 23). Ganz allgemein, kann Kultur z.B. als Art und Weise, in der sich Individuen ihre Lebenswelt aneignen, verstanden werden (vgl. Kalpaka 1998, 77). Dann ist „Kultur" Bestandteil jeder Praxis, d.h. es wird keine (pädagogische) Situation geben, die nicht „interkulturell" ist. Die Konsequenz eines solchen allumfassenden Kulturverständnisses ist dann aber natürlich auch der damit einhergehende inflationäre Charakter des Begriffs. So hat „Kultur" in unterschiedlichen Kontexten die verschiedensten Bedeutungen. „Kultur" kann als prozesshaft und individualisiert (vgl. Leiprecht 2002, 87) oder als unbewegliche essentialistische Kategorie verstanden werden. Um diese Bedeutungsvielfalt und gleichzeitige Bedeutungsleere des Begriffs „Kultur" zu betonen, wird dieser im Folgenden immer in Anführungszeichen gesetzt.

[185] Hinter der Bezeichnung „Familien mit Migrationshintergrund" steht eine sehr heterogene Gruppe. Familien mit Migrationshintergrund können die deutsche Staatsangehörigkeit besitzen, sie können aber auch Ausländer, Aussiedler, Asylbewerber oder Flüchtlinge sein. In manchen Familien sind alle Mitglieder zugewandert (Migrationsfamilien der ersten Generation), in anderen Familien sind alle in Deutschland geboren (Migrationsfamilien der zweiten Generation). Viele Familien mit Migrationshintergrund setzen sich aus Personen, die in Deutschland geboren sind und aus zugewanderten Personen zusammen (vgl. Eimmermacher et al. 2004, 11). Des Weiteren unterscheiden sich Familien mit Migrationshintergrund bezüglich ihrer Einwanderungsmotive, ihres kulturellen, religiösen und lebensgeschichtlichen Hintergrundes, ihres rechtlichen Status im Einwanderungsland, ihrer Erwerbs- und Beschäftigungslage, ihres Bildungsstandes oder ihrer Sprachkenntnisse.

[186] Aufgrund der zuvor beschriebenen Heterogenität von Familien mit Migrationshintergrund treffen nicht alle Stressfaktoren und Belastungen auf jede Familie (in gleichem Maße) zu.

chosozialen Personal aufzubauen, wenn dieses als „übermächtig und der dominanten Gruppe der Gesellschaft zugehörig erlebt" (Horn 2004, 179) wird.

- *Bedrohung des Aufenthaltsstatus:* Eine schwere Erkrankung eines Kindes erfordert meistens eine Umstrukturierung der familiären Arbeitsteilung, da die Pflege und Begleitung des Kindes einen großen Zeitaufwand darstellen. So kommt es z.B. öfter dazu, dass ein Elternteil die Erwerbstätigkeit aufgibt. Dies hat nicht nur finanzielle Belastungen für die Familie zur Folge, sondern kann auch Auswirkungen auf den Aufenthaltsstatus der Familie haben. Ein unsicherer Aufenthaltsstatus stellt eine enorme emotionale Belastung für die Familie da und hat Einfluss auf die Genesung sowie auf die medizinische und psychosoziale Betreuung.
- *Verarbeitung der Migration:* Die Erfahrung der Migration kann auf ganz unterschiedliche Weise verarbeitet werden. Mögliche traumatische Erfahrungen, wie Gefühle des Ausgeliefertseins, der Einsamkeit, Heimatlosigkeit, Angst und Unsicherheit können durch die lebensbedrohliche Erkrankung eines Kindes wieder hervorgerufen werden. Gleichzeitig können positive Migrationserfahrungen den Umgang mit der Krankheit sowie den Kontakt mit den Ärzten/innen und dem psychosozialen Team unterstützen (vgl. Horn 2004, 179).

Um Hilflosigkeits-Zuschreibung und eine Defizit-Perspektive in der Arbeit mit Migranten/innen zu vermeiden, ist es ebenfalls wichtig, die besonderen Ressourcen zu betonen, die mit einem Migrationshintergrund einhergehen können.[187] Diese Ressourcen-Perspektive bedeutet dann z.B., dass das Leben als Familie mit Migrationshintergrund nicht nur als zusätzliche Belastung zur progredienten Erkrankung des Kindes gesehen wird, sondern dass gleichzeitig auch mögliche durch die Migration erworbene Bewältigungskompetenzen erkannt werden. Migration wird so positiv als „Ort des Wandels und des Entstehens von Neuem" (Lanfranchi 2004, 13) gesehen. Gerade für die Bewältigung von Krisensituation können Migrantinnen und Migranten auf durch die Migration erworbene Kompetenzen – wie z.B. die Fähigkeit neue Perspektiven zu entwickeln, Unsicherheiten auszuhalten, Schicksalsschläge zu akzeptieren, Lebensentwürfe zu verändern und Veränderungen hinzunehmen – zurückgreifen (vgl. Tsirigotis 2005, 247). Als mögliche Ressourcen von Familien mit Migrationshintergrund mit lebensverkürzend erkrankten Kindern nennt Horn (2004, 181) den religiösen und familiären Rückhalt. Der religiöse Rückhalt könne dabei helfen, das eigene Schicksal anzunehmen, während die emotionale und materielle Unterstützung von Familie und Gemeinschaft als große Ressource bei Stress sowie emotionaler, physischer und finanzieller Belastung zu bewerten sei (vgl. Horn 2004, 181).[188]

4.3. Zusammenfassung und Diskussion der Ergebnisse der Expert/inneninterviews
Die Darstellung der Ergebnisse der Expert/inneninterviews ist in folgende Themenbereiche gegliedert:
- Positionierungen der Befragten zu Familien mit Migrationshintergrund
- Inanspruchnahme der Kinderhospizdienste durch Familien mit Migrationshintergrund
- Besonderen Ressourcen, Belastungen und Bedürfnisse von Familien mit Migrationshintergrund mit progredient erkrankten Kindern
- Zugangsbarrieren, die sich für Familien in Bezug auf die Angebote der Kinderhospizarbeit ergeben
- Handlungsinitiativen seitens der Kinderhospizdienste, Familien mit Migrationshintergrund zu erreichen und deren Umgang mit den besonderen Ressourcen, Belastungen und Bedürfnissen der Familien.

---

[187] Auch hier gilt, dass aufgrund der Heterogenität der Gruppe nicht alle Familien auf die gleichen Ressourcen zurückgreifen können.

[188] Bei vielen Migrantinnen und Migranten fehlen aber gerade die sozialen Netze der Herkunftsfamilie (oder die des traditionellen Männer- oder Frauenkollektivs), wenn diese z.B. im Herkunftsland zurückgelassen werden oder sich Rollenverständnisse verändern (vgl. Lanfranchi & von Wogau et al. 2004, 107). Natürlich kann auch nicht davon ausgegangen werden, dass jede Familie mit Migrationshintergrund besonders religiös ist. Hier muss auch gefragt werden, inwieweit Zuschreibungen und Typisierungen eine Rolle spielen. Trotzdem scheinen diese beiden Ressourcen gerade im Umgang mit einer progredienten Erkrankung eines Kindes besonders wertvoll zu sein.

4.3.1 Positionierungen der Befragten zu Familien mit Migrationshintergrund

„Also bei Migrationsfamilien habe ich jetzt eher so im Kopf, äh eben türkische Familien oder Iran, Irak. So diese Familien." (Int. 5, 34–36)

Die Aussagen der Befragten bezogen sich auffällig oft auf muslimischen Familien und Familien mit türkischem Migrationshintergrund. Diese Familien wurden also mit der in den Interviews vorgegebenen Bezeichnung „Familien mit Migrationshintergrund" assoziiert. Die eigentliche Heterogenität der Familien mit Migrationshintergrund in Deutschland wurde dabei vernachlässigt. Dies lässt nicht unbedingt darauf schließen, dass Familien mit anderen Migrationshintergründen nicht von den Kinderhospizdiensten begleitet werden, sondern eher darauf, dass die Mitarbeiterinnen bei diesen Familien den Migrationshintergrund weniger bedeutsam finden bzw. gar nicht sehen. Der Umgang mit diesen Familien unterscheidet sich für sie nicht von dem Umgang mit „deutschen Familien", daher finden diese Familien in den Gesprächen keine Erwähnung. Die Befragten unterscheiden dementsprechend zwischen Familien mit Migrationshintergrund, die „angepasst" sind und Familien, die in ihren „eigenen Traditionen" leben:

> *„Wobei ich dazu sagen muss, es gibt ja auch Familien, die nicht in Deutschland, äh also, die keine Deutschen sind sozusagen, wo man es aber eigentlich kaum merkt, ne? Die schon solange hier im Haus sind, wo das einfach eigentlich erst mal auch keine Rolle spielt, ne? Zum Beispiel haben wir viele polnische Familien. Aber die sind schon so integriert sozusagen, dass das gar nicht mehr so, also, dass man gar nicht mehr so den Gedanken hat, dass da jetzt so andere kulturelle Strömungen mit hinein kommen." (Int. 5, 29–34)*

So sind es dann vor allem die muslimischen Familien, die von den befragten Mitarbeiterinnen der Kinderhospizdienste als „anders" gesehen werden und diese Familien werden auch zum überwiegenden Teil in den Interviews thematisiert.

Den muslimischen Familien und den Familien mit türkischem Migrationshintergrund werden von den Befragten u.a. zwei spezifische Attribute zugeschrieben: die Lebensweise in großfamiliären Zusammenhängen und die damit einhergehenden engen Familienbeziehungen sowie eine ausgeprägte Religiosität. Diese wurden von den Befragten dann zur Identifizierung und Erklärung besonderer Ressourcen, Belastungen und Zugangsbarrieren herangezogen. Die auffällig häufige Synonymisierung der Begriffe „muslimische Familien" und „Familien mit Migrationshintergrund" machen deshalb die Übertragung der Ergebnisse dieser Untersuchung auf Familien anderer Glaubensrichtungen nur sehr bedingt möglich.

4.3.2 Inanspruchnahme der Kinderhospizdienste durch Familien mit Migrationshintergrund

„Aber, ich kann eigentlich gar nicht sagen, dass die Familien eben nicht zu uns kommen, weil wir haben sehr, sehr viele Familien mit Migrationshintergrund." (Int. 1, 11–113)

„Es gibt so viele Familien. Es gibt auch viele Familien mit Migrationshintergrund und schwerstkranken Kindern. Warum kommen die nicht zu uns?" (Int. 4, 30–31)

Das wohl prägnanteste Ergebnis der Untersuchung ist die unterschiedlich hohe Inanspruchnahme der stationären und ambulanten Dienste durch Familien mit Migrationshintergrund. So hat die Auswertung ergeben, dass die stationären Kinderhospize weit mehr Familien mit Migrationshintergrund begleiten als die ambulanten Dienste. Bei einem der stationären Kinderhospize liegt der Anteil sogar bei 35–40%. Einer der ambulanten Dienste hat noch keine Familie mit Migrationshintergrund begleitet, während es sich bei dem anderen bisher um fünf begleitete Familien handelt. Da in meiner Untersuchung diesbezüglich nur die Daten von fünf Diensten vorliegen, muss diese Tendenz durch eine quantitative Untersuchung bestätigt werden.

Die Befragten erklären die niedrige Inanspruchnahme der ambulanten Dienste damit, dass es für Familien generell schwieriger sei, eine Begleitung durch eine fremde Person zu Hause zuzulassen, als ein Kinderhospiz zu besuchen. Bei Familien mit Migrationshintergrund besteht der Eindruck, dass diese Hemmschwelle noch einmal höher sei als bei Familien ohne Migrationshintergrund:

> *„Ähm im Kinderhospiz selber in (StadtA), das werden Sie da auch hören, sah das anders aus. Da waren mehr Familien mit Migrationshintergrund. Und es war so deutlich, es ist eine große*

Hemmschwelle, so dieses jemand Fremdes zu sich nach Hause lassen. Das ist bei allen Familien eine Hemmschwelle, aber dort noch mal mehr, habe ich den Eindruck." (Int. 4, 31–34)

Die Ergebnisse zur spezifischen Inanspruchnahme einzelner Angebote der Kinderhospizdienste durch Familien mit Migrationshintergrund sind dagegen weniger eindeutig. Während das Angebot der Nachbegleitung der Familien nach dem Tod des Kindes nach Aussage von B5 von muslimischen Familien besonders gerne genutzt werde, nutzten die muslimischen Familien, die von B1 und B4 betreut wurden, ein vergleichbares Angebot nicht.

Die divergierende Inanspruchnahme von bestimmten Angeboten in den unterschiedlichen Einrichtungen zeigt, dass es von vielen Faktoren, nicht nur von der Einstellung und Situation der Familie selbst, abhängt, ob und in welchem Umfang Familien mit Migrationshintergrund die Angebote der Kinderhospizdienste nutzen.

4.3.3 Besondere Ressourcen von Familien mit Migrationshintergrund mit progredient erkrankten Kindern

Die Auswertung zu den besonderen Ressourcen von Familien mit Migrationshintergrund im Umgang mit der progredienten Erkrankung eines Kindes hat den von Horn (2004, 181) in der Einleitung zitierten, familiären und religiösen Rückhalt bestätigt. Beide Ressourcen wurden auch von den interviewten Expert/innen bei den begleiteten Familien mit Migrationshintergrund beobachtet. Im Besonderen beziehen sich die Befragten hier auf muslimische Familien und Familien mit türkischem Migrationshintergrund, denen beide Ressourcen in einer meist untrennbaren Kombination zugeschrieben werden.

Familienzusammenhalt

„Also das ist, denke ich auch eine Ressource der Familien, dass die da auch auf so ein Hilfesystem zurückgreifen können." (Int. 5, 81–83)

Das Leben in großfamiliären Zusammenhängen bietet den Familien ein breites Netzwerk von Unterstützer/innen bei der Pflege und Betreuung des Kindes. Zudem gibt das Familiensystem auch emotionalen Rückhalt, da die Beziehungen der Familienmitglieder zueinander sehr intensiv sind:

> *„Aber so dieser ähm Familiensinn, das merkt man schon, dass manchmal die Familie auch Kraft gibt, auch von weit her. Vielleicht auch in stärkerem Maße als wir das haben." (Int. 4, 172–174)*

Familien, die in solchen engen Beziehungen zu ihren Verwandten leben, benötigen unter Umständen die Angebote der Kinderhospize nicht, da sie bereits ausreichend Entlastung und Unterstützung durch Familienmitglieder erfahren. Hier wird deutlich, dass es bei der Ressource „Familienzusammenhalt" nicht nur um praktische Unterstützung geht, wie z.B. die Betreuung der Geschwisterkinder, sondern im Besonderen um emotionalen Beistand beim Umgang mit der Verarbeitung der progredienten Erkrankung und beim Umgang mit Sterben, Tod und Trauer. Die Befragten bestätigen in diesem Zusammenhang, dass die Familien oft von ihren Verwandten während des Aufenthaltes im Kinderhospiz besucht werden (vgl. Int. 5, 70–73) und bewerten die Anwesenheit der Verwandten gerade in der letzten Lebensphase des Kindes als sehr positiv und unterstützend für die Familien:

> *„Es war auch, das war zum Beispiel auch deutlich wie Halt gebend so dieser ganze Familienclan war, ne? Also da war die ganze Oma, Opa, Mutter, Vater, Onkel, Tante mit dabei in diesem Gespräch. Die würden dann zur eigentlichen Diagnose wurden sie dann raus gebeten, weil die Ärzte das nicht dürfen. Kamen dann aber auch gleich wieder rein." (Int. 4, 204–208)*

Ein weiterer Vorteil, der sich für diese Familien aus der Orientierung an diesen Familienmustern ergibt, ist deren besondere Zugänglichkeit für Beziehungsangebote, die von den Mitarbeitenden der Kinderhospizdienste ausgehen:

„Das ist vielleicht auch was Typisches für diese Menschen, dass sie eigentlich sehr offen sind und auch sehr Beziehungen auch interessiert sind ne. Emotional auch, wenn ich das jetzt mal so vergleiche, ne? Sind sie einfach auf der emotionalen Ebene vielleicht leichter zu erreichen. Und äh nutzen das auch für sich." (Int. 5, 120–124)

Auch die befragte Mutter (B2) verwendet während des Interviews spontan das Wort „Familie", um die Beziehung mit den beiden ihr zugeteilten ehrenamtlichen Helferinnen zu beschreiben:

„Also die Familie, sag ich mal so (lacht) ist jetzt schon fast eine Familie. Also die Frau G. und die Frau also die Silvia[189] kommt auch noch zu uns." (Int. 2, 69–71)

Außerdem beschreibt sie die Beziehung ihrer Töchter zu der ehrenamtlichen Helferin als Großmutter-Enkelinnen-Verhältnis, das durch viel „Liebe", „Herz" und „Seele" gekennzeichnet sei:

„Und ich merke das, wie gesagt, sie hat auch die äh Liebe meiner Töchter auch erobert. Das muss man schon dazu sagen. Also die haben halt eine Oma mehr gewonnen. Und die hat, glaube ich, zwei Enkelkinder gewonnen dadurch. (lacht) Und die verstehen sich sehr und die macht das auch mit also mit Herz und Seele." (Int. 2, 93–96)

B2, ihre Töchter und die ehrenamtliche Helferin haben eine emotional sehr enge, familienähnliche Beziehung zueinander entwickelt. Die Fähigkeit sich auf solche Beziehungen mit außenstehenden Personen einzulassen, kann als sehr große Ressource angesehen werden.

Religiosität
„Also da gibt es Momente, wo, wie gesagt äh kann man kann keine äh was tun und dann denke ich einfach, so der liebe Gott weiß warum." (Int. 2, 657–658)
Religiosität wird zwar nur in Bezug zu muslimischen Familien als unterstützend im Umgang mit der progredienten Erkrankung eines Kindes genannt, trotzdem beschreiben die Expert/innen keine Ressourcen, die sich ausschließlich aus den Lehren des Islam oder beispielsweise spezifisch muslimischen Trauerritualen ziehen lassen. Stattdessen wird eine tiefe Religiosität an sich als hilfreich im Umgang mit der progredienten Erkrankung und dem Tod eines Kindes eingeschätzt, da so Leid und Trauer einen Ausdruck finden können. Der religiöse Rückhalt ist deshalb eine spezifische Ressource für Familien mit Migrationshintergrund, da bei diesen Familien besonders häufig ein tiefer Glaube beobachtet wird, der in der Kollektivität der Großfamilie seinen Ausdruck findet.

„Also was, denke ich, für die Familien auch eine Ressource ist, wenn ich jetzt an die türkischen Familien denke oder an die muslimischen Familien, das die schon auch einen starken, also ihren Glauben auch leben. Und ich denke mal, das ist auch eine Hilfe ist in der Verarbeitung der Situation. Dass sie in der Regel doch auch gläubig sind und das auch hier leben. Also das denke ich ist schon auch eine Stütze bei der bei dem Leben mit einem kranken Kind." (Int. 5, 120–124)

4.3.4 Belastungen und Bedürfnisse
Mit Hilfe der Expert/inneninterviews konnten besondere Belastungen und Bedürfnisse identifiziert werden, die für Familien mit progredient erkrankten Kindern mit Migrationshintergrund relevant sind. Diese ergeben sich z.T. ebenfalls aus den zuvor beschriebenen „traditionellen" Lebensweisen, die besonders muslimische und Familien mit türkischem Migrationshintergrund betreffen.

Räumliche Trennung von Verwandten im Ausland
„Schwierig wird es natürlich dann, wenn die Familienangehörigen nicht in Deutschland leben." (Int. 5, 83–84)

---

[189] Alle Namen wurden geändert.

Die räumliche Trennung von den Verwandten im Ausland wurde von den Befragten als besondere Belastung für Familien mit Migrationshintergrund identifiziert, da sie dazu führt, dass die Familien nur wenig Unterstützung durch Familienmitglieder im Umgang mit der progredienten Erkrankung erwarten können. Aufgrund der zuvor beschriebenen besonderen Bindung zu der Großfamilie kann die räumliche Trennung zudem eine zusätzlich emotionale Belastung bedeuten. Daraus ergibt sich für die Familien das für ihre Situation spezifische Bedürfnis, die entfernt lebenden Familienmitglieder zu besuchen und zu diesem Zweck das progredient erkrankte Kind im stationären Kinderhospiz für kurze Zeit in Pflege zu geben.

> *„Ich denke, genau, ich denke es ist bedingt durch die Not, wir müssen einfach, die Sehnsucht ist so groß wir müssen einfach jetzt auch mal wieder in die Heimat oder da gibt es die kranke Mutter, den kranken Vater wie auch immer, die auch darauf warten, dass die Kinder auch wieder nach Hause kommen."* (Int.1, 276–279)

Eine weitere Belastung ergibt sich aus der Inkongruenz des eigenen und/oder des von außen an die Familien herangetragenen Anspruches, die Erkrankung des Kindes innerhalb der Familie zu bewältigen, und der tatsächlichen Situation, nur wenig zusätzliche Unterstützung außerhalb der Kleinfamilie zu haben. Die daraus entstehende Überforderung der Familien kann Gefühle des Versagens auslösen. Wenn die Familien sich nicht eingestehen wollen, dass allein die Verwandtschaft für den Umgang mit der Krankheit nicht ausreicht, fällt es besonders schwer, die Begleitung durch die Kinderhospizarbeit anzunehmen (vgl. Int. 4, 518–522).

Sprachprobleme

Der von Horn (2004, 178) genannte Stress, der durch sprachliche Verständigungsschwierigkeiten entstehen kann, wurde von den Expert/innen in Bezug zu Familien mit progredient erkrankten Kindern mit Migrationshintergrund bestätigt. Aus mangelnden Deutschkenntnissen resultierende Informationsdefizite über Hilfsangebote und Verständigungsprobleme mit den Mitarbeitenden der Kinderhospizdienste stellen für die Familien eine besondere Belastung dar. Zudem wurde eine eventuelle Überforderung der Geschwister der erkrankten Kinder identifiziert, die in diesen Fällen oft die Funktion der Dolmetschenden übernehmen müssen.

Ausgrenzungs- und Rassismuserfahrungen

„Und ich habe auch dieses Gefühl gekriegt, also ich bin, ich habe Kopftuch und ich bin gleich dumm gestempelt." (Int. 2, 484–485)

Darüber hinaus hat die Auswertung der Expert/inneninterviews ergeben, dass Familien mit Migrationshintergrund in verschiedenen Kontexten Rassismus- und Ausgrenzungserfahrungen ausgesetzt sind. Diese stellen eine zusätzliche alltägliche Belastung für die Familien mit progredient erkrankten Kindern mit Migrationshintergrund dar, erschweren die Kontaktaufnahme mit der Kinderhospizarbeit und können die Interaktion mit professionellen Unterstützer/innen und Ansprechpartner/innen und andern betroffenen Eltern belasten. Zum einen sind hiermit Gefühle des Fremdseins und des Ausschlusses gemeint, zum anderen auch Rassismuserfahrungen. Es ist überwiegend die befragte Mutter, die diese Belastungen für die Familien mit Migrationshintergrund identifiziert, da sie diese Erfahrungen selber gemacht hat. Die Mitarbeiterinnen und Mitarbeiter der Kinderhospizdienste zeigen diesbezüglich nur ein eingeschränktes Problembewusstsein. Hier ist ein wichtiger Ansatzpunkt, an dem die Begleitung der Familien mit Migrationshintergrund optimiert werden sollte. Dies kann durch eine Selbstreflexion der Mitarbeitenden, mit und ohne Migrationshintergrund, bezüglich ihrer eigenen „Kulturen" und alltäglichen Zuschreibungsprozesse realisiert werden. Ein konkretes Beispiel ist hier die Reflexion und Anerkennung der Machtverhältnisse, die sich beispielsweise aufgrund von Hautfarben und unterschiedlichen Sprachkenntnissen ergeben. Die Kinderhospizarbeit muss sich mit der eigenen monokulturellen Ausrichtung und den damit verbunden Ausgrenzungsprozessen auseinandersetzten, denn Gefühle des Fremdseins und der Ausgrenzung erfahren Familien mit Migrationshintergrund durchaus auch im Kontext der Kinderhospizarbeit. So wurde die Befragte Mutter (B2) beispielsweise während eines vom ambulanten Kinderhospizdienst veranstalteten Seminars von anderen Eltern nach ihrem

Kopftuch und ihrer Kleidung befragt (vgl. Int. 2, 309–318; 324-332). Obwohl B2 diese Situation nicht als bedrohlich bewertet, zeigt dies doch, dass ihr auf dem Seminar eine „Exoten/innen-Stellung" als einzige Mutter mit Migrationshintergrund zugeschrieben wurde. Auch B5 berichtet von einer ähnlichen Situation, bei der eine Mutter von einem anderen Vater auf ihr Kopftuch angesprochen wurde (vgl. Int. 5, 513–517). Familien mit Migrationshintergrund in Deutschland werden im Alltag mit unzähligen Situationen konfrontiert, in denen ihre Zugehörigkeit zur deutschen Gesellschaft in Frage gestellt wird. Dies geschieht nicht immer durch offene Anfeindungen, Rassismus oder Benachteiligungen, sondern z.B. auch durch vermeintlich „nett" und interessiert gemeinte Fragen, wie: „Wo kommen Sie her?", „Wo sind Sie geboren?", „Wollen Sie wieder zurück in die Heimat?" oder eben auch „Warum tragen Sie ein Kopftuch?". Diese Fragen produzieren und reflektieren ein unausgeglichenes Machtverhältnis zwischen Fragenden und Gefragten. Die Fragenden müssen ihr Dasein in Deutschland und ihre religiösen Praktiken nicht rechtfertigen, da diese der „Norm" entsprechen und deshalb unausgesprochen bleiben können. Die Gefragten werden hingegen in die Position gezwungen, ihr Dasein in Deutschland zu legitimieren bzw. zu relativieren, indem ihnen eine andere „Heimat" zugeschrieben wird. Gerade durch die Frage nach dem Kopftuch, die in vielen Fällen auch im Sinne des „interkulturellen Austausches" gestellt wird, werden die Frauen dazu gedrängt, ihre „andere" Religion und das Praktizieren dieser „anderen" Religion in Deutschland zu rechtfertigen. Das Tragen eines Kopftuches in Deutschland wird damit „fragwürdig". Die Gleichzeitigkeit des Kopftuchtragens und der Zugehörigkeit zur deutschen Gesellschaft wird „in Frage gestellt". Die damit einhergehende unausgesprochene Botschaft ist immer: „Du trägst ein Kopftuch, du bist anders als wir" und „Deutsche tragen kein Kopftuch".

4.3.5   Zugang und Barrieren von Familien mit Migrationshintergrund zu den Angeboten der
          Kinderhospizdienste

Neben den Ressourcen und Bedürfnissen lag der Fokus der Untersuchung auch auf einer Bestandsaufnahme möglicher Zugangsbarrieren für Familien mit Migrationshintergrund zu den Kinderhospizdiensten. Dazu wurden zunächst die Zugangswege der Familien mit progredient erkrankten Kindern zu den Kinderhospizdiensten ermittelt. Hier stellen die Befragten die persönliche Ansprache durch andere Professionelle und betroffene Familien, die zu den Familien in einem Vertrauensverhältnis stehen als häufigste und effektivste Vermittlungsmethode heraus. Dies gilt besonders für Familien mit Migrationshintergrund. Vereinzelt wird diesen Familien diesbezüglich eine größere Passivität, was ihre aktive Suche nach Hilfsangeboten und eine Isolation, was ihre Kontakte zu anderen betroffenen Familien betrifft, attestiert.

> „Ich habe selten erlebt, dass Familien mit Migrationshintergrund von selbst jetzt im Internet gesucht haben und ich glaube auch, dass die weniger Kontakt zu anderen Familien haben, um sich da auszutauschen. Also da ist doch häufig eher mit einer Professionellen, sag ich mal, haben die das Haus hier das erste Mal aufgesucht." (Int. 1, 60–63)

Mangelnde Deutschkenntnisse

„Und ähm ja also, das sehe ich eigentlich als wesentliche Barriere, die Sprache" (Int. 1, 102–103).
Fehlende oder geringe Deutschkenntnisse werden von den Befragten als wesentliche Zugangsbarriere zu den Angeboten der Kinderhospizdienste eingeschätzt. Damit ist nicht gemeint, dass Familien ohne Deutschkenntnisse die Angebote nicht in Anspruch nehmen können, sondern dass diese Familien große Schwierigkeiten haben, überhaupt von den Angeboten zu erfahren und zu verstehen, welche Hilfen dort in welcher Form geleistet werden. Die Aufklärung über die genauen Aufgaben und Funktionen der Kinderhospizarbeit ist der erste Schritt für alle Familien zum Zugang zu den Angeboten. Da Kinderhospizarbeit oft mit der Hospizarbeit für Erwachsene gleichgesetzt wird, muss den Familien vermittelt werden, dass die Unterstützung eines Kinderhospizdienstes bereits mit der Diagnosestellung beginnen kann und nicht auf die letzte Krankheitsphase beschränkt ist. Gerade die Assoziation mit Sterbebegleitung schreckt Familien ab, die sich mit diesem Thema noch nicht auseinandersetzen können. Dies gilt auch für Familien mit Migrationshintergrund, und für diese sind die Informationsdefizite

aufgrund eventuell mangelnder Deutschkenntnisse noch verstärkt. Informationsunterlagen der befragten Dienste sind bisher nur auf Deutsch verfügbar. Auch die Kontakte mit den oben beschriebenen Vermittler/innen sind zum größten Teil nicht in der Muttersprache möglich. Die fehlende oder für die Familien unverständliche Information darüber, welche Hilfen die Kinderhospizarbeit in welcher Form leistet, ist eine der spezifischen Zugangsbarrieren für Familien mit Migrationshintergrund zur Kinderhospizarbeit.

„Also dass, wenn eine Familie wirklich Interesse hat, aber den Flyer nicht lesen kann oder das schlecht, das gar nicht erklärt kriegt oder schon erklärt kriegt, es aber dann nicht verstehen kann und es dann niemanden gibt, der übersetzt. Ja dann, dann wird die Verwirrung groß. Und so einen Schritt zu tun, indem man sich entscheidet, fremde Personen ins Haus zu lassen. Ja, der will wohl überlegt sein." (Int. 3, 294–298)

„Kulturelle" Differenzen
„Also das ist, glaube ich, könnte man vielleicht auch so ein bisschen generalisieren ein größeres Tabu noch als in unseren als in deutschen Familien. Das Thema Tod und Sterben." (Int. 5, 312–313)
Als weitere Zugangsbarriere für Familien mit Migrationshintergrund, und hier sind auch wieder vorrangig muslimische und Familien mit türkischem Migrationshintergrund gemeint, konnten „kulturelle" Differenzen zwischen der Kinderhospizarbeit und Einstellungen der Familien insbesondere bezüglich der Themen Sterben, Tod und Trauer festgestellt werden.
Mit „kulturelle Differenzen" sind Unterschiede zwischen der „Kultur" der Kinderhospizarbeit und der „Kultur" der Familien gemeint. Familien, die eine solche Differenz empfinden oder befürchten, werden vermutlich nur schwer Zugang zu den Angeboten der Kinderhospizdienste finden.
Es besteht ein Konflikt bei der Aufklärung der progredient erkrankten Kinder über ihren bevorstehenden Tod. Während die „Kultur" der Kinderhospizarbeit hier einen offenen Umgang postuliert und zum Teil auch praktiziert, zeigen die Familien oftmals eine Vermeidungshaltung, die sie mit ihrer „Kultur" begründen.

„Und ein Vater hat mir mal gesagt, dass es für ihn ganz schwer wäre, weil, ähm, es würde so in seiner, ähm, wie soll ich sagen, in seiner Kultur würde man sagen, wenn man vom Tod spricht, dann redet man ihn herbei. Und dass sie da, äh, ja dass sie das da auch eine gewisse Angst da ist das zu benennen, ne? Weil das dann vielleicht so eintreten könnte ode, ne? Oder man ihn dann so zusagen herbeigerufen hat, ne?" (Int. 5, 287–292)

Obwohl die Kinderhospizarbeit auf dieses Bedürfnis Rücksicht nimmt, sind die Themen Tod und Sterben in den stationären Kinderhospizen doch sehr präsent, dies kann Familien dazu bewegen von einem Aufenthalt Abstand zu nehmen.[190]
Eine weitere „kulturelle" Differenz zwischen Kinderhospizarbeit und Familien mit Migrationshintergrund wurde bezüglich der Praktiken der Trauerbewältigung identifiziert. Diese äußerte sich in den Aussagen einer Mitarbeiterin eines stationären Kinderhospizes, nach der besonders Familien mit Migrationshintergrund das Angebot der Begleitung nach dem Tod des Kindes in Form von Erinnerungsnachmittagen ablehnen. In dieser Diskussion geht es vorrangig um muslimische Familien. Deshalb liegt die These nahe, dass die Nicht-Teilnahme an Gedenk- und Abschiedsfeiern auch mit einem unterschiedlichen Umgang mit Trauer im Islam zu tun haben könnte, der der „Kultur" der Trauerbegleitung der Kinderhospize, in Form von Gedenktagen und Seminaren, nicht entspricht und die Familien deshalb keinen Bezug dazu finden. Die Vorgehensweise von Familien mit türkischem Migrationshintergrund, ihre Toten sehr schnell beizusetzen, könnte ein Hinweis auf einen schnelleren Abschluss der (öffentlichen) Trauer um das Kind sein (vgl. Int. 4, 344–350). In der Kinderhospizarbeit wird den Fa-

---

[190] Auch in der „westlichen Kultur" kann nicht von einem offenen Umgang mit den Themen Tod und Sterben eines Kindes gesprochen werden (vgl. Jennessen 2006, 76). Dementsprechend erleben auch Familien ohne Migrationshintergrund eine „kulturelle" Differenz, wenn sie ein Kinderhospiz besuchen.

milien dagegen nahe gelegt, sich Zeit für ihre Trauer zu lassen (vgl. Int. 4, 352–354). Hier wird eine mögliche „kulturelle" Differenz zwischen der Einstellung türkischer Familien in Bezug auf Form und Dauer der Trauerverarbeitung sowie diesbezügliche Praktiken der Kinderhospizdienste identifiziert. Diese Differenz könnte bedeuten, dass die Angebote, die die Kinderhospizdienste den Familien, die um ein Kind trauern, anbieten, nicht auf die Bedürfnisse muslimischer/türkischer Familien zugeschnitten sind und diese deshalb nicht teilnehmen.[191]

Zudem legen die Familien vermutlich besonderen Wert darauf, ihre Trauer innerhalb der Familie zu belassen und lehnen eine „öffentliche" Trauerbewältigung in Form von Erinnerungsritualen im Kinderhospiz ab. Hier können aber auch die Ressourcen des familiären und religiösen Rückhalts zum Tragen kommen, die die Familien innerhalb ihrer Familienbeziehungen in ihrer Trauer aufgehoben sein lassen, daher benötigen sie keine zusätzliche Trauerbegleitung durch die Kinderhospizarbeit. In einem anderen stationären Kinderhospiz, in dem besonderer Wert auf einen „familiären Rahmen" in der Begleitung mit den Familien gelegt wird, werden diese Angebote viel besser angenommen.

„Ja, das ist ganz wichtig, ich glaube ganz viel es muss so ein familiärer Rahmen sein und ganz viel Kontakt und Beziehung und Emotionen. Das ist glaube ich ganz wichtig. Da fühlen sie sich dann auch wohl und das ist auch eine schöne Atmosphäre dann. Und das führt dann vielleicht auch dazu, dass man dann, wenn ein halbes Jahr später noch mal so was gemacht wird, dass die dann auch dabei sind." (Int. 5, 489–493)

Anspruch, die progrediente Erkrankung des Kindes innerhalb der Familie zu bewältigen
„Ähm, da fällt es ganz schwer, und ich denke schwieriger noch als bei deutschen Familien, die Unterstützung anzunehmen. Weil die Familie auch den Anspruch hat, sich gegenseitig zu stützen." (Int. 4, 256–258)
Eine zusätzliche spezifische Zugangsbarriere zu den Angeboten der Kinderhospizdienste ist die Isolation innerhalb der Bezüge der Großfamilie einiger Familien mit Migrationshintergrund, die die Akzeptanz fremder Hilfen erschwert. So lehnen die Familien aus der Angst, die Privatsphäre und Einheit der Familie aufgeben zu müssen, insbesondere die ambulante Begleitung eines Kinderhospizdienstes ab.

„Und das war dann so dieses die Familie ist gibt sich gegenseitig ganz viel Kraft ist, aber auch so ein abgeschlossenes Ding. Also, ähm, ist eben gerade bei einem kranken Kind in der Familie unheimlich schwer da jemand Fremdes in die Familie zu lassen. Wir geben uns dann Kraft, wenn wir so eine abgeschlossene Einheit sind und da passt eigentlich keiner dazwischen." (Int. 4, 282–285)

Die unterschiedliche Inanspruchnahme der ambulanten und stationären Dienste durch Familien mit Migrationshintergrund wird also dadurch erklärt, dass das Zulassen der Hilfe durch eine fremde Person einen Konflikt mit dem für Familien mit Migrationshintergrund besonderen Anspruch nach Privatsphäre und Bewältigung von Krisen innerhalb der Familie darstellt. Bei einem Aufenthalt in einem stationären Kinderhospiz tritt dieser Konflikt in dieser Form nicht auf, da die Familien dann dort zu Gast sind. Gleichzeitig kann hier auch vermutet werden, dass die Möglichkeit, sich mit der ganzen Familie im Kinderhospiz aufzuhalten, gerade Familien mit Migrationshintergrund aus denselben Gründen besonders ansprechen muss. Hier scheint es also eine Übereinstimmung in der „Kultur" der Kinderhospizarbeit, die besonderen Wert auf die Unterstützung der gesamten Familie in ihrer Einheit und der „Kultur" der Familien mit Migrationshintergrund, die ebenfalls einen hohen Wert auf die Einheit der Familie legen, zu geben.

---

[191] Natürlich gibt es auch innerhalb des Islam verschiedene Glaubensrichtungen und Konfessionen, sodass der Umgang mit Sterben, Tod und Trauer hier keineswegs einheitlich ist.

Religionsunterschiede
„Das macht einen Unterschied ob buddhistisches Hospiz XY im Namen steht oder evangelischer Hospizdienst. Das scheint doch andere Menschen anzusprechen." (Int. 3, 541–543)

Insbesondere für muslimische Familien ergibt sich eine weitere Zugangsbarriere aus der christlich-konfessionellen Bindung einiger Kinderhospizdienste. So hat die Auswertung gezeigt, dass die befragten Einrichtungen ohne konfessionelle Bindung weitaus häufiger von Familien mit Migrationshintergrund genutzt werden als der befragte evangelische ambulante Kinderhospizdienst. Dies kann damit zusammenhängen, dass Familien anderer Glaubensrichtungen nicht wissen, dass sie das Angebot auch annehmen dürfen, oder damit, dass sie befürchten dieses Angebot entspreche nicht ihren spezifischen Bedürfnissen (vgl. Int. 3, 151–156).

Nicht nur die konfessionelle Zugehörigkeit der Institution, sondern auch die der dort arbeitenden Mitarbeitenden kann dazu führen, dass Familien mit anderen Religionszugehörigkeiten Angebote nicht annehmen, da sie sich eine Begleitung wünschten, die auf ihre spezifischen religiösen Bedürfnisse abgestimmt sei.

„Aber ich kann mir vorstellen, wenn die Familien wissen, dass die Ehrenamtliche nicht Muslimin ist, kann ich mir schon vorstellen, dass das auch noch mal die Hemmschwelle erhöht, ganz deutlich." (Int. 4, 565–567)

Ausgrenzungserfahrungen und Gefühl der Nichtzugehörigkeit
„Vielleicht weil sie auch oft in Situationen sind, wo sie sich so rechtfertigen müssen und wo sie ja irgendwie Angst haben, dass sie, als das es irgendwie unangenehm erlebt wird, wenn sie da sind oder wie auch immer." (Int. 5, 590–593)

Die Kinderhospizdienste betonen die Öffnung für Familien jeglicher Glaubensrichtungen und die damit verbundene Berücksichtigung aller spezifischen religiösen Bedürfnisse. Trotzdem lässt allein die Tatsache, dass nur wenige Mitarbeiterinnen und Mitarbeiter der Kinderhospizdienste selbst einen Migrationshintergrund haben oder Muslime sind, auf eine „kulturelle" und religiöse Homogenität der Kinderhospizdienste schließen. Damit ist gemeint, dass Familien mit Migrationshintergrund und Familien mit nichtchristlicher Konfession, wenn auch keine Seltenheit, so doch eine Besonderheit in den Kinderhospizdiensten darstellen. Deshalb wurde untersucht, inwieweit Ausgrenzungserfahrungen und Gefühle der Nichtzugehörigkeit Familien mit Migrationshintergrund daran hindern, die Angebote der Kinderhospizarbeit in Anspruch zu nehmen. Diese entstehen durch vielfältige Rassismus- und Ausgrenzungserfahrungen, die diese Familien in ihrem Alltag in Deutschland und auch im Umgang mit anderen Einrichtungen und Institutionen machen. Diese negativen Erfahrungen prägen dann möglicherweise auch ihren Umgang mit den Kinderhospizdiensten.

„Vielleicht weil sie auch oft in Situationen sind, wo sie sich so rechtfertigen müssen und wo sie ja irgendwie Angst haben, dass sie als das es irgendwie unangenehm erlebt wird, wenn sie da sind oder wie auch immer." (Int. 5, 590–593)

Die Befürchtung seitens der Familien, im Kontakt mit den Kinderhospizdiensten ähnliche Erfahrungen machen zu müssen, ist nachvollziehbar. In den Interviews wurde eine Bereitschaft der Kinderhospizdienste deutlich, Verständnis für Sprachprobleme, „kulturelle" Differenzen und Religionsunterschiede zu zeigen. Dies hängt mit dem Grundsatz der Kinderhospizarbeit zusammen, jede Familie individuell zu begleiten und auf deren spezifische Wünsche einzugehen. Das ist den Familien aber verständlicherweise nicht unbedingt bewusst, was auch erklären würde, warum Familien mit Migrationshintergrund überwiegend durch persönliche Ansprache zu den Kinderhospizdiensten finden und nur ganz selten aus Eigeninitiative. Gleichzeitig wird so auch die Notwendigkeit dieser persönlichen Ansprache gerade für Familien mit Migrationshintergrund deutlich.

4.3.6 Initiativen der Kinderhospizdienste, Zugangsbarrieren abzubauen und Familien mit Migrationshintergrund gezielt anzusprechen

„Also wir haben natürlich unsere ganzen Unterlagen alle auf Deutsch." (Int. 1, 100–101)

Beim Abbau der Zugangsbarrieren der Familien mit Migrationshintergrund zeigte sich nur eine der befragten Mitarbeitenden aktiv. Die anderen sind mit der Inanspruchnahme zufrieden und sehen deshalb keinen Handlungsbedarf.

> *„Nein, wissen Sie, wir sind so gut ausgelastet hier. Es wäre vielleicht noch mal was anderes, wenn man so jetzt ständig Vakanzen hätte, dass man dann noch mal gucken würde, wo sitzen denn die Eltern, die es eigentlich geben muss. Aber wir sind so gut ausgebucht. Dass wahrscheinlich bei uns der Gedanke gar nicht kommt, wir müssen jetzt gucken, wo sind Familien." (Int. 5, 427–430)*

Zudem widerspricht die direkte Ansprache von Familien mit Migrationshintergrund dem Ideal der selbstständigen Kontaktaufnahme, dem sich die Kinderhospizarbeit verschrieben hat.

Mangelnde Deutschkenntnisse und das daraus folgende Informationsdefizit über die Ziele und Aufgaben der Kinderhospizdienste wurden von den Befragten als wesentliche Zugangsbarriere eingeschätzt. Dessen ungeachtet zeigen die Kinderhospizdienste lediglich vereinzelt Interesse, diese Barriere abzubauen, indem beispielsweise Informationen in verschiedenen Sprachen bereitgestellt werden.

> *„Auf Türkisch? Dafür ist es also dafür sind uns die Kosten zu hoch, ganz ehrlich, und die Zielgruppe dann doch zu klein, ne?" (Int. 1, 158–159)*

In diesem Zusammenhang stellt sich die Frage, ob und inwieweit Informationsmaterialien in den jeweiligen Muttersprachen Familien mit Migrationshintergrund den Zugang zu den Kinderhospizdiensten überhaupt erleichtern würden. Die Befragten geben an, dass es generell eher seltener ausschließlich über ausliegende Flyer zu einer Kontaktaufnahme kommt (vgl. Int. 4, 460–463). Der Schritt in ein Kinderhospiz oder die Entscheidung für eine Begleitung zu Hause kann durch genaue Information über die Angebote der Institutionen und Dienste erleichtert werden. Die persönliche Beratung durch eine Person des Vertrauens ist sicher der effektivste Weg. Es kann allerdings nicht davon ausgegangen werden, dass diese Personen die Familien in ihrer Vorzugssprache informieren können. Deshalb stellen detaillierte und schriftliche Informationen in der Muttersprache, die zusätzlich zu einem Gespräch zur Verfügung stehen, eine Möglichkeit dar, Sprachbarrieren zu überwinden. Gleichzeitig böte sich so auch ein Weg, die Zugangsbarrieren zu reduzieren, die mit „kulturellen" Differenzen und Religionsunterschieden verbunden sind. Die mehrsprachigen Informationsmaterialien könnten beispielsweise Hinweise darauf enthalten, dass Familien aller Glaubensrichtungen willkommen sind, dass islamische Bestattungsrituale keine Seltenheit und die Mitarbeitenden dazu auch geschult sind oder dass Dolmetscher/innen zur Verfügung stehen. Allein die Tatsache, einen Flyer in der jeweiligen Muttersprache in den Händen zu halten, signalisiert den Familien, dass diese auch mit nur geringen oder keinen Deutschkenntnissen willkommen sind. Diese schriftlichen Informationen können die persönliche Ansprache sicher nicht ersetzen, jedoch komplementieren.

4.3.7 Umgang der Kinderhospizdienste mit besonderen Bedürfnissen und Belastungen von Familien mit Migrationshintergrund

„Und wir machen uns auch im Vorfeld Überlegungen, wenn die Familie kommt, so worauf müssen wir achten? Ähm, was braucht die Familie auch von uns, um sich hier wohl zu fühlen?" (Int. 1, 230–232)

Sobald die Begleitung der Familien begonnen hat, zeigen sich die Kinderhospizdienste im Umgang mit den besonderen Bedürfnissen der Familien mit Migrationshintergrund engagierter. Hier bewährt sich das Konzept der Kinderhospizarbeit, individuell auf jede Familie einzugehen und die Eltern als Expert/innen für ihr Kind zu akzeptieren und respektieren, als sehr effektiv im Umgang mit den besonderen Bedürfnissen, die sich aus dem Migrationshintergrund der Familien ergeben können. Diese können als individuelle Bedürfnisse registriert und beachtet werden. Ein Konzept, das z.B. speziell auf die Bedürfnisse von Familien mit Migrationshintergrund ausgerichtet wäre, ist aufgrund der Heterogenität der Gruppe als nicht sinnvoll anzusehen. So würde nur der Stereotypisierung Vorschub geleistet werden. Trotzdem könnten bereits etablierte Fortbildungsveranstaltungen, die sich mit den spezifischen Traditionen und Ritualen verschiedener „Kulturen" und Religionen im Umgang mit Sterben, Tod und Trauer auseinandersetzen, durch weitere Seminare zu Themen wie sozialer Ungleichheit in Deutschland oder Rassismus und Ausgrenzung komplettiert werden. Zudem sollte nicht nur die „Kultur der Anderen", sondern auch die eigenen „kulturellen" Annahmen und Paradigmen einer Prüfung und Diskussion unterzogen werden.

Abschließend kann gesagt werden, dass Familien mit Migrationshintergrund mit progredient erkrankten Kindern besondere Ressourcen, aber auch Belastungen und Bedürfnisse zeigen, auf die in der Kinderhospizarbeit individuell eingegangen wird. Vor allem zu den Angeboten der ambulanten Kinderhospizdienste bestehen jedoch spezifische Zugangsbarrieren. Aufgrund der „kulturellen" und religiösen Homogenität der Dienste fällt es Familien mit Migrationshintergrund schwerer als Familien ohne Migrationshintergrund, eine Begleitung anzunehmen.

4.4 Literatur

Büker, C. (2008): Leben mit einem behinderten Kind: Betroffene Familien in sozial benachteiligter Lebenslage. In: Bauer, U./Büscher A. (Hrsg.): Soziale Ungleichheit und Pflege. Beiträge sozialwissenschaftlich orientierter Pflegeforschung. Wiesbaden. 282–300.

Eimmermacher, H./ Lanfranchi, A./ Radice von Wogau, J. (2004): Systemisch-interkulturell denken und handeln. In: Radice von Wogau, J./Eimmermacher, H./Lanfranchi, A. (Hrsg.): Therapie und Beratung von Migranten. Systemisch-interkulturell denken und handeln. Weinheim und Basel. 3–12.

Horn, A. (2004): Interkulturelle Betreuung lebensbedrohlich erkrankter Kinder. In: Radice von Wogau, J./Eimmermacher, H./Lanfranchi, A. (Hrsg.): Therapie und Beratung von Migranten. Systemisch-interkulturell denken und handeln. Weinheim und Basel. 175–189.

Jennessen, S. (2006): Systemisches Verstehen von Entwicklung und Sozialisation bei progredienter Erkrankung als Grundlage schulpädagogischen Handelns. In: Heilpädagogik online 02. 61–97.

Kalpaka, A. (1998): Interkulturelle Kompetenz. Kompetentes (sozial-)pädagogisches Handeln in der Einwanderungsgesellschaft. IZA Zeitschrift für Migration und Soziale Arbeit. 3–4. 77–79.

Lanfranchi, A. (2004): Migration und Integration – Gestaltung von Übergängen. In: Radice von Wogau, J./Eimmermacher, H./Lanfranchi, A. (Hrsg.): Therapie und Beratung von Migranten. Systemisch-interkulturell denken und handeln. Weinheim und Basel. 13–30.

Lanfranchi, A./ von Wogau, P./ Eimmermacher, H. (2004): Zugang von Migrantinnen und Migranten zu den Sozial- und Gesundheitssystemen. In: Radice von Wogau, J./Eimmermacher, H./Lanfranchi, A. (Hrsg.): Therapie und Beratung von Migranten. Systemisch-interkulturell denken und handeln. Weinheim und Basel. 104–120.

Leibrecht, R. (2002): Interkulturelle Kompetenz als Schlüsselqualifikation aus der Sicht von Arbeitsansätzen in pädagogischen Handlungsfeldern. IZA Zeitschrift für Migration und Soziale Arbeit. 24. 3–4. 87–91.

Merz-Atalik, K. (2008): Begleitung und Beratung von Familien mit Migrationshintergrund – Aspekte der Kommunikation in inter- bzw. transkulturellen Situationen. In: Sonderpädagogische Förderung, 1(53). 22–38.

Robert Koch Institut (Hrsg.) (2008): Kinder- und Jugendgesundheitssurvey (KiGGS) 2003–2006: Kinder und Jugendliche mit Migrationshintergrund in Deutschland. Bericht im Auftrag des Bundesministeriums für Gesundheit. Berlin.
URL: http://www.kiggs.de/experten/downloads/dokumente/KIGGS_migration*[1].pdf (Letzter Zugriff: 28.7.2009).*

Tsirigotis, C. (2005): Lösungsorientierte Elternarbeit mit interkulturellen Herausforderungen. Hörpädagogik. 6. 240–250.

5. Zusammenfassung der Ergebnisse

5.1 Die Studie

In der Zeit von Juli 2007 bis Juli 2010 wurde die Studie zur Erfassung der Qualität und Bedarfsgerechtigkeit von Angeboten der Kinderhospizarbeit in Deutschland von einem Forscherteam der HAWK/Holzminden durchgeführt.

Kooperationspartner war der Deutsche Kinderhospizverein e.V., finanziert wurde die Studie von der Stiftung deutsche Jugendmarke e.V. und dem Niedersächsischen Landessozialamt. Das Forschungsteam bestand aus der Projektleitung, zwei wissenschaftlichen Mitarbeiterinnen und einer studentischen Mitarbeiterin.

In einem triangulativ angelegten Forschungsdesign wurden die Perspektiven der Akteure und Akteurinnen im Feld der Kinderhospizarbeit erfasst. Folgende Erhebungen bilden die Grundlage für die Studie und ihre Ergebnisse:

- 172 Fragebögen von Eltern lebensverkürzend erkrankter Kinder, die stationäre Kinderhospize besuchen
- 10 Interviews mit Eltern lebensverkürzend erkrankter Kinder, die stationäre Kinderhospize besuchen
- 62 Fragebögen von Mitarbeiter/innen aus Kinderhospizen
- 6 Interviews mit Mitarbeiter/innen aus Kinderhospizen
- 41 Fragebögen von Koordinator/innen ambulanter Kinderhospizdienste
- 248 Fragebögen von Ehrenamtlichen aus der ambulanten Kinderhospizarbeit
- 91 Fragebögen von Familien, die ambulante Kinderhospizdienste nutzen
- 2 Teilnehmende Beobachtungen lebensverkürzend erkrankter Kinder
- 2 Interviews mit lebensverkürzend erkrankten Jugendliche
- 1 Gruppendiskussion mit Eltern und Mitarbeiterinnen aus Kinderhospizen.

Das Hauptziel des primär sonderpädagogisch orientierten Projektes war es, bundesweit erstmalig die Qualität der verschiedenen Tätigkeitsbereiche stationärer Kinderhospize und ambulanter Kinderhospizdienste zu erfassen. Im Mittelpunkt standen hierbei die Bedürfnisse und Erwartungen betroffener Familien und die Frage, inwieweit die stationären und ambulanten Angebote von den Familien als hilfreich, unterstützend und entlastend wahrgenommen werden.

Im Einzelnen wurden erfasst:

- Die psychosoziale Gesamtsituation der Familien und des betroffenen Kindes/Jugendlichen
- Die Professionalität der multidisziplinären Teams in der Kinderhospizarbeit
- Die Bedarfsbezogenheit der Qualität der Angebote der Kinderhospizarbeit.

5.2 Beschreibung der Stichproben
Die Familien, die Kinderhospize besuchen
- 10,4% der Befragten sind alleinerziehend.

- Mehr als 50% haben außer dem lebensverkürzend erkrankten Kind mindestens ein weiteres Kind.
- Fast 25% der Kinder sind von Stoffwechselerkrankungen betroffen.
- Die Familien verfügen über ein durchschnittliches Haushaltseinkommen (bei höheren Kosten) und ein leicht überdurchschnittliches Bildungsniveau.
- 70% christlicher Konfession – 1,2% Muslime.

Die Familien, die ambulante Kinderhospizdienste nutzen
- 20,5% der Befragten sind alleinerziehend (alle weiblich).
- 85,7% haben außer dem lebensverkürzend erkrankten Kind mindestens ein weiteres Kind.
- 32,2% der Kinder sind von Stoffwechselerkrankungen betroffen.
- Die Familien verfügen über ein leicht unterdurchschnittliches Haushaltseinkommen und ein überdurchschnittliches Bildungsniveau.
- 77,8% christlicher Konfession – 5,6% Muslime.

Die Fachkräfte in stationären Kinderhospizen
- Multiprofessionelle Teams: größte Berufsgruppe Kinderkrankenschwestern (fast 57%; Pädagog/innen: 10%).
- Fachkräfte üben häufig professionsübergreifende Tätigkeiten aus: 97% aller Mitarbeiter/innen in Pflege und Begleitung der erkrankten Kinder involviert (auch Pädagog/innen).
- 70% Vollzeitbeschäftigte und ca. 30% Teilzeitbeschäftigte.
- 92% bezeichnen die Auseinandersetzung mit der eigenen Sterblichkeit als wichtige Grundlage der eigenen Arbeit.

Die Mitarbeiter/innen in ambulanten Kinderhospizdiensten
- Zusammenarbeit von haupt- und ehrenamtlichen Kräften
- Arbeitsbereiche ehrenamtliche Mitarbeitende: Familienbegleitung, Öffentlichkeitsarbeit, Verwaltung
- Überwiegend alltagspraktische Begleitung in den Familien
- Vorbereitung durch Befähigungskurse
- Hauptarbeitsbereiche hauptamtliche Mitarbeitende: Akquise, Schulung und Begleitung der Ehrenamtlichen; Begleitung, Beratung und Information der Familien
- Beschäftigungsverhältnisse heterogen
- Hohes Ausbildungsniveau der Koordinator/innen, vielfach Palliative Care Zusatzausbildung.

5.3 Ergebnisse
Die Ergebnisse aus den Befragungen der verschiedenen Akteurinnen und Akteure wurden unter den folgenden Themenschwerpunkten zusammengefasst.

5.3.1 Die Perspektive der Mitarbeitenden
80% der befragten Mitarbeiter/innen stationärer Kinderhospize geben an, dass ihre Einrichtung auf der Grundlage einer Konzeption arbeite. Nach dem mit 20,7% am häufigsten genannten OPI-Konzept findet sich eine Vielzahl unterschiedlichster Ansätze aus den Bereichen Pädagogik, Therapie und Pflege, ohne dass ein gemeinsames und einheitliches konzeptionelles Fundament existiert.

Teamarbeit
Die Teamarbeit in den stationären Kinderhospizen wird mehrheitlich und berufsgruppenübergreifend signifikant positiv bewertet. Lediglich für die Kooperation mit den ehrenamtlichen Mitarbeiter/innen werden von ca. 50% der Befragten mittlere und negative Bewertungskategorien gewählt.

Problem- und Belastungsfaktoren

Als Problem- und Belastungsfaktoren in der Arbeit werden von den Fachkräften vorwiegend strukturelle Aspekte wie Arbeits- und Organisationsbedingungen sowie in geringerem Maße auch die Kooperation mit den Eltern angegeben. Der Aspekt der Sterbebegleitung erkrankter Kinder wird hingegen als eher wenig belastend erlebt, was mit den häufig mehrjährigen Prozessbegleitungen und dem Erleben des Sterbens als quasi natürlichen Endpunkt dieser Prozesse in Verbindung zu stehen scheint. Für die Bewältigung dieser Belastungssituationen werden vielfältige Reflexionsmöglichkeiten mit den Kolleg/innen, in den Teams, mit den Leitungen und durch Supervision angeboten.

83% der Ehrenamtlichen der ambulanten Kinderhospizdienste bewerten den Austausch mit anderen Ehrenamtlichen als wichtige positive und am häufigsten genutzte Ressource.

Kompetenzen

Gute Kinderhospizarbeit benötigt kompetente Mitarbeiter/innen. Deren Kompetenzen setzen sich aus fachlichen und personalen Kompetenzen zusammen, von denen die Fachkräfte selbst ihre personalen Kompetenzen wie Empathie (15,5%) und Geduld (14,9%) leicht bedeutsamer einschätzen als ihre fachliche Qualifikation (14,7%). 64% bewerten die Fort- und Weiterbildungsmöglichkeiten im Rahmen ihrer Tätigkeit als hinreichend, 34% schätzen diese eher negativ ein, sodass von einem hohen professionellen Anspruch an die eigene Tätigkeit ausgegangen werden kann.

Die Befähigungskurse, die 96,36% der ehrenamtlichen Mitarbeiter/innen ambulanter Kinderhospizdienste absolvierten, werden von diesen sehr positiv bewertet. 70% schätzen sich durch diese für ihre Tätigkeit als sehr gut und gut qualifiziert ein, 87% sind mit den Kursen sehr zufrieden und zufrieden.

Fachkräfte in Kinderhospizen weisen bezüglich ihrer Arbeit hohe Zufriedenheitswerte auf: 83% sind mit der Arbeit ihrer Institution und 78,2% mit ihrer persönlichen Situation zufrieden und sehr zufrieden. Ähnlich sieht es im ambulanten Bereich aus: Hier geben die Ehrenamtlichen durchweg hohe Zufriedenheitswerte bei der eigenen Bewertung ihrer Tätigkeit, bei den Rückmeldungen durch die Familien und der Wertschätzung in der Öffentlichkeit an.

5.3.2 Die Perspektive der Familien

Gelingende Begleitung

„So der Alltag gestaltet sich halt so, dass man ständig halt betreut, pflegt und ja, dass das eben kein Alltag ist." (Interview G, Abs. 501)

Auf diese Weise beschreibt die Mutter eines erkrankten Kindes in charakteristischer Weise ihre häusliche Situation, die durch die fortschreitende Erkrankung des Kindes, häufig labile Gesundheitszustände und einen hohen Pflege- und Betreuungsaufwand geprägt ist. Diese spezifischen Familiensituationen erfordern kinderhospizliche Begleitungsangebote, die den Bedürfnissen der Betroffenen entsprechend gestaltet sind und Entlastung sowie Erholung gewährleisten. Genau dies erleben Familien in stationären Kinderhospizen: 76,3% der befragten Eltern können während ihrer Aufenthalte im Kinderhospiz sehr gut bzw. gut entspannen und zur Ruhe kommen. Fast genauso viele (71,8%) fühlen durch den Aufenthalt als Familie für ihren Alltag gestärkt. Je mehr Eltern bereit sind, die Pflege ihres Kindes an die Mitarbeiter/innen des Kinderhospizes abzugeben, desto höher steigen ihre Entlastungswerte.

„Es ist für uns ein Paradies, doch absolut." (Interview A, Abs. 514)
„Das ist für mich meine zweite Familie." (Interview D, Abs. 38)

Zur Entspannung trägt auch eine signifikant hohe Zufriedenheit mit den räumlichen Bedingungen in Kinderhospizen bei. Für einige Einrichtungen werden lediglich separate Geschwisterzimmer gewünscht, da die gemeinsame Unterbringung gerade älterer Geschwister und ihrer Eltern als nicht angemessen und Erholung bietend bewertet wird.

Die Begleitung durch Mitarbeiter/innen ambulanter Kinderhospizdienste bewerten die Familien als äußerst hilfreich und entlastend. Bei 75% aller Befragten finden sich Messwerte der Kategorien sehr zufrieden und zufrieden.

„Ja, also das ist der außergewöhnliche Ort für eine außergewöhnliche Situation, sag ich immer und das sehe ich auch nach wie vor so." (Interview G)

Ritualisierte Kontinuität in der Begleitung progredient erkrankter Kinder und Jugendlicher
Schwerstbehinderte, lebensverkürzend erkrankte Kinder erfahren in Kinderhospizen in der Regel eine äußerst sensible, empathische und bedürfnisorientierte Pflege, für die den Pflegenden ausreichende zeitliche Ressourcen zur Verfügung stehen.
Diese Kinder benötigen ein hohes Maß an ritualisierter Kontinuität, um sich sicher zu fühlen. Diese Kontinuität ist – sofern noch nicht gegeben – auf personaler und räumlicher Ebene, aber auch auf der Ebene konkreter Pflegehandlungen herbeizuführen. Viele Eltern erleben jedoch einen häufigen Wechsel von Pflegepersonen bei ihrem Kind: Sechs Personen und mehr pflegen das erkrankte Kind pro Aufenthalt, geben 24,4% der Befragten an. Dies wird entsprechend negativ bewertet.
Schwerstbehinderte, lebensverkürzend erkrankte Kinder benötigen im Kinderhospiz die professionelle und ungeteilte Achtsamkeit und Aufmerksamkeit der Pflegenden in für sie subjektiv häufig belastenden Pflegesituationen. Dies erfordert die fachliche Kompetenz der Pflegekräfte zur bedürfnisorientierten Gestaltung dieser Situationen. Außerdem benötigen die Fachkräfte sonderpädagogische Kompetenzen, um auch außerhalb von Pflegesituationen anregende und interessante Freizeitaktivitäten für erkrankte Kinder zu gestalten. Hier ist in den Kinderhospizen Entwicklungsbedarf erkennbar.
Erkrankte Jugendliche ohne Beeinträchtigungen in Kognition und Kommunikation erleben hingegen häufige Personalwechsel eher als willkommene Abwechslung. Auch mit den Freizeitaktivitäten sind sie zufrieden. Allerdings bieten Kinderhospize nur wenige Möglichkeiten des Kontaktes mit Jugendlichen ohne Behinderung, was im Sinne der Inklusion ein weiteres gesellschaftsrelevantes Ziel der Kinderhospizarbeit sein sollte.

Zusammenspiel von Fach- und Elternkompetenz
„Das war sehr beeindruckend. Also das war ganz, ganz positiv und im Kinderhospiz eigentlich auch so das erste Mal, so dieses Erlebnis, (...) dass ausschließlich das gemacht wurde, was wir als Eltern vorgegeben haben. Ganz angenehm hab ich das empfunden. Das war nicht so, wie sonst im Krankenhaus oder bei Kinderärzten, dass man immer so einen Rechtfertigungszwang hat, wenn man sagt, das möchten wir jetzt nicht so, sondern anders. Das war sehr gut." (Interview C, Abs. 88)
Ein durchgängiges Qualitätsmerkmal für die Kinderhospizarbeit ist die absolute Anerkennung der elterlichen Kompetenz für sämtliche Belange der Kinder. Dieses Kriterium wird sowohl nach Einschätzung der Eltern als auch im professionellen Selbstverständnis der Mitarbeiter/innen konsequent anerkannt und in der kinderhospizlichen Praxis bereits in einem hohen Maße gelebt.

Sterben, Tod und Trauer als Lebensthemen
Kinderhospizarbeit schafft Orte, an denen Sterben, Tod und Trauer kommuniziert werden können. Dennoch berichten sowohl erkrankte Jugendliche als auch ihre Eltern, dass diese Kommunikation mit den professionellen und ehrenamtlichen Mitarbeiter/innen nicht unbedingt stattfindet bzw. nicht immer gelingt. Am häufigsten sprechen die Eltern mit anderen betroffenen Müttern und Vätern über diese Themen (27,9%). Während sich die Eltern häufigere aktive Gesprächsangebote von den Mitarbeiter/innen wünschen, signalisieren diese eine zwar offene, aber eher passive Haltung und erwarten ebenfalls die Gesprächsinitiative von Seiten der Eltern. Auch wenn diese Positionen die Kommunikation über existentielle Themen nicht grundsätzlich behindern, erschweren sie diese situativ.
Dennoch wünschen sich fast 95% der befragten Eltern, dass persönliche Kontakte mit den Mitarbeiter/innen des Kinderhospizes auch über den Tod ihres Kindes hinaus bestehen bleiben. Dies zeigt die hohe emotionale Verbundenheit, die sich zwischen den Eltern und den Fachkräften während des Begleitungsprozesses entwickelt.
41% der befragten Eltern berichten zudem, dass mit den Geschwistern der erkrankten Kinder über Sterben und Tod gesprochen wird, immerhin 33% sind nicht darüber informiert, ob eine solche Thematisierung stattfindet. Für die Auseinandersetzung mit thanatalen Themen ist es unabdingbar, dass die Mitarbeiter/innen über entsprechende Fach- und Kommunikationskompetenzen verfügen.

In der ambulanten Versorgung durch die Ehrenamtlichen spielen thanatale Themen im Gegensatz zu eher alltagsbezogenen Aspekten eine untergeordnete Rolle. Sowohl für die Ehrenamtlichen als auch für die Familien bildet eher das Da-Sein im Sinne einer pragmatischen Entlastung im Alltag den Mittelpunkt der Begleitung.

Geschwister

„Aber das Kinderhospiz ist für die wie so ein, ja weiß ich auch nicht. Da haben Mama und Papa endlich mal Zeit für mich und da sind die Pädagogen, die machen was mit mir, ich bin was Besonderes und das ist einfach mal schön für die. (...) Wir konnten unheimlich viel mit den Großen machen. Das ist total schön." (Interview B, Abs. 55, 125)

In der separat durchgeführten Studie zeigen die befragten Geschwister eine hohe Zufriedenheit mit den ambulanten und stationären Angeboten. Durchaus kritischer werden diese von den befragten Eltern bewertet – auch wenn hier ebenfalls eine grundsätzliche Zufriedenheit vorherrscht (ca. 74% sind sehr zufrieden bzw. zufrieden mit den Angeboten). Dennoch wünschen sie sich eine deutliche zeitliche Ausweitung der Geschwisterangebote in den Kinderhospizen sowie stärker auf die Bedürfnisse Jugendlicher zugeschnittene Angebote. Hier gibt es durchaus eine Diskrepanz zu den Einschätzungen der Mitarbeiter/innen, von denen 83% die Geschwisterangebote als altersentsprechend bewerten. Nach Einschätzung der Eltern ist die Geschwisterbegleitung wesentlich für eine Entlastung des Familiensystems und sollte aus diesem Grund ausgebaut bzw. verbessert werden in Bezug auf die Dauer der Begleitung, die Vielfalt und Alterangemessenheit der Angebote, die Kontaktmöglichkeiten für Jugendliche untereinander und die Möglichkeiten Sterben, Tod und Trauer zu thematisieren.

5.3.3 Gender und Kinderhospizarbeit

Kinderhospizarbeit ist weiblich!

- 90% der Elternfragebögen zur stationären Kinderhospizarbeit wurden von den betroffenen Müttern ausgefüllt!
- 91% der Elternfragebögen zur ambulanten Kinderhospizarbeit wurden von den betroffenen Müttern ausgefüllt!
- 90% der Mitarbeiter/innen in stationären Kinderhospizen sind Frauen!
- 86,6% der in ambulanten Kinderhospizdiensten tätigen Ehrenamtlichen sind weiblich!
- 87,8% der Kordinator/innen in den ambulanten Kinderhospizdiensten sind Frauen!

Kinderhospizarbeit in Deutschland wird auf allen Ebenen und in sämtlichen Angebotsbereichen maßgeblich von Frauen gestaltet. Die betroffenen Kinder, ihre Geschwister und Eltern sind jedoch zu mindestens 50% männlich – bei den erkrankten Kindern ist entsprechend der Prävalenzzahlen für Krankheit und Behinderung sogar von einem noch höheren Wert auszugehen. Um Jungen und Männer in der Kinderhospizarbeit auch unter genderspezifischen Aspekten adäquat ansprechen und begleiten zu können, ist es demnach erforderlich, mehr professionelle und ehrenamtliche Männer für die Kinderhospizarbeit zu gewinnen. Möglicherweise würden sich dann auch mehr Väter für ein kinderhospizliches Engagement im Sinne ihrer erkrankten Kinder angesprochen fühlen.

5.3.4 Kinderhospizarbeit in der Öffentlichkeit

Vor der ersten Kontaktaufnahme mit einem Kinderhospiz verbinden fast 75% der befragten Eltern negative Gefühle und Ängste sowie die Assoziation „Sterbehaus" (22,7%) mit Kinderhospizen.

Die Öffentlichkeitsarbeit, die von 95,1% der ambulanten Kinderhospizdienste geleistet wird, ist eine wichtige Säule ihrer Tätigkeiten, nicht zuletzt auch deshalb, weil sie in ihrer Finanzierung auf Spenden angewiesen sind. Dennoch wissen 16% der befragten Familien, die stationäre Kinderhospize nutzen, nicht, ob in ihrer Region ein ambulanter Kinderhospizdienst existiert.

Hier ist eine differenziertere öffentliche Präsenz notwendig, die die Bandbreite kinderhospizlicher Angebote darzustellen vermag.

5.3.5 Ambulante Kinderhospizdienste

Die Familien lebensverkürzend erkrankter Kinder und Jugendlicher können pro Jahr bis zu vier Wochen in stationären Kinderhospizen verbringen. In der übrigen Zeit besteht die Möglichkeit, zu Hause die Unterstützung durch ambulante Kinderhospizdienste in Anspruch zu nehmen.

Die Landschaft der ambulanten Kinderhospizarbeit ist ausgesprochen bunt und vielfältig. Die Stichprobe der 29 von im Jahr 2007 insgesamt 61 tätigen Diensten zeigt eine große Vielfalt bezüglich Trägerschaften, Gründungsjahren (2003–2007), Beschäftigungsverhältnissen Hauptamtlicher und Anzahl begleiteter Familien (zwischen drei und 67). Auch in den Qualifikationen der hauptamtlichen Koordinator/innen zeigen sich die individualisierten Strukturen der ambulanten Kinderhospizarbeit. Auch die Befähigungskurse für ehrenamtliche Mitarbeiter/innen variieren stark hinsichtlich Dauer, Umfang und Inhalt. Durchschnittlich verfügen die Dienste über 24 Ehrenamtliche, von denen 86,2% aktuell eingesetzt sind. Von den Ehrenamtlichen sind 58% berufstätig, 67,08% haben einen sozial-medizinisch-pflegerischen Berufshintergrund.

Die Ehrenamtlichen sind überwiegend im Bereich Familienbegleitung tätig, der von allen erfassten Diensten angeboten wird. Die Familienbegleitung bildet den Schwerpunkt der ambulanten Arbeit. In diesem Bereich sind 88,5% aller Ehrenamtlichen tätig. Sie besuchen die Familien zu Hause und leben dort den Alltag mit. Das Da-Sein wird als Hauptaufgabe gesehen. Explizite Angebote wie Hausaufgabenhilfe für Geschwister, Betreuung von erkrankten Kindern und Jugendlichen oder Hilfe im Haushalt treten in ihrem Umfang dahinter zurück.

27,9% der Familien, die bereits eine Begleitung durch Ehrenamtliche bei sich zu Hause nutzen, wünschen sich – unabhängig von den aktuellen Einsatzstunden – mehr Zeit mit „ihren" Ehrenamtlichen. Der Bedarf an ambulanten Kinderhospizdiensten ist trotz des rasanten Wachstums dieses Bereiches aktuell nicht gedeckt: Im Jahr 2010 gibt es in Deutschland 73 Dienste, die höchste Deckung hat das Bundesland Nordrhein-Westfalen, während es beispielsweise in Thüringen aktuell noch keinen tätigen Dienst gibt. Der Ausbau der ambulanten Versorgung sollte deshalb ein Ziel zukünftiger Entwicklungen bleiben.

IV. Leitlinien
für gute Kinderhospizarbeit

IV. Leitlinien für gute Kinderhospizarbeit

Die Intention der vorliegenden Studie war, erstmalig empirisch gesicherte Erkenntnisse zur Situation von Familien mit lebensverkürzend erkrankten Kindern und ihrer Begleitung durch stationäre und ambulante Angebote der Kinderhospizarbeit zu erhalten. Aus den nun vorliegenden Daten und Analysen wurden Leitlinien entwickelt. Unter Leitlinien werden verstanden:

- Systematisch entwickelte Entscheidungshilfen über die angemessene Vorgehensweise bei speziellen Problemen
- Wissenschaftlich begründete und praxisorientierte Handlungsempfehlungen
- Handlungskorridore und Orientierungshilfen von denen auch abgewichen werden darf

(vgl. z.B. BÄK, KBV 1997).

Die im Folgenden dargestellten Leitlinien sollen im Sinne dieser definitorischen Merkmale der Qualitätsentwicklung und Qualitätssicherung im jungen Feld der Kinderhospizarbeit dienen. Sie sind als grundsätzliche Orientierungshilfe für die Evaluation und die Weiterentwicklung des Status quo zu verstehen. In diesem Sinne stellen sie eine Diskussionsgrundlage dar, mit deren Hilfe sämtliche Akteure der Kinderhospizarbeit die verfügbaren Angebote hinterfragen und diskursiv erörtern können und sollen. Die *33 Leitlinien für gute Kinderhospizarbeit* beinhalten sowohl Aspekte, die bereits als Standards in der stationären und ambulanten Praxis gelten, als auch Gesichtspunkte, bei denen aufgrund der Untersuchungsergebnisse Entwicklungspotentiale und Handlungsnotwendigkeiten identifiziert werden konnten. Sie erheben keinen Anspruch auf Vollständigkeit, sondern können im diskursiven Prozess durchaus erweitert werden. Ob und in welchem Maße die einzelnen Leitlinien in den jeweiligen Institutionen bereits Berücksichtigung finden, kann nun von den Akteurinnen und Akteuren im Feld diskutiert und bewertet werden. Der dafür erforderliche Diskurs ist als Ausgangspunkt und Motor des Bemühens um Qualität in der Kinderhospizarbeit, also des Bemühens um *gute* Kinderhospizarbeit zu verstehen.

Als Orientierung für ein Begriffsverständnis von Qualität in der Kinderhospizarbeit sei die bereits erwähnte Definition von Qualität in Erweiterung des Qualitätsbegriffs von Speck (2004) hier erneut aufgegriffen:

Kinderhospizliche Qualität ist der Wert oder die Güte professionellen und ehrenamtlichen Handelns bzw. einer Organisation (Kinderhospiz oder ambulanter Kinderhospizdienst) im Sinne ihrer Zweckbestimmung auf der Basis anerkannter fachlicher Normen, evidenzbasierten Wissens und eines humanen Wertesystems.

Speck schlägt eine Differenzierung in drei Arten sozialer Qualität vor, die an dieser Stelle ebenfalls kurz wiederholt werden sollen:

- *Organisatorische Qualität*: Im Sinne lernender Organisationen wirken die verschiedenen Einzelaspekte einer Organisation zusammen und verbinden in qualitätssichernder Weise die Einzelkompetenzen ihrer Mitglieder mit der Institution als Ganzes.
- *Professionelle Qualität*: Die einzelnen Mitglieder einer sozialen Institution verfügen inhaltlich über professionelle Kompetenzen im Rahmen ihres jeweiligen Handlungsauftrags (z.B. Förderung, Beratung, Pflege, Lehre).
- *Interaktionale Qualität*: Die Professionellen haben die Kompetenz, die unmittelbare Begegnung und Beziehung zu den ihnen anvertrauten Menschen wertschätzend und respektvoll zu gestalten (vgl. Speck 2004, 24).

Diese Differenzierungskategorien werden zur Strukturierung der entwickelten Leitlinien für gute Kinderhospizarbeit erneut aufgegriffen und um den Aspekt der *Programmatischen Qualität* erweitert. Dieser scheint geeignet, die für die Kinderhospizarbeit geltenden Leitsätze im Sinne einer Programmatik zu fassen und zu bündeln. Da die Zuordnung einzelner Leitlinien zu mehr als einer Qualitätsdimension möglich wäre, erfolgt die Kategorisierung zu der Dimension, die am stärksten tangiert wird.

33 Leitlinien für *gute* Kinderhospizarbeit

Programmatische Qualität

1. *Gute* **Kinderhospizarbeit ist** Unterstützungsressource für Familien vom Zeitpunkt der Diagnose einer lebensverkürzenden Erkrankung an über den Tod des Kindes hinaus.
2. *Gute* **Kinderhospizarbeit bezieht sich** auf alle Phasen der Sterbe- und Trauerbegleitung (vorausgehende, begleitende und nachgehende Trauer).
3. *Gute* **Kinderhospizarbeit berücksichtigt** sämtliche Dimensionen von Diversität (z.B. Gender, Religion, Ethnie).
4. *Gute* **Kinderhospizarbeit fördert und leistet** einen aktiven Beitrag zu gesellschaftlicher Teilhabe und Inklusion lebensverkürzend erkrankter Kinder und Jugendlicher und ihrer Familien durch sozialräumliche Öffnung.
5. *Gute* **Kinderhospizarbeit beruht** auf einer theoretisch-konzeptionell begründeten Verankerung ihrer Angebote.
6. *Gute* **Kinderhospizarbeit bietet** eine flächen- und bedarfsdeckende Versorgung durch ambulante Kinderhospizdienste und stationäre Kinderhospize.
7. *Gute* **Kinderhospizarbeit beteiligt sich** aktiv an dem gesellschaftlichen Diskurs über das Verhältnis von Ehrenamtlichkeit und Professionalität.
8. *Gute* **Kinderhospizarbeit beruht** auf einer reflektierten ethischen Grundhaltung, die im kinderhospizlichen Alltag gelebt wird.
9. *Gute* **Kinderhospizarbeit professionalisiert sich** durch einen kontinuierlichen Austausch von Erfahrungswissen und wissenschaftlichen Erkenntnissen.

Organisatorische Qualität

10. *Gute* **Kinderhospizarbeit leistet** Öffentlichkeitsarbeit und bietet Informationen über die gesamte Bandbreite der Angebote stationärer und ambulanter Kinderhospizarbeit.
11. *Gute* **Kinderhospizarbeit leistet** Prozesse der interkulturellen Öffnung und unterstützt die Entwicklung interkultureller Kompetenzen aller Akteurinnen und Akteure.
12. *Gute* **Kinderhospizarbeit bietet** durch Barrierefreiheit Möglichkeiten zu selbstbestimmtem Handeln für Menschen mit unterschiedlichsten Beeinträchtigungen.
13. *Gute* **Kinderhospizarbeit ist** Bestandteil eines interdisziplinären Netzwerkes der für die Lebenssituationen von lebensverkürzend erkrankten Kindern/Jugendlichen und ihren Familien relevanten Institutionen.
14. *Gute* **Kinderhospizarbeit ermöglicht** die gleichgeschlechtliche Begleitung beider Geschlechter.
15. *Gute* **Kinderhospizarbeit bietet** Familien die Möglichkeit, Kinderhospizangebote ohne zeitliche Begrenzung nutzen zu können.
16. *Gute* **Kinderhospizarbeit zeichnet sich** durch multidisziplinäre Teams aus.
17. *Gute* **Kinderhospizarbeit bietet** mitarbeiterfreundliche Arbeits- und Organisationsbedingungen, zu denen auch adäquate Angebote zur Reflexion der berufsbedingten Problem- und Belastungssituationen, Fort- und Weiterbildungsmöglichkeiten sowie trägerübergreifende Vernetzungsmöglichkeiten gehören (Ehren- und Hauptamtliche).
18. *Gute* **Kinderhospizarbeit bietet** den Ehrenamtlichen eine Balance zwischen einer subjektiv als sinnvoll erachteten Tätigkeit und den dafür geleisteten Aufwendungen.
19. *Gute* **Kinderhospizarbeit lebt** in Bezug auf alle Akteure und Akteurinnen und in sämtlichen Institutionen eine kritik- und fehlerfreundliche Kultur.
20. *Gute* **Kinderhospizarbeit gewährleistet** eine kontinuierliche Begleitung der Familien durch ehrenamtliche und professionelle Kräfte. Für den ambulanten Bereich bedeutet dies die Beglei-

tung durch ein Tandem von Ehrenamtlichen. Für den stationären Bereich bedeutet dies die konsequente Umsetzung des Bezugspflegesystems.

Professionelle Qualität

21. *Gute* **Kinderhospizarbeit beinhaltet,** dass Mitarbeitende aller Professionen in der Lage sind, thanatale Aspekte mit allen Familienmitgliedern bedürfnisorientiert, flexibel und unter Einsatz verschiedener Methoden zu thematisieren.

22. *Gute* **Kinderhospizarbeit berät und informiert** Familien über alle für sie relevanten Möglichkeiten der Unterstützung durch das Hilfesystem.

23. *Gute* **Kinderhospizarbeit bietet** bedürfnisorientierte pädagogisch-therapeutische Angebote sowie Begegnungsangebote für erkrankte Kinder und Jugendliche und ihre Geschwister durch qualifiziertes Personal.

24. *Gute* **Kinderhospizarbeit ermöglicht** progredient erkrankten Jugendlichen eine entwicklungsadäquate Ablösung in der Phase der Adoleszenz.

25. *Gute* **Kinderhospizarbeit zeichnet sich** durch die Professionalität der Mitarbeitenden aus, die aus fachlichen und persönlich-emotionalen Kompetenzen im Sinne eines Kinderhospizkompetenzprofils besteht.

26. *Gute* **Kinderhospizarbeit gewährleistet** eine hohe Qualität der Familienbegleitungen durch standardisierte Befähigungskurse für Ehrenamtliche.

27. *Gute* **Kinderhospizarbeit setzt** die kontinuierliche, selbstreflexive Auseinandersetzung der Mitarbeitenden mit der eigenen Sterblichkeit voraus.

Interaktionale Qualität

28. *Gute* **Kinderhospizarbeit bedeutet** uneingeschränkte Akzeptanz des elterlichen Expertentums.

29. *Gute* **Kinderhospizarbeit bietet** allen Familienmitgliedern Orte des Rückzugs, der Entspannung, Entlastung und Erholung.

30. **Gute Kinderhospizarbeit bietet** lebensverkürzend erkrankten Kindern und Jugendlichen eine bedürfnisorientierte und gendersensible (Palliativ-)Pflege, für die ausreichende zeitliche Ressourcen der Pflegekräfte bereitgestellt werden.

31. *Gute* **Kinderhospizarbeit bietet** Geschwistern eine vielfältige, entwicklungsadäquate und gendersensible Begleitung, für die ausreichende zeitliche Ressourcen der Fachkräfte bereitgestellt werden.

32. *Gute* **Kinderhospizarbeit gewährleistet** schwerstbehinderten, progredient erkrankten Kindern ritualisierte Kontinuität in der Pflege auf personeller und räumlicher Ebene.

33. *Gute* **Kinderhospizarbeit ermöglicht und fördert** den gleichberechtigten Austausch der Betroffenen aller Altersgruppen untereinander im Sinne des Empowerments.

V. Verzeichnisse

V. Verzeichnisse

---

1. Quellenverzeichnis

Abel, Th./Kolip, P./Wydler, H. (2010): Sense of coherence und Salutogenese. Ein Essay zur Kritik und Weiterentwicklung einer aktuellen Perspektive in der Gesundheitsforschung. In: Wydler, H./Kolip, P./Abel, Th. (Hrsg): Salutogenese und Kohärenzgefühl. Grundlagen, Empirie und Praxis eines gesundheitswissenschaftlichen Konzepts. Weinheim und München. 197–201.

Abels, G. (2005): ExpertInnen-Interviews in der Politikwissenschaft. Geschlechtertheoretische und politikfeldanalytische Reflexion einer Methode. In: Bogner, A./Littig, B./Menz, W. (Hrsg.): Das Experteninterview. Theorie, Methode, Anwendung. Wiesbaden. 173–190.

Achilles, I. (2002): „… und um mich kümmert sich keiner!" Die Situation der Geschwister behinderter und chronisch kranker Kinder. Mit einem Geleitwort von Waltraud Hackenberg. 3. überarb. Auflage. München und Basel.

Achilles, I. (2003): Die Situation der Geschwister – „Wir behandeln alle unsere Kinder gleich!" Von solchen und anderen Irrtümern in Familien mit behinderten oder chronisch kranken Kindern. In: Wilken, U./Jeltsch-Schudel, B. (Hrsg.): Eltern behinderter Kinder. Empowerment – Kooperation – Beratung. Stuttgart. 60–69.

Achilles, I. (2005): „…um mich kümmert sich keiner!" Die Situation der Geschwister behinderter und chronisch kranker Kinder. München.

Alcoser, P.W./Uruqhart, C./von Doenhoff, S./Thames, G. (1997): Formalizing a sibling support program in a children's cancer center. In: Journal of Pediatric Oncology Nursing. 14/123. 123–124.

Allmendinger, J./Leibfried, S. (2003): Bildungsarmut. In: Politik und Zeitgeschichte, B 21–22/2003. 12–19.

Amery, J. (2009) (Hrsg.): Children's Palliative Care in Africa. Oxford.

Antonovsky, A. (1979): Health, Stress and Coping: New Perspectives on Mental and Physical Well-being. London.

Antonovsky, A. (1987): Unraveling the Mystery of Health, London.

Antonovsky, A. (1997): Salutogenese. Zur Entmystifizierung von Gesundheit. Tübingen.

Antor, G./Bleidick, U. (1994): Recht auf Leben – Recht auf Bildung. Aktuelle Fragen der Behindertenpädagogik. Heidelberg.

Arbeitsgemeinschaft der Wissenschaftlichen Medizinischen Fachgesellschaften (AWMF) (2008): Psychosocial Care in Paediatric Oncology and Haematology. Lübeck. URL: http://www.uni-duesseldorf.de/AWMF/ll/025-002el.pdf (Letzter Zugriff: 21.07.2010).

Arbeitskreis psychosozialer Fachkräfte in Hospiz- und Palliativeinrichtungen in NRW (2006): Nordrhein-westfälisches Qualitätskonzept – Maßstäbe für die Soziale Arbeit im Hospiz- und Palliativbereich. Münster o.V.

Arens, V. (1994): Grenzsituationen. Mit Kindern über Sterben und Tod sprechen. Essen.

Aries, P. (1999): Geschichte des Todes. München.

Atteslander, P. (2008): Methoden der empirischen Sozialforschung. 12. Auflage. Berlin.

BAG Hospiz e.V. (2005): Qualitätsanforderung zur Vorbereitung Ehrenamtlicher in der Hospizarbeit. URL: www.hospiz-net (Letzter Zugriff: 11.11.2009).

Ball, J./Peters, S. (2007): Stressbezogene Risiko- und Schutzfaktoren. In: Seiffge-Krenke, I./Lohaus, A. (Hrsg.): Stress und Stressbewältigung im Kindes- und Jugendalter. Göttingen. 126–143.

Barbarin, O.A./Hughes, D./Chesler, M.A. (1985): Stress, Coping and Marital Functions among Parents of Children with Cancer. Journal of Marriage and the Family. 5. 473–480.

Barth, R. (2008): Entwicklung der stationären Kinderhospizarbeit in Deutschland. In: Kinderhospiz Balthasar (Hrsg.): 10 Jahre Wesentliches. Kinderhospiz Balthasar. Bonn. 29–37.

Baartmans, P.C.M./Geng, V. (2006): Qualität nach Maß. Entwicklungen und Implementierung von Qualitätsverbesserungen im Gesundheitswesen. 2. Auflage. Bern.

Bäumer, T. (2000): Freizeitpädagogische Maßnahmen für trauernde Geschwister. In: Holzschuh, W. (Hrsg.): Geschwistertrauer – Erfahrungen und Hilfen aus verschiedenen Praxisfeldern. Regensburg. 198–205.

Bauer, R. (1996): „Hier geht es um Menschen, dort um Gegenstände". Über Dienstleistung, Qualität und Qualitätssicherung. In: Zur Orientierung 1996. 3.

Beauchamp, T./Childress, J. (2001): Principles of Biomedical Ethic. 5. Auflage. Oxford.

Beauftragter der Bundesregierung für die Belange behinderter Menschen (2008): Übereinkommen über die Rechte von Menschen mit Behinderungen. URL: http://www.alle-inklusive.behindertenbeauftragte.de/cln_115/nn_1430096/SharedDocs/Downloads/DE/AI/BRK,templateId=raw,property=pu blicationFile.pdf/BRK.pdf (Letzter Zugriff: 03.07.2010).

Beck, I. (1999): Der „Kunde", die Qualität und der „Wettbewerb". Zum Begriffschaos in der Qualitätsdebatte. In: Jantzen, W./Lanwer-Koppelin, W./Schultz, K.(Hrsg.): Qualitätssicherung und Deinstitutionalisierung. Berlin. 35–47.

Beck, I. (2001): Lebensqualität. In: Antor, G./Bleidick, U. (Hrsg.): Handlexikon der Behindertenpädagogik. Stuttgart. 337–340.

Beck, I. (2001a): Qualitätsentwicklung und Qualitätsbeurteilung. In: Antor, G./Bleidick, U. (Hrsg.): Handlexikon der Behindertenpädagogik. Stuttgart. 340–343.

Beck, I. (2001b): Selbsthilfe und Selbsthilfegruppen. In: Antor, G./Bleidick, U. (Hrsg.): Handlexikon der Behindertenpädagogik. Stuttgart. 344–347.

Beland, B. (2006): Palliativmedizin in der Kinderhospizarbeit – ein therapeutisches Bündnis knüpfen. In: Deutscher Kinderhospizverein e.V. (Hrsg.): Begleitung auf dem Lebensweg. Dokumentation der 1. Deutschen Kinderhospiztage 2005. Schriftenreihe des Deutschen Kinderhospizvereins e.V. Band 1. 83–89.

Benderix, Y./Nordström, B./Sivberg, B. (2006): Parents of Having a Child with Autism and Learning Disabilities Living in a Group Home: A Case Study. In: Autism. 2006/10. 629–641.

Bendor, S.J. (1989): Preventing Psychosocial Impairment in Siblings of Terminally Ill Children. In: Hospice Journal. 5. 153–163.

Bengel, J./Stittmatter, R./Wilmann, H. (1998): Was erhält Menschen gesund? Antonovskys Modell der Salutogenese – Diskussionsstand und Stellenwert. In: Bundeszentrale für gesundheitliche Aufklärung (Hrsg.): Forschung und Praxis der Gesundheitsförderung. Band 6. Köln.

Bergeest, H. (2002): Körperbehindertenpädagogik. Bad Heilbrunn.

Bergeest, H. (2006): Körperbehindertenpädagogik: Studium und Praxis. 3. Auflage. Bad Heilbrunn.

Bergeest, H. (1999a): Körperbehindertenpädagogik als ökologisch-systemische Wissenschaft. In: Bergeest, H./Hansen, G. (Hrsg.): Theorien der Körperbehindertenpädagogik. Bad Heibrunn. 153–164.

Bergeest, H. (1999b): Sozialisation körperbehinderter Menschen. In: Bergeest, H./Hansen, G. (Hrsg.): Theorien der Körperbehindertenpädagogik. Bad Heilbrunn. 215–240.

Bergquist, J. (2007): Can we Help you or Anybody you Know? Zöe's Place News, URL: www.zoes-place.org.uk (Letzter Zugriff: 24.08.2009).

Beyer, A./Lohaus, A. (2007): Konzepte zur Stressentstehung und Stressbewältigung im Kindes- und Jugendalter. In: Seiffge-Krenke, I./Lohaus, A. (Hrsg.): Stress und Stressbewältigung im Kindes- und Jugendalter. Göttingen. 11–27.

Bertalanffy, L. von (1970): … aber vom Menschen wissen wir nichts. Robots, Men and Minds. Düsseldorf und Wien.

Beutel, H./Tausch, D. (Hrsg.) (1996): Sterben – eine Zeit des Lebens: ein Handbuch der Hospizbewegung. 4. Auflage. Stuttgart.

Beutel, H./Tausch-Flammer, D. (1990): Die Stuttgarter Hospiz-Bewegung. In: Deter D./Straumann, U. (Hrsg.): Personenzentriert verstehen, gesellschaftsbezogen denken, verantwortlich handeln: Theorie, Methodik und Umsetzung in der psychosozialen Praxis. Köln. 243–257.

Bienstein, C./Fröhlich, A. (1991): Basale Stimulation in der Pflege. Düsseldorf.

Bienstein, C./Fröhlich, A. (2007): Basale Stimulation in der Pflege. Die Grundlagen. Seelze.

Black, J. (2009): Besuch im Kinderhospiz Regenbogenland. Ein besonderer Ort für besondere Kinder. In: Handicap 4/2009, 158–163.

Blumenthal, W. (1999): Vorwort. In: Seyd, W./Nentwig, A./Blumethal, W. (Hrsg.): Zukunft der beruflichen Rehabilitation und Integration in das Arbeitsleben. Ulm. 1–2.

BMA (Bundesministerium für Arbeit und Sozialordnung) (2002a): Frühförderung. Einrichtungen und Stellen der Frühförderung in der Bundesrepublik Deutschland. Bonn.

BMA (Bundesministerium für Arbeit und Sozialordnung) (2002b): SGB IX. Rehabilitation und Teilhabe behinderter Menschen. Bonn.

BMFSFJ (Bundesministerium für Familie, Senioren, Frauen und Jugend) (2005): Freiwilliges Engagement in Deutschland 1999–2004. Ergebnisse der repräsentativen Trenderhebung zu Ehrenamt, Freiwilligenarbeit und bürgerschaftlichem Engagement. Durchgeführt im Auftrag des Bundesministeriums für Familie, Senioren, Frauen und Jugend. Vorgelegt von TNS Infratest Sozialforschung; Thomas Gensicke, Sibylle Picot, Sabine Geiss. München. BE 10-35212 (Freiwilligensurvey 2004).

Bobzien, D. (2000): Kinderhospiz Löwenherz – Zur Situation gesunder Geschwisterkinder in Familien mit schwerkranken und sterbenden Kindern. In: Pädagogisch-Theologisches Institut Berlin-Brandenburg u.a. (Hrsg.): Christenlehre/Religionsunterricht – Praxis. 53. Jahrgang 2000. Heft 4. 19–21.

Bodenmann, G. (1997): Stress und Coping als Prozess. In: Tesch-Römer, C./Salewski, C./Schwarz, G. (Hrsg.): Psychologie der Bewältigung. Weinheim. 74–92.

Böckelmann, C. (2003): Qualitätsmanagement. Konzepte und ihre Anwendung in psychosozialen Beratungsstellen. Heidelberg.

Bogner, A./Littig, B./Menz, W. (2005): Das Experteninterview – Theorie, Methode, Anwendung. 2. Auflage. Wiesbaden.

Bohnsack, R. (1997): Gruppendiskussionsverfahren und Milieuforschung. In: Friebertshäuser, B./Prengel, A. (Hrsg): Handbuch Qualitative Forschungsmethoden in der Erziehungswissenschaft. Weinheim/München. 492–502.

Bohnsack, R. (2003): Rekonstruktive Sozialforschung. Einführung in qualitative Methoden. 5. Auflage. Opladen.

Böhmisch, L./Winter, R. (2002): Männliche Sozialisation. In: Verwaiste Eltern Hamburg e.V. (Hrsg.): Männer und Trauer. Persönliche Texte und fachliche Beiträge. Hamburg.

Boeger, A,/Seiffge-Krenke, I. (1996): Geschwister chronisch kranker Jugendlicher: Hat die chronische Erkrankung Auswirkungen auf ihre Entwicklungsmöglichkeiten? In: Praxis der Kinderpsychologie und Kinderpsychiatrie. 45. 356–363.

Börgens, S. (2003): Um Kinder trauern. Bericht aus dem Arbeitskreis. In: Chachandt, R./Menzel, F./Sievering U.O. (Hrsg.): Selbstbestimmung und Integrität am Lebensende. Trauern und Trösten in der hospizlichen Arbeit. Frankfurt am Main. 115–127.

Böttger, F. (2009): Patientenverfügung berechnet. In: Bundes-Hospiz-Anzeiger. Ausgabe 37. 7. Jahrgang/2009. 1.

Bogyi, G. (1996): Trauerarbeit in Familien mit einem chronisch kranken oder behinderten Kind. In: Lehmkuhl, G. (Hrsg.): Chronisch kranke Kinder und ihre Familien. München. 254–274.

Bordawe, C. (1989): Reden vom Tod ist Reden vom Leben. Neuere Kinder- und Jugendliteratur zum Thema „Tod" als Impulse für die religionspädagogische Praxis in Sonderschulen. In: Religionspädagogische Perspektiven. Band 10. 30–43.

Bortz, J./Döring, N. (2002): Forschungsmethoden und Evaluation für Human- und Sozialwissenschaftler. Heidelberg.

Borutta, M./Giesler, C. (2006): Karriereverläufe von Frauen und Männern in der Altenpflege – eine sozialpsychologische und systemtheoretische Analyse. Wiesbaden.

Bowlby, J. (1983): Verlust, Trauer und Depression. Frankfurt.

Boyle, A. (2001): Support for a Children Hospice. In: New York Times. January 28. o.S.

Brandstädter, J. (1989): Personal self-regulation of development: Cross-sequential analyses of development-related control beliefs and emotions. In: Development Psychology. 25. 96–108.

Brandstädter, J./Greve, W. (1992): Das Selbst im Alter: Adaptive und protektive Mechanismen. In: Zeitschrift für Entwicklungspsychologie und Pädagogische Psychologie. 24. 269–297.

Brandstädter, J./Wentura, D. (1995): Adjustment to Shifting Possibility Frontiers in Later Life: Complementary Adaptive Modes. In: Dixon, R.A./Bäckman, L. (Hrsg.): Compensating for Psychological Deficits and Declines: Managing Losses and Promoting Gains. Mahwah, NJ. 83–106.

Brathuhn, S. (2003): Hospizbewegung – Geschichte und Entwicklung. In: Drolshagen, C. (Hrsg.): Lexikon Hospiz. Gütersloh. 70–71.

Braukmann, W./Filipp, S.-H. (1984): Strategien und Techniken der Lebensbewältigung. In: Braukmann, U./Berbalk, H./Seidenstücker, G. (Hrsg.): Klinische Psychologie. Trends in Forschung und Praxis, Band 6. Bern. 52–87.

Bredow, H./Craig, F./Dohna-Schwake, C./Frühwald, M./Garske, D./von Loewenich, V./Mellies, U./Nauck, F./Niehues, T./Rellensmann, G./Schumann, H./Zernikow, B. (2008): Besonderheiten der pädiatrischen Palliativversorgung bei besonderen Patentengruppen. In: Zernikow, B. (Hrsg.): Palliativversorgung von Kindern, Jugendlichen und jungen Erwachsenen. Berlin. 332–390.

Brehmer, C. (1994): Snoezelen – schnuppern und dösen. In: Altenpflege 12/94. 776–779.

Brocher, T. (1985): Wenn Kinder trauern. Reinbek.

Bronfenbrenner, U. (1989): Die Ökologie der menschlichen Entwicklung. Natürliche und geplante Experimente. Frankfurt am Main.

Brown, E. (2007a): Acknowledging Staff Stress and Providing Support. In: Brown, E. (Hrsg.): Supporting the Child and the Family in Paediatric Palliative Care. Oxford. 244–260.

Brown, E. (2007b): Religious, cultural, secular and spiritual aspects of care. In: Brown, E. (Hrsg.): Supporting the Child and the Family in Paediatric Palliative Care. Oxford. 164–191.

Brown, E. (2007c): Grandparent Support. In: Brown, E. (Hrsg.): Supporting the Child and the Familiy in Paediatric Palliative Care. Oxford. 155–163.

Brown, E. (2007d): The Education of the Life-limited Child. In: Brown, E.: Supporting the Child and the Family in Paediatric Palliative Care. London und Philadelphia. 207–229.

Brüderl, L. (1988): Auseinandersetzung mit Problemen und Anforderungen im Prozess der Familienwerdung. In: Brüderl, L. (Hrsg.): Belastende Lebenssituationen Untersuchungen zu Bewältigungs- und Entwicklungsforschung. Weinheim und München. 76–95.

Bruhn, M. (2006): Qualitätsmanagement für Dienstleistungen. Grundlagen, Konzepte, Methoden. 6. Auflage. Berlin.

Brunner, E.J./Bauer, P./Volkmar, S. (Hrsg.) (1998): Soziale Einrichtungen bewerten. Theorie und Praxis der Qualitätssicherung. Freiburg im Breisgau.

Brunner, E.J. (2004): Systemische Beratung. In: Nestmann, F./Engel, F./Sickendiek, U. (Hrsg.): Das Handbuch der Beratung. Band 2. Tübingen. 655–662.

Buchwald, P. (2002): Dyadisches Coping in mündlichen Prüfungen. Göttingen.

Buchwald, P./Schwarzer, C./Hobfoll, S.E. (Hrsg.) (2004): Stress gemeinsam bewältigen. Ressourcenmanagement und multiaxiales Coping. Göttingen.

Buckingham, R.W. (1993): Hospiz-Sterbende menschlich begleiten. Freiburg im Breisgau.

Bürgin, D. (1981): Das Kind, die lebensbedrohende Krankheit und der Tod. Bern.

Bürgin, D. (1981b): Pädiatrische Psycho-Onkologie. In: Meerwein, F. (Hrsg.): Einführung in die Psycho-Onkologie. Bern. 166–180.

Bundesarbeitsgemeinschaft Hospiz BAG (2005): Erfolgsfaktoren für Hospize. Forschungsergebnisse zu Qualität und Kosten. Wuppertal.

Bundesärztekammer, kassenärztliche Bundesvereinigung (Hrsg.) (1997): Beurteilungskriterien für Leitlinien in der medizinischen Versorgung. Deutsches Ärzteblatt, 94, A 2154–2155, B 1622–1623, C-1754–1755.

Bundespressedienst (2008): Hospiz- und Palliativführer Österreich. Selbstbestimmt bis zuletzt. Wien.

Bungenstock, A. (1996): Gesundheit ist nicht alles… Grundlagen und Konzeption gesundheitsbezogener Bildungsarbeit. Unveröff. Diplomarbeit. Oldenburg.

Burgheim, W. (Hrsg.) (2006): Hospizarbeit – zurück in die Zukunft mit Qualität, Ideen und Profil. Mering.

Burgheim, W. (Hrsg.) (2005): Sterbende begleiten. In: Geborgenheit bis zuletzt durch palliative care. Mering.

Burns, J.P./Mitchell, C./Griffith, J.L./Truog, R.D. (2001): End-of-life Care in the Pediatric Intensive Care Unit: Attitudes and Practices of Pediatric Critical Care Physicians and Nurses. In: Critical Care Medicine 2001. 29/3. 658–664.

Busse, T./Riehle, M.E. (2006): Qualitätsmanagement in der Pflege. Ein Leitfaden zur Einführung. 2. Auflage. Frankfurt am Main.

Chun, S.-Y. (2000): Verstehbarkeit und Kommunikabilität des Todes in der modernen Kultur und Gesellschaft. Frankfurt am Main.

Clark, D./ten Have, H./Janssen, R. (2000): Commen threads? Palliative Care Service Developments in Seven European Countries. In: Palliative Medicine. 2000. 14. 479–490.

Cloerkes, G. (2001): Soziologie der Behinderten. Eine Einführung. 2. Auflage. Heidelberg.

Cohen, D.S./Friedrich, W.N./Jaworski, T.M./Copeland, D./Pendergrass, T. (1994): Pediatric Cancer: Predicting Sibling Adjustment. In: Journal of Clinical Psychology. 50/3. 303–319.

Cohen, F./Lazarus, R.S. (1979): Coping with the Stresses of Illness. In: Stone, G.C./Cohen, F./Adler, N.E. (Hrsg.): Health Psychology. San Francisco. 217–255.

Combe, A. /Helsper W. (Hrsg.) (1996): Pädagogische Professionalität. Untersuchungen zum Typus pädagogischen Handelns. Frankfurt am Main.

Compas, B.E./Connor-Smith, J.K./Salzman, H./Thomsen, A.H./Wadsworth, M.E. (2001): Coping with Stress during Childhood and Adolescence: Problems, Progress and Potential in Theory and Research. Psychological Bulletin. 127. 87–127.

Cox, A.H./Marshall, E.S./Mandleco, B./Olsen, S.F. (2003): Coping Responses to Daily Life Stressors of Children who have a Sibling with Disability. In: Journal of Family Nursing. 9/4. 397–413.

Craig, F. et al. (2008): IMPaCCT. Standards pädiatrischer Palliativversorgung in Europa. In: Schmerz 2008. 22. 401–408.

Cunningham, C./Betsa, N./Gross, S. (1981): Sibling Groups. Interaction with Siblings of Oncology Patients. In: The American Journal of Pediatric Hematology/Oncology. 3/2. 135–139.

Damman, R. (1991): Die dialogische Praxis der Feldforschung. Der ethnographische Blick als Paradigma der Erkenntnisgewinnung. Frankfurt.

Daut, V. (1980): Die Entwicklung der Todesvorstellungen bei Kindern und Jugendlichen. In: Zeitschrift für Heilpädagogik. 31/4. 253–260.

Daut, V.(2001): Zur Begleitung progredient erkrankter Kinder und Jugendlicher. In: Die neue Sonderschule 46. 385–392.

Daut, V. (2005): Leben mit Duchenne Muskeldystrophie. Eine qualitative Studie mit jungen Männern. Bad Heilbrunn.

Daut, V. (2007): Forschungsergebnisse und neue Fragen zum Leben mit Duchenne Muskeldystrophie. In: Sonderpädagogische Förderung 52. 2007/1. 36–55.

Daut, V. (2008): Junge Männer mit Duchenne Muskeldystrophie berichten über ihr Leben. In: Deutscher Kinderhospizverein (Hrsg.) (2008): Begleiten – Abschiednehmen – Trauern. Kinder mit lebensverkürzender Erkrankung. Düsseldorf. 141–172.

Daut, V. (2010): Progredient kranke Kinder und Jugendliche – Skizzen zu Bedingungen gelingender schulischer und nachschulischer Förderung. In: Jennessen, S. u.a. (Hrsg.): Leben mit Körperbehinderung. Perspektiven der Inklusion. Stuttgart (im Druck).

Davies, B. (1993): After a Child Dies. Helping the Siblings. In: Armstrong-Dailey, A./Zarbock, S. (Hrsg.): Hospice Care for Children. New York. 157–171.

Davies, B./Howell, D. (1999): Special Services for Children. In: Doyle, G./Hanks, G./McDonald, N. (Hrsg.): Oxford Textbook of Palliative Medicine. 2. Auflage. Oxford. 1077–1084.

Davies, B./Sehring, S.A./Patridge, C.J./Cooper, B.A./Hughes, A./Philip, J.C./Amidi-Nouri, A./Kramer, R.F. (2008): Barriers to Palliative Care for Children: Perceptions of Pediatric Health Care Providers. In: Pediatrics. 121. 282–288.

DeCinque, N./Monterosso L./Dadd, G./Sidhu R./Lucas R. (2004): Bereavement Support for Families Following the Death of a Child from Cancer: Practice Characteristics of Australia and New Zeeland Paediatric Oncology Units. In: Paediatr Child Health. 40. 131–135.

Dederich, M. (2000): Behinderung – Ethik – Medizin: behindertenpädagogische Reflexionen zu Grenzsituationen. Bad Heilbrunn.

De Korte-Verhoef, R. (2004): Developments in Palliative Care Services in the Netherlands. In: European Journal of Palliative Care. 11/1. 35ff.

Denzin, N. (1970): The Research Act. Chicago. Aldine.

Depner, R./Trube, A. (2001): Der Wandel der Gesellschaft und die Qualitätsdebatte im Sozialsektor – Oder: Warum der Sozialen Arbeit der Wind ins Gesicht bläst. In: Schädler, J./ Schwarte, N./ Trube, A. (Hrsg.): Der Stand der Kunst. Qualitätsmanagement sozialer Dienste. Münster. 39–67.

Deutscher Hospiz- und PalliativVerband (DHPV) (2009): Ambulante Hospizdienste und stationäre Hospize vor existenziellen Problemen – Neuregelungen dringlich. URL: http://www.hospiz.net/stamhole/pdf/stellung_neu_39a-sgb5.pdf (Letzter Zugriff: 01.09.2010).

Deutsche Leukämie-Forschungshilfe (2009) (Hrsg.): Sozialrechtliche Informationen. URL: http://www.kinderkrebsstiftung.de/fileadmin/KKS/files/sozialfonds/pdf/sozinf2008.pdf (Letzter Zugriff: 16.07.2009).

Deutscher Kinderhospizverein e.V. (2009): Infoblatt, 1/2009.

Dickerhoff, H. (2007): Märchen im Hospiz. Erdenkinder – Waisenkinder – Königskinder. Tod, Trauer und Lebenswege in ausgesuchten Märchen. Wuppertal.

Diekmann, A. (2001): Empirische Sozialforschung. 6. überarb. Auflage. Reinbek bei Hamburg.

Diekmann, A. (2007): Empirische Sozialforschung. 7. überarb. Auflage. Reinbek bei Hamburg.

Dingerkus, G. (2005a): Begleitung – Belastung oder Bereicherung. In: Die Chance. 2005. 85–86.

Dingerkus, G. (2005b): Ressourcen entdecken und mobilisieren: Was kann Begleiter lebensbegrenzend erkrankter Kinder und ihrer Familien stärken? In: Deutscher Kinderhospizverein e.V. (Hrsg.): Begleitung auf dem Lebensweg. Dokumentation der 1. Deutschen Kinderhospiztage 2005. Schriftenreihe des Deutschen Kinderhospizvereins e.V. Band 1. 89–99.

Dlugosch, A. (2003). Professionelle Entwicklung und Biografie. Bad Heilbrunn.

Dressel, C./Cornelißen, W./Wolf, K. (2005): Vereinbarkeit von Familie und Beruf. In: Bundesministerium für Familie, Senioren, Frauen und Jugend; Cornelißen, W. (Hrsg.): 1. Datenreport zur Gleichstellung von Frauen und Männern in Deutschland. 267–341.

Droste, E. (2006): Kinderhospizarbeit in Deutschland. Begleitung auf dem Lebensweg. In: Geistige Behinderung. Fachzeitschrift der Bundesvereinigung Lebenshilfe für Menschen mit geistiger Behinderung e.V. 45. 3/06. 213–220.

Droste, E. (2006): Begrüßung. In: Deutscher Kinderhospizverein e.V. (Hrsg.): Begleitung auf dem Lebensweg. Beiträge der ersten deutschen Kinderhospiztage. Gütersloh. 11–12.

Droste, E. (2007): Lebensverkürzend erkrankte Kinder – Ausgangspunkt und Auftraggeber der Kinderhospizarbeit. In: Die Chance. Zeitschrift des Deutschen Kinderhospizvereins e. V. Jahresheft 2007. 77–81.

Dumont, M./Provost, M.A. (1999): Resilience in Adolescents: Protective Role of Social Support, Coping Strategies, Self-esteem, and Social Activities on Experience of Stress and Depression. Journal of Youth and Adolescents. 28. 343–363.

Eckert, A. (2002): Eltern behinderter Kinder und Fachleute. Erfahrungen, Bedürfnisse und Chancen. Bad Heilbrunn.

Eckert, A. (2008): Familie und Behinderung. Studien zur Lebenssituation von Familien mit einem behinderten Kind. Hamburg.

Engagementatlas Deutschland (2009): www.generali-zukunftsfonds.de (Letzter Zugriff: 11.11.09).

Ersser, S./Tutton, E. (2000): Primary Nursing. Grundlagen und Anwendung eines patientenorientierten Pflegesystems. Bern.

Faltermaier, T. (1994): Gesundheitsbewusstsein und Gesundheitshandeln. Über den Umgang mit Gesundheit im Alltag. Weinheim.

Faltermaier, T. et al. (1998): Gesundheit im Alltag. Laienkompetenz in Gesundheitshandeln und Gesundheitsförderung. Weinheim und München.

Fanos, J.H./Nickerson, B.G. (1991): Long-term Effects of Sibling Death during Adolescence. In: Journal of Adolescent Research. 6/1. 70 – 82.

Feldmann, K. (1997): Sterben und Tod. Sozialwissenschaftliche Theorien und Forschungsergebnisse. Opladen.

Fenner, D. (2010): Einführung in die angewandte Ethik. Stuttgart.

Filipp, S.-H. (1981): Ein allgemeines Modell für die Analyse kritischer Lebensereignisse. In: Filipp, S.-H. (Hrsg.): Kritische Lebensereignisse. München. 3–52.

Filipp, S.-H. (Hrsg.) (1990): Kritische Lebensereignisse. München.

Filipp, S.-H. (1997): Geleitwort. In: Tesch-Römer, C./Salewski, C./Schwarz, G. (Hrsg.): Psychologie der Bewältigung. Weinheim. o.S.

Fischer, E. (1990): Todesvorstellungen von Jugendlichen: eine empirische Untersuchung zu kognitiven Todesvorstellungen und emotionalem Todeserleben jugendlicher Hauptschüler. Regensburg.

Fischer, N. (2003): Tod in der Mediengesellschaft. Der flüchtige Tod und Bestattungsrituale im Übergang. Vortrag Anfang Oktober 2003 auf einem Symposium zum Thema Sterben und Tod. URL: http://www.postmortal.de/Diskussion/Mediengesellschaft/mediengesellschaft.html (Letzter Zugriff: 12.10.2009).

Fischer, J./Gruden, S./Imhof, E./Strub, J.-D. (2008): Grundkurs Ethik. 2. Auflage. Stuttgart.

Fleck-Bohaumilitzky, C./Fleck, C. (2000): Erfahrungen aus der Arbeit mit trauernden Geschwistern im Verein Verwaiste Eltern München e.V. In: Holzschuh, W. (Hrsg.): Geschwister-Trauer. Erfahrungen und Hilfen aus verschiedenen Praxisfeldern. Regensburg. 189–197.

Flick, U. (2007): Qualitative Sozialforschung. Eine Einführung. Reinbek bei Hamburg.

Flick, U. (2005): Triangulation in der qualitativen Forschung. In: Flick, U./von Kardoff, E./Steinke, I. (Hrsg.): Qualitative Forschung. Ein Handbuch. Berlin. 309–318.

Flick, U. (2007): Triangulation. Eine Einführung. 2. Auflage. Wiesbaden.

Folkman, S./Lazarus, R.S./Gruen, R.J./DeLongis, A. (1986): Appraisal, Coping, Health Status, and Psychological Symptoms. Journal of Personality and Social Psychology. 50/3. 571–579.

Fornefeld, B. (2000): Einführung in die Geistigbehindertenpädagogik. München.

Franke, A. (1997): Zum Stand der konzeptionellen und empirischen Entwicklung des Salutogenesekonzepts. In: Antonovsky, A. (Hrsg.): Salutogenese. Zur Entmystifizierung der Gesundheit. Tübingen. 169–190.

Franz, M. (2002): Tabuthema Trauerarbeit. Erzicherinnen begleiten Kinder bei Abschied, Verlust und Tod. München.

Franz, M. (2006): „Morgen wird mein Bruder beerdigt…“: Wenn Kinder dem Tod begegnen, brauchen sie einfühlsame Begleitung. In: Deutscher Kinderhospizverein e.V. (Hrsg.): Begleitung auf dem Lebensweg. Beiträge der ersten deutschen Kinderhospiztage. Gütersloh. 125–137.

Frey, H. (1983): Stigma und Identität. Weinheim.

Friedemann, M.-L. (1996): Familien- und umweltbezogene Pflege. Bern und Göttingen.

Fries, A./Lelgemann, R. (2008): Forschungsprojekt „Entwicklung der Schülerschaft im Förderbereich körperliche und motorische Entwicklung in Bayern“. Würzburg.

Fröhlich A./Simon, H. (2006): Kommunikation mit schwerbehinderten Kindern. In: Die Chance. Heft 2006. 71–72.

Fröhlich, A. (1993): Die Mütter schwerstbehinderter Kinder. 2. Auflage. Heidelberg.

Fröhlich, A. (1999): Theorie der Förderung schwerstbehinderter Menschen *oder* Essay über die Grenzen im Zentrum. Bergeest, H./Hansen, G. (Hrsg.): Theorien der Körperbehindertenpädagogik. Bad Heilbrunn. 427–436.

Fröhlich, A. (2008): Väter in der Frühförderung. In: Leyendecker, C. (Hrsg.): Gemeinsam Handeln statt Behandeln. Aufgaben und Perspektiven der Komplexleistung Frühförderung. 344–349.

Fröhlich, A. (2009): Das Konzept Basale Stimulation in der Pflege. In: Döttlinger, B./Meyer, E./Wust, E. (Hrsg.): Achtsamkeit. Abschlussarbeiten Praxisbegleiter/in Basale Stimulation in der Pflege. Berlin. 15–31.

Fröhlich, W.D. (2000): Wörterbuch Psychologie. München.

Froschauer, U./Lueger, M. (2003): Das qualitative Interview. Zur Praxis interpretativer Analyse sozialer Systeme. Wien.

Gamble, W.C./Woulbroun, E.J. (1993): Measurement Considerations in the Identification and Assessment of Stressors and Coping Strategies. In: Stoneman, Z./Berman, P.W. (Hrsg.): The Effects of Mental Retardation, Disability and Illness on Sibling Relationships: Research Issues and Challenges. Baltimore. 287–319.

Geiss, G./Belschner, W./Oldenbourg, R. (2005): Ohne meinen Glauben kann ich diese Arbeit hier nicht tun… In: Transpersonale Psychologie und Psychotherapie. 2/2005. 42–55.

Geiss, G. (2007): Soziale Ressourcen in der Begegnung mit Sterben und Tod. Dissertation, Carl-von-Ossietzky-Universität Oldenburg.

Gerull, P. (1999): Qualitätsmanagement in sozialen Handlungsfeldern – Überblick und aktueller Diskussionsstand. In: Gemeinsam leben – Zeitschrift für integrative Erziehung. Nr.1/99. Neuwied. o.S.

Gerull, P. (2004): Qualitätsmanagement light. Beiträge zur ressourcenschonenden Professionalisierung. Münster.

Gerspach, M./Mattner, D. (2004): Institutionelle Förderprozesse von Menschen mit geistiger Behinderung. Stuttgart.

Gilligan, C. (1996): Die andere Stimme. Lebenskonflikte und Moral der Frau. München.

Girtler, R. (1992): Methoden der qualitativen Sozialforschung. Anleitung zur Feldarbeit. Wien.

Gläser, J./Laudel, G. (2004): Experteninterviews und qualitative Inhaltsanalyse als Instrumente rekonsturierender Untersuchungen. München.

Glanzmann, G./Bergsträßer, E. (2001): Begleiten von sterbenden Kindern und Jugendlichen. Ein Ratgeber für Familien und Helfende. Schaffhausen.

Gleichmar, A. (2006): Qualitätsmanagement in der Heilpädagogik. Dimensionen und Perspektiven eines partizipativen und nutzerorientierten Qualitätssystems. Diplomarbeit. URL: http://www.foepaed.net/gleichmar/qualitaet.pdf (Letzter Zugriff: 15.08.2006).

Globisch, M. (2006): Ambulante Kinderhospizarbeit in Deutschland. In: Die Chance. 2006. 55–57.

Globisch, M./Hartkopf, M. (2009): Tag und Nacht – Tag für Tag. Die Situation lebensverkürzend erkrankter Kinder und ihrer Familien und ihre Begleitung durch die ambulante Kinderhospizarbeit. In: Deutscher Kinderhospizverein e. V. (Hrsg.): Leben mit Grenzen. Wuppertal. 125–133.

Globisch, M. (2009): Unsere ambulante Kinderhospizarbeit. In: Die Chance. Jahresheft 2009. 15–17.

Goffman, E. (2002): Stigma. Über Techniken der Bewältigung beschädigter Identität. 16. Auflage. Frankfurt am Main.

Goldman, A./Hain, R./Liben, S. (2006): Palliative Care for Children. Oxford. 563–564.

Gottwald, C./Dederich, M. (2009): Leid/Mitleid. In: Dederich, M./Jantzen, W. (Hrsg.): Behinderung und Anerkennung. Stuttgart. 302–306.

Grammer, I. (1999): Hospiz-Arbeit im Krankenhaus. Das Projekt Spes Viva. In: Student, J.-H. (Hrsg.): Das Hospiz-Buch. Freiburg im Breisgau. 98–105.

Great Ormond Street Hospital for Children NHS Trust and Institute of Child Health (2003): Paediatric Pain Profile.

Greer, F./Grey, I.M./Mc Clean, B. (2006): Coping and Positive Perceptions in Irish Mothers of Children with Intellectual Disabilities. In: Journal of Intellectual Disabilities. 2006/10. 231–246.

Gröschke, D. (1993): Praktische Ethik der Heilpädagogik. Bad Heilbrunn.

Gronemeyer, R./Fink, M./Globisch, M./Schumann, F. (2005): Helping People at the End of their Lives. Hospice and Palliative Care in Europe. Berlin.

Grünzinger, E. (2005): Geschwister behinderter Kinder. Besonderheiten, Risiken und Chancen. Ein Familienratgeber. Neuried.

Günther, K. (2002): Kurzzeitbetreuung. In: Thimm, W./Wachtel, G. (2002) (Hrsg.): Familien mit behinderten Kindern. Wege der Unterstützung und Impulse zur Weiterentwicklung regionaler Hilfesysteme. Weinheim und München. 146–151.

Hackenberg, W. (1992): Geschwister behinderter Kinder im Jugendalter – Probleme und Verarbeitungsformen. Längsschnittstudie zur psychosozialen Situation und zum Entwicklungsverlauf bei Geschwistern behinderter Kinder. Berlin.

Hackenberg, W. (2008): Geschwister von Menschen mit Behinderung. Entwicklung, Risiken und Chancen. München.

Halbe, B. (2001): Geschwisterkinder im Kinderhospiz. In: Die Chance. 2001. 43.

Halbe, B. (2003): Pädagogische Arbeit im Kinderhospiz. In: Die Chance. 2003. 26–27.

Hampel, P. (2007): Stressbewältigungstraining im Kindesalter. In: Seiffge-Krenke, I./Lohaus, A. (Hrsg.): Stress und Stressbewältigung im Kindes- und Jugendalter. Göttingen. 235–246.

Harder, G.M. (1992): Sterben und Tod eines Geschwisters. 2. erweit. und überarb. Auflage. Zürich.

Hare, A. (1999): Palliative Care for Children in Poland. In: European Journal of Palliative Care. Ausgabe 6 (4).

Harrison, C/Kenny N.P./Sidarous, M./Rowell, M (1997): Bioethics for clinicians: 9. involving children in medical decisions. In: CMAJ 156/6. 825–828.

Hartkopf, M. (2005): 15 Jahre Deutscher Kinderhospizverein. In: Die Chance. Jahresheft 2005. 4–5.

Hartkopf, M. (2006): Eröffnung der Kinderhospiztage. In: Deutscher Kinderhospizverein e.V. (Hrsg.): Begleitung auf dem Lebensweg. Beiträge der ersten deutschen Kinderhospiztage. Gütersloh. 13–16.

Hartkopf, M./Hug. G. (2006): Begleitung auf dem Lebensweg – was bedeutet ambulante Kinderhospizarbeit? In: Deutscher Kinderhospizverein e. V. (Hrsg.): Kinderhospizarbeit – Begleitung auf dem Lebensweg. Beiträge der ersten Deutschen Kinderhospiztage 2005. 63–73.

Hastings, P.R./Beck, A./Hill, C. (2005): Positive Contributions Made by Children with an Intellectual Disability in the Family: Mothers and Fathers Perceptions. In: Journal of Intellectual Disabilities. 2005. 9. 155–165.

Hatch, F./Maietta, L. (2003): Kinästhetik, Gesundheitsentwicklung und menschliche Funktionen. 2. komplett überarb. Auflage. München.

Haustein, L. (2007): Geschwisterverlust in Kindheit und Jugend. Erleben des Verlustes und Chancen der Bewältigung. Saarbrücken.

Hechter, S./Poggenpoel, M./Myburgh, C. (2001): Life Stories of Families with a Terminally Ill Child. Curationis. 24 (2). 54–61.

Heimlich, H./Rother, D. (1995): Wenn's zu Hause nicht mehr geht. Eltern lösen sich von ihrem behinderten Kind. München.

Heinen, N./Husseini, M./Kribs, A. (2006): Väter frühgeborener Kinder. Düsseldorf.

Heiner, M. (2004): Professionalität in der Sozialen Arbeit. Theoretische Konzepte, Modelle und empirische Perspektiven. Stuttgart.

Heiner, M. (Hrsg.) (1996): Qualitätsentwicklung durch Evaluation. Freiburg im Breisgau.

Heiney, S.P./Goon-Johnson, K./Ettinger, R.S./Ettinger, S. (1990): The Effects of Group Therapy on Siblings of Pediatric Oncology Patients. In: Journal of Pediatric Oncology Nursing. 7/3. 95–100.

Henkel, W./Zernikow, B. (2004) (Hrsg.): Curriculum „Zusatz-Weiterbildung Palliativversorgung von Kindern und Jugendlichen" für Gesundheits- und Kinderkrankenpfleger/innen, Kinderärztinnen und -ärzte und psychosoziale Mitarbeiter/innen. Witten/Herdecke.

Henkel, W. (2008): Aus- und Weiterbildung. In: Zernikow, B. (Hrsg.): Palliativversorgung von Kindern, Jugendlichen und jungen Erwachsenen. Heidelberg. 417–422.

Henkel, W./Stahl, N. (2008): Familien mit pflegebedürftigen Kindern in Deutschland. In: Zernikow, B. (Hrsg.): Palliativversorgung von Kindern, Jugendlichen und jungen Erwachsenen. Heidelberg. 425–438.

Hensle, U./Vernooij, M. (2002): Einführung in die Arbeit mit behinderten Menschen I. Psychologische, pädagogische und medizinische Aspekte. 7. Auflage. Wiebelsheim. 269–292.

Herbert, M. (1999): Tod und Trauer. Hilfe für sterbende Kinder und ihre trauernden Eltern und Geschwister. Band 10 der Reihe: Trainings für Eltern und Jugendliche. Göttingen.

Herd, E. (2004): Quality Assurance Package – Are we getting right? – a Tool to Measure the Quality of Children's Hospice Services. Association of Children Hospices, 2–3.

Herrlein, P. (2003): Multiprofessionalität, Teamarbeit, Vernetzung. In: Drolshagen, C. (Hrsg.): Lexikon Hospiz. Gütersloh. 95–96.

Herzberg, F./Mausner, B./Snyderman, B.B. (1959): The Motivation to Work. 2. Auflage. New York.

Hill, R. (1949): Families under stress. Connecticut.

Himelstein, B.H./Hilden, J.M./Boldt, A.M./Weissmann, D. (2004): Pediatric Palliative Care. In: The New England Journal of Medicine. 350/17. 1752–1762.

Hinse, H. (2006a): Empfehlungen für Leitungsaufgaben in Hospizgruppen. In: Burgheim, W. (Hrsg.): Hospizarbeit – zurück in die Zukunft – mit Qualität, Ideen und Profil. Merching. 133ff., 155–187.

Hinse, H. (2006b): Fortbildungen und Supervision für die Begleitung am Lebensende. In: Burgheim, W. (Hrsg.): Hospizarbeit – zurück in die Zukunft – mit Qualität, Ideen und Profil. Merching. 207–244.

Hinse, H. (2006c): Haupt und Ehre im Gespräch. In: Burgheim, W. (Hrsg.): Hospizarbeit zurück in die Zukunft – mit Qualität, Ideen und Profil. Merching. 133–141.

Hinse, H. (2006d): Mit der Hospizarbeit in die Öffentlichkeit gehen. In: Burgheim, W. (Hrsg.): Hospizarbeit zurück in die Zukunft – mit Qualität, Ideen und Profil. Merching. 245–267.

Hintermair, M. (2002a). Kohärenzgefühl und Behinderungsverarbeitung. Eine empirische Studie zum Belastungs-Bewältigungserleben von Eltern hörgeschädigter Kinder. Beiheft 45 zur Hörgeschädigtenpädagogik. Heidelberg.

Hintermair, M. (2002b): Personale Ressourcen von Eltern hörgeschädigter Kinder in ihrer Bedeutung für die Bewältigung der kindlichen Hörschädigung (PEH). URL: http://www.ph-heidelberg.de/wp/hinterma/projekta05.html (Letzter Zugriff: 9.7.2010).

Hinze, D. (1991): Väter und Mütter behinderter Kinder. Der Prozess der Auseinandersetzung im Vergleich. Heidelberg.

Hinze, D. (1992): Väter behinderter Kinder. Ihre besonderen Schwierigkeiten und Chancen. In: Geistige Behinderung. 31. 1992/3. 135–142.

Hinze, D. (1999): Väter und Mütter behinderter Kinder. Der Prozess der Auseinandersetzung im Vergleich. 3. Auflage. Heidelberg.

Hobfoll, S.E. (1988): The Ecology of Stress. Washington, D.C.

Hobfoll, S.E. (1998): Stress, culture and community. New York.

Hoffmann, B. (2004): Die ambulante Begleitung von Schwerst- und Sterbenskranken und ihren Angehörigen. In: Lilie, U./Zwierlein, E. (Hrsg.): Handbuch integrierte Sterbebegleitung. Gütersloh. 269–277.

Hofmann, R. (2006): Mitarbeitermotivation in Hospizeinrichtungen. In: Burgheim, W. (Hrsg.): Hospizarbeit – zurück in die Zukunft – mit Qualität, Ideen und Profil. Merching. 187–207.

Holtmann, M./Schmidt, M.H. (2004): Resilienz im Kindes- und Jugendalter. In: Kindheit und Entwicklung. 13. 195–200.

Holzbeck, T. (2005): Tod und Trauer in der Heilpädagogik und Sonderschule. In: Burgheim, W. (Hrsg.): Sterbende begleiten – in Geborgenheit bis zuletzt durch palliative care. Mering. 287–304.

Houtzager, B.A./Grootenhuis, M.A./Last, B.F. (2001): Supportive Groups for Siblings of Pediatric Oncology Patients: Impact on Anxiety. In: Psychooncology. 10/4. 315–324.

Hübner, B. (2007): Wenn das Vertrauen erschüttert wird. Bindungsmuster bei schwerkranken Kindern. In: Dr. med. Mabuse. Zeitschrift für alle Gesundheitsberufe. Nr. 166. März/April 2007. 43–46.

Huck-Schade, R. (2003): Soft Skills auf der Spur. Soziale Kompetenzen: weiche Fähigkeiten – harte Fakten. Basel und Berlin.

Huschke-Rein, R. (1998): Systemische Erziehungswissenschaft. Pädagogik als Beratungswissenschaft. Weinheim.

Husebø, S. (2006): Psychosoziale Fragen. Trauer. In: Husebø, S./Klaschik, E. (Hrsg.): Palliativmedizin. Grundlagen und Praxis. Schmerztherapie. Gesprächsführung. Ethik. 4. überarb. Auflage. Heidelberg. 315–384.

ICPCN – International children's palliative care network (2008): ICPCN-Charter of rights for life-limited and life threatened children. URL: http://www.icpcn.org.uk/page.asp?section=000100010014&sectionTitle=Charter (Letzter Zugriff: 12.08.2009).

Ihle, W./Esser, G./Schmidt, M.H./Blanz, B. (2002): Die Bedeutung von Risikofaktoren des Kindes- und Jugendalters für psychische Störungen von der Kindheit bis ins frühe Erwachsenenalter. In: Kindheit und Entwicklung. 11. 201–211.

Jaspers, B./Schindler, T. (2004): Gutachten zum Stand der Palliativmedizin und Hospizarbeit in Deutschland und im Vergleich zu ausgewählten Staaten (Belgien, Frankreich, Großbritannien, Niederlande, Norwegen, Österreich, Polen, Schweden, Schweiz, Spanien). Auftraggeber: Enquete-Kommission des Bundestages „Ethik und Recht der modernen Medizin". Laufzeit 01.05. 2004 bis 30.11.2004

Jennessen, S. (2006): Systemisches Verstehen von Entwicklung und Sozialisation bei progredienter Erkrankung als Grundlage schulpädagogischen Handelns. In: Heilpädagogik online. 02/06. 61–98. URL: *http://www.heilpaedagogik-online.com/2006/heilpaedagogik_online_0206.pdf*.

Jennessen, S. (2007): Manchmal muss man an den Tod denken... Wege der Enttabuisierung von Sterben, Tod und Trauer in der Grundschule. Hohengehren.

Jennessen, S. (2007a): Gender Care und Körperbehinderung – Aspekte einer geschlechtsspezifischen Pflege von dauerhaft pflegeabhängigen Frauen und Männern. In: Fassbender, R./Schlüter, M. (Hrsg.): Pflegeabhängigkeit und Körperbehinderung. Theoretische Fundierung und praktische Erfahrungen. 158–176.

Jennessen, S. (2008): Schule, Tod und Rituale. Systemische Perspektiven im sonderpädagogischen Umgang im Sterben, Tod und Trauer. 4. Auflage. Oldenburg.

Jennessen, S. (2008a). Hospizliche Lebensbegleitung für Menschen mit progredienten Erkrankungen. In: Jennessen, S. (Hrsg.) (2008): Leben geht weiter. Neue Perspektiven der sozialen Rehabilitation körperbehinderter Menschen im Lebenslauf. Weinheim. 177–191.

Jennessen, S. (2009): Begleiten, Mitfühlen, Lehren. Ethische und pädagogische Aspekte der Rolle von Lehrkräften in der schulpädagogischen Arbeit mit progredient erkrankten Kindern und Jugendlichen. In: Deutscher Kinderhospizverein e.V. (Hrsg.): Leben mit Grenzen. Wuppertal. 142–152.

Jennessen, S. (2009a): Kumulative Habilitationsschrift zur Erlangung der Lehrbefugnis für das Fachgebiet Allgemeine Sonder- und Rehabilitationspädagogik. Universität Hannover. Unveröffentlichtes Dokument.

Jennessen, S. (2010): Kinderhospizarbeit Professionelle und ehrenamtliche Begleitung unter den Bedingungen des nahen Sterbens. In: Baumann, M./Schmitz, C./Zieger, A. (Hrsg.): RehaPädagogik – RehaMedizin – Mensch. Hohengehren. 278–291.

Jensen, S. (1999): Erkenntnis – Konstruktivismus – Systemtheorie: Einführung in die Philosophie konstruktivistischer Wissenschaft. Opladen.

Jerusalem, M. (1990): Persönliche Ressourcen, Vulnerabilität und Stresserleben. Göttingen.

Jonas, M. (1990): Behinderte Kinder – behinderte Mütter? Frankfurt am Main.

Jonas, M. (1994): Behinderte Kinder – behinderte Mütter? 2. Auflage. Frankfurt am Main.

Jordan, I. (2007): Hospizbewegung in Deutschland und den Niederlanden. Palliativversorgung und Selbstbestimmung am Lebensende. Frankfurt.

Kallenbach, K. (1997): Väter schwerstbehinderter Kinder. Münster.

Kampmeier, A. (1999): Körper und Selbst: Welchen Einfluß hat eine körperliche Behinderung auf die Persönlichkeitsentwicklung? In: Bergeest, H./Hansen, G. (Hrsg.): Theorien der Körperbehindertenpädagogik. Bad Heilbrunn. 241–251.

Kast, V. (1982): Trauer. Phasen und Chancen des psychischen Prozesses. Stuttgart.

Kast, V. (1992): Wenn Kinder sterben. In: Student, J.-C.: Im Himmel welken keine Blumen. Kinder begegnen dem Tod. Freiburg im Breisgau. 148–160.

Kasten, H. (1993): Die Geschwisterbeziehung. Band II: Spezielle Geschwisterbeziehungen. Göttingen, Bern, Toronto und Seattle.

Kelle, U. (2008): Die Integration qualitativer und quantitativer Methoden in der empirischen Sozialforschung. Theoretische Grundlagen und methodologische Konzepte. 2. Auflage. Wiesbaden.

Kempfert, G./Rolff, H.-G. (2005): Qualität und Evaluation. Ein Leitfaden für pädagogisches Qualitätsmanagement. Weinheim und Basel.

Kinderhospiz Löwenherz e.V. (2009): Kinderhospiz Löwenherz. Wir sind da, wir tragen mit im Leben wie im Sterben. Syke.

Kinderhospiz Balthasar (2010): Sonderausgabe Jugendhospiz. URL: http://www.kinderhospiz-balthasar.de/media/docs/Jugendhospiz_flyer.pdf (Letzter Zugriff: 08.04.2010).

Kirchhoff, S./Kuhnt, S./Lipp, P./Schlawin, S. (2003): Der Fragebogen. Datenbasis, Konstruktion und Auswertung. 3. Auflage. Opladen

Klaas, D. (2000): Ein Trauermodell aus dem englischen Sprachraum. In: Holzschuh, W. (Hrsg.): Geschwister-Trauer. Erfahrungen und Hilfen aus verschiedenen Praxisfeldern. Regensburg. 67–78.

Klauß, T. (2003): Bildung im Spannungsverhältnis von Pflege und Pädagogik. In: Kane, J.F./Klauß, T. (Hrsg.): Die Bedeutung des Körpers für Menschen mit geistiger Behinderung. Zwischen Pflege und Selbstverletzung. Memmingen. 39–63.

Knees, C./Winkelheide, M. (2006): Bildungsarbeit mit Familien behinderter Kinder. Angebote entwickeln und durchführen. Düsseldorf.

Köhlen, C. (2003): Häusliche Kinderkrankenpflege in Deutschland – Theorie und Praxis der familienorientierten Pflege. Band. 4. Göttingen.

König, E./Zedler, P. (2002): Theorien der Erziehungswissenschaft. 2. überarb. Auflage. Weinheim und Basel.

König, E./Volmer, G. (2000): Systemische Organisationsberatung. Grundlagen und Methoden. 7. Auflage. Weinheim.

Köster, R. (2002): Kinderhospiz Balthasar. In: Die Chance. 2002. 17–19.

Kohlberg, L. (1996): Die Psychologie der Moralentwicklung. Berlin.

Kohlenberg, H./Münstermann, K. (Hrsg.) (2000): Qualität von Humandienstleistungen. Evaluation und Qualitätsmanagement in Sozialer Arbeit und Gesundheitswesen. Opladen.

Kolip, P./Wydler, H./Abel, Th. (2010): Gesundheit: Salutogenese und Kohärenzgefühl. Einleitung und Überblick. In: Wydler, H./Kolip, P./Abel, Th. (Hrsg): Salutogenese und Kohärenzgefühl. Grundlagen, Empirie und Praxis eines gesundheitswissenschaftlichen Konzepts. Weinheim und München, 11–17.

Korczak, J. (1967): Wie man ein Kind lieben soll. Göttingen.

Knapp, E.R./DelCampo, R.L. (1995): Developing Family Care Plans. A Systems Perspective for Helping Hospice Families. In: American Journal of Hospice and Palliative Medicine. 12. 39–47.

Kraft, S. (2006): Bundesweite Perspektiven der stationären Kinderhospizarbeit. In: Deutscher Kinderhospizverein (Hrsg.): Kinderhospizarbeit. Begleitung auf dem Lebensweg. Beiträge der 1. Deutschen Kinderhospiztage 2005. 59–61.

Krause, M.-P. (2008): Elterliche Bewältigung von Behinderung – Forschungsergebnisse aus den Jahren 2000–2006. In: Leyendecker, C. (Hrsg.): Gemeinsam Handeln statt Behandeln. Aufgaben und Perspektiven der Komplexleistung Frühförderung. 337–343.

Krause, M.-P. (1997): Elterliche Bewältigung und Entwicklung des behinderten Kindes. Frankfurt am Main.

Kristen, U. (1994): Praxis Unterstützte Kommunikation – Eine Einführung. Düsseldorf.

Kristen, U. (2005): Praxis Unterstützte Kommunikation – Eine Einführung. 5. Auflage. Düsseldorf.

Krockauer, R. (2005): Kundschafter einer anderen Welt. In: Die Chance. 2005. 81–82.

Kroll, T./Petermann, F./Schwarz, B. (1994): Krebskranke Kinder: Möglichkeiten einer familienorientierten Rehabilitation. In: Petermann, F. (Hrsg.): Chronische Krankheiten bei Kindern und Jugendlichen. München. 63.

Krohn, W./Küppers, G./Paslack, R. (1987). Selbstorganisation – Zur Genese und Entwicklung einer wissenschaftlichen Revolution. In: Schmidt, S.J. (Hrsg.). Der Diskurs des Radikalen Konstruktivismus. Frankfurt am Main. 441–465.

Kron, M. (2001): Zur Qualität der Qualitätssicherung: Die Validität der Qualitätssicherung und ihre Instrumente. Definitionskompetenzen und Verfahrenssicherheit. In: Schädler, J./Schwarte, N./Trube, A. (Hrsg.): Der Stand der Kunst. Qualitätsmanagement sozialer Dienste. Münster. 97–112.

Krönes, G. (1998): Qualitätsmanagement sozialer Dienstleistungen. In: Brunner, E.J./Bauer, P./Volkmar, S. (Hrsg.): Soziale Einrichtungen bewerten. Theorie und Praxis der Qualitätssicherung. Freiburg im Breisgau. 69–87.

Kruegcr, R.A (1998): Developing Questions for Focus Groups. 2. Auflage. London und New Delhi.

Krüger, H.-H. /Marotzki, W. (1999) (Hrsg.): Erziehungswissenschaftliche Biographieforschung. Opladen.

Kruse, A. (1997): Überlegungen zur Zukunft der Bewältigungsforschung aus der Perspektive der Auseinandersetzung des Menschen mit Grenzsituationen. In: Tesch-Römer, C./Salewski, C./Schwarz, G: (Hrsg.): Psychologie der Bewältigung. Weinheim. 272–294.

Kübler-Ross, E. (1969): On Death and Dying. New York.

Kübler-Ross, E. (1970): Interviews mit Sterbenden. Stuttgart.

Kübler-Ross, E. (1984): Kinder und Tod. Zürich.

Kübler-Ross, E. (2008): Kinder und Tod. Stuttgart.

Kulig, W./Theunissen, G. (2006): Selbstbestimmung und Empowerment. In: Wüllenweber, E./Theunissen, G./Mühl, H. (Hrsg.): Pädagogik bei geistigen Behinderungen. Ein Handbuch für Studium und Praxis. Stuttgart. 237–251.

Lamnek, S. (1995): Qualitative Sozialforschung. Band 2: Methoden und Techniken. 3. überarb. Auflage. Weinheim.

Lamnek, S. (1998): Gruppendiskussion. Theorie und Praxis. Weinheim.

Lamnek, S. (2005b): Qualitative Sozialforschung. Lehrbuch. 4. Auflage. Weinheim.

Lamnek, S. (2005a): Gruppendiskussion. Theorie und Praxis. Weinheim.

Lamp, I. (2001) (Hrsg.): Hospiz-Arbeit konkret. Grundlagen, Praxis, Erfahrungen. Gütersloh.

Langenmayr, A. (1999): Trauerbegleitung. Beratung – Therapie – Fortbildung. Göttingen.

Lawrence, D.H. (1961): Lady Chatterley's lover. 2. Auflage. Harmondsworth.

Lazarus, R.S. (1966): Psychological Stress and the Coping Process. New York.

Lazarus, R.S./Launier, R. (1978): Stress-related Transactions between Person and Environment. In: Pervin, L.A./Lewis, M. (Hrsg.): Interaction between Internal and External Determinants of Behavior. New York. 287–327.

Lazarus, R.S./Folkmann, S. (1984): Stress, Appraisal and Coping. New York.

Lazarus, R.S. (1990): Stress und Stressbewältigung – ein Paradigma. In: Filipp, S.-H. (Hrsg.): Kritische Lebensereignisse. München. 198–233.

Lebenshilfe Bremen e.V. (2010): Ich bin doch auch noch da! Gruppen für Geschwister von Kindern mit Behinderung. URL: http://lebenshilfe-bremen.de/files/Fly_GeschwGru2010.pdf (Letzter Zugriff: 14.05.2010).

Lehmann–Geck, M. (2003): Bericht über einen Projekttag mit ambulanten Hospizdiensten. In: Die Chance. 2003. 7–9.

Lelgemann, R. (2003b): Vorbereitung der nachschulischen Lebenssituation. In: Fachverband für Behindertenpädagogik Landesverband Nordrhein-Westfalen e.V. (Hrsg.). Körperbehindertenpädagogik. Praxis und Perspektiven. Gladbeck. 43–75.

Lelgemann, R. (2007): Perspektiven der Lehrerbildung oder Gefährdungen für Menschen mit Körperbehinderungen? In: Haupt, U./Wieczorek, M. (Hrsg.): Brennpunkte der Körperbehindertenpädagogik. Stuttgart. 224–257.

Letzing, G. (2006): Wir sind da und tragen mit... Wie kann das gelingen? In: Deutscher Kinderhospizverein (Hrsg.): Kinderhospizarbeit. Begleitung auf dem Lebensweg. Beiträge der 1. Deutschen Kinderhospiztage. 75–79.

Levang, E. (2002): Männer trauern anders. Freiburg im Breisgau.

Levine, S. (1978): A Coping Model of Mother-infant Relationships. In: Levine, S./Ursin, H. (Hrsg.): Coping and Health. New York. 87–101.

Leyendecker, C. (2008): Bedingungen und Möglichkeiten der Begleitung lebensbedrohlich erkrankter Kinder und behinderter Kinder. In: Deutscher Kinderhospizverein (Hrsg.) (2008): Begleiten – Abschiednehmen – Trauern. Kinder mit lebensverkürzender Erkrankung. Düsseldorf. 10–23.

Leyendecker, C./Lammers, A. (2001): „Lass mich einen Schritt alleine tun". Lebensbeistand und Sterbebegleitung lebensbedrohlich erkrankter Kinder. Stuttgart.

Ligthsey, O.R./Sweeney, J. (2008): Meaning in Life, Emotion-Oriented Coping, Generalized Self-Efficacy, and Family Cohesion as Predictors of Family Satisfaction Among Mothers of Children with Disabilities. In: The Family Journal. 2008/16. 212–221.

Lobato, D. (1993): Issues and Interventions for Young Siblings of Children with Medical and Developmental Problems. In: Stoneman, Z./Berman, P.W. (Hrsg.): The Effects of Mental Retardation, Disability, and Illness on Sibling Relationship: Research Issues and Challenges Baltimore. 85–98.

Löbsack, H. (1984): Das Todesbewusstsein des Kindes. Eine heilpädagogische Studie. Gießen.

Lohaus, A. (1996): Krankheitskonzepte von Kindern aus entwicklungspsychologischer Sicht. In: Schmitt, G.M./Kammerer, E./Harms, E. (Hrsg.): Kindheit und Jugend mit chronischer Erkrankung. Göttingen. 4–14.

Lohaus, A. (1990): Gesundheit und Krankheit aus der Sicht von Kindern. Göttingen.

Loos, P./Schäffer, B. (2001): Das Gruppendiskussionsverfahren. Theoretische Grundlagen und empirische Anwendung. Opladen.

Ludewig, K. (2005): Einführung in die theoretischen Grundlagen der systemischen Therapie. Heidelberg.

Ludewig, R. (1999): Kant für Anfänger. München.

Lüders, C. (2003): Teilnehmende Beobachtung. In: Bohnsack, R./Marotzki, W./Meuser, M. (Hrsg.): Hauptbegriffe qualitativer Sozialforschung. Weinheim. 151–153.

Lüscher, B. (1997): Die Rolle der Geschwister. Chancen und Risiken ihrer Beziehung. Berlin.

Luhmann, N. (1991): Soziale Systeme. Grundriß einer allgemeinen Theorie. 4. Auflage. Frankfurt am Main.

Luschei, F./Trube, A. (2001): Der Stand der Kunst. Zur Frage sozialpolitischer und fachlicher Standards des Qualitätsmanagements für Angebote der Beschäftigungsförderung. In: Schädler, J./Schwarte, N./Trube, A. (Hrsg.): Der Stand der Kunst. Qualitätsmanagement sozialer Dienste. Münster. 160–192.

Lutterer, W. (1999): Auf den Spuren ökologischen Bewußtseins. Eine Analyse des Gesamtwerks von Gregory Bateson. Freiburg.

Lutterer, W. (2002): Gregory Bateson. Eine Einführung in sein Werk. Heidelberg.

Lutz, R./Herbst, M./Iffland, P./Schneider, J. (1998): Möglichkeiten der Operationalisierung des Kohärenzgefühls von Antonovsky und deren theoretische Implikationen. In: Margraf, J./ Neumer, S./Siegrist, J. (Hrsg): Gesundheits- oder Krankheitstheorie? Saluto- versus pathogenetische Ansätze im Gesundheitswesen. Berlin. 171–185.

Macdonald, M.E./Liben, S./Carnevale, F.A./ Rennik, J.E./ Wolf, S.L./ Meloche, D./Cohen, R. (2005): Parental Perspectives on Hospital Staff Members' Acts of Kindness and Commemoration After a Child's Death. In: Pediatrics. 2005/116. 884–890.

Mall, W. (2008): Kommunikation ohne Voraussetzungen: Mit Menschen mit schwersten Beeinträchtigungen. 6. überarb. Auflage. Heidelberg.

Malone, M.M. (1982): Consciousness of Dying and Projective Fantasy of Young Children with Malignant Disease. In: Journal of Development and Behavioral Pediatrics. 3/2, 55–60.

Marckmann, G. (2010): Ethische Entscheidungen am Lebensende. In: Kränzle, S./Schmid, U./Seeger, C. (Hrsg.): Palliative Care. Handbuch für Pflege und Begleitung. 3. Auflage. Heidelberg. 91–98.

Mash, E./Lloyd-Williams, M. (2006): A Survey of the Services Provided by Children's Hospices in the United Kingdom. In: Support Care Cancer. 14. 1169–1172.

Masten, A.S./Reed, M.-G. (2002): Resilience in Development. In: Snyder, C.R./Lopez, S.J. (Hrsg.): Handbook of Positive Psychology. Oxford. 74–88.

Mastroyannopoulou, K./Stallard, P./Lewis, M./Lenton, S. (1997): The Impact of Childhood Non-malignant Life-threatening Illness on Parents: Gender Differences and Predictors of Parental Adjustment. In: J Child Psychol Psychiatry. 38/7. 823–829.

Matthews-Simonton, S. (1986): Heilung in der Familie. Reinbek.

Mayring, P. (1999): Einführung in die qualitative Sozialforschung. Eine Anleitung zum qualitativen Denken. 4. Auflage. Weinheim.

Mayring, P. (2002): Einführung in die qualitative Sozialforschung. 5. Auflage. Weinheim und Basel.

Mayring, P. (2001): Kombination und Integration qualitativer und quantitativer Analyse. In: Forum: Qualitative social research. Band 2. Nr. 1. Art. 6. Februar 2001. www.qualitative – research.net (Letzter Zugriff: 01/2010).

Mayring, P. (2002): Einführung in die qualitative Sozialforschung. 5. Auflage. Weinheim und Basel.

Mayring, P. (2003): Qualitative Inhaltsanalyse. Grundlagen und Techniken. 8. Auflage. Weinheim und Basel.

Mcconkey, R./Truesdale, M./Conliffe, C. (2004): The Features of Short-Break – Residental Services Valued by Families who have Children with Multiple Disabilities. In: Journal of Social Work. 2004/4, 61–75.

McCubbin, N.H.I./Patterson, J.M. (1982): Family Adaptions to Crises. In: McCubbin, N.H.I./Cauble, A.E./Patterson, J.M. (Hrsg.): Family Stress, Coping and Social Support. Springfield. 26–48.

Meinhold, M. (1998): Qualitätssicherung und Qualitätsmanagement in der Sozialen Arbeit. 3. Auflage. Freiburg.

Meyers großes Taschenlexikon in 25 Bänden (1999): Band 10. Mannheim.

Mencap (1997): Left in the Dark. A Mencap on the Challenges Facing the Uk's 400.000 Families of Children with Learning Disabilities. London: Mencap National Centre.

Menneman, H. (1998): Sterben lernen heißt leben lernen: Sterbebegleitung aus sozialpädagogischer Perspektive. Münster.

Merchel, J. (2004): Zertifizierung und Qualitätssiegel: Risiken für den Prozess der Qualitätsentwicklung in der Sozialen Arbeit. In: Peterander, F./Speck, O. (Hrsg.): Qualitätsmanagement in sozialen Einrichtungen. 2. Auflage. München. 44–58.

Mertens, D. (1971): Arbeitsmarkt- und Berufsforschung. Stuttgart.

Meuser, M./Nagel, U. (2003a): Experteninterview. In: Bohnsack, R./Marotzki, W./Meuser, M. (Hrsg.): Hauptbegriffe qualitativer Sozialforschung. Weinheim und Basel. 57–58.

Meuser, M./Nagel, U. (2003b): Das Experteninterview – Wissenssoziologische Voraussetzungen und methodische Durchführung. In: Friebertshäuser, B./Prengel, A. (Hrsg.): Handbuch Qualitative Forschungsmethoden in der Erziehungswissenschaft. Weinheim und München. 481–491.

Meuser, M./Nagel, U. (2005): ExpertInneninterviews – vielfach erprobt, wenig bedacht. Ein Beitrag zur qualitativen Methodendiskussion. In: Bogner, A./Littig, B./Menz, W. (Hrsg.): Das Experteninterview. Theorie, Methode, Anwendung. Wiesbaden. 71–93.

Miles, M.B./Hubermann, M.A. (1994): Qualitativ Data Analysis. An expanded sourcebool. 2. Auflage. Thousand Oaks und London.

Mill, J.S. (1976): Der Utilitarismus. Stuttgart.

Moser, V./Sasse, A. (2008): Theorien der Behindertenpädagogik. München und Basel.

Müller, M. (2008): Der professionelle Helfer. In: Zernikow, B. (Hrsg.): Palliativversorgung von Kindern, Jugendlichen und jungen Erwachsenen. Heidelberg. 406–416.

Murray, J.S. (1995): Social Support for Siblings of Children with Cancer. In: Journal of Pediatric Oncology Nursing. 12/2. 62–70.

Murray, J.S. (1999): Siblings of Children with Cancer: A Review of the Literature. In: Journal of Pediatric Oncology Nursing. 16/1. 25–34.

Murray, J.S. (2001): Social Support for School-aged Siblings of Children with Cancer: A Comparison between Parent and Siblings Perceptions. In: Journal of Pediatric Oncology Nursing. 18/3. 90–104.

Neder-von der Goltz, A. (2001): Jugendliche mit begrenzter Lebenserwartung. Erziehungswirklichkeit und Schulalltag zwischen Diagnose und Tod. Bad Heilbrunn.

Newsletter DHPV aktuell 13/2009: Gesetzliche Neureglung der Finanzierung ambulanter Hospizdienste und stationärer Hospize sowie der palliativärztlichen Versorgung in stationären Hospizen (§39a Abs. 1 und 2 SGB V, §37b SGB V), 2.

Newsletter DHPV aktuell 14/2009: Gesetzesänderung zum Anspruch auf SAPPV/SAPV bei Hospizaufenthalt, 2.

Niethammer, D. (2008): Das sprachlose Kind: vom ehrlichen Umgang mit schwer kranken und sterbenden Kindern und Jugendlichen. Stuttgart.

Nigl-Heim, R. (2001): Sexus und Pflege. Geschlechterfragen und Pflegepraxis. Bern.

Nijs, M. (1999): Trauern hat seine Zeit. Abschiedsrituale beim frühen Tod eines Kindes. Göttingen.

Nowack, I. (2007): Abschiede. Über Kämpfe, Lebenslust und Loslassen einer Familie. In: Sonderpädagogische Förderung. 52/2007. 5–15.

Oerter, R./Montada, L. (Hrsg.) (1995): Entwicklungspsychologie: Ein Lehrbuch. Weinheim.

Oerter, R./Montada, L. (2008): Entwicklungspsychologie. München und Weinheim.

Oevermann, U. (1996): Theoretische Skizze einer revidierten Theorie professionellen Handelns. In: Combe, A./Helsper W. (Hrsg.): Pädagogische Professionalität. Untersuchungen zum Typus pädagogischen Handelns. Frankfurt am Main. 70–182.

Olbrich, E. (1997): Die Grenzen des Coping. In: Tesch-Römer, C./Salewski, C./Schwarz, G. (Hrsg.): Psychologie der Bewältigung. Weinheim. 230–246.

Ollenschläger, G. (2004): Medizinischer Standard und Leitlinien – Definitionen und Funktionen. In: ZaeFQ. ärztliche Fortbildung Qualität Gesundheitswesen. 98. 17–179. Köln.

Olsson, B.M. (2004): Parents of Children with Intellectual Disabilities. Göteborg.

Olsson, B.M./Hwang, C.P. (2001): Depression in Mothers and Fathers of Children with Intellectual Disabilities. In: Journal of Intellectual Disability Research. 2001/45. 535–543.

Orbach, I. (1990): Kinder, die nicht leben wollen. Göttingen.

Ortland, B. (2005): Sexualerziehung an der Schule für Körperbehinderte aus der Sicht der Lehrerinnen und Lehrer – Wissenschaftliche Grundlagen, empirische Ergebnisse, pädagogische Konsequenzen. Bad Heilbrunn.

Ortland, B. (2008): Behinderung und Sexualität. Grundlagen einer behinderungsspezifischen Sexualpädagogik. Stuttgart.

Ortland, B. (2010): Inklusion von Menschen, die mit mehrfachen Behinderungen leben. In: Jennessen, S./Lelgemann, R./Ortland, B./Schlüter, M. (Hrsg.): Leben mit Körperbehinderung. Perspektiven der Inklusion (Im Druck).

Ortmann, M. (1996): Progredient erkrankte Kinder und Jugendliche – Pädagogische Aufgaben und Probleme im prä-, peri- und postthanatalen Problemkreis. In: Vierteljahreszeitschrift für Heilpädagogik und ihre Nachbargebiete. 65. 1996/4. 502–526.

Ortmann, M. (1998): Zur pädagogischen Förderung von Kindern, Jugendlichen und jungen Erwachsenen mit Duchenne Muskeldystrophie (DMD). In: Zeitschrift für Heilpädagogik. 2. 55–63.

Ortmann, M. (2000): Duchenne Muskeldystrophie (DMD). In: Kallenbach, K. (Hrsg.). Körperbehinderungen. Schädigungsaspekte, psychosoziale Auswirkungen und pädagogisch-rehabilitative Maßnahmen. Bad Heilbrunn. 247–271.

Ortmann, M./Jennessen, S. (2003): Schulpädagogisches Coping angesichts progredient erkrankter Kinder und Jugendlicher – zum pädagogischen Umgang mit Sterben, Tod und Trauer in der Schule. Forschungsbericht. Oldenburg.

Parker Oliver, D./Wittenberg-Lyles, E./Washington, K./Sehrwat, S. (2009): Social Work Role in Pain Management with Hospice Caregivers: A National Survey. In: Journal of Social Work End Life Palliative Care. 5/1–2, 61, 1–9.

Patry, J.-L./Dick, A, (2002): Qualitative Feldforschung. In: König, E./Zedler, P. (Hrsg.): Qualitative Forschung. 2. Auflage, Weinheim. 71–98.

Patterson, J.M./Mc Cubbin, H. (1983): Chronic Illnesss: Familiy Stress and Coping. In: Figley, C.R./McCubbin, H. (Hrsg.): Stress and the Familiy. Band 2: Coping with a Catastrophe. New York. 21–36.

Paul, C. (2001): Neue Wege in der Trauer- und Sterbebegleitung. Hintergrund- und Erfahrungsberichte für die Praxis. Gütersloh.

Pelchat, D./Lefebvre, H./Perreault, M. (2003): Differences and Similarities between Mothers and Fathers Experience of Parenting a Child with a Disability. In: Journal of Child Health Care. 2003/7. 231–245.

Pelz, C./Schmitt, A./Meis, M. (2004): Knowledge Mapping als Methode zur Auswertung und Ergebnispräsentation von Fokusgruppen in der Markt- und Evaluationsforschung. In: Forum Qualitative Sozialforschung / Forum: Qualitative Social Research [On-line Journal], 5(2), Art. 35. Verfügbar über: http://www.qualitative-research.net/fqstexte/2-04/2-04pelzetal-d.htm (Letzter Zugriff: 08.05.2009).

Penn, B. (2005): Kinderhospize. In: Burgheim, W. (Hrsg.): Sterbende begleiten. Geborgenheit bis zuletzt durch palliative care. Mering. 227–247.

Peterander, F./Speck, O. (Hrsg.) (2004): Qualitätsmanagement in sozialen Einrichtungen. 2. Auflage. München.

545

Petermann, F./Bode, U./Noecker, M. (1987): Psychologie chronischer Krankheiten im Kindes- und Jugendalter. München und Weinheim.

Petermann, F. (1990): Beratung von Familien mit krebskranken Kindern. Konzeption und empirische Ergebnisse. 2. Auflage. Frankfurt am Main.

Petermann, F. (1995): Chronische Krankheiten in den ersten Lebensjahren und ihre Bewältigung. In: Oerter, R./Montada, L. (Hrsg.): Entwicklungspsychologie. 3. Auflage. Weinheim. 967–975.

Petermann, F. (1998): Chronische Krankheiten in den ersten Lebensjahren und ihre Bewältigung. In: Oerter, R./Montada, L. (Hrsg.): Entwicklungspsychologie. Ein Lehrbuch. 4. Auflage. München. 967–975.

Petermann, F./Grünthal, M. (1986): Die Bewältigung von Krebserkrankungen bei Kindern und Jugendlichen und deren Familien. In: GWG-Info. 62, 386, 3–25.

Petermann, F./Noeker, M.,/Bode, U. (1987): Psychologie chronischer Krankheiten im Kindes- und Jugendalter. München.

Peters, M. (1988): Das Belastungs-Bewältigungs-Paradigma in früher Kindheit: eine vielversprechende Perspektive? In: Brüderl, L. (Hrsg.): Belastende Lebenssituationen. Untersuchungen zu Bewältigungs- und Entwicklungsforschung. Weinheim und München. 10–22.

Pfeffer, C./v. Hayek, J./Schneider, W. (2009): „Sterben dort, wo man zuhause ist…" Organisation und Praxis von Sterbebegleitungen in der ambulanten Hospiz- und Palliativarbeit – Projektdarstellung. In: Hospizdienste und Palliativmedizin. Band 3. Nr. 1. 16–31.

Philipp, D./Loffing, Ch. (2008): „Psychische Belastungen von hauptamtlich beschäftigten Pflegekräften und Familienbetreuern in der stationären Kinderhospizarbeit" – eine bundesweite Pilotstudie – Forschungsbericht für die beteiligten Kinderhospize.

Pörtner, M. (2005): Jeder Mensch strebt nach Selbstverwirklichung. Die humanistische Sichtweise. In: Die Chance. 2005. 77.

Pörtner, M. (2005a): Professionalität oder Mitmenschlichkeit. In: Die Chance. 2005. 83.

Potts, S.,/Farrell, M.,/O'Toole, J. (1999): Treasure Weekend: Supporting Bereaved Siblings. In: Palliative Medicine. 13/1. 5–56.

Praschak, W. (2003): Das schwerstbehinderte Kind in seiner Familie. In: Wilken, U./Jeltsch- Schudel, B. (Hrsg.): Eltern behinderter Kinder. Empowerment – Kooperation – Beratung. Stuttgart. 31–43.

Proske, J. (2009): Erfahrungen und Bedürfnis von Geschwistern progredient erkrankter Kinder. Eine qualitative Studie zur Erfassung förderlicher Bedingungen im Lebenslauf unter besonderer Berücksichtigung der kinderhospizlichen Geschwisterarbeit. Unveröffentlichte Diplomarbeit. Oldenburg.

Ramachers, G. (1994): Entwicklung von Todeskonzepten beim Kind. Frankfurt am Main.

Rausch, J. (2005): Leben, lernen, Schule machen. Handlungsanweisungen und ökonomische Überlegungen für eine gute Schule. Aachen.

Reese, D.J./Raymer, M. (2004): Relationship between Social Work Involvement and Hospice Outcomes: Result of the National Hospice Social Work Survey. In: Social Work. 49/3. 415–422.

Reese, D.J./Sonntag, MA. (2001): Successful Interprofessional Collaboration on the Hospice Team. In: Health & Social Work. 26/3. 167–175.

Rellensmann, G. (2008): Ethische Grundlagen. In: Zernikow, B. (Hrsg.): Palliativversorgung von Kindern, Jugendlichen und jungen Erwachsenen. Heidelberg. 33–68.

Rest, F. (2006): Möglichkeiten und Grenzen der Sicherung der Würde unserer Kinder: Die Hospizidee in Deutschland angesichts persönlicher und gesellschaftlicher Herausforderungen. In: Deutscher Kinderhospizverein (Hrsg.): Kinderhospizarbeit – Begleitung auf dem Lebensweg. Wuppertal. 33–49.

Rest, F. (2006a): Hospizarbeit weltweit. In: Burgheim, W. (Hrsg.): Hospizarbeit – zurück in die Zukunft mit Qualität, Ideen und Profil. Mering. 19–47.

Retzlaff, R. (2007): Resilienz und Kohärenz in Familien mit Kindern mit Behinderungen. Eine quantitativ und qualitativ orientierte Studie. URL: http://archiv.ub.uni-heidelberg.de/volltextserver/volltexte/2007/7436/pdf/ve_Jul05_164200.pdf (Letzter Zugriff: 09.07.2010).

Richter, H.-E. (1963): Eltern, Kind und Neurose. Psychoanalyse der kindlichen Rolle. Stuttgart.

Ritter, M. (2005): Diagnose. In: Die Chance. 2005. 48.

Ritter, M. (2008): Begegnung und Begleitung im Angesicht des Todes. In: Zernikow, B. (Hrsg.): Palliativversorgung von Kindern, Jugendlichen und jungen Erwachsenen. Heidelberg. 88–99.

Robbins, J./Moscrop, J. (1995): Caring for the Dying Patient and the Family. London.

Rock, K. (2001): Sonderpädagogische Professionalität unter der Leitidee der Selbstbestimmung. Bad Heilbrunn.

Röder, A. (2009): Meilenstein für die Palliativmedizin. In: Bundes-Hospiz-Anzeiger. Ausgabe 37/7. Jahrgang 2009/09. 1.

Rösch, E. (2009): Das Ehrenamt – Erfahrungen und Perspektiven in Deutschland. Vortrag auf dem Symposium für Ehrenamtliche. 11th Congress of the European Association for Palliative Care (EAPC), 07.–10. Mai 2009 in Wien. URL: http://www.hospiz.net/ter-dhpv/archiv/2009/20090507_ehrenamt-erfahrungen-perspektiven.pdf (Letzter Zugriff: 11.11.09).

Rogers, C. (2000): Entwicklung der Persönlichkeit. Psychotherapie aus Sicht eines Therapeuten. Stuttgart.

Rogers, C. (2009): Eine Theorie der Psychotherapie, der Persönlichkeit und der zwischenmenschlichen Beziehungen. 1. Auflage. München.

Rogers, C. (1977): Therapeut und Klient. München.

Rohrmann, B. (1978): Empirische Studien zur Entwicklung von Antwortskalen für die sozialwissenschaftliche Forschung. In: Zeitschrift für Sozialpsychologie. 9. 222–245.

Rosen, H. (1986): Unspoken Grief: Coping with Childhood Sibling Loss. Toronto, Massachusetts.

Rosowski, M. (1998): Männer, Tod und Tränen. In: Männerforum. Über das Sterben, den Abschied und die Trauer. Heft 18. 1–15.

Ruesch, J./Bateson, G. (1995): Kommunikation. Die soziale Matrix der Psychiatrie. Heidelberg.

Rugor, R./ Studzinski, G. (2003): Qualitätsmanagement nach der ISO Norm. Eine Praxisanleitung in sozialen Einrichtungen. Weinheim, Basel, Berlin.

Sack, M./Lamprecht, F. (1997): Läßt sich der „sense of coherence" durch Psychotherapie beeinflussen? In: Lamprecht, F./Johnen, R. (Hrsg): Salutogenese. Ein neues Konzept in der Psychosomatik? Frankfurt am Main, 186–193.

Sack, M./Künsebeck, H.-W./Lamprecht, F. (1997): Kohärenzgefühl und psychosomatischer Behandlungserfolg – eine empirische Untersuchung zur Salutogenese. In: Psychother Psychosom Med Psychol. 47. 149–155.

Sagy, S./Antonovsky, A. (1992): The Familiy Sense of Coherence and the Retirement Transition. Journal of Marriage and the Family. 54. 983–993.

Saldern, M. von (1998): Grundlagen systemischer Organisationsentwicklung. Hohengehren.

Salisch von, M. (2000): Wenn Kinder sich ärgern. Göttingen.

Sarimski, K. (1996): Belastungen von Eltern frühgeborener Babys nach der Entlassung aus der stationären Pflege. In: Frühförderung interdisziplinär. 15. 28–36.

Sarimski K./Steinhausen H.-C. (2006): KIDS2 – Geistige Behinderung und schwere Entwicklungsstörungen (KIDS Kinder-Diagnostik-System).

Sarimski, K. (2005): Kommunikationsförderung bei nicht oder wenig sprechenden Kindern. URL: www.difgb.de/sarimski-komm-05.pdf (Letzter Zugriff: 01.02.2008).

Schädler, J./Schwarte, N./Trube, A. (Hrsg.) (2001): Der Stand der Kunst. Qualitätsmanagement sozialer Dienste. Münster.

Schädler, J. (2001): Qualitätsentwicklung und Qualitätssicherung. Plädoyer für ein professionsnahes Konzept in der Sozialen Arbeit. In: Schädler, J./Schwarte, N./Trube, A. (Hrsg.): Der Stand der Kunst. Qualitätsmanagement sozialer Dienste. Münster. 13–38.

Schibilsky, M. (1996): Trauerwege. Beratung für helfende Berufe. Düsseldorf.

Schiepek, G. (1999): Die Grundlagen der systemischen Therapie. Theorie-Praxis-Forschung. Göttingen.

Schiffer, E. (2001): Wie Gesundheit entsteht. Salutogenese: Schatzsuche statt Fehlerfahndung. Weinheim und Basel.

Schins, M.-T. (1992): Lesen mit trauernden Geschwistern. Kinder und Bücher – warum Bibliotherapie? In: Baßler, M., Schins, M. (Hrsg.): „Warum gerade mein Bruder?" Trauer um Geschwister. Reinbek bei Hamburg. 171–222.

Schlack, H.-G. (1997): Grundlagen, Konzepte und Praxis der Frühbehandlung und Frühförderung. In: Leyendecker, C./Horstmann, T. (Hrsg.): Frühförderung und Frühbehandlung. Heidelberg. 15–22.

Schlippe, A. von/Schweitzer, J. (2000): Lehrbuch der systemischen Therapie und Beratung. 7. Auflage. Göttingen.

Schlittgen, R. (2000): Einführung in die Statistik. Analyse und Modellierung von daten. 9. überarb. Auflage. München.

Schlüter, M. (2007): Wissenschaftlicher Fortschritt und das Lebensrecht körperbehinderter Menschen. In: Haupt, U./Wieczorek, M. (Hrsg.): Brennpunkte der Körperbehindertenpädagogik. Bad Heilbrunn. 15–31.

Schmeichel, M. (1978a): Schüler mit begrenzter Lebenserwartung und das Bildungsziel der Körperbehindertenschule. In: Fachbereich Sonderpädagogik der Pädagogischen Hochschule Reutlingen (Hrsg.): Handlungsorientierte Sonderpädagogik. Rheinstetten. 82–97.

Schmeichel, M. (1978b): Begrenzung des Lebens durch fortschreitende Körperbehinderung – Ein Problem der Erziehung. In: Fröhlich, A. (Hrsg.): Dokumentation zur Situation Schwerstbehinderter. Staufen. 33–48.

Schmeichel, M. (1983): Probleme der Förderung von Kindern und Jugendlichen mit progredienten Erkrankungen. In: Haupt, U./Jansen, G. (Hrsg.): Handbuch der Sonderpädagogik. Band 8. Pädagogik der Körperbehinderten. Berlin. 221–230.

Schmidt, B. (2004): Burnout in der Pflege. Risikofaktoren – Hintergründe – Selbsteinschätzung. Stuttgart.

Schmidt, H.D. (1995): Tabu. In: Arnoldt, W. u.a. (Hrsg.): Lexikon der Psychologie. Freiburg. 2268.

Schmitt, M. (1991): Die Bedeutung der Schule im Leben chronisch kranker Kinder und Jugendlicher. In: Zeitschrift für Heilpädagogik. 42. Jahrgang. Heft 8. 597–602.

Schmitz-Scherzer, R. (2001): Sterben und Sterbebegleitung: Zum Wissensstand in der Thanatologie. In: Psychoscope. 10/2001. 6–10.

Schneekloth, U./Pothoff, P. (1993): Hilfe- und Pflegebedürftige in privaten Haushalten. Bundesministerium für Familie und Senioren. Stuttgart.

Schneewind, K.A. (1983): Familie. In: Montada, L./Silbereisen, R.K. (Hrsg.): Entwicklungspsychologie. Ein Handbuch in Schlüsselbegriffen. München. 137–145.

Schneewind, K.A./Weiß, J. (1998): Die Konsequenzen von Elternverlust für Kinder und Jugendliche. In: Oerter, R./Montada, L. (Hrsg.): Entwicklungspsychologie. Ein Lehrbuch. 4. Auflage. München. 1037–1044.

Schneewind, K. (1999): Familienpsychologie. 2. Auflage. Stuttgart.

Schneider, W. (2006): Das gute Sterben? – Zur Institutionalisierung des Sterbens in der Hospiz- und Palliativarbeit. Vortrag auf der Tagung: Thomas-Dehler-Stiftung: „In Würde sterben – Sterben als Teil des Lebens". München, 11.11.2006.

Schneider, W./v. Hayek, J. (2005): „Sterben dort, wo man zuhause ist…" – Zur institutionellen Ordnung des Lebensendes in der ambulanten Hospizarbeit. In: Ewers, M./Schaeffer, D. (Hrsg.): Am Ende des Lebens. Versorgung und Pflege von Menschen in der letzten Lebensphase. Bern. 117–138.

Schnell, R./Hill, P.B./Esser, E. (Hrsg.) (2008): Methoden der empirischen Sozialforschung. 8. unveränderte Auflage.

Schockenhoff, E. (2004): Wie perfekt muss der Mensch sein? Chance und Risiken der genetischen Medizin aus ethischer Sicht. In: Leonhardt, A. (Hrsg.): Wie perfekt muss der Mensch sein? München. 131–149.

Scholz, G. (2005): Teilnehmende Beobachtung: eine Methodologie oder eine Methode? In: Mey, G. (Hrsg.): Handbuch qualitative Entwicklungspsychologie. Köln. 381–411.

Schröder, H./Schröder, C./Förster, F./Bänsch, A. (2003): Palliativstationen und Hospize in Deutschland: Belastungserleben, Bewältigungspotenzial und Religiosität der Pflegenden. Wuppertal.

Schröder, K.E.E./Schwarzer, R. (1997): Bewältigungsressourcen. In: Tesch-Römer, C./ Salewski, C./Schwarz, G. (Hrsg.): Psychologie der Bewältigung. Weinheim. 174–195.

Schuchardt, E. (2003): Krisenmanagement und Integration. 8. überarb. und erweit. Auflage. Bielefeld.

Schürmann, C./Schürmann, M. (2009): Was ist gute Kinderhospizarbeit? Begleitung und empirische Auswertung einer Gruppendiskussion mit MitarbeiterInnen verschiedener Kinderhospize und Eltern fortschreitend erkrankter Kinder. Diplomarbeit im Fach Diplompädagogik, Fachrichtung Sonderpädagogik, Carl von Ossietzky Universität Oldenburg.

Schulevaluation (2010): Expertentum. URL: http://www.schulevaluation.de/glossar/expertentum.php (Letzter Zugriff: 30.07.2010).

Schulte, C./Köster, R./Tessmer, G. (2006): Handreichung zur Befähigung ehrenamtlich Mitarbeitender in ambulanten Kinderhospizdiensten. o.V. Münster.

Schwarte, N. (1996): Selbstevaluation und fachliche Standards in der sozialen Rehabilitation Behinderter. In: Heiner, M. (Hrsg.): Qualitätsentwicklung durch Evaluation. Freiburg im Breisgau. 197–214.

Schwarte, N./Oberste- Ufer, R. (1997): LEWO. Lebensqualität in Wohnstätten für erwachsene Menschen mit geistiger Behinderung. Ein Instrument zur Qualitätsentwicklung. Marburg.

Schwarzer, R./Leppin, A. (1989): Sozialer Rückhalt und Gesundheit. Eine Meta-Analyse. Göttingen.

Seifert, M. (1997): Was bedeutet ein geistig behindertes Kind für die Familie? In: Geistige Behinderung. 36. 1997/3. 237–250.

Seifert, M. (1989): Geschwister in Familien mit geistig behinderten Kindern. Eine praxisbezogene Studie. Bad Heilbrunn.

Seifert, M. (2001): Zur Rolle der Familie im Kontext von Autonomie und Abhängigkeit geistig behinderter Menschen. In: Geistige Behinderung. 40. 2001/3. 247–260.

Seifert, M. (2003): Mütter und Väter von Kindern mit Behinderung. Herausforderungen – Erfahrungen – Perspektiven. In: Wilken, U./Jeltsch-Schudel, B. (Hrsg.): Eltern behinderter Kinder. Empowerment – Kooperation – Beratung. Stuttgart. 43–60.

Seiffge-Krenke, I. (1996): Chronisch kranke Jugendliche und ihre Familien. Belastung, Bewältigung und psychosoziale Folgen. Stuttgart.

Seiffge-Krenke, I. (2000): Causal Links between Stressful Events, Coping Style, and Adolescent Symptomatology. In: Journal of Adolescence. 23. 675–691.

Seiffge-Krenke, I./Beyers, W. (2005): Coping trajectories from adolescence to young adulthood: Links to attachment state of mind. In: Journal of Research on Adolescence. 20. 531–544.

Seiffge-Krenke, I./von Irmer, J. (2007): Zur Situationsabhängigkeit von Bewältigung. In: Seiffge-Krenke, I./Lohaus, A. (Hrsg.): Stress und Stressbewältigung im Kindes- und Jugendalter. Göttingen. 69–80.

Seiffge-Krenke, I./ Gelhaar, T./ Kollmar, F. (2007): Instrumente zur Erfassung von Stress und Coping im Jugendalter. In: Seiffge-Krenke, I./Lohaus, A. (Hrsg.): Stress und Stressbewältigung im Kindes- und Jugendalter. Göttingen. 47– 65.

Seifert, R. (1991): Die Begleitung lebensbedrohlich erkrankter Schüler. In: Zeitschrift für Heilpädagogik, 42. Jahrgang. Heft 8. 503–513.

Sek, H./Pasikowski, T. (2002): Stressbewältigung im Rahmen der Salutogenese. In: Schumacher, J./Reschke, K./Schröder, H. (Hrsg.): Mensch unter Belastung. Frankfurt. 20–43.

Selvini-Palazzoli, M. u.a. (1985): Hinter den Kulissen der Organisation. 2. Auflage. Stuttgart.

Sesterhenn, H. (1991): Chronische Krankheit im Kindesalter im Kontext der Familie. Heidelberg.

Shapiro, J. (1983): Family Reactions and Coping Strategies in Response to the Physically Ill or Handicapped Child: A Review. In: Social Science Medicine. 17. 913–931.

Sharpe, D./Rossiter, L. (2002): Siblings of Children with a Chronic Illness: A Meta-Analysis. In: Journal of Pediatric Psychology. 27/8. 699–710.

Sieler, H. (2003): Abschiedlich leben lernen – Die Situation trauernder Väter und die Möglichkeit einer sozialpädagogischen Begleitung in der Kinderhospizarbeit. Diplomarbeit der Katholischen Fachhochschule NW, Abteilung Aachen, Fachbereich Sozialwesen.

Sieler, H. (2006): Leben mit dem Abschied. Die Begleitung von Geschwistern als sozialpädagogisches Handlungsfeld in der Kinderhospizarbeit. In: Deutscher Kinderhospizverein e.V. (Hrsg.): Kinderhospizarbeit. Begleitung auf dem Lebensweg. Beiträge zum 1. Deutschen Kinderhospiztage 2005. Wuppertal. 119–124.

Siegrist, J. (1997): Selbstregulation, Emotion und Gesundheit. Versuch einer sozialwissenschaftlichen Grundlegung. In: Lamprecht, F./Johnen, R. (Hrsg.): Salutogenese. Ein neues Konzept in der Psychosomatik? Frankfurt am Main, 99–108.

Siegrist, J./Neumer, S./Margraf, J. (1998): Salutogeneseforschung: Versuch einer Standortbestimmung. In: Margraf, J./Neumer, S./Siegrist, J. (Hrsg.): Gesundheits- oder Krankheitstheorie? Saluto- versus pathogenetische Ansätze im Gesundheitswesen. Berlin. 3–11.

Singer, P. (1984): Praktische Ethik. Stuttgart.

Sohni, H. (2004): Geschwisterbeziehungen in Familien, Gruppen und in der Familientherapie. Göttingen.

SORGSAM. Qualitätshandbuch für stationäre Hospize (2007): Bundesarbeitsgemeinschaft Hospiz zur Förderung von ambulanten, teilstationären und stationären Hospizen und Palliativmedizin e.V. 2. Auflage. Wuppertal.

Sourkes, B. (1987): Views of the Deepening Shade: Psychological Aspects of Life-threatening Illness. In: The American Journal of Hospice & Palliative Medicine. 4/3. 22–29.

Sozialgesetzbuch (SGB) – Achtes Buch (VIII) – Kinder- und Jugendhilfe (1990): §7 Begriffsbestimmungen. URL: http://www.gesetze-im-internet.de/sgb_8/__7.html (Letzter Zugriff: 05.05.2010).

Speck, O. (1989): Das gewandelte Verhältnis zwischen Eltern und Fachleuten in der Frühförderung. In: Speck, O./Warnke, A. (Hrsg.): Frühförderung mit den Eltern München. 13–20.

Speck, Otto (1996): Erziehung und Achtung vor dem Anderen – zur moralischen Dimension von Erziehung. München.

Speck, O. (1999): Die Ökonomisierung sozialer Qualität. Zur Qualitätsdiskussion in Behindertenhilfe und sozialer Arbeit. München und Basel.

Speck, O. (2001): Frühförderung. In: Antor, G./Bleidick, U. (Hrsg.): Handlexikon der Behindertenpädagogik. Stuttgart. 373–376.

Speck, O. (2003): System Heilpädagogik. Eine ökologisch reflexive Grundhaltung. 5. überarb. Auflage. München.

Speck, O. (2004): Marktgesteuerte Qualität – eine neue Sozialphilosophie? In: Peterander, F./Speck, O. (Hrsg.): Qualitätsmanagement in sozialen Einrichtungen. 2. Auflage. München. 15–30.

Spinetta, J.J./Rigler, D./Karon, M. (1973): Anxiety in the Dying Child. In: Clinical Pediatrics. 52. 585–591.

Stadler, H. (1998): Rehabilitation bei Körperbehinderung. Eine Einführung in schul-, sozial- und berufspädagogische Aufgaben. Stuttgart.

Stadler, H. (2001): Die Vorbereitung junger Menschen mit schweren Körperbehinderungen auf ein Leben ohne Erwerbsarbeit als Aufgabe der Schulpädagogik. In: Zeitschrift für Heilpädagogik. 11/2001. 464–470.

Statista Lexikon (2010): Daten. URL: http://de.statista.com/statistik/lexikon/definition/42/daten/ (Letzter Zugriff: 22.07.2010).

Statistisches Bundesamt (2003) (Hrsg.): Personal in Pflegeeinrichtungen. Ergebnisse der Pflegestatistik zum 15.12.2001. In: Wirtschaft und Statistik. 11/2003. 1010–1014.

Statistisches Bundesamt (2004): Pressemitteilung Nr. 216 vom 12.05.2004.

Staudinger, U.M. (1997): Grenzen der Bewältigung und ihre Überschreitung: Vom Entweder-Oder zum Sowohl-Als-Auch und weiter. In: Tesch-Römer, C./Salewski, C./Schwarz, G. (Hrsg.): Psychologie der Bewältigung. Weinheim. 247–260.

Stein A./Woolley, H. (1990): An Evaluation of Hospice Care for Children. In: Baum, J.D./Dominica F./Woodward, R.N. (Hrsg.): Listen my Child has a Lot of Living to Do. Oxford.

Stein, A./Forrest, G.C./Woolley, H./Baum, J.D. (1989): Life Threatening Illnesses and Hospice Care. In: Arch Dis Child. 64. 697–702.

Stoelinga, W./Valeanatos, S. (2008): Bijna zoals thuis. Gewoon kind zijn in een kinderhospice. In: Tijdschrift voor kinderverpleegkunde. 14. Jahrgang. Juni 2008. Nr. 2.

Straatman, L./Cadell, S./Davies, B./Siden, H./Steele, R. (2008): Paediatric Palliative Care Research in Canada: Development an Progress of a New Emerging Team. In: Paediatr Child Health. Band 13. Nr. 7. 591–594.

Student, J.-Ch. (2001): Sterbebegleitung – was ist aus dem Erwachsenenbereich auf Kinder übertragbar? URL: http://christoph-student.homepage.t-online.de/Downloads/Sterbebegleitung_bei_Kindern.pdf?foo=0.9596524454012641 (Letzter Zugriff: 17.02.2010).

Student, J. C. (2004): Hospiz. In: Student, J.C. (Hrsg): Sterben, Tod und Trauer. Handbuch für Begleitende. Freiburg im Breisgau. 90–98.

Student, J.-C. (2005): Im Himmel welken keine Blumen. Kinder begegnen dem Tod. Freiburg im Breisgau.

Student, C./Mühlum, A./Student, U. (2007): Soziale Arbeit in Hospiz und Palliative Care. 2. Auflage. München.

Stuttkewitz, P. (2005): Gelebte Grenzen. Texte aus der Begleitung zweier Kinder in ihrer lebensverkürzenden Erkrankung. Wuppertal.

Stuttkewitz, P. (2009): Roland und Sandra. In: Deutscher Kinderhospizverein (Hrsg.): Leben mit Grenzen. Wuppertal. 10–15.

Süß-Demuth, C. (2008): Trauernde Jugendliche im Internet. In: Internationale Gesellschaft für Sterbebegleitung & Lebensbeistand (Hrsg.): Wegbegleiter. 2/2008.

Tanjour, I./Reschke, K. (2002): Stress und Stressbewältigung bei Kindern. In: Schumacher, J./Reschke, K./Schröder, H. (Hrsg.): Mensch unter Belastung. Frankfurt am Main. 99–121.

Tausch-Flammer, D. (2001): Begleitung in der Zeit des Sterbens. In: Gesprächspsychotherapie und Personenzentrierte Beratung. 1/01. 11–13.

Tessmer, G. (2006): Kommunikation in der Kinderhospizbewegung. In: Die Chance. Zeitschrift des Deutschen Kinderhospizvereins e.V. Jahresheft 2006. 69–70.

Theunissen, G. (2007): Empowerment behinderter Menschen. Inklusion – Bildung – Heilpädagogik – Soziale Arbeit. Freiburg im Breisgau.

Theunissen, G./Garlip, B. (1999): Kompetente Eltern – Vergessen in der Professionalität der Behindertenarbeit? In: Behinderte in Familie, Schule und Gesellschaft. Nr. 4/5/99.

Theunissen, G./Plaute, W. (1995): Empowerment und Heilpädagogik. Ein Lehrbuch. Freiburg im Breisgau.

Thimm, W. (1999): Zur Lebenssituation behinderter Kinder und Jugendlicher morgen: gesellschaftspolitische und behindertenpädagogische Perspektiven. In: Zeitschrift für Heilpädagogik. 50/8. 377–385.

Thimm, W./Wachtel, G. (2002): Familien mit behinderten Kindern. Wege der Unterstützung und Impulse zur Weiterentwicklung regionaler Hilfesysteme. Weinheim und München.

Thoits, P. A. (1991): Gender Differences in Coping with Emotional Distress. In: Eckenrode, J. (Hrsg.): The Social Context of Coping. New York. 107–131.

Thomeczek, C. (2000): Stand der Diskussion um Leitlinien im Gesundheitswesen. In: Kohlenberg, H./Münstermann, K. (Hrsg.): Qualität von Humandienstleistungen. Evaluation und Qualitätsmanagement in Sozialer Arbeit und Gesundheitswesen. 195–201.

Tielking, K. (2006): Möglichkeiten und Grenzen von Qualitätsmanagement in sozialen Institutionen. Oldenburg.

Tröster, H. (1999): Sind Geschwister behinderter oder chronisch kranker Kinder in ihrer Entwicklung gefährdet? Ein Überblick über den Stand der Forschung. In: Zeitschrift für Klinische Psychologie und Psychotherapie. 28/3. 160–176.

Tröster, H. (2001): Die Beziehung zwischen behinderten und nichtbehinderten Geschwistern. Ein Überblick über den Forschungsstand. In: Zeitschrift für Entwicklungspsychologie und Pädagogische Psychologie. 33/1. 2–19.

Vachon, M.L.S. (2003): Psychische Belastungen von Pflegekräften bei der Betreuung Sterbender. In: Wittkowski, J. (Hrsg.): Sterben, Tod und Trauer. Grundlagen, Methoden, Anwendungsfelder. Stuttgart. 152–172.

Vachon, M.L.S (1995): Staff Stress in Hospice/Palliative Care: a Review. In: Palliative Medicine. 1995/9. 91.

Vierhaus, M./Lohaus, A./Ball, J. (2007): Zum Einfluss von Emotion und Situation beim Bewältigungsverhalten im Kindes- und Jugendalter. In: Seiffge-Krenke, I./Lohaus, A. (Hrsg.): Stress und Stressbewältigung im Kindes- und Jugendalter. Göttingen. 97–110.

Vodafone Stiftungsinstitut und Lehrstuhl für Kinderschmerztherapie und Pädiatrische Palliativmedizin (2010): Erste Evaluation des Geschwisterprojektes SisBroJekt. URL: http://www.vodafone-stiftungsinstitut.de/forschung_palliativversorgung.php#a_sisbrojekt (Letzter Zugriff: 24.02.2010).

Volkmar, S. (1998): Qualität sozialer Einrichtungen. In: Brunner, E./Bauer, P./Volkmar, S. (Hrsg.): Soziale Einrichtungen bewerten. Theorie und Praxis der Qualitätssicherung. Freiburg im Breisgau. 54–69.

Vomberg, E. (2002) (Hrsg.): Qualitätsmanagement als Zukunftsstrategie für die soziale Arbeit. Theoretische Konzepte und praktizierte Beispiele aus sozialen Einrichtungen. Mönchengladbach.

Voss-Eiser, M. (1992): Hilfe und Selbsthilfe für verwaiste Eltern und trauernde Geschwister. In: Student, J.- C. (Hrsg.): Im Himmel welken keine Blumen. Kinder begegnen dem Tod. Freiburg im Breisgau. 162–181.

Vossler, A. (2001): Der Familien-Kohärenzsinn als kollektives Konzept: Das Ganze ist mehr als die Summe seiner Teile. In: Zeitschrift für Gesundheitspsychologie. Juli 2001. Band 9. Nr. 3. 112–122.

Waechter, E.H. (1972): Children's Awareness of Fatal Illness. In: American Journal of Nursing. 7. 1168–1172.

Wagner-Stolp, W. (1997): „…und irgendwie steht's mir ja auch wohl mal zu!" Entlastung- und Unterstützungsangebote für Familien mit behinderten Kindern. In: Zeitschrift Zusammen. 7/97. 1–11.

Walker, C.L. (1988): Stress and Coping in Siblings of Childhood Cancer Patients. In: Journal of Pediatric Oncology Nursing. 37/4. 208–212.

Walthes, R. (2003): Einführung in die Blinden- und Sehbehindertenpädagogik. München.

Watzlawick, P./Beavin, J.H./Jackson, D.D. (2000): Menschliche Kommunikation. 10. unveränd. Auflage. Bern.

Watzlawick, P. (2001): Wie wirklich ist die Wirklichkeit? 27. Auflage. München.

Weber, H. (1992): Belastungsverarbeitung. In: Zeitschrift für klinische Psychologie. 21/1. 17–27.

Weber, H. (1997): Zur Nützlichkeit des Bewältigungskonzeptes. In: Tesch-Römer, C./Salewski, C./Schwarz, G. (Hrsg.): Psychologie der Bewältigung. Weinheim. 7–16.

Weber, K. (2008): Wissen um das Sterben – Kraft für das Leben. In: Deutscher Kinderhospizverein (Hrsg.): Begleiten – Abschiednehmen – Trauern. Kinder mit lebensverkürzender Erkrankung. Düsseldorf. 56–69.

Weidner, F./Moers, M. (1998): Akademisierung und Professionalisierung der Pflege in Deutschland – Entwicklung, Stand und Perspektiven. In: Prävention – Zeitschrift für Gesundheitsförderung. 4/1998. 99–105.

Weidner, F. (1999): Was bedeutet Professionalisierung für die Pflegeberufe – Annährung an einen strapazierten Begriff. In: Sauter, D./Richter, D. (Hrsg.): Experten für den Alltag. Professionelle Pflege in psychiatrischen Handlungsfeldern. Bonn. 18–38.

Weihrauch, B. (2009a): Das Ehrenamt – Erfahrungen und Perspektiven in Deutschland. Vortrag auf dem Symposium für Ehrenamtliche „DA-SEIN im Leben – Das Ehrenamt in der Hospiz- und Palliativbetreuung" anlässlich des 11th Congress of the European Association for Palliative Care (EAPC) Thema: Committed to people, 07.–10. Mai 2009 in Wien. URL: http://www.hospiz.net/ter-dhpv/archiv/2009/20090507_ehrenamt-erfahrungen-perspektiven.pdf (Letzter Zugriff: 11.11.2009).

Weihrauch, B. (2009b): Das Ehrenamt – Fundament der Hospizarbeit. In: Deutscher Kinderhospizverein e.V. (Hrsg.): Leben mit Grenzen. Wuppertal. 227–236.

Weihrauch, B. (2009c): Hospiz- und Palliativarbeit für Kinder und Jugendliche. In: Bundes-Hospiz-Anzeiger. Ausgabe 37/7. Jahrgang 2009/09. 1–2

Weiland, S. (2001): Die Brücke zu den Sternen. Kinderhospize als Lebensbegleiter. In: Das Band. 5/2001. 12–15.

Weinberger, S. (2005): Klientenzentrierte Gesprächsführung – eine Lern- und Praxisanleitung für helfende Berufe. 10. Auflage. Weinheim.

Weiss, H. (1989): Familie und Frühförderung. München und Basel.

Wick, C. (1999): Intensive Begleitung auf einem Stück Lebensweg. In: Die Chance. 1999. 14.

Wiemann, Claudia (2000): Die Schattenkinder. Auswirkungen langandauernder stationärer Therapie auf das Leben der Geschwister von krebskranken Kindern. In: Zeitschrift WIR. 2/2000. 8–10.

Wiese, A. (2003): Um Kinder trauern. Eltern und Geschwister begegnen dem Tod. 2. überarb. Auflage. Gütersloh.

Wilkins, K.L./Woodgate, R. L. (2005): A Review of Qualitative Research on the Childhood Cancer Experience from the Perspective of Siblings: A Need to Give them a Voice. In: Journal of Pediatric Oncology Nursing. 22/6. 305–319.

Willenbrink, C. (2009): Ambulante Kinderhospizarbeit. Eine theoretische Betrachtung der Besonderheit dieser Form der Unterstützung von Familien lebensverkürzend erkrankter Kinder und Jugendlicher. Unveröffentlichte Bachelorarbeit. Carl von Ossietzky Universität, Oldenburg.

Williams, B. (1978): Ethical Consistency. In: Raz, J. (Hrsg.): Practical Reasoning. Oxford University Press. 91–109.

Williams, P.D. (1997): Siblings and Pediatric Chronic Illness: a Review of Literature. In: International Journal of Nursing Studies. 34/4. 312–323.

Willke, H. (2000): Systemtheorie I: Grundlagen. 6. überarb. Auflage. Stuttgart.

Wingenfeld, K./Mikula, M. (2002): Innovative Ansätze der Sterbebegleitung von Kindern: Das Kinderhospiz Balthasar. Forschungsbericht. Veröffentlichungsreihe des Instituts für Pflegewissenschaft an der Universität Bielefeld (IPW). Bielefeld.

Wingenfeld, K. (2005): Hospizversorgung für schwer kranke Kinder mit begrenzter Lebenserwartung. In: Ewers, M./Schaeffer, D. (Hrsg.): Am Ende des Lebens – Versorgung von Menschen in der letzten Lebensphase. Bern. 175–196.

Winkelheide, M. (1992): Ich bin doch auch noch da. Aus der Arbeit mit Geschwistern behinderter Kinder. Bremen.

Winkelheide, M. (2001): Ein Bruder erzählt. In: Die Chance. 2001. 40–41.

Winkelheide, M./Knees, C. (2003): …doch Geschwister sein dagegen sehr. Schicksal und Chancen der Geschwister behinderter Menschen. Krummwisch bei Kiel.

Wirth, H. (2000). Bildung, Klassenlage und Partnerwahl: eine empirische Analyse zum Wandel der bildungs- und klassenspezifischen Heiratsbeziehungen. Opladen.

Wittkowski, J. (1990): Psychologie des Todes. Darmstadt.

Wittkowski, J. (1993): Die psycho-soziale Betreuung Sterbender: Konzepte, Verfahrensweisen und Ergebnisse zur Effizienzkontrolle. In Baumgärtel, F./Wilker, F.-W. (Hrsg.): Klinische Psychologie im Spiegel ihrer Praxis. Bonn. 215–220.

Wittkowski, J. (1996): Fragebogeninventar zur mehrdimensionalen Erfassung des Erlebens gegenüber Sterben und Tod FIMEST. Göttingen.

Wittkowski, J (1999): Umgang mit Sterben und Tod: Wie lassen sich die Ergebnisse der Grundlagenforschung in der Praxis umsetzen? In: Report Psychologie. 1999/2. 114–120.

Wittkowski, J. (2003) (Hrsg.): Sterben, Tod und Trauer. Grundlagen, Methoden, Anwendungsfelder. Stuttgart.

Wittkowski, J./Schröder, C./Bolm, G. (2004): Die Todesthematik in der Medizinischen Psychologie. In: Zeitschrift für medizinische Psychologie. 13/3. 2004. 109–120.

Woolley H./Stein A./Forrest G.C./Baum JD. (1989): Staff Stress and Job Satisfaction at a Children's Hospice. In: Arch Dis Child. 1989/64. 114–118.

Worden, J.W. (1999): Beratung und Therapie in Trauerfällen. Bern und Göttingen.

Worden, J.W./Höpfner, T.M./Rihs, T. (2006): Beratung und Therapie in Trauerfällen. Ein Handbuch. 3. Auflage. Bern.

World Health Organisation (2000): Munich Declaration: Nurses and Midwives: a Force for Health. http:/www.euro.who.int/aboutWHO/Policy20010828_4 (Letzter Zugriff: 29.9.2009).

World Health Organisation (2004): Palliatve care – the solid facts. http/www.euro.who.int/document/EB2931.pdf (Letzter Zugriff: 29.08.2009).

Worswick, J. (2000): A House called Helen – The Development of Hospice Care for Children. 2. Auflage. Oxford. URL: www.Act.org.uk/index.php/about-act/charter.html (Letzter Zugriff: 12.08.2009).

Wortmann, C.B./Silver, R.C. (1990): Successful Mastery of Bereavement and Widow-hood: A Life-course Perspective. In: Baltes, P.B./Baltes, M.M. (Hrsg.): Succesful Aging. Perspectives from the Behavioral Sciences. New York. 225–264.

Zangl, A. (1988): Familiäre Bewältigungsformen und Umweltbewusstsein bei Pseudokrupp aus der Sicht betroffener Mütter. In: Brüderl, L. (Hrsg.): Belastende Lebenssituationen. Untersuchungen zu Bewältigungs- und Entwicklungsforschung. Weinheim und München. 96–107.

Zernikow, B. (2008a): Palliativversorgung von Kindern, Jugendlichen und jungen Erwachsenen. Berlin.

Zernikow, B./Henkel, W. (2008): Vorstellungen und Bedürfnisse sterbender junger Menschen. In: Zernikow, B. (Hrsg.): Palliativversorgung von Kindern, Jugendlichen und jungen Erwachsenen. Heidelberg. 80–86.

Zernikow, B./Michel, E. (2008): Strukturelle Grundlagen. In: Zernikow, B. (Hrsg): Palliativversorgung von Kindern, Jugendlichen und jungen Erwachsenen. Heidelberg. 3–32.

Zernikow, B./Nauck, F. (2008): Kindern ein „gutes Sterben" ermöglichen. Plädoyer für einen multidisziplinären Ansatz, der die Familie und öffentliche Ressourcen mit einbezieht. In: Deutsches Ärzteblatt. Jahrgang 105. Heft 25. 1376–1380.

Zieger, A. (2005): Körpernaher Dialogaufbau mit Menschen im Koma/Wachkoma nach schwerer erworbener Hirnschädigung. Vortrag zur 8. Fachtagung „Unterstützte Kommunikation" ISAAC, 24.09.2005, Universität Dortmund.

Ziemen, K. (2002a): Die Situation von Eltern behinderter Kinder unter Berücksichtigung der Kompetenzen. In: Die neue Sonderschule. 47/4. 277–290.

Ziemen, K. (2002b): Das bislang ungeklärte Phänomen der Kompetenz. Kompetenzen von Eltern behinderter Kinder. Butzbach-Griedel.

Zimmermann, A. (2005): Bibliotherapie als Trauerhilfe für verwaiste Geschwister. In: Sozial Extra. Zeitschrift für Soziale Arbeit und Sozialpolitik. 29/10. 23–25.

Zingrosch, A. H (2000): Tod (K)ein Thema in Lehrplänen und Lehrbüchern für den katholischen Religionsunterricht. Frankfurt am Main.

Sonstige Quellen

ACT-Charter (2009): http://www.act.org.uk/index.php/about-act/charter.html (Letzter Zugriff: 18.08.2009).

ACT-Standards (2007): http://www.act.org.uk/index.php?option=com_frontpage&Itemid=1 (Letzter Zugriff: 20.02.2007).

ACT (2007): Milestones. URL: www.act.org.uk/content/view/12/137/ (Letzter Zugriff: 19.08.2009).

ACT (2009): Categories of life-limiting and life-threatening conditions. URL: http://www.act.org.uk/page.asp?section=164&sectionTitle=Categories+of+life-limiting+and+life-threatening+conditions (Letzter Zugriff: 02.08.2010).

ACT (2010): Children's palliative care definitions. http://www.act.org.uk/page.asp?section=59&sectionTitle=What+is+children%27s+palliative+care (Letzter Zugriff: 07.07.2010).

Arbeitskreis Geschwister behinderter Kinder (AK Geki): http://www.geschwister-behinderter-kinder.de/ (Letzter Zugriff: 20.05.2010).

Armut: http://www.leben-mit-hartz-iv.de/Armut_in_Deutschland_Fragen_und_Antworten.pdf (Letzter Zugriff: 08.12.2009).

Bear Cottage (2007): http://www.bearcottage.chw.edu.au/about/childrens_hospice.html (Letzter Zugriff: 25.04.2010).

Besondere Geschwister: Community für Geschwister behinderter Menschen (2010): http://www.besondere-geschwister.de/ (Letzter Zugriff: 15.05.2010).

Bundesministeriums: www.bmfsfj.de/bmfsfj/generator/Kategorien/aktuelles,did=109972.html (Letzter Zugriff: 30.06.2008).

Brückenprojekt Dresden: http://www.sonnenstrahl-ev.org/content/modules.php?name=Content&pid=16 (Letzter Zugriff: 10.12.09).

Bundesverband Kinderhospiz e.V. (2010): Stationäre Kinderhospize und Ziele. ULR: http://www.bundesverband-kinderhospiz.de/index.cfm?objectid=9951E313-E018-036D-7AD0E72B2EC4C309 (Letzter Zugriff: 17.08.2010).

Bundesverband verwaiste Eltern e.V. (2010): Anbieter von Trauerseminaren. URL: http://www.veid.de/seminartrauernde.html (Letzter Zugriff: 18.02.2010).

Bundeszentrale für politische Bildung: URL. http://www.bpb.de/themen/OXJNT9,0,0,Bioethik_als_Verantwortungsprinzip.html (Letzter Zugriff: 13.09.2010).

Canuck Place (2009): Our Purpose, http://www.canuckplace.org/about/our_purpose/our_purpose.htm (Letzter Zugriff: 08.07.2010).

Canuck Place (2009): The Early Years/History., http://www.canuckplace.org/about/overview/the_early_years_history.htm (Letzter Zugriff: 28.08.2009).

Caritas Voralberg (2009): HOKI. http://www.caritas-vorarlberg.at/hilfe-einrichtungen/hospiz/hospizbegleitung/begleitung-fuer-kinder/ (Letzter Zugriff: 26.08.2009).

CBCnews (2008): Albertas 1st Children's Hospice breaks ground. In: CBSnews 7. April 2008. http://www.cbc.ca/canada/calgary/story/2008/04/07/hospice-groundbreaking.html (Letzter Zugriff: 28.08.2009).

Childrens hospice international (2009): Who we are. http://www.chionline.org/whoweare/ (Letzter Zugriff: 24.08.2009).

Children's hospices UK (2010): Find your local children's hospice service. http://www.childhospice.org.uk/hospicelisting.asp?section=144&view=map (Letzter Zugriff: 10.07.2010).

Deutsche Bischofskonferenz (2010): Katholische Kirche in Deutschland. URL: http://www.dbk.de/katholische-kirche.html (Letzter Zugriff: 21.07.2010).

Deutscher Hospiz- und Palliativverband e.V. (2010): Adressen von internationalen Organisationen. http://www.hospiz.net/adressen/adressen_inter.html (Letzter Zugriff: 11.07.2010).

Deutscher Hospiz- und PalliativVerband e.V. (2010). http://www.hospiz-verein-bergstrasse.de/BAG.htm) (Letzter Zugriff: 25.08.2010).

Deutscher Kinderhospizverein: Geschwisterprojekt. http://www.deutscher-kinderhospizverein.de/6_geschwisterprojekt.php (Letzter Zugriff: 19.02.2010).

Deutscher Kinderhospizverein: Öffentlichkeitsarbeit http://www.deutscher-kinderhospizverein.de/7_oeffentlichkeitsarbeit.php (Letzter Zugriff: 20.09.2010).

Deutscher Kinderhospizverein: Allgemeines http://www.deutscher-kinderhospizverein.de/41_allgemeines_einzel.php?id=11 (Letzter Zugriff: 20.09.2010).

Deutscher Kinderhospizverein (2010): Seminare für das Jahr 2010. URL: http://www.deutscher-kinderhospizverein.de/6_seminare.php (Letzter Zugriff: 26.07.2010).

Deutscher Kinderhospizverein e.V. (2010a): Geschichte des Deutschen Kinderhospizvereins e.V. URL: http://www.deutscher-kinderhospizverein.de/2_geschichte.php (Letzter Zugriff: 23.08.2010).

Deutscher Kinderhospizverein e.V. (2010b): Edith Droste, Leiterin der Deutschen Kinderhospizakademie. URL: http://www.deutscher-kinderhospizverein.de/6_allgemeines.php (Letzter Zugriff: 20.08.2010).

Deutscher Kinderhospizverein e.V. (2010c): 1. Deutsches Kinderhospizforum. URL: http://www.deutscher-kinderhospizverein.de/62_kihoforum_05.php (Letzter Zugriff: 21.08.2010).

Deutscher Kinderhospizverein e.V. (2010d): Aufgaben und Ziele des Deutschen Kinderhospizvereins, URL: http://www.deutscher-kinderhospizverein.de/2_aufgaben.php, (Letzter Zugriff: 17.08.2010).

Deutscher Kinderhospizverein e.V. (2010e): Stationäre Kinderhospize. URL: http://www.deutscher-kinderhospizverein.de/5_hospize_liste.php (Letzter Zugriff: 20.08.2010).

Deutscher Kinderhospizverein (2010f): Ambulante Kinderhospizarbeit: http://www.deutscher-kinderhospizverein.de/4_allgemeines.php (Letzter Zugriff: 17.02.2010).

Deutscher Kinderhospizverein e.V. (2010g), Ambulante Kinderhospizarbeit: URL: http://www.deutscher-kinderhospizverein.de/41_allgemeines_einzel.php?id=20 (Letzter Zugriff: 20.09.2010).

Deutscher Kinderhospizverein e.V. (2010h): Öffentlichkeitsarbeit: URL: http://www.deutscher-kinderhospizverein.de/7_oeffentlichkeitsarbeit.php (Letzter Zugriff: 27.09.2010).

Deutscher Kinderhospizverein e.V. (2010i): Allgemeines. URL: http://www.deutscher-kinderhospizverein.de/5_allgemeines.php, (Letzter Zugriff: 2.10.2010).

Erfahrungsberichte von Familien progredient erkrankter Kinder und Jugendlicher: http://www.deutscher-kinderhospizverein.de/2_familien.php (Letzter Zugriff: 15.07.2009). http://www.deutscher-kinderhospizverein.de/2_familien_einzel.php?KId=20 (Letzter Zugriff: 15.07.2009).

Finanzierung ambulanter Hospizarbeit: URL: http://www.hospiz.net/stamhole/pdf/stat-amb_p39a-sgb5_info.pdf (Letzter Zugriff: 30.09.2010).

Förderung ambulanter Hospizdienste: URL: http://www.hospiz.net/stamhole/pdf/urteil_lsgberlin-information.pdf (Letzter Zugriff: 30.10.2009).

Evangelische Kirche Deutschland (EKD) (2008): Kirchenmitgliederzahlen am 31.12.2007. URL: http://www.ekd.de/download/kirchenmitglieder_2007.pdf (Letzter Zugriff: 21.07.2010).

Friends of the Belarussian Children's Hospice (UK) (2009): About the Belarussian Children´s hospice. http://www.friends-bch.org.uk/BCH.html (Letzter Zugriff: 25.08.2009).

Geschwister: http://www.fuer-geschwister.de/ (Letzter Zugriff: 20.02.2010).

Gesetze: http://www.gesetze-im-internet.de/sgb_5/__39a.html (Letzter Zugriff: 21.01.2010).

Gesetzesänderungen §39a und §37b SGB V: http://www.hospiz.net/stamhole/pdf/stat-amb_p39a-sgb5_info.pdf (Letzter Zugriff: 19.02.2010).

Hospice Palliative Care Association of South Africa (2010): Care for Children. http://www.hospicepalliativecaresa.co.za/Care%20for%20Children.html (Letzter Zugriff: 22.04.2010).

Hospiz: http://www.hospiz.net/sapv/index.html (Letzter Zugriff: 14.07.2009).

Hospiz Rahmenvereinbarung: http://www.hospiz-mv.de/downloads/dokumente/Rahmenvereinbarung%20%C2%A7%2039a%20SGB%20V_station%C3%A4r_%20Endfassung%2014.04.2010.pdf (Letzter Zugriff: 20.09.2010).

Information zum Urteil des Landessozialgerichts Berlin/Brandenburg zum Verfahren zur Förderung ambulanter Hospizdienste gem. §39a Abs. 2 SGB V:URL: http://www.hospiz.net/stamhole/pdf/urteil_lsgberlin-information.pdf (Letzer Zugriff: 27.09.2010).

Jugendhospiz Balthasar (2009): Ein Haus voll Leben, ein Ort zum Sterben. URL: http://www.kinderhospiz-balthasar.de/media/docs/Jugendhospiz_flyer.pdf (Letzter Zugriff: 26.07.2010).

Kinder- und Jugendhospiz Balthasar (2010): Kinderhospiz. URL: http://www.kinderhospiz-balthasar.de/?page=342 (Letzter Zugriff: 24.08.2010).

Kinderhospiz Bärenherz (2010): URL: http://www.baerenherz.de/einrichtungen/kinderhospiz-wiesbaden/ (Letzter Zugriff: 24.08.2010).

Kinderhospiz Bärenherz (2010a): URL: http://www.baerenherz.de/einrichtungen/kinderhospiz-leipzig/ (Letzter Zugriff: 24.08.2010).

Kinderhospiz Bethel (2010): Das Kinderhospiz-Projekt. URL: http://www.kinderhospiz-bethel.de/das-kinderhospiz-projekt.html (Letzter Zugriff: 24.08.2010).

Kinderhospiz Königskinder (2010): Unser Konzept. URL: http://www.kinderhospiz-koenigskinder.de/konzept.php (Letzter Zugriff: 24.08.2010).

Kinderhospiz Löwenherz (2010): Entstehungsgeschichte. URL: http://kinderhospiz-loewenherz.de/de/das-kinderhospiz/entstehungsgeschichte.html (Letzter Zugriff: 24.08.2010).

Kinderhospiz Sternebrücke (2009): Konzept. Hamburg. URL: http://www.sternenbruecke.de/files/Konzept.pdf (Letzter Zugriff: 24.08.2010).

Kinderhospiz Sternenbrücke (2010): Anbau für junge Erwachsene im Kinder-Hospiz Sternenbrücke feierlich eröffnet. URL: https://www.sternenbruecke.de/aktuelles.html (Letzter Zugriff: 07.05.2010).

Kinderhospiz Sternenbrücke (2010a): So finanzieren wir uns. URL: www.sternenbrücke.de (Letzter Zugriff: 17.08.2010).

Kinderhospiz Sternenbrücke (2010b): Wir stellen uns vor. URL: http://www.sternenbruecke.de/team.html (Letzter Zugriff: 25.08.2010).

Kinderhospiz Sterntaler (2010): URL: http://www.kinderhospiz-sterntaler.de/presse.html (Letzter Zugriff: 24.08.2010).

Kinderkrebsregister: http://www.kinderkrebsregister.de/texte05pdf/8_22.pdf (Letzter Zugriff: 08.12.09).

Leben ohne Dich (2010): Geschwisterforum, http://www.leben-ohne-dich.de/geschw/index.htm (Letzter Zugriff: 14.05.2010).

Mustervertrag zur spezialisierten ambulanten pädiatrischen Palliativversorgung: URL: http://www.hospiz.net/sapv/pdf/Mustervertrag_Spezialisierte_Ambulante_Paediatrische_Palliativversorgung_080115.pdf (Letzter Zugriff: 15.08.2010).

OPI-Konzept: http://www.deutscher-kinderhospizverein.de/2_opi.php (Letzter Zugriff 20.09.2010)

Ottawa-Charta zur Gesundheitsförderung: http://www.gesundheitsfoerderung-zh.ch/fileadmin/user_upload/publikationen/Ottawa_Charta.pdf (Letzter Zugriff: 5.7.2010).

Parool.nl (2009): „Zorg an kinderen hospice gaat door" http://www.parool.nl/parool/nl/224/Binnenland/article/detail/172281/2009/02/17/Zorg-aan-kinderen-hospice-gaat-door.dhtml vom 17.02.2009 (Letzter Zugriff: 25.08.2009).

Partners in Hope (2009): Moscow's Children Hospice. http://www.partners-in-hope.com/projects/moscowshospice.htm (Letzter Zugriff: 26.08.2009).

Rahmenvereinbarung Bayrischer Hospizverband: http://www.bayerischer-hospizverband.de/pdf/p39a/Rahmenvereinbarung%20nach%20p%2039%20a%20Abs.%202%20Satz%206%20SGB%20V%20%28ambulante%20Hospizarbeit%29.pdf (Letzter Zugriff: 15.08.2010).

Rahmenvereinbarung nach §39a Abs.2 Satz 6 SGB V zu den Voraussetzungen der Förderung sowie zu Inhalt, Qualität und Umfang der ambulanten Hospizarbeit vom 13.03.1998 in der Fassung vom 14.04.2010 http://infomed.mds-ev.de/sindbad.nsf/e57e9ddd98ebc0a0c12571e700442bee/bd9a86be3f088567c125708c0044da12?OpenDocument (Letzter Zugriff: 21.09.2010).

Rainbow Place (2010): About Rainbow Place. https://www.hospicewaikato.org.nz/index.php?option=com_content&task=view&id=17&Itemid=46 (Letzter Zugriff: 10.07.2010).

SAPV-Glossar: http://www.dgpalliativmedizin.de/pdf/doku/090115%20SAPV%20Anlage%203%20SAPV-Glossar.pdf (Letzter Zugriff: 19.2.2010)

Sozialgesetzbuch: http://www.sozialgesetzbuch.de/gesetze/11/index.php?norm_ID=1108000 (Letzter Zugriff: 20.09.2010).

Starship Children's Health (2010): Palliative Care Team. http://www.starship.org.nz/index.php/ps_pagename/comingtostarship (Letzter Zugriff: 23.04.2010).

Statistik Bildung BRD; http://www.destatis.de/jetspeed/portal/cms/Sites/destatis/Internet/DE/Content/Statistiken/BildungForschungKultur/Bildungsstand/Aktuell,templateId=renderPrint.psml (Letzter Zugriff: 09.12.09).

Statistik Bevölkerung BRD: http://www.destatis.de/jetspeed/portal/cms/Sites/destatis/Internet/DE/Content/Statistiken/Bevoelkerung/AktuellGeburtenentwicklung,templateId=renderPrint.psml (Letzter Zugriff: 01.12.2009).

Statistik Familienstand BRD: http://www.destatis.de/jetspeed/portal/cms/Sites/destatis/Internet/DE/Content/Statistiken/Bevoelkerung/Bevoelkerungsstand/Tabellen/Content75/AltersgruppenFamilienstand.psml; http://www.destatis.de/jetspeed/portal/cms/Sites/destatis/Internet/DE/Content/FAQ/Bevoelkerung/MigrationIntegration/FrageAntwort2.psml (Letzter Zugriff :09.11.2009).

Statistik: http://www.destatis.de/jetspeed/portal/cms/Sites/destatis/Internet/DE/Presse/pm/2004/12/PD04_517_p001.psml (Letzter Zugriff: 09.12.09).

Statistisches Bundesamt Pressestelle (2008a) (Hrsg.): Familienland Deutschland. Audio-Beitrag. Wiesbaden.

Statistisches Bundesamt (2008b): Pressemitteilung Nr. 298 vom 20.08.2008. Jahr 2007: Durchschnittliche Kinderzahl steigt auf 1,37 Kinder je Frau. URL: http://www.destatis.de/jetspeed/portal/cms/Sites/destatis/Internet/DE/Presse/pm/2008/08/PD08_298_12641,templateId=renderPrint.psml (Letzter Zugriff: 18.07.2010).

Statistisches Bundesamt Deutschland (2009): Statistisches Jahrbuch 2009. URL: www.destatis.de (Letzter Zugriff: 10.03.2010)

Statistisches Bundesamt (2010a): Personen mit Migrationshintergrund. URL: http://www.destatis.de/jetspeed/portal/cms/Sites/destatis/Internet/DE/Navigation/Statistiken/Bevoelkerung/MigrationIntegration/Migrationshintergrund/Migrationshintergrund.psml (Letzter Zugriff: 22.07.2010).

Statistisches Bundesamt (2010b): Bildungsstand. URL: http://www.destatis.de/jetspeed/portal/cms/Sites/destatis/Internet/DE/Content/Statistiken/BildungForschungKultur/Bildungsstand/Aktuell.psml (Letzter Zugriff: 22.07.2010).

Tag der Kinderhospizarbeit: http://www.tag-der-Kinderhospizarbeit.de/42_ambulante_einzel_presse_einzel.php?id=20&presse_id=405 (Letzter Zugriff: 04.09.09).

Urteil Landessozialgericht Berlin/Brandenburg vom 20.07.2009: http://www.hospiz.net/stamhole/pdf/urteil_lsgberlin-information.pdf. (Letzter Zugriff: 28.10.2009)

Verein für verwaiste Eltern und Geschwister e.V. (2010): www.verwaiste-eltern-bremen.de/ (Letzter Zugriff: 08.05.2010).

Zentrum für trauernde Kinder e.V. (2010): Ich bin ein Kind. http://www.trauernde-kinder.de/?id=1069004942 (Letzter Zugriff: 06.05.2010).

2. Tabellenverzeichnis

3. Abbildungsverzeichnis

VI. Öffentlichkeitsarbeit des Projektes

VI. Öffentlichkeitsarbeit des Projektes

---

1. Öffentlichkeitsarbeit
Folgende öffentliche Darstellungen des Forschungsprojektes erfolgten während der gesamten Laufzeit des Forschungsprojektes von Juli 2007 bis Juli 2010:

1.1 Printmedien
2007:
- o.V.: Forschungsprojekt untersucht Kinderhospizarbeit, 259/07 Forschung, www.uni-oldenburg.de/uni, 03.07.2007.
- Kern, Hartmut: Großer Bedarf an ambulanten Hilfsangeboten, in: Nordwest-Zeitung, Nr. 154, 05.07.2007, S. 12. Interview mit Dr. Sven Jennessen.
- Evangelischer Pressedienst: Oldenburger Uni erforscht Arbeit in Kinderhospizen, in: Rheinische Post, 05.07.2007.
- o.V.: Forschungsprojekt der Universität Oldenburg untersucht Kinderhospizarbeit, URL: www.sozialarbeitsnetz.de, 09.07.2007.
- o.V.: Oldenburger Uni forscht über Arbeit in Kinderhospizen, URL: www.epd.de, 11.07.2007.
- Harms, Gerhard: Forschungsprojekt untersucht Kinderhospizarbeit, in: Public Observer, 5. Jg., Nr. 44, S. 13–14.
- o.V.: Wie gut ist Kinderhospizarbeit? Ein neues Forschungsprojekt, in: Deutscher Kinderhospizverein e.V. (Hrsg.): Die Chance, Jahresheft 2007.

2008:
- Pressemitteilung vom DKHV, Oktober 2008: „Forschungsprojekt mit neuem Kooperationspartner".
- Presseartikel in: Die Chance, Jahresheft 2008: „Forschungsprojekt: Wie gut ist Kinderhospizarbeit?"

2009:
- Presseartikel in: Ergotherapie & Rehabilitation, Ausgabe Januar 2009: „Forschungsprojekt zur Qualität von Kinderhospizarbeit".

2010:
- Pressemitteilung vom DKHV Wuppertal/Olpe, 06.04.2010: Erste umfassende Studie zur Qualität der Kinderhospizarbeit.
- Täglicher Anzeiger Holzminden, 27.04.2010: Erste umfassende Studie zur Qualität der Kinderhospizarbeit.
- Pflege Online, 07.04.2010: Erste umfassende Studie zur Qualität der Kinderhospizarbeit.
- Pressemitteilung vom DKHV, 10.06.2010: „Kinderhospizarbeit kommt bei Familien gut an".
- Pflege Online, 14.06.2010: „Kinderhospizarbeit kommt bei den Familien gut an".
- Form Sozialstation, 16.06.2010: Erste umfassende Studie zur Qualität von Kinderhospizarbeit.
- S. Jennessen/A. Bungenstock/E. Schwarzenberg/J. Kleinhempel: Was ist gute Kinderhospizarbeit?, in: Kinderkrankenschwester, 29 Jg. (2010), Nr. 8, 320–323.
- S. Jennessen/A. Bungenstock/E. Schwarzenberg/J. Kleinhempel (2010): Kinderhospizarbeit. Eine multimethodische Studie zur Qualität der innovativen Unterstützung und Begleitung von

Familien mit lebensverkürzend erkrankten Kindern und Jugendlichen. Forschungsbericht. BoD Verlag. Norderstedt.

Publikationen in Vorbereitung:
- S. Jennessen/A. Bungenstock/E. Schwarzenberg/J. Kleinhempel (2011): Was ist gute Kinderhospizarbeit? In: Hospiz Dialog, 01/2011.
- S. Jennessen/A. Bungenstock/E. Schwarzenberg/J. Kleinhempel (2011): Was ist gute Kinderhospizarbeit? In: Die Chance, 01/2011.
- S. Jennessen/A. Bungenstock/E. Schwarzenberg/J. Kleinhempel (2011): Kinderhospizarbeit. Kohlhammer Verlag, Stuttgart.

1.2 Radiobeiträge
- SWR 1, 13.06.2010, Sonntagmorgen: „Kinderhospizarbeit", Interview mit Prof. Dr. Sven Jennessen
- Deutschlandfunk, in: Journal am Vormittag: Lebenszeit, 02.07.2007, 10.10: Für Eltern unvorstellbar – wenn Kinder sterben. Interview mit Dr. Sven Jennessen
- Nordwestradio Journal, 06.07.2007, 8.10 Uhr: Kinderhospizarbeit. Interview mit Dr. Sven Jennessen
- Offener Kanal Oldenburg, 13.07.2007: Kinderhospizarbeit. Interview mit Dr. Sven Jennessen

1.3 Internetpräsenz des Projektes
Kontinuierliche Aktualisierung der Website des Projektes:
http://www.uni-oldenburg.de/Kinderhospizprojekt

1.4 Posterpräsentationen über das Forschungsprojekt
- TADEA. Tag der Ambulanten Kinderhospizarbeit. Kulturzentrum der Stadt Oldenburg, 09.02.2007
- Tagung der Dozenten und Dozentinnen der Körperbehindertenpädagogik in den deutschsprachigen Ländern, Universität zu Köln, 19.–21.09.2007
- 2. Deutsches Kinderhospizforum, Deutscher Kinderhospizverein e.V. Köln, 02.–03.11.2007
- Fachtagung „Was ist gute Kinderhospizarbeit"?, 10.06.2010 in Wuppertal

1.5 Fachtagung „Was ist gute Kinderhospizarbeit?"
Die bundesweit ausgeschriebene Fachtagung fand am 10 Juni 2010 im ART-Hotel Wuppertal statt. Inhalt der Fachtagung war die Präsentation und Diskussion der Studienergebnisse vor und mit Akteuren aus allen Bereichen der Kinderhospizarbeit. Die Tagung war mit über 100 Teilnehmer/innen, die vorwiegend aus den verschiedenen kinderhospizlichen Praxisfeldern stammten, ausgebucht. Nach einer ausführlichen Präsentation der Forschungsergebnisse und der aus diesen abgeleiteten *33 Leitlinien für gute Kinderhospizarbeit* wurden folgende Themenschwerpunkte am Nachmittag im Rahmen von parallel stattfindenden Workshops vertieft und bezüglich ihrer Konsequenzen für die Praxis der Kinderhospizarbeit diskutiert:

1. *Ambulante Kinderhospizarbeit* – Entwicklung, Stand und Perspektiven
2. *Stationäre Kinderhospizarbeit* – Zusammenarbeit zwischen haupt- und ehrenamtlichen Mitarbeiter/innen und Familien: Erwartungen, Kompetenzen, Zuständigkeiten
3. *Betroffene Geschwister unterstützen und stärken*: Was heißt das für die Kinder bzw. Jugendlichen und ihre Begleiter?
4. *Das lebensverkürzend erkrankte Kind als Subjekt und Auftraggeber*
5. *Standards und Leitlinien für die Kinderhospizarbeit?*

Abschließend fand unter der Moderation der Leiterin der Deutschen Kinderhospizakademie, Frau Edith Droste, eine Podiumsdiskussion zum Thema *Gesellschaftliche Teilhabe von Familien mit le-*

bensverkürzend erkrankten Kindern – Barrieren, Entwicklungspotentiale und öffentliche Wahrneh-mung statt. Teilnehmende waren die Vorsitzende des Deutschen Palliativ- und Hospizverbandes Dr. Birgit Weihrauch, Prof. Dr. Sven Jennessen, Petra Stuttkewitz und eine ehrenamtliche Mitarbeiterin im Deutschen Kinderhospizverein.

VII. Anhang

VII. Anhang

Der Anhang des Forschungsberichts enthält aus Kapazitätsgründen ausschließlich die Erhebungsinstrumente der qualitativen Teilstudien. Die Fragebögen der verschiedenen quantitativen Erhebungen können interessierten Leser/innen gerne auf elektronischem Wege zur Verfügung gestellt werden.

1. Erhebungsinstrumente zur Situation progredient erkrankter Kinder und Jugendlicher

Beobachtungsbogen 1: „Qualität von kinderhospizlichen Angeboten aus Sicht der nicht lautsprachlich kommunizierenden lebensverkürzend erkrankten Kinder"

Datum	
Ort	
Zeitraum	
Beobachter	
Name Kind	

Nr.	Situation/Reiz	Reaktion	Umgang mit der Reaktion	Interpretation	Anmerkungen
1					
2					
3					
4					
5					

Beobachtungsbogen 2: „Qualität von kinderhospizlichen Angeboten aus Sicht der nicht lautsprachlich kommunizierenden lebensverkürzend erkrankten Kinder"
(in Anlehnung an Zieger 2005 und Sarimski 2005)

1.   Demographische Daten (Eltern- und/oder Mitarbeiterbefragung)

- Alter
- Kindergarten/Schule
- Familie: Eltern und Geschwister
- Diagnose/Krankheitsverlauf
- Wie oft schon im Kinderhospiz gewesen? Schon in einem anderen Kinderhospiz gewesen? In welchem? Besuch des Kinderhospizes alleine oder mit Familie?

2.   Körpersprachliche/ basale Kommunikation (Eltern- und/oder Mitarbeiterbefragung und Teilnehmende Beobachtung)
(in Anlehnung an Zieger 2005)

Gibt es eine Vereinbarung für „Ja-Nein-Codes" mit Ihrem Kind? Wenn ja, wie sehen diese aus?

Elementare Codes (Ja/Nein)	Kind 1	Kind 2
Seufzen		
Lidschlag		
Augen schließen		
Kopf nicken		
Daumen drücken		
Hand drücken, heben		
Bein beugen		
Buzzer drücken		

Welche körpersprachlichen/ basalen Äußerungen (Körper, Kontaktaufnahme, affektiven Ausdruck, Verhalten) zum „Wohlbefinden" und „Unwohlsein/Stress/Schmerzen/Angst" zeigt das Kind?

Körpersprachliche/basale Äußerungen „Wohlbefinden"	Kind 1	Kind 2
Entspannte „aufmerksame" Körper- und Kopfhaltung		
Entspannte Mimik		
Mund leicht geöffnet		
Ruhige Atmung		
Augen mittelweit offen		
Rosige (Gesichts-)Hautfarbe		
Lachen/Lächeln		
Ab- und Zunahmen der Lautbildung		
Hinwenden		
Blickkontakt		
Muskelentspannung		
Flüssigkeitsverlust (Speichel, Kot, Urin)		
Innehalten von Bewegungen		

Körpersprachliche/basale Äußerungen „Unwohlsein"	Kind 1	Kind 2
Angestrengte, „verkrümmte" Körperhaltung		
Angespannte Mimik		
Mund weit offen und verzerrt („ersticktes Schreien")		
Unruhige, „hektische" Atmung		
Augen weit offen, Blick starr oder „hektisch"		
Rote (Gesichts-)Hautfarbe		
Schweißausbrüche		
Abwenden		
Schreien		
Quengeln/Weinen		
Wegschieben		
Schlagen, beißen, kratzen		
Ab- und Zunahme der Lautbildung		
Unansprechbarkeit		
Rückzug, Ausweichen vor Reiz/Berührung		
Muskelanspannung		
Erregte Bewegungen		
Flüssigkeitsverlust (Speichel, Kot, Urin)		

3. Beobachtung des persönlichen Erlebens während der Aufenthalte im Kinderhospiz

Die Deutung der Reaktionen erfolgt mit Hilfe der oben genannten körpersprachlichen Symbole
Reaktionen des Kindes auf...
- das *Zimmer*
- das *Wohnzimmer/den Aufenthaltsraum*
- den *Garten* im Kinderhospiz
- die *Spielsachen/Freizeitmöglichkeiten* (*Snoezelen, Whirlpool, Spaziergang*)
- die *Begleitpersonen* der *Pflege* und *Pädagogik*
- das *Essen, die Verpflegung*
- andere *progredient erkrankte Kinder* oder *Jugendliche*
- die *Eltern/Geschwister*
- *Therapieangebote* (Physio-, Musiktherapie)

Beobachtung und Befragung der Eltern/Mitarbeiter:
- Wie verläuft ein *normaler Tag* im Kinderhospiz?
- Wie verhält sich das Kind an einem *„guten Tag"* normalerweise (Paediatric Pain Profile S. 5)?
- Was *mag das Kind* besonders gerne im Kinderhospiz?
- Was *macht das Kind* besonders gerne?
- *Mit wem* macht es diese Dinge am liebsten?
- Gibt es etwas, was dem Kind im Kinderhospiz *nicht* gefällt?

4. Beobachtung des Erlebens der Angebote für die Familie

Reaktionen des Kindes auf...
- die Eltern/Geschwister im Kinderhospiz
- gemeinsame Unternehmung/Beschäftigung mit den Eltern/Geschwistern

Befragung der Eltern/Mitarbeiter zu den Aufenthalten im Kinderhospiz:
- Was macht die Familie gemeinsam?
- Was macht die Familie getrennt?

5. Wünsche des Kindes/Jugendlichen

2. Interviewleitfaden für Experteninterviews mit progredient erkrankten Jugendl.

1. **Einstieg und demographische Daten**
   - Alter
   - Schule
   - Familie: Eltern und Geschwister
   - Wie oft bis du schon im Kinderhospiz gewesen? Oder: Seit wann wohnst du hier?
   - Warst du schon einmal in einem anderen Kinderhospiz? In welchem?
   - Fährst du alleine oder mit deiner Familie ins Kinderhospiz?

2. **Persönliches Erleben der Aufenthalte im Kinderhospiz (generell)**
   - Wenn du an das Kinderhospiz denkst, was fällt dir als erstes ein?
   - Fährst du gerne ins Kinderhospiz?
   - Wie sieht so ein normaler Tag für dich im Kinderhospiz aus?
   - Was *magst* du besonders gerne im Kinderhospiz?
   - Was *machst* du besonders gerne, wenn du hier bist?
   - *Mit wem* machst du diese Dinge am liebsten?
   - Gibt es etwas, das dir im Kinderhospiz *nicht* gefällt?
   - Wie gefällt dir dein *Zimmer* im Kinderhospiz?
   - Wie gefällt dir das *Wohnzimmer/der Aufenthaltsraum* im Kinderhospiz?
   - Wie gefällt dir der *Garten* im Kinderhospiz?
   - Wie gefallen dir die *Spielsachen/Freizeitmöglichkeiten* im Kinderhospiz?
   - Kennst du auch andere Kinder oder Jugendliche, die hier Urlaub machen?
   - Spielst du auch mit anderen Kindern bzw. Jugendlichen?
   - Hast du zu diesen auch Kontakt, wenn ihr wieder zu Hause seid?
   - Was ist im Kinderhospiz anders als zu Hause?
   - Kannst du im Kinderhospiz andere Dinge tun als zu Hause?

1. **Erleben der Angebote für die Familie**
   a) wenn das Kind/der Jugendliche ohne seine Familie das Kinderhospiz besucht
   - Wie gefällt es dir, ohne deine Eltern im Kinderhospiz zu sein?
   - Was ist für dich besonders toll, was ist für dich besonders schwierig?
   - Was glaubst du, wie es für deine Eltern ist, wenn sie ohne dich zu Hause sind?
   - Was glaubst du, wie es für deine Geschwister ist, wenn sie ohne dich zu Hause sind?
   b) wenn das Kind/der Jugendliche mit seiner Familie das Kinderhospiz besucht
   - Wie gefällt es dir, mit deinen Eltern im Kinderhospiz zu sein?
   - Was ist für dich besonders toll, was ist für dich besonders schwierig?
   - Würdest du gerne einmal ohne deine Familie ins Kinderhospiz kommen?
   - Sind deine Eltern anders als zu Hause, wenn sie hier sind, z.B. fröhlicher, trauriger, entspannter usw.?
   - Was macht ihr als Familie meistens zusammen, wenn ihr im Kinderhospiz seid? Was meistens getrennt?
   c) wenn das Kind/der Jugendliche schon einmal mit und ohne seine Familie das Kinderhospiz besucht hat
   - Was hat dir besser gefallen, mit oder ohne deine Familie im Kinderhospiz zu sein?
   - Was ist anders, wenn du alleine hier bist?
   - Wer entscheidet, ob du alleine oder mit deiner Familie hierherkommst?

4. **Krankheit/Sterben/Tod**
   - (Weißt du, was du für eine Krankheit hast?
   - Woher weißt du das? Wer hat mit dir darüber gesprochen?)
   - Weißt du, welche Krankheiten die anderen Kinder/Jugendlichen im Kinderhospiz haben?
   - Wie ist es für dich zu sehen, dass es anderen Kindern/Jugendlichen nicht gut geht?
   - Was machst du, wenn du traurig bist?
   - Kannst du mit den Mitarbeiter/innen im Kinderhospiz darüber sprechen, wenn du traurig bist?

5. **Wünsche**
   - Was wünschst du dir am allermeisten?
   - Wenn du etwas im Kinderhospiz anders machen könntest, was wäre das?
   - Wenn du daran denkst, dass du vielleicht bald wieder ins Kinderhospiz kommst, was würdest du dir für deinen nächsten Besuch wünschen?

569

3. Interviewleitfaden für Experteninterviews mit Eltern progredient erkrankter Kinder

I. Vorinformationen zu Diagnose und Familie
1. Wann wurde Ihr erkranktes Kind geboren? Welche Erkrankung wurde bei Ihrem Kind diagnostiziert? Wer hat sie wann diagnostiziert?
2. In welcher Lebenssituation haben Sie sich zur Zeit der Geburt des erkrankten Kindes befunden? Lebten Sie in einer festen Partnerschaft, hatten Sie bereits Kinder, hatten Sie eine Berufsausbildung?
3. Wer gehört jetzt zur Familie? Wie viele Kinder gibt es?
4. Haben Sie mit Ihrem Kind/Ihren Kindern, Ihrem Partner und Verwandten/Freunden offen über die Diagnosestellung gesprochen?
5. Wie waren die Reaktionen Ihres sozialen Umfeldes? Haben Sie Unterstützung durch Freunde/Familie erfahren?
6. Hat Ihnen der behandelnde Arzt/Ärztin Hilfestellung geboten bzw. Sie an andere Einrichtungen weiterverweisen können?
7. Wie hat sich Ihr Alltag seit dieser Diagnosestellung verändert? Wie gestaltet sich Ihr Alltag heute?

II. Das Kinderhospiz
Kontaktaufnahme mit dem Kinderhospiz
8. Wie und wann haben Sie vom Kinderhospiz erfahren?
9. Hatten Sie zunächst Berührungsängste zu dieser Einrichtung?
10. Wie verlief die erste Kontaktaufnahme? Haben Sie das Kinderhospiz vor dem ersten Aufenthalt besucht?
11. Wie haben Sie den Erstkontakt in Erinnerung?

Das Haus
12. Wie haben Sie die Einrichtung und die räumliche Aufteilung empfunden?
13. Haben Sie die Möglichkeit eines vom Kind getrennten Zimmers genutzt oder haben Sie im Zimmer Ihres Kindes übernachtet?
14. Wie haben Sie die Lage des Hauses empfunden?

Die Aufenthalte
15. Wie lange, wie oft und wann waren Sie bis jetzt dort?
16. Wie haben Sie die Ankunft im Kinderhospiz erlebt? Wurden Sie umfassend über die Leitlinien und Angebote des Hauses informiert?
17. Waren Sie mit der ganzen Familie dort?
18. Wurde die Familie als Ganzes angesprochen oder lag der Fokus beim erkrankten Kind?

Das erkrankte Kind
19. Wurde auf die besonderen Bedürfnisse Ihres Kindes eingegangen und das Angebot darauf ausgerichtet?
20. Wurde Ihr Kind alters- und entwicklungsgerecht angesprochen?
21. Hatte Ihr Kind eine Bezugsperson?
22. Wurde es rund um die Uhr versorgt?
23. Gab es neben den pflegerischen Angeboten Freizeitangebote für Ihr Kind?
24. Konnten die Mitarbeitenden Ihr Kind emotional und psychisch stützen, wenn es notwendig war?
25. Hatte Ihr Kind die Möglichkeit, sich mit seiner Situation und seiner Erkrankung auseinanderzusetzen? Wurden Ihrem Kind Angebote zur Trauerverarbeitung gemacht?
26. Hatten Sie das Gefühl, die Lebensqualität Ihres Kindes wurde während des Aufenthaltes gefördert und es konnte Freude und Wohlbefinden erfahren? Woran wurde dies deutlich?

Die Eltern
27. Wurden Sie als Experten für den Umgang mit Ihrem Kind angesehen? Wurde auf Ihre Wünsche eingegangen und sich an Absprachen gehalten?
28. Haben Sie durch die Versorgung Ihres Kindes Pflege- und Betreuungsentlastung erfahren können? Wurden die Entlastungsmöglichkeiten an Ihren Bedürfnissen orientiert?
29. Konnten Sie Ihr Kind mit einem guten Gefühl alleine in der Einrichtung lassen?
30. Konnten Sie Ruhe finden und Ihre Freizeit Ihren Bedürfnissen entsprechend gestalten? Haben Sie hierfür Angebote des Kinderhospizes genutzt? Wenn ja, welche?
31. Fühlten Sie sich in Ihren Sorgen und Nöten verstanden? Hatten Sie ausreichend Möglichkeiten, Beratungsangebote in Anspruch zu nehmen? Haben Sie psychische Unterstützung erfahren? Von wem?
32. Haben Sie den Aufenthalt im Hospiz als Entlastung wahrgenommen?

33. Konnten Sie Angebote zur Trauerarbeit wahrnehmen bzw. konnten Sie das Sterben Ihres Kindes thematisieren?
34. Konnten Sie Angebote als Paar, aber auch speziell als Mann und Frau nutzen?
35. Wurden Ihnen finanzielle und praktische Hilfsmittel erläutert? Wenn nein, fänden Sie das sinnvoll?

Die Geschwister
36. Wurde sich für die Geschwister ausreichend Zeit genommen?
37. Wurde mit den Geschwistern ihrem Alter entsprechend umgegangen?
38. Gab es umfassende, individuelle und abwechslungsreiche Angebote für sie?
39. Hatten sie die Möglichkeit, ihre Situation zu bearbeiten?
40. Hatten sie (dafür) eine Bezugsperson?
41. Hatten sie eine Möglichkeit zur Trauerbearbeitung?

Die Pflege
42. Wurden Sie in die Pflege ihres Kindes mit einbezogen?
43. Haben Sie neue Ideen für die häusliche Versorgung erhalten? Wurden Ihnen neue Konzepte der pflegerischen Versorgung angeboten?
44. Wurde auf die Besonderheiten Ihres Kindes eingegangen?
45. Gab es umfassende Schmerz- bzw. Symptomlinderung für Ihr Kind?
46. War das Haus mit pflegerischen Hilfsmitteln ausgestattet?

Die Mitarbeitenden
47. Haben Sie die Mitarbeitenden als kompetente und gut ausgebildete Kräfte erlebt?
48. Haben die Mitarbeitenden gut zusammengearbeitet und sich ergänzt?
49. Hatten Sie eine persönliche Bezugsperson? Hatten Sie jederzeit die Möglichkeit, einen Ansprechpartner zu finden oder mussten Sie gegebenenfalls warten?
50. Gab es „offene Ohren"?

III. Die Zeit nach dem Aufenthalt
51. Haben Sie von dem Aufenthalt im Hospiz profitiert? Konnten Sie ihren Alltag gestärkt weiterführen?
52. Wie waren die Reaktionen Ihres sozialen Umfeldes auf den Besuch im Hospiz?
53. Nehmen Sie ambulante Angebote des Kinderhospizes wahr oder nutzen Sie andere ambulante Dienste?
54. In welchen Bereichen würden Sie sich weitere Unterstützung wünschen?
55. Was halten Sie von einer Zusammenarbeit zwischen Hospiz und Kindergarten/Schule Ihres Kindes? Wäre eine solche Zusammenarbeit für das Befinden Ihres Kindes von Vorteil?

IV. Sterbeprozess/Trauerbegleitung
56. Haben Sie (Konnten/Wollten Sie) den Sterbeprozess Ihres Kindes im Kinderhospiz/anderswo thematisieren?
57. Können Sie sich das Kinderhospiz als Ort des Sterbens für Ihr Kind vorstellen?
58. Haben Sie (oder andere Familienmitglieder) sich mit Trauerbegleitung beschäftigt/Angebote (vom Kinderhospiz oder anderswo) wahrgenommen?
59. Glauben Sie, dass Sie Angebote des Hospizes auch nach dem Tod Ihres Kindes nutzen würden bzw. können Sie sich einen erneuten Aufenthalt vorstellen?

V. Gesamteindruck
60. Wie ist Ihr Gesamteindruck der Arbeit des Kinderhospizes?
61. Haben Sie Kritik/Verbesserungsvorschläge?
62. Haben Sie Ergänzungen?

4. Interviewleitfaden für Experteninterviews mit Fachkräften in stationären Kinderhospizen (Pflegekräfte, Pädagogen/Pädagoginnen und Leitungen[192])

I. Beruflicher Werdegang und Motivation für Tätigkeit im Kinderhospiz
1. Wie sind Sie zur Arbeit im Kinderhospiz gekommen und welche (beruflichen) Vorerfahrungen bringen Sie mit?

> **Arbeitsschwerpunkte Leitung im Kinderhospiz**
> - Was sind die Schwerpunkte Ihrer Arbeit als Leitung?
> - Wie stark sind Sie in die praktische Arbeit mit den Familien involviert?

II. Zusammenarbeit mit den Eltern
2. Welche Rolle spielt die Zusammenarbeit mit den Eltern in Ihrer Arbeit für Sie persönlich?
3. Auf welchen Grundlagen oder Konzepten basiert die Zusammenarbeit mit den Eltern?
4. Wie finden Erstkontakte mit den betroffenen Eltern statt?
5. Bestehen Angebote für Familien und insbesondere für Eltern?
6. Werden die Eltern geschlechtsspezifisch, durch spezielle Angebote für Männer und Frauen, angesprochen?
7. Gibt es Grenzen, Konflikte oder unterschiedliche Ansichten in der Zusammenarbeit mit den Eltern und wie gehen Sie damit um?
8. Bestehen Kontakte mit den Eltern über den Tod des Kindes hinaus und wenn ja, wie sehen diese aus?

III. Geschwisterarbeit
9. Wie gestaltet sich die Arbeit mit den Geschwistern? Gibt es gezielte Angebote oder Schwerpunkte?
10. Wie thematisieren Sie das Thema Sterben, Tod und Trauer mit den Geschwistern?
11. Spielen dabei persönliche Überzeugungen und Grundannahmen eine Rolle?

IV. Begleitung der progredient erkrankten Kinder und Jugendlichen
12. Was ist für Sie besonders wesentlich in der Arbeit mit lebensverkürzend erkrankten Kindern?
13. Wie gestaltet sich der Umgang mit Kindern, die sich nicht verbal äußern können? Arbeiten Sie dabei nach bestimmten Konzepten oder Ansätzen?
14. Erleben Sie in Ihrer Arbeit mit den Kindern Grenzen, Zweifel oder Schuldgefühle und wie gehen Sie damit um?
15. Welche Rolle spielt die Selbstbestimmung der Kinder in Ihrer Arbeit und wie gestaltet sich diese?

V. Persönliche Grundannahmen und Lebenseinstellungen
16. Glauben Sie, dass ethische Grundannahmen und ein Menschenbild für Ihre Arbeit wichtig sind? Wenn ja, welche persönlichen ethischen Grundannahmen bzw. welches Bild vom Menschen liegen Ihrer Arbeit zugrunde?
17. Inwiefern spielen religiöse Aspekte für Sie eine Rolle?

VI. Eigene Auseinandersetzung und Thematisierung der Aspekte Sterben, Tod und Trauer
18. Welche Bedeutung messen Sie der Auseinandersetzung mit Ihrer eigenen Sterblichkeit bei?
19. Inwieweit beeinflussen Ihre persönlichen Vorstellungen und Annahmen zum Thema Tod Ihre Arbeit?
20. Werden diese in der Zusammenarbeit mit Kollegen und Familien thematisiert bzw. zum Ausdruck gebracht?

VII. Zusammenarbeit im Team
21. Wie empfinden Sie die Zusammensetzung des Teams aus unterschiedlichen Berufsgruppen?
22. Wie gestaltet sich die Zusammenarbeit mit den Ehrenamtlichen?
23. Wie gestaltet sich die Zusammenarbeit mit der Pädagogik/Pflege?
24. Wie gestaltet sich die Zusammenarbeit mit den Praktikanten und Zivildienstleistenden?

VIII. Reflexion und Fort- und Weiterbildung
25. Wie reflektieren Sie ihre Arbeit und wie gestaltet sich eine Reflexion im Team?
26. Besteht die Möglichkeit oder die Verpflichtung, an Fort- und Weiterbildungen, Supervision und/oder speziellen Schulungen teilzunehmen?
27. Inwieweit nutzen Sie diese?
28. Welche Möglichkeiten sehen und nutzen Sie für sich selbst, sich in Ihrer Arbeit weiterzuentwickeln/zu professionalisieren?

> **Fort- und Weiterbildung als Leitung**
> - Stehen Ihnen als Leitung Möglichkeiten zur Fort- und Weiterbildung zur Verfügung und welche Inhalte stehen dabei für Sie im Vordergrund?

---

[192] Die gesonderten Fragen an die Kinderhospizleitungen sind in einem Kasten unterhalb der jeweiligen Fragenblöcke aufgeführt.

IX. Umgang mit Grenzen und Kompetenzen für die Arbeit

29. Wie gut gelingt es Ihnen, sich von Ihrer Arbeit abzugrenzen und eine professionelle Distanz zu wahren?
30. Inwiefern ist Ihre Arbeit durch zeitliche Faktoren beeinflusst?
31. Geraten Sie in Ihrer Arbeit an Grenzen? Wie bewältigen Sie diese?
32. Welche Reaktionen begegnen Ihnen in der Öffentlichkeit in Bezug auf Ihre Arbeit im Kinderhospiz und wie gehen Sie damit um?
33. Welche Kompetenzen sind Ihrer Meinung nach grundlegende Voraussetzung für die Arbeit im Kinderhospiz?

Ideen und Anregungen, Gestaltung des Arbeitsklimas als Leitung
- Woher nehmen Sie Ideen und Anregungen für Ihre Arbeit?
- Was sind Ihrer Meinung nach wichtige Aspekte, um das Arbeitsklima zu gestalten und welche setzen Sie in Ihrer Einrichtung ein?

Kooperation und Öffentlichkeitsarbeit der Kinderhospizleitung
- Findet ein Austausch mit anderen Kinderhospizleitungen statt und wenn ja, wie gestaltet sich dieser?
- Mit welchen Berufsgruppen und Institutionen arbeiten Sie zusammen und wie gestaltet sich diese Zusammenarbeit?
- Welche Bedeutung messen Sie der Öffentlichkeitsarbeit bei?
- Wie gestaltet sich diese in Ihrer Einrichtung und wodurch kann eine Transparenz der Arbeit erreicht werden?
- Welche Reaktionen begegnen Ihnen in der Öffentlichkeit in Bezug auf Ihre Arbeit im Kinderhospiz und wie gehen Sie damit um?

Einstellungsvoraussetzungen und Kompetenzen (Leitung)
- Welche Kompetenzen sind Ihrer Meinung nach grundlegende Voraussetzung für die Arbeit im Kinderhospiz?
- An welchen Kriterien orientiert sich die Zusammensetzung des Teams bzw. die Einstellung neuer Mitarbeiter?
- Welche Kompetenzen sind Ihrer Meinung nach Voraussetzung für die Leitung eines Kinderhospizes?
- Wie ist die Entwicklung der Mitarbeiterstruktur verlaufen? Hat sich da etwas verändert?

- Möchten Sie noch etwas ergänzen, das Ihnen wichtig ist im Hinblick auf Ihre Arbeit im Kinderhospiz?

Lightning Source UK Ltd.
Milton Keynes UK
UKHW032010040919
349167UK00007B/825/P

9 783839 150467